Die Zölle und Steuern
des Deutschen Reiches.

Nach dem jetzigen Stande der Gesetzgebung
vollständig neu bearbeitet

von

Karl Wiesinger,

K. b. Oberregierungsrat, Reichsbevollmächtigter für Zölle und Steuern
in Altona.

6. Auflage.

1912.
München und Berlin
J. Schweitzer Verlag (Arthur Sellier).

Vorwort.

Als Frucht einer mehrjährigen anstrengenden Arbeit übergebe ich hiemit die 6. Auflage meines Buches: Die Zölle und Steuern des Deutschen Reiches, nebst einem Anhang: Die Zoll- und Handelsverträge sowie die auswärtigen Handelsbeziehungen des Deutschen Reiches der Öffentlichkeit.

Die 5. Auflage des Buches ist, gleichfalls von mir bearbeitet, in G. Hirths Verlag, München-Leipzig, im Jahre 1900 erschienen und schon im Jahre 1906 hat die jetzige Verlagsfirma J. Schweitzer Verlag (A. Sellier) in München-Berlin, welche das Verlagsrecht von G. Hirth erworben hatte, bei mir den Antrag gestellt, die Neubearbeitung der 6. Auflage zu übernehmen. Allein die damals auf Grund der Reichsfinanzreform von 1904 und 1906 unternommene Arbeit mußte alsbald wieder eingestellt werden, da die Reichsfinanzreform von 1909 schon ihre Schatten vorauswarf und demgemäß die neue Reichsfinanzgesetzgebung abgewartet werden wollte.

Bei der Überfülle des Stoffes, den nunmehr die deutsche Zoll- und Steuer-Verwaltung zu bewältigen hat, mußte ich mich, um den Umfang des Buches in den mir gesetzten Grenzen zu erhalten, darauf beschränken, von allen Materien nur das Wesentliche und Wichtigste zusammen zu stellen, indem ich diejenigen Leser des Buches, die auch auf die Einzelheiten der deutschen Zoll- und Steuergesetzgebung einzugehen wünschen, auf die überall angegebene und mitgeteilte Literatur der Spezialwerke und Kommentare verweisen darf.

Nicht unerwähnt will ich lassen, daß ich in Herrn Regierungsrat Dr. Dronke in Bremen einen geschätzten und bewährten Mitarbeiter gefunden habe, der die neue Branntweinsteuergesetzgebung und namentlich die Tabakbesteuerung, die ihm als Mitglied der Bremer Direktionsbehörde besonders geläufig ist, bearbeitet hat.

Und so hoffe und wünsche ich, daß das Buch wie in den vergangenen Jahrzehnten nicht bloß für angehende Zollbeamte, sondern auch für solche, die schon längere Zeit in der Praxis stehen, ein bewährtes Studier- und Nachschlagebuch sein wird, daß aber auch sonst allen, die mit der deutschen Zoll- und Steuergesetzgebung zu tun haben, insbesondere auch Parlamentariern usw. bei auftauchenden Fragen das Buch zur Orientierung gute Dienste leisten wird.

Das Buch enthält das Wesentliche der deutschen Zoll- und Steuergesetzgebung, der Handels- und Zollstatistik, der Handelsverträge, der Zollorganisation und der Organisation der Reichsbehörden, sowie der deutschen Reichsfinanzreformen der Jahre 1904, 1906 und 1909.

Trotz der Reichhaltigkeit des zur Bearbeitung vorgelegenen Materials konnte ich es mir nicht versagen, auch die Entwickelung der deutschen Zollverwaltung vom Beginn des 19. Jahrhunderts ab und den Werdegang des deutschen Zollvereins von 1833 ab bis zur Gründung und Wiedererrichtung des Deutschen Reiches kurz zu schildern, um hieraus den wunderbaren Aufschwung hervorzuheben, den der deutsche auswärtige Warenverkehr in den fast 80 Jahren seit Gründung des Zollvereins genommen hat.

Der Gesamtaußenhandel des deutschen Zoll- und Wirtschaftsgebietes, der im Jahre 1872 noch nicht ganz 6 Milliarden Mark betragen hat (3½ Milliarden Mark in der Einfuhr und noch nicht 2½ Milliarden Mark in der Ausfuhr), hat im Jahre 1910 über 17 Milliarden Mark erreicht (9½ Milliarden Mark in der Einfuhr und 7½ Milliarden Mark in der Ausfuhr).

Möge also das Buch auch in der 6. Auflage wie seither in den 35 Jahren seines Bestehens recht viele Gönner und Freunde finden und erwerben!

Altona, im Juli 1912.

C. Wiesinger.

Inhaltsübersicht.

IV. Abschnitt

Warenverkehrsstatistik. 250—255

V Abschnitt

Die auswärtigen Handelsbeziehungen des Deutschen Reiches. 256—257 393

Druckfehler-Verzeichnis.

(Vor dem Gebrauche des Buches wolle man folgende Druckfehler berichtigen.)

Seite	13	Zeile	27	von	o.	lies:	155 statt 165.
„	16	„	12	„	u.	„ :	Wechselstempel statt Reichsstempel.
„	18	„	11	„	u.	„ :	1871 S. 72 statt 1891 S. 71.
„	23	„	4	„	u.	„ :	Juni statt Januar.
„	38	„	33	„	o.	„ :	§ 74 statt § 99.
„	42	„	30	„	u.	„ :	25 statt 20 Watt.
„	46	„	15	„	o.	„ :	Juni statt Januar.
„	47	„	15	„	u.	„ :	1904 statt 1909.
„	48	„	11	„	o.		ist nach Schaumburg-Lippe noch „Lippe“ einschalten.
„	49	„	16	„	o.		ist Jungholz zu streichen.
„	60	„	26	„	o.		ist das Zentralblatt von 1909 gemeint.
„	70	„	14	„	o.	lies:	IV statt VI.
„	70	„	35	„	o.	„ :	IV statt V.
„	72	„	24	„	u.	„ :	denen statt dem.
„	75	„	1	„	o.	„ :	Art. 38 statt Art. 39.
„	81	„	17	„	o.	„ :	Zollverwaltung statt Zollverwertung.
„	115	„	23	„	u.	„ :	131 ²/₈ statt 132 ²/₈
„	116	„	28	„	o.	„ :	256 statt 756.
„	136	„	1	„	u.	„ :	5 ¹/₂ statt 7 ¹/₂.
„	140	„	18	„	o	„ :	7. April statt 9. April.
„	147	„	19	„	o.	„ :	§ 13 jetzt 14 statt § 12 jetzt 13
„	147	„	20	„	o.	„ :	§ 15 statt § 13.
„	152	„	11	„	u.	„ :	17. Juni statt 17. Januar.
„	153	„	24	„	o.	„ :	Schiffers statt Schiffes.
„	160	„	8	„	o.	„ :	zurückzukehren statt zurückkehren.
„	175	„	2	„	o.	„ :	152 statt 251.
„	190	„	16	„	u.	„ :	die statt der.
„	197	„	2	„	u.	„ :	§ 257 StGB. statt § 157 VZG.
„	200	„	21	„	u.	„ :	100 statt 200
„	224	„	19	„	u.	„ :	517 statt 417.
„	224	„	14	„	u.	„ :	16200 ha statt ar.
„	228	„	24	„	u.	„ :	§ 3 statt § 6.
„	230	„	6	„	u.	„ :	von über 3,50 Mark statt von 3,50 Mark.
„	240	„	6	„	u	„ :	36 Mark statt 30 Mark.
„	244	„	1	„	u.	„ :	35 statt 33.
„	251	„	2	„	u.	„ :	1882 S. 32 statt 1881 S. 452.
„	252	„	22	„	u	„ :	landwirtschaftlicher statt gewerblicher.
„	253	„	5	„	o.	„ :	1895 statt 1906.
„	253	„	18	„	o.	„ :	Handelssalz statt Handsalz.
„	269	„	26	„	o.	„ :	Branntweinsteuer-Gemeinschaft statt Genossenschaft.
„	272	„	7	„	u.	„ :	RZBlatt. statt RGBl.
„	351	„	28	„	u.	„ :	Kontant statt Kontent.
„	355	„	21	„	o.	„ :	worden statt werden.
„	368	„	14	„	u.		ist Absatz II zu streichen.
„	72	„	24	„	o.	lies:	der Thüring'sche Zoll- und Steuerverein statt das Großherzogtum Sachsen-Weimar.
„	75	„	3	„	o.		ist einzuschalten nach Ausland: gelegenen Grenzen.
„	173	„	11	„	u.	lies:	Lösch- und Ladeplatz statt Fisch- und Landeplatz.
„	178	„	10	„	o.	„ :	auch Lack, Licht und Zollschlösser.

I. Abschnitt.

Einleitung.

1. Aus der Vorzeit des Zollvereins.

§ 1.

Das alte Deutsche Reich, das heilige Römische Reich deutscher Nation, zeigte wie in politischer Hinsicht so auch in seiner Zollverfassung das Bild äußerster Zersplitterung. Zwar hielten die Kaiser, soweit sie es vermochten, wenigstens bis zum Abschluß des westfälischen Friedens, prinzipiell und mehr oder weniger nachdrücklich daran fest, daß das Zollrecht ein kaiserliches Regal und die Erhebung von Zöllen sowie die Errichtung von Zollstätten ein Ausfluß kaiserlicher Machtvollkommenheit sei, so daß also ohne Erlaubnis von Kaiser und Reich Zölle und Mauten nicht neu eingeführt, fortgesetzt oder vermehrt werden durften; — tatsächlich aber ging mit der zunehmenden Erstarkung der Territorialfürsten, die als Reichsstände seit dem westfälischen Frieden fast eine unabhängige territoriale Staatsgewalt besaßen, so daß nur noch der Name der Souveränität fehlte, das Zollrecht mehr und mehr in die Hände der geistlichen und weltlichen Landesherren über, welche eifrig bestrebt waren, sich durch Errichtung von Zollstätten in ihren Ländern und Ländchen eine ergiebige Einnahmequelle zu verschaffen. Die Haupthandelsstraßen Deutschlands wie die großen Ströme und Flüsse, der Rhein, die Donau, die Elbe und die Weser waren mit unzähligen Zöllen belegt. Auch die Städte erwarben für sich vom Kaiser Stadtzollrechte, Tor- und Wegmauten. So breitete sich ein dichtes Netz von Zöllen (Orts- und Passagezöllen), Straßen- und Brückenmauten, Wegegeldern, Marktgebühren, Akzisen, Stapel- und Umschlagsrechten usw. über Deutschland aus und der Zollscherereien war kein Ende. Die Klagen über Hemmungen und Belästigungen des Verkehrs wurden immer lauter und dringender, Abhilfe aber trat nur höchst selten ein; so wurde z. B. in den Reichstagsverhandlungen zu Regensburg des öfteren bittere Klage geführt über die Plackereien des territorialen Maut- und Akziswesens, — aber vergeblich!

Als Quellen für das eingehendere Studium der Zollverhältnisse des Deutschen Reiches im 16. und 17. Jahrhundert, der Vorgeschichte und Entstehung sowie der Weiterentwicklung des deutschen Zollvereins sind anzuführen: Ranke, Hist. pol. Zeitschrift, Band II. — Falke, Die Geschichte des deutschen Zollwesens, Leipzig 1869. — Aegidi, Aus der Vorgeschichte des deutschen Zollvereins, Hamburg 1865. — v. Festenberg-Packisch, Die Geschichte des deutschen Zollvereins, Leipzig 1869. — W. Weber, Der deutsche Zollverein, II. Auflage, Leipzig 1871. — Preußische Jahrbücher. — Hirths Annalen des Zollvereins und des Deutschen Reichs. — Außerdem ist auch auf das bedeutende Werk H. v. Treitschkes hinzuweisen: Deutsche Geschichte im 19. Jahrhundert, Band III u. V, Leipzig 1893/5. — Zu erwähnen sind ferner: A. Zimmermann, Geschichte der preußisch-deutschen Handelspolitik, Oldenburg 1899. — J. Herwig, Beiträge zur Geschichte des bayerischen Zollwesens, Bamberg 1861. — B. Wessels Abhandlung de jure vectigali 1771. — J. B. Albert, Bayerns Zollwesen aus den ältesten bis auf unsere Zeiten, nach seinen Hauptperioden, München 1829. — Roscher, Gründungsgeschichte des deutschen Zollvereins, Berlin 1870. — Dittmar, Der deutsche Zollverein, Leipzig 1862. — Nebenius, Der Zollverein, Karlsruhe 1835. — Ein für die Kenntnis der deutschen Zollverfassung und des alten deutschen Zollwesens vom frühen Mittelalter bis zur Neuzeit ganz hervorragend wichtiges Buch ist das leider noch unvollendete Werk von Dr. Alb. Hoffmann: Deutsches Zollrecht, 2 Bände, Leipzig 1902. — Endlich ist noch zu nennen das vom Bearbeiter dieses Buches im Jahre 1896 herausgegebene Werk: Das Vereinszoll-Gesetz, Ansbach, worin die Entstehungsgeschichte des deutschen Zollvereins kurz und doch eingehend geschildert ist.

§ 2.

Die Erhebung der Zölle geschah im Mittelalter nicht wie jetzt an der Grenze oder lediglich von den aus dem Ausland eingeführten Waren, sondern in der Form einer Art Durchgangsabgabe, jedoch in der Weise, daß die Güter bei jeder Umladung, Ein- oder Auslagerung oder beim Durchzug durch eine Stadt oder einen Markt immer aufs Neue nach den verschiedensten Sätzen unendlich viele Abgaben, Mauten und Importe (Auflagen) entrichten mußten. In der Geschichte des Zollwesens sind nämlich hauptsächlich zwei Entwicklungsstufen zu unterscheiden:

a) die Zeit der Orts- und Passagezölle, der Wegzölle;

b) die Ausbildung zum Grenzzollsystem.

Unter Orts- oder Passagezöllen versteht man die Einrichtung, wornach von allen Waren, inländischen wie ausländischen, bei ihrem Transport von Ort zu Ort, von Markt zu Markt Gebühren erhoben wurden. Der Uebergang zum Grenzzollsystem erfolgte erst gegen Ende des 18. Jahrhunderts und bildete einen wesentlichen Fortschritt im Zollverkehr wie im Verkehr überhaupt. Kaiser Karl V. unternahm zwar schon im Jahre 1522 auf dem Reichstag zu Nürnberg den Versuch zur Einführung eines Reichs-Grenzzolles. Hienach sollte von der ungarischen Grenze die Alpen entlang, den Rhein herunter bis zu seiner Mündung und von hier längs der deutschen Meeresküste bis Königsberg die Zollinie gezogen werden. Der Ertrag des Zolles, der den Namen führen sollte: „Römisch-Kaiserlicher Majestät und des hl. Reiches gemeiner Stände Zoll", wäre zur Unterhaltung des Kaiserlichen Regimentes und des Kammergerichtes bestimmt gewesen. Die Kurfürsten und Reichsfürsten zeigten sich dem Vorschlag nicht abgeneigt, aber an dem Widerspruch der Städte scheiterte das Unternehmen, da diese in dem Reichszoll nur eine neue Beschwerung ihres Handels erblickten. Erst gegen Ende des 18. Jahrhunderts ging man, wie schon bemerkt, daran, in den größeren Territorien das Grenzzollsystem einzurichten, so in Österreich, in Kursachsen, in Kurbayern und in Brandenburg. Aber auch jetzt war von einer planmäßigen Sicherung etwa der heimischen Gewerbe, der nationalen Produktion, oder einer zielbewußten Auflage der Zollgebühren zur Erlangung von Einnahmen keine Rede, sondern es bestand bloß das Bestreben, durch zahllose Einfuhr- und Ausfuhrverbote, sowie durch Einfuhr-, Ausfuhr- und Durchfuhrzölle viel Geld einzuheimsen und die Einfuhr fremder Waren sowie die Ausfuhr einheimischer Güter zu erschweren, „damit das Geld im Lande bleibe!" — (das sog. Merkantilsystem). Im mittleren und westlichen Deutschland, namentlich am Rhein, war eine Ordnung des Zollwesens und eine Einführung des Grenzzollsystems wegen der Kleinheit der Territorien und der Zerklüftung der einzelnen Stäätchen überhaupt nicht möglich, es verblieb hier die Zollmisere wie sie im Mittelalter bestanden hatte, auch fernerhin bis zum Anfang des 19. Jahrhunderts, d. h. bis zum Erlaß des preußischen Zollgesetzes von 1818.

Der älteste Zoll im Deutschen Reiche war wohl eine Entschädigung für eine vom Staat (Reich) dem Handel oder der Frachtbewegung dargebotene Förderung, war also eine Art Wege- oder Brückenzoll (Passagezoll oder Chausseegeld), weil auf den viis regiis, den Handelsstraßen, die Frachtbeförderung stattfand; der Marktzoll wurde erhoben, weil Gelegenheit zum Verkaufs- und Handelsbetrieb gegeben ward. Die Territorialfürsten erhoben sodann noch den Geleitszoll, das Geleitegeld, für sichere Durchfuhr durch ihr Gebiet. Schon im Jahre 765 besagt eine Zollvorschrift des Frankenkönigs Chlodwig: Niemand soll Zoll geben von Sachen, die nicht zum Handel bestimmt sind, noch von dem, was zur Pilgerfahrt nach Rom gehört und der Pilgrim mit sich führt (Falke). In dieser Bestimmung ist der Vorläufer zu erblicken des § 6 unseres Zolltarif-Gesetzes, wonach Reisevorräte zollfrei belassen werden.

Die Zölle hatten damals verschiedene Namen: telonium = Zoll, pedaticum = Reisegeld, pulveraticum = Wagenzoll, saumaticum = Wagenlast-Abgabe, navigium = Schiffszoll, rotaticum, pontaticum usw. In Süddeutschland war auch das Wort: muta gebräuchlich (Maut). (Vgl. Dr. A. Hoffmann, Deutsches Zollrecht I und Griebel, Beiträge zur Geschichte des deutschen Zoll- und Steuerwesens, Zeitschrift für Zollwesen und Reichssteuern 1906, Nr. 3.)

Die deutschen Kaiser verschenkten oder vergaben gegen Entgelt oder für die Wahlstimmen den Zoll, doch blieb das Zollhoheitsrecht immer noch bei den Kaisern. Der Kaiser Heinrich III. begabte den Bischof Gebhard von Eichstätt mit dem Zoll von Beilngries und Waldkirchen; Albrecht I. befahl 1299 den Herren von Mecklenburg und den Grafen von Holstein-Schauenburg, die Lübecker nicht mit ungerechten Zöllen zu bedrücken. Kaiser Ludwig der Bayer vergab gegen die Wahlstimmen das Zollrecht an die Kurfürsten, namentlich an die geistlichen Kurfürsten am Rhein. Der Bischof von Passau bekam im 13. Jahrhundert den Zoll; die Herzöge von Bayern und die Markgrafen von Brandenburg erhielten gleichfalls den Zoll. Auch die Städte erwarben sich das Zoll-Umgeld (Aufgeld im Kleinverkehr), der städtische Zöllner und der Zollschreiber sind bekannte Erscheinungen.

Namentlich die goldene Bulle Karls IV. (1356) brachte auf dem Gebiet der Zollverfassung eine beträchtliche Schmälerung der kaiserlichen Rechte zugunsten der Kurfürsten, indem letztere nunmehr auch rechtlich in den Besitz aller bisher in ihren Territorien herkömmlich erhobenen Zölle traten. (Dr. Hoffmann S. 8).

Hinzuweisen ist noch auf die Wahlkapitulationen Karl VI. und die Urkunde über den westfälischen Frieden, wodurch bestimmt wurde, daß die deutschen Kurfürsten und Herzöge bei den Zöllen, die sie rechtmäßig besitzen und ruhig hergebracht haben, ohne einstimmige Bewilligung sämtlicher Kurfürsten nicht befugt seien, neue Zölle zu errichten, wogegen auch dem Kaiser selbst die Erteilung weiterer Privilegien und Promotorialien zur Errichtung neuer Zölle oder Zollfreiheiten inhibiert wurde. (Vgl. Herwig S. 1.)

§ 3.

Während sich in Frankreich unter Colbert und in England unter Pitt schon im 17. Jahrhundert große, volkswirtschaftlich geeinte Staaten gebildet hatten, so daß bereits im Jahre 1786 ein englisch-französischer Handelsvertrag zustande kommen konnte, blieb Deutschland auch nach Errichtung des „Deutschen Bundes" handelspolitisch noch vollständig zerrissen.

Zwar hatten, wie schon bemerkt, Bayern und Württemberg, ebenso wie Baden ihre Binnenzölle aufgehoben und Grenzzölle eingerichtet, aber in Norddeutschland bestanden noch immer die unzähligen Schlagbäume, auch in Preußen hatte außer Brandenburg jede einzelne Landschaft, ja jede Stadt, ihre eigenen Zollstätten und eine eigene Zoll- und Steuerverfassung.

Was die Lage des deutschen Handels- und der deutschen Industrie in jener Zeit besonders verschlimmerte, war die Überproduktion an Waren in

England nach Aufhebung der Kontinentalsperre, wodurch hauptsächlich Deutschland mit englischen Waren geradezu überschwemmt wurde. Nicht bloß, daß bei der zollpolitischen Zerklüftung Deutschlands es zur Unmöglichkeit ward, die vielen Zollgrenzen genügend zu sichern, so daß sich ein nach jeder Richtung verwerflicher gewerbmäßiger Schmuggel breit machen konnte, sondern die Handels- und Zahlungsbilanz Deutschlands verschlechterte sich infolge der Ueberschwemmung mit englischen Waren immer mehr, da wegen der englischen Korngesetze die Bezahlung der englischen Manufakturwaren mit dem Ueberschuß an Erzeugnissen der deutschen Landwirtschaft verhindert ward und eine deutsche Ausfuhrindustrie oder überhaupt eine Industrie nicht aufkommen konnte.

So bemerkt Treitschke, Deutsche Geschichte im 19. Jahrhundert, Bd. III, S. 458: „Die Hungerjahre 1817/18 waren kaum überstanden, da fielen die Preise der landwirtschaftlichen Erzeugnisse schnell und anhaltend. Die Zollgesetze des Auslandes (England) und der elende Zustand der Straßen in Deutschland hemmten die Abfuhr der überreichen Ernten, der Wert der Grundstücke sank in manchen Landesteilen tiefer als zur Zeit des Krieges. Nur die Schäfereien behaupteten sich noch, Deutschland allein führte nach England zweimal soviel Wolle aus als alle übrigen Länder zusammen. Der Tagelohn (in Altpreußen) sank auf 3—4 Groschen, der Scheffel Roggen kostete 5 Sgr."

In einer Abhandlung in den Volkswirtschaftlichen Zeitfragen über Friedrich List, von Dr. Katzenstein, heißt es: „Durch die Kontinentalsperre, die Napoleon im Jahre 1806 gegen England verhängt hatte, wurde zwar der deutsche Seehandel empfindlich getroffen, andererseits aber erstarkten durch den Ausschluß der englischen Konkurrenz einzelne Gewerbszweige in Deutschland und neue Industrien wurden ins Leben gerufen. Nach Aufhebung der Kontinentalsperre aber drohte diesen jungen Industrien durch die Entfaltung der englischen Uebermacht der Untergang. Während alle anderen Staaten Europas sich mit hohen Zollschranken umgeben hatten, bot Deutschland allein allen fremden Erzeugnissen einen offenen Markt. Nach außen ungeschützt war der Verkehr im Innern durch zahllose Zollschranken erschwert."[1])

§ 4.

Im Jahre 1816 richtete demgemäß eine Versammlung von Handelsleuten und Fabrikanten eine Denkschrift an den deutschen Bundestag mit der Bitte um Abhilfe gegen die industrielle Übermacht Englands und um Beseitigung der Zollschranken im Innern Deutschlands.

Denn auch die Errichtung des Deutschen Bundes hatte, wie schon bemerkt, keine Zolleinigung oder Zollerleichterung herbeigeführt. Zwar kamen bei den Wiener Verhandlungen über die Feststellung der deutschen Bundesverfassung auch die Zollverhältnisse zur Sprache und Preußen machte den Vorschlag, die gesamte deutsche Zollverwaltung dem Bunde zu überweisen. Dieser Vorschlag fand indessen entschiedenen Widerspruch und das Ergebnis der Wiener Kongreßverhandlungen war der Artikel XIX der deutschen Bundesakte, wonach die Bundesglieder sich vorbehielten, bei der ersten Zusammenkunft der Bundesversammlung in Frankfurt a. M. wegen des Handels und des Verkehrs unter den deutschen Bundesstaaten in Beratung zu treten. Aber seitens des Bundes konnte man sich über eine Regelung der Zollverhältnisse Deutschlands um so weniger einigen, als hiezu ein einstimmiger Beschluß notwendig war und so kam es, daß sich die wirtschaftliche Einigung Deutschlands außerhalb des Bundes vollzog, ein Ergebnis, das heutzutage noch

[1]) Volkswirtschaftliche Zeitfragen, Vorträge und Abhandlungen, herausgegeben von der Volkswirtschaftlichen Gesellschaft in Berlin, Verlag von L. Simion, Heft 139.

seine Folgen aufweist. Ein Bundeszollwesen war nach der Verfassung des Bundes und nach Lage der Verhältnisse gänzlich untunlich und unausführbar, es war daher die Notwendigkeit gegeben, daß die größeren Bundesstaaten selbst daran gingen, ihre Zollverfassung zu regeln, was auch in Bayern, Preußen und Württemberg geschah.

Preußen hatte am 26. Mai 1818 das Gesetz über die Zölle und Verbrauchssteuern von ausländischen Waren erlassen. Dieses für die zöllnerische Entwickelung Deutschlands so wichtige Gesetz ist am 1. Januar 1819 in Kraft getreten. Hiedurch wurden alle Binnenzölle in der preußischen Monarchie aufgehoben, die Zollinie ward an die Grenze verlegt und für beide Staatshälften je ein allgemeiner Grenzzolltarif festgesetzt.

Als nun darauf von Bundeswegen gleichwohl der Versuch gemacht wurde, die Zollverhältnisse Deutschlands in ihrer Gesamtheit zu regeln, da widersetzte sich hauptsächlich Preußen, indem es erklärte, daß nunmehr bloß besondere Einzelverhandlungen zwischen den einzelnen Bundesgliedern zum Ziele führen könnten, weil bereits von Seite einiger Bundesstaaten aus einer anderen Quelle Rechte erworben worden seien als aus der Bundesakte.

Die Verhandlungen in Darmstadt, welche eine Verbesserung der Zollverhältnisse in Deutschland herbeiführen sollten (1820—1823), verliefen ebenso ohne praktisches Ergebnis, wie die weiteren Besprechungen, die in Stuttgart stattfanden (1823—1825).

Da schlossen Bayern und Württemberg am 18. Januar 1828 den ersten Zollvereinigungsvertrag ab, während Preußen mit den kleineren norddeutschen Staaten (Enklaven) sog. Zollanschluß-, nicht Zollvereinigungsverträge einging, wonach die fraglichen Kleinstaaten wie Sachsen-Weimar-Eisenach, Schwarzburg-Sondershausen, Schwarzburg-Rudolstadt, Lippe dem preußischen Zollsystem einfach angeschlossen wurden.

Demgemäß war Preußen durch Zollanschluß-Verträge mit den Enklavestaaten zu einer besseren Abrundung seines Zollgebietes gelangt, während in Süddeutschland mehr der Gedanke der Zollvereinigung praktischen Ausdruck gefunden hatte.

Aber auch in Preußen, das ursprünglich wohl nur Zollanschluß-Verträge abschließen wollte, trat man später dem Gedanken der Zollvereinigung mit Beibehaltung der einzelnen Landesverwaltungen und Differenzierung der inneren Verbrauchssteuern allmählich näher, obgleich in der preußischen Denkschrift vom 27. Juni 1822 noch bemerkt ist, daß mit den größeren Bundesstaaten nur dann Zollverträge abzuschließen wären, wenn das preußische Branntweinsteuersystem und eine angemessene Biersteuer angenommen würden. Außerdem aber müßte auch dem preußischen Staat ein überwiegendes Vorrecht bei Bestimmung der Ein-, Aus- und Durchfuhrabgaben und bei der Grenzbewachung eingeräumt werden. Endlich sollte die Donaulinie von Preußen abhängig bleiben.

Erst der Finanzminister Motz, der im Jahre 1825 sein Amt übernahm, erfaßte aus Anlaß der Annäherungsversuche zwischen Bayern und Württemberg den Gedanken, durch einen Zollvertrag ganz Deutschland mit Ausnahme Österreichs durch das unzertrennliche Band der wirtschaftlichen Interessengemeinschaft unter der Führung Preußens zu vereinigen. — Jetzt war der richtige Weg gefunden, der die Handelspolitik Preußens von Erfolg zu Erfolg führen sollte, obgleich auch Motz damals vielleicht noch keineswegs an die Gründung eines allgemeinen deutschen Zollvereins dachte mit allseitig gleicher Berechtigung, mit unabhängigen eigenen Zollverwaltungen seitens der Vereinsstaaten, mit Differenzierung der inneren Verbrauchssteuern, sowie mit Wahrung der Sonderrechte, soweit diese unbeschadet der gemeinsamen Interessen fortbestehen konnten (Vgl. Roscher, Zur Gründungsgeschichte des Zollvereins, S. 66ff. Weber, Der Zollverein, S. 61ff.)

§ 5.

Demgemäß ließ Preußen alsbald durch den Abschluß des preußisch-hessischen Zollvertrages vom 14. Februar 1828 erkennen, daß es unter Umständen auch geneigt sei, nicht bloß Zollanschluß-, sondern auch Zollvereinigungsverträge mit Belassung der eigenen Landesverwaltung einzugehen. Hiedurch wurde der Weg eröffnet, auf welchem Deutschland nach harten Kämpfen im Jahre 1833 zu dem großen allgemeinen Zollverein gelangen konnte.

Aber noch zahllose Schwierigkeiten waren zu überwinden, bis das für die Fortentwickelung Deutschlands so hochbedeutsame Werk zustande kam. Denn die Mittel- und Kleinstaaten Deutschlands widerstrebten mit allen ihnen zu Gebote stehenden Kräften einer Zollvereinigung mit dem großen Preußen, teils aus Abneigung gegen die strengen Tarif- und Verwaltungsvorschriften der preußischen Zollgesetzgebung, teils aus Furcht vor dem übermächtigen Einfluß Preußens und der hieraus androhenden Abhängigkeit auch in politischer Hinsicht. Außerdem aber traten auch — abgesehen von Oesterreich — andere europäische Staaten wie England und Frankreich hindernd dazwischen, weil sie die Ausbreitung des preußischen Zollsystems und des hieraus entspringenden Einflusses auf die deutschen Mittelstaaten mit Mißgunst betrachteten und dahinter weitergehende politische Absichten vermuteten.

Alle diese Gegner vereinigten sich in dem Bestreben, jeden größeren allgemeinen Zollverband in Deutschland dadurch unmöglich zu machen, daß zwischen dem südlichen und nördlichen Zollverein ein Mittelglied eingeschoben wurde, das nicht bloß die Vereinigung des Südens mit dem Norden verhindern, sondern auch die bisherige Zerrissenheit Deutschlands in eine dauernde Form bringen sollte.

Den Ausdruck dieser Bestrebungen bildete die zu Frankfurt a. M. am 21. Mai 1828 zwischen Hannover, Kurhessen, Sachsen, den sächsischen Fürstentümern, Braunschweig, Nassau, den schwarzburgischen und reußischen Ländern und den freien Städten Frankfurt a. M. und Bremen abgeschlossene Präliminar-Konvention, wonach sich diese Staaten auf Grund des Artikel XIX der Bundesakte verpflichteten, während der nächsten drei Jahre keinem fremden Zollverbande einseitig beizutreten, ihre Transitabgaben während dieser Zeit nicht zu erhöhen und bis zum 15. August 1828 nach Kassel Kommissarien zu weiteren Verhandlungen abzuordnen. Das Ergebnis dieser Verhandlungen war der auf sechs Jahre abgeschlossene Vertrag vom 24. September 1828, welcher jedoch außer den eben erwähnten Verabredungen irgend eine Bestimmung von allgemeinerer Bedeutung nicht enthielt.

Auch die sächsischen und schwarzburgischen Länder vereinigten sich am 29. September 1828 zu einer industriellen und kommerziellen Gemeinschaft, die jedoch den Namen eines Zollvereins ebensowenig verdiente wie der mitteldeutsche Verein.

Diese Vereinbarungen waren daher auch nicht von langer Dauer. Schon am 9. Dezember 1829 bzw. am 11. Februar 1831 schlossen Reuß-Schleiz-Lobenstein und Sachsen-Weimar besondere Zollverträge mit Preußen ab und am 25. August 1831 folgte Kurhessen, das sich mit Preußen und Hessen-Darmstadt zu einem Zollvereine unter allseitig gleicher Berechtigung verband. Auch das Königreich Sachsen zeigte Lust, sich dem preußisch-hessischen Zollverein anzuschließen.

Hierdurch war der mitteldeutsche Verein zersprengt und aufgelöst und die Möglichkeit einer Zolleinigung zwischen dem Süden und Norden

Deutschlands bedeutend näher gerückt. Außerdem gelangten Bayern und Württemberg zu der Überzeugung, daß das süddeutsche Zollgebiet für sich weder in finanzieller noch in wirtschaftlicher Beziehung genügte, zumal Baden zum Beitritte nicht zu bewegen war. Unter diesen Umständen ward zu Anfang des Jahres 1829 im Einverständnis von Bayern und Württemberg Freiherr von Cotta nach Berlin abgeordnet, um zu sondieren, inwieweit eine Annäherung des süddeutschen Zollvereins an den norddeutschen Verein herbeigeführt werden könne. Sodann wurden von Bayern, Württemberg und Hessen Spezialbevollmächtigte nach Berlin entsendet und am 20. März 1829 waren die Unterhandlungen bereits soweit gediehen, daß den bayerisch-württembergischen Bevollmächtigten der Entwurf zu einem Haupt- und Separat-Handels- und Zollvertrage nebst erläuternden Beilagen übergeben werden konnte.

Auf Grund dieser Entwürfe fanden alsdann weitere Verhandlungen statt, die am 27. Mai 1829 mit dem Abschluß eines Handelsvertrages endigten, dessen Ratifikation am 15. Juli erfolgte. Dieser Vertrag ebnete den Weg zur Zolleinigung dadurch, daß beide Vereine erhebliche Zollerleichterungen sich zugestanden und sich verpflichteten, ihre Zollsysteme in gegenseitige Uebereinstimmung zu bringen sowie durch Bevollmächtigte jährlich einmal die Mittel zur Befestigung und Erweiterung dieses Vertrages zu beraten.

Wer an der Gründung und dem Zustandekommen des Zollvereins den meisten Anteil hatte, darüber gehen heute noch die Meinungen auseinander. Professor v. Treitschke hält Preußens Verdienst als das maßgebendste, bemerkt jedoch auch in seiner deutschen Geschichte im 19. Jahrhundert, Bd. IV, S. 405/6 ganz richtig, daß der Gedanke der Errichtung des deutschen Zollvereins nicht eines einzigen Mannes Eigentum sein könne, er entstand gleichzeitig unter dem Druck der Not in vielen Köpfen.

Der Gedanke einer wirtschaftlichen Einigung war eben damals zur Ausführung reif geworden, wie im Jahre 1870 die Wiederaufrichtung des Deutschen Reiches die Verwirklichung der im deutschen Volke längst schlummernden Idee bedeutete.

Preußens Verdienst ist sicherlich, ganz abgesehen von der Größe des preußischen Staates an sich, ohne den eine Zollvereinigung in Deutschland ohnehin nicht denkbar gewesen wäre, sehr bedeutend. Doch hat der preußische Minister v. Eichhorn am 7. Februar 1834 in einer Note an die Gesandtschaft in Darmstadt ausdrücklich hervorgehoben, daß nicht Preußen, sondern der übereinstimmende Wille der Souveräne Deutschlands den Zollverein gegründet haben.

Daß die Errichtung des deutschen Zollvereins im Jahre 1833/34 auch im Ausland als eines der wichtigsten Ereignisse angesehen wurde, lassen verschiedene Preßerzeugnisse der damaligen Zeit ersehen

Zu erwähnen sind: L'Association des Douanes Allemandes, son Passé et son Avenir von de la Nourais und E. Bères, Paris, Paulin 1841 mit einer Karte: Allemagne avant l'Union douanière et apres l'Union. So betitelt sich ein französisches Werk, worin die Umwandlung der deutschen Einzelländer in ein geschlossenes Zollsystem besprochen wird: ferner John Bowring's Bericht über den deutschen Zollverband an Lord Palmerston, London 1840, übersetzt von Buch. Auch die Idee eines nordelbischen Zollvereins, bestehend aus Dänemark, Mecklenburg, Hamburg und Lübeck mit Anschluß an den preußischen Zollverein wurde besprochen von R. Ralsunov (v. Uslar).

2. Die Gründung und Fortentwickelung des deutschen Zollvereins.

§ 6.

Die unverkennbaren Vorteile dieses Zollvertrags vom 27. Mai 1829 nötigten nicht bloß andere Bundesglieder wie Kurhessen und das Königreich Sachsen zur Teilnahme hieran, sondern es erfolgte bereits am 22. März 1833 die Unterzeichnung des großen Zollvereinsvertrags zwischen Preußen, Bayern, Württemberg und Hessen.

So war der große deutsche Zollverein, das wirtschaftlich bedeutendste Ereignis der ersten Hälfte des 19. Jahrhunderts, zustande gekommen, und welche Wirkungen, welche Erfolge dieser Zollvertrag für Deutschland hervorbrachte, können wir heute, 77 Jahre nach seiner Entstehung, kaum noch richtig würdigen!

Es mag hier an die Worte erinnert werden, die König Wilhelm von Preußen bei Eröffnung des Zollparlaments am 27. April 1868 im Weißen Saal gesprochen hat: „Vierzig Jahre", sagte er, „sind verflossen seit der Begründung des Zollvereins, der heute in eine bedeutungsvolle Epoche seiner Entwickelung eintritt. Von kleinen Anfängen ausgehend, aber getragen von dem Bedürfnis des deutschen Volkes nach der Freiheit des inneren Verkehrs hat der Zollverein sich allmählich durch die Macht des nationalen Gedankens, dem er Ausdruck gab, über den größten Teil Deutschlands ausgedehnt. Er hat zwischen seinen Gliedern eine Gemeinsamkeit der Interessen geschaffen, die ihn schwere Proben hat bestehen lassen nnd im Weltverkehr nimmt er eine Stellung ein, auf welche jeder Deutsche mit Befriedigung blickt. — Die ihm bei seiner Gründung gegebenen Einrichtungen haben im Laufe der Zeit durch die Sorgfalt der Vereinsregierungen einen hohen Grad der Ausbildung erreicht. Sie vermochten jedoch auf die Dauer weder den Anforderungen zu genügen, welche die rasche Entwickelung und die zunehmende Vielseitigkeit des Verkehrs an die Gesetzgebung stellt, noch dem berechtigten Verlangen des deutschen Volkes nach einer wirksamen Teilnahme an dieser Gesetzgebung zu entsprechen. Die Veränderungen, welche das wirtschaftliche und politische Leben Deutschlands erfahren hat, erheischten die Fortbildung der dem Zollverein bei seiner Gründung gegebenen Organe und er ist die Frucht einer naturgemäßen Entwickelung, wenn heute Vertreter der ganzen Nation sich zur Beratung der gemeinsamen wirtschaftlichen Interessen Deutschlands vereinigen".

§ 7.

Am 1. Januar 1834 trat der deutsche Zollverein ins Leben, der außer Österreich fast die sämtlichen deutschen Bundesstaaten umfaßte mit Ausnahme von Hannover, Oldenburg, Braunschweig, der Großherzogtümer Mecklenburg und der Hansestädte. Der Verein stellte ein zusammenhängendes Zollgebiet mit gemeinsamer Zollgrenze von 7729 □ Meilen und $23^1/_2$ Millionen Einwohnern dar. Die Zolleinnahmen betrugen in den ersten Jahren etwa 50 Millionen Mark, so daß nach Abzug der Verwaltungskosten schon etwa 2 Mark Zollrevenuen auf den Kopf der Bevölkerung entfielen.

Der Inhalt der Zollvereinsverträge bestand der Hauptsache nach darin, daß in allen zum Zollverein gehörenden Staaten ein vollkommen übereinstimmendes Zollsystem mit gleichem Zolltarif und möglichster Verkehrsfreiheit im Innern bei Wegfall aller Binnenzollgrenzen, sowie Aufhebung aller Stapel- und Umschlagsrechte zur Durchführung kommen sollte.

Ausgenommen von dieser Verkehrsfreiheit waren nur die zu den Staatsmonopolen gehörenden Gegenstände wie Salz und Spielkarten, sowie die der inneren Besteuerung vorbehaltenen Verbrauchsgegenstände wie Bier, Branntwein, Braumalz, Tabak, Wein.

Zur Ausgleichung der Verschiedenheit der inneren Besteuerung dieser Verbrauchsartikel sollten bei Versand dieser Waren von einem Vereinsstaat in den andern die Ausgleichungs- später Uebergangsabgaben dienen.

Außerdem sollten auch die in einem Vereinsstaat patentierten Gegenstände von der Einfuhr in einen anderen Vereinsstaat ausgeschlossen sein.

Für Erhebung von Wege-, Chaussee-, Kanal-, Brücken- und Schleusengeldern wurde eine Maximalgrenze festgesetzt und die Herbeiführung eines gleichen Maß-, Münz- und Gewichtssystems wurde vorbehalten. Jedem Vereinsstaat blieb die

Organisation der Zollverwaltung auf seine eigenen Kosten überlassen. Nur die Kosten des Grenzschutzes und der Grenzzollverwaltung sollten durch Zubilligung von Pauschalsummen seitens des Vereins an die Vereinsmitglieder gemeinsam getragen werden. Um eine gegenseitige Kontrolle auszuüben, wurden aus den Beamten der Vereinsstaaten den Zollämtern Zollvereinskontrolleure oder Stationskontrolleure beigegeben, während bei den Zolldirektivbehörden Vereinsbevollmächtigte aufgestellt wurden. Das Abrechnungsverfahren wurde in der Weise geregelt, daß die gemeinschaftlichen Zölle und Verbrauchsabgaben nach Abzug der Verwaltungskosten nach der Kopfzahl der Vereinsstaatenbevölkerung verteilt wurden.

Auch wurde eine Art Vereinsbehörde gebildet und zwar aus Bevollmächtigten der einzelnen Staaten. Diese Zollbevollmächtigten sollten alle Jahre zusammenkommen, um über Abänderungen des Zollgesetzes, des Zolltarifs, der Zollordnung, der Verwaltungsorganisation, über aufgetretene Mängel und Beschwerden und über die definitive Abrechnung der Einnahmen und Ausgaben zu beraten und zu verhandeln.

Diese Zusammenkünfte wurden Generalkonferenzen genannt und es fanden bis zum Jahre 1863 fünfzehn solcher Generalkonferenzen statt, deren Verhandlungen in fortlaufenden Protokollen niedergelegt sind.

Diese Vereinbarungen der Zollbundesstaaten sind auch heute noch von Bedeutung, da hierin der Grund liegt für manche der heutigen deutschen Zollverwaltung noch anhaftende Eigenart.

Der deutsche Zollverein war bekanntlich immer nur auf eine gewisse Zeit vereinbart, meistens auf 8—12 Jahre und man unterscheidet in der Entwickelung des Zollvereins hauptsächlich vier Perioden. Die erste Periode erstreckte sich von seiner Gründung im Jahre 1833 bis zur erstmaligen Erneuerung im Jahre 1841, die zweite Periode umfaßt den Zeitraum bis zum Abschluß des sog. Februar-Handelsvertrags mit Österreich (19. Febr. 1853), die dritte Periode schließt mit dem Inkrafttreten des französischen Handelsvertrags bzw. mit der Neukonstituierung des Vereins nach den Ereignissen im Jahre 1866 durch die wichtige Vereinbarung des Zollvertrags vom 8. Juli 1867 und die vierte Periode endigt mit dem Uebergang des Zollvereins auf das Deutsche Reich im Jahre 1870/71.

Durch den äußerst wichtigen Juli-Vertrag von 1867 war zunächst für die dem Norddeutschen Bund angehörenden Staaten die norddeutsche Bundesverfassung und das Gesetz an die Stelle des kündbaren Vertrags getreten, aus dem völkerrechtlichen Verhältnis hatte sich für Norddeutschland ein Bundesstaat gebildet und nur den süddeutschen Staaten gegenüber blieb zunächst noch ein nur völkerrechtliches Verhältnis die Grundlage des Gesamtzollvereins. Aber so fest war das wirtschaftliche Band des deutschen Zollvereins, daß es nicht einmal durch den Krieg von 1866 zerrissen werden konnte.

W. Weber bemerkt hiewegen in seinem Buche: Der deutsche Zollverein, S. 463/4 folgendes: Der Zollverein bot im Verlaufe des Krieges von 1866 das merkwürdige Schauspiel dar, daß während seine Glieder miteinander in offenen Krieg gerieten und deren Kriegsheere miteinander kämpften, die Zollbehörden ihre Funktionen im Namen der Gemeinschaft fortsetzten und Gelder im Namen derselben einnahmen und gegenseitig verrechneten; eine Erscheinung, die in Deutschland selbst niemand überraschte, im Ausland aber als etwas ganz Unerklärliches allgemeines Erstaunen erregte.

Ueber die Details der Entwicklung des deutschen Zollvereins während der genannten vier Perioden, der Tätigkeit der Generalzollkonferenzen, des Widerstreits zwischen Schutzzöllnern und Freihändlern wird auf die ausführliche Darstellung in der 5. Auflage dieses Buches sowie auf die Ausarbeitung in Wiesingers Buch: Das Vereinszoll-Gesetz (Verlag von Brügel u. Sohn) hingewiesen. In diesen Abhandlungen ist auch auf den interessanten Konflikt unter den Vereinsgliedern aus Anlaß des preußisch-französischen Handelsvertrags-Abschlusses Rücksicht genommen und dargelegt, wie Österreich, das ursprünglich dem Zollverein nicht beitreten wollte, später den richtigen Anschluß versäumte und so außerhalb des Vereins geblieben ist. Nicht unerwähnt darf die eingehende Darstellung dieser Zeitperiode in v. Treitschkes Werk: Deutsche Geschichte im 19. Jahrhundert, Bd. V, gelassen werden.

Daß der deutsche Zollverein von ungemein segensreicher Wirkung für die industrielle Entwicklung Deutschlands und seinen Außenhandel war, ist unzweifelhaft; gleichwohl konnte von einer konsequenten, prinzipmäßigen deutschen Handelspolitik damals keine Rede sein, schon wegen des absoluten Vetos, das jeder einzelne Zollvereinsstaat, ob groß oder klein, hatte.

Durch den Juli-Vertrag von 1867 wurde die Zollverfassung Deutschlands auf eine wesentlich andere Grundlage gestellt, weshalb es um so mehr geboten erscheint, auf diesen Zollvereins-Vertrag etwas näher einzugehen, als dessen Abreden auch heutzutage noch neben den Bestimmungen der Reichsverfassung Gültigkeit haben. (Artikel 40 der RV.).

§ 8.

Die am 16. Mai 1865 nach vielen Kämpfen neu begründete deutsche Zollgemeinschaft sollte bis 1878 andauern. Allein die Ereignisse des Jahres 1866 stellten die weitere Fortdauer des Zollvereins bald in Frage und wenn auch der nationale Sinn der Zusammengehörigkeit aller deutschen Stämme wie oben schon bemerkt wurde, den Zollverein vor einer faktischen Auflösung während des Krieges bewahrte, so wurde durch die Friedensverträge gleichwohl bestimmt, daß die weitere Aufrechthaltung des deutschen Zollverbandes unter Festsetzung einer 6 monatlichen Kündigungsfrist von neuen Unterhandlungen abhängig gemacht werden solle.

Preußen schritt nun vor allem zur Konstituierung des „Norddeutschen Bundes", der durch den Bündnisvertrag vom 18. August 1866 unter den norddeutschen Staaten eingeleitet wurde und durch die am 1. Juli 1867 in Wirksamkeit getretene norddeutsche Bundesverfassung ins Leben trat. Erst nachdem der Norddeutsche Bund vollständig gesichert ward, regte Preußen im Jahre 1867 die Neuorganisation des Zollvereins an.

Die vom Bundeskanzler berufene Konferenz mit den Bevollmächtigten der süddeutschen Staaten endigte mit der Unterzeichnung des Zollvereinigungsvertrags vom 8. Juli 1867 zwischen dem Norddeutschen Bunde einerseits und Bayern, Württemberg, Baden und Hessen bezüglich der nicht zum Norddeutschen Bund gehörigen Territorien andrerseits (Bundesgesetzblatt 1867 S. 81 ff.).

Nach diesem ungemein wichtigen, teilweise heute noch gültigen Zollvereinigungsvertrage (vgl. deutsche RV. Art. 40) sollte die finanzwirtschaftliche Gemeinschaft des Zollvereins bis zum 31. Dezember 1877 fortgesetzt werden.

Im Zusammenhang mit der norddeutschen Bundesverfassung vom 26. Juli 1867 (Bundesgesetzblatt 1867 S. 1 ff.) erfolgten auch für die Südstaaten tiefeingreifende Aenderungen in der deutschen Zollverfassung, so die Einführung des Zollparlaments und des Zollbundesrates mit den Majoritätsbeschlüssen und dem Veto des Präsidiums, das der Krone Preußens zugestanden ward (Art. 8 u. 12 des Vertrags). Die Vereinskontrolle wurde gleichfalls dem Präsidium übertragen. Auch die formelle Leitung aller Geschäfte, die Einberufung des Zollbundesrats und des Zollparlaments, wodurch auch dem deutschen Volke ein Anteil an der Zollgesetzgebung zugewendet ward, erhielt die Präsidialmacht Preußen (vgl. Weber S. 464 ff.).

Das noch in mehreren Vereinsstaaten bestehende Salzmonopol wurde beseitigt und dafür eine gemeinsame Salzbesteuerung eingeführt (Salzsteuergesetz vom 8. Mai 1867). Auch wurde eine gemeinsame Tabakbesteuerung vorgenommen (Tabaksteuergesetz vom 26. Mai 1868).

Das Zollgebiet wurde durch Aufnahme der beiden Großherzogtümer Mecklenburg und der Provinz Schleswig-Holstein mit Lauenburg erheblich erweitert, auch alle noch bestehenden sog. Zollpräzipuen d. h. Vorwegzuwendungen wurden aufgehoben.

So wurde auch gleich in den ersten Jahren der Neugestaltung des deutschen Zollwesens außer den oben erwähnten Steuergesetzen die Neuordnung der veralteten Zollgesetze in die Wege geleitet und das sog. Vereinszollgesetz vom 1. Juli 1869 gelangte im Zollparlament fast einstimmig zur Verabschiedung (Bundesgesetzblatt 1869 S. 317 ff.).

Der Zollvereinigungs-Vertrag vom 8. Juli 1867 ist abgedruckt in Bd. V der Verträge (Berlin 1871), S. 82 u. ff. und im Bundesgesetzblatt 1867, S. 81 ff. Die Hauptbestimmungen sind enthalten in Art. 3, §§ 2—6, betreffend den Zolltarif, die gemeinsame Besteuerung des Salzes mit Abschaffung der noch bestehenden Salzmonopole, die gemeinsame Besteuerung des Zuckers und die neu einzuführende Steuer auf den Tabakbau im Inland. Von besonderer Wichtigkeit ist der Art. 5 wegen der inneren Besteuerung sowohl der ausländischen verzollten wie der inländischen Erzeugnisse (vgl. II. Abschnitt).

§ 9.

Von großer Wichtigkeit sind auch die Artikel 7 und 8 des besagten Zollvereinigungsvertrags, betreffend Einführung des Zollparlaments und des Zollbundesrats. Der Artikel 10 bestimmt die Gemeinschaftlichkeit der erhobenen Abgaben nach Abzug der Verwaltungskosten und Artikel 19 ordnet an, daß die Erhebung und Verwaltung der Zölle und gemeinschaftlichen Steuern den Vereinsstaaten überlassen bleibt, während nach Artikel 20 das Präsidium (Preußen) durch Aufstellung besonderer Beamten für die Aufrechthaltung des gesetzlichen Verfahrens in den Vereinsstaaten Sorge zu tragen hat (Vereinskontrolle, später Reichskontrolle).

Ueber die Einzelheiten dieser Zollvereins-Vertragsbestimmungen, welche nach Art. 40 RV. auch nach Errichtung des Deutschen Reiches noch Geltung hatten und haben, wird in dem Abschnitt: „Verfassungsmäßige Hauptgrundsätze der deutschen Zoll- und Steuer-Verwaltung“ noch das Nähere zu bemerken sein.

3. Die Wiederaufrichtung des Deutschen Reiches.

§ 10.

Durch den im Jahre 1870 mit Frankreich ausgebrochenen Krieg und die von den deutschen Heeren erfochtenen Siege brach eine neue Zeit für die deutsche Geschichte an, die auch für die deutsche Zoll- und Steuerverwaltung von besonderem und nachhaltigem Einfluß war. Denn nach längeren Verhandlungen mit den Vereinsstaaten wurden im Jahre 1870 die Bündnis-Verträge mit Bayern, Württemberg, Baden und Hessen abgeschlossen (Bündnisverträge vom 15., 23. und 25. Nov. 1870, BGBl. 1870 S. 627, RGBl. 1871 S. 9 und 63 ff.) und am 1. Januar 1871 konnte das Deutsche Reich mit der deutschen Reichsverfassung an die Stelle des Zollvereins treten, dessen Fortbestand jedoch wegen des Zollanschlusses des Großherzogtums Luxemburg und einiger österreichischer Gebiete bis jetzt noch nicht vollständig aufgehört hat.

W. Weber bemerkt in seinem schon erwähnten Buch: Der deutsche Zollverein, Geschichte seiner Entstehung und Entwicklung, Leipzig, Veit u. Cie., 2. Aufl., über den Abschluß dieser Zollvereins-Periode folgendes:

„Der deutsche Zollverein, dessen Geschichte so überaus reich an merkwürdigen Krisen und unerwarteten Wendungen ist, hat durch den Krieg von 1870 eine Umgestaltung erfahren, durch welche seine gesonderte Existenz wohl für immer beendigt sein dürfte. Er war eine spezifisch deutsche Schöpfung, hervorgerufen durch die eigentümlichen politischen Verhältnisse Deutschlands, ein Produkt des endlich praktisch gewordenen Einigungstriebes, der schließlich die parlamentarischen und bureaukratischen Tendenzen bemeisterte. Dadurch, daß der Drang nach einer Einigung Deutschlands sich zuerst auf dem volkswirtschaftlichen Gebiet äußerte, erhielt der Zollverein für die Nation eine erhöhte Bedeutung; jetzt wo die politische und die volkswirtschaftliche Einigung erfolgt ist, wird dieses erhöhte Interesse allerdings etwas in den Hintergrund treten. Immerhin aber wird der Zollverein und die Geschichte seiner Bildung und Entwicklung eines der wesentlichsten Elemente unserer Nationalgeschichte der neueren Zeit bilden. Auf dem wirtschaftlichen Boden des Zollvereins haben die großen Ereignisse, welche die jetzige Gestaltung Deutschlands allmählich herbeiführten, ihre Wurzeln und wenn es noch eines Beweises bedürfte, daß jede politische Institution nur dann auf eine Dauer zu rechnen vermag, wenn sie den wirtschaftlichen Interessen eines Volkes entspricht, die Geschichte des Deutschen Bundestages und des Deutschen Zollvereins werden einen solchen Beweis in schlagendster Weise liefern."

4. Die deutsche Reichszoll- und -Steuergesetzgebung.

(BGBl. 1870 S. 627 und RGBl. 1871 S. 9 ff. und 63 ff.)

§ 11.

Nach 38jährigem Bestande war der deutsche Zollverein mit dem Jahre 1870 durch die Wiederaufrichtung des Deutschen Reiches zu Ende gegangen, soweit das Reichsgebiet in Frage kommt. Mit dem Großherzogtum Luxemburg und mit den österreichischen Zollanschlüssen Jungholz und Mittelberg besteht der Zollverband noch jetzt.

Auch nach dem Inkrafttreten der deutschen Reichsverfassung blieben die Organisation des bisher bestandenen Zollvereins und die vertragsmäßigen Abmachungen der früheren Zollvereinsstaaten noch fortbestehen, wie in Art. 33—40 der deutschen Reichsverfassung des Näheren ausgeführt ist.

Die Zölle und Reichssteuern lieferten die Haupteinnahmequellen für den Reichshaushaltsetat und bilden auch jetzt noch die hauptsächlichste und sicherste Finanzquelle für das Reich.

Von der Zeit des Jahres 1871 bis zum Jahre 1910, also für einen 40jährigen Zeitraum, kann man in der Entwickelung der deutschen Reichszoll- und Reichssteuergesetzgebung drei deutlich sich unterscheidende Abschnitte erkennen, nämlich die Zeit von 1871 bis 1878 — die Zeit der Annäherung zum Freihandel; die Zeit von 1879 bis 1901 und von 1902 bis 1910, die Zeit der wiedererwachenden Schutzzölle und der Ausgestaltung der deutschen Reichssteuern.[1])

[1]) Die eingehendere Beschreibung und Darstellung der Vorgeschichte und Geschichte des Deutschen Zollvereins, sowie der Zeit von 1871 bis 1899 des Deutschen Reiches hat in der V. Auflage dieses Buches Aufnahme gefunden, weshalb bei der Überfülle an neuem Stoff infolge der Gesetzgebung von 1906 und 1909, der in dieser neuen VI. Auflage verarbeitet werden soll, auf die V. Auflage dieses Werkes Bezug genommen werden muß.

§ 12.

Wie bereits angedeutet, bewegte sich während der Zeitperiode 1871 bis 1878 die deutsche Zollgesetzgebung in mehr freihändlerischer Richtung, die in dem Zolltarif vom 1. Oktober 1873 ihren prägnanten Ausdruck fand (Reichsgesetz vom 7. Juli 1873), indem vom 1. Oktober 1873 ab die Zölle auf Eisen, Eisenwaren, Maschinen und Werkzeuge ermäßigt wurden und vom 1. Januar 1897 ab gänzlich in Wegfall kommen sollten. Der bisher noch bestandene Ausfuhrzoll auf Lumpen wurde aufgehoben.

Bevor jedoch die gänzliche Aufhebung der Eisenzölle eintrat, erfolgte der vom Reichskanzler v. Bismarck eingeleitete Umschwung in der deutschen Handelspolitik vom Freihandel zur Schutzzollpolitik. Im Jahre 1879 kam sodann der mehr schutzzöllnerische Zolltarif vom 15. Juli 1879 zustande, der wieder die Getreide- und Holzzölle, Eisenzölle und auch Kampfzölle einführte. Dieser Zolltarif vom 15. Juli 1879 wurde durch die Gesetzesnovellen vom 6. Juni 1880, 19./21. Juni 1881 und 23. Juni 1882, ferner vom 22. Mai 1885 unter Verschärfung der schutzzöllnerischen Tendenz ergänzt, dem noch das Gesetz vom 21. Dezember 1887 folgte.

Mit der Rückkehr zum gemäßigten Schutzzoll und zur Wahrung der berechtigten Interessen der heimischen Industrie und Arbeit, der deutschen Forst- und Landwirtschaft durch den Zolltarif von 1879 wurden im Laufe der Jahre 1880—1887 die Getreide- und Holzzölle, die anfangs nur einen bescheidenen Ansatz darstellten, eine Art Deklarations- und Ordnungsabgabe, wie sie Bismarck nannte, allmählich mehr und mehr erhöht; aber mit dem Abschluß der Caprivischen Handelsverträge in den Jahren 1892 und 1893 trat wieder eine Reaktion gegen die Höhe dieser Zollsätze ein, die bis zum Inkrafttreten des neuen Zolltarifes und Zolltarifgesetzes vom 25. Dezember 1902 (RGBl. 1902 S. 301 ff.) andauerte. Dieser letztere Zolltarif trat laut Kaiserlicher Verordnung vom 27. Februar 1905 (RGBl. 1905 S. 165) am 1. März 1906 zugleich mit den neu abgeschlossenen Handelsverträgen bzw. Zusatzverträgen mit Österreich-Ungarn, Italien, Belgien, der Schweiz und Rußland in Kraft.

Über den Umschwung in der deutschen Handelspolitik nach Beendigung des Zollvereins und nach der Errichtung des Deutschen Reiches existiert eine umfangreiche Literatur. (Vgl. V. Auflage dieses Buches, S. 28/29).

In dem Werke: Fünfundzwanzig Jahre deutscher Reichsgesetzgebung, Denkschrift zur Erinnerungsfeier des 25jährigen Bestehens der nationalliberalen Partei im Deutschen Reichstag, bearbeitet von Dr. B. Maaß in Dresden (Leipzig, Duncker u. Humblot) ist im Abschnitt V: Zollgesetzgebung der ganze Verlauf der deutschen Handelspolitik von 1872—1878 dargestellt.

Hier sei nur unter Bezugnahme auf die Darlegungen in der V. Auflage des vorliegenden Buches (S. 22 ff.) an den Antrag der Abgeordneten v. Varnbüler und Genossen erinnert, worin vorgeschlagen wurde, die Zollgesetzgebung des Reiches in Berücksichtigung der heimischen Industrie und Landwirtschaft zu reformieren. Dieser Antrag fand bei den Handelskammern und in Industriekreisen alsbald (1878) lebhafte Unterstützung. Auch im Volksbewußtsein selbst trat im Hinblick auf die günstigen Erfolge der Schutzzollpolitik in anderen Ländern, namentlich in den Vereinigten Staaten von Amerika, zu Mitte der 70er Jahre eine Wandlung der Anschauungen ein, die nach Schutz der heimischen Arbeit und des nationalen Marktes verlangte.

Aus Anlaß dieser Vorgänge und Anträge wurde mit Bundesratsbeschluß vom 12. Dezember 1878 behufs Revision des bestehenden Zolltarifs eine besondere Kommission eingesetzt. Jedoch ehe noch diese Kommission ihre Tätigkeit beginnen sollte, legte Fürst Bismarck in dem bekannten Schreiben vom 15. Dezember 1878 seine Ansichten über die Reform des Zolltarifs dar, wonach der inländischen Produktion auf industriellem wie landwirtschaftlichem Gebiete ein gewisser Schutz zur Sicherung des heimischen Markts zuzubilligen sei.

Diese Ausführungen des Reichskanzlers bezeichnen einen wichtigen Abschnitt in der deutschen Zoll- und Handelspolitik, die von nun an aus einer mehr internationalen und freihändlerischen wieder zu einer nationalen und mehr auf das Gedeihen der deutschen Industrie und Landwirtschaft bedachten umgestaltet werden sollte.

Zugleich sollte durch Erhöhung der Finanzzölle das Reich in die Lage versetzt werden, durch eigene Einnahmen seine Bedürfnisse zu befriedigen, um nicht mehr von den Matrikularbeiträgen der Einzelstaaten abzuhängen. Hiezu sollte eine ergiebige Bier- und Branntweinsteuer sowie das Tabakmonopol und die Uebernahme der gesamten deutschen Eisenbahnen auf das Reich verwendet werden.

Würden damals die Pläne und Absichten Bismarcks zur Durchführung gelangt sein, so würde das Reich heutzutage schwerlich in solcher Finanzklemme sich befinden, wie es jetzt der Fall ist.

Am 3. April 1879 wurde die neue Zolltarifvorlage beim Bundesrate vom Reichskanzler eingebracht (BRDrucksache Nr. 66, 1879).

Die Begründung hiezu weist darauf hin, daß der Zolltarif, den das Deutsche Reich aus dem Zollverein überkommen hatte, weder in finanzieller noch in wirtschaftlicher Beziehung mehr genüge.

An die Stelle des alten Zollvereins, der als solcher kein Finanzbedürfnis hatte, sei das Deutsche Reich mit seinem ansehnlichen eigenen Finanzbedarf getreten, dazu komme, daß auch die Einzelstaaten in Finanzschwierigkeiten sich befänden. Die direkte Steuerkraft der Bevölkerung sei auch durch die an die direkten Staatssteuern sich anlehnende Kommunalbesteuerung bereits dermaßen angespannt, daß die direkten Steuern nicht mehr leicht erhöht werden könnten.

Dagegen sei die Nutzbarmachung der indirekten Besteuerung noch nicht soweit herangezogen, wie es in finanzieller und namentlich auch in volkswirtschaftlicher Hinsicht geboten erscheine, da der Zolltarif in seiner dermaligen Gestalt nicht den Anforderungen genüge, welche die nationale Erwerbstätigkeit mit Recht beanspruche

Durch die Organisation des Zollvereins habe die deutsche Tarif- und Handelspolitik seinerzeit eine Wendung genommen, welche die Sicherung der heimischen Produktion und des heimischen Marktes vermissen lasse Dazu komme, daß die großartige Entwickelung der Verkehrsanstalten die Produktionsstätten und Absatzgebiete ganz anders gestaltet habe — für Industrie, Land- und Forstwirtschaft —, als man früher voraussehen konnte — — — — —

Der deutsche Reichstag erledigte diese Tarifvorlage in den Sitzungen vom 2. Mai 1879 bis 12. Juli 1879 und mit Reichsgesetz vom 15. Juli 1879 wurde das Gesetz betr. den Zolltarif des Deutschen Reiches veröffentlicht. (RGBl. 1879 S. 207.)

Dieser nach Ablauf der meisten Handelsverträge eingeführte Zolltarif vom 15. Juli 1879 unterschied sich äußerlich wie innerlich wesentlich von allen früheren Zolltarifen schon dadurch, daß die bisherigen Vorbemerkungen und allgemeinen Bestimmungen in das Zolltarif-Gesetz zusammengefaßt wurden und wenn auch die äußere Anordnung der Tarifpositionen beibehalten blieb, so verschwand doch die Position 29: Schießpulver, — wofür die Bestimmungen über den Petroleum-Zoll eingeschaltet wurden. Auch die Position 44: Artikel, welche unter keiner der vorstehenden Nummern begriffen sind, kam in Wegfall.

Aus dem Schreiben des Reichskanzlers an den Bundesrat vom 15. Dezember 1878, das für die Umkehr der deutschen Wirtschaftspolitik maßgebend wurde, ist noch hervorzuheben, daß außer den Finanzzöllen auf Tabak, Petroleum, Kaffee für alle ausländischen Fabrikate ein Schutz- und zugleich Finanzzoll von 5—10% des Werts vorgesehen wurde, denn wenn auch für den Reichskanzler in erster Linie das Interesse der finanziellen Reform und die Sicherstellung des Reichs auf eigene Einnahmen vorherrschte, so sollte doch das bis zum Jahr 1865 aufrecht erhaltene und nun wieder anzuwendende Prinzip der allgemeinen Zollpflicht der eingehenden Auslandswaren — etwa mit Ausnahme der notwendigen Rohstoffe, — dahin führen, daß vor allem der heimische Markt der nationalen Produktion erhalten bleibe Und in der Begründung zu dem Zolltarif-Gesetzentwurfe ward ausgeführt, daß das Reich selbst seine finanzielle Selbständigkeit erlangen müsse, die leider bis zum heutigen Tage noch nicht völlig erreicht ist; daß ferner die Einnahmen des Reiches hauptsächlich auf den indirekten Steuern und Zölle aufgebaut sein müßten, da die direkte Besteuerung zur Befriedigung der Bedürfnisse der Bundesstaaten herhalten müsse und daß die

Sicherung des heimischen Marktes und der Schutz der nationalen Produktion und Arbeit wieder mehr in den Vordergrund zu treten haben, — doch nur insoweit, daß die Exportfähigkeit der deutschen Industrieerzeugnisse nicht geschmälert werde.

Hinsichtlich des Zolltarifschemas selbst wurde schon damals die Frage aufgeworfen, ob nicht auch sonst die äußere Gestalt des Tarifs zu ändern wäre, indem statt der Aufzählung der Warengruppen nach alphabetisch geordneten Stichworten eine systematische Zusammenstellung zu erfolgen hatte. Allein der formalen Kontinuität halber mit der Vergangenheit wurde von der formellen Aenderung des Zolltarifsystems damals abgesehen.

5. Der Zolltarif vom 25. Dezember 1902.

§ 13.

Der Zolltarif vom 25. Dezember 1902, der an Stelle des Zolltarifs vom 15. Juli 1879 mit 1. März 1906 getreten ist, hat nunmehr auch bereits in seiner äußeren Anordnung und in seinem Aufbau ein ganz anderes Aussehen als alle die früheren deutschen Zolltarife gehabt haben, da die Gliederung des Tarifs in 19 Abschnitte mit 946 Unterabteilungen nicht mehr nach alphabetisch geordneten Stichworten, sondern nach systematischen Materien erfolgt, wie später noch näher ausgeführt werden wird.

Die 19 Abschnitte des Zolltarifs von 1902 behandeln folgende Waren und Gruppen, wie hier in Kürze angegeben wird:

1. Erzeugnisse der Land- und Forstwirtschaft, Nahrungs- und Genußmittel;
2. mineralische und tierische Rohstoffe, Mineralöle;
3. zubereitetes Wachs, feste Fettsäuren, Paraffin und Kerzenstoffe, Lichte, Wachswaren, Seifen, von Fetten, Oelen oder Wachs hergestellte Waren;
4. chemische und pharmazeutische Erzeugnisse, Farben und Farbwaren;
5. tierische und pflanzliche Spinnstoffe und Waren daraus, Menschenhaare, Schmuckfedern, Fächer und Hüte;
6. Leder und Lederwaren, Kürschnerwaren, Darmwaren;
7. Kautschukwaren;
8. Geflechte und Flechtwaren aus pflanzlichen Stoffen mit Ausnahme der Gespinstfasern;
9. Besen, Bürsten, Pinsel, Siebe,
10. Waren aus tierischen oder pflanzlichen Schnitzstoffen;
11. Papier, Pappe, Papierwaren;
12. Bücher, Bilder, Gemälde;
13. Stein- und Asbestwaren;
14. Tonwaren, Porzellan;
15. Glas und Glaswaren,
16. Edelmetalle und Waren daraus,
17. unedle Metalle und Waren daraus;
18. Maschinen, Fahrzeuge, elektrotechnische Erzeugnisse;
19. Feuerwaffen, Uhren, Tonwerkzeuge und Kinderspielzeug.

Der Zolltarif vom 25 Dezember 1902 erlitt durch das RG. vom 15. Juli 1909 (RGBl S. 743) betreffend Aenderung im Finanzwesen (Reichsfinanzreform Nr III) eine Abänderung in der Art, daß der Kaffeezoll und der Teezoll erheblich erhöht worden ist

6. Die Reichssteuer-Gesetzgebung.

§ 14.

Außer dem deutschen Zolltarif vom 25. Dezember 1902, der namentlich die Zölle für landwirtschaftliche Artikel wesentlich erhöhte und für die Hauptgetreidearten sog. Maximal- und Minimalzollsätze einführte, hat auch die deutsche Reichssteuergesetzgebung im Laufe der letzten 10 Jahre eine tiefein-

greifende Ausgestaltung erfahren, indem nicht bloß neue innere Reichssteuern eingeführt, sondern die schon bestehenden Verbrauchs- und Verkehrsabgaben erhöht und erweitert worden sind. Insbesondere haben die drei Reichsfinanzreformen vom Jahre 1904, 1906 und 1909 die Reichssteuerschraube gewaltig angezogen.

Wie bereits auf S. 14 d. B. bemerkt ist, hat sich das Deutsche Reich in seinen Einnahmequellen mehr an die indirekten Steuern zu halten, indem die direkten Steuern den Bundesstaaten zur Erfüllung ihrer Kulturaufgaben zu verbleiben haben. An sich würden ja direkte Reichssteuern nicht unzulässig sein, da es in Art. 70 der RV. nur heißt: Solange Reichssteuern nicht bestehen —, aber die Einführung einer Reichseinkommensteuer oder Reichsvermögenssteuer, — wie vielfach beantragt wurde —, erschien wenigstens für die Gegenwart unausführbar, da hinsichtlich der direkten Besteuerung in Deutschland unter den Einzelstaaten noch zu große Verschiedenheiten bestehen. Während z. B. in Preußen die allgemeine direkte progressive Einkommensteuer eingeführt ist, sind in anderen Bundesstaaten, wenigstens zurzeit noch, die sog. Ertragssteuern in Anwendung und kommt die reine Einkommenbesteuerung an sich nur nebenher zur Geltung. Dasselbe gilt von der Vermögensbesteuerung. Es konnte also nur die Reichserbschaftssteuer in Frage kommen, von der nicht genau feststeht, ob sie eine direkte oder indirekte Steuer ist und deren sofortige Einhebung für das Reich keine Schwierigkeiten verursachte.

Neu eingeführt wurden für das Deutsche Reich folgende Steuern:
- die Schaumweinsteuer mit Gesetz vom 9. Mai 1902 (RGBl. S. 155) und vom 15. Juli 1909 (RGBl. S. 714);
- die Zigarettensteuer mit Gesetz vom 3. Juni 1906 (RGBl. S. 631) und vom 15. Juli 1909 (RGBl. S. 713);
- die Reichserbschaftssteuer mit Gesetz vom 3. Juni 1906 (RGBl. S. 654) und nach § 5 des RG. vom 15. Juli 1909 (RGBl. S. 743);
- die Zündwarensteuer mit Gesetz vom 15. Juli 1909 (RGBl. S. 814);
- die Leuchtmittelsteuer mit Gesetz vom 15. Juli 1909 (RGBl. S. 880).

Erweitert und erhöht wurden:
- die Brausteuer mit Gesetz vom 3. Juni 1906 (RGBl S. 675) und 15. Juli 1909 (RGBl. S. 773);
- die Branntweinsteuer mit Gesetz vom 15. Juli 1909 (RGBl S. 661);
- die Tabaksteuer mit Gesetz vom 15. Juli 1909 (RGBl. S. 793),
- die Reichsstempelsteuer mit Gesetz vom 15. Juli 1909 (RGBl. S. 833).

Die Reichsstempelsteuer wurde insbesondere auch durch die Neueinführung des Frachturkundenstempels, der Personenfahrkartensteuer, der Tantièmensteuer, der Kraftfahrzeugsteuer und des Scheckstempels (Quittungsstempels) erweitert mit RG. vom 3. Juni 1906 (RGBl. S. 695) und mit RG. vom 15 Juli 1909 (RGBl. S. 833). Insbesondere kommt hier auch der neueingeführte Stempel für Grundstücksübertragungen (Ziff. 11 des Tarifs) in Betracht.

Ferner erhielt das Reichsstempelsteuergesetz durch Gesetz vom 15. Juli 1909 (RGBl. S. 825) eine anderweitige Fassung. Das Zuckersteuergesetz soll vom 1. April 1914 ab eine Aenderung dahin erfahren, daß die Zuckersteuer von 20 *M* auf 14 *M* für 1 Dzr Konsumzucker herabgesetzt wird (Art V des RG. vom 15. Juli 1909). Auch das Saccharin-(Süßstoff-)Gesetz vom 7 Juli 1902 (RGBl. S. 253) ist noch zu erwähnen.

Endlich sind noch zu erwähnen die Gesetze über die Schlachtvieh- und Fleischbeschau vom 10. Juli 1902 (RGBl. S. 242) mit der Fleischzollordnung und das Weingesetz vom 7. April 1909 (RGBl. S. 393) mit der Weinzollordnung, wodurch Beschau- und Untersuchungsgebühren in Einführung kamen.

Ueber die Einzelheiten dieser Reichs-Gesetze wird in den folgenden Abschnitten das Nähere bemerkt werden

II. Abschnitt.

Das deutsche Zoll- und Reichsgebiet.

1. Verfassungsmäßige Hauptgrundsätze für die Zoll- und Steuerverwaltung des Deutschen Reiches.

§ 15.

Nach dem Zollvereinigungsvertrage vom 8. Juli 1867, dessen Abreden, wie schon bemerkt, zum Teil noch in Gültigkeit sind (Art. 40 der RV.), sowie nach dem Inhalt der deutschen Reichsverfassung vom 16. April 1871, endlich nach Maßgabe der seither erlassenen Reichsgesetze lassen sich zurzeit folgende Hauptgrundsätze der deutschen Reichs-Zoll- und Steuerverwaltung feststellen.

Das Deutsche Reich bildet für sich und in Gemeinschaft mit den vertragsmäßig angeschlossenen Gebietsteilen fremder Staaten (Großherzogtum Luxemburg, der österreichischen Gemeinden Jungholz und Mittelberg), aber zurzeit noch ohne die preußische Insel Helgoland[1]) und bis auf weiteres ohne die vom Zollverband ausgeschlossenen Gebietsteile Deutschlands, die sog. Zollausschlüsse, ein einheitliches Zoll- und Handelsgebiet (Art. 33, 34 der Reichsverfassung), mit gemeinschaftlicher Zollgrenze und gleichheitlicher Zoll- und Steuergesetzgebung (ausgenommen zurzeit noch die Bier- und Weinsteuer), mit übereinstimmenden Verwaltungseinrichtungen (Art. 16, 19, 10, 11, 15, 17 des Zollvereinigungsvertrags vom 8. Juli 1867), ferner mit gegenseitigem Schutz gegen Hinterziehungen der in den einzelnen Bundesstaaten erhobenen gemeinsamen Abgaben (Zollkartell vom 11. Mai 1833, Art. 35 Abs. I der RV.).

Im Zollgebiete des Deutschen Reiches herrscht Verkehrsfreiheit für alle im freien Verkehr befindlichen Gegenstände mit Ausnahme des Bieres, das wegen der ungleichmäßigen Besteuerung, deren Erträge zudem in verschiedene Kassen fließen, der Übergangskontrolle unterliegt. Auch der Weinhandel ist in Württemberg und Baden wegen der daselbst bestehenden Landes-Weinsteuer einer Keller- und Versandkontrolle mit Bezettelung unterworfen. Wegen Luxemburg kommen besondere Vereinbarungen in Betracht.

Von der Ausfuhr und Durchfuhr der Waren werden in Deutschland zurzeit keine Abgaben erhoben (Art. 4 Abs. 1 des Juli-Vertrags von 1867). Bei der Beschlußfassung über die zur Ausführung und Durchführung der gemeinschaftlichen Gesetzgebung dienenden Regulative und Verwaltungsvorschriften sowie der erforderlichen Einrichtungen gibt die Stimme des Präsidiums (Preußen) im Bundesrat dann den Ausschlag, wenn sie sich für

[1]) Die Insel Helgoland dürfte im Jahre 1920 dem deutschen Zollverband angeschlossen werden.

Aufrechthaltung des Bestehenden ausspricht (Art. 37 der RV. und Artikel 7 und 8 § 12 des Zollvereinigungsvertrags vom 8. Juli 1867, des sog. Julivertrags).

Wegen Wiedereinführung von Ausfuhrzöllen auf Kalisalze, Kohlen und weißen Ton sind in neuerer Zeit verschiedene Anregungen ergangen, die aber bis jetzt ohne Erfolg geblieben sind, da solche Ausfuhrzölle die Exportfähigkeit dieser Artikel nur schädigen könnten.

Vgl. Antrag Stauffer u. Gen. AnlagenBd. III Nr. 119, 1905/06. RTVerh. Bd. I 15., 16., 19. Sitzung, RTVerhandlungen über das Kaligesetz, Febr. 1910.

Das Reich ausschließlich[1]) hat die Gesetzgebung über das gesamte Zollwesen, sowie über die Erhebung von Reichssteuern. Auch der Erlaß von Maßregeln, die zur Sicherung der gemeinsamen Zollgrenze in den Zollausschlüssen erforderlich sind, gehört zur Zuständigkeit des Reiches. (Art. 35 RV.)

Dagegen verbleibt die Erhebung und Verwaltung der Zölle und gemeinsamen Abgaben jedem Bundesstaate, soweit derselbe sie schon bisher ausgeübt hat, innerhalb seines Gebietes überlassen, ebenso die Anstellung der Beamten. Auch solchen Staaten, die bis zum Erlaß der Reichsverfassung die selbständige Verwaltung des Zollwesens nicht hatten, kann dieses Recht eingeräumt werden, wie dies z. B. bei Hamburg geschehen ist. (Art. 19 des Zollvertrags vom 8. Juli 1867 und Art. 36 Abs. 1 der RV.).

Innerhalb seines Gebiets kann jeder Staat auf eigene Kosten Zoll- und Steuerämter errichten (also Zoll- und Steuerstellen, die nicht der Zollgemeinschaft aufgerechnet werden), dagegen wird derjenige Bedarf an Kosten, welcher zur Sicherung der gemeinsamen Zollgrenze durch Aufstellung der Zollschutzwache sowie der Aufwand, der für die Abfertigungs- und Erhebungsämter an der Grenze und im Grenzbezirk (für die Zölle) notwendig wird, jedem Bundesstaate vom Reiche auf Grund der von den Reichsbevollmächtigten für Zölle und Steuern begutachteten Zollverwaltungskostenliquidationen aus den gemeinschaftlichen Einnahmen ersetzt. (Art. 16 des Zollvertrags und Art 11 und 17, Art 38 der RV.). Ebenso werden für die Kontrolle und Erhebung der sonstigen Reichssteuern (der Verbrauchs- und Verkehrssteuern, sowie der Reichsstempelabgaben) und der statistischen Gebühren die Auslagen der Bundesstaaten teils nach Prozentsätzen der Bruttoerträge, teils nach rechnerischer Feststellung der Barkosten ersetzt (Vgl Reichsgesetz vom 3. Juni 1906 Mantelgesetz § 5; Reichsgesetz vom 7 Februar 1906 § 14 betr die Statistik, Brausteuergesetz vom 15. Juli 1909 Ausführungsbestimmungen § 99 und § 23 des Branntweinsteuergesetzes vom 15. Juli 1909, verschiedene Bundesratsbeschlüsse und die sog. Vergütungsvorschriften hinsichtlich der Zollverwaltungskostenliquidation und des Besoldungsaufwandes für Erhebung und Kontrollierung der Salzsteuer auf den Salzwerken, herausgegeben im kaiserl Zoll- und Steuerrechnungsbureau, 1896).

2. Die Bestimmungen der deutschen Reichsverfassung.

§ 16.

Die für die deutsche Zoll- und Steuerverwaltung maßgebenden Bestimmungen der deutschen Reichsverfassung (RGBl. 1891 S. 71) sind in nachstehenden Artikeln enthalten:

Art. 33. „Deutschland bildet ein Zoll- und Handelsgebiet, umgeben von gemeinschaftlicher Zollgrenze. Ausgeschlossen bleiben die wegen ihrer Lage zur Einschließung in die Zollgrenze nicht geeigneten einzelnen Gebietsteile.“[2])

---

[1]) Über die Bedeutung des Wortes: ausschließlich in Art. 35 der RV. siehe die Abhandlung von Dr. Arndt, Königsberg, in Hirths Annalen 1909 Nr. 8.

[2]) Hinsichtlich der sog. Zollanschlüsse und Zollausschlüsse ist in der Abhandlung betreffend Umfang und Größe, Einwohnerzahl des deutschen Zoll- und Reichsgebiets das Nähere angegeben (s. unten S. 47) Vgl auch Vierteljahresheft der deutschen Reichsstatistik, 1897, III und Zeitschrift für Zollwesen 1901, Seite 195ff

Alle Gegenstände, welche im freien Verkehr eines Bundesstaates sich befinden, können in jedem anderen Bundesstaate eingeführt und dürfen in letzterem einer Abgabe nur insoweit unterworfen werden, als daselbst gleichartige inländische Erzeugnisse einer inneren Besteuerung unterliegen.

(Vgl. Zollvereinigungsvertrag vom 8. Juli 1867 Art. 4—5). In dieser Beziehung sind, wie auf Seite 11 d. B schon bemerkt ist, Artikel 5 Ziff. I und §§ 7, sowie 1—6 und 8 der Ziff. II von besonderer Wichtigkeit.

In diesem Artikel ist folgendes bestimmt, wobei außer § 5 des Reichsgesetzes vom 19. Juli 1879 auch noch das Reichsgesetz vom 27. Mai 1885 (RGBl. 1885, S. 109), der § 13 des Zolltarif-Gesetzes vom 25. Dezember 1902 (RGBl. 1902, S. 311) und § 58 des Brausteuergesetzes vom 15. Juli 1909 (RGBl. S. 773) in Betracht zu kommen haben:

a) Von allen ausländischen Erzeugnissen, die bei der Einfuhr mit mehr als 1 Mk. 50 Pfg. pro Zentner (3 Mk. für den Doppelzentner) belegt sind und von welchen auf die im Zollgesetz vorgeschriebene Weise dargetan ist, daß sie als ausländisches Ein- oder Durchgangsgut die zollamtliche Behandlung bei einer Erhebungsbehörde des Vereins bereits bestanden haben oder derselben noch unterliegen, darf keine Abgabe irgend welcher Art, sei es für Rechnung des Staates oder einer Kommune oder Korporation erhoben werden, jedoch mit Ausnahme von Mehl und anderen Mühlenfabrikaten, desgleichen von Backwaren, Fleisch, Fleischwaren, Fett, sowie soweit es sich um die Besteuerung von Kommunen und Korporationen handelt, von Bier und Branntwein.

b) Für ausländische Erzeugnisse, die beim Eingang zollfrei oder mit einer Abgabe von weniger als 3 Mk. für den Doppelzentner belegt sind, gelten die gleichen Grundsätze wie für die inländischen Erzeugnisse.

c) Innere Steuern dürfen nur auf Branntwein, Bier, Essig, Malz, Wein, Most, Zider (Obstwein), Mehl und andere Mühlenfabrikate, Backwaren, Fleisch und Fett gelegt werden, jedoch sollen hiebei die Erzeugnisse des fremden Vereinsstaates nicht ungünstiger behandelt werden als das Erzeugnis des eigenen Staates. Bei der Ausfuhr solcher binnenbesteuerten Waren kann die Steuer bis zur Höhe des erhobenen Betrags unerhoben oder rückvergütet werden.

Da zur Zeit nur mehr das Bier und der Wein einer verschiedenartigen innern Besteuerung in Deutschland unterliegen, und zwar das Bier in Württemberg, Baden und Bayern, sowie in Elsaß-Lothringen, der Wein in Württemberg und Baden, so kommt eine vereinsstaatliche innere Besteuerung nur mehr nach dieser Richtung in Betracht In Sachsen besteht noch eine staatliche Fleischsteuer mit Übergangskontrolle

d) Bezüglich der Erhebung von solchen Steuern für Rechnung der Kommunen und Gemeinden (Korporationen) von Bier, Wein und Nahrungsmitteln zur örtlichen Konsumtion kommen die Zuschläge zur Biersteuer, der Bier-Aufschlag, die Weinsteuer, die Mahl- und Schlachtsteuer, überhaupt der Oktroi in Frage.

Nach dieser Richtung hat der § 13 des Zolltarif-Gesetzes vom 25. Dezember 1902 und § 58 des neuen Brausteuergesetzes vom 15. Juli 1909 eine einschneidende Änderung herbeigeführt Dieser § 13 lautet:

„Für Rechnung von Kommunen oder Korporationen dürfen vom 1. April 1910 ab Abgaben auf Getreide, Hülsenfrüchte, Mehl und Mühlenfabrikate, desgleichen auf Backwaren, Vieh, Fleisch und Fett nicht mehr erhoben werden.

Auf die Erhebung von Abgaben von dem zur Bierbereitung bestimmten Malze seitens der Kommunen findet diese Bestimmung keine Anwendung.

Die entgegenstehenden Bestimmungen unter Ziff. I und im § 7 der Ziff. II des Artikel 5 des Zollvereinigungs-Vertrags vom 8 Juli 1867 und des Reichsgesetzes vom 27 Mai 1885 sind aufgehoben"

Wegen Aufhebung dieses § 13 des Zolltarifgesetzes vom 25. Dezember 1902 wurden von einer Mehrzahl von Gemeinden Petitionen beim Reichstage eingereicht, die jedoch in der Reichstagssitzung vom 21 April 1909 durch Annahme des Kommissionsantrages auf Übergang zur Tagesordnung erledigt worden sind.

Hiewegen wird bei Besprechung des § 13 des Zolltarifgesetzes und des Brausteuergesetzes das Einzelne vorgebracht werden.

Der bereits angeführte § 58 des neuen Brausteuergesetzes vom 15. Juli 1909 lautet:

„Hinsichtlich der Abgabenerhebung von Bier, Essig und Malz für Rechnung von Gemeinden kommen die Bestimmungen im Art. 5 II § 7 des Vertrages vom 8. Juli 1867 mit folgenden Abänderungen in Anwendung:

Die Grenze, bis zu der Bier für Rechnung von Gemeinden besteuert werden darf, wird auf 65 Pfennig für 1 Hektoliter Bier festgesetzt. Für Bier mit einem Alkoholgehalt von höchstens 1¾ % darf die Abgabe nicht mehr als 30 Pfennig für 1 Hektoliter betragen.

Soweit auf Grund der bisherigen Vorschriften Gemeinden höhere Abgaben von den Braustoffen oder von dem Bier erheben, dürfen diese höheren Abgaben bis zum 1. Oktober 1915 forterhoben werden.

Soweit die Bierabgabe von dem zur Bierbereitung verwendeten Malz erhoben wird, ist sie auf den Doppelzentner ungeschroteten Malzes in einem solchen Verhältnis zu bestimmen, daß die Höhe des Malzabgabesatzes der Höhe der Abgabe entspricht, die von dem in die Gemeinde eingeführten Bier erhoben wird. Die Festsetzung dieses Verhältnisses unterliegt der Genehmigung der Landesregierungen.

Abgaben von Bier für Rechnung von Gemeinden sind bei dem Übergang des versteuerten Bieres nach anderen Orten von den Gemeinden in dem nachweislich gezahlten Betrage zu erstatten. In Fällen, in denen bisher eine solche Erstattung nicht stattgefunden hat, kann die Oberste Landesverwaltungsbehörde den bisherigen Zustand bis zur Dauer von 10 Jahren noch fortdauern lassen.

Für die Fälligkeit, Einzahlung und Stundung der von den Gemeinden erhobenen Bierabgaben gelten die in § 8 des Brausteuergesetzes vom 15. Juli 1909 festgesetzten Fristen."

Nach diesem § 8 wird die Biersteuer für die in einem Monat verwendeten Braustoffe am letzten Tage dieses Monats fällig und ist spätestens am 7. Tage des nächsten Monats einzuzahlen, wenn keine Stundung auf 3 oder 6 Monate gewährt ist. In Verdachtsfällen kann auch die Vorauszahlung der Steuer verlangt werden.

Die Vorschriften des § 58 treten für das ganze Reich am 1. April 1910 in Kraft.

(Vgl. übrigens Bd. I 3. und 4. Sitzung der RTVerh. vom 30. November 1905 und 1. Dezember 1905, ferner Bd. III, 86b und Bd. V 138. und 139. Sitzung des Reichstages des Jahres 1906, Petitionen wegen Aufhebung der kommunalen Verbrauchsabgaben (§ 13 des Zolltarifgesetzes vom 25. Dezember 1902, 12. Bericht der Petitionskommission, Anl. Bd. IV Nr 246) und die Abhandlung von Engel in der Zeitschrift für Zollwesen Nr 7 und 8, 1909).

Art. 34. „Die Hansestädte Bremen und Hamburg mit einem dem Zweck entsprechenden Bezirke ihres oder des umliegenden Gebietes bleiben als Freihäfen außerhalb der gemeinschaftlichen Zollgrenze, bis sie ihren Einschluß in dieselbe beantragen."

Die Hansestädte Bremen und Hamburg wurden im Jahre 1888 in den deutschen Zollverband einbezogen, nur blieb ein bestimmter Teil des betreffenden Gebiets, bei Bremen bzw. Bremerhaven auch ein Teil des preußischen Gebiets der Stadt Geestemünde als Freihafen oder als Zollausschlußgebiet außerhalb der gemeinschaftlichen Zollgrenze. Die Hansestadt Lübeck wurde bereits im Jahre 1869 in das Zollgebiet eingeschlossen.

Hiewegen ist das Nähere in dem Abschnitt über Umfang, Einwohnerzahl und Größe des deutschen Zollgebiets vorzutragen (s. unten S. 47).

Art. 35. „Das Reich (das Deutsche Reich) ausschließlich hat die Gesetzgebung über das gesamte Zollwesen, über die Besteuerung des im Bundesgebiete gewonnenen Salzes und Tabaks, bereiteten Branntweins und Bieres und aus Rüben oder anderen inländischen Erzeugnissen dargestellten Zuckers und Syrups, über den gegenseitigen Schutz der in den einzelnen Bundesstaaten erhobenen Verbrauchsabgaben gegen Hinterziehungen, sowie über die Maßregeln, welche in den Zollausschlüssen zur Sicherung der gemeinsamen Zollgrenze erforderlich sind.

In Bayern, Württemberg und Baden bleibt die Besteuerung des inländischen (Branntweins und) Bieres der Landesgesetzgebung vorbehalten. Die Bundesstaaten werden jedoch ihr Bestreben darauf richten, eine Übereinstimmung der Gesetzgebung über die Besteuerung auch dieser Gegenstände herbeizuführen."

Auch in Elsaß-Lothringen besteht zurzeit noch eine besondere Biersteuer, deren Erträgnisse in die Landeskasse fließen. Über die Verschiedenheiten der auf dem Bierverbrauch in Deutschland ruhenden Abgaben wird bei Besprechung der Verbrauchssteuern das Nähere anzuführen sein.

Art. 36. „Die Erhebung und Verwaltung der Zölle und Verbrauchssteuern (Art. 35) bleibt jedem Bundesstaate, soweit derselbe sie bisher ausgeübt hat, innerhalb seines Gebietes überlassen.
Der Kaiser überwacht die Einhaltung des gesetzlichen Verfahrens durch Reichsbeamte, welche er den Zoll- oder Steuerämtern und den Direktivbehörden der einzelnen Staaten, nach Vernehmung des Ausschusses des Bundesrates für Zoll- und Steuerwesen, beiordnet.
Die von diesen Beamten über Mängel bei der Ausführung der gemeinschaftlichen Gesetzgebung (Art. 35) gemachten Anzeigen werden dem Bundesrate zur Beschlußfassung vorgelegt."

Die Artikel 35 und 36 der Reichsverfassung handeln in Übereinstimmung mit Art. 7 und 19 des Julivertrags von 1867 von der Gesetzgebung in Zoll- und Steuerangelegenheiten und von der Erhebung und Verwaltung der Zölle und Reichssteuern. Die Gesetzgebung in dieser Beziehung ist der Gemeinschaft, also jetzt dem Reiche vorbehalten, die Verwaltung jedoch, wozu auch die Erhebung gehört, ist der Tradition aus der Zollvereinszeit entsprechend, den Vereinsstaaten, jetzt Bundesstaaten verblieben, soweit sie sie schon bis zum Jahr 1870 ausgeübt hatten. Seitdem ist noch die besondere Zollverwaltung der Hansestädte hinzugekommen.

Die Vereins-, jetzt Reichskontrolle, wird durch Reichskommissare wahrgenommen, die von den Bundesstaaten vorgeschlagen und vom BRAusschuß für Zoll- und Steuerwesen im Namen des Kaisers berufen werden. Ihre Gehaltsbezüge erhalten sie während der Dauer ihrer Funktion aus der Reichskasse. Sie heißen Reichsbevollmächtigte für Zölle und Steuern, sofern sie den Direktivbehörden beigeordnet sind, und Stationskontrolleure, wenn sie den Hauptzollämtern zugeteilt sind.

Hier kommen auch die Art. 16 und 20 des Julivertrags in Betracht, wodurch die Vergütung der Verwaltungs- und Erhebungskosten, die den Bundesstaaten erwachsen, geregelt ist. Ferner ist bestimmt, daß die Bundesstaaten für die Diensttreue der Zollangestellten und für die Sicherheit der Kassenlokale und Geldtransporte zu haften haben.

Bemerkenswert ist noch die Bestimmung in Art. 16 Ziff. 4 des Julivertrags, wonach man darauf bedacht sein wird, durch Feststellung allgemeiner Normen die Besoldungsverhältnisse der Beamten bei den Zollerhebungs- und Aufsichtsbehörden, ingleichen bei den Zolldirektionen in möglichste Übereinstimmung zu bringen, was jedoch bislang noch nicht der Fall ist. Auch ist in Art. 3 § 6 dieses Vertrags bestimmt, daß die Verwaltung der Zölle und gemeinschaftlichen Steuern und die Organisation der dazu dienenden Behörden in allen Ländern des Zollvereins, also jetzt in den Bundesstaaten, auf gleichen Fuß gebracht werden sollte, allerdings unter Berücksichtigung der in den einzelnen Bundesstaaten bestehenden eigenartigen Verhältnisse. Gleichwohl besteht auch heutzutage noch in Deutschland weder eine vollständige Gleichheit der Zollbehörden untereinander, noch eine gleichmäßige Besoldung, weder gleiche Benennung noch gleichmäßige Vorbildung der Zollbeamten.

Art. 37. „Bei der Beschlußfassung über die zur Ausführung der gemeinschaftlichen Gesetzgebung (Art 35) dienenden Verwaltungsvorschriften und Einrichtungen gibt die Stimme des Präsidiums alsdann den Ausschlag, wenn sie sich für Aufrechthaltung der bestehenden Vorschrift oder Einrichtung ausspricht."

Art. 38. „Der Ertrag der Zölle und der anderen in Art. 35 bezeichneten Abgaben, letzterer soweit sie der Reichsgesetzgebung unterliegen, fließt in die Reichskasse.
Dieser Ertrag besteht aus der gesamten von den Zöllen und den übrigen Abgaben aufgekommenen Einnahme nach Abzug:

1. der auf Gesetzen oder allgemeinen Verwaltungsvorschriften beruhenden Steuervergütungen und Ermäßigungen,

2. der Rückerstattungen für unrichtige Erhebungen,
3. der Erhebungs- und Verwaltungskosten, und zwar:
   a) bei den Zöllen der Kosten, welche an den gegen das Ausland gelegenen Grenzen und in dem Grenzbezirke für den Schutz und die Erhebung der Zölle erforderlich sind,
   b) bei der Salzsteuer der Kosten, welche zur Besoldung der mit Erhebung und Kontrollierung dieser Steuer auf den Salzwerken beauftragten Beamten aufgewendet werden,
   c) bei der Rübenzuckersteuer und der Tabaksteuer der Vergütung, welche nach den jeweiligen Beschlüssen des Bundesrates den einzelnen Bundesregierungen für die Kosten der Verwaltung dieser Steuern zu gewähren ist,
   d) bei den übrigen Steuern mit 15 Prozent der Gesamteinnahme.[1])

Die außerhalb der gemeinschaftlichen Grenze liegenden Gebiete tragen zu den Ausgaben des Reichs durch Zahlung eines Aversums bei.
Bayern, Württemberg und Baden (und bis auf weiteres auch Elsaß-Lothringen) haben an dem in die Reichskasse fließenden Ertrag der Steuern von Branntwein und Bier und an dem diesem Ertrage entsprechenden Teile des vorstehend erwähnten Aversums keinen Teil." —

Diese beiden Art. 37 und 38 der Reichsverfassung sind von ganz besonderer Wichtigkeit und entsprechen den Art. 10 und 11 des Julivertrags.

Die auf Gesetzen oder allgemeinen Verwaltungsvorschriften beruhenden Steuer- und Zollvergütungen sowie dergleichen Ermäßigungen betreffen in erster Linie die Nacherhebungen und Rückersätze auf Grund der Registerrevision und Tarifrichtigstellungen, sodann den Rückersatz von gezahlter Branntwein-, Zucker- Tabak-, Brau- und Salzsteuer bei der Ausfuhr von Fabrikaten, wozu versteuerter Branntwein, Tabak, Zucker oder versteuertes Salz verwendet worden ist, ferner bei Denaturierung (Vergällung) von Branntwein, von Salz usw.

Bei der Ausfuhr von Kakaofabrikaten wird der Kakaozoll nach dem Gesetze vom 22. April 1892 rückvergütet. Auch die Zollerlasse aus Billigkeit sind hieher zu rechnen. In betreff der Einzelheiten hiewegen wird das Nähere im Abschnitt über „Abrechnung des Reiches mit den Bundesstaaten" bemerkt werden.

Art. 39. „Die von den Erhebungsbehörden der Bundesstaaten (also bei den Zoll- und Steuerämtern) nach Ablauf eines jeden Vierteljahrs aufzustellenden Quartalsextrakte und die nach dem Jahres- und Bücherabschlusse aufzustellenden Finalabschlüsse über die im Laufe des Vierteljahrs bzw. während des Rechnungsjahres fällig gewordenen Einnahmen an Zöllen und nach Art. 38 RV. zur Reichskasse fließenden Verbrauchsabgaben werden von den Direktivbehörden der Bundesstaaten, nach vorangegangener Prüfung, in Hauptübersichten zusammengestellt, in welchen jede Abgabe gesondert nachzuweisen ist, und es werden diese Übersichten an den Ausschuß des Bundesrates für das Rechnungswesen eingesandt.
Der letztere stellt auf Grund dieser Übersichten von 3 zu 3 Monaten den von der Kasse jedes Bundesstaates der Reichskasse schuldigen Betrag vorläufig fest und setzt von dieser Feststellung den Bundesrat und die Bundesstaaten in Kenntnis, legt auch alljährlich die schließliche Feststellung jener Beträge mit seinen Bemerkungen dem Bundesrate vor. Der Bundesrat beschließt über diese Feststellung." —

[1]) Für die Erhebung und Verwaltung der Branntweinverbrauchsabgabe werden vom Reich den Einzelstaaten jetzt 8 Prozent der Gesamtrohsolleinnahmen vergütet (§ 81 der Ausführungsbestimmungen zum Branntweinsteuergesetz vom 15. Juli 1909). Für die Erhebung und Verwaltung der Brausteuer werden nur mehr 5 Prozent der Rohsolleinnahme vergütet (§ 99 der Ausführungsbestimmungen zum Brausteuergesetz vom 15. Juli 1909). Auch für die Erhebung der Schaumweinsteuer, der Leuchtmittelsteuer, der Zündwarensteuer kommen nur 4%, für die Erhebung des Spielkartenstempels 5%, für den Wechselstempel 2%, für die Erhebung der sonstigen Reichsstempelabgaben 2% der Rohsoll-Einnahmen in Abrechnung. Das Nähere findet sich in dem Abschnitt: Abrechnung des Reiches mit den Bundesstaaten.

über die Bestimmungen hinsichtlich des Abrechnungswesens unter den Bundesstaaten bestehen besondere Separatvorschriften, worüber das Nähere noch mitgeteilt werden wird.

Art. 40. „Die Bestimmungen in dem Zollvereinigungsvertrag vom 8. Juli 1867 bleiben in Kraft, soweit sie nicht durch die Vorschriften dieser Verfassung abgeändert sind und soweit sie nicht auf dem in Artikel 7 bzw. 78 bezeichneten Wege abgeändert werden." —

Der Art. 7 der RV. lautet: Der Bundesrat beschließt

1. über die dem Reichstag zu machenden Vorlagen und die von demselben gefaßten Beschlüsse,
2. über die zur Ausführung der Reichsgesetze erforderlichen Verwaltungsvorschriften und Einrichtungen, soferne nicht durch Reichsgesetz etwas anderes bestimmt ist,
3. über Mängel, welche bei der Einführung der Reichsgesetze oder der vorerwähnten Vorschriften und Einrichtungen hervortreten.

Jedes Bundesglied ist befugt, Vorschläge zu machen und in Vortrag zu bringen und das Präsidium ist verpflichtet, dieselben der Beratung zu übergeben.

Die Beschlußfassung erfolgt vorbehaltlich der Bestimmungen der Art 5, 37 und 78 RV. mit einfacher Mehrheit. Nicht vertretene oder nicht instruierte Stimmen werden nicht gezählt. Bei Stimmengleichheit gibt die Präsidialstimme den Ausschlag.

Bei der Beschlußfassung über eine Angelegenheit, welche nach der Bestimmung der Verfassung nicht dem ganzen Reiche gemeinschaftlich ist (z. B. Biersteuer), werden die Stimmen nur derjenigen Bundesstaaten gezählt, welchen die Angelegenheit gemeinschaftlich ist.

Art. 5 Abs. 1: Die Reichsgesetzgebung wird ausgeübt durch den Bundesrat und den Reichstag. Die Übereinstimmung der Mehrheitsbeschlüsse beider Versammlungen ist zu einem Reichsgesetze erforderlich und ausreichend.

Art. 78. „Veränderungen der Verfassung erfolgen im Wege der Gesetzgebung. Sie gelten als abgelehnt, wenn sie im Bundesrat 14 Stimmen gegen sich haben. Diejenigen Vorschriften der Reichsverfassung, durch welche bestimmte Rechte einzelner Bundesstaaten in deren Verhältnis zur Gesamtheit festgestellt sind (die sog. Reservatrechte), können nur mit Zustimmung des berechtigten Bundesstaates abgeändert werden." — -

Noch ist Art. 70 der RV. anzuführen.

Der Art. 70 der Reichsverfassung lautete nach der ursprünglichen Feststellung der Reichsverfassung wie folgt:

„Zur Bestreitung aller gemeinschaftlichen Ausgaben dienen zunächst die etwaigen Überschüsse der Vorjahre, sowie die aus den Zöllen, den gemeinschaftlichen Verbrauchssteuern und den aus dem Post- und Telegraphenwesen fließenden gemeinschaftlichen Einnahmen. Insoweit dieselben durch diese Einnahmen nicht gedeckt werden, sind sie, solange Reichssteuern nicht eingeführt sind, durch Beiträge der einzelnen Bundesstaaten nach Maßgabe ihrer Bevölkerung aufzubringen (die sogenannten Matrikularbeiträge), welche bis zur Höhe des budgetmäßigen Betrages durch den Reichskanzler ausgeschrieben werden."

Dieser Artikel der RV. in Zusammenhang mit Art. 38 Abs. 1 zeigte den richtigen Weg des deutschen Reichsfinanzwesens, der jedoch mit Einführung der sog. Franckenstein'schen Klausel verlassen wurde.

Durch das Reichsgesetz vom 16. Mai 1904 (die sog. kleine Reichsfinanzreform) wurde der Art. 70 der RV. wie folgt geändert (RGBl. 1904 S. 169):

Art. 70. Zur Bestreitung aller gemeinschaftlichen (Reichs)Ausgaben dienen zunächst die aus den Zöllen und gemeinsamen (Reichs)Steuern, aus dem Eisenbahn-, Post- und Telegraphenwesen sowie aus den übrigen Verwaltungszweigen fließenden gemeinsamen Einnahmen. Insoweit die Ausgaben durch diese Einnahmen nicht gedeckt werden, sind sie durch Beiträge der einzelnen Bundesstaaten nach Maßgabe ihrer Bevölkerung aufzubringen, welche in Höhe des budgetmäßigen Betrags durch den Reichskanzler ausgeschrieben werden. Insoweit diese Beträge in den Überweisungen keine Deckung finden, sind sie den Bundesstaaten am Jahresschluß in dem Maße zu erstatten, als die übrigen ordentlichen Einnahmen des Reichs dessen Bedarf übersteigen. Etwaige Überschüsse aus den Vorjahren dienen, insoweit durch das Gesetz über den Reichshaushaltsetat nicht ein anderes bestimmt wird, zur Deckung gemeinschaftlicher außerordentlicher Ausgaben.

Dieser neugefaßte Artikel 70 der RV. hat durch § 3 des Reichsgesetzes vom 3 Januar 1906 (Reichsfinanzreform) wieder eine Abänderung erlitten. Wenn nämlich die nach Art. 70 der RV. von den Bundesstaaten aufzubringenden Matrikularbeiträge in einem Rechnungsjahre den Sollbetrag der Überweisungen um mehr als 40 Pfg. pro Bevölkerungskopf übersteigen (also zirka 24 Millionen Mark), soll die Erhebung des

Mehrertrags für dieses Rechnungsjahr ausgesetzt bleiben. Wenn sich ein solcher Mehrertrag auch nach der Rechnung, also nicht bloß nach dem Etat, ergibt, so findet diese Erhebung im Juli des drittfolgenden Rechnungsjahres statt.

Der § 3 zum Reichsfinanzreformgesetze vom 3. Juni 1906, wie er eben angeführt wurde, ist durch das Reichsgesetz vom 15. Juli 1909 (RGBl. Nr. 41 S. 743) beseitigt worden, indem bestimmt ist:

§ 1. Matrikularbeiträge:

„§ 3 des Gesetzes, betreffend die Ordnung der Reichshaushalts- und Reichsschuldentilgung vom 3. Juni 1906 tritt außer Wirksamkeit."

Dafür brachte der § 2 dieses Gesetzes eine andere Ordnung hinsichtlich der Entrichtung der Matrikularbeiträge und der Tilgung der Reichsschulden, wie in §§ 19/20 näher erörtert wird.

3. Zusammenfassung der bestehenden Bestimmungen.

§ 17.

Aus der Reichsverfassung im Zusammenhalt mit dem Julivertrag (Zollvereinigungsvertrag vom 8. Juli 1867) und den seither erlassenen Reichsgesetzen ergibt sich demnach, daß das Deutsche Reich in seiner Gesamtheit — von den Zollausschlußgebieten abgesehen — einerseits ein gemeinsames Zoll- und Handelsgebiet mit allseits freiem Verkehr (Wein- und Bierversand ausgenommen) darstellt, andererseits in bezug auf das Reichsgebiet nach Maßgabe der Reichsverfassung (RGBl. 1871 S. 67) einen Bundesstaat[1]) bildet, dessen Präsidium dem König von Preußen zusteht, der den Namen Deutscher Kaiser führt.[2]) Als solcher hat dieser das Reich völkerrechtlich zu vertreten, im Namen des Reichs Krieg zu erklären, Frieden zu schließen und Bündnisse und Verträge einzugehen.

Als souveräner Träger der Reichsgewalt erscheint dem Wesen des Bundesstaats entsprechend die Gesamtheit der zum Reich vereinigten Bundesregierungen.[3]) Die Staatsgewalt wird im Reiche durch den Kaiser, den Bundesrat und den Reichstag ausgeübt. Das Reichsgebiet umfaßt außer dem Reichsland Elsaß-Lothringen 25 Staaten und zwar 4 Königreiche, 6 Großherzogtümer, 5 Herzogtümer, 7 Fürstentümer und 3 freie Städte.

Im Bundesrat führen Preußen 17, Bayern 6, Sachsen und Württemberg je 4, Baden und Hessen je 3, Mecklenburg-Schwerin und Braunschweig je 2 Stimmen, die übrigen Staaten je eine Stimme.

Jedes Mitglied des Bundes kann so viel Bevollmächtigte zum Bundesrat ernennen, als es Stimmen hat.

Der Statthalter in Elsaß-Lothringen kann zur Vertretung der Vorlagen aus dem Bereiche der Landesgesetzgebung sowie der Interessen Elsaß-Lothringens bei Gegenständen der Reichsgesetzgebung Kommissare in den Bundesrat abordnen.

Der Vorsitz im Bundesrat und die Leitung der Geschäfte steht dem Reichskanzler zu.

Der Bundesrat bildet aus seiner Mitte verfassungsmäßig folgende Ausschüsse:

1 für das Landheer und die Festungen,
2. für das Seewesen,
3. für Zoll- und Steuerwesen,
4. für Handel und Verkehr,
5. für Eisenbahnen, Post und Telegraphen,
6. für Justizwesen,

---

[1]) Anm. Vgl. Hue de Grais, Handbuch der Verfassung und Verwaltung in Preußen und im Reich (Berlin, J. Springer).

[2]) RV. Art. 11.

[3]) Vgl. Hue de Grais, Handbuch der Verfassung usw. in Preußen und im Reich S. 8.

7. für Rechnungswesen,
8. für die auswärtigen Angelegenheiten;

außer diesen Ausschüssen bestehen noch Ausschüsse:

9. für Elsaß-Lothringen,
10. für die Verfassung,
11. für die Geschäftsordnung

und ein außerordentlicher Ausschuß für das Eisenbahn-Gütertarifwesen.

Der Bundesrat beschließt außer den bereits oben (S. 23) aufgeführten Materien auch

über die Erklärung des Krieges im Namen des Reichs, es sei denn, daß ein Angriff auf das Bundesgebiet oder dessen Küsten erfolgt; über die Exekution, wenn Bundesglieder ihre verfassungsmäßigen Bundespflichten nicht erfüllen; über die Auflösung des Reichstags; über die Feststellung der von jedem Bundesstaat der Reichskasse schuldigen Beträge an Zöllen und Verbrauchsabgaben; über die Entlastung der Rechnungen von der Verwendung der Einnahmen des Reichs; über Streitigkeiten zwischen verschiedenen Bundesstaaten, sofern diese nicht privatrechtlicher Natur sind; über Verfassungsstreitigkeiten in solchen Bundesstaaten, in deren Verfassung nicht eine Behörde zur Entscheidung solcher Streitigkeiten bestimmt ist; über Beschwerden wegen verweigerter oder gehemmter Rechtspflege.

Der Bundesrat wirkt bei der Landesgesetzgebung von Elsaß-Lothringen mit, nach Maßgabe des Gesetzes vom 2. Mai 1877.

Der Reichstag besteht aus 397 Abgeordneten.

Es werden gewählt:

im	Königreiche	Preußen . . .	236	Abgeordnete,
"	"	Bayern .	48	" ,
"	"	Sachsen .	23	" ,
"	"	Württemberg . . .	17	" ,
"	Großherzogtum	Baden .	14	" ,
"	"	Hessen .	9	" ,
"	"	Mecklenburg-Schwerin . .	6	" ,
"	"	Sachsen	3	" ,
"	"	Mecklenburg-Strelitz .	1	" ,
"	"	Oldenburg . . .	3	" ,
"	Herzogtum	Braunschweig . .	3	" ,
"	"	Sachsen-Meiningen . .	2	" ,
"	"	Sachsen-Altenburg . .	1	" ,
"	"	Sachsen-Koburg und Gotha .	2	" ,
"	"	Anhalt	2	" ,
"	Fürstentum	Schwarzburg-Sondershausen .	1	" ,
"	"	Schwarzburg-Rudolstadt .	1	" ,
"	"	Waldeck .	1	" ,
"	"	Reuß älterer Linie	1	" ,
"	"	Reuß jüngerer Linie	1	" ,
"	"	Schaumburg-Lippe	1	" ,
"	"	Lippe	1	" ,
in der	freien und Hansestadt	Lübeck	1	" ,
"	"	freien Hansestadt Bremen	1	" ,
"	"	freien und Hansestadt Hamburg .	3	" ,
"	Elsaß-Lothringen	.	15	" ,

Verfassungsmäßig beschließt der Reichstag über die Legitimation seiner Mitglieder sowie über seine Geschäftsordnung, und wählt er seinen Präsidenten, seine Vizepräsidenten und Schriftführer.

Nach gesetzlicher Bestimmung wählt er sechs Mitglieder der Reichsschulden-Kommission; außerdem wählt er sieben Mitglieder der Kommission für Arbeiterstatistik.

Die für den Reichstag notwendigen Beamten werden von dem Präsidenten ernannt.

4. Die Verwaltungsorganisation im Reiche.

§ 18.

Zur Aus- und Durchführung der Reichsgeschäfte steht an der Spitze der gesamten Reichsverwaltung der vom Kaiser zu ernennende Reichskanzler, dem die obersten Reichsbehörden als Organe und Aufsichtsbehörden dienen. Die Chefs der obersten Reichsbehörden (die Staatssekretäre) sind dem Reichskanzler unterstellt.

Der Reichskanzler hat im Namen des Kaisers die Ausführung der Reichsgesetze zu überwachen, die Verwaltung und Beaufsichtigung aller Reichsangelegenheiten zu leiten sowie die Verfügungen und Erlasse des Kaisers gegenzuzeichnen, womit er die Verantwortung übernimmt.

Als Reichsbehörden sind folgende Ämter anzuführen:

I. Oberste Reichsbehörden.

1. Das Auswärtige Amt. Das Auswärtige Amt zerfällt in drei Abteilungen.

Der zweiten Abteilung sind die Angelegenheiten des Handels und Verkehrs, das gesamte Konsulatswesen, die Auswanderungsangelegenheiten, die Medizinal-, Veterinär- und Quarantänesachen sowie die Eisenbahn-, Post-, Telegraphen- und Schiffahrtsangelegenheiten rc. zugeteilt.

Für die Schutzgebiete: Deutsch-Ostafrika, Kamerun, Togo, Deutsch-Südwestafrika, Samoa, die Marshall-, Brown- und Providence-Inseln, Deutsch-Neu-Guinea einschließlich des Inselgebiets der Karolinen, Palau und Marianen ist ein besonderes Reichs-Kolonialamt errichtet worden.[1])

2. Das Reichsamt des Innern. Das Reichsamt des Innern zerfällt in vier Abteilungen.

Zur Abteilung I gehören die auf den Bundesrat, den Reichstag und die Reichstagswahlen gehörenden Geschäfte, die Staatsangehörigkeitssachen, das Armenwesen, die Unterstützung von wissenschaftlichen Unternehmungen, die Ausstellungssachen usw.

Der Abteilung II liegt die Fürsorge für die arbeitenden Klassen (die Unfall-, Kranken-, Invaliditäts- und Altersversicherung, Arbeitsschutz, Sonntagsruhe usw.) ob, überhaupt die Sozialpolitik, das Versicherungswesen, Verhältnisse des Arbeitsmarkts usw.

Die Abteilung III bearbeitet das Veterinär- und Medizinalwesen, das Maß- und Gewichtswesen, See- und Binnenschiffahrt, das Auswanderungswesen usw.

Die Abteilung IV, welche hier besonders interessiert, betrifft die Handelspolitik und die Handelsstatistik, Zoll- und Handelsverträge, Börsen- und Bankwesen, überhaupt die wirtschaftliche Seite des Zoll- und Steuerwesens.

Das Reichsamt des Innern sollte durch Abtrennung der Abteilung II und durch Errichtung eines besonderen Reichsarbeitsamtes entlastet werden. Man ist jedoch hievon z. Zt. wieder abgekommen.

Dem Reichsamt des Innern unterstehen u. A. auch als mittlere Reichsbehörden das Reichsversicherungsamt, das Wissenschaftliche Vermessungsamt, das Gesundheitsamt, das Aufsichtsamt für Privatversicherung und das Kaiserliche Statistische Amt.

---

1) RGBl. Nr. 22, 1907.

Das Statistische Amt hat die Aufgabe: Das auf Grund von Gesetzen oder auf Anordnung des Reichskanzlers für die Reichsstatistik einlaufende Material zu sammeln, zu prüfen, sowie technisch und wissenschaftlich zu bearbeiten, auf Anordnung des Reichskanzlers statistische Nachweisungen aufzustellen und über statistische Fragen gutachtlich zu berichten.

Die regelmäßige Tätigkeit des Amtes erstreckt sich insbesondere auf folgende Gegenstände der Statistik: Auswärtiger Handel; Zölle und Reichssteuern; Volkszählungen; Geburten, Sterbefälle, Eheschließungen, Auswanderung; Kriminalität; Konkurse; Krankenversicherung; Berufs- und Gewerbezählungen; Streiks und Aussperrungen; Berg-, Hütten- und Salinenwesen; Anbau, Saatenstand und Ernten; Viehhaltung; Seeverkehr [auch Warenverkehr auf den subventionierten Dampferlinien]; Fluß- und Kanalverkehr; Fruchtmarktnotierungen und Großhandelspreise.

Das Statistische Amt bearbeitet ferner in der Abteilung für Arbeiterstatistik die auf Veranlassung der Kommission für Arbeiterstatistik veranstalteten Aufnahmen und arbeiterstatistischen Erhebungen.

Im Statistischen Amte tritt eine Kommission zur Ermittelung der Handelswerte, bestehend aus hervorragenden Sachverständigen der Landwirtschaft, der Industrie und des Handels, jährlich zusammen.

Das Reichsmarineamt, das Reichspostamt und das Reichsjustizamt mit dem Reichsgericht, das Kanalamt, Gesundheitsamt und Patentamt sollen hier nur beiläufig erwähnt werden.[1])

Von besonderer Bedeutung ist für die deutsche Zoll- und Steuerverwaltung das

Reichsschatzamt.

Das Reichsschatzamt ist die oberste Finanzverwaltungsbehörde des Reiches. Es erledigt seine Geschäfte in zwei Abteilungen. Zu dem Geschäftskreis der ersten Abteilung gehören das Etats-, Kassen- und Rechnungswesen, die Münz-, Reichspapiergeld- und Reichsschuldenangelegenheiten sowie die Verwaltung des Reichsvermögens. Der zweiten Abteilung liegt die Bearbeitnng der Zoll- und Steuersachen ob.

Zum Reichsschatzamt ressortiert auch die Reichskontrolle (Reichsaufsicht) über die Zölle und Steuern.

Die Reichsbevollmächtigten für Zölle und Steuern und die Stationskontrolleure überwachen die Einhaltung des gesetzlichen Verfahrens bei Erhebung und Verwaltung der Zölle und der gemeinschaftlichen Verbrauchssteuern, bei Ausführung der Statistik des Warenverkehrs mit dem Ausland und bei Erhebung der Reichsstempelabgaben, der Stempelabgabe für Spielkarten und in bezug auf die Ausführung des Süßstoffgesetzes, der Fleischbeschau-Zollordnung, und des Reichserbschaftssteuergesetzes. Die ersteren sind den Direktivbehörden der einzelnen Bundesstaaten beigeordnet und haben sich von allen bezüglichen Verwaltungsgeschäften vollständige Kenntnis zu verschaffen. Die letzteren sind den Haupt-Zoll- oder Haupt-Steuer-Ämtern der einzelnen Bundesstaaten beigeordnet und haben von allen Geschäften derselben in Beziehung auf die Grenzbewachung und das Verfahren bei der Zoll- und Steuer-Erhebung Kenntnis zu nehmen. Sie sind die den Reichsbevollmächtigten unterstellten Organe.

Ferner ressortieren zum Reichsschatzamte das Zoll- und Steuerrechnungsbureau des Reiches, das die Zoll- und Steuerrechnungs-Arbeiten besorgt; die technische Prüfungsstelle und das Prüfungsamt für Tabakbewertung in Bremen.

[1]) Wegen der eingehenden Darstellung der deutschen Reichsbehörden in ihrer Zusammensetzung und Personalien usw. wird auf das Handbuch des Deutschen Reiches, Berlin, C. Heymanns Verlag, verwiesen.

5. Die deutsche Reichsfinanzreform.

§ 19.

Um einen völligen Einblick in das ziemlich verwickelte System der Reichshaushaltswirtschaft zu gewinnen, ist es erforderlich, auf die Durchführung der verschiedenen Reichsfinanzreformen, wie sie seit 1893 geplant waren, etwas näher einzugehen, weshalb in Kürze Nachfolgendes anzuführen ist.[1])

---

[1]) Über die sog. Reichsfinanzreform besteht schon eine sehr umfangreiche Literatur. Hauptsächlich sind folgende Werke und Schriften anzuführen:

v. Mayr, Die Reichsfinanzreform insbesondere vom staatsrechtlichen Gesichtspunkt, München 1893 und 1902; Rehm, Die Reichsfinanzreform, ihre Gründe und ihre Durchführung, München 1909; H. Speck, Die finanzrechtlichen Beziehungen zwischen Reich und Staaten, Breslau 1908; Cohn, Reichssteuerreform, Conrads Jahrbücher 1906; derselbe, Die Finanzen des Deutschen Reichs, Berlin 1899; derselbe, Matrikularbeiträge und Überweisungen im Deutschen Reich, Schanz Finanzarchiv 1885; derselbe, Steuern und Steuerreform im Deutschen Reich und in Preußen, Deutsche Rundschau 1903; Cuno, Reichsfinanzreform, Jahrbücher des Verwaltungsrechts II.; v. Eheberg, Das Reichsfinanzwesen, Bonn 1908: Gerlach, Die Reichsfinanzreform, und v. Heckel, Die Reichsfinanzreform 1908. Conrads Jahrbücher 1908 Oktb.; Ulrich Hofmann, Zur Reichsfinanzreform, Hirths Annalen 1908, V.; v. Jagemann, Zur Reichsfinanzreform, Heidelberg 1905; v. Jagemann, Zur Neugestaltung der Reichsfinanzen, Zeitschrift Das Recht X.; derselbe, Conrads Jahrb. XXXII.; Eugen Jäger, Zur Reichsfinanzreform von 1906, M.-Gladbach 1906; Kestner, Betrachtungen zur Reichsfinanzreform, Hirths Annalen 1903; derselbe, Entwicklungslinien der Deutschen Reichsfinanzen, Schmollers Jahrbuch 1908; Kittel, Die Franckenstein'sche Klausel und die deutsche Reichsfinanzreform, Würzburg 1894; Schanz, Zur Reichsfinanzreform, Finanzarchiv 1906; van der Borght, Die Entwickelung der Reichsfinanzen, Sammlung Göschen 1908; Zedlitz-Neukirch, Die Notwendigkeit einer Reichsfinanzreform, Zeitschrift für Sozialwissenschaft 1901; Laband, Direkte Reichssteuern, Berlin 1908; Arndt, Das preußische und das Reichsbudgetrecht, Archiv für Öff. Recht 1888. Ferner Grotewold, Das Finanzsystem des Deutschen Reiches, Leipzig 1906; A. Wagner, Finanzgebarung des Deutschen Reiches und der deutschen Bundesstaaten, Finanzarchiv XXIII.; F. Zahn, Die Finanzen der deutschen Bundesstaaten, Conrads Jahrb. 1903, und Statistische Vierteljahrshefte; derselbe, Die Finanzen der Großmächte, Berlin 1908, und Hirths Annalen 1909 Nr. 4.

Die Entwürfe zu der Reichsfinanzreform von 1908/9 sind enthalten in den RTDrS. S. 992 1001

Zu beachten ist ferner: Denkschriftenband zur Begründung des Gesetzes betr. Änderung der Reichsfinanzen Teil I—III. Vgl. auch Kayser, Die Schulden des Deutschen Reichs, Finanzarchiv XIX. Ferner: Zur Reichsfinanzreform von Dr. Weber, M. d. R., Löbau, in Hirths Annalen 1909 Nr. 4; Köppe, Reichsfinanzreform, Leipzig 1902; derselbe, Am Vorabend der neuen Reichsfinanzreform, Leipzig 1902; derselbe, Die Aufgaben der Reichsfinanzreform, 1909; sodann Linschmann, Die Reichsfinanzreform 1906, Stuttgart 1906; derselbe, Die Reichsfinanzreform 1909 und die neuen Reichssteuern, Berlin 1909; Plenge, Zur Diagnose der Reichsfinanzreform, Zeitschr. für Staatswissenschaft 1909 II.; sodann noch folgende Schriften: Sieveking, Die Kernpunkte der Reichsfinanzreform, Berlin 1909; Katzenstein L., Die Reichsfinanzreform, Hirths Annalen 1906; Geffken F. H., Reform der Reichssteuern 1879; Staatssekretär Sydow, Die Reichsfinanzreform, Rede, gehalten im Deutschen RT am 19. Nov. 1908, Berlin-(Hilger); Kahl, A. Wagner und K. Lamprecht, Die nationale Bedeutung der Reichsfinanzreform, 3 Reden, gehalten in Berlin am 6. Nov. 1908, Berlin-(Hilger); auch Köppe H., Die Aufgabe der Reichsfinanzreform und die ihr drohenden Gefahren vom finanziellen und sozialpolitischen Gesichtspunkte, Hirths Annalen 1909; Statistische Zahlen zur Reichsfinanzreform, Berlin, Buchhandlung der nationalliberalen Partei. Siehe hiewegen auch Wolf, Die Reichsfinanzreform und ihr Zusammenhang mit Deutschlands Volks- und Welt-

Der seinerzeitige Zollverein hatte, wie schon bemerkt wurde, an sich keine eigentlichen Ausgabebedürfnisse, da die Einnahmen aus den Zöllen und den gemeinschaftlichen Verbrauchssteuern nach Abzug der Erhebungs- und Verwaltungskosten sowie der Rückersätze unter den Zollvereinsstaaten nach Maßgabe der Kopfzahl der Bevölkerung verteilt und die etatsmäßigen Ausgaben seitens der Zollvereinsstaaten mit eigenen Mitteln bestritten wurden, gemeinsame Ausgaben aber außer kleinen Bedürfnissen nicht bestanden.

Bei der Wiederaufrichtung des Reiches jedoch hatte dieses zur Befriedigung der gemeinsamen (Reichs-)Ausgaben Mittel nötig und es standen ihm die Einnahmen aus den Zöllen und Reichssteuern in erster Linie zu Gebote. Die Zölle nach dem freihändlerischen Zolltarif von 1870 und 1873, sowie die Tabakflächensteuer, die Rübenzuckersteuer, die Salzsteuer, endlich die norddeutsche Branntwein- und Biersteuer nebst den süddeutschen Ausgleichungsbeträgen und der Übergangsabgabe brachten damals etwa 240 Millionen Mark ein.

Die Zölle sollten nach dem Reichshaushaltsetat für 1875 (RGBl. 1874 S. 155) einen Anteil von 105 Millionen Mark bringen, die Tabaksteuer (RG. vom 26. Mai 1868) war mit einem Sollertrag von etwas über 1 Million Mark angesetzt, die Rübenzuckersteuer mit 40½ Millionen Mark, die Salzsteuer mit 33 Millionen Mark, die Branntwein- und die Biersteuer mit den Übergangsabgaben und Aversen mit 53 Millionen Mark; hiezu kam noch die Wechselstempelsteuer mit rund 6 Millionen Mark nach dem Gesetze vom 10. Juni 1869.

Im Jahre 1872 betrugen die Einnahmen aus den Zöllen und Verbrauchssteuern mit Aversen und aus der Wechselstempelsteuer nur 192 Millionen Mark.

Das waren die Einnahmequellen und die Einnahmeerträgnisse des jungen Deutschen Reiches am Anfang und in der Mitte der 70er Jahre. Hiezu kamen allerdings noch die Überschüsse aus der Post- und Telegraphenverwaltung, den Reichseisenbahnen, aus dem Reichs-Invalidenfonds und aus der französischen Kriegskostenentschädigung. Soweit aber diese Einnahmen nicht ausreichten, wurden Matrikularbeiträge erhoben, nach Art. 70 der Reichs-Verfassung.

So geschah es, daß der Reichshaushaltsetat für 1872 abschloß mit einer Einnahme und Ausgabe von 117 Millionen Thalern = 350 Millionen Mark, wovon die Matrikularbeiträge 30 Millionen Thaler = 90 Millionen Mark ausmachten. Im Reichshaushaltsetat für 1875, der mit einer Einnahme und Ausgabe von 515 Millionen Mark abschloß, betrugen die Matrikularbeiträge 66 Millionen Mark, also immerhin fast 12 Prozent der Gesamtausgabe, oder auf den Bevölkerungskopf 1,30 Mark.

Diese schon ziemlich erhebliche Deckung der Reichsausgaben durch Matrikular- oder Kopfsteuerbeiträge war damals sicher nicht als eine dauernde Einrichtung gedacht, konnte vielmehr nur als ein vorübergehender Notbehelf angesehen werden, als ein Verlegenheits- und Auskunftsmittel gelten, bis genügende und ausreichende eigene Reichseinnahmen, eigene Reichssteuern eingeführt wären! Auch im Jahre 1877/8 betrugen die Matrikularbeiträge bei einem Gesamtetat von 536 Millionen Mark an 90 Millionen Mark, die durch die Budgets der Einzelstaaten aufzubringen waren. Und als nun gar am Ende der 70er Jahre eine empfindliche Krisis in Handel und Wandel in Deutschland sich geltend machte, trat der große Umschwung in der wirtschaftlichen Anschauung der deutschen Bevölkerung ein, den Fürst Bismarck in

wirtschaft, Leipzig 1909; Lissner, Die Reichsfinanzreform, Leipzig 1909; Die Reichsfinanzreform, drei Referate, gehalten in der Versammlung der deutschen Mittelstandsvereinigung am 15. April 1909 zu Berlin, Berlin 1909; Dietzel, Reichs-Nachlaß- und Vermögenssteuer, Berlin 1909; Schwarz, O., Formelle Finanzverwaltung in Preußen und im Reich, Conrads Jahrbücher 1909, IV.; Die Reichsfinanzreform, ein Führer, herausgegeben von der Vereinigung zur Förderung der Reichsfinanzreform, Berlin 1909; E. zu Reventlow, Die Reichsfinanzreform, eine nationale Frage, Leipzig 1909; Bendixen, Die Reichsfinanzreform, ein nationalökonomisches Problem, Hamburg 1909, Die deutsche Finanzreform der Zukunft, von einem Ausland-Deutschen, Zürich 1906.

seinem bekannten Schreiben an den Bundesrat vom 15. Dezember 1878 einleitete.[1]) So kam der Zolltarif vom 15. Juli 1879 zustande (RGBl. 1879 S. 205), wodurch die Zolleinnahmen von 105 auf 180 Millionen Mark gesteigert wurden.

Mit der Steigerung der Zolleinnahmen durch den wieder mehr schutzzöllnerischen Zolltarif vom 15. Juli 1879 wurde jedoch das Deutsche Reich gleichwohl nicht auf eigene Füße gestellt, denn dieser Zolltarif bzw. das Zolltarifgesetz vom 15. Juli 1879 brachte in dem § 8 auch die sog. Franckenstein'sche Klausel.[2]) Hienach sollten nämlich die Mehreinnahmen an Zöllen und Tabaksteuer, die 130 Millionen Mark im Jahr überstiegen, nicht der Reichskasse verbleiben, sondern an die Bundesstaaten überwiesen werden.

Es war nämlich die nach dem Gesetz vom 26. Mai 1868 ganz ungenügende Flächentabaksteuer in eine Erntegewichtstabaksteuer reformiert und dermaßen ausgestaltet worden, daß der Tabak mehr zur Befriedigung des Reichsbedarfs herangezogen wurde (RG. vom 16. Juli 1879, RGBl. S. 345). Auch der Spielkartenstempel, der schon in verschiedenen Bundesstaaten als Landesstempel bestand, wurde eine Reichsstempelsteuer (RG. vom 3. Juli 1878, RGBl. 1878 S. 133). Die gleichfalls schon damals in Betracht gezogene Erhöhung der Biersteuer blieb jedoch in der Reichstagskommission unerledigt (BRDr. S. 1879 Nr. 61, I, II).

Immerhin steigerten sich durch die Erhöhung der Zölle bzw. Wiedereinführung der Getreide-, Holz- und landwirtschaftlichen Zölle, sowie durch die Übernahme des Spielkartenstempels als Reichssteuerstempel, endlich durch die Einführung der Tabakgewichtssteuer die eigenen Einnahmen des Reiches aus Zöllen und Verbrauchs- sowie Stempelsteuern von 260 auf 370 Millionen Mark.

Aber das von Fürst Bismarck angestrebte Ziel, das Reich finanziell auf eigene Füße zu stellen, war immer noch nicht erreicht und es mußte im Laufe der 80er Jahre immer aufs Neue darauf Bedacht genommen werden, neue Reichssteuern einzuführen oder die bestehenden besser auszunützen. Es entstanden die sog. Reichsfinanzreformen, ein von Finanzminister Dr. Miquél geprägtes Wort! Man versuchte sich mit Einführung des Tabak-Monopols, das an der ablehnenden Haltung des Reichstags scheiterte.[3]) Besseren Erfolg hatten die verbündeten Regierungen mit den sog. Börsensteuern, dagegen war die in Anregung gebrachte Einführung einer Wehrsteuer gleichfalls nicht durchzubringen.[4])

Auch die im Jahre 1885 erfolgte Erhöhung verschiedener Zölle (namentlich der Getreidezölle) vermochte keine nachhaltige und ausgiebige Kräftigung der Reichsfinanzen herbeizuführen, um so weniger als auch das vorgeschlagene Branntweinmonopol vom Reichstage nicht angenommen wurde.[5])

So kam nur das gemeinschaftliche Branntweinsteuergesetz vom 24. Juni 1887 (RGBl. 1887 S. 253) zustande, das zwar eine einheitliche Branntweinbesteuerung für das ganze Reich, aber keine besonderen Mehreinnahmen für die Reichskasse mit sich brachte.

In dieser Notlage wurde auch die Reform der Zuckersteuer in Angriff genommen, welch letztere bisher auf dem System der Materialsteuer (der Rüben-

[1]) S. BRDrS. S. 1878 Nr. 180.

[2]) Die Franckenstein'sche Klausel trat am 1. April 1880 in Kraft.

[3]) Vgl. BRDrS. 1882 Nr. 46 und BRProt. 1882 § 308.

[4]) BRDrS. 1880 Nr. 42, 66, 78 und 171, RGBl. 1881 S. 185, Gesetz betr. die Erhebung von Reichsstempelabgaben vom 1. Juli 1881.

[5]) BRDrS. 1886 Nr. 2.

verwendung) beruhte aber wegen der besseren Ausnützungsquote des Steuermaterials und infolge der neueren Entzuckerungsmethoden, auch wegen der besseren Maschinen immer geringere Erträgnisse lieferte, zumal die Ausfuhrvergütungen zu hoch waren. So lieferte im Jahr 1887 die Zuckersteuer nur mehr einen Reinertrag von 15 Millionen Mark. Das Zuckersteuergesetz vom 9. Juli 1887 (RGBl. S. 308) führte die Erhebung einer Zuckermaterialsteuer in Verbindung mit einer Verbrauchsabgabe ein, wodurch die Zuckersteuererträgnisse sofort von 15 auf 50 Millionen Mark gesteigert worden sind. Durch diese neue Zuckersteuerquelle in Verbindung mit den Einnahmen aus der gemeinschaftlichen Branntweinsteuer (Maischraumsteuer, Materialsteuer und Verbrauchsabgabe mit Zuschlag), ferner aus den durch die Zolltarifnovelle vom Jahre 1885 erhöhten Zöllen, endlich durch die Reichsstempelabgaben (Börsensteuern) und den Eintritt günstigerer Handelsverhältnisse wurde nun das Reich für einige Zeit in die glückliche Lage versetzt, nicht nur seine eigenen finanziellen Bedürfnisse zu befriedigen, sondern auch noch den Bundesstaaten ansehnliche Geldbeträge zu überweisen —, allerdings in einer ganz merkwürdigen Form! —

Bis zum Jahr 1879 hatte nämlich das Reich, wie oben schon bemerkt wurde, den unverkürzten Anspruch auf alle Reinerträge (Bruttoerträge nach Abzug der Verwaltungskosten und der Rückerstattungen) an Zöllen und Reichssteuern. Durch den § 8 des Zolltarifgesetzes vom 15. Juli 1879 wurde aber die sog. Franckenstein'sche Klausel hinsichtlich der Zölle und Tabaksteuer eingeführt.[1]) Diese den bundesstaatlichen Charakter des Reiches angeblich fördernde Franckenstein'sche Klausel sollte nämlich zur Aufrechterhaltung des konstitutionellen Einnahmebewilligungsrechtes seitens des Reichstages unumgänglich notwendig sein![2])

Auch die Erträgnisse der Reichsstempelabgaben von Aktien 2c. (der Börsensteuer) und die Einkünfte aus der Branntweinverbrauchsabgabe nebst Zuschlag wurden später als Überweisungssteuern an die Bundesstaaten abgegeben.[3]) Als das Reich infolge der neuen Steuern große Überschüsse hatte (im Golde schwamm) und die Überweisungsbeträge immer größer sich gestalteten, wurde der Einnahmebetrag für das Reich aus den Zöllen und der Tabaksteuer von 130 auf 180 Millionen Mark erhöht. Vom Jahr 1888 bis 1892 waren die Überweisungsbeträge erheblich höher als die Matrikularbeiträge, so überstiegen im Jahr 1889 die Überweisungen die Matrikularbeiträge um nahezu 140 Millionen Mark!

[1]) § 8 des Zolltarifgesetzes vom 15 Juli 1879 lautet: Derjenige Ertrag der Zölle und Tabaksteuer, welcher die Summe von 130 Millionen Mark im Jahr übersteigt, ist den einzelnen Bundesstaaten nach Maßgabe der Bevölkerung, mit welcher sie zu den Matrikularbeiträgen herangezogen sind, zu überweisen.

[2]) Über das Reichsfinanzwesen, die Franckenstein'sche Klausel, die Überweisungssteuern, Matrikularbeiträge usw wird auf die ganz hervorragende Abhandlung des früheren Reichsbevollmächtigten Geh. Finanzrat Rheinboldt, der früher in Magdeburg war und jetzt Mitglied der Reichsschuldenkommission und badischer Bundesratsbevollmächtigter in Berlin ist, verwiesen Diese Abhandlung ist abgedruckt in der Zeitschrift für Zollwesen und Reichssteuern, 1904 Nr. 5/6. Auch das Jahrbuch des Kaiserl. Statistischen Amtes in Berlin liefert für diese Zwecke sehr wertvolles Material.

[3]) § 32 des Reichsstempelgesetzes vom 1. Juli 1881 bzw. § 44 des Reichsstempelgesetzes vom 29 Mai bzw 3 Juni 1885 und §§ 39, 12 III, des Reichsbranntweinsteuergesetzes vom 24 Juni 1887

Es gab also infolge dieses Überweisungsverfahrens, das vom Reichstag zur besseren Wahrung des föderativen Charakters des Reiches eingeführt war, dreierlei Arten von Reichssteuern:

1. solche, die ihrem ganzen Ertrage nach dem Reiche gehörten und ihm verblieben,
2. solche, die nur zum Teil dem Reich verblieben und
3. solche, die zwar als Reichssteuern zur Hebung gelangten, die aber als Überweisungssteuern wieder vollständig den Bundesstaaten zur Verfügung gestellt werden mußten.

Reichssteuern der ersten Art waren bis zum Gesetz vom 14. Mai 1904 die Zuckersteuer, die Salzsteuer, die Branntwein-Maischraumsteuer und die Branntweinrohstoffsteuer (die Materialsteuer), die Brausteuer mit den Äquivalenten (Ausgleichungsbeträgen), der Spielkartenstempel, der Wechselstempel, die Banknotensteuer nach § 9 des BankG. vom 14. März 1875, die statistische Gebühr nach dem StatistikG. vom 15. Juli 1879.

Reichssteuern der zweiten Art waren die Zölle und die Tabaksteuer.

Reichssteuern der dritten Art waren die Branntweinverbrauchsabgabe und die Börsensteuern.|

Durch dieses aus doktrinär-politischen Gründen herbeigeführte Überweisungssystem entstand, da selbstverständlich die Auszahlung der Überweisungssteuern ebensowenig tatsächlich stattfand, wie die wirkliche Abführung in barem Geld der rechnungsmäßig festgestellten Matrikularbeiträge seitens der Bundesstaaten an das Reich, ein sehr kompliziertes Abrechnungsverfahren zwischen Reich und Einzelstaaten, eine mechanische, rechnerische Hin- und Herschiebung großer Summen (ein sog. Füreinanderbringen), so daß nur Sachkundige den Reichshaushalt richtig verstehen und lesen konnten, indem beispielsweise die an die Einzelstaaten erfolgten Überweisungen als durchlaufende Posten im Etat in Einnahmen und Ausgaben erschienen, so daß die Etatsummen dadurch wesentlich erhöht wurden, weil diese Überweisungssteuern einmal als wirkliche Einnahmen an Zöllen, Verbrauchsabgaben usw. und dann wieder als Ausgaben (Abführung an die Einzelstaaten)[1]) vorgetragen waren.

Als nun mit Beginn der 90er Jahre die Reichsfinanzquellen spärlicher zu fließen begannen und auch das Gesetz über die Invaliditäts- und Altersversicherung vom 22. Juni 1889 allmählich immer höhere Ansprüche an die Reichskasse stellte, da nahm auch der Gedanke an die Reichsfinanzreform wieder praktische Gestalt an, zumal auch die ganze Finanzgebarung des Reiches infolge der Überweisungen, Matrikularbeiträge, Äquivalente, Aversen, Quoten und Ausgleichsbeträge so unklar und undurchsichtig wurde, daß sich nur wenige Eingeweihte mehr auskennen konnten.

Es wurden deshalb in den Jahren 1893/94 und 1894/95 neue Gesetzentwürfe zur Reform der Reichsfinanzen vorgelegt, welche die Festlegung der Spannung zwischen Matrikularbeiträgen und Überweisungen bezwecken sollten, um den Einzelstaaten die Aufstellung ihrer Budgets zu erleichtern. Auch sollten neue Steuerquellen gefördert werden, um dem Anwachsen der Reichsschulden durch eine planmäßige Tilgung der Reichsanleihen entgegenzuwirken, die im Jahre 1895 bereits $2^1/_2$ Milliarden Mark betrugen.

---

[1]) S. Statist. Jahrbuch 1904 u. 1905 S. 222, S. 236, 242 und S. 257 die Finanzen des Reichs und der Bundesstaaten. Ferner vom Jahr 1906 und 1907, 1908, 1909 S. 310 u. 311.

Insbesondere ging man nach Umfluß der „fetten" Jahre im Jahre 1893 ernstlich an eine gründliche Reform des Reichsfinanzsystems heran, indem der Gesetzentwurf betreffend die anderweite Ordnung des Finanzwesens des Reiches vorgelegt wurde.

Die Bundesratsdrucksache (Denkschrift) zur geplanten Reichsfinanzreform im Jahre 1893 (BRDrS. 1893 Nr. 107) spricht sich hiewegen wie folgt aus:

Die Verfassung des deutschen Zollvereins war der Ausbildung indirekter Steuern und Verbrauchsabgaben, wie sie in anderen Staaten stattgefunden hat, nicht günstig. Einerseits wurden von den Einzelstaaten selbst indirekte Abgaben in erheblichem Umfange erhoben, und andererseits war die Einführung gemeinsamer Abgaben dieser Art durch den Charakter des Vereins als einer vertragsmäßigen Vereinigung der beteiligten Staaten für bestimmte Zwecke erschwert. Die natürliche Folge hiervon war, daß die Erträgnisse der indirekten Besteuerung, soweit dieselben bei Gründung des Deutschen Reichs diesem durch die Reichsverfassung überwiesen wurden, sich von vornherein unzulänglich zeigten gegenüber den finanziellen Anforderungen, welche die Erfüllung der umfassenden, von den Bundesstaaten dem Reich übertragenen Aufgaben stellte. Es mußte daher einstweilen und bis zu der nunmehr durch die Reichsverfassung (Art. 4 Ziff. 2) erst ermöglichten ergiebigeren Ausbildung der Einnahmen aus Reichssteuern, insbesondere aus den Zöllen und Verbrauchsabgaben das Reich zur Ergänzung seiner eigenen Einnahmen auf die Erhebung von Beiträgen der Bundesstaaten angewiesen werden. Daß die Reichsverfassung indessen hierin nur einen provisorischen Behelf schaffen, für die Dauer dagegen die Finanzwirtschaft des Reichs auf eigene Einnahmen desselben gründen wollte, ist außer Zweifel und wird auch durch die ausdrückliche Bestimmung im Artikel 70 der Reichsverfassung klar gestellt, nach welcher die Ausgaben des Reichs — abgesehen von den durch Anleihe zu deckenden außerordentlichen Bedürfnissen (Art. 73) —, soweit sie durch die eigenen Einnahmen nicht gedeckt werden und solange Reichssteuern nicht eingeführt sind, durch Beiträge der einzelnen Bundesstaaten nach Maßgabe ihrer Bevölkerung aufzubringen sind. Bereits in den ersten Jahren nach der Gründung des Reichs wuchsen die Ausgaben in einem Maße, daß die Steigerung der Einnahmen damit nicht Schritt halten konnte und daher eine starke Belastung der Bundesstaaten mit Matrikularbeiträgen die Folge sein mußte. Während der zu deckende Bedarf von 1872 bis 1878/79 sich von 304 Millionen ℳ auf 406 Millionen ℳ, d. h. um rund 102 Millionen ℳ gesteigert hatte, waren die ordentlichen Einnahmen nur von 266 Millionen ℳ auf 293½ Millionen ℳ, also um rund 27½ Millionen ℳ gewachsen, und hatte sich die durch die ordentlichen Einnahmen nicht gedeckte Quote der ordentlichen Ausgaben von 12,5 % im Jahre 1872 auf 27,7 % im Jahre 1878/79 erhöht. Das Mißverhältnis würde schon früher und in noch höherem Maße hervorgetreten sein, wenn nicht die französische Kriegskostenentschädigung bedeutende Mittel zur Deckung außerordentlicher Ausgaben geboten hätte. — Solche Erfahrungen führten bald zu der allgemeinen Erkenntnis von der Notwendigkeit, durch Vermehrung der eigenen Einnahmen des Reichs Deckung für den wachsenden Einnahmebedarf desselben zu beschaffen, und bildeten den wesentlichsten Grund für die Zoll- und Steuerreform des Jahres 1879. Die Richtung, in welcher diese Reform seitens der verbündeten Regierungen unternommen wurde, ist in der Begründung zu dem dem Reichstage unter dem 9. Februar 1878 vorgelegten Entwurfe des Tabaksteuer-Gesetzes und demnächst wiederholt in der Begründung zu dem unter dem 13. April 1879 vorgelegten Entwurf des Zolltarif-Gesetzes dahin bezeichnet worden, „daß durch Vermehrung der eigenen Einnahmen des Reichs eine Entwicklung eingeleitet werde, die eine Entlastung des Budgets der Einzelstaaten herbeiführt, so daß es den letzteren dadurch ermöglicht wird, drückende Steuern zu beseitigen bzw. zu ermäßigen, oder, wenn sie dies für angezeigt halten, einzelne dazu geeignete Steuern den Provinzen, Kreisen und Gemeinden ganz oder teilweise zu überlassen". Durch die Reform von 1879 wurden nun zwar die eigenen Einnahmen des Reiches wesentlich erhöht; die gesteigerten Erträge verblieben aber nicht in voller Höhe dem Reiche, vielmehr bestimmte die vom Reichstage beschlossene sog. Franckenstein'sche Klausel, daß dem Reiche von dem Ertrage der Zölle und der Tabaksteuer nur der feste Betrag von 130 Millionen Mark zustehen, der Mehrertrag aber den einzelnen Bundesstaaten überwiesen werden solle. Im Anschlusse hieran ist demnächst durch § 44 des Reichsstempelgesetzes vom 1. Juli 1881, 3. Juni 1885 und § 39 bzw. § 42 Nr. III des

Branntweinsteuergesetzes vom 24. Juni 1887 auch der gesamte Reinertrag der Reichsstempelabgaben und der Branntweinverbrauchsabgabe sowie des Zuschlages zu derselben den Bundesstaaten überwiesen worden. — Die Vermehrung der Einnahmen des Reichs durch die vorerwähnten Gesetze, sowie die weitere Erhöhung der Zölle durch die Gesetze vom 22. Mai 1885 und vom 21. Dezember 1887 und der Reichsstempelabgaben durch das Gesetz vom 29. Mai 1885 hat dann zur Folge gehabt, daß seit dem Jahre 1883/84, trotz des fortgesetzt gestiegenen Ausgabebedarfs des Reichs, durch die Überweisungen aus dem Ertrage der Zölle und Steuern nicht nur die Matrikularbeiträge ausgeglichen, sondern noch darüber hinaus den Bundesstaaten alljährlich in zum Teil erheblichem Umfange Mittel vom Reiche zugeführt worden sind.

Vor allem ward nunmehr die Zuckersteuer durch den Übergang zur reinen Konsumsteuer (RG. vom 31. Mai 1891, RGBl. S. 295) reformiert und die Erhöhung der Reichsstempelabgaben (RG. vom 27. April 1894, RGBl. S. 369, 381 ff.) wurde durchgeführt. Die Erhöhung der Biersteuer und die Einführung der Tabakfabrikatsteuer konnten jedoch beim Reichstag ebensowenig durchgebracht werden, wie eine allgemeine Reichsweinsteuer.[1])

Auch das neue Branntweinsteuergesetz vom 16. Juni 1895 (RGBl. S. 265) brachte, abgesehen von der zur Prämiierung des Ausfuhr- und Vergällungsbranntweins zu verwendenden Brennsteuer keine Vermehrung der Reichseinnahmen. So kam es, daß die ungedeckten Matrikularbeiträge, d. h. die wirklich zu leistenden Zahlungen der Einzelstaaten an das Reich, d. h. also die Matrikularbeiträge, welche nicht durch Zuwendung von Überweisungssteuern ausgeglichen waren, von Jahr zu Jahr höher wurden und die Spannung zwischen den Überweisungen und den Matrikularbeiträgen im Reichshaushaltsetat pro 1904 40 1/2 Millionen Mark zu Ungunsten der Bundesstaaten erreicht hatte.

Hiedurch aber wurden die meist mehrjährigen Budgets der Einzelstaaten unerträglich belastet, zumal auch die am 1. Juli 1902 eingeführte Schaumweinsteuer mit einem Erträgnis von 4 1/2—5 Millionen Mark keine nachhaltige Besserung der Reichsfinanzen brachte und bringen konnte.

Die von den verbündeten Regierungen gleichfalls vorgesehene Besteuerung des Saccharins verwandelte sich nach den Beschlüssen des Reichstags in ein die Reichskasse belastendes Süßstoffgesetz (G. vom 7. Juli 1902, RGBl. 1902 S. 253 ff.).

So blieben zum Zweck des Ausbaues der deutschen Flotte nur die Reichsstempelabgaben (Börsensteuer) übrig, die übrigens durch die Steuerpflicht der Kuxe und der Schiffsfrachturkunden erweitert wurden.[2])

Zu erwähnen ist noch, daß infolge der Brüsseler Zuckerkonvention die Zuckerprämie beseitigt und die deutsche Zuckersteuer von 20 Mark auf 14 Mark für einen Doppelzentner Konsumzucker herabgesetzt wurde, wodurch gleichfalls, wenigstens vorerst bis zur Hebung des Zuckerverbrauchs, ein kleiner Ausfall für

[1]) Vgl. BRDrS. Nr. 110, 1893. Diese Weinsteuer, von der man eine Einnahme von 15 Millionen ℳ erwartete, war als prozentuale Wertsteuer gedacht, die vom Kleinhändler und Verbraucher eingehoben werden sollte.

[2]) Siehe auch RGesetz betreffend Ausbau der deutschen Flotte vom 14. Juni 1900 § 6, welcher lautet: „Insoweit vom Rechnungsjahr 1901 ab der Mehrbedarf an fortwährenden und einmaligen Ausgaben des ordentlichen Etats der Marineverwaltung den Mehrertrag der Reichsstempelabgaben über die Summe von 53 708 000 ℳ hinaus übersteigt und der Fehlbetrag nicht in den sonstigen Einnahmen des Reichs seine Deckung findet, darf der letztere nicht durch Erhöhung oder Vermehrung der indirekten, den Massenverbrauch belastenden Reichsabgaben aufgebracht werden.

die Reichskasse entstand. Der Zolltarif vom 25. Dezember 1902 konnte gleichfalls zur Verbesserung der Reichseinnahmen nicht in Betracht kommen, da dessen Einführung erst im Jahre 1906 erfolgte und ein Hauptteil der Mehreinnahmen durch den § 15 für die allgemeine Witwen- und Waisenversorgung festgesetzt d. h. thesauriert werden sollte. So standen dem Reich im Jahre 1903 folgende Steuerquellen zur Verfügung: 1. die Zölle mit 470 Millionen Mark Anfall; 2. die Tabaksteuer mit 12½ Millionen Mark; 3. die Zuckersteuer mit 120 Millionen Mark; 4. die Salzsteuer mit 50 Millionen Mark; 5. die Gesamtbranntweinsteuer mit 120 Millionen Mark; 6. die Schaumweinsteuer mit 4½ Millionen Mark; 7. die Brausteuer einschließlich der Aversen und Übergangssteuer mit 40 Millionen Mark; 8. die Reichsstempelabgaben mit 93 Millionen Mark, in Summa 910 Millionen Mark. Hiezu kamen noch die Roheinnahmen aus der Post-, der Telegraphenverwaltung, der Reichseisenbahn, dem Reichsinvalidenfonds usw. mit 670 Millionen Mark, so daß sich eine Rohgesamteinnahme von rund 1580 Millionen Mark erstellte. Diesen 1580 Millionen Mark Einnahmen stand aber ein Ausgabebetrag von rund 1680 Millionen Mark gegenüber, so daß an 100 Millionen Mark durch Überweisungssteuern nicht gedeckte Matrikularbeiträge verblieben;[1]) dieses Defizit wurde damals durch die sog. Zuschußanleihe von 76 Millionen Mark auf 24 Millionen Mark herabgedrückt. — Also eine Anleihe für die laufenden Ausgaben!

Nach Lage dieser Verhältnisse mußte im Jahre 1903 der Antrag auf anderweitige Ordnung des Finanzwesens des Reiches eingebracht werden, wonach der Art. 70 der RV. in der Weise geregelt werden sollte, daß zur Bestreitung der ordentlichen Ausgaben des Reichs zunächst die Zölle und gemeinsamen Verbrauchssteuern, ferner die Einnahmen aus den Reichseisenbahnen, dem Reichspost- und Telegraphenwesen sowie aus den übrigen Verwaltungszweigen dienen sollen, so daß hinsichtlich der Zölle, der Tabaksteuer und der Reichsstempelabgaben die Franckenstein'sche Klausel in Wegfall zu kommen hätte. Die Überweisung der Branntweinverbrauchsabgabe an die Bundesstaaten sollte beibehalten bleiben. Soferne die Einnahmen aus den Zöllen, den sonstigen Steuern und den wirtschaftlichen Betrieben des Reiches nicht ausreichten, sollten Matrikularbeiträge erhoben werden.

Dieser Gesetzentwurf (BRDrS. Nr. 107, 1903) fand jedoch die Zustimmung des Reichstages in der gegebenen Form nicht, es wurde vielmehr das RG. vom 14. Mai 1904 vereinbart (RGBl. 1904 S. 169), welches bestimmte, daß die Franckenstein'sche Klausel nur bezüglich der Zölle und der Tabaksteuer aufgehoben werden solle und daß außer der Branntweinverbrauchsabgabe auch noch die Maischraumsteuer und die Branntweinmaterialsteuer den Bundesstaaten zu überweisen seien. Die weiteren Bestimmungen dieses sog. kleinen Finanzreformgesetzes wurden gleichfalls nur in abgeschwächter Form dem Entwurf gegenüber angenommen, so daß die Rechtslage nach dem Gesetze vom 14. Mai 1904 dahin bestand, daß zwar die gesamten Zölle, auch nach dem Zolltarif vom 25. Dezember 1902 (abgesehen von der Einschränkung des § 15, der sog. lex Trimborn) und die ganze Tabaksteuer dem Reich verbleiben sollen, daß aber die Reichsstempelabgaben und die gesamte Branntweinsteuer den Bundesstaaten zu überweisen seien. Sollten die Einnahmen des Reiches, wozu selbstverständlich noch die Überschüsse aus der Reichspost- und Telegraphenverwaltung, der Reichseisenbahnen, des Invalidenfonds usw. kamen,

---

[1]) Statist. Jahrb. 1903 S. 220 ff, 1906 S. 260 ff.

nicht ausreichen, so seien Matrikularbeiträge zu erheben. Diese Matrikularbeiträge sollen durch die Überweisungen ihre Deckung finden. Sollten am Jahresschluß Überschüsse in der Reichskasse vorhanden sein, so sollen diese zur Entschädigung für geleistete Matrikularbeiträge an die Bundesstaaten verteilt werden. Etwaige weitere Überschüsse jedoch sollen sodann zur Deckung außerordentlicher Ausgaben Verwendung finden.

Hinsichtlich der Reichsschuldentilgung wurden besondere Gesetze vereinbart, zum erstenmal durch das Gesetz vom 16. April 1896 (lex Lieber), sodann durch das Gesetz vom 28. März 1903, welches die Tilgung der sog. Zuschußanleihe, d. h. wie oben schon bemerkt, einer Anleihe zur Tilgung der ordentlichen laufenden Etatsausgaben, bezweckte. (Vgl. BRDrS. Nr. 49, 1907.)

Diese sog. kleine Finanzreform befriedigte jedoch nach keiner Richtung und so sah sich der Reichskanzler im Namen der verbündeten Regierungen veranlaßt, in einer eingehenden Denkschrift über die Vermehrung der Reichseinnahmen und die Sanierung der Reichsfinanzen eine weitergehende Erhöhung und Erweiterung der Reichssteuern in Vorschlag zu bringen. In der BRDrS. Nr. 143 des Jahres 1905 wurde auf Antrag der Ausschüsse für Zoll- und Steuerwesen, für Handel und Verkehr und Rechnungswesen der Gesetzentwurf zur Ordnung des Reichshaushalts und zur Vermehrung der Reichseinnahmen mit einem Gesetzentwurf wegen Änderung des Brausteuergesetzes, des Tabaksteuergesetzes, eines Zigarettensteuergesetzes, eines Erbschaftssteuergesetzes und wegen Änderung des Reichsstempelgesetzes in Vorlage gebracht.

Dieser Gesetzentwurf nebst den dazu gehörigen Steuergesetzentwürfen wurde vom Reichstag der sog. Steuerkommission überwiesen. Hier erfolgte jedoch eine gründliche Umgestaltung des ganzen Gesetzentwurfs, so daß nicht bloß die in Betracht gezogenen Steuern bzw. vorgeschlagenen Steuererhöhungen wie die Brausteuer und Zigarettensteuer wesentlich verändert wurden, sondern die Tabaksteuererhöhung wurde im Hinblick auf § 6 des Flottengesetzes von 1900 sogar gänzlich fallen gelassen. Dagegen wurden andere Steuern wie Frachturkundenstempel, Personenfahrkartensteuer, Tantiemensteuer, auch Ansichtskartensteuer zur Beratung und teilweise zur Beschlußfassung gebracht.

Nach der Regierungsvorlage sollten etwa 250 Millionen Mark durch neue Reichssteuern aufgebracht werden, insofern, als

1. Die norddeutsche Brausteuer bzw das hiefür geltende Gesetz vom 31. Mai 1872 dahin geändert werden sollte, daß die norddeutsche Biersteuer an die in Süddeutschland bestehende Höhe der Biersteuer herankomme. Hiernach würde die bisherige norddeutsche Biersteuer auf das 2½fache zu erhöhen gewesen sein und statt 40 Millionen Mark hätte sie einen Ertrag von 100 Millionen Mark zu liefern gehabt (mehr 60 Millionen Mark). Außerdem sollte das Brausteuergesetz in Anlehnung an die süddeutsche Biersteuergesetzgebung das vollständige Surrogatverbot und die Staffelung der Steuer enthalten.

2. Der Tabaksteuerertrag sollte durch eine ergiebige Zollerhöhung auf ausländische Tabake und Zigarren mehr ausgenützt werden, so daß ein Mehr von etwa 30 Millionen Mark erreicht würde.

3. Die Zigaretten sollten einer besonderen Steuer durch Besteuerung des Zigarettenpapiers unterworfen werden, so daß hieraus eine neue Steuer von 15 Millionen Mark erzielt würde. (Diese Forderung wurde durch die Einführung der Zigarettenbanderole erreicht.)

4. Die Verkehrssteuern sollten durch Einführung bzw Erweiterung der bestehenden Schiffsfrachturkundensteuer auf eine allgemeine Frachturkundenstempelsteuer ausgedehnt werden. Auch ein Personenfahrkartenstempel, eine Stempelung der Erlaubnisscheine für Kraftfahrzeuge und ein Quittungsstempel war vorgesehen. Der Ertrag aus diesen Steuern war auf 70 Millionen Mark geschätzt. (Der Quittungsstempel fiel damals hinweg).

5. Eine Reichserbschaftssteuer sollte 72, bzw für das Reich $^2/_3$ = 48 Millionen Mark einbringen.

6 Endlich wurde eine Festlegung der Matrikularbeiträge angestrebt, nachdem die obenangeführten Steuern einen Mehrertrag für das Reich von 240—250 Millionen Mark erzielen sollten.

Diese Vorlagen der verbündeten Regierungen kamen im Reichstag zur ersten Lesung in den Sitzungen vom 6. bis 15. Dezember 1905 und vom 9. bis 13. Januar 1906, nachdem auch in der Presse das Für und Wider lebhaft erörtert worden war.

Hiebei wurde vom Reichstag auf den § 6 des Flottengesetzes vom 14. Juni 1900 wiederholt zurückgegriffen (RGBl. S. 256). Der Reichstag verwies die Regierungsvorlagen an eine Steuerkommission von 28 Mitgliedern,[1]) bestehend aus 8 Zentrumsmitgliedern, 4 Konservativen, 2 Reichsparteilern, 4 Nationalliberalen, 2 Freisinnigen, 6 Sozialdemokraten und 2 Mitgliedern der wirtschaftlichen Vereinigung.

Diese Steuerkommission hat nun im Hinblick auf den angeführten § 6 des Flottengesetzes von 1900 die Erhöhung des Tabakzolles glatt abgelehnt, die Zigarettensteuer, welche an sich Gnade gefunden hatte, total umgeändert, das Brausteuergesetz wegen des sozialen Mäntelchens der Staffelung zum Teil akzeptiert, aber finanziell ungenügend ausgestattet.

Die Erbschaftssteuer wurde noch weiter ausgedehnt und die Verkehrs-(Stempel-) Steuern mit Ausnahme des Quittungsstempels und des Postanweisungsstempels vermehrt, dazu die sog. Tantiemensteuer und der Stempel auf unbegebene Aktien eingeführt. Bei den verschiedenartigen, oft zufälligen Resultaten der Abstimmungen wußte man eine Zeitlang überhaupt nicht, was augenblicklich beschlossen war und welche neuen Steuern noch aufgetischt werden sollten. Die von dem Zentrumsabgeordneten Nacken vorgeschlagene Ansichtspostkartensteuer verschwand alsbald wieder in die Versenkung.

Die erste Lesung der Steuerkommission umfaßte 28 Sitzungen und die zweite Lesung 18 Sitzungen. Durch die ganz verfehlte Abminderung der vorgeschlagenen Brausteuererhöhung, welche hienach höchstens ein Mehr von 36 Millionen Mark bringen konnte und die gleichfalls verfehlte Ablehnung des erhöhten Tabakzolles war es der Steuerkommission nicht gelungen, den auf 240 bis 250 Millionen Mark berechneten Bedarf des Reichs völlig zu decken, aber immerhin konnten mit der beschlossenen Erhöhung der Portosätze an 180 Millionen Mark Mehrerträgnisse erzielt werden.

Die zweite Lesung der Steuervorlagen im Plenum des Reichstages erfolgte am 9. bis 11. Mai 1906 und die dritte Lesung in der Zeit vom 18. und 19. Mai 1906 (Reichstagssitzung vom 19. Mai 1906).

Die Gesetze wurden mit dem sog. Mantelgesetz veröffentlicht am 3. Juni 1906 und sind, wie folgt, aufzuführen (siehe RGBl. 1906 S. 620 ff.).

Gesetz betreffend die Ordnung des Reichshaushalts und die Tilgung der Reichsschuld vom 3. Juni 1906:

Teile des Gesetzes sind:

a) Änderung des Reichsbrausteuergesetzes vom 31. Mai 1872 bzw. ein neues Brausteuergesetz (RGBl. S. 622 ff. 1906 und S. 675 ff. 1906);

b) das Zigarettensteuergesetz (RGBl. S. 631 ff. 1906);

---

[1]) RTSitzung vom 13. Januar 1906. S. auch Bericht der VI. Kommission. (Steuerkommission). Anlageband V 1905/06 Nr. 388 S. 4119.

c) **die neuen Reichsstempelgesetze vom 3. Juni 1906 mit den Börsensteuern, dem Stempel auf unbegebene Aktien, Spiel- und Wettstempel,[1]) Lotteriestempel, Frachturkundenstempel, Personenfahrkartenstempel, dem Stempel für Erlaubniskarten für Kraftfahrzeuge (RGBl. S. 615, 620 ff., 642 ff., 695 ff.), sodann mit der Tantiemensteuer (RGBl. 1906 S. 711, 727) und der Erbschaftssteuer (RGBl. 1906 S. 654). Das Brausteuergesetz ist in der neuen Fassung im RGBl. 1906 S. 675 ff. veröffentlicht. Das Reichsstempelgesetz in der neuen Fassung ist im RGBl. 1906 S. 695 ff., das Reichserbschaftssteuergesetz ist als Anlage 4 zum Reichsstempelgesetz S. 654 ff. des RGBl. veröffentlicht.**

Das Reichsgesetz vom 3. Juni 1906, betreffend die Ordnung des Reichshaushalts und die Tilgung der Reichsschulden bestimmt in § 1 als Teile des Gesetzes: das Brausteuergesetz, das Zigarettensteuergesetz, das Reichsstempelsteuergesetz und das Reichserbschaftssteuergesetz.

Die Reineinnahme aus der norddeutschen Brausteuer, aus der Zigarettensteuer und aus den Reichsstempeln sollen nach § 2 l. c. der Reichskasse verbleiben; die Reichsstempeleinnahme aber nur mit der in § 82 des Reichsstempelgesetzes und in § 5 des Gesetzes vom 4. Juli 1905, betreffend die Wetten bei öffentlichen Pferderennen gegebenen Einschränkung.

Von dem Rohertrag der Reichserbschaftssteuer (Anlage 4 zum Reichsstempelgesetz, RGBl. S. 654 ff.) sollen dem Reich $^2/_3$ und den Bundesstaaten $^1/_3$ überlassen sein.

Der § 3 l. c. handelt von der Aufbringung der ungedeckten Matrikularbeiträge durch die Bundesstaaten. Ungedeckt sind diejenigen Matrikularbeiträge, die durch Überweisungen nicht ausgeglichen sind. Nach § 3 l. c. sollen also diejenigen Matrikularbeiträge, die nach Abzug der Überweisungen mehr als 40 Pfg. auf den Bevölkerungskopf betragen, bis auf 3 Jahre gestundet werden. Aus dieser Bestimmung erwuchsen die gestundeten Matrikularbeiträge, die in der Reichsfinanzreform von 1909, wie noch dargetan werden wird, eine Rolle spielten.

Der § 4 l. c. handelt von der planmäßigen Tilgung der Reichsschulden, so daß diese von 1908 ab nach $^3/_5$ % des Schuldenbetrages etatsmäßig erfolgen soll. In § 5 l. c. werden die Verwaltungsgebühren seitens des Reiches an die beteiligten norddeutschen Bundesstaaten für die Brausteuer gemäß Bundesratsbeschluß (Ausführungsbestimmungen zum Brausteuergesetze vom 3. Juni 1906, § 99) von 15 % auf 10 % der Roheinnahmen herabgesetzt. (Vgl. Art. 38 Abs. II, Ziff. 3d, welche Bestimmung hinsichtlich der Brausteuer aufgehoben wurde).

Der § 6 l. c. trifft Bestimmungen über die Ausgleichungsbeträge, die Bayern, Württemberg, Baden und zurzeit noch Elsaß-Lothringen als Äquivalent für ihre eigene Biersteuer an das Reich zu entrichten haben. Der § 7 l. c. ordnet an, daß bis zum Jahre 1910 den Bundesstaaten mindestens der Durchschnittsbetrag an Erbschaftssteuer verbleiben soll, den sie in den Rechnungsjahren 1901 bis 1905 hatten. Bei Ermittelung dieser Durchschnittseinnahmen bleibt der Rohertrag aus der Erbschaftssteuer für Abkömmlinge und Ehegatten und gegebenenfalls aus schon bestehenden höheren Erbschaftssteuersätzen außer Berechnung. Nach § 8 erfolgte die Gültigkeit des Gesetzes vom 1. Juli 1906 ab.

Nach § 1 dieses Reichsfinanzgesetzes in Verbindung mit der früheren Reichsfinanzreform durch das RGesetz vom 14. Mai 1904 (§§ 1 u. 2) sowie auf Grund sonstiger noch bestehender Gesetzesbestimmungen hatte das Reich nunmehr nach Maßgabe des nach dem RGesetze vom 14. Mai 1904 abgeänderten Art 70 der Reichsverfassung[2]) die Einnahmeerträgnisse aus den Zöllen, der Tabaksteuer, der Zigaretten-

---

[1]) Hinsichtlich des Wettstempels für Totalisatorwetten der öffentlichen Pferderennen gilt das RGesetz vom 4. Juli 1905, RGBlatt S. 595 ff.

[2]) Der Art. 70 der RV. lautet nach dem RGesetz vom 14. Mai 1904, RGBl. S. 169: „Zur Bestreitung aller gemeinschaftlichen Ausgaben dienen zunächst die aus den Zöllen und gemeinschaftlichen Steuern, aus dem Eisenbahn-, Post- und Telegraphenwesen sowie aus den übrigen Verwaltungszweigen fließenden gemeinschaftlichen Einnahmen. Insoweit die Ausgaben durch diese Einnahmen nicht gedeckt werden, sind sie durch Beiträge der einzelnen Bundesstaaten nach Maßgabe ihrer Bevölkerung aufzubringen, welche in Höhe des budgetmäßigen Betrags durch den Reichskanzler ausgeschrieben werden. Insoweit diese (Matrikular-) Beiträge in den Überweisungen keine Deckung finden, sind sie den Bundesstaaten am Jahresschluß in dem Maße zu erstatten, als die übrigen ordentlichen Einnahmen des Reichs dessen Bedarf übersteigen. Etwaige Überschüsse der Vorjahre dienen, insoweit gesetzlich nicht anders bestimmt wird, zur Deckung gemeinschaftlicher außerordentlicher Ausgaben."

steuer, der Salzsteuer, der Zuckersteuer, der Schaumweinsteuer, der norddeutschen Brausteuer nebst Übergangsabgabe vom Bier, aus dem Spielkartenstempel, dem Wechselstempel und den neuen Reichsstempelabgaben. (RG. vom 3. Juni 1906, §§ 1 und 2, RG. vom 14. Mai 1904 § 2, RV Art. 70). Von den Reichsstempelabgaben im allgemeinen hatte nämlich das Reich nach § 82 des RStG. vom 3. Juni 1906 den Reinertrag aus den Stempeln für Aktien, Kuxe, Renten- und Schuldverschreibungen, aus Börsenkauf- und Anschaffungsgeschäften, sowie aus den Spiel- und Wetteinsätzen und aus Lotterielosen den Bundesstaaten zu überweisen, aus den Wetteinsätzen bei öffentlichen Pferderennen nach Maßgabe des RGesetzes vom 4. Juli 1905.

Es war also bei den Reichsstempeleinnahmen bisher zu unterscheiden zwischen den *reichseigenen* Stempelsteuern, wozu die Stempel aus den Frachturkunden, Personenfahrkarten, Steuerkarten für Kraftfahrzeuge und aus den Vergütungen an Aufsichtsratsmitglieder (der sog. Tantiemesteuer) gehörten, *und den Überweisungssteuern*, wozu die Stempel von Wertpapieren, aus Kauf- und Anschaffungsgeschäften und von Lotterielosen mit den Wettstempeln gehörten. Von der Einnahme aus den Wettstempeln am Totalisator bei öffentlichen Pferderennen ist nach dem Gesetz vom 4. Juli 1905 die Hälfte für Zwecke der Pferdezucht im Reichshaushalt des Deutschen Reiches bereitzustellen und an die Regierungen der Einzelstaaten nach dem Verhältnis auszuzahlen, nach welchem diese Abgaben in ihrem Gebiet aufgebracht worden sind.

Es handelt sich schließlich nur noch um die Verrechnung der Branntweinsteuer. Nach dem bis zum 1. Oktober 1909 gültigen Branntweinsteuergesetze vom $\frac{16.\ \text{Juni}\ 1895}{7.\ \text{Juli}\ 1902}$ war nach § 39 der Reinertrag der Branntweinverbrauchsabgabe den einzelnen Bundesstaaten nach Maßgabe der matrikularmäßigen Bevölkerung zu überweisen. Nach § 1 Abs. II des RGesetzes vom 14. Mai 1904 war der Reinertrag der Branntwein- und Maischbottichsteuer und der Materialsteuer (seit 1. Oktober 1902 in Form des Zuschlags zur Verbrauchs-Abgabe erhoben) ebenmäßig an die Bundesstaaten abzugeben d. h. zu überweisen. (Vgl. die Denkschrift: Das Finanzwesen der öffentlichen Körperschaften Deutschlands, Anlagenband 249 Teil I zu Nr. 1035 der Reichstagsdrucksachen; ferner Statistisches Jahrbuch des Deutschen Reiches 1909, S. 306 ff.).

§ 20.

Es zeigte sich also, daß auch die zweite Reichsfinanzreform von 1906 noch nicht genügte, um Ordnung und Sicherheit in den Reichshaushaltsetat zu bringen und das Reich vor neuem Schuldenmachen zu bewahren, zumal die Frage der Beamtengehaltserhöhung und die Neuregelung der Wohnungszuschußgelder immer dringlicher wurde. So kam es, daß im Herbst 1908 der neue Staatssekretär des Reichsschatzamts, der an die Stelle des Freiherrn v. Stengel getreten war, Herr Sydow, am 3. November 1908 bei dem Reichstage eine weitere Vorlage über die Reformen der Reichsfinanzen einbrachte, bestehend aus folgenden Gesetzentwürfen:

a) Gesetz betr. Änderung des Reichsfinanzwesens (RTDrS. Nr. 992, BRDrS. 1908 Nr. 161);
b) Gesetz betr. den Zwischenhandel des Reichs mit Branntwein (Nr. 993 der RTDrS. und BRDrS. Nr. 153);
c) Gesetz betr. die Tabakverbrauchssteuer (Nr. 994 der RTDrS., BRDrS. 1908 Nr. 150);
d) Gesetz wegen Änderung des Brausteuergesetzes (Nr. 995 der RTDrS., BRDrS. Nr. 151);
e) Gesetz betr. die Reichsweinsteuer (Nr. 996 der RTDrS., BRDrS. Nr. 154, 1908);
f) ein Nachlaßsteuergesetz (Nr. 997 der RTDrS., BRDrS. Nr. 160);
g) Gesetz betr. Erbrecht des Staates (Nr. 998 der RTDrS., BRDrS. Nr. 158);

h) Gesetz wegen Änderung des Reichserbschaftssteuergesetzes (Nr. 999 der RTDrS., BRDrS. Nr. 157);
i) Gesetz betr. Besteuerung der Elektrizität und des Gasverbrauchs (Nr. 1000 der RTDrS., BRDrS. Nr. 162);
k) ein Anzeigensteuer- (Inseratensteuer-) Gesetz (Nr. 1001 der RTDrS., BRDrS. Nr. 156).

Beigegeben waren diesen Gesetzentwürfen vier Denkschriften (vgl. Anlagenband zu den Reichstagsverhandlungen Nr. 249/50 1907/08). Die erste Denkschrift behandelt die historische Entwickelung und den gegenwärtigen Ausbau der deutschen Finanzen im Reich und in den Einzelstaaten (840 Seiten). In der zweiten Denkschrift werden die Finanzen der wichtigsten Kulturstaaten einer eingehenden Betrachtung unterzogen (450 Seiten). Die dritte Denkschrift stellte das Material zusammen, das die Wohlstandsentwickelung in Deutschland charakterisieren soll (132 Seiten). Die vierte Denkschrift veröffentlicht die Unterlagen zur Beurteilung der Zusammenhänge zwischen dem öffentlichen Schuldenwesen und dem Kapitalmarkt (287 Seiten).

Ein Sachregister zu diesen vier Denkschriften ist unter Nr. 1108 der Reichstagsdrucksachen veröffentlicht worden (vgl. Bd. 252 der Anlagen zu den Reichstagsverhandlungen 1907/08).

Zur Herbeiführung dieser dritten Finanzreform sind auch unzählige Petitionen und Vorschläge aus Privatkreisen eingegangen, die im Kommissionsbericht Nr. 1435 zusammengestellt sind. (Vgl. Band Nr. 256 der Anlagen zu den RTVerh. 1907/8.

Auch die Literatur, darunter namentlich die Zeitungspresse, befaßte sich eingehend mit der Reichsfinanzreform. Es mögen hier nur noch außer den auf Seite 28 d. B. angeführten Preßerzeugnissen noch folgende Bücher genannt werden: Steinmann-Bucher, 350 Milliarden deutsches Volksvermögen, Berlin 1909, und Rießer, Finanzielle Kriegsbereitschaft, Jena 1909. Vgl auch die 10 Aufsätze der Kölnischen Zeitung vom 1. bis 12. Juni 1909. Kolnig, Europäisches Steuerwesen, Problemschrift, Wien 1909; O. Schwarz, Die Finanzsysteme der Großmächte, Leipzig 1909; Wuttke, Reichsfinanzen und Landesfinanzen, Leipzig 1909; Gerloff, Beiträge zur Reichsfinanzreform, Jena 1909; Pohlmann, Der erste Schritt zu gesunden Finanzen. Ein Beitrag zur Reichsfinanzreform. Leipzig 1909; Grunzel, Psychologie der Reichsfinanzreform, Berlin 1909; Soetbeer, Finanzreform und deutscher Handelsvertrag, Deutsche Wirtschaftszeitung 1909 Nr. 1: Günther Richtlinien einer Reichsfinanzreform, Hirths Annalen 1909 Nr. 2. Speck H., Die finanzrechtlichen Beziehungen zwischen Reich und Bundesstaaten, s. Conrads Jahrbücher III, 1909.

Die Aufnahme dieser Regierungsvorlagen bei Presse und Publikum war zunächst etwas zurückhaltend, namentlich die Gas- und Elektrizitäts-, auch die Inseratensteuer fanden von vorneherein kein wohlwollendes oder verständiges Entgegenkommen. Die Ausdehnung der Erbschaftssteuer wurde hauptsächlich von der konservativen und Zentrumspresse aufs heftigste bekämpft, da mit der Heranziehung der Abkömmlinge und Ehegatten zur Erbschaftssteuer das Familienprinzip gefährdet sei, wie von konservativer Seite behauptet wurde.

In der Begründung zum Gesetzentwurf betr. Änderung des Finanzwesens (BRDrS. Nr. 161, 1908) ist darauf hingewiesen, daß das Mißverhältnis zwischen Bedarf und Deckung zu den charakteristischen Erscheinungen der deutschen Finanzgeschichte gehöre und daß dadurch dem Reich eine große Schuldenlast aufgebürdet worden sei. Dieses Mißverhältnis zu beseitigen, wäre eine unbedingte Notwendigkeit für das Ansehen und die Würde des Reiches und zugleich eine unerläßliche Voraussetzung für die gedeihliche Fortentwickelung der deutschen Volkswirtschaft. Es sei daher zunächst dringend eine gründliche Reform des Schuldenwesens wie eine ausgiebige Bereitstellung von Mitteln für die Bedürfnisse des Reiches erforderlich und andererseits müsse dafür gesorgt werden, daß zwischen Bedarf und Deckung stets sofort das Gleichgewicht hergestellt würde. Diese Deckung solle durch indirekte wie Besitzsteuern aufgebracht werden. Da es, wie auch hier schon mehrmals bemerkt wurde, unzulässig sei, die Einkommen- und Vermögenssteuer dem Reiche dienstbar zu machen, so bleibe nach dieser Richtung, außer den indirekten Abgaben, nur die weitere Ausgestaltung der Erbschaftssteuer für das Reich übrig, die als Nachlaßsteuer erweitert werden solle. Auch formell soll zwischen Reich und Einzelstaaten ein festes Verhältnis eingerichtet werden, so daß die Einzelstaaten bei Aufstellung ihrer Etats ziemlich genau wissen können, wie weit sie Zubußen an das Reich abzugeben hätten. Deshalb sollte eine Festlegung der Matrikularbeiträge erreicht und konstituiert werden, womit zugleich eine Art Veredlung der Matrikularbeiträge verbunden werden könne, in der Art, daß sie nicht mehr nach der Kopfzahl der Bundesstaaten ausgeschrieben, sondern nach der Leistungsfähigkeit der letzteren zu bemessen seien, worüber der Reichstag entscheiden solle. Für diese festen Matrikularbeiträge sollten die Einzelstaaten nunmehr durch Überweisung der Einnahmen aus dem Branntweinmonopol Deckung finden können, darüber hinaus seien die Einzelstaaten nur mehr bis auf weiteres mit einem Höchstbetrag von 80 Pfennig für den Bevölkerungskopf an ungedeckten Matrikularbeiträgen heranzuziehen. Alle sonstigen Einnahmen aus Zöllen und Steuern, mit Ausnahme der erwähnten Branntweinmonopoleinnahmen und des Anteils aus der Reichserbschaftssteuer, hätten dem Reiche zu verbleiben.

Im einzelnen ist folgendes zu bemerken:

1. Der Zwischenhandel des Reiches mit Branntwein.

Die Vorlage wollte den An- und Verkauf des Branntweins im großen auf das Reich übertragen. Der regelmäßige Verkaufspreis wäre so bemessen, daß der Reichskasse eine Reineinnahme von 220 Millionen Mark verbliebe. Der regelmäßige Ankaufspreis sollte die durchschnittlichen Herstellungskosten eines Hektoliters Alkohol decken, wobei die Schlempe kostenfrei dem Brennereibesitzer bleibt. Die sogenannte Liebesgabe sollte fortfallen. Dafür würden die Brennereibesitzer auf 10 Jahre eine Entschädigung in halber Höhe des Wertes der gegenwärtig erteilten Kontingentscheine erhalten. Den Brennern würden anstelle des Vorteils der günstigeren Kontingentierung entsprechende Zuschläge zum regelmäßigen Branntweinankaufspreise gewährt. Den bestehenden Brennereien sollte im allgemeinen der bisherige Betriebsumfang gewährleistet sein.

2. Brausteuer.

Die Erhöhung der Biersteuer sollte den Hektoliter fertigen Bieres mit etwa 2—2½ Mark mehr treffen als bisher Die allgemeine Steuerstaffel würde nach dem Vorbilde der badischen und der elsaß-lothringischen Biersteuer vereinfacht und mehr zusammengedrängt. Sie sollte mit dem Satze von 14 Mark beginnen und bei einer Malzverwendung von über 5000 Doppelzentner mit dem Satze von 20 Mark für 1 Doppelzentner Malz endigen. Den vor dem 1. Oktober 1908 bestehenden kleinen Brauereien würde eine Ausnahmestellung einzuräumen sein.

3 Weinsteuer.

Der neue Weinsteuerentwurf sah für den im Inland auf Flaschen gefüllten, sowie für den aus dem Ausland in Flaschen eingehenden stillen Wein eine Abgabe vor Die Qualitätsweine sollten eine ihrem Werte entsprechende Besteuerung erfahren, die in den Haushaltungen abgefüllten Weine aber nur einer geringen Steuer unterworfen werden. Die Abgabe bestünde in einer allgemeinen Flaschensteuer mit einem gestaffelten Zuschlage Der Weinsteuer sollten alle stillen Weine in Flaschen ohne Rücksicht auf den Preis, unterliegen, dem Zuschlage hingegen nur solche im Preise von mehr als 1 Mark die Flasche. Als Weinsteuersatz war der Betrag von 5 Pfennig die Flasche, einerlei ob ganze oder halbe Flasche, vorgeschlagen. Der Zuschlag soll abgestuft werden, die Zuschlagssätze bewegen sich zwischen 10 Pfg. und 3 Mk Privatpersonen bleiben im allgemeinen von der Entrichtung des Zuschlags frei. Die Steueraufsicht ist auf das Notwendigste beschränkt; der Verbrauch im Haushalte wird amtlich überhaupt nicht überwacht, auch für die Händler ist nur Betriebsanzeigepflicht und Lagerkontrolle vorgesehen. Auch die Schaumweinsteuer sollte erhöht werden; für Schaumweine im Preise von mehr als 3 Mark die Flasche waren die Zuschlagssätze für stillen Wein als Mehrbelastung neben der Schaumweinsteuer angesetzt. Auch die Schaumweine im Preise bis zu 3 Mark erhalten einen Zuschlag, da gerade unter ihrer Konkurrenz die besseren Sorten stiller Weine zu leiden haben.

4. Tabaksteuer.

Die Vorlage entschied sich für die Fabrikatwertsteuer nach dem Banderolensystem. Die Steuersätze sollten sich für Zigarren in 6 Stufen von 4 Mark bis 96 Mark für 1000 Stück, für Zigaretten in 7 Stufen von 1,50 Mark bis 24 Mark für 1000 Stück, für feingeschnittenen Tabak in 5 Stufen von 0,80 Mark bis 12,80 Mark für 1 Kilogramm bewegen. Die Steuersätze betragen für Zigarren 10 bis 13 Prozent, bei Zigaretten 15 bis 20 Prozent des Kleinverkaufspreises. Das Verhältnis der Steuerbelastung der Zigarren zu den Zigaretten war auf etwa 1 zu 1½ bemessen. Die geltende Tabakbesteuerung sollte ohne Änderung des Zollsatzes für ausländischen Rohtabak und des Steuersatzes für inländischen Tabak nebenher bestehen bleiben. Dadurch sollte die Aufrechterhaltung des Unterschieds in der Belastung des in- und des ausländischen Tabaks gesichert werden.

5. Elektrizitäts- und Gassteuer.

Die Steuer sollte für Elektrizität und Gas, die gegen Entgelt abgegeben werden, 5 Prozent des Abgabepreises, jedoch nicht mehr als 0,5 Pfennig für die Kilowattstunde oder das Kubikmeter betragen. Bei Herstellung zum eigenen Bedarf war der Steuersatz 0,4 Pfennig für die Kilowattstunde und für das Kubikmeter Gas von wenigstens 3000 Wärmeeinheiten, 0,2 Pfennig für Gas von 1000 bis 3000 Wärmeeinheiten. Der Steuerbetrag wird bei Abgabe gegen Entgelt auf Grund der Geschäftsbücher und Anschreibungen des Steuerpflichtigen, bei Erzeugung zum eigenen Bedarf auf Grund amtlich beglaubigter Meßgeräte ermittelt. Die Steuer auf Glühlampen bis 15 Watt sollte 5 Pfennig, von über 15 bis 20 Watt 10 Pfennig, von über 25 bis 60 Watt 20 Pfennig, von über 60 bis 100 Watt 30 Pfennig für das Stück und für Glühkörper für Gasglühlicht 10 Pfennig für das Stück betragen.

6. Anzeigensteuer.

Durch die Vorlage sollten Anzeigen, die in Zeitungen und Zeitschriften enthalten sind (Einrückungen) oder Sonderbeilagen, sowie Ankündigungen besteuert werden. Die Steuer wäre für Anzeigeblätter, die mehr als einmal wöchentlich erscheinen, bei einer Auflage bis 5000 Stück 2 Prozent, bis 10000 Stück 4 Prozent, bis 50000 Stück 6 Prozent, bis 100000 Stück 8 Prozent und über 100000 Stück 10 Prozent der Einrückungsgebühr. Anzeigeblätter, die wöchentlich einmal oder in größeren Zwischenräumen erscheinen, sollten 10 Prozent der Einrückungsgebühr entrichten. Für Sonderbeilagen beträgt die Steuer 20 Prozent der Beilagegebühr. Steuerfrei bleiben Arbeits- und Stellengesuche von nicht mehr als 5 Zeilen. Berechnet wird der für die Einrückung wirklich bezahlte Betrag. Ankündigungen in Schrift und Bild, für deren Anbringung ein Entgelt entrichtet wird, unterliegen einer Steuer von 10 Prozent. Ankündigungen, für deren Anbringung ein Entgelt nicht entrichtet wird, unterliegen einer Steuer nach dem Flächenraume. Firmenschilder und andere Aufschriften, die lediglich den Geschäftsbetrieb der Bewohner oder Inhaber betreffen, sind steuerfrei.

7. Erbschaftssteuer und Wehrsteuer.

Der Entwurf einer Nachlaßsteuer sollte den Nachlaß als Ganzes treffen ohne Rücksicht auf die Personen, an welche die Erbschaft fällt und ergreift so auch das Erbe der Kinder und Ehegatten. Die Steuerpflicht sei auf solche Nachlässe beschränkt, die 20000 Mark übersteigen. Die Steuer steige von 0,5 Prozent bei einem Nachlaß von 20000 bis 30000 Mark auf 3 Prozent bei einem Nachlaß von mehr als 1 Million. Von einem Nachlaß zu 100000 bis 125000 Mark seien demnach 1,4 Prozent zu entrichten. Für die Landwirtschaft sind wesentliche Erleichterungen geschaffen durch Gestattung der Ratenzahlung, durch Steuerberechnung nach dem Ertragswert und ähnliches. Als Zuschlag zur Nachlaßsteuer soll von dem Nachlasse derjenigen wehrpflichtigen Personen, die nicht aktiv gedient haben, eine Wehrsteuer von 1,5 Prozent erhoben werden. Der Ertrag aus der Nachlaßsteuer war auf 84, aus der Wehrsteuer auf 14 Millionen Mark veranschlagt.

In dem Entwurf über das Erbrecht des Staates ward das gesetzliche Verwandtenerbrecht auf Ehegatten und Verwandte erster und zweiter Ordnung (Abkömmlinge, Eltern, Geschwister und deren Abkömmlinge und die Großeltern) beschränkt. An die Stelle der weiteren Verwandten sollte als gesetzlicher Erbe der Fiskus treten. Als finanzieller Ertrag ward die Summe von etwa 25 Millionen Mark angenommen.

Der Entwurf eines Gesetzes wegen Änderungen des Erbschaftssteuergesetzes schlägt Änderungen vor, die sich teils in der Praxis als erwünscht, teils als Folge der vorerwähnten Entwürfe geboten erwiesen haben.

8. Der Gesetzentwurf betreffend Änderungen im Finanzwesen regelt vor allem das finanzielle Verhältnis zwischen Reich und Einzelstaaten. Er bestimmte, daß der Höchstbetrag der Matrikularbeiträge auf die Dauer von 5 zu 5 Jahren durch besonderes Gesetz festgesetzt wird. Ferner wollte das Gesetz Bestimmungen über die Tilgung der Reichsschuld treffen.

§ 21.

Die Steuervorlagen des Jahres 1908, wie sie soeben kurz gekennzeichnet wurden, bezweckten einerseits eine ergiebigere Heranziehung der Genußmittel zur Befriedigung des Reichsbedarfs durch weitgehende Erhöhungen der Verbrauchssteuern; die Besteuerung von Elektrizität und Gas sollte zum Ausgleich für den Petroleumzoll dienen und das ganze Finanzwerk sollte durch die Aufnahme einer sog. Besitzsteuer d. h. durch den Ausbau der Nachlaßbesteuerung gekrönt werden. Die unrentable Fahrkartensteuer sollte reformiert, wenn nicht ganz aufgehoben werden. Der Ertrag der vorgeschlagenen Steuern wurde auf beinahe 1/2 Milliarde Mark veranschlagt, wovon 4/5 von den indirekten Steuern und 1/5 von einer Besitzsteuer (Erbschaftssteuer) aufgebracht werden sollten.

Der Reichstag besprach die Finanzvorlage in erster Lesung vom 19. bis 28. November 1908 in sieben Sitzungen, wobei auch die schwierige Durchführung einer Reichseinkommen- und Vermögenssteuer nach allen Richtungen beleuchtet wurde. Die Vorlagen wurden, ohne daß eine bestimmte Einigung erzielt worden wäre, der Finanzkommission überwiesen. Hier gab es manche Überraschungen, namentlich als die vorgeschlagene Tabakbanderolesteuer abgelehnt wurde, die Weinsteuer gleichfalls keine Gnade gefunden hatte und an Stelle des Gesetzentwurfs über den Zwischenhandel des Reiches mit Branntwein (des Branntweinmonopolgesetzentwurfs) in der Kommission ein anderweitiger Gesetzentwurf ausgearbeitet worden war, wobei die alte Liebesgabe beibehalten bleiben sollte!

Aber auch die Nachlaßsteuer und das Staatserbrecht bei weitläufigen, den sog. lachenden Erben wurden von der Finanzkommission nicht akzeptiert, so daß die Nachlaßsteuer von der Regierung in eine erweiterte Erbanfallsteuer umgewandelt werden mußte. Als auch dieser Vorschlag nicht angenommen wurde, sondern eine neue Steuer auf Parfümerien, Zündwaren und Beleuchtungskörper auf der Bildfläche erschien, da stellte die liberale Linke ihre Kommissionsmitwirkung ein und der Exodus der liberalen Parteien am 27. Mai 1909 machte die Kommission zur Rumpfkommission, welch letztere nun folgende Vorschläge machte:

Namhafte Erhöhung der Biersteuer; Erhöhung der Branntweinverbrauchsabgabe mit Abschaffung der Maischraumsteuer, aber mit voller Beibehaltung der Liebesgabe; Erhöhung der Tabaksteuer durch Einführung eines 40 % igen Wertzuschlags auf ausländischen Tabak und Import-Zigarren, Erhöhung der Zigarettensteuer und des Zigarettenzolls; Erhöhung der Inlandstabaksteuer; eine neue Steuer auf Glühkörper und auf Zündhölzer; Erhöhung des Kaffee- und Teezolles; Aufrechterhaltung der Fahrkartensteuer, und bis 1914 der Zuckersteuer zu 14 Mark für 1 Doppelzentner; Kotierungssteuer (Talonsteuer), Reichsumsatzsteuer, Wertzuwachssteuer. Außerdem wurde eine Mühlenumsatzsteuer und ein Kohlen- und Kali-Ausfuhrzoll in Vorschlag gebracht.

Die zweite Plenarlesung des Reichstages begann am 19. Juni 1909, deren Höhepunkt am 24. Juni erreicht wurde, als auch die neue Regierungsvorlage betreffend Erbschaftsanfallsteuer definitiv abgelehnt wurde. Man erwartete die Auflösung des Reichstags oder den Rücktritt des Reichskanzlers.

Am 21. und 22. Juni 1909 fand die Beratung der Kotierungssteuer und anstelle derselben Annahme der Talonsteuer im Reichstage statt, am 23. Juni kam die Wertzuwachssteuer zur Beratung, am 24. Juni wurde, wie schon bemerkt, die Erbanfallsteuer abgelehnt, am 25. Juni wurde der erhöhte Wechselstempel, der Umsatzstempel, die Erhöhung des Kaffee- und Teezolles mit Nachversteuerung und die Steuer auf Beleuchtungsmittel mit Nachversteuerung angenommen, am 2. Juli erfolgte in zweiter Lesung die Annahme der Tabakzoll- und Tabak-Steuererhöhung mit Nachversteuerung, am 3. Juli wurde die Branntweinsteuer nach der Vorlage der Rumpfkommission mit Nachversteuerung und Erhöhung des Zolles auf Likörbranntwein und Parfümerien angenommen; am 5. Juli wurden die Weinsteuer und das Erbrecht des Staates definitiv verworfen, dagegen erfolgte Annahme der erhöhten Schaumweinsteuer mit Nachsteuer, am 6. Juli fielen definitiv Gas- und Elektrizitätssteuer sowie die Inseratensteuer, dagegen wurde die Besteuerung der Zündhölzer mit Nachsteuer beschlossen. Am 7. Juli wurden der Kohlenausfuhrzoll und die Mühlenumsatzsteuer abgelehnt, am 8. Juli kam auch die Talonsteuer und das Finanzgesetz zustande, am 9. und 10. Juli erfolgten die dritten Lesungen über sämtliche Steuern, darunter auch die Beleuchtungssteuern. Nachdem am 10. Juli 1909 die Reichsfinanzreformdebatten im Reichstag in III. Lesung beendigt waren, gab am 12. Juli der Bundesrat seine Zustimmung zu den Reichstagsbeschlüssen und am 15. Juli 1909 erschienen folgende Gesetze:

1. Das Brausteuergesetz vom 15. Juli 1909 (RGBl. 1909 S. 773) nebst Ausführungsbestimmungen, Anleitung für die Unterscheidung zwischen obergärigem und untergärigem Bier, Bestimmungen über die Herstellung von Farbebieren, die Brausteuervergütungsordnung, die Festsetzung der Uebergangsabgabe von Bier, Verzollung von Bier nach dem Raumgehalt des Fasses (Bierzoll);

2. das Branntweinsteuergesetz vom 15. Juli 1909 (RGBl. S. 661) nebst Branntweinsteuer-Ausführungsbestimmungen mit der Brennereiordnung, den Branntweinsteuer-Grundbestimmungen, der Branntweinsteuerbefreiungsordnung und später der Meßuhrordnung und der Nachsteuerordnung, Erhöhung des Branntweinzolles und des Parfümeriezolles;

3. das Leuchtmittelsteuergesetz vom 15. Juli 1909 (RGBl. S. 880) nebst Ausführungsbestimmungen und Nachsteuerordnung;

4. das Zündwarensteuergesetz vom 15. Juli 1909 (RGBl. S. 814) nebst Ausführungsbestimmungen und Nachsteuerordnung;

5. die Weinzollordnung nebst dem Weingesetz vom 7. April 1909 und den Ausführungsbestimmungen zum Weingesetz;

6. das Reichsstempelgesetz vom 15. Juli 1909 (RGBl. S. 833) nebst Ausführungsbestimmungen zu XI Abschnitten;

7. das Wechselstempelsteuergesetz vom 15. Juli 1909 (RGBl. S. 825) nebst Ausführungsbestimmungen);

8. das Schaumweinsteuergesetz vom 9. Mai 1902, abgeändert durch das Reichsgesetz vom 15. Juli 1909 (RGBl. S. 714) nebst Ausführungsbestimmungen und Nachsteuerordnung;

9. das Tabaksteuergesetz vom 15. Juli 1909 (RGBl. S. 793) mit der Novelle zum Zigarettensteuergesetz (RGBl. S. 713) nebst Ausführungsbestimmungen und Nachsteuerordnung.

Ferner erschienen, wie bereits angedeutet, nachfolgende Nachsteuerordnungen:

Die Branntweinnachsteuerordnung, die Leuchtmittelnachsteuerordnung, die Zündwarennachsteuerordnung, die Tabaknachsteuerordnung, die Nachzoll- und Nachsteuerordnung für Kaffee, Tee und Schaumwein. Endlich ist noch zu erwähnen die Essigsäureordnung und Essigsäurenachsteuerordnung (Kais. VO. vom 14. Juli 1909) mit der Essigsäureverbrauchsabgabe (Branntweinsteuergesetz vom 15. Juli 1909, §§ 141—143).

§ 22.

Das Finanzgesetz oder vielmehr das Gesetz, betreffend die Ordnung des Reichshaushalts und die Tilgung der Reichsschuld vom 3. Juni 1906 (RGBl. 1906 Nr. 31) und das Reichsgesetz betr. Aenderung im Finanzwesen vom 15. Juli 1909 (RGBl. Nr. 41) bestimmen nunmehr im Zusammenhalt mit dem Reichsgesetz vom 14. Mai 1904 und 28. März 1903 (RGBl. S. 169) folgendes:

Der § 3 des Reichsgesetzes vom 3. Juni 1906, wonach diejenigen Matrikularbeiträge, welche den Sollbetrag der Ueberweisungen in einem Jahre um mehr als 40 Pfennig pro Bevölkerungskopf übersteigen, bis auf 3 Jahre gestundet werden sollen, um den Einzelstaaten die Aufstellung ihrer Etats zu erleichtern — ist aufgehoben (§ 1 des Gesetzes vom 15. Juli 1909); dagegen bestimmt der § 2 dieses Gesetzes vom 15. Juli 1909, betr. Änderung im Finanzwesen, daß die ungedeckten Matrikularbeträge, deren Erhebung nach § 3 Abs. II des Gesetzes vom 3. Juni 1906 ausgesetzt war, überhaupt nicht mehr eingefordert, sondern den Einzelstaaten erlassen werden sollen. Die hierwegen aufzunehmende Anleihe soll durch 1,9 % unter Hinzurechnung der ersparten Zinsen getilgt werden.

Schon das Finanzgesetz von 1906 hatte eine regelmäßige, gesetzlich festgelegte Schuldentilgung von 3/5 % der Nominalsumme vorgesehen, es blieb jedoch mangels an Mitteln beim guten Willen.

Das Finanzgesetz vom 15. Juli 1909 bringt aufs Neue eingehende Bestimmungen über die Schuldentilgung. (§ 3).

Der hierher zutreffende Paragraph 3 des Gesetzes setzt folgendes fest:

Die Tilgung der Reichsschuld hat vom 1. April 1911 ab nach folgenden Bestimmungen stattzufinden:

a) Die bis zum 30. September 1910 begebenen Anleihen (außer den werbenden, für die die bisherigen Bestimmungen maßgebend bleiben) sollen jährlich mit 1 % des Nominalkapitals getilgt werden.

b) Zur Tilgung der Reichsschuld vom 1. Oktober 1910 ab sollen 1,9 % für die werbenden und 3 % für die übrigen Anleihen verwendet werden.

c) Die Matrikularbeiträge der Einzelstaaten, welche für 1909 die Ueberweisungen um mehr als 48 1/2 Millionen Mark (also ungefähr 80 Pfennig pro

Bevölkerungskopf) übersteigen, sind durch Anleihen zu decken. Diese Anleihen sind in den Jahren 1911—1913 durch die bereitesten Mittel des Reiches zu tilgen.

d) Der § 4 des Gesetzes vom 3. Juni 1906 betr. Schuldentilgung tritt mit dem 1. April 1911 außer Kraft.

Der § 5 des neuen Finanzgesetzes von 1909 bestimmt ferner, daß die Einzelstaaten nicht mehr 1/3, sondern nur mehr 1/4 der Roheinnahmen an Erbschaftssteuern behalten dürfen. Endlich ist festgesetzt, daß die Reineinnahme der Branntweinsteuer den Einzelstaaten nach dem Bevölkerungskopf überwiesen wird. Da die erhöhte Branntweinsteuer etwa 220 Millionen Mark bringen soll, so treffen auf den Bevölkerungskopf an Ueberweisungssteuern etwa 3 1/2 Mark. Für 1910 sind vorerst nur 180 Millionen Mark an Überweisungsbranntweinverbrauchssteuern im Etat vorgesehen.

Die Vorschrift nach § 82 letzter Absatz des Reichsstempelgesetzes vom 3. Januar 1906 kommt dagegen in Wegfall. Eine Ueberweisung der Stempelsteuern an die Bundesstaaten findet demnach nicht mehr statt.

Auch der § 2 des Reichsgesetzes vom 28. März 1903 (RGBl. S. 109), betreffend Schuldentilgung, wird gleichfalls aufgehoben, da nunmehr hierwegen andere Maßnahmen vorgekehrt worden sind (§ 4 des Reichsgesetzes vom 15. Juli 1909).

Der § 6 dieses letzteren Gesetzes beseitigt die Unfallversicherungsvorschüsse durch Einziehung eines Betriebsfonds von jedem Träger der Unfallversicherung.

Art. II des Finanz-Gesetzes vom 15. Juli 1909 behandelt die Erhöhung des Kaffee- und Teezolls;

Art. III des Finanz-Gesetzes vom 15. Juli 1909 behandelt die Besteuerung der Leuchtmittel;

Art. IV des Finanz-Gesetzes vom 15. Juli 1909 betrifft die Besteuerung der Zündwaren;

Art. V des Finanz-Gesetzes vom 15. Juli 1909 setzt die Herabsetzung des Zuckerzolles von 14 auf 10 Mark für den Doppelzentner, die durch Gesetz vom 19. Februar 1908 (RGBl. S. 27) bereits vom 1. April 1910 ab beschlossen war, auf den 1. April 1914 hinaus.

Der Art. VI behandelt die Schlußbestimmungen, die Daten der Gültigkeitseintritte der verschiedenen Gesetze, so zwar, daß das Finanzgesetz hinsichtlich des § 5 Abs. I und II (Überweisung von Steuererträgen) schon vom 1. April 1909 in Kraft sein soll, hinsichtlich der Beseitigung der Unfallversicherungsvorschüsse soll der 1. Januar 1910, hinsichtlich der Erhöhung des Kaffee- und Teezolls, der erhöhten Brausteuer und der Steuer auf Leuchtmittel und Zündwaren der 1. August 1909 der Einführungstermin sein; bezüglich der Erhöhung der Schaumweinsteuer und Einführung des neuen Stempelsteuergesetzes wurde gleichfalls der 1. August als Einführungstermin festgesetzt, der Rohtabakwertzuschlag und der Wertzuschlag auf importierte Zigarren trat am 15. August in Kraft und die erhöhte Zigarettensteuer am 1. September 1909; für alle übrigen Steuern galt als Einführungstermin der 1. Oktober 1909.

Da sehr viele Steuern eine 3 oder 6 monatige Stundung genießen, so kommt in den Rechnungsjahren 1909 und 1910 (1. April 1909 bis 31. März 1911), also während der Übergangszeit die volle Wirkung der neuen Steuern noch nicht ganz zur Geltung; immerhin dürften sich jedoch die Einkünfte des Reiches in kurzem besser gestalten, denn wenn auch vielleicht an Bier- und Branntweinverbrauch, weniger an Tabakverbrauch, eine

Einschränkung stattfinden wird, so ist diese weniger auf das Konto der neuen Steuern zu rechnen, als darauf, daß Brauer, Wirte und Händler nur auf den Eintritt der neuen Steuerbelastung lauerten, um sofort beim Bier, Kaffee, Branntwein, Tee, bei den Zündwaren und Leuchtmitteln einen ganz exorbitanten Aufschlag zu betätigen. So wurde die Tasse Kaffee verschiedentlich um 5 Pfennig im Preise erhöht, der Liter Bier stieg im Ausschankpreise teilweise um 10 Pfennig, nur in der Zigarrenbranche scheint infolge der strengen Konkurrenz die Preissteigerung der Rauchfabrikate tatsächlich nur die wirkliche Steuererhöhung zu umfassen. Es wurde berechnet, daß das deutsche Volk zwar um 400 Millionen Mark neue Verbrauchssteuern zu tragen habe, diese Last aber infolge der viel zu hohen Preisaufschläge sich mehr als verdoppele, ja verdreifache.

Es war also nach der Benennung des Gesetzes vom 15. Juli 1909 keine Finanzreform, auch keine Finanzordnung, sondern nur eine Änderung des Reichsfinanzwesens zustande gekommen. Die in der ersten Regierungsvorlage beantragte Bindung der ungedeckten Matrikularbeiträge auf 80 Pfennig pro Bevölkerungskopf wurde aus parlamentarischen Rücksichten seitens des Reichstages nicht angenommen, dagegen wurde die im Jahre 1906 beschlossene Stundung der ungedeckten Matrikularbeiträge wegen der schlechten Erfahrungen, die man mit dieser Stundung bzw. Nichtzahlung gemacht hatte, beseitigt. Die regierungsseitig vorgesehene stärkere Schuldentilgung wurde gleichfalls akzeptiert, so daß jährlich von den festen Schulden des Reiches etwa 50 Millionen Mark getilgt werden können. Außerdem sollen noch die schwebenden Schulden tunlichst rasch beseitigt werden. Die gestundeten und erlassenen Matrikularbeiträge wurden auf Reichsanleihe übernommen, welche innerhalb 20 Jahre zu tilgen ist. Die Reichsschulden betrugen bisher schon 4½ Milliarden Mark und werden bald 5 Milliarden Mark ausmachen oder übersteigen, so daß an 200 Millionen Mark zur jährlichen Verzinsung erforderlich sind.

An Stelle der von den verbündeten Regierungen geforderten 380 Millionen Mark an indirekten Verbrauchsabgaben wurden annähernd 310 Millionen Mark solcher Verbrauchssteuern bewilligt, an Stelle der 95 Millionen Mark Erbschaftssteuererhöhung (Besitzsteuer) wurden 110 Millionen Mark Steuern auf Wertpapiere, Schecks und Grundstücksübertragungen genehmigt und 25 Millionen Mark sollen, wie auch regierungsseitig beabsichtigt war, durch die Erhöhung der Matrikularbeiträge, d. h. durch Hinaufsetzung der Quote von 40 Pfennig auf 80 Pfennig pro Bevölkerungskopf für das Jahr 1909 erzielt werden.

Der Artikel 70 der Reichsverfassung wird, da nunmehr der diesen Artikel einschränkende § 3 des Reichsfinanzgesetzes vom 3. Juni 1906 wieder aufgehoben ist, nach der in dem Reichsfinanzgesetz vom 14. Mai 1909 (RGBl. S. 169) festgesetzten Fassung und mit den in dem Reichsfinanzgesetze vom 15. Juli 1909 bestimmten Modifikationen wieder Gültigkeit haben (Vgl. Seite 38 d. B.).

6. Umfang, Größe und Einwohnerzahl des Deutschen Reichs- und des deutschen Zollgebietes.

§ 23.

Das Deutsche Reich bildet, wie bereits bemerkt, ein einheitliches Zoll- und Handelsgebiet, umgeben von gemeinschaftlicher Zollgrenze.

Nach Art. 34 der RV. blieben jedoch vorläufig, d. h. bis zum Jahre 1888, die Hansestädte Bremen und Hamburg außerhalb der deutschen Zollgrenze. Die freie Hansestadt Lübeck hatte sich schon im Jahre 1868/9 dem Zollgebiet angeschlossen.

Im Jahre 1888 aber vereinigten sich, nachdem im Jahre 1881 bereits die Unterelbe und die Unterweser, die bis dahin auch noch Zollausland waren, dem Zollgebiet angeschlossen worden waren, auch die Hansestädte Hamburg und Bremen gleichfalls mit dem Zollverbande, wobei Hamburg ein entsprechendes Gebiet als Freihafen d. h. als Zollausschlußgebiet erhielt, während Bremen einen sog. Freibezirk bekam. Dieser Freibezirk, der nach § 107 des VZG. als Freilager innerhalb des Zollgebietes galt, wurde im Jahre 1905 in ein förmliches Zollausschlußgebiet umgewandelt.[1])

Das deutsche Zollgebiet besteht demnach zurzeit aus den Staatsgebieten von Preußen, Bayern, Sachsen, Württemberg, Baden, Hessen, Mecklenburg-Schwerin und Mecklenburg-Strelitz, Sachsen-Weimar, Oldenburg, Braunschweig, Sachsen-Meiningen und Sachsen-Altenburg, Sachsen-Koburg-Gotha; Anhalt; Schwarzburg-Rudolstadt und Schwarzburg-Sondershausen, Waldeck, Reuß ältere Linie und Reuß jüngere Linie; Schaumburg-Lippe; Hamburg, Lübeck, Bremen und von Elsaß-Lothringen, einschließlich der Zollanschlüsse, aber ausschließlich der Zollausschlüsse.

Zollausschlüsse sind zurzeit folgende vorhanden:

1. Die preußische Insel Helgoland und die Hafenanlagen der preußischen Stadt Geestemünde mit den angrenzenden Petroleumlagerplätzen.

2. Badische Zollausschlüsse: Die Gemeinde Büsingen (Kreis Konstanz), ferner die Gemeinde Altenburg und die Höfe Pittenhard, Altenburg, Baltersweil, Berwangen, Dettighofen, Jestetten, Lottstetten, Ort Albführen und Sommerau (Kreis Waldshut);

3. Bremische Zollausschlüsse: Zollausschlußgebiet Bremen und Bremerhaven. (Vgl. BRDrS. 1897 Nr. 31.)

4. Hamburgische Zollausschlüsse: Ein Teil von Cuxhaven, das Freihafengebiet von Hamburg-Altstadt mit Steinwärder, Veddel, kl. Grasbrook.

Dagegen sind dem deutschen Zollgebiete angeschlossen (durch Anschlußverträge):

1. Die österreichischen Gemeinden Jungholz und Mittelberg.

2. Das Großherzogtum Luxemburg.

Hinsichtlich der beiden österreichischen Gemeinden Jungholz und Mittelberg sind die Verträge zwischen Bayern und Oesterreich vom 3. Mai 1868 und zwischen dem Deutschen Reich und Oesterreich-Ungarn vom 2. Dezember 1890 maßgebend; bezüglich des Anschlusses des Großherzogtums Luxemburg, der schon im Jahre 1842 erfolgte, sind die verschiedenen Zollvereinsverträge, insbesondere Art. 2 des Zollvereinigungsvertrags vom 8. Juli 1867 anzuführen.

Aus vorstehenden Mitteilungen ist zu ersehen, daß deutsches Reichsgebiet und deutsches Zollgebiet nicht identisch sind.

Die Freibezirke, wie sie in Altona, Stettin, Brake, Neufahrwasser bestehen, sind kein wirkliches Zollausland, sondern gelten nur nach § 107 VZG zollrechtlich als Ausland. Die Freibezirke liegen innerhalb der Zollgrenze, es sind jedoch weitgehende Erleichterungen bezüglich der Anmeldung, Zollkontrolle und Behandlung der Waren zugelassen. (Vgl. übrigens das Reichsgerichtserkenntnis vom 1 Dezember 1898, Zivilsenat, Reichsgerichtserkenntnisse Bd. 42 S. 109 110 und die Abhandlung von Chr Behr im Archiv für öffentliches Recht, 1900 Nr 106, Zollausschlüsse und freie Niederlagen, eine zollrechtliche Studie.)

Nach der Volkszählung von 1905 bestand die ortsanwesende Bevölkerung im Reichsgebiet aus 60,6 Millionen Seelen und dürfte im Jahre 1910 etwa 65 Millionen Seelen betragen. Das Zollgebiet einschließlich derjenigen Zollausschlüsse, für welche keine Abfindungen (Aversa) zu entrichten sind, zählte im Jahre 1905 um rund 6000 Seelen weniger als das Reichsgebiet. Die Zollausschlüsse, für

---

[1]) Vgl. BRDrS. 1888 Nr. 78 und 63, Berichte der Vollzugskommission für den Zollanschluß Hamburgs und Bremens, der Stadt Brake, Geestemünde und Leer. Über die Freihäfen und Freibezirke wird noch das Nähere bemerkt werden.

welche Aversa zu zahlen sind, z. B die Insel Helgoland und die badischen Gemeinden zählten 6197 Seelen. Zum Zollgebiet gehören auch, wie bemerkt, die Gemeinden Jungholz und Mittelberg mit 1480 Seelen und das Großherzogtum Luxemburg mit 250000 Seelen, so daß also das Zollgebiet einschließlich der Zollausschlüsse¹) im genannten Jahre 1905 60,9 Millionen Seelen zählte, und zurzeit etwa 65½ Millionen Seelen haben wird, also etwa ⅓ Million Einwohner mehr als das Reichsgebiet. Die Tabaksteuer, Zigarettensteuer, Zuckersteuer, Salzsteuer, Schaumweinsteuer und die statistische Gebühr werden im Umfang des Zollgebiets erhoben.

Die Branntweinsteuer wird im Zollgebiet mit Ausschluß von Luxemburg und die norddeutsche Brausteuer wird im norddeutschen Brausteuergebiet erhoben. Das norddeutsche Brausteuergebiet zählte 1905 an 48 Millionen Seelen (das Großherzogtum Luxemburg ist jetzt aus der norddeutschen Brausteuergemeinschaft wieder ausgeschieden), ausschließlich der Steuerausschlüsse Helgoland und der großherzoglichen bzw. herzoglich-sächsischen Enklaven Königsberg und Ostheim.²) Der Spielkartenstempel wird im Reichsgebiet mit Ausnahme von Helgoland, aber mit Einschluß von Jungholz und Mittelberg erhoben. Die Wechselstempelsteuer und die Reichsstempelabgaben werden im Reichsgebiet mit Ausnahme von Helgoland erhoben.

Die Erbschaftssteuer wird im ganzen Reichsgebiet erhoben, inkl. Helgoland. Die Leuchtmittelsteuer und die Zündwarensteuer gelten für das Reichsgebiet. (§§ 34, 36 des Leuchtmittelsteuergesetzes und § 41 des Zündwarensteuergesetzes.) Vereinbarungen in dieser Beziehung mit Luxemburg und mit Österreich wegen Jungholz und Mittelberg sind bereits getroffen, um die gleichheitliche Besteuerung im ganzen Zollgebiet eintreten zu lassen.

Das gesamte Reichsgebiet (ohne Kolonien und Schutzgebiete) hat einen Flächeninhalt von 540 654 qkm und zurzeit etwas über 65 Millionen Einwohner, so daß auf den Quadratkilometer über 120 Personen treffen. Der Umfang der Zollinie gegen das Zollausland beträgt 8490 km Grenzlänge.

Der jährliche Zuwachs an Bevölkerung beträgt 8—900 000 Seelen. Seit 1870 ist die Bevölkerungszahl des Deutschen Reiches von 41 Millionen auf 65 Millionen Seelen gestiegen und seit 1840 hat sich die deutsche Bevölkerung mehr als verdoppelt; die Zahl der Familienhaushaltungen beträgt im Deutschen Reiche etwa 12½ Millionen.

Nach dem Statistischen Jahrbuch für das Deutsche Reich — herausgegeben vom Kaiserl. Statistischen Amte in Berlin — hatte Preußen im Jahre 1905 (BRDrS. 1907 Nr. 73) 37½ Millionen Seelen, Bayern 6,5 Millionen Seelen, Sachsen (Königreich) 4,5, Württemberg 2,3, Baden 2 Millionen Einwohner.

Das Großherzogtum Hessen zählte 1,2, die beiden Großherzogtümer Mecklenburg Schwerin und Strelitz hatten 0,7 und Oldenburg 0,4, das Großherzogtum Sachsen-Weimar auch 0,4 Millionen Seelen.

Die 4 Königreiche haben also über 51 Millionen Einwohner, davon Preußen allein fast vier Fünftel; zwei Drittel der ganzen Reichsbevölkerung.

Die 5 Großherzogtümer haben noch nicht 5 Millionen Einwohner, während die 12 Herzogtümer insgesamt nur 2½ Millionen Einwohner zählen. Die 3 Hansestädte vereinigen 1½ Millionen Einwohner in sich, während Elsaß-Lothringen (das Reichsland) fast 2 Millionen Einwohner zählt.

¹) Die Zollausschlüsse sind wie folgt zu unterscheiden:
a) solche für die Aversa bezahlt werden, das sind:
1. die preußische Insel Helgoland mit 2334 Einwohnern;
2. die badischen Gemeinden, wie oben genannt, mit zusammen 3863 Einwohnern.
b) solche Zollausschlüsse, für welche keine Aversa bezahlt werden, das sind:
1. die Hafenanlage mit den Petroleumlagerplätzen der pr. Stadt Geestemünde mit 245 Einwohnern;
2. das Bremerhaven- und das Bremensche Zollausschlußgebiet mit Bewohnern und Schiffsbevölkerung zirka 1718 Köpfe.
3. der Hamburger Freihafen und der Zollausschluß Cuxhaven mit 9428 Einwohnern.

²) Das großh. sächs. Vordergericht Ostheim und der sächs. kob.-goth. Amtsbezirk Königsberg sind dem bayer. Malzaufschlagssystem angeschlossen.

7. Organisation der Zollbehörden im Deutschen Reich und in den Bundesstaaten.

§ 24.

Da jeder Bundesstaat nach Art. 35 der RV. innerhalb seines Gebiets mit der nach Art. 19 des Zollvereinigungsvertrags vom 8. Juli 1867 gezogenen Beschränkung zur Erhebung und Verwaltung der Zölle und Reichssteuern selbständig die erforderliche Organisation treffen kann, so ist letztere auch noch sehr verschiedenartig und entbehrt der Einheitlichkeit. Die deutsche Reichsfinanzverwaltung fußt eben auf den Landesverwaltungen.

Der Art. 19 des Zollvereinigungsvertrags vom 8. Juli 1867 bestimmt, daß hinsichtlich der Errichtung der Direktivbehörden, der Bezirks- und Lokalzollstellen folgende Vereinbarung unter den Zollvereinsstaaten, jetzt Bundesstaaten gelten soll:

In jedem Vereinsstaat — mit Ausnahme der thüringischen Staaten, des sog. Thüringischen Zoll- und Handelsvereins und einigen ganz kleinen zollangeschlossenen Staaten wie z. B. Lippe, Waldeck — soll die Leitung des Dienstes der Bezirks- und Lokalbehörden, sowie der Vollzug der gemeinschaftlichen Zoll- und Steuergesetze einer oder mehreren Zolldirektionen als Direktivbehörden übertragen werden, welche den einschlägigen Ministerien unterstellt sind. Die Bildung der Zolldirektionen und die Einrichtung ihres Geschäftsganges bleibt den einzelnen Staatsregierungen der Bundesstaaten überlassen, doch kann der Wirkungskreis dieser Direktivbehörden, insoweit er nicht durch den Julivertrag oder durch die gemeinschaftlichen Zollgesetze bestimmt ist, durch eine vom Bundesrat zu erlassende Instruktion umschrieben werden.

Im thüringischen Zoll- und Steuerverein vertritt der gemeinschaftliche Generaldirektor (jetzt Präsident der thüringer Generalzolldirektion) die Stelle einer Zolldirektivbehörde.

Von Wichtigkeit ist auch noch der Art. 16 des Zollvereinigungsvertrags vom 8. Juli 1867, wonach die Einrichtung der Haupt- und Nebenzollämter, der Zoll- und Steuerämter, der Packhöfe usw. den einzelnen Bundesregierungen auf eigene Rechnung, d. h. gegen Vergütung der allgemeinen Verwaltungskosten vom Reich überlassen bleibt, wogegen die Einzelstaaten für ihre Auslagen zum Schutz der gemeinsamen Grenze und für die Kosten der Zollerhebungsämter, der Aufsichtsstationen und Kontrollbehörden an der Grenze und im Grenzbezirke Pauschsummen bzw. seit 1882 die in der Zollverwaltungskostenliquidation aufgestellten und vom Reichsbevollmächtigten geprüften Beträge vom Reich vergütet erhalten. Hievon wird später im Kapitel über „Abrechnungswesen des Reiches mit den Bundesstaaten" das Nähere angegeben werden.

Hinsichtlich der Zollämter im Innern werden für die Erhebung der Verbrauchs- und Verkehrssteuern sowie für die Verwaltung des Zoll- und Reichssteuerwesens die gesetzlich oder vom Bundesrat festgesetzten Verwaltungsbeiträge vom Reich an die Bundesstaaten gewährt.

In Ziff. 4 des § 16 des Julivertrags heißt es weiter: Man wird auch ferner daraufhin bedacht sein, durch Feststellung allgemeiner Normen die Besoldungsverhältnisse der Beamten bei den Zollerhebungs- und Aufsichtsbehörden, ingleichen bei den Zolldirektionen in möglichste Übereinstimmung zu bringen. Auf Grund dieser Abreden und nach Maßgabe der §§ 128—132 des Vereins-Zollgesetzes bestehen im deutschen Zollverein seit dessen Errichtung die Haupt-Zoll- und (Hauptsteuer)Ämter, die Nebenzollämter (Zollämter) I. und II. Klasse, die Zoll- und Steuerämter I. und II. Klasse; die Obergrenz- und Obersteuerkontrolleure usw. Nur im Gebiet des thüringischen Zoll- und Handelsvereins wurden sog. Bezirkssteuerämter errichtet. Für die Geschäftsführung bei den Hauptzoll- und Hauptsteuerämtern, den Nebenzollämtern und Steuerämtern sind von den Staatsministerien bzw. Direktivbehörden der Bundesstaaten ziemlich gleichlautende Dienstanweisungen (Dienstinstruktionen) erlassen worden. Es galten daher nach den bestehenden Verabredungen und Bestimmungen bezüglich der Zollorganisationen in Deutschland bzw. im deutschen Zollverein (deutschen Zollgebiet) bis zum Jahre 1908 folgende Grundsätze:

Den Direktivbehörden (Provinzialsteuerdirektionen, Oberzolldirektionen, Generalzolldirektionen usw.) unterstehen zunächst die Hauptzollämter (Hauptsteuerämter) als ausführende Organe. Das Personal dieser Hauptzoll- oder Hauptsteuerämter ward gebildet zunächst aus den sog. Hauptamtsmitgliedern, dem Oberzollinspektor, dem Hauptamtsrendanten (Hauptamtsverwalter) und dem Hauptamtskontrolleur. Größeren und wichtigeren Hauptämtern wurde als viertes Hauptamtsmitglied ein Oberrevisor oder Revisionsinspektor beigegeben, der den Oberinspektor im Fall der Verhinderung zu vertreten hat, während dies sonst dem Hauptamtsrendanten zukommt.

Der Oberzollinspektor oder Obersteuerinspektor ist der Leiter und Vorstand des Hauptamts, er verteilt den Dienst und ordnet das Erforderliche zur Bearbeitung und Erledigung der Geschäfte an. Der Hauptamtsrendant führt die Kasse und legt die Jahresrechnung, der Hauptamtskontrolleur führt die Gegenbücher und hat die Hauptamtskasse zugleich mit dem Rendanten unter seinem Mitverschluß zu halten. In gewissen Fällen z. B. bei Krediterteilung, bei Zollfreilassung von Retourwaren (Rückwaren), bei Begleitscheinerledigungen nach § 45 des Begleitscheinregulativs hat das Hauptzollamt oder Hauptsteueramt nach Art eines Kollegiums Entscheidung zu treffen.

Die Bureauoberkontrolleure, Hauptamtssekretäre, Offiziale, Assistenten, Zollkontrolleure, Revisoren, Adjunkten usw. sind die Gehilfen des Hauptamts. Auch die Revisionsaufseher gelten als Hilfsbeamte des Hauptamts. Die Hauptamtsassistenten, Oberkontrolleure und Sekretäre haben hauptsächlich als erste Beamte im Abfertigungsdienst zu fungieren, wozu die Revisionsaufseher als zweite Beamte herangezogen werden, außerdem obliegt den Aufsehern der Überwachungs- und Begleitungsdienst. Die Zoll- und Steuerassistenten sollen mehr für den Registratur- und Registerführungsdienst verwendet werden.

Größere Hauptämter haben für die Warenabfertigung, Zollerhebung, Steuerabfertigung usw. besondere Abfertigungsstellen (Expposituren); die selbständigen Zollstellen und Steuerämter, auch die Nebenzollämter an der Grenze sind den Hauptämtern untergeordnet und so wird der Hauptamtsbezirk oder das Hauptamt mit seinen Inkorporationen gebildet. Die Nebenzollämter oder Steuerämter sind mit Zollverwaltern, Oberzolleinnehmern, Zolleinnehmern, Steuerverwaltern, Aufschlagverwaltern, Kameralverwaltern usw. besetzt. Die Titulatur ist demnach noch sehr verschiedenartig. Die Kontrolle an der Grenze üben die Obergrenzkontrolleure mit den Grenzaufsehern aus, die Kontrolle und Überwachung der kontrollpflichtigen Betriebs-Anstalten, Brauereien, Brennereien, Zuckerfabriken, Tabakfabriken, Zigarettenfabriken usw. haben die Obersteuerkontrolleure mit den Steueraufsehern zu besorgen. Zur Überwachung der Salzsteuererhebung dienen die Salzsteuerämter mit den Salzsteuerverwaltern und Salzsteueraufsehern; zur Überwachung der Zuckerfabriken sind besondere Zuckersteuerstellen errichtet.

Diese bis zum Jahre 1908 in Preußen und meist auch in den anderen Bundesstaaten (mit Ausnahme des Thüringschen Zoll- und Steuervereins) in Kraft gewesenen bzw. noch bestehenden Organisationseinrichtungen sollen nunmehr, wie in Preußen schon geschehen ist, eine wesentliche Änderung erfahren.

Es muß zwar mit Recht anerkannt werden, daß die seit Beginn des Zollvereins bestehende Einrichtung der Bezirks- und Lokalverwaltung für Zölle und Reichssteuern, wie auch für Landessteuern (Landesstempel, Malzaufschlag Weinsteuer usw.), daß ferner die Organisation der Hauptämter mit den drei oder vier Hauptamtsmitgliedern und den dem Hauptzollamte oder Hauptsteueramte unterstellten Nebenämtern sich im allgemeinen sehr gut bewährt hat.

Allein in neuerer Zeit sind immer wieder Anregungen und Anträge auf eine minder schwerfällige Einrichtung der Lokal- und Bezirkszollstellen vorgebracht worden.

Es wurde betont, daß mit der Vermehrung der Geschäfte im allgemeinen und der Häufung an Arbeit der verschiedensten Gattung und Art, der Verfeinerung des Zolltarifs und der Einführung der neuen Reichssteuern die Aufgaben des Zoll- und Steuerbeamten sich zum Teil sehr gehoben hätten, zum Teil aber seien auch die mehr mechanischen Tätigkeiten, die Überwachungs- und

Aufsichtstätigkeit, die Registratur- und Schreibarbeit erheblich vermehrt worden. Bei der Richtigkeit dieser Annahmen hat sich daher die Notwendigkeit herausgestellt, in dem Gehilfenpersonal der Hauptzoll- und Hauptsteuerämter eine Differenzierung eintreten zu lassen, so zwar, daß die wichtigen, verantwortungsvollen Revisions- und Abfertigungsgeschäfte von höheren, die minder wichtigen Arbeiten von anderen Beamten besorgt werden. Der preußische Finanzminister hat dieserhalb in seinen Erlassen vom 25. Februar 1904 und 10. Mai 1904 und 10. November 1904 (pr. Zentralblatt 1904 S. 89, 95, 263) die Errichtung von Sekretär- und Assistentenstellen bei den Zoll- und Steuerämtern vorgesehen und auch in Bayern wurde im Jahre 1906 eine Neuordnung der Verwaltung der Zölle und indirekten Steuern geschaffen, wonach zur Besorgung der Kanzlei- und Registraturgeschäfte den Hauptzollämtern Registratoren und Kanzleifunktionäre beigegeben wurden.[1]) Als weitere Hilfsbeamte für den Zollabfertigungsdienst wurden Oberzollkontrolleure, Zollverwalter, Zollrevisoren, Zollkontrolleure, Steuer- und Zollpraktikanten und Zolladjunkten bestellt.

Seit Einführung des neuen Zolltarifs und der neuen Reichssteuern aber erheischten die Verhältnisse, wie sie sich nunmehr bei der Ausdehnung des Dienstes in der Zoll- und Steuerverwaltung herausgebildet haben, eine noch weitergehende, gründlichere Neuorganisation. Insbesondere mußte der Hauptamtsvorstand, der als Kassenkurator des Hauptamtes bestellt ist, von den viel zu viel Zeit erfordernden Kassenaufsichtsgeschäften entlastet werden und es erschien überflüssig, daß jedes Hauptamt für sich alljährlich die Rechnung stellte. Es ist deshalb vom preußischen Finanzminister eine weitere Organisationsänderung in der Art vorgesehen worden, daß für mehrere Hauptzoll- und Hauptsteuerämter, insbesondere für die sämtlichen Hauptämter einer Provinz eine einzige Rechnungsstelle als Haupt- oder Oberzollkasse errichtet wurde, wie in Hamburg für die dortigen 6 Hauptämter bereits seit Jahren nur eine Hauptzollkasse besteht. Demgemäß wurde vom 1. April 1908 ab das hauptamtliche Kassenwesen in der Art umgeändert, daß den Hauptämtern selbst nur mehr die Erhebung der Abgaben und deren Vereinnahmung bleibt, während die Sammlung der Gelder und die Rechnungslegung einer besonderen Kasse, der Oberzollkasse, in jedem Direktivbezirk, übertragen worden ist.

Hiedurch wurden, da die Geldererhebung den Sekretären oder Assistenten übertragen werden konnte, die hauptamtlichen Kassenbeamten entbehrlich, die etwas schwerfällige kollegialische Verfassung der Hauptämter ward beseitigt und die Leitung der Geschäfte wurde allein in die Hände des Oberzollinspektors gelegt, wodurch eine schnellere Erledigung der Arbeiten zu erzielen ist. Mit dieser Neuorganisation soll aber gleichzeitig eine Personalersparung im Gefolge sein, wobei auch die für die Lokal- und Bezirksbehörden der Zollverwaltung erforderliche Vor- und Heranbildung der Beamten zu berücksichtigen war. Von einer Änderung der schulmäßigen Vorbildung ist mit Recht abgesehen worden, da es besonders darauf ankommen wird, die jungen Zollbeflissenen fachtechnisch gründlich auszubilden, was durch eine mehrjährige Praxis bei den Zollämtern und durch Vorträge bei den gleichfalls neuerrichteten Lehranstalten und der Hauptlehranstalt in Berlin besser bewerkstelligt werden kann, als durch theoretische, meist unverstandene Vorlesungen an Hochschulen.

[1]) Bayer. Amtsblatt der kgl. bayer. Generaldirektion der Zölle und Steuern Nr. 3, 1906, Denkschrift über die Neuorganisation der bayer. Zollverwaltung.

Auch die Zusammensetzung der Direktivbehörden, welche nunmehr **Oberzolldirektionen** heißen und einen Präsidenten als Chef haben, bleibt wie bisher, da man sich von der Beigabe technisch ausgebildeter Beiräte als Mitglieder keinen besonderen Erfolg versprochen hat. Von einer Aufhebung der Hauptzollämter und einer Zweiteilung der Zollverwaltung insoferne, daß nur mehr selbständige Zollämter I. II. III. Klasse bestehen sollten und die Geschäftsaufgabe der bisherigen Hauptzollämter durch zu verkleinernde Zolldirektionen wahrgenommen würde, ist gleichfalls mit Recht abgesehen worden, da sich die bisherige Dreiteilung der Instanzen (Hauptamt, Direktivbehörde, Ministerium) bewährt hat und namentlich die Organisation der Hauptzollämter, wie sie seit Errichtung des Zollvereins besteht, bei Einführung des neuen Zolltarifs im Jahre 1906 und der neuen Reichssteuern allen, auch den weitestgehenden Anforderungen zur Zufriedenheit nachkommen konnte, wie auch allseitig, insbesondere auch im preußischen Landtag, anerkannt wurde. (Vgl. Landtags-Verhandlungen, betreffend den Etat der Zölle, 2. Lesung, Januar und Februar 1910).

Unter Hervorkehrung der oben bezeichneten Umgestaltungen und Erledigung des Geldverkehrs (auch unter Benützung des Giroverkehrs), der Rechnungsstellung und der Beseitigung der kollegialen Verfassung werden die Hauptzollämter auch fernerhin ihrer dienstlichen Aufgabe vollständig und noch mehr als bis jetzt gerecht werden können.

Es sind daher, wenigstens vorerst in Preußen, unter Berücksichtigung der seit Jahren hervorgetretenen Wünsche einer Neuorganisation der Zoll- und Reichssteuerverwaltung die Hauptämter unter der allgemeinen Bezeichnung „**Hauptzollämter**" in der Weise anderweitig organisiert worden, daß (wie schon in Hamburg die Einrichtung besteht):

a) die Hauptamtskassenverwaltung weggenommen und für jede Provinz bzw. jeden Direktivbezirk eine provinziale Hauptzollkasse mit einem Rechnungsdirektor als Kassenkurator und dem Hauptzollkassenrendant als Vorstand unter Beigabe der erforderlichen Hilfskräfte errichtet wurde;

b) die bisherige kollegiale Verfassung der Hauptämter beseitigt und der Oberzollinspektor der alleinige Leiter des Amts ist, dem die Oberzollrevisoren, Oberzollkontrolleure, Zollsekretäre als selbständige Dezernenten zur Seite stehen. Die Zollabfertigungsstellen sind als selbständige Zollämter mit Oberkontrolleuren oder Oberrevisoren als Vorständen unter eigener Verantwortlichkeit für ihre Amtshandlungen ausgestattet.

Durch die Beseitigung der Hauptamtskassen und der beiden Kassenbeamten als Hauptamtsmitglieder wird der Hauptzollamtsleiter d. h. der Oberinspektor von den kassenkuratorischen Geschäften entlastet und kann sich mehr der ihm eigentlich zustehenden Aufgabe, der Leitung des Hauptamtes und des Hauptamtsbezirkes, zuwenden. Auch wird durch die Einführung der sog. bureaukratischen Verfassung der Hauptämter die dem Geschäftsgang der Lokalzollbehörden bislange anhaftende Langsamkeit und Schwerfälligkeit beseitigt. Die seither schon neben der Hauptamtskasse bestandenen Spezialkassen d. h. Spezialhebestellen werden auch fürderhin bestehen bleiben als Kassen des Hauptzollamts oder Kassen der Abfertigungsstellen des Hauptzollamts, Kassen der Zollämter.

Die schon seit mehreren Jahren eingerichteten **Lehranstalten** sind nunmehr den Zolldirektivbehörden angegliedert, damit sie ihrer Aufgabe, das Zollpersonal fachtechnisch weiterzubilden, vollständiger gerecht werden. Die Grenz- und Bezirksoberkontrolleure, künftig Oberzollkontrolleure geheißen, werden wie bisher den Grenzaufseherdienst und die Kontrolle der Reichssteuern wahrnehmen unter Mitwirkung der Zollaufseher, wie nunmehr die bisherigen Grenz- und Steueraufseher allgemein genannt werden.

Die wichtigeren Zollämter werden mit Oberrevisoren, die minder wichtigen mit Oberzollkontrolleuren, Oberzolleinnehmern und die kleineren Zollämter mit Zolleinnehmern als Amtsleitern besetzt.

Auch in Bayern und wahrscheinlich auch in den übrigen Bundesstaaten wird in Bälde ähnlich wie in Preußen die Neuorganisation der Zoll- und Reichssteuerverwaltung vorgekehrt werden.

Auch in Bayern hat man bereits erkannt, daß die bisherige Organisation der Hauptzollämter zu kostspielig und auch veraltet ist, da sich dieselbe noch auf die Vereinbarungen der Zollvereinsverträge vom 22. März 1833 Bd I S. 2 Art. 4 des Vertrags vom 30. März 1833 Bd. I S. 114, 53, Hauptprotokoll der Vollzugskommission München vom 14. Februar 1834 Bd. I S. 271, Art. 3 § 6 des Julivertrags von 1867 gründet.

Es wäre nur zu wünschen, daß mit Einführung der Neuorganisation der Zoll- und Steuerverwaltung in den Bundesstaaten in Gemäßheit des Art. 16 und 19 des erwähnten Zollvertrags vom 8. Juli 1867 nicht bloß die Gleichmäßigkeit der Zollstellen, sondern auch eine gleiche Titulatur der Beamten und eine tunlichst übereinstimmende Besoldung sowie Gleichheit in der Vor- und Ausbildung erzielt würde.

Speziell in Bayern soll vom Jahre 1911 ab gleichfalls die Neuorganisation der Zollverwaltung in der Weise betätigt werden, daß das hauptamtliche Kassenwesen, d. h. die Sammlung der Gelder und die Rechnungsstellung einer Oberzollkasse mit völliger Neugestaltung des Kassen- und Rechnungswesens auf moderner Grundlage übertragen wird. Die Verfassung der Hauptämter soll ebenso wie in Preußen dahin geändert werden, daß die Leitung der Ämter durch die Hauptamtsmitglieder aufgehoben und der Oberzollinspektor alleiniger Leiter des Amtes wird. Zugleich sollen die Hauptzollämter in ihren Bezirken vergrößert werden, da nunmehr der Oberzollinspektor, befreit von den Geschäften der Kassenkuratur, sich in seiner Tätigkeit einem größeren Bezirk widmen kann. Für die Registerführung, Registratur, die einfache Zollabfertigung sollen Beamte mit der Vorbildung als Einjährig-Freiwillige oder ohne besondere Vorbildung aufgestellt werden, um hiedurch Ersparnisse zu erzielen, während die Oberzollkontrolleure oder Zolloberkontrolleure, wie sie in Bayern genannt sind, nur als Abfertigungsleiter und Zollamtsvorstände fungieren sollen.

Auch in den übrigen Bundesstaaten wird diese Neuorganisation nicht zu umgehen sein, da sonst die deutsche Zoll- und Reichssteuerverwaltung zu verschiedenartig und bei den notwendig gewordenen Gehaltserhöhungen zu kostspielig würde.

§ 25.

Nach den vorstehend aufgeführten Bestimmungen und Abmachungen ist **die Organisation der Zollstellen** in den einzelnen Bundesstaaten wie folgt eingerichtet:

1. Königreich Preußen.

Oberste Landesfinanzbehörde ist das Kgl. preußische Finanzministerium, Abt. III mit einem Generaldirektor der Zölle und Steuern als Vorstand. Das Königreich Preußen hat 348 702 qkm Bodenfläche und zählt zurzeit an 40 Millionen Einwohner. Es hat 137 Hauptzollämter[1]) mit der entsprechenden Anzahl nachgeordneter Zollämter und mit den dazugehörigen Oberzollkontrolleurbezirken.

Für die Erhebung der Erbschaftssteuer und der Reichsstempelabgaben, sowie der Landesstempelabgaben fungieren neben den sog. Stempelverteilern auch die Hauptzoll- und die Zollämter.

[1]) Früher hießen die Hauptämter an der Grenze in Preußen Hauptzollämter und die Hauptämter im Innern Hauptsteuerämter. Diese Unterscheidung ist vom 1. April 1908 ab weggefallen, indem sämtliche Hauptämter als Hauptzollämter, wie in Bayern und Sachsen bezeichnet werden.

Für die Verwaltung und Kontrolle der Erbschafts- und Stempelsteuer bestehen in I. Instanz die Stempel- und Erbschaftssteuerämter, die den Direktivbehörden angegliedert sind; als Oberbehörden für diese Steuern gelten die Direktivbehörden (die Oberzolldirektionen).

Preußen hat 12 Direktionen (Oberzolldirektionen), deren Vorstände Präsidenten heißen. Hiezu kommt noch die Oberzolldirektion in Luxemburg, Ziff. 18.

Die 12 Oberzolldirektionen befinden sich: In Königsberg für den Direktivbezirk der Provinz Ostpreußen (ca. 2 Millionen Seelen), in Danzig für den Direktivbezirk der Provinz Westpreußen und einigen Teilen Brandenburgs und von Posen mit 1 1/2 Millionen Seelen; in Berlin für den Direktivbezirk der Provinz Brandenburg mit 5 Millionen Seelen; in Stettin für den Direktivbezirk der Provinz Pommern mit 1,8 Millionen Seelen; in Posen für den Direktivbezirk der Provinz Posen mit nahezu 2 Millionen Seelen; in Breslau für den Direktivbezirk der Provinz Schlesien mit 5 Millionen Seelen; in Magdeburg für den Direktivbezirk der Provinz Sachsen ohne den Stadt- und Landkreis Erfurt, Kreis Ziegenrück, Kreis Schleusingen und anderen kleineren Ortschaften, dagegen mit Einschluß des hannov. Kreises Ilfeld, einiger Amtsbezirke des Herzogtums Sachsen-Koburg-Gotha, der Unterherrschaft von Schwarzburg-Sondershausen und Rudolstadt mit 2,8 Millionen Seelen; in Altona für den Direktivbezirk der Provinz Schleswig-Holstein ohne Helgoland mit einigen mecklenburgischen Enklaven bei Ratzeburg, mit dem oldenburgischen Fürstentum Lübeck mit Eutin, einigen lübeckischen Enklaven im Kreise Lauenburg und mit einigen hamburgischen Enklaven rechts der Elbe, mit zusammen 1 1/2 Millionen Seelen; in Hannover für den Direktivbezirk der Provinz Hannover mit dem Zollausschluß Geestemünde und mit den angeschlossenen Gemeinden Dedesdorf und Moorburg, jedoch ohne das abgetrennte Jadegebiet und mit dem Fürstentum Schaumburg-Lippe zusammen über 2 1/2 Millionen Seelen; in Münster i/W. für den Direktivbezirk der Provinz Westfalen mit dem Fürstentum Waldeck und Lippe und Kreis Rinteln aus Hessen-Nassau. Die Seelenzahl für den Direktivbezirk Westfalen beträgt über 3 Millionen. In Kassel für den Direktivbezirk der Provinz Hessen-Nassau mit dem Kreis Wetzlar der Rheinprovinz und mit den Hohenzollernschen Ländern, zusammen an 2 Millionen Seelen; in Köln a/Rh. für den Direktivbezirk der Provinz Rheinland (ohne Wetzlar) und mit dem oldenburgischen Fürstentum Birkenfeld. Die Einwohnerzahl dieses Direktivbezirks beträgt beinahe 6 1/2 Millionen Seelen.

2. Königreich Bayern

mit der großherzoglich sächsisch-weimarischen Enklave Ostheim und der herzoglich sächsisch-koburg-gothaischen Enklave Königsberg, 75 870 qkm groß mit 6 1/2 Millionen Einwohnern (am 1. Dezember 1905).[1]

Die Oberste Landesfinanzbehörde ist das Kgl. bayer. Staatsministerium der Finanzen.

Direktivbehörde: Generaldirektion der Zölle und indirekten Steuern in München (mit einem Präsidenten als Vorstand) mit der technischen Prüfungs- und Lehranstalt. 27 Hauptzollämter mit der entsprechenden Anzahl von Inkorporationen, nämlich Nebenzollämtern, Steuer- und Zollämtern I. und

[1]) Zum bayerischen Direktivbezirk gehören auch die beiden österreichischen Gemeinden Mittelberg und Jungholz, wegen ihrer Lage dem deutschen Zollgebiet angeschlossen. Wegen Königsberg i. Fr. siehe Staatsvertrag vom 27. Mai 1891 und 24. Mai 1843.

II. Klasse und mit den Obergrenz- und Obersteuerkontrollbezirken. Wegen der Neuorganisation der bayer. Zollverwaltung ist bezug zu nehmen auf die Denkschrift hiewegen vom Jahre 1905. Hiernach besteht der Beamtenkörper der Zollverwaltung, abgesehen von den Juristen mit dem juristischen Staatsexamen, aus den Bewerbern mit höherer wissenschaftlicher Vorbildung (Gymnasialabsolutorium, zwei Semester Polytechnikum), aus den mit dem einjährig-freiwilligen Zeugnis ausgestatteten Bewerbern und aus den Bewerbern mit Volksschulbildung. Die mit dem einjährig-freiwilligen Zeugnis versehenen Bewerber sollen Zoll- und Steueradjunkten, jetzt Zollkontrolleure werden.

Die Hauptzollämter München I und Nürnberg haben z. Zt. noch außer dem Oberzollinspektor auch einen Regierungsrat als Hauptamtsvorstand. In Bayern wird im Jahre 1911 wieder eine Neuorganisation eingeführt.

Für die Erhebung der Reichsstempelabgaben, die Abstempelung der Wertpapiere, die Verwaltung und Erhebung der Reichserbschaftssteuer sind in Bayern die Kgl. Regierungen, Kammern der Finanzen mit den Kreiskassen und den Rentämtern aufgestellt, während in Preußen hierzu, wie schon bemerkt, die Hauptzoll- und Zollämter befugt sind. Außerdem bestehen in Preußen besondere Stempel- und Erbschaftssteuerämter, den Direktivbehörden angegliedert; diese selbst fungieren als die Oberbehörden für die Erbschaftssteuerverwaltung und Stempelverwaltung, während in Bayern diese Befugnis den Kreisregierungen übertragen ist.

3. Königreich Sachsen.

14 993 qkm groß mit 4,5 Millionen Einwohnern (am 1. Dezember 1905).

Oberste Landesfinanzbehörde: Kgl. sächsisches Finanzministerium, Abt. I Direktivbehörde: Generaldirektion der Zölle und indirekten Steuern mit einem Präsidenten und Vizepräsidenten an der Spitze; 16 Hauptzollämter[1]), von denen fünf zugleich als Erbschaftssteuerämter fungieren.

4. Königreich Württemberg.

19 512 qkm groß mit 2,3 Millionen Einwohnern (am 1. Dezember 1905).

Oberste Landesfinanzbehörde: Kgl. württembergisches Finanzministerium. Direktivbehörde: Steuerkollegium, Abteilung für Zölle und indirekte Steuern und Reichserbschaftssteuern zu Stuttgart; 4 Hauptzollämter, 2 Hauptsteuerämter und 64 Kameralämter, die mit der Erhebung und Verwaltung der Branntwein- und Schaumweinsteuer betraut sind und zugleich als Erbschaftssteuerämter fungieren.

5. Großherzogtum Baden.

15 068 qkm groß mit 2 Millionen Einwohnern (am 1. Dezember 1905).

Oberste Landesfinanzbehörde: Großh. badisches Finanzministerium. Direktivbehörde: Zoll- und Steuerdirektion zu Karlsruhe mit 12 Hauptzoll- bzw. Hauptsteuerämtern.[2]) Mit der Festsetzung, Erhebung und Verwaltung der Erb-

---

[1]) Das Königreich Sachsen hat wie Bayern einige kgl. sächsische (kgl. bayerische) Zollstellen, die in Österreich belegen sind, während österreichische Zollstellen auf sächsischem bzw. bayerischem Gebiet sich befinden. (Vgl. Zoll- und Handelsvertrag mit Österreich-Ungarn vom 6. Dezember 1891 Abs. 8 und Schlußprotokoll zu Art. 8 RGBl. 1892 S. 6 und 79, Heydeckers Abhandlung in der Zeitschrift für Zollwesen 1907.)

[2]) Die Ämter an der Grenze heißen Zoll-, die Ämter im Innern heißen Steuerämter.

schaftssteuer sind in Baden 163 großherzogliche Notariate betraut, während die großherzogliche Steuerdirektion zu Karlsruhe die Oberbehörde bildet. Für die Erhebung und Verwaltung der Tabaksteuer, der Branntwein- und Schaumweinsteuer sind besondere großherzoglich-badische Finanzämter errichtet.[1])

6. Großherzogtum Hessen.

7689 qkm groß mit 1,2 Millionen Einwohnern.

Oberste Landesfinanzbehörde: Großherzoglich hessisches Ministerium der Finanzen. Direktivbehörde: Ministerium der Finanzen, Abteilung für Steuerwesen und Reichserbschaftssteuer zu Darmstadt, 6 Hauptsteuerämter. Das Hauptsteueramt zu Darmstadt fungiert als Erbschaftssteueramt.

7. Großherzogtum Mecklenburg-Schwerin.

13 127 qkm groß, 625 000 Einwohner.

Oberste Landesbehörde: Großherzoglich mecklenburgisch-schwerin'sches Finanzministerium zu Schwerin.

8. Großherzogtum Mecklenburg-Strelitz.

2930 qkm groß mit 104 000 Einwohnern.

Oberste Landesfinanzbehörde: Großherzoglich mecklenburgisch-strelitz'sche Landesregierung zu Neustrelitz.

Als Direktivbehörde besteht für beide Großherzogtümer Mecklenburg-Schwerin und Mecklenburg-Strelitz die Steuer- und Zolldirektion zu Schwerin; Wirkungskreis 16 056 qkm mit fast 730 000 Einwohnern und 2 Hauptzollämtern sowie 3 Hauptsteuerämtern. In beiden Mecklenburg sind drei besondere Erbschaftssteuerämter aufgestellt, nämlich in Rostock, Neubrandenburg und Schönberg, die Oberbehörden befinden sich in Rostock, Neubrandenburg und Schönberg.

9. Thüringischer Zoll- und Steuerverein.

Hierzu gehören das Großherzogtum Sachsen-Weimar — mit Ausnahme des Amtsgerichtbezirks Allstedt und des Amtsgerichtbezirks Ostheim, aber einschließlich des zum letzteren gehörenden Ortes Melpers —; die Herzogtümer Sachsen-Meiningen, Sachsen-Altenburg, Sachsen-Koburg und Gotha — mit Ausnahme des Amtsgerichtsbezirks Königsberg i. Fr. und des früheren Amtsbezirks Volkenroda —; die Fürstentümer Schwarzburg-Sondershausen, Schwarzburg-Rudolstadt, Reuß ä. L., Reuß j. L. Ferner von Preußen der Stadtkreis Erfurt, Landkreis Erfurt, die Kreise Ziegenrück, Schleusingen, Schmalkalden und die Orte Mollschütz und Kischlitz (aus dem Regierungsbezirk Merseburg).

Der Thüringische Zoll- und Steuerverein zählt etwa $2^3/_4$ Millionen Seelen. Die Direktivbehörde befindet sich in Erfurt (Oberzolldirektion für den Thüringischen Zoll- und Steuerverein).

Die obersten Landesfinanzbehörden sind das großherzoglich sächsische Staatsministerium, Departement der Finanzen in Weimar für das Großherzogtum Sachsen-Weimar; das herzoglich sächsische Staatsministerium, Abteilung der Finanzen in Meiningen für das Herzogtum Sachsen-Meiningen; das herzoglich-

[1]) S. das vom Reichsschatzamt aufgestellte und herausgegebene Zollämterverzeichnis und Verzeichnis der Erbschaftssteuerämter samt Oberbehörden, neu bearbeitet 1910.

sächsische Ministerium Abteilung der Finanzen in Altenburg für das Herzogtum Sachsen-Altenburg; das herzoglich sächsische Staatsministerium, Departement für Finanzen und Forsten, in Gotha für die Herzogtümer Sachsen-Koburg und Gotha; das fürstlich schwarzburgische Ministerium, Finanzabteilung in Sondershausen für das Fürstentum Schwarzburg-Sondershausen, desgleichen das fürstlich schwarzburgische Ministerium, Abteilung der Finanzen in Rudolstadt für das Fürstentum Schwarzburg-Rudolstadt, endlich die fürstlich reuß-plauische Landesregierung in Greiz und das fürstlich-reuß-plauische Ministerium in Gera für die beiden Fürstentümer Reuß ä. L. und Reuß j. L.

Die Einteilung der Lokalbehörden im thüringischen Zoll- und Steuerverein ist abweichend von den übrigen Zollvereinsstaaten. Es gibt hier außer dem königlich preußischen Hauptzollamt Erfurt, dem herzoglich sächsischen Hauptzollamt in Altenburg und dem fürstlich reußischen Hauptzollamt in Gera nur Zollämter und Zollstellen. Einzelnen Zollämtern sind als Bezirkszollämter hauptamtliche Befugnisse übertragen, die sie in Gemeinschaft mit dem beigeordneten Bezirkszollinspektor ausüben.

Für die nicht zum thüringischen Zoll- und Steuerverein gehörenden Zollstellen Allstedt und Oldisleben (Zuckersteuerstelle) sowie für das Malzaufschlagsamt Ostheim bildet die Thüringische Oberzolldirektion zugleich als großherzoglich sächsische Oberzolldirektion in Erfurt die Direktivbehörde.

Für die Erhebung und Verwaltung der Reichserbschaftssteuer sind die Steuerämter, die Steuer- und Rentämter oder besondere Erbschaftssteuerämter aufgestellt.[1])

10. Großherzogtum Oldenburg.

6428 qkm groß mit 440 000 Seelen.

Oberste Landesfinanzbehörde: Großherzoglich oldenburgisches Staatsministerium, Departement der Finanzen. Direktivbehörde ist die Zolldirektion in Oldenburg mit drei Hauptzoll- bzw. Hauptsteuerämtern. Die Reichserbschaftssteuerverwaltung obliegt 15 Ämtern mit einer besonderen Oberbehörde für Erbschaftssteuersachen in Oldenburg.

11. Herzogtum Braunschweig.

3672 qkm mit 486 000 Seelen.

Oberste Landesfinanzbehörde: Herzoglich braunschweig-lüneburgisches Staatsministerium. Direktivbehörde: Zoll- und Steuerdirektion zu Braunschweig mit zwei Hauptsteuerämtern und einem Erbschaftssteueramt. Die Zoll- und Steuerdirektion ist die Oberbehörde für das Erbschaftssteuerwesen.

12. Herzogtum Anhalt.

2229 qkm mit 328 000 Seelen.

Oberste Landesfinanzbehörde ist das herzoglich-anhaltische Staatsministerium zu Dessau. Direktivbehörde: Oberzolldirektion zu Magdeburg d. h. der königlich preußische Präsident der Oberzolldirektion in Magdeburg ist zugleich im Nebenamt anhaltischer Oberzolldirektor. Hierzu ressortiert ein Hauptsteueramt und ein Erbschaftssteueramt mit der Finanzdirektion zu Dessau als Oberbehörde.

13. Für das Fürstentum Waldeck und Pyrmont

bildet der königlich preußische Präsident der Oberzolldirektion zu Münster die Direktivbehörde und der preußische Finanzminister die oberste Landesfinanzbehörde.

---

[1]) Vgl. Staatsvertrag vom 20. November 1900, BRDrucks. Nr. 80, 1901, § 461 der Protokolle.

Als Erbschaftssteueramt für Waldeck-Pyrmont fungiert das königlich preußische Stempel- und Erbschaftssteueramt II zu Münster.

14. Die freie und Hansestadt Lübeck

hat als oberste Landesfinanzbehörde den Senat der freien und Hansestadt Lübeck (Kommission für Zollangelegenheiten). Als Direktivbehörde fungiert der Lübeck'sche Oberzolldirektor in Altona (Präsident der preußischen Oberzolldirektion für Schleswig-Holstein), mit einem Hauptzollamt und einem Erbschaftssteueramt, für letzteres mit besonderer Oberbehörde in Lübeck. Lübeck hat an 100000 Einwohner.

15. Freie und Hansestadt Bremen.

Einwohnerzahl: 264000 Seelen.

Oberste Landesfinanzbehörde: Der Senat. Direktivbehörde: Bremische Oberzolldirektion zu Bremen mit zwei Hauptzollämtern und dem Generalsteueramt als Erbschaftssteueramt mit besonderer Oberbehörde.

16. Freie und Hansestadt Hamburg.

Einwohnerzahl: 880000 Seelen.

Oberste Landesfinanzbehörde: Senatskommission für das Zollwesen (der Senat). Direktivbehörde: Hamburgischer Generalzolldirektor zu Hamburg mit sechs Hauptzollämtern, der Hauptzollkasse und dem Stempelkontor, sowie zwei Erbschaftssteuerämter mit besonderer Oberbehörde.

17. Elsaß-Lothringen, Reichsland.

14518 qkm und 1815000 Einwohner.

Oberste Landesfinanzbehörde: Kaiserliches Ministerium für Elsaß-Lothringen. Direktivbehörde: Direktion für Zölle und indirekte Steuern zu Straßburg im Elsaß. Elf Hauptzoll- und Hauptsteuerämter sowie 83 Verkehrssteuerämter für die Reichserbschaftssteuer mit dem Direktor für Verkehrssteuern als Oberbehörde.

18. Großherzogtum Luxemburg.

2587 qkm. 250000 Einwohner.

Oberste Landesfinanzbehörde ist das königlich preußische Finanzministerium, Direktivbehörde ist die großherzogliche Zolldirektion in Luxemburg mit einem Hauptzollamt.

Noch sind zu erwähnen die Fürstentümer Schaumburg-Lippe und Lippe. Diese beiden Fürstentümer sind der preußischen Zoll- und Steuerverwaltung angeschlossen und zwar Schaumburg-Lippe der Direktivbehörde zu Hannover und Lippe der Direktivbehörde zu Münster; die oberste Landesfinanzbehörde bildet jedesmal das königlich preußische Finanzministerium.

Das oldenburgische Fürstentum Lübeck mit Eutin ist der Direktivbehörde zu Altona und das oldenburgische Fürstentum Birkenfeld der Direktivbehörde zu Köln a. Rh. angeschlossen.

Im Fürstentum Schaumburg-Lippe bilden die Landratsämter zu Bückeburg und Stadthagen, im Fürstentum Lippe die Magistrate oder fürstlichen Verwaltungsämter die Erbschaftssteuerämter mit der Ministerialabteilung für Gewerbe- und Gemeindeangelegenheiten bzw. der Regierung als Oberbehörden.[1])

[1]) Vgl. das in der Reichsdruckerei hergestellte und vom Reichsschatzamt herausgegebene Verzeichnis der Erbschaftssteuerbehörden und Oberbehörden unter Angabe ihres Geschäftsbezirkes.

Hinsichtlich der Neuorganisation der Zoll- und Reichssteuerverwaltung in Preußen sind folgende Erlasse zu beachten:

1. Anweisung für die Zollkassen I. Beilage zu Nr. 8 des preußischen Zentralblattes für Abgaben, 1908, mit 56 Paragraphen, 22 Mustern und zwei Anlagen betreffend die Zusammenstellung der wichtigeren Bestimmungen über die Wertpapiere der preußischen Staatsschuld und Reichsschuld (Anlage I) und betreffend Zahlung der Diensteinkünfte sowie der Zivilpensionen und Hinterbliebenenbezüge (Anlage II) (ZKA.).

2. Geschäftskostenordnung für die Oberzolldirektionen und Hauptzollämter und Zollämter, II. Beilage zu Nr. 8 des erwähnten Zentralblattes 1908 mit 19 Paragraphen und 3 Anlagen. (GKO.).

3. Anweisung für die Oberzollkassen in Preußen, I. Beilage zu Nr. 9 und 11 des erwähnten Zentralblattes 1908 in 2 Bänden mit 129 Paragraphen und 26 Mustern. (OZKA.).

4. Reichsabgabenstundungsordnung für Preußen, II. Beilage zu Nr. 9 des erwähnten Zentralblattes 1908 mit 42 Paragraphen und 9 Anlagen (RAStO.) und die Zollstundungsordnung des Reiches nach § 12 des Zolltarifgesetzes vom 25. Dezember 1902.

5. Kassenprüfungsordnung für die Oberzollkassen und Zollkassen in Preußen, Beilage zu Nr. 13 des erwähnten Zentralblattes 1908, mit 44 Paragraphen und 11 Mustern. (KPO.).

6. Etatsvorschriften für die Verwaltung der Zölle und indirekten Steuern in Preußen, Beilage zu Nr. 7 des erwähnten Zentralblattes mit 95 Paragraphen. (EV.).

7. Rechnungsordnung für die Verwaltung der Zölle und indirekten Steuern, Beilage zu Nr. 7 des erwähnten Zentralblattes mit 70 Paragraphen und 3 Mustern. (RchnO.).

8. Geschäftsanweisung für die Oberzolldirektionen in Preußen, Erlaß vom 31. Juli 1908, Nr. 17 des erwähnten Zentralblattes 1908 mit 25 Paragraphen

9. Geschäftsanweisung für die Hauptzollämter und die ihnen nachgeordneten Dienststellen, Beilage zu Nr. 6 des erwähnten Zentralblattes 1909.

Diese für Preußen aus Anlaß der Neuorganisation der Zollverwaltung erlassenen grundlegenden Bestimmungen dürften auch in den übrigen Bundesstaaten, wenn daselbst eine der in Preußen eingeführten Organisation der Lokalzollstellen und der Oberzollkassen ähnliche Neuorganisation durchgeführt sein wird, natürlich unter Berücksichtigung der in den einzelnen Staaten hervortretenden besonderen Verhältnisse angenommen werden. Besonders ist hier zu bemerken, daß nach der Geschäftsanweisung der Oberzolldirektionen an der Spitze der letzteren ein Präsident steht mit der erforderlichen Anzahl von Mitgliedern und Hilfsarbeitern (Oberregierungsräten, Regierungsräten, Assessoren). Innerhalb des Dienstbetriebs der Oberzolldirektionen bestehen als besondere Dienststellen die Rechnungsstelle, die Oberzollkasse, die Lehranstalt für Zollbeamte. Den einzelnen Mitgliedern wird je ein Generaldezernat z. B. über Zollangelegenheiten, Branntweinsteuer usw. und ein Bezirksdezernat, d. h. die Bearbeitung der anfallenden Sachen aus bestimmten Hauptzollamtsbezirken überwiesen. In letzterer Beziehung heißen die betreffenden Beamten Bezirksräte.

Der den Oberzolldirektionen beigegebene Rechnungsdirektor hat die allgemeine Aufsicht über die Bureaubeamten, Kanzleibeamten usw., er führt die Aufsicht über die Oberzollkasse und die Rechnungsabteilung, ist überhaupt Komptabilitätsreferent nach Maßgabe der besonderen Anleitung des Finanzministers. Die L e h r a n s t a l t hat insbesondere die Fachausbildung der jungen Zollbeflissenen zu betätigen und bei Tarifauskunftserteilungen mitzuwirken; für die Hauptlehranstalt in Berlin gilt die vom Finanzminister erlassene Sonderanweisung. Die G e s c h ä f t s a n w e i s u n g für die Hauptzollämter behandelt im I Abschnitt die dienstliche Stellung der Hauptzollämter sowie die Gliederung derselben nach Oberkontroll- und Hebebezirken.

Im II. Abschnitt sind die Obliegenheiten und Befugnisse der Hauptzollämter, deren Leitung durch den Oberzollinspektor, die Obliegenheiten des Oberzollinspektors und dessen Vertretung durch den Oberzollrevisor geregelt.

Die besonderen Dienststellen des Hauptzollamts, die Führung der Geschäfte, die Registraturverwaltung, die Rechte und Pflichten der Beamten der Hauptzollämter sind in weiteren Abschnitten eingehend umschrieben. Ebenso sind die Obliegenheiten und Dienstaufgaben der den Hauptzollämtern nachgeordneten Amtsstellen und der Beamten des Aufsichtsdienstes genau bestimmt.

Als Anlage zu § 45 ist die Verfügung wegen Vereinfachung des Geschäftsganges und der Verminderung des Schreibwerks vom 3. November 1897 beigefügt.

Endlich ist noch zu erwähnen der Allerhöchste Erlaß vom 15. Januar 1908, betreffend die Verwaltungsordnung für die königlich preußischen Zollbehörden, veröffentlicht in der preußischen Gesetzsammlung 1908 S. 66 und im preußischen Zentralblatt für Abgaben usw. 1908 S. 183ff.

Ferner ist anzumerken der Allerhöchste Erlaß vom gleichen Datum, betreffend die Errichtung der Oberzollkassen und die Bezeichnung der Behörden und Beamten der Zollverwaltung, abgedruckt im preußischen Zentralblatt für Abgaben usw. S. 182 und der Erlaß des pr. Finanzministers vom 1. April 1908, betreffend die Bezeichnung der Behörden und Beamten der Verwaltung der Zölle und indirekten Steuern. Hiernach gibt es in Preußen seit 1. April 1908 im Bereich der Zoll- und Steuerverwaltung nur mehr Ober*zoll*direktionen, Haupt*zoll*ämter, *Zoll*ämter I und II, Ober*zoll*inspektoren, Ober*zoll*revisoren, Ober*zoll*kontrolleure, *Zoll*sekretäre, Ober*zoll*einnehmer, *Zoll*einnehmer, *Zoll*assistenten, *Zoll*aufseher (sowohl *Zoll*grenzaufseher, als *Zoll*aufseher für den Abfertigungsdienst wie für den Steuerdienst).

Die Oberzollkontrolleure erhalten nach längerer Dienstzeit als Auszeichnung den Titel Zollinspektor, die Oberzollinspektoren erhalten als Auszeichnung den Titel und Charakter eines Zollrates. Die Vorstände der Oberzolldirektionen erhielten die Amtsbezeichnung „Präsidenten der Oberzolldirektion".

In bezug auf die Abfertigung des Zolldienstes ist noch zu erwähnen die vom Bundesrate herausgegebene Anleitung zur Zollabfertigung, Berlin 1906, sowie die im Anschluß hieran vom preuß. Finanzminister erlassene Verfügung vom 5. April 1909 (preuß. Zentralblatt für Abgaben, 1909 S. 151), betreffend die Zollabfertigungsordnung für Preußen mit 9 Paragraphen.[1]

Für *Bayern* kommt insbesondere der Erlaß des neuen bayerischen Beamtengesetzes vom 16. August 1908 (BGVBl. 1908 Nr. 59) nebst Gehaltsordnung in Betracht und die Allerhöchste Verordnung vom 10. Dezember 1908 (BGVBl. Nr. 80 und Bayer. Amtsblatt der kgl. Generaldirektion der Zölle und indirekten Steuern Nr. 37, 1908), betreffend den Vollzug des Beamtengesetzes, da dieses Beamtengesetz auch für die Beamten der Zoll- und Steuerverwaltung vielfach von wesentlicher Bedeutung ist. Außerdem sind hieher noch zu erwähnen die Allerhöchste Verordnung vom 23. August 1908, betreffend die technische Prüfungs- und Lehranstalt der Zollverwaltung (BGVBl. 1908 S. 569ff.); die Allerhöchste Verordnung vom 15. Dezember 1908, Neuordnung der Steuerämter betreffend (BGVBl. Nr. 83, 1908), ferner die Allerhöchste Verordnung vom 10. Dezember 1908 (BGVBl. Nr. 80, 1908), betreffend die Einrichtung der Behörden und die Benennung der Beamten der Zivilstaatsverwaltung. (Bayer. Amtsblatt der Generalzolldirektion 1908 S. 553/4).

8. Die Reichskontrolle für Zölle und Steuern.

§ 26.

Eine ganz besondere Einrichtung in der deutschen Zoll- und Steuerverwaltung bildet die Reichskontrolle, die Reichsaufsicht. Die Beamten der Reichsaufsicht nach Art. 36 der Reichsverfassung heißen Reichsbevollmächtigte für Zölle und Steuern und Stationskontrolleure.[2])

[1]) Vgl auch die im Finanz-Archiv (Dr. v. *Schanz*) veröffentlichte Abhandlung von Dr A. *Manicke*: Deutschlands gegenwärtiges Zollwesen, seine Bedeutung und seine Verfassung. Finanz-Archiv Bd. I und II, XXV. Jahrgang.

[2]) Die Bezeichnung „Stationskontrolleur" ist nicht ganz glücklich gewählt, da damit die Tätigkeit und die Geschäftsaufgabe dieser Beamten nicht im geringsten angedeutet sind. Besser wäre vielleicht, nachdem früher diese Beamten „Vereinskontrolleure oder Vereinskommissäre" hießen, die Benennung: Reichskontrolleure für Zölle und Steuern.

Wie bereits des öfteren bemerkt, ist nach Art. 36 der Reichsverfassung die Erhebung und Verwaltung der Zölle und der in die Reichskasse fließenden Steuern und Abgaben den einzelnen Bundesstaaten überlassen d. h. den bundesstaatlichen (einzelstaatlichen) Behörden und Beamten übertragen.[1]) Das Reich hat daher ein wesentliches Interesse, den richtigen Eingang und Anfall der Reichseinnahmen zu sichern d. h. durch Reichsbeamte oder Reichskommissare die Geschäftstätigkeit der einzelstaatlichen Behörden, Ämter und Beamten überwachen zu lassen, um die Gleichmäßigkeit des Verfahrens zu gewährleisten.

Diese Einrichtung der Vereins- oder Reichskontrolle bestand und besteht seit Errichtung des Zollvereins.

Schon in dem ersten Zollvereinsvertrage vom 22. März 1833 ist im Art. 31 und 32 bestimmt, daß die kontrahierenden Staaten sich gegenseitig das Recht zugestehen, den Grenzhauptzollämtern der anderen Vereinsstaaten Beamte zu dem Zwecke beizuordnen, um von allen vertragsmäßigen Geschäften Kenntnis zu nehmen und auf die Abstellung etwa hervortretender Mängel hinzuwirken. Im Separatartikel 11 Abs. III zu Art. 12 des offenen Vertrags wurden noch weitere Abreden über die Verteilung der den Zolldirektivbehörden beizuordnenden Beamten, welche Zollvereinsbevollmächtigte genannt wurden, über die Beglaubigung derselben und deren Gehalt getroffen. Im Schlußprotokoll zu Art. 32 des offenen Vertrags vom 22. März 1833 wurde eine Geschäftsinstruktion für diese Zollvereinsbevollmächtigten entworfen. Diese den Zolldirektivbehörden beigeordneten Beamten hatten nach § 31 des Münchener Vollzugsprotokolles vom 4. Februar 1831 (Band I der Verträge Seite 19) als Kommissare der Vereinsstaaten zu gelten mit Ausnahme desjenigen Staates, bei dessen Direktivbehörde sie akkreditiert waren. Den Hauptzollämtern an der Grenze und im Innern wurden Stationskontrolleure (Zollvereinskontrolleure) beigegeben, welche aus den anderen Vereinsstaaten abgeordnet wurden und den Zollvereinsbevollmächtigten als deren Organ unterstellt waren.[2])

Das Hauptprotokoll der Karlsruher Vollzugskommission vom 5.—29. Oktober 1836 enthält in den §§ 26 und 27 die besonderen Bestimmungen über die Verteilung der Stationskontrolleure bei den Hauptzollämtern und eine Instruktion über das dienstliche Verhältnis dieser Beamten zu den Landeszollstellen.

Eine Übersicht der Zollvereinskontrollebeamten nach den einzelnen Staaten, wie sie den Direktionen und Hauptzollämtern beigeordnet waren, enthält das Hauptprotokoll der IV. Generalkonferenz vom 17 November 1839

§ 27.

Der Zollvereinigungsvertrag vom 8. Juli 1867 (Bd. V der Verträge S. 82 ff.) änderte durch Art. 20 die hierwegen bestandenen Grundsätze vollständig, indem einerseits nicht mehr den einzelnen Vereinsstaaten, sondern dem Präsidium des Bundesrats des Zollvereins das Recht zugestanden ward, nach Vernehmung des Ausschusses des Zollbundesrats für Zoll- und Steuerwesen diese Zollvereinskontrollbeamten im Namen der Gesamtheit und auf Rechnung des Zollvereins abzuordnen, während bisher diese Kosten von dem abordnenden Vereinsstaat getragen wurden. Die Verteilung und Auswahl der einzelnen Zollvereinskontrollbeamten auf die und aus den Vereinsstaaten blieb aufrecht erhalten. (Vgl. auch Bericht vom 1. Mai 1868, Bd. V der Verträge S. 471/2.)

---

[1]) Vgl. den Artikel in Nr. 8 und 9 der „Umschau auf dem Gebiet des Zoll- und Steuerwesens“, 1910.

[2]) Die weiteren Darlegungen über die historische Entwickelung des Zollvereins und der Reichskontrolle s. in der 5. Auflage dieses Buches S. 345 ff.

Der Artikel 20 des Zollvereinigungsvertrages vom 8. Juli 1867 bestimmt folgendes:

Für die Einhaltung des gesetzlichen Verfahrens bei der Erhebung und Verwaltung der Zölle und gemeinschaftlichen Abgaben hat das Präsidium Sorge zu tragen.

Es ordnet zu diesem Zwecke nach Vernehmung des Ausschusses des Zollbundesrates für Zoll- und Steuerwesen den Hauptzollämtern sowohl an der Grenze wie im Innern und den Direktivbehörden (Direktionen) Vereinsbeamte bei.

Die den Hauptzollämtern beigeordneten Kontrollbeamten haben von allen Geschäften derselben und der Nebenämter in Beziehung auf die Grenzbewachung und das Verfahren bei der Zoll- und Steuererhebung Kenntnis zu nehmen und auf Einhaltung eines gesetzlichen Verfahrens, ingleichen auf Abstellung etwaiger Mängel hinzuwirken, übrigens sich jeder eigenmächtigen Verfügung zu enthalten. Ihre dienstliche Stellung und ihre Befugnis werden durch eine Instruktion geregelt.

Die den Direktivbehörden beigeordneten Bevollmächtigten haben sich von allen vorkommenden Verwaltungsgeschäften, welche sich auf die durch gegenwärtigen Vertrag eingegangene Gemeinschaft beziehen, vollständige Kenntnis zu verschaffen.

Ihr Geschäftsverhältnis ist durch eine besondere Instruktion näher bestimmt, als deren Grundlage die unbeschränkte Offenheit von Seite der Verwaltung, bei welcher die Bevollmächtigten fungieren, in bezug auf alle Gegenstände der gemeinschaftlichen Verwaltung und die Erleichterung jedes Mittels, durch welches sie sich die Information hierüber verschaffen können, angenommen ist, während andererseits ihre Sorgfalt nicht minder aufrichtig dahin gerichtet sein soll, eintretende Umstände und Meinungsverschiedenheiten auf eine dem gemeinsamen Zwecke und dem Verhältnisse verbündeter Staaten entsprechende Weise zu erledigen.

Die Gehälter und alle übrigen Kosten der Vereinskontrolleure und Bevollmächtigten trägt der Verein.

Zu Artikel 20 des Julivertrags wurde in Ziff. 15 des Schlußprotokolls vom 8. Juli 1867 noch folgendes vereinbart:

1. Preußen wird zur Ausübung der ihm nach Art. 20 des Vertrags zustehenden Kontrolle auch Beamte der anderen Vereinsstaaten, unter Berücksichtigung der Wünsche der betreffenden Regierungen verwenden.

2. Als Grundlage der in diesem Artikel erwähnten Instruktion, welche das Geschäftsverhältnis der den Direktivbehörden der Vereinsstaaten beizuordnenden Bevollmächtigten näher bestimmen soll, ist verabredet worden, daß ein solcher Bevollmächtigter da, wo er seinen Sitz erhalten hat, die nachstehend erläuterte Wirksamkeit auszuüben berechtigt sein soll:

a) Derselbe kann allen Sitzungen der Direktivbehörde beiwohnen. Eine jede Verfügung und Anweisung, welche die Direktivbehörde oder deren Vorstand in Beziehung mit der Verwaltung der gemeinsamen Abgaben an die untergeordneten Behörden ergehen läßt, muß vor der Ausfertigung dem Bevollmächtigten zur Einsicht im Konzept vorgelegt werden, sofern er am Orte anwesend ist. Die Ausfertigung in Reinschrift darf nicht eher erfolgen, als bis das Visa des Bevollmächtigten auf dem Konzept steht

b) Dieses Visa soll der Bevollmächtigte zwar weder verweigern noch verzögern dürfen, bei Abgabe desselben ist er jedoch berechtigt, wenn er befürchtet, daß aus dem Vollzug der Verfügung oder Anordnung (Anweisung) ein Nachteil für den Zollverein (die Zollgemeinschaft) entstehen möchte, seine abweichende Ansicht motiviert auf dem Konzept zu vermerken und zu verlangen, daß die Direktivbehörde wenigstens gleichzeitig mit dem Erlassen der fraglichen Verfügung Bericht an das vorgesetzte Ministerium erstatte

c) Insofern letzteres nicht rechtzeitig Abhilfe getroffen haben oder sonst eine Verständigung mittels Korrespondenz der Ministerien oder der obersten Zollbehörden der betreffenden Staaten nicht inzwischen eingetreten sein sollte, ist an den Bundesrat (des Zollvereins) zu rekurrieren, um die Differenz und den etwaigen Anspruch auf Entschädigung des Vereins gegen diejenige Regierung, deren Behörde dazu Veranlassung gegeben hat, zur Entscheidung zu bringen.

d) Zu den Befugnissen des Bevollmächtigten gehört auch die Visitation des Grenz- und Revisionsdienstes auf der Zollinie und des Verfahrens der Zoll- und Steuererhebung seitens der Ämter in dem Bezirke, wo er beglaubigt ist, wobei derselbe sich der Beihilfe der ihm hiezu angewiesenen Landesbeamten bedienen kann.

Er ist jedoch nicht berechtigt, bei solchen Revisionen Befehle an die Landeszoll- und Steuerbeamten zu erteilen oder Anordnungen in der Verwaltung zu treffen, vielmehr kann er nur bei der betreffenden Direktivbehörde die schleunige Abstellung der von ihm entdeckten Mängel zum Antrag bringen.

e) Es steht dem Bevollmächtigten wie jedem Mitglied der Direktivbehörde die Einsicht der Akten, Bücher, Rechnungen, Register usw. sowohl dieser Behörde als auch der Zoll- und Steuererhebungsstellen zu.

f) Er kann die Rechnungen über die gemeinschaftlichen Abgaben prüfen und dagegen Erinnerungen machen, ohne jedoch die Führung und Abnahme derselben, ingleichen die Entscheidung der Erinnerungen durch die dem Rechnungsleger vorgesetzte Dienstbehörde aufzuhalten. Findet er die Entscheidung dem Vereinsinteresse nicht entsprechend, so hat er den betreffenden Gegenstand bei dem Bundesrat zur Anzeige zu bringen.

§ 28.

Durch den Zollvereinigungsvertrag vom 8. Juli 1867, die Wiederaufrichtung des Deutschen Reiches, die Einführung der deutschen Reichsverfassung, wonach aus dem Zollvereinsstaatenbund ein Bundesstaat geworden ist, haben die früheren Abmachungen über die Stellung und die Aufsichtstätigkeit der Reichsbevollmächtigten und der Stationskontrolleure eine wesentliche Umgestaltung erlitten, wenn auch die Abreden in der III. Generalzollkonferenz (1839) nach § 9 des Hauptprotokolls vom 16. September 1839 über die Befugnisse und die Geschäftstätigkeit der Zollvereinsbevollmächtigten für Zölle und Steuern noch der Hauptsache nach Gültigkeit haben. Die Tätigkeit der Bevollmächtigten hat alle Gegenstände der gemeinschaftlichen Zoll- und Reichssteuerverwaltung zu umfassen. Unter Zollverwaltung ist jedoch nicht bloß die Zollverwaltung im engeren Sinne, sondern alles zu verstehen, was sich auf den Vollzug der Vereinsverträge und der hiernach getroffenen Vereinbarungen bezieht, insoweit das Interesse der Gesamtheit in Frage steht. Dahin gehört auch die Ausführung der Bestimmungen über die Uebergangsabgaben, über die Zollbegünstigungen auf Vereinsrechnung, über das Personal der Zollverwaltung, sofern es sich um dessen Vermehrung, dessen Vertretung in Urlaubs- oder Erkrankungsfällen, um Bestrafung wegen vorgekommener Dienstnachlässigkeiten und Pflichtwidrigkeiten, um Versetzung oder Amtsentfernung einzelner Beamten aus dienstlichen Rücksichten handelt. Hiernach soll der Bevollmächtigte zur Erfüllung seiner Geschäftsaufgabe, wie bereits bemerkt, von allen die Gesamtheit berührenden Erlassen und Verfügungen Kenntnis erhalten, wovon nur die reinen Personalsachen (Gehalts-, Pensions- und sonstige persönliche Verhältnisse) ausgenommen sein sollen.

Begibt sich der Bevollmächtigte in Urlaub oder auf Dienstreisen, so hat er der Direktion, bei welcher er fungiert, Anzeige zu machen.

Diese in dem Hauptprotokoll vom 16. September 1839 unter Ziff. I niedergelegten Grundsätze stehen auch jetzt noch in Geltung, wenn sie auch, wie bemerkt, durch die Reichsverfassung eine wesentliche Aenderung erlitten haben. Mit Rücksicht hierauf hat der Reichskanzler in einem Erlaß vom 13. August 1883 dargelegt, daß die Stellung der Reichsbevollmächtigten für Zölle und Steuern — wie sie jetzt nach dem Erlaß des Reichskanzlers vom 3. Februar 1874 heißen — sich insoferne von Grund aus geändert habe, als sie nicht mehr Abgeordnete der einzelnen Zollvereinsstaaten sind, sondern daß sie nach der Reichsverfassung als Reichsbeamte oder Reichskommissare das dem deutschen Kaiser verfassungsgemäß eingeräumte Aufsichtsrecht wahrzunehmen haben, weshalb sie bei den die Erhebung und Kontrollierung der gemeinschaftlichen Abgaben betreffenden Angelegenheiten (einschließlich der Personalsachen) von allen Erlässen und Beratungen Kenntnis zu nehmen berechtigt sind. Dienstlich unterstehen die Reichsbevollmächtigten für Zölle und Steuern dem Staatssekretär des Reichsschatzamts, wohin sie auch ihre Berichte und Anträge zu richten haben.

Nach § 18 der neuen Geschäftsanweisung für die Oberzolldirektionen vom 31. Juli 1908 (Preuß. Zentralblatt für Abgaben ꝛc. 1908 S. 355) ist bestimmt, daß für die Beteiligung der den Oberzolldirektionen beigegebenen Reichsbevollmächtigten bei der Erledigung der Geschäftssachen die hierüber früher erlassenen besonderen Bestimmungen maßgebend sein sollen.

§ 29.

Hinsichtlich der Stellung und der Geschäftstätigkeit der Stationskontrolleure ist noch folgendes anzuführen:

Nach § 26 Ziff. 1 des Protokolls der Karlsruher Vollzugskommission vom 5.—29. Oktober 1835 ist der Grundsatz aufgestellt, daß diese Beamten ihren Beruf am besten erfüllen, wenn sie, durch lebendige Anschauung geleitet, in offenem Zusammenwirken die Gleichförmigkeit der Behandlung herbeizuführen bestrebt sind, auf dem Wege gegenseitiger Verständigung die richtige Anwendung der bestehenden Vorschriften sichern und Mängeln in der Geschäftsführung abzuhelfen suchen, ohne sich zu Zensoren der Landesbeamten zu erheben oder sich im Verhältnisse zu diesen die Stellung von Oberbeamten anzumaßen.

Nach § 9 Ziff. 3 des Hauptprotokolls der III. General-Zollkonferenz vom 16. September 1839 ist den Stationskontrolleuren eingeräumt:

a) die Einsicht der Korrespondenz-Journale (der Eingangs- und Ausgangs-Registranden, Einlaufs- und Auslaufs-Bücher), mit Einschluß der besonderen über das Prozeßwesen, sowie aller die gemeinschaftliche Zollverwaltung betreffenden Akten, Bücher und Register, endlich auch der Prozeßakten derjenigen Haupt- und Nebenämter, denen sie beigeordnet sind, unangesehen ob sie im Bezirke dieser Ämter ihren Wohnsitz haben oder nicht, im Geschäftslokale der Ämter und innerhalb der gesetzlichen Geschäftsstunden, wobei sich jedoch von selbst versteht, daß hierdurch der Geschäfts-, namentlich der Prozeßgang, in keiner Beziehung gestört oder aufgehalten werden dürfe;

b) die Einsicht der Ordre- und Tagebücher der Grenzaufseher stehen ihnen zu und ist ihnen auch nicht zu versagen, erwünschte Notizen zu gelegener Zeit aus den eingesehenen Tagebüchern der Obergrenzkontrolleure zu entnehmen;

c) den Stationskontrolleuren ist das Betreten der Bierbrauereien und Branntweinbrennereien und der sonstigen der Zoll- und Steuerkontrolle unterstellten Betriebsanstalten mit oder ohne Begleitung der Landesbeamten gestattet, weshalb für die genannten Stationskontrolleure besondere Legitimationskarten ausgefertigt werden;[1])

d) wiederholt hat man sich übrigens dahin ausgesprochen, daß die Absicht nicht dahin gehe, den Stationskontrolleuren in irgend einer Weise einen unmittelbaren Einfluß auf die Geschäftsführung selbst zu verschaffen, daß man

[1]) Erlaß des Reichskanzlers vom 4. Juli 1879 und des preußischen Finanzministers vom 4. Oktober 1879. Vgl. ferner Erlaß des Reichsschatzamtes vom 27. November 1909. Auch den Reichsbevollmächtigten werden von den Direktivbehörden, bei denen sie beglaubigt sind, Legitimationskarten ausgestellt.

vielmehr nur bezwecke, diese Beamten in den Stand zu setzen, überall diejenige Kenntnis von der Geschäftsführung zu nehmen, deren sie zur Erfüllung ihrer Pflichten bedürfen.

3. Dienstlich sind dieselben den Reichsbevollmächtigten untergeordnet, an welche sie auch zu berichten haben. Die Reichsbevollmächtigten können ihnen auch einen dreiwöchigen Urlaub erteilen.

Die Stationskontrolleure haben also nach den bestehenden Vereinbarungen von allen Geschäften der Hauptzollämter und der nachgeordneten Neben- und Unterämter, denen sie beigeordnet sind in bezug auf die Grenzbewachung, das Verfahren in der Zollabfertigung, in der gesamten Zoll- und Reichssteuererhebung auf Einhaltung des gesetzlichen und regulativmäßigen Verfahrens, ingleichen auf die Abstellung wahrgenommener Mängel hinzuwirken, in welch letzterer Beziehung sie gegebenen Falls an die Reichsbevollmächtigten zu berichten haben. Im übrigen sollen sie sich jeder eigenen Verfügung enthalten. Sie haben ihren Bezirk fleißig zu bereisen und die wegen Einrichtung und Ausführung ihrer Dienstreisen etwa ergehenden Anordnungen ihrer Vorgesetzten (der Reichsbevollmächtigten) zu beachten. Sie haben das Recht, die Eingangsbücher (Korrespondenz-Journale) mit Einschluß der besonderen Nachweisungen über das Prozeßwesen durchzusehen, alle die gemeinschaftliche Zoll- und Steuerverwaltung betreffenden Akten, Bücher, Register nebst Belegen, die Revisionsprotokolle, Rechnungen und Rechnungsbelege, die Prozeßakten im Geschäftslokal (Dienstzimmer) der Ämter innerhalb der gesetzlichen Geschäftsstunden einzusehen und zu prüfen, wobei es sich jedoch von selbst versteht, daß hiedurch die Dienstgeschäfte und der Prozeßgang in keiner Weise gestört und aufgehalten werden darf. Weiter steht den Stationskontrolleuren das Recht zu, von den Tage- und Ordrebüchern der Grenzaufseher Einsicht zu nehmen und ist es ihnen auch nicht versagt, erwünschte Notizen herauszunehmen.

Nach Artikel 3 und 20 des Zollvereinigungsvertrags vom 8. Juli 1867 erstreckt sich die Tätigkeit der Stationskontrolleure auf alle Geschäfte der Hauptzollämter und der Zollämter sowohl in Beziehung auf die Grenzbewachung wie auf das Verfahren bei der Zoll- und Steuererhebung. Sie haben auf Einhaltung des gesetzlichen Verfahrens und auf Abstellung etwaiger Mängel einzuwirken, sich aber jeder eigenen Verfügung zu enthalten.

Während die Reichskontrolle oder Reichsaufsicht (früher Zollvereinskontrolle) zuerst nur für die Zollabgaben eingerichtet war, ist sie, wie schon bemerkt wurde, bei Einführung der gemeinsamen Rübenzuckersteuer im Jahre 1842 nach dem Zollvereinigungs-Vertrag vom 8. Mai 1841 Art. 4 auch auf diese gemeinschaftliche Steuerabgabe ausgedehnt worden. Durch den Zollvereinigungs-Vertrag vom 8. Juli 1867 wurde sie auch auf die Salzsteuer und die Tabaksteuer in Anwendung gebracht und nach dem Bundesratsbeschluß vom 12. April 1872 — § 150 der Protokolle — haben die Reichsbevollmächtigten und die Stationskontrolleure in den Bundesstaaten, ausgenommen Bayern, Württemberg, Baden und Elsaß-Lothringen, auch für die norddeutsche Biersteuer (und seinerzeit die Branntweinsteuer) gleichfalls die Reichsaufsicht wahrzunehmen. Demgemäß haben diese Reichsaufsichtsbeamten nunmehr auch hinsichtlich der gemeinsamen Branntweinsteuer allgemein die Reichsaufsicht zu betätigen. Nach § 22 des Spielkartenstempelgesetzes vom 3. Juli 1878 steht den Reichsaufsichtsbeamten auch in Ansehung des Spielkartenstempels die Reichskontrolle zu.

Dagegen fehlt in dem Wechselstempelsteuergesetz vom 10. Juni 1869 wie in demjenigen vom 4. März 1909 und vom 15. Juli 1909 (RGBl. S. 825 ff.), ferner in den Reichsstempelgesetzen vom 14. Juni 1900, vom 29. Mai und 3. Juni 1906 und vom 15. Juli 1909 (RGBl. S. 833 ff.) eine ausdrückliche Bestimmung über die Befugnisse der Reichskontrollbeamten nach dieser Richtung.

Es steht jedoch außer Zweifel, namentlich auch im Hinblick auf den Erlaß des preußischen Finanzministers vom 2. September 1884 und

Erlaß des Reichskanzlers vom 14. August 1883, daß den Reichskontrollbeamten eine revidierende und überwachende Kenntnisnahme über den richtigen Vollzug dieser Reichsstempelgesetze und über die Erhebung und die Verwaltung der Reichsstempelabgaben nicht verwehrt werden kann, wie auch das Reichsschatzamt wiederholt praktisch zum Ausdruck gebracht hat. Insbesondere sind hiewegen auch Vereinbarungen unter den Bundesregierungen getroffen, auch sind die §§ 99—101 des Reichsstempelgesetzes vom 15. Juli 1909 und der § 26 des Wechselstempelsteuergesetzes vom gleichen Datum ebenso zu beachten, wie der § 143 Abs. III der Ausführungsbestimmungen zum Reichsstempelgesetz vom 29. Mai 1906.[1]) Im Handbuch für das Deutsche Reich 1910 heißt es übrigens auf S. 348 beim Kapitel: Reichsaufsicht in Zoll- und Steuersachen hinsichtlich der Zuständigkeit der Reichsbevollmächtigten für Zölle und Steuern, daß diese auch zuständig sein sollten für die Reichsstempelabgaben und die Erbschaftssteuer, soweit nichts besonderes angegeben ist.

In bezug auf die Durchführung der Handels- und Warenverkehrsstatistik steht den Reichsaufsichtsbeamten gemäß § 15 des Reichsgesetzes über die Handelsstatistik vom 7. Februar 1906 (RGBl. S. 109 ff.) ebenmäßig die Reichsaufsicht zu. Auch die Ausführungsbestimmungen des Süßstoffgesetzes vom 7. Juli 1902 (RGBl. S. 253) enthalten in § 1 Abs. II (vgl. Preuß. Zentralblatt für Abgaben 1903 S. 97) die Bestimmung, daß die Reichsbevollmächtigten für Zölle und Steuern und die Stationskontrolleure in bezug auf die Ausführung des Süßstoffgesetzes dieselben Rechte und Pflichten haben sollen, die ihnen hinsichtlich der Verwaltung der Zölle und Verbrauchssteuern eingeräumt sind. In § 28 des Schaumweinsteuergesetzes vom 9. Mai 1902 (RGBl. S. 155) ist die Reichskontrolle auch für die Schaumweinsteuer in Anwendung gebracht worden. Das Zigarettensteuergesetz vom 3. Juni 1906 (RGBl. S. 631) hat in § 31 Abs. II den Reichsbevollmächtigten und den Stationskontrolleuren gleichfalls die Reichsaufsicht über die Zigarettensteuer mit übertragen. Ebenso bestimmt das Leuchtmittelsteuergesetz und das Zündwarensteuergesetz vom 15. Juli 1909 in den §§ 37 II und 39 II, daß die Reichsbevollmächtigten und die ihnen unterstellten Aufsichtsbeamten (Stationskontrolleure) in bezug auf die Ausführung dieser beiden Gesetze dieselben Rechte und Pflichten haben sollen wie bezüglich der Erhebung und Verwaltung der Zölle.

Die Fleischbeschauzollordnung (FZO.) hat im § 27 (vgl. Zentralblatt für das Deutsche Reich 1903 S. 32 ff.) durch die Bestimmung, daß hinsichtlich der Einfuhr von Fleisch die Bestimmungen des Vereinszollgesetzes Anwendung finden sollen, auch die Befugnisse der Reichsaufsichtsbeamten nach dieser Richtung hin sichergestellt. Dasselbe findet hinsichtlich der Weinzollordnung statt. (Zentralblatt für das Deutsche Reich 1909 S. 333.)

Hinsichtlich der Reichserbschaftssteuer (Reichserbschaftssteuergesetz vom 3. Juni 1906, RGBl. S. 654) bestimmt der § 35 folgendes:

Die Reichsbevollmächtigten für Zölle und Steuern haben in Ansehung der Verwaltung der Erbschaftssteuer dieselben Rechte und Pflichten, welche ihnen in Ansehung der Zölle und der Verbrauchssteuern beigelegt sind.

---

[1]) Zum Reichsstempelgesetz vom 15. Juli 1909 hat der Bundesrat unterm 29. Juli 1909 bei teilweiser Abänderung der bisherigen Ausführungsbestimmungen zu den Tarifnummern 1—3 A und zu den §§ 1—11 sowie zu der Tarifnummer 11 und zu den §§ 78—90 neue Ausführungsbestimmungen erlassen. Über die Reichsaufsicht sind weitere Bestimmungen nicht getroffen. BRBeschluß vom 29. Juli 1909.

In denjenigen Staaten, in welchen die Geschäfte der Oberbehörde für die Erbschaftssteuer anderen Behörden als den Zolldirektivbehörden übertragen sind, sollen Umfang und Art der Tätigkeit der Reichsbevollmächtigten vom Reichskanzler im Einvernehmen mit den beteiligten Bundesregierungen geregelt werden. Unter Zustimmung des Bundesrats kann der Reichskanzler die Wahrnehmung der Geschäfte der Reichsbevollmächtigten — soweit das Erbschaftssteuerwesen in Betracht kommt — auch anderen Beamten übertragen.

Im Vollzug dieser Gesetzesbestimmungen und nach dem Bundesratsbeschluß vom 27. Juni 1907 — § 604 der Protokolle, Nr. 140 der BRDrucks. S. 1907 — sind vom Reichskanzler (Reichsschatzamt) nach Benehmen mit den Bundesregierungen für die Reichsaufsicht bezüglich der Reichserbschaftssteuer für Bayern, Sachsen, Württemberg, Baden, Elsaß-Lothringen, die thüringischen Staaten, die Großherzogtümer Mecklenburg und Oldenburg, die Hansestädte und für die Kgl. preußischen Oberbehörden von Breslau und Berlin besondere vier Reichsbevollmächtigte aufgestellt worden. Den Stationskontrolleuren ist eine Mitwirkung bei der Durchführung der Reichserbschaftssteuer nicht ausdrücklich zugestanden.

Im einzelnen ist hinsichtlich der Reichsbevollmächtigten für Zölle und Steuern noch zu bemerken, daß nach § 10 der Bestimmungen über die Erteilung amtlicher Auskünfte in Zolltarifangelegenheiten (Teil II Ziff. I Anleitung zum Zolltarifgesetze) die Reichsbevollmächtigten für Zölle und Steuern von den erteilten Zolltarifauskünften Kenntnis zu nehmen und hievon ehetunlichst dem Reichsschatzamte Mitteilung zu machen haben.

Nach Nr. 32 der Anweisung zum § 118 des Vereinszollgesetzes haben die Reichsbevollmächtigten für Zölle und Steuern bei dem Erlaß oder der Erstattung der Zölle aus Billigkeitsrücksichten mitzuwirken. Auch nach dem Bundesratsbeschluß vom 21. Dezember 1873 — § 618 der Protokolle — sollen beim Erlaß oder der Erstattung von Zöllen, der Branntweinsteuer oder der Brausteuer die Reichsbevollmächtigten für Zölle und Steuern mit ihrem Gutachten gehört und dies in den Berichten an die oberste Landesfinanzbehörde erwähnt werden. (Vgl. auch Preuß. Zentralblatt für Abgaben 1874 S. 70 und von 1888 S. 174 und 489 und § 58 der Branntweinsteuer-Grundbestimmungen.)

Nach Bundesratsbeschluß vom 21. März 1907 — § 247 der Protokolle, Nr. 62 der BRDrucks. — betreffend die Bestimmungen über die Erstattung der Kosten für die Unbrauchbarmachung von Gerste (§ 4) können die Direktivbehörden gewisse, hiebei entstehende Kosten selbständig zur Zahlung anweisen, sofern der Reichsbevollmächtigte für Zölle und Steuern mit der Höhe der Aufwendungen und ihrer Übernahme auf die Zollgemeinschaft sich vorher einverstanden erklärt hat.

Aus diesen Darlegungen ergibt sich, daß zur Einhaltung des gesetzlichen Verfahrens bei der Erhebung und Verwaltung der Zölle, der Zollgebühren, der Handhabung der Handelsstatistik, sowie bei der Erhebung und Verwaltung sämtlicher gemeinschaftlicher (Reichs)-Abgaben das Präsidium bzw. der deutsche Kaiser nach Vernehmung des Bundesratsausschusses für Zoll- und Steuerwesen den Hauptzollämtern an der Grenze wie im Innern und den Direktivbehörden Vereinsbeamte, d. h. zurzeit kommissarische Reichsbeamte beiordnet. (Art. 36 Abs. II der Reichs-Verf.). Die den Hauptzollämtern beigeordneten Kontrolleure (Stationskontrolleure) haben von allen Geschäften der Haupt- und dazu gehörigen Nebenzollämter (Zollämter I und II) in Beziehung auf die Grenzbewachung und das Verfahren bei der Zoll- und Steuererhebung Kenntnis zu nehmen und auf Einhaltung des gesetzlichen Verfahrens, ingleichen auf die Abstellung etwaiger Mängel hinzuwirken, im übrigen sich jeder eigenen Verfügung zu enthalten Ihre dienstliche Stellung und ihre Befugnisse sind durch die oben angeführte Instruktion des Weiteren geregelt.

Die den Direktivbehörden beigeordneten Bevollmächtigten (Reichsbevollmächtigte für Zölle und Steuern) haben sich von allen vorkommenden Verwaltungsgeschäften, die sich auf die Zollgemeinschaft beziehen, vollständige Kenntnis zu verschaffen. Durch die bereits oben erwähnte Instruktion ist das Geschäftsverhältnis der Reichsbevollmächtigten in bezug zu den Direktivbehörden, denen sie beigeordnet sind, des Näheren geregelt, als deren Grundlage unbeschränkte Offenheit von Seite der Verwaltung, der diese Beamten beigeordnet sind, in bezug auf alle Geschäfte der gemeinschaftlichen Zoll- und Steuerverwaltung angenommen ist, wie andererseits die Bevollmächtigten gehalten sind, eintretende Anstände und Meinungsverschiedenheiten in einer dem gemeinsamen Zwecke förderlichsten und ziemlichsten Weise zu erledigen.

Wie bereits bemerkt, ist in dem Erlaß des Reichskanzlers vom 14. August 1883 darauf hingewiesen worden, daß nach Art. 36 Abs. II der Reichsverfassung die Reichsbevollmächtigten für Zölle und Steuern das verfassungsmäßige Reichsaufsichtsrecht des deutschen Kaisers wahrzunehmen haben und daß mit Rücksicht hierauf nicht mehr bloß die älteren Abmachungen hierüber für die Zuständigkeit dieser Reichsorgane zugrunde gelegt werden sollten; sondern es entspräche der derzeitigen Stellung und Aufgabe der Reichsbevollmächtigten, daß ihnen in allen die Erhebung und Kontrollierung der Zölle und gemeinschaftlichen Abgaben betreffenden Angelegenheiten, auch in Personalsachen, das Recht der Einsichtnahme und Mitwirkung zusteht.

Für die Reichserbschaftssteuer sind, wie schon bemerkt, in denjenigen Bundesstaaten, in denen die Verwaltung der Erbschaftssteuer nicht bei den Zollbehörden liegt bzw. die Zolldirektivbehörden nicht zugleich die Erbschaftssteuer-Oberbehörden sind (§ 35 l. c.) wie in Bayern, Sachsen, Württemberg usw., ferner für die preußischen Provinzen Brandenburg und Schlesien — hier wegen des Umfangs des diesbezüglichen Geschäftsverkehrs — besondere Reichsbevollmächtigte für die Erbschaftssteuer aufgestellt worden. Auch sonst haben in bezug auf die Reichserbschaftssteuer nur die Reichsbevollmächtigten selbst — nicht auch die Stationskontrolleure — die Reichsaufsicht wahrzunehmen. (Vgl. § 35 des Reichserbschaftssteuergesetzes). Es ist jedoch nicht als ausgeschlossen anzunehmen, daß die Stationskontrolleure im Auftrag der Reichsbevollmächtigten auch in Erbschaftssteuerangelegenheiten Ermittelungen vornehmen können. (Vgl. auch § 40 der Ausführungsbestimmungen zum Reichserbschaftssteuergesetz.)

§ 30.

Die Reichsbevollmächtigten für Zölle und Steuern und für die Erbschaftssteuer werden nach Art. 20 des Zollvereinigungsvertrags vom 8. Juli 1867 und dem Schlußprotokoll hiezu aus den akademisch ausgebildeten Mitgliedern der Zolldirektivbehörden nach den Vorschlägen der betreffenden Bundesregierung entnommen und vom Reichskanzler (Staatssekretär des Reichsschatzamts) im Namen des deutschen Kaisers nach Vernehmung des Bundesratsausschusses für Zoll- und Steuerwesen aufgestellt und in ihre Funktion eingewiesen. Rang und Titel dieser Reichsaufsichtsbeamten werden vom abordnenden Heimatstaate verliehen, doch beziehen die Reichsbevollmächtigten sowohl wie die Stationskontrolleure während der Dauer ihrer Funktion als Reichskommissare vom Reich ihr Gehalt und zwar die Reichsbevollmächtigten das Gehalt eines preußischen Oberregierungsrats mit 7800 *M* fürs Jahr, dazu eine Stations-Zulage von 1800 *M*, woraus die Amtsunkosten zu bestreiten sind. Für Schreibhilfe, Kalkulatur- und Registraturarbeiten, sowie für die Drucksachen und das Einbinden der letzteren werden die baren Auslagen auf Grund der eingereichten Forderungsnachweise vergütet. (Bundesratsbeschluß vom 27. November 1872 — § 484 der Protokolle; Bundesratsbeschluß vom 23. Februar 1875 — § 132 der Protokolle).

Außerdem erhalten die Reichsbevollmächtigten den Wohnungsgeldzuschuß nach Maßgabe des Besoldungsgesetzes vom 15. Juli 1909 (RGBl. S. 573 ff.) Beilage V und VI. Hienach haben die Reichsbevollmächtigten in Berlin, Köln a. Rh. und München den Wohnungsgeldzuschuß nach Ortsklasse A und Tarifklasse III mit 1300 *M* jährlich, die Reichsbevollmächtigten in Hamburg, Altona, Dresden, Breslau, Straßburg i. E., Karlsruhe, Königsberg i. Pr. und Stettin den Wohnungsgeldzuschuß nach Ortsklasse B und Tarifklasse III mit 920 *M* jährlich, die Reichsbevollmächtigten in Hannover, Magdeburg, Darmstadt und Münster den Wohnungsgeldzuschuß nach Ortsklasse C und Tarifklasse III mit 800 *M* jährlich zu beziehen.

Hinsichtlich der Kompetenzen für die Dienstreisen (Tagegelder und Fuhrkosten) sowie der Umzugskosten ist zurzeit noch der Bundesratsbeschluß vom 18. Dezember 1901 maßgebend. Nach der Verordnung vom 25. Juni 1901 (RGBl. S. 241) sind die Reichsbevollmächtigten hinsichtlich der Tagegelder und Fuhrkosten in Klasse VI, hinsichtlich der Umzugskosten in Klasse III eingereiht. Die Bestimmungen über Tagegelder und Reisekosten werden demnächst eine Umgestaltung erfahren.

Anlangend der Gnadenkompetenzen, so ist der Bundesratsbeschluß vom 8. Mai 1869 — § 40 der Protokolle — zu beachten und maßgebend.

Dienstlich unterstehen die Reichsbevollmächtigten dem Staatssekretär des Reichsschatzamts, an den sie auch ihre Berichte zu erstatten haben

Die Stationskontrolleure (früher Vereinskontrolleure genannt) werden hauptsächlich aus den mittleren, im Zoll- und Steuerdienst ausgebildeten und besonders bewanderten Zollabfertigungsbeamten, öfters aber auch aus den im Zolldienst beschäftigten Assessoren entnommen. Die Stellung der Stationskontrolleure sollte ein Durchgangsposten für erprobte und tüchtige Zollbeamte bilden, wobei sie Gelegenheit haben, ihre im Heimatsdienst erworbenen Kenntnisse und Erfahrungen für die Zollgemeinschaft (das Reich) zu verwerten und zugleich ihren eigenen Gesichtskreis zu erweitern, neue Erfahrungen zu gewinnen und sich dadurch für einen größeren Wirkungskreis im Heimatstaat vorzubereiten und zu qualifizieren. Sie haben zumeist den Titel Zollinspektor und beziehen, wie bemerkt, für die Dauer ihrer Funktion vom Reich eine Besoldung von 3900 *M* jährlich.

Die Stationskontrolleure haben außer dem Gehalt von jährlich 3900 Mark eine Stationszulage von 900 Mark jährlich, woraus die Amtsunkosten zu bestreiten sind und einen Wohnungsgeldzuschuß nach der zuständigen Ortsklasse und Tarifklasse V. Bezüglich der Tagegelder, Fuhrkosten und Umzugskosten gilt zurzeit gleichfalls noch der Bundesratsbeschluß vom 18. Dezember 1901 (Zentralblatt für das Deutsche Reich 1902 S 16). Bei dem Ableben eines Stationskontrolleurs im Dienst des Reichs kommt hinsichtlich der Gnadenkompetenzen gleichfalls der Bundesratsbeschluß vom 8. Mai 1869 zur Anwendung.

Die Stationskontrolleure sind dienstlich den Reichsbevollmächtigten für Zölle und Steuern unterstellt, die Reichsbevollmächtigten für die Erbschaftssteuer haben zurzeit keine Stationskontrolleure, nur der Reichsbevollmächtigte für Zölle und Steuern in Darmstadt hat einen besonderen Stationskontrolleur zur Unterstützung bei Überwachung des Erbschaftssteuerwesens

Die Reichsbevollmächtigten wie die Stationskontrolleure, die ihre Funktion als Reichsaufsichtsbeamte nur kommissarisch ausüben, werden für die Dauer dieser Funktion in ihrem Heimatstaate in den Gehalts-, Rang- und Personallisten evident gehalten

§ 31.

Im ganzen Deutschen Reich gibt es z. Zt. 15 Reichsbevollmächtigte für Zölle und Steuern, nämlich in Berlin für die Mark Brandenburg, in München für das Königreich Bayern, in Dresden für das Königreich Sachsen, in Karlsruhe für das Königreich Württemberg und das Großherzogtum Baden, in Breslau für die Provinz Schlesien, in Königsberg i. Ostpr. für die Provinzen Ost- und Westpreußen, in Stettin für die Provinzen Pommern und Posen, in Altona für die Provinz Schleswig-Holstein, für die Freie und Hansestadt Lübeck und für die Großherzogtümer Mecklenburg-Schwerin und Mecklenburg-Strelitz, in Hannover für die Provinz Hannover und das Herzogtum Braunschweig, in Magdeburg für die Provinz Sachsen, für den Thüringischen Zoll- und Steuerverein sowie für das Herzogtum Anhalt, in Münster i. W. für die Provinz Westfalen mit Pyrmont und Waldeck und für das Großherzogtum Oldenburg, in Köln a. Rh. für das Rheinland und das Großherzogtum Luxemburg, in Darmstadt für das Großherzogtum Hessen und die preußische Provinz Hessen-Nassau sowie die Hohenzollernschen Lande, in Hamburg für die Freien und Hansestädte Hamburg und Bremen und in Straßburg i. E. für das Reichsland Elsaß-Lothringen.

Die vier Reichsbevollmächtigten für die Erbschaftssteuer haben ihren Sitz in Berlin für die Provinzen Mark Brandenburg, Schlesien und das Königreich Sachsen, in München für das Königreich Bayern, in Hamburg [1]) für die beiden Großherzogtümer Mecklenburg, für das Großherzogtum Oldenburg, das Fürstentum Lübeck und Birkenfeld, für den Thüringischen Zoll- und Steuerverein, für die Herzogtümer Braunschweig und Anhalt, für die Fürstentümer Pyrmont und Waldeck, für das Herzogtum Schaumburg-Lippe und Lippe-Detmold, für die drei Freien und Hansestädte Hamburg, Bremen und Lübeck. Ferner zu Straßburg i. Elsaß für das Königreich Württemberg, das Großherzogtum Baden, die Hohenzollernschen Lande und für Elsaß-Lothringen.

Die Stellen der Reichsbevollmächtigten in München, Dresden, Hamburg, Straßburg i. E. besetzt Preußen, die Stellen in Berlin, Altona und Köln a. Rh. werden von Bayern aus besetzt, das Königreich Sachsen hat die Stellen in Breslau und in Königsberg i. Ostpr., die Stelle in Magdeburg ist vom Großherzogtum Baden, in Hannover vom Großherzogtum Hessen, in Darmstadt vom Königreich Württemberg, in Stettin von Hamburg aus besetzt. Die vier Reichsbevollmächtigten für die Erbschaftssteuer werden von Bayern (Berlin), Preußen (Hamburg, München und Straßburg) besetzt.

An Stationskontrolleuren gibt es zurzeit 42, nämlich in Tilsit, Königsberg i. Ostpr. und in Danzig, Ressort des Reichsbevollmächtigten für Zölle und Steuern in Königsberg i. Ostpr. Ferner in Stettin und in Posen, Ressort des Reichsbevollmächtigten in Stettin. Sodann in Berlin und Frankfurt a. Oder, Ressort des Reichsbevollmächtigten in Berlin; in Breslau und in Schweidnitz, Ressort des Reichsbevollmächtigten in Breslau; in Magdeburg, Halle a. S. und in Erfurt, Ressort des Reichsbevollmächtigten in Magdeburg; in Altona, Flensburg und Rostock, Ressort des Reichsbevollmächtigten in Altona; in Hannover und in Harburg a. E., Ressort des Reichsbevollmächtigten in Hannover; in Münster i. W. und in Oldenburg (Großherzogtum), Ressort des Reichsbevollmächtigten in Münster i. W.; [2]) in Köln a. Rh., Krefeld und Koblenz, Ressort des Reichsbevollmächtigten in Köln a. Rh.; in München, Nürnberg, Passau und in Hof, Ressort des Reichs-

[1]) Hinsichtlich der Reichsaufsicht für Stempelabgaben sind die Reichsbevollmächtigten für die Erbschaftssteuer auch für die Stempelabgaben mit Ausnahme der Erlaubniskarten für Kraftfahrzeuge für Berlin, Hamburg, Bremen und Bayern zuständig.

[2]) Vom Direktivbezirk Münster i. W. gehören die pr. Hauptzollämter zu Emden, Leer, Osnabrück und Nordhorn zum Ressort des Reichsbevollmächtigten in Hannover, dgl. das Hauptzollamt Geestemünde

bevollmächtigten in München;[1]) in Dresden und in Chemnitz, Ressort des Reichsbevollmächtigten in Dresden; in Stuttgart, Konstanz, in Karlsruhe in Baden, in Basel und in Mannheim,[2]) Ressort des Reichsbevollmächtigten in Karlsruhe; in Darmstadt, Ressort des Reichsbevollmächtigten für Zölle und Steuern in Darmstadt;[3]) in Hamburg (zwei) und in Bremen, Ressort des Reichsbevollmächtigten für Zölle und Steuern in Hamburg; in Straßburg i. Els., in Metz und in Mülhausen i. Els., Ressort des Reichsbevollmächtigten für Zölle und Steuern in Straßburg i. Els.

Das Königreich Preußen besetzt die Stationskontrolleurstellen in Erfurt, in Oldenburg (Großherzogtum), in München, Nürnberg, Passau, Hof, Dresden, Chemnitz, Stuttgart, Konstanz, Karlsruhe, Mannheim, Basel, Darmstadt, Bremen, Hamburg (1), Metz, Straßburg i. Els., Mühlhausen i. Els., zusammen 20 Stellen.

Das Königreich Bayern hat die Stellen in Stettin, Breslau, Altona, Rostock, Koblenz, Frankfurt a. M., zusammen 6 Stellen.

Das Königreich Sachsen besetzt die Stellen in Posen, Berlin, Schweidnitz und Hamburg (1), zusammen 4 Stellen.

Das Königreich Württemberg hat die Stellen in Hannover und in Münster i. W., zusammen 2 Stellen.

Das Großherzogtum Baden hat die Stellen in Magdeburg und in Köln a. Rhein, zusammen 2 Stellen.

Das Großherzogtum Hessen hat die Stellen in Harburg a. E. und in Krefeld, zusammen 2 Stellen.

Das Großherzogtum Mecklenburg hat die Stelle in Halle a. S.

Das Großherzogtum Oldenburg hat die Stelle in Danzig.

Das Großherzogtum Sachsen-Weimar hat die Stelle in Flensburg.

Das Herzogtum Braunschweig hat die Stelle in Frankfurt a. O.

Elsaß-Lothringen hat die Stelle in Tilsit.

Bremen hat die Stelle in Königsberg i. Ostpr.

Ferner ressortieren zum Reichsschatzamte, wie schon auf S. 27 d. B. kurz bemerkt ist, das Zoll- und Steuerrechnungsbureau des Reiches, das die Zoll- und Steuerrechnungsarbeiten besorgt, die technische Prüfungsstelle und das Prüfungsamt für Tabakbewertung in Bremen.

Der technischen Prüfungsstelle ist die Aufgabe zugewiesen, die Prüfung und Begutachtung von technischen Fragen auf dem Gebiete des Zoll- und Steuerwesens in Erledigung besonderer Aufträge des Reichsschatzamts vorzunehmen. Auch die dauernde Untersuchungs- und Kontrolltätigkeit, wie sie vom Bundesrat ein für allemal angeordnet ist, hat diese Prüfungsstelle wahrzunehmen.

Das Prüfungsamt für Tabakbewertung (in Bremen) ist nach § 7 des Tabaksteuergesetzes vom 15. Juli 1909 errichtet. Es entscheidet auf Ansuchen der Zollstellen, dem die Feststellung des Wertzuschlags für ausländische Tabakblätter oder Zigarren obliegt, über die Zulänglichkeit der abgegebenen Wertanmeldungen.

Das Prüfungsamt ist ferner befugt, für aus anderen Ländern als aus Belgien und den Niederlanden bezogene Tabakblätter auf Antrag des Beziehers die Rechnung an Stelle des Konsuls mit dem Vermerk zu beglaubigen, daß der neue angegebene Preis nach den zur Verfügung stehenden Beweisstücken zutreffend erscheint.

Das Prüfungsamt wird zu $^2/_3$ mit Sachverständigen aus dem Tabakgewerbe besetzt. Die Sachverständigen, von denen $^2/_3$ ihr Amt als Ehrenamt ausüben, werden vom Reichskanzler nach Anhörung der Vertretungen des Tabakhandels und der Tabakverarbeitung berufen.

Dem Generalkonsulat in Amsterdam und in Rotterdam sind Sachverständige für Tabakbewertung zugeteilt.

Zum Reichsschatzamt ressortieren noch die Hauptbuchhalterei, die Rendantur des Reichsinvalidenfonds und des Hinterbliebenenversicherungsfonds (§ 15 des Zollstrafgesetzes), die Verwaltung des Reichskriegsschatzes, die Reichshauptkasse.

---

[1]) Vom Direktivbezirk Bayern gehören die Ämter Ostheim und Königsberg zum Ressort des Reichsbevollmächtigten von Magdeburg, das Übergangssteueramt in Hof zum Ressort des Reichsbevollmächtigten in Dresden.

[2]) Dem Stationskontrolleur in Mannheim sind auch die kgl. bayer. Hauptzollämter Kaiserslautern, Landau und Ludwigshafen zugeteilt, dem Stationskontrolleur in Konstanz das preußische Hauptzollamt Sigmaringen.

[3]) Dem Reichsbevollmächtigten in Darmstadt ist zur Unterstützung und Überwachung des Erbschaftssteuerwesens ein sächs. Revisionsoberkontrolleur mit dem Sitze in Darmstadt als Stationskontrolleur zugeteilt.

9. Das Abrechnungswesen der Zoll- und Steuerverwaltung zwischen dem Reich und den Bundesstaaten und an sich.

Die Verwaltungskostenentschädigung des Reiches an die Bundesstaaten für die Verwaltung und Erhebung der Reichssteuern.

§ 32.

Das Abrechnungsverfahren bezüglich der Zölle und Reichssteuern hat sich im Verlaufe der seit der Gründung des Zollvereins dahingegangenen 77 Jahre wesentlich verändert. Zur Zeit des Zollvereins kamen auf Grund einer alle drei Jahre stattfindenden Feststellung die Reineinnahmen aus den Zöllen und den gemeinschaftlichen Steuern nach Abzug der gemeinsamen Kosten zur Verteilung unter die Zollvereinsstaaten.[1])

Schon bei Abschluß der ersten Zollvereinsverträge wurde die Einsetzung einer besonderen Zentralrechnungsbehörde des Zollvereins, das sog. Zentralbureau, verabredet.[2]) Das Zentralbureau hatte die Aufgabe, auf Grund der von den Zollvereinsstaaten eingeschickten Einnahmeübersichten und Nachweise über die Ausgaben für gemeinschaftliche Rechnung die provisorische Abrechnung unter den Vereinsstaaten zu bewirken.[3])

Zu den gemeinschaftlichen Einnahmen gehörten bekanntlich zuerst nur die Zölle, vom 1. September 1844 ab auch die Rübenzuckersteuer, dann vom 1. Januar 1868 ab ebenmäßig die Salzsteuer,[4]) sodann die Tabaksteuer.[5])

Mit Errichtung des Deutschen Reichs und mit Einführung der deutschen Reichsverfassung trat auch der Art. 38 Abs. 1 in Kraft, wonach vom 1. Januar 1872 ab die Erträge aus den Zöllen und den gemeinschaftlichen Verbrauchssteuern in die Reichskasse zu fließen hatten.

Während also unter der Dauer des Zollvereins der Reinertrag der Zölle und gemeinschaftlichen Abgaben zwischen den Vereinsstaaten, einschließlich der durch Verträge angeschlossenen Gebietsteile fremder Staaten (Luxemburg, Mittelberg, Jungholz) nach dem Verhältnis der jeweiligen Bevölkerungszahl verteilt wurde, bestimmten mit Errichtung des Norddeutschen Bundes sowie des Deutschen Reiches die Art. 4, 35, 36, 38 und 39 der Reichsverfassung, wie schon früher des näheren bemerkt wurde, daß zwar die Gesetzgebung über das gesamte Zollwesen, über die Besteuerung des im Reichsgebiete gewonnenen Salzes und Zuckers, des Branntweins und des Bieres (hinsichtlich des Branntweins damals und hinsichtlich des Bieres jetzt noch mit Ausnahme von Bayern, Württemberg, Baden und Elsaß-Lothringen), des Tabaks und des Schaumweins (bezüglich des Schaumweins nach dem Reichsgesetz vom 9. Mai 1902) und der sonstigen Reichssteuern (Stempel-, Verkehrs- und Erbschaftssteuern) dem

[1]) Art. 22 der Zollvereinsverträge vom 22. März, 30. März und 11. Mai 1833. Band I der Verträge S. 9, 112, 177.

[2]) Schlußprotokoll zum Art. 29 des offenen Vertrags vom 22. März 1833. Das Zentralbureau hatte seinen Sitz in Berlin.

[3]) Das Zentralbureau des Zollvereins hatte auch statistische Uebersichten zu fertigen, stellte daher am 31. März 1872 seine Tätigkeit ein, nachdem am 1. Januar 1872 das Kaiserl. Statistische Amt errichtet worden war.

[4]) Uebereinkunft vom 8. Mai 1867, Art. 10 des Zollvereinsvertrags vom 8. Juli 1867.

[5]) Bundesgesetz vom 28. Mai 1868, BGBl. S. 319, Art. 3 § 4 des Zollvereinsvertrags vom 8. Juli 1867.

Reiche zustehe, daß die Erhebung und Verwaltung der Zölle und Reichssteuern aber den Einzelstaaten überlassen bleibe, daß jedoch der Ertrag der Zölle und der Reichsverbrauchssteuern sowie der sonstigen Reichssteuern in die Reichskasse zu fließen habe.[1])

Worin dieser Ertrag bestehe, wird in Art. 38 Abs. II der Reichsverfassung Ziff. 1—4 näher erläutert und bestimmt.[2]) Es kommen nämlich zum Abzug von den Roheinnahmen:

1. Die auf allgemeinen Verwaltungsvorschriften sowie auf gesetzlichen Bestimmungen beruhenden Steuervergütungen und Ermäßigungen. Hierzu gehören die Steuervergütungen bei der Ausfuhr von Bier, die Tabaksteuer- und Tabakzollvergütungen bei der Ausfuhr von Tabakfabrikaten, die Erstattung der Salzsteuer bei der Ausfuhr von gesalzenen Gegenständen, die Vergütung des Kakaozolls nach dem Gesetze vom 22. April 1892 bei der Ausfuhr von Kakaowaren, die Vergütung der Zuckersteuer bei der Ausfuhr von Konditor- und Zuckerwaren, ferner bis zum 1. Oktober 1909 die Vergütung der Branntweinsteuer (Maischbottich- und Materialsteuer sowie der Brennsteuer) bei der Vergällung von Branntwein und der Ausfuhr von Branntwein oder von Branntweinfabrikaten (alkoholhaltigen Essenzen und Likören).[3]) Als Ermäßigungen können wohl nur die vom Bundesrat, den obersten Landesfinanzbehörden, den Zolldirektivbehörden usw. genehmigten Zollerlässe aus Billigkeit in Betracht kommen. Auch die Zollfreiheit der Schiffsbaumaterialien ist hier anzumerken. (Schiffsbauzollordnung).[4])

2. Die Rückerstattung der unrichtigen Erhebungen an Zöllen und Reichssteuern. In dieser Beziehung hat der Bundesrat in der Sitzung vom 23. Juni 1906 beschlossen, daß der Bundesratsbeschluß vom 13. März 1890 in nachstehender Weise abzuändern sei.[5])

Zuviel erhobene Zollbeträge sind zurückzuzahlen, wenn sie mehr als 10 Pfennig betragen und der Anspruch auf Rückzahlung innerhalb der vom Tage der Zollentrichtung an zu rechnenden Verjährungsfrist schriftlich oder mündlich angemeldet wird. Beträge von 3 *M* an und darüber, deren Ueberhebung vor Eintritt der Verjährung (§ 15 VZG.) z. B. durch die Rechnungskontrolle oder Registerrevision festgestellt worden ist, sind auch ohne Antrag zurückzuzahlen. Zu wenig erhobene Zollbeträge sind nachzuerheben, wenn sie mehr als 10 Pfennig betragen und die Nachforderung innerhalb der einjährigen Verjährungsfrist veranlaßt wird. Diese Bestimmungen finden auch bei Nacherhebung und Rückzahlung der gemeinschaftlichen Reichssteuern (ausschließlich der Reichserbschaftssteuer), bei den Stempelabgaben, der statistischen Gebühr und den Zollgebühren sowie den Steuergebühren (für außerordentliche Leistungen seitens der Beamten) Anwendung.[6])

---

[1]) S. Art. 35, 36, 38, 39 der Reichsverfassung, RGBl. 1871 S. 72/73.

[2]) Die Art. 35—39 der Reichsverfassung sind abgedruckt Seite 21—23 dieses Buches.

[3]) Mit dem Wegfall der Maischraum- und Materialsteuer ward diese Vergütung gegenstandslos.

[4]) S. Anleitung zum Zolltarif Teil II Nr. 21.

[5]) Bundesratsbeschluß vom 23. Juni 1906, § 521 der Protokolle, vom 13. März 1890, § 128 der Protokolle, Drucksache Nr. 31, 1890.

[6]) S. pr. Zentralblatt für Abgaben 1906 S. 1319, bayer. Zollamtsblatt 1906 S. 1028. Vgl. auch den Erlaß des Reichsschatzamtes bezüglich der Reichsstempelabgaben vom 4 November 1908.

3. Die Erhebungs- und Verwaltungskosten. Hiezu gehören nach Art. 39 der Reichsverfassung:

a) bei den Zöllen diejenigen Kosten, welche an den gegen das Ausland und in dem Grenzbezirke für den Schutz und die Erhebung der Zölle erforderlich sind.[1])

b) bei der Salzsteuer diejenigen Kosten, welche zur Besoldung der mit Erhebung und Kontrollierung der Salzsteuer auf den Salzwerken beauftragten Beamten aufgewendet werden.

c) bei der Zucker- und Tabaksteuer die Vergütungen, wie sie nach den einschlägigen Bundesratsbeschlüssen den Bundesstaaten gewährt werden sollen.

d) bei den übrigen Reichssteuern die Verwaltungskostenvergütungen, wie sie vom Bundesrate oder auch auf gesetzlichem Wege festgesetzt wurden.

So sind z. B. bei der Brausteuer früher 15 % der Rohsolleinnahmen als Verwaltungs- und Erhebungskosten vergütet worden. Dieser Satz wurde nach § 74 der Ausführungsbestimmungen zum Brausteuergesetz vom 3. Juni 1906 auf 10 % und ist jetzt nach § 99 der Ausführungsbestimmungen zum Brausteuergesetz vom 15. Juli 1909 auf 5 % der zur Verrechnung gekommenen Rohsolleinnahmen abgemindert worden.

Für die übrigen Reichsverbrauchssteuern sind früher zumeist 15 % der Rohsolleinnahmen vergütet worden, allein das Branntweinsteuergesetz vom 15. Juli 1909 hat im § 23 bestimmt, daß für die Erhebung und Verwaltung der Branntweinverbrauchsabgabe vom Reich den Bundesstaaten nach näherer Bestimmung des Bundesrats eine Vergütung von nur noch 8 % der Rohsolleinnahmen gewährt werden soll. Für die Verwaltung und die Erhebung der besonders zu verwaltenden und zu Vergütungen zu verwendenden Betriebsauflage werden Verwaltungskosten nicht bezahlt. (§§ 52—54 des Branntweinsteuergesetzes).

Für den Verkauf der Wechselstempelmarken werden jedem Bundesstaate nach Maßgabe der Einnahmen aus den im betreffenden Bundesgebiet verkauften Wechselstempelmarken 2 % aus der Reichskasse vergütet (§ 29 des Wechselstempelsteuergesetzes vom 15. Juli 1909). Nach § 105 des Reichsstempelgesetzes vom 15. Juli 1909 werden jedem Bundesstaate von den jährlichen Einnahmen, die in seinem Gebiet aus dem Verkauf der Stempelmarken oder der gestempelten Blanketts oder durch bare Einzahlung von Reichsstempelabgaben erzielt wird (mit Ausnahme der Steuer von Losen der Staatslotterien) der Betrag von 2 % aus der Reichskasse gewährt (früher 4 %). Auf die Einzelheiten dieser Verwaltungskostenvergütung wird noch näher eingegangen werden. —

Die außerhalb der gemeinschaftlichen Zollgrenze liegenden Gebiete, die sog. Zollausschlüsse (Zollausschlußgebiete und Freihäfen) tragen zu den Ausgaben des Reiches durch Zahlung von sog. Aversen bei,[2]) soweit solche Aversen erhoben werden.

Bayern, Württemberg, Baden und Elsaß-Lothringen haben an dem aus der norddeutschen Biersteuer in die Reichskasse fließendem Ertrage keinen Anteil und entrichten dafür sog. Ausgleichungsbeträge, d. h. die Matrikularbeiträge dieser Bundesstaaten erhöhen sich um den Betrag des mangelnden Anteils.[3])

---

[1]) S. Zusammenstellung der Vorschriften für die Vergütung der Zollverwaltungskosten, Berlin 1896.

[2]) Vgl. die Aufzählung der Zollausschlüsse Seite 49 dieses Buches.

[3]) Vgl. Art. 38 der Reichsverfassung.

Außer der Pauschalvergütung der Zollverwaltungskosten an der Grenze und im Grenzbezirke und der baren Salzsteuerverwaltungskosten auf den Salzwerken, worauf später zurückzukommen ist, sind im einzelnen folgende Verwaltungskostenvergütungen seitens des Reiches an die Bundesstaaten in Betracht zu ziehen und ist Nachstehendes anzuführen:[1])

1. Zuckersteuerverwaltungskosten.

1. Nach Anlage G der Ausführungsbestimmungen zum Zuckersteuergesetze[2]) werden für die Verwaltung und Erhebung der Zuckersteuer vom Reiche 4. v. H. der zur Verrechnung gekommenen Roh-Solleinnahme, und zwar 3 v. H. für die Verwaltung und 1 v. H. für die Erhebung vergütet. Die Gesamtvergütung von 3 v. H. wird vierteljährlich nach der Gesamt-Roh-Solleinnahme an Zuckersteuer festgestellt und nach dem Verhältnisse der aus den Zuckerfabriken entnommenen Zuckererzeugnisse (Rohzucker, Verbrauchszucker und Zuckerabläufe von 70 oder mehr Quotient) auf die einzelnen Staaten verteilt. Dabei wird für Fabriken, in denen Rohzuckergewinnung und vollständig eingerichteter Raffineriebetrieb vereinigt sind und in denen der Rohzucker vorherrschend zu Verbrauchszucker verarbeitet wird, den entnommenen Zuckererzeugnissen die Menge des selbst erzeugten und nach § 30 Absatz 2 und § 31 des Zuckersteuergesetzes[3]) sowie nach §§ 26—30 der Ausführungsbestimmungen angeschriebenen Rohzuckers zugerechnet, soweit der letztere nicht aus der Fabrik als Rohzucker ausgeführt oder dort noch auf Lager vorhanden ist.

Als Verbrauchszucker im Sinne des Absatzes 1 ist Kandis und Zucker in weißen vollen harten Broten, Blöcken, Platten, Stangen oder Würfeln oder in weißen harten durchscheinenden Kristallen von mindestens 99½ v. H. Zuckergehalt anzusehen.

Der Berechnung der Vergütung von 1 v. H. ist die Roh-Solleinnahme in den einzelnen Staaten zugrunde zu legen.

Für die Erhebung der Steuervergütungen, welche für aus Niederlagen in den freien Verkehr gebrachte Waren zurückzuzahlen sind, wird eine besondere Vergütung nicht gewährt.

2. Die Bundesregierungen sind berechtigt, an Stelle der Vergütungen nach Ziffer 1 die für die Verwaltung und Erhebung der Zuckersteuer wirklich erwachsenen Gesamtkosten sowie als Entschädigung für die Ruhegehaltslast einen Zuschlag von 10 v. H. von den zur Aufrechnung gelangenden ruhegehaltsfähigen Bezügen der in Betracht kommenden Beamten bei der schließlichen Einnahmefeststellung in Anrechnung zu bringen, sofern der Reichsbevollmächtigte für Zölle und Steuern sein Einverständnis hiermit erklärt.

3. Außerdem kommen noch in Anrechnung und zum Abzug die Kosten für bauliche Einrichtungen in den Zuckerfabriken, welche nach § 11 des Zuckersteuergesetzes den Fabrikinhabern aus der Reichskasse zu ersetzen sind. (Vgl. auch § 30 und 36 des Zuckersteuergesetzes und §§ 26—30 der Ausführungsbestimmungen hiezu.)

---

[1]) Ueber die Materie der „Verwaltungskosten im Bereich der Zölle und indirekten Steuern" hat Dr. Albert Manicke, Berlin, im Finanzarchiv, herausgegeben von Gg. v. Schanz, XXIV. Jahrgang, I. Band eine Studie veröffentlicht, die in mehrfacher Beziehung eingehende Beachtung verdient. Dieser Aufsatz verbreitet sich über die verfassungsmäßigen Verwaltungskosten nach Art. 36, 38 und 40 der Reichsverfassung im Zusammenhalt mit den Bestimmungen des Zollvereinigungsvertrages vom 8. Juli 1867 und der früheren Vereinsabreden, wozu auch die Zollverwaltungskosten und die Salzsteuerverwaltungskosten gehörten, ferner nach den Bundesratsbeschlüssen aus Art. 38 Ziff. 3c der Reichsverfassung, worunter die Tabaksteuerverwaltungskosten, die Erhebungs- und Verwaltungskosten der Zucker- und Branntweinsteuer, der Schaumweinsteuer, der Zigarettensteuer, der Biersteuer, der Reichsstempelabgaben, der Wechselstempelsteuer und der Spielkartenstempelsteuer sowie der Warenstatistik fallen. Außerdem verbreitet sich diese Studie noch über die anderen Verwaltungskosten, d. h. die Zoll- und Steuergebühren, die Reisekosten, Tagegelder, Reisegeldzuschüsse, Verwaltungskostenbeiträge der Privaten usw.

Auf diese Studie wird noch öfters Bezug zu nehmen sein.

[2]) S. Reichszentralblatt 1896 S. 286, BRDrS. Nr. 89, 1896, Bundesratsbeschluß vom 9. Juli 1896.

[3]) Zuckersteuergesetz vom 27. Mai 1896 RGBl. S. 114.

2. Die Verwaltungskosten hinsichtlich der Tabak- und Zigarettensteuer.

a) Tabaksteuer (Inlandssteuer).

Nach den Beschlüssen des Bundesrats vom 9. April 1881 — § 211 der Protokolle — und vom 4. Dezember 1884 — § 521 der Protokolle — werden den Bundesstaaten für die Erhebung und Verwaltung der Tabaksteuer d. h. für die Tabakanbaukontrolle (Felder-Kontrolle) und Feststellung der Inlandstabaksteuer 20 Pfennig für jedes volle Ar der mit Tabak bebauten Fläche und außerdem 2 v. H. der Roh-Solleinnahme als Vergütung gewährt.

b) Zigarettensteuer.

Für die Erhebung und Verwaltung der Zigarettensteuer werden nach § 45 der Ausführungsbestimmungen zum Zigarettensteuergesetz (RGBl. 1906 S. 631 und Reichszentralblatt 1906 S. 612) 4 v. H. der Roh-Solleinnahme vergütet.

Hinsichtlich der Tabaksteuerverwaltungskosten (lit. a) wird noch bemerkt, daß der Vergütung der Tabaksteuerkosten (der Anbaukontrolle) nach Ablauf des zweiten Viertels des Rechnungsjahres, also im Oktober jeden Jahres mit dem halben Betrage, nach Ablauf des dritten Viertels mit drei Vierteilen und nach Ablauf des ganzen Rechnungsjahres mit dem vollen Betrag stattfindet.

3. Hinsichtlich der Branntweinsteuer ist folgendes anzuführen:

Bei der Vergütung der Verwaltungskosten für die Branntweinsteuer war bis vor kurzem zwischen der Maischraumsteuer, Materialsteuer und der Verbrauchsabgabe nebst Zuschlag zu unterscheiden. Für die Erhebung und Verwaltung der Maischbottichsteuer (die Materialsteuer kam seit 1. Oktober 1902 nicht mehr in Anwendung) waren 15 v. H. der Roh-Solleinnahme, für die Erhebung und Verwaltung der Branntweinverbrauchsabgabe waren gleichfalls 15 v. H. der Roh-Solleinnahme zugestanden und zwar 10 v. H. für die Verwaltung und 5 v. H. für die Erhebung.

Nach § 23 des neuen Branntweinsteuergesetzes vom 15. Juli 1909 soll nunmehr nach näherer Bestimmung des Bundesrats nur mehr vorläufig bis auf weiteres eine Vergütung von 8 v. H. von der Gesamteinnahme gewährt werden.

Von der Betriebsauflage, die nach § 52 des Branntweinsteuergesetzes vom 15. Juli 1909 besonders zu erheben und zu verwalten ist, wird eine Verwaltungsgebühr nach § 53 l. c. nicht gegeben.

Die Vergütung von 8 v. H. wird geleistet von der im Gebiet der Branntweinsteuergemeinschaft verrechneten Gesamt-Roh-Solleinnahme abzüglich des Kontingentsscheinebetrags und der aufgerechneten Kontingentswerte.

Die Gesamtvergütung für die Kontrolle der Brennereien und die Verwaltung — 5⅓ v. H. — wird nach dem Verhältnis des in den Brennereien erzeugten Alkohols, wie er sich nach den Abnahmebüchern und Abfindungsquoten ergibt, auf die einzelnen Bundesstaaten verteilt, die Vergütung für die Erhebung — 2⅔ v. H. — soll nach der Roh-Solleinnahme der einzelnen Staaten abzüglich der Kontingentwerte und Kontingentschein-Anrechnungen verteilt werden (§ 81 der Branntwein-Grundbestimmungen).

Diese Verminderung der Vergütung ist aus dem Grunde vollständig gerechtfertigt, weil mit dem Wegfall der Maischraumsteuer bei alleiniger — wenn auch erhöhter Beibehaltung der Verbrauchsabgabe und der sog. Betriebsauflage — früher Brennsteuer genannt — die Steuerkontrolle der Brennereien sich wesentlich vereinfacht hat und demgemäß auch die Pflichtbesuche der Brennereien seitens der Steuerbeamten bedeutend herabgesetzt werden konnten.

Die Vergütung der Verwaltungs- und Erhebungskosten für die Essigsäureverbrauchsabgabe beträgt 8 v. H. (§ 15 der Essigsäureordnung).

4. Außer den Verwaltungskostenentschädigungen für die Wechselstempelsteuer, die nach § 29 des Wechselstempelsteuergesetzes vom 15. Juli 1909 2 v. H. beträgt von der Jahreseinnahme, die im Gebiet des Bundesstaates aus dem Verkauf (Debit) von Stempelmarken oder gestempelten Vordrucken erzielt wird,[1]) kommt noch die Entschädigung des Reiches an die Bundesstaaten für die Verwaltung und Erhebung der Reichsstempelabgaben, sowie des Spielkartenstempels in Betracht.

[1]) Die Postverwaltung erhält außerdem für den Debit der Stempelmarken jährlich eine Entschädigung von 2½ Prozent der Einnahme aus der Wechselstempelsteuer.

Hinsichtlich des letzteren ist die Entschädigung nach § 23 des Spielkartenstempelgesetzes vom 3. Juni 1878 auf 5 v. H. der zur Erhebung gelangten Abgaben festgesetzt. Bezüglich der Reichsstempelabgaben werden jedem Bundesstaate nach § 105 des Reichsstempelgesetzes vom 15. Juli 1909 von der jährlichen Einnahme, die in seinem Gebiet aus dem Verkauf der Stempelmarken oder gestempelten Blanketts oder durch bare Einzahlung solcher Abgaben erzielt wird — mit Ausnahme der Steuer von Losen der Staatslotterien — 2 v. H. als Entschädigung aus der Reichskasse gewährt.

Für die Erhebung und Verwaltung der Reichserbschaftssteuer wird den Bundesstaaten eine besondere Entschädigung vom Reich nicht gewährt, da den Einzelstaaten ohnehin — früher ein Drittel, jetzt ein Viertel der Reineinnahmen verbleiben soll — (Reichserbschaftssteuergesetz vom 3. Juni 1906 (§§ 58 und 59) sowie §§ 2 und 7 des Reichsgesetzes betr. Ordnung des Reichshaushalts vom 3. Juni 1906)

5. Für die Verwaltung und Erhebung der Schaumweinsteuer erhalten die Bundesstaaten vom Reich, wie bereits bemerkt — nach § 25 der Ausführungsbestimmungen zum Schaumweinsteuergesetze eine Entschädigung von 4 v. H. der Roh-Solleinnahme. Für die Erhebung und Verwaltung der norddeutschen Brausteuer nebst Uebergangsabgabe wurden früher 15 Prozent, dann 10 Prozent (Ausführungsbestimmungen zum Brausteuergesetz vom 3. Juni 1906 § 74) und werden jetzt nur mehr 5 Prozent der Roh-Solleinnahme vergütet (Ausführungsbestimmungen zum Brausteuergesetz).

6. Es erübrigt noch bezüglich der Vergütungen für Erhebung und Verwaltung des Zündwarensteuergesetzes und des Leuchtmittelsteuergesetzes (vom 15 Juli 1909) auf die §§ 37 und 39 hinzuweisen, wonach vom Bundesrate hierüber Bestimmung getroffen werden wird. Nach den Ausführungsbestimmungen zum Leuchtmittelsteuergesetz (§ 31) und Zündwarensteuergesetz (§ 43) werden 4 v H der Rohsolleinnahmen als Verwaltungskosten den Bundesstaaten zugebilligt.

7. Noch ist zu erwähnen, daß für den Verkauf der statistischen Gebührenmarken die Postanstalten 2 v. H. der Einnahmen als Entschädigung erhalten.

§ 33.

Die Zollverwaltungskosten und die Salzsteuerverwaltungskosten.

a) Zollverwaltungskosten.

Nach Art. 38 Abs. IIIa der RV. sollen, wie schon in den Zollvereinigungsverträgen vom 22. März 1833 und namentlich in dem Zollvereinigungsvertrag vom 8. Juli 1867 (Art. 19) abgemacht worden war, gemäß Art 40 der RV. die Kosten, die für die Zollverwaltung an der Grenze und im Grenzbezirke für den Schutz und die Erhebung der Zölle erforderlich sind vom Verein, jetzt vom Reich d. h. von der Zollgemeinschaft getragen werden. Daß diese Beschränkung des Ersatzes der Zollverwaltungskosten für die Grenzzollämter, aus den ersten Jahren des Zollvereins herstammend, heutzutage mißliche Begleiterscheinungen im Gefolge hat, kann, wie auch in der Abhandlung von Dr. A. Manicke ausgeführt ist, nicht verkannt werden. Es hat übrigens der Bundesrat bei Genehmigung der Aufrechnungsfähigkeit von Zollverwaltungskosten die einengende Vorschrift der Reichsverfassung meistens in ausdehnender Weise ausgelegt, in dieser Hinsicht ist auf die BRDrucks. Nr. 63, 1903 und Nr. 29, 1903 sowie die Bundesratsbeschlüsse §§ 390 und 135 der Protokolle zu verweisen.

In der BRDrucks. Nr. 25, 1882 ist des näheren ausgeführt, wie statt der bisherigen auf Normalsätzen beruhenden Pauschalvergütungen nach Maßgabe früherer Bundesratsbeschlüsse von 1876 und 1878/7 sowie eines Reichstagsbeschlusses vom 17. Dezember 1894 eine Neuregelung der Vergütungen einzutreten hatte. Gleichwohl ist man damals wegen der bestehenden Abmachungen in §§ 16 und 19 des Julivertrags von 1867 und der verfassungsmäßigen Bestimmungen auf eine Erweiterurg der Zollverwaltungskosten-Vergütung unter Einbeziehung der Zollämter im Innern des Landes nicht eingegangen, sondern es wurde statt der bisherigen auf Normalsätzen beruhenden Pauschalvergütungen der Kostenersatz nach Maßgabe von den in den einzelnen Bundesstaaten bestehenden Durchschnittsgehältern mit einem prozentualen Zusatzbetrage für Pensionen, Bureaubedürfnisse und räumliche Unterbringung der Ämter bewerkstelligt, die sog. außerordentlichen Kosten sollen nach den effektiven Ergebnissen liquidiert und erstattet werden.

Nach diesen Grundsätzen wurden die Vorschriften wegen Vergütung der Zollverwaltungskosten erlassen, die im Jahre 1899 (BRDrucks. Nr. 76 Bundesratsbeschluß § 80) etwas ergänzt wurden, im großen Ganzen jedoch noch unverändert fortbestehen.

Hiernach haben die Zolldirektivbehörden jedes Jahr eine Zoll verwaltungskosten-Liquidation aufzustellen, die vom Reichsbevollmächtigten für Zölle und Steuern begutachtet und vom Bundesratsausschuß für Zoll- und Steuerwesen d. h. vom Zoll- und Steuerrechnungsbureau des Reiches auf ihre Richtigkeit geprüft wird (Art. 34 der RV.). Für die Aufstellung der Etats an Besoldungen sind die vom Bundesrat rechnerisch genehmigten Durchschnittsgehaltssätze maßgebend, Teuerungs-, Funktions, Stellen- und Stationszulagen, Kleidergelder usw. können mit angerechnet werden. Für Pferdegelder, Fuhrkosten und Reisegeldentschädigungen sind Durchschnittsbeträge ermittelt, die aufgerechnet werden können. Auch die Umzugskosten und die daraus entspringenden Mietentschädigungen können aufgerechnet werden, soferne Grenzzollbeamte in Frage kommen.

Hinsichtlich der Wohnungsgeldzuschüsse und Ortszulagen ist bestimmt, daß diese festen Bezüge gleichfalls in den Zollverwaltungskostenetat mit aufgenommen werden können. Haben Beamte Dienstwohnungen, so ist der Wohnungsgeldzuschußbetrag anzusetzen, den der Beamte außerdem beziehen würde. Für Gewährung freier Dienstwohnungen — wenn Wohnungsgelder nicht bestehen — sind 7½ v. H. des Gehalts zu liquidieren.

Nach Beschluß des Bundesrats vom 4. Juli 1895 — § 446 der Protokolle — sind von 3 zu 3 Jahren die Zollbeamtengehälter nach ihrem Durchschnittsbetrag festzusetzen, wenn sog. Dienstaltersstufen bestehen. Werden die Gehalts- und Wohnungsgelder in einem Bundesstaate neu geregelt, so ist gleichfalls das Durchschnittsgehalt aufs neue zu ermitteln und vom Bundesrat zu genehmigen. (Vgl. BRDrucks. Nr. 90, 1899). Dieselbe Bestimmung wie für die Grenzzollbeamten, d. h. die anrechnungsfähigen Zollbeamten, gilt im allgemeinen auch für die Salzsteuerbeamten, obwohl in dieser Hinsicht wieder besondere Vorschriften vorhanden sind, wie nachstehend erläutert wird.

Für die Kosten der Bureaubedürfnisse werden 6 v. H. der Gesamtheit der Gehaltsdurchschnittsbeträge und der Wohnungsgeldzuschüsse vergütet. Für die Kosten der räumlichen Unterbringung der Grenzzollämter und Ansageposten sowie für die Ausstattung derselben mit Mobiliar und Utensilien sollen die Bundesstaaten 5 v. H. der Gehälter und Wohnungsgelder erhalten. Als Vergütung der Pensionslast der aufrechnungsfähigen Zollbeamten sind 15 % des pensionsfähigen Diensteinkommens der auf dem Zolletat stehenden Beamten bestimmt.

Die von den Reichsbevollmächtigten zu den Zollverwaltungskostenetats erhobenen Einwendungen und Bedenken sind von der obersten Landesfinanzbehörde a priori zu erledigen, sodann aber ist der Zollverwaltungskostenetat mit dem Gutachten des Reichsbevollmächtigten dem Reichskanzler, d. h. den

Ausschüssen des Bundesrats für Zoll- und Steuerwesen bzw. dem Zollrechnungsbureau des Deutschen Reiches zuzuweisen.

Über die Anrechnung der Zollverwaltungskosten sind in den erwähnten Vorschriften sehr eingehende Anordnungen gegeben, die hier nicht alle vorgebracht werden können. Zu erwähnen ist nur, daß sämtliche von Beamten verwaltete Grenzzollstellen aufgerechnet werden können und zwar nach dem vollen Jahresbetrage, auch wenn wegen Beurlaubung des betreffenden Beamten oder wegen sonstiger Behinderung dessen Stelle zwei Monate lang nicht verwaltet worden ist.

Bei Erkrankungen von Zollbeamten wird sogar stets der ganze Durchschnittsgehalt bezahlt und auch die eventuell notwendig werdenden Vertretungskosten des erkrankten Beamten bis zum Ablauf von drei Monaten. Bei verstorbenen Zollbeamten trägt und vergütet die Zollgemeinschaft den Durchschnittsgehalt für den Sterbemonat und das folgende sog. Gnadenquartal, eventuell auch die Vertretungskosten. Hinsichtlich der Wohnungsgelder, Orts- und Teuerungszulagen usw. besteht die Vorschrift, daß hierfür nur die wirklich gezahlten Beträge vergütet werden.

Die Zollverwaltungskostenliquidation besteht nach vorstehender Darlegung aus dem eigentlichen Etat: a) Besoldungen, Gehalt, Wohnungsgeldzuschüsse, ständige Zulagen, Bekleidungszuschüsse; b) Pferdeunterhaltungsgelder, Fuhrkosten und Reiseentschädigungen; c) Umzugskosten und Mietsentschädigungen; d) Kosten der Bureaubedürfnisse; e) Kosten der Amtsräume und Ämterausstattung; f) Pensionslast.

In der zum Etat gehörigen Beilage ist die Organisation der Zollabfertigungsstellen und der Grenzaufsicht, Ansageposten usw näher darzulegen (Organisationsplan).

In den allgemeinen Beilagen A—B ist der Nachweis der etatsmäßigen Ausgaben und der hieher zu liquidierenden Vergütungen näher auszuführen (Beilage A) und der Nachweis der speziell zu liquidierenden wirklichen Ausgaben zusammenzustellen (Beilage B), z. B. die Kosten für Warenbegleitungen, die Kosten der Vertretung für erkrankte und verstorbene Beamte Für die Bewaffnung des Grenzschutzpersonals werden für die Person 1,50 Mark vergütet.

In einem Anhang zu diesen Vorschriften sind noch die aus den Zollvereinigungsverträgen herrührenden Bestimmungen, soweit sie noch Geltung haben, und die früheren Bundesratsbeschlüsse zusammengestellt, z. B. die Vereinbarungen über die Errichtung von Zollämtern in den einzelnen Bundesstaaten: über die Aufrechnung von Zollbeamten, die auch bei den inneren Reichssteuern, wofür bekanntlich besondere Vergütungen bezahlt werden, oder bei der Verwaltung von privativen Landessteuern mitwirken. Organisationsänderungen in der Landeszollverwaltung, die unverschieblich und im dienstlichen Interesse geboten sind, können mit Zustimmung des Reichsbevollmächtigten sofort ausgeführt werden In diesem Anhang sind bis zum Jahre 1896 allein 207 besondere Anordnungen aufgeführt

§ 34.

b) Die Salzsteuerverwaltungskosten.

Die besonderen Vorschriften über die Salzsteuerverwaltungskosten in den Salzwerken (Nr. 67 der BRDrucks. 1882, § 312 der Protokolle) regeln die Gewährung für den wirklichen Besoldungsaufwand der Salzsteuerbeamten, die in den Salzwerken aufgestellt sind (bei den Salzsteuerämtern). Anrechnungsfähig sind auch die Tagegelder und Reisekosten der kontrollierenden Oberbeamten. Auch hiewegen ist von der betreffenden Direktionsbehörde ein Besoldungsaufwandsetat für die mit der Erhebung und Verwaltung der Salzsteuer auf den Salzwerken beauftragten Beamten aufzustellen mit der Liquidation über die auf

die Salzsteuereinnahmen anzurechnenden Verwaltungskostenbeträge. Wie der Zollverwaltungskostenetat ist auch dieser Salzsteuerverwaltungskostenetat von dem betreffenden Reichsbevollmächtigten mit seinem Gutachten zu versehen und demnächst dem Ausschuß für Zoll- und Steuerwesen bzw. dem Zoll- und Steuerrechnungsbureau des Deutschen Reiches zur Prüfung zu überweisen.

Wie aus vorstehenden, nur kurz zusammengestellten Darlegungen zu entnehmen ist, stellen die Vorschriften über die Vergütung der Zollverwaltungskosten, der Salzsteuerverwaltungskosten und der Verwaltung der sonstigen Reichssteuern ein schwer zu überblickendes Bild dar und haben verschiedene Mängel an sich. Grenzstaaten wie Hamburg, Bremen, Lübeck u. a. erhalten die ganzen Zollverwaltungskostenauslagen vergütet und außerdem noch die prozentualen Vergütungen für die Verwaltung der Reichssteuern; Staaten mit langen Grenzstrecken, wie Preußen und Bayern erhalten einen großen Teil ihrer Zollverwaltungskosten erstattet, müssen aber die Zollgeschäfte in dem weiten Binnenland auf eigene Kosten erledigen; Staaten ohne Zollgrenze, wie z. B. Braunschweig, die Thüringischen Staaten, Mecklenburg-Strelitz haben nur die prozentualen Vergütungen für die Erledigung der Reichssteuern, bekommen aber für ihre Zollverwertung gar nichts.

Diese Mißstände sind, wie bemerkt, auch schon im Bundesrat zur Sprache gekommen und wird hiewegen auf den Bundesratsbeschluß vom 2. November 1876 — § 332 der Protokolle — und die hiernach ausgearbeitete Nachweisung der Beamtenstellen bei den Zoll- und Steuerämtern und der hiedurch erwachsenen Ausgaben bei den einzelnen Bundesstaaten Bezug genommen (Nr. 120 der BRDrS. 1878). Das auf Grund dieser Nachweisung vom Kaiserl. Statistischen Amte in Berlin unterm 11. Juni 1878 ausgearbeitete Gutachten spricht sich dahin aus, daß allerdings hinsichtlich der Belastung der einzelnen Staaten des deutschen Zollgebiets durch die mit der Erhebung und Verwaltung der Zölle und Reichsabgaben verbundenen Kosten eine sehr erhebliche Ungleichmäßigkeit besteht und daß daher Veranlassung gegeben sei, in der bisherigen Pauschalvergütung eine Änderung eintreten zu lassen. Das Kaiserl. Statistische Amt hatte damals mehrere Zusammenstellungen ausgearbeitet, nach welcher Richtung diese Ungleichmäßigkeiten am auffallendsten zutage treten (Vgl. namentlich Anlage F S. 188/9 der BRDrS. Nr. 120).

Trotzdem sind — wie aus den BRDrS. Nr. 25, 67 und 76, 1882 hervorgeht — in Aufrechterhaltung der Bestimmungen in Art. 16 des Zollvereinigungsvertrages vom 8. Juli 1867 und des Art. 38 Abs. II Ziff. 3a der Reichsverfassung die Vorschriften über die Vergütungen der Zoll- und Salzsteuerverwaltungskosten nach §§ 311 und 312 der Bundesratsprotokolle vom 30. Juni 1882 in der vorstehend näher beschriebenen Art angenommen worden. Die Regierungen der Bundesstaaten Mitteldeutschlands sowie der Großherzogtümer Mecklenburg und des Königreichs Württemberg stimmten dagegen.

In neuerer Zeit werden gegen diese zurzeit bestehenden Vorschriften über die Vergütungen der Zollverwaltungskosten an der Grenze, der Salzsteuerverwaltungskosten und der Verwaltungskostenentschädigungen des Reiches an die Bundesstaaten für die Erhebung und Verwaltung der Reichssteuern verschiedene Einwände, namentlich nach der Richtung erhoben, daß

a) das Reich für die Zoll- und Steuerverwaltung bei den Bundesstaaten zu viel bezahle und daß

b) die Kostenerstattung an sich nicht gerecht erfolge, indem namentlich die Staaten ohne Grenzzollverwaltung zu kurz kämen.

Außerdem hätten sich die Einnahmenverhältnisse des Reiches aus den Zöllen und Reichssteuern ebenso verändert, wie die Besoldungsverhältnisse der Zollbeamten ganz andere geworden seien, als vor nahezu 30 Jahren.

So ist hier auf die schon mehrfach erwähnte Studie von Dr. Manicke in Dr Schanz, Finanzarchiv XXIV. Jahrgang I. Band: „Die Verwaltungskosten im Bereich der Zölle und indirekten Steuern" hinzuweisen.[1])

[1]) Diese Abhandlung von Dr Manicke **behandelt:**

I die verfassungsmäßigen Verwaltungskosten, d. h. die Zollverwaltungskosten an der Grenze, die Salzsteuerverwaltungskosten auf den Salzwerken, die prozentualen Verwaltungskostenentschädigungen für die Reichssteuern und

II andere Verwaltungskosten, d h die Zoll- und Steuergebühren, die für

Daß das Reich, wie Dr. Manicke anführt und wie auch in der Reichstagskommission bei der Beratung der Etats über Zölle und Steuern im Jahre 1908 behauptet wurde, jährlich an 10—12 Millionen Mark zu viel an die Bundesstaaten für Verwaltungskosten abführe, dürfte doch zu hoch gegriffen sein, da ja die Bundesstaaten auch die Direktivbehörden und die Beamten an den Ministerien und beim Bundesrat besolden müssen und die Unterhaltung der vielen entlegenen Zollgebäude an der Grenze erhebliche Auslagen verursacht. Es mag richtig sein, daß die prozentualen Vergütungen für die Verwaltung der Reichs steuern bisher etwas zu hoch waren und vielleicht zum Teil noch zu hoch sind, dafür aber ist die Vergütung für die Zollverwaltung nur auf die Grenzzollämter beschränkt und beide Vergütungsarten zusammengenommen werden vielleicht doch im großen ganzen das Richtige treffen. Daß das Reich stets etwas zu viel zahlen wird, geht schon daraus hervor, daß Nichtverwaltungen von Stellen bis zu zwei Monaten hinsichtlich der Kürzung des Durchschnittsgehalts für das Reich unberücksichtigt bleiben, während der Einzelstaat diese Erübrigungen für sich einsteckt und weil die Durchschnittsgehaltssätze für die meist jüngeren Beamten an der Grenze vielfach etwas zu hoch sind. Einschneidende Veränderungsvorschläge konnte deshalb im Jahre 1878 auch das Kaiserl. Statistische Amt in seinem obenerwähnten Gutachten nicht machen, schon im Hinblick auf die bestehenden Verfassungsbestimmungen, an deren Änderung man nicht herantreten wollte.

Es wird sich daher fragen, wie eine bessere Vergütung der Zoll- und Steuerverwaltungskosten in die Wege geleitet werden könnte.

Es kommen vier verschiedene Abänderungsvorschläge in Betracht.

Am radikalsten würde die Verwirklichung des einen Vorschlages sich erstellen, wonach die gesamte Zoll- und Reichssteuerverwaltung vom Reiche übernommen würde, wie z. B. die Postverwaltung.

Aber eine derartige Maßnahme ist z. Z. kaum denkbar. Wenn sogar bei den Reichseinnahmen zur angeblichen Wahrung des föderativen Charakters des Reiches alle möglichen Kautelen vorgekehrt wurden wie z. B. die Franckensteinsche Klausel, die Ueberweisungssteuern, die Aufrechthaltung der Matrikularbeiträge; wenn nicht einmal die Postverwaltung gänzlich unter die Reichsverwaltung gestellt worden ist, so wird das Hoheitsrecht der Zollverwaltung seitens der Bundesstaaten um so weniger preisgegeben werden, als mit der Verwaltung der Zölle und Reichssteuern für die Einzelstaaten auch gewisse Befugnisse verbunden sind, deren Aufgabe keiner der Bundesstaaten gerne zugestehen wird. Eine Aenderung der Reichsverfassung nach dieser Richtung dürfte also vollständig ausgeschlossen sein.

Ein zweiter Vorschlag geht dahin, unter entsprechender Aenderung der Reichsverfassung den Bundesstaaten den Gesamtaufwand an gezahlten Kosten für die Zoll- und Reichssteuerverwaltung auf Grund der von den Reichsbevollmächtigten oder von Reichskommissaren geprüften Jahresrechnungen zu ersetzen.

Aber die Annahme dieses Vorschlags hat gleichwohl auch seine Bedenken und Schwierigkeiten, da die Reichssteuern nicht sämtlich in allen Bundesstaaten von den Zollbeamten verwaltet werden, wie z. B. die Reichsstempelabgaben und die Reichserbschaftssteuer; andererseits wieder von den Landeszollbeamten auch Landessteuern wie z. B. in Preußen die komplizierten Landesstempelsteuern und in Bayern, Württemberg usw. die Landesbiersteuern mitverwaltet und erhoben werden. Auch müßte dem Bundesrat ein weitgehender Einfluß auf die Landesgehaltsfestsetzung und die Aemterorganisation eingeräumt werden. Immerhin verdient diese Art der Regelung die förderlichste Beachtung.

---

besondere Dienstleistungen von den Pflichtigen erhoben werden und die Vergütungen an Reisekosten, Tagegeldern, Begleitungsgeldern, Aufsichtsgebühren, die an die Beamten besonders bezahlt werden.

Es wird jedoch wohl z. Zt. nichts anderes übrig bleiben, als entweder auf Grund einer Änderung der diesbezüglichen Bestimmung der Reichsverfassung oder unter Beibehaltung der bestehenden Artikel der Reichsverfassung und des Zollvereinigungsvertrages vom 8. Juli 1867 die jetzigen Bestimmungen über die Vergütung der Zoll-Salzsteuer und Reichssteuerverwaltungskosten zeitgemäß abzuändern, sei es nach der Richtung, daß den Bundesstaaten, sowohl an der Grenze wie im Binnenland, der gesamte Aufwand für die Zollverwaltung und für die Reichssteuerverwaltung gerechterweise vergütet wird, sei es, daß die Vergütung für die Reichssteuerverwaltung dermaßen geregelt wird, daß damit auch die Kosten für die Zollverwaltung — ohne besondere Bevorzugung der Grenzstaaten mit Ausnahme hinsichtlich der Grenzbewachung, welche gänzlich dem Reiche zur Last fallen könnte, beglichen werden.[1])

§ 35.

Das Abrechnungsverfahren.

Die Zölle, die Tabaksteuer, die Zigarettensteuer, die Zuckersteuer, die Salzsteuer und die Schaumweinsteuer werden im ganzen Zollgebiet einschließlich der Zollanschlüsse (Luxemburg, Jungholz, Mittelberg), aber ausschließlich der Zollausschlußgebiete erhoben. Es findet daher hinsichtlich der Einnahmen an Zöllen und der eben genannten Reichsverbrauchssteuern zwischen dem Reich, Österreich-Ungarn (wegen Jungholz und Mittelberg) und Luxemburg eine vorläufige und schließliche jährliche Abrechnung statt, indem zunächst der zu teilende Betrag d. h. die Reineinnahme nach Abzug der Verwaltungs- und Erstattungskosten festgestellt und demnächst auf das Deutsche Reich, Oesterreich-Ungarn und Luxemburg nach Maßgabe der Bevölkerungszahl (nach der letzten Volkszählung) verteilt wird.

Die Einnahmen aus der Branntweinsteuer und der Essigsäuresteuer werden zwischen dem Deutschen Reich und Österreich-Ungarn (wegen Mittelberg und Jungholz) nach Maßgabe der Bevölkerungszahl verteilt.

Die Einnahmen aus der Brausteuer im norddeutschen Brausteuergebiet und aus den Übergangsabgaben vom Bier verbleiben nunmehr, da das Großherzogtum Luxemburg nicht mehr der norddeutschen Brausteuergemeinschaft angehört[2]) dem Reiche, wozu noch die Ausgleichungsbeträge Bayerns, Württembergs, Badens und Elsaß-Lothringens kommen. Die Steuervergütungen für ausgeführtes Bier werden abgerechnet, die Übergangsabgaben für das in das norddeutsche Brausteuergebiet eingeführte Bier sind zugerechnet.

Die Abfindungen, die für die außerhalb des Zollgebiets belegenen Zollausschlüsse in Preußen und Baden und die für die außerhalb der norddeutschen Brausteuergemeinschaft belegenen, aber doch dazu gehörigen Gebietsteile (Sachsen-Weimar wegen Ostheim und Sachsen Koburg-Gotha wegen Königsberg i. Fr.) werden bei den Abrechnungen gleichfalls berücksichtigt.[3]) Dagegen bleiben die

---

[1]) Die Art. 36 und 38 der RV. Ziff 3 müßten entsprechend geändert werden, wenn bezüglich der Vergütung der Verwaltungskosten für Zölle und Reichssteuern seitens des Reiches an die Bundesstaaten eine grundlegende Änderung eintreten sollte.

[2]) Vgl. Reichsgesetzblatt 1907 S. 149 und Mitteilung des Reichskanzlers d. d. 29. September 1909, pr. Zentralblatt für Abgaben S. 368.

[3]) Da das Großherzogtum Luxemburg nicht mehr zum norddeutschen Brausteuergebiet gehört (Bekanntmachung des Reichskanzlers vom 29. September 1909), so kommen hauptsächlich nur die dem bayerischen Malzaufschlagssystem angeschlossenen Enklaven Ostheim und Königsberg i Fr in Betracht.

Ausgleichungsbeträge, die Bayern, Württemberg, Baden und Elsaß-Lothringen wegen der eigenen Landesbiersteuern entrichten, bei den Abrechnungen außer Betracht.[1])

In Ansehung des deutschen Spielkartenstempels, der auch in Jungholz und Mittelberg erhoben wird, besteht Abrechnung mit Österreich-Ungarn.

Bezüglich der statistischen Gebühr wird zwischen dem Deutschen Reich und dem Großherzogtum Luxemburg derart abgerechnet, daß nach dem Bundesratsbeschluß vom 11. März 1908 — § 232 der Protokolle — 1/3 der Roheinnahmen der in Luxemburg zur Erhebung kommenden statistischen Gebühren an das Deutsche Reich abgeführt wird.

Hinsichtlich der Leuchtmittelsteuer, der Zündwarensteuer, der Essigsäureverbrauchsabgabe besteht gleichfalls Gemeinschaft mit den Zollanschlüssen.

§ 36.

In Betreff der Regelung der Abrechnung zwischen dem Deutschen Reich und den Bundesstaaten sind vor allem die Bestimmungen zur Regelung der Abrechnung zwischen der Reichshauptkasse und den Bundeskassen der Bundesstaaten vom 3. April 1878 — Bundesratsdrucksache Nr. 61, 1878 und die gemäß BRDrucks. Nr. 109 nach Bundesratsbeschluß vom 28. Januar 1906 vorgeschlagenen Abänderungen hiezu maßgebend. Die näheren Bestimmungen hiewegen sind enthalten in dem allgemeinen Ausschreiben des preußischen Finanzministers vom 20. Juli 1906 (preußisches Zentralblatt für Abgaben 1906 S. 1320 ff.).

Die Abrechnung zwischen Reich und Bundesstaaten stützt sich im allgemeinen auf den Art. 39 der RV. und das RG. vom 4. Dezember 1871 betreffend die Feststellung des deutschen Reichshaushalts (RGBl. 1871 S. 413).[2]) Nach dem RG. vom 29. Februar 1876 (RGBl. 1876 S. 121) wurde das Etats- oder Rechnungsjahr für den Reichshaushalt auf den 1. April bis 31. März festgesetzt.

Nach dem Bundesratsbeschluß vom 28. März 1878 (BRDrucks. Nr. 61 und § 222 der Protokolle) wurden verschiedene wichtige Anordnungen über den Kassenbücherabschluß bei den Haupt- und Nebenämtern, über das Betriebsjahr bei den Zuckerfabriken, über das Erntejahr bezüglich der Inlands-Tabakbesteuerung, über die Anfertigung der vorläufigen und endgültigen Einnahmeübersichten, der Reichssteuerübersichten usw. getroffen.

Hinsichtlich der Stundung der Zölle und Reichssteuern ist die Reichsstundungsordnung und für Preußen die Stundungsordnung der Reichsabgaben sowie die Rechnungsordnung erlassen worden. (Vgl. preußisches Zentralblatt für Abgaben 1908 Beilage zu Nr. 9 1908 und zu Nr. 7 1909).

[1]) Vgl. Reichshaushaltsetat für 1908, RGBl. 1908 S. 104 Ziff. X Kap. 20: Zum Ausgleich für die nicht allen Bundesstaaten gemeinsamen Einnahmen entrichten:

a) für die Brausteuer pro 1908 Bayern 4.2, Württemberg 1.5, Baden 1.3, Elsaß-Lothringen 1.2 Millionen Mark. (Diese Ausgleichungsbeträge werden infolge der Brausteuererhöhung gleichfalls höher.)

b) für den Überschuß an der Reichs-Post- und Telegraphenverwaltung Bayern 10½, Württemberg 3½ Millionen Mark;

c) für die eigenen Einnahmen aus der Militärverwaltung Bayern 1.2 Millionen Mark.

[2]) S. auch Bundesratsbeschluß vom 7. Dezember 1871 — § 642 der Protokolle.

Von den Direktivbehörden sind demnach folgende Übersichten aufzustellen:

1. Übersicht der Einnahmen an Zöllen und den mit den Zöllen an die Reichskasse abzuliefernden außerordentlichen Einnahmen (vierteljährlich und jährlich). Zu den außerordentlichen Einnahmen gehören die Einnahmen für den Lagerausgleich, privative Verwaltungskostenbeiträge, Verzugszinsen und andere außerordentliche Einnahmen.

Von den Roh-Solleinnahmen sind die Ausfuhrvergütungen und die angerechneten Einfuhrscheine abzuziehen, woraus sich die Solleinnahme ergibt (teils bar einbezahlt, teils gestundet), auf diese Solleinnahme kommen die Erhebungs- und Verwaltungskosten in Anrechnung; was noch übrig bleibt, ist an die Reichskasse abzuführen.

2 Übersicht über die Tabaksteuer (Inlandssteuer), vierteljährig und ganzjährig. Von der Roh-Solleinnahme sind die Ausfuhrvergütungen abzusetzen, von dem berichtigten Soll sind die Erhebungs- und Verwaltungskosten abzuziehen, der Rest ist an die Reichskasse abzuführen.

3. Übersicht über die Zigarettensteuer, vierteljährig und ganzjährig, mit der Nachweisung über den Verkauf an Steuerzeichen für Zigaretten, Zigarettentabak und Zigarettenhüllen.

4. Übersicht über die Einnahme an Zuckersteuer, vierteljährig und ganzjährig. Auch hier ist neben Angabe der erzeugten Zuckermengen zuerst die Roh-Solleinnahme festzustellen, nach Abzug der Steuervergütungen ergibt sich das berichtigte Soll, nach Abzug der Kontroll- und Erhebungskosten verbleibt der Ablieferungsbetrag an der Reichskasse.

5. Übersicht über die Einnahme an Salzsteuer, vierteljährig und ganzjährig. Auch hier ergibt sich das Ablieferungssoll nach Abzug der Ausfuhrvergütungen und des Besoldungsaufwandes für die Salzsteuerbeamten.

6. Übersicht für die Einnahme an Verbrauchsabgabe und Übergangsabgabe vom Branntwein (für den aus Luxemburg eingehenden Branntwein). Nach der Menge des erzeugten Alkohols wird die Roh-Solleinnahme an Verbrauchsabgabe (und Übergangsabgabe) berechnet; abgezogen werden die Ausfuhrvergütungen und die Beträge der angerechneten Kontingentscheine und Kontingentswerte, hierauf sind die Kosten für Kontrolle der Brennereien, für Erhebung der Verbrauchsabgabe, für Herstellung der Sammelgefäße usw., für die Erhebung der Übergangsabgabe abzuziehen, der Rest ist der Ablieferungsbetrag.[1])

Die Nachweisung über den angerechneten Betrag der Kontingentscheine und über die Kosten der Anschaffung und Aufstellung der Sammelgefäße, Meßuhren, Metallkappen und Kunstschlösser für Brennereien ist der Übersicht beizufügen.

Ferner ist hiezu noch eine Übersicht über die Einnahme an Betriebsauflage anzulegen, dgl. eine solche über Einnahme an Essigsäureverbrauchsabgabe.

7 Übersicht über Einnahme an Schaumweinsteuer nebst einer Nachweisung über den Verkauf an Schaumweinsteuerzeichen, vierteljährig und ganzjährig.

8. Übersicht der Einnahme an Leuchtmittelsteuer mit Feststellung der Roh-Solleinnahme, Abzug der Steuernachlässe nach § 12 der Ausführungsbestimmungen zum Leuchtmittelsteuergesetz und Anrechnung der Erhebungskosten, vierteljährig und ganzjährig.

9 Übersicht der Einnahmen an Zündwarensteuer. Hier kommen die Erhebungskosten und die Ausgaben für bauliche Einrichtungen der Zündwarenlager in Anrechnung, vierteljährig und ganzjährig.

10. Übersicht der Einnahme an Brausteuer und der Übergangssteuer vom Bier vierteljährig und ganzjährig. Das berichtigte Soll ergibt sich nach Abzug der Bierausfuhrvergütungen, hievon kommen die Erhebungs- und Verwaltungskosten in Anrechnung, der Rest ist der Ablieferungsbetrag.

11 Übersicht der Einnahme an Spielkartenstempel und an Reichsstempelabgaben mit einer Nachweisung über den Verkauf an Stempelsteuerzeichen und über Erlaubniskarten für Kraftfahrzeuge, vierteljährig und ganzjährig.

[1]) Die Kosten für Erhebung der verschiedenen Nachsteuern und Nachzölle sind hier — weil nur für 1909 anwendbar, außer Acht gelassen.

12. Übersicht der Einnahme an Reichserbschaftssteuer, vierteljährig und ganzjährig.

Hier ist sogleich die Isteinnahme an Erbschaftssteuer nach den Einnahmebüchern abzüglich der Erstattungen für unrichtige Erhebungen, aber zuzüglich der Nacherhebungen sowohl an Erbschafts- wie Schenkungssteuer vorzutragen. Abzuziehen ist ein Viertelanteil des Bundesstaates, in dessen Gebiet die Abgabe erhoben worden ist, der Rest ist an die Reichskasse abzuliefern.

Endlich ist noch eine Nachweisung über die von der Reichskasse zu erstattenden Kosten für die Statistik des Warenverkehrs mit dem Auslande vierteljährig und ganzjährig einzureichen.

Zu diesen Kosten gehören die sächlichen Verwaltungskosten (Kosten der Stempel für Anmeldeposten, Kosten der Herstellung der Anmeldescheine, Porto usw., sowie die persönlichen Kosten für Anmeldepostenverwalter). Abzuziehen sind die zurückgezahlten statistischen Gebühren bei der Wiederausfuhr von Waren, bei der irrtümlichen Verwendung von Stempelmarken nach Abzug des Erlöses für verkaufte Anmeldescheine.

Diese vierteljährlichen Übersichten sind, wie bereits angedeutet, jedesmal am 15. Juli, am 15. Oktober, am 15. Januar und am 15. Mai (ganzjährig) an den Ausschuß des Bundesrats für Rechnungswesen zu Händen des Kaiserl. Zoll- und Steuerrechnungsbureaus einzusenden.

Außerdem ist, wie schon bemerkt, allmonatlich eine Übersicht über die Einnahmen an Zöllen und sämtlichen Reichssteuern seitens der mit der Reichshauptkasse in Abrechnung stehenden Zollkassen einzusenden und zwar direkt an das Kaiserl. Zoll- und Steuerrechnungsbureau mit einer Zerlegung der noch ausstehenden gestundeten Beträge nach dem Zeitpunkt ihrer Fälligkeit. (Vgl. Nr. 169 der BRDrS. 1906 mit den dazugehörigen Mustern, Bundesratsbeschluß vom 28. Juni 1906, § 545 der Protokolle.)

Auf Grund der von den Direktivbehörden aufgestellten und eingeschickten Vierteljahrsübersichten über die Einnahmen an Zöllen und Reichssteuern, wie sie hier oben angeführt worden sind, ferner auf Grund der aufgestellten Nachweisungen der aus der Reichskasse zu erstattenden Kosten der Warenverkehrsstatistik, der Nachweisungen über Herauszahlungen an Wechselstempelsteuer und der Berechnungen der Anteile der Bundesstaaten an Wechselstempelsteuer werden die von den Landeskassen der Bundesstaaten an die Reichshauptkasse abzuführenden Beträge vom Ausschusse des Bundesrats für Rechnungswesen vierteljährlich erst vorläufig und nach Prüfung der schließlichen Einnahmeübersichten und Nachweisungen sowie der Zoll- und Salzsteuerverwaltungskostenliquidationen und der gegebenenfalls zu liquidierenden und zu ersetzenden tatsächlichen Zuckersteuerverwaltungskosten (wenn die prozentuale Vergütung nicht ausreichend ist) vom Bundesrat jährlich schließlich festgesetzt.

Die Abfindungen (Aversa) für die Zölle und Reichssteuern von den außerhalb des Zollgebiets oder der Steuergebiete belegenen Gebietsteile der zur Zollgemeinschaft oder zur Steuergemeinschaft gehörigen Bundesstaaten (vgl. Seite 48/49 d. B.) werden von dem Kaiserl. Zoll- und Steuerrechnungsbureau nach den Bestimmungen des Reichshaushaltetats vierteljährlich vorläufig berechnet und am Schlusse des Etatsjahres schließlich festgestellt, wobei wie bei der allgemeinen Abrechnung etwaige Unrichtigkeiten durch Füreinanderbringung ausgeglichen werden.

Die Bestimmungen über die Abrechnung zwischen Reich und Bundesstaaten sind durch BRB. vom 23. Juni 1910 neu geregelt worden.[1])

Über das Abrechnungsverfahren zwischen Reich und Bundesstaaten; über die Reichshauptkasse und den Betriebsfonds der Reichsverwaltung hat J. Rheinboldt in der Zeitschrift für Zollwesen und Reichssteuern, Jahrgang 1904 Nr. 6, eine eingehende Abhandlung veröffentlicht, worauf zu verweisen ist.

[1]) S. Bestimmungen zur Regelung der Abrechnungen zwischen der Reichshauptkasse und den Landeskassen.

§ 37.

Quellen und Literatur.

Die Quellen, aus denen bei Darstellung der Zoll- und Steuerverwaltung des Deutschen Reiches zu schöpfen ist, sind vor allem die Reichsverfassung, die Reichsgesetze nebst den hiezu gehörigen Ausführungsbestimmungen und Bundesratsbeschlüssen, sodann gemäß Artikel 40 der Reichsverfassung noch die Bestimmungen des Zollvereinigungsvertrages vom 8. Juli 1867, soweit sie nicht durch die Verfassung selbst oder nach Art. 7 und 78 daselbst abgeändert sind. Nach Art. 1 Abs. 2 dieses Vertrages bleiben aber auch die Zollvereinigungsverträge vom 22. und 30. März 1833, vom 12. Mai und 10. Dezember 1835, vom 2. Januar 1836, vom 8. Mai, 19. Oktober und 13. November 1841, vom 4. April 1853 und 15. Mai 1865 nebst den dazu gehörigen Separatartikeln in Kraft, soweit sie bisher in Geltung waren und nicht durch die Bestimmungen des Vertrages vom 8. Juli 1867 oder durch die Reichsverfassung, durch Reichsgesetze oder Bundesratsbeschlüsse abgeändert wurden. In Ziff. 1 zu diesem Art. 1 ward diese Verabredung ausdrücklich auch auf diejenigen näheren Bestimmungen und Abreden, welche in den zu jedem dieser Verträge gehörigen Protokollen enthalten sind, sowie überhaupt auf alle infolge der Zollvereinigungsverträge zum Vollzuge derselben zur weiteren inneren Ausbildung des Vereins getroffenen Vereinbarungen ausgedehnt, wozu außer den Schlußprotokollen zu den Verträgen auch die in den Hauptprotokollen der Vollzugskommissionen und Generalzollkonferenzen und die in besonderen Übereinkünften und Verabredungen unter den Regierungen (auf dem Korrespondenzwege) enthaltenen Bestimmungen gehören.

Es ist eine schwierige Aufgabe, bei dem seit dem Jahre 1833 angesammelten Quellenmateriale die noch geltenden Anordnungen herauszufinden. Sämtliche Verträge sind in den Gesetz- und Verordnungsblättern der einzelnen Vereinsstaaten publiziert, ebenso die dazu gehörigen Schlußprotokolle und die allenfalls vereinbarten Separatartikel; die unter Aufsicht des Zentralbureaus des Zollvereins nach amtlichen Schriftstücken gedruckte Sammlung der Verträge und Verhandlungen über die Bildung und Ausführung des deutschen Zoll- und Handelsvereins von 1833 an bis 1871 ist in fünf Foliobänden[1]) vorhanden mit einem Anhange, enthaltend die Handels- und Schiffahrtsverträge Deutschlands mit dem Auslande von 1852 bis 1872.[2])

Ferner sind die als Manuskript gedruckten Verhandlungen der

---

[1]) Dieses Werk ist zunächst zum Handgebrauche der Behörden und Beamten bestimmt und deshalb nicht im Buchhandel zu haben. Der Druck wurde auf der 5. General-Zoll-Konferenz 1842 (Hauptprot. § 33) beantragt und auf der 6. General-Zoll-Konferenz 1843 (Hauptprot. § 49) für die Verträge und Verhandlungen aus den Jahren 1833—36 beschlossen. Die ersten beiden Bände erschienen im Jahre 1845 in Berlin. Auf der 10. General-Zoll-Konferenz 1854 (Hauptprot. § 52) wurde die Herausgabe der Fortsetzung beschlossen. Der 3. und 4. Band mit den Verträgen bis 1858 erschienen sodann 1856 und 1858. Die Herausgabe des 5. Bandes nebst Anhang wurde am 14. Mai 1870 (Prot. § 66) vom Bundesrat beschlossen und erfolgte 1871 und 1872.

[2]) Als Fortsetzung hiezu ist ein Abdruck der Handels- und Zollverträge des Deutschen Reichs von 1872—1897 mit dem Auslande in zwei Bänden herausgegeben worden. S. auch Poschinger Staatsverträge 1894/95.

fünfzehn Generalzollkonferenzen von 1836—1863 in fünfzehn Foliobänden vorhanden.[1])

Bis zum Jahre 1858 gibt es hiezu auch ein im Jahre 1858 zu Berlin gedrucktes alphabetisches Repertorium, dessen Anfertigung und Drucklegung auf der zehnten Generalzollkonferenz 1854 beschlossen und vom Zentralbureau des Zollvereins besorgt worden ist.

Außerdem sind die Verhandlungen der im Jahre 1848/49 in Frankfurt a. M. abgehaltenen außerordentlichen Konferenz in Zollvereinsangelegenheiten, sowie ein besonderes Protokoll über die Rheinzölle dd. Wiesbaden den 11. und 14. August 1847 und die Protokolle, die Zoll- und Handelsverhältnisse mit Österreich betreffend, dd. Berlin den 6. Dezember 1855 und 27. März 1857 besonders abgedruckt.

Die Drucksachen des Zollbundesrats, des Bundesrats des Norddeutschen Bundes und des Deutschen Reiches von 1866 an, bestehend in Anträgen, Ausschußberichten und Protokollen, sind nur als Manuskript gedruckt und nicht für den allgemeinen Gebrauch bestimmt; sie enthalten seit dem Aufhören der Generalzollkonferenzen, an deren Stelle der Bundesrat getreten ist, das wichtigste Material für die Gesetzgebung und Verwaltung der Zölle und Reichssteuern.

Das Bundes- jetzt Reichsgesetzblatt enthält sämtliche Bundes- resp. Reichsgesetze, Verordnungen und Verträge von 1867 an; die Vollzugsvorschriften und Regulative hiezu, die der Bundesrat erläßt, werden seit 1. Januar 1873 in dem Zentralblatt für das Deutsche Reich bekannt gemacht, das durch die Bundesratsbeschlüsse vom 13. Dezember 1869, 11. April 1870, und 21. Dezember 1872 ins Leben gerufen wurde. Für die Zoll- und Steuerverwaltung der meisten Staaten existieren noch besondere Amtsblätter.[2]) Eine wichtige Druckschrift, die nach einem Beschlusse der zehnten Generalzollkonferenz (§ 51 des Hauptprotokolles) im preußischen Finanzministerium redigiert wurde und heftweise seit dem Jahre 1854 zu Berlin in der Jonasschen Verlagsbuchhandlung erschien, sind die Jahrbücher der Zollgesetzgebung und Verwaltung des Deutschen Zoll- und Handelsvereins.[3]) Diese Jahrbücher waren dazu bestimmt, eine authentische Zusammenstellung aller in den einzelnen Vereinsstaaten in Bezug auf das Zoll- und Steuerwesen ergangenen Gesetze und Verordnungen usw. zu liefern, sowie für die gemeinschaftliche Ver-

[1]) Die Generalzollkonferenzen fanden statt 1836 in München und Dresden; 1839 und 1841 in Berlin; 1842 in Stuttgart; 1843 in Berlin; 1845 in Karlsruhe, 1846 in Berlin; 1851 in Wiesbaden; 1854 in Berlin und Darmstadt; 1856 in Weimar; 1858 in Hannover; 1859 in Braunschweig und 1863 in München. (Vgl. Hirths Annalen 1873, S. 125 u. 1880 S. 615.)

[2]) Da das Zentralblatt der Abgaben-Gesetzgebung und Verwaltung in den preußischen Staaten am weitesten zurückreicht (bis 1830) und für den größten Teil des Reiches gilt, so wird dasselbe zu Zitaten besonders benutzt werden. Die Amtsblätter der Zoll- und Steuerdirektionen der einzelnen Staaten beginnen zumeist erst in den 60er Jahren. Besondere Blätter dieser Art haben außer Preußen noch Bayern, Sachsen, Württemberg, Baden, Hessen, der Thüringische Zoll- und Steuerverein, Mecklenburg, Elsaß-Lothringen, Oldenburg und Braunschweig.

[3]) Diese Jahrbücher enthalten die meisten Verträge, Gesetze, Verordnungen, Ministerialreskripte und Entschließungen der Direktivbehörden. Jeder Jahrgang enthält ein chronologisches Verzeichnis aller in demselben aufgeführten Gesetze und Verträge und ein alphabetisches Sachregister. Diese Jahrbücher haben seit 1875 auf Grund des Bundesratsbeschlusses vom 4. Juni 1875 (§ 227 der Prot.) aufgehört zu erscheinen.

waltung einen Vereinigungspunkt und ein Organ zur Kundgebung und gegenseitigen Mitteilung der Fortschritte zu bilden, wie sie die einzelnen Vereinsstaaten in der legislativen, organischen und administrativen Entwickelung des gemeinschaftlich angenommenen Handelssystems machten. Sie sollten den Zoll- und Steuerbehörden nach Form und Inhalt als Handbuch dienen und sich bezüglich der ersteren an die vom Jahre 1834 bis 1843 durch den königlich preußischen Geheimen Oberfinanzrat G. T. A. Pochhammer herausgegebenen Jahrbücher der Zollgesetzgebung und Verwaltung des Deutschen Zoll- und Handelsvereins anschließen.

Als neuere Privatsammlungen von Gesetzen und Verordnungen in Zoll- und Handelssachen können u. a. Hirths Annalen des Norddeutschen Bundes und Zollvereins (jetzt des Deutschen Reiches) von 1868 an, das Jahrbuch für Gesetzgebung, Verwaltung und Volkswirtschaft im Deutschen Reich von v. Holtzendorff und Brentano angeführt werden, wie es schon seit mehreren Jahren von Prof. Dr. Schmoller in Berlin weitergeführt wird, ferner das seit 1884 neu erschienene Jahrbuch für Finanzwissenschaft von Prof. Dr. Schanz in Würzburg; endlich das bei Guttentag in Berlin seit 1884 erscheinende Sammelwerk: Die Gesetzgebung des Deutschen Reiches von der Gründung des Norddeutschen Bundes bis zur Gegenwart mit Erläuterung und Register. Auch das Wörterbuch des deutschen Verwaltungsrechts von Dr. C. Frhrn. v. Stengel, Freiburg i. B., Leipzig und Tübingen, Verlag von J. C. B. Mohr (Paul Siebeck), sowie das Handwörterbuch der Staatswissenschaften, herausgegeben von Dr. J. Conrad, Dr. Elster, Dr. Lexis und Dr. Loening, Jena, Verlag von G. Fischer, und Handbuch der politischen Ökonomie von Dr. G. v. Schönberg in Tübingen, III. Band Finanzwissenschaft, Verlag von Laupp in Tübingen, sind zu erwähnen.

Anzuführen sind noch Hue de Grais, Handbuch der Verwaltung und Verfassung in Preußen und im Deutschen Reich; Hand- und Lehrbuch der Staatswissenschaften, herausgegeben von Frankenstein; auch das Buch von M. v. Heckel: Das Budget, Gesetzgebung für das Deutsche Reich von Keil und Guttentag 1894—1897, sowie das Handbuch für das Deutsche Reich, bearbeitet im Reichsamt des Innern, und das preußische Staatshandbuch.

Das Finanzarchiv, Zeitschrift für das gesamte Finanzwesen, herausgegeben von Dr. Gg. Schanz in Würzburg (Verlag der Cottaschen Buchhandlung Nachf. in Stuttgart) bietet gleichfalls eine reichhaltige Sammlung von Abhandlungen des Zoll- und Steuerrechtes.

Eine ganz besondere Beachtung verdient die im Jahre 1900 von Oberzolldirektor Kunckel begründete, dann von Oberregierungsrat Hausbrand fortgeführte und jetzt vom Geheimen Regierungsrat Dr. Trautwetter, vortragendem Rat im Reichsschatzamt, redigierte Zeitschrift für Zoll- und Steuerwesen, Verlag von C. Heymann, Berlin.

Endlich sind nicht zu vergessen die Reichstagsverhandlungen nebst Anlagebänden, die namentlich in den letzten zehn Jahren für die deutsche Zoll- und Reichssteuergesetzgebung viel Material enthalten.

Erwähnung verdient ferner das Preußische Handelsarchiv, eine nach amtlichen Quellen seit 1859 erscheinende Monatsschrift für Handel, Gewerbe und Verkehrsanstalten, das außer den wichtigsten Verträgen und Gesetzen rc. auch noch die Zolltarife aller Länder, sowie alle wichtigen auf

Zoll-, Handels- und Verkehrsverhältnisse bezüglichen Anordnungen enthält. Diese Druckschrift erscheint vom 1. April 1880 an unter dem Titel: „Deutsches Handelsarchiv" und wird vom Reichsamte des Innern herausgegeben.

Von besonderem Werte ist auch das seit dem Jahre 1880 vom Kaiserlichen Statistischen Amte herausgegebene Statistische Jahrbuch für das Deutsche Reich, das den Zweck hat, die hauptsächlichsten Ergebnisse der Reichsstatistik in kurzen, leicht verständlichen Übersichten und soweit möglich in vergleichbaren Jahresreihen zur allgemeinen Kunde zu bringen. Dieses Werk erscheint in jedem Jahre und bietet für Praxis und Theorie ein willkommenes Hilfsmittel. Zu erwähnen ist auch noch das Statistische Handbuch für das Deutsche Reich in zwei Bänden, herausgegeben vom Kaiserlichen Statistischen Amte, 1907.

Von großer Wichtigkeit sind außerdem die amtlichen Quellenwerke des Kaiserlichen Statistischen Amtes in Berlin, wie sie bei Puttkammer und Mühlbrecht in Berlin erscheinen und folgende Veröffentlichungen dieses Amtes umfassen:

1. Statistik des Deutschen Reichs. Darin regelmäßig jährlich: Auswärtiger Handel, Seeschiffahrt, Binnenschiffahrt, Kriminalstatistik, Krankenversicherung usw. Bandweise käuflich 1—10 Mark.

Zeitweise wiederkehrend: Volks- und Berufszählungen.

2. Vierteljahrshefte zur Statistik des Deutschen Reichs. Sie berücksichtigen das Gesamtarbeitsgebiet des Kaiserlichen Statistischen Amts, indem sie Auszüge und vorläufige Mitteilungen aus obigem Quellenwerk bringen, nämlich:

Jahresnachweisungen, darunter außer den obengenannten Gebieten: Eheschließungen, Geburten und Sterbefälle; Auswanderung; Schulbildung der Rekruten. — Saatenstand und Ernte. — Bergwerks-, Salinen- und Hüttenbetrieb; Dampfkessel-Explosionen. — Die Gegenstände der indirekten Besteuerung (Bier, Branntwein, Schaumwein, Salz, Tabak, Zigaretten, Zucker). Die Verkehrssteuern. — Konkurse; Großhandelspreise, Banken, Kraftfahrzeuge.

Zeitweilig wiederkehrend: Volks-, Berufs- und Gewerbe-Zählungsergebnisse; Reichstagswahlen; Anbau-Statistik; Forst-Statistik; Viehhaltung.

Die Ausgabe erfolgt im mittleren Monat jedes Vierteljahres. Durch jede Buchhandlung oder Postanstalt zu beziehen. Preis für den Jahrgang (4 Hefte zu je 15—30 Bogen, gr. 4°) 8 Mk.

3. Monatliche Nachweise über den auswärtigen Handel des deutschen Zollgebietes nebst Angabe der Großhandelspreise, Zucker- und Branntwein-Produktion und Getreide-Verkehr, über Seefischerei und über den Handel mit den Schutzgebieten. Die Ausgabe erfolgt gegen Schluß des auf den Berichtsmonat folgenden Monats. Durch jede Buchhandlung oder Postanstalt zu beziehen. Preis für den Jahrgang 6 Mk.

4. Statistisches Jahrbuch für das Deutsche Reich. Auszüge und Jahres-Übersichten der gesamten Reichsstatistik; darunter außer den vorstehend genannten Gebieten: Finanzen, Verkehr, Geld- und Kreditwesen, Kolonialwesen, Meteorologische Nachweise, Arbeitsmarkt, Versicherungswesen, Verbrauchsberechnungen, Sparkassen usw. Erscheint gegen Schluß des ersten Halbjahrs. Jahr (12—30 Bogen, 8°) 2 Mk.

Von den Einzelarbeiten des Kaiserl. Statistischen Amtes sind zu erwähnen: Verzeichnisse zur Aufstellung der Verkehrsstatistik auf den deutschen Binnenwasserstraßen. Alphabetisches Verzeichnis der wichtigeren Hafen- und Handelsplätze außerhalb Deutschlands; die Veröffentlichungen der Abteilung des Kaiserl. Statistischen Amtes für Arbeiterstatistik sowie das oben erwähnte Statistische Handbuch für Deutschland erscheinen in C. Heymanns Verlag, Berlin; die übrigen Veröffentlichungen des Kaiserl. Statistischen Amtes sind bei Puttkammer und Mühlbrecht veröffentlicht. Endlich ist noch zu erwähnen das im Reichsschatzamt herausgegebene Ämter-Verzeichnis für die Verwaltung der Zölle, Reichssteuern und Übergangsabgaben. Bei den einzelnen Abschnitten wird die hiefür zutreffende Literatur noch jedesmal besonders angemerkt werden.

Nicht unbemerkt darf das neue Reichskontrollgesetz vom 21. März 1910 (RGBl. S. 521 ff) gelassen werden, das in 10 Paragraphen die Kontrolle des gesamten Reichshaushalts, des Landeshaushalts von Elsaß-Lothringen, und des Haushalts der Schutzgebiete von 1909 bis 1914 durch den „Rechnungshof des Deutschen Reichs" (Preußische Oberrechnungskammer in Potsdam) regelt.

III. Abschnitt.

Besondere Vorschriften über die Verwaltung und Erhebung der Zölle und Reichssteuern.

§ 38.

Allgemeine Bemerkungen.

Im deutschen Zollgebiet werden beim Wareneingang Zölle (Eingangszölle) für Rechnung des Reiches erhoben.

Ausgangs- oder Durchgangszölle bestehen zurzeit nicht mehr in Deutschland.

Die Einführung eines Kohlenausfuhrzolles war ebenso wie die Mühlenumsatzsteuer ein aus der Zeit der Finanzreform des Freiherrn von Stengel herrührender agrarischer Wunsch (vgl. RTVerhandlungen 58., 62., 109, 122. Sitzung 1907/8). Die sog. Rumpfkommission der Steuerkommission hatte am 29. Mai 1909 einen Kohlenausfuhrzoll in ihr Programm aufgenommen (Kommissionsbericht Nr. 1445). Es sollten für 1 dz Steinkohlen 10 Pfg. und für 1 dz Koks 15 Pfg. Ausfuhrzoll erhoben werden. In der Plenarsitzung am 7 Juli 1909 erklärte die Regierung, daß ein Kohlenausfuhrzoll unannehmbar sei.

Der Antrag wurde hierauf zurückgezogen und der Kohlenausfuhrzoll blieb abgelehnt.

Bei dieser Gelegenheit wurde bezüglich eines Kaliausfuhrzolles regierungsseitig die Erklärung abgegeben, daß wenn das Kalisyndikat nicht mehr zustande käme, ein Kaliausfuhrzoll nicht völlig undenkbar sei. Die Kaliverkaufsvereinigung wurde nunmehr zustande gebracht und die Reichsregierung arbeitete einen Entwurf zu einem Reichskaligesetze aus.[1])

Eingangszölle sind Abgaben, die der Staat bei der Einfuhr von Waren zum freien Verkehr im Zollgebiete erhebt. Die Eingangszölle sind nach Grunzel — System der Handelspolitik[2]) — die Regulatoren der internationalen Konkurrenzverhältnisse, indem hiedurch sowohl den Anforderungen des internationalen Handelsverkehrs wie den Bedürfnissen der inländischen Gütererzeugung Rechnung getragen wird. Die Eingangszölle sind aber nicht nur eine Waffe, ein Rüstzeug der Handelspolitik, sondern zugleich ein wichtiges Requisit der Finanzpolitik eines Staates. Demnach haben die Zölle (Eingangszölle) nicht bloß den Zweck, als Einnahmequelle zur Befriedigung der Staats- (Reichs-)Bedürfnisse zu dienen, sondern sie gelten als gewichtiger Faktor zur Regelung und Hebung der Inlandsvolkswirtschaft, — sei es durch Sicherung

---

[1]) Nach der Reichstagsdrucksache Anlagenband III Nr. 119 (1905/6), den Sitzungsberichten Bd. I 1905/6 15.—19. Sitzung und Anlagenband III Nr 132 (1905/6) wurden die Anträge Stauffer, Graf Reventlow und Genossen auf Einführung eines Ausfuhrzolles auf Kohlen und Kalisalze eingebracht. Der Abg. Rettich erklärte solche Ausfuhrzölle für berechtigt. Auch der Abg. Speck hatte am 9. Januar 1906 Ausfuhrzölle auf Kalisalze als vorzügliches Mittel bezeichnet, um das Ausland zur Mitbefriedigung unserer Ausgaben tributpflichtig zu machen. (S. R.Kaligesetz vom 25. Mai 1910).

[2]) Dr. Grunzel, System der Handelspolitik, Berlin, Duncker & Humblot

des heimischen Markts für die inländische Industrie und Landwirtschaft oder durch die Abwehr der Überflutung mit Auslandsgütern — der Konkurrenz des Auslandes, das vielleicht unter günstigeren Voraussetzungen arbeitet — Industriezölle, Agrarzölle — oder sei es durch Herbeiführung erleichterter Absatzwege für die Ausfuhr der überschüssigen Arbeitsprodukte des Inlandes (Kampfzölle).

Die Ausfuhr- und Durchfuhrzölle sind Abgaben, die von einem Staate beim Ausgang von Waren aus dem Zollgebiet erhoben werden. Die Ausgangszölle tragen teils einen fiskalischen Charakter wie z. B. bei der Ausfuhr von Kaffee oder sie verfolgen einen handelspolitischen Zweck wie z. B. der Ausgangszoll auf Lumpen und Hadern — oder es liegt eine polizeiliche Tendenz darin wie z. B. der Ausfuhrzoll auf Getreide beim Eintritt einer Mißernte.

Das Prinzip der Durchfuhrfreiheit hat, wie schon bemerkt, immer mehr Anerkennung gefunden. Die Durchfuhr ist eine unmittelbare, wenn die Güter ohne Aufenthalt oder Umladung transitieren, eine mittelbare, wenn die Ware vor ihrem Wiederaustritt aus dem Zollgebiet im gebundenen Verkehr lagert, umgeladen, umgepackt, geteilt wird. Hiezu sind die Zollniederlagen zugelassen, die sich in Verschlußlager, in offene Lager, in staatliche (kommunale) Zollager und in Privatniederlagen (Privatlager) unterscheiden.

Hierüber wird bei Besprechung des Vereinszollgesetzes das Nähere behandelt werden.

§ 39.

Von dem im Zollgebiet hergestellten Zucker, Salz, von dem erzeugten Tabak und von dem Zigarettenverbrauch, von Branntwein und Essigsäure und vom Bier[1]) sowie vom Schaumwein sind Abgaben an die Reichskasse zu entrichten.

Außer diesen Verbrauchsabgaben sind noch Reichssteuern vom Verbrauch der Leuchtmittel und der Zündwaren, sowie die Reichsstempelabgaben und die Reichserbschaftssteuer zu erwähnen, die sämtlich in die Reichskasse fließen.

Von den Reichsstempelabgaben sind zu unterscheiden: a) der Spielkartenstempel, b) der Wechselstempel, c) der Reichsstempel von Wertpapieren, Gewinnanteilscheinen und Zinsbogen, sowie von Kauf- und Anschaffungsgeschäften; ferner von Privatlotterielosen und Wetteinsätzen bei Pferderennen (die erhobene Hälfte der gesetzlichen Abgaben), von Frachturkunden, Personenfahrkarten, Steuerkarten für Kraftfahrzeuge, von Vergütungen an Aufsichtsratsmitglieder usw. (Tantièmensteuer), von Schecks, Quittungen, von Grundstücksübertragungen. Zur Reichserbschaftssteuer gehört auch die Steuer von Schenkungen unter Lebenden.

Die Stempelsteuer für Lose deutscher Staatslotterien wird von der Lotterie-Verwaltung ohne Abstempelung der Lose in einer Summe an die Reichskasse abgeliefert.

§ 40.

Zu den ständigen Einfuhrverboten gehört das Einfuhrverbot für Saccharin (Süßstoff), und das Einfuhrverbot für Weinreben wegen der Reblausgefahr

[1]) Hinsichtlich des Bieres haben Bayern, Württemberg, Baden und z. Zt. noch Elsaß-Lothringen eigene Landesverbrauchssteuern und entrichten dafür Ausgleichsbeträge an die Reichskasse. Luxemburg ist aus der norddeutschen Brausteuergemeinschaft ausgetreten (RGBl. 1909 S. 933). Auch bezüglich des Branntweins gehört Luxemburg nicht zur deutschen Branntweinsteuergemeinschaft. Wegen der Übergangsabgaben von Branntwein und Bier wird bei Besprechung der Branntweinsteuer und der Biersteuern das Nähere bemerkt werden.

sowie das Einfuhrverbot für Kartoffeln aus Amerika wegen der Einschleppungsgefahr des Koloradokäfers, zu den beschränkten Einfuhrverboten ist die Einfuhrbeschränkung für frisches Obst aus Amerika und Australien wegen der Gefahr der Einschleppung der San José-Schildlaus zu rechnen.

Hinsichtlich der Einfuhrverbote und Einfuhrbeschränkungen im Deutschen Reiche ist auf folgende Bestimmungen hinzuweisen:

a) Dauernde Einfuhrverbote und Einfuhrbeschränkungen.

1. Vorschriften zum Schutze gegen den Kartoffelkäfer in der Verordnung vom 26. Februar 1875 betr. das Einfuhrverbot von Kartoffeln aus Amerika sowie von Abfällen und vom Verpackungsmaterial solcher Kartoffeln (RGBl. 1875 S. 135).

2. Vorschriften zum Schutz gegen die Phosphor-Vergiftung bei der Herstellung von Zündhölzern und Zündwaren nach dem RG. vom 10. Mai 1903 betr. Phosphor-Zündwaren (RGBl. 1903 S. 217). Weißer oder gelber Phosphor darf zur Herstellung von Zündwaren in Deutschland nicht mehr verwendet werden, auch dürfen solche Zündwaren nicht mehr nach dem deutschen Zollgebiet eingeführt werden. Dieses Gesetz trat am 1. Januar 1907 in Kraft.

3. Vorschriften zum Schutze gegen die Reblaus. Hier sind zu beachten:

a) Die Verordnung vom 11. Februar 1873 betr. das Verbot der Einfuhr von Reben zum Verpflanzen (RGBl. S. 43).

b) Die Verordnung vom 31. Oktober 1879 betr das Verbot der Einfuhr von Reben oder sonstigen Teilen des Weinstocks (RGBl. S. 303).

c) Die Verordnung vom 4. Juli 1883 betr das Verbot der Einfuhr und der Ausfuhr von Pflanzen und sonstigen Gegenständen des Wein- und Gartenbaues (RGBl. S. 153). (Vgl. auch Verordnung vom 7. April 1887.)

d) Bekanntmachung vom 12. Juli 1883 betr die Einfuhr und die Ausfuhr von Pflanzen oder sonstigen Gegenständen des Wein- und Gartenbaues (RGBl. S. 142) — mit Ergänzungen s. RZBl. von 1898 S. 67).

e) Bekanntmachung vom 24. Mai 1884 betr den Verkehr mit Erzeugnissen und Gerätschaften des Weinbaues in den deutsch-französischen Grenzbezirken (RGBl. 1884 S. 51).

f) Bekanntmachung vom 24. August 1884 betr. der Verkehr mit Erzeugnissen und Gerätschaften des Weinbaues in deutsch-französischen Grenzbezirken (RGBl. S. 191)

g) Verordnung betr. die Einfuhr und die Ausfuhr von Gewächsen sowie von sonstigen Gegenständen des Wein- und Gartenbaues (RGBl. S. 191).

h) Verordnung vom 7. April 1887 betr. die Einfuhr bewurzelter Gewächse aus den bei der internationalen Reblaus-Konvention nicht beteiligten Staaten (RGBl. S. 155). Die Internationale Reblaus-Konvention vom 3. November 1881 ist abgedruckt im RGBl. 1882 S. 125 ff.

i) Bekanntmachung hiezu vom 23. August 1887 (RGBl S. 431).

k) RG. betr. die Bekämpfung der Reblaus vom 6 Juli 1904 (RGBl. S. 261) mit Strafandrohungen.

4. Vorschriften zum Schutze gegen die San José-Schildlaus nach der Verordnung vom 5. Februar 1898 betr. die Einfuhr lebender Pflanzen und von frischem Obst aus Amerika (RGBl. S. 5) und nach der Verordnung vom 6 August 1900 betr. Einfuhrbeschränkung wegen Gefahr der Einschleppung der San José-Schildlaus (RGBl. S. 791). Hiezu ist noch der Erlaß des Reichskanzlers vom 9. April 1898 betr. Ausnahmen von dem Verbot der Einfuhr lebender Pflanzen und frischer Pflanzenabfälle zu beachten. Hienach ist zu unterscheiden zwischen Pflanzen, die von der Einfuhr unbedingt ausgeschlossen sein müssen wie z. B. Obstbaumsetzlinge u. dgl., sodann Pflanzen deren Einfuhr ohne Untersuchung ausdrücklich zugelassen ist wie z. B. Wasserpflanzen und Pflanzen, deren Einfuhr nach einer Untersuchung zulässig ist, wozu alle anderen Pflanzen gehören, die nicht in dem zu den erstgenannten Pflanzen aufgestellten Verzeichnis aufgeführt sind. (Vgl auch Bekm. vom 2. Juni 1907.)

5. **Vorschriften zum Schutze gegen die Umgehung des Spielkartenstempels durch das Verbot der Einfuhr von losen Spielkarten und unvollständigen Kartenspielen nach dem Beschluß des Bundesrats vom 10. Januar 1881 (RZBl. 1881 S. 15). Vgl.** auch das RG. betr. den Spielkartenstempel vom 3. Juli 1878 (RGBl. S. 133).

6. Vorschriften zum Schutze gegen den verbrecherischen und gemeingefährlichen Gebrauch von Sprengstoffen nach dem RG vom 9. Juni 1884 (RGBl. S. 61) und der Bekanntmachung hiezu betr den verbrecherischen und gemeingefährlichen Gebrauch von Sprengstoffen vom 29. April 1903 (RGBl. S. 211).

7. Vorschriften über die Einfuhr von Süßstoffen durch das Süßstoffgesetz vom 7. Juli 1902 §§ 2 u. 3 (RGBl. 1902 S. 253) nebst § 18 der Ausführungsbestimmungen hiezu (RZBl. 1903 S. 103).

Endlich ist noch auf die Zollgebühren und die Gebühren im Steuerverkehr sowie auf die Gebühren nach der Fleischbeschauzollordnung und der Weinzollordnung hinzuweisen, sowie auf die statistischen Gebühren der Warenverkehrsstatistik.

Nachstehend sollen zuerst die Zölle, nämlich der Zolltarif und das Zolltarifgesetz, ferner das deutsche Zollgesetz, das sog. Vereinszollgesetz mit der Veredlungsordnung, mit der Fleischbeschauzollordnung und der Weinzollordnung zur Darstellung gebracht werden. Hierauf werden die Reichssteuern vom Verbrauch an Zucker, Tabak und Zigaretten, Salz, Schaumwein, den alkoholischen Getränken, Leucht- und Zündwaren zur Darstellung gelangen. Sodann folgt die Betrachtung über die Reichsstempelabgaben der verschiedenen Arten mit der Tantièmensteuer und zum Schluß die Erörterung über die Reichserbschaftssteuer.

1. Die Zölle.

§ 41.

Zurzeit werden beim Eingang von Waren über die Grenze des deutschen Zollgebiets nur Eingangsabgaben (Zölle) erhoben. Durchgangs- und Ausgangszölle werden nicht mehr in Anwendung gebracht, seitdem der letzte deutsche Ausgangszoll (auf Lumpen) mit Reichsgesetz vom 7. Juli 1873 beseitigt worden ist (RGBl. 1873 S. 290).

Die Gebühren, die nach § 10 des Vereinszollgesetzes zur Entschädigung eines zugunsten eines Zollpflichtigen entstandenen Arbeits- und Beamtenmehraufwandes erhoben werden können (nach der Zollgebührenordnung), sind hier ebenmäßig anzumerken, wie die Niederlage- und Bewachungsgebühren, Begleitungsgebühren, Meßgebühren usw.

Sodann sind noch zu erwähnen, die Gebühren, die aus der Vornahme der Fleischbeschau nach der Fleischbeschauzollordnung erwachsen und die Weinuntersuchungsgebühren, die nach der Weinzollordnung entstehen.

Die sog. Steuergebühren, die ähnlich wie die Zollgebühren, aus Vergünstigungen bei der Abfertigung von Steuerpflichtigen entstehen, schlagen mehr in das Gebiet der Reichssteuerverwaltung ein z. B. die Salzdenaturierungskontrollgebühren.

Die statistischen Gebühren kommen bei der Besprechung der deutschen Handelsstatistik in Betracht.

Es ist also hieher die Zollgebührenordnung (ZO.) vom 1. August 1905 mit Nachträgen, die Fleischbeschauzollordnung vom 1. April 1903 (FZO.) und das Fleischbeschaugesetz (FG.) vom 3. Juni 1900, sowie die Weinzollordnung (WZO.) und das Weingesetz vom 7. April 1909 zu erwähnen.

§ 42.

Im allgemeinen unterscheidet man bei den Zöllen vor allem zwischen spezifischen und Wertzöllen, sodann zwischen Differential- oder Unterscheidungszöllen und Flaggenzöllen, sowie Retorsions- und Kampfzöllen.

Infolge der Verallgemeinerung der Handels- und Zollverträge unterscheidet man jetzt auch zwischen General- und Konventionalzöllen (Vertragszöllen), ferner zwischen Maximal- und Minimalzöllen oder einem Maximal- und Minimalzolltarif. Ferner sind auch noch die Vorzugszölle anzuführen.

Die Wertzölle werden nach dem Wert (Marktwert) der Eingangswaren erhoben; schwierig ist hiebei die Festsetzung des der Zollberechnung zugrunde zu legenden wahren Wertes, sei es des Marktwertes, des Fakturenwertes, des Handelswertes usw. Die spezifischen Zölle werden unter Zugrundelegung eines festen Einheitswertes der Waren nach äußeren, feststehenden Kriterien, z. B. nach dem Gewichte, nach der Stückzahl, nach dem Raummaß unter Anwendung der hiefür festgesetzten, im Zolltarif vorgeschriebenen Zollsätze zur Hebung gebracht.

Die Unterscheidungs- und Flaggenzölle bestimmen verschieden hohe Zollsätze je nach der Herkunft der Waren, oder je nachdem sie als Begünstigungs- oder Vorzugszölle für den kolonialen oder nationalen Seeverkehr oder als Zuschläge für die indirekte Einfuhr über fremde Häfen oder für den Handel auf Schiffen mit fremdländischer Flagge erhoben werden.

Auch die Retorsions- oder Kampfzölle, wie sie bei Zollkriegen zur Erstreitung von Vorteilen in Anwendung gebracht werden, sowie die schon erwähnten Vorzugs- oder Begünstigungszölle zwischen zwei politisch oder im Handelsverkehr eng verbundenen Staaten wie z. B. die Zwischenzolltarife zwischen dem Zollverein und Österreich oder die Zollbegünstigung Englands in Kanada sind hier anzuführen. Das System der Maximal- und Minimalzölle kennt hauptsächlich Frankreich und der französische Zolltarif. Auch der deutsche Zolltarif vom 25. Dezember 1902 hat in geringem Umfange Maximal- und Minimalzölle (Mindestzollsätze) für Getreide aufgenommen.

Bei Besprechung der Eingangs-, Ausgangs- und Durchgangszölle sind auch die handelspolitischen Systeme zu erwähnen, indem sich als erste Phase der Handelspolitik überhaupt das merkantilistische Prohibitivsystem entwickelte, woraus erst die Freihandelslehre und das gemäßigte Schutzzollsystem hervorging. Hienach können die Zölle auch als Finanzzölle oder Schutzzölle charakterisiert werden, wobei jedoch nicht ausgeschlossen ist, daß Schutzzölle zugleich zur Hebung der Staatsfinanzen beitragen, während Finanzzölle auch schutzzöllnerisch wirken können. Ausfuhrzölle werden zurzeit noch in mehreren Staaten Europas und der anderen Weltteile erhoben. Sie haben zumeist einen finanziellen Zweck, namentlich wenn die Ausfuhrstaaten eine Art Monopol auf die betreffenden Ausfuhrartikel besitzen, oft auch obliegt den Ausfuhrzöllen eine handelspolitische Absicht, die Ausfuhr gewisser Rohstoffe hintanzuhalten oder es besteht aus polizeilichen Wohlfahrtsgründen, die Ausfuhr bestimmter Waren auf Zeit oder ständig zu erschweren, z. B. bei Beseitigung eines Notstandes.

Hinsichtlich der Warendurchfuhr hat sich das Prinzip der Durchfuhrfreiheit so ziemlich Bahn gebrochen.

§ 43.

Für die richtige Erhebung der Zölle, die objektive Zollpflicht dient der Zolltarif und das Zolltarifgesetz sowie das zur Erläuterung des Zolltarifs bestimmte amtliche Warenverzeichnis (§ 12 des Vereinszollgesetzes).

Zurzeit ist das Zolltarifgesetz und der Zolltarif vom 25. Dezember 1902 (RGBl. 1902 S. 303) für die Zollerhebung maßgebend.

Über die Entwickelung des deutschen Zolltarifrechts ist das vortreffliche Werk von C. Krückel, Das preußisch-deutsche Zolltarifsystem in seiner Entwickelung seit 1818, in zwei Teilen, Verlag von G. Fischer, Jena, 1881, hier anzuführen.

Im Jahre 1818 wurde der erste preußische Zolltarif eingeführt, der nach § 25 des preußischen Zollgesetzes vom 26. Mai 1818 alle drei Jahre revidiert werden sollte, da in bezug auf Zollrecht Beständigkeit, in bezug auf den Zolltarif aber Wandelbarkeit bestehen sollte.

Nach Begründung des großen Zollvereins im Jahre 1833 trat am 1. Januar 1834 der erste deutsche Zolltarif in Kraft, der zweite Zolltarif wurde im Jahre 1837 und der dritte Zolltarif 1840—1842 erlassen. Während der dritten Zolltarifperiode wurde das einheitliche Zollgewicht, der Zollzentner zu 100 Zollpfund = 50 kg eingeführt, der vierte Zolltarif von 1842—1845 brachte die Zollpflicht des Roheisens und die Erhöhung des Eingangszolles auf Stabeisen (vgl. die Abhandlung über die deutschen Eisenzölle von einem Nichtindustriellen, Stuttgart, Verlag der Hofbuchhandlung von J. Weise und Weber, Zollverein S. 220 ff.). Die Eingangszollsätze für Kolonialzucker wurden gemäß der Übereinkunft vom 8. Mai 1841 betreffend die Vereinszuckersteuer von diesem Jahr ab aus dem Zolltarif herausgenommen und fürderhin besonders mit den Zuckersteuergesetzen bestimmt. Der Zolltarif von 1846 bis 1848 brachte die Kaffeezollerhöhung von 6 ²/₃ Taler auf 11 Taler für den Zollzentner und die Zollerhöhung auf Maschinengarne, indem in diesen Jahren der Kampf der Freihändler und Schutzzöllner zwischen Nord- und Süddeutschland entbrannt war. Nachdem der Zolltarif von 1848 bis 1851 keine Änderung erfahren hatte, brachte der Zolltarif von 1851 bis 1854 die Erhöhung der Tabakfabrikatzölle. Nun folgte die Zollvereinskrisis wegen der Schwierigkeiten mit Österreich und dessen Zollanschlusses, die mit dem Abschluß des deutsch-österreichischen Handelsvertrags vom 19. Februar 1853 und des neuen Zollvereinigungsvertrags vom 4. April 1853 beendigt wurde.

Der neue Zolltarif von 1854 brachte den Zwischen-Zolltarif gegen Österreich und es folgten noch die Zolltarife von 1857 bis 1859 und 1860 bis 1862. Während dieser Zeitperioden mußten zeitweise wegen schlechter Inlands-Getreide-Ernten die Getreidezölle suspendiert oder ermäßigt werden.

Der Zollverein bestand im Jahre 1863 schon 30 Jahre, aber eine stetige, planmäßige Entwickelung und Ausgestaltung des deutschen Zolltarifs, des deutschen Zollrechts und der deutschen Handelspolitik war nicht erreicht worden.[1])

Da trat wegen des Abschlusses des preußischen Handelsvertrages mit Frankreich im Jahre 1862 die Hauptkrisis des Zollvereins ein. Infolge der sog. „Meistbegünstigung" waren die meisten Nachbarstaaten Frankreichs zum Abschluß eines Meistbegünstigungsvertrags mit Frankreich genötigt und auch Preußen schloß am 2. August 1862 den bekannten Handelsvertrag mit Frankreich, der durch Art. 31 (die Meistbegünstigungsklausel) ein weiteres Sonder-Entgegenkommen gegen Österreich unmöglich machte.

Da außerdem dieser Handelsvertrag die deutsche Zolltarifpolitik in sehr freihändlerische Bahnen lenken mußte, so ward seitens der süddeutschen Schutzzollstaaten ein heftiger Widerstand gegen den Abschluß des französischen Handelsvertrags eröffnet und die hieraus erstehende Krisis erschütterte den Zollverein bis aufs tiefste. Erst die Erneuerung des Zollvereinigungsvertrags vom 16. Mai 1865 beseitigte diese Krisis. Mit Frankreich wurde der angefochtene Handelsvertrag seitens der Zollvereinsstaaten genehmigt und mit Österreich nach Maßgabe der Meistbegünstigung ein neuer Tarif- und Handelsvertrag abgeschlossen (11. April 1865).

Der neue Zolltarif von 1865 unterschied sich von den früheren Zolltarifen ganz wesentlich nach Inhalt und Form, denn auf Grund der in dem deutsch-fran-

---

1) Die willkürlich und irrationell, wegen des absoluten Vetos eines jeden Vereinsstaates oft nur auf Zufall beruhenden Erhöhungen oder Verminderungen der Zollsätze machten den Vereinszolltarif lediglich zu einer Zusammenstellung von Zolltarifpositionen ohne inneren Zusammenhang (s. Weber a. a. O. S. 258 ff.).

zösischen Handelsvertrage vereinbarten Zollermäßigungen und Zollbefreiungen waren die Zollsätze für 161 Positionen des deutschen Zolltarifs zu ändern. Was sodann die Form des Zolltarifs betraf, so waren die bisherigen, nach dem Muster des preußischen Zolltarifs aus dem Jahre 1818 aufgestellten Zolltarife des Zollvereins nach dem Alphabet der Stichworte von Warengruppen und Warenartikeln eingerichtet und umfaßten drei Abteilungen. Die erste Abteilung bestimmte die zolltarifmäßige Zollfreiheit des Reisegerätes, des gebrauchten Handwerkszeugs, des Umzugs- und Erbschaftsgutes; die zweite Abteilung handelte von der sog. allgemeinen Eingangsabgabe, der alle Waren mit 15 Sgr. pro Zentner unterworfen blieben, die weder nach Abteilung I an sich zollfrei oder die nach der Zolltarifheberolle nicht einem besonderen höheren oder geringeren Eingangszoll unterstellt waren. Diese allgemeine Eingangsabgabe ward durch den Zolltarif von 1865 aufgehoben, wie demnächst auch in § 3 des VZG. ausdrücklich ausgesprochen wurde. — Die dritte Abteilung handelte von den bereits im Jahre 1861 aufgehobenen Durchfuhrzöllen, die vierte Abteilung betraf die Ausfuhrzölle, deren letzter im Jahre 1873 wegfiel. Die fünfte Abteilung enthielt allgemeine Bestimmungen über Zollgewicht, den Zollzentner zu 100 Zollpfund = 50 kg; über Formular- und Verschlußgebühren bei Begleitscheinsendungen, die mit der Inkrafttretung des VZG. in Wegfall kamen; über die Erhebung des Zolles nach dem Brutto- und Nettogewicht; über die Deklaration von Seiden- und Halbseidenwaren, Halbwollen- und Halbleinen-Gespinsten, ferner Bestimmungen über die in einem Kollo zusammengepackten verschiedenen Waren und Deklaration derselben; über die Zulassung der Deklaration Mercerie, Kurzwaren usw., ferner Vorschriften über Niederlage- (Packhof-) Güter und die Erhebung der Durchgangs-Abgaben für solche Güter, sodann Bestimmungen über Begleitschein-Güter, über die Kompetenzen der Nebenzollämter I und II, endlich Vorschriften über die Annahme von Gold- und Silbermünzen der einzelnen Vereinsstaaten.

§ 44.

Infolge des Krieges von 1866, der zwar den Zollverein an sich nicht sprengte,[1]) mußte aber doch im Jahre 1867 der neue Zollvereinigungsvertrag vom 8. Juli 1867 abgeschlossen werden, der den Zollverein auf eine ganz neue Grundlage stellte. Die wesentlichsten Bestimmungen dieses wichtigen, zum Teil heute noch gültigen Zollvertrages sind bereits früher besprochen worden. Hier ist nur noch zu erwähnen, daß der Zolltarif von 1865 infolge dieses Zollvertrags und durch die vom Zollbundesrat und Zollparlamente beschlossenen Abänderungen im Jahre 1868 wesentlich abgeändert wurde, da die mit Österreich früher vereinbarten Zollermäßigungen nunmehr in Befolgung der neueren Handelspolitik des Zollvereins bzw. des Norddeutschen Bundes generalisiert werden mußten (Gesetz vom 25. Mai 1868).

Nach dem Gesetz vom 17. Mai 1870 wurde sodann ein weiterer Zolltarif erlassen, der aufs neue Zollermäßigungen und Zollbefreiungen einführte, bis nach dem Reichsgesetze vom 7. Juli 1873 der Zolltarif vom 1. Oktober 1873 auf vollständig freihändlerischer Grundlage aufgebaut wurde, so daß auch die Eisenzölle mit dem 1. Januar 1877 in Wegfall kommen sollten.

Aber schon vor dem Eintritt der vollständigen Aufhebung der Eisenzölle (1. Januar 1877) trat unter der Führung des Zentralvereins deutscher Industrieller und des Vereins zur Wahrung der gemeinsamen wirtschaftlichen Interessen im Rheinland und in Westfalen der bekannte Umschwung in der deutschen Zollpolitik ein, welche mit Unterstützung des Reichskanzlers durch dessen Schreiben vom 15. Dezember 1878 an den Bundesrat zur Ausarbeitung des neuen Zolltarifs vom 15. Juli 1879 führte. Dieser Zolltarif von 1879 brachte die Wiedereinführung der Zölle auf Holz und Getreide sowie auf andere landwirtschaftliche Erzeugnisse. Außerdem ist die Wiedereinführung des Roheisenzolles

[1]) S. Weber S. 463/4 a. a. O.

und des Zolles auf Kammwolle zu erwähnen, auch der höchst wichtige Finanzzoll auf Petroleum kam zur Neueinführung. Außerdem wurden fast durchwegs die bestehenden Zölle kräftig erhöht, die Zölle auf Tabak und Tabakfabrikate wurden durch das Reichsgesetz vom 16. Juli 1879 gleichfalls erhöht.[1])

Der Zolltarif vom 15. Juli 1879 mit dem Zolltarifgesetz unterschied sich, abgesehen davon, daß mit ihm das im Jahre 1865 aufgegebene Prinzip der allgemeinen Zollpflicht der vom Ausland eingehenden Waren — nur mit Ausnahme der zur heimischen Industrietätigkeit absolut notwendigen Rohstoffe — wieder eingeführt und das Prinzip des Schutzes der nationalen Arbeit wieder hauptsächlich vorangestellt wurde, auch in der äußeren Form von allen früheren Zolltarifen.

Wenn auch der äußere Aufbau des Tarifs (das Tarifschema) im Interesse der statistischen Kontinuität im Jahre 1879 noch in der früheren Weise beibehalten worden ist, so wurden die in den älteren Zolltarifen als Vorbemerkungen und Allgemeine Bestimmungen aufgeführten Anordnungen nunmehr in das Zolltarifgesetz selbst zusammengefaßt, die Position 29 (Schießpulver) erhielt den Petroleumzoll und die Position 44 (Artikel, welche unter keine der übrigen Nummern begriffen sind) fiel hinweg.

Die Reihenfolge der 43 Positionen des Zolltarifs von 1879 war folgende: Nr. 1 Abfälle, Nr. 2 Baumwolle und Baumwollenwaren, Nr. 3 Blei und Bleiwaren, Nr. 4 Bürstenbinder- und Siebmacherwaren, Nr. 5 Drogerie-, Apotheker- und Farbewaren, Nr. 6 Eisen und Eisenwaren, Nr. 7 Erden, Erze, edle Metalle, Asbest und Asbestwaren, Nr. 8 Flachs und andere vegetabilische Spinnstoffe, außer Baumwolle, Nr. 9 Getreide und andere Erzeugnisse des Landbaues, Nr. 10 Glas und Glaswaren, Nr. 11 Haare von Pferden und Menschen usw., Federn, Borsten, Nr. 12 Häute und Felle, Nr. 13 Holz und andere Schnitzstoffe, sowie Waren daraus, Nr. 14 Hopfen, Nr. 15 Instrumente, Maschinen und Fahrzeuge, Nr. 16 Kalender, Nr. 17 Kautschuk und Guttapercha, sowie Waren daraus, Nr. 18 Kleider und Leibwäsche, fertige, auch Putzwaren, Nr. 19 Kupfer usw. und Kupferwaren, Nr. 20 Kurze Waren, Quincaillerien usw., Nr. 21 Leder und Lederwaren, Nr. 22 Leinengarn, Leinwand und andere Leinenwaren, Nr. 23 Lichte, Nr. 24 Literarische und Kunstgegenstände, Nr. 25 Material-, Spezerei-, Konditorwaren usw., Nr. 26 Öl, anderweit nicht genannt, und Fette, Nr 27 Papier und Pappwaren, Nr. 28 Pelzwerk (Kürschnerarbeiten), Nr. 29 Petroleum, Nr. 30 Seide und Seidenwaren, Nr. 31 Seife und Parfümerien, Nr. 32 Spielkarten, Nr. 33 Steine und Steinwaren, Nr. 34 Steinkohlen, Braunkohlen, Koks, Torf, Torfkohlen, Nr. 35 Stroh- und Bastwaren, Nr. 36 Teer, Pech, Harze, Asphalt, Nr 37 Tiere und tierische Produkte, nicht anderweit genannt, Nr. 38 Tonwaren, Nr. 39 Vieh, Nr. 40 Wachstuch, Wachsmusselin, Wachstafft, Nr. 41 Wolle und Wollenwaren, Nr. 42 Zink und Zinkwaren, Nr. 43 Zinn und Zinnwaren.

§ 45.

Obgleich der Zolltarif vom 15. Juli 1879 durch die Tarifnovellen von 1881/2, 1884/5 und 1886/7[2]) namentlich hinsichtlich der Getreidezölle und der Zölle auf Alkohol, Äther und Branntwein, sowie durch die Tarifnovellen von 1891, 1895/96 und 1899 in manchen Einzelheiten Abänderungen erfahren hatte, so genügte er doch bei der fortschreitenden Entwicklung der Industrie und der dadurch erfolgten Vermehrung der Zahl der Warenartikel und der damit zusammenhängenden Preisverschiebung zwischen groben, feinen und feinsten Waren alsbald nicht mehr. Der auch im Jahr 1879 noch nach dem alten Schema aufgebaute Zolltarif reichte nicht mehr aus, um mit spezifischen Zoll-

[1]) Hinsichtlich der eingehenderen Darstellung der Durchführung der neuen Zollpolitik und der Einführung des Zolltarifgesetzes vom 15. Juli 1879 siehe die Ausführungen in diesem Handbuch V Auflage S. 142/6.

[2]) Vgl. die Reichsgesetze vom 19. und 21. Juni 1881, vom 23. Juli 1882, vom 13 Mai 1884, vom 21./22. Mai 1885, vom 24. Mai 1885 die Neuredaktion des Zolltarifs betreffend, vom 18. Mai 1886 und 21. Dezember 1887, vom 8. Juni 1891, 18. Mai 1895, 21. Mai 1896 und 6. März 1899.

sätzen die Verschiedenheit der Importwaren richtig und mit der gewünschten Zollauflage zu treffen bzw. zu belasten. Es hatte sich mehr und mehr herausgestellt, daß unter der gleichen Zolltarifposition mit gleichem Zollsatze Waren der verschiedensten Art, der verschiedensten Bearbeitung und zu den verschiedensten Preisen untergebracht waren, die nach dem heutigen Stande in Handel und Gewerbe nicht mehr zusammengehörten. Namentlich die große Anzahl sogenannter Sammelpositionen, wie z. B. die Nr. 5 m des alten deutschen Zolltarifs von 1879/85 lautend: Rohe Erzeugnisse und chemische Fabrikate für den Medizinal- und Gewerbegebrauch; — oder die Position „Abfälle“ — hatten die verschiedensten Gegenstände, wertvolle und weniger wertvolle, in sich vereinigt. So sind in der Nr. 5 m des Zolltarifs von 1879/85 beispielsweise Eisenalaun, Zitronensäure, Chlormagnesium und Chininpräparate vereinigt gewesen, Waren, die die verschiedenartigsten Preislagen haben. Zu den Abfällen gehörten Lumpen und Kleie. Die Einfuhrmenge dieser zwei Warenartikel war die denkbar verschiedenartigste, ebenso wie beispielsweise die Ausfuhr von Schießpulver oder Schwefelsäure oder die Einfuhr von Chilesalpeter und Kalisalpeter in hohem Grade auseinanderging. Alle diese Waren aber gehörten zur Sammelposition 5 m des Zolltarifs vom 15. Juli 1879.

Auch die Tarifposition 5 h vereinigte in sich die verschiedensten der Handelsbedeutung wie dem Werte nach ganz und gar nicht zusammengehörenden Warenartikel, wie z. B. Schuhwichse und Tinte, Buchdruckerschwärze und Chlorkalk, Leim und Hausenblase.

Daß auf Grund eines solchen Zolltarifs die handelspolitischen Nachweise und namentlich die Wertermittelungen des deutschen Einfuhr- und Ausfuhrhandels nur mit Schwierigkeiten und Ungenauigkeiten stattfinden konnten und festzustellen waren, liegt auf der Hand und es stellte demnach der Zolltarif von 1879/85 kein besonders starkes Rüstzeug dar für die Unterhändler bei den Handelsvertragsberatungen. Es wurde schon bei Neuausarbeitung des Zolltarifs von 1879 die Frage angeschnitten, ob nicht in Anbetracht der schon damals in Aussicht stehenden Erneuerung der Zoll- und Handelsverträge (1. Februar 1892) eine weitergehende Trennung der nicht zusammengehörigen Warenartikel herbeizuführen gesucht werden müsse, als dies bisher geschehen sei. In den Motiven zur Vorlage des Zolltarifs von 1879 wird hiewegen bemerkt:

Bei Ausarbeitung und Vorlage des neuen Zolltarifs von 1879 ist auch die Frage in Erwägung gezogen worden, ob die äußere Gestaltung desselben zu ändern sei. Der bisherige Tarif ist lediglich nach dem Alphabet geordnet, eine Anordnung, welche sich auch im englischen Tarif findet, während in den Tarifen anderer Länder, z. B. Frankreichs, Österreichs, die einzelnen Waren nach ihrer Abstammung, Beschaffenheit, Bestimmung, oder nach sonstigen Gesichtspunkten in einzelne Gruppen vereinigt sind. Wenn nicht zu verkennen ist, daß die alphabetische Anordnung eine rein äußere, von der besonderen Beschaffenheit der einzelnen Waren unabhängige ist und daß eine systematische Anordnung die Benutzung der zollamtlichen Nachweise für manche statistische und wissenschaftliche Zwecke erleichtert, so zeigen auch andererseits die Tarife der oben bezeichneten Länder die Schwierigkeit einer befriedigenden Gestaltung des Tarifs nach einem gewissen System. Aufgabe des Tarifs ist es, die einem Zoll zu unterwerfenden Waren ihrer besonderen tarifarischen Beschaffenheit nach unter sich und gegenüber den zollfrei gelassenen Gegenständen deutlich zu bezeichnen, keineswegs aber kommt es darauf an, alle beweglichen Dinge mit größerer oder geringerer Vollständigkeit und geordnet nach irgend einem System aufzuführen. Die Frage der Zollbelastung eines Gegenstandes wird nicht nach dessen Stellung in einer gewissen Warengruppe, sondern nach völlig anderen, diesen Gegenstand für sich betreffenden Verhältnissen, als Wert, Produktion, Verbrauch usw. entschieden; eine sogenannte systematische Anordnung kann deshalb nur nach Gesichtspunkten erfolgen, die außerhalb der Aufgabe und der Zwecke des Zolltarifs liegen. Aber auch die Auffindung der einzelnen Artikel wird durch eine derartige Anordnung keineswegs erleichtert. Die einzelnen Gruppen lassen sich, wie die oben erwähnten Tarife ausweisen, nicht so bestimmt scheiden, daß aus ihren Überschriften die Stellung des einzelnen Artikels im Tarif auch nur mit einiger Sicherheit entnommen werden könnte; die Zahl der Hauptgruppen selbst läßt sich unter ein gewisses Maß nicht herabmindern. Das amtliche Warenverzeichnis, welches die praktische Handhabung des Tarifs vermittelt, muß unter allen Umständen der alphabetischen Ordnung folgen. Außer diesen, gegen den Übergang zur systematischen Anordnung sprechenden Gründen fällt aber auch das Interesse an der formalen Kontinuität des Bisherigen entscheidend ins Gewicht. Die Revision des Zolltarifs hat zwar zu vielfachen Änderungen, nicht aber zu einer durchgreifenden sachlichen Umgestaltung des Tarifs geführt. Die bisherigen Abteilungen und Unterabteilungen bleiben im wesentlichen bestehen, und es erleichtert für die Zukunft nicht nur die statistische Vergleichung, sondern auch die praktische Benutzung des Tarifs sowohl für den Abfertigungsbeamten, als auch für das Publikum, wenn auch die bisherige Einteilung und Nummerfolge tunlichst unverändert bleibt.

Bei Durcharbeitung des Zolltarifs von 1902 zeigte sich jedoch alsbald angesichts der sich von selbst ergebenden größeren Anzahl der einzelnen Tarifstellen (Tarifpositionen) als weiteres Bedürfnis, das bisherige Tarifschema von Grund aus zu ändern, die Warenartikel in eine neue Zusammenstellung zu bringen und eine andere, bessere, systematische Gliederung des Tarifs vorzunehmen.

Denn die Einsicht wurde mehr und mehr durchschlagend, daß ein nach dem Alphabet der Stichworte der Waren ohne inneren Zusammenhang gegliederter Zolltarif für die heutigen Zeitverhältnisse nicht mehr genügend brauchbar sein kann.

Schon für die Zwecke einer erfolgreichen und sicheren Handelspolitik, die sich auf die Ergebnisse der Handelsstatistik aufbaut, war die Neuanordnung und Neugliederung des deutschen Zolltarifs alsbald eine unabweisbare Notwendigkeit.

Es mag hiezu erwähnt werden, daß beispielsweise im alten Zolltarif[1]) die Nahrungsmittel in den verschiedensten Hauptabteilungen untergebracht waren; so unter Nr. 9: Getreide und Sämereien, unter Nr. 25: Material- und Spezereiwaren und Kolonialwaren, unter Nr. 39: Vieh, unter Nr. 5: Mineralwasser, unter Nr. 37: Eier und andere tierische Produkte.

Wollte man ferner statistisch feststellen, welche Rohstoffe die Textilindustrie aus dem Auslande einführt und welche Fabrikate sie dafür ausführt, so mußte man gleichfalls erst eine mühsame Berechnung anstellen, da Rohbaumwolle, Flachs, Hanf, Rohwolle, Rohseide unter den verschiedensten Tarifnummern steckten und demgemäß auch die hieraus hergestellten Halb- und Ganzfabrikate erst zusammengesucht werden mußten.

Bei der Vorlage des Zolltarifgesetzentwurfs an den Reichstag im Oktober 1901 ward vom Reichsschatzamte eine ausführliche Begründung ausgearbeitet, die im Anlagenband IV zu den Reichstagsverhandlungen 1900—1902 unter Nr. 373 veröffentlicht worden ist. Dieser Anlagenband enthält:

1. Den Entwurf des Zolltarifgesetzes;
2. die Begründung hiezu
   I. Bd.: Allgemeiner Teil und
   II. Bd.: Besonderer Teil,

---

[1]) Siehe Begründung zum Zolltarif-Gesetzentwurf, Anlagenband IV, zu den RTVerhandlungen 1900/2. Hier wird ausgeführt, weshalb eine ganz neue Wareneinteilung nach dem wirtschaftlichen Zusammenhang der Gegenstände erforderlich sei, die zu einem in das Einzelne gehenden und doch übersichtlichen Zolltarif führen sollte, welch letzterer zugleich für die Handelsstatistik besser verwertbar sei. Auch in Frankreich, Österreich-Ungarn, Italien, Rumänien und Rußland sowie in den Vereinigten Staaten von Amerika seien derartige weitzergliederte Zolltarife bereits im Gebrauch.

3. die Anlagen zu der Begründung des Zolltarifgesetzes in 2 Heften, enthaltend vergleichende Zusammenstellung des Zolltarifentwurfs mit den geltenden Zolltarifbestimmungen.

Im 7. Anlagenband zu den stenographischen Verhandlungen des Reichstags der 2. Session 1900—1902 ist der Bericht der XVI. (Zolltarif)Kommission abgedruckt (Nr. 704 der RTDrucksachen).

Die Zolltarife der neueren Zeit in anderen Staaten, wie in Frankreich, in Italien, auch in Österreich-Ungarn haben bereits seit längerer Zeit mit eingehendem Verständnis systematisch ausgearbeitete und wohlgegliederte Tarifschemata und es konnte dem deutschen Zolltarif auch von 1879/85 der Vorwurf einer gewissen Rückständigkeit nicht abgesprochen werden, wie dies schon im Jahre 1878 der Reichsbevollmächtigte für Zölle und Steuern in Königsberg in einer ausführlichen Denkschrift dargelegt hatte.[1])

Über die Entstehung und Ausarbeitung des neuen Zolltarifentwurfs gibt das im Verlag von W. Bäntsch in Berlin ausgearbeitete Büchlein: „Die parlamentarischen Kämpfe um den Zolltarif" nähere Auskunft. Auch die Broschüre: „Deutschland am Scheidewege seiner Wirtschaftspolitik", Heft II, Der Zolltarif vor dem deutschen Reichstag, von Dr. V. Böhmert, Dresden, ist zu erwähnen. Hier mag nur kurz bemerkt werden, daß im Jahre 1879 der wirtschaftliche Ausschuß eingesetzt wurde, um als Beirat die Reichsbehörden, namentlich das Reichsamt des Innern und das Reichsschatzamt in der Vorbereitung des neuen Zolltarifes zu unterstützen.

Drei Jahre und sieben Monate hat diese Vorarbeit mit Anhörung der Interessenten und die Ausarbeitung des Zolltarifgesetzes und des Zolltarifs gedauert, bis am 26. Juli 1901 der Reichsanzeiger den Entwurf zu diesem Gesetze veröffentlichen konnte.

Am 19. November 1901 legte der Reichskanzler den Gesetzentwurf dem Reichstage zur verfassungsmäßigen Beschlußfassung vor.

Dem Bundesrat wurde der Entwurf zum Zolltarifgesetz und zum Zolltarif mit BRDrucks. Nr. 98 vorgelegt. Dieser Entwurf wurde dem III. und IV. Ausschuß überwiesen — § 435 der Protokolle —. Der Ausschußantrag ist niedergelegt in der BRDrucks. Nr. 131, 1901, worauf mit BRB vom 12. November 1901 mit einigen Abänderungen die Genehmigung dieser Vorlage erfolgte.

§ 46.

Die erste Lesung des Zolltarifs im Reichstag begann am 2. Dezember 1901 und dauerte bis zum 12. Dezember 1901; sie umfaßte 9 Sitzungen.

Auf Antrag des Grafen Schwerin-Löwitz wurde die Zolltarifvorlage einer besonderen Kommission von 28 Mitgliedern (der sog. Zolltarifkommission) überwiesen.

Diese Kommission begann ihre Sitzungen mit Beratung der ersten Lesung am 9. Januar 1902. Die erste Lesung des Zolltarif-Gesetzes schloß am 1. März 1902.

Am 4. März 1902 begann die Kommissionsberatung des Zolltarifs (der Zollheberolle) selbst und dauerte sodann mit der Osterunterbrechung bis 12. August 1902. Damit schloß die Kommissionsberatung.

Die Kommission hatte auf die erste Lesung der gesamten Vorlage 102 Sitzungen aufgewendet, die sich, wie bemerkt, vom 9. Januar 1902 bis zum 12. August 1902 hinzogen.

Die zweite Lesung in der Kommission begann am 22. September 1902 und dauerte bis 2. Oktober 1902, umfaßte also nur 9 Sitzungen. Abgesehen

[1]) Vgl. auch den Entwurf eines autonomen Zolltarifs für das Deutsche Reich, im Auftrag und auf Grund der Beratungen und Beschlüsse des Zentralverbandes deutscher Industrieller, ausgearbeitet von H. Grothius und G. F. Beutner, Berlin 1878.

von den sachlichen Mitteilungen der Regierungsvertreter hatte die Kommission von ihren eigenen Mitgliedern 2176 Reden zur Sache und 341 Reden zur Geschäftsordnung anhören müssen.

Die zweite Beratung im Plenum des Reichstags begann am 16. Oktober 1902 und es erfolgte zuerst eine zwölftägige Verhandlung über die neu festzulegenden, weit über die Regierungsvorlage hinausgehenden Mindestzölle und die Zollsätze des Brotgetreides und der Pferde sowie des Rindviehs.

Am 30. Oktober 1902 erfolgte die namentliche Abstimmung über den Mindesttarif.

Hierauf erfolgte die Beratung des Zolltarifgesetzes, während deren der Abg. Stadthagen am 5. November 1902 über den § 5 (Zollbefreiungen) eine Dauerrede von $3^1/_2$ Stunden vorbrachte. Um die sich breit machende Obstruktion der Sozialdemokraten zu beseitigen, wurde der Antrag Aichbichler eingebracht (7. November 1902), der von sozialdemokratischer Seite als ein Umsturz der Geschäftsordnung bezeichnet wurde, obwohl damit nur eine Vereinfachung des namentlichen Abstimmungsverfahrens bezweckt war.

Auf die Zusammenstellung der Anträge der Bundesregierungen zu den Vorentwürfen eines Warenverzeichnisses zum neuen Zolltarif und einer Anleitung für die Zollabfertigung, Berlin 1898, ist hier nachrichtlich hinzuweisen. Diese Zusammenstellung enthält die Anträge nebst Begründung und die hiezu ergangenen Bemerkungen des Reichsschatzamtes. Auch die Entwürfe einer neuen Anordnung des deutschen Zolltarifs (1898 und 1899) enthalten eine besondere Rubrik: Anträge der verschiedenen Interessenten zu den neuen Zollsätzen.

§ 47.

Der nach der Kaiserlichen Verordnung vom 27. Februar 1905 gemäß § 16 des RG. vom 25. Dezember 1902 (RGBl. 1902 S. 303 ff.) am 1. März 1906 in Kaft getretene deutsche Zolltarif nebst Zolltarifgesetz zählt 19 Hauptabschnitte mit 59 Unterabteilungen und 946 Tarifnummern.

Das Zolltarifgesetz hat 16 Paragraphen. Der § 1 bestimmt die Maximal- und Minimaltarifsätze, der § 2 ordnet Behörden zur Auskunftserteilung in Zolltarifangelegenheiten an. Der § 3 bestimmt die Erhebung der Zölle nach Gewicht (Rohgewicht und Reingewicht) und die Zollfreiheit der handelsüblichen Umschließungen. Nach § 4 ist die Zuständigkeit der Zollstellen bei Tarifierung schwieriger Waren beschränkt. Der § 5 handelt von den gesetzlichen Zollbefreiungen, ebenso der § 6. Nach § 7 sind Abfälle wie die Rohstoffe zu behandeln, von denen sie herrühren, sofern nichts anderes besonders bestimmt ist. Der § 8 handelt von der Zollbehandlung von Gegenständen bei Eisenbahnen des In- und Auslandes mit gemeinschaftlicher Betriebs- und Wechselstation innerhalb des deutschen Zollgebietes. § 9 bestimmt die Angabe des Herkunftslandes der Eingangsware.

In § 10 sind die Kampfbestimmungen enthalten gegen Länder, die deutsche Waren ungünstiger behandeln als diejenigen anderer Länder. § 11 behandelt die Erteilung der Einfuhrscheine, in § 12 ist die Stundung der Gefälle (mit Ausnahme der Getreide- usw. Zölle) vorgesehen. Der § 13 ist der wichtige Paragraph, wonach die Erhebung der Oktroiabgaben für Rechnung der Gemeinden usw. vom 1. April 1910 ab aufhören soll. Der § 14 handelt von der Bestrafung der Zuwiderhandlungen gegen das Zolltarifgesetz (Ordnungsstrafen); in § 15 ist die Durchführung einer allgemeinen Witwen- und Waisenversicherung vorgesehen und § 16 handelt von dem Termin des Inkrafttretens des Zolltarifs mit Beibehaltung der Franckenstein-Klausel bis auf weiteres.

Der Zolltarif vom 25. Dezember 1902 ist gegliedert in folgende neunzehn Abschnitte:

Erster Abschnitt. Erzeugnisse der Land- und Forstwirtschaft und andere tierische und pflanzliche Naturerzeugnisse; Nahrungs- und Genußmittel, Nr. 1—220.

A. Erzeugnisse des Acker-, Garten- und Wiesenbaues Nr. 1—73.
B. Erzeugnisse der Forstwirtschaft Nr. 74—99.
C. Tiere und tierische Erzeugnisse Nr. 100—161.
D. Erzeugnisse landwirtschaftlicher Nebengewerbe Nr. 162—197.
E. Erzeugnisse der Nahrungs- und Genußmittel-Gewerbe, in den Unterabschnitten A bis D nicht inbegriffen Nr. 198—220.

Zweiter Abschnitt. Mineralische und fossile Rohstoffe; Mineralöle Nr. 221 bis 246.

A. Erden und Steine Nr. 221—236.
B. Erze, Schlacken, Aschen Nr. 237.
C. Fossile Brennstoffe Nr. 238.
D. Mineralöle und sonstige fossile Rohstoffe Nr. 239—243.
E. Steinkohlenteer, Steinkohlenteeröle und Steinkohlenteerstoffe Nr. 244 bis 246.

Dritter Abschnitt. Zubereitetes Wachs, feste Fettsäuren, Paraffin und ähnliche Kerzenstoffe, Lichte, Wachswaren, Seifen und andere unter Verwendung von Fetten, Ölen oder Wachs hergestellte Waren Nr. 247—264.

Vierter Abschnitt. Chemische und pharmazeutische Erzeugnisse, Farben und Farbwaren Nr. 265—390.

A. Chemische Grundstoffe, Säuren, Salze und sonstige Verbindungen chemischer Grundstoffe, anderweit nicht genannt, Nr. 265—317.
B. Farben und Farbwaren Nr. 318—340.
C. Firnisse, Lacke, Kitte Nr. 341—346.
D. Äther, Alkohole, anderweit nicht genannt oder inbegriffen; flüchtige (ätherische) Öle, künstliche Riechstoffe, Riech- und Schönheitsmittel (Parfümerien und kosmetische Mittel) Nr. 347—358.
E. Künstliche Düngemittel Nr. 359—362.
F. Sprengstoffe, Schießbedarf und Zündwaren Nr. 363—370.
G. Chemische und pharmazeutische Erzeugnisse, anderweit nicht genannt, Nr. 371—390.

Fünfter Abschnitt. Tierische und pflanzliche Spinnstoffe und Waren daraus, Menschenhaare, zugerichtete Schmuckfedern, Fächer und Hüte, Nr. 391—543.

A. Seide Nr. 391—412.
B. Wolle und andere Tierhaare (mit Ausnahme der Pferdehaare aus der Mähne und dem Schweife) Nr. 413—437.
C. Baumwolle Nr. 438—469.
D. Andere pflanzliche Spinnstoffe Nr. 470—502.
E. Buchbinderzeugstoffe, Pausleinwand, wasserdichte Gewebe, Gewebe mit aufgetragenen Schleif- oder Poliermitteln, Linoleum und ähnliche Stoffe Nr. 503.
F. Watte, Filze und nicht genähte Filzwaren Nr. 511—514.
G. Pferdehaare (aus der Mähne oder dem Schweif) und Waren daraus Nr. 515—516.
H. Kleider, Putzwaren und sonstige genähte Gegenstände aus Gespinstwaren oder Filzen, anderweit nicht genannt, Nr. 517—522.
I. Künstliche Blumen aus Gespinstwaren, Regen- und Sonnenschirme, Schuhe aus Gespinstwaren oder Filzen, Nr. 523—527.
K. Menschenhaare und Waren daraus, zugerichtete Schmuckfedern, Fächer und Hüte, Nr. 528—542.
L. Abfälle von Gespinstwaren und dergleichen, Nr. 543.

Sechster Abschnitt. Leder und Lederwaren, Kürschnerwaren, Waren aus Därmen, Nr. 544—569.

A. Leder Nr. 544—554.
B. Lederwaren Nr. 555—562.
C. Kürschnerwaren Nr. 563—566.
D. Waren aus Därmen Nr. 567—568.
E. Abfälle Nr. 569.

Siebenter Abschnitt. Kautschukwaren Nr. 570—586.
A. Waren aus weichem Kautschuk Nr. 570—581.
B Hartkautschuk und Hartkautschukwaren Nr. 582—586.

Achter Abschnitt. Geflechte und Flechtwaren aus pflanzlichen Stoffen mit Ausnahme der Gespinstfasern Nr. 587—594.
A. Geflechte (mit Ausnahme der Sparterie) Nr. 587—588.
B. Flechtwaren (mit Ausnahme der Hüte und der Sparteriewaren) Nr. 589 bis 592.
C. Sparterie und Sparteriewaren Nr. 593—594.

Neunter Abschnitt. Besen, Bürsten, Pinsel und Siebwaren Nr. 595—600.

Zehnter Abschnitt. Waren aus tierischen oder pflanzlichen Schnitz- oder Formerstoffen Nr. 601—648.
A. Waren aus tierischen Schnitzstoffen Nr. 601—614.
B. Holzwaren Nr. 615—634.
C. Korkwaren Nr. 635—638.
D. Waren aus anderen pflanzlichen Schnitzstoffen als Holz und Kork oder aus anderweitig nicht genannten Formerstoffen Nr. 639—648.

Elfter Abschnitt. Papier, Pappe und Waren daraus, Nr. 649—673.

Zwölfter Abschnitt. Bücher, Bilder, Gemälde Nr. 674—677.

Dreizehnter Abschnitt. Waren aus Steinen oder anderen mineralischen Stoffen (mit Ausnahme der Tonwaren) sowie aus fossilen Stoffen, Nr. 678—712.

Vierzehnter Abschnitt. Tonwaren Nr. 713—734.

Fünfzehnter Abschnitt. Glas und Glaswaren Nr. 735—768.

Sechzehnter Abschnitt. Edle Metalle und Waren daraus, Nr. 769—776.
A. Gold Nr. 769—771.
B. Silber Nr. 772—776.

Siebzehnter Abschnitt. Unedle Metalle und Waren daraus, Nr. 777—891.
A. Eisen und Eisenlegierungen Nr. 777—843.
B. Aluminium und Aluminiumlegierungen Nr. 844—849.
C. Blei und Bleilegierungen Nr. 850—854.
D. Zink und Zinklegierungen Nr. 855—859.
E. Zinn und Zinnlegierungen Nr. 860—863.
F. Nickel und Nickellegierungen Nr. 864—868.
G. Kupfer und Kupferlegierungen Nr. 869—880.
H. Waren, nicht unter die Unterabschnitte A bis G fallend, aus unedlen Metallen oder aus Legierungen unedler Metalle Nr. 881—891.

Achtzehnter Abschnitt. Maschinen, elektrotechnische Erzeugnisse, Fahrzeuge Nr. 892—925.
A. Maschinen Nr. 892—906.
B. Elektrotechnische Erzeugnisse Nr. 907—912.
C. Fahrzeuge Nr. 913—925.

Neunzehnter Abschnitt. Feuerwaffen, Uhren, Tonwerkzeuge, Kinderspielzeug Nr. 926—946.
A. Feuerwaffen Nr. 926—928.
B. Uhren Nr. 929—936.
C. Tonwerkzeuge Nr. 937—945
D. Kinderspielzeug Nr. 946.

§ 48.

War schon während der Vorbereitung und Durchberatung dieser Zolltarifvorlage eine ganz ungeheure Arbeitslast zu erledigen, so begann nunmehr — nach Publikation des Gesetzes — für die beteiligten Behörden erst recht eine ganz enorme Arbeitsleistung, galt es doch, das amtliche Warenverzeichnis zum Zolltarif —, das nach § 12 VZG. zur Erläuterung desselben dienen soll, ferner das statistische Warenverzeichnis und alle die sonstigen erläuternden Ausführungsbestimmungen (erläuternde Bemerkungen zum amtlichen Waren-

verzeichnis), ferner die Anleitung für die Zollabfertigung als ein Instruktionsbuch für die Zollbeamten zu entwerfen und auszuarbeiten.

Außerdem waren die in den Jahren 1903 und 1904 ablaufenden Zoll- und Handelsverträge mit Österreich-Ungarn, Italien, Belgien, Rußland und der Schweiz zu erneuern.

Nachstehend sollen die Bestimmungen des Zolltarifs vom 25. Dezember 1902 und des Zolltarifgesetzes des Näheren erläutert werden.

§ 49.

Der Zolltarif und das Zolltarifgesetz vom 25. Dezember 1902.

(RGBl. Nr 52 S. 303, 1902).

Der am 25. Dezember 1902 im Reichsgesetzblatt 1902 S. 303 ff. veröffentlichte Zolltarif nebst Zolltarifgesetz ist laut Kaiserlicher Verordnung gemäß § 16 des Zolltarifgesetzes vom 1. März 1906 zugleich mit den neu vereinbarten Handelsverträgen in Kraft getreten (RGBl. 1905 S. 155).[1])

Der § 1 des Zolltarifgesetzes bestimmt die Minimaltarifsätze für die Hauptgetreidearten Roggen, Weizen und Spelz, Malzgerste sowie Hafer. Unter diese Minimalzollsätze soll auch beim Abschluß von Handelstarifverträgen nicht herabgegangen werden dürfen.

Die Minimalzollsätze sollen betragen für Roggen nicht unter 5 Mark, für Weizen und Spelz nicht unter $5^1/_2$ Mark, für Malzgerste nicht unter 4 Mark, für Hafer nicht unter 5 Mark für 1 Doppelzentner. Die allgemeinen Zollsätze sind für Roggen auf 7 Mark, für Weizen und Spelz auf $7^1/_2$ Mark, für Gerste auf 7 Mark und für Hafer auf 7 Mark für 1 Doppelzentner festgesetzt.

Die Minimalzollsätze für Roggen, Weizen mit Spelz, Malzgerste und Hafer sind die einzigen Niedrigstzollsätze des deutschen Zolltarifs von 1902. Damit waren auch alle Bestrebungen und Befürchtungen hinfällig geworden, welche den deutschen Zolltarif zu einem sog. Doppeltarif ausgestalten wollten. Ein richtiger Doppeltarif müßte aber aus einem Maximal- und einem Minimaltarif bestehen. Beim Maximaltarif sind die Zölle, ähnlich wie bei unserem autonomen Zolltarif, nach der Höhe festgelegt, während der Minimaltarif die unterste Grenze darstellt, unter welche auch bei Vertragsabmachungen nicht herabgegangen werden darf. Hierin liegt in Ansehung der genannten Minimalzollsätze für Getreide der agrarische Schutz des deutschen Zolltarifs, wie auch in der Begründung zum Gesetzentwurf hervorgehoben ist.

Über die Zolltarifsysteme, den Einheitstarif, den General- und Konventionaltarif, den Maximal- und Minimaltarif hat Dr. Grunzel in dem bereits erwähnten Buch: Systeme der Handelspolitik, eine anschauliche Darstellung entwickelt. Hienach hat oder hatte Großbritannien bisher den Einheitszolltarif. Der Einheitstarif findet ohne Ausnahme auf alle Waren aus allen Ursprungsländern gleichmäßig Anwendung, die Handelspolitik der sog. offenen Tür.

Der General- und Konventionaltarif kennt bereits eine verschiedenartige Behandlung der einzelnen Provenienzen. Diejenigen Staaten, welche mit dem betreffenden Zolleinfuhrland eine Konvention abgeschlossen haben, erhalten für ihre Waren bei der Einfuhr in den Konventionsstaat die Zollsätze des Konventionaltarifs (Zugeständnis der Meistbegünstigung). Bei dem Konventionaltarif unterscheidet

[1]) Vgl. RGBl. 1905 S. 599 ff. Handelsvertrag mit Belgien, S. 35 ff. Handelsvertrag mit Rußland, S. 253 ff. Handelsvertrag mit Rumänien, S. 319 ff. Handelsvertrag mit der Schweiz, S. 413 ff. Handelsvertrag mit Italien, 1906 S. 319 ff. Handelsvertrag mit Serbien, S. 143 ff. Handelsvertrag mit Österreich-Ungarn, S. 1 ff. Handelsvertrag mit Bulgarien, S. 739 ff. Handelsvertrag mit Schweden, 1906 S. 739.

man auch in der Richtung, ob die Höhe der Zollsätze gebunden ist oder nicht, d. h. ob während der Vertragsdauer ein bestimmter Zollsatz erhöht werden darf oder nicht.

Von den vorgenannten Systemen unterscheidet sich der Maximal- und Minimaltarif dadurch, daß er — wenn konsequent durchgeführt, nicht bloß für einzelne Warenposten, sondern durchgehends zwei Tarifsätze enthält, weshalb man auch von einem Doppeltarif spricht. Der Anwendung nach entspricht der Doppeltarif bzw. der Maximaltarif dem Generaltarif und der Minimaltarif dem Konventionaltarif, indem Konventional- und Minimaltarif nur Provenienzen derjenigen Staaten zugestanden ist, welch letztere ihrerseits dasselbe Zugeständnis machen (Reziprozität).

Der wesentliche Unterschied aber liegt in der Entstehung, denn der Minimaltarif wird nicht wie der Konventionaltarif zweiseitig durch Vertragsverhandlungen mit anderen Staaten, sondern einseitig auf dem Wege der autonomen Gesetzgebung aufgestellt, um bei etwaigen Vertragsverhandlungen mit anderen Staaten eine unterste Grenze für die Unterhändler zu schaffen, unter die nicht herabgegangen werden darf. Der deutsche Zolltarif von 1902 hat nur für die 4 Getreidehauptarten Maximal- und Minimaltarifsätze.

Dr. Manicke bemerkt in seinem schon öfter angeführten Aufsatz über Deutschlands gegenwärtiges Zollwesen (Schanz, Finanzarchiv XXV, II): „Gleich im ersten Paragraphen des Zolltarifgesetzes wird das dringende Verlangen der Landwirtschaft nach einem Minimaltarif für ihre hauptsächlichsten Körnerprodukte erfüllt.

Diese Minimalsätze erheben sich recht bedeutend über die früheren Vertragssätze, was zugleich für die Staatsfinanzen von großer Bedeutung ist. Sie sollen für Roggen 5 Mark, für Weizen und Spelz 5 ½ Mark, für Malzgerste 4 Mark, für Hafer 5 Mark betragen. Die bisherigen Sätze waren 3½ Mark, 2 Mark und 2⁴/₅ Mark."

„Der gesamte landwirtschaftliche Betrieb, der landwirtschaftliche Grund und Boden, die gesamte Bodenrente, alles das hat eine Förderung erfahren durch die Erhöhung der Kornzölle, Einbeziehung der Blatt- und Hackbaufrüchte, der Futtergewächse, der Teichfischzucht, Erweiterung der sonstigen Zölle und Erhöhung der Viehzölle.

Er hat weiter erhebliche Förderung erfahren durch den Schutz, der den verwandten Betrieben neu geworden resp. erweitert worden ist, dahin gehört die Gemüsegärtnerei, die Blumengärtnerei, die Obstgärtnerei. Es ist anzunehmen und zu hoffen, daß diese Betriebsgattungen einen tüchtigen Aufschwung nehmen und immer mehr Boden gewinnen werden. Zu wünschen ist es nach 2 Richtungen hin: Es steigt die landwirtschaftliche Bodenrente, der Wert von landwirtschaftlichem Grund und Boden. Dann aber finden zahlreiche Familien ein den Verhältnissen des Mittelstandes entsprechendes selbständiges Unterkommen in diesen Betrieben, die meist eine Familie unterhalten können. Da sie intensiv betrieben werden, genügt meistens eine kleine Fläche. Das Volk kann sich auf dem Lande verdichten. Der Staat kann also mehr Leute in sich fassen, in auskömmlichen Mittelstellen. Das brauchen wir! Das streben wir ja mit allen Mitteln an aus politischen Gründen und wirtschaftlichen!

Der autonome Zoll auf lebende Teichkarpfen ist durch den Handelsvertrag mit Österreich-Ungarn in Zollfreiheit umgewandelt worden, der Zoll auf tote Karpfen beträgt 10 Mark für 1 Dztr." — —

§ 50.

Das Zolltarifgesetz.

Das Zolltarifgesetz, welches hier zuerst besprochen werden soll, hat 16 Paragraphen. Wie bereits oben erwähnt, enthält § 1 Abs. 1 die Bestimmungen über die Minimaltarifsätze für die hauptsächlichsten Getreidegattungen, nämlich Roggen, Weizen mit Spelz, Malzgerste und Hafer.

Über die Getreidezölle, Maximal- und Minimalzollsätze für Roggen, Weizen, Hafer und Malzgerste ist im Reichstag vom 2. Dezember 1901 bis 12. Dezember 1901 verhandelt und debattiert worden. (Vgl. Bd. IV der Reichstagsverhandlungen 1900—1902, 102. Sitzung des Reichstags bis 111. Sitzung).

Die zweite Beratung der Getreidezölle begann am 16. Oktober 1902 und endete mit der Beschlußfassung der Maximal- und Minimalzollsätze für Getreide nach Maßgabe der Kommissionsbeschlüsse, obgleich ein Antrag vom Abgeordneten Frhrn. v. Wangenheim-Pyritz und Gen. vorgelegen hatte, die Mindestzölle auf 116 Artikel zu erweitern und die Sozialdemokraten die Zollfreiheit des Getreides überhaupt verlangt hatten.

Auf die Rede des verstorbenen bayerischen Finanzministers v. Riedel, gehalten im Reichstag am 6. Dezember 1901, namentlich über die Verzollung von Braugerste (Malzgerste) ist hier besonders hinzuweisen (Bd. 4 S. 3018), ebenso auf die Rede Bebels am 5. Dezember 1901 und die Rede des Staatssekretärs von Posadowskys am 3. Dezember 1901. Auch der Abgeordnete Speck hat am 6. Dezember 1901 für den erhöhten Gerstenzoll bzw. die Differenzierung der Gerstenzölle eine bedeutsame Rede gehalten.

In dem Bericht der 16. Kommission (Zolltarif-Kommission) ist über den § 1 des Zolltarifgesetzes eine ganz eingehende Verhandlung niedergelegt, namentlich auch über die Wirkung hoher Getreidezölle auf die Ernährungsverhältnisse der breiten Schichten der Bevölkerung, auf die Gesundheitsverhältnisse, auf die Bevölkerungsbewegung usw. Auch über die Bedeutung von Maximal- und Minimalzollsätzen wurde debattiert. Jedenfalls bemerkenswert ist auch der Antrag, der natürlich abgelehnt wurde, wonach Eigentümer von landwirtschaftlichen Grundstücken mit mehr als 100 Hektar landwirtschaftlich benutzter Fläche verpflichtet werden sollten, für jeden Hektar ihres Besitzes das Zehnfache des auf den Doppelzentner Weizen gelegten Zolles an das Deutsche Reich zu bezahlen.

(Vgl. Reichstag, Aktenstück Nr. 704, Bericht der 16. Kommission, Anlagenband 7, Reichstagssession V 1900/3.)

§ 51.

Nachdem durch § 1 des Zolltarifgesetzes der Zollsatz lediglich für Malzgerste als Minimalsatz zu 4 Mark für 1 dz gebunden war und in den Handelsvertragszusätzen mit Österreich-Ungarn, Rußland, Rumänien und Serbien der Zollsatz für andere Gerste vertragsmäßig auf 1,30 Mark für 1 dz, herabgesetzt worden ist, entstand für die Zollverwaltung die Schwierigkeit, bei der Zollabfertigung von Gerste zwischen Malzgerste und anderer Gerste die richtige Unterscheidung zu treffen.

Es mußte daher vor allem einwandfrei festgestellt werden, was unter Malzgerste und was unter anderer Gerste zolltarifarisch zu verstehen sein wird.

Hierwegen wurde nun in dem Zoll- und Handels- sowie Tarifvertrag mit Serbien, Rumänien, mit Rußland (RGBl. 1905 S. 135) wie in dem Handels- und Tarifvertrag mit Österreich-Ungarn (Zusatzverträge) von 1906 (RGBl. 1906 S. 155) folgendes vereinbart:

Als andere Gerste (also hauptsächlich Futtergerste, nicht Malzgerste oder Braugerste) soll diejenige Gerste zolltarifarisch angesprochen werden, welche:

1. beim Eingang aus dem Auslande über bestimmte, mit besonderer Ermächtigung versehenen Zollstellen in reinem, ungemischtem, granenlosem Zustande das Gewicht von 65 kg für 1 hl nicht erreicht und zugleich nicht mehr als 30 Gewichtsprozente Körner enthält, deren Gewicht 67 kg oder mehr für 1 hl beträgt;

2. Gerste, für welche der Nachweis geführt wird, daß sie zur Bereitung von Malz ungeeignet ist oder daß sie hierzu nicht verwendet wird.

Falls die Richtigkeit der Ergebnisse der nach Ziff. 1 statthaften Ermittelung vom Wareneinbringer bestritten wird, oder falls sich infolge der besonderen Beschaffenheit der zur Abfertigung gestellten Gerste Zweifelsgründe hinsichtlich der Verwendung der Gerste ergeben, so tritt der ermäßigte Zollsatz nur dann in Kraft, wenn die Gerste zur Bereitung von Malz vorher unbrauchbar gemacht worden ist. Diese Unbrauchbarmachung der Gerste zum Keimen d. h. zur Bereitung von Braumalzgerste kann durch Anschroten, durch Anspitzen, Einschneiden oder sonst ein ähnliches Verfahren bewerkstelligt werden. Kosten hiefür sollen dem Einbringer nicht erwachsen (vgl. Stichwort: Gerste im Amtlichen Warenverzeichnis zum Zolltarif S. 212 Anmerkung und den Vertragszolltarif in den Handelsverträgen mit Österreich-Ungarn, Rußland, Rumänien, Serbien).

Zur richtigen Zollbehandlung der Gerste wurde im Jahre 1906 eine Gerstenzollordnung erlassen, die jedoch im Jahre 1909 abgeändert werden mußte und zwar auf Grund des Reichsgesetzes vom 3. August 1909 (RGBl. 1909 S. 899, Preuß. Zentralbl. 1909 S. 290 ff.) betreffend die zollwidrige Verwendung von Gerste.

Wie bereits angedeutet, hat die Differenzierung des Zollsatzes für Gerste in 4 Mark und 1,30 Mark der Zollverwaltung große Schwierigkeiten bereitet. Trotz der eingehenden Vorschriften in der Gerstenzollordnung von 1906 (Anleitung zum Zolltarif, Teil III[1]) soll die zollbegünstigte Gerste gleichwohl zu Brauzwecken und vor allem zur Herstellung von Malzwaren Verwendung gefunden haben.

Das Gesetz vom 3. August 1909 betreffend die zollwidrige Verwendung von Gerste hat fünf Paragraphen.

Der § 1 verbietet die Verwendung von zum niedrigeren Zollsatz abgelassener Gerste zu Brauzwecken. Die niedrigverzollte Gerste soll zur Malzbereitung unbrauchbar gemacht oder gekennzeichnet (gefärbt) werden. §§ 2—4 enthalten die Strafbestimmungen. § 5 bestimmt den Einführungstermin (1. September 1909).

Hienach ist vom Reichsschatzamt die neue Gerstezollordnung vom 1. September 1909 erlassen worden (vgl. BRDrucks. Nr. 120, Bundesratsbeschluß vom 14. Oktober 1909).

[1]) Die nach dem Beschluß des BR. vom 15. Februar 1906 erlassene GZO. hatte 23 Paragraphen. Es war jedoch hinsichtlich des Begriffs der Malzgerste, wozu auch die Gerste zur Malzwarenverarbeitung und die Brenngerste gehörten, zu Unstimmigkeiten gekommen, so daß sich der Reichstag mehrfach mit der Gersteneinfuhr beschäftigte.

Im Jahre 1907 brachte Dr. Rösike bei dem Reichstag bei Gelegenheit der Beratung des Zolletats den Antrag ein, daß bei Behandlung der Gersteneinfuhr nur mehr denaturierte Gerste zum ermäßigten Zollsatz zugelassen werden soll, daß also das Hektolitergewicht nicht mehr maßgebend sein dürfe (RTDrucksache Nr. 324, 1907).

Auch die Budgetkommission stellte einen ähnlichen Antrag, daß sämtliche Gerste, die zu Braumalz oder Brennmalz Verwendung finde, dem Zollsatz von 4 Mark für 1 dz zu unterstellen sei und daß die Futtergerste zum Zollsatze von 1,30 Mark durch Färben denaturiert (gekennzeichnet) werden müsse, daß ferner die Verwendung von Futtergerste zu Brau- oder Brennereizwecken unter Strafe gestellt werden solle.

Einen ähnlichen Antrag brachten der Abg. Speck und Gen. ein (Drucksache Nr 688). S. RTVerhandlung 49 Sitzung 1906/7 Bd. 228.

Demgemäß wurde der Entwurf eines Gesetzes betreffend die zollwidrige Verwendung von Gerste (Anlagenband 255 Nr 1341, BRDrucksache 1909 Nr. 35) beim Reichstage eingebracht.

In der Begründung zu diesem Gesetzentwurf wird bemerkt, daß durch die mit Österreich-Ungarn, Rumänien, Serbien und Rußland vereinbarten Zusatzverträge der Zollsatz für Futtergerste, d. h nicht Malzgerste, auf 1,30 Mark für 1 dz herabgesetzt worden sei. Diese Zolldifferenzierung habe fortwährend in der Presse und in Ver-

Diese vom 1. September 1909 an gültige Gerstenzollordnung hat 30 Paragraphen und 2 Anlagen.

Nach § 1 dieser GZO. ist unter Malzgerste nur Braugerste zu verstehen, unter Malzbereitung die Herstellung von Malz zur Bierbereitung. In der Regel ist das Hektolitergewicht, wie es in der Anmerkung zu Nr. 3 des Zolltarifs angegeben ist, für die Zolltarifierung entscheidend, ausgenommen wenn seitens des Wareneinbringers das Gewichtsergebnis nicht anerkannt wird oder die Beschaffenheit der Gerste an sich die Verwendung als andere Gerste (Futtergerste) bezweifeln lassen (§ 2).

Auch wenn der Nachweis erbracht wird, daß die Gerste zur Bierbereitung nicht verwendet wird, kann die Gewichtsermittelung unterbleiben und die Gerste auf Erlaubnisschein zum zollbegünstigten Satz abgefertigt werden (§ 21 bis 23).

Die Unbrauchbarmachung der Gerste erfolgt durch Anschroten, Anspitzen, Quetschen oder durch Kennzeichnung mittels Eosinfärbung. Die Eosinfärbung wurde zuerst mit 5prozentiger Eosinlösung der Gerste bewirkt, zurzeit ist jedoch eine einprozentige Eosinlösung zugelassen. Gegen die Eosinfärbung bestand anfangs großes Widerstreben seitens der Gerstenhändler und namentlich der Gerstenmüller, weshalb vom Reichskanzler eine genaue Untersuchung dieser Beschwerdegründe angeordnet wurde.

In den Bestimmungen in §§ 7—15 der Gerstenzollordnung wird die Zollabfertigung der Gerste zum freien Verkehr des Näheren angeordnet und zwar in welcher Weise bei der Abfertigung nach dem Hektolitergewicht die Entnahme der Proben, die weitere Behandlung der Proben und die Feststellung des Gesamthektolitergewichts und des Sonderhektolitergewichts nach den Vorschriften in Anlage A zu erfolgen hat. (Anl. A Anweisung für die technische und chemische Untersuchung der Gerste und der Erzeugnisse aus gekennzeichneter Gerste.) In §§ 16—24 wird die Zollabfertigung der Gerste ohne Feststellung des Hektolitergewichts geregelt, z. B. die Gerste für Graupenmüllerei oder wenn sonst vom Zollpflichtigen der Nachweis erbracht wird, daß die Einfuhrgerste zur Malzbereitung ungeeignet ist oder hiezu nicht Verwendung findet. Mißlingt dieser Nachweis, so ist alle zollbegünstigte Gerste mit Eosinfärbung zu kennzeichnen oder sonst unbrauchbar zu machen.

Nach § 21 ist nämlich als zur Malzbereitung nicht Verwendung findend diejenige Gerste anzusehen, von welcher nachgewiesen wird, daß sie zur Herstellung von Graupen, Rollgerste in Müllereien verwendet wird, daß sie zur Herstellung von Brennmalz (Malz für Brennereien) und daß sie zur Herstellung von Malzwaren (Kaffeeersatz) gebraucht wird, oder daß sie als Saatgut oder zu Fütterungszwecken dient. Hiewegen werden sog. Erlaubnisscheine ausgestellt, wobei die Kontrollmaßregeln von der Direktivbehörde festzusetzen sind.

Der § 25 handelt von der Abfertigung der Gerste im gebundenen Verkehr, § 26 von der Tragung der Kosten, wonach die Unbrauchbarmachung der Gerste zur Malzbereitung oder ihre Kennzeichnung bei den besonders hiezu ermächtigten Zollstellen ohne Kosten für den Empfänger stattfinden soll. § 27 enthält das ausdrückliche Verbot der Verwendung von anderer Gerste zu Brauzwecken, § 28 läßt noch weitere Kontrollmaßregeln zu, § 29 bestimmt, daß von der Verzollung zum niedrigeren Zollsatz beim Verkauf solcher Gerste der Neuerwerber in Kenntnis zu setzen ist; § 30 enthält die Strafbestimmungen. Anlage B bringt zu § 23 die Bestimmungen über die mit dem Nachweis der Verwendung abgelassene Gerste sowie betreffend die Ausstellung des Erlaubnisscheins, die Zollaufsicht, Buchführung, Lagerung der Gerste usw. (vgl. auch Nachtrag 4 zu der Anleitung für die Zollabfertigung).

Wie bereits oben bemerkt, rief die angeordnete Kennzeichnung (Eosinfärbung) der zollbegünstigten Gerste bei den Getreidehändlern, Müllern, Viehmästern, Hefenfabrikanten eine große Aufregung und heftige Opposition hervor, so daß sich die obersten Landesfinanzbehörden veranlaßt sahen, von der auf Grund der §§ 21/22 der neuen Gerstenzollordnung gegebenen Ermächtigung, sog. Erlaubnisscheine zum Schroten

---

sammlungen wie in den Parlamenten den Gegenstand von Erörterungen gebildet. (Vgl. RTVerhandlung vom 6. Dezember 1906 und 16. März 1908.) Hienach sollte vielfach die zum Zollsatz von 1,30 Mark abgelassene, sog. andere Gerste gleichwohl zu Brauzwecken Verwendung finden.

Es erfolgte daher in der 232. Sitzung des Reichstags von 1909 die Annahme dieses Gesetzentwurfs und am 3. August 1909 ward das Gesetz betreffend die zollwidrige Verwendung von Gerste im RGBl. 1909 S. 899 veröffentlicht. Demgemäß mußte auch eine neue Gerstenzollordnung ausgearbeitet werden.

von ungefärbter Futtergerste auf Grund des Zollsatzes von 1.30 Mark für 1 dz auszustellen, vorübergehend einen weitgehenden Gebrauch zu machen. Da jedoch diese Erlaubnisscheinerteilung zum Schroten von zollbegünstigter Gerste, namentlich bei größerer Ausbreitung dieser Erlaubnis, eine nicht geringe Gefahr für das Zollaufkommen aus der Gerstenverzollung in sich birgt, so wird hievon umsomehr abzusehen sein, als sich die Zollverwaltung veranlaßt sah, zur Beruhigung des Publikums im Reichs-Anzeiger vom 19. Januar 1910 eine längere Erklärung über die Schädlichkeit bzw. Unschädlichkeit der Eosinfärbung zu erlassen, woraus folgendes entnommen wird:

> Die Beunruhigung, die in weiten Kreisen der Viehhalter wegen der angeblich schädlichen Wirkung der mit Eosin gefärbten Gerste auftrat, entbehrt der Begründung, indem durch staatliche Untersuchungen einwandfreie und befriedigende Resultate gewonnen wurden. Zu einer Untersuchung wurden die inneren Teile zweier geschlachteten Schweine verwendet und vom Hygienischen Institut der tierärztlichen Hochschule in Berlin untersucht, wobei wiederholt Anzeichen irgend einer durch Fütterung mit Eosingerste hervorgerufenen Schädigung der Gewebe nicht entdeckt werden konnten.
>
> Gleichwohl wurden die Versuche noch fortgesetzt, allein auch diese haben ergeben, daß die vorgebrachten Behauptungen einer gesundheitschädlichen Wirkung der Eosingerste bei Schweinen aller Begründung entbehren.
>
> Auch die Klagen über Verunreinigung der Mahlgänge in den Mühlen, in denen Eosingerste verschrotet wird, werden hinfällig, wenn diese Mahlgänge nach jedem Mahlakt sorgfältig gereinigt werden.

Im Anschluß an diese Vorgänge wurde hinsichtlich der Eosinfärbung der Gerste im Reichstag der Antrag Carstens eingebracht, worüber am 13. April 1910 verhandelt wurde. Die Petition, die Eosinfärbung wieder aufzuheben, wurde nach der eindringlichen Rede des Reichsschatzsekretärs abgelehnt.

Es wird sich demnach die Kennzeichnung der Futtergerste und überhaupt aller Gerste, die nicht als Braugerste verwendet werden soll und demgemäß mit 1,30 Mark für 1 dz verzollt worden ist, bald allgemein einführen und die Beschwerden hiegegen werden allgemach verstummen, da weder die Gesundheitsschädlichkeit des Eosin für die Tiere, noch die anderen Nachteile der Eosinfärbung erwiesen werden konnten. (Vgl. 62. RTSitzung vom 13. April 1910.)

Beim Gerstenzoll ist auch der Zoll auf **Malz** zu erwähnen.

Der Zoll auf Gerstenmalz, ungebrannt, ungemahlen beträgt für 1 dz Rohgewicht 10,25 Mark (Generaltarif) und 5,75 Mark nach dem Vertragstarifsatz (Handelsvertrag mit Österreich-Ungarn) und der Zollsatz für anderes Malz 11 Mark für 1 dz Rohgewicht.

Es wird angenommen, daß aus 100 kg Gerste etwa 75 kg Malz gewonnen werden können oder daß zur Herstellung von 100 kg Malz 133 1/3 kg Getreide erforderlich sind.

Die Differenzierung des Malzzolles ergibt sich aus den verschiedenen Zollsätzen für Gerste, Weizen usw. Da Braugerste einem Zollsatz von 4 Mark unterliegt, würde der Malzzoll eigentlich 5,33 Mark betragen, der Überschuß dient zum Ausgleich der Frachtersparnis und zum Schutz der heimischen Arbeit. Weizenmalz, in Bayern zur Herstellung von Weißbier verwendet, muß höher mit Zoll belastet werden als Gerstenmalz, da der Weizenzoll gleichfalls höher ist. (Vgl. Begründung zum Zolltarif von 1902, Anlagenband IV zu den RTVerhandlungen.)

Getreide in Garben, wie es auf dem Felde gewonnen und so eingeführt wird, unterliegt der Hälfte des gewöhnlichen Eingangszolles. Der Zoll für Mais und Dari beträgt autonom fünf Mark, vertragsmäßig drei Mark für einen Doppelzentner.

In § 1 Abs. II des Zolltarifgesetzes ist außer den Mindestzöllen noch bestimmt, daß auf die Erzeugnisse der deutschen Zollausschlüsse die Vertragszollsätze Anwendung zu finden haben. Ebenso können durch Bundesratsbeschluß den Erzeugnissen der deutschen Kolonien und Schutzgebiete einschließlich des Pachtgebietes von Kiautschou die Vertragszollsätze und Vertragszollfreiheiten, wie den deutschen Zollausschlüssen, eingeräumt werden.

Die vertragsmäßigen Zollsätze und Zollfreiheiten kommen nicht bloß den sog. Vertragsstaaten (den meistbegünstigten Ländern), sondern auch den deutschen Zollausschlüssen und den deutschen Kolonien und Schutzgebieten zugute.

Zu den Meistbegünstigungsstaaten gehören nach der Mitteilung im Zollamtsblatt für Bayern 1906 S. 155 folgende Staaten und Länder:

Abessinien, Ägypten, Äthiopien[1]), Argentinien, Belgien, Bolivien[2]), Bulgarien, Chile, Dänemark, Ecuador, Frankreich mit seinen Kolonien und dem Fürstentum Monaco, Griechenland, Großbritannien mit seinen Kolonien und auswärtigen Besitzungen (jetzt wieder einschl. Kanada), Guatemala, Honduras, Italien einschl. der Republik San Marino, Japan, Kolumbien, Liberia, Marokko, Mexiko, Montenegro[3]), Nicaragua, die Niederlande einschl. der Kolonien und auswärtigen Besitzungen, Norwegen, Österreich-Ungarn einschl. Bosnien und Herzegowina sowie des Fürstentums Liechtenstein, Paraguay, Persien, Rumänien, Rußland, El Salvador[4]), Schweden, die Schweiz, Serbien, Spanien, die Türkei mit Ostrumelien, Tunis, Uruguay, Venezuela[5]), Zanzibar. Hiezu ist nun auch noch Portugal gekommen,[6]) ferner gehören die Vereinigten Staaten von Amerika[7]) zu den meistbegünstigten Ländern.

Nach der Vorbemerkung 2 Abs. III zum Amtlichen Warenverzeichnis gelten nach Bundesratsbeschluß die deutschen Vertragszollsätze und Vertragsbestimmungen nicht bloß für die Erzeugnisse der deutschen Zollausschlüsse, sondern auch für die der Kolonien und Schutzgebiete (einschließlich des Pachtgebiets Kiautschou). Der latente Zollkrieg mit Haiti ist durch die kaiserliche Verordnung vom 28. August 1908 (RGBl. 1908 S. 501) vom 1. September 1908 wieder beseitigt worden, desgleichen ist mit Kanada eine neue Regelung der Handelsbeziehungen vereinbart. (Vgl. Bundesratsdrucksache Nr. 37 1910 und Vereinbarung zwischen Kanada und dem Deutschen Reich vom 15. Februar 1910; RGBl. 1910 Nr. 9).

§ 52.

Der § 2 des Zolltarifgesetzes bestimmt folgendes: In jedem Steuerdirektionsbezirk ist eine Behörde zu errichten, die auf Verlangen über die Zolltarifsätze Auskunft zu geben hat, zu welchen bestimmte Waren oder Gegenstände im deutschen Zollgebiete zugelassen werden.

Hiezu hat der Bundesrat in Teil II zum Zolltarifgesetze, Ziffer 1, die näheren Bestimmungen betreffend die Auskunfterteilung in Zolltarifangelegenheiten erlassen.

Nach § 1 dieser Bestimmungen haben die Direktivbehörden, also die Oberzolldirektionen, Generalzolldirektionen usw. diese Zolltarifauskunft zu erteilen und zwar ist diejenige Direktivbehörde zur Auskunfterteilung zuständig, in deren Bezirk die Einfuhr der Ware oder des Gegenstandes stattfinden soll. Die Erteilung der Auskunft ist nach Möglichkeit zu beschleunigen.

In §§ 2 und 3 sind die Obliegenheiten des Fragestellers (des Einbringers der Ware) näher vorgeschrieben. Hiebei ist zu beachten, daß die Angaben über Beschaffenheit, Herstellungsland und Verwendungszweck der Ware genauestens anzugeben und vier Warenproben mit vorzulegen sind. Ist die Vorlegung

---

1) HV. vom 7. März 1905, RGBlatt 1906 S. 470 (Äthiopien).
2) HV. vom 22. Juli 1908, RGBlatt 1910 S. 507 (Bolivien).
3) HV. vom 18. Juni 1907, RGBlatt 1908 S. 28 (Montenegro).
4) HV. vom 14. April 1908, RGBlatt S. 405 (El Salvador).
5) HV. vom 26. Jan. 1909, RGBlatt S. 919 (Venezuela).
6) HV. vom 30. Nov. 1908, RGBlatt 1910 S. 619 (Portugal).
7) RG. vom 5. Febr. 1910, betr. die Handelsbeziehungen zu den Vereinigten Staaten von Amerika u. Bekanntmachung des Reichskanzlers vom 7. Febr. 1910 (RGBlatt 1910 S. 387/8.)

von Warenproben untunlich, so kann auch eine Abbildung der Ware oder deren genaue Beschreibung als genügend erachtet werden oder aber es müßte die Auskunfterteilung abgelehnt werden.

Zu den Angaben nach §§ 2 und 3 sind bestimmte Musterformulare zu verwenden.

Nach § 4 gibt es zwar für den Fragesteller eine Beschwerde gegen die Auskunfterteilung nicht, wohl aber steht ihm bei der Warenabfertigung selbst die Beschwerde nach § 12 des VZG. sowie die fortlaufende Beschwerde zu. Wegen Einführung der sog. fortlaufenden Beschwerde hat der kgl. preußische Finanzminister unterm 15. Oktober 1905 (Preuß. Zentralblatt 1905 S. 735) die näheren Bestimmungen erlassen, wonach eine als „fortlaufende Beschwerde" bei einem Hauptzollamte eingereichte Beschwerde über die Zolltarifierung einer Ware bis zur obersten Landesfinanzbehörde gelangen soll, soferne nicht von dem Hauptzollamte oder der Direktivbehörde bereits Abhilfe getroffen wird. Diese fortlaufende Beschwerde ist auch in den übrigen Bundesstaaten eingeführt und wird in gleicher Weise bei Beschwerden über die Unbrauchbarmachung der Gerste nach der Gerstenzollordnung zugelassen (Preuß. Zentralblatt 1906 S.727).

Die Verfügung über die sog. fortlaufende Beschwerde lautet:

Beschwerdeverfahren in Zolltarifsachen betreffend.

Zum Zwecke der Beschleunigung und Vereinheitlichung der Entscheidungen in Zolltarifsachen ist, so weit solche Entscheidungen von den beteiligten Gewerbetreibenden angefochten werden, nach folgenden Bestimmungen zu verfahren:

§ 1.

Gegen die Entscheidung der abfertigenden Zollstellen in Zolltarifsachen kann eine fortlaufende Beschwerde mit der Wirkung erhoben werden, daß sie zur Entscheidung des Ministeriums zu bringen ist, falls ihr nicht schon in einer der früheren Instanzen abgeholfen wird.

§ 2.

Die im § 1 angegebene Wirkung wird einer Beschwerde nur dann beigelegt, wenn sie entweder als „fortlaufende" bezeichnet oder an das Ministerium gerichtet oder in ihr sonst zum Ausdrucke gebracht ist, daß der Beschwerdeführer auf einen ablehnenden Bescheid die Entscheidung der obersten Landesfinanzbehörde wünsche.

§ 3.

Die fortlaufende Beschwerde ist in jedem Falle bei demjenigen Hauptzollamte einzureichen, dessen Entscheidung angefochten wird, oder zu dessen Bezirke die Zollstelle gehört, gegen deren Entscheidung Beschwerde erhoben wird.

§ 4.

Erachtet das Hauptzollamt die Beschwerde für begründet, so hat es ihr abzuhelfen, andernfalls sie an die vorgesetzte Direktivbehörde weiterzugeben.

§ 5.

Erachtet auch die Direktivbehörde die Beschwerde nicht für begründet, so hat sie diese nach Maßgabe des § 2 der obersten Landesfinanzbehörde vorzulegen.

Die am Zollverkehre beteiligten Gewerbetreibenden sind bei sich bietender Gelegenheit von den Zollstellen auf die Einrichtung der fortlaufenden Beschwerde aufmerksam zu machen.

Nach § 5 der Bestimmungen über die Auskunfterteilung in Zolltarifsachen trägt der Fragesteller die Kosten. In §§ 6 und 7 sind die weiteren Vorgänge angeordnet, die die Auskunft erteilende Direktivbehörde anzuordnen hat, inwieweit die erteilte Auskunft sowohl für die Zollverwaltung als für den

Importeur (Fragesteller) maßgebend bleibt. Nach § 8 können die obersten Landesfinanzbehörden, denen die Auskunfterteilungen nebst Muster vorzulegen sind, diese abändern, doch bleibt dem Einbringer eine Frist von 3 Monaten zur Einfuhr der Ware nach den niedrigeren Zollsätzen, wenn er nachweist, daß er in gutem Glauben lästige Verträge abgeschlossen hat. Nach § 9 sind Änderungen der Auskunfterteilungen innerhalb Jahresfrist dem Fragesteller mitzuteilen. Die Reichsbevollmächtigten für Zölle und Steuern haben nach § 10 von der Auskunfterteilung Kenntnis zu nehmen und hievon dem Reichsschatzamt Mitteilung zu machen (unter Beilage von Mustern rc.). Das Reichsschatzamt hat über die Einheitlichkeit der Auskunfterteilungen bei verschiedenen Direktivbehörden zu wachen und die unbeanstandeten Auskünfte bekannt zu geben. (Im Nachrichtenblatt für die Zollstellen, herausgegeben vom Reichsschatzamt.)[1])

Die Auskunfterteilung in Zolltarifangelegenheiten wirbelte schon seit Jahren vielen Staub auf, so daß sich der Bundesrat veranlaßt sah, durch Beschluß vom 20. Januar 1898 — § 33 der Protokolle — bei den Zolldirektivbehörden amtliche Auskunftstellen zu errichten. Diese bundesrätlichen Anordnungen sind nunmehr durch Gesetz geregelt und festgehalten. Die Frage der Errichtung eines Reichszolltarifamtes oder eines Reichsgerichtshofes für Beschwerden in Zolltarifangelegenheiten oder einer Zollverwaltungs-Auskunftstelle ist in den letzten 10—15 Jahren Gegenstand mannigfacher Besprechung gewesen. Es sei hier auf das interessante Werk von Egner und Schuemacher „Agrar- und Zollfragen“ Abschnitt 24 verwiesen, ferner auf Trautvetter: Das neue deutsche Zolltarifrecht; endlich auf die 5. Auflage dieses Buches S. 282/3.

Durch die Errichtung von Auskunftstellen bei den Direktivbehörden dürfte den Wünschen der Handel- und Gewerbetreibenden möglichst entgegengekommen sein Es soll tunlichst Beschleunigung bei Erledigung dieser Tarifanfragen eintreten, die der erteilten Auskunft zugrunde liegende Entscheidung gilt als maßgebend und bindend bis zur Abänderung, ja gegebenenfalls noch darüber hinaus, wenn der Fragesteller nachweist, daß die Einfuhr der Waren infolge von Verträgen stattfindet, die vor der mitgeteilten Abänderung des Tarifsatzes in gutem Glauben abgeschlossen worden sind. Zur möglichsten Beschleunigung in der Erledigung solcher Tarifanfragen kann der Beteiligte selbst beitragen, wenn er die erforderlichen Muster, Warenproben, Abbildungen und seine sonstigen Angaben und Anträge gleich bei seinem ersten Anschreiben vollzählig und richtig beifügt. Die Einführung eines Verwaltungsgerichtshofes zur Entscheidung von Zollfragen oder die schiedsgerichtliche Austragung von Zolltarifstreitigkeiten würde den Wünschen der Handelswelt nicht annähernd so gerecht geworden sein. Der Richter müßte sich immer auch an das Votum von Zollsachverständigen halten und auf eine schnellere Erledigung der Sache dürfte im gerichtlichen Verfahren kaum zu hoffen sein. Ein Reichszolltarifamt aber würde nach den zurzeit bestehenden Bestimmungen der Reichsverfassung (Art. 38) nicht zulässig sein.

Vgl. auch die Reichstagsverhandlungen 1903/5 S. 4721 ff. Aktenstück 624 Ziff. 2 und von 1895/7 Bd. 5 Aktenstück Nr. 622.

Die Bestimmungen über die Erteilung von amtlichen Auskünften in Zolltarifangelegenheiten sind veröffentlicht im Preußischen Zentralblatt für Abgaben I. Beilage zu Nr. 6, 1906; im Bayerischen Zollamtsblatt 1906 S. 713.

Die in dem mehrerwähnten Aufsatz von Dr. Manicke in Dr. Schanz Finanz-Archiv XXV. II zu § 2 des Zolltarifgesetzes gemachten Bemerkungen entbehren der Begründung. Die Einheitlichkeit der Zolltarifierung und Auskunfterteilung

[1]) Das Nachrichtenblatt für die Zollstellen enthält die Entscheidungen der obersten Landesfinanzbehörden zum Zolltarif, die Auskunfterteilungen sowie sonstige für die Zolltarifierung wichtige Mitteilungen. Das Blatt erscheint halbmonatlich und kann zum Preise von 8 Mark jährlich von den Postanstalten und Buchhandlungen, sowie von der Verlagsbuchhandlung J. Springer in Berlin N, Monbijouplatz 3, bezogen werden

wird durch die Mitteilung der Auskünfte an die Ministerien und seitens der Reichsbevollmächtigten für Zölle und Steuern an das Reichsschatzamt gewährleistet.

In dem Bericht der Zolltarifkommission ist ausdrücklich erwähnt, daß man mit der Auskunftserteilung in Zolltarifsachen nunmehr tatsächlich zufrieden sei und die schon früher im Verwaltungswege durch Bundesratsbeschluß vom 20. Januar 1898 eingerichtete Tarifauskunftsstelle nur noch der gesetzlichen Regelung bedürfe.

§ 53.

Im § 3 des Zolltarifgesetzes sind die Bestimmungen über die Verzollung nach dem Brutto- und Nettogewichte enthalten oder, wie es jetzt fachtechnisch heißt, nach dem Roh- und Reingewicht. Nach dem Rohgewicht, also nach dem Gewicht der Ware einschließlich der Verpackung, werden die Waren bis zu einem Zollsatze von 6 Mark für den Doppelzentner verzollt, sowie für diejenigen Waren, bei welchen der Zolltarif Rohgewichtsverzollung ausdrücklich vorschreibt z. B. bei Hopfen (Nr. 30 des Zolltarifs).[1] Bei Flüssigkeiten gelten Fässer, Flaschen, Kruken usw. als zum Reingewicht gehörig. Die Taravergütungen, d. h. die Abzüge für die Verpackung bei der Reingewichtsverzollung, die, obige Ausnahmen abgerechnet, sonst in der Regel eintreten, bestimmt der Bundesrat, nicht mehr das Zollgesetz, wodurch eine größere Beweglichkeit in der Festsetzung und Änderung der Tarasätze erzielt ist.

Handelsübliche Umschließungen bleiben beim Wareneingang zollfrei.

Dem Bundesrate ist vorbehalten, Gewichtszuschläge zu den nach dem Rohgewicht zollpflichtigen, aber unverpackt oder in nicht handelsüblichen Umschließungen eingehenden Waren oder bei Flüssigkeiten, die in nicht handelsmäßigen Umschließungen eingehen, festzusetzen.

Bei Mineralöl (zu Leuchtzwecken) ist die Verzollung nach dem Raumgehalte zulässig, wobei 125 Liter bei 15 ° C gleich einem Doppelzentner Gewicht gerechnet werden (z. B. wenn das Petroleum in Tankwagen eingeht). Bei der Verzollung von Bier ist nach § 61 des Brausteuer-Gesetzes vom 15. Juli 1909 die Raumverzollung in der Weise zulässig, daß statt des Gewichtszolles von 9,65 Mark für 1 dz 12,70 Mark für ein Hektoliter Zoll entrichtet werden können. Es werden also für 100 Liter Bier 132⅔ kg mit Faß gerechnet.

---

[1]) Nach dem Rohgewicht werden verzollt Malz (Nr. 9 ZT.), Hopfen (Nr. 30), Hopfenmehl (Nr. 31), Austern (Nr. 119), Seeschildkröten (Nr. 121), Seekrebse, Hummern usw. (Nr. 123), Baumwollstearin (Nr. 170), Kunstspeisefett (Nr. 207), Vaselin, Lanolin, Maschinenfett (Nr. 258), Schmiermittel mit Ausnahme der Wagenschmiere (Nr. 260), Spielkarten (Nr. 661), Hohlglas, weiß (Nr. 737), Spiegel- und Tafelglas, photographische Trockenplatten usw. (Nr. 741/51), ungeschliffene, ungepreßte Uhrgläser (Nr. 754).

Der § 3 des Zolltarifgesetzes lautet wie folgt:

Die Gewichtszölle werden von dem Rohgewicht erhoben, wenn der Tarif dies ausdrücklich vorschreibt wie z. B. bei Hopfen, sowie bei Waren, für die der Zoll 6 Mark für 1 dz nicht übersteigt.

Im übrigen wird bei den Gewichtszöllen das Reingewicht zugrunde gelegt. Bei der Ermittelung des Reingewichts von Flüssigkeiten wird das Gewicht der unmittelbaren Umschließungen (Fässer, Flaschen, Kruken u. dgl.) nicht in Abzug gebracht.

Der Bundesrat bestimmt den Anteil des Rohgewichts, der zur Berechnung des Reingewichts als Tara in Abzug gebracht werden kann (Taraordnung).

Beim Eingang von Waren bleiben handelsübliche Umschließungen zollfrei; für Waren, die nach dem Rohgewicht verzollt werden und in nicht handelsüblichen Verschließungen eingehen, kann ein Tarazuschlag bestimmt werden. Der Taratarif ist veröffentlicht im Reichs-Zentralblatt 1906 S. 31 ff. und 1910 S. 277. S. auch Änderungen der Tarasätze nach BRBeschlüssen von 1907, 1908 u. 1909.

Bei Obstwein und Essig ist nach BRBeschluß vom 2. Juni 1910 gleichfalls ein Tarazuschlag eingeführt. RZBlatt 1910 S. 277.

Der Bundesrat hat zu § 3 des Zolltarifgesetzes die Taraordnung (TO.) erlassen (Teil II Ziff. 2, Anleitung zum Zolltarifgesetze).

Die TO. hat 30 Paragraphen, indem in § 1 die Begriffe Rohgewicht, Reingewicht und Eigengewicht, Tara festgestellt werden. In § 2 wird der Begriff: Umschließungen erläutert. In § 3 wird angegeben, welche Umschließungen bei Flüssigkeiten zum Reingewicht gehören. In § 4 wird das Reingewicht bei trockenen Waren festgestellt, hienach gehören z. B. Etuis, die nach den darin aufbewahrten Gegenständen besonders geformt sind wie Etuis mit silbernen Löffeln zum Reingewicht Der § 5 bestimmt die Ermittelung des Reingewichts durch Abzug der Tara nach den Tarasätzen, § 6 regelt die Zusatztara; § 7 bestimmt das Verfahren, wenn Gegenstände in unvollständigen Umschließungen verpackt eingehen.

§ 8 enthält die Begriffsbestimmungen für Kisten, Kübeln, Schachteln, überfässer, Eimer, Kanasserkörbe, Körbe usw., Ballen, Säcke, Mattenverpackung. § 9 bestimmt die Faßtara für Tabak, § 10 für hölzerne Musterkoffer; die §§ 11—12 enthalten detaillierte Anordnungen für besondere Umschließungen.

Die §§ 13—17 geben die Bestimmungen über die Ermittelung des Reingewichts durch Verwiegung mit dem Wahlrecht des Anmelders, der Zulässigkeit der Probeverwiegungen, der Entfernung von Eisverpackung. Die §§ 18 und 19 regeln die Ermittelung des Reingewichts bei Waren in zwei- und mehrfacher Umschließung.

Die §§ 20 und 21 handeln von der Ermittelung des zollpflichtigen Gewichts verschiedener tarifierter Waren in einer Umschließung verpackt. Der § 22 regelt den Tarazuschlag, die §§ 23—26 bestimmen die Zollbehandlung der handelsüblichen und nicht handelsüblichen Umschließungen, die §§ 27—30 regeln noch besonders vorkommende Fälle.

Die Bestimmungen über die Tara (die Taraordnung) sind veröffentlicht im Preußischen Zentralblatt 1906 S. 756 und im bayerischen Zollamtsblatt 1906 S. 722. Änderungen und Ergänzungen hiezu finden sich veröffentlicht im Preuß. Zentralblatt 1907 S. 364, 1908 S 329, 1909 S. 216; im Bayerischen Zollamtsblatt 1908 S. 101 und 1909 S. 207.

Bemerkt wird noch, daß der früher bestandene Taraabzug für Sirup in Fässern beseitigt wurde, da kein Grund vorhanden ist, Sirup anders zu behandeln wie sonstige Flüssigkeiten.

Bei der Verzollung von Waren nach dem Rohgewicht ist vorausgesetzt, daß diese Waren in einer handelsüblichen Verpackung eingehen, indem außerdem ein Tarazuschlag stattfinden müßte über die Abnahme äußerer Umschließungen vor der Verwiegung s. pr. FMErlaß vom 16. März 1908. (S. auch Nachtrag 5 zur Anleitung für die Zoll-Abfertigung.)

§ 54.

Der § 4 des Zolltarifgesetzes wurde durch die Schwierigkeiten mancher Verzollungen, insbesondere von Chemikalien, Textilwaren usw. erforderlich. Hienach können für die Vornahme von technisch schwierigen Zolltarifierungen nur bestimmte Ämter bezeichnet werden, die sodann auch mit den erforderlichen Gerätschaften und Utensilien ausgerüstet werden z. B. zum Färben der Gerste mit Eosin.

Diese Verzollungsbeschränkungen, die früher nur die Abfertigung von Baumwollgarne, Kammgarne, Fußdecken, und Plattstichgewebe betrafen, sind jetzt auf etwa 75 Warengattungen ausgedehnt, da der Zolltarif von 1902, wie bereits früher bemerkt wurde, viel mehr individualisiert und spezialisiert wurde, als bei den früheren deutschen Zolltarifen der Fall war.

Dr. Manicke meint zwar, die Bestimmung in § 4 des Zolltarifgesetzes werde sich zu einer furchtbaren Plackerei auswachsen, allein da zur Abfertigung verschiedener Waren, z. B. der zollbegünstigten Gerste teure Geräte notwendig sind, bei anderweitigen Gegenständen z. B. bei Textilwaren eingehende Kenntnisse der Fabrikationsweise für die richtige Zollabfertigung eine notwendige Voraussetzung bilden, bei Pferden und anderen Tieren die Mitwirkung eines Tierarztes erforderlich ist, so mußte die erwähnte Abfertigungsbeschränkung eintreten. In Ziff 3 Teil II der Anleitung zur Zollabfertigung hat der Bundesrat die Waren aufgeführt, die nur bei bestimmten Zollstellen nach den maßgebenden Tarifsätzen, sonst aber nur nach den höchsten in Frage kommenden Zollsätzen eingelassen werden dürfen. Die höchsten hiebei in Frage kommenden Zollsätze sind in dieser Zusammenstellung aufgeführt. Auf diese zu § 4 des Zolltarifgesetzes erlassene Zusammenstellung der Abfertigungsbefugnisse ist hier hinzuweisen. Die Kosten mit Tragung des Risiko hat der Einbringer zu übernehmen, wenn die Ware oder Proben davon an eine mit der Abfertigungsbefugnis versehene Zollstelle zur Tarifierung übersendet werden.

Der § 5 des Zolltarifgesetzes enthält die positiven Zollbefreiungen und lautet: Von der Verzollung sind befreit:

a) die mit der Post eingehenden Warensendungen von 250 Gramm Rohgewicht und weniger;

b) die der Gewichtsverzollung unterliegenden Waren in Mengen unter 50 Gramm. Zollbeträge von weniger als 5 Pfennig werden überhaupt nicht, höhere Zollbeträge nur, soweit sie durch 5 teilbar sind, unter Weglassung der überschießenden Pfennige, erhoben.

Hiezu sind folgende Ausnahmen anzumerken:

Von der Zollfreiheit der Poststücke bis zu 250 Gramm Rohgewicht sind diejenigen Postsendungen ausgenommen, die 50 Gramm und darüber im Rohgewicht haben und deren Einfuhr mit der Post über die Grenzen gegen Österreich und gegen die Zollausschlüsse erfolgt, soweit ein Zollsatz von 100 Mark und darüber für 1 dz in Frage kommt; desgleichen die über die Grenzen gegen die Schweiz, die Zollausschlüsse, gegen Österreich-Ungarn, Frankreich, Belgien und Holland eingehenden Postsendungen, soweit sie Taschenuhren oder Werke oder Gehäuse zu solchen enthalten. Postsendungen mit Mustern oder Proben von Kaffee, Tee, Kakao, Zucker, Rohtabak oder getrockneten Früchten bis 350 Gramm Rohgewicht sind zollfrei, die aus den Zollausschlußgebieten eingehenden Proben von Tee, Arak, Rum und Kognak von 250 Gramm und weniger Rohgewicht sind gleichfalls von der Verzollung ausgenommen.

Vgl. auch Erlaß des pr. Finanzministers vom 26. März 1906, preuß. ZBl. 1906 S. 484 u. dgl. vom 6. September 1907, pr. ZBl. S. 312. Über die Abrundung der Zollbeträge ist der Erlaß des pr. Finanzministers vom 18. Oktober 1906, pr. ZBl. S. 1468 hier vorzumerken. Hinsichtlich der Zollfreiheit für Mustersendungen ist in dem allgemeinen Rundschreiben des k. pr. Finanzministers vom 2. April 1907 eine erweiternde Auslegung des belgischen Handelsvertrags vom 22 Juni 1904 bekannt gegeben worden. Vgl. pr. ZBl. 1907 S. 108.

Bei Mißbräuchen kann der Bundesrat für die Bestimmungen des § 5 des Zolltarifgesetzes Einschränkungen verfügen.

§ 55.

Die Genauigkeit der Gewichtsermittelung auf der Dezimalwage, auf den gewöhnlichen Wagen und auf der Zentesimalwage bestimmt Ziff. 5 der Anleitung zur Zollabfertigung. Hienach ist das zollpflichtige Gewicht in der Regel bis auf 50 Gramm, auf der Zentesimalwage bis auf 1 kg zu ermitteln.

Hinsichtlich der Verwiegung von Eisenbahnwagen auf der bahnamtlichen Geleiswage ist durch Erlaß des Reichsschatzamtes vom 25. November 1909 eine Erleichterung dahin zugelassen worden, daß das bahnamtlich ermittelte Gewicht auch als das zollpflichtige gilt. Hienach modifizieren sich die in Ziff. 6 der Anleitung zur Zollabfertigung erlassenen Bestimmungen über die Ermittelung des zollpflichtigen Gewichts von Waren, die in Eisenbahnwagenladungen eingehen, mittels der Geleiswage (Zentesimalwage).

Die Bestimmungen des § 6 des Zolltarifgesetzes über die Zollfreiheit von Ackerbauerzeugnissen usw. aus Grundstücken, die zum Teil innerhalb, zum Teil außerhalb des Zollgebietes belegen sind; über die Zollfreilassung der von deutschen Fischern gefangenen Seetiere; über die Zollfreiheit der gebrauchten Kleider- und Wäschestücke, nicht zum Verkauf oder zur gewerblichen Verwendung eingehend; über Zollfreiheit von Anzugsgut, Erbschaftsgut, Aussteuersachen, Reisegeräte und Reiseverbrauch, von Wagen und Pferden beim Grenzübergang, von Verpackungsmitteln usw.; dgl. über die Zollfreiheit der Muster und Proben, Kunstsachen, Wappenschilder, Flaggen usw. zum dienstlichen Gebrauch der Gesandten; über Schiffsausrüstungsgegenstände; ferner über die Zollfreiheit von Särgen mit Leichen bei Leichentransporten sind von allgemeiner Bedeutung und Wichtigkeit, auch für Reisende, weshalb hierauf besonders aufmerksam gemacht wird.

Der Bundesrat hat hiezu folgende Anweisungen erlassen:

Nach Maßgabe der Reziprozität ist den beim Deutschen Reich und beim Großherzogtum Luxemburg beglaubigten Botschaftern, Gesandten und Ministerresidenten fremder Staaten auf Rechnung der Zollgemeinschaft für ihr Anzugsgut sowie für alle Gegenstände, die zu ihrem persönlichen Gebrauch und Verbrauch oder demjenigen ihrer Familienglieder vom Ausland eingehen Zollfreiheit zugestanden.

Den Räten, Legationssekretären und Attachés ist Zollfreiheit für Anzugsgut, Kleider und Wäsche nach Maßgabe der Reziprozität gewährt. Hinsichtlich der Gesandten ist zurzeit allgemeine Reziprozität eingeführt. (Vgl. BRBeschluß vom 25. Mai 1905.) Hinsichtlich der Befreiung der diplomatischen Vertreter von der Zigarettensteuer und der Kraftfahrzeugsteuer sind die Erlasse vom 21. November 1907 (Preuß. ZBl. 1907 S. 351) und 27. März 1908 (Preuß. ZBl. 1908 S. 202) zu beachten.

Nach Ziff 22 Teil II der Anleitung zur Zollabfertigung sind nach Maßgabe des § 13 des Zolltarifgesetzes die Dienstgegenstände der Vertreter fremder Regierungen zollfrei zu lassen, soweit Reziprozität geübt wird. (Vgl preuß. ZBl. 1906 S. 1431 u. 728.)

Ferner sind nach § 6 des Zolltarifgesetzes und nach Bundesratsbeschluß vom 12. Dezember 1889 zollfrei die Gegenstände, welche als Geschenke eines fremden Staatsoberhauptes eingehen.

Von besonderer Bedeutung ist die Seefischerei-Zollordnung. Hierwegen verbreitet sich die Begründung zum Zolltarifgesetz (Anlagenband 4, 1900 3) in längerer Weise. Auch der Bericht der 16. Kommission hatte hiezu verschiedene Abänderungsanträge vorgebracht.

Es handelt sich bei Erlaß dieser Bestimmungen um den Schutz der deutschen Hochseefischerei. Die Seefischerei-Zollordnung (SZO.) hat 20 Paragraphen. Der § 1 bestimmt den Umfang der Zollfreiheit, wie das Gesetz vorschreibt. Die §§ 2–6 handeln von der Ausrüstung und Anmeldung der Fischereifahrzeuge. Die §§ 7–10 enthalten die Vorschriften über die Behandlung der Fangergebnisse und die §§ 12–14 über die Zollanmeldung der einzuführenden Fangergebnisse Wichtig ist § 15, wonach für die Helgoländerfischerei die kgl. pr. oberste Landesfinanzbehörde besondere Vorschriften über den Fang von Austern und Hummern vorschreiben kann, solange Helgoland Zollausland ist. Dieser Erlaß ist im Benehmen mit dem Reichskanzler unterm 24. Februar 1906 veröffentlicht im preuß. ZBl. 1906 S. 241 ff. Die §§ 16 und 17 der SZO. enthalten Bestimmungen über Erleichterungen für die Küstenfischerei, den Krabbenfang und den Seefischfang. §§ 18—20 sind die Strafparagraphen. Bemerkt wird, daß als Küstengewässer gilt das Gebiet bis zu 3 Seemeilen (5 1/2 km) Entfernung von der Niedrigwassergrenze in der ganzen Längenausdehnung der Küsten und der davorliegenden Inseln und Bänke. In den Buchten ist das Gebiet der 3 Seemeilen von einer geraden Linie ab zurechnen, die vom Eingang der Bucht von einem Ufer zum andern bis zu 10 Seemeilen Entfernung gezogen gedacht wird. Von der Zollfreiheit bleiben auch künftig ausgeschlossen die von deutschen Fischern in fremländischen Küsten gefangenen Schalen- und Krustentiere, sowie diejenigen zollpflichtigen Seetiere usw., die von Fängen ausländischer Fischer herrühren und auf hoher See oder in ausländischen Häfen erworben worden sind.

Zur Zubereitung und Verarbeitung der Fangergebnisse dürfen nur Stoffe aus dem freien Verkehr Deutschlands verwendet werden, bei Verwendung von Salz tritt Steuervergütung ein nach Maßgabe der Bestimmungen des Salzsteuergesetzes. Wegen Zollvergütung bei Verwendung ausländischen Salzes zum Einsalzen der Fische usw. hat der Bundesrat zu beschließen.

In der Begründung zum Zolltarifgesetzentwurf ist bezüglich des § 6 eine ausführliche Darlegung enthalten, woraus folgender Auszug hinsichtlich der deutschen Hochseefischerei mitgeteilt wird:

Die deutsche Hochseefischerei hat wiederholt eine Erweiterung der bis zum Jahre 1906 bestehenden Bestimmungen beantragt. Hauptsächlich erstrebt sie die zollfreie Einlassung der auf hoher See gelegentlich gefangenen Austern, Hummern und anderen Krustentiere. Die Austern, die sogenannten wilden Nordsee-Austern, sind wegen der unverhältnismäßigen Schwere ihrer Schalen gegenüber den gezüchteten Austern so minderwertig, daß sie den hohen Zoll nicht tragen können. Dasselbe gilt von Hummern und anderen Krustentieren, sofern sie bei dem Fange beschädigt werden oder vor dem Verkauf absterben. Solche Gelegenheitsfänge werden deshalb jetzt meist an Bord verzehrt oder wieder in die See geworfen, wodurch den Fischern ein Nebenverdienst entgeht. Die zollfreie Ablassung dieser Fänge ist hienach für die Hochseefischerei von wirtschaftlicher Bedeutung. Ein nennenswerter Ausfall an Zolleinnahmen wird bei dem Zugeständnisse der Zollfreiheit nicht zu befürchten sein, da es sich in der Hauptsache um Gelegenheitsfänge handelt, die bisher auch nur zum kleinen Teile verzollt worden sind, und deren Gesamtergebnis nach den Angaben Sachverständiger nicht sehr erheblich ist.

Ebenso erscheint es unbedenklich, die Zollfreiheit auch auf die Fänge der Helgoländer Fischer auszudehnen, obwohl die Insel zurzeit nicht in das deutsche Zollgebiet einbezogen ist. Die auf der dortigen Austernbank gefangenen Austern sind an ihrer Größe kenntlich und von geringem Werte. Der an sich wertvollere Hummerfang soll stetig zurückgehen. Auf jeden Fall würde ein Mißbrauch der Vergünstigung durch Einbringung zollpflichtiger ausländischer Austern und Hummern den mit dem Fange und der Art der Tiere bekannten Abfertigungsbeamten in den in Betracht kommenden Hafenorten nicht lange entgehen und die Zollverwaltung dadurch in der Lage sein, Vorkehrungen hiergegen zu treffen.

Von der Zollfreiheit bleiben auch in Zukunft ausgeschlossen die von den deutschen Fischern an fremdländischen Küsten gefangenen Schal- und Krustentiere sowie diejenigen zollpflichtigen Seetiere und Erzeugnisse des Fischereibetriebes, die von den Fängen ausländischer Fischer herrühren und auf hoher See oder in ausländischen Häfen erworben sind. Zur Sicherung eines gleichmäßigen Verfahrens sind von dem Bundesrate die erforderlichen Überwachungsvorschriften zu erlassen. In diesen Vorschriften wird eine eidesstattliche Versicherung der Schiffsführer dahin zu fordern sein, daß die Tiere von dem eigenen Fange der Schiffsmannschaft an deutschen Küsten oder auf hoher See herrühren.

Die Ziff. 3—8 des § 5 des Zolltarifgesetzes beziehen sich auf gebrauchte Kleider und Wäsche, Anzugs- und Umzugsgut, Ausstattungsgegenstände, Erbschaftsgut, Braut- und Hochzeitsgeschenke, Reisegerät und Reisemundvorrat, Handwerkszeug und Berufsgegenstände von Reisenden, Fahrzeuge mit Gespann, Futter für Tiere, Eisenbahnfahrzeuge usw.

Hiezu hat der Bundesrat unter Ziff. 12—18 der Anleitung zur Zollabfertigung folgende Bestimmungen erlassen:

1. Wegen der Einfuhr gebrauchter Kleider und Wäsche.
2. Wegen Zollbehandlung von Anzugs-, Ausstattungs- und Erbschaftsgut.
3. Was unter Reisenden und Reisegerät zu verstehen ist.

4. über die Zulässigkeit von Verzehrungsgegenständen der Reisenden, wobei insbesondere auch die verschärften Bestimmungen des Zigarettensteuergesetzes zu beachten sind.

5. Bestimmungen über Fahrzeuge, die beim Eingang über die Zollgrenze zur Beförderung von Waren dienen; ferner betreffs der Möbelwagen, die auf Eisenbahnwagen verladen sind.

6. über das Futter zum Reiseverbrauch bei Tieren

(Vgl. auch die Mitteilung im Nachrichtenblatt 1910 S. 116 über die Einfuhr von gebrauchten Möbeln unter der Deklaration Anzugsgut.) Die im BRBeschluß vom 18. Oktober 1900 den aus dem Ausland zurückkehrenden Marineangehörigen gemachten Vergünstigungen sind durch den Finanz-Ministerialerlaß vom 9. März 1910 eingeschränkt worden (Preuß. ZBl. S. 109).

Hinsichtlich der Beachtung der Zollförmlichkeiten im Reiseverkehr sowohl wie des Übersiedelungsgutes, des Ausstattungsgutes und des Erbschaftssteuergutes, sodann wegen der bestehenden Einfuhrverbote (Süßstoff) und Einfuhrbeschränkungen (z. B. Fleisch) ist im Verlag von Gerhardt Kühlmann in Dresden 1908 von Paul Rost und Albert Größl ein Ratgeber in Zollfragen zum Gebrauch für Reisende des In- und Auslandes erschienen unter dem Titel „Haben Sie etwas zu verzollen", welches Büchlein in allen den hier berührten Angelegenheiten kurze, aber zuverlässige Auskunft gibt.

In diesem nur 78 Seiten zählenden Büchlein sind nicht bloß die für die Reisenden beim Überschreiten der deutschen Zollgrenze zu beobachtenden Förmlichkeiten dargestellt, sondern auch die hierauf bezüglichen Vorschriften der österreichischen, schweizerischen, italienischen und russischen Zollgesetzgebung. Insbesondere sind auch die Bestimmungen über die Behandlung der Fahrräder und der Kraftfahrzeuge (Automobile) durchgehends mit aufgeführt, so daß das genannte Büchlein allen Geschäfts- und namentlich den Vergnügungsreisenden, die oft aus Unkenntnis der Gesetze in Unannehmlichkeiten verwickelt werden, nur angelegentlichst empfohlen werden kann.

Hinsichtlich der Behandlung der Reisenden im Grenzverkehr wird sich Gelegenheit darbieten bei Besprechung des § 92 VZG. das weitere zu bemerken. Bei Einbringung von Zigaretten aus dem Auslande kommt für Zigaretten und feingeschnittenen Tabak die Bestimmung des § 1 der AusfBest zum Zigarettensteuergesetze in Betracht, wonach nur weniger als 50 Gramm Tabak und bis zu 25 Stück Zigaretten steuerfrei sein sollen Außerdem ist die Verfügung des preuß. FM. vom 10. Nov. 1909 zu beachten, wie bei den von den Reisenden deklarierten Zigaretten an der Grenzzollstelle zu verfahren ist.

Aus der Begründung zum Zolltarifgesetz zu § 6 Ziff. 3—8 ist noch folgendes zu entnehmen:

Die Bestimmungen über getragene Kleider, Anzugsgut, Erbschaftsgut, Reisegerät usw. entsprechen im wesentlichen den bisherigen Vorschriften. Gebrauchte Kleidungsstücke und gebrauchte Wäsche, die zur gewerblichen Verwendung, z. B. als Modell oder für ein Verleihgeschäft eingehen, sollen von der Zollfreiheit ausgeschlossen bleiben. Dagegen ist in einer Einfuhr zur Reinigung oder Ausbesserung eine gewerbliche Verwendung nicht zu erblicken

Der Vorbehalt einer besonderen Erlaubnis bei den als Anzugsgut eingehenden Maschinen soll eine Prüfung dahin ermöglichen, ob die Zollfreiheit als wirtschaftlich gerechtfertigt anzuerkennen ist.

In verschiedenen Ländern wird die Zollfreiheit für neues Ausstattungsgut und für Umzugsgut nicht oder nicht in dem gleichen Umfange wie in Deutschland gewährt. Um geeigneten Falles den sich aus dieser Ungleichheit ergebenden Erwägungen Rechnung tragen zu können, ist die Möglichkeit vorgesehen, die Begünstigungen von der Gewährung der Gegenseitigkeit abhängig zu machen.

Die Ausdehnung der Zollfreiheit auf alle als Erbschaftsgut eingehenden Sachen ist unbedenklich und auch schon bisher zugestanden worden.

Hinsichtlich des Reisegerätes soll die Zollfreiheit nur für die zum persönlichen Gebrauch und zur Ausübung des Berufs während der Reise dienenden Gebrauchsgegenstände gewährt werden, dagegen sollen ausgeschlossen sein alle zum Gebrauche während eines längeren, wenn auch vorübergehenden

Aufenthalts im Inlande, z. B. in Pensionen, eingebrachten Gegenstände. Zu den Reisenden im Sinne der Vorschrift sind auch Führer von Beförderungsmitteln aller Art, reisende Handwerker und Hausierer zu rechnen. Die Bemessung der zollfrei zu belassenden Mengen von Verzehrungsgegenständen ist im allgemeinen den Abfertigungsbeamten zu überlassen. Nur für den Schiffsverkehr wird eine Beschränkung vorgeschlagen, um Mißbräuche, die bei der **Flußschiffahrt** in der Nähe von Freihäfen vorkommen können, zu verhüten. Die Bestimmungen über den Schiffsproviant im § 80, Absatz 3 des Vereinszollgesetzes und in den Ziffern 22 und 47 der Normativbestimmungen zu den Hafen-Regulativen — BRBeschluß vom 12. Juli 1888 — werden durch die Beschränkung in § 6 Ziff. 7 nicht berührt.

Wegen der Fahrzeuge trafen die bisherigen Bestimmungen nicht alle Fälle des grenzüberschreitenden Reise- und Frachtverkehrs und ließen die Auffassung zu, daß die Fahrzeuge und Tiere auch dann zollfrei bleiben, wenn sie nicht wieder ins Ausland zurückkehren. Eine solche Ausdehnung der Befreiung ist aber nicht gerechtfertigt. Es ist daher ausdrücklich ausgesprochen worden, daß bei dem dauernden Verbleibe der Fahrzeuge und Tiere im Inlande ihre Zollpflicht eintritt. Dadurch wird der Zollverwaltung eine sichere Grundlage zur Verfolgung von Mißbräuchen gegeben. Die Zollfreiheit der Fahrzeuge wird bei der Erfüllung der sonstigen Bedingungen auch dann anzuerkennen sein, wenn sie, wie z. B. Möbelwagen, ihrerseits auf Eisenbahnwagen eingehen. In der letzten Zeit hat die Zollbehandlung einzelner einer Schlafwagen-Gesellschaft gehöriger Fahrzeuge, die auf verschiedenen Strecken des durchgehenden Personenverkehrs mit dem Auslande benutzt werden, zu Zweifeln und Beschwerden geführt. Da bei dieser Frage auf die ungestörte Entwickelung des Verkehrs besondere Rücksicht zu nehmen ist, wird die Regelung am besten dem Bundesrate vorbehalten bleiben, was auch in Ziff. 18 der Anleitung zur Zollabfertigung geschehen ist.

§ 56.

Noch ist zu erwähnen die Bestimmung unter Ziff. 9 des § 6 des Zolltarifgesetzes wegen der Zollbehandlung von Umschließungen und Verpackungsmitteln.

Hierwegen bestand früher die Absicht, die Verpackungsmittel, namentlich die Jutesäcke zollpflichtig zu machen und auch in der Zolltarifkommission wollte man die neuen Jutesäcke, die zur Ausfuhr von Waren eingeführt werden, unter Zoll stellen, der zur Hälfte zurückzuvergüten ist, wenn diese Säcke mit den auszuführenden Waren erweislich ausgeführt werden.

Dieser Antrag wurde jedoch zugunsten der Entwurfsvorlage, die mit Ziff. 9 des § 6 des Zolltarifgesetzes übereinstimmt, abgelehnt. Bei gebrauchten Umschließungen kann von Sicherstellung des Zolles und sonstigen Kautelen abgesehen werden. Wegen Ziff. 10 l. c. betreffend die Zollfreiheit von Mustern und Proben, die nur als solche Verwendung finden können, mit Ausschluß der Proben von Nahrungsmitteln ist der Zusatz hinsichtlich der Proben und Muster von Kaffee, Kakao, Zucker, Rohtabak und getrockneten Früchten bis zu 350 Gramm Rohgewicht bemerkenswert. (Vgl. auch § 5 des Zolltarifgesetzes).

Wegen der in Ziff. 11 des § 6 des Zolltarifgesetzes statuierten Zollfreiheit für Kunstsachen ist zu bemerken, daß der Entwurf die Zollfreiheit der für Kunstanstalten eingehenden Kunstsachen und der für Ausstellungen eingehenden Statuen und Büsten, Reliefs und Tierfiguren bewilligen wollte.

Die Zolltarifkommission hat hiewegen zuerst bemängelt, daß Altertümer (Antiquitäten) nicht mehr wie früher zollfrei sein sollten. Da jedoch heutzutage der Antiquitätenhandel ein Geschäft sei wie jedes andere, so wurde die Zollfreiheit der Altertümer fallen gelassen.

Dagegen wurde unter Ablehnung des Entwurfs-Paragraphen bestimmt, daß

a) Kunstsachen, die zu Kunstausstellungen, für öffentliche Kunstanstalten und öffentliche Sammlungen eingehen, zollfrei sein sollen (die für nicht öffentliche Sammlungen eingehenden Kunstsachen genießen als solche keine Zollbefreiung). Desgleichen:

b) andere Gegenstände, die für öffentliche Anstalten oder für öffentliche Sammlungen zu Lehr- und Anschauungszwecken eingehen, unter Nachweisung hiefür seitens der betreffenden Vorstände Zollfreiheit zugestanden sein solle.

Die Zollfreiheit für Antiquitäten nach § 5 Ziff. 9 des Zolltarifgesetzes von 1879 ist demnach in Wegfall gekommen.

Sehr wichtig ist auch die Ziff. 12 des § 6 des Zolltarifgesetzes, wonach Schiffsbaumaterialien nach näherer Bestimmung des Bundesrats zollfrei sein sollten. Hiewegen lautet die Begründung wie folgt:

Bisher waren die Materialien, welche zum Bau, zur Ausbesserung oder zur Ausrüstung von Seeschiffen verwendet werden, einschließlich der gewöhnlichen Schiffsutensilien, zollfrei. Diese Bestimmung ist in der letzten Zeit von der an der Herstellung von Schiffsbaumaterialien beteiligten inländischen Industrie und auch im Reichstage bekämpft worden.

Die in dieser Beziehung wiederholt eingebrachten Anträge wurden jedoch bisher stets abgelehnt. Hinsichtlich des Kajüts- und Küchenguts ist die im Tarifgesetze von 1879 noch gewährte Zollfreiheit nunmehr aufgehoben. In den Verhandlungen des „Wirtschaftlichen Ausschusses" ist die Frage mehrfach erörtert und dabei anerkannt worden, daß die Wiedereinführung eines Zolles für Seeschiffe ausgeschlossen, vielmehr deren zollfreier Eingang zur Erhaltung der Wettbewerbsfähigkeit der deutschen Werften unbedingt aufrecht zu erhalten sei. Die Zollfreiheit ist deshalb als wirtschaftlich notwendig beibehalten und eine Ausnahme nur für diejenigen Ausrüstungsstücke gemacht worden, die zu dem Kajüt- und Küchengut gehören. Für die Zollfreiheit dieser Gegenstände ist ein Bedürfnis nicht anzuerkennen; auch werden sie schon jetzt zum großen Teile aus dem Inlande bezogen, und die dafür zu zahlenden Zollbeträge sind im Verhältnis zu den Gesamtkosten des Schiffes nicht erheblich. Durch diese Beschränkung der Zollfreiheit wird zugleich die mehrfach angegriffene Möglichkeit beseitigt, auf Grund der Befreiungsvorschrift feine Möbel und andere Luxusgegenstände zollfrei einzuführen. Bei Schiffen, die für ausländische Rechnung gebaut werden, kann das Kajüt- und Küchengut auf Grund der Vorschriften über den Veredelungsverkehr zollfrei gelassen werden.

Als im Jahre 1879 die Zollfreiheit auf alle Flußschiffe ausgedehnt wurde, ist die Zollfreiheit für die Baumaterialien der Flußschiffe trotz des ausdrücklichen Hinweises auf die dadurch eintretende ungleiche Behandlung des See- und Flußschiffbaus nicht bewilligt worden. Es ist damals zur Begründung der Zollfreiheit für die Baumaterialien der Seeschiffe angeführt worden, daß ihre Verzollung bei freiem Eingange der fertigen Schiffe wie eine Prämie für die im Ausland und den Zollausschüssen liegenden Werften wirken würde. Die Richtigkeit dieser Behauptung hat sich in der Entwickelung des deutschen Flußschiffbaus, der keine Materialien zollfrei beziehen kann, während auch die Flußschiffe frei eingehen, gezeigt. Die Folge dieser Zollbehandlung ist, daß die deutschen Flußschiffswerften, von einzelnen auf besonderen Verhältnissen beruhenden Ausnahmen abgesehen, dem Wettbewerbe der ausländischen Flußschiffswerften unterlegen sind und die meisten Flußschiffe aus dem Auslande bezogen werden. Hauptsächlich wird der große Bedarf für die Rheinschiffahrt fast ausschließlich aus den Niederlanden gedeckt.

Die Vertreter der deutschen Schiffswerften erstreben die Ausdehnung der dem Seeschiffbau gewährten Vergünstigung auf den Bau von Flußschiffen, um die deutschen Flußschiffswerften wieder leistungsfähig zu machen und damit die großen, jetzt für den Ankauf von Flußschiffen ins Ausland gehenden Summen dem Lande zu erhalten. In einer Eingabe vom 19. Sept. 1900 hat der Verein deutscher Schiffswerften ausgeführt, daß die deutsche Stahl- und Eisenindustrie durch die erstrebte Zollfreiheit nicht geschädigt werden würde, ea für Flußschiffe im Jahre 1899 an zollpflichtigem Material im ganzen nur 8022 Tonnen Schiffbleche und 4175,3 Tonnen Profilstahl und Stabeisen verwendet worden seien.

Diese Mengen stellten bei Schiffsblechen 7,3, bei Profilstahl und Stabeisen 7,6 v. H. des Gesamtverbrauchs an Schiffbaumaterial dar. Noch geringfügiger sei die Menge des Bedarfs für den Flußschiffbau im Verhältnisse zu der Gesamterzeugung der deutschen Stahl- und Eisenindustrie. Im Verhältnisse zu der Gesamterzeugung wird die Menge auch geringfügig bleiben, falls der Verbrauch der Flußschiffswerften sich bei der Bewilligung des zollfreien Bezugs steigern sollte. Der Wirtschaftliche Ausschuß hat mit Rücksicht auf die ungünstige wirtschaftliche Lage des deutschen Flußschiffbaus ein Bedürfnis dafür anerkannt, daß die dem Seeschiffbau eingeräumte Vergünstigung durch das Zolltarifgesetz auch auf den Flußschiffbau ausgedehnt wird. Diesem Standpunkt ist in dem Entwurfe des Zolltarifgesetzes Rechnung getragen. Die Zollvergünstigung ist auch den Binnenseeschiffen zu gewähren, welche im Zolltarifentwurfe den Flußschiffen gleichgestellt sind.

Luxusschiffe für den Fluß- und Binnenseeverkehr sind nach dem Zolltarifentwurfe zollpflichtig; es kann daher auf die im Inlande herzustellenden gleichartigen Schiffe die Bestimmung in § 5, Ziffer 12 des Zolltarifgesetzentwurfs keine Anwendung finden.

Der Bundesrat hat hiezu die Schiffsbauzollordnung (SchZO.) erlassen. Die Schiffsbauzollordnung hat 23 Paragraphen. § 1 handelt von dem Umfang der Zollbefreiung, § 2 von den zollbegünstigten Schiffen (Luxusschiffe sind ausgenommen), §§ 3 und 4 beschreibt die zollfreien Ausrüstungsgegenstände mit Ausnahme des Kajüt- und Küchengutes. Die folgenden Paragraphen betreffen die formelle Behandlung der Zollfreilassung, die Nachweisung der eingebauten Gegenstände usw. Für die reichseigenen Werften und große kaufmännisch geführte Schiffsbauanstalten sind besondere Erleichterungen zugelassen (§§ 15/16). Die Anlage A zur Schiffbauzollordnung enthält das Verzeichnis der als Schiffsausrüstungsgegenstände — mit Ausnahme des Kajüt- und Küchengutes — in Betracht kommenden Einrichtungsgegenstände, für welche Zollfreiheit besteht.

Die Anlage B enthält das Verzeichnis der metallenen Schiffbaugegenstände und Einrichtungsstücke, deren Verwendung sich im Schiffe einzeln nachweisen läßt, sowie der Zuschlagssätze zur Berechnung der zur Herstellung der Gegenstände erforderlichen Mengen an Rohstoffen.

Die Anlage C enthält das Verzeichnis derjenigen ganz oder teilweise nicht metallenen Schiffsbestandteile und Ausrüstungsgegenstände, deren Verwendung sich im einzelnen nachweisen läßt, nebst Angabe der zur Anfertigung dieser Gegenstände im Inlande für die Gewährung der Zollfreiheit in Betracht kommenden nicht metallenen Rohstoffe und Halbfabrikate.

Das Verzeichnis in Anlage A enthält also alle Gegenstände, die zur Ausrüstung der Schiffe dienen und mit Ausnahme des Küchen- und Kajütgutes zollfrei gelassen werden, z. B. Anker, Flaggen, Schiffsuhren, Loggläser, Rettungsgürtel, Winden, Beiboote, Maschinen usw. Bei Kriegsschiffen der deutschen Marine sind auch die zu Armierungszwecken dienenden Gegenstände zollfrei Ob und inwieweit dementsprechend auch beim Bau von fremden Kriegsschiffen zu verfahren ist, hat die oberste Landesfinanzbehörde zu entscheiden.

In Anlage B sind beispielsweise aufgeführt rohe Eisenplatten, hiefür sind 5 % Zuschlag für das Rohmaterial bestimmt Die Anlage D, welche noch in Betracht kommt, enthält die Nachweisung der Höchstbeträge, bis zu denen für die beim Neubau hölzerner Schiffe verwendeten und nicht im einzelnen nachweisbaren Bestandteile aus Eisen Zollbefreiung bewilligt werden darf

(Vgl. auch das Schiffsbauregulativ vom 6. Juli 1889, preuß. ZBl. 1889 S. 329.)

Zu Ziffer 13 und 14 des § 6 des Zolltarifgesetzes bemerkt die Begründung:

Auf Grund des Bundesratsbeschlusses vom 29. Mai 1883 wird Zollfreiheit für Wappenschilder, Flaggen und ähnliche Hoheitszeichen gewährt, die den fremden Vertretungen von ihren Regierungen zum dienstlichen Gebrauche zugehen. Es ist daher bei dem Vorbehalte der Gegenseitigkeit unbedenklich, die Befreiung auf alle zum Dienstgebrauche bestimmten Gegenstände, wie Stempel, Kanzleibedürfnisse u. a. auszudehnen

Die Ausdehnung der nach den früheren Bestimmungen für Kränze gewährten Zollfreiheit auf ähnliche zur Ausschmückung der Särge, Urnen und Beförderungsmittel dienende Gegenstände unter Verzicht auf die Einholung einer besonderen Erlaubnis, wie sie früher vorgeschrieben war, entspricht einem vorhandenen Bedürfnis. Die Zollfreiheit soll aber nur gewährt werden für Gegenstände, die aus Anlaß eines bestimmten Todesfalls eingehen, und kann auf den gewerblichen Bezug von Kränzen usw keine Anwendung finden. Die Abfertigungsbeamten können die Gewährung der Zollfreiheit von der Vorlegung der Leichenpässe oder der Zeugnisse der Verbrennungsanstalten abhängig machen

§ 57.

Der § 7 des Zolltarifgesetzes betrifft die Abfälle sowie die zerbrochenen und abgenützten Gegenstände, deren Verzollung früher oft Schwierigkeiten bereitete. Abfälle, soferne sie nicht wie die Rohstoffe, von denen sie herstammen, zollfrei sind, sodann verdorbene Waren, die zu Düngezwecken Verwendung finden oder wenn sie unter amtlicher Aufsicht vernichtet werden, bleiben zollfrei.

Nach dem Entwurf zu dem Zolltarifgesetze enthielt dieser Paragraph noch einen weiteren Absatz, wonach Waren, die im Zolltarif nicht besonders genannt und auch in keiner Tarifstelle inbegriffen sind, denjenigen Tarifstellen zugewiesen werden sollen, in denen die ihnen nach Beschaffenheit und Verwendungszweck am nächsten stehenden Waren aufgeführt sind. Die entgegenstehenden Bestimmungen in § 3 des VZG. sollten aufgehoben sein. Dieser Absatz wurde jedoch in der Zolltarifkommission abgestrichen, weil man dem Bundesrat eine so weitgehende Befugnis nicht einräumen wollte und man der Ansicht war, daß bei der umfangreichen Spezialisierung des neuen Zolltarifs solche Fälle, wonach eine Ware nicht unter eine bestimmte Nummer unterzubringen wäre, nicht mehr vorkommen würde.

Die Begründung zum Zolltarifgesetzentwurf bemerkt hiezu:

Die Vergünstigung, verdorbene Waren zur Erlangung der Zollfreiheit vernichten zu dürfen, ist in den §§ 48, 67 und 103 des Vereinszollgesetzes für Waren, welche auf Begleitschein I, auf Ladungsverzeichnis oder zur Niederlage abgefertigt worden sind, zugelassen. Sie ist, ohne daß eine gesetzliche Grundlage dafür vorhanden ist, in der Nr. 14 der Anweisung zur Ausführung des Vereinszollgesetzes auf alle diejenigen Güter, welche im Schiffsansageverkehr oder im Verkehr mit den Staatsposten eingehen, ausgedehnt worden Dagegen wurde die Vergünstigung bisher nicht gewährt für Waren, die auf dem Landwege, der Eisenbahn oder im Schiffsverkehr unmittelbar eingehen oder im Ansageverkehr zu Lande abgefertigt worden sind. Ein ausreichender Grund, weshalb diese Verkehrsarten von der Vergünstigung ausgeschlossen sind, ist nicht zu erkennen, auch bestehen keine wirtschaftlichen Gründe gegen die Verallgemeinerung der Vergünstigung.

Elektrische und Wasserkräfte können zolltechnisch nicht als Ware behandelt werden.

Auf besonderes Ansuchen wurde in der Zolltarifkommission noch festgestellt, daß künftig bei Handelsvertragsabmachungen die Bindung von Zollsätzen bei sog. Sammelpositionen tunlichst vermieden werde.

Der § 8 des Zolltarifgesetzes gibt dem Bundesrat die Ermächtigung, Zollfreiheit für Bauausführungsgegenstände und Dienstsachen für sog. Eisenbahnbetriebswechselstationen und Zollfreilassung für Dienstgeräte und Dienstausrüstungsgegenstände von ausländischen, im Zollgebiet stationierten Beamten zu gewähren. (Vgl. RG. vom 18. April 1886, RGBl. S. 123).

In § 9 l. c. ist der Nachweis des Herstellungslandes verlangt bei Waren, die je nach ihrer Provenienz einer unterschiedlichen Zollbehandlung unterliegen. Hiemit in Verbindung steht der § 10 l. c. (der Kampfzollparagraph), wonach zollpflichtige Waren, die aus einem Lande kommen, das die deutschen Schiffe oder die deutschen Waren ungünstiger behandelt als diejenigen anderer Länder, einem Zollzuschlag unterworfen werden können. Zollfreie Waren können in

solchen Fällen mit einem Zoll bis zur Hälfte des Wertes belegt werden. Auch die Zollabfertigungsvorschriften können verschärft, ja die spezifischen Zölle können gegebenenfalls in Wertzölle umgewandelt werden und zwar sofort mit Zustimmung des Bundesrats durch Kaiserliche Verordnung bei nachträglicher Zustimmung des Reichstags. (Vgl. auch RG. vom 18. Mai 1895 RGBl. S. 233 ff.).

Diese Kampfzollbestimmungen der Regierung wollte die Zolltarifkommission noch mehr verschärfen. Bei der II. Lesung wurde die Regierungsvorlage mit dem Beisatz: Auch können, soweit nicht Vertragsbestimmungen entgegenstehen, ausländische Waren denselben Zöllen und Zollabfertigungsvorschriften unterworfen werden, die im Ursprungsland auf deutsche Waren Anwendung finden, angenommen.

Hiezu gibt die Begründung folgende Darstellung:

Zu § 10 (§ 8 des Entwurfs). Der § 6 des Zolltarifgesetzes von 1879 bestimmt, daß zollpflichtige Waren, die aus Staaten herkommen, die deutsche Schiffe oder deutsche Waren ungünstiger behandeln als solche anderer Staaten, soweit nicht Vertragsbestimmungen entgegenstehen, mit einem Zuschlag bis zu 100 v. H. des Betrags der tarifmäßigen Eingangsabgabe belegt werden können. Tarifmäßig zollfreie Waren können unter der gleichen Voraussetzung der Entrichtung eines Zolles in Höhe bis zu 20 v. H. des Wertes unterworfen werden. Vor Erlaß des Gesetzes vom 18. Mai 1895 betrug der zulässige Zuschlag für zollpflichtige Waren nur 50 v. H. des Betrags der tarifmäßigen Eingangsabgabe, während die Festsetzung eines Zolles für tarifmäßig zollfreie Ware nicht vorgesehen war. Die Aufnahme dieser Bestimmung ist bei der Vorlegung des Zolltarifgesetzes vom 15. Juli 1879 damit begründet worden, daß die Abwehr gegen handelspolitische Benachteiligungen nur auf handelspolitischem Gebiete stattfinden könne, und daß das allein wirksame Mittel dazu die ausnahmsweise Einführung von Differentialzöllen auf die Erzeugnisse derjenigen Länder sei, deren Zoll- und Handelssystem zu Beschwerden Anlaß gebe. Deutschland hat von diesen Abwehr- und Vergeltungsmitteln mehrfach Gebrauch machen müssen. Die Notwendigkeit ihrer Beibehaltung kann daher nicht in Zweifel gezogen werden. Es ist vielmehr nach den Erfahrungen bei den bisherigen Fällen ihrer Anwendung und mit Rücksicht auf die allgemeine Verschärfung des Wettbewerbes auf allen Gebieten des Handels und Verkehrs das Bedürfnis hervorgetreten. die Schutz- und Abwehrmittel für den Fall eines Zollkrieges noch zu verbessern. Diesem Bedürfnis ist in dem Entwurf entsprochen, indem bei zollpflichtigen Waren neben der Erhöhung des Zuschlagszolles zu der tarifmäßigen Abgabe die Einführung eines Zolles bis zur Höhe des vollen Wertes der Ware und eine höhere Belastung der tarifmäßigen zollfreien Waren vorgesehen wird.

Da die Wirksamkeit derartiger Schutz- und Kampfmittel in der Regel von der Schnelligkeit ihrer Anwendung abhängen wird, können sie nicht für jeden einzelnen Fall durch ein Gesetz genehmigt, sondern es muß an der bisherigen Handhabung festgehalten werden.

Ähnliche Vorschriften sind auch in der Zollgesetzgebung anderer Staaten enthalten. So sieht Art. III des geltenden österreichisch-ungarischen Tarifgesetzes für den Fall ungünstiger Behandlung österreichisch-ungarischer Waren für zollpflichtige Waren einen Zollzuschlag von 30 v H. und für zollfreie Waren einen im Verordnungswege zu bestimmenden Zoll von 15 v. H. des Handelswerts der Ware vor. Beide Sätze sind gegen früher (10 v. H und 5 v. H.) erhöht worden. Das französische Zolltarifgesetz vom 11 Januar 1892[1]) ermächtigt im Artikel 8 die Regierung, auf Waren derjenigen Länder, die französische Waren mit Zuschlägen oder mit einem Einfuhrverbote belegen, im ganzen oder zum Teil Zuschläge oder Einfuhrverbote in Anwendung zu bringen Diese Maßregeln sind den Kammern, sofern sie versammelt sind, sofort, anderenfalls bei Beginn der nächsten Tagung zur Genehmigung vorzulegen In der Schweiz ist der Bundesrat nach Artikel 34 des Zollgesetzes von 1851 befugt, bei größeren Beschränkungen des Verkehrs der Schweizer

[1]) Vgl nunmehr das franz. Zollgesetz vom 29. März 1910, betreffend Änderung des französischen Zolltarifs vom 11. Januar 1892, Art 3 u 4 (Deutsches Handelsarchiv 1910, Aprilheft S 445)

von seiten des Auslandes besondere Maßregeln zu treffen und vorübergehend die zeitmäßig erscheinenden Änderungen im Tarif vorzunehmen. Er hat indessen der Bundesversammlung bei ihrer nächsten Zusammenkunft von solchen Verfügungen Kenntnis zu geben; sie können nur fortdauern, wenn die Bundesversammlung ihre Genehmigung erteilt.

Diese Artikel lauten nunmehr im französischen Zollgesetz von 1910:

Art. III. Die Regierung wird ermächtigt durch im Ministerrat zu erlassende Verordnungen: auf sämtliche oder einzelne Waren derjenigen Länder, die auf französische Waren Zuschläge oder besonders hohe Zollsätze anwenden, Zuschläge bis zum doppelten Betrage der im Generaltarif vorgesehenen Zollsätze oder bis zur Höhe des Wertes der Waren in Anwendung zu bringen; auf sämtliche oder einzelne Waren aus Ländern, die französische Erzeugnisse ungünstiger behandeln als Erzeugnisse anderer Staaten, Zuschläge in entsprechender Höhe anzuwenden.

In den beiden vorhergehenden Fällen sämtliche oder einzelne an sich tarifmäßig zollfreie Waren mit einem Wertzoll bis zu 50 v. H. zu belegen.

Unbeschadet entgegenstehender Vertragsbestimmungen als Gegenmaßregel bestimmte ausländische Waren gleichen oder ähnlichen Zöllen, Gebühren oder Förmlichkeiten irgend welcher Art, je nach Lage des Falles, zu unterwerfen, wie sie in dem Ursprungsland auf bestimmte französische Waren angewendet werden; zollpflichtige oder zollfreie Waren, für die im Ursprungs- oder Herkunftsland eine unmittelbare oder mittelbare Ausfuhrprämie gewährt wird, mit einem Ausgleichszoll in Höhe dieser Prämie zu belegen; in Fällen, in denen von fremden Ländern Maßnahmen getroffen werden, den französischen Handel zu erschweren, sofort die den Umständen entsprechenden Vorkehrungen zu treffen.

Die auf Grund der vorstehenden Bestimmungen erlassenen Verordnungen sind in Gesetzentwürfe umzuwandeln und den Kammern, sofern sie versammelt sind, andernfalls beim Beginn der nächsten Tagung zur Genehmigung vorzulegen.

Art. IV. Der Artikel 6 des Gesetzes vom 19 Mai 1906 wird durch folgende Bestimmung ergänzt: Falls französische Schiffe in einem fremden Lande ungünstiger behandelt werden als Schiffe anderer Mächte, ist die Regierung ermächtigt, auf die Schiffe eines solchen Landes beim Einlaufen in französische Häfen, in die Häfen einer französischen Kolonie oder Besitzung sowie auf die an Bord befindlichen Waren solche Gebühren oder Zuschläge anzuwenden, die als Ausgleich für die der französischen Flagge erwachsenden Nachteile als notwendig erachtet werden. —

In der Schweiz ist der Bundesrat befugt, nach Art. 4 des schweizerischen Zollgesetzes vom 10 Oktober 1902, für Waren aus solchen Staaten, welche die schweizerischen Waren mit besonders hohen Zöllen belegen oder sie ungünstiger behandeln als die Waren anderer Staaten, die Ansätze des Generaltarifs jederzeit nach seinem Ermessen zu erhöhen oder bei zollfreien Waren Zölle aufzustellen. Der Bundesrat ist überhaupt ermächtigt, in Fällen, in denen der schweizerische Handel durch Maßregeln des Auslandes gehemmt oder durch Ausfuhrprämien beeinträchtigt wird, die ihm geeignet erscheinenden Maßregeln zu treffen, wenn nach Art. 5 der Bundesversammlung bei ihrer Zusammenkunft zur Entscheidung Kenntnis zu geben ist. Art. IV des Zollgesetzes für Österreich-Ungarn vom 8. Oktober 1907 bestimmt, daß für Waren aus Staaten, die österreichische oder ungarische Schiffe und Waren ungünstiger behandeln als Provenienzen anderer Staaten, ein Zuschlag bis zu 200 % des tarifmäßigen Zollsatzes oder bis zur Höhe des vollen Handelswertes der Ware oder einem spezifischen Zolle bis zu 100 % des Handelswerts der Ware erhoben werden kann. Diese Verfügungen können auch im Verordnungsweg erlassen werden —

§ 58.

Zu § 9 des Zolltarifgesetzes hat der Bundesrat in Ziff. 24 der Anleitung zur Zollabfertigung die erforderlichen Ausführungsbestimmungen wegen Erklärung und Nachweises des Herstellungslandes bei der Wareneinfuhr erlassen. Diese Bestimmungen modifizierten sich durch die Beseitigung des Zollkrieges mit Haiti (VO. vom 28. August 1908, RGBl. S, 501), durch Herstellung eines meist begünstigten Verhältnisses mit Kanada und durch Errichtung eines Handelsvertrags mit Portugal. Hierüber wird bei Besprechung der Zoll- und Handelsverträge des Deutschen Reiches das Nähere bemerkt werden.

Der § 9 des Zolltarifgesetzes ist überhaupt erst durch die Zolltarifkommission in das Gesetz gekommen, indem es zur wirksamen Durchführung eines Zollkrieges notwendig sei, nicht bloß das Ausfuhrland, sondern auch das Herstellungsland der Einfuhrware zu kennen. Die wegen Beibringung dieser Herstellungsnachweise ursprünglich sehr harten Anträge und Vorschläge vereinigten sich schließlich auf den jetzt bestehenden § 9 des Gesetzes, welcher nunmehr lautet:

„Bei der zollamtlichen Abfertigung einer Ware, die nach ihrem Herstellungslande einer unterschiedlichen Zollbehandlung unterliegt, ist von dem Einbringer zu erklären und auf Erfordern nachzuweisen, in welchem Lande die Ware hergestellt worden ist. Die näheren Bestimmungen über den Inhalt und die Form der Erklärung und über die Erbringung des Nachweises erläßt der Bundesrat.

Kommt der Einbringer seinen vorstehend festgesetzten Verpflichtungen nicht nach, so tritt die für ihn ungünstigste Zollbehandlung ein, unbeschadet der etwa verwirkten Strafen oder sonstigen Rechtsnachteile."

Hiezu hat der Bundesrat, wie oben bemerkt, in Ziff. 24 Teil II der Anleitung zur Zollabfertigung die Vorschriften über Erklärung und Nachweis des Herstellungslandes erlassen.

Dr. Manicke kommt in dem mehrerwähnten Aufsatz des Zolltarifgesetzes bei § 9 hinsichtlich der Vorschriften über den Nachweis des Herstellungslandes zu der Anschauung, daß hiedurch dem Zollpublikum manche Scherereí bereitet würde, was jedoch bis jetzt durchaus nicht der Fall war. Anlangend den Fall, daß Seidengewebe aus dem nicht meistbegünstigten China über Wien nach Deutschland eingeführt werden sollten, so kann allerdings hiefür der Vertragszollsatz nicht gewährt werden, da jedenfalls diese Seidenstoffe aus einem Zollager, also vom gebundenen Verkehr, aus Österreich nach Deutschland gelangen. Sollten die chinesischen Seidengewebe über London nach Deutschland kommen, so müßte auch in diesem Falle der autonome Zollsatz Platz greifen, da die Seidengewebe in England nicht hergestellt worden sind und demnach auch Großbritannien nicht als Erzeugungsland angegeben werden kann, obgleich die Seidenstoffe mangels eines Zolles hiefür in England zollfrei und in freiem Verkehr waren. Etwas anderes aber ist es, wenn aus diesem, in freiem Verkehr befindlichen Seidenstoffe (aus China stammend) in London Damenkleider hergestellt wurden und nach dem deutschen Zollgebiet gelangten. Diese Damenkleider sind doch jedenfalls in England in freiem Verkehr hergestellt worden, würden also den Vertragszollsatz in Deutschland genießen, ebenso wie Baumwollgewebe, das in Deutschland aus fremdländischer Baumwolle hergestellt ist, in allen Vertragsstaaten dem Konventionaltarif unterstellt würde. Es greift hier die sog. „Nationalisierung" der Waren herein.

Hiewegen führt Dr. Trautvetter in seinem schon oben erwähnten Buch: „Das neue deutsche Zolltarifrecht" aus wie folgt:

In den Tarifverträgen sind die Zolltarif-Vergünstigungen regelmäßig den „Boden- und Gewerbserzeugnissen" zugestanden. Gleichbedeutend sind die Worte: „schweizerischen Ursprungs oder schweizerischer Fabrikation oder Boden- und Industrieerzeugnisse". Diese Ausdrücke ergeben deutlich, daß die Waren in einem Vertragsstaat gewonnen sein müssen, um der deutschen Tarifbegünstigung teilhaftig zu werden. Der Gewinnung kann allerdings eine Bearbeitung fremder, in die Vertragsländer von auswärts eingeführter Waren gleichkommen. Dies setzt aber immer voraus, daß diese weitere Bearbeitung im freien Verkehr des Vertragslandes, also erst dann erfolgte, wenn der bearbeitete Rohstoff oder das Halbfabrikat oder Ware aus der Zollkontrolle des Bearbeitungslandes entlassen ist Nur dann gilt sie in diesem Bearbeitungslande als nationalisiert. Nicht aber würde beispielsweise eine chinesische Ware den Anspruch auf Ablassung zum Vertragssatze in Deutschland dadurch erlangen, daß sie zunächst in die Schweiz eingeführt und dort unter Zollkontrolle weiter bearbeitet, oder daß sie in einem Vertragsstaate verzollt und dann aus diesem in unverändertem Zustande nach Deutschland eingeführt wird (Vgl. auch den Aufsatz von J. Volk: Was versteht man unter Herstellungsland, namentlich unter Berücksichtigung stattgehabter Veredlung? Zeitschrift für Zollwesen, 1907 S. 225)

Abweichend davon hat sich der Begriff der Nationalisierung für Österreich-Ungarn auf Grund der älteren deutsch-österreichischen Handelsverträge gestaltet. Hier hatten sich die Kontrahenten den Genuß des Vertragstarifs schon für den Fall der Einfuhr aus dem freien Verkehr des anderen Staates gegenseitig zugesichert. Im neuen Handelsvertrag mit Österreich-Ungarn findet der Vertragstarif nur mehr auf die österreichisch-ungarischen Boden- und Gewerbserzeugnisse Anwendung. Vgl. Denkschrift zu den Zusatzverträgen mit Österreich-Ungarn usw. Anlagenband 6 der Reichstagsverhandlungen Session 1903/4 S. 26: Durch Artikel I Abs. 1 des Zusatzvertrags erhält Art. 3 des HV. mit Österreich-Ungarn von 1892 eine Fassung, die ihn mit den einschlägigen Vorschriften unserer übrigen Handelsverträge in Übereinstimmung bringt. Nach dem bisherigen Wortlaut sollen die Begünstigungen der Vertragstarife B und A allen Waren ohne Rücksicht auf den Ursprung zuteil werden, die aus dem freiem Verkehr des anderen Zollgebiets eingehen. Diese Bestimmung, welche einem älteren Vertrag des Zollvereins mit Österreich entstammt und auf heute nicht mehr zutreffenden Voraussetzungen beruht, bildete ein Hindernis für die wirksame Durchführung einer etwaigen unterschiedlichen Zollbehandlung der Erzeugnisse dritter Länder. Es erschien daher angezeigt, eine andere Formulierung zu wählen, wodurch in gleicher Weise wie in den übrigen Tarifverträgen die Begünstigungen der Vertragsweise auf die Boden- und Gewerbserzeugnisse des anderen Vertragslandes beschränkt werden. (Vgl. auch BRDrS. Nr. 47, 1895 und Zusatzvertrag zum Österr.-Ung. Handelsvertrag, Art. I, RGBlatt 1906 S. 144.)

§ 59.

Von allergrößter Wichtigkeit ist der § 11 des Zolltarifgesetzes, worin die Erteilung von Einfuhrscheinen bei der Ausfuhr von Getreide, Hülsenfrüchten, Raps und Rübsen, Mehl und Mühlenfabrikaten geregelt ist.

Der Inhalt dieses Paragraphen ist folgender: Bei der Ausfuhr von Roggen, Weizen, Spelz, Gerste, Hafer, Buchweizen, Hülsenfrüchten, Raps und Rübsen aus dem freien Verkehr des Zollgebiets werden auf Antrag des Warenführers Einfuhrscheine erteilt, die dazu berechtigen, innerhalb 6 Monaten eine dem Zollwert der Einfuhrscheine entsprechende Menge der vorgenannten Waren ohne Zollentrichtung einzuführen. Die auszuführende Getreidemenge muß mindestens 5 Doppelzentner betragen.

Den Inhabern von Mühlen oder Mälzereien werden bei der Ausfuhr von Mühlenfabrikaten und Malz Einfuhrscheine über eine den Mahl- und Malzprodukten entsprechende Menge an Getreide oder Hülsenfrüchten erteilt.

Die sonstigen Bestimmungen dieses Paragraphen betreffen die sog. Getreide-Transitlager ohne amtlichen Mitverschluß, die Holzlager und die Ölmühlenkonten, wobei bestimmt ist, daß die Aufnahme dieser Waren in ein öffentliches Zollverschlußlager oder in ein Privatlager unter amtlichen Mitverschluß der tatsächlichen Ausfuhr gleichsteht.

Die näheren Anordnungen über die Ausfertigung der Einfuhrscheine, der Abfertigung der Ausfuhrwaren, über die Holzlager, Getreidelager, Ölmühlenkonten trifft der Bundesrat.

Hiezu hat demnach der Bundesrat die Einfuhrscheinordnung vom 1 März 1906 erlassen, dgl. die Zollordnungen über Getreideläger, Holzläger, Ölmühlen.

Die Einfuhrscheinordnung hat 26 Paragraphen.

In § 1 sind die Fruchtarten bezeichnet, für welche Einfuhrscheine erteilt werden, wie in § 11 des Zolltarifgesetzes und oben angegeben ist. Der § 2 bestimmt, daß die auszuführenden Waren von marktgängiger Beschaffenheit sein müssen und in § 3 ist ausgeführt, daß den Mühleninhabern, den Malzfabriken und Ölmüllern Einfuhrscheine erteilt werden sollen. Die Ölmüller, welche zollpflichtige ausländische Ölfrüchte mit dem Anspruch auf Zollnachlaß bei der Ausfuhr der gewonnenen Öle verarbeiten wollen, können auch ein Ölmühlenkonto erhalten (Ölmühlenzollordnung). Der § 4 der Einfuhrscheinordnung bestimmt das sog. Ausbeuteverhältnis, d. h. hier ist festgesetzt, wie viel Korngetreide auf 1 dz Mehl von bestimmter Beschaffenheit und Art zu rechnen ist. So sollen für 1 dz Roggenmehl 3. Klasse 65 kg Mehl gleich 100 kg Roggen gelten, für 1 dz Weizenmehl der 1. Klasse sollen 160 kg Weizen gelten. Nach dem Allg. Ausschreiben des Herrn Reichskanzlers vom 30. Juli 1909 ist das Ausbeuteverhältnis für Weizenmehl 1. Klasse auf 150 kg Weizen zu 100 kg Mehl herabgesetzt worden, was den mittlerweile erledigten Mehlkonflikt mit der Schweiz zu Ende führte. (Vgl. RTVerhandlungen Bd. 236, 238. Sitzung.)

Die Anlage 1 zur Einfuhrscheinordnung enthält die Anweisung zur Prüfung des Weizen- und Roggenmehls mittels der Mehltypen (Mehlmuster).

Für Malz aus Gerste wird nach § 5 l. c. das Verhältnis von 75:100 angenommen, so daß 75 kg Malz = 100 kg Gerste sind. Bei Malz aus Weizen ist das Verhältnis = 78:100.

Bei anderen Müllereierzeugnissen, z. B. bei Graupengerste wird das Ausbeuteverhältnis auf Grund von Probevermahlungen durch die Direktivbehörde festgesetzt. Auch bei Mehl aus Hartweizen oder aus einem Gemisch von Hart- und Weichweizen muß stets Probevermahlung zur Festsetzung der Ausbeute stattfinden. Die übrigen Paragraphen der Einfuhrscheinordnung enthalten meist formelle Bestimmungen und Abfertigungsvorschriften. Nur der § 17 ist noch besonders zu erwähnen, wonach bei der Wertbestimmung der Einfuhrscheine der vertragsmäßige Zollsatz, bei der Ausfuhr von Gerste nur der Zollsatz zu 1,30 Mark zugrunde zu legen ist. (Vgl. Zusatzvertrag zum Österr.-Ung. Handelsvertrag.)

Nach § 8 der Einfuhrscheinordnung findet bei der Ausfuhr von Getreidegemischen die Erteilung eines Einfuhrscheines nicht statt. Nach dem Erlaß des k. pr. FM. vom 9. Dezember 1909 soll jedoch auch bei Getreidegemengen, soferne an sich eine marktgängige Ware vorliegt, die Erteilung von Einfuhrscheinen nicht ausgeschlossen sein. Die Aufnahme in ein Zollverschlußlager steht der Ausfuhr gleich.

Die folgenden Paragraphen betreffen die Ausfertigung und formelle Behandlung der Einfuhrscheine, die Befugnis der Direktivbehörden zur nachträglichen Ausfertigung eines Einfuhrscheines bei Zustimmung des Reichsbevollmächtigten in unbedenklichen Fällen, die Wertbestimmung der Einfuhrscheine und die Strafbestimmungen.

Die Anlage 2 der Einfuhrscheinordnung enthält das Verzeichnis derjenigen Waren, für welche der Eingangszoll durch Einfuhrscheine beglichen werden kann, nämlich außer Getreide, Hülsenfrüchte, Raps, Rübsen auch Rohkaffee und Petroleum. (Erdöl, Leuchtöl).

Diese letztere Bestimmung hat in neuerer Zeit vielfache Anfechtung erfahren.

Im Deutschen Reichstage ist in der I. Session der XII. Legislaturperiode auf Grund mehrfacher Petitionen des Deutschen Müllerbundes, der Handelskammern und anderer Vereine um Einschränkung der Getreideausfuhr, Wiedereinführung des Identitätsnachweises und Abänderung der Bestimmungen über die Einfuhrscheine die Resolution Dr. Ablaß u. Gen. eingebracht worden, den Herrn Reichskanzler zu ersuchen, dem Reichstag eine Vorlage zugehen zu lassen, durch die der § 11 des Zolltarifgesetzes hinsichtlich der Geltungsfrist und der Geltung der Einfuhrscheine überhaupt abgeändert werde, wobei auch der Abänderungsantrag Weber u. Gen., die Geltung der Einfuhrscheine nicht mehr zur Zollzahlung für Kaffee und Petroleum zuzulassen, eingebracht wurde.

Über diese Petitionen ist ein mündlicher Kommissionsbericht erstattet worden (vgl. Anlagenband Nr. 254 der RTV. Nr. 1312 und Anlagenband 256 Nr. 1546). Auf Grund dieser Kommissionsberatungen ist die Denkschrift betreffend den Umfang und die Wirkung der Ausfertigung von Einfuhrscheinen für ausgeführtes Getreide (RTDrS. Nr. 370, 1909/10 und BRDrS. Nr. 66, 1910) im RSchatzamte ausgearbeitet worden.

Diese Denkschrift enthält: I. Die geschichtliche Entwicklung mit Darstellung des Begriffes des Identitätsnachweises, die Gesetzgebung von 1894 mit Aufhebung des Identitätsnachweises, die weitere Entwickelung durch den Zolltarif von 1902 und die Ergebnisse dieser geschichtlichen Betrachtung dahin gehend, daß in der Zeit von 1894 bis 1906 gewichtige Bedenken gegen das Einfuhrscheinwesen nicht geltend gemacht wurden und auch nicht geltend zu machen waren, daß aber seit Inkrafttreten des Zolltarifs von 1902 (1906) lebhafte Angriffe gegen die diesbezüglich bestehenden Vorschriften hervortraten.

Der II. Teil dieser Denkschrift behandelt sodann die Wirkungen des seinerzeit geltenden Verfahrens und die zurzeit geltenden Vorschriften. Es wird gezeigt inwieweit die Einnahmen des Reiches, die Preisbildung des Getreides, wie der Getreidehandel und die Müllerei von dem Einfuhrscheinwesen beeinflußt sind.

In Ziff. III der Denkschrift ist die Würdigung der gemachten Vorschläge zur Änderung dieses Verfahrens entwickelt und in Ziff. IV ist eine Schlußbetrachtung beigefügt. Der Denkschrift sind verschiedene Nachweisungen beigefügt, so z. B. eine Nachweisung über Ein- und Ausfuhr von Hafer von 1900—1910, da gerade bezüglich des Hafers behauptet wird, daß der deutsche Hafer zu 5 Mk für 1 dz ausgeführt und dafür russische Futtergerste zu 1.30 Mk. für 1 dz eingeführt wird, wodurch der Reichskasse ein erheblicher Zollentgang entstünde.

Die weitere Nachweisung über die in- und ausländischen Durchschnittspreise für Roggen, Weizen und Hafer in den Jahren 1890 bis 1909 verdient gleichfalls große Beachtung. (Vgl. auch Hirths Annalen 1908 Heft 10: Zur Frage der Einfuhrscheine).

In weiterer Ausführung des § 11 des Zolltarifgesetzes hat der Bundesrat in der Anleitung für die Zollabfertigung auch noch die Holzlagerzollordnung, die Ölmühlenzollordnung und die Getreidelagerzollordnung erlassen.

Um hier mit der Getreidelagerzollordnung zu beginnen, so ist vor allem in § 1 dieser Ordnung bestimmt, welche Fruchtarten in das offene Getreidelager aufgenommen werden können. Dazu gehören die sämtlichen Hauptgetreidearten, Hülsenfrüchte, Ölfrüchte. Die Getreidelager sind Transitlager ohne amtlichen Mitverschluß und zwar reine Transitlager, wenn die eingelagerten Fruchtarten ausschließlich zum Absatz in das Zollausland bestimmt sind und gemischte Transitlager, wenn neben der Wiederausfuhr auch der Absatz der Lagerwaren im Zollgebiet gestattet ist. Auf die Getreidelager finden die Bestimmungen des Privatlagerregulativs Anwendung.

Auf die reinen Transitlager kann in- und ausländisches Getreide gebracht und dort nach den in §§ 13 und 14 der Getreidelager-Zollordnung getroffenen Bestimmungen behandelt werden. Abmeldungen von Lagerware dürfen nur auf ein anderes reines Transitlager abgeschrieben oder das Getreide muß ins Ausland ausgeführt werden.

Gemischte Transitlager dürfen nur an den vom Bundesrat ausdrücklich hiefür zugelassenen Orten errichtet werden. Von einem gemischten Transitlager darf Getreide usw. auch ins Inland gegen Verzollung abgesetzt werden, die Lagerware kann auch mit Begleitschein II abgefertigt werden. Wegen der für Getreide unzulässigen Stundung (Kreditierung) der Zollgefälle, wovon hier noch die Rede sein wird, ist bei den Getreidelagern bei Verzollung und Abfertigung auf Begleitschein II von Getreide usw. ein sog. Lagerausgleich zu entrichten.

Nach der Zollstundungsordnung (§ 12 des Zolltarifgesetzes) können nämlich die Zölle auf Antrag gegen Sicherheit auf 3 Monate gestundet werden. Von der Stundung ausgenommen sind die Zölle für Getreide, Müllereierzeugnisse, Malz, Hülsenfrüchte, Raps und Rübsen, Rapsöl und Rüböl. Der sog. eiserne Weinkredit zur Hebung des Weinhandels beruht auf dem Weinlagerregulativ und kommt hier nicht weiter in Betracht.

Auch die aus dem Veredlungsverkehr, wovon gleichfalls bei Besprechung des VZG. noch die Rede sein wird, entspringenden Zollbeträge sind mit 4% zu verzinsen. Hiewegen ist bei Besprechung des § 12 des Zolltarifgesetzes noch das weitere zu erwähnen.

Wegen der Holzlagerordnung, der Ölmühlenzollordnung und der Getreidelagerzollordnung wird auf die spätere Abhandlung über die zum Vereinszollgesetz erlassenen Zollregulative (Zollordnungen) Bezug genommen.

Das RG. betreffend die Wertbestimmung der Einfuhrscheine im Zollverkehr für die Übergangszeit vom 1. März 1906 bis 28. Februar 1907 wird hier nur nachrichtlich erwähnt (RGBl 1906, S. 137).

§ 60.

Wegen der Wichtigkeit der Bestimmungen über den Einfuhrscheinverkehr und die Zolläger für Getreide ist auf die zu § 11 des Zolltarifgesetzes abgegebene amtliche Begründung noch näher einzugehen.

Zuerst wird die Aufnahme des Buchweizens unter die einfuhrscheinfähigen Getreidearten nach Maßgabe der mehrfachen Petitionen von Interessenten begründet und sodann fortgefahren:

Nach den bisherigen Bestimmungen durfte auf einen Einfuhrschein nur eine entsprechende Menge der nämlichen Warengattung, über die der Schein lautet, ohne Zollentrichtung eingeführt werden. Die Vertreter des Getreidehandels wünschten die Wirksamkeit der Einfuhrscheine dahin erweitert, daß sie, wenn nicht für Waren aller Art, so doch mindestens für alle Warengattungen verwendbar werden, bei deren Ausfuhr Einfuhrscheine erteilt werden. Von einer solchen Ausdehnung versprachen sich auch die Vertreter der Landwirtschaft insofern einen Nutzen, als dadurch voraussichtlich der Verkaufswert der Scheine, der bisher wegen ihrer eingeschränkten Verwendbarkeit hinter dem Nennwert etwas zurückblieb, diesem nähergebracht werden würde. Unter diesen Umständen erschien die Zulassung der erweiterten Verwendbarkeit unbedenklich, zumal durch den Austausch oder durch den Ankauf geeigneter Scheine schon vorher dasselbe Ziel erreicht werden konnte und der Verkehr mit den Scheinen dadurch nur vereinfacht wird.

Das Bedürfnis für die weitere Zulassung der reinen Transitlager für Getreide und Ölfrüchte ist bis jetzt nicht in Zweifel gezogen worden. Dagegen ist seit 1894 wiederholt im Reichstage von den gesetzgebenden Körperschaften einzelner Bundesstaaten und von den Vertretungen der Landwirtschaft die Aufhebung der gemischten Privattransitlager ohne amtlichen Mitverschluß für Getreide usw. gefordert worden. Zur Begründung dieser Forderung wurde angeführt, daß seit Aufhebung des Identitätsnachweises für Getreide und Schaffung der Einfuhrscheine dem Handel eine genügende Bewegungsfreiheit gewährt und ein Bedürfnis für solche Lager nicht mehr anzuerkennen sei. Außerdem würden sie in der Hauptsache gar nicht für den Ausfuhr- und Durchfuhrhandel, sondern zur Versorgung des Inlandes benutzt. Durch die mit dem Lager gewährte zinsfreie Zollstundung sei es möglich, ausländisches Getreide über den Bedarf hinaus einzuführen und dadurch den Preis des inländischen Getreides herabzudrücken. Der Erfolg sei, daß die Händler und großen Mühlen auf Kosten der Reichskasse und zum Schaden der einheimischen Landwirtschaft, sowie der mittleren und kleinen Mühlen eine ungerechtfertigte Begünstigung genössen.

Von den Vertretern des Getreidehandels und der Großmüllerei wurde dagegen geltend gemacht, daß ein Bedürfnis für gemischte Transitlager ohne amtlichen Mitverschluß für Getreide usw. auch noch jetzt zur Sicherung des durch die einheimische Erzeugung nicht zu deckenden Bedarfs vorhanden sei. Eine Aufhebung der zollinländischen Lager würde nur zur Lagerung der erforderlichen Getreidemengen in den Freihäfen und Freibezirken, sowie in den benachbarten ausländischen Hafenplätzen führen, von wo aus sie den inländischen Markt ebenso wie jetzt beeinflussen würden.

Die Zahl der angefochtenen Lager ist in den letzten Jahren ständig zurückgegangen. Im Jahre 1894 bestanden an 39 Orten 202 Lager, im Jahre 1900 an 23 Orten nur noch 114. Die Menge des zu den Lagern gebrachten ausländischen Getreides hat sich dagegen in dem gleichen Zeitraume nicht verringert; auch das Verhältnis von Wiederausfuhr und Verzollung ist ziemlich unverändert geblieben. Es ist anzuerkennen, daß ein Teil der noch vorhandenen Lager nur in geringem Maße der Ausfuhr dient, vielmehr hauptsächlich wegen des damit verbundenen Vorteils der zollfreien Lagerung in Anspruch genommen wird, und daß in solchen Fällen eine über das Bedürfnis hinausgehende Einfuhr und eine Beeinflussung der Preise nicht ausgeschlossen ist. Durch die in § 10 Absatz 2 des Entwurfs (§ 12 Absatz 2 des Z.T.Gesetzes) vorgeschlagene Beseitigung der Zinsfreiheit während der Lagerung in den Zollagern verlieren jedoch die Bedenken, welche gegen die bisherige Einrichtung der gemischten Getreidetransitlager erhoben wurden, wesentlich an Bedeutung. Sie werden noch weiter abgeschwächt, wenn die Getreidezölle eine Erhöhung erfahren und dadurch die Wirkung einer Verzinsung der Zollgefälle verschärft wird. Es wurde deshalb vorgeschlagen, die Bewilligung solcher Lager auf diejenigen vom Bundesrat zu bestimmenden Orte zu beschränken, für welche ein dringendes Bedürfnis anzuerkennen ist. Die Bedürfnisfrage wird nach allen einschlägigen Verhältnissen zu prüfen und jedenfalls dann zu bejahen sein, wenn der Absatz überwiegend in das Ausland stattfindet oder durch die Lager die Ausfuhr inländischen Getreides erleichtert wird. Lager, die den hiernach zu stellenden Anforderungen nicht mehr entsprechen, würden aufzuheben sein.

§ 61.

Der § 12 des Zolltarifgesetzes behandelt die Zollstundung. Die Zölle können auf Antrag auf 3 Monate gegen Sicherheit gestundet werden.

Die Getreidezölle sind, wie schon bemerkt, von der Stundung ebenso ausgenommen, wie die Zölle auf Hülsenfrüchte, Raps, Rübsen, Mühlenfabrikate. Bei der Zollagerung dieser Waren ist der Lagerausgleich von 4 % zu entrichten.

Zu § 12 hat der Bundesrat die Zollstundungsordnung erlassen (Nachtrag zur Anleitung für die Zollabfertigung), außerdem hat der preuß. FM. noch die preußische Reichs-Abgabenstundungsordnung für Preußen erlassen. (Vgl. preuß. Zentralblatt, Beilage II zu Nr. 9, 1908.) Zu der Reichs-Zollstundungsordnung, wie sie der Bundesrat in der Sitzung vom 11. Januar 1906, gültig vom 1. März 1906 ab, bestimmt hat, sind vom preuß. FM. die Ausführungsbestimmungen vom 26. Februar 1906 erlassen worden (Preuß. Zentralblatt 1906 S. 233).

Die Zollstundungsordnung hat 12 Paragraphen; § 1 betrifft allgemeine Vorschriften, die speziellen Bestimmungen über die Stundung der Zölle treffen die obersten Landesfinanzbehörden der Bundesstaaten. Der § 2 bestimmt die Ausnahmen, d. h. für welche Waren (Getreide, Mehl, Raps und Rapsöl, Rüböl) keine Stundung (Kreditierung) zugelassen ist; §§ 3 u. 4 betreffen die Stundungsanerkenntnisse, den Stundungsbetrag (50 Mk.) und die Stundungsfrist (3 Monate). Der sog. eiserne Weinkredit, der im Interesse des inländischen Weinhandels nach den Vorschriften des Weinlagerregulativs gewährt wird, bleibt wie bisher aufrecht erhalten. (§ 5.) Hinsichtlich des Lagerausgleichs bei Abmeldung von Getreide aus Zollagern zur Verzollung (§ 6) sind die Freibezirke nicht aufgeführt, was zur Folge hat, daß bei der Einfuhr von Getreide aus Freibezirken die Erhebung des Lagerausgleichs nicht stattfindet. Die Freibezirke sollen zwar als Freilager den öffentlichen Niederlagen gleichzuachten sein (§§ 97, 107 des VZG.), allein in neuerer Zeit haben sich die Freibezirke den Zollausschlußgebieten (Freihäfen) in mehrfacher Beziehung genähert. Außerdem sollen die Freibezirke nach § 107 des VZG. mit gewissen Maßnahmen zollgesetzlich als Ausland gelten, auch das Reichsgericht hat sich in dem Reichsgerichtserkenntnis vom 1. Dez. 1898 (Zivilsenat VI) auf den Standpunkt gestellt, daß die Freibezirke Zollausland darstellen. Eine Lagerausgleicherhebung für Getreidelagerung im Freibezirke ist daher nicht angängig. -- (Vgl. auch Zeitschrift für Zollwesen 1901 Nr. 7.)

Vom Lagerausgleich handeln noch die §§ 6—11 der Zollstundungsordnung und § 12 betrifft den Veredlungsverkehr.

In der Begründung zu § 12 des Zolltarifgesetzes wird ausgeführt:

Die Stundung der Zölle war nach den früheren Vereinbarungen (zu vgl. Zollvereinigungsverträge vom 22. März 1833 und vom 8. Juli 1867) den einzelnen Bundesregierungen überlassen; nur ist die längste zulässige Frist durch den Beschluß des Bundesrats vom 2. Juni 1869 vom 1. Oktober 1870 ab auf drei Monaten festgesetzt worden. Die Stundung der Tabak-, Zucker- und Branntweinsteuer beruht auf den betreffenden Gesetzen, und zwar ist die Stundung bei der Tabaksteuer nur zugelassen, während die Zucker- und Branntweinsteuer gestundet werden muß, wenn die vorgeschriebenen Bedingungen erfüllt werden. Die Salzabgabe wird gleich den Zöllen für eine Frist bis zu drei Monaten gestundet, ohne daß dem eine Gesetzesvorschrift zugrunde liegt (zu vgl. § 12 der Ausführungsbestimmungen zum Gesetz über die Erhebung einer Abgabe von Salz und Beschluß des Bundesrats vom 5. Juli 1888). Es empfahl sich, in dem neuen Zolltarifgesetze für die Stundung der Zölle die zurzeit fehlende reichsgesetzliche Grundlage zu schaffen. Die zinsfreie Stundung der Zölle wird aber nicht ausnahmslos beibehalten werden können. Von der Mehrheit des Reichstags und auch von den parlamentarischen Vertretungen verschiedener Bundesstaaten ist mit Rücksicht auf die seit Jahren aus landwirtschaftlichen Kreisen erhobenen Klagen wiederholt, besonders in den zu § 9 des Entwurfs angeführten Anträgen, die Aufhebung oder Einschränkung der Zollstundung für zu verzollendes oder auf Zollager abgefertigtes Getreide, Hülsenfrüchte, Ölfrüchte und die daraus hergestellten Erzeugnisse gefordert worden. Es ist hiefür geltend gemacht worden, daß der jetzige Zustand eine nicht zu rechtfertigende Begünstigung der Getreidespekulation und einen erhöhten Anreiz zu übermäßiger Einfuhr ausländischen Getreides schaffe und gleichzeitig eine Bevorzugung der Großhändler enthalte, die imstande seien, durch Erfüllung der geforderten Bedingungen sich die Vorteile der zinsfreien Zollstundung zu sichern. Der Zinsgewinn führe aber zu einer der Höhe dieses Gewinnes entsprechenden Abminderung des Zollschutzes und damit zu einem Drucke auf die inländischen Getreidepreise.

Von den Vertretern des Getreidehandels wurde diesen Ausführungen entgegengehalten, daß eine einseitige Aufhebung oder Einschränkung der Zollstundung für Getreide usw. ungerecht sei und den Verkehr mit diesen Waren nur in die Freihäfen und Freibezirke oder in das Ausland drängen würde, wo eine zinsfreie Lagerung auch in Zukunft möglich sein würde. Außerdem würde das mit der Aufhebung der Stundung eintretende Erfordernis eines erhöhten Betriebskapitals zu einer Verstärkung der Großbetriebe im Getreidehandel führen.

Diese Bedenken, die auch gegen die Beseitigung der gemischten Getreidetransitlager geltend gemacht worden sind, werden gegenüber der Aufhebung der zinsfreien Zollstundung für Getreide nicht durchzugreifen vermögen. Eine vollständige Verlegung des Getreidehandels in die deutschen Zollausschlüsse oder in gewisse Grenzgebiete des Auslandes würde sich mit den Anforderungen des Verkehrs nicht vertragen. Sie ist auch deshalb unwahrscheinlich, weil es an diesen Orten vielfach an dem geeigneten Platze, an den entsprechenden Speichern und Einrichtungen fehlen, die Schaffung solcher Einrichtungen aber erhebliche Kosten verursachen würde. Dagegen ist zu erwarten, daß die Maßregel der deutschen Landwirtschaft den unverminderten Genuß des ihr gewährten und von ihr für notwendig erachteten Zollschutzes sichern würde. Der Getreidehandel würde für die bisherigen Vorteile einen Ersatz in der in Aussicht genommenen erweiterten Verwendbarkeit der Einfuhrscheine finden.

Aus diesen Erwägungen ist vorgeschlagen worden, die Zollstundung bei der unmittelbaren Einfuhr von Getreide, Hülsenfrüchten, Raps und Rübsen sowie von den daraus hergestellten Müllerei- und Mälzereierzeugnissen und Ölen auszuschließen. Um den erstrebten Zweck zu erreichen, würde aber bei der Einfuhr der genannten Waren aus Zollagern in den freien Verkehr als Ausgleich für die während der Lagerung zugestandene Stundung des Zolles eine Verzinsung gefordert werden müssen. Diese Forderung würde aber, wenn eine nachhaltige Wirkung erreicht werden solle, für sämtliche Arten von Zollagern (öffentliche Niederlagen sowie Privatlager mit oder ohne amtlichen Mitverschluß) zu erheben sein. Der Zinsfuß würde nach dem Vorgange des Bürgerlichen Gesetzbuchs auf 4 v. H. zu bemessen sein. Die näheren Vorschriften würde zweckmäßig der Bundesrat zu treffen haben. Die aufkommenden Zinsen sind mit den Zöllen der Reichskasse zuzuführen.

Für andere Waren, insbesondere für solche, die das Inland nicht hervorbringt, die zinsfreie Zollstundung aufzuheben oder einzuschränken, lag kein Grund vor, weil hier Klagen wie beim Getreidehandel nicht geäußert worden sind. Ein dahin gehender Antrag ist auch von keiner Seite gestellt, vielmehr die Beibehaltung der Stundung im bisherigen Umfang allseitig befürwortet worden. Es soll deshalb für alle anderen Waren auch ferner eine dreimonatliche zinsfreie Stundung der Zölle gegen Sicherheitsleistung nach längerer Anordnung des Bundesrats zugelassen werden. —

Hinsichtlich der Zollstundung bemerkt Dr. Manicke mit Recht, daß nunmehr durch reichsgesetzliche Regelung die Kreditierungsverhältnisse, die bisher in der Kompetenz der Bundesstaaten gelegen war, geordnet wurden (§ 12 des Zolltarifgesetzes). Die Stundung der Kornzölle bildete einen viel umstrittenen Punkt, bis die Stundung für Agrarprodukte ausgeschlossen war. Die Großmühlen bezogen ungeheuere Mengen ausländischen Getreides, vermahlten es und führten es gegen Einfuhrscheine oder nach § 7 des Zolltarifgesetzes vom 15. Juli 1879 auf sog. Mühlenkonto aus, überschwemmten das Inland mit Mehl aus fremdem Getreide. Nach Aufhebung der Stundung und Einführung des Lagerausgleichs ist dies nicht mehr möglich. — —

Hinsichtlich der Getreidetransitlager, der Zollstundung und der Aufhebung der Zollstundung für Getreide und Mehl usw. ist hier noch zu verweisen auf die Resolutionen und Verhandlungen sowie auf die Anträge und Interpellationen des deutschen Reichstages in den Jahren 1894, 1896, 1897 und 1900, in denen zum Ausdruck gebracht wurde, daß in keinem anderen Staate soviel für den Konsum nicht erforderliches Getreide lagere wie in Deutschland und daß dies nur künstlich durch die sogenannten Zollkreditanstalten herbeigeführt würde. Die Transitläger würden nicht als solche, sondern gewissermaßen als Spekulationsläger, besonders der größeren Betriebe benutzt; dies sei aber eine Ungerechtigkeit den kleineren Betrieben gegenüber, die keine Transitläger hätten. Deshalb sei die Forderung berechtigt, daß diese mißbräuchliche Benutzung der gemischten Transitläger nicht noch durch die Gewährung einer Prämie und zwar einer recht großen in Gestalt der zinsfreien Zollkredite gefördert würde, sondern daß dasjenige Getreide, welches mißbräuchlich von den Transitlägern nicht wieder ausgeführt, sondern in das Inland eingeführt würde, wenigstens nachträglich bei der Zollzahlung auch die Zinsen des inzwischen genossenen Zollkredits zu zahlen habe, zumal bei sämtlichen Getreide, was bei anderen Waren nicht der Fall sei, die Barzahlung Geschäftsusance sei, weshalb auch der Zoll sofort — ohne vorherige Stundung — entrichtet werden müsse.

Die gemischten Transitlager für Bau- und Nutzholz haben bisher zu keinen erheblichen Anständen geführt und das Bedürfnis für ihre Beibehaltung ist von keiner Seite bestritten worden. Die Orte, an denen solche gemischte Transitlager bewilligt werden können, hat schon bisher der Bundesrat bestimmt In Übereinstimmung mit Ziffer 1 Absatz 3 ist diese Befugnis ausdrücklich ausgesprochen worden.

Die Bestimmungen über die Höhe des Zollnachlasses für die bei der Bearbeitung in den Lagern entstehenden Holzabfälle sind aus dem Gesetz entfernt und der Beschlußfassung des Bundesrats überwiesen worden, um die nach der Verschiedenheit der Bearbeitung dem Wechsel unterworfene Größe der Abfälle, den tatsächlichen Verhältnissen entsprechend, richtiger bemessen zu können. Ebenso ist die Bestimmung, durch die für das auf Flößen eingehende und auf Begleitschein I weitergesandte Bau- und Nutzholz Erleichterungen in den Abfertigungsformen zugestanden werden können, nicht wieder aufgenommen worden, da sie nicht in das Zolltarifgesetz paßt, und die Befugnis des Bundesrats zur Gewährung von Erleichterungen in bezug auf das Abfertigungsverfahren außer Zweifel steht. Eine Aufhebung oder Abänderung der bestehenden Erleichterungen ist mit ihrer Entfernung aus dem Gesetze nicht beabsichtigt.

Nach dem Zolltarifgesetze von 1879 wurde den Inhabern von Getreide-Mühlen und Mälzereien für die Ausfuhr der von ihnen hergestellten Erzeugnisse eine Erleichterung dahin gewährt, daß ihnen der Eingangszoll für eine der Ausfuhr entsprechende Menge des zur Mühle oder Mälzerei gebrachten ausländischen Getreides nachgelassen wurde. Die Zurückziehung dieser Vergünstigung ist wiederholt im Zusammenhange mit der Aufhebung der gemischten Transitlager für Getreide ohne amtlichen Mitverschluß gefordert worden. Insbesondere ist hervorgehoben worden, daß die mit dem Mühlen- und Mälzereikonto verbundene vier- bis fünfmonatliche Zollstundung hauptsächlich den kapitalkräftigen großen Mühlen an der Küste und an den großen Wasserstraßen zugute komme und diesen einen Vorsprung vor den kleinen und mittleren Mühlen des Binnenlandes gewähre Die Behauptung, daß nach der Aufhebung des Identitätsnachweises und Schaffung der Einfuhrscheine kein Bedürfnis für die Vergünstigung mehr vorliege, fand in der Tatsache einige Bestätigung, daß eine nicht geringe Anzahl Mühlen freiwillig auf das Konto verzichtet hat. Hiedurch, sowie durch die Einziehung weiterer Konten, von denen keine genügende Ausfuhr nach dem Auslande stattgefunden hatte, war die Zahl der Kontenmühlen, die im Jahre 1894—95 noch 149 betrug, am Schlusse des Jahres 1899 auf 42 zurückgegangen. Auch für diese Konten ist ein Bedürfnis neben der G e w ä h r u n g v o n E i n f u h r s c h e i n e n n i c h t m e h r anzuerkennen und daher ihre Aufhebung vorgeschlagen, mit Ausnahme der Ölmühlen.

§ 62.

Der § 13 des Zolltarifgesetzes behandelt die Frage, ob für Rechnung der Kommunen oder Korporationen angesichts der durch den Zolltarif von 1902 (1906) so sehr erhöhten Eingangszölle auf Lebensmittel noch weitere Oktroiabgaben erhoben werden sollen.

Diese Frage ist durch die Bestimmungen des § 13 verneint worden, indem angeordnet ist:

Für Rechnung von Kommuuen oder Korporationen dürfen vom 1. April 1910 ab Oktroiabgaben auf Getreide, Hülsenfrüchte, Mehl, Mühlenfabrikate, Backwaren, Fleisch, Fleischwaren (Würste), Vieh und Fett nicht mehr erhoben werden. Abgaben von Malz zur Bierbereitung dürfen auch von den Gemeinden erhoben werden. Die entgegenstehenden früheren Bestimmungen sind aufgehoben.

Hinsichtlich des § 13 des Zolltarifgesetzes, der erst durch die Kommission des Zolltarifs dem Zolltarifgesetzentwurf beigefügt worden ist, findet sich in dem Bericht der Sechzehnerkommission (der Zolltarifkommission, Anlagenband 7 II 1900/03) eine eingehende Begründung, wobei namentlich auch über die Aufhebung der Bestimmungen der früheren Zollvereinigungsverträge, denen nach Art. 40 der RV. noch Gültigkeit verblieben ist, sich ausgesprochen wurde.

Außer der kommunalen Bierbesteuerung kommt hiebei namentlich die städtische Mehl- und Fleischsteuer, die in Preußen, Sachsen, Bayern, in Elsaß-Lothringen und anderen Bundesstaaten erhoben wird, in Betracht. In den elsaß-lothringischen Städten bildete bisher das Oktroi die hauptsächlichste Gemeindeeinnahme. Auch der bayerische Bundesratsvertreter erklärte, daß die Aufhebung der örtlichen Abgaben für Getreide, Mehl, Fleisch, Wildpret eine empfindliche Störung in den Budgets der Gemeinden herbeiführen werde. Trotzdem ist die Aufhebung der städtischen Oktroiabgaben als § 13 in das Zolltarifgesetz aufgenommen worden und auch die gegen die beabsichtigte Inkraftsetzung am 1. April 1910 eingeleitete Agitation hatte keinen Erfolg, wie früher bereits aufgeführt wurde. Ein weiterer Antrag, aus den Zollerträgnissen jährlich 60 Millionen Mark zur Verbesserung der Verkehrsverhältnisse zu verwenden, wurde abgelehnt.

Wegen der gemeindlichen Bierbesteuerung ist der § 58 des Brausteuergesetzes vom 15. Juli 1909, betreffend Abgabenerhebung von Bier für Rechnung von Gemeinden maßgebend, worüber beim Brausteuergesetz noch das Nähere zur Darstellung gelangen wird. (Vgl. auch die Ausführungen auf S. 20 dieses Buches.)

§ 63.

Der § 14 des Zolltarifgesetzes behandelt die Strafbestimmungen und der § 15 betrifft die Einrichtung einer Witwen- und Waisenversorgung in Deutschland. Über diese Versicherung ist ein besonderes Gesetz zu erlassen, bis dahin sind gewisse Zollbeträge anzusammeln (zu thesaurieren). Eine Abänderung des § 15 des Zolltarifgesetzes erfolgte durch RG. vom 11. Dezember 1909 (RGBl S. 973).

Hinsichtlich des § 15 des Zolltarifgesetzes ist vorerst auf BRDrS. Nr. 121, 1907 hinzuweisen, wonach festzustellen war, wie die Berechnung des auf den Kopf der Bevölkerung des Deutschen Reiches entfallenden Durchschnittsnettobetrages der Jahre 1898—1903 aus den Einfuhrzöllen für Roggen, Weizen und Spelz, Rindvieh, Schafen usw. und des sich etwa nach den neuen Zollsätzen ergebenden Mehrbetrages stattfinden solle. Der Reinzollertrag ist nämlich der Rohzollertrag abzüglich der durch die Einfuhrscheine gewährten Rückvergütungen und der Verwaltungskosten. Das Reichsschatzamt hatte demnach den Kopfertrag aus diesen Zöllen auf 1,4857 Mark berechnet, was nunmehr darüber eingeht, sollte thesauriert werden. Die Gesamtrohzolleinnahmen aus den Zöllen für Roggen, Weizen und Spelz, Rindvieh, Schafe, Schweine, Fleisch und Schweinespeck und Mehl betrugen nach Abzug der Einfuhrscheine in den Jahren 1898—1903 535½ Millionen Mark. Hiervon ab die anteiligen Verwaltungskosten mit 28 Millionen Mark, verbleibt für die sechs Jahre ein Reinertrag von 507½ Millionen Mark oder fürs Jahr ein solcher von 84,5 Millionen Mark, so daß bei einer Durchschnittsbevölkerung von 56½ Millionen Seelen ein Reinertrag von 1,4857 Mark für den Bevölkerungskopf aus diesen Zöllen sich feststellen ließ.

(Vgl. auch BRDrS. Nr. 154, 1906 und BRBeschl. § 81 der Protokolle, 1907 und § 505, 1907.)

Unterm 8. April 1907 wurde das RGesetz betreffend den Hinterbliebenen-Versicherungsfonds und den Reichsinvalidenfonds erlassen und im RGBl. 1907 S. 89 veröffentlicht. Durch das RGesetz vom 11. Dezember 1909 wurde der § 2 dieses Gesetzes und der Absatz III des § 15 des Zolltarifgesetzes vom 25. Dezember 1902 dahin geändert, daß der Erlaß des Hinterbliebenenversorgungsgesetzes erst bis zum 1. April 1911 zu erfolgen braucht, da die neuen Vorschläge über die gesetzliche Regelung der Witwen- und Waisenversicherung zugleich mit der Reichsversicherungsordnung (IV. Buch des Entwurfs der Reichsversicherungsordnung, BRDrS. Nr. 50, 1909) ihre gesetzliche Regelung finden sollten. (Vgl. BRDrS. Nr. 82, 1909.)

Durch das RGesetz vom 1. Juni 1909 (RGBl. S. 469) ist das vorerwähnte RGesetz vom 8. April 1907 dahin abgeändert worden, daß die Verwaltung des Hinterbliebenenversicherungsfonds dem Reichskanzler übertragen sei.

Die Überschüsse, die nach dem Vorbemerkten zur Ansammlung des Hinterbliebenenversicherungsfonds dienen sollen, sind sehr gering. Für die Jahre 1906 und 1908 haben sich Überschüsse überhaupt nicht ergeben; für 1907 waren es 42 Millionen Mark. Auch für das Rechnungsjahr 1909 blieb der auf den Kopf der Bevölkerung berechnete Reinertrag aus den oben angeführten Zöllen hinter dem Durchschnittsertrage der Jahre 1898 bis 1903 zurück, so daß auch aus dem Jahre 1909 keine Überschüsse für den bezeichneten Hinterbliebenenversicherungsfonds zur Verfügung stehen.

Aus diesem Grunde wird das Einführungsgesetz zur Reichsversicherungsordnung die Aufhebung des § 15 des Zolltarifgesetzes in Vorschlag bringen und feste Beiträge des Reiches zur Durchführung dieser Hinterbliebenenversicherungsordnung an die Stelle der wechselnden Zollüberschüsse setzen.

§ 64.

Der § 16 des Zolltarifgesetzes bestimmt, daß der Zolltarif mit dem Zolltarifgesetz erst dann in Kraft treten soll, wenn der Einführungstermin durch Kaiserliche Verordnung geregelt sein wird, was durch die Kais. VO. vom 27. Februar 1905 (RGBl. 1905 S. 155) geschehen ist.

Beim Inkrafttreten des neuen Zolltarifs wurden aufgehoben und traten außer Kraft: der Zolltarif vom 15. Juli 1879 und die hiezu erlassenen Abänderungsgesetze vom 24. Mai 1885, vom 18. April 1886, vom 21. Dezember 1887, vom 14. April 1894, vom 18. April 1895, vom 6. März 1899 und vom 14. Juni 1900, sowie der § 80 des Zuckersteuergesetzes von 1896 (27. Mai 1896). Nur der § 8 des Zolltarifgesetzes vom 15. Juli 1879 bzw. vom 24. Mai 1885 blieb bis zum Erlasse der Reichsfinanzreformgesetze von 1904, 1906 und 1909 noch in Kraft.

§ 65.

Hiemit kann die Besprechung des Zolltarifgesetzes, bestehend aus 16 Paragraphen, als erledigt angesehen werden, indem später nur noch auf die hierwegen stattgefundenen Reichstagskommissionsverhandlungen und Verhandlungen im Plenum zurückzukommen wäre.

Der **Zolltarif** selbst entspricht den im § 1 Abs. I des Zolltarifgesetzes angeführten endgültigen Beschlüssen der XVI. Kommission des Reichstags über den Zolltarif mit der Maßgabe, daß die in dieser Gesetzesstelle bezeichneten Änderungen von Zollsätzen in den Tarif vorgetragen sind und die Tarifstellen eine neue Nummernfolge erhalten haben. Zugleich waren die Zollermäßigungen und Zollbefreiungen sowie die sonstigen handelsvertragsmäßigen Abmachungen zu berücksichtigen, wie sie sich aus den Zusatzhandelsverträgen der Jahre 1905 und 1906 herausstellten.

Dieser § 1 Abs. I des Zolltarifgesetzes lautet nämlich wie folgt:

„Bei der Einfuhr von Waren in das deutsche Zollgebiet werden, soweit nicht für die Einfuhr aus bestimmten Ländern andere Vorschriften gelten, Zölle nach Maßgabe der dem Reichstag am 6 Oktober 1902 vorgelegten endgültigen Beschlüsse der Sechzehnerkommission des Reichstags über den Zolltarif erhoben.

Jedoch werden in Abweichung von diesen Beschlüssen die Zollsätze der Nr. 808 (Spaten, Schaufeln) auf 4½ Mark, der Nr. 809 (Heugabeln, große Koks- usw. Gabeln) auf 7½ Mark, der Nr. 810 (Sensen, Sicheln usw.) auf 12 Mark, der Nr. 816 (Pflüge, Eggen usw.) auf 8 und 12 Mark, je nach dem Stückgewicht, der Nr. 825 (Drahtseile usw.) auf 8 Mark, der Nr. 905 (Kraftmaschinen, Nähmaschinen usw.) auf 4 Mark und der Nr. 906 (andere Maschinen je nach Stückgewicht) auf 15, 12, 10, 9, 7, 7½, 4½ und 3 Mark festgesetzt."

§ 66.

Der Zolltarif selbst, die Zolltarifheberolle, kam nach jahrelanger Arbeit unter Teilnahme des wirtschaftlichen Ausschusses und unter Mitwirkung der Vertreter von Landwirtschaft, Handel und Gewerbe zustande. Der jetzige Zolltarif weicht, wie bereits bemerkt ist, in seinem Aufbau, in dem Tarifschema wesentlich von allen vorhergehenden deutschen Zolltarifen ab, — seit dem Jahre 1818. Die Waren und Warengruppen sind in 19 Abschnitten untergebracht, welch letztere wieder verschiedene Unterabschnitte enthalten (Vgl. S. 104 ff. des Buches). Im ganzen sind es 946 Tarifstellen.

Die Waren sind jetzt nach ihrer technischen und wirtschaftlichen Zusammengehörigkeit geordnet nach Rohstoffen, Halbfabrikaten und Ganzfabrikaten, wenn auch diese Anordnung nicht ganz strenge überall durchgeführt werden konnte.

Der deutsche Zolltarif ist lediglich ein Einfuhrzolltarif, Ausfuhr- und Durchfuhrzölle sind nicht vorhanden. Der Tarif beruht auf dem Gedanken eines allgemeinen Zollschutzes, d. h. er beabsichtigt die einheimische Gütererzeugung in Landwirtschaft und Gewerbe gegen den Wettbewerb des manchmal unter günstigeren Verhältnissen arbeitenden Auslandes allgemein zu schützen, soweit es ohne Benachteiligung unseres Exporthandels möglich ist. Insbesondere hat die deutsche Forst- und Landwirtschaft durch Vermehrung und Erhöhung der Getreide- und Viehzölle und durch die Holzzölle einen verstärkten Zollschutz erhalten, während für die Industrie der bisherige Zollschutz als genügend erachtet wurde, wenn auch nach dieser Richtung teilweise eine Erhöhung der Fabrikatzölle erforderlich wurde.

Gleichzeitig ist der finanzpolitische Charakter des neuen Zolltarifs nicht zu unterschätzen, so daß aus den Getreidezöllen, den Viehzöllen, den Zöllen auf Nahrungs- und Genußmittel und den Industriezöllen eine erhöhte Einnahme für die Reichskasse erzielt werden wollte.[1])

Als leitende Gesichtspunkte bei Ausarbeitung des neuen Zolltarifs können demnach folgende Grundsätze bezeichnet werden: 1. Die für die deutsche Industrie erforderlichen Roh- und Hilfsstoffe sollten tunlichst zollfrei zur Einfuhr gelangen können, wenn diese Stoffe im Inland entweder gar nicht, wie Baumwolle und Jute, oder in nicht genügender Menge und Güte zu haben sind, wie Schafwolle und Flachs. Zwischenerzeugnisse und Halbfabrikate, wie Garne, sollen nicht derartig mit Zöllen belegt sein, daß die Ausfuhrfähigkeit der Ganzfabrikate erschwert oder gar unmöglich gemacht würde. Im übrigen könnte auch der zollfreie Veredlungsverkehr hier mit eingreifen, worüber eine besondere Veredlungsordnung vom 5. April 1906 (RZBl. S. 536) erlassen worden ist, die bei der Abhandlung über das Vereinszollgesetz näher zur Besprechung kommen wird. 2. Die Ganzfabrikate, d. h. die gebrauchsfertigen Waren, die vom Auslande bezogen werden, sollen mit einem den Inlandsmarkt und die deutsche Arbeit schützenden Zolle belegt werden. Um die Verfeinerungen und Arbeitsleistungen an bestimmten Waren besser mit dem Zollschutz zu belegen, sind die Zollsteigerungen und Zollzuschläge eingeführt worden, zu welchem Zwecke auch eine besondere Tafel ausgearbeitet worden ist[2]) Diese Tafel umfaßt die Zollzuschläge für imprägniertes Bau- und Nutzholz, für imprägnierte Eisenbahnschwellen und dergleichen Holzpflasterklötze; ferner den Zollzuschlag für entknochtes Fleisch. Des weiteren ist hier anzumerken der Zullzuschlag für Gespinste mit Metallfäden oder in geschlichteten und geleimten Ketten, für broschierte Gewebe, für Gewebe mit Säumen oder mit Metallfäden, für fertige Säcke aus Jute, für Stickereien mit Metallfäden; sodann die Zollzusätze für

---

[1]) Vgl. das von der großh. bad. Zolldirektion herausgegebene Buch: Zolldienstliche Erläuterungen zum neuen Zolltarif. Karlsruhe 1905.

[2]) Tafel der Zollsätze für die mit Zollzuschlägen belegten Waren. Für den Dienstgebrauch der Zollstellen herausgegeben im Reichsschatzamt.

Filze und Fußdecken, gesäumt oder genäht, für Kleider und Putzwaren mit Spitzen, Stickereien, oder mit Metallfäden, endlich für Möbel aus massiv gebogenem Holz. Desgleichen kommt noch in Betracht der Zollzuschlag für Eisenblech von ganz geringer Dicke oder weiter bearbeitet (vernickelt usw.), sodann für weiter bearbeitete Eisenwaren, für Eisendraht und für Blech, das anders als rechtwinkelig beschnitten ist. Auch die Staffelzölle je nach der Feinheitsnummer einer Ware, z. B. bei Garnen, nach dem Stückgewichte, z. B. bei Eisenwaren, nach dem Gehalt an Weingeist, z. B. bei Wein, oder nach dem Stückwert, wie z. B. bei Pferden, nach der Dichtigkeit (z. B. bei Mineralöl), dem Relativgewicht, dem Flächenumfang (z. B. Geweben oder Tafelglas), sind hier zu vermerken. Auch die Verbindung mit anderen Stoffen bewirkt in vielen Fällen eine Zollsteigerung, z. B. die Verbindung mit Edelmetall, mit Elfenbein, Schildpatt, Perlen usw.

Wie kompliziert die Zollabfertigung nach dem neuen Zolltarif geworden ist, konnte man recht deutlich bei der im Jahre 1909 veranstalteten Hamburger Fachausstellung für das Zollwesen kennen lernen. Insbesondere ließ die Abteilung für Gespinstfasern, Gespinste und Waren daraus, die Gewebe, Tülle, Spitzen, Stickereien, Posamenteriewaren, Putzwaren, Kleider ersehen, wieviel Finessen bei Beurteilung dieser Waren und deren Zolltarifierung zu beobachten sind, und es wäre nur zu wünschen, daß eine derartig reichhaltige Sammlung von Ausstellungsgegenständen zur Belehrung und zum Unterricht jungen und alten Zollbeamten dauernd erhalten bliebe.

§ 67.

Als wesentliche Bestimmungen des Zolltarifs von 1902 sind noch anzuführen:

Der Verzollungsmaßstab ist überwiegend der Doppelzentner = 100 kg = 200 Zollpfund (Gewichtszölle).

Nur für gesalzene Heringe ist der Verzollungsmaßstab nach ganzen Tonnen ($^1/_4$, $^1/_8$ Tonnen) wie bisher beibehalten. Die $^1/_1$ Tonne hat 150 kg.

Bau- und Nutzholz kann wahlweise nach Festmeter oder nach Gewicht verzollt werden. Der Festmeter Hartholz ist zu 9 dz, der Festmeter Weichholz zu 6 dz angenommen. (Teil III der Anleitung zur Zollabfertigung Ziff. 4). Zum Weichholz gehören alle Nadelhölzer, auch Birkenholz, das Holz der Erle, Linde, Pappel, Aspe, Roßkastanie, Weide; alle übrigen Laubhölzer gehören zum Hartholz. Holzflösse werden als Holz verzollt.

Stückzölle werden erhoben von Pferden, Mauleseln, Hüten (mit einigen Ausnahmen), Personen- und Lastwagen, Taschenuhren, Uhrgehäusen und Uhrwerken.

Von Rindvieh wird kein Stückzoll mehr erhoben mit Ausnahme des Stückzolles für die Zugochsen der Grenzbewohner, für Rindvieh zu Zuchtzwecken, für Kühe zu Milchkuranstalten. (Vgl. Ziff. 10—12 der Anleitung zur Zollabfertigung). Südfrüchte können nicht mehr statt nach Gewicht, auch durch Auszählung nach Stück verzollt werden, wobei die verdorbenen zollfrei weggeworfen wurden. Dieses Verfahren gab zu Mißständen Anlaß.

Der frühere Wertzoll für Eisenbahnfahrzeuge ist weggefallen, so daß der jetzige Zolltarif gar keine Wertzölle mehr kennt. Dagegen kennt, wie schon angedeutet, der neue Zolltarif Abstufung der Zollsätze je nach dem Einzelgewicht der Warenstücke, nach der Länge oder Dicke, z. B. bei Feilen oder Eisendraht, nach dem Gesamtmaß aus Länge und Breite, z. B. bei Tafelglas, und nach der Feinheit der Bearbeitung. Bei Pferden kommt auch die Höhe in Betracht. Auch die Art der Verpackung und der Aufmachung ist öfters für die Zollhöhe von Einfluß, z. B. bei frischen Äpfeln, bei Arzneiwaren, Mineralwassern usw. Bei Wein in Fässern, bei Branntwein, bei Holzgeist, bei Farbstoffauszügen kommt auch noch der Alkoholgehalt oder die Dichtigkeit in Betracht.

Ferner ist zu berücksichtigen die Verschiedenheit der Zollsätze je nach der Verbindung der Stoffe, aus denen die Einfuhrwaren bestehen. Es kommen hiebei in Betracht mechanische Gemenge und Gemische, z. B. Weizen und Hafer zusammengemengt; zusammengesetzte Gegenstände, wobei der vorherrschende Charakter nach Aussehen und Verwendungszweck maßgebend sein soll oder der Bestandteil, der der Ware den vorherrschenden Charakter gibt, im Zweifel der höher tarifierte Bestandteil.[1]) Neu eingeführt sind die Zollzuschläge zu einem Grundzollsatz, je nach der Bearbeitung der Ware. (Vgl. die Zusammenstellung des RSchatzamtes über die zur Anwendung kommenden Zollzuschläge.) Auch die Bruchzollsätze, z. B. für Getreide in Garben sind neu. Für Getreide in Garben ist nämlich bei der Einfuhr nur die Hälfte des Zolles wie für Körnergetreide zu entrichten. Neu eingeführt sind auch die Jahreszeitzölle, so daß gewisse Waren, z. B. Kartoffel und Obst, in der Winterszeit zollfrei, im Sommer zollpflichtig sind.

Sehr erweitert sind die bedingungsweisen Zollbegünstigungen bei der Einfuhr von Waren unter Überwachung der Verwendung zur Förderung einheimischer Gewerbezweige, z. B. der zollbegünstigte Bezug von Mineralöl.[2]) Endlich kommen hier noch in Betracht die Zollerleichterungen für Bewohner des Grenzbezirks in bezug auf Bau- und Nutzholz, auf die Einfuhr von Zugochsen, auf die Einfuhr geringer Mengen von Brot, Mehl und Fleisch, sowie Speck. Hiezu kommen noch die handelsvertragsmäßigen Zollbefreiungen und Zollermäßigungen.

§ 68.

Zu Teil III der Anleitung zur Zollabfertigung hat der Bundesrat bzw. das Reichsschatzamt noch sehr eingehende Anordnungen und Bestimmungen über die Verzollung einzelner Waren erlassen, wovon hier folgende Vorschriften noch besondere Erwähnung finden dürften:

1. Vorschriften über die Zollermittelung von Erzeugnissen der Forstwirtschaft, für welche neben der Verzollung nach Gewicht auch die Verzollung nach dem Festmeterinhalt zulässig ist. (Teil III Ziff. 4 der Anleitung).

2. Allgemeine Bestimmungen bei der Verzollung von Pferden hinsichtlich der Wertabschätzung und für die Bestimmung des Alters und des Gesundheitszustandes der Pferde sowie über die Anwendung des Stockmaßes zur Ermittelung der Höhe der Pferde (Teil III Ziff. 7, 8, 9 der Anleitung).

Ferner sind noch besondere Vorschriften erlassen:

3. Über die Zollabfertigung von Pferden und Bullen von Höhenvieh, zu Zuchtzwecken eingeführt. (Teil III Ziff. 10 der Anleitung zur Zollabfertigung). In diesen Fällen greifen ermäßigte Zollsätze Platz.

Die Anweisung für die Unterscheidung der schmalzartigen Fette, des premier jus, des Talges und der Kerzenstoffe mit Feststellung des Erstarrungspunktes (Teil III der Anleitung zur Zollabfertigung Ziff. 14) und die Begriffsbestimmung von Weichparaffin (Nr. 251 des Zolltarifs, Teil III der Anleitung, Ziff. 43), ferner die Bestimmungen über die Feststellung der Reinheit von Baumöl mit der Anweisung der chemischen Untersuchung des Baumöles und über das Ungenießbarmachen (Denaturieren) von Baumöl und von Fettstoffen sind hier gleichfalls zu erwähnen (Teil III der Anleitung, Ziff 20). Alle diese Untersuchungen und Feststellungen setzen schon eine gewisse Gewandtheit im chemischen Experimentieren voraus und verlangen ein hiewegen auf den Lehranstalten vorgebildetes Beamtenpersonal.

Bemerkenswert sind außerdem die Anweisung über die Unterscheidung des zum Genuß geeigneten und des zum Genuß ungeeigneten pflanzlichen Talges (Ziff. 21 Teil III der Anleitung) sowie die Anweisung zur Bestimmung des Extraktgehaltes von Branntwein (Ziff. 24 der Anl., Teil III).

Die Anweisung für die zollamtliche Abfertigung von Kleie, d. h. die Feststellung der Zollfreiheit dieses Müllereierzeugnisses mit Anwendung des Siebverfahrens bei Gerstenkleie und Hirsekleie, die Begriffsbestimmung der Gerbstoffauszüge

---

[1]) Hiewegen ist auf die Vorbemerkungen zum amtlichen Warenverzeichnis hinzuweisen, worauf noch näher zurückzukommen ist.

[2]) Auf die Mineralölzollordnung und die Zollbehandlung der Mineralöle Teil III Ziff 37ff. der Anleitung zur Zollabfertigung) ist noch besonders einzugehen.

mit Ermittelung der Baumégrade bei Farb- und Gerbstoffen, sowie die Anweisung zur Erkennung der Stärkearten sind gleichfalls vorzumerken. (Vgl. Anleitung zur Zollabfertigung Teil III, Ziff. 30, 82 und 22.) Über die Anwendung der vertragsmäßigen Zollsätze für Gerbstoffauszüge vgl. BRBeschl. vom 24. Februar 1906. (Preuß. ZBl. f. Abg. 1906 S. 240 und 433.)

Bezüglich der Zollbehandlung der Gerbstoffauszüge (Gerbstoffextrakte) ist überhaupt unter Hinweis auf die Angaben im Amtl Warenverzeichnis beim Stichwort: Gerbstoffauszüge S. 211 noch folgendes anzuführen:

Der Bundesrat hat mit Beschluß vom 24. Februar 1906 (RZBl. 1906 S. 461) die Bestimmungen über die Anwendung der Vertragszollsätze für Gerbstoffauszüge erlassen. (Vgl. auch V. Nachtrag zur Anleitung zur Zollabfertigung, S. 68.) Ferner sind die Vorschriften über Erkennung von Katechu, Kino und anderen festen Gerbstoffauszügen im III. Nachtrag der Anleitung zur Zollabfertigung, S. 27, zu beachten. Endlich die Bestimmungen im V. Nachtrag der Anleitung zur Zollabfertigung, S. 67, über die chemische Untersuchung von Galläpfel- und Sumachauszügen, sowie von Eichenholzauszügen.

§ 69.

Die Zollbehandlung von Wein hat durch die Bestimmungen der neuen Weinzollordnung und des Reichsweingesetzes vom 9. April 1909 (RGBl. 1909 S. 393 ff.) eine wesentliche Änderung erlitten.

Ebenso ist auch das RG. vom 15. Juli 1909 betreffend die Abänderung des Schaumweingesetzes hier zu erwähnen (RGBl. 1909 S. 714). Auch ist auf die Anweisung zur Untersuchung des Essigs auf seinen Gehalt an Essigsäure (Teil III Ziff. 29 der Anleitung zur Zollabfertigung) hinzuweisen.

In der Begründung zum Zolltarifgesetzentwurf ist hinsichtlich der Verzollung von Wein und wegen dessen Behandlung als Verschnittwein und zur Kognakbereitung auf S. 140 (Anlagenband 4 zu den RTV. 1900/03) eine ausführliche Darstellung enthalten. Durch den Erlaß der Weinzollordnung modifizieren sich jedoch die in Ziff 25 der Anleitung zur Zollabfertigung, Teil III, erlassenen Bestimmungen Auch durch die Ratifikation des portugiesischen Handelsvertrags tritt eine Änderung nach dieser Richtung ein. Hierüber wird jedoch am besten bei Besprechung der Weinzollordnung und des Weingesetzes vom 7 April 1909 (RGBl 1909 S. 393) das Weitere anzuführen sein.

Die Weinzollordnung ist erschienen im RZBl. 1909 S 333 ff. Das RGesetz vom 24. April 1901 ist durch das RWeingesetz vom 9. April 1909 außer Kraft gesetzt worden.

Hinsichtlich des deutsch-portugiesischen Handelsvertrages vom 30 Nov. 1908 hat der Bundesrat mit Beschluß vom 17. März 1910 wegen Verzollung der portugiesischen Weine, namentlich der Madeira- und Portweine, das Entsprechende verfügt. (Vgl. auch Ziff. 3 des Schlußprotokolls zu Art. 4 und 5 des Handelsvertrags, Erlaß des Reichskanzlers (RSchatzamts) vom 1. Juni 1910 II 7154 und die Erlasse im Preuß. ZBl. für Abg., 1910 S 236, 212 ff.) Ebenmäßig kommt der Erlaß des Reichskanzlers (des RSchatzamts) vom 1 Juni 1910 in Betracht, wodurch die Zulassung von Portwein und Madeirawein zum ermäßigten Zollsatze von 20 Mark für 1 dz näher geregelt wird.

Nach dem Erlasse des RSchatzamts vom 1 Juni 1910 wird hinsichtlich der Form, des Inhalts und der Ursprungszeugnisse für Portwein und Madeirawein behufs Zulassung der Einfuhrfähigkeit dieser Weine das Weitere noch vereinbart werden In den Zeugnissen ist zu bescheinigen, daß die bezeichneten Weine den portugiesischen Gesetzen über den Verkehr mit Portwein und Madeirawein entsprechen, im Dourogebiet oder auf Madeira erzeugt, nicht mit Wein anderen Ursprungs versetzt und nicht mit anderen portugiesischen Weinen verschnitten sind, daß bei ihrer Untersuchung weder ein Zusatz von Weinsäure noch von Sulfiten nachweisbar und daß die Weine mit unverletztem amtlichen Verschluß und unter amtlicher Überwachung über Oporto oder Funchal ausgeführt worden sind

§ 70.

Erwähnenswert sind noch folgende Bestimmungen aus Teil III der Anleitung zur Zollabfertigung:

Nr. 108. **Vorschriften wegen Überwachung der Verwendung von zollbegünstigter zweimal gezwirnter Seide zur Weberei, Stickerei usw. (Nr. 391 und 392 des Zolltarifs);**

Nr. 109. Anweisung für die zollamtliche Prüfung der unter Nr. 401 des Zolltarifs fallenden Seidengewebe;

Nr. 111. Anweisung zur Feststellung des Gewichts eines Quadratmeters Gewebefläche (Nr. 405, 408, 429, 430, 432, 453—457 des Zolltarifs);

Nr. 116. Begriffsbestimmung der Plattstichstickereien, der Kettenstichstickereien, der Schlingstichstickereien (Languettenstich), der Ajourstickereien, der Spachtel- und Ätzstickereien, der Applikationsstickereien, der Tüllstickerei, Perlen- und Flitterstickerei;

Nr 117. Bestimmungen für die Überwachung der Verwendung zollbegünstigter Lacets (Litzen) aus Seide (Nr. 412 des Zolltarifs);

Nr. 120. Anweisung für die Abfertigung harter Kammgarne der Nr. 420/1 des Zolltarifs, abgeändert durch BRBeschl. vom 28. April 1910 (vgl. BRDrS. Nr 87, 1910);

Nr. 121. Anweisung zur Unterscheidung des Kammgarns vom Streichgarn (Nr 422—425 des Zolltarifs);

Nr 124. Anweisung zur Feststellung der Feinheitsnummern der mit Staffelzöllen belegten Gespinste aus pflanzlichen Spinnstoffen, d. h. Baumwolle und Flachs (Nr 440, 442, 472—482);

Nr. 128. Anweisung zur Feststellung der Fadenzahl von Gewebeflächen (Nr 453 ff. des Zolltarifs);

Nr 126 und 132, 133. Anweisung für die Erkennung der gemusterten und ungemusterten, sowie der broschierten Gewebe, der appretierten, der geäscherten, der kremierten, mercerisierten und nitrierten Gespinste.

Wichtig ist auch die Anweisung zur Zollbehandlung der Steinmetzwaren und Werksteine (Nr. 143 der Anleitung zur Zollabfertigung) und der neuerlichen Anweisung bezüglich der Zollbehandlung der Granitwerksteine.

§ 71.

Bemerkenswert ist auch die Anweisung für die zollamtliche Abfertigung von Mineralöl nach dem Raumgehalt und die Anweisung zur Untersuchung der Mineralöle bei der zollamtlichen Abfertigung (Teil III Ziff. 37 der Anleitung zur Zollabfertigung).

Hinsichtlich der Zollbegünstigung des Mineralöles wurde nach dem BRBeschluß vom 15. Februar 1906 die Mineralölzollordnung erlassen, enthaltend 37 Paragraphen. Die §§ 1—6 enthalten die Bestimmung über Bewilligung der Zollfreiheit von Mineralöl auf Grund der Anm 2 zu Nr. 239 des Zolltarifs. In § 7 ist auf die Bestimmungen über die Zollbehandlung der Mineralöle und deren Begriffsbestimmung unter A und C hingewiesen [1]) § 8 der Mineralölzollordnung handelt von der Buchführung, § 9 von der Zollaufsicht, § 10 von den Vertragsstrafen.

Die folgenden Paragraphen regeln die Zollbehandlung von Mineralöl in inländischen Betriebsanstalten unter Zollabschluß (§§ 11—21), die §§ 22—28 betreffen die Bearbeitung von Mineralöl in inländischen Betriebsanstalten ohne Zollabschluß; der zollfreie Bezug von leichten Mineralölen aus inländischen Betriebsanstalten ist in den § 29—34 geregelt; der zollfreie Bezug von Mineralöl aus dem Auslande wird in § 35 behandelt, § 36 betrifft die Vertragsbestimmungen und § 37 die sonstigen Überwachungsmaßregeln Die Bestimmungen über die Zollbehandlung von Mine-

[1]) Die Zollbestimmungen über das Mineralöl teilen sich in: A. **Begriffsbestimmungen:** Leichte Mineralöle im Sinne des Zolltarifs sind alle Mineralöle bis 0,750° Dichte bei 15° C, Schmieröle sind solche Mineralöle, die bis 0,850° Dichte haben. B. Zollbegünstigungen nach der Mineralölzollordnung. C. Anweisung zur Untersuchung der Mineralöle für die zollamtliche Behandlung. (Siehe Nr. 239 des Zolltarifs nebst Anmerkungen.)

ralöl erklären als solches im Sinne des Zolltarifs alle Mineralöle, die bei 15° C nicht mehr als 0,850° Dichte haben.

Die Anweisung zur Zollbehandlung der Mineralöle umfaßt die Bestimmung des Siedepunktes (300° C), des Entflammungspunktes (50° C), die Bestimmung über den Paraffingehalt des Rohpetroleums und die Bestimmung über die Zollabfertigung des Petroleums nach Raumgehalt mit Tarazuschlag oder mit Literermittelung derart, daß 125 Liter Öl = 1 dz gerechnet werden.

Die Mineralölzollordnung und die Anweisung zur Zollbehandlung der Mineralöle ist in der BRDrS Nr. 27, 1906 enthalten und durch BRBeschl. vom 15. Februar 1906 § 121 der Protokolle genehmigt worden. (Vgl. Preuß. ZBl für Abgaben usw. 1906 S. 397 ff. Ausführungsverfügung hiezu S. 239. Berichtigungen S. 467, 514. Zulassung zur Lagerung von Mineralöl in Privatlagern ohne amtlichen Mitverschluß S. 485; 1909 S. 164; Veredlungsverkehr zur Herstellung von Schmiermitteln S. 1517, zur Herstellung von Putzmitteln 1908 S. 226; 1909 S. 216. Vgl. auch BRBeschl. vom 20. April 1910 — § 433 der Protokolle, Ziff. 38 des V. Nachtrags zur Anleitung für den Zolltarif. Vgl. BRDrS. Nr. 14, 178 des Jahres 1909 und BRDrS. Nr. 87, 1910, die auch die Anweisung zur Unterscheidung des Azetons und des Holzgeistes [Methylalkohols] voneinander, sowie von Azetonöl und ähnlichen Flüssigkeiten enthält; V. Nachtrag für die Anleitung zur Zollabfertigung.)

§ 72.

Noch ist die Nr. 105 Teil III der Anleitung zur Zollabfertigung zu erwähnen. Hienach werden gemäß Nr. 389 des Zolltarifs die Geheimmittel mit 500 Mk. für 1 dz zur Verzollung gezogen.

Es ist daher vor allem festzustellen, was man zolltarifarisch unter Geheimmittel versteht.

Nach der BRDrS. Nr. 87, 1910 und BRBeschluß vom 28. April 1910 (§ 433 d. Pr.) sind als Geheimmittel solche zur Verhütung oder Heilung von Krankheiten, Leiden oder Körperschäden aller Art bei Menschen und Tieren bestimmte Stoffe oder Zubereitungen anzusehen, hinsichtlich deren die Annahme begründet erscheint, daß sie gesundheitsschädlich wirken, — insbesondere auch dadurch, daß sie von dem Gebrauch geeigneter Heilmittel oder ärztlicher Hilfe abhalten, — oder daß sie zur Ausbeutung oder zur Irreführung durch die Art ihrer Anpreisung oder Ankündigung dienen. In Betracht kommen hauptsächlich folgende Zubereitungen: Abkochungen und Aufgüsse, Asthmazigaretten, Ätzstifte, Auszüge (Extrakte) aller Art, Cakes, Destillate, trockene Gemenge von Salzen oder zerkleinerten Substanzen, Verreibungen, Gemische, Lösungen, Balsame, Honigpräparate, Sirupe, Gelatinekapseln, Latwergen, Stärkemehlkapseln, gefüllt; Linimente, Pastillen, Bonbons, Plätzchen, Zelteln, Tabletten, Pillen, Pflaster, Salben, Körner, Suppositorien (Kugeln, Stäbchen usw.), Wundstäbchen.

Als Geheimmittel sind hauptsächlich dann auch solche Stoffe und Zubereitungen anzusprechen, wenn die Zusammensetzung nicht genügend bekanntgegeben ist oder eine reichliche Reklame den Vertrieb der Mittel unterstützt und der Preis im Verhältnis zum wirklichen Wert unverhältnismäßig hoch ist.

Als Geheimmittel sind nicht anzusehen solche Zubereitungen, die in das Arzneibuch für das Deutsche Reich aufgenommen und unter der dort angewandten Bezeichnung angeboten werden, in der medizinischen Wissenschaft und Praxis als Heilmittel allgemein Anerkennung gefunden haben oder lediglich als Desinfektionsmittel, kosmetische Mittel, d. h. Mittel zur Reinigung, Pflege, Färbung der Haut, des Haares oder der Mundhöhle, als Nahrungsmittel oder Genußmittel oder Kräftigungsmittel angeboten werden. In Zweifelsfällen sind Sachverständige (Ärzte, Tierärzte oder Apotheker) zu befragen oder es ist unter vorläufiger Erhebung des Zolles (500 M. 1 dz) noch dem Einbringer aufzugeben, den Nachweis innerhalb einer angemessenen Frist zu erbringen, daß kein Geheimmittel nach Nr. 389 des Zolltarifs vorliegt. In gleicher Weise ist zu verfahren, wenn solche Waren etwa ohne Ausstattung, ohne Anpreisung, ohne Aufschriften, ohne Gebrauchsanweisungen eingeführt werden sollen.

Zu den Geheimmitteln gehören beispielsweise: American coughing cure Lutzes, Abführpillen der Mutter Seigel, Antidiabetikum Lindners, Antiarthrin, Antigichtwein Duflots, Antitussin, Asthmador, Augenwasser von White, Ayers Catharctic pills, Balsam Bilfinger, Balsam Thierry, Orffin, Boks Pektoral, Brusttee Homeriana, Corpulin, Dicks Wundsalbe, Erhardts Augenwasser, die Graf Matteischen elektrohomöopathischen Heilmittel, Quantes Epilepsieheilmittel, Harzer Gebirgstee, Heß Eukalyptol, Russischer Knöterich, Knöterichtee, Ullrichs Kräuterwein, Richters Kongopillen, Bradys Mariazeller Magentropfen, Zittauer Pflaster, Indische Pillen, Marienbader Reduktionspillen, Warners Safe cure, Pastor Schmitts Bruchsalbe, Sprengers Heilsalbe, Gordons Stärkeelixier, Schützes Ausschlagsalbe, Wilhelms Blutreinigungstee, Asthmazigaretten, Winters Tee, Jakobis Heiltränke, Zambakapseln u. a. m.

Die im Zollverkehr als Geheimmittel zu behandelnden Waren sind aufgeführt im III. Nachtrag zur Zollabfertigung, Nr. 48, und im V. Nachtrag zur Zollabfertigung, Nr. 59. Es wird jedoch hiezu bemerkt, daß in diesem Verzeichnis nur die wichtigeren Geheimmittel aufgeführt sind, es den Zollbehörden also immerhin überlassen bleibt, auch noch andere Waren, auf welche die Vorschriften wegen der Geheimmittel zutreffen, nach Nr 389 des Zolltarifs zu verzollen.

Noch ist der Bestimmungen zu gedenken, die bestehen zur Unterscheidung des Patentterpentinöls vom Terpentinöl, der Anweisung zur Untersuchung der Fuselöle auf Weingeistgehalt im V. Nachtrag zur Zollabfertigungsanleitung.

§ 73.

Endlich sind noch die Bestimmungen anzuführen, auf welchen Grenzstrecken die Einfuhr von kleinen Mengen Fleisch, Mehl und Brot für Grenzbewohner stattfinden darf. Auch die Einfuhr von Bau- und Nutzholz, von Zugochsen für Grenzbewohner kommt hier in Betracht.

Die diesbezüglichen Bestimmungen lauten:

1. Der Bundesrat ist befugt, für bestimmte Grenzstrecken im Fall eines örtlichen Bedürfnisses die zollfreie Einfuhr einzelner Stücke von frischem oder einfach zubereitetem Fleisch oder Speck in Mengen bis zu 2 kg, nicht mit der Post eingehend, für Bewohner des Grenzbezirkes nachzulassen. (Anm. zu Nr. 108/9 des Zolltarifs.)

2. Der Bundesrat ist befugt, für bestimmte Grenzstrecken im Fall eines örtlichen Bedürfnisses die zollfreie Einfuhr von Müllereierzeugnissen, mit Ausnahme von Reisgries und von gewalztem Reis, in Mengen von nicht mehr als 3 kg, nicht mit der Post eingehend, für Bewohner der Grenzbezirke nachzulassen. (Anm. zu Nr 162, 164, 165 des Zolltarifs.)

3 Der Bundesrat ist befugt, für bestimmte Grenzstrecken im Fall eines örtlichen Bedürfnisses die zollfreie Einfuhr von gewöhnlichem Backwerk (Brot) in Mengen von nicht mehr als 3 kg — nicht mit der Post eingehend — für Bewohner des Grenzbezirks nachzulassen. (Anm. zu Nr. 169 des Zolltarifs.)

4 Für Bewohner des Grenzbezirks dürfen nach näherer Bestimmung des Bundesrats Zugochsen im Alter von 2½—5 Jahren zum Zollsatz von 30 Mark für 1 Stück zugelassen werden, sofern sie zum eigenen Wirtschaftsbedarf nachweislich notwendig sind. (Anm. 2 zu Nr. 103 des Zolltarifs.)

5 Unbearbeitetes oder lediglich in der Querrichtung mit Axt oder Säge bearbeitetes Bau- und Nutzholz für den häuslichen oder handwerksmäßigen Bedarf von Bewohnern des Grenzbezirks, sofern es in Traglasten eingeht oder mit Zugtieren gefahren wird, bleibt unter Überwachung der Verwendung und mit Beschränkung auf 10 fm im Kalenderjahre für jeden Bezugsberechtigten zollfrei. (Anm. zu Nr. 74 des Zolltarifs.)

Erwähnenswert sind noch die Anmerkungen zu Nr 100 und 103 des Zolltarifs. Nach näherer Bestimmung des Bundesrats dürfen Pferde und Bullen von Höhenvieh, welche zu Zuchtzwecken vom Staate oder mit staatlicher Genehmigung eingeführt werden, zu ermäßigten Zollsätzen eingeführt werden.

Hinsichtlich dieser den Grenzbewohnern, d. h. den Bewohnern des Zollgrenzbezirks, eingeräumten Vergünstigungen ist der BRBeschluß vom 24. Februar 1906 ergangen, wonach die Grenzstrecken für die Einfuhr von Brot, Fleisch, Speck und Mehl festgesetzt worden sind. (Vgl. auch Preuß. ZBl. f. Abg.usw. 1906 S. 242/3.)

Bezüglich der Einfuhr von Zugochsen für Bewohner des Grenzbezirks zum ermäßigten Zollsatze ist die Anweisung unter Ziff. 11 Teil III der Anleitung zur Zollabfertigung ergangen. Im III. Nachtrag zur Anleitung für die Zollabfertigung[1]) ist zu bemerken: Für die zollfreie Einfuhr von Bau-u nd Nutzholz für die Bewohner des Grenzbezirks ist die Anweisung unter 5a Teil III der Anleitung zur Zollabfertigung (III. Nachtrag) hier anzumerken.

Ferner ist auf die bereits angemerkte Anweisung unter Ziff. 10 der Anleitung wegen Verzollung von Höhenvieh und Pferden zu Zuchtzwecken hinzuweisen.

Dagegen ist die frühere Zollbefreiung für Bierhefe und Butter für Grenzbewohner jetzt weggefallen. Die Beschränkung der zollfreien Einfuhr von Mehl, Brot und Fleisch auf gewisse notleidende Grenzstrecken war durch die mißbräuchliche Ausnützung der früheren weitergehenden Bestimmungen geboten und hat der Bundesrat dieserhalb den Beschluß vom 24. Februar 1906 (RZBl. S. 141) erlassen.

Wegen der den Bewohnern des Zollgrenzbezirks, d. h. eines zwischen der Zollinie und der Binnenlinie bestehenden Landstreifens, zugewendeten Zollbegünstigungen ist auf die Begründung zum Zolltarif, Anlagenband IV 1900/02, S. 152ff. hinzuweisen.

§ 74.

Das Amtliche Warenverzeichnis zum Zolltarif hat nach Ziff. 1 der Vorbemerkungen zum amtlichen Warenverzeichnis gemäß § 12 des VZG. zur richtigen Anwendung des Zolltarifs zu dienen.

Bei der Tarifierung von Waren ist teils auf die Einzelstichworte, wie auf die Sammelstichworte zurückzugreifen. Die Stichworte sind alphabetisch aufgeführt.

Einzelstichworte sind beispielsweise: Gerste, Karamel, Tee usw. Sammelstichworte sind beispielsweise: Abfälle, Obst, Holz, Südfrüchte, Tiere.

Bei der Tarifierung von Waren ist zuerst auf die den Einzelstichworten beigegebenen Vorschriften Bedacht zu nehmen; wenn hiebei auf Sammelstichworte verwiesen ist, so sind auch die Vorschriften, die hiezu angeführt sind, anzuwenden, insbesondere diejenigen über die Erhebung von Zollzuschlägen. Sind die zu bezeichnenden Waren als Einzelstichworte nicht aufgeführt oder bei diesen nach Maßgabe ihrer Zusammensetzung nicht zu finden, so ist auf die Sammelstichworte zurückzugehen, z. B. Kutschen siehe Fahrzeuge, Nußöl siehe Öle. Können zollfreie Waren mehrfache Verwendung finden, z. B. zollfreie Rohstoffe, die zum Färben wie zu Heilzwecken Verwendung finden, so sind sie nach derjenigen Tarifnummer anzuschreiben, nach welcher die Verwendung die vorherrschende ist. Bei mechanischen Gemengen von Waren, die verschiedenen Tarifsätzen unterliegen, wie z. B. ein Gemisch von Weizen und Hafer, tritt Verzollung nach dem Bestandteil des höheren Tarifsatzes ein, wenn nicht die Aussonderung erfolgt, oder der höher tarifierte Bestandteil ganz unerheblich ist, d h. bei Gemengen von Getreide, Ölsämereien bis 10%, bei anderen Gemengen bis zu 5%. Es würde aber ein Gemenge von Weizen zu 8%, von Roggen zu 8% und von Dari zu 84% nach dem Zollsatz von Roggen zu verzollen sein, da in diesem Falle das Gewicht des Weizens dem des Roggens zugerechnet wird, da der höchsttarifierte Bestandteil in solchen Fällen außer Betracht bleibt, dem nächsthöheren Bestandteil aber zugerechnet wird. Der gleiche Grundsatz gilt bei Gemischen von Flüssigkeiten, soweit dadurch nicht besondere Waren entstehen. Ausgenommen sind die Gemische, die Äther oder Weingeist enthalten; diese Gemische sind, abgesehen von den Fruchtsäften mit ganz geringem Weingeistgehalt, stets als äther- oder alkoholhaltige Flüssigkeiten oder als Branntwein zu verzollen

[1]) Zur Anleitung für die Zollabfertigung sind bereits 6 Nachträge und zum Amtl Warenverzeichnis sind 2 Nachträge herausgegeben worden, deren Bestimmungen manche Änderungen in Zolltarif, Zolltarifanleitung und im Amtlichen Warenverzeichnis herbeiführten. (Vgl. Preuß. ZBl 1910 S. 209) Eine grundsätzliche Neuregelung dieser Anleitung und des Amtl WV. ist vorgesehen.

Wichtig ist auch die Bestimmung unter Ziff. 10 der Vorbemerkungen bezüglich der Verzollung von zusammengesetzten Waren, d. h. von Waren, die aus mehreren Stoffen durch mechanische Verarbeitung hergestellt sind. Hier gibt der Bestandteil den Ausschlag, der dem Aussehen und dem Verwendungszweck nach der vorherrschende ist. Im Zweifel aber gibt der am höchsten tarifierte Bestandteil den Ausschlag. Aber auch hievon gibt es wieder Ausnahmen, z. B. bei Waren, die selbst dann, wenn sie nur eine ganz geringe Verbindung mit Edelsteinen, Gold, Silber, Perlen, Schildpatt, vergoldeten und versilberten Metallen, Perlmutter, Zellhorn haben (Zelluloid), so zur Verzollung gezogen werden, als wenn diese Waren ganz aus Gold usw. hergestellt wären, jedenfalls stets nach dem höchsten in Frage kommenden Zollsatze.

Auch bei Gespinsten, Geweben, Kleidern und sonstigen Gegenständen finden sich Ausnahmen von der oben aufgestellten Regel der Verzollung nach dem vorherrschenden Charakter. Bei der Tarifierung bleiben außer Betracht: 1. ganz unwesentliche Bestandteile (Verbindungsteile), wie Nägel, Schrauben, Schlösser usw., 2. ganz unwesentliche Bearbeitungen und Verfeinerungen, sowie eingepreßte Firmenbezeichnungen und Warenzeichen usw.

Zu § 12 der Vorbemerkungen zum AWV. ist bestimmt, daß zusammengesetzte Gegenstände, welche in die einzelnen Bestandteile zerlegt eingehen, nach dem Zollsatze fürs Ganze zu behandeln sind, wenn die Bestandteile in einer Sendung eingehen. Hiewegen hat das Reichsgericht unterm 17. Juni 1909 eine strenge Auslegung der Bestimmungen in Ziff. 12 der Vorbemerkungen zum Amtl. Warenverzeichnis erlassen (Preuß. ZBl. 1910 S. 236 ff.).

Ziff. 13 der Vorbemerkungen zum Amtl. Warenverzeichnis trifft Anordnung wegen Verzollung von Rohstoffen in Aufmachungen für den Heilgebrauch und Ziff. 14 erklärt, was unter luftdichten Behältnissen zu verstehen ist (s. auch II. Nachtrag zum Amtl. Warenverzeichnis S. 2). Hopfen in luftdicht verschlossenen Metallzylindern darf ausnahmsweise als Hopfen ohne Öffnung der Zylinder verzollt werden, wenn das vorgeschriebene Zeugnis beiliegt, außerdem findet stets Verzollung nach dem höchsten bzw. relativ höchsten Zollsatze statt.

Wichtig ist auch die Bestimmung, daß bei der Verzollung von Waren es keinen Unterschied macht, ob sie neu oder gebraucht sind, abgesehen von den besonderen Ausnahmen, z. B. bei Kleidern. Bei den Saisonzöllen bestimmt Ziff. 17 der Vorbemerkungen den Eintritt des Zolltermins. Wegen der im Zolltarif nicht besonders genannten Abfälle und zerbrochenen und abgenutzten Gegenstände ist bestimmt, daß solche Abfälle und abgenutzte, verdorbene Waren wie die Rohstoffe behandelt werden, von denen sie herstammen, wenn eine anderweitige Verwendung ausgeschlossen ist. Auch zu Düngezwecken können Abfälle oder verdorbene Waren zollfrei abgelassen werden (Verwendungskontrolle) Ebenso kann durch Zerkleinern unter amtlicher Aufsicht, durch Einschmelzen usw. die Zollbehandlung solcher Waren als Abfälle herbeigeführt werden Hinsichtlich der Anwendung der Zollzuschläge enthält Ziff. 21 die erforderlichen Bestimmungen, wonach die Zollzuschläge der verschiedenen Arten zusammenzuzählen und der Zoll nach dem Grundzollsatz + den verschiedenen Zollzuschlägen zu erheben ist. Auch ist im Amtlichen Warenverzeichnis eine Zusammenstellung der Waren, die für die Zollzuschläge in Betracht kommen, beigefügt. (Vgl. auch die Tafel der Zollsätze für die mit Zollzuschlägen belegten Waren in der Anleitung zur Zollabfertigung.)

§ 75.

Die Beratung des Zolltarifgesetzes und des Zolltarifes fand in der II. Reichstagssession der 10. Legislaturperiode statt und zwar vom 2. Dezember 1901 bis zum 14. Dezember 1902 früh 4 1/2 Uhr. An diesem Tage wurde der Gesetzentwurf in namentlicher Abstimmung nach den Kommissionsbeschlüssen unter geringer Abänderung angenommen (mit 202 gegen 100 Stimmen). Der Bundesrat ist am 18. Dezember 1902 den Beschlüssen des Reichstags beigetreten. Das Gesetz selbst ist am 25. Dezember 1902 erlassen worden. Die Reichstagsverhandlungen und die Reichstagsdrucksachen sowie Bundesratsdrucksachen sind wie folgt aufzufinden:

1. Entwurf eines Zolltarifgesetzes Anlagenband IV Aktenstück Nr. 373 1900/02. Erste Beratung, Reichstagsverhandlungen Bd. IV 1900/02, 102.—111. Sitzung, und zwar mit den Debatten über den Doppeltarif und die Minimalzölle: 102., 104., 105., 107., 110., 111. Sitzung (1900/02).

Über Handelsverträge und Meistbegünstigungsverträge 102., 104., 105., 110., 111. Sitzung (1900/02).

Über Eisenzölle, Eisenindustrie 103 , 105., 110., 111. Sitzung.

Über Getreidezölle, Getreidepreise 103., 104., 105., 106., 107., 110, 111. Sitzung 1900/02).

Über Brau- und Futtergerste 104., 106., 111. Sitzung.

Über Getreide und Fleisch, Deckung des einheimischen Bedarfs 102., 103., 106., 108. Sitzung.

Über Biererzeugung, Gersten- und Hopfenzoll 104., 106., 108., 110., 111. Sitzung.

Über Viehzölle, Vieheinfuhr 104., 107., 111. Sitzung.

Über Wollzölle 107. Sitzung.

Über Mehlzölle 108. Sitzung.

Über den Zoll auf Quebrachoholz 103. Sitzung.

Über Garnzölle 110., 111. Sitzung.

Über Sodazoll 107. Sitzung.

Über Zoll auf Eisenröhren 108. Sitzung.

Über die Zollverhältnisse mit den deutschen Zollausschlüssen Hamburg und Bremen, über die Zollbehandlung der Waren im Freihafengebiet s. 207. Sitzung Bd. VII (30. Oktober 1902).

Über die gesetzliche Festlegung der Zollauskunftsstellen s. Bd. VIII, 207. Sitzung; über den Rechtsweg in Zollsachen Anlagenband VII Nr. 726 Ziff. 3.

Über die Art der Erhebung der Gewichtszölle (§ 3 des Zolltarifgesetzes Bd. VII, 210. Sitzung, Abänderungsanträge hiezu s. Bd. VII, Aktenstück Nr. 726, 734, 735.

Über die Abfertigung von schwierigen Waren bei gewissen Zollämtern (§ 4 des Zolltarifgesetzes, Bd. VII, 210. Sitzung. Hiezu Abänderungsanträge Anlagenband VII, Aktenstück Nr. 736.

Über Zollfreiheit für geringe Warenmengen (§ 5 des Zolltarifgesetzes) Bd. VII, 210. Sitzung. Anlagenband VII, Aktenstück Nr. 728 (Abänderungsantrag hiezu).

Ferner sind noch die Verhandlungen des Reichstags zu erwähnen:

Über die Wirtschaftspolitik der Vereinigten Staaten in Amerika 104., 111. Sitzung 1901/2.

Über Ausfuhrzölle auf Kali usw. 107. Sitzung.

Über städtische Oktrois 108., 110., 111. Sitzung.

Über Transitläger, Zollkredite und Mühlenkonten 102., 106. Sitzung.

Über Ursprungszeugnisse 102. Sitzung.

Über Wertzölle 102., 110. Sitzung.

Über Zollkriege 104., 111. Sitzung.

Über Zollpolitik 103., 105. Sitzung.

Über Zollzuschläge gegenüber Ausfuhrprämien fremder Staaten 104. Sitzung.

Über Witwen- und Waisenversicherung 107. Sitzung.

Die Zolltarifvorlage der verbündeten Regierungen wurde an eine Kommission von 28 Mitgliedern verwiesen; über die Wahl und Konstituierung dieser (XVI.) Kommission s. Bd. IV, 112. Sitzung vom 8. Januar 1902 S. 3197 C.

Die schriftlichen Berichte der XVI Kommission sind enthalten in Bd. VII, Aktenstück Nr 704 und 704 a. Mündlicher Bericht s. Bd. VII, Nr. 704 b.

Die II. Kommissionsberatung ist enthalten in Anlagenband VII, Aktenstück Nr. 704 a. Die hiewegen abgehaltenen Plenarsitzungen fanden statt vom 16. Oktober 1902 bis 11. Dezember 1902. RTV. Bd. VII und VIII 1900/02.

Die Zusammenstellung der Beschlüsse der zweiten Plenarberatung ist enthalten in Band VII Aktenstück Nr. 791; die III. Plenarberatung fand statt am 13. und 14. Dezember 1902. Abänderungsanträge hiezu: Anlagenband VII Nr. 789, 790, 792/3, 794; Schlußsitzung RTV. Bd. VIII 235 Sitzung 1900/2. Redaktion des Gesetzes, Anlagenband VII Nr. 795, zu 795 RGesetz vom 25. Dezember 1902 (RGBlatt S. 303).

Die Petitionen zum Zolltarifgesetzentwurf sind enthalten in Anlagenband VII Nr 705, 705 a, 705 b, 705 c. Die Berichte der XVI. Kommission s. Anlagenband VII Nr. 704. RTB. Bd. VIII 223/4. Sitzung.

Insbesondere ist noch zu bemerken:

§ 1 des Zolltarifgesetzes: Mindestzölle 197. Sitzung vom 18. Oktober 1902 S. 5745 B. RTB. Bd. VII. Über die Zollsätze von Hafer und Gerste ist in der 200/201. Sitzung beraten worden. Bd. VII der RTB. Hinsichtlich des § 6 des Zolltarifgesetzes, betreffend die Zollfreiheit bestimmter Gegenstände wie gebrauchte Kleider, Anzugsgut usw. entspann sich eine lange Debatte wegen der vielen Abänderungsanträge, die jedoch zumeist abgelehnt wurden. Vgl. die 210.—213. Sitzung Bd. VII der RTB. 1900/02. In der 213. Sitzung vom 11. November 1902 wurde auch über § 6 des Entwurfs, § 7 des Zolltarifgesetzes: (Tarifierung von Abfällen und verdorbenen Waren), über § 7 resp. § 8 (Deklarationszwang und Vorlage von Ursprungszeugnissen bei Einfuhr zollpflichtiger Waren, die nach ihrem Herstellungsland einer unterschiedlichen Zollbehandlung unterliegen), abgestimmt. In der 214. Sitzung kam der Kampfzollparagraph zur Debatte und in der 216. Sitzung der § 10 resp. § 11 des Zolltarifgesetzes bezüglich der Einfuhrscheine und Transitläger. (RTB. Bd. VII.) Der § 11, jetzt § 12, betrifft die Zollkredite in § 12 resp. 13 der Aufhebung der Oktroi, 218. Sitzung, Bd. VII der RTB. Der § 12 bzw. jetzt § 13 des Zolltarifgesetzes betreffend die Strafbestimmungen und der § 13 (die Verwendung der Mehrerlöse bestimmter Zölle für die Witwen- und Waisenversorgung s. 218. Sitzung) und der Antrag Trimborn gelangte in der 219. Sitzung zur Annahme, wonach Gerste und Hafer nicht zu den Verwendungszöllen gehören sollen. Der § 13 resp. jetzt § 16 (Zeitpunkt des Inkrafttretens des Zolltarifs) gelangte in der 223. Sitzung zur Annahme (Bd. VIII der RTB.).

Die dritte Beratung des Zolltarifgesetzes mit der Annahme des Antrages Herold, Bassermann und Gen. erfolgte in der 235. Sitzung, Bd. VIII der RTB.

Hinsichtlich der Annahme des Zolltarifs selbst ist schließlich auf den Antrag Kardorff und Gen. hinzuweisen, wonach bei der Einfuhr von Waren in das deutsche Zollgebiet die Zölle nach Maßgabe der dem Reichstag von der XVI. Kommission vorgelegten Zusammenstellung erhoben werden sollen.

§ 76.

Der deutsche Zolltarif hat durch das RGesetz vom 15. Juli 1909 (RGBl. Nr. 41 S. 743 ff.) betreffend Änderungen im Reichsfinanzwesen, sowie durch § 106 des Branntweinsteuergesetzes vom 15. Juli 1909 (RGBl. Nr. 39 S. 661 ff.) nachstehende Änderungen erfahren:

1. Der Zoll auf Rohkaffee und gebrannten Kaffee ist von 40 auf 60 Mk. und von 60 auf 80 Mk. per 1 dz erhöht worden vom 1. August 1909 ab.

2. Vom gleichen Termin ab ist der Teezoll von 25 auf 100 Mk. für 1 dz erhöht worden (vgl. Art. II des RGesetzes vom 15. Juli 1909, betr. Änderungen im Reichsfinanzwesen § 1—4).

3. Nach § 106 des Branntweinsteuergesetzes vom 15. Juli 1909 ist der Eingangszoll für Branntwein aller Art, Likör, Rum, Äther in Fässern bei Likör von 240 auf 350 Mk. per 1 dz (mit Faß), für anderen Branntwein von 160 auf 275 Mk. per 1 dz (mit Faß) erhöht worden. Für Branntwein, Likör, Kognak, Rum usw. in anderen Behältnissen z. B. in Flaschen von 240 auf 350 Mk. für 1 dz (inkl. Flaschen usw.), für Parfümerien und Schönheitsmittel (Kosmetische Mittel, Kopf-, Zahn- und Mundwasser, Essenzen, Tinkturen, äther- oder weingeisthaltig, ist der Eingangszoll von 300 auf 400 Mk. für 1 dz (inkl. Behältnis) erhöht worden und zwar für Ziff. 3 vom 10. Juli 1909 ab. Gleichzeitig sollte der Bundesrat die Ermächtigung haben für eine gewisse Übergangszeit diese Zollsätze zu ermäßigen, was auch geschehen ist (BRBeschluß vom 12. Juli 1909, § 609 der Protokolle und § 106 Abs. II des Branntweinsteuergesetzes vom 15. Juli 1909). Vgl. auch II. Nachtrag zum Amtlichen

Warenverzeichnisse Ziff. 13, BRBeschluß vom 24. Juli 1909, RZBl. 1909 S. 409. Nachrichtenblatt für Zollstellen Nr. 15, 1909.

Durch BRBeschluß vom 18. Juni 1910 wurden vom 1. Juli 1910 ab die in § 106 des Branntweinsteuergesetzes vom 15. Juli 1909 festgesetzten Normalsätze zur Geltung gebracht. (Vgl. RZBl. 1910 Nr. 26.) Hiebei sind nach dem BRBeschluß vom 18. Juni 1910 für die Lagerbestände in Branntwein, Arrak, Rum, Kognak, Liköre, Äthermischungen und Schaumwein in Flaschen bis 31. März 1911 einige Übergangserleichterungen zugelassen worden.

§ 77.

Dem Zolltarifgesetz und dem deutschen Zolltarif ist zur Durchführung in der Praxis die Anleitung für die Zollabfertigung beigegeben, bearbeitet im Reichsschatzamte. Diese Anleitung enthält in Teil I die dauernden Einfuhrverbote, wie bereits früher näher erörtert ist; in Teil II die näheren Ausführungsbestimmungen zum Zolltarifgesetz, nämlich die Vorschriften über die Auskunfterteilung in Zolltarifangelegenheiten; die Taraordnung, die Bestimmungen über die Beschränkung der Zollämter in bezug auf die Abfertigungsbefugnisse, die Vorschriften über die zollfreien Postsendungen, über Genauigkeit bei der Zollgewichtsermittelung, über die Verwiegung auf der Zentesimalwage, über den Gewichtsabzug bei seebeschädigten Waren (§ 29 Abs. 5 des VZG.), über die Abrundung der Zollbeträge, über Zollfreiheit von Gesandtschaftsgut, über Zollfreiheit der Geschenke eines fremden Staatsoberhaupts, die Bestimmungen über die Seefischereizollordnung, über die Zollfreiheit von gebrauchten Kleidern, von Anzugs-, Ausstattungs- und Erbschaftsgut, ferner Bestimmungen über Reisegerät, über Verzehrungsgegenstände von Reisenden und Futter zum Reiseverbrauch bei Tieren, über Zollfreiheit von Fahrzeugen als Beförderungsmittel und von Eisenbahnfahrzeugen zum durchgehenden Personenverkehr, über Zollfreiheit von Mustern und Musterkarten und der Kunstsachen; ferner die Vorschriften der Schiffbauzollordnung, über Zollfreiheit der Dienstgegenstände der Vertreter fremder Regierungen, über die Zollbehandlung bei der Einfuhr von Kränzen und endlich die Anordnungen über Erklärung und Nachweis des Herstellungslandes der Einfuhrwaren. Der Teil III dieser Anleitung enthält eine Menge Einzelbestimmungen über die Zollbehandlung verschiedener Waren; ferner die Anweisung zur Behandlung von Mineralöl, die Bestimmungen über den Grenzverkehr mit Vieh, Holz, Mehl und Brot, über die Verzollung von Pferden und von Zuchtvieh; über die Zollbehandlung von Geheimmitteln und deren Begriffsbestimmung, ferner die Getreidelagerzollordnung, die Einfuhrscheinordnung, die Holzlagerzollordnung, die Ölmühlenzollordnung.

Auf diese Lagerordnungen wird bei Besprechung der §§ 97—110 des VZG. noch näher einzugehen sein. Über die Zollstundungsordnung ist bereits das nähere mitgeteilt worden.

Die Anleitung für die Zollabfertigung hat bereits sechs Nachträge erhalten.

Nachtrag 1 enthält die alte Gerstenzollordnung von 1906; die Mineralölzollordnung, die Bestimmungen über das Ferrosilizium.

Nachtrag 2 enthält Nachträge zur Seefischereizollordnung, das Verzeichnis der Grenzstrecken, auf denen Fleisch, Mehl und Brot von Grenzbewohnern eingeführt werden darf, die Verschnitt-Weinzollordnung, die Bestimmungen über Schaumweinverzollung,[1]) ferner die Bestimmungen über die Anwendung der vertragsmäßigen Zollsätze für Gerbstoffauszüge, endlich die Tafel der Zollsätze für die mit Zollzuschlag belegten Waren.

Nachtrag 3 zu der Anleitung für die Zollabfertigung enthält in Teil I Änderungen und Ergänzungen zu den Einfuhrverboten und Einfuhrbeschränkungen,[2]) in Teil II Nachträge zur Taraordnung, sowie ergänzende Ausführungsbestimmungen zum Zolltarifgesetz, ferner die Anweisung zur Zollbehandlung der Dienstgegenstände der Vertretungen fremder Regierungen (Abänderungen zu der ursprünglichen Anweisung).

Teil III enthält die Anweisung wegen zollfreier Einfuhr von Holz für Grenzbewohner, die Bestimmungen über die Zollbehandlung von Kino, Katechu und anderen festen Gerbstoffauszügen; Anweisung zur Zollbehandlung der Ölsäure, von Grauspießglanzasche, Azeton und Holzgeist; ferner ein Verzeichnis der wichtigeren Geheimmittel, endlich die Anweisung zur Erkennung der Cops, Kreuzspulen und zur Zollbehandlung von brochierten Geweben und Damasten.

Nachtrag 4 enthält die neue Gerstenzollordnung (BRBeschluß vom 27. Juli 1909), in Anlage A mit Anweisung für die technische und chemische Untersuchung der Gerste und der Erzeugnisse aus gekennzeichneter Gerste unter Reinigen der Gerste mittels der Entgrannungsvorrichtung, Feststellung des Hektolitergewichts, Absiebung der Gerste, Prüfung der Gerste nach dem Tausendkörnergewicht und Untersuchung der Gerste durch die Kais. Technische Prüfungsstelle in Berlin sowie Prüfung der Gerste auf ihre Keimfähigkeit. Zum Schluß ist noch die Anweisung gegeben, wie Eosin in den aus gekennzeichneter Gerste hergestellten Erzeugnissen nachgewiesen werden kann, z. B. im Bier. Die Anlage B enthält die Bestimmungen betreffs der Überwachung von Gerste, die zum Nachweis der Verwendung abgefertigt wird. Endlich enthält Nachtrag 4 noch das Gesetz vom 3. August 1909, betreffend die zollwidrige Verwendung von Gerste.

Nachtrag 5 enthält Vorschriften über die Zollbehandlung bei der Einfuhr von Zigaretten und Zigarettentabak sowie von Zigarettenpapier; die Vorschriften über die Einfuhr von Traubenmaische, Traubenmost und Wein; die Vorschriften über die Einfuhr von Zündwaren und von Leuchtmitteln; ferner Vorschriften über den Zollzuschlag für Tabakblätter und Tabakerzeugnisse, endlich noch Vorschriften über die Zollbehandlung von Forstpflanzen und Azaleen, sowie zur Unterscheidung von Lorbeerbäumen und Kirschlorbeerbäumen. Ferner ist darin noch enthalten eine Ergänzung der Weinzollordnung und die Anweisung über die Verzollung von Pompelmusen, Nr. 51 des Zolltarifs, sowie von schwarzen Wallnüssen, Nr. 95 des Zolltarifs.

Auch ist in Nachtrag 5 zur Zolltarifanleitung noch eine Anweisung gegeben zur Unterscheidung von Rahm und Butter, eine Ergänzung zu dem Artikel: Ferrocyanschlamm und Stearinpech, die Anweisung zur Zollbehandlung von Weingeistlack, Zellhornlack, von Geweben und Kleidern mit Zellhornüberzug, von Zellhorn und Zellhornwaren, von Papier und Papierwaren in Verbindung mit Zellhorn und von Elektrizitätszählern in Verbindung mit Zellhorn

Endlich sind noch einige Änderungen erfolgt in der Anweisung zur Unterscheidung des Baumwollstearins und der Baumwollsamenfettsäure, zur Erkennung von Zinnoxyd und weißer Kreide

Auch die Bestimmungen über ungemusterten und gemusterten Tüll und über Stickereien auf Gespinstwaren (Kettenstichstickereien, Ajourstickereien, Plattstichstickereien, Applikationsstickereien usw.) sind ergänzt.

Die Anweisung zur Unterscheidung des Azeton und des Holzgeistes (Methylalkohol) voneinander und von Azetonöl und ähnlichen Flüssigkeiten ist anders geregelt, ebenso ist die Anweisung zur Unterscheidung des Patentterpentinöls von Terpentinöl ergänzt.

[1]) Die Verschnitt-Weinzollordnung, die Abfertigung von Wein zur Kognakbereitung und die Bestimmungen über Schaumweinverzollung sind durch das Weingesetz vom 9. April 1909 und die Weinzollordnung etwas geändert worden, wovon später noch die Rede sein wird. (Vgl. auch BRBeschluß vom 18. Juni 1910, betreffend die Erhöhung der Zollsätze für Schaumwein, Spirituosen und Parfümerien vom 1. Juli 1910 ab und sechster Nachtrag zur Anleitung für die Zollabfertigung.

[2]) Siehe hiewegen § 2 VZG., wobei das weitere über Einfuhrverbote und Einfuhrbeschränkungen mitgeteilt werden wird.

Die Vorschriften über die chemische Untersuchung von Galläpfel- und Sumachextrakten, sowie von Eichenholz-, Fichtenholz- und Kastanienholzextrakten ist ebenso wie die Anweisung für die Abfertigung harter Kammgarne der Nr. 420/1 des Zolltarifs anders gefaßt.

(Vgl. hiewegen die hierauf bezüglichen Bundesratsbeschlüsse vom 3. Mai 1906, 19. Juni 1906, 28. Juni 1906, 19. Dezember 1907, 6. Februar 1908, 19. Juni 1908, 21. Mai 1909, 24. Juli 1909, 18. Dezember 1909, 28. Januar 1910 und 28. April 1910.)

Nachtrag 6 enthält in Teil I nähere Bestimmungen über die Einfuhrverbote und Einfuhrbeschränkungen nach Maßgabe des Weingesetzes, in Teil III zum Zolltarif die neue Weinzollordnung nebst 6 Anlagen.

Eine neue Redaktion des Amtlichen Warenverzeichnisses zum Zolltarif wie der Anleitung zur Zollabfertigung ist vom Reichsschatzamt bereits eingeleitet.

Das Amtliche Warenverzeichnis hat bisher zwei Nachträge erfahren, die auf den Beschlüssen des Bundesrats vom 10. Juni 1906, 27. Juni 1907, 19. Dezember 1907, 19. Juni 1908, 24. Juli 1909, 28. April 1910 beruhen. Hiebei ist insbesondere auch festgestellt worden, was unter luftdicht verschlossenen Behältern, die für den Zollsatz oft von einschneidender Wirkung sind, zu verstehen ist.

Durch BRBeschluß vom 2. Juni 1910 ist der Taratarif ergänzt worden, indem der Tarazuschlag auch auf Obstwein und Essig ausgedehnt wurde, nachdem inhaltlich des vom Bundesrat festgestellten Taratarifs (BRBeschluß vom 11. Januar 1906, RZBl. 1906 S. 31 ff.) für Weinmaische, gesalzene Heringe, Öle, Wein, Petroleum, Holzgeist, Glas bereits ein Tarazuschlagssatz bestand, wenn z. B. Wein in Kesselwagen, Petroleum in Fahrzeugen oder gesalzene Heringe unverpackt eingeführt wurden. Von Tarazuschlag ist die Zusatztara bei mehrfacher Verpackung wohl zu unterscheiden.

§ 78.

Die Literatur über das Zolltarifgesetz und den Zolltarif vom 25. Dezember 1902 ist noch ziemlich gering. Die großherzoglich-badische Zolldirektion hat bei C. F. Müller in Karlsruhe im Jahre 1905 einen Band „Zolldienstliche Erläuterungen zum neuen Zolltarif" mit einem Nachtrag herausgegeben, die für die Einführung in die Praxis des neuen Zolltarifs von großer Nützlichkeit waren. Der Rechnungsrat bei der großherzoglich-badischen Zolldirektion, K. Schuemacher, hat bei Reiff in Karlsruhe eine Broschüre verlegt, betitelt: „Das neue Zolltarifgesetz" mit Erläuterungen und „Der Zolltarif, sein Aufbau und seine Anwendung". Derselbe Verfasser hatte im Verein mit H. Egner, Zollinspektor in Stuttgart, bereits im Jahre 1902 das Buch veröffentlicht: Brennende Agrar-, Zoll- und Handelsfragen und Unser Zoll- und Steuerwesen, Stuttgart, Moritz Verlag. Die beachtenswerte „Zeitschrift für Zollwesen und Reichssteuern", begründet von Oberzolldirektor Kunckel, nach dessen Tod herausgegeben von R. Hausbrand und jetzt herausgegeben von E. Trautwetter in Berlin (C. Heymanns Verlag, Berlin) hat seit 1906 folgende Abhandlungen über das Zolltarifgesetz, den Zolltarif und das Amtliche Warenverzeichnis veröffentlicht:

Das amtliche Warenverzeichnis zum Zolltarif und die hiezu ergangenen Regelungen des Bundesrats, von Dr. Zimmermann, Jahrgang 1906 S. 43 u. 81.

Die Stickereien im neuen Zolltarif von C. Otto, Jahrgang 1906 S. 106.

Die Verzollung von Rindvieh, S. 220, 1906.

Die Papierindustrie und der neue Zolltarif, von Hopp, S. 233, 274, 1906.

Premier jus und Talg von Weber, S. 282, 1906.

Der Einfluß des neuen Zolltarifs auf die Getreidetransitläger, von Wolber, 1907 S. 9.

Roh- und Gußeisen, Stahl und Schmiedeisen und deren Stellung im Zolltarif, von C. Otto, 1907 S. 120.

Teppiche, von Wolgast, 1908 S. 134.

Orientteppiche und ihre Zollbehandlung, von Griebel, 1908 S. 284.

Die Ölsäure und ihre Tarifierung, von Dr. Behrend, 1909 S. 10.

Der Plattstichstickereibegriff, von Wolber, 1909 S. 11.

Einiges über Mineralöle, von Andresen, 1909 S. 209.

Die genannte Zeitschrift für Zollwesen und Reichssteuern wird auch fernerhin unter Abteilung I Abhandlungen über den Zolltarif und die Zollabfertigung und unter Abteilung II Auskunfterteilungen und Erlasse der obersten Landesfinanzbehörden, der Direktivbehörden und des Reichsschatzamtes über Zolltariffragen fortlaufend veröffentlichen.

Bei dieser Gelegenheit ist auch das vom Reichsschatzamte herausgegebene: „Nachrichtenblatt für die Zollstellen"[1]) zu erwähnen.

Ferner enthält die „Fachbeilage zu den Mitteilungen des Bayerischen Zollbeamten-Vereins, herausgegeben von der Vereinsleitung in München, sämtliche wichtigeren Entscheidungen in Zolltariffragen sowie einen Abdruck der Begründung zum Zolltarifentwurf. Auch die bereits erwähnte „Zollwarte" — Schriftleitung und Verlag: Berlin-Steglitz, Stubenrauchplatz 6 — bringt wertvolle Beiträge zur Zolltarifierung in betreff der Anwendung des Zolltarifs und des amtlichen Warenverzeichnisses.

Zu erwähnen ist noch die „Umschau auf dem Gebiete des Zoll- und Steuerwesens im Deutschen Reich, Deutsche Zoll- und Steuerbeamten-Zeitung, Berlin S 59, Hasenheide 75, welche Zeitschrift gleichfalls die wichtigeren Zolltarifentscheidungen zur allgemeinen Kenntnis bringt. Auch das Diensthandbuch für das Bayer. Zoll- und Steuerpersonal, Verlag Ansbach bei Brügel & Sohn, ist hier für diese Zwecke anzumerken; ferner die Zeitschrift süddeutscher Finanzbeamter.[2])

Bei Mittler & Sohn in Berlin, Kochstraße, ist vom Reichsamt des Innern der deutsche Zolltarif vom 25. Dezember 1902 mit den auf den Handelsverträgen beruhenden Bestimmungen und Änderungen sowie Ergänzungen in III. Auflage erschienen.

Im Selbstverlag des Verfassers, Mussäus in Schwerin, sind Übersichtstafeln über die Zollsätze für Gewebe erschienen. Erwähnenswert ist auch Weikes Zollbücherei, Wilh. Seegelken, Bücherverlag in Staßfurt.

Bemerkenswert ist auch das bei Puttkammer & Mühlbrecht in Berlin W 56 erschienene, von Dr. Etienne und Dr. Vosberg-Rekow verfaßte Zollhandbuch, welches die Zolltarife aller Handelsvertragsländer, nach Gesamtgruppen geordnet, enthält. Erwähnenswert ist auch die bei Duncker & Humblot in Leipzig im Jahre 1902 als 21. Band 31. Heft der Staats- und sozialwissenschaftlichen Forschungen von F. Kestner herausgegebene Broschüre: „Die deutschen Eisenzölle von 1879—1900". In Heft 7 der Schriften der Zentralstelle für Vorbereitung von Handelsverträgen ist die Abhandlung von H. Osel: Mängel und Überlebtes im Zolltarif und den Zolltarifgesetzen erschienen (Berlin, Siemenrot & Troschel).

[1]) Nachrichtenblatt für die Zollstellen, herausgegeben vom Reichsschatzamt, Verlag J. Springer, Berlin N, Monbijouplatz 3, Abonnement pro Jahr 8 Mark.

Dieses Nachrichtenblatt bringt a) die Entscheidungen der obersten Landesfinanzbehörden und Direktivbehörden in Zollfragen, b) die amtlichen Auskunftserteilungen in Zolltarifangelegenheiten, c) Mitteilungen über Zollbehandlung von Waren und über die Einfuhr von bestimmten Gegenständen.

Über das Nachrichtenblatt für Zollstellen hat die „Zollwarte", Zeitschrift des preußischen Landesverbandes und des Bundes deutscher technischer Zoll- und Steuerbeamten, in Nr 12 eine Abhandlung gebracht, worin auf das von Oberkontrolleur Wolber in Friedrichshafen herausgegebene: Merkheft zum Nachrichtenblatt für die Zollstellen hingewiesen ist. In dieser Broschüre sind 300 Entscheidungen von Zolltariffragen aus den Jahren 1906—1909 in kurzer, prägnanter Darstellung mitgeteilt. Die Sammlung wird fortgesetzt. Das Merkbüchlein kostet 70 Pfennig, mit Porto 80 Pfennig.

[2]) Hinsichtlich der zolltechnischen Fachliteratur ist in den „Mitteilungen des Bayer. Zollbeamtenvereins, 1905 Nr. 2" ein sachdienlicher Artikel erschienen, auf welchen hier Bezug genommen wird

Erwähnenswert ist ferner: Ein Votum gegen den Zolltarifentwurf von Dr. Schäffle, veröffentlicht in der Frankfurter Zeitung Nr. 242 ff. 1901. Sodann Materialien zum Zolltarif, herausgegeben vom Bund der Landwirte, Verlag der Verkaufsstelle des Bundes der Landwirte (G. m. b. H.) Berlin SW, Dessauerstr. 7.

Im Schanzschen Finanzarchiv XXV II hat Dr. Manicke, wie schon des öfteren erwähnt ist, bei Besprechung von Deutschlands Zollwesen auch über den neuen Zolltarif seine Ansichten ausgesprochen. Dr. Manicke ist mit der neuen Schematisierung des Zolltarifs nicht einverstanden, allein es ist wohl feststehend, daß der frühere deutsche Zolltarif mit seiner aus dem Jahre 1818 herrührenden alphabetischen Anordnung von Stichworten den heutigen Ansprüchen der Handelsstatistik und der Handelspolitik wie den Zollinteressen nicht mehr genügen konnte.

Es darf hier auf die Rede des Staatssekretärs Frhrn. v. Thielemann in der 102. Sitzung des Reichstags am 2. Dezember 1901 Bd. IV der RTV. S. 2886 hingewiesen werden, desgl. auf die Rede des Grafen v. Posadowsky in der 103. Sitzung des Reichstags am 3. Dezember 1901, ferner auf die Rede des Handelsministers Möller in der 105. Sitzung des Reichstags vom 5. Dezember 1901 Bd. IV S. 2965.

Auch der Reichstagsabgeordnete Gothein hat die Verbesserungsbedüftigkeit des alten Zolltarifs anerkannt, Bd. IV S. 2943 C.

Im übrigen gibt Dr. Manicke im Verlauf der weiteren Abhandlung selbst zu, daß durch die Spezialisierung der Waren die Zollbelastung mehr nach dem Wert der Zollware erfolgen kann als früher und daß der Tarif den Anforderungen des praktischen Lebens und den Bedürfnissen des Volkes mehr gerecht wird als der alte Tarif. Im übrigen sei auf Dr. Manickes weitere Ausführungen über die deutsche Zoll- und Handelspolitik, über die sog. Zollaktion, über die Begründung zum Zolltarifentwurf und über die einzelnen Zollsätze (Finanzzölle, Industriezölle, Schutzzölle), sowie auf die nicht ganz einwandfreie Schlußbemerkung zu der Zolltarifabhandlung verwiesen.

2. Die Zollgebühren.

§ 79.

(Die Zoll- und Reichssteuergebühren).

Auf Grund des § 10 des VZG., wonach neben den Zöllen andere Abgaben und Gebühren nur insoweit erhoben werden dürfen, als dieselben sich als Hafenabgaben, Brückengelder, Schleusengebühren, Fährentaxen, Kanalgebühren, Kunststraßen(Chaussee)-Gelder, Kran- und Wagegebühren, Lagergelder, Wegezölle usw. darstellen oder insoweit es sich um eine Entschädigung für den Mehraufwand an Beamtenkräften handelt, der durch die Unterlassung jener Pflichten hervorgerufen wird, die gesetzlich den beteiligten Zollgästen obliegen oder für den Mehraufwand, der durch eine besondere Vergünstigung, z. B. Abfertigung außerhalb der Amtsstelle, erforderlich wird, sind bis zum Jahre 1905 die BRBeschlüsse vom 5. Juli 1888 in Geltung gewesen und wurden demgemäß die erforderlichen Anweisungen erlassen. An deren Stelle ist nach dem BRBeschluß vom 28. Juni 1905 die

Zollgebührenordnung

getreten.

Die Zollgebührenordnung hat seitdem folgende Ergänzungen erhalten:

Anhang zur Zollgebührenordnung, pr. FMErlaß vom 17. Januar 1907.

Ausführungsverfügung zur Zollgebührenordnung, pr FMErlaß vom 4. Juli 1905, pr. Zentralblatt für Abg. S. 515.

Erläuterungen zur Zollgebührenordnung, pr. FMErlaß vom 31. August 1905, pr. ZBl. S. 672; pr. FMErlaß vom 22. September 1905, pr. ZBl. S. 702; pr. FMErlaß vom 6. November 1905, pr. ZBl. S. 752 ff; pr. FMErlaß vom 21. März 1906, pr. ZBl. S. 485; pr. FMErlaß vom 5. Juni 1906; pr. ZBl. S. 557; pr. FMErlaß vom 5. Juni 1907, pr. ZBl. S. 165; pr. FMErlaß vom 28. November 1907, pr. ZBl. S. 362; pr. FMErlaß vom 9. März 1910, pr. ZBl. für Abg. S. 109, endlich pr. FMErlaß vom 21. April 1910, pr. ZBl. 1910 S. 180.

Für das Königreich Bayern ist die Zollgebührenordnung durch Erlaß vom 15. Juli 1905 in Kraft gesetzt worden. (Bayer. Amtsblatt der k. Generaldirektion der Zölle und ind. Steuern 1905 S. 313.)

Die Zollgebührenordnung (ZGO.) hat 23 Paragraphen. Nach § 1 dürfen für Amtshandlungen, die an den Amtsstellen innerhalb der im § 133 des VZG. vorgeschriebenen oder von der Direktivbehörde festgesetzten Dienststunden (ordentliche Dienststunden) ausgeführt sind, in der Regel weder Gebühren erhoben, noch an den Beamten besondere Vergütungen für Rechnung des Reiches (oder des Bundesstaats) gezahlt werden. Den Amtsstellen sind die öffentlichen Niederlagen sowie die zollamtlich erlaubten Lösch- und Ladeplätze gleichzuachten.

Nach § 2 dürfen Gebühren erhoben werden, wenn es sich um eine Entschädigung für den Beamtenaufwand handelt, der durch die Verabsäumung einer dem Beteiligten obliegenden Verpflichtung oder durch die Gestattung einer besonderen Vergünstigung verursacht wird.

In § 3 ist beispielsweise aufgeführt, daß Zollabfertigungen, Umladungen, Zuladungen, Leichterungen, Konstatierung von Verschlußverletzungen — außerhalb der Amtsstelle oder außerhalb der ordentlichen Dienststunden vorgenommen — gebührenpflichtig sind.

Gebührenfrei bleiben:

Die Abfertigung der Reisenden hinsichtlich des Passagiergepäckes;

die Abfertigung der beim Grenzübergang ohne Umladung sofort unter Wagenverschluß weitergehenden Eisenbahnfrachtgüter;

die Schiffsleichterungen auf dem Rhein oder dessen konventionellen Nebenflüssen, soweit kein Verschulden des Schiffes vorliegt;

Amtshandlungen, die an der Amtsstelle nicht ausführbar sind oder deren Vornahme an der Amtsstelle bzw. in den ordentlichen Dienststunden unzweckmäßig wäre, z. B. die Verwiegung eines besonders schweren Frachtstückes, eines Dampfkessels;

die Abfertigung in den Marineverpflegungsteilungslägern.

Gebühren sind ferner zu erheben (§ 4) bei Zolllagerbewachung, bei Schiffsbewachung, bei Wagen- und Güterbewachung, z. B. in der Mittagspause. — Wegen der Bewachung der Weinteilungsläger gelten besondere Bestimmungen (§ 5 Abs. 4 des Weinlagerregulativs).

Gebührenfrei dagegen bleibt auch die Bewachung von Privatlägern, wenn die Öffnung der Läger nur zum Zweck der Lagerrevision und der Lagerbestandsaufnahmen erfolgt oder wenn sonst bei Lagerbewachungen und auch bei Güterbewachungen ein besonderer Mehraufwand an Beamten nicht erforderlich wird. (Vgl. die Einzelheiten hiewegen in § 4 b—d.) Gebührenpflichtig sind ferner die Zollbegleitungen auf Antrag der Beteiligten. Auch hievon gibt es wieder Ausnahmen; so bleiben gebührenfrei die Begleitungen vom Ansageposten zum Grenzzollamt, die Schiffsbegleitungen auf dem Rhein und auf der Unterelbe nach den besonderen diesbezüglichen Regulativen, die Warenbegleitungen zwischen den Amtsstellen an demselben Orte unter bestimmten Voraussetzungen, namentlich innerhalb der ordentlichen Dienststunden (§ 5). Für Amtshandlungen in Gewerbsanstalten sind gleichfalls Gebühren zu erheben, soferne diese Amtshandlungen nicht eine reine Kontrolltätigkeit darstellen (§ 6). Bei Unglücksfällen und bei dringender Gefahr kann für sonst gebührenpflichtige Amtshandlungen Gebührenfreiheit bewilligt werden (§ 7).

In § 8 ist die Höhe der zu erhebenden Gebühren festgesetzt, für die Stunde 60 Pfennig bei Aufsehern und 1 Mark bei höheren Beamten.

Für Amtshandlungen außerhalb des Standortes oder außerhalb des Dienstbezirkes ist zu unterscheiden zwischen Begleitungen und sonstigen Amtshandlungen. Für Schiffsbegleitungen, Zugbegleitungen usw. gibt es nur ermäßigte Begleitungsgebühren, für andere Amtshandlungen werden Tagegelder und Reisekosten gewährt (§ 9). In § 10 ist die Erhebung doppelter Gebühren bei Verzögerung der gebührenpflichtigen Amtshandlungen seitens der Interessenten vorgesehen. Wichtig ist auch der § 11, wonach bei Zuziehung mehrerer Beamten zu einer Amtshandlung die Gebühren für jeden Beamten zu entrichten sind. Sind jedoch Amtshandlungen, für die beispielsweise ein Aufseher genügt, von einem Assistenten wahrgenommen worden, so ist bloß die niedrige Gebühr zu entrichten. Etwaige sonstige Auslagen z. B. Fahrgelder sind gleichfalls vom Zahlungspflichtigen einzuziehen (§ 13). Letzterer kann jedoch das Fuhrwerk oder die Fahrgelegenheit selbst stellen. Bei Schiffsbegleitungen haben die Aufseher an den üblichen Mahlzeiten unentgeltlich teilzunehmen, da sie sonst nichts zu essen hätten (§ 14). Die Festsetzung der Gebühren, der Einzug derselben ist in § 15 geregelt. (Vgl. hiezu pr. FMErlaß vom 14. Mai 1908, pr. ZBl. S. 281.[1])

Nach § 17 fließen die für Zollbeamte, die auf dem Zollverwaltungskostenetat stehen, entrichteten Gebühren in die Reichskasse und sind in den Reichssteuerübersichten nachzuweisen.

Wegen Anwendung der Zollgebührenordnung auf die inneren Reichssteuern, also für die sog. privativen Zollbeamten gilt der Anhang zur Zollgebührenordnung nach pr. FMErlaß vom 17. Juni 1907, pr. ZBl. 1907 S. 195—200. Für die Branntweinsteuer und Zuckersteuer gelten indeß wieder besondere Vorschriften, siehe §§ 72 und 73 der Ausführungsbestimmungen zum Zuckersteuergesetz, BRBeschluß vom 14. März 1907, pr. ZBl. 1907 S. 128 und Ausführungsbestimmungen zum Branntweinsteuergesetz, §§ 69—79 der Branntweinsteuergrundbestimmungen. Hinsichtlich der Gebühren im Salzsteuerverkehr ist der BRBeschluß vom 18. März 1909 — pr. ZBl. 1909 S. 135 und 215 (pr. FMErlaß vom 21. Juni 1909) zu beachten. Für die Abfertigung von Zigaretten und Tabakerzeugnissen in der Fabrik zur Ausfuhr s. pr. ZBl. 1909 S. 389.

Statt der Einzelgebühren kann auch von Seite der beteiligten Gewerbetreibenden ein Verwaltungskostenbeitrag verlangt werden, wenn für gebührenpflichtige Amtshandlungen Beamte ständig erforderlich sind und zwar nach dem ganzen jährlichen Durchschnittsdienstbezug zuzüglich 15 % für Pension usw. oder nach einem Anteil dieses Betrages je nach der vollen oder teilweisen Diensttätigkeit des Beamten. Letztere können für diese Verwaltungskostenbeiträge nach Maßgabe der ordentlichen Dienststundentätigkeit verwendet werden, Extrastunden sind besonders zu bezahlen (§ 16).

Für die Bewachung der Weinteilungsläger gelten, wie bemerkt, besondere Vorschriften, wie schon in der Erläuterungen zu dem BRBeschluß vom 28. Juni 1905 vom kgl. pr. Finanzminister ausgeführt ist. (Vgl. diese Erläuterungen unter Ziff. 6 zu § 4 Abs. 3 der Zollgebührenordnung.)

Hinsichtlich der Bewachung der Weinläger gelten demnach folgende Bestimmungen:

Nach § 5 Abs. 4 des Weinlagerregulativs sind 30 Arbeitstage für jeden unter besonderem amtlichen Verschluß befindlichen Weinlagerraum und für jeden Lagerinhaber gebührenfrei; nach diesen 30 Tagen werden für jeden Arbeitstag von 8 Stunden ausschließlich des Hin- und Rückweges 2½ Mark Gebühren erhoben, für weitere Stunden 60 Pfennig pro Stunde (s. pr. ZBl. 1906 S. 244).

Nach dem Erlaß des pr. FM. vom 7. März 1906 (pr. ZBl. S. 468) sollen die in § 8a bestimmten ermäßigten Gebührensätze bei Bewachung der Weinteilungsläger auch dann in Anwendung kommen, wenn eine ständige Lagerbewachung erforderlich ist. Den Spirituosenteilungslagern und den den Weinlägern gleichgestellten Flüssigkeitslagern (§ 25 PrivLagReg.) kommt die Bevorzugung der Weinläger nicht zu. Bei Weinteilungslägern verbunden mit Spirituosenteilungslägern kommen daher hinsichtlich der Gebührenerhebung die für jedes dieser Läger bestehenden Sonderbestimmungen in Anwendung. (Pr. FMErlaß vom 25. April 1906, pr. ZBl. S. 536.) Werden in Weinteilungslägern während der gebührenfreien Bewachungstage für Lagerarbeiten auch Abfertigungen vorgenommen, so sind letztere nur dann gebührenfrei, wenn der Bewachungsbeamte ohne Gefährdung der Zollsicherheit auch als Abfertigungsbeamter fungiert, andernfalls werden die normalmäßigen Abfertigungsgebühren eingehoben (pr. FMErlaß vom 5. April 1907, pr. ZBl. S. 109).

Werden die Weinteilungsläger nur aus Anlaß des Heizens oder Reinigens geöffnet, ohne daß eine Weinbehandlung stattfindet, so sind diese Tage doch in die 30 gebührenfreien Bewachungstage mit einzurechnen (pr. FMErlaß vom 29. Februar 1908, pr. ZBl. S. 126). — —

§ 80.

Die Bestimmungen der Zollgebührenordnung finden auch auf die Gebührenerhebung im Reichssteuerverkehr und in der Salzsteuerkontrolle sinn-

[1]) Wegen des Verfahrens bei Nacherhebung und Rückzahlung von Zollgebühren gilt die in bezug auf Nacherhebung und Rückerstattung von Zöllen erlassene Anordnung gemäß BRBeschluß vom 23. Juni 1906, s. pr. ZBl. 1906 S. 1319.

gemäß Anwendung. Vgl. die Erlasse des preuß. Finanzministeriums vom 17. Juni 1907 (Anhang zur ZGO.) — veröffentlicht im Preuß. ZBl. S. 195 ff. 1907. Dieser Anhang zur Zollgebührenordnung trat am 1. August 1907 in Kraft. Die Berechnung der im Reichssteuerverkehr erhobenen Gebühren erfolgt nach dem Erlaß des preuß. Finanzministeriums vom 2. April 1908 — Preuß. ZBl. 1908 S. 213 —, wodurch die Ziff. 15 I des Anhangs zur Zollgebührenordnung eine Abänderung erfuhr. Die Erhebung der Gebühren im Salzsteuerverkehr erfolgt nach dem preuß. Finanzministerium Erlaß vom 8. April 1909 — Preuß. ZBl. S. 135 — und 21. Juni 1909 — preuß. ZBl. S. 215 — und Erlaß des pr. FM. vom 13. September 1910.

Außerdem sind noch folgende Erlasse des pr. FM. in betreff der Zoll- und Steuergebühren von einiger Wichtigkeit:

Erhebung von Gebühren für Waren, die unter Eisenbahnwagenverschluß oder in Eisenbahntankwagen (Eisenbahnkesselwagen) eingehen. S. pr. ZBl. 1906 S. 557, FMErlaß vom 5. Juni 1906. — Pr. ZBl. 1907 S. 165, pr. FMErlaß vom 5. Juni 1907, Abfertigung von Eisenbahngütern an Sonn- und Feiertagen betreffend. —

Gebühren bei den Zuckerabfertigungen s. pr. ZBl. 1907 S. 127, pr. FM. vom 3. April 1907.

Gebührenberechnung bei Abfertigung von Tabakerzeugnissen und Zigaretten in der Fabrik zur Ausfuhr s. pr. ZBl. 1909 S. 381, pr. FMErlaß vom 25. Oktober 1909.

Im bayerischen Zollamtsblatt der k. b. Generaldirektion der Zölle und Steuern ist die Zollgebührenordnung veröffentlicht im Jahr 1905 S. 313, die Erläuterungen zur ZGO. finden sich 1905 S. 413. Außerdem s. wegen der Verrechnung der Gebühren 1905 S. 411 und 1908 S. 321, 1907 S. 294 betr. Abfertigung von Gütern im Eisenbahnverkehr an Sonn- und Feiertagen.

§ 81.

Der Teil III der Zollgebührenordnung handelt von den Vergütungen an die Beamten. Nach § 18 ZGO. und dem Anhang hiezu dürfen den Zoll- und Steuerbeamten für außergewöhnliche Dienstleistungen im Zoll- (und Steuer-) Verkehr auch besondere Vergütungen gewährt werden und zwar auf Rechnung des Reiches, wenn die erhobenen Gebühren in die Reichskasse flossen und für Rechnung des Bundesstaates, wenn die erhobenen Gebühren in die Landeskasse kamen. Die Salzkontrollgebühr (Denaturierungsgebühr) fließt stets in die Landeskassen. Die Vergütungen bestehen in Stundengebühren (60 Pfennig und 1 Mark pro Stunde), wenn die außergewöhnlichen Dienstleistungen am Standorte oder in einer Entfernung von weniger als 2 km davon oder im Dienstbezirk (bei Bezirksbeamten) und mit Überschreitung des gewöhnlichen Tagesdienstmaßes des Beamten (den ordentlichen Dienststunden, § 133 VZG.) stattfinden, sonst in Tageldern mit Reisekosten, wenn solche Amtshandlungen außerhalb des Standortes (Stationssitzes) in einer Entfernung von 2 km inner- oder außerhalb des Dienstbezirkes vorgenommen werden. Die Begleitungsgebühren (bei Schiffbegleitungen, Zugbegleitungen usw.) betragen bei mehr als 2 Stunden Zeitaufwand 1—3 Mark, von 2, 4, 6, 8, 10, 12 Stunden à 25 Pfennig. Bei einem Zeitaufwand von mehr als 12 Stunden kommen die Bestimmungen hinsichtlich der Reisekosten und Fahrgelder in Betracht, wenn nicht bezüglich der Fahrkosten durch angemessene freie Beförderung seitens der Zahlungspflichtigen gesorgt wird. Auf der Unterelbe sind auch hiefür wieder Ausnahmen zugelassen.

Die Bestimmungen über die Zoll- und Steuergebühren sind ziemlich verwickelt, es wird daher auf die von Daube in Weickes Zollbücherei

(Staßfurt) herausgegebene Broschüre: Die Vorschriften über die Gebühren und Vergütungen (1,25 Mark) verwiesen, dgl. Otto Dönecke: Die Zollgebührenordnung und die sonstigen Bestimmungen über Gebühren und Vergütungen im Zoll- und Reichssteuerverkehr, nach amtlichen Quellen erläutert und mit Genehmigung des preuß. Finanzministeriums herausgegeben, Verlag Eisenschmitt, Berlin (3,60 Mark), endlich die Zoll- und Steuergebühren, herausgegeben bei Brügel & Sohn, Ansbach (1 Mark).

Dr. Manicke hat in der schon mehrfach angeführten Abhandlung über „Die Verwaltungskosten im Bereich der Zölle und indirekten Steuern" über die Zollgebühren und Steuergebühren eine ausführliche Darstellung gegeben. Daß auch für einen Fachmann die Zurechtfindung auf diesem Gebiet nicht leicht ist, mag aus den obigen kurzen Ausführungen entnommen werden. Gleichwohl bleibt es um so anerkennenswerter, daß Dr Manicke sich die Erforschung dieses wenig begangenen Gebietes angelegen sein ließ.

Dr. Manicke erläutert in seinem Aufsatz die Vorschriften der Zollgebührenordnung, über die ordentlichen Dienststunden, über die Höhe der Gebührensätze.

Er kommt auch auf die Bestimmungen der gebührenpflichtigen Privatlagerbewachung (§ 108 Abs. III VZG.), über die Gebühren nach der Mineralölzollordnung (BRBeschl. vom 15. Februar 1906), nach der Verschnittweinzollordnung bzw. Weinzollordnung (6. Nachtrag zur Anleitung für die Zollabfertigung), nach der Gerstenzollordnung (BRBeschl. vom 27. Juli 1909), nach der Getreidelagerzollordnung und auf die Gebühren in den Weinteilungslägern zu sprechen.

Dr. Manicke behandelt auch die Gebühren im Salzsteuerverkehr, im Branntweinsteuerverkehr, im Zuckerverkehr und im Verkehr bei den sonstigen Reichssteuern sowie die Vergütungen, die das Reich oder der Bundesstaat für außergewöhnliche Dienststunden an seine Beamten abgibt.

Auf diese interessante Abhandlung (Verwaltungskosten im Bereich der Zölle und ind. Steuern), erschienen im Finanzarchiv von Dr Schanz XXIV. I wird nochmal zur Beachtung verwiesen.

3. Das deutsche Zollgesetz.

§ 82.

Das deutsche Zollgesetz oder wie es fachtechnisch genannt wird, das Vereinszollgesetz, ist am 1. Januar 1870 in Kraft getreten. Das Vereinszollgesetz ist kein Reichsgesetz nach Maßgabe der Reichsverfassung, die erst im Jahre 1871 in Wirksamkeit getreten ist, sondern ein Zollvereinsgesetz nach Maßgabe des Zollvereinigungsvertrags vom 8. Juli 1867. Nachdem der frühere Zollverein durch den ebenerwähnten Zollvereinigungsvertrag vom 8. Juli 1867 in eine Staatenvereinigung bzw. in einen Bundesstaat (Norddeutscher Bund) mit parlamentarischer Gesetzgebung (Zollparlament, Zollbundesrat) umgewandelt worden war, kam das Vereinszollgesetz durch das Zollparlament und den Zollbundesrat zustande, wurde aber in allen deutschen Bundesstaaten gesondert promulgiert. Das VZG. brauchte daher später nicht als Reichsgesetz besonders anerkannt zu werden. Für den Norddeutschen Bund wurde es als Bundesgesetz am 1. Juli 1869 verkündet (BGBlatt 1869 S. 307 ff.), für Bayern durch die kgl. Deklaration vom 26. September 1869, für Württemberg durch kgl. Dekret vom 10. Juli 1869, für Baden und Hessen südlich des Mains durch Bekanntmachung der Finanzministerien vom 13. Juli bzw. 16. August 1869, für die Hansestädte durch die Erlasse der betreffenden Senate. In Kraft getreten ist das Vereinszollgesetz am 1. Januar 1870, ist also jetzt 40 Jahre lang in Anwendung. Für Luxemburg ist es gleichfalls auf Grund des Zollanschlußvertrages mit Luxemburg von 1865 eingeführt worden.

Nachdem die alten Zollordnungen und Zollstrafgesetze aus den Jahren 1837/8 nicht mehr genügten, wurde bereits durch Gesetz vom 18. Mai 1868 in betreff einiger Änderungen der Zollordnung und der Zollstrafgesetze[1]) in dieser Beziehung teilweise und vorübergehende Abhilfe geschaffen. Aber am 11. März 1869 legte der Vorsitzende des Zollbundesrats bereits einen neuen Entwurf zum Vereinszollgesetz mit Denkschrift (BRDrS. Nr. 10, 1869) vor, der die Zollordnungen und die Zollstrafgesetze in ein einheitliches Zollgesetz vereinigen sollte.

Von dem Bundesrat des Zollvereins wurde dieser Entwurf am 28. April 1869 den beiden Ausschüssen für Zoll- und Steuerwesen und für Handel und Verkehr überwiesen, am 31. Mai 1869 wurde hiewegen gemeinschaftlicher Bericht erstattet (BRDrS. Nr. 63, 1869).

In der Sitzung vom 4. Juni 1869 erteilte der BR. des Zollvereins dem Entwurf seine Zustimmung, worauf der Gesetzentwurf mit Denkschrift dem Zollparlament zur Beschlußfassung zuging. (Vgl. Stenogr. Bericht des Zollparlaments 1869, Anlage Nr. 4.)

Das Zollparlament beschloß in der Sitzung vom 9. Juni 1869 den Entwurf der Vorberatung im Plenum zu unterstellen, und es wurde der Gesetzentwurf nach den Sitzungen vom 11. und 18. Juni 1869 mit unwesentlichen Änderungen angenommen. Der Zollbundesrat gab am 17. Juni 1869 dem Entwurf seine Zustimmung und so wurde das Vereinszollgesetz für den ganzen deutschen Zollverein zur Einführung gebracht.

In Elsaß-Lothringen ist die Publikation des VZG. durch Gesetz vom 17. Juli 1871 erfolgt, so daß das VZG. auch für Elsaß-Lothringen am 7. August 1871 in Kraft treten konnte.

Für die österreichischen Gemeinden Jungholz und Mittelberg gilt das Vereinszollgesetz auf Grund der Anschlußverträge und zwar des Bayerisch-Österreichischen Vertrags vom 3. Mai 1868 und des Deutsch-Österreichischen Vertrags vom 2. Dezember 1890. Das Vereinszollgesetz hat demnach für das ganze deutsche Zollgebiet Geltung, einschließlich des Großherzogtums Luxemburg.

§ 83.

Obwohl das VZG. bereits 40 Jahre im Gebrauch steht, wird zurzeit von der Neueinführung und Neubearbeitung eines deutschen Reichszollgesetzes vorläufig abgesehen, da das VZG. immer noch, auch unter den ganz veränderten Verkehrs- und Industrie- sowie Handelsverhältnissen, der Hauptsache nach genügt. Es war zwar eine Zeitlang davon die Rede, daß eine völlige Neubearbeitung des VZG. in die Wege geleitet würde und der Reichstag sowie der bayerische Landtag in der Plenarsitzung vom 17. Juni 1910 hat sich gleichfalls mit dieser Frage des öfteren beschäftigt.[2])

[1]) Wegen Einführung einer übereinstimmenden Zollgesetzgebung in den Zollvereinsstaaten wurde bereits in Art. 4 des Zollvereinigungsvertrags vom 22. März 1833 das Nähere verabredet, es sollte ein gemeinschaftliches Zollgesetz und eine Zollordnung für die Vereinsstaaten erlassen werden. (Protokoll d. d. München 22 August 1836.) Das Zollgesetz sollte in allen Vereinsstaaten als Landesgesetz publiziert werden, wogegen es den einzelnen Regierungen überlassen blieb, inwieweit die Zollordnung als Gesetz zu behandeln sei. Hinsichtlich der Zollstrafgesetzgebung konnte man sich damals nur über gewisse leitende Grundsätze verständigen, nach welchen in jedem Vereinsstaat das Zollstrafgesetz redigiert werden sollte. Auch das Zollstrafprozeßrecht war unter den Vereinsstaaten sehr verschieden. (Vgl. Löbe, Das deutsche Zollstrafrecht, Leipzig, C. L. Hirschfeld, III. Auflage, Einleitung; Vereinszollgesetz von C. Wiesinger, Brügel & Sohn, 1896; Repertorium zu den Zollvereinsverträgen und Verhandlungen, Berlin, kgl. Staatsdruckerei 1858; Hirths Annalen des D. R. 1869).

[2]) Der Abg. Hug hat in der 289 Reichstagssitzung vom 21. März 1903 den Antrag auf Revision des VZG eingebracht; desgl. in der RTSitzung vom 2. Mai 1904, wobei der Staatssekretär des Reichsschatzamts bemerkte, daß die Revision des VZG. namentlich in Rücksicht auf den Veredlungsverkehr in die Wege geleitet sei. Mittlerweile ist nunmehr die Veredlungsordnung erlassen worden.

Der Landtagsabgeordnete Osel hat in der oben erwähnten 154. Plenarsitzung der Bayer. Kammer der Abgeordneten sich über die Zwitterstellung des VZG. ausgelassen, das VZG. sei kein Reichsgesetz, weil es im Jahre 1871 nicht als Reichsgesetz übernommen worden sei und hänge sozusagen in der Luft.

Der deutsche Handelstag habe ein lebhaftes Interesse, daß eine Reihe von Vorschriften (Veredlungsverkehr, Retourwarenverkehr) reichsgesetzlich geregelt werden Man helfe sich jetzt mit einer weitgehenden und weitherzigen Auslegung des VZG. und regele diese Sachen durch Verordnungen d. h. durch sog. Zollordnungen. Man lege aber auf die gesetzliche Regelung dieser Fragen den größten Wert.

Nach den voraufgeführten kurzen Darlegungen und der Sachverhaltserläuterung in Havensteins Zollgesetzgebung (Verlag Müller Berlin) ist bezüglich der Rechtsgültigkeit des VZG. als Reichsgesetz kein Zweifel.

Havenstein schreibt hierüber in seinem Buch: die Zollgesetzgebung des Reiches, 1892:

„Im Reiche beruht die Geltung des VZG. auf sehr verschiedenen Publikationen. Nur in Elsaß-Lothringen ist es durch Reichsgesetz (vom 17. Juli 1871) eingeführt. Im übrigen ist es gesondert für den früheren Norddeutschen Bund, für Bayern, für Württemberg, für Baden, für Hessen südlich des Mains publiziert worden, und es erwächst die Frage, ob das VZG. in diesen Gebieten Reichsrecht oder Landesrecht ist. Die Frage hat insofern keine politische Bedeutung, als nach Art. 35 der RV. dem Reich ausschließlich die Gesetzgebung über das gesamte Zollwesen zugewiesen und den Einzelstaaten damit jede Änderung der Zollgesetzgebung entzogen ist. Sie gewinnt aber praktischen Wert, indem die Gesetzgebung für Reichs- und Landesgesetze mitunter verschiedene Maximen aufstellt, insbesondere § 5 des Einf.-Gesetzes zur Reichs-Strafprozeßordnung die prozeßrechtlichen Vorschriften der Reichsgesetze aufrecht erhält, die der Landesgesetze nicht, was für den 17. Abschnitt des VZG. von Wichtigkeit wird. — Die Ansichten sind geteilt. Während Zorn (Staatsrecht Bd. II S. 246) von einem Reichszollgesetz spricht, wird von Laband, Staatsrecht des Deutschen Reiches, 2. Aufl. Bd. II S. 911 (von Rönne, Staatsrecht des Deutschen Reichs Bd. IIa S. 195, Staatsrecht der Preußischen Monarchie Bd. I Abt. 2 S. 227, wohl auch von Meyer in Hirths Annalen 1882 S. 771) angenommen, daß das VZG. — abgesehen von Elsaß-Lothringen — nur als Landesrecht Geltung habe, weil es als Partikulargesetz publiziert und durch Art. 2 der Reichsverfassung nicht zum Reichsgesetz erhoben worden sei. Indessen war das VZG. niemals Partikulargesetz. Nach Art. 7 Abs. 1 des Zollvereinigungsvertrages vom 8. Juli 1867 kamen die Gesetze des Zollvereins durch Mehrheitsbeschluß des Bundesrats und des Zollparlaments zustande, und beburften keiner Bestätigung durch die Landesgesetzgebung; nur ihre Publikation sollte in den bei den Vertragsstaaten üblichen Formen geschehen. Die Gesetze wurden gegeben und geändert durch die Bundesgewalt, sie galten für das gesamte Vereinsgebiet, sie verpflichteten (selbstverständlich nach ihrer Publikation) die Bürger unmittelbar, nicht die Staaten — sie waren daher Vereinsrecht, nicht Landesrecht. Der Publikation war keine andere Bedeutung beigelegt wie der anderer Gesetze, und wenn sie sich in den Formen des Landesrechts vollzog, so war dies eben nur eine Form, dadurch hervorgerufen, daß der Legislative des Zollvereins keine einheitliche, sondern eine mehrfache, lokal geteilte Exekutive zur Seite stand. Bei solcher Zersplitterung der Exekutive mochte sich das politische Gebilde des Zollvereins unter den schulmäßigen Begriff „Staat" oder „Bundesstaat" schlecht subsumieren lassen — auf den Charakter seiner Gesetzgebung, ob gemeines Recht oder partikulares, ist sie ohne entscheidenden Einfluß gewesen. Wären die Gesetze des Zollvereins Landesgesetze gewesen, so hätten sie nicht bloß in den Formen der Landesgesetze verkündet werden müssen, sondern sie hätten von jeder Partikularlegislative besonders beschlossen und ordnungsmäßig zum Gesetze erhoben werden müssen. Übrigens war selbst die Form ihrer Verkündung keineswegs die eines Landesgesetzes, es fehlte in der Eingangsformel das Essentiale eines solchen: die Zustimmung der gesetzgebenden Körperschaften des Landes; — sie war nur eine Publikation der landesherrlichen Exekutive in denjenigen Blättern, in welchen die Landesgesetze veröffentlicht wurden, und vollzog sich in Bayern und Württemberg als Königliche Deklaration (26. Sept. 1869) bzw. Königliches Dekret (10. Juli 1869), in Baden und Hessen als einfache Bekanntmachung des Finanzministeriums (13. Juli, 16. August 1869).

Ist aber das VZG. gemeines Recht des Zollvereins gewesen, so ist es auch gemeines Recht des Deutschen Reiches geworden. Denn das Deutsche Reich, mit dem Zollverein auf der gleichen rechtlichen und territorialen Grundlage erwachsen, für die Gesetzgebung mit denselben Organen und — für die hier in Frage kommende Materie — mit den gleichen Kompetenzen ausgestattet, stellte eine organische Fortbildung des Zollvereins, allerdings von dauerndem Bestande, dar und wurde bei seiner Errichtung von allen maßgebenden Faktoren als unmittelbarer Rechtsnachfolger des Zollvereins angesehen. Dessen Gesetze blieben daher seine Gesetze. Art. 40 der RV. erhält auch alle Bestimmungen des Zollvereinigungsvertrages vom 8. Juli 1867 in Kraft. Zu dessen wichtigsten Bestimmungen gehörte, daß die durch Übereinstimmung des Bundesrats und des Zollparlaments zustande gekommenen Gesetze Vereinsgesetze seien, allgemeine Gültigkeit haben sollten. Durch Aufrechterhaltung dieser Bestimmung ist jenen Gesetzen die Bedeutung und Kraft der Reichsgesetze beigelegt worden, und es bedurfte ihrer Allegierung in Art. 2 nicht. Durch Art. 40 der RV. ist ferner das Deutsche Reich zum Rechtsnachfolger des Zollvereins erklärt worden; denn wenn eine Verfassung die Verfassung eines früheren Staatsgebildes — und das war der Zollvereinigungsvertrag vom 8. Juli 1867 — in sich aufnimmt, so ist damit die Fortführung der früheren Organisation, die Rechtsnachfolge im staatsrechtlichen Sinne ausgesprochen. — Der höchste Gerichtshof des Reiches hat auch niemals an der vollkommenen Gleichartigkeit der Gesetze des Zollvereins und des Reiches gezweifelt und den § 5 des EG. z. RStPO. auf beide gleichmäßig bezogen.

§ 84.

Wegen der bei einer Revision des VZG. auftretenden Schwierigkeiten suchte man an maßgebender Stelle die infolge der Änderungen der Verkehrs- und Weltwirtschaftsverhältnisse zutage getretenen Härten des VZG. durch dessen sinngemäße Auslegung oder durch Erlaß besonderer Ordnungen, wie der Veredlungsordnung, zu beheben.

Im übrigen haben die Grundsätze der Denkschrift zum Vereinszollgesetz auch heute noch die gleiche Geltung wie damals und es erscheint fraglich, ob ein neues Zollgesetz sich wieder so bewähren würde, wie gerade das VZG., das nach allgemeiner Anerkennung als ein vorzüglich ausgearbeitetes Gesetz gilt.

Die Mängel, die hauptsächlich hervorgehoben wurden, sind folgende: 1. Die Bestimmungen wegen Anlegung und Handhabung des Zollverschlusses sowohl im Eisenbahnwagenverkehr als bezüglich der Verschnürung der Kolligüter gelten vielfach als zu umständlich und den Verkehr erschwerend, es sollte genügen, wenn auf den Zollgütern oder an den Zollwaggons ein gelber oder grüner Zettel mit der Aufschrift „Zollgut" angebracht würde. 2. Die Bestimmungen für den Retourwarenverkehr seien für die heutigen Verhältnisse zu lästig und nicht mehr passend, ebenso wie der Veredlungsverkehr einer einheitlichen Regelung bedurfte. 3. Auch hinsichtlich der Geltungskraft des Amtlichen Warenverzeichnisses, des Inkrafttretens höherer Zollsätze in bezug auf die Einfuhr von Waren auf Grund älterer Lieferungsverträge oder bei Niederlagegütern seien Beschwerden laut geworden.

Auch der Deutsche Handelstag hat sich wiederholt, z. B. am 15. und 16. Dezember 1905, mit der Revision des VZG. beschäftigt und hiebei hervorgehoben, daß das Amtliche Warenverzeichnis, das zur richtigen Anwendung des Zolltarifs diene, nur als erläuternde Anweisung des Bundesrats gelten solle. Hauptsächlich müßte der Einwand, das Amtliche Warenverzeichnis widerspreche dem Zolltarif, zulässig sein, also Änderung des § 12 Abs. I des VZG.

Ferner wurden über die Rechtswirksamkeit der amtlichen Auskünfte in Zolltarifangelegenheiten wiederholt Beschwerden erhoben (§ 12 VZG); Einwände über die Anwendung des Zolltarifs sollten in den einzelnen Fällen in letzter Instanz von einer Reichszentralstelle mit der notwendigen Schnelligkeit nach Anhörung von Sachverständigen entschieden werden (§ 12 Abs. II des VZG.). Kraft des Gesetzes sollte Zollbefreiung eintreten im Meß- und Marktverkehr, sowie im Retourwarenverkehr, d. h. alle Güter, die zuerst aus- und dann wieder eingeführt werden, oder die zuerst ein- und sodann wieder ausgeführt werden, vorausgesetzt, daß kein Zweifel über die Identität der Waren vorhanden ist (§§ 113, 114 ff. des VZG.), sollen zollfrei sein. Dasselbe sollte gelten für den passiven Veredlungsverkehr, d. h. für Waren, die im Zollauslande veredelt werden, um sodann zollfrei wieder ins Inland zurückkehren. Hiebei sollte bei der Wiedereinfuhr nur der Unterschied zwischen dem Zollbetrag für die zur Veredlung nach dem Auslande ausgegangenen und dem Zollbetrag für die veredelt wiedereingegangenen Waren entrichtet werden (zu § 115 VZG.).

§ 85.

Alle diese Beschwerden und Bemängelungen lassen sich bei richtiger und nach dem Geiste des VZG. wohlwollender Auslegung dieses Gesetzes mildern oder ganz beseitigen und sind zum Teil schon beseitigt worden, z. B. durch die Veredlungsordung, denn der Geist des VZG. ist ein höchst liberaler und für die Verkehrsverhältnisse konzilianter, wie aus der zum Entwurf des VZG. verfaßten Denkschrift hervorgeht. Diese bestimmt als leitende Gesichtspunkte bei dem Erlaß des Zollgesetzes:

1. Möglichste Erleichterung der Zollabfertigung in bezug auf die Zeit, zu welcher diese stattfinden darf, sowie in bezug auf Anzahl, Lage und Kompetenz der Zollstellen.
2. Tunlichste Erweiterung des Ansageverfahrens und des Niederlageverkehrs.
3. Zulassung jeder Veränderung (Umladung, Umpackung, Teilung) der vom Auslande eingegangenen und noch nicht in den freien Verkehr gesetzten Waren auf dem Transporte, soweit dies unter amtlicher Aufsicht geschieht.
4. Möglichste Beschränkung der Kontrollen im Grenzbezirke und namentlich im Binnenlande, Einschränkung der Kontrolle auf die Grenzbezirke.

Die Wünsche des **Handelsstandes** fanden ihren umfassendsten Ausdruck in einer im Jahre 1868 von der Kaufmannschaft zu Königsberg aus Veranlassung der Delegiertenkonferenz norddeutscher Seehandelsplätze mit großer Sachkenntnis ausgearbeiteten Denkschrift „Über die Reform des Zollverfahrens", mit deren Inhalt sich auch der bleibende Ausschuß des Handelstages im wesentlichen einverstanden erklärte.[1])

Das Vereinszollgesetz hat 167 Paragraphen und 21 Abschnitte. Hiezu ist vom Bundesrat eine mehrfache Anweisung zur Ausführung des VZG. ergangen. Der Inhalt des VZG. ist folgender:

	§§
I. Abschnitt: **Verkehr mit dem Vereinsauslande.**	
Ein-, Aus- und Durchfuhr	1—2
Eingangszoll	3—4
Ausgangszoll	5
Zollfreiheit des Durchganges	6
II. Abschnitt: **Verkehr im Innern des Vereinsgebiets.**	
Freiheit des Verkehrs im Innern . . .	7—8
III. Abschnitt: **Erhebung des Zolles.**	
Erhebungsmaßstab — nach welchen Sätzen der Zoll zu entrichten ist .	9
Nebengebühren	10

¹) Vgl. Denkschrift zum Entwurf des VZG. und den Bericht der Bundesratsausschüsse für Zoll- und Steuerwesen und Handel und Verkehr, Nr 10 der BRDrS. S. 1869.

§ 86.

Da nach Art. 33 Abs. 1 der RV. das Deutsche Reich nebst den zollangeschlossenen Gebietsteilen fremder Staaten wie Jungholz und Mittelberg von Österreich-Ungarn und einschließlich des Großherzogtums Luxemburg, aber ausschließlich der Zollausschlüsse (vgl. S. 48 dieses Buches) ein einheitliches, von gemeinsamer Zollgrenze umschlossenes Handelsgebiet bildet und das Vereinszollgesetz, wie in § 83 dieses Buches ausgeführt ist und wie auch Dr. Löbe in seinem Buch: Das deutsche Zollstrafrecht, 3. Auflage, Verlag von Hirschfeld, Leipzig, S. 26 ff. darlegt, sich als das **Zollgesetz** des Deutschen Reiches kennzeichnet und die darin enthaltenen Strafbestimmungen zu den Strafgesetzen des Deutschen Reiches gehören, so ist unter Hinweis auf die bereits bezüglich dieses Gesetzes vorhandene Literatur über das Vereinszollgesetz die in den §§ 87 bis 121 enthaltene Darstellung in Kürze vorzutragen.

Hinsichtlich des VZG. sind die Kommentare von Troje-Düffe, Elkan in Harburg; von Havenstein, H. W. Müller-Berlin; Zinnow's Zollgesetz, Herrosé-Wittenberg; C. Wiesinger, Brügel-Ansbach; Löbe, Hirschfeld-Leipzig zu erwähnen. Ferner kommt in Betracht die Neuausgabe des Stengleinschen Kommentars zu den strafrechtlichen Nebengesetzen, Liebmann-Berlin, und noch andere Werke der Zollgesetzliteratur, auf die gegebenenfalls hingewiesen wird.

§ 87.

Zum Vereinszollgesetz hat der Bundesrat die Anweisung zur Ausführung des VZG. erlassen. Sie ist nach dem BRB. vom 5. Juli 1888 gemäß § 167 VZG. im Preuß. Zentralblatt für Abgaben 2c. veröffentlicht, Jahrg. 1888 S. 515 ff. Ergänzungen und Abänderungen dieser Anweisung erfolgten, nachdem mit RG. vom 18. April 1889 der § 108 VZG. eine Abänderung erfahren hatte, nach dem BRB. vom 1. Februar 1894, 11a der Anw.; BRB. vom 6. Dezember 1900 zu 11a und 11e der Anw.; BRB. vom 17. Dezember 1903, 7a zu § 31 VZG; BRB. vom 21. Dezember 1903 zu 11e der Anw.; Zolltarifgesetz vom 25. Dezember 1902, Ziff. 6 Abs. 1, Ziff. 11, Ziff. 31 Nr. 2; BRB. vom 18. April 1907, Ziff. 32 III 1; BRB. vom 17. Oktober 1907, Ziff. 32 III 2; BRB. vom 8. Juli 1909, Ziff. 32 IV, § 16 PZO.

Das Vereinszollgesetz.

Die §§ 1—6 des VZG. handeln im I. Abschnitt von dem Verkehr mit dem Vereinsauslande oder wie es jetzt heißt, mit dem Zollauslande.

Alle Erzeugnisse der Natur wie des Kunst- und Gewerbefleißes dürfen im Umfang des deutschen Zollgebietes (das, wie schon früher bemerkt worden ist, mit dem Reichsgebiet nicht identisch ist), ein-, aus- und durchgeführt werden.

Ausnahmen hiervon können nach Maßgabe des Art. 4 Abs. 2—5 des Zollvereinigungsvertrags vom 8. Juli 1867 aus gesundheits- oder sicherheitspolizeilichen Rücksichten oder beim Eintritt außerordentlicher Umstände z. B. beim Ausbruch eines Krieges oder zur Abwehr gefährlicher ansteckender Krankheiten angeordnet werden.

Die Einfuhrbeschränkungen und Einfuhrverbote haben sich hauptsächlich in bezug auf die Einfuhr von Lebensmitteln im Laufe der letzten zwanzig Jahre nach vielen Richtungen vermehrt

Hinsichtlich der dauernden Einfuhrverbote[1]) und Einfuhrbeschränkungen ist bereits früher das Nähere bemerkt worden und es mag genügen, hier das Folgende zu rekapitulieren:

[1]) Die Bestimmungen über die Einfuhrverbote und Einfuhrbeschränkungen werden vom RSchAmt demnächst neu redigiert und zusammengestellt werden

1. Vorschriften zum Schutze gegen den Kartoffelkäfer.

VO. betr. Verbot der Einfuhr von Kartoffeln aus Amerika, sowie von Abfällen und Verpackungsmaterial solcher Kartoffeln, vom 26. Februar 1875, RGBlatt 1875 S. 135. Die sog. süße Kartoffel (batatas edulis) hat keine Verwandtschaft mit der eigentlichen Kartoffel (solanum tuberosum) und unterliegt daher nicht dem Einfuhrverbot nach der VO. vom 26. Februar 1875.

Für die Einfuhr von Kartoffeln ist mit der kgl. belg. Regierung die Beigabe eines Ursprungszeugnisses vereinbart worden.

(Vgl. Anleitung für die Zollabfertigung Teil I Ziff. 1 sowie den dritten Nachtrag hiezu.)

2. Vorschriften zum Schutze gegen Phosphorvergiftung.

RG. betr. Phosphorzündwaren vom 10. Mai 1903, RGBlatt S. 217, wonach weißer und gelber Phosphor in Deutschland zur Herstellung von Zündwaren nicht mehr verwendet werden darf und die Einfuhr solcher Zündwaren verboten ist.

(Vgl. Anleitung für die Zollabfertigung, Teil I Ziff. 2.)

3. Vorschriften zum Schutze gegen die Reblaus.

VO. betr. die Einfuhr von Reben zum Verpflanzen vom 11. Februar 1873, RGBlatt S. 43; ferner VO. betr. das Verbot der Einfuhr von Reben und sonstigen Teilen des Weinstocks, vom 31. Oktober 1879, RGBl. S. 303; sodann VO. betr. das Verbot der Einfuhr und Ausfuhr von Pflanzen und sonstigen Gegenständen des Wein- und Gartenbaues, vom 4. Juli 1883, RGBlatt S. 153; Internationale Reblauskonvention vom 3. November 1881, RGBlatt 1882 S. 125 — vgl. III. Nachtrag zur Anleitung für die Zollabfertigung, auch wegen Zulassung der Durchfuhr von Tafeltrauben, ferner die Bekanntmachung vom 12. Juli 1883, RGBlatt S. 142, betr. die Einfuhr und Ausfuhr von Pflanzen und sonstigen Gegenständen des Wein- und Gartenbaues (Verzeichnis der Zollstellen, über welche die Einfuhr und Ausfuhr solcher Pflanzen stattfinden darf).

Außerdem kommt noch in Betracht die Bekanntmachung vom 24. August 1884, betr. den Verkehr mit Erzeugnissen und Gerätschaften des Weinbaues in den deutsch-schweizerischen Grenzbezirken, RGBlatt S. 191, und vom 24. Mai 1884, RGBlatt S. 51 für die deutsch-französischen Grenzbezirke, ferner vom 30. September 1904, RGBlatt S. 369 für die deutsch-luxemburgischen Grenzbezirke. Der örtliche Geltungsbereich der Kais. VO. vom 11. Februar 1873 und vom 31. Oktober 1879, sowie vom 4. Juli 1883 wurde mit VO. vom 16. Juni 1886, RGBlatt S. 191, auf das deutsche Zollgebiet und die außerhalb des Zollgebietes belegenen Teile des Reichsgebietes festgesetzt, also für das gesamte Reichsgebiet einschließlich der Zollanschlüsse.

Durch VO. vom 7. April 1887, RGBlatt S. 155, wurde die Einfuhr bewurzelter Gewächse aus den bei der internationalen Reblauskonvention nicht beteiligten Staaten geregelt, wozu noch die Bekanntmachung vom 23. August 1887, RGBlatt S. 431, anzumerken ist. (Vgl. auch V. Nachtrag zur Anleitung für die Zollabfertigung bezüglich der Erläuterungen und Ergänzungen hinsichtlich der Einfuhr bewurzelter Pflanzen und Gegenstände des Wein- und Gartenbaues.) Hienach sind die Erleichterungen bei der Einfuhr von Tafeltrauben nicht anwendbar auf Trauben der Weinlese, indem solche Trauben nur eingestampft in Fässern oder Kesselwagen eingeführt werden dürfen. Champignonbrut mit Pilzfäden und angetriebene Blumenzwiebeln fallen nicht unter die Einfuhrbeschränkung, ebensowenig wie Speisezwiebeln, Salatköpfe, Sellerieстauden, Artischoken usw. Endlich kommt noch anzumerken das Reichsgesetz vom 6. Juli 1904 zur Bekämpfung der Reblaus (RGBlatt S. 261). Dieses RG. hat 16 Paragraphen. Alle Rebpflanzungen in Deutschland unterliegen der amtlichen Beaufsichtigung zum Zwecke der Bekämpfung der Reblaus. Die §§ 10 und 11 enthalten die Strafandrohungen.

4. Vorschriften zum Schutze gegen die San José-Schildlaus.

Hier sind anzumerken die VO. betr. die Einfuhr lebender Pflanzen und frischen Obstes aus Amerika vom 5. Februar 1898 (RGBlatt S. 5) sowie die VO. betr. Einfuhrbeschränkungen wegen Gefahr der Einschleppung der San José-Schildlaus vom 6. August 1900 (RGBlatt S. 791), desgleichen Bekanntmachung vom 27. Juli 1909 (RGBlatt S. 893). Hienach finden die Einfuhrbeschränkungen für Pflanzen und frisches Obst auch auf Australien, Japan, China und Hawai Anwendung. Doch sind gewisse Erleichterungen zugelassen nach den Bekanntmachungen vom 9. April 1898, 27. Juli 1909 und 6. August 1909, vom 13. September 1900 und vom 9. Juni 1907. (Vgl. Nachtrag V zur Anleitung für die Zollabfertigung.)

5. Bestimmungen zum Schutze gegen die Umgehung des Spielkartenstempels

laut Bundesratsbeschluß vom 10. Januar 1881 betreffend das Verbot der Einfuhr von losen Spielkarten und unvollständigen Kartenspielen.

6. Vorschriften zum Schutze gegen den verbrecherischen und gemeingefährlichen Gebrauch von Sprengstoffen

laut RG. vom 9. Juni 1884 (RGBlatt S. 61), und Bekanntmachung vom 29. April 1903 (RGBlatt S. 211) und vom 20. Juni 1907 (RGBlatt S. 375).

7. Vorschriften über die Einfuhr von Süßstoffen

laut Süßstoffgesetz vom 7. Juli 1902 (RGBlatt S. 253), wonach die Einfuhr von Süßstoff oder süßstoffhaltigen Nahrungs- und Genußmitteln verboten ist. Hinzuweisen ist hiebei auf § 18 der Ausführungsbestimmungen zum Süßstoffgesetz, Zentralblatt f. d. Deutsche Reich 1903, S. 103.

8. Vorschriften über die Einfuhr von Zigaretten und Zigarettentabak

sowie von Zigarettenpapier (Hülsen und Blättchen) nach dem Zigarettensteuergesetz vom 3. Juni 1906, RGBlatt S. 631, §§ 5 und 6, sowie Ausführungsbestimmungen hiezu, § 29, Zentralblatt f. d. Deutsche Reich 1906, S. 601, ferner RG. wegen Änderung des Tabaksteuergesetzes vom 15. Juli 1909, RGBlatt S. 705.

Bei der Einfuhr von Zigaretten ist neben dem Eingangszoll die Inlandszigarettensteuer zu entrichten und es sind daher die Zigaretten usw. vorschriftsmäßig zu verpacken. Die Anbringung der erforderlichen Steuerzeichen hat vor oder bei der Zollabfertigung zu geschehen.

Für die Einbringung von Zigaretten und von Zigarettentabak durch Reisende (Passagiere) sind besondere Vorschriften erlassen. Es dürfen bis 25 Stück Zigaretten und bis 30 Gramm dem Gewicht nach, ferner bis 49 Gramm Zigarettentabak eingeführt werden.

9. Vorschriften über die Einfuhr von Traubenmaische, Traubenmost und Wein

laut Weingesetz vom 7. April 1909, RGBlatt S. 393 und Ausführungsbestimmungen zum Weingesetz, RGBlatt 1909 S. 549. Hienach unterliegen die aus dem Ausland eingehenden Sendungen von Wein- und Traubenmost der amtlichen Untersuchung unter Mitwirkung der Zollbehörden. Von der Untersuchung sind befreit kleine Sendungen bis zu 5 **kg** Einzelgewicht (Proben), Reiseverzehrungswein, Durchfuhrsendungen, der kleinere Verkehr in den Grenzbezirken; Sendungen mit einem zugelassenen Ursprungszeugnisse des Versendungslandes. Vgl. die Weinzollordnung, auch die hiewegen ergangenen Bundesratsbeschlüsse, Zentralblatt f. d. Deutsche Reich 1896 S. 197 und 1901 S. 234, 1910 Nr. 32:

10. Vorschriften über die Einfuhr von Zündwaren

laut Zündwarensteuergesetz vom 15. Juli 1909, RGBlatt S. 814, § 10 und Ausführungsbestimmungen zum Zündwarensteuergesetz, Zentralblatt f. d. Deutsche Reich 1909 S. 864, BRBeschluß vom 28. April 1910. Nachtrag V zur Anleitung für die Zollabfertigung S. 13.

11. Vorschriften über die Einfuhr von Leuchtmitteln

laut Leuchtmittelsteuergesetz vom 15. Juli 1909, RGBlatt S. 880, § 6 und Ausführungsbestimmungen hiezu, Zentralblatt f. d. Deutsche Reich 1909 S. 799. Zündwaren und Leuchtmittel dürfen nur vorschriftsmäßig verpackt (nach BRBeschluß) eingeführt werden, doch kann die Verpackung unter amtlicher Aufsicht auch im Inland vorgenommen werden, damit die vorschriftsmäßige Inlandssteuer berechnet und erhoben werden kann.

§ 88.

Nach Beseitigung der früheren allgemeinen Eingangsabgabe sollen alle Waren, die im Zolltarif nicht mit einem Eingangszolle belegt sind, zollfrei sein (§ 3 VZG.).

Hinsichtlich des § 3 des VZG. hatte der Zolltarifentwurf von 1902 in § 6 (des Entwurfs) die Bestimmung aufgenommen, daß Waren, die im Zolltarif nicht besonders genannt und auch in keiner Tarifstelle inbegriffen sind,

derjenigen Tarifstelle zuzuweisen seien, in welcher die ihnen nach Beschaffenheit oder Verwendungszweck am nächsten stehenden Waren aufgeführt sind. Die entgegenstehenden Bestimmungen in § 3 des VZG. sollten hiedurch aufgehoben sein.

Hiezu bemerkte noch die Begründung zum Zolltarifentwurf: Nach der Aufhebung der allgemeinen Eingangsabgabe (1865) wurde in den von 1865 bis 1879 geltenden Zolltarifen unter Tarifstelle 44 bestimmt, daß die unter keiner der vorstehenden Tarifnummern inbegriffenen Waren zollfrei seien. Auch das VZG. bestimmt im § 3, daß die aus dem Auslande eingehenden Gegenstände zollfrei bleiben, soweit nicht der Zolltarif einen Eingangszoll festsetzt. Diese Bestimmung ist in Kraft geblieben, während die Nr. 44 des Zolltarifs im Jahre 1879 in Wegfall kam, weil sie für bedeutungslos gehalten und weil von der Tarifkommission des RT. angenommen wurde, daß auch diejenigen Waren, die Handel und Technik künftig noch aufbringen sollten, in den erweiterten und vervollständigten Zolltarif würden eingefügt werden können. Dies ist auch tatsächlich bisher auf Grund des § 12 VZG. geschehen. Die Vorschrift des § 3 VZG. ist durch die Zollgesetzgebung seit 1879 tatsächlich gegenstandslos geworden und steht mit dem Zweck und der Absicht dieser Gesetzgebung nicht mehr im Einklang. Die Aufhebung dieses Paragraphen erscheint deshalb angezeigt und auch zur Beseitigung von Zweifeln und Weiterungen erwünscht.

Die Zolltarifkommission (XVI. Kommission) hatte bezüglich des § 6 des Zolltarifgesetzentwurfs beantragt a) den ersten hier einschlägigen Absatz ganz zu streichen oder b) wie folgt zu fassen: Waren, die im Zolltarif nicht besonders genannt sind, auch in keiner Tarifstelle inbegriffen sind, sind zollfrei.

Es wurde hervorgehoben, daß es zwar wünschenswert sei, dem Bundesrat nach § 12 VZG. die Befugnis zu erteilen, neu aufkommende Waren unter die Positionen des Zolltarifs einzureihen, dagegen sei es auch erforderlich, daß der RT. hiebei mitzuwirken in der Lage sei und daß man andererseits dem BR. eine so tiefgreifende Befugnis nicht ohne weiteres erteilen dürfe.

Trotz längerer Debatte (vgl. Kommissionsbericht Anlageband 7, 1900/1903 S. 4350/1) wurde der Abs. 1 des § 6 des Zolltarifentwurfs gestrichen. (Siehe nunmehr § 7 des Zolltarifgesetzes.)

§ 89.

In § 4 des VZG. ist bestimmt, daß lediglich mit den in §§ 111—118 des VZG. bestimmten Ausnahmen die Zollpflichtigkeit der Einfuhrgegenstände ohne Rücksicht auf etwaige Abstammung aus dem freien Verkehr des Zollgebiets eintritt.

Diese Gesetzesbestimmung hat vielfache Ausnahmen. Zollfrei bleiben Auslandsgegenstände wegen zu geringen Gewichts — siehe § 5 des Zolltarifgesetzes —, ferner alle die in § 6 des Zolltarifgesetzes aufgeführten Gegenstände, z. B. Hochzeitsgeschenke, Umzugsgut, Reiseeffekten, Erbschaftsgut, Muster, Fahrzeuge aus Veranlassung des Waren- oder Personentransports eingehend, Särge mit Leichen. Aber auch andere Waren und Gegenstände können aus dem Auslande ohne die vorgeschriebene Zollentrichtung eingeführt werden. So sind zu erwähnen Erzeugnisse des Ackerbaues und der Viehzucht aus Grundstücken, die von dem inländischen Hauptgut aus bewirtschaftet werden; desgleichen Holz aus ausländischen Wäldern, die mindestens seit dem 15. Juli 1879 Zubehör zu inländischen Waldungen bilden. Ferner bleiben die Seetiere, welche deutsche Fischer an den deutschen Küsten auf See fangen, unter gewissen Voraussetzungen vom Zolle frei, wie bereits ausführlich dargelegt worden ist. Kunstsachen für Kunstausstellungen oder öffentliche Sammlungen bleiben gleichfalls vom Zoll befreit. Materialien, die zum Bau rc. von See- und Flußschiffen bestimmt sind, mit Ausnahme des Kajüt- und Küchenguts, sind nach der Schiffbauzollordnung zollfrei. Umschließungen, die zum Befüllen mit Waren eingeführt und demnächst befüllt wieder ausgeführt werden, sind zollfrei, ebenso wie diejenigen Umschließungen, in denen Waren ausgeführt worden sind und die wieder zurückkommen.

Erwähnenswert ist auch die Zollfreiheit der Dienstsachen von Gesandten, umsomehr als hier die Frage der Reziprozität hereinspielt, und der Ausstellungsgegenstände (vgl. BRBeschluß vom 20. Oktober 1910, § 976 der Protokolle).

Nach § 6 Ziff. 13 des Zolltarifgesetzes sollen Wappenschilder, Flaggen und andere Gegenstände des Dienstgebrauchs für Gesandte zollfrei bleiben, soferne Reziprozität besteht; auch bei Eisenbahnwechselstationen an der Grenze findet Zollfreiheit von Betriebs- und Baugegenständen, sowie von Dienstgeräten der Beamten statt (§ 8 l. c.). Den beim Deutschen Reich und dem Großherzogtum Luxemburg beglaubigten Botschaftern, Gesandten usw. ist auf Rechnung der Zollgemeinschaft völlige Zollfreiheit für ihr Anzugsgut und alle Verbrauchsgegenstände gewährt laut BRBeschluß vom 6. November 1902 und 25. Mai 1905, siehe Ziff. 9 der Anleitung zur Zollabfertigung. Bei den Räten, Legationssekretären und Attachés findet nur eine ermäßigte Zollbefreiung statt. (Vgl. Anleitung zur Zollabfertigung Ziff. 9, ferner III. Nachtrag zur Anleitung für die Zollabfertigung S. 17.)

Nach dem BRBeschluß vom 12. Dezember 1889 können Geschenke eines fremden Staatsoberhaupts bei der Einfuhr in das deutsche Zollgebiet zollfrei belassen werden. Den fremden Gesandten bei den Bundesstaaten steht auf Rechnung der deutschen Zollgemeinschaft keine Zollbefreiung zu. Die den deutschen Landesfürsten zukommende Zollfreiheit ihrer Verbrauchsgegenstände beruht nicht auf Vereins- oder Reichsrecht, sondern auf Landesrecht. (Vgl. Art. 15 des Zollvereinigungsvertrags vom 8. Juli 1867.)

Das Nähere hiewegen siehe Havenstein, Zollgesetzgebung, II. Auflage, Verlag von Müller, Berlin; Wiesinger, Vereinszollgesetz, Brügel & Sohn, Ansbach; Troje-Düffe, Zollgesetz, G. Elkan, Harburg.

§ 90.

Die §§ 5 und 6 des VZG. bestimmen die Zollfreiheit der Ausgangs- und Durchgangswaren, während in Abschnitt II hinsichtlich des Verkehrs im Innern des Vereins- oder Zollgebietes Verkehrsfreiheit herrschen soll (§ 7). Binnenzölle dürfen nicht mehr erhoben werden, jedoch gehören Kanalabgaben, Schleusengelder, Krahngebühren, Chausseegelder, Brückenzölle, Niederlagegebühren usw. nicht zu den Binnenzöllen.

Die sog. Übergangsabgaben beim Versand von Bier innerhalb des Deutschen Reiches, von Branntwein beim Transport zwischen Deutschland und Luxemburg und von geschrotetem Malz beim Transport zwischen Bayern und Württemberg gehören gleichfalls nicht zu den Binnenzöllen. Hiewegen wird beim Kapitel „Übergangsabgaben" das Nähere bemerkt werden.

Durch die Bestimmungen des VZG. in Abschnitt XV und XVI (Kontrollen im Grenzbezirk und im Binnenland) wird die als Regel aufgestellte Verkehrsfreiheit im Innern des Zollgebiets nicht aufgehoben oder eingeschränkt. Auch durch Spezialverträge zwischen den einzelnen Bundesstaaten kann bei Eintritt besonderer Umstände die Verkehrsfreiheit auf Zeit beschränkt werden.

§ 91.

Der III. Abschnitt des VZG. handelt von der Erhebung des Zolles und ist von besonderer Wichtigkeit. Die §§ 9—15 bestimmen, daß der Zoll nach Gewicht, nach Maß, nach Stückzahl oder dem Wert der Ware erhoben werden kann, wie es der Zolltarif und das hienach vom Bundesrat erlassene Amtliche Warenverzeichnis in Verbindung mit der Taraordnung vorschreibt. Für Berechnung des richtigen Zolles ist im Allgemeinen der Tag der Gestellung der Ware zur Verzollung, zur Abfertigung auf Begleitschein II oder zur Anschreibung auf ein Privatkreditlager entscheidend.

Über die Frage der Zollpflichtigkeit von Waren und des Existentwerdens des Zolles in den Fällen, wenn die Überschreitung der Grenze und die Vorführung der Ware zur Verzollung zeitlich nicht zusammenfällt und etwa mittlerweile eine Veränderung des Zolltarifsatzes eintritt, ist schon viel debattiert worden. Zollpflichtig wird die Ware mit Überschreitung der Grenze (falls sie nicht an sich zollfrei ist); welcher Zollsatz aber in Anwendung kommt, hängt vom Zeitpunkt der zollamtlichen Abfertigung ab.

Hienach bestimmt der § 9 VZG., wie die Erhebung des Zolles stattzufinden hat und nach welchen Tarifsätzen diese Zollerhebung vor sich gehen soll, wobei die Bestimmungen über den Veredlungsverkehr und die Zollbehand-

lung der zum Schiffbau eingehenden Materialien zu beachten sind (vgl. BRB. vom 5. Juli 1888 Nr. 27 der Anweisung zur Ausführung des VZG. und § 14 der Veredlungsordnung). Der § 10 des VZG. handelt von den Zollnebengebühren, worüber bei Besprechung der Zoll- und Steuergebühren (S. 152 ff. d. B.) schon das Nähere bemerkt wurde.

Insbesondere dürfen auch keine besonderen Gebühren für Ausfertigung der Begleitscheine oder für die Zollbleie seitens der Zollämter erhoben werden, wodurch jedoch nicht ausgeschlossen ist, daß z. B. die Eisenbahnverwaltung als Frachtführer auf Rechnung des Versenders oder Empfängers der Ware, dem die Verschlußanlage und Vorführung des Zollgutes obliegt, Ersatz für die Arbeitsleistung usw. verlangen kann. (Vgl. § 31 VZG.)

Hinsichtlich der Erhebung besonderer Gebühren neben den Zöllen ist unter Hinweis auf den BRBeschluß vom 4. Juli 1889 — § 351 der Prot. — zurzeit die Gebührenordnung vom 28. Juni 1905 maßgebend. (Vgl. Zentralblatt für Abgaben usw. 1905 S. 521, 515, 673, 702, 752.) Auch ist auf §§ 79 ff. dieses Buches (S. 152 ff.) hinzuweisen. (Vgl. auch Ziff. 1 der Anweisung zum Vereinszollgesetz.)

Die Zollgebührenordnung, in Gültigkeit seit 1. August 1905, enthält vier Abschnitte und 23 Paragraphen.

Der I. Abschnitt mit § 1 betrifft die Nichtzulassung besonderer Gebühren für Amtshandlungen an den Amtsstellen innerhalb der Dienststunden nach § 133 VZG. Den Amtsstellen sind die öffentlichen Niederlagen und die erlaubten Lösch- und Ladeplätze gleichgeachtet.

Der II. Abschnitt (§§ 2—17) handelt von der Gebührenerhebung für Zollabfertigungen außerhalb der Amtsstellen oder nach den Dienststunden, wenn ein Mehraufwand von Beamtenkräften erforderlich wird; bei Lagerbewachungen und Warenbegleitungen, bei Überwachung von Gewerbeanstalten; sowie von der Festsetzung der Gebührenbeträge bei Amtshandlungen im Standorte und außerhalb des Stationssitzes. Auch die festen Verwaltungskostenbeiträge sind geregelt.

Der III. Abschnitt handelt von der Verabfolgung besonderer Vergütungen an die Beamten mit Festsetzung der Vergütungsbeiträge bei außergewöhnlichen Dienstleistungen (Abfertigungen) und bei Waren- oder Zugs- oder Schiffsbegleitungen an Beamte und Hilfsbeamte. Der § 22 bestimmt, daß die erhobenen Gebühren für die Reichskasse zu verrechnen sind, wenn es sich um Zollbeamte handelt, die auf dem Zollverwaltungskostenetat stehen, und für die Landeskassen, wenn es sich um Steuerbeamte (privative Beamte) handelt.

Der IV. Abschnitt enthält in § 23 die Schlußbestimmungen wegen der Gebühren bei Salzdenaturierungen, in welcher Hinsicht der BRBeschluß vom 18. März 1909 und der Erlaß des Preuß. FM. vom 6. September 1910 maßgebend ist.

§ 92.

Nach § 11 des VZG. sollen Abänderungen des Zolltarifs in der Regel acht Wochen vor deren Inkrafttreten öffentlich bekannt gemacht werden.

Diese Bestimmung hindert die Gesetzgebung nicht, in besonderen Fällen durch Sperrgesetze Zollerhöhungen sofort in Kraft treten zu lassen, wie dies beispielsweise durch das Reichsgesetz vom 21. Dezember 1887 (RGBlatt S. 533) betreffend Änderung des Zolltarifs in § 2 geschehen ist, wonach sogar die hienach getroffenen Zollerhöhungen mit rückwirkender Kraft versehen wurden, freilich mit bestimmten Ausnahmen.

Wichtig ist der § 12 VZG., der vom Amtlichen Warenverzeichnis handelt. Hienach soll das Amtliche Warenverzeichnis, das der Bundesrat erläßt, zur richtigen Anwendung des Zolltarifs dienen.

In dieser Beziehung wurde des öfteren schon geltend gemacht, daß das Amtliche Warenverzeichnis nur informatorische Geltung haben und nur ein Instruktionsbuch für die Zollbeamten sein soll, wogegen dem Importeur das Zurückgreifen auf den Wortlaut des Zolltarifs selbst gestattet werden sollte. (Vgl. Trautvetter, Das neue deutsche Zolltarifrecht S. 110, Rechtliche Bedeutung des Amtlichen Warenverzeichnisses.) Wie bereits bemerkt, wird vom Reichsschatzamt eine Neuredaktion des Amtlichen Warenverzeichnisses und der Anleitung zum Zolltarif, wahrscheinlich unter grundsätzlicher Änderung der bisherigen Anordnungen, ausgearbeitet werden, so zwar, daß das Amtliche Warenverzeichnis nur die Stichworte enthält mit Hinweis auf die Nummer des Zolltarifs, während in der Anleitung für die Zollabfertigung unter dieser Zolltarifnummer alle Erlasse des Bundesrats und alle bisher ergangenen sonstigen Verfügungen und Entschließungen der obersten Landesfinanzbehörden, der Direktivbehörden (als Auskunftsstellen und als Aufsichtsbehörden) aufgeführt werden.[1])

Nach § 12 des VZG. hat das Amtliche Warenverzeichnis zur richtigen Anwendung des Zolltarifs zu dienen. Es enthält die einzelnen Waren nach alphabetischer Ordnung. Das Amtliche Warenverzeichnis wird vom Bundesrat mit den Tarasätzen festgestellt.

Das zurzeit gültige Amtliche Warenverzeichnis mit zwei Nachträgen ist in Gültigkeit seit 1. März 1906. Hiezu gehören auch die Vorbemerkungen zum Amtlichen Warenverzeichnis, die über die Tarifierung der Waren wichtige Entscheidungen enthalten. Außerdem sind die wichtigeren Vorschriften und Erläuterungen zum Zolltarif (größeren Umfangs) in der Anleitung zum Zolltarif enthalten (mit 6 Nachträgen).

Insbesondere sind in diesen Vorbemerkungen zum Amtlichen Warenverzeichnis die Bestimmungen unter Ziff. 9—12 von großer Wichtigkeit, da sie die Zolltarifierung der mechanischen Gemenge, z. B. der Gemenge von Roggen und Hafer, sodann der Gemische von Flüssigkeiten regeln. Ferner wird in Ziff. 10 die Verzollung von Waren geregelt, die aus verschiedenen Stoffen (Materialien) durch mechanische Bearbeitung hergestellt sind. Hienach enthält Abs. 1 der Ziff. 10 die Regel, Abs. 2 die Ausnahmen. Der Regel nach wird die Ware nach ihrem Gesamtaussehen und nach dem Verwendungsstoff, der der Hauptbestandteil ist, verzollt. Ziff. 11 enthält die Vorschrift, welche Bestandteile einer Ware als ganz unwesentlich bei der Zolltarifierung außer Betracht bleiben, z. B. Nägel, Bänder, Stricke usw., eingepreßte Fabrikmarken zc. In Ziff. 12 dieser Vorbemerkungen ist die wichtige Bestimmung enthalten, daß zusammengesetzte Gegenstände, auch wenn sie in einzelne Teile zerlegt in einer Sendung (also nicht bloß in einem Kollo verpackt) eingehen, wie das Ganze verzollt werden sollen. Nur bei Maschinen bestehen Ausnahmen. (Vgl. Anm. 3 zum Stichwort „Maschinen" im Amtlichen Warenverzeichnis.) In Ziff. 13 wird die Verzollung von Drogen als Arzneiwaren, in Ziff. 14 die Zollbehandlung von Waren, die in luftdicht verschlossenen Behältnissen eingehen, geregelt. Die Ziff. 15 handelt von Verzollung der Seide und Ziff. 16 bestimmt, daß es im Allgemeinen unerheblich ist, ob die eingehenden Waren neu oder gebraucht sind. Nur bei einigen Gegenständen, wie Kleidern und Wäsche, sind besondere Ausnahmen zugelassen.

Hinsichtlich der zerbrochenen und abgenutzten Gegenstände gibt Ziff. 18 die nähere Anweisung und in Ziff. 19 wird die Behandlung der Strandgüter und der im Grenzbezirk gefundenen Sachen geregelt.

Wird von der Denaturierung von Waren deren Zollfreiheit oder Zollermäßigung abhängig gemacht, so muß diese Denaturierung vor dem Zollamt erfolgen, eine bereits im Ausland

---

[1]) Die Umschau auf dem Gebiete des Zoll- und Steuerwesens schreibt hiewegen in Nr. 40, 1910 (19. Oktober) folgendes: Eine wichtige Umgestaltung in der äußeren Form des Amtlichen Warenverzeichnisses zum Zolltarif ist seitens der Regierung in Angriff genommen worden. Nach den Mitteilungen des Handelsvertragsvereins soll das Amtliche Warenverzeichnis, das die alphabetische Aufzählung sämtlicher im Geschäftsverkehr vorkommenden Waren nach ihrer handelsüblichen Bezeichnung mit Hinweis auf die Positionen des Zolltarifs enthält, wodurch eine große Anzahl von Verweisungen auf andere Stichwörter erforderlich und der systematische Zusammenhang des Tarifschemas vollständig zerrissen wird, abgeändert werden, weil das Auffuchen einer Ware manchmal ziemlich umständlich ist und die Gefahr besteht, daß die auf Grund des Amtlichen Warenverzeichnisses stattfindende Zollabfertigung mechanisch und ohne genügende Berücksichtigung des Zollgesetzes selbst erfolgt. In Österreich-Ungarn ist das umgekehrte System eingeführt. Hier werden in der Reihenfolge des Zolltarifs selbst sämtliche Tarifstellen aufgeführt unter Hinzufügung der einschlägigen Vertragsabmachungen, Tarasätze, technischen Erläuterungen und Ausführungsbestimmungen usw. Dieses Prinzip soll nun auch bei der Neuordnung der Materie in Deutschland angewendet werden. Es wird also für die Verzollungspraxis an die Stelle des Amtlichen Warenverzeichnisses eine Art Kommentar zum Zolltarif treten, der dem bisherigen Modus gegenüber unzweifelhaft wesentliche Vorzüge haben dürfte. Ein vollständiges Fortfallen des alphabetischen Warenverzeichnisses wäre nun allerdings zu bedauern. Denn es wird immer eine ganze Anzahl von Waren geben, für die es sich nicht beim ersten Blick sagen läßt, unter welchen Abschnitt des Zolltarifs sie zu subsummieren sind. Es soll deshalb das Amtliche Warenverzeichnis an sich erhalten bleiben, aber in viel einfacherer Form, lediglich als eine Art Wegweiser zum Zweck der Orientierung. (Vgl. Bayer. Handelszeitung Nr. 40, 1910.)

geschehene Ungenießbarmachung (Vergällung) bleibt ohne Einfluß (Ziff. 20). Ziff. 17 handelt von der Zollbehandlung der nur in gewissen Zeiträumen zollpflichtigen Waren, z. B. Kartoffeln, Gemüse und Ziff. 21 und 22 von den Waren, die einem Zollzuschlage unterstellt sind mit der Zusammenstellung der Zollzuschlagswaren. Hier ist insbesondere das imprägnierte Holz und das entknochte Fleisch zu erwähnen.

Beschwerden über die Anwendung des Zolltarifs im angegebenen Fall werden im Verwaltungsweg nach dem Instanzenzug entschieden.

Der Rechtsweg ist also gegen die Entscheidungen der Zollbehörden nicht zulässig. (Vgl. hiewegen § 52 ff. dieses Buches und die Ausführungen Trautvetters in seinem Buch „Das neue deutsche Zolltarifrecht" S. 208 ff.)

Hinsichtlich der Zollstrafen, die — soweit nicht andere Strafbestimmungen mit den Zollstrafbestimmungen zusammenfallen, a priori durch das Verwaltungsstrafverfahren verhängt werden, entscheiden selbstverständlich die Gerichte, sofern sie von dem Beschuldigten angerufen werden oder die Kompetenz der Zollverwaltungsbehörde nach den strafgesetzlichen Bestimmungen ausgeschlossen ist.

Über Zollstrafen und Zolldelikte wird bei den §§ 134 ff. und bei § 165 VZG. das Nähere erörtert werden (vgl. Löbe, Das Zollstrafrecht, VII. Auflage S. 205 ff.).

§ 93.

Die Verpflichtung zur Entrichtung des Zolles lastet auf demjenigen, der zur Zeit der Fälligkeit des Zolles Inhaber (natürlicher Besitzer) des zollpflichtigen Gegenstandes ist (§ 13 des VZG.). Nach § 14 des VZG. haften die zollpflichtigen Gegenstände ohne Rücksicht auf die Rechte Dritter für den darauf ruhenden Zoll. Die Zollwaren können bis zur Entrichtung des Zolles von der Zollbehörde zurückbehalten und gegebenen Falls beschlagnahmt werden.

Über die Frage, ob die Zollentrichtung als dingliches Recht auf der Einfuhrware lastet oder als persönliche Verpflichtung des Wareninhabers bzw. Wareneinbringers anzusehen ist, ist schon viel disputiert worden. Als Literatur in dieser Frage ist anzuführen: Die Person des Zollschuldners in der Zollrechtsgeschichte von K. Lamp, Tübingen, Mohr 1908. Havenstein, Zollgesetzgebung des Deutschen Reiches, Berlin 1906. Niggl, Der Zoll im alten deutschen Recht und im modernen Recht, Regensburg 1897. Haas, Grundlagen des deutschen Zollrechts, Rothenburg o. T. 1900. Böhmer, Das Zollwesen in Deutschland, Frankfurt a. M. 1832; Ulmenstein, Pragmatische Geschichte der Zölle in Deutschland, 1798. Deutsches Zollrecht von Dr. A. Hoffmann, Leipzig, Roßberg 1900.

In der bereits mehrfach angeführten Zeitschrift für Zollwesen und Reichssteuern[1]) ist bereits im Jahrgang 1903 eine Abhandlung über die Systematik des Zollverwaltungsrechtes von Hausbrand (S. 3) erschienen, worin es heißt: „Es ist neuerdings vielfach erörtert worden, ob das im VZG. als Zollpflicht bezeichnete Rechtsverhältnis dinglicher oder persönlicher Natur sei. Wenn dabei recht greifbare Ergebnisse nicht haben zutage treten können, so werden zwei Gründe die Schuld tragen, denn a) ist es überhaupt bedenklich, privatrechtliche Lehrbegriffe auf öffentlich-rechtliche Verhältnisse zu übertragen, denn das öffentliche Recht kennt andere Ursachen für die Entstehung von Rechten und Pflichten als das Privatrecht . . . Wenn der Staat von jemandem eine Steuer oder Abgabe fordert, so gründet er seinen Anspruch weder auf ein persönliches noch ein dingliches Recht im privatrechtlichen Sinn, sondern er macht einfach von seinem Hoheitsrechte Gebrauch, indem er in gesetzlicher Form für seine Zwecke Geld fordert."

Die Zollpflicht ist sowohl dinglicher wie persönlicher Natur, wenn auch die Zurückbehaltung der Ware bis zur Zahlung des Zolles seitens des Staates mehr dinglicher Natur ist. Aber andernfalls sind die Obliegenheiten des Inhabers der zollpflichtigen Einfuhrware, wie sie das VZG. in den §§ 21, 36, 85, 38, 52, 22 ff. vorschreibt, wieder mehr persönlicher Natur.

---

[1]) Zeitschrift für Zollwesen und Reichssteuern, begründet von Oberzolldirektor Kundel in Schwerin, nach dessen Tod redigiert von Hausbrand-Hamburg und nunmehr herausgegeben von Dr E. Trautvetter in Berlin; Verlag C. Heymann, Berlin; jährlich 8 Hefte zu 8.80 Mk.

In dieser Beziehung ist auch auf folgende Abhandlungen noch hinzuweisen: Die Haftung des Zollgutes von Dr. Hoffmann, Zollpflicht und freier Verkehr von Chr. Behr, Zeitschrift für Zollwesen, Bd. I S. 67 und 163. Auch Dr. Hoffmann betrachtet die Zollpflicht als persönliche Verpflichtung.

Im II. Band dieser Zeitschrift bespricht der † Oberzolldirektor Kundel selbst die Zollpflicht vom dinglichen und persönlichen Standpunkt, S 33, ebenso Greiner in seinem Artikel: Die Zollpflicht S. 235.

Kundel kommt zu folgendem Ergebnis: Die dingliche Zollpflicht entsteht in dem Augenblick, da Waren, für die ein Zoll gesetzlich festgesetzt ist, die Zollgrenze überschreiten. Die zollpflichtigen Waren bleiben bis zur Zahlung oder Sicherstellung des Zolles unter Zollkontrolle. Der zur Verfügung über die Waren Berechtigte ist zur Zahlung des Zolles berechtigt, aber nicht verpflichtet. Zur Zollzahlung wird persönlich verpflichtet, wer zollpflichtige Waren aus dem Gewahrsam der Zollbehörde übernimmt oder eine Zolldefraude begeht.

R. Greiner behandelt in Nr. 3 dieser Zeitschrift (1907) nochmals die Zollpflicht und bekennt sich hiebei zur persönlichen Zollpflicht.

§ 94.

Der § 15 VZG. handelt von der Verjährung der Zollabgabe. Dieser Paragraph lautet:

Alle Forderungen und Nachforderungen von Zollgefällen, desgleichen die Ansprüche auf Ersatz wegen zuviel oder zu Ungebühr gezahlter Gefälle verjähren binnen Jahresfrist, von dem Tage an gerechnet, an dem die Waren in den freien Verkehr gesetzt oder auf Privat-Kreditlager angeschrieben oder mit Begleitschein II abgefertigt worden ist.

Auf das Regreßverhältnis des Staates gegen die Zollbeamten und auf die Nachzahlung hinterzogener (defraudierter) Zollgefälle findet diese abgekürzte Verjährungsfrist keine Anwendung.

Der Anspruch auf Rückzahlung von bezahlten Niederlagegeldern, Krangebühren, Wagegeldern, Hafengeldern, Schiffahrtsgebühren sowie die Nacherhebung solcher Gebühren verjährt gleichfalls binnen Jahresfrist, desgleichen die Ansprüche auf Rückzahlung oder Nacherhebung von Zollgebühren, Steuergebühren und sonstigen Reichssteuern (ausschließlich der Erbschaftssteuer). Vgl. Allg. Ausschreiben des k. preuß. FM. vom 18. Juli 1906, Zentralblatt für Abgaben ꝛc. 1906 S. 1319.

§ 95.

Der IV. Abschnitt des VZG. betrifft die Einrichtungen zur Beaufsichtigung und Erhebung des Zolles.

Zur Beaufsichtigung des Zolles ist die Zollinie, die Binnenzollinie und der Grenzbezirk eingerichtet, ferner dienen hierzu die Zollstraßen und die Landungsplätze. Um die Erhebung der Zölle zu sichern, besteht die Grenzbewachung und sind die Zollämter errichtet. Aber auch andere Beamte, wie Polizei- und Forstbeamte, sind zur Unterstützung der Grenzaufsicht mitverpflichtet, wie auch die Grenzaufsichtszollbeamten z. B. bei Ergreifung von Fahnenflüchtigen und zum Dünenschutz mitzuwirken haben (§§ 16—20 VZG.).

In der Regel bilden die Landesgrenzen auch die Zollinie, es kann jedoch wie bei den Zollausschlüssen und Zollanschlüssen die Zollinie sich mit der Landesgrenze nicht decken. Wo das Meer die Grenze bildet, ist die jedesmalige den Wasserspiegel begrenzende Linie die Zollinie, so daß also bei Ebbe und Flut die Zollinie sich ändert. Hierin liegt eine Abweichung von dem völkerrechtlichen Prinzip, wonach das Staatsgebiet auf Kanonenschußweite in das Meer hineinragt, so daß bis auf 3 km das Staatsgebiet hinausreicht.[1])

[1]) Bei den Freihäfen und den Zollausschlußgebieten bietet die Frage hinsichtlich der Zollinie oder Zollgrenze keine Schwierigkeiten, da hier wirkliches Zollausland vorliegt. Bei den Freibezirken jedoch, die eigentlich a priori nichts anderes waren als Freilager, freie Niederlagen (§ 107 VZG.) im Zollgebiet, also innerhalb der Zollgrenze oder Zollinie, ergeben sich in vielen Fällen zollrechtliche Schwierigkeiten Vgl. RGErkenntnis vom 1. Dezember 1898, Entscheidungen des RG. in Zivilsachen, Bd. 42 S. 107. Zu beachten sind auch die Bestimmungen in der Anweisung zur Ausführung des VZG. Ziff. 2 a—c.

Grenzbezirk ist der zwischen der Zollinie und der Binnenlinie gelegene schmale Streifen Landes, der für die Zollverwaltung von großer Wichtigkeit ist, da im Grenzbezirk der Zollbehörde größere Befugnisse eingeräumt sind als im Binnenlande. Andererseits haben die Bewohner des Grenzbezirks wieder besondere Vorrechte, wie die zollfreie Einfuhr von Brot und Fleisch, Mehl usw. in kleinen Mengen, von Holz und Vieh. (Siehe Zolltarifgesetz § 6 Ziff. 1, Anleitung zur Zollabfertigung.)

Um die Erhebung der Zollgefälle zu sichern, sind gewisse Straßen als Zollstraßen bezeichnet, die zum Zollamt führen und auf denen zollpflichtige und verpackte zollfreie Waren über die Grenze gebracht werden dürfen. — Die Eisenbahnen, die schiffbaren Flüsse, die Einfahrten zu den Häfen gelten gleichfalls als Zollstraßen (§ 16 VZG.). Die Zollstraßen führen zu den Zollämtern; wenn diese nicht nahe genug an der Zollinie liegen, sind noch besondere Ansageposten errichtet.

Über die Obliegenheiten und Befugnisse der Haupt- und Nebenzollämter I und II, der Ansageposten usw. wird später bei den §§ 128—131 VZG. das Nähere mitgeteilt werden.

Längs der Zollgrenze und im Grenzbezirk wird die Aufsicht auf den Wareneingang und Warenausgang durch eine uniformierte und bewaffnete Grenzwache ausgeübt, die aus den von den Oberzollkontrolleuren geleiteten Grenzaufsehern (Zollaufsehern) gebildet wird.

Für die Grenzwachmannschaft besteht eine besondere Instruktion und Dienstvorschrift, namentlich auch über den Gebrauch der Waffen. (Siehe auch Leitfaden für den Fachunterricht der Aufseher über den Grenzaufsichtsdienst.) Im Grenzbezirk haben die Zollaufsichtsbeamten und überhaupt die Zollbeamten das Recht, bei Ausübung ihres Dienstes Privatgrundstücke, die nicht geschlossen sind, zu betreten, nach § 126 VZG. dürfen sie sogar in bestimmten Fällen sofort Haussuchungen vornehmen (nur im Grenzbezirk). Auch polizeilich verbotene Wege und Grundstücke, z. B. Deiche, Eisenbahndämme, dürfen die Grenzbeamten im Dienst betreten. (Siehe Havenstein, Zollgesetzgebung, II. Aufl. S. 25.) Von der Mitwirkung anderer Beamten (Polizeibeamten, Forstbeamten, Postbeamten usw.) zur Unterstützung der Grenzbeamten, sowie zur Aufdeckung von Zolldefraudationen ist bereits oben das Nähere bemerkt worden (§ 20 VZG.).

§ 96.

Der V. Abschnitt des VZG. handelt von den Allgemeinen Bestimmungen für die Wareneinfuhr, Warenausfuhr und Warendurchfuhr und umfaßt die §§ 21—35. Dieser Abschnitt ist von großer Wichtigkeit, weshalb hier das Nähere wie folgt anzugeben ist:

In § 21 ist bestimmt, auf welchen Straßen und zu welcher Zeit die Überschreitung der Grenze mit Waren stattfinden darf. Es heißt in § 21: „Wer zollpflichtige Waren oder solche Gegenstände mit sich führt, die zwar zollfrei, aber so verpackt sind, daß ihre Gattung nicht sogleich erkannt werden kann, darf über die Zollinie zu Wasser und zu Land nur auf einer Zollstraße und in der Regel während der Zolltageszeit eintreten, Fälle höherer Gewalt ausgenommen, und an einem erlaubten Fisch- und Landeplatz anlanden.

Die Zolltageszeit ist verschieden je nach der Jahreszeit; sie ist im Winter kürzer, von morgens 6 oder 7 Uhr bis abends 6 Uhr; im Sommer länger, von morgens 4 oder 5 Uhr bis abends 8 und 10 Uhr.

Für den Ansageposten währt die Zolltageszeit von 1/2 Stunde vor Sonnenaufgang bis 1/2 Stunde nach Sonnenuntergang.

Die Ware muß zollpflichtig sein insofern, daß ein Zoll anfällt, also eine an sich zollpflichtige Ware in zollfreien Mengen kann auch bei Nacht eingebracht werden. Unter verpackten Waren versteht man eine richtige Verpackung, also z. B. Kohlen in einem Leinensack sind nicht als dergestalt verpackt anzusehen, daß ihre Beschaffenheit nicht sofort erkannt werden könnte.

Die Einfuhr und Ausfuhr von Waren hat auch durch das Statistikgesetz vom 7. Februar 1906 gewisse Beschränkungen erfahren insofern, als die statistische Anmeldung vorgeschrieben ist.

Die Ausnahmen von der Bestimmung der Einfuhrzulässigkeit über Zollstraßen und zur Tageszeit sind folgende:

Fischerfahrzeuge mit frischen zollfreien Erzeugnissen des Meeres dürfen ohne Einhaltung der Tageszeit und der Zollstraßen die Grenze überschreiten, dasselbe ist der Fall bei Bergung von Strandgut. Auch kann das Hauptzollamt oder das zuständige Nebenzollamt die besondere Erlaubnis auf Grund eines Erlaubnisscheines erteilen, daß ein bestimmter Warentransport auf Nebenwegen eingeführt werden darf ohne Einhaltung der Zolltageszeit.

Auf den öffentlichen Eisenbahnen oder beim Eingang seewärts, wenn Ebbe und Flut von Einfluß sind, bei Poststücken und bei den nicht zum Handel bestimmten Waren von Reisenden (vgl. § 92 VZG.) kommt die Zolltageszeit auch nicht in Betracht. (Vgl. auch Ziff. 3 der Anweisung zur Ausführung des VZG.) Was man unter „Reisende" versteht und wie die „Reisenden" im Zollverkehr zu behandeln sind, davon wird bei Besprechung des § 92 VZG. das Nähere mitgeteilt werden.

§ 97.

Die §§ 22—27 VZG. handeln von dem wichtigen Kapitel der Zolldeklaration.

Die Zolldeklaration ist ein ungemein wichtiges Hilfsmittel zur Ermittelung eines richtigen Revisionsbefundes und zur Erleichterung der Abfertigung. Ein jedes Zollgesetz wirkt daher auf Abgabe richtiger Deklarationen hin. Auch das VZG. bestimmt, daß bei Abgabe ungenügender oder unverbindlicher Deklarationen gewisse Nachteile eintreten sollen (§ 27 VZG.).

Die Waren sind bei dem Eingang der Ladung zu deklarieren. Die Deklaration liegt dem Warenführer ob, an dessen Stelle kann auch der Warenempfänger die Deklaration abgeben.

Die Deklaration ist entweder eine generelle oder spezielle. Die generelle Deklaration bezweckt nur eine Gesamtübersicht über die ganze Ladung und heißt beim Schiffsverkehr Manifest, beim Eisenbahnverkehr Ladungsverzeichnis. Bei der speziellen Deklaration ist auch noch die Menge und Gattung der Waren nach den Bestimmungen des Zolltarifs anzugeben und welche Abfertigungsweise begehrt wird, ob die Ware verzollt werden soll, ob sie zur Niederlage gehen soll, ob sie auf Begleitschein I oder II versendet werden soll usw.

Die näheren Bestimmungen über den Umfang der Deklaration, über deren Berichtigung, über die Anfertigung der Deklarationen und die Haftung des Deklaranten sind die Bestimmungen in §§ 21—26 VZG. und in Abschnitt VI—VIII enthalten.

Die Deklaration ist entweder eine schriftliche oder eine mündliche, letztere nur bei Ladungen, deren Zollwert 9 Mk. nicht übersteigt. Die generelle Deklaration kann nur vom Warenführer abgegeben werden, die spezielle Deklaration kann vom Warenführer oder vom Warenempfänger abgegeben werden.

Kann der Warenführer die vorgeschriebene Deklaration nicht abgeben und erfolgt die Abgabe der speziellen Deklaration auch nicht vom Warenempfänger, so kann der Warenführer die Haftung für die Richtigkeit der Deklaration ablehnen und den Antrag auf amtliche Revision damit verbinden. Den von der Zollbehörde ermittelten Befund muß der Warenführer als richtig durch Unterschrift anerkennen. Die gehörig deklarierten Warenladungen sind vor den Waren ohne verbindliche Deklaration abzufertigen (§ 27 VZG.).

§ 98.

Eine Zusammenstellung der Bestimmungen über die Deklarationspflicht ist in dem für die Hamburger Zollämter erlassenen Zollabfertigungsregulativ für Hamburg (Hamburger Gesetzsammlung 1891 Nr. 6) und in der vom k. pr.

FM. erlassenen Zollabfertigungsordnung für Preußen (Preuß. Zentralblatt für Abgaben usw. 1909 S. 251 ff.) enthalten und wird hier in Kürze Nachstehendes noch bemerkt:

Die vom Zollauslande eingeführten Waren sind bei der Grenzzollstelle unter Vorlegung der über die Ladung Auskunft gebenden Papiere (Frachtbriefe 2c.) innerhalb der durch das Vereinszollgesetz allgemein oder von der Zollbehörde örtlich bestimmten Frist (vgl. §§ 39, 63, 66, 75 und 81 VZG.) zu deklarieren. Die Deklarationen sind entweder generelle oder spezielle.

Die generelle Deklaration (Ladungsverzeichnis, Manifest), welche bei der Einfuhr auf Eisenbahnen und seewärts abzugeben ist, muß enthalten:

Die Zahl der Wagen, aus denen der Transport besteht, bei Schiffen den Namen oder die Nummer des Schiffsgefäßes; den Namen und Wohnort der Warenempfänger; die Zahl der Kolli, deren Verpackungsart, Zeichen und Nummern, sowie die allgemeine Bezeichnung der Gattung der geladenen Waren; beim Eingange auf den Eisenbahnen außerdem deren Bruttogewicht. Sie muß ferner mit der Versicherung der Richtigkeit der gemachten Angaben und der Unterschrift des Deklaranten versehen sein.

Im übrigen wird wegen der im Eisenbahnverkehr abzugebenden generellen Deklaration (Ladungsverzeichnis) auf § 17 des Eisenbahnzollregulativs, sowie wegen der im Seeverkehr abzugebenden generellen Deklaration (Manifest) auf die §§ 75 ff. des VZG. verwiesen.

In der speziellen Deklaration, deren es in der Regel zu jeder weiteren Abfertigung der eingehenden Waren sowie beim Eingang auf anderen Verkehrswegen als auf der Eisenbahn und zur See bedarf, ist außerdem anzugeben:

Die Menge und Gattung der Waren — bei verpackten für jedes Kollo — nach den Benennungen und Maßstäben des Zolltarifs, sowie welche Abfertigungsweise begehrt wird. Auch ist das Herkunftsland der Waren anzugeben. Sind in einem Kollo Waren zusammengepackt, die verschiedenen Zollsätzen unterliegen, so muß in der speziellen Deklaration die Menge einer jeden Warengattung nach dem Nettogewicht, bzw. bei Waren, welche einem Stückzoll unterliegen, nach der Stückzahl angegeben werden (Vereinszollgesetz § 22). Spezielle Deklarationen, die nicht in jeder Beziehung nach Maßgabe der vorstehenden Bestimmungen vollständig sind, bei denen z. B. die Gattung der Waren nur allgemein nach ihrer sprachgebräuchlichen oder handelsüblichen Benennung bezeichnet werden oder die Angabe des Nettogewichts bei dem in einem Kollo zusammen verpackten, verschieden tarifierten Waren fehlt, sind wegen dieser Mängel nicht zurückzuweisen, sofern der Deklarant durch Vorlegung der bezüglichen Geschäftspapiere oder in anderer glaubhafter Weise nachweist, daß er außer Stande ist, genauere Angaben zu machen. Wie bezüglich der Revision solcher nicht vollständig deklarierter Waren zu verfahren ist, bestimmt der § 27 VZG.

Alle an die Zollstellen einzureichenden Deklarationen 2c. müssen in deutscher Sprache abgefaßt und deutlich geschrieben sein. Die Deklarationen über die mit der Post eingehenden Gegenstände können auch in französischer oder englischer Sprache abgefaßt sein, sofern überhaupt Deklarationen erforderlich sind (vgl. Postzollordnung).

In den Zollpapieren dürfen weder Abänderungen noch Rasuren vorkommen.

Schriftstücke, welche diesen Anforderungen nicht entsprechen, können zurückgewiesen werden (VZG. § 22).

Die von den Zollpflichtigen zu benutzenden gedruckten Formulare werden an dieselben von den Zollstellen einzeln unentgeltlich verabreicht und können von denselben in größeren Mengen auf Vorrat gegen Erstattung der Herstellungskosten entnommen werden (Begleitscheinregulativ § 8 III).

Auch ist es den Zollpflichtigen gestattet, diese Formulare nach Maßgabe der vorgeschriebenen Muster auf eigene Kosten drucken zu lassen (BRBeschluß vom 13. Mai 1886 § 285 der Pr.). Bezüglich des Formats, der Farbe und sonstigen Beschaffenheit des Papiers müssen diese Formulare den amtlich hergestellten genau entsprechen, widrigenfalls sie von der amtlichen Verwendung auszuschließen sind.

Deklarationspflicht.

Die Deklaration liegt dem Warenführer ob. An Stelle desselben kann auch der Warenempfänger die Gattung und Menge der Waren mit der Angabe, welche Abfertigungsweise begehrt wird, speziell deklarieren (VZG. § 23). Die Ausfertigung der Deklaration kann durch die vorgedachten Personen selbst oder durch einen Bevollmächtigten erfolgen (VZG. § 25). Der Warenführer sowie der Warenempfänger ist berechtigt, bei dem Grenzzollamte oder einem Amte im Innern, an welches die Waren im Ansageverfahren abgelassen sind, eine bereits abgegebene Deklaration, so lange die spezielle Revision noch nicht begonnen hat, zu vervollständigen oder zu berichtigen.

In gleicher Weise können die Angaben des Ladungsverzeichnisses und der Anmeldung beim Hamburger Überweisungsverfahren in Betreff der Gattung und des Gewichts der Waren vervollständigt oder berichtigt werden.

Die Berichtigung einer Deklaration durch den Warenführer oder den Warenempfänger über die mit Begleitschein I abgefertigten Waren am Bestimmungsorte ist nur hinsichtlich der Angaben des Begleitscheins über die Gattung und das Nettogewicht der Waren und auch nur solange zulässig, als eine spezielle Revision noch nicht stattgefunden hat (VZG. § 23). Die Deklaration hat alle Teile der Ladung, mithin, wenn zollpflichtige Waren mit zollfreien Gegenständen zusammengeladen sind, auch die letzteren zu umfassen.

Die Deklarationen über Waren, welche in den freien Verkehr treten sollen, brauchen nur in einfacher Ausfertigung abgegeben zu werden. Sind die Waren zur Weiterversendung unter Begleitscheinkontrolle bestimmt, so kann für jede Warenpost, über die ein besonderer Begleitschein auszustellen ist, eine zweifache Ausfertigung der Deklaration verlangt werden Bei Ladungen von denen der Eingangszoll weniger als 9 Mark beträgt, genügt die mündliche Angabe. Waren, welche unter zollamtlicher Bezettelung eingegangen sind, müssen jedoch stets schriftlich deklariert werden.

Werden statt einer Deklaration mehrere Teildeklarationen übergeben, so hat der Deklarant eine besondere schriftliche Versicherung beizufügen, daß die ganze Ladung richtig deklariert sei (VZG. § 24).

Die vom Ausland kommenden Reisenden, welche zollpflichtige Waren bei sich führen, brauchen diese Waren, wenn sie nicht zum Handel bestimmt sind, nur mündlich anzumelden Auch steht es solchen Reisenden frei, statt einer bestimmten Antwort auf die Frage der Zollbeamten nach verbotenen oder zollpflichtigen Waren, sich sogleich der Revision zu unterwerfen. In diesem Falle sind sie nur für die Waren verantwortlich, welche sie durch die getroffenen Anstalten zu verheimlichen bemüht gewesen sind (VZG. § 92).

Ist der Warenführer des Schreibens unkundig und befindet sich kein Zollabrechner bei der Amtsstelle (Zollabrechner sind Personen, welche sich gewerbsmäßig mit der Anfertigung von Deklarationen für andere befassen), so geschieht auf den Antrag des Warenführers die Ausfertigung der Deklaration durch die Zollstelle auf Grund der übergebenen Papiere oder der mündlichen Anzeige. Ebenso kann der Warenführer die Ausfertigung von der Zollstelle verlangen, wenn der Eingangszoll von der ganzen Ladung nicht über 30 Mark beträgt. Die vom Zollamte ausgefertigte Deklaration hat der Deklarant mit seiner Unterschrift oder seinem gewöhnlichen Handzeichen zu versehen, dessen Richtigkeit von einem zweiten Beamten oder einem Zeugen zu bescheinigen ist (VZG. § 25).

Beamte der Zollverwaltung dürfen sich, abgesehen von den Fällen des § 13, in denen sie zur Niederschreibung der Deklarationen amtlich verpflichtet sind, an der Anfertigung derselben in keiner Weise beteiligen.

Der Deklarant haftet für die Richtigkeit der Deklaration auch in dem Falle, wenn dieselbe von einem Dritten in seinem Auftrage oder von der Zollstelle gefertigt worden ist Ebenso haftet der Warenführer oder der Warenempfänger für die Richtigkeit der etwa von ihm ergänzten oder berichtigten Deklaration.

Insoweit eine Berichtigung erfolgt ist, wird die ursprüngliche Deklaration als beseitigt angesehen (VZG. § 26).

Werden die Deklarationen nicht rechtzeitig, d. h. beim Wareneingang, abgegeben, so werden die Waren auf Kosten und Gefahr der Beteiligten unter amtlichen Gewahrsam oder amtliche Bewachung genommen. Besitzt der Warenführer keine Frachtbriefe oder andere über seine Ladung sprechende Papiere oder solche, über deren Richtigkeit er Zweifel hegt, und ist ihm sonst die Ladung nicht genügend bekannt, so hat der Warenführer in dem Abfertigungspapier zu erklären, daß er außer Stande sei, eine zuverlässige Deklaration abzugeben und den Antrag auf Vornahme der amtlichen Revision damit zu verbinden. Die Zollbehörde nimmt sodann die amtliche Revision vor (spezielle Revision), deren Befund der Warenführer als richtig durch Unterschrift anzuerkennen hat. Mit der Ablehnung der verbindlichen Deklaration sind selbstverständlich Nachteile verbunden, die sich der Warenführer gefallen lassen muß. (Vgl. Wiesinger, VZG., Brügel & Sohn, Ansbach 1896, zu § 27.)

Die Deklarationspflicht ist näher erörtert auch in der alten Preußischen Geschäftsanweisung für Hauptzollämter §§ 67 und 68 und in Ziff. 4 der Anweisung zum VZG.

Hier ist auch auf die Ausführungen Hausbrands in der Zeitschrift für Zollwesen und Reichssteuern, Jahrg. 1907 S. 5 ff. hinzuweisen.

§ 99.

Die §§ 28—31 VZG. handeln von der Revision der Zollwaren d. h. von der Ermittelung des Revisionsbefundes seitens der Zollbeamten und den Obliegenheiten des Wareneinbringers hiebei. Die Revision ist entweder eine allgemeine oder spezielle. Die allgemeine Revision richtet sich nur auf Ermittelung der Zahl und Verpackungsart, Zeichen ꝛc. der Kolli, auch deren Rohgewicht; die spezielle Revision setzt eine Öffnung der Packstücke voraus, um Gattung und Menge (Reingewicht) der Ware zu ermitteln.

Hier ist wiederholt auf die vom kgl. pr. FM. herausgegebene Zollabfertigungsordnung (Preuß. Zentralblatt für Abgaben ꝛc. 1909 S. 151) zu verweisen.

Hienach ist in Ergänzung der Geschäftsanweisung für Hauptzollämter und Zollämter (Beilage zu Nr. 6 des Zentralblatts der Abgabengesetzgebung usw. 1909) in der Zollamtsordnung, die im Zentralblatt für Abgaben ꝛc. 1909 S. 151 ff. abgedruckt ist und 9 Paragraphen enthält, bestimmt, daß die Zollabfertigungen in der Regel von zwei Zollbeamten vorgenommen werden sollen, doch sind unter gewissen Voraussetzungen in allgemeinen oder in besonderen Fällen Ausnahmen zugelassen (§§ 1 und 2). In § 3 wird angeordnet, auf welche Weise die Zollabfertigung vorzunehmen ist und in § 4 ist bestimmt, daß bei Abfertigungen von Bau- und Nutzholz, von Getreide, Hülsenfrüchten u. dgl. auch Hilfsbeamte (Hilfspersonen) mitverwendet werden dürfen, z. B. öffentliche Messer und Getreidewieger. Die Mitverwendung von Angestellten der Importeure selbst ist tunlichst zu vermeiden.

Die §§ 5 und 6 regeln die Vornahme der Zollrevision, die Zulassung der probeweisen Revision, die Gewichtsabschätzung, z. B. bei großen Werksteinen. Wegen der Ermittelung des Gewichts von Baggern, Kranen, Pontons usw. ist diese nach Ziff. 173 der Anleitung für die Zollabfertigung gleichfalls durch Abschätzung zugelassen. Der Abfertigungsbefund ist tunlichst sofort in die Abfertigungspapiere vorschriftsmäßig zu übernehmen (§ 8). Die Zollberechnung hat bei Ämtern, die mit mehr als einem Beamten besetzt sind, von mindestens zwei Beamten zu erfolgen und die Ware darf erst nach Vereinnahmung oder Sicherstellung der Abgaben- oder Gebührenbeträge aus dem Zollgewahrsam verabfolgt werden (§§ 7 und 9). Für den Zollabfertigungsverkehr bei den Hamburgischen Zollstellen und für den Verkehr zwischen Hamburg und Altona, sowie für die Freibezirke und Freihäfen sind, wie schon bemerkt, besondere Vorschriften erlassen. (Vgl. Zollabfertigungsregulativ für Hamburg Teil II Seewärtiger Verkehr, Teil III Schiffsverkehr zwischen dem Freihafen und dem Zollhafen von Hamburg oder Orten der Unterelbe, Teil IV und V usw.)

§ 100.

Die Bestimmungen über die zollamtliche Revision beim Wareneingang lassen sich wie folgt zusammenfassen:

Die zollamtliche Revision und Abfertigung der Eingangswaren erfolgt in der Regel an ordentlicher Amtsstelle. Ausnahmen hievon sind mit Genehmigung des Amtsvorstandes und der Direktivbehörde zulässig.

Die Revision ist nach Maßgabe des VZG. entweder eine allgemeine oder spezielle. Was unter Rein- und Rohgewicht, sowie unter Tara zu verstehen ist, bestimmt die Taraordnung.

Es bleibt der Wahl des Zollpflichtigen überlassen, ob er das Reingewicht nach den Tarasätzen oder durch Verwiegung der Nettoware ermitteln lassen will. Fässer, Kruken, Flaschen, in denen Flüssigkeiten eingehen, gehören zum Reingewicht.

Die Zollbehörde kann aber von Amts wegen das Reingewicht durch Verwiegung ermitteln, wenn die Verpackungsart zu leicht ist oder sonst von den Tarasätzen abweicht. Die Feststellung des zollpflichtigen Gewichts von Massengütern, die in Eisenbahnwagenladungen eingehen, ist besonders geregelt und hat der k. pr. FM. für die Staatsbahnen besondere Erleichterungen zugestanden. (Vgl. Erlaß des RSchAmts vom 28. Oktober 1910.) Die Feststellung des zollpflichtigen Gewichts der Havariewaren (z. B. bei eingedrungenem Seewasser) ist gleichfalls durch Spezialbestimmungen geregelt, es kommt hiebei auch auf die besondere Lage des einzelnen Falles an. (Vgl. Ziff. 6 Abs. 2 der Anweisung zur Ausführung des VZG.) Die probeweise Revision ist zulässig, wenn eine spezielle Deklaration vorliegt und bei der Verwiegung keine 2% übersteigenden Abweichungen sich ergeben. (Vgl. auch Ziff. 7 der Anw. zur Ausf. des VZG.) Hiebei gilt das durch die Zollbeamten ermittelte Gewicht (Maß) für die weitere Abfertigung, hinsichtlich des übrigen Gewichtes (Maßes) gilt die Deklaration.

Diese Bestimmung hat — namentlich bei der Holzabfertigung, wo noch größere Differenzen (§ 85 VZG.) zugelassen sind — zu Mißständen in der Art geführt, daß von einzelnen Importfirmen gleich von vornherein eine in den zulässigen Grenzen sich bewegende Unterdeklaration erfolgt, wogegen nunmehr eingeschritten werden wird. (Vgl. Zollwarte 1910 Nr. 18 S. 362 und Nr. 22 S. 467.)

Die Zollpflichtigen, die Warenführer usw. haben die Waren in solchem Zustande darzulegen, daß die Zollbeamten die erforderliche Revision vornehmen können. Die für die Revisionsvornahme nach der Bestimmung der Beamten erforderlichen Handleistungen haben die Warendisponenten zu beschaffen (§ 31 VZG.). Bei Verschlußanlage stellt das Zollamt Blei und Siegel, Lack und Zollschlösser stellt die Zollverwaltung, auch die Versicherungsschnur, das übrige Material hat der Wareneinbringer zu beschaffen

§ 101.

Die §§ 32—34 VZG. handeln von der Zollbehandlung der Waren, die in den freien Verkehr treten sollen (§ 32), von der Behandlung der Waren, die an der Grenze auf ein Zollamt im Innern angewiesen oder durchgeführt werden sollen, vom Ansageverfahren, Begleitscheinverfahren, Ladungsverzeichnis (§ 32); der § 33 betrifft die ausgangszollpflichtigen oder ausgangskontrollpflichtigen Waren und § 34 erörtert, daß die Eingangszollbehandlung der Waren verschieden ist, je nachdem die Einfuhr auf den Landstraßen, auf der Eisenbahn, zur See, auf Flüssen oder Kanälen erfolgt.

Unter Ansageverfahren versteht man die Abfertigung der Eingangswaren vom Grenzansageposten oder Grenzzollamte auf ein zur Abfertigung befugtes Zollamt unter Warenbegleitung (§§ 38, 52, 74, 83 VZG.).

Der § 35 VZG. leitet die besonderen Bestimmungen über die Wareneinfuhr auf Landstraßen, Eisenbahnen, fluß- und seewärts ein.

Demgemäß enthält Abschnitt VI des VZG. die näheren Anordnungen über die Wareneinfuhr, Warenausfuhr und Warendurchfuhr auf Landstraßen, Flüssen und Kanälen mit den Bestimmungen über die Begleitscheinausfertigung. — Abschnitt VII enthält die Bestimmungen über Wareneinfuhr, -Ausfuhr und -Durchfuhr auf den Eisenbahnen mit den Obliegenheiten der Bahnverwaltungen in Bezug auf Abfertigungsräume und Verschlußsicherheit der Eisenbahnwaggons und die Vorschriften hinsichtlich der sog. Ladungsverzeichnisse. — Abschnitt VIII bringt die Bestimmungen über die Wareneinfuhr, -Ausfuhr und -Durchfuhr seewärts mit den Vorschriften über Abgabe der Manifeste.

Abschnitt VI begreift die §§ 36 bis 58, Abschnitt VII die §§ 59 bis 73 und Abschnitt VIII die §§ 74 bis 90 in sich.

In den §§ 36 bis 52 sind die Zollvorschriften über diesen Wareneingang erlassen und zwar wird in den §§ 36 bis 40 das Zollabfertigungsverfahren an den Grenzämtern und Ansageposten erläutert, wobei durch die bereits erwähnte Anweisung zum Vereinszollgesetze zu den §§ 38, 39 und 40 die näheren Bestimmungen getroffen werden. Die §§ 41 bis 52 behandeln das Verfahren, wenn die Waren von der Grenze unter Zollkontrolle weiter abgefertigt werden sollen Hiebei kann das sogenannte Ansageverfahren oder die Abfertigung auf Begleitschein I oder II Platz greifen.

Von besonderer Wichtigkeit sind die Bestimmungen des § 44 VZG. über die Verpflichtungen des Begleitschein-Extrahenten, § 47 über zollpflichtiges Gewicht, § 48 über Zollerlaß für die auf dem Transport zu Grunde gegangenen oder in verdorbenem Zustande angekommenen Begleitscheingüter.

Die §§ 53 und 54 VZG handeln von der unmittelbaren Durchfuhr, die §§ 55 und 56 vom Warenausgang. Da aber Ausgangszölle zurzeit nicht mehr bestehen, sind die Bestimmungen des § 56 von praktischer Bedeutung nur für die wegen der Steuerzollgebundenheit ausgangskontrollpflichtigen Güter. Zu § 56 sind in der Anweisung zum VZG. besondere Bestimmungen über das Verfahren bei Nichtgestellung der Ware beim Grenzausgangsamt gegeben.

§ 57 VZG. bestimmt, daß bei der Wareneinfuhr und -Durchfuhr auf Flüssen, für die besondere Staatsverträge Anwendung finden, das darin zur Sicherung des Zollinteresses vereinbarte Verfahren an die Stelle des gewöhnlichen Abfertigungsverfahrens treten soll. Die Anweisung zu diesem Paragraphen führt an, daß bezüglich der zum direkten Transit auf dem Rheine bestimmten Schiffsladungen die Vorschriften in Art. 9 der revidierten Rheinschiffahrtsakte vom 17. Oktober 1868 Anwendung finden. Für die Abfertigung derjenigen Waren aber, welche auf dem Rheine mit der Bestimmung eingehen, im Lande zu bleiben sowie für die zur Ausfuhr bestimmten und die nach Umladung oder Lagerung in Freilägern (nach § 97 VZG.) oder in anderen Niederlagen auf dem Rheine durchgehenden Waren sollen die etwa weitergehenden Erleichterungen des VZG. in Kraft treten. (Vgl. BRBeschluß vom 17. Mai 1871.)

Außerdem sind hier folgende Regulative anzumerken: Das Zollregulativ über den Warentransport auf der Unterelbe vom 8. Dezember 1881 und 28. Juni 1888; das Zollregulativ für die Unterweser vom 26. September 1888; das Zollregulativ für den Kaiser-Wilhelm-Kanal vom 12. Februar 1903; das Zollregulativ über den Zollverschluß von Schiffen, welche den Rhein und dessen konventionelle Nebenflüsse befahren, vom 5. Dezember 1889. Ferner kommen in Betracht das Zollregulativ für den Begleitscheinverkehr (das sog. Begleitscheinregulativ) vom 1. Februar 1870, ergänzt und neu redigiert durch BRB. vom 5. Juli 1888. Endlich sind hier die Bestimmungen der Geschäftsanweisung für Haupt- und Nebenzollämter zu erwähnen.

Das Zollregulativ für die Unterelbe vom 8. Dezember 1881, neu redigiert nach Einschluß Hamburgs in das Zollgebiet vom 28. Juni 1888 (Preuß. Zentralblatt für Abgaben 1888 S. 439 ff.) hat 32 Paragraphen in 4 Abschnitten.

Der § 1 erklärt die Unterelbe von der See bis Hamburg als Zollstraße mit den nach dem VZG. §§ 20, 21 sich hieran knüpfenden Maßnahmen. Nach § 2 kann der Eingang und Ausgang von Wasserfahrzeugen über die Zollgrenze bei Cuxhaven gegen See oder gegen das Freihafengebiet zu jeder Zeit stattfinden. Der § 3 handelt von dem Anlegen der Wasserfahrzeuge behufs Entlöschung und der § 4 erklärt die ganze Unterelbe als Grenzbezirk mit den hieraus entspringenden Folgen.

Nach § 4 besteht in Cuxhaven ein Zollamt, das zugleich Ansageposten für die seewärts eingehenden Schiffe ist. Während der Abfertigungszeit weht daselbst die Reichszollflagge (bei Tag) oder es sind drei weiße Lichter gesetzt (bei Nacht). Wenn die Flagge gestrichen ist, kann keine Abfertigung stattfinden. § 6 verweist auf die allgemeinen Bestimmungen hinsichtlich der Abfertigung und Zollbehandlung des Waren- und Schiffsverkehrs und auf die besonderen Hafenregulative.

Im II. Abschnitt sind die besonderen Vorschriften über den Schiffsverkehr auf der Unterelbe gegeben, namentlich über das Führen der schwarz-weiß geteilten Zollflagge und der schwarz-weiß gestrichenen Zollflagge, also hinsichtlich der Führung der Zollflagge und Zolleuchte und der sog. Strichflagge

Schiffe, welche aus See eingehen oder nach See ausgehen und einen auf das Zollinteresse vereidigten Lotsen an Bord haben, sind von jeder zollamtlichen Anmeldung und Zollabfertigung befreit, soferne sie die schwarz-weiße Zollflagge oder bei Nacht die weiß-grüne Zolleuchte führen Hiedurch ist die freie Verbindung Hamburgs mit dem Meere gewährleistet. Solche Schiffe, welche keinen vereideten Lotsen an Bord haben, sind bei dem Zollamt Cuxhaven abzufertigen; die Zollabfertigung in Cuxhaven findet bei Tag und Nacht statt. Wenn wegen Sturms oder sonstiger ungünstiger Witterung halber in Cuxhaven nicht abgefertigt werden kann, haben die nicht abgefertigten Schiffe die sog. Strichflagge zu setzen, damit sie sodann auf dem Elbestrom durch die Zollkreuzer abgefertigt werden können. Die §§ 25 ff. behandeln die Leichterungen der Seeschiffe auf der Elbe, bzw. die Zuladungen, die durch die Zollkreuzer zu überwachen sind. Die Zollkontrolle auf der Elbe wird nämlich durch Zollkreuzer gehandhabt, die durch Landbewachung (Zollaufsichtsstationen an den Elbufern) unterstützt werden. § 32 enthält die Strafbestimmungen.

Das Zollregulativ für die Unterweser ist veröffentlicht im Preuß. Zentralblatt für Abgaben usw. 1888 S. 787 ff. und umfaßt 31 Paragraphen. Es enthält ähnliche Bestimmungen wie das Zollregulativ für die Unterelbe, nämlich in §§ 1 und 2 die allgemeinen Anordnungen, daß die Unterweser die Zollstraße sei für den Seeverkehr nach und von Bremen und Brake, mit den aus dem VZG. sich ferners ergebenden Folgen und Ausnahmen. Die §§ 3 bis 5 bestimmen das weitere über die Fahrt der Wasserfahrzeuge auf der Unterweser, die als Grenzbezirk gilt. Das Nebenzollamt bei Einswarden (Wachtschiff) ist auch der Ansageposten für die rückwärts liegenden Zollämter. Die §§ 7 bis 10 handeln von der Führung der Zollzeichen der unabgefertigten, mit einem vereideten Lotsen besetzten Schiffe, die nach dem Freihafen Bremen oder nach einem Zollhafen bestimmt sind. Die §§ 11 bis 20 regeln den anderweitigen Schiffsverkehr d. h. derjenigen Schiffe, die nicht unter Zollzeichen fahren können und welche beim Zollwachtschiff abgefertigt werden müssen. Hier ist insbesondere der § 19 von Bedeutung, wonach solche Schiffe, die bereits in Geestemünde oder Bremerhaven (Zollausschlußgebiete) abgefertigt wurden, von der Abfertigung beim Zollwachtschiff befreit sind; diese Fahrzeuge haben jedoch die Strichflagge zu führen. Die §§ 21 bis 25 handeln vom Ausgang nach See, § 26 von den Zuladungen auf der Weser. Die §§ 27 bis 30 regeln die Zollkontrolle auf der Unterweser und die Verantwortlichkeit der beeideten Lotsen zur Beobachtung der Zollvorschriften. § 31 bestimmt die Strafvorschriften.[1]) Das Zollregulativ für den Kaiser-Wilhelm-Kanal wurde am 27. Juni 1895 erlassen und durch BRBeschluß vom 12. Februar 1903 in die Zollordnung für den Kaiser-Wilhelm-Kanal umgestaltet (Reichszentralblatt 1903 S. 73 ff.).

Die Zollordnung für den Kaiser-Wilhelm-Kanal hat 3 Teile und 32 Paragraphen. Der I. Teil enthält in den §§ 1 bis 12 die allgemeinen Bestimmungen über die Zollzeichen, die Zollstraßen mit Grenzbezirk, die Landungsplätze, Übernachtungsplätze, ferner über die Fahrtregeln, die Schleppzüge und die Pflichten der Lotsen und der Schleppdampferführer. Kriegsfahrzeuge sind bei der Fahrt durch den Kanal von jeder Zollbehandlung befreit. Der II. Teil (§§ 13 bis 14) enthält die Verkehrserleichterungen, die Führung der Strichflagge beim Ein- und Ausgang der Schiffe ohne Lotsen und die Zollabfertigung der nicht mit Zollzeichen fahrenden Schiffe. Der III. Teil enthält die Bestimmungen über die Zollaufsicht, über die Kanalabgaben und die Strafbestimmungen. Die Aufsicht des Kanals durch Zollboote ist durch Landbewachung ersetzt worden. (BRBeschluß vom 22. Oktober 1904, Reichszentralblatt 1905 S. 79).

Noch ist hier anzumerken das Regulativ über die Zollbehandlung der Bodenseeschiffe, siehe Bayr. Zollamtsblatt 1870 S. 272 und Zusatz hiezu, siehe Bayr. Zollamtsblatt 1901 S. 197; ferner das Regulativ über den Verkehr der Passagiergüter auf dem Bodensee, siehe Bayr. Zollamtsblatt 1870 S. 275 ff.

§ 102.

Ferner kommt hierher zu erwähnen das Begleitscheinregulativ vom 5. Juli 1888 (die Begleitscheinordnung).

Die Begleitscheinordnung ist auf Grund des § 58 VZG. erlassen und hat 4 Hauptteile mit 60 Paragraphen.

Die §§ 1 bis 3 handeln von dem Zweck und den Gattungen der Begleitscheine. Der Zweck der Begleitscheine ist nach §§ 33 VZG. entweder a) den richtigen Eingang der über die Grenze eingeführten Waren am inländischen Bestimmungsort oder die Wiederausfuhr dieser Auslandswaren zu sichern (Begleitscheine I) oder b) die Erhebung des zollamtlich ermittelten Zollbetrags einem anderen Amte zu überweisen (Begleitscheine II).

Die §§ 4 bis 20 handeln von der Ausfertigung der Begleitscheine I, der § 21 betrifft die Ausfertigung der Begleitscheine II, § 22 regelt die Führung des Begleitscheinausfertigungsregisters. Die §§ 23 bis 30 regeln die Behandlung der Waren auf dem Transport zur Sicherung des auf den Waren ruhenden, noch gestundeten Zolles. Die §§ 31 bis 47 behandeln die Erledigung der Begleitscheine I beim Erledigungsamt, § 48 regelt die Erledigung der Begleitscheine II, die §§ 49 bis 60 enthalten die Bestimmungen über die Vollziehung der Erledigungsbescheinigungen und über das Schlußverfahren.

Wichtig ist der § 44 des VZG. betreffend die Verpflichtungen des Begleitscheinextrahenten (des Begleitscheinnehmers).

Der Begleitscheinnehmer übernimmt mit der Unterzeichnung des Begleitscheins I die Verpflichtung, die in diesem Begleitschein näher angegebenen Waren mit unverletztem Verschluß und in unveränderter Gestalt und Menge

[1]) Die Zollregulative (Zollordnungen) für die Unterelbe und Unterweser wurden abgeändert durch BRBeschluß vom 26. März 1903 und 6. Juli 1903, nachdem der Freibezirk Bremen zum Zollausschlußgebiet umgewandelt worden war, (BRBeschluß vom 17. April 1902, § 253 der Protokolle Nr. 48 Drucks.).

in dem bestimmten Zeitraum an dem angegebenen Ort dem Erledigungsamt zur weiteren Abfertigung vorzuführen und für den gestundeten Eingangszoll (eventuell bis nach dem höchsten Erhebungssatz des Zolltarifs) zu haften. Der Warenführer hat die Waren unverändert mit gutem Verschluß ihrer Bestimmung zuzuführen, dem Erledigungsamt zuzustellen und den Begleitschein abzugeben.

Die Verpflichtungen des Begleitscheinnehmers sind also zivilrechtlicher wie strafrechtlicher Natur; zivilrechtlich haftet er für die Zollgefälle, die er g. F. schon vorher sicher stellen muß (§ 45 VZG.); strafrechtlich haftet er nach § 152 VZG. wie der Warenführer für die richtige und ordnungsmäßige Gestellung des Begleitscheingutes. (Vgl. Wiesinger, VZG. S. 168 ff. und Havenstein, Zollgesetzgebung, die Ausführungen zu § 44 VZG.)

§ 103.

Im VII. Abschnitt des VZG. sind, wie schon bemerkt, in den §§ 59—73 die Bestimmungen über die Waren-Ein- und -Ausfuhr auf den Eisenbahnen enthalten, wozu das Eisenbahnzollregulativ vom 5. Juli 1888 (Preuß. Zentralblatt für Abgaben usw. S. 595 ff. 1888) erlassen worden ist. Außerdem kommt in Betracht das Regulativ über den Passagierverkehr laut BRB. vom 30. Juni 1892 (Preuß. Zentralblatt für Abgaben usw. 1892 S. 362 ff.).

Aus den über den Eisenbahnverkehr geltenden Bestimmungen des VZG. ist vor allem anzumerken, daß die Eisenbahnverwaltungen die baulichen Einrichtungen zur Zollabfertigung der Eisenbahnzollgüter an den Stationsplätzen treffen. Beim Eintreffen der Züge an den Grenzbahnhöfen ist von dem Eisenbahndeklaranten sofort die generelle Deklaration in Form der Ladungsverzeichnisse mit den Frachtbriefen beim Zollamt abzugeben, woraus der Gesamtinhalt sämtlicher Wagen des eingehenden Zuges zu ersehen und festzustellen ist, welche Waren in den einzelnen Waggons verladen sind. Die weitere Abfertigung der weitergehenden Wagen bzw. Güter erfolgt mittels Begleitzettel, indem ein Exemplar des Ladungsverzeichnisses eingesiegelt und mit den Frachtbriefen und dem Schlüssel zu dem Zollkunstschloß, womit der Eisenbahnwagen verschlossen ist, dem Zugführer übergeben wird. Die zurückbleibenden Wagen werden gleichfalls verschlossen und während der ordentlichen Amtszeit sodann weiter behandelt.

Das sogenannte Eisenbahnzollregulativ hat 7 Abteilungen und 49 Paragraphen. Die 7 Hauptabschnitte betreffen: I. Allgemeine Bestimmungen über Transportzeit, Fahrpläne, Abfertigungszeit, Abfertigungsstellen, Abfertigungsräume; ferner über Transportmittel und deren Beschaffenheit, worüber für den internationalen Eisenbahnverkehr besondere Vorschriften über die zollsichere Einrichtung der Eisenbahnwagen im internationalen Verkehr getroffen worden sind (Anlage A zum Eisenbahnzollregulativ), ferner sind der Wagenverschluß, die Warenbegleitung und die Befugnisse der höheren Zollbeamten im Eisenbahnverkehr näher geregelt. II. Besondere Vorschriften über Wareneingang, Warenausgang und Warendurchgang, überhaupt über die Warenabfertigung derjenigen Waren, die im Eisenbahnverkehr die Zollgrenze überschreiten und derjenigen Güter, welche auf der Landstraße oder im Schiffsverkehr dem Grenzzollamt zur Weiterbeförderung auf der Eisenbahn zugeführt werden

Auch ist der Zwischenauslandsverkehr nach § 111 VZG. in den §§ 44 und 45 gestreift, worüber ein besonderes Regulativ (eine besondere Zollordnung) erlassen worden ist (Vgl BRBeschluß vom 25. März 1878, Preuß. Zentralblatt 1878 S. 101 ff.)

Das Eisenbahnzollregulativ oder die Eisenbahnzollordnung wird voraussichtlich neu redigiert und hiebei entsprechend umgestaltet werden, da die meisten Eisenbahnen in Deutschland nunmehr Staatsbahnen sind und die Staatsbahnverwaltungen wie die wenigen Privatbahnverwaltungen selbst ein großes Interesse daran haben, daß die ihrer Verwaltung zum Transport anvertrauten Güter unversehrt und richtig an ihre Adresse und an ihren Bestimmungsort gelangen und der Zollverwaltung richtig vorgeführt werden.

Es wird deshalb in Erwägung gezogen werden können, von einem Mitverschluß der Zollverwaltung an den zur vorübergehenden Niederlegung von Zollgütern dienenden Räumen abzusehen, die Lagerung von Zollgütern und Gütern des freien Verkehrs in einem Eisenbahnraum zu gestatten, von Erhebung des Zolles für Mindergewichte dann abzusehen, wenn das Zollgut im Eisenbahngewahrsam geblieben ist und das Mindergewicht offensichtlich durch natürliche Einflüsse z. B. Eintrocknung entstanden ist oder auf irrtümlicher Verwiegung beruht.

Die Aufsicht der Eisenbahnbeamten soll in bestimmten Fällen die Zollaufsicht ersetzen können, so daß beispielsweise in dringenden Fällen auch Zollverschlüsse von Eisenbahnbeamten abgenommen werden dürfen, selbstverständlich unter Voraussetzung der größtmöglichsten Haftung der Eisenbahnverwaltungen selbst für ihre Beamten.

Inwieweit diese Erleichterungen in Kraft treten sollen, wird von der Erfahrung abhängen, die mit der probeweisen Zulassung solcher Zugeständnisse vorerst gemacht werden muß. (Vgl. Zeitschrift für Zollwesen und Reichssteuern, Jahrg. IV 1904 S. 193 ff., Die Haftung des Eisenbahn-, Post- und Zollfiskus für die Beschädigung und den Verlust der zur Zollabfertigung gelangenden Güter von Dr. Stephany.)

§ 104.

Im VIII. Abschnitt des VZG. sind die Bestimmungen über die Wareneinfuhr und Warenausfuhr seewärts enthalten.

Diese Bestimmungen betreffen den Wareneingang mit Anmeldung beim Ansageposten, Schiffsabfertigung beim Grenzzollamt, Abgabe der Manifeste und der Schiffsprovisionsliste, sowie der sog. Lukendeklarationen.

Es erfolgt sodann die sog. vorläufige Revision des Schiffes, das keinen Verkehr mit dem Lande oder mit anderen Schiffen haben darf. Hierauf wird die weitere Abfertigung der im Schiff geladenen Waren nach Abgabe der speziellen Deklaration vorgenommen. Durch Abgabe des Manifestes ist bereits eine generelle Deklaration erfolgt. Auf Antrag des Schiffführers kann das Schiff im Ansageverfahren nach dem Zollamt des Bestimmungsortes abgelassen werden (§ 83), es kann auch eine Umladung in Leichterschiffe zugelassen werden (§ 84). Am Bestimmungsorte erfolgt die Weiterabfertigung der Waren nach den sonstigen Vorschriften mit Abgabe der speziellen Einzeldeklarationen.

Das Reisegepäck der Schiffspassagiere wird sofort nach Ankunft des Schiffes beim Aussteigen der Reisenden abgefertigt (§ 80). Der Schiffsproviant wird auf die Dauer des mutmaßlichen Aufenthalts des Schiffes im Hafen, zunächst auf einige Tage, freigegeben, der Rest wird verschlossen. Die Bestimmung in § 6 Nr. 7 des ZTG. ist jedoch nur insoweit zu verstehen, daß die Bestimmungen des VZG. § 80 Abs. III und in Ziff. 22 und 47 der Normativbestimmungen zu den Hafenregulativen wie bisher bestehen bleiben.

Der § 88 VZG. enthält die Bestimmungen über den Warenausgang nach See, der § 89 über die Lösch- und Ladeplätze, § 90 über die hiewegen zu erlassenden Hafenregulative.

Nach § 90 VZG. sollen über die näheren Bestimmungen bezüglich des beim Waren-Ein- und -Ausgang seewärts zu beobachtenden Verfahrens unter Berücksichtigung der örtlichen Verhältnisse Hafenregulative erlassen werden.

Da die örtlichen Verhältnisse der einzelnen Seehäfen sehr verschiedentlich sind, es aber doch wünschenswert erschien, daß in sämtlichen deutschen Seehäfen ein möglichst gleichmäßiges Verfahren stattfinde, so hat der BR. die sogenannten Normativbestimmungen für die Hafenregulative erlassen (Preuß. Zentralblatt für Abgaben 1889 S. 241), wonach die einzelnen Hafenregulative abzufassen sind. Diese Normativbestimmungen umfassen vier Abschnitte, nämlich: a) Vorschriften für die Einfuhr seewärts; b) Vorschriften für die Ausfuhr seewärts; c) Erleichterungen für die Schiffahrt durch Führung von Zollzeichen und Zolleuchten; d) Allgemeine Bestimmungen. Die Hafenregulative sind unter Beachtung der vom Bundesrat erlassenen Normativbestimmungen von der obersten Landesfinanzbehörde zu erlassen.

Hier ist auch noch der vom BR. zum 1. Januar 1873 erlassenen Bestimmungen über die zollamtliche Behandlung der deutschen Kriegsfahrzeuge (BRB. vom 25. Juni 1872, Preuß. Zentralblatt 1872 S. 305) zu gedenken. Auch der BRB. vom 12. Oktober 1878 (Zentralblatt des D. R. 1878 S. 623) wegen Zollbehandlung fremdherrlicher Kriegsschiffe kommt hier zu erwähnen.

§ 105.

Noch ist der sog. Strandgüter mit kurzen Worten zu gedenken. Strandgüter, deren zollinländische Abstammung nachgewiesen wird, sind zollfrei (z. B. wenn ein erwiesenermaßen inländisches Seezeichen sich losreißt und dann an der deutschen Seeküste antreibt, § 117 VZG.).

Ausländische Strandgüter dagegen sind zu verzollen wie andere ausländische Waren. Sind die Strandgüter beschädigt d. h. in ihrem Marktwert gemindert, so können 10 % des Auktionserlöses als Zoll erhoben werden.

Hiewegen bemerkt die Ausführungserläuterung zum VZG. Ziff. 6 das Nähere. Zu beachten ist auch die Strandungsordnung vom 17. Mai 1874, RGBlatt 1874 S. 73, die auch für das Zollausschlußgebiet Helgoland gilt. (KaisVO. vom 20. Juli 1895, RGBlatt S. 421.) Anzumerken ist auch der pr. FMErlaß vom 27. Mai 1903 hinsichtlich der Zerkleinerung von Strandsachen, Preuß. Zentralblatt für Abgaben S. 176 (BRBeschluß vom 7. Mai 1903, § 365). (Vgl. die näheren Bestimmungen über Strandgüter, Düffe VZG., Troje-Bibliothek 1910 II. Band.)

Als Strandgüter im Sinne des § 82 VZG. sind nicht bloß solche beschädigten Gegenstände zu behandeln, die aus den an den Küsten des deutschen Zollgebiets gestrandeten Schiffen geborgen werden, sondern auch andere durch Seeunglück beschädigte Gegenstände, die an den deutschen Küsten (des Zollgebietes) antreiben, die auf dem Wattenmeer oder auf der See eingeholt werden, oder die aus Schiffen gerettet werden, die auf offener See Havarie haben.

Der § 82 VZG. findet aber keine Anwendung auf solche beschädigte Waren, die aus Schiffen gelöscht werden, die zwar durch Seeunglück beschädigt, aber nicht gestrandet sind, sondern in einen Hafen des Zollgebiets gebracht und dortselbst entlöscht werden.

Hier kann g. F. eine Trocknung der nassen Waren zugestanden werden, eventuell müßte der Bundesrat eine Zollerstattung genehmigen. (AusfBest. zum VZG. Ziff. 19.)

§ 106.

Der Abschnitt IX des VZG. handelt von dem Verkehr mit den Staatsposten. Da in Deutschland zum großen Teil die Post Reichssache ist und nur in Bayern und Württemberg noch kgl. bayerische und kgl. württembergische Staatsposten bestehen, so liegt auf der Hand, daß der Zollverkehr mit den Posten in Deutschland wesentlich vereinfacht und erleichtert werden konnte. In dieser Richtung hat bereits das VZG. tunlichst entgegenkommende Bestimmungen vorgesehen, andererseits bestimmt das Zolltarifgesetz vom 25. Dezember 1902 in Nr. 4 der Anleitung, daß Poststücke bis zu 250 Gramm (einzelne Ausnahmen ausgeschlossen) zollfrei sein sollen (vgl. S. 107 dieses Buches).

Außerdem hat die neuerlassene Postzollordnung in dieser Beziehung die weitgehendsten Erleichterungen getroffen (BRB. vom 28. Januar 1909, § 82 der Protokolle).

Die Postzollordnung hat VI Abteilungen und 21 Paragraphen.

In § 1 sind die gesetzlichen Zollbefreiungen der mit der Post eingehenden Warensendungen aufgeführt, vgl. Nr. 4 der Anleitung zum Zolltarifgesetz. Der § 2 bestimmt das Vorhandensein einer Inhaltserklärung, die vom Absender in deutscher, englischer, französischer oder noch anderer Sprache dem Poststück beizugeben ist, soferne nicht, wie in § 3 ausgeführt ist, die Beigabe einer solchen Inhaltserklärung nicht erforderlich ist, wie z. B. bei Briefbeuteln, bei Zeitungspaketen, Geldfässern, bei Staatspaketen oder bei Mustersendungen und Warenproben bis zu 350 Gramm Meistgewicht, die nach Nr. 4 und 19 der Anleitung zum ZTG. zollfrei bleiben.

Die Zollbeamten haben das Recht, in den Diensträumen dem Öffnen der Briefbeute oder Geldpakete beizuwohnen, doch darf hiedurch der Postbetrieb nicht gestört werden.

Nach § 4 soll das Reisegepäck der Postpassagiere sofort an der Grenzstation zollamtlich abgefertigt werden. In § 5 wird die Vorführung der ausländischen Poststücke beim Grenzzollamte auf diejenigen Sendungen beschränkt, deren Einfuhrfähigkeit an der Grenze geprüft werden muß oder wenn die Postverwaltung die sofortige Abfertigung wünscht. Im übrigen sind die Poststücke ohne Zollbehandlung an der Grenze von der Postverwaltung sofort ohne weitere Kennzeichnung weiter zu befördern und dem Zollamt im Innern vorzuführen, wie in § 7 vorgeschrieben ist. In § 8 wird bestimmt, wann die Post in Vertretung des Empfängers oder nach Wunsch des Absenders die Zollabfertigung des Poststücks bewirkt oder wann der Empfänger persönlich anwesend sein muß. Nach § 9 erfolgt die Zollabfertigung stets nach Maßgabe des Revisionsbefundes. In §§ 10 bis 13 sind die weiteren Modalitäten der Zollabfertigung geregelt a) wenn die Post die Verzollung vornimmt und b) wenn der Empfänger selbst die Zollabfertigung veranlaßt, c) wenn die Annahme der Sendung verweigert wird, d) wenn Warensendungen mit Nachnahme vorliegen, e) wenn der Absender den Zoll bezahlen will, f) wenn Poststücke aus dem Ausland an Staatsbehörden adressiert sind, g) wenn unabgefertigte Poststücke weiter- oder nachgesendet werden sollen. Die §§ 14 bis 16 enthalten die Bestimmungen, wenn unbestellbare Poststücke vor oder nach der Zollabfertigung wieder ins Ausland zurückgehen.

Der II. Teil der Postzollordnung handelt von den im Inlande unter Zollkontrolle stehenden Waren, die mit der Post ins Ausland verschickt werden sollen (§ 17). Vgl. auch Allg. Ausschr. des preuß. HFM. vom 22. August 1910, Preuß. Zentralblatt für Abgaben S. 392. Die §§ 18 und 19 regeln den Durchgangsverkehr und den Zwischenauslandsverkehr der Postsendungen. In § 20 ist bestimmt, daß Sendungen, die aus dem Ausland nach dem Inland gebracht werden, um mit der deutschen Post versendet zu werden, nach den Bestimmungen der Postzollordnung behandelt werden dürfen; diese Sendungen müssen den Vermerk tragen: In Deutschland zollpflichtig. § 21 enthält die Strafbestimmungen (vgl. auch Nr. 177 der BRDrucks. S. 1908).

§ 107.

Der X. Abschnitt handelt von der Behandlung der Reisenden.

Hiewegen bestimmt § 92 VZG. folgendes: Die vom Auslande eingehenden Reisenden, welche zollpflichtige Waren bei sich führen, brauchen dieselben, wenn sie nicht zum Handel bestimmt sind, nur mündlich anzumelden. Auch steht es solchen Reisenden frei, statt einer bestimmten Antwort auf die Fragen des Zollbeamten nach verbotenen oder zollpflichtigen Waren sich sogleich der Revision zu unterwerfen. In diesem Fall sind die Reisenden nur für die Waren verantwortlich, die sie durch getroffene Anstalten zu verheimlichen bemüht gewesen sind. Die Reiseeffekten werden in der Regel sogleich beim Grenzeingangsamte schließlich abgefertigt.

Was man unter Reisenden versteht, ist bereits früher erörtert worden. Jedenfalls sind nicht als Reisende zu behandeln: Frachtführer und Spediteure in bezug auf ihre Waren; Gewerbetreibende in bezug auf ihre Gewerbeartikel; Handlungsreisende und Marktbesucher; Personen, die im Grenzverkehr zu dem Zwecke nach dem Auslande gehen, um dort Waren und Gebrauchsgegenstände einzukaufen; dagegen sind Reisende im Sinne des VZG. auch Führer und Begleiter von Beförderungsmitteln (Ziff. 15 der Anl. z. Zolltarif). Reisende nach Vorschrift des VZG. sind also solche Personen, welche zur Vornahme einer größeren oder kleineren Reise sich ins Ausland begeben oder aus Anlaß einer Reise vom Zollausland kommen und bei dieser Gelegenheit (gelegentlich der Reise) zollpflichtige oder zollfreie Waren ins Zollinland einbringen. Die Reise muß also Hauptzweck sein. (Vgl. das Buch: Haben Sie etwas zu verzollen, Ratgeber in Zollfragen von P. Rost und A. Größl, Dresden 1908.) Nur solche Reisende im engeren Sinne des VZG. dürfen zu jeder Zeit die Zollgrenze überschreiten, müssen die Zollstraße nur einhalten, wenn sie zollpflichtige Waren bei sich haben, müssen zu jeder Zeit beim Zollamt abgefertigt werden, brauchen beim Ansageposten nicht zu halten, brauchen nur mündlich zu deklarieren oder sich überhaupt nur zur Revision zu stellen. (Vgl. §§ 21, 92, 133 Abs. III VZG.)

Hiebei kommen auch die Bestimmungen in § 6 Ziff. 6 und 7 des Zolltarifgesetzes und Anleitung für die Zollabfertigung Teil II Nr. 14 und 15 in Betracht. (Vgl. S. 119, 120 dieses Buches.)

Hinsichtlich der Zollabfertigung der von Reisenden mitgebrachten Zigarren und Zigaretten siehe § 9 letzter Absatz des Tabaksteuergesetzes vom 15. Juli 1909 und § 19 der AusfBest. hiezu sowie § 1 der AusfBest. zum Zigarettensteuergesetz vom 3. Juni 1906.

Vgl. in dieser Beziehung auch die Ausführungen in der Troje-Bibliothek, VZG. von A. Düsse § 92 S. 89 und Preuß. Zentralblatt 1909 S. 340.

§ 108.

Der XI. Abschnitt behandelt die Verzollung der Waren nach dem Werte; dieser § 93 hat jetzt keine praktische Bedeutung mehr, indem nach dem neuen Zolltarif nur mehr für Pferde eine Art Verbindung zwischen Stückzoll und Wertzoll eingeführt ist.

Der XII. Abschnitt regelt in den §§ 94 bis 96 den Warenverschluß, der durch Zollkunstschlösser, Blei oder Siegel erfolgen soll.

In dieser Beziehung wird, wie bereits bemerkt, eine Erleichterung dahin eintreten können, daß in mehrfachen Fällen der Eisenbahnverschluß den Zollverschluß ersetzen kann.

Um Zollhinterziehungen im Deklarationsscheinverkehr hintanzuhalten, ist vom 1. Juli 1909 angeordnet worden, daß im Deklarationsscheinverkehr zur Verschlußanlage eine grüne Schnur, im Zollverkehr (und Steuerverkehr) d. h. überall für Waren, auf denen noch ein Zoll- oder Steueranspruch haftet, die graue Schnur zur Anwendung zu kommen hat.

§ 109.

Der XIII. Abschnitt ist von ganz besonderer Bedeutung, denn er handelt von den Niederlagen unverzollter Waren (vom Niederlageverkehr).

In §§ 97 bis 110 sind die Vorschriften über den Niederlageverkehr enthalten. Es gibt Allgemeine (öffentliche) Niederlagen und Privatläger.

Die Privatläger sind entweder Transit- oder Teilungsläger, Kontenläger, Weinläger. Hienach sind erlassen: Das Niederlageregulativ, das Privatlagerregulativ, das Weinlagerregulativ, das Kontenlagerregulativ. Vgl. BRBeschl. vom 5. Juli 1888 (Preuß. Zentralblatt für Abgaben 1888 S. 577 ff. und S. 205, 223 ff.). Das Allgemeine Niederlageregulativ (Preuß. Zentralblatt für Abgaben 1888 S. 571) hat 7 Hauptabteilungen und 42 Paragraphen.

In Abteilung I (Allgemeine Bestimmungen, §§ 1 bis 5) werden die Vorschriften über Niederlagen, Niederlagebenutzung, Lagerwaren, Art der Lagerung, Niederlageregister) erledigt. Die II. Abteilung behandelt in §§ 6 bis 11 die Aufnahme der Waren zur Niederlage, die Annahme und Anmeldung der Lagerwaren, die III. Abteilung regelt in §§ 12 bis 15 das Wesen der Niederlagescheine, Abteilung IV behandelt in §§ 16 bis 29 die Aufbewahrung und Behandlung der Waren auf der Niederlage, die Obliegenheiten der Niederlageverwaltung und der Niederleger. Die Abteilung V bestimmt das Verfahren bei Abmeldung und Verabfolgung der Waren von der Niederlage bei Verzollung oder Weiterversendung der Güter, ferner die Erhebung des Lagergeldes (§ 90 VZG.), das Verfahren bei Lagergütern, deren Eigentümer unbekannt ist. § 41, Abteilung VI bestimmt, daß Teilungsläger unter amtlichen Mitverschluß (s. Privatlagerregulativ) auch in abgesonderten Räumen der öffentlichen Niederlagen zugelassen werden können. § 42 regelt die Strafbestimmungen.

Das Privatlagerregulativ hat 4 Hauptabteilungen und 25 Paragraphen.

Der § 1 bestimmt die Arten der Privatläger: a) Transitläger, wenn die Identität der einzelnen gelagerten Kolli der Regel nach festgehalten wird und die Lagerwaren zum Absatz im Zollgebiet und zum Absatz nach dem Ausland bestimmt sind: b) Teilungsläger, wenn die Festhaltung der Kolliidentität n i ch t stattfindet. Die Waren können ins Inland oder ins Ausland abgesetzt werden; c) Kreditläger, wenn die Waren zum Absatz ins Zollgebiet bestimmt sind und nur zur Sicherung des auf ihnen ruhenden, aber bis zum Verbrauch gestundeten Zolles niedergelegt sind.

Die §§ 2 bis 11 handeln von der Bewilligung der Läger, der Lagerräume, der Haftpflicht und Sicherheitsleistung der Lagerinhaber, der Anmeldung der Waren zum Lager, der Abfertigung, der Kontobuchführung; von der Revision und Beaufsichtigung der Läger, von der Lagerfrist in Teilungs- und Transitlägern (5 Jahre) und in Kreditlägern (6 Monate). Von der Aufhebung der Läger handelt § 11.

Abteilung II regelt in den §§ 12 bis 23 die besonderen Bestimmungen bei a) Transitlägern ohne amtlichen Mitverschluß (hier dürfen nur minderzollpflichtige Waren oder solche, die im Inland nicht erzeugt werden, lagern); b) Transitlägern mit amtlichen Mitverschluß; c) Teilungslägern mit und ohne Amtsverschluß; d) Kreditlägern.

Abteilung III regelt die Strafbestimmungen (§ 24) und Abteilung IV bestimmt, daß für Getreide, Holz, Spirituosen, Wein besondere Lagerregulative erlassen werden können. Es gibt demnach: a) Das Holzlagerregulativ (Holzlagerzollordnung), b) das Getreidelagerregulativ (Getreidelagerzollordnung), c) das Weinlagerregulativ (Weinlagerzollordnung), d) das Regulativ für fortlaufende Konten oder die Zollordnung für die fortlaufenden Kontenlager.

Die Holzlagerzollordnung ist erst im Jahre 1906 neu erlassen worden und hat drei Abteilungen mit 21 Paragraphen. Die Holzlagerzollordnung kennt reine Holzläger d. h. reine Transitläger, wenn das Holz ausschließlich zum Absatz in das Zollausland bestimmt ist oder für den Neubau und Umbau, zur Ausbesserung oder Ausrüstung von See- und Flußschiffen gehört nach der Schiffbauzollordnung, und gemischte Transitholzläger, wenn das lagernde Holz zum Absatz in das Ausland und in das Zollgebiet bestimmt ist (§§ 1 bis 3). Die §§ 4 bis 16 betreffen die reinen Holzläger, die §§ 17 bis 20 die gemischten Holzläger. Wichtig ist § 12, der die Abfallvergütungen bei der Bearbeitung des Holzes enthält. § 21 regelt die Strafbestimmungen.

Die Getreidelagerzollordnung hat 6 Abteilungen und 25 Paragraphen.

Abteilung I (§ 1) bestimmt, welche Fruchtarten in die Getreidetransitlager ohne amtlichen Mitverschluß aufgenommen werden dürfen, nämlich alle Getreidearten, Malzgerste, andere Gerste und Ölfrüchte, soweit sie zollpflichtig sind.

Die Getreidelagerzollordnung kennt gleichfalls die reinen und die gemischten Transitläger. Reine Getreideläger sind solche, aus denen die Lagerware nur ins Ausland abgesetzt werden darf; gemischte Getreideläger sind solche, aus denen auch ein Absatz ins Zollgebiet gestattet ist. (Vgl. die Ausführungen S. 130 dieses Buches über die Zulassung der gemischten Getreidetransitläger.) Die Abteilung III enthält in den §§ 3 bis 11 die allgemeinen Bestimmungen über Lagerung und Buchführung. Die Abteilung IV enthält die besonderen Bestimmungen über die reinen Transitläger und über die gemischten Transitläger, wobei zu bemerken ist, daß auch Inlandsware aufs Lager gebracht werden darf. § 25 enthält die Strafbestimmungen, § 24 die Bestimmungen über den sog. Lagerausgleich, da die Zölle für Getreide usw. nicht mehr gestundet werden dürfen.

Die Weinlagerordnung, festgestellt durch BRBeschluß vom 8. Juni 1887 und vom 21. Juni 1888 gewährt den Händlern mit fremden Weinen und Spirituosen folgende Zollerleichterungen: a) ein Teilungslager unter amtlichen Mitverschluß nur für den Weinhandel b) den sogenannten eisernen Zollkredit.

Die Weinlagerzollordnung (Weinlagerregulativ) hat 18 Paragraphen.

Bei der Aufnahme von Wein erfolgt die Anschreibung im Register nach Liter, wie in § 4 der Lagerordnung näher bestimmt ist. Die Auslagerung erfolgt gleichfalls nach Liter. Der § 5 regelt die Öffnung des Lagers, die Bearbeitung des Weines. Für jeden Lagerinhaber sind im Maximum 30 gebührenfreie Arbeitstage zur Bearbeitung des Weines zuzugestehen.

Die Verzollung von Wein, der in Fässern zum Lager gebracht und dort auf Flaschen abgefüllt ist, findet in der Art statt, daß für einen Liter Wein 1,17 kg als Gewicht anzunehmen ist (§ 6). Die übrigen Paragraphen behandeln die An- und Abmeldung des Weines, den Zollerlaß für verdorbene und ausgelaufene Flüssigkeiten, die Lagerbestandsaufnahmen, die hiebei festgestellten Fehlmengen nach § 103 VZG. und die Lagerfrist.

Der fortlaufende oder eiserne Zollkredit wird Großweinhändlern für 35000 kg Wein dergestalt gewährt, daß hiefür nicht bloß die Verzollung sondern auch deren Zollfestsetzung ausgesetzt bleibt und die Zollfeststellung erst beim Erlöschen oder Aufhören des eisernen Weinkredits erfolgt.

Ferner können zur Erleichterung des Vertriebes ausländischer Waren nach dem Auslande an Großhandlungen Auslandswaren unverzollt mit der Maßgabe verabfolgt werden, daß die Eintragung der Waren in ein fortlaufendes Konto stattfindet und die Wiederausfuhr dieser Waren demnächst kontrolliert und nachgewiesen wird oder die Verzollung bewirkt werden muß (Kontenregulativ).

Das Regulativ für fortlaufende Konten hat 38 Paragraphen, welche in sechs Abteilungen die Bedingungen regeln, unter denen ein fortlaufendes Konto bewilligt werden darf und für welche Waren dieses Konto zugelassen ist, ferner unter welchen Umständen ein fortlaufendes Konto zurückzuziehen ist. Ferner werden die Registerführung, die An- und Abmeldung der Waren, die zu handhabende Zollkontrolle (Begleitscheinausfertigung), die Lagerbestandsrevision und die Feststellung des Zollbetrags für die ins Inland abgesetzten kontierten Waren, endlich die Strafbestimmungen geregelt. (Vgl. BRDrucks. Nr. 75, 1887 und BRDrucks. 1871 Nr. 3, 20, 104.)

Die Salzläger, Tabakläger und sonstige Sonderläger werden nach den Bestimmungen des Allgemeinen oder des Privatlager-Regulativs behandelt, desgleichen die Spirituosenteilungsläger nach dem Weinteilungslagerregulativ.

Alle die bisher bestehenden Niederlage-Regulative, die durch mehrfache Erlasse der obersten Landesfinanzbehörden und durch Bundesratsbeschlüsse schon ergänzt und auch abgeändert worden sind, werden ersetzt werden durch die neu zu erlassende Zoll-Lagerordnung, welche die bisher zugestandenen Erleichterungen und Bestimmungen zusammenfaßt, wobei die Ausführungen von R. Hausbrand (Beilage 21 der Amtlichen Nachrichten der Hamburgischen Generalzolldirektion von 1896 und in Kunckels Zeitschrift 1903 S. 1 ff.) mitberücksichtigt werden dürften, wie nachstehend noch weiter dargelegt wird.

§ 110.

Der § 97 VZG. handelt von den öffentlichen Niederlagen, die entweder allgemeine Niederlagen (Packhöfe, Lagerhäuser rc.), oder beschränkte Niederlagen, oder freie Niederlagen sind.

Die Freihäfen sind Zollausschlüsse, also wirkliches Zollausland, sie heißen auch Zoll-Ausschlußgebiete; die Freibezirke dagegen sind eine Art Freiläger innerhalb der Grenzen des Zollgebiets, die aber zollrechtlich als Zoll-Ausland gelten.

(Vgl. die Ausführungen im bayr. Zollamtsbl. 1888 S. 882: Innerhalb des Freibezirks ist der Schiffsverkehr, die Ein- und Ausladung, sowie die Lagerung und Behandlung der Waren von jeder Zollkontrolle befreit. Jedoch sind über diejenigen Waren, welche dortselbst zur Lagerung gelangen, kaufmännische Bücher zu führen, aus denen der Bestand der Läger [der Lagerbestand] jederzeit ersichtlich ist. Die Einsichtnahme der Bücher steht der Zollbehörde jederzeit zu).

Auch die statistische Anmeldung der in die Freibezirke ein- und von den Freibezirken ausgehenden Waren ist von der statistischen Behandlung des Warenverkehrs in den Freihäfen verschieden; doch werden jetzt die Freibezirke mit den Zollausschlußgebieten hinsichtlich der statistischen Warenbehandlung so ziemlich gleichgestellt. (Vgl. auch die für die einzelnen Freibezirke erlassenen Sonderordnungen und die in dem Abschnitt: Zoll- und Handelsstatistik behandelten Bestimmungen über die Zoll- und Warenverkehrsstatistik; dgl. die Abhandlung von Dr. Dronke: Zollausschlüsse in Kunckels Zeitschrift 1910, 8 und RGErkenntnis vom 25. Oktober 1890 Bd. XXI S. 208).

Das deutsche Zollrecht unterscheidet zwischen den öffentlichen Niederlagen (Packhöfen), die entweder allgemeine oder beschränkte Niederlagen sind, und den Privatniederlagen. Die Niederlagen sind nicht Zollausland, sondern sind Verwahrungsstätten für ausländische mit Zoll belastete Güter, deren Aufnahme nach zollamtlicher Revision in die Niederlage vom Warendisponenten oder von Amtswegen beantragt werden muß, wobei der Zoll gestundet ist, bis das Niederlagegut dem freien Verkehr zugeführt wird. Hiebei kommt in Betracht das Niederlagerecht und die Lagerfrist (§ 98 VZG.).

Das Niederlagerecht besitzen alle am Orte der Niederlage wohnenden Personen, auch Auswärtige können unter Umständen vom Niederlagerecht Gebrauch machen. (Niederlage-Regulativ § 2.) Bei den allgemeinen Niederlagen wird die Identität (die Nämlichkeit) der in das Lager aufgenommenen Kolli nach Gewicht, Verpackung und Inhalt festgehalten. Über die Haftung der lagernden Waren für den darauf ruhenden, gestundeten Zoll, über die Haftung und Verpflichtung der Niederlageverwaltung in bezug auf die in der Niederlage lagernden Waren sind die Bestimmungen in §§ 100—102 VZG. maßgebend. (Vgl. auch § 16 Niederlage-Regulativ.) Gewöhnlich ist für Rechnung der Niederlageverwaltung (Kommune, Korporation, Staat) ein Lagergeld zu erheben. (§ 39 Niederlage-Regulativ.) Die §§ 101, 103 und 104 VZG regeln das weitere Verfahren über Aufnahme, Abmeldung, Umpackung der Lagerwaren, sowie für diejenigen Waren, deren Eigentümer unbekannt sind oder die binnen 5 Jahren aus der Niederlage nicht entfernt werden. Für beschränkte Niederlagen läuft nur eine 6 monatliche Lagerfrist (§ 105 VZG.).

In § 107 VZG. werden die sog. Freiläger näher bestimmt, welche jedoch zurzeit im deutschen Zollgebiet nicht mehr bestehen. An Stelle der Freiläger sind die sog. Freibezirke in Altona, Stettin, Neufahrwasser usw. getreten.

(Vgl. die Ausführungen von C. Behr in Kunckels Zeitschrift für Zollwesen 1901 S 195 ff., Zoll-Ausschlüsse und freie Niederlagen.) In dieser Abhandlung wird über das bestehende Zollrecht in den Freihäfen, Freibezirken und den Zollausschlußgebieten das Nähere erörtert; dgl. Dr. Dronkes Abhandlung hiewegen in Nr 8 dieser Zeitschrift, 1910.

§ 111.

Der Entwurf zur neuen Zollagerordnung stellt zuerst den Begriff und die Arten der Zolläger fest, die in öffentliche und Privatniederlagen eingeteilt werden; die Pflichten und Rechte der Niederleger und der Niederlageverwaltung in den öffentlichen Niederlagen wie in den Privatlägern werden darin einwandfrei festgelegt. Die Privatläger sind entweder Stückläger, wenn die Nämlichkeit (Identität) der einzelnen Packstücke festgehalten wird (die sogenannten Transitläger), oder Mengenläger, wenn die Nämlichkeit der einzelnen Packstücke nicht festgehalten wird (Teilungsläger), und Stundungsläger, wenn die Waren zum Absatz im Zollgebiet bestimmt sind und nur zur Sicherung des darauf ruhenden, gestundeten Zolles lagern (Kreditläger), endlich Kontenläger, wenn die Waren ganz oder überwiegend zum Absatz ins Ausland bestimmt sind. Für Wein, Spirituosen, Salz, Getreide, Holz usw. sind besondere Lagerordnungen zu erlassen oder bereits erlassen worden.

Aus der Begründung zum Entwurf der Zolllagerordnung ist zu entnehmen, daß grundsätzliche Neuerungen nur für die Behandlung der Umschließungen vorgesehen sind, so daß nach Einführung der neuen Zolllagerordnung den Wünschen des Handelsstandes in bezug auf Zollpflichtigkeit der in den Niederlagen leer gewordenen Umschließungen Rechnung getragen wird. Auch die Haftung der Lagerverwaltung ist nach den Wünschen des Handelsstandes gemäß den Vorschriften des Handelsgesetzbuches über die Haftung der Lagerhalter geregelt worden. Über die Zollfreiheit der auf den Niederlagen ganz oder teilweise verdorbenen Waren ist gleichfalls das Nähere bestimmt. Die Vereinfachungen endlich bezüglich der An- und Abmeldung der Waren aufs Konto und vom Konto werden vom Handelsstand gleichfalls begrüßt werden.

§ 112.

Der Abschnitt XIV des VZG. regelt eine besonders wichtige Materie des Zollrechts, nämlich die Verkehrserleichterungen und Zollbefreiungen. An sich sind ja wie der § 3 VZG. bestimmt, alle Waren und Gegenstände, die aus dem Auslande (dem Zollauslande) nach dem Zollgebiet eingehen, ohne Rücksicht auf ihre Abstammung, zollpflichtig. Aber schon seit Bestehen des Zollvereins mußten von dieser Regel Ausnahmen zugestanden werden, wenn auch anfangs nur auf privative Rechnung, d. h. auf Rechnung des einzelnen Zollvereinsstaates. Zu diesen Ausnahmen gehören:

a) Güter, die aus dem freien Verkehr des Zollgebiets durch das Ausland wieder nach dem Zollgebiet gelangen, d. h. die sogenannten Zwischenauslands-Verkehrswaren. (§ 111 VZG.)

Für solche Deklarationsscheingüter ist die Zollfreiheit beim Wiedereintritt aus dem Ausland in das Inland zugestanden, wenn die in § 111 des VZG. und im sog. Deklarationsschein-Regulativ (Deklarationsschein-Ordnung) näher bezeichneten Bestimmungen eingehalten werden.

b) Güter des Meß- und Marktverkehrs.

Auch solche Waren, die vom Ausland nach inländischen Märkten oder vom Inland nach ausländischen Märkten und Messen zum Verkauf gebracht werden, ist Zollfreiheit zugestanden und zwar kann den Inlandswaren, die auf fremde Märkte verbracht werden und von dort unverkauft zurückkommen, Zollfreiheit gewährt werden, wenn die Nämlichkeit der aus dem freien Verkehr des Zollgebiets ausgeführten Waren nachgewiesen ist, und den Auslandswaren wird Zollfreiheit gewährt, indem ausländische Waren, die auf inländische Messen und Märkte kommen und unverkauft zurückgehen, natürlich unter Feststellung der Identität mittels Vormerk-Kontrolle zollfrei gelassen werden (§ 112 VZG.).

Die gleichen Bestimmungen gelten für Muster-Reisende hinsichtlich der mitgeführten Muster (§ 112 VZG.) unter Rücksichtnahme auf Handelsvertragsabmachungen und Reziprozität.

c) Rückwaren (Retourwaren).

Güter, die aus dem freien Verkehr des Zollgebiets (das VZG. bestimmt: vereinsländische Erzeugnisse oder Fabrikate), auf Bestellung, zum Kommissionsverkauf, zur Ansicht, zu öffentlichen Ausstellungen oder zum vorübergehenden Gebrauch nach dem Ausland gesandt sind und von dort wieder zurückkehren, können bei nachgewiesener Nämlichkeit vom Eingangszoll freigelassen werden (§ 113 VZG.).

d) Das Gleiche gilt für Auslandswaren, die zum vorübergehenden Gebrauch oder für öffentliche Ausstellungen ins Inland eingehen und demnächst wieder ausgeführt werden (§ 114 VZG.). Hier kann beim Vorliegen besonderer Billigkeitsgründe Zollfreiheit zugestanden werden, unter Beachtung der besonderen Handelsvertragsabmachungen und der Reziprozität.

e) Gegenstände, die zur Veredlung, d. h. zur Verarbeitung, zur Vervollkommnung oder zur Reparatur mit der Bestimmung der Wiederausfuhr im sogen. Veredlungsverkehr eingehen, können vom Zoll freigelassen werden, in besonderen Fällen kann dies auch geschehen, wenn Gegenstände nach dem Auslande zur Veredlung geschickt werden und von dort wieder zurückkommen (§ 115 VZG.).

f) Im kleinen Grenzverkehr sind nach Maßgabe des örtlichen Bedürfnisses noch weitere Verkehrserleichterungen zugestanden (§ 116 VZG.).

g) Wie bereits oben bemerkt, bleiben nachweislich inländische Strandgüter zollfrei (§ 117 VZG.).

Zu den §§ 111 bis 117 ist im einzelnen noch folgendes anzuführen:

Die sog. Deklarationsscheinordnung nach BRBeschluß vom 1. Juni 1878 (pr. ZBl. f. Abgaben 1878 S. 101 ff.) regelt den Zwischenauslandsverkehr in befriedigender Weise, zumal hinsichtlich der Revision der Kolli und der Verschlußanlage weitgehende Erleichterungen zugestanden sind. Dieses Regulativ hat 16 Paragraphen, wonach in § 1 bestimmt ist, daß sowohl Güter des freien, wie des gebundenen Verkehrs, daß zollfreie wie zollpflichtige Güter im Zwischenauslandsverkehr abgefertigt werden können. Die §§ 2 bis 4 umfassen die Bestimmungen über Abgabe des Deklarationsscheines (Kolligut) oder Ladungsverzeichnisses (Wagenladungen), der § 5 ordnet die Art der Abfertigung und der Verschlußanlage an, die nächsten Paragraphen regeln die Buchführung und das Verfahren beim Wiedereingangsamte mit Überweisung auf das Amt des Bestimmungsortes zur Schlußabfertigung.

Bei wiederholter Berührung des Zollinlands und des Zollauslands ist die Abgabe eines sogenannten Passageattestes vorgeschrieben (§ 13).

Der § 14 regelt die Behandlung der unter Zoll- oder Steuerkontrolle stehenden Güter, wenn diese auf Begleitschein, Übergangsschein, Ausfuhr-Vergütungs-Anmeldungen bereits abgefertigten Waren beim Transport abwechselnd das In-

und das Ausland berühren, z. B. wenn eine Zollware in Kufstein mit Begleitschein I nach Stettin abgefertigt, bei Eger wieder durchs Ausland geht und bei Voitersreut in das Zollinland eintritt, um über Stettin wieder auszugehen. Hier ist die Abgabe des Passageattestes notwendig.

Die §§ 15 und 16 regeln das Verfahren bei Abweichungen und die Zulassung von besonderen Bestimmungen, wonach beispielsweise angeordnet ist, daß zum Unterschied von den Zollgütern beim Deklarationsschein-Verkehr statt der grauen eine grüne Verbleiungsschnur verwendet werden soll.

Der § 112 VZG. handelt vom Meß- und Marktverkehr. Hier findet sich der Unterschied, wie auch in § 113 VZG., daß deutschen Händlern, die ausländische Messen und Märkte mit ihren Waren besuchen, die Zollfreiheit für die unverkauft gebliebenen und wieder zurückgebrachten Gegenstände zugestanden werden kann, während den ausländischen Handelstreibenden, welche deutsche Messen und Märkte besuchen, von ihren unverkauften und wieder ins Ausland gebrachten Waren Zollerlaß unter gewissen Formalitätseinhaltungen gewährt wird. Es wird nämlich in Hinsicht auf § 3 VZG. den aus dem Ausland zurückkommenden Waren nicht so leicht der Zollerlaß gewährt, als den ausländischen, stets unter Zollkontrolle gestandenen Gütern, die wieder ausgehen. Hinsichtlich der Zollfreiheit der Muster wird auf die Bestimmungen über den Musterpaßverkehr Bezug genommen.

Der § 113 VZG. handelt vom eigentlichen Retourwaren- (Rückwaren-) Verkehr, indem vereinsländische Waren, welche aus einer gewissen, näher bestimmten Veranlassung nach dem Ausland geschickt werden und von dort wieder zurückkommen, zollfrei gelassen werden können, wenn hinsichtlich der Identität kein Zweifel besteht.

Sowohl die Bestimmung, daß die Retourwaren vereinsländisches Erzeugnis sein müssen als die Kasuistik dieses Paragraphen — (die Waren müssen auf Bestellung, zum Kommissionsverkauf, zur Ansicht, zu öffentlichen Ausstellungen oder zum vorübergehenden Gebrauch nach dem Ausland geschickt werden —), war lange die Veranlassung, daß die Abfertigung der Rückwaren beim Handelsstande mehrfach zu Beschwerden Anlaß gegeben hat. Der Bundesrat und die oberste Landesfinanzbehörden sahen sich deshalb veranlaßt, im Laufe der Zeit vielfache Erleichterungen im Rückwarenverkehr zuzugestehen.

Hier sind insbesondere anzumerken:

Die Erlasse des pr. FM vom 6. Juli 1870, vom 28. Januar 1904, 4. Juli 1905, 27 November 1905, vom 6. Januar 1908, 24. Februar 1909, 26. April 1909, 18. August 1909. Von besonderer Wichtigkeit ist der Erlaß vom 27. Februar 1909, pr. ZBl. 1909 S. 104ff. und der BRBeschluß vom 8. April 1907, § 315 der Protokolle. Auch der Runderlaß des Reichsschatzamts vom 30. September 1904 ist zu erwähnen.

Der § 114 VZG. handelt von den Ausstellungsgütern und den Gegenständen, die zum vorübergehenden Gebrauch eingehen. Für die Ausstellungssachen ist heutzutage noch der § 59 Nr. 17 lit h u. i des Hauptprotokolls der 15. Generalkonferenz maßgebend. Hinsichtlich der Behandlung der zum vorübergehenden Gebrauch, zur Ansicht usw eingegangenen und dann wieder ausgeführten Gegenstände sind die Handelsvertragsabmachungen und die Reziprozität zu beachten, außerdem müssen noch besondere Billigkeitsgründe, neben der Wiederausfuhr, vorhanden sein

Der § 115 VZG. gibt die allgemeinen Anordnungen über den Veredlungsverkehr, d h. den Verkehr von Gegenständen, der von einem Zollgebiet in ein anderes behufs Verarbeitung, Vervollkommnung oder Reparatur gesandt werden und nach der Veredlung wieder zurückkommen bzw. ausgehen. Man unterscheidet den aktiven und den passiven Veredlungsverkehr, je nachdem die Verarbeitung im In- oder im Ausland stattfindet; den autonomen und den Vertragsveredlungsverkehr, je nachdem die Bestimmungen über diesen Verkehr auf den eigenrechtlichen Gesetzen oder auf Vertragsabmachungen beruhen; den Transitveredlungsverkehr, wenn z. B. eine Ware aus der Schweiz in Deutschland veredelt und dann nach England verschickt, sowie den Lohnveredlungsverkehr und die Eigenveredlung, je nachdem die Veredlung einer Ware im Inland auf Rechnung des Ausländers oder des Inländers erfolgt, den ständigen und unständigen, den echten und unechten Veredlungsverkehr.

Der Bundesrat hat mit Beschluß vom 5. April 1906 (§ 290 der Protokolle, Nr. 4 der der BRDrS. 1906) die Veredlungsordnung erlassen, welche den Veredlungsverkehr nach allen Richtungen hin regelt. Die Veredlungsordnung hat drei Hauptabteilungen: a) Allgemeine Vorschriften, b) Veredlung im Inlande, c) Veredlung im Auslande und 22 Paragraphen.

Der § 1 regelt die Zuständigkeit, die a priori der obersten Landesfinanzbehörde zusteht. In §§ 2 bis 8 sind die Bestimmungen enthalten: a) wann ein Veredlungsverkehr im Inland zugelassen werden kann, b) wann eine Veredlung im Ausland erfolgen kann, soweit nicht bloß der sog. Ausbesserungsverkehr in Frage kommt Wichtig ist der § 5, wonach eine Entscheidung des Bundesrats zu erwirken ist, soferne es sich um einen ständigen, im Zollgebiet noch nicht gestatteten Veredlungsverkehr handelt. Die übrigen Paragraphen regeln die Einzelvorschriften beim Veredlungsverkehr im Inland und im Ausland. (Vgl. Lusensky, Der zollfreie Veredlungsverkehr, Berlin, Häring.)

Der § 116 VZG. handelt vom kleinen Grenzverkehr, d. h. von jenem Verkehr, der wechselseitig die Grenze, aber diesseits nicht die Binnenlinie, jenseits gleichfalls nicht weiter entfernte Grenzorte überschreitet, so z. B. der Mahlverkehr, der Marktverkehr, der Weideverkehr, der Reparaturverkehr in den Grenzgebieten und dergl.

§ 117 VZG. handelt von den inländischen Strandgütern und deren Zollfreiheit bei nachgewiesener Identität.

Hinsichtlich der Bestimmungen in §§ 111—117 VZG. ist auf die ausführliche Behandlung dieser Zollrechtsmaterie in A. Düffe, VZG., Harburg, Elkan, zu verweisen.

§ 113.

Der § 118 VZG. handelt von den Bedingungen, unter welchen die vorstehenden Erleichterungen der §§ 111—116 VZG. zugelassen sind und von den Zollerlassen aus Billigkeitsrücksichten.

Hiezu hat die Nr. 32 der Anweisung zur Erläuterung des VZG. die erforderlichen Ausführungsbestimmungen gebracht.

In dieser Anweisung Ziff. 32 zu § 118 VZG. sind die Kompetenzverhältnisse geregelt, es ist festgestellt, wann die obersten Landesfinanzbehörden, die Direktivbehörden und die Hauptzollämter selbst zum Zollerlaß aus Billigkeit ermächtigt sein sollen. In dieser Beziehung wird auf die ausführliche Darstellung dieser Vorschriften in dem schon mehrerwähnten Buch: Das VZG. von A. Düffe, sowie auf die eingehende Darstellung in dem Zolldiensthandbuche von E. Hofbauer, Zollerleichterungen und Befreiungen nach Maßgabe der §§ 111—118 VZG. hingewiesen. Auch ist auf den allerdings im Laufe der Zeit vielfach abgeänderten Erlaß des kgl. bayer. Staatsministeriums des Handels und der öffentlichen Arbeiten vom 7. Juli 1871, bayer. ZABl. Nr. 18, 1871, und auf die Erlasse der kgl. bayer. Generalzolldirektion vom 17. April 1905 und 14. August 1907 aufmerksam zu machen, siehe bayer. ZABl. 1905 S. 96 und 1907 S. 376 f. (Vgl. auch BRB. vom 1. Februar 1911, BRDrS. Nr. 13, 1911.)

Bezüglich der Zollerlasse und Zollbefreiungen ist insbesondere auch auf die von R. Hausbrand in der Zeitschrift für Zoll- und Reichssteuerwesen mehrfach veröffentlichten Abhandlungen Bezug zu nehmen Außerdem kommen hauptsächlich noch folgende Darstellungen in Betracht:

1 Übersicht über die zurzeit bestehenden Zollbefreiungen von Kunckel, Zeitschrift für Zollwesen und Reichssteuern, Jahrgang I S. 13.

2. Die Systematik des Zollverwaltungsrechts von R Hausbrand, Kunckels Zeitschrift, Jahrgang 1902 S. 1 und 33.

3. Abänderungsvorschläge zum VZG von Fraude, Jahrgang 1902 S. 141 der obengenannten Kunckelschen Zeitschrift.

4. Zur Revision des VZG. von R Hausbrand, Jahrgang 1905 S. 4, 65, 211; 1906 S. 185, 233 (Freier Weg).

Was namentlich die Ausführungen R. Hausbrands über den sog. Freien Weg anbelangt, so wird in der fraglichen Abhandlung zuerst das geltende Recht dargestellt, hieran schließt sich die Kritik hierüber und schließlich werden die Abänderungsvorschläge vorgebracht Im Einzelnen wird daselbst Folgendes ausgeführt:

Das geltende Recht besteht darin, daß der sog. Freie Weg gewährt wird in folgenden Fällen:

1. Bei der Durchfuhr — § 6 VZG.
2. Im Zwischenauslandsverkehr, bei richtiger Anmeldung und Abfertigung der Waren nach § 111 VZG.
3. Bei der Aufnahme der Waren in die Niederlage oder aufs Zollkonto, Kontenregulativ.
4. Im Meß- und Marktverkehr — § 112 VZG.
5. Bei Rückwaren im engeren Sinne, wenn sie auf Bestellung, zum Kommissionsverkauf, zur Ansicht, zu öffentlichen Ausstellungen oder zum vorübergehenden Gebrauch nach dem Ausland gesandt werden und von dort wieder mit Nämlichkeitsnachweis zurückkommen; — § 113 VZG.; oder wenn Güter zu öffentlichen Ausstellungen oder zum vorübergehenden Gebrauch vom Ausland nach dem Zollinland gelangen und wieder nach dem Ausland zurückgehen — § 114 VZG.
6. Für inländische Standgüter — § 117 VZG.
7. Im Veredlungsverkehr — § 115 VZG.
8. Im kleinen Grenzverkehr — § 116 VZG.
9. Aus Billigkeit nach Ziff. 32 der Anweisung zur Erläuterung des VZG.

Außerdem besteht der freie Weg für Gebrauchsgegenstände der Reisenden — § 6 Nr. 6 des Zolltarifgesetzes; für zurückkommende Beförderungsmittel — § 6 Ziff. 8 des ZTG. und für Umschließungen zur Ausfuhr inländischer Waren oder für zurückkommende Umschließungen von Ausfuhrgütern — § 6 Ziff. 9 ZTG. — ferner besteht der freie Weg im Verkehr mit Mustern und zwar für ausländische Muster nach Maßgabe der Handelsverträge und für inländische Muster nach § 39 des Münchener Vollzugsprotokolls vom 14. Februar 1834, endlich für zurückkommende Bienen mit Honig in den Stöcken — Zolltarif Nr. 139

Der gemeinsame Grundgedanke ist hiebei, daß die Waren vom Zolle frei bleiben sollen, die nach der Ausfuhr wieder zurückkommen oder die nach der Einfuhr wieder ausgehen, ohne in den Aufbrauch des für sie fremden Landes übergegangen zu sein.

Gemeinsam ist allen diesen Fällen das Moment der zweimaligen Grenzüberschreitung. Ein Rechtsanspruch auf Gewährung des freien Weges wird nur gewährt in den obenbezeichneten Fällen Ziff. 1, 2, 3, bei Ziff 2 wenn die Vorschriften des Zwischenauslandsregulativs erfüllt sind; dagegen besteht bei Ziff. 6, 8, 10, 11 und 12, insbesondere auch nicht bei den Retourwaren im engeren Sinne und beim Veredlungsanspruch kein Rechtsanspruch auf Gewährung des freien Weges.

Der § 113 des VZG. hat eine Erweiterung dahin erfahren, daß die Zollfreiheit nicht bloß für zurückkommende vereinsländische Erezugnisse, sondern auch für solche des freien Verkehrs — BRBeschluß vom 18. April 1907 § 315 der Protokolle nunmehr zugelassen ist. Die Einzelfälle des § 113 VZG. sind vom pr. Finanzminister dahin erweitert, daß Materialien, z. B. Nägel, Schrauben u. dergl., die zum ungewissen Verbrauch ausgeführt sind, zollfrei wieder eingeführt werden dürfen, wenn sie nicht verbraucht worden sind. (Pr. ZBl für Abg. 1907 S. 138.) Da die Praxis allmählich zur Erweiterung dieser Einzelfälle gedrängt hat, herrscht beim ganzen Verfahren des freien Wegs eine gewisse Systemlosigkeit. Die hauptsächlichsten Arten des freien Wegs sind in XIV. Abschnitt des VZG. enthalten, allein viele stehen im Zolltarifgesetz, im Zolltarif und im VZG. an anderer Stelle. Die Ausführungsbestimmungen, die zu § 118 VZG. ergangen sind, enthalten sogar echte Zollfreiheiten, z. B. Wäsche für Abbrändler und durch Elementarereignisse Geschädigte, unbestellbare Postsendung nach ihrer Vernichtung, gebrauchte Haushaltsgegenstände als Geschenke für Unbemittelte (vgl. BRBeschl. vom 28. Juni 1899 — § 481 der Protokolle), so ist beispielsweise nicht ersichtlich, warum in einzelnen Fällen ein Rechtsanspruch auf Zollfreiheit gegeben ist, z. B bei Deklarationsscheingütern bei Erfüllung der Zollförmlichkeiten, in anderen bloß eine Vergünstigung gewährt wird, z. B. wenn der erforderliche Nachweis für das Zwischenauslandsgut auf andere Weise erbracht wird. Während bei der Durchfuhr, beim Zwischenauslandsverkehr und beim Zolltarifgesetz der einzelne Zollbeamte zuständig ist zur Gewährung des freien Wegs, sind in anderen Fällen das Hauptzollamt, die Direktivbehörde, die oberste Landesfinanzbehörde, ja der Bundesrat nur befugt zur Verbescheidung des Falles. Besonders bei den Retourwaren im engeren Sinne und bei den Fällen der Ziff. 32 der Ausführungsanweisung zum VZG. ist die Verteilung der Zuständigkeit ziemlich verwickelt. (Vgl. Hausbrands Ausführung, Zeitschrift 1907 S. 194.) Wesentlich für die Gewährung des freien Wegs ist die Festhaltung der Nämlichkeit der Ware. Diese geschieht bei Waren, für die von vornherein die doppelte Grenzüberschreitung feststeht oder wahrscheinlich erscheint, z. B. beim Veredlungsverkehr durch besondere Begleitpapiere, durch das Zollvormerkverfahren und Identifizierung. Das Korrelat ist für den Niederlageverkehr und den Kontenverkehr geschaffen (bei ausländischen Waren), es fehlt aber eine derartige Einrichtung für Inlandswaren, die ins Ausland gehen und wieder zurückkommen (Zollkonten für Inlandsgüter, z. B. Uhren, die von einem inländischen Uhrmacher von seinem Konto ins Ausland verschickt und von dort wieder zurückkommen, sollen eo ipso zollfrei sein!)

Im einzelnen ist zu bemerken, daß der Meß- und Marktverkehr nach § 112 VZG. nach ausländischen Märkten allgemein zulässig ist, der umgekehrte Fall bestimmt sich nach der Reziprozität; dieser Grundsatz wäre beizubehalten.

Der § 112 VZG. hat die Beschränkung: die Waren müssen unverkauft zurückkommen. Es ließen sich Fälle denken, in denen sich trotz des Verkaufs der Ware auf dem Markt der Grund für Zollerhebung entfällt, z. B. ein Inländer kauft auf dem ausländischen Markt eine nachweislich inländische Ware.

Bei den Retourwaren im engeren Sinne ist die bedeutungsvollste Einschränkung: der vereinsländische Ursprung ist bereits durch BRBeschluß vom 18. April 1907 gemildert worden. In der Praxis werden infolge der Tradition aus der Zollvorzeit Verzehrungsgegenstände wegen der Schwierigkeit des Identitätsnachweises von der Zollfreiheit der Regel nach ausgeschlossen, wenn die Ware bereits in die Hände des Empfängers abgelassen worden war. Ob hier nicht manchmal zu strenge verfahren wird? Im Ausstellungsverkehr wird die Zollfreiheit nur gewährt, wenn es sich um öffentliche Ausstellungen handelt. Es dürfte kein Grund dagegen bestehen, auch z. B. Ausstellungen von Vereinen usw. diese Begünstigung zu gewähren. Wegen der Kasuistik dieses Paragraphen ist die Abfertigung der Rückwaren sehr erschwert, da alle möglichen Eventualitäten eintreten können, z. B. das ursprüngliche Geschäft wird rückgängig gemacht oder es wird über eine anderweitige Verwertung der Ware ein Vergleich abgeschlossen oder die Ware hat im Ausland den Eigentümer gewechselt. (Vgl. Erlaß des RSchAmts vom 30. September 1904). Was versteht man unter „vorübergehenden" Gebrauch? Ist darunter auch zur Ansicht, zur Auswahl, zur Anprobe zu verstehen?

Muß die Ware an denselben Eigentümer bzw. Versender zurückgehen? Und wie ist zu verfahren, wenn z. B. Maschinen nach jahrelangem Gebrauch völlig abgenützt gegen Lieferung von neuen Maschinen wieder zurückkommen? (Vgl. Erlaß des RSchAmts vom 30. September 1904.) Die Einschränkung in § 114 VZG. ist durch die neueren Handelsverträge etwas gemildert, doch wäre an dem Prinzip der Reziprozität festzuhalten, auch ist der Begriff: Verbrauch und Aufbrauch nicht ganz unzweideutig.

Die Vorschläge Hausbrands für den Rechtsanspruch des freien Weges setzen nämlich voraus: zweimalige Überschreitung der Grenze, Nichtübergang der Sachen in den Aufbrauch des fremden Landes, also einen gewissen Zeitablauf für Auslandswaren und Reziprozität mit Regelung der Zuständigkeit der entscheidenden Behörden.

Der Veredlungsverkehr nach § 115 VZG. ist durch die Veredlungsordnung geregelt (BRBeschluß vom 5. April 1906.) Wegen der Anwendung und Neuregelung der Bestimmungen des VZG. in §§ 111--118 ist auf das Buch: „Veröffentlichungen des Mitteleuropäischen Wirtschaftsvereins, Verhandlungen der Zollkonferenz der mitteleuropäischen Wirtschaftsvereine in Deutschland, Österreich und Ungarn, Nürnberg, 30. und 31. Oktober 1908, Berlin, Puttkammer & Mühlbrecht" zu verweisen, desgl. auf Heft IX der Veröffentlichungen des Mitteleuropäischen Wirtschaftsvereins in Deutschland „Erleichterungen im Zollverkehr" Bezug zu nehmen (Verlag Puttkammer & Mühlbrecht, Berlin 1909).

§ 114.

Der XV. Abschnitt des VZG. handelt von der Zollkontrolle im Grenzbezirk. Es bestimmt nämlich § 119 VZG., daß im Grenzbezirk gewisse Waren nach Anordnung der Zollbehörde (der obersten Landesfinanzbehörde) einer Transportkontrolle zu unterstellen seien, derart, daß diese Waren nur nach Ausstellung eines Transport- oder Legitimationsscheines im Grenzbezirk transportiert d. h. befördert werden dürfen. Der § 120 VZG. bestimmt, welche

Waren von dieser Transportkontrolle allgemein befreit sind, z. B. der Gütertransport mit der Post, mit der Eisenbahn aus dem Binnenland, der Transport von Haus zu Haus in einer geschlossenen Ortschaft des Grenzbezirks. Großen Wert hat diese Transportkontrolle nicht, vgl. Erlaß des kgl. bayer. Handelsministeriums vom 21. Januar 1870, bayer. ZABl. 1870 Nr. 6. Die §§ 121 und 122 VZG. betreffen die Transportkontrollen der Waren, die auf dem Wasserwege verschickt werden und die Beschränkung der Transporte unter Legitimationsscheinkontrolle auf die Zollzeit (§ 21 VZG.). Der § 123 VZG. regelt die Ausfertigung der Transportscheine (Legitimationsscheine). § 124 betrifft das Hausiergewerbe im Grenzbezirk, das der Zollaufsicht unterstellt ist, sowie die Kontrolle der Gewerbetreibenden im Grenzbezirk überhaupt. Auch diese Kontrolle hat nicht viel Wert, namentlich an der Wassergrenze.

Der Abschnitt XVI VZG. handelt von den Kontrollen im Binnenlande, die gegen früher jetzt sehr beschränkt sind.

Der Abschnitt XVII regelt die Haussuchungen in- und außerhalb des Grenzbezirks, die Durchsicht der Papiere und Handelsbücher bei Gewerbetreibenden und die Vornahme körperlicher Visitationen (§§ 126 und 127 VZG.).

Der Abschnitt XVIII trifft die erforderlichen Bestimmungen über die Zolldienststellen und die Befugnisse der Zollbeamten sowohl im Grenzbezirk wie außerhalb desselben im Binnenlande.

Die Zollämter sind entweder Hauptzollämter oder Nebenzollämter. Jedes Zollamt ist durch einen Schild kenntlich zu machen. Über die Befugnisse der Zoll- und Steuerämter und der Zoll- und Steuerbeamten geben die §§ 128 bis 132 VZG. den erforderlichen Aufschluß, während in Abschnitt XIX die Geschäftsstunden bei den Zoll- und Steuerstellen geregelt sind. Bei den Grenzzollämtern und bei den im Grenzbezirk vorhandenen Zollabfertigungsstellen dauert die Geschäftszeit im Sommer von 7—12 und 2—8 Uhr, im Winter von 7 1/2—12 Uhr und nachmittags von 1—5 1/2 Uhr; doch können die Dienststunden nach Maßgabe der hervortretenden Bedürfnisse von den Direktivbehörden anderweitig geregelt werden. Die Reisenden, welche keine zum Handel bestimmten Waren mit sich führen, müssen beim Grenzzollamt jederzeit abgefertigt werden, ebenso sind die Passagier-Effekten der Eisenbahnreisenden sofort nach Ankunft der Züge abzufertigen (vgl. auch § 92 VZG.) und die sofort weitergehenden Eisenbahnwagen.

§ 115.

Bevor zum Abschnitt XX „Strafbestimmungen" übergegangen wird, sollen nachstehend die in der Zeitschrift für Zollwesen und Reichssteuern, begründet von Oberzolldirektor Kunckel in Schwerin, die nach dessen Tod von Oberregierungsrat R. Hausbrand in Hamburg und zurzeit vom geheimen Regierungsrat und vortragenden Rat im Reichsschatzamt Dr. Trautvetter herausgegeben und redigiert wird, enthaltenen auf das VZG. Bezug habenden Darstellungen und Abhandlungen hier kurz vorgemerkt werden.

Es sind folgende Artikel aufzuführen:

Der Rechtsweg für Streitigkeiten über Reichsabgaben von F Boccius, Seite 2 und 35, Jahrgang I.

Zolltarifauskünfte und Zolltarifstreitigkeiten von Volk, I S 99.

Ordentliche Gerichte oder Verwaltungsgerichte zur Entscheidung von Streitigkeiten über Zölle und Reichssteuern, I S. 178.

Die Haftung des Zollgutes von Dr. Hoffmann, I S. 67.

Zollpflicht und freier Verkehr von Dr. Chr. Beer, I S. 163.

Zollausschlüsse und freie Niederlagen von Dr. Chr. Beer, I S. 195, 227.
Die zollamtliche Revision des Reisegepäcks von Volk, I S. 139.
Ablösung der Zollfreiheit der Standesherren in Bayern, I S. 25.
Dingliche und persönliche Zollpflicht von Kunckel, II S. 33.
Zollpflicht, von Greiner, II S. 235.
Zur Systematik des Zollverwaltungsrechtes von Hausbrand, III S. 1 und 33.
Der zollamtliche Befund, von Osel, IV S. 198.
Vereinfachungen im Eisenbahnzollabfertigungsverfahren von Fraude, IV S. 15.
Die Neuordnung des zollfreien Veredlungsverkehrs von Dr. Tschierschky, IV S. 225.
Zur Revision des Vereinszollgesetzes von R. Hausbrand, V S. 4, 65, 211.
Die Zollbefreiungen beim Ein- und Ausgang von Waren zum vorübergehenden Gebrauch unter besonderer Berücksichtigung des Zollvormerkverfahrens von O. Griebel, V S. 145 ff.
Die Zollgebührenordnung von Dr. Zimmermann, V S. 220 und 249.
Zollstreitsachen von Dr. Chr. Beer, VI S. 1 und 41.
Über die Verjährung der Zollansprüche von M. Brandenburg, VI S. 6.
Das amtliche Warenverzeichnis zum Zolltarif und die hiezu ergangenen bundesratlichen Regelungen von Dr. Zimmermann, VI S. 43 ff.
Einfuhr-, Ausfuhr- und Durchfuhrverbote u. dergl. Beschränkungen von Dr. Heidecker, VI S. 87 ff.
Beiträge zur Geschichte des deutschen Zoll- und Steuerwesens. von O. Griebel, VI S. 93 ff.
Ceterum censeo, daß der Begriff der Zollpflichtigkeit gesetzlich festgestellt werden muß, von R. Hausbrand, VI S. 139.
Inwiefern kann die Zollabfertigung vereinfacht werden, von R. Hausbrand, VII S. 1 und 42.
Zu § 124 des VZG. Hausierhandel usw. von Roepstorff, VII S. 81.
Nochmals die Zollpflicht, von Greiner, VII S. 86.
Die Veredlungsordnung vom 5. April 1906 von Dr. Zimmermann, VII S. 113 ff.
Exponierte Zollstellen von Dr. Heidecker, VII S. 146 ff. und VIII S. 82.
Die Retourwaren im österr. Zolltarif von Löffler, VIII S. 202.
Deklarationspflicht und Deklarationszwang von Dr. Heidecker, IX S. 82 ff.
Haftung der Zollverwaltung für Beschädigung und Verlust der in Eisenbahnzollstellen zur Abfertigung niedergelegten Güter, von Dr. Zimmermann, IX S. 202.
Über das Wesen des Zollniederlagescheins, von Brandenburg, IX S. 33 ff.
Das Nachrichtenblatt für Zollstellen, von Ungethüm, IX S. 308.
Verzinsung rückständiger indirekter Steuern und Zölle, von Lemke, IX S. 206.
Über das Wesen und die Bedeutung der österreichischen Stammerklärungen von Merores, X S. 2.
Die Zollbehandlung der Gerste, von Dr Trautvetter, X S 161 ff.
Zollausschlüsse von Dr. Dronke, X S 225.

§ 116.

Der Abschnitt XX VZG. handelt von den **Strafbestimmungen**, die in den §§ 134 bis 164 enthalten sind.

Im Gebiet des Deutschen Reiches bzw. des deutschen Zollgebiets besteht zurzeit noch kein allgemein deutsches Gefällestrafrecht wie z. B. in Österreich, es sind vielmehr nur Einzelbestimmungen gegeben, die sich an die betreffenden Zoll- und Steuergesetze und die darin enthaltenen Erhebungs- und Kontrollformalitäten angliedern, jedoch im allgemeinen Strafrecht wurzeln.

Die Strafbestimmungen des VZG. gründen sich auf den § 2 Abs. II des Einführungsgesetzes zum Reichsstrafgesetzbuch. Das Strafrecht des VZG. ist neben dem Reichsstrafgesetzbuch allgemein geltendes Reichsrecht, nicht Landesrecht, wie ja auch das VZG. Reichsrecht ist (vgl. S. 157/8 dieses Buches). (RGErk. Bd. III S. 663.)

Vgl. Dr. E Löbe, Das deutsche Zollstrafrecht, Leipzig, Verlag von Hirschfeld 1901, III. Auflage S. 26: „Seitdem zufolge des Art. 33 I der RV., wonach Deutschland ein einheitliches, von gemeinsamer Zollgrenze umgebenes Zoll- und Handelsgebiet bildet, der deutsche Zollverein im Deutschen Reich aufgegangen ist, hat das VZG. materiell die Bedeutung eines Reichsgesetzes erlangt. Es kennzeichnet sich demnach nicht mehr als bloßes Zollvereinsgesetz, sondern als Zollgesetz des Deutschen Reiches und die darin enthaltenen Strafgesetze gehören zu den Strafgesetzen des Deutschen Reiches. Der Geltungsbereich der letzteren umfaßt daher nicht nur das Zollgebiet, sondern auch die sog. Zollausschlüsse und zwar diese mindestens insoweit, als von ihnen aus Zuwiderhandlungen gegen die Zollgesetzgebung des Deutschen Reiches unternommen werden und im Zollgebiet in die Erscheinung treten. Dabei macht es nach § 3 RStG. keinen Unterschied, ob der Täter ein Deutscher ist oder ein Ausländer. —

Außer dem VZG. ist hier noch zu erwähnen das Zollkartell mit Österreich-Ungarn vom 6. Dezember 1891 und das RGesetz wegen Ausführung des Zollkartells mit Österreich-Ungarn vom 9. Juni 1895, das Zollkartell unter den Zollvereinsstaaten vom 11. Mai 1833, das Gesetz betr. die Sicherung der Zollvereinsgrenze in den vom Zollgebiet ausgeschlossenen Gebietsteilen Hamburgs vom 1. Juli 1869, desgleichen betreffend die bremischen Gebietsteile, vom 28. Juni 1879.

§ 117.

Das VZG. kennt als Zuwiderhandlungen folgende drei Arten:

a) die Kontrebande (§ 134),

b) die Zolldefraude (§ 135) und

c) die Kontraventionen oder Ordnungswidrigkeiten (§ 152).

Am meisten ausgeprägt in den Eigenheiten der Zollvergehen ist die Zolldefraude oder Zollhinterziehung. Defraude ist die rechtswidrige Hinterziehung (Vorenthaltung) des dem Staate (Reiche) geschuldeten Gefälls (Zollgefälls), begangen in dem Bewußtsein, daß die Handlung eine Gefällehinterziehung im Gefolge habe. Die Anwendung der Zolldefraudestrafe hat zur Voraussetzung das Vorhandensein und den Nachweis einer Gefällehinterziehung und des Bewußtseins dieser Handlung d. h. der Schuld.

Die Kontrebande begreift die bewußte Übertretung eines Einfuhr-, Ausfuhr- oder Durchfuhrverbotes in sich.

Über das Vorhandensein des Dolus bei Zolldelikten siehe die Ausführungen in Dr. Löbe: Deutsches Zollstrafrecht zu §§ 134 und 135 VZG. Über die Bedeutung des Ausdrucks: Wer es unternimmt, Gegenstände, deren Ein-, Aus- oder Durchfuhr verboten ist, diesem Verbot zuwider ein-, aus- oder durchzuführen usw. usw oder: wer es unternimmt, die Ein- oder Ausgangsabgaben zu hinterziehen, siehe gleichfalls Löbe, Deutsches Zollstrafrecht. Diese Gesetzesbestimmung deutet an, daß der Versuch mit in den Begriff der vollendeten Straftat gezogen ist, daß aber gleichwohl ein Dolus bei dem Täter vorhanden sein muß, d. h. das Bewußtsein, ein zollgesetzliches Delikt zu begehen. (Vgl. Löbe, Deutsches Zollstrafrecht, III. Auflage S. 47 und 63.)

§ 118.

Der § 134 VZG. behandelt die Kontrebande und setzt als Strafe für den Täter fest:

a) Die Konfiskation der Kontrebandewaren und

b) eine Geldbuße, die dem doppelten Werte dieser Waren gleichkommt, mindestens aber 30 Mark betragen soll.

Der § 135 VZG. behandelt die Zolldefraude und setzt als Strafe fest: Den vierfachen Wert des hinterzogenen Zollbetrags nebst Konfiskation der defraudierten Gegenstände.

Der § 136 VZG. schafft nicht eigene formelle Delikte, sondern enthält wirkliche Zolldefraudationen, wie § 135 VZG.; die unter 1a—c, 2a und b, 3a—c, 4, 5a—d, 6, 7, 8, 9 aufgeführten Handlungen sind nur vom praktischen Standpunkt aus gleich mit der Beweispräsumtion des objektiven und subjektiven Tatbestandes derart ausgerüstet, daß der **Angeklagte** nachzuweisen hat, daß ihn keine Schuld trifft (vgl. § 137 VZG.).

Über die praesumtio juris und praesumtio juris et de jure mit Bezug auf das Dasein einer Kontrebande oder Zolldefraude vgl. Löbe, Zollstrafrecht, III. Aufl. S. 129 und 130. Es ist hiezu der § 137 VZG. hier anzuführen: „Das Dasein der in Rede stehenden Vergehen (Delikte) und die Anwendung der Strafen derselben wird in den im § 136 VZG. angeführten Fällen **lediglich** durch die daselbst bezeichneten Tatsachen begründet." —

„Kann jedoch in gewissen Fällen, die speziell aufgeführt sind, der Angeschuldigte nachweisen, daß er eine Kontrebande oder Zolldefraude nicht habe verüben können oder eine solche nicht beabsichtigt gewesen sei, so findet nur eine Ordnungsstrafe nach § 152 VZG. statt." —

In gleicher Weise bestimmt der § 138 VZG., daß auch bei den Kontrollen im Binnenlande bei dem Fehlen des Verzollungsnachweises in den Handelsbüchern die Vermutung für die Zolldefraude besteht, daß aber auch hiegegen der Gegenbeweis zulässig ist. Dieser Paragraph hat wenig Bedeutung mehr.

Dagegen ist § 139 VZG. sehr wichtig, indem darin bestimmt ist, daß Gegenstände, deren Ein-, Aus- oder Durchfuhr verboten ist, lediglich zurückgeschafft werden sollen, ohne daß Strafeinschreitung erfolgt, wenn 1. solche Gegenstände beim Grenzzollamte von Gewerbetreibenden ausdrücklich angezeigt werden oder von anderen Personen vorschriftsmäßig zur Revision gestellt werden, oder wenn 2 solche Gegenstände mit der Post ankommen und der Adressat einer beabsichtigten Kontrebande nicht überführt werden kann.

Wenn also z. B. an der Grenze der Besitzer einer ausländischen Wurst (die Einfuhr von Würsten ist verboten lt. Fleischbeschaugesetz) — soferne er nicht z. B. Schlächter ist, — diese Wurst zur Revision stellt, oder wenn jemand von einem Bekannten aus dem Ausland eine Wurst mit der Post zugesendet erhält, so wird die fragliche Wurst nur zurückgewiesen und ins Ausland zurückgeschickt oder vernichtet. Eine Strafe greift nicht Platz.

Die §§ 140 und 141 VZG. beschäftigen sich mit der Strafe des ersten und des ferneren Rückfalls. Beim ferneren (also beim 3. Rückfall) tritt bereits Freiheitsstrafe bis zu zwei Jahren ein.

Der § 143 VZG. bestimmt, daß eine dreijährige Unterbrechung in Zolldelikten (Kontrebande und Zolldefraude sind als gleichartige Übertretungen des Zollgesetzes zu betrachten) die Strafe des Rückfalls ausschließt.

Der § 144 VZG. begreift die Verschärfung der Strafe auf Kontrebande und Zolldefraudation bei erschwerenden Umständen z. B. wenn die Zolldefraude mittels Verletzung eines zollamtlichen Verschlusses erfolgt. Hat die Eisenbahnverwaltung in Vertretung der Zollverwaltung den Zollverschluß angelegt, so ist dies ohne Bedeutung für die erhöhte Strafbarkeit der Handlung und der Verschluß gilt als amtlicher Zollverschluß. Hat ein Gewerbetreibender die ihm von der Zollbehörde eingeräumte Vergünstigung mißbraucht, so tritt auch Entziehung dieser Begünstigung ein (§ 145 VZG.).

Die §§ 146 und 147 VZG. handeln vom Bandenschmuggel und vom Schmuggel unter dem Schutze einer Versicherung, der § 148 bestimmt die Strafe beim Schmuggel mit Waffen. Der § 149 regelt die Bestrafung der Teilnehmer, Anstifter, Mittäter und Gehilfen nach Maßgabe der Bestimmungen des Reichsstrafgesetzbuches §§ 47 ff., 257. Die Begünstigung des Schmuggels wird nach § 157 VZG. bestraft. Ebenso kommen hinsichtlich der Vollstreckung der Freiheitsstrafen die Landesgesetze in Anwendung.

§ 119.

Der § 151 VZG. bestimmt, daß die Verletzung eines amtlichen Warenverschlusses d. h. eines im Interesse der Zollbehörde zur Gefällesicherung, also auch bei Deklarationsscheinwaren, angelegten Verschlusses, auch wenn keine Defraudationsabsicht damit verbunden ist, mit einer Geldbuße bis zu 900 Mark geahndet wird, wenn nicht nachgewiesen werden kann, daß die Verschlußverletzung durch einen unverschuldeten Zufall entstanden ist. Der § 152 VZG. setzt fest, daß die Übertretung der Vorschriften des VZG. sowie der dazu erlassenen Ausführungsbestimmungen, Regulative, Ordnungen 2c. mit einer Geldstrafe (Ordnungsstrafe) bis zu 150 Mark geahndet wird, sofern im VZG. oder im StrGB. des Deutschen Reichs nicht eine besondere Strafe angedroht ist. Die Mindeststrafe beträgt im Falle des § 152 eine Mark, im Falle des § 151 VZG. drei Mark.

Der § 153 VZG. enthält eine ganz eigenartige Bestimmung über die subsidiarische Vertretungsverbindlichkeit dritter Personen. — Handel- und Gewerbetreibende haben nämlich für ihre Diener, Lehrlinge, Markthelfer, Gewerbegehilfen, Ehegatten, Kinder, Dienstboten usw., — Eisenbahnverwaltungen und Dampfschiffsgesellschaften für ihre Angestellten und Bevollmächtigten, andere nicht zu Handels- und Gewerbeleuten gehörigen Personen nur für ihre Ehegatten und Kinder rücksichtlich der Geldbußen, Zollgefälle und Prozeßkosten zu haften, dergestalt, daß die etwa gegen eine der oben genannten Personen rechtskräftig ausgesprochene, nicht beitreibbare Geldbuße von dem subsidiarisch Verhafteten eingezogen werden kann, wenn nicht die Geldbuße in Haftstrafe umgewandelt wird. Nicht beitreibbare Zollgefälle und Prozeßkosten sind stets von dem subsidiarisch Verhafteten einzuziehen. Weisen letztere nach, daß die Zolldefraude ohne ihr Wissen verübt wurde, haften sie nur für die Zollgefälle (vgl. RStGB. § 361 Ziff. 9).

Diese subsidiarische Haftung ist nicht bloß eine zivilrechtliche Haftung, sondern eine Strafe, allerdings ohne kriminalistische Schuld. (Vgl. Havenstein, Zollgesetzgebung des Deutschen Reiches zu § 153 VZG.)

Der § 154 VZG. enthält die Bestimmungen über die Konfiskation der kontrebandierten oder defraudierten Gegenstände.

Die Angabe, daß die Konfiskation stets den Eigentümer trifft, ausgenommen, wenn die Defraudation von einem Warenführer ohne Mitwissen des Eigentümers verübt wurde, in welchem Falle Werterſatz durch den Defraudanten stattzufinden hat, bedeutet nicht, daß die Strafe der Defraudation mit Konfiskation der kontrebandierten oder defraudierten Gegenstände nur gegen den Eigentümer der Ware ausgesprochen werden kann, der Strafausspruch richtet sich vielmehr stets gegen den Täter oder die Täter und nur in dem Ausnahmefall (Satz 2 des § 154 VZG.) ist auf Werterſatz statt Konfiskation zu erkennen. Nur die Rückwirkung der Konfiskation trifft den Eigentümer (vgl Wiesinger, VZG. S. 444).

In den Fällen, in denen aus tatsächlichen oder rechtlichen Gründen die Konfiskation nicht vollzogen werden kann, ist auf Erlegung des Wertes zu erkennen, oder auf Geldstrafe von 75 bis 3000 Mark. Der § 156 VZG. bestimmt, daß das Eigentum der konfiszierten Gegenstände auf den Staat übergeht. Die Beschlagnahme kontrebandierter oder defraudierter Gegenstände begründet für den Fiskus sofortiges, resolutiv bedingtes Eigentum insofern, als das Eigentumsrecht des Fiskus wieder entfällt, wenn nach dem Strafprozeßverfahren und dem Urteil feststeht, daß eine Konfiskation nicht zu erfolgen hatte (RGErk. vom 4. Mai 1886).

Konfiskate aus Zollprozessen dürfen nur dann in den freien Verkehr abgelassen werden, wenn durch den Verkauf der volle tarifmäßige Eingangszoll vereinnahmt wird (BRBeschluß vom 5. Juli 1882.)

§ 120.

Zollpflichtige Gegenstände, die im Grenzbezirk gefunden werden, unterliegen der Beschlagnahme (Konfiskation) seitens der Zollverwaltung, sofern kein Eigentumsanspruch geltend gemacht wird und der Nachweis der Verzollung oder der Herkunft aus dem freien Verkehr nicht erbracht wird. Die beschlagnahmten Fundgegenstände sind gemäß § 104 Abs. I und II VZG. zu versauktionieren. Über den Erlös hieraus vgl. bayer. ZABl. 1872 S. 181.

Treffen mit der Kontrebande oder der Zolldefraude andere strafbare Handlungen zusammen, so ist neben der allgemeinen Strafe auch auf die Strafe aus der Konfiskation oder Zolldefraude (§§ 134 bis 137 VZG.) zu erkennen (Ideal- und Realkonkurrenz, Gesetzeskonkurrenz). Wird eine Kontrebande oder Zolldefraude mittels Fälschung eines amtlichen Warenverschlusses verübt, so tritt neben der Zollstrafe die Bestrafung nach §§ 267 ff. RStGB. ein (vgl. Löbe, Zollstrafrecht S. 178 bis 181 ff.).

Der § 160 VZG. handelt von der aktiven Bestechung insofern, als nach diesem Paragraphen schon das Anbieten, Versprechen, Gewähren eines Geschenkes oder Vorteils an einen Zollbeamten oder dessen Angehörige zu einer an sich erlaubten Handlung mit Geldstrafe bedroht ist. Ist der Tatbestand einer wirklichen Bestechung vorliegend, so greift § 333 RStGB. Platz. Der § 161 VZG. bestimmt die Strafe bei Widersetzlichkeit, insofern als schon die Verhinderung (der Ungehorsam), die Erschwerung bei Zollhandlungen, Zollabfertigungen ꝛc. strafbar sein kann, während der tätliche Widerstand nach §§ 113—115, 124 RStGB. zu beahnden ist. Im Falle der Nichtbeitreibbarkeit der erkannten Geldstrafen tritt Umwandlung derselben in Freiheitsstrafen ein, deren Dauer jedoch gesetzlich beschränkt ist. Das Verhältnis der Geldstrafe zur Freiheitsstrafe richtet sich nach §§ 29 und 78 II RStGB. (§ 162 VZG.).

Unbekanntschaft mit den Bestimmungen des VZG. und den hiezu erlassenen Ausführungsvorschriften soll Niemanden, auch Ausländern nicht, zur Entschuldigung gereichen, womit jedoch nicht gesagt ist, daß z. B. Zolltarifbestimmungen von Jedermann gekannt sein müssen (§ 163 VZG.).

Die Kontrebande- und Defraudationsstraftaten verjähren in drei Jahren, die Ordnungswidrigkeiten in einem Jahr von dem Tage an gerechnet, wo sie begangen wurden. Der Anspruch auf Nachzahlung defraudierter Zollgefälle und Zollgebühren verjährt in fünf Jahren (§ 164), das Strafverfahren (Strafprozeß) richtet sich nach den Landesgesetzen, in welcher Beziehung das preuß. Verwaltungsstrafgesetz vom 20. Juli 1897 anzuführen ist (§ 165 VZG.).

Über die einzelnen Strafprozeßbestimmungen in den deutschen Bundesstaaten vgl. Dr. Löbe, Zollstrafrecht des Deutschen Reiches, S. 206 und Volk, Das Strafverfahren in Zoll- usw. Angelegenheiten, Beck, Nördlingen 1885, Bonnenberg, Das Verwaltungsstrafverfahren in Preußen, ferner Dr. Löwe-Hellweg, Kommentar zur Strafprozeßordnung des Deutschen Reichs; Strafgesetzgebung und Strafverfahren in bezug auf die Zuwiderhandlungen gegen die Zoll- und Steuergesetze von W. Röhr, neu bearbeitet von G. Lehmann, J. U. Kern's Verlag, Breslau.

§ 121.

Die Schlußbestimmungen zum VZG. enthalten in § 166 die Anordnung, daß das VZG. am 1. Januar 1870 in Kraft treten soll, daß alle entgegenstehenden Bestimmungen aufgehoben sein sollen, soweit die Zollgesetzgebung in Betracht kommt. Für die Übergangsabgaben gelten besondere Strafbestimmungen (vgl. Löbe, Zollstrafrecht, Anm. 1 zu § 135 VZG.).

Hinsichtlich der Strafbestimmungen über den Übergangs-Abgabenverkehr wird bei Besprechung der „Brausteuer und Übergangsabgaben" das Weitere bemerkt werden.

Hier sind schließlich noch zu erwähnen die Strafbestimmungen des Zolltarifgesetzes vom 25. Dezember 1902 in § 14:

Zuwiderhandlungen gegen die Bestimmungen dieses Gesetzes oder gegen die zu seiner Ausführung erlassenen und öffentlich bekanntgegebenen Vorschriften werden, soferne nicht nach § 11 Ziff. 4 Abs. 4 dieses Gesetzes (Verfehlungen gegen die Vorschriften über die Ölmühlenkonten) oder nach den §§ 135 ff. VZG. eine höhere Strafe verwirkt ist, mit einer Ordnungsstrafe bis zu 150 Mark geahndet.

Außerdem sind die Strafbestimmungen aus den Gesetzen betreffend die Sicherung der Zollvereinsgrenze in den vom Zollgebiet ausgeschlossenen hamburgischen und bremischen Gebietsteilen und betreffend das Zollkartell vom 11. Mai 1833 sowie aus dem Zollkartell zwischen dem Deutschen Reiche und Österreich-Ungarn vom 6. Dezember 1891 und aus dem Gesetz, betreffend die Ausführung des mit Österreich-Ungarn abgeschlossenen Zollkartelles vom 9. Juni 1895 zu erwähnen. Ferner ist anzuführen das Gesetz betreffend die Statistik des Warenverkehrs des Deutschen Reiches mit dem Auslande vom 7. Februar 1906 nebst Ausführungsbestimmungen, § 17, dessen Bestimmungen lauten: Zuwiderhandlungen gegen die Vorschriften dieses Gesetzes sowie der hiezu erlassenen und öffentlich bekannt gemachten Ausführungsbestimmungen von Seiten der Warenführer und inländischen Empfänger, Versender oder Absender sind, unbeschadet der Vorschriften in §§ 275 und 276 RStGB., mit einer Ordnungsstrafe bis zu 200 Mark zu bestrafen. Handel- und Gewerbetreibende, Eisenbahnverwaltungen und Dampfschiffahrtsgesellschaften sowie andere nicht zur handel- und gewerbetreibenden Klasse gehörende Personen haften bezüglich der von Dritten begangenen Verletzungen der gesetzlichen und Ausführungsvorschriften nach § 153 VZG.

In Betreff der Feststellung, Untersuchung, Entscheidung und Verjährung der Zuwiderhandlungen gegen die Vorschriften dieses Gesetzes und der Ausführungsbestimmungen hiezu sowie in Betreff der Strafmilderung und des Straferlasses im Gnadenwege kommen die Vorschriften zur Anwendung, nach welchen sich das Verfahren wegen Zuwiderhandlung gegen die Zollgesetze bestimmt.

Die auf Grund des Zoll- und Statistikgesetzes erkannten Geldstrafen fallen der Staatskasse desjenigen Bundesstaates zu, von dessen Behörden die Strafentscheidung erlassen ist.

Nach § 51 der zum Statistik-Gesetz erlassenen Dienstvorschriften kann bei Zuwiderhandlungen gegen die Vorschriften dieses Gesetzes oder gegen die Ausführungsbestimmungen nach der Bestimmung des Amtsvorstandes oder der Direktivbehörde innerhalb der ihnen beigelegten Befugnisse von einer Strafe abgesehen werden, wenn es sich nach der Untersuchung herausstellt, daß die vorgefundene Abweichung auf einen Zufall beruht oder dieselbe sonst genügend entschuldigt ist. Für den Verkehr im Freihafen Hamburg steht diese Befugnis der Deputation für indirekte Steuern und Abgaben in Hamburg zu.

Über das Strafverfahren in Zollprozessen und den ihnen gleichbehandelten Delikten sind die näheren Ausführungen hiewegen in der V. Auflage dieses Buches S. 131 ff. und Löbe, Das deutsche Zollstrafrecht, III. Aufl. S. 205 ff. enthalten, worauf hier verwiesen wird.

§ 122.

Im Anschluß an das VZG. sind auch die Bestimmungen des Fleischbeschaugesetzes und der Fleischbeschauzollordnung sowie die Bestimmungen des Weingesetzes und der Weinzollordnung kurz zu besprechen.

Für die Fleischbeschau ist das Reichsgesetz betreffend die Schlachtvieh- und Fleischbeschau vom 3. Juni 1900 (RGBl. 1900 S. 547) maßgebend. In Kraft getreten ist dieses Gesetz laut Kais. Verordnung vom 16. Februar 1902 zum Teil am 1. Oktober 1902 und vollständig am 1. April 1903 (Kais. Verordnung vom 7. Juli 1902). Die Ausführungsbestimmungen hiezu sind veröffentlicht im RGBl. 1902 S. 242 laut Bekanntmachung vom 10. Juli 1902.

Der Gesetzentwurf betreffend Schlachtvieh- und Fleischbeschau ist enthalten in BRDrS. Nr. 8, 1899, der Ausschußantrag in BRDrS. Nr. 26, 1899.

Die Verhandlungen im deutschen Reichstage über den Erlaß eines Fleischbeschaugesetzes sind enthalten in Bd. II 67. und 68. Sitzung, 1899. Der Gesetzentwurf, abgedruckt im AnlBand II 1898—1900, wurde an eine Kommission von 21 Mitgliedern abgegeben. Der Bericht der Kommission ist abgedruckt: AnlBd. V Nr. 635—637, 645. Die II. Beratung ist zu ersehen Bd. VI, 162.—164. Sitzung, 1900. Der Entwurf der Kommission wurde unverändert angenommen. Wichtige Debatten zeitigte die beantragte Befreiung der Hausschlächtereien von der Untersuchung, das Verbot der Einfuhr von Pökelfleisch, Würsten, Büchsenfleisch usw., ferner die Trichinenschau.

Über die Aus- und Durchführung des Fleischbeschaugesetzes von 1900, das im Ganzen erst am 1. April 1903 in Wirksamkeit trat, siehe auch die Reichstagsverhandlungen Bd. I und II 1901, 22., 25., 26. und 63. Sitzung und vom Jahr 1902 Bd. IV, 127. Sitzung; ferner die BRDrS. Nr. 118, 1901. Vgl. hiewegen auch: G. Schmidt, Die Fleischbeschauzollordnung und die gesetzlichen Bestimmungen über die Auslandsfleischbeschau, Berlin 1903.

§ 123.

Das Reichsgesetz vom 3. Juni 1900 (RGBl. S. 547), gültig vom 1. April 1903 (Kais. Verordnung vom 7. Juli 1902) hat 30 Paragraphen. Der § 1 bestimmt, daß Rindvieh, Schweine, Schafe, Ziegen, Pferde und Hunde, deren Fleisch zum menschlichen Genuß dienen soll, vor und nach der Schlachtung amtlich untersucht werden müssen. Bei Notschlachtungen sind Ausnahmen zugelassen. Der § 2 bestimmt, daß bei Hausschlachtungen Erleichterungen hinsichtlich der Fleischbeschau eintreten können. Was eigener Haushalt ist, wird näher bestimmt, Gefangenanstalten, Krankenhäuser usw. gehören nicht dazu. Eine gewerbsmäßige Verwendung von nicht untersuchtem Fleisch ist verboten. Nach § 3 kann noch eine Verschärfung der Fleischbeschau angeordnet werden, wenn übertragbare Tierkrankheiten in einem Bezirk herrschen. § 4 bestimmt, was Fleisch im Sinne dieses Gesetzes ist. § 5 handelt von der Bildung der Beschaubezirke und der Bestellung der Fleischbeschauer. § 6 schreibt die Anzeigepflicht beim Verdacht des Vorhandenseins bestimmter Tierkrankheiten vor. Die §§ 7 und 8 bestimmen, was zu geschehen hat, wenn die Untersuchung der Schlachttiere zu keiner Beanstandung Anlaß gegeben hat und wenn das Fleisch als tauglich zum Genuß für Menschen erkannt ist. Der § 9 ordnet an, was zu geschehen hat, wenn das Fleisch als untauglich zum Genuß für Menschen erkannt ist. Solches Fleisch kann nach dem Entscheid der Landespolizeibehörde zu gewerblichen Zwecken verwendet werden oder es muß vernichtet werden. Ergibt die Untersuchung, daß das Fleisch zum Genuß für Menschen nur bedingt tauglich ist, so bestimmt gleichfalls die Landespolizeibehörde, unter welchen Sicherungsvorkehrungen eventuell das Fleisch zum Genuß für Menschen tauglich gemacht werden kann. Solches Fleisch ist beim Vertrieb besonders kenntlich zu machen (§ 11), auch ist es gesondert feil zu halten. Wichtig für die Zollverwaltung ist der § 12, wonach die Einfuhr von Fleisch in luftdicht verschlossenen Büchsen oder ähnlichen Gefäßen, die Einfuhr von Würsten in das Zollinland verboten ist. Für die Übergangszeit bis zum 31. Dezember 1903 waren hinsichtlich der Einfuhr von Fleisch Übergangsbestimmungen maßgebend, die übrigens auch jetzt noch gültig sind.

Zum Fleischbeschaugesetze sind Ausführungsbestimmungen erlassen worden (vgl. RZBl. 1902 S. 32), welche in §§ 1 bis 3 die allgemeinen Feststellungen enthalten, was unter Fleisch zu verstehen ist, was unter Schinken, Speck, Därmen und Würsten gemeint ist und was man unter luftdicht verschlossenen Büchsen und Behältern versteht.

Der § 4 der AusfBest. dehnt die Vorschriften des Fleischbeschaugesetzes nach §§ 12 und 13 auch auf Renntiere und Wildschweine aus und der § 5 bestimmt: In das Zollinland dürfen nicht eingeführt werden: Fleisch in luftdicht verschlossenen Behältern, Würste, Hundefleisch, zubereitetes Fleisch von Pferden, Eseln, Maultieren usw., Fleisch, das mit Borsäure, Formaldehyd, Alkali-Hydroxyde u. dergl., schwefliger Säure, Fluor-Wasserstoff, Salizylsäure, chlorsauren Salzen, Farbstoffen aller Art (außer zum Färben der Margarine und der Wursthüllen) behandelt ist. Der § 6 regelt die Einfuhr von frischem Fleisch: als Kälber gelten Rinder im Fleischgewicht bis 75 Kilo. Auf die AusfBest zum Fleischbeschaugesetz wird übrigens noch näher einzugehen sein.

Nach dem Fleischbeschaugesetz (§ 12) darf Fleisch in das Zollinland nur in ganzen Tierkörpern, die bei Rindvieh (ausschließlich der Kälber) und bei Schweinen in zwei Hälften zerlegt sein können, eingeführt werden. Mit den Tierkörpern müssen Brust- und Bauchfell, Lunge, Herz, Nieren, bei Kühen auch das Euter in natürlichem Zusammenhang verbunden sein. Zubereitetes (gesalzenes, gepöckeltes) Fleisch darf nur eingeführt werden, wenn nach der Art seiner Gewinnung und Zubereitung für die menschliche Gesundheit alle Gefahr ausgeschlossen ist oder die Unschädlichkeit des Einfuhrfleisches sonst in zuverlässiger Weise sich feststellen läßt. Diese Feststellung gilt als unausführbar, insbesondere bei Pöckelfleisch, soferne das Gewicht der einzelnen Stücke weniger als 4 kg beträgt. Auf Schinken, Speck und Därme findet diese Vorschrift keine Anwendung. (Vgl. Erlaß des Kgl. pr. Ministeriums für Landwirtschaft 2c. vom 28. Mai 1910). Nach § 13 des Fleischbeschaugesetzes unterliegt das in das Zollinland eingehende Fleisch bei der Einfuhr einer amtlichen Untersuchung seitens des Tierarztes bzw. der Fleischbeschauer unter Mitwirkung der Zollbehörden. Ausgenommen ist das Durchfuhrfleisch. Die Einfuhr von Fleisch darf nur über die vom Bundesrat bezeichneten Zollstellen eingehen, mit denen Untersuchungsstellen verbunden sind. Auf Wildpret und Federvieh, sowie auf das zum Reisegebrauch mitgeführte Fleisch findet der Untersuchungszwang keine oder nur beschränkte Anwendung. Auch für den kleinen Grenzverkehr können Ausnahmen angeordnet werden (§ 14). Gesundheitsschädliches Fleisch darf nicht in das Zollinland eingelassen werden, es ist entweder für gewerbliche Zwecke zuzulassen oder zu vernichten oder wieder ins Ausland auszuführen (§ 16). Fleisch, das zum menschlichen Genuß nicht bestimmt ist, darf zur Einfuhr ohne Untersuchung zugelassen werden, wenn es vorher denaturiert worden ist (§ 17). Der § 18 bestimmt für Pferdefleisch noch ganz besondere Kontrollen. Alles untersuchte Fleisch ist vom Beschauer zu kennzeichnen (§ 19). Die §§ 20 und 21 betreffen die Einfuhr von z. B. mit Borsäure behandelten Fleisches und der § 22 gibt dem Bundesrate die Ermächtigung a) Vorschriften über den Nachweis genügender Kenntnisse der Fleischbeschauer zu erlassen; b) Grundsätze aufzustellen, nach denen die Schlachtvieh- und Fleischbeschau auszuführen und die weitere Behandlung des Schlachtviehes und des Fleisches im Falle der Beanstandung stattzufinden hat, ferner c) die weiteren Ausführungsbestimmungen zu treffen und die Gebühren für die Untersuchung des in das Zollinland eingegangenen Fleisches festzusetzen.

Hiezu sind die bereits erwähnten AusfBest. durch den Bundesrat erlassen worden, auch die Landesregierungen sind ermächtigt, in einzelnen Fällen und nach bestimmter Richtung die erforderlichen Anordnungen über die Fleischbeschau zu erlassen, wie dies auch der § 24 hinsichtlich der Trichinenschau und bezüglich der Verwertung des zum menschlichen Genusse zwar tauglichen, aber minderwertigen Fleisches vorschreibt.

Der § 25 des Fleischbeschaugesetzes handelt noch von der Einbeziehung der Zollausschlüsse hinsichtlich des Fleischbeschaugesetzes. Die §§ 26 bis 28 behandeln die Strafbestimmungen.

§ 124.

Für den Zollbeamten ist hauptsächlich die Fleischbeschauzollordnung von Interesse in Verbindung mit den Ausführungsbestimmungen zum Fleischbeschaugesetze.

Die Fleischbeschauzollordnung (FZO.) hat 28 Paragraphen mit zwei Anlagen und ist veröffentlicht im RZBl. 1903 S. 32. Diese Fleischbeschauzollordnung ist eingeteilt in zwei Hauptabschnitte, nämlich a) Beschränkungen der Ein- und Durchfuhr von Fleisch und Vieh und b) Verfahren bei der Einfuhr von Fleisch.

Der § 1 FZO. bestimmt, welches Fleisch überhaupt nicht eingeführt werden darf, in Übereinstimmung mit dem § 12 FG. und § 5 der AusfBest.

Bemerkt wird hiezu, daß außer den bereits auf S. 202 d. B. aufgeführten Fleischeinfuhrverboten noch dazu kommt, daß frisches Fleisch, das in bezug auf Größe (ganze und halbe Tierkörper) und auf den Zusammenhang mit den inneren Organen und sonstigen Körperteilen den Vorschriften des § 12 Abs. II Ziff. 1 des Gesetzes und § 6 der AusfBest. D nicht entspricht, von der Einfuhr zurückzuweisen ist, daß ferner Pferdefleisch nur eingeführt werden darf, wenn es erkennbar als Pferdefleisch gekennzeichnet ist (vgl. auch §§ 1—4 und § 7 Abs. II der AusfBest.).

Auf die unmittelbare Fleischdurchfuhr, auf Fleisch, das zum Reiseverbrauch und Schiffsproviant dient, auf bereits vorschriftsmäßig untersuchtes Fleisch, das nach dem Deklarationsscheinregulativ vom Inland durch das Ausland nach dem Inland versendet worden ist und für Fleisch, das nicht zum menschlichen Genuß bestimmt ist, sondern denaturiert wird, finden die Einfuhrverbote des § 1 FZO. keine Anwendung. Im kleinen Grenzverkehr, sowie im Meß- und Marktverkehr können die Landesregierungen Erleichterungen zugestehen (§§ 3 bis 5). Die §§ 6 und 7 bestimmen, was mit dem wissentlich oder fahrlässig kontrebandierten oder sonst nicht korrekt eingeführten Fleisch geschehen soll. In § 8 ist bestimmt, daß das Fleisch nur über bestimmte mit Untersuchungs- und

Beschaustellen versehene Zollämter eingeführt werden darf. Die übrigen Paragraphen regeln die Zollabfertigung, die Beschau und die Untersuchung des einzuführenden Fleisches, wobei die im VZG. und den hiezu erlassenen Regulativen (Ordnungen) angeordneten Vorschriften Anwendung zu finden haben (§ 27).

Im pr. ZBl. für Abgaben rc. sind folgende Veröffentlichungen über Fleischbeschau enthalten:

Fleischbeschaugesetz, Jahrg. 1900 S. 458, Einfuhrverbot für Büchsenfleisch, Würste und zerkleinertes Fleisch, strenge Handhabung, 1901 S. 99; Behandlung der dem Einfuhrverbot unterliegenden Fleischwaren bei der Durchfuhr mittels der Post, 1901 S. 208; Behandlung verbotswidrig eingeführten Fleisches, wenn die Verfolgung oder Verurteilung einer bestimmten Person nicht ausführbar ist, 1902 S. 2, 95; gesundheitsschädliche und täuschende Zusätze zu Fleisch und dessen Zubereitungen, 1902 S. 76; Bekanntmachung des Reichskanzlers zur Ausführung des Fleischbeschaugesetzes, 1902 S. 197; Fleischbeschaugesetz, Ausführungsbestimmungen, 1903 S. 37, 1904 S. 67, 1906 S. 1202, 1908 S. 144; Verzeichnis der Einlaß- und Untersuchungsstellen für ausländisches Fleisch, 1903 S. 50; desgleichen Abänderungen hiezu, 1903 S. 125, 230; 1904 S. 34, 61 und 190; 1905 S. 640, 1906 S. 495, 1503/4, 1907 S. 89, 122, 250, 338; 1908 S. 421, 422, 1909 S. 398; Gebührenordnung für die Untersuchung des in das Zollinland eingehenden Fleisches, 1903 S. 57, 1907 S. 46/71; Kennzeichnung des untersuchten ausländischen Fleisches, 1903 S. 60; Fleischbeschauzollordnung, 1903 S. 73; Ausführungsbestimmungen zur Fleischbeschauzollordnung, 1903 S. 122; Abänderungen hierzu, 1903 S. 123, 1904 S. 67, 112, 1906 S. 1202; Stempelzeichen nachträglich zugelassener Untersuchungsstellen, 1903 S. 126, 230; Forderung von Untersuchungsattesten bei der Durchfuhr amerikanischen Schweinefleisches, 1903 S. 160; Ansatz und Verrechnung der Gebühren für die Untersuchung des in das Zollinland eingehenden Fleisches, 1903 S. 161, 1904 S. 49; Gebührenerhebung für Begleitung und Abfertigung fleischbeschaupflichtiger Waren, deren Abfertigung an der Beschaustelle erfolgt, 1903 S. 176. Ausführungsbestimmungen für die Untersuchung des in das Zollinland eingehenden Fleisches, 1903 S. 177. — Versuch, gemahlenes Fleisch unter irreführender Bezeichnung einzuführen, 1903 S. 483; Denaturierung von Fett und Untersuchung zubereiteten Fleisches, 1903 S. 502; Verwendung verbotener Stoffe bei der gewerbsmäßigen Zubereitung von Fleisch, 1904 S. 75; Einfuhr von Fettproben ohne Untersuchung, 1904 S. 86); Behandlung von getrockneten Därmen, 1904 S. 118; Ermittelung des zollpflichtigen Gewichtes für das bei der Beseitigung des beanstandeten Fleisches verbleibende Fett, 1905 S. 195; Einführung der Fleischbeschaubestimmungen in Luxemburg, Vertrag vom 14. Mai 1904 (RGBl. 1905 S. 709) 1905 S. 673/4; Zollfreie Einfuhr von Fleisch für Grenzbewohner, 1906 S. 242; Ein- und Durchfuhr von Schweinefleisch aus Rumänien, Serbien und Bulgarien, 1906 S. 468; Einfuhr von Schweinefleisch aus Rußland, 1906 S. 471; Anwendung des Fleischbeschaugesetzes auf Renntiere und Wildschweine, 1906 S. 1105; Einfuhr von ausländischem Schlachtvieh, 1906 S. 1325; Bestrafung wegen Fleischkontrebande, wenn die Strafverfolgung wegen Übertretung des Fleischbeschaugesetzes verjährt ist, zulässig, 1907 S. 186; Einfuhr gesalzener Därme in luftdicht verschlossenen Büchsen, 1910 S. 140; Einfuhr von Fett, das im Ursprungsland als ungenießbar bezeichnet ist, 1910 S. 320; Wegfall der zollamtlichen Einfuhrnachweisungen für ausländisches Fleisch, 1910 S. 334.

Nach dem statistischen Vierteljahrsheft III 1910 sind im zweiten Vierteljahr 1910 in ganz Deutschland etwa 30000 Pferde, 150000 Ochsen, 130000 Kühe, 440000 Bullen, 250000 Jungrinder, über 1 Million Kälber, fast 4 Millionen Schweine, 500000 Schafe, 180000 Ziegen und über 1000 Hunde nach Maßgabe des Schlachtvieh- und Fleischbeschaugesetzes untersucht worden, aufs Jahr berechnet wird sich demnach die 4fache Zahl ergeben.

Zur Fleischbeschauzollordnung sind ferner noch anzuführen die mehrfachen Erlasse des k. pr. Ministeriums für Landwirtschaft usw., so z. B. der Erlaß vom 20. Februar 1906 in betreff der Bestimmung des § 12 Abs. II Ziff. 2 des Fleischbeschaugesetzes und der Erlaß vom 10. Januar 1907 wegen Zollbehandlung der Schweineherzschläge und Geschlinge, auch der Erlaß des k. pr. Finanzministeriums vom 25. April 1905 wegen des bei der Beseitigung beanstandeten Fleisches in Dampfapparaten verbleibenden Fettes und der Erlaß des k. pr. Finanzministeriums vom 20. Dezember 1910 über die Befugnis der Zollämter zur Zurückweisung des beanstandeten Fleisches von der Einfuhr und der BRBeschluß vom 9. Mai 1904, Bestimmungen über die Durchfuhr von Fleisch ohne Untersuchung.

Ferner ist die vom Kais. Statist. Amt in Berlin abgefaßte und veröffentlichte Zusammenstellung über die Verkehrsbeschränkungen hinsichtlich der Ein- und Durchfuhr von Vieh und Fleisch in Deutschland bemerkenswert. Hieraus ist folgendes zu entnehmen:

A. Einfuhr von Vieh.

Alle auf dem Land- oder Seewege eingehenden Einhufer, Wiederkäuer und Schweine sind vom beamteten Tierarzt bei der Eingangsstelle auf ihren Gesundheitszustand zu untersuchen.

Für die Untersuchung sind Gebühren zu entrichten. Im kleinen Grenzverkehr, im Weideverkehr und im Fracht- oder Personenverkehr sind gewisse Ausnahmen zulässig Die Ein- und Durchfuhr von Fleisch ist durch das Fleischbeschaugesetz vom 3. Juni 1900 und den AusfBest. hiezu vom 30. Mai 1902 und 22. Februar 1908 sowie durch die Fleischbeschauzollordnung geregelt. (Vgl. auch BRBeschluß von 1911.)

B. Einfuhr von Fleisch und Fett.

Das in das Zollinland eingehende Fleisch und Fett unterliegt bei der Einfuhr einer amtlichen Untersuchung unter Mitwirkung der Zollbehörden. Die Einfuhr darf nur über bestimmte Einlaßstellen erfolgen Für die amtliche Untersuchung sind Gebühren zu entrichten.

§ 125.

Ähnlich wie für die Einfuhr von Vieh und von Fleisch eingehende Vorschriften in bezug auf Untersuchung und Feststellung der Genußfähigkeit für Menschen bestehen, sind auch für den Wein und die Einfuhr von **Wein** entsprechende Vorschriften erlassen worden.

Hiebei kommt in erster Linie in Betracht das Weingesetz vom 7. April 1909 und die dazu erlassenen Ausführungsbestimmungen.

Das Weingesetz ist veröffentlicht im RGBlatt 1909 S. 393 und die Ausf.-Best. hiezu sind abgedruckt im RGBlatt 1909 S. 549. Das Weingesetz hat 34 Paragraphen und ist am 1. September 1909 in Kraft getreten.

Der § 1 bestimmt, was Wein ist. Wein ist das durch alkoholische Gärung aus dem Safte der **frischen** Weintraube hergestellte Getränke § 2 erörtert die Herstellung von Verschnittwein und Dessert-(Süß-)wein und in § 3 ist der Zuckerzusatz, in § 4 die Kellerbehandlung des Weines geregelt. § 5 bestimmt, daß die Zuckerung des Weines kenntlich gemacht werde, in § 6 ist angeordnet, daß die geographischen Bezeichnungen nur zur Herkunft des Weines verwendet werden dürfen, gestattet ist jedoch, daß Weinbergslagen, die mehr als einer Gemarkung angehören, dazu dienen können, um gleichwertige Erzeugnisse mehrerer benachbarter Gemarkungen zu bezeichnen. § 7 regelt die näheren Vorschriften über den Weinverschnitt. § 8 bestimmt, daß ein Gemisch von Weiß- und Rotwein nur dann als Rotwein in Verkehr gebracht werden darf, wenn die Mischung gekennzeichnet ist. Es ist verboten, Wein nachzumachen (§ 9). Aus Fruchtsäften (Heidelbeerwein), Pflanzensäften, Malzauszügen (Maltonwein) dürfen nach näherer Anordnung des Bundesrates weinähnliche Getränke hergestellt werden. Die Herstellungsart muß gekennzeichnet werden (§§ 10, 11). § 12 regelt die Herstellung von Wein zum Haustrunk. Die §§ 12—15 bestimmen, daß Getränke, die dem Weingesetz zuwider hergestellt worden sind, nicht in Verkehr gebracht werden dürfen. Der § 17 handelt von der Herstellung von Schaumwein, § 18 von der Herstellung des Kognak. Die §§ 20—25 behandeln den Vollzug des Gesetzes, der den Bundesstaaten obliegt, §§ 26—31 enthalten die Strafparagraphen und § 32 bestimmt, daß die Vorschriften anderer Gesetze, welche die Herstellung und den Vertrieb von Wein betreffen, namentlich des RGesetzes vom 14. Mai 1879 (RGBlatt S. 145), des Gesetzes zum Schutze der Warenbezeichnungen vom 12. Mai 1894 (RGBlatt S. 441) und des RGesetzes betr. die Bekämpfung des unlautern Wettbewerbs vom 27. Mai 1896 (RGBlatt S. 145) aufrecht erhalten bleiben, soferne sie durch das Weingesetz nicht abgeändert worden sind. Die Vorschriften in §§ 16 und 17 des RGesetzes vom 14. Mai 1879, betreffend den Verkehr mit Nahrungs- und Genußmitteln, auch mit Gebrauchsgegenständen finden auch bei Strafverfolgungen auf Grund der Vorschriften des Weingesetzes Anwendung, soweit nicht durch den Erlaß der Landesregierungen anderes bestimmt ist. Der § 33 handelt vom Weinbau und den Weinerzeugnissen in dem Zollanschlußgebiete Luxemburg. § 34 bestimmt, daß das Weingesetz am 1. September 1909 in Kraft getreten ist, während das RGesetz vom 24. Mai 1891 betreffend den Verkehr mit Wein und weinähnlichen Getränken außer Kraft gesetzt wurde.

Die AusfBest. zum Weingesetze vom 7. April 1909 (RGBlatt S 549) bestimmen die Art der Anzeigen über Zuckerung von Wein und über die Führung des Kellerbuches, des Faßlagerbuches, des Weinlagerbuches, des Buches für Geschäftsvermittler über Ankauf und Ablieferung von Wein, des Weinbuches für Schankwirte, Krämer, Viktualienhändler und Weinverschleißer, ferner über die Führung des Kontrollbuches über die Verwendung von Zucker, über die weitere Behandlung des Weines, über die Herstellung von Haustrunk. (Vgl § 3 Abs. 4, §§ 4, 11, 12, §§ 10, 16, 13, 14, 17 (Schaumwein), 18, 19 des Weingesetzes.

Für die Zollverwaltung ist von Wichtigkeit die sog. Weinzollordnung (WZO)., abgedruckt im ZBl. des Deutschen Reiches 1909 S. 334 und ergänzt laut BRBeschluß vom 29. Juni 1910 — § 838 der Protokolle (s. 6. Nachtrag zur Zollabfertigung S. 3). — BRB. vom 29. Juni 1910. —

Die Weinzollordnung enthält 47 Paragraphen in 2 Hauptabschnitten. Der I. Abschnitt handelt von den Vorschriften bezüglich der Mitwirkung der Zollbehörden bei der Untersuchung von Wein, Traubenmost und Traubenmaische auf die Einfuhrfähigkeit. Der II. Abschnitt enthält die Vorschriften über die Zollbehandlung beim Eingang von Wein und Most (Zolltarif Nr. 180).

Als Anlagen sind beigegeben noch drei Anweisungen über Weinuntersuchung.

Die Einfuhr von Wein, Traubenmost und Traubenmaische darf nur über bestimmte Zollstellen (Einlaßstellen) erfolgen. Hiebei unterliegen diese Getränke unter Mitwirkung der Zollbehörden einer amtlichen Untersuchung (durch Sachverständige) auf ihre Einfuhrfähigkeit (Untersuchungsstellen); die Kosten der Untersuchung sind in der Regel vom Verfügungsberechtigten zu tragen (§§ 1—3). Wichtig ist § 4, der bestimmt, welche Weinsendungen von der Untersuchung befreit sind; nämlich

a) Weinsendungen im Einzelbruttogewicht bis 5 Kilo;

b) Wein in Flaschen und Fläschchen, unzweifelhaft als Proben dienend;

c) Wein in Flaschen und Fläschchen, soferne das Gewicht des in einem Packstück enthaltenen Weines einschließlich der unmittelbaren Umschließung (Flaschen, Faß, Kannen) nicht mehr als 10 Kilo beträgt. Ist Wein, von dem mehrere Arten gleichzeitig in einer Sendung eingehen, nachweislich nicht zum gewerblichen Absatz bestimmt, so dürfen auch bei einem höheren Gewichte diejenigen Weinarten von der Untersuchung freigelassen werden, von denen nicht mehr als 2 1/4 Liter eingehen (BRBeschluß vom 29. Juni 1910).

d) Mengen von nicht mehr als 10 Kilo Rohgewicht im kleinen Grenzverkehr eingehend.

e) Weinerzeugnisse, die aus Zollausschlüssen eingehen, wenn nachgewiesen wird, daß ihre Einfuhrfähigkeit bereits dort amtlich festgestellt worden ist.

f) Weinmengen zur Verpflegung von Reisenden, Fuhrleuten und Schiffern (Reisebedarf).

g) Wein, der mit Umzugsgut eingeht und nicht zum gewerbsmäßigen Absatz bestimmt ist. (Hiemit ist nur die Untersuchungsfreiheit zugelassen, nicht auch die Zollfreiheit).

h) Unmittelbare Durchfuhrsendungen.

Bei hochwertigen Weinen in Flaschen kann von der zuständigen Zollstelle von einer Untersuchung überhaupt abgesehen werden. Nach § 5 kann die Weinuntersuchung entweder beim Eingangszollamte oder beim zuständigen Zollamte am Bestimmungsort vorgenommen werden. Bei dem Mangel einer entsprechenden Untersuchungsanmeldung innerhalb der angeordneten Frist ist die Weinuntersuchung ex officio vorzunehmen.

In § 6 ist (nach BRBeschluß vom 29. Juni 1910) angeordnet, was der Verfügungsberechtigte zur Vornahme der Untersuchung anzugeben und vorzulegen hat (auch die Rechnungen). Das weitere Verfahren ist sodann folgendes:

Aus jedem Kesselwagen sowie aus den Packstücken mit gleichem Inhalt (wobei nicht etwa fingierte Fakturen vorgelegt werden dürfen), ist mindestens je eine Stichprobe zu entnehmen und von der Untersuchungsstelle zu untersuchen nach Maßgabe der hiewegen vom Bundesrat erlassenen Anweisung (Anlage 1 und 2). Das Ergebnis der Untersuchung ist der Zollstelle mitzuteilen, welche, wenn keine Beanstandung erfolgte, die ganze Sendung zur Einfuhr zuzulassen hat, d. h. es ist die Verzollung oder weitere Abfertigung des Weines nach den Zollvorschriften vorzunehmen. Im Falle der Beanstandung ist die Sendung von der Einfuhr zurückzuweisen, d. h. ins Zollausland zurückzuschaffen (§§ 10, 11 WZO.), wenn nicht die Vernichtung des Weines vorgezogen wird.

Der § 8 WZO. handelt von Wein österreichischer und italienischer Erzeugung, wonach die Einfuhrfähigkeit durch ein Zeugnis einer wissenschaftlichen Anstalt des Heimatlandes bewirkt werden kann. Für den bei der Untersuchung verbrauchten Wein wird Zoll nicht erhoben (§ 12 WZO.).

Die §§ 13, 14 WZO. behandeln das Verfahren, wenn die Weinuntersuchung nicht beim Eingangsamte, sondern bei einem Amte im Innern vorgenommen werden soll oder wenn der Wein im Postverkehr eingeht. Die §§ 15, 16 WZO. regeln das Vorkommnis, wenn ein auf Durchfuhr abgefertigter Wein nachträglich im Zollinland verbleiben soll und betrifft den Zwischenauslandsverkehr überhaupt.

Wein zur Kognakbereitung darf ohne Untersuchung zur Einfuhr verzollt werden, wenn er mit 2 % feinem Kochsalz amtlich ungenießbar gemacht wird. Im übrigen finden die Vorschriften des VZG. auf die Zollabfertigung der Weine Anwendung (§ 18 WZO).

Der Abschnitt II der WZO. beschäftigt sich mit den Verschnittweinen, Verschnittmosten und der § 19 bestimmt, was als Verschnittweine gelten soll und in §§ 20 ff. sind die Bedingungen, unter welchen die Abfertigung der Verschnittweine erfolgen soll, dargelegt und wie die Prüfung der Verschnittweine stattzufinden hat (Anlage 3). Die §§ 28 ff WZO. beschreiben, wie die Ausführung des Verschnittes zu geschehen hat und welche Voraussetzungen für den Weinverschnitt gegeben sein müssen, wie die verschnittenen Weine zu behandeln sind und daß von den obersten Landesfinanzbehörden den Winzern mit nicht mehr als 1 ha Weinland besondere Erleichterungen im Weinverschnitt zugestanden werden können, daß ferner aus Billigkeit gleichfalls von den obersten Landesfinanzbehörden Zollerlasse in denjenigen Fällen zugestanden werden können, in denen nicht alle Vorbedingungen der WZO für den Weinverschnitt erfüllt worden sind. Die §§ 40 ff. WZO betreffen den Wein zur Kognakbereitung, Zulassung eines Teilungslagers hiefür, Überwachung der Verarbeitung usw.

Als Anlage I ist die Anweisung für die zollamtliche Untersuchung von Verschnittwein und Verschnittmost auf den Weingeist- oder Fruchtzuckergehalt und den Extraktgehalt, als Anlage 2 ist die Anweisung für die zollamtliche Untersuchung von Wein zur Kognakbereitung auf Weingeistgehalt, als Anlage 3 ist die Anweisung für die zollamtliche Untersuchung von anderem Wein und Most als Verschnittwein, Verschnittmost und Wein zur Kognakbereitung, — auf den Weingeistgehalt — beigefügt.

Hinsichtlich der Weinzollordnung ist noch auf folgende Erlasse hinzuweisen:

Erlaß des RSchAmts vom 10. November 1909 betreffend Einfuhrfähigkeit von Wermutwein.

Erlaß des RSchAmts vom 6. Juli 1910 betreffend Festhaltung der Nämlichkeit der Durchfuhrweine.

Erlaß des RSchAmts vom 10. August 1910 wegen Durchführung des deutsch-portugiesischen Handelsvertrags in bezug auf die Weinzölle.

Erlaß des RSchAmts vom 19. Dezember 1910 betreffend Ausstellung von Scheinfakturen zum Zwecke der Ersparung von Untersuchungskosten wegen mehrfacher Probenentnahme).

Über die Vorlage eines Entwurfs eines Reichsweinsteuergesetzes siehe Anlage zum Bundesratsprotokoll vom 20. November 1893 — § 659 der Protokolle. — Ferner BRDrS. Nr. 110, 1893. Das Reichsweinsteuergesetz fand beim Reichstage keine Billigung. Hinsichtlich der Weinbesteuerung in Deutschland ist auf die Abhandlung in Kunckels Zeitschrift von Schubert „Die Landessteuern und die Frage der Weinsteuer in Deutschland" hinzuweisen

Der Wein bildet nämlich in Württemberg, Baden und in Elsaß-Lothringen den Gegenstand einer Landesbesteuerung mit Kellerkontrolle usw. S. auch RGesetz betr Verkehr mit Wein vom 24. Mai 1901, das nunmehr außer Kraft getreten ist

Das Reichskaligesetz.

§ 126.

Noch ist hier zu erwähnen das Reichskaligesetz vom 25. Mai 1910 (RGBlatt S. 775) mit den Ausführungsbestimmungen des kgl. pr. FM. vom 25. Juli 1910, wonach die Zollbehörden bei der Ausführung dieses Gesetzes insoweit mitzuwirken haben, als es sich um die Erhebung der Abgaben von Kalisalzen (§§ 26 bis 29 des Gesetzes) und um die Kontrolle der Ausfuhr von Kalisalzen in das Ausland handelt.

Über die näheren Bestimmungen dieses RGesetzes, das am 25. Mai 1910 in Kraft getreten ist, wird bei der Besprechung des Salzsteuergesetzes das Nähere anzugeben sein.

2. Die Reichssteuern.

§ 127.

Allgemeine Bemerkungen.

Die in die Reichskasse fließenden Steuerabgaben sind einzuteilen wie folgt:

1. Verbrauchsabgaben von Nahrungs- und Genußmitteln;
2. Aufwands- und Verkehrssteuern, wie z. B. die Automobilsteuer;
3. Börsensteuern, z. B. der Emissionsstempel;
4. Erbschaftssteuer (Nachlaßsteuer);
5. Statistische Gebühren.

Zu den Verbrauchsabgaben von Nahrungs- und Genußmitteln gehören die Zuckersteuer, die Tabaksteuer, die Zigarettensteuer, die Salzsteuer, die Branntweinsteuer mit der Essigsäureverbrauchsabgabe, die Brausteuer (die verschiedenen Biersteuern) mit der Übergangsabgabe und die Schaumweinsteuer. Zu den Aufwands- und Verkehrssteuern gehören die Leuchtmittelsteuer, die Zündwarensteuer, die Kraftwagensteuer (Stempelsteuer), die Frachturkundensteuer (Stempelsteuer), die Personenfahrkartensteuer (Stempelsteuer), ferner der Spielkartenstempel und die Wechselstempelsteuer. Zu den Verkehrssteuern ist auch die Grundwechselabgabe und die Wertzuwachssteuer zu rechnen; ferner der Scheckstempel.

Zu den Börsensteuern sind zu zählen die Reichsstempelabgaben von Wertpapieren, börsenmäßigen Kauf- und Anschaffungsgeschäften, von Lotterielosen; auch der in die Reichskasse fließende Hälfteanteil aus dem Totalisatorbetrieb bei Pferderennen kann hiezu gerechnet werden.

Die Erbschaftssteuer ist besonders anzuführen, ebenso die Stempelsteuer aus den Vergütungen an Mitglieder von Aufsichtsräten und zuletzt ist noch anzuführen die Statistische Gebühr für die Durchführung der Handelsstatistik (des Warenverkehrs mit dem Auslande).

In diesem Buche werden die Reichssteuern wie folgt zur Behandlung gelangen:

1. Tabaksteuer (RG. vom 15. Juli 1909, RGBlatt S. 793).
2. Zigarettensteuer (RG. vom 3. Juli 1906, RGBlatt S. 631 mit Novelle vom 15. Juli 1909).
3. Zuckersteuer (RG. vom 27. Mai 1896, RGBlatt S. 117 und Novelle vom 6. Januar 1903, RGBlatt S. 1); mit dem Süßstoffgesetz vom 7. Juli 1902.
4. Salzsteuer (RG. vom 8. Mai 1867, BGBl. S. 49); Kaliabsatzgesetz vom 25. Mai 1910 (RGBlatt 1910 S. 775).
5. Branntweinsteuer (RG. vom 15. Juli 1909, RGBlatt S. 661).
6. Essigsäureverbrauchsabgabe (RG. vom 15. Juli 1909, RGBlatt S. 685).
7. Schaumweinsteuer (RG. vom 9. Mai 1902, RGBlatt S. 155).
8. Leuchtmittelsteuer (RG. vom 15. Juli 1909, RGBlatt S. 880).
9. Zündwarensteuer (RG. vom 15. Juli 1909, RGBlatt S. 814).
10. Brausteuer mit Übergangsabgabe (RG. vom 15. Juli 1909, RGBlatt S. 773).

Hiebei kommen auch die Biersteuergesetze der Bundesstaaten Bayern, Württemberg, Baden und Elsaß-Lothringen zur Sprache.

11. Spielkartenstempel (RG. vom 3. Juli 1878, RGBlatt S. 133).
12. Wechselstempelsteuer (RG. vom 15. Juli 1909, RGBlatt S. 825).
13. Reichsstempelabgaben nach dem Reichsstempelgesetz vom 15. Juli 1909 (RGBlatt S. 833).

Die Stempelabgaben zerfallen in
- a) Stempel von Wertpapieren, Aktien usw.
- b) Stempel von Kauf- usw. Geschäften an der Börse.
- c) Stempel von Lotterielosen und Wetteinsätzen bei Pferderennen.
- d) Stempel von Frachturkunden.
- e) Stempel von Personenfahrkarten.
- f) Stempel für Erlaubniskarten für Kraftfahrzeuge (Automobile).
- g) Stempel von Vergütungen an Aufsichtsratsmitglieder.
- h) Scheckstempel.
- i) Stempel von Grundstücks-übertragungen (Grundwechselabgabe).

14. Reichswertzuwachssteuer (RG. vom 14. Februar 1911, RGBlatt S. 33).
15. Erbschaftssteuer (RG. vom 3. Juni 1906, RGBlatt S. 654, und § 5 des RG. vom 15 Juli 1909).
16. Statistische Gebühren (RG. vom 7 Februar 1906, RGBlatt S. 109).

Hieran wird sich noch die Besprechung anschließen über die Abfindungen, an denen sämtliche Bundesstaaten teilnehmen, d. h. die Abfindungen, die das Reich von den Einzelstaaten erhält für die nicht zollangeschlossenen Gebietsteile, z. B die Abfindungen, die Preußen für das Zollausschlußgebiet Helgoland an Zöllen, Tabaksteuer, Zigarettensteuer, Zuckersteuer, Salzsteuer, Branntweinsteuer, Essigsteuer, Schaumweinsteuer, Leuchtmittelsteuer, Zündwarensteuer an das Reich zu entrichten hat und die Abfindungen, an denen Bayern, Württemberg, Baden und Elsaß-Lothringen keinen Teil haben Das sind die Abfindungen, die für die Zollausschlußgebiete an Brausteuer und Übergangsabgabe an das Reich zu entrichten sind. Endlich sind noch die Ausgleichungsbeträge zu erwähnen, die Bayern, Württemberg, Baden und Elsaß-Lothringen an das Reich zu zahlen haben dafür, daß sie ihre Biersteuer für die eigene Landeskasse behalten.[1])

[1]) Die Ausgleichungsbeträge, die Bayern und Württemberg für das Reservatrecht der eigenen Post- und Telegraphenverwaltung zu entrichten haben, kommen hier nicht in Betracht.

A. Die Tabaksteuer.

§ 128.

Das RGesetz vom 15. Juli 1909 (RGBlatt S. 793) betrifft die Tabaksteuer für den inländischen Tabakbau sowie den Zoll auf eingeführte ausländische Tabake und Tabakerzeugnisse nebst Zollzuschlag.

Nach diesem Gesetz wurde die Gewichtsteuer für den im Inland geernteten Tabak von 45 Mark auf 57 Mark für 1 dz, die Flächensteuer von 4,5 Pfennig auf 5,7 Pfennig für 1 qm der angebauten Fläche erhöht. Für Tabak, der zur Herstellung zigarettensteuerpflichtiger Erzeugnisse verwendet wird, sowie für Grumpen blieb der frühere Satz von 45 Mark für 1 dz aufrecht erhalten (§§ 11 und 33 d. Ges.). Für die aus dem Ausland eingeführten Tabakblätter und Tabakerzeugnisse trat eine kräftige Zollerhöhung in Kraft, indem sie mit Ausnahme des Zigarettentabaks außer dem Gewichtszolle noch einem Wertzuschlag von 40 % des Fakturawertes unterstellt werden. Die Einzelheiten werden später dargelegt werden.

§ 129.

Der Tabak.

Der Tabak gehört zu den narkotischen Reizmitteln, die durch die Entdeckung Amerikas ihren Weg nach Europa gefunden haben. Er hat in kurzer Zeit einen Siegeslauf durch alle Weltteile gehalten, trotz der schärfsten Strafandrohungen der geistlichen und weltlichen Behörden, denn das Tabakrauchen befriedigt das Bedürfnis nach Reizmitteln in vollendeter Weise, so daß der Tabakgenuß bei allen Völkern und Rassen geschätzt und als Steuerquelle vielfach verwertet wird.

Als Heimat des Tabaks ist Zentralamerika zu betrachten. Heute ist der Tabakbau in allen Erdteilen stark verbreitet, nur in Australien ist die Tabakerzeugung unbedeutend. Wert und Verwendbarkeit des Tabaks richtet sich nach Klima, Bodenbeschaffenheit und Pflege. Der Masse nach steht an der Spitze der Erzeugungsländer das Festland von Amerika, der Güte nach Westindien (Cuba) und Sumatra.

Der zweifellos westindische Name Tabak stammt wahrscheinlich von dem Gerät her, in dem die Indianer die zusammengerollte Pflanze (Cohobba oder Guioja) zu rauchen pflegten, gabelförmige Röhren, die von den Eingeborenen auf St. Domingo tabacco genannt wurden. Nach anderer Meinung soll der Name Tabak von der Insel Tabago hergeleitet werden.

Der wissenschaftliche Name Nikotiana ist auf den französischen Gesandten am portugiesischen Hofe Jean Nicot zurückzuführen, der ums Jahr 1560 einige Pflanzen zu medizinischen Zwecken nach Paris sandte.

Das Rauchen gehört zu den ältesten Nervenanregungen der Menschheit. Schon von den Skythen wird berichtet, daß sie sich am Rauch eines Krautes berauscht hätten, und rauchende Personen finden sich schon auf alten chinesischen Bildern. Doch ist mit Sicherheit anzunehmen, daß es sich hierbei nicht um das Tabakkraut, sondern um andere Pflanzen handelte.

Besonders auffällig für die Sitte des Tabakrauchens ist seine überraschend schnelle Verbreitung über die ganze Erde und das zähe Festhalten aller Völker an dieser Nervenanreizung, die trotz der schärfsten Verbote weltlicher und geistlicher Obrigkeit die einmal liebgewonnene Gewohnheit nicht aufgaben. Das ganze Register schwerer Strafen wurde gezogen, — Todesstrafe in der Türkei, Nasenaufschlitzen und Ohrenabschneiden in Rußland, Vermögenseinziehung in Japan, Verlust der ewigen Seligkeit (Papst Urban VIII.), — jedoch die Sitte des Tabakrauchens war nicht auszurotten. Man spannte deshalb die Saiten weniger straff und ging dazu über, den Tabak als Steuerquelle auszunutzen.

Der Tabakbau hat in Europa etwa von Beginn des 17. Jahrhunderts ab Verbreitung gefunden; in Deutschland findet sich der Anbau zunächst in der

Pfalz und im Elsaß, dann in Rheinhessen und Brandenburg. Die schnelle Verbreitung ist wahrscheinlich auf die dem Rauchgenuß stark fröhnenden Truppen im dreißigjährigen Krieg, später auf die vor den Verheerungen Ludwig XIV. flüchtenden Pfälzer und die Hugenotten zurückzuführen. In England wurde der Anbau durch eine, noch in Kraft befindliche, jetzt aber durch Gesetze vom 4. Juli 1907 und 1. August 1908 abgeänderte Parlamentsakte von 1652 verboten.

Nach der Türkei und Vorderasien gelangte die Tabakkultur über Genua und Venedig, nach dem fernen Osten durch die Portugiesen.

Die Welterzeugung an Tabak wird auf nahezu 1000 Millionen kg (etwa 950 Millionen kg) geschätzt, davon entfällt je etwa ein Drittel auf Amerika und Asien, etwas weniger als ein Drittel (250 Millionen kg) auf Europa, der Rest auf Afrika.

Von den Vereinigten Staaten von Nordamerika kommen hauptsächlich Kentucky, Virginia, Pennsylvania, Maryland, Ohio und Connecticut in Betracht. Der für Schneide-, Kau- und Schnupftabak geeignete Tabak kommt in Fässern bis zu 1000 kg zur Versendung, der zur Zigarrenherstellung geeignete, namentlich der sog. Seadleaf in Kisten von 150—200 kg.

Den feinsten Zigarrentabak liefert Kuba: die edelsten Sorten führen den Namen Havanna, wovon drei Arten unterschieden werden: Partido, Vuelta di Abajo und Remedio. Dieser Tabak ist in Seronen aus Bast und Leinen zu je 50 bis 60 kg verpackt. Gleichfalls in Seronen kommt der Tabak aus Domingo und Mexiko, während der kolumbische (Karmen), paraguayische und argentinische in Tierhäuten, der brasilianische in Leinwandballen zu je 50 bis 120 kg versendet wird.

Die in Deutschland begehrtesten Deckblätter liefert zurzeit Sumatra, Umblätter Java. Sie kommen in gepreßten Packen aus Bastgeflecht zur Einfuhr. Für Zigaretten kommt besonders der griechische und türkische Tabak zur Verwendung. Von den deutschen Tabaken werden die Pfälzer und Uckermärker zur Zigarrenfabrikation, die anderen überwiegend als Schneidegut verwendet.

In Deutschland ist die Zahl der Tabakpflanzer von 178 591 im Jahre 1871 auf 88 656 im Jahre 1909 gesunken, die Anbaufläche von 22 673 auf 16 185 ha im Jahre 1909. Der Ertrag auf den ha ist dagegen in derselben Zeit von 1,60 auf rund 2,25 Tonnen gestiegen, der mittlere Preis ausschließlich Steuer von 47 auf 58½ Mark für den dz. Die Zahl der Tabakfabrikbetriebe beträgt zurzeit etwa 21 000, die Zahl der in ihnen beschäftigten Vollarbeiter ohne die Heimarbeiter etwa 150 000. Der Tabakverbrauch in Deutschland beträgt, auf fabrikationsreifen Rohtabak umgerechnet, 1,7 Kilo auf den Kopf der Bevölkerung, d. h. 1 095 525 dz insgesamt.[1])

§ 130.

Geschichte der Tabakbesteuerung.

Die Steuerkraft des Tabaks beruht hauptsächlich darauf, daß er ein entbehrliches Genußmittel ist, das in der Hauptsache dem erwachsenen, männlichen, also erwerbsfähigen Teile der Bevölkerung dient. Er eignet sich deshalb mehr wie jeder andere Verbrauchsgegenstand zum Träger einer ergiebigen indirekten Besteuerung.

Die Steuerkraft des Tabaks ist sehr früh erkannt worden. In England wurde bereits 1625 eine Art Rohtabakmonopol eingeführt. In Frankreich legte man 1629 eine Steuer auf das Tabakschnupfen, die schon 1674 durch das Monopol abgelöst wurde. Andere europäische Staaten schlossen sich diesem Vorgehen an, Venedig 1657, Portugal 1664, Österreich 1670, Württemberg 1690, Rußland 1697. Im 18. Jahrhundert folgten Spanien, Toskana, Sardinien. Auch in Preußen bestand bis 1797 das Tabakmonopol.

Die Tabaksteuersysteme zeigen eine große Vielseitigkeit. Entweder trifft die Belastung das Rohmaterial durch innere Steuer, Einfuhrzoll, Ausfuhrzoll, oder es

[1]) Nach den neuesten Mitteilungen der Reichsstatistik betrug im Jahre 1910 die Zahl der Tabakpflanzer in Deutschland 96 398 und die Zahl der mit Tabak bepflanzten Grundstücke 147 569, darunter 43 151 von weniger als 4 ar. Der Flächeninhalt der Tabakgrundstücke betrug 15 421 ha.

wird das fertige Tabakfabrikat versteuert, andererseits werden alle Zweige des Tabakgewerbes mit besonderen Abgaben belastet und daneben Zölle und Steuern erhoben. Namentlich hat sich das Tabakmonopol ersichtlich einer großen Verbreitung erfreut und ist auch heute außer in einer Reihe kleinerer Staaten noch in Frankreich, Österreich-Ungarn, Italien, Spanien, Portugal und in der Türkei in Anwendung, sei es mit Staatsbetrieb, sei es mit Verpachtung an Gesellschaften.

Die nach den verschiedenen Systemen erreichte Steuerbelastung des Tabaks schwankt bei den Kulturvölkern zwischen 7,68 Mark und 0,93 Mark auf den Kopf der Bevölkerung.[1]) Die ausgiebigste Belastung erreicht Frankreich mit seinem Monopol (7,68 Mark), aber auch das englische System führt zu einer scharfen Heranziehung des Tabaks zu den Steuerlasten. (6,43 Mark). Demgegenüber erreichte das deutsche Steuersystem bis zur letzten Finanzreform nur eine Belastung von 1,49 Mark auf den Kopf der Bevölkerung.

Die steuerliche Tabakbelastung in England zeichnet sich durch besondere Einfachheit aus. Da der Tabakanbau in England bisher verboten war, beruhte die Tabaksteuer im wesentlichen auf einem hohen Einfuhr-Finanzzoll verbunden mit Lizenzgebühren für Fabrikanten und Händler.[2]) In Nordamerika wird außer dem Zoll eine Fabrikatsteuer mit Banderollesystem erhoben. Die Erzeugnisse sind in mehrere Gruppen zerlegt, die mit festen Sätzen belastet sind. Sie sind zu verpacken, die Packungen mit Steuerzeichen zu versehen. In Rußland besteht neben dem Zoll eine durch Anbringung von Steuerzeichen zu entrichtende Fabrikatsteuer und besondere Lizenzgebühren für Hersteller und Händler. Die anderen großen europäischen Staaten haben Monopole, so Frankreich, Italien, Spanien, Österreich-Ungarn usw.

Österreich-Ungarn nimmt aus dem Tabakmonopol 140 Millionen Mark in Österreich und 165 Millionen Mark in Ungarn ein. Italien hat aus dem Tabakmonopol eine Einnahme von 150 Millionen Mark, Frankreich eine solche von 320 Millionen Mark, England zieht aus dem Tabakverbrauch 280 Millionen Mark, die Vereinigten Staaten haben eine Tabaksteuergesamteinnahme von 350 Millionen Mark, Rußland eine solche von 140 Millionen Mark, Belgien von 7 Millionen Mark, Spanien hat eine Monopoleinnahme von 140 Millionen Mark (vgl. BRDrS. 150, 1908).

Die Besteuerung des Tabaks in Deutschland zeigte in den früheren Jahrhunderten das der staatsrechtlichen Zerrissenheit entsprechende unerfreuliche Bild. In Württemberg herrschte von 1690 ab mit der kurzen Unterbrechung von 1770—1808 das Regiesystem. In Bayern bestand dagegen nur in der kurzen Zeit von 1811—1819 eine Tabakregiesteuer, die eine Vereinigung von Material-, Fabrikat- und Lizenzsteuer war. Der Tabakpflanzer hatte einen Teil seines Tabaks als Naturalsteuer an die Tabakregie abzugeben. Für den Verkauf von Tabak und Tabakerzeugnissen war ein jährlicher Erlaubnisschein einzulösen. Fabrikanten hatten außerdem eine Fabrikatsteuer zu entrichten. In Preußen wurde nach Beseitigung des Tabakmonopols eine Gewichtsteuer von 3 Mark für den Zentner geernteten Tabaks im Jahre 1818 eingeführt, aber schon im Jahre 1828 durch die Flächensteuer unter Einteilung des Tabaklandes in 4 Bonitätsklassen ersetzt. Bei Gründung des Zollvereins gelang es zunächst nicht, eine einheitliche Tabakbesteuerung durchzuführen, so daß der Tabakverkehr im Zollverein zuerst der Ausgleichungsabgabe, später der Übergangsabgabe unterstellt werden mußte. Eine Einigung fand zunächst durch Vertrag vom 11. Mai 1833 nur zwischen Preußen, Sachsen und dem Thüringischen Zoll- und Handelsverein statt. Dieser Einigung traten 1841 Kurhessen, Lippe, Braunschweig, 1842 Luxemburg, 1853 Hannover und Oldenburg bei. Auf der 10. bis 13. Generalkonferenz wurden die Versuche wiederholt, eine gleichmäßige Tabakbesteuerung im ganzen Zollverein herbeizuführen, eine Einigung kam jedoch nicht zustande.

Erst mit der Rekonstruktion des Zollvereins im Jahre 1867 wurde im Zollvereinigungsvertrag vom 8. Juli 1867 §§ 3 und 4 die Grundlage für eine einheitliche Tabakbesteuerung gelegt. Das daraufhin geschaffene Gesetz, die Besteuerung des Tabaks betreffend, ist datiert vom 26. Mai 1868 (BGBl.

---

[1]) Vgl. BRDrS. Nr. 127, 1908, S. 148.

[2]) Durch Gesetz vom 4. Juli 1907 und vom 1. August 1908 ist in Irland und Schottland der Anbau von Tabak unter Steuerkontrolle zu Versuchszwecken zugelassen worden. Vgl. Deutsches Handelsarchiv 1907 S. 962 und 1908 S. 1198.

1868 (S. 319) und enthält in 13 Paragraphen die Flächensteuer unter Befreiung der kleinen Grundstücke unter sechs Quadratruten, und mit Steuererlaß bei Mißwachs und Unglücksfällen, sowie unter Zubilligung einer Ausfuhrvergütung. Das Steueraufkommen war gesichert durch die Anmeldepflicht des Pflanzers, Haftbarkeit des Grundstücksinhabers für die Steuer und entsprechende Strafandrohungen. Die Flächensteuer betrug 6 Sgr. für je sechs Quadratruten und der Zoll acht Taler für 1 dz.

Das Steueraufkommen war bei diesen Sätzen naturgemäß nur gering. Der durchschnittliche Jahresertrag an Zoll und Steuer belief sich auf 3667733 Taler, und es ist nur zu erklärlich, daß der Ruf nach einer stärkeren Belastung des Tabaks bereits im Jahre 1873 sich zu einem neuen Gesetzentwurfe verdichtete. Nachdem dieser unerledigt geblieben war, wurden durch Reichsgesetz vom 26. Juni 1878 Erhebungen über den Tabakbau, die Tabakfabrikation und den Tabakhandel angeordnet, die zu dem Bericht der Tabakenquetekommission und dem mit Zusätzen und Änderungen teilweise noch gültigen Gesetze vom 16. Juli 1879 führten.

War man mit diesem neuen Tabaksteuergesetze vom 16. Juli 1879 auch über die roheste Form der Tabaksteuer, die Flächensteuer, hinausgekommen, so war doch ein befriedigender Zustand noch nicht erreicht und die folgenden Jahrzehnte zeigen ein fortgesetztes Drängen der Regierung auf eine angemessene Steuerbelastung des Tabaks. Hierbei sind fast alle Methoden der Abgabenerhebung versucht worden. Zunächst wurde die Einführung des Tabakmonopols vorgeschlagen. Der Gesetzentwurf fiel in der Sitzung des Reichstags vom 15. Juni 1882.

Darauf legte die Regierung im Jahre 1893 einen Gesetzentwurf vor, der die Fabrikatsteuer enthielt. Unter Aufhebung der Materialsteuer und Herabsetzung des Rohtabakzolles sollten die Tabakfabrikate im prozentualen Verhältnis zu dem Wert des steuerpflichtigen Gegenstandes belastet werden. Grundlage der Steuerberechnung sollten die von dem Fabrikanten auszustellenden Rechnungen bilden (Gesetzentwurf betreffend Besteuerung des Tabaks, BRDrS. 1893 Nr. 109, 1894 Nr. 125).

Nachdem der Entwurf in der Reichstagskommission unerledigt geblieben war, brachte die Regierung im Jahre 1894 eine neue Vorlage ein, die ebenfalls auf dem Grundsatze der Fabrikatwertsteuer aufgebaut war. Die Vorlage wurde im Reichstag abgelehnt, in den Kommissionsverhandlungen zeigte sich Neigung für einen nach dem Werte der Ware zu berechnenden Wertzollzuschlag für Rohtabake (BRBeschl. 1895 § 336 der Prot.).

Nach dem Fehlschlagen der verschiedenen Entwürfe kam die Regierung im Jahre 1905 auf das System der Gewichtsversteuerung zurück und begnügte sich, eine Erhöhung von Rohtabakzoll und -steuer unter Schonung des Rauch-, Kau- und Schnupftabakes, sowie eine Erhöhung des Zolles auf Tabakfabrikate vorzuschlagen, zugleich aber die Zigarette durch eine Steuer auf das Zigarettenpapier und Erhöhung des Zigarettenzolles besonders zu belasten. Die Änderung des Tabaksteuergesetzes wurde in der Reichstagsitzung vom 1. Mai 1906 abgelehnt, das Zigarettensteuergesetz dagegen nach vollständiger Umarbeitung am 8. Mai 1906 angenommen. Es beruht auf dem Fabrikatwertsteuergedanken mit Banderollesystem und ist mit einigen Änderungen zurzeit in Kraft (BRDrS. 1905, Nr. 107 e).

Die zunehmende Finanznot des Reiches führte bereits im Jahre 1908 zu einem neuen Entwurf der Regierung, dem der Gedanke der Fabrikatwertsteuer zugrunde lag. Außer den bereits bestehenden Tabakabgaben sollte von Tabakerzeugnissen eine Verbrauchssteuer erhoben werden, die nach dem Kleinverkaufspreise bemessen war. Die Erhebungsform war das Banderollesystem. Der Entwurf, dessen Steuer aufgebaut war auf dem Verkaufswert der fertigen Erzeugnisse in Form der abgestuften Wertsteuer mit festen, nach dem Werte steigenden Steuersätzen, erlangte nicht die Zustimmung des Reichstags, vielmehr wurde ein Wertzoll für Rohtabak und Zigarren, sowie die Erhöhung der inneren Verbrauchsabgabe für Tabak und Zigaretten beschlossen. Das Gesetz wurde am 15. Juli 1909 als Gesetz wegen Änderung des Tabaksteuergesetzes verkündet und enthält in sechs Artikeln außer den Vorschriften über Tabakzoll und -steuer sowie Zigarettensteuer Bestimmungen über Nachversteuerung und Unterstützung der durch Einführung des Tabaksteuergesetzes geschädigten Arbeiter.

Mit dem Rohtabakwertzoll ist man auf einen Gedanken zurückgekommen, der 1894/5 in der Reichstagskommission angeregt war und der sich deshalb großer Beliebtheit erfreute, weil die von dem inländischen Gewerbe hergestellten billigen Zigarren durch einen Zollzuschlag auf ausländischen Tabak weniger betroffen werden, als die für den anspruchsvolleren Raucher bestimmten Erzeugnisse. Indessen war es ausgeschlossen, den Wert dem Zollzuschlag zugrunde zu legen, weil es kaum eine Ware gibt, deren Wertgestaltung von so vielen, oft zufälligen Umständen abhängig und so schwankend und mannigfaltig ist, wie der ausländische Tabak. Nicht nur Brennbarkeit, Deckfähigkeit und Geschmack kommen in Betracht, sondern auch die der wechselnden Mode unterliegende Farbe. Für den Zollzuschlag wurde daher der aus den Rechnungen und Geschäftsbüchern sich ergebende Kaufpreis für bestimmend erklärt. Der Zoll ist daher genau genommen kein Wert- sondern ein Preiszoll.

Wegen der näheren Details in der geschichtlichen Entwicklung der deutschen Tabakbesteuerung s. Vorlage eines Gesetzentwurfs betreffend das Reichstabakmonopol, Nr. 46 der BRDrS. 1882, Ablehnung des Reichstags § 308 der Protokolle; Gesetzentwurf betreffend die Besteuerung des Tabaks, Nr. 109 der BRDrS. 1893, Ausschußantrag Nr. 122 der BRDrS. 1893; Gesetzentwurf betreffend Besteuerung des Tabaks, Nr 125 der BRDrS. 1894; Ablehnung durch den Reichstag § 336, 1895. Gesetzentwurf betreffend Änderung des Tabaksteuergesetzes, Nr. 107² der BRDrS. 1905, Ausschußantrag Nr. 143² der BRDrS. 1905. RG. vom 3. Juni 1906, RGBlatt 1906 S. 631; Gesetzentwurf betreffend Tabakverbrauchsteuergesetz BRDrS. 1907 Nr 221, Ausschußantrag BRDrS. Nr. 9, 1908, ferner Nr. 127 und 150 der BRDrS. 1908; RG. betreffend die Tabaksteuer vom 15. Juli 1909 RGBlatt S. 793.

Nach dem Regierungsentwurf (vgl BRDrS Nr 221, 1907 und Nr. 127, 1908) sollte zu den schon bisher bestandenen Tabakabgaben eine Tabakverbrauchssteuer von den fertigen Tabakerzeugnissen eingeführt werden und zwar als Fabrikatwertsteuer nach dem Banderollensystem (ähnlich wie bei der Zigarettensteuer). Die Steuersätze des Regierungsentwurfs bewegten sich in 6 Stufen für Zigarren (4 bis 96 Mark für 1 Mille), für Zigaretten in 7 Stufen (1,50 Mark bis 24 Mark für 1 Mille), für feingeschnittenen Tabak in 5 Stufen (0,80 Mark bis 2 Mark für 1 kg). Sonstiger Rauchtabak, Schnupftabak und Kautabak sollte steuerfrei bleiben. Außerdem sollte der Zoll für bearbeitete Tabakblätter auf 250 Mark für 1 dz, für Kau-, Rauch und Schnupftabak auf 300 Mark für 1 dz, für Zigarren auf 700 Mark für 1 dz, dergleichen für feingeschnittenen Tabak und für Zigaretten auf 1000 Mark für 1 dz erhöht werden. Die neue Tabakbesteuerung sollte 75 Millionen Mark mehr einbringen als bisher. Schon die erste Lesung im Reichstage ließ ersehen, daß für die Banderollesteuer keine Mehrheit vorhanden war. Die Kommission gab die weitere Beratung an eine Subkommission ab, welche einen ganz neuen Gesetzentwurf mit Fakturenwertsteuer und Wertzollzuschlag ausarbeitete. Die Fabrikatsteuer mit Banderolle wurde abgelehnt und dafür in der II. Lesung am 25. Mai 1909 der Wertzollzuschlag von 30% auf 40% erhöht, desgleichen wurde die Inlandsteuer von 45 auf 57 Mark für 1 dz fabrikationsreifen Tabak erhöht und auch in der II. Lesung des Reichstags gelangte dieser Vorschlag des Wertzollzuschlags von 40% zur Annahme. Auch die vorgeschlagenen Zollsätze auf Zigarren mit 270 und auf Zigaretten mit 1000 Mark für 1 dz wurden angenommen; zugleich wurde die Entschädigungspflicht des Reiches für die durch das neue Tabaksteuergesetz brotlos werdenden Tabakarbeiter angenommen. Die III. Lesung erfolgte am 9 Juli 1909, 4 Millionen Mark sollten für die Entschädigung der Tabakarbeiter bereit gestellt werden, wofür bis jetzt schon über 6 Millionen Mark verausgabt worden sind.

Das Tabaksteuergesetz vom Jahre 1909.

§ 131.

Das Tabaksteuergesetz vom 15. Juli 1909 ist durch Bekanntmachung des Reichskanzlers vom 21. Juli 1909 im RGBlatt Nr. 44 S. 793 in seiner neuen Fassung verkündet. Es zerfällt in ein Zollgesetz, das die ersten zehn Paragraphen umfaßt, und in ein Steuergesetz, dessen Vorschriften in den §§ 11 bis 56 enthalten sind. Den Schluß bilden Übergangsvorschriften und Geltungsbeginn.

Die Zollvorschriften beruhen auf dem Gesetz vom 15. Juli 1909 wegen Änderung des Tabaksteuergesetzes Art. I Ziff. 1 (RGBlatt S. 705), die Übergangsvorschriften auf Art. II ebenda. Die Steuervorschriften beruhen auf dem Gesetz vom 16. Juli 1879, das durch die Novelle vom Jahre 1909 nur sechs Änderungen erfahren hat.

Die Ausführungsbestimmungen für den Tabakzoll sind vom Bundesrat am 27. Juli 1909 (RZBl. S. 621) erlassen und am 2. Juni 1910 (RZBl. S. 245) abgeändert worden. Die Ausfuhrvergütung für Tabak und Tabakerzeugnisse ist durch die vom Bundesrat am 29. Juni 1910 (RZBl. S. 285) beschlossene Vergütungsordnung für Tabak vom 1. Juli 1910 ab neu geregelt, im übrigen sind für die Tabaksteuer die alten Ausführungsbestimmungen lediglich durch den BRBeschluß vom 20. Januar 1910 (RZBl. S. 24) und die neuen Ausführungsbestimmungen zu § 26 des Tabaksteuergesetzes vom 29. Juni 1910 (RZBl. S. 325) ergänzt worden.

Im übrigen sollen demnächst in einer neu redigierten Tabaksteuerordnung alle die wegen des Tabakzolles und der Tabaksteuer bestehenden Vorschriften zusammengefaßt werden (vgl. übrigens pr. ZBl. für Abgaben usw. Beilage zu Nr. 17 und 18, 1909; ferner 1909 S. 293, 367, 329, endlich 5. Nachtrag zu der Anleitung für die Zollabfertigung S. 18, Zollzuschlag für Tabakblätter und Tabakerzeugnisse und Ausführungsbestimmungen zum neuen Tabaksteuergesetz §§ 1 bis 11).

In Kraft sind daher noch die Bekanntmachung, betreffend die Besteuerung des Tabaks vom 25. März 1880 (RZBl. S. 153), nebst den Nachträgen vom 5. Juli 1888, vom 5. Februar 1891, 10. November 1898, 19. März 1903 und 2. April 1908 (RZBl. 1888 S. 748, 1891 S. 44, 1898 S. 466, 1903 S. 129, 1908 S.173), die Dienstesvorschriften, betreffend die Besteuerung des Tabaks vom 29. Mai 1880 (RZBl. S. 327), nebst den Nachträgen vom 5. Juli 1888, 24. März 1891, 11. November 1897 (RZBl. 1888 S. 748, 1891 S. 74, 1897 S. 323), Regulativ betreffend die Niederlagen für unversteuerten inländischen Tabak vom 29. Mai 1880 (RZBl. S. 386), Regulativ betreffend die Kreditierung der Tabakgewichtssteuer vom 16. Juni 1880 (RZBl. S 468),. nebst den Nachträgen vom 11. Juli 1884, 28. Januar 1886, 5. Juli 1888 (RZBl. 1884 S. 191, 1886 S. 32, 1888 S. 750), Bekanntmachung vom 27. November 1879 (RZBl. S. 753) über die Surrogatverwendung nebst Beschlüssen vom 12 März 1880 (RZBl. S. 209), 28. Mai 1883 (RZBl. S. 173), 28. Januar 1886 (RZBl. S. 32), 17. November 1886 (RZBl. S. 401), 11. Juni 1896 (RZBl. S. 150), 20. Mai und 2. Juli 1897 (RZBl. S. 155 und 252), 14. November 1901 (RZBl. S 411). Außerdem kommen noch die BRBeschlüsse vom 28. Mai 1881, 21. März 1882, 24. März 1884 und 2. April 1908 (RZBl. 1881 S. 231, 1882 S. 156, 1884 S. 113, 1908 S. 173) zur Anwendung.

Die Verarbeitung von ausländischem Tabak zu Lauge im Wege des Veredelungsverkehrs ist vom Bundesrat am 3. Dezember 1896 auf Grund des Zollregulativs für die Tabaklaugefabriken zu Bremen für das Reichsgebiet zugelassen (RZBl. 1896 S. 637), die Bearbeitung von inländischem Tabak zu Lauge ist durch BRBeschluß vom 2. April 1908 geregelt (RZBl. 1908 S. 173).

Die Grundsätze über die Tabakzollstatistik sind in § 29 der AusfBest. zu den §§ 1—11 des Tabaksteuergesetzes vom 7. Juni 1910 enthalten, die über die Tabaksteuerstatistik sind am 29. Juni 1910 neu erlassen (RZBl 1910 S. 285, 328).

§ 132.

Der Tabakzoll.

Für ausländische Tabakblätter und Tabakerzeugnisse ist ein Gewichtszoll zu entrichten. Dieser ist durch das Gesetz vom 15. Juli 1909 gegenüber dem Zolltarif vom 25. Dezember 1902 und den Zollsätzen des Zigarettensteuergesetzes vom 2. Juni 1906 für einige Tabakerzeugnisse erheblich erhöht, namentlich für Karotten, Stangen und Rollen, für Schnupf-, Kau- und Pfeifentabak, geschnittenen Rauchtabak, ferner für Zigaretten und Zigarettentabak.

Neben dem Gewichtszoll ist für Tabakblätter, unbearbeitete und bearbeitete, und Zigarren ein Zollzuschlag von vierzig vom Hundert des Wertes zu entrichten, für Zigaretten, Zigarettentabak und Zigarettenpapier aus Stengeln oder Rippen von Tabakblättern ist neben dem Zoll auch die innere Abgabe zu entrichten. Daraus ergibt sich, daß bei Tabak bald nur ein Gewichtszoll, bald ein Gewichtszoll mit Wertzollzuschlag, bald ein Gewichtszoll mit Zuschlag einer inneren Abgabe zu erheben ist. Die Grundsätze über den Gewichtszoll regeln sich nach allgemeinen zollrechtlichen Bestimmungen, die über die innere Abgabe nach dem Zigarettensteuergesetz, die über den Wertzollzuschlag sind in dem Tabaksteuergesetz vom 15. Juli 1909 enthalten und werden nachstehend behandelt.

Der Zollzuschlag ist seinem Wesen nach Preiszoll. Grundlage ist also in der Regel der Erwerbspreis. Nur wenn ein solcher nicht vorliegt, z. B. der Tabak selbst gepflanzt oder ohne Entgelt erworben ist, ist der Wert zugrunde zu legen, der nach der allgemeinen Marktlage für Tabak gleicher Beschaffenheit gezahlt wird.

Der Preis ist derart maßgebend für den Zollzuschlag, daß eine nachträgliche Ermäßigung des Preises auch eine Ermäßigung des Zollzuschlages nach sich zieht, und ein Rückgängigmachen des Kaufgeschäftes unter Rücksendung des Tabaks unter Zollverschluß zur Erstattung des Zolles führt.

Maßgebend für die Verzollung ist der Preis, den der Verarbeiter (Fabrikant) an den Händler zu zahlen hat (Fabrikantenpreis). Die Zollberechnung ist also in den Zeitpunkt gelegt, in dem der Rohtabak seine wirtschaftliche Endbestimmung erreicht hat.

Dem Verarbeiter gleich steht der Kleinhändler, der den Rohtabak weder selbst verarbeitet noch an Verarbeiter weiterverkauft, sondern lediglich unmittelbar an Verbraucher oder Kleinhändler abgibt.

Abweichend von der Regel kommt der Händlerpreis in Betracht für die Abgabe in kleinen Mengen (bei sog. Vorratsverzollern) und für die Tabakmuster (Anbietungspreis). Im ersteren Falle werden dem Preis 5. v. H. zugeschlagen, im letzteren 25 v. H. abgeschlagen

Der Preis setzt sich zusammen aus dem Grundpreis für den dz und den Nebenkosten für Beförderung, Versicherung, Lagerung usw., Kaufvermittlung. (Gesamtpreis.) Für bestimmte Beförderungskosten sind Einheitssätze festgelegt.

Bei zollzuschlagspflichtigem Tabak oder Zigarren hat der Verzoller außer den sonstigen Zollpapieren eine Wertanmeldung abzugeben und dieser die Rechnung beizufügen. Ausländische Rechnungen müssen konsularisch beglaubigt sein. Die Beglaubigung ist gebührenfrei (RZBl. 1910 S. 447).

Fehlt bei entgeltlich erworbenem Tabak die Rechnung, so ist der angemeldete Wert um 50 v. H. zu erhöhen. Sind verschiedene Klassen Tabak (Sortierungen) zu einem Durchschnittspreis gekauft, so ist bei Bezug in Teilsendungen außer der Wertanmeldung und Rechnung noch eine Schätzung des Wertes der einzelnen Klassen beizubringen.

Zweifel an der Zulänglichkeit der Wertanmeldungen werden von dem Kaiserlichen Prüfungsamt für Tabakbewertung in Bremen entschieden. Erklärt dieses eine Wertanmeldung für unzulänglich, so hat das Reich das Ankaufsrecht gegen Zahlung des angemeldeten Wertes zuzüglich 5 v. H. Macht das Reich hievon keinen Gebrauch, so ist bei Tabakblättern der angemeldete Wert, bei Zigarren der vom Prüfungsamt geschätzte Wert dem Zollzuschlag zugrunde zu legen.

Das vom Gesetz gewählte System, den letzten Preis zum Zollzuschlag heranzuziehen, bedingt eine Anzahl von Sicherungsvorschriften. Zunächst die Anmeldepflicht für Händler und Verarbeiter. Dann die Pflicht zur Buchführung und Vorlegung der Bücher, Rechnungen und sonstigen Belege auf Verlangen der Steuerbehörde. Endlich für Händler die Pflicht, den Rohtabak unter ständige Steueraufsicht zu stellen, für Verarbeiter das Verbot des Weiterverkaufs verzollter Tabakblätter ohne besondere Genehmigung der Zollbehörde. Da bei der Verarbeitung auf Zigaretten oder Zigarettentabak der Wertzollzuschlag nicht erfällt, sind für Zigarettenfabriken besondere Maßnahmen über Abfertigung, Weiterverkauf, Überführung des Tabaks aus dem freien Verkehr und über gemischte Betriebe erforderlich.

An Strafandrohungen kommen in Betracht: für die Zollhinterziehung die Vorschriften des Vereinszollgesetzes und für Ordnungswidrigkeiten § 49 des Tabaksteuergesetzes. Außerdem ist als besondere Art der Urkundenfälschung das unrichtige Ausstellen von Rechnungen und Wertanmeldungen oder deren Abschriften und das Gebrauchmachen von derartigen Urkunden geahndet. Außer der subsidiären Gefängnis- und Geldstrafe kann der Betrieb des Gewerbes auf die Dauer von fünf Jahren verboten werden.

Um das Aufkommen aus dem Tabakwertzoll zu sichern, ist für die Zollbeamten eine gewisse Kenntnis über den Wert der Tabake unerläßlich. Zur Zigarrenfabrikation werden zurzeit in Deutschland hauptsächlich verwandt: Sumatra, Java (Bezoekie und Vorstenlanden), Havana, Brasil, Domingo und Karmen. Die Zigarre besteht bekanntlich aus Deckblatt, Umblatt und Einlage. Als Deckblatt wird mit Vorliebe Sumatra verwandt, weil er ein dünnes, zartes oft seidenartiges Blatt hat und helle, oft fahle Farben liefert. Auch von Vorstenlanden kommen helle, fahle Sortierungen vor, die als Deckblatt verwandt werden, während Java in der Regel nur als Umblatt und bei der Einlage benutzt wird.

Man unterscheidet bei holländischem Tabak zwischen Sandblatt, Mittelblatt Topblatt. Das wertvollste ist das Sandblatt, das geringste das Topblatt. Die Sortierung wird zunächst vorgenommen nach Vollblatt (heile Blätter) und Stückblatt (zerrissene oder löcherische Blätter), dann nach der Länge (erste, zweite, dritte und vierte Länge), schließlich nach der Farbe. Am höchsten geschätzt sind die hellen und fahlen Farben. Ihr Preis geht bis zu 12 Mark das Pfund für Vollblatt erster und zweiter Länge, während er für Stückblatt mittelfarbiger Sortierung bis auf 0,35 Mark das Pfund fällt.

Die Beschaffenheit des Tabaks ist aus dem Märk zu ersehen. Die Farbe wird durch bestimmte Buchstaben ausgedrückt z. B. V (fahl), HV (hellfahl), H (hell), B (braun), die Länge durch Zusatz der Ziffern 1, 2, 3, 4. Daß Stückblatt vorliegt, wird durch Vorsetzen von X gekennzeichnet. Dadurch ergeben sich Märke wie XHV 1 (Stückblatt hellfahl erste Länge), DB 2 (dunkelbraun zweite Länge Vollblatt) usw.

Die Preise für Brasil schwanken zwischen 0,35 und 1,20 Mark, für Havanna zwischen 0,50 und 12 Mark, für Domingo 0,20—0,45 Mark, für Karmen 0,22 bis 0,60 Mark das Pfund.

Bei nordamerikanischen Tabaken sind die Notierungen: Kentucky 0,32 bis 0,80 Mark, Virginy 0,42—0,85 Mark, Maryland 0,30—0,65 Mark, Ohio 0,50 bis 1 Mark. Der Güte nach wird unterschieden: ord. — gut ord., mittel und fein.

§ 133.

Nach dem Reichstabaksteuergesetz vom 15. Juli 1909 (§ 1) ist an Tabakzoll zu erheben für 1 dz

1. Tabakblätter, unbearbeitet oder nur gegoren (fermentiert) oder über Rauch getrocknet, auch in Büscheln, Bündeln oder Puppen 85 Mark;

2. Tabakerzeugnisse

a) Tabakrippen und Tabakstengel, auch mit Tabakbrühe behandelt (gebeizt) 85 Mark,

b) Tabaklaugen, auch gemischt mit Tabakbrühe, 100 Mark,

c) Tabakblätter, bearbeitet (ganz oder teilweise entrippt, auch mit Tabakbrühe behandelt [gebeizt] usw.); Abfälle von bearbeiteten Tabakblättern und von Tabakerzeugnissen, auch gemischt mit Abfällen von Rohtabak (Scraps) 180 Mark,

d) Karotten (Mangotes), Stangen und Rollen zur Herstellung von Schnupftabak, 210 Mark,

e) Schnupftabak, Kau- und Pfeifentabak in Rollen, Platten, Tabakmehl, Tabakstaub; Papier aus Stengeln oder Rippen von Tabakblättern, 300 Mark,

f) geschnittenen Rauchtabak 700 Mark,

g) Zigarren 270 Mark,

h) Zigaretten 1000 Mark.

Für Zigarettenpapier aus Stengeln oder Rippen von Tabakblättern mit Ausnahme des zur gewerblichen Verwendung bestimmten; ferner für feingeschnittenen Tabak und für Zigaretten ist neben dem Eingangszolle die vorgeschriebene innere Abgabe zu entrichten (§ 3 des Zigarettensteuergesetzes vom 3. Juni 1906 und Art. IIIa des RGesetzes vom 15. Juli 1909 betr. Änderungen des Tabaksteuergesetzes).

Der § 2 handelt vom Zollzuschlag für Tabakblätter (40 % des Wertes) und vom Zeitpunkt der Feststellung des Wertes und der Fälligkeit des Zollzuschlags. In § 3 ist die Anmeldepflicht eines jeden Tabakverarbeiters über den Wert des bezogenen Tabaks gefordert unter Beilage der Fakturen (Rechnungen). Der § 4 bestimmt nähere Einzelheiten über die Wertanmeldung. Auch der Handel mit Auslandstabak und die Herstellung der Tabakfabrikate ist der Steuerbehörde anzumelden (§ 5) behufs steuerlicher Kontrolle (§§ 5 und 6). Zweifel der Zollbehörde an der Richtigkeit der Werteanmeldungen sind von dem Prüfungsamte für Tabakbewertung in Bremen zu entscheiden.[1]) (§ 7.) Das Prüfungsamt wird zu ²/₃ mit Sachverständigen aus dem Tabakgewerbe

---

[1]) Vgl. Reichshandbuch 1911 S. 314. Das auf Grund des § 7 des TStG. errichtete Prüfungsamt für Tabakbewertung in Bremen entscheidet auf Ansuchen der Zollstellen, denen die Feststellung des Wertzollzuschlags für ausländische Tabakblätter und Zigarren obliegt, über die Zulänglichkeit der abgegebenen Wertanmeldungen. Das Prüfungsamt ist ferner befugt, für aus anderen Ländern als Belgien und den Niederlanden bezogene Tabakblätter auf Antrag des Beziehers die Rechnung an Stelle des Konsuls zu beglaubigen, daß der darin angegebene Preis zutreffend erscheint. (Vgl. pr. ZBl. 1911 S. 159.)

besetzt. Die Sachverständigen, von denen 2/3 ihre Tätigkeit als Ehrenamt ausüben, werden vom Reichskanzler berufen. Der § 8 regelt das Ankaufsrecht des Reiches, wenn die Wertanmeldung als unzulänglich bezeichnet ist. Der § 9 handelt von dem Zollzuschlag von 40 % des Wertes bei Zigarren. Als Wert gilt der vom Einbringer zu zahlende Preis. Der § 10 bespricht sodann die besonderen Strafvorschriften.

Die Bestimmungen über den Zollzuschlag für Tabakblätter und Tabakerzeugnisse sind, wie bemerkt, im fünften Nachtrag zur Anleitung für die Zollabfertigung enthalten und decken sich mit den §§ 2 bis 9 des Tabaksteuergesetzes vom 15. Juli 1909.

Die Ausführungsbestimmungen hiezu nach der BRBek. vom 27. Juli 1909 unter Berücksichtigung der Änderungen enthalten 28 Paragraphen und bestimmen in § 1 die zollzuschlagspflichtigen Waren, die §§ 2 und 3 behandeln die Grundlagen für die Erhebung des Zollzuschlags, der § 4 die Feststellung des Zollzuschlags, § 5 regelt das Verfahren bei Verkäufern, die Tabakblätter selbst verarbeiten und die §§ 6 und 7 bestimmen das Verfahren bei Verkäufern, denen der Verkauf der Tabakblätter in kleinen Mengen gestattet ist. Der § 8 handelt von der Fälligkeit des Zollzuschlags und die §§ 9 bis 12 regeln die Wertanmeldung selbst. Der § 13 handelt von der Beglaubigung der Rechnungen der ausländischen Verkäufer, § 14 von der Umrechnung ausländischer Währungen auf Markrechnung. Die §§ 15 und 16 handeln von der Gesamtanmeldung und der Gesamtrechnung, §§ 17 und 18 von der Änderung der Schätzung und Neufeststellung des Zollzuschlages. Der § 19 bestimmt die Festsetzung des Zollzuschlags im Reiseverkehr (1000 Mark für 1 dz). § 20 regelt die Abfertigung der Tabakmuster und § 21 den Verkauf verzollter ausländischer Tabakblätter durch die Verarbeiter. In § 22 wird die Abgabe von Tabakblättern durch den Kleinhändler unmittelbar an den Verbraucher geregelt und in § 23 handelt es sich um die Anmeldungsbescheinigung bei Tabakbetrieben. Die §§ 24 und 25 regeln das Verfahren, wenn man zollzuschlagsfreie ausländische Tabakblätter oder inländische Tabakblätter zum ermäßigten Steuersatz von 45 Mark für 1 dz beziehen will, ebenso kann nach § 26 eine Rückvergütung des entsprechenden Zollzuschlags bzw. der Tabaksteuer eintreten, wenn nach Bezahlung des Zollzuschlags bzw. der ganzen Tabaksteuer die betr. Tabakblätter für Zigarettenfabriken ꝛc. dienen. §§ 27 und 28 handeln von den gemischten Betrieben, in denen Zigarren und Zigaretten hergestellt werden.

Die Vergütungsordnung für Tabak, die Ausführungsbestimmungen zu § 26 des Tabaksteuergesetzes (Wertverminderung des Tabaks infolge von Unglücksfällen, ferner die Bestimmungen über die Tabaksteuerstatistik) sind abgedruckt in der Beilage zu Nr. 15 des pr. ZBl. für Abgaben, Gesetzgebung ꝛc. 1910. Siehe auch pr. ZBl. für Abgaben ꝛc. 1909, Beilage zu Nr. 17 S. 46. Wertzollzuschlag für Tabak; Ermittelung des Wertes beim Fehlen konsularischer Beglaubigung für Fakturen, 1909 S. 321; Anwendung des Wertzuschlags, S. 366; Abfertigung von zuschlagspflichtigem Tabak zum freien Verkehr oder auf Begleitschein II 1909 S. 379, 390.

Bestimmungen über die Abgabenvergütung, pr. ZBl. 1909 S. 293, 367. Abdruck des Gesetzes in neuer Fassung, 1909 S. 21, Beilage zu Nr. 18. Höhe der Abgabe für Tabakersatzstoffe, siehe pr. ZBl. 1910 S. 84. Ausführungsbestimmungen zum Tabaksteuergesetz §§ 1—11 s. pr. ZBl. 1910 S. 238, 241.

Die Vergütungsordnung für Tabak hat 40 Paragraphen, nämlich § 1 Allgemeine Bestimmungen, §§ 2 und 3 Vergütungssätze, Umfang der Vergütung nach Gewicht und Wert, § 4 Vergütung für gemischte Fabrikate, § 5 Voraussetzungen für Gewährung der Vergütung, die regelmäßig nur dem Tabakfabrikanten zugute kommt. § 6 bestimmt, was man unter Geize, unter Tabakabfälle, unter Grumpen, unter Zigarettentabak, Rauchtabak, Schnupftabak versteht, § 8 erklärt, was Mundstückzigaretten und Zigarillos sind. Die §§ 9 bis 12 enthalten die Anordnungen, wie die Zoll- und Steuervergütung bei der Ausfuhr von Tabakerzeugnissen zu erlangen ist. §§ 13 bis 17 handeln von der Zollabfertigung, §§ 18 bis 20 von dem formellen Verfahren; §§ 20 bis 35 handeln von den Tabakbetrieben unter Zollaufsicht, §§ 36 bis 39 von der Berechnung der Vergütung, § 40 von der Verrechnung derselben.

Die Bestimmungen über Tabaksteuerstatistik haben 7 Paragraphen. Die Hauptämter haben folgende Nachweisungen anzufertigen und der Direktivbehörde einzureichen:

a) Übersicht über den Tabakbau und die Ernteergebnisse;

b) Verzeichnis der angemeldeten Verkäufer und Verarbeiter von ausländischen Tabakblättern;

c) Übersicht über die Besteuerung des Inlandstabaks,

d) Übersicht über die Einnahmen von Tabakzoll und Tabaksteuer.

§ 134.

Die Tabaksteuer.

Den Gegenstand der Steuer bildet der im Zollgebiet erzeugte Tabak. Kleinere Pflanzungen für Unterrichts- und Zierzwecke bleiben jedoch steuerfrei. Die Steuer ist ihrem Wesen nach eine innere Abgabe. Sie wird daher vergütet bei der Ausfuhr von Tabak und Tabakerzeugnissen des freien Verkehrs oder deren Aufnahme in ein Verschlußlager nach Maßgabe der Vergütungsordnung für Tabak.

Der Steueranspruch des Staates verjährt binnen Jahresfrist vom Zahlungstermin ab, für hinterzogene Steuer binnen drei Jahren. Ansprüche auf Erstattung verjähren binnen Jahresfrist.

Die Form der Steuererhebung ist die Gewichtsteuer, für Grundstücke von weniger als 4 a tritt die Flächensteuer dafür ein. Ausnahmsweise kann die Flächensteuer auch für größere Grundstücke zugelassen und die Gewichtssteuer für kleinere Grundstücke angeordnet werden.

Die Gewichtsteuer beträgt seit der Novelle von 1909 57 Mark für 1 dz, und wenn die Tabakblätter für zigarettensteuerpflichtige Erzeugnisse verwendet werden, sowie für Grumpen 45 Mark. Maßgebend ist das Gewicht des Tabaks in gegorenem oder getrocknetem, verarbeitungsreifem Zustand (vgl. § 11 des Tabaksteuergesetzes vom 15. Juli 1909).

Die Feststellung des Gewichts erfordert eine Reihe von Sicherungsmaßnahmen. Der Tabakpflanzer hat die bebauten Flächen auf gelieferten Vordrucken bis zum 15. Juli eines jeden Jahres anzumelden. Der Tabak muß reihenweise und getrennt von anderen Gewächsen gepflanzt und in bestimmter Weise behandelt sowie geerntet werden. Der Pflanzer haftet für die Gestellung des Tabaks zur Verwiegung und darf ihn vorher nur mit Genehmigung der Steuerbehörde veräußern. Er hat ihn zu bündeln und die Bündelzahl anzumelden.

Die Steuerbehörde prüft die Richtigkeit und Vollständigkeit aller Anmeldungen. Sie stellt sodann die Mindestmenge des zu gestellenden Tabaks nach Blätterzahl oder Gewicht fest. Gegen die Festsetzung steht dem Pflanzer der Einspruch zu. Sie hat die Wirkung, daß — Unglücksfälle und Dachfäule ausgenommen — die festgesetzte Menge später mindestens zur Verwiegung gestellt werden muß. Für Bruch und Abfall wird ein Abzug gewährt. Ist der Tabak geerntet, so werden die Trockenräume, in denen er aufbewahrt wird, unter Steueraufsicht genommen. (§§ 12, 13 des TStG.)

Zwecks Feststellung der Steuer wird der Tabak nach Trocknung, aber vor Beginn der Fermentation in der Regel bis zum 31. März des auf die Pflanzung folgenden Jahres, ausnahmsweise bis 31. Mai verwogen. Von dem ermittelten Gewicht wird ein Fünftel als Fermentationsverlust abgezogen, die Steuer hiernach berechnet und dem Steuerschuldner schriftlich mitgeteilt (§ 21 des Gesetzes).

Die Steuer wird fällig bei der erstmaligen Veräußerung des Tabaks, spätestens am 15. Juli des auf die Ernte folgenden Jahres, mit Genehmigung der Obersten Landesfinanzbehörden kann die Zahlungsfrist bis zum 30. Juni des nächsten Jahres ausgedehnt werden. Die Steuer ist nicht zu entrichten, wenn der Tabak vor Fälligkeit der Steuer ausgeführt oder auf ein Verschlußlager gebracht wird, d. h. Voraussetzung der Steuer ist Übertritt des Tabaks in den freien Verkehr. Ausfuhr oder Einlagerung wird durch Versendungsscheinkontrolle überwacht (§ 25 des Gesetzes).

Aus dem Grundsatz, daß die Tabaksteuer nur für den in den freien Verkehr tretenden Tabak erhoben werden soll, ergibt sich die Steuerfreiheit für den bei der Verwiegung oder auf Verschlußlager amtlich vernichteten und den vor Fälligkeit der Steuer durch Feuerschaden untergegangenen Tabak (§ 25 des Gesetzes).

Wird der Tabak vor Fälligkeit der Steuer veräußert, so wird der Erwerber neben dem Verkäufer zunächst Gesamtschuldner für die Abgabe. Der Verkäufer ist jedoch auf Antrag, wenn nicht besondere Umstände vorliegen, von der Haftpflicht für die Steuer zu entbinden (§ 29 des Gesetzes).

Der Grundsatz der Gewichtsteuer ist im Gesetze nicht rein durchgeführt, vielmehr findet sich in zwei Beziehungen eine Berücksichtigung des Wertes, erstens durch den geringeren Steuersatz für Grumpen (die schon auf dem Felde abgestorbenen untersten Tabakblätter), zweitens durch Steuernachlaß gemäß § 26 des Gesetzes für den vor der Verwiegung durch besondere Unglücksfälle im Wert erheblich geminderten Tabak.

Stundung der Tabakgewichtssteuer ist gegen Sicherstellung bis zum 15. Oktober des auf die Ernte folgendes Jahres, bei Auslagerung bis zum 25. des dritten Monats zulässig. Zur Erleichterung der Stundung für Erwerber steuerpflichtigen Tabaks können besondere Kreditzertifikate ausgestellt werden. Diese ermöglichen es, daß gegen Hinterlegung einer Sicherheit bei einer Steuerstelle Stundungen bis zur Höhe des gesicherten Betrages auch an anderen Ämtern gewährt werden (§ 30 des Gesetzes).

Die Flächensteuer beträgt seit der Novelle von 1909 für 1 qm 5,7 Pfennig, im ganzen aber mindestens 50 Pfennig. Der Steuerbetrag wird nach Prüfung der Anmeldungen berechnet und dem Steuerschuldner schriftlich mitgeteilt. Beträge bis zu 10 Mark einschließlich sind am 1. Oktober, höhere Beträge am 15. Juli des auf die Ernte folgenden Jahres fällig. Auch hier ist Voraussetzung, daß der Tabak in den freien Verkehr tritt. Mißwachs, Unglücksfälle und Feuerschaden vor Fälligkeit führen daher zum Erlaß der Steuer. Eine Stundung ist nicht vorgesehen (§§ 33 bis 36 des Gesetzes).

Tabaksurrogate.

Die Verwendung von Ersatzstoffen (Surrogaten) bei der Herstellung von Tabakerzeugnissen ist im Grundsatz verboten. Der Bundesrat ist jedoch ermächtigt unter Anordnung von Aufsichtsmaßnahmen Ausnahmen zu gestatten und hat hiervon für Kirsch- und Weichselblätter, Melilothenblüten (Steinklee), eingesalzene Rosenblätter, Veilchenwurzelpulver, Vanilleroots, Althee, Wegebreit, Huflattich und Baldrianwurzelpulver Gebrauch gemacht. Für die erlaubte Ersatzstoffverwendung ist eine Abgabe von 85 Mark für 1 dz zu erheben, bei unerlaubter Verwendung tritt Geldstrafe von 30 bis 3000 Mark ein. Dies Vergehen ist keine Hinterziehung, sondern strafbares Unrecht eigener Art (§ 37 des Gesetzes).

Die Strafen.

Das Strafensystem unterscheidet die Defraudation, die Vergütungserschleichung, die unerlaubte Ersatzstoffverwendung und die Ordnungswidrigkeit. Die Defraudation ist das Unternehmen, die Tabaksteuer zu hinterziehen, namentlich also die Nichtanmeldung der Tabakpflanzungen und die Nichtgestellung zur Verwiegung. Dazu kommen 6 Fälle der sog. unechten Defraudation, die auf der Formel beruhen: „der Hinterziehung wird gleichgeachtet". Bei Nichtanmeldung oder zu geringer Anmeldung der Tabakpflanzung wird die Tatsache der Hinterziehung widerlegbar vermutet (präsumtive Hinterziehung).

Die Erschleichung einer nicht berechtigten Zoll- oder Steuervergütung ist als besonderes Vergehen behandelt. Sie vorenthält im Gegensatz zur Hinterziehung im engeren Sinne dem Staate keinen Steuerbetrag, sondern sie veranlaßt ihn zu einer Herauszahlung, auf die kein Recht besteht. Sie ist Steuerbetrug.

Die Strafe der Defraudation und der Vergütungserschleichung besteht in dem Vierfachen des erschlichenen Betrages, im ersten Wiederholungsfalle in dem Achtfachen, bei weiteren Rückfällen in Gefängnis oder Haft oder Geldstrafe nicht unter dem sechzehnfachen Betrage der hinterzogenen Abgabe.

Die Verwendung unerlaubter Ersatzstoffe ist keine Hinterziehung, weil für sie keine Abgabe zu entrichten ist. Sie ist daher nicht mit dem Vielfachen eines Steuerbetrages geahndet, sondern mit einer arbiträren Geldstrafe.

Alle Zuwiderhandlungen gegen das Gesetz und seine Verwaltungsvorschriften, die nicht als besondere Vergehen charakterisiert sind, sind Ordnungswidrigkeiten, zu denen auch die besondere Steuerbestechung und die Amtsbehinderung gerechnet wird. Bei gleichartigen Ordnungswidrigkeiten soll keine Strafenhäufung stattfinden, vielmehr greift das Absorptionsprinzip Platz.

Beim Zusammentreffen von Zuwiderhandlungen gegen das Tabaksteuergesetz mit anderen strafbaren Handlungen gelten die Grundsätze des Reichsstrafgesetzbuches. Es herrscht hierfür also das Schärfungsprinzip Ebenso beim Zusammentreffen der Defraudation mit anderen Tabaksteuerzuwiderhandlungen. Keine besondere Anordnung findet sich für das sonstige Zusammentreffen z. B. Ersatzstoffunrecht mit Ordnungswidrigkeiten oder Vergütungserschleichung. (§§ 41 ff. des Gesetzes.)

Das Strafübel der Vertretungsverbindlichkeit für Geldstrafen, Kosten und Steuer ist für Tabakpflanzer, deren Rechtsnachfolger, Tabakhändler, Kommissionäre, Makler und Fabrikanten angeordnet. Wird nachgewiesen, daß die Zuwiderhandlung ohne ihr Wissen verübt ist, so haften sie nur für die Steuer.

§ 135.

Das Tabaksteuergesetz vom 15. Juli 1909 regelt in den §§ 11 bis 36 die Besteuerung des Inlandstabaks. Der § 11 bestimmt die Steuer, die für Tabakblätter 57 Mark und für Grumpen und Zigarettentabakblätter 45 Mark für 1 dz beträgt. Die für das Steueraufkommen angeordneten Sicherungsmaßregeln bestehen in der Anmeldung und steuerlichen Prüfung der Tabakfelder (§ 13), der Haftung des Tabakpflanzers für den erzeugten Tabak zur Verwiegung (§ 14), in der Ermittelung der Blätterzahl oder der Gewichtsmenge auf dem Felde (§§ 15 und 16). In § 17 ist die Abgabe einer verbindlichen Deklaration durch den Tabakpflanzer an Stelle der amtlichen Festsetzung zugelassen. Nach § 18 ist die Verminderung des Tabaksolls durch Unglücksfälle, Hagelschlag usw. besprochen, wie sie nach Anordnung des

Bundesrats näher geregelt wird. Nach § 19 steht den Steuerbeamten der Besuch der Trockenräume frei, in § 20 wird der Fall behandelt, wenn Tabak schon vor der Verwiegung verkauft wird; der § 21 regelt die amtliche Verwiegung der Tabakkreszenz, in §§ 22 bis 25 wird das Verfahren bestimmt, wie die Verwiegung des Tabaks und die Feststellung der Steuer erfolgen soll. Die §§ 26 bis 28 regeln noch besondere Fälle, namentlich wenn Tabak in eine Niederlage verbracht werden soll; der § 29 handelt von der Haftung des Tabakkäufers für die Steuer, §§ 30 und 31 von der Stundung der Steuer und der Einziehung der Steuer für der Verwiegung entzogenen Tabak. §§ 32 bis 36 bringen die Vorschriften für den Tabakbau; §§ 37 und 38 behandeln die Steuerpflicht der Tabaksurrogate und § 39 die Verjährung. In § 40 wird die Ausfuhrvergütung der Tabaksteuer geregelt und §§ 41 bis 56 handeln von den Strafvorschriften, § 57 von den Übergangsvorschriften, § 58 bestimmt den Termin der Gültigkeit des Gesetzes (15. August 1909).

§ 136.

Tabaknachzoll und Tabaknachsteuer.

Um eine allzustarke Vorversorgung des Tabakmarktes zu verhindern, sind in § 57 des Tabaksteuergesetzes vom 15. Juli 1909 eingehende Übergangsvorschriften erlassen, deren nähere Ausführung dem Reichskanzler übertragen ist. Dieser hat am 31. Juli 1909 (RGBl. S. 641) daraufhin die Ordnung für die Nachverzollung und Nachversteuerung von Tabakblättern und ausländischen Zigarren bekannt gegeben.

Nachsteuerschuldner war bei Zigarren lediglich der Händler, nicht der Privatmann, bei Tabakblättern der Verarbeiter, nicht der Händler. Letzterer hatte vielmehr seinen Vorrat in ein Zollverschlußlager zu bringen und der Zollzuschlag wird erst festgesetzt, wenn der Tabak ausgelagert wird. Ausnahmen bilden die Muster und der Tabak zur Abgabe in kleinen Mengen.

Der Kleinhändler, der unbearbeitete Tabakblätter unmittelbar an die Verbraucher abgibt, hat 5 dz frei.

Gegenstand der Nachsteuer bildeten die ausländischen und inländischen Tabakblätter des freien Verkehrs und die verzollten ausländischen Zigarren über 1000 Stück, deren Einkaufspreis 100 Mark für 1000 Stück übersteigt. Ausgenommen von der Nachsteuer waren namentlich die Tabakblätter, die zur Herstellung von zigarettensteuerpflichtigen Erzeugnissen verwendet werden, bloß geschnittene Tabakblätter zur Kau- und Schnupftabakherstellung oder anderen Zwecken als Zigarrenherstellung, Tabakabfälle, Halberzeugnisse.

Die Höhe der Nachsteuer beträgt für ausländische Tabakblätter (von einigen Ausnahmen abgesehen) und für Zigarren 40 v. H. des Einkaufspreises, für inländische Tabakblätter 12 Mark und, wenn sie entrippt sind, 16 Mark für 100 kg. Bei ausländischen Tabakblättern ist bei nachgewiesenem Wertrückgang ein Wertabschlag bis 30 v. H. zulässig.

Das Verfahren bei der Nachversteuerung war in der Art geregelt, daß jeder Steuerschuldner die Waren bis zum 21. August 1909 anzumelden hatte, die Steuerbehörde die Anmeldungen in ein Anmeldebuch eintrug, die Vorräte und Werte nachprüfte, die Nachzoll- und -steuerbeträge festsetzte, die Steuerschuldner zur Zahlung binnen 14 Tagen aufforderte und über die Zahlungen ein Einnahmebuch führte. Stundung war zulässig.

Außer den Anordnungen über die Nachsteuer enthält die Bekanntmachung vom 31. Juli 1909 Vorschriften über die Wertanmeldung solcher ausländischer

Tabakblätter, die ein Verarbeiter in einer öffentlichen Niederlage oder in seinem Zollverschlußlager lagern hat. Bei diesen wird lediglich der Zollzuschlagsatz festgesetzt.

Ferner kann ein Verarbeiter, wenn er einen Teil einer im Inland befindlichen Tabakmenge noch bei dem Verkäufer oder im Zollausland lagern hat, hiefür die Ausstellung einer Wertbeglaubigung beantragen, die für die spätere Verzollung an Stelle der Rechnung oder Schätzung tritt.

§ 137.

Anläßlich des neuen Tabaksteuergesetzes vom 15. Juli 1909 sind folgende wichtigere Erlasse hier kurz anzumerken:

Das Gesetz selbst ist publiziert im RGBlatt 1909 S. 793 und im pr. ZBl. für Abgaben, Beilage Nr. 17, 1909 S. 45 ff. und Beilage zu Nr. 18 S. 21 ff. veröffentlicht.

Über die Anwendung des neuen Flächensteuersatzes von 5,7 Pfg. für 1 qm s den Erlaß des pr. FM. vom 8. September 1909, pr. ZBl. für Abg. 1909 S. 329.

Über die Ausfuhrvergütung für Tabak und Tabakerzeugnisse s. auch den Erlaß des pr. FM. vom 26. September 1909 pr. ZBl. S. 367 bzw. die Vergütungsordnung von 1910.

Über Verarbeitung von Tabakblättern in gemischten Betrieben mit Röstvorrichtung s. Erlaß des pr. FM. vom 31 August 1909, pr. ZBl. S. 329. Über Verpfändung von Tabakvorräten als Sicherheit bei der Steuerstundung s. pr ZBl. 1909 S. 412.

Die Ausführungsbestimmungen zum Tabaksteuergesetz vom 15. Juli 1909 §§ 1—11 sind abgedruckt im pr. ZBl. 1910 S. 238, 241.

Über die Berechnung des Wertzollzuschlags bei Käufen von Rohtabak am Amsterdamer oder Rotterdamer Markt s pr FMErlaß vom 8. Dezember 1909, pr ZBl. 1910 S. 12.

Über die Zollabfertigung von zollzuschlagpflichtigem Tabak, der im gebundenen Verkehr für Verkäufer eingeht, s pr FMErlaß vom 22 Dezember 1909 pr ZBl S. 13, 1910. Die Höhe der Abgabe für Tabakersatzstoffe ist nach BRBeschluß vom 20. Januar 1910 auf 85 Mk. für 1 dz festgesetzt worden, s. pr ZBl. 1909 S. 84.

Über Berechnung des Kassenpreises bei der Ausfuhr von Zigarren s pr. ZBl. 1910 S. 491, 417.

Die Einnahme aus der Inlandstabaksteuer ist für das Rechnungsjahr 1911 mit 15,4 Millionen Mark Rohsolleinnahme veranschlagt, wenn 400 000 Mark für Steuervergütungen abgehen. An Verwaltungs- und Erhebungskosten werden vom Reich an die Bundesstaaten vergütet für die Anbaukontrolle 20 Pfennig für das Ar der mit Tabak bepflanzten Flächen, also bei 16 200 Ar Tabakpflanzung = 324 000 Mark und für die Erhebung der Steuer 2 % der Rohsolleinnahmen = 308 800 Mark, zusammen rund 633 000 Mark. Von den 16 200 Ar Tabakpflanzungen wurden 1910 durchschnittlich vom ha 17 ½ dz dachreifer Tabak geerntet, also etwa 283 000 dz. (Der Preis bei Inlandstabakblätter bewegt sich [ohne Steuer] zwischen 50 und 60 Mark für 1 dz.)

Die gesamte Zoll- und Steuereinnahme aus dem Tabakverbrauch in Deutschland betrug bis zum Jahre 1908 nur rund 90 Millionen Mark (12 Millionen Mark Inlandtabaksteuer und 78 Millionen Mark Zoll vom Auslandstabak), also 1,49 Mark auf den Bevölkerungskopf.

Nach dem Regierungsgesetzentwurf betr. die Tabaksteuer sollte der Tabakverbrauch um 75 Millionen Mark mehr einbringen; nach dem im Reichstage beschlossenen Gesetz (RGesetz vom 15. Juli 1909) wird diese Mehreinnahme höchstens 40 Millionen Mark betragen. Im Jahre 1909/10 hat die Einnahme aus dem Tabakverbrauch (Zigarren, Rauch-, Kau- und Schnupftabak) ergeben: Inlandsteuer 12,2 Millionen Mark, Zoll und Wertzollzuschlag nach Abzug der Ausfuhrvergütungen 88 1/2 Millionen Mark; Abgabe von Tabaksurrogaten 88 600 Mark, zusammen rund 101 Millionen Mark.

§ 138.

Die Ausfuhrvergütung für Tabak.

Die Ausführvergütung für Tabak und Tabakerzeugnisse beruht nach Aufhebung des Regulativs vom 28. Juli 1888, der Anlage A zu den Zigarettensteuerausführungsbestimmungen von 1906 und der Bestimmungen vom 27. Juli 1909 seit dem 1. Juli 1910 auf der Vergütungsordnung für Tabak vom 29. Juni 1910 (RZBl. 1910 S. 285).

Gegenstand der Vergütung sind:

1. Tabakblätter und Grumpen des freien Verkehrs. Bei unversteuertem Rohtabak inländischen Ursprungs wird die Gewichtsteuer bei der Ausfuhr erlassen. Daneben ist naturgemäß kein Raum für eine besondere Vergütung. Für Tabak, bei dem eine Herabsetzung des Steuersatzes gemäß § 26 TStG. stattgefunden hat, für grüne Blätter, Geizen, Tabakrippen, Tabakstengel und andere Tabakabfälle wird keine Vergütung gewährt.

2. Tabakerzeugnisse aus ausländischen oder aus inländischen Tabakblättern oder aus beiden gemischt. Die Mitverwendung von Tabakabfällen schließt die Vergütung überhaupt aus. Bei Verwendung von Tabakersatzstoffen ist die Vergütung auf den echten Tabak beschränkt. Bei Zigaretten und Zigarettentabak ist zu beachten, daß außer der Vergütung der Erlaß der Zigarettensteuer eintritt.

Die Höhe der Vergütung richtet sich nach dem Eigengewicht und bei Schnupf-, Kau-, Rauchtabak und Zigarren nach dem Wert. Bei Rohtabak sind die Vergütungssätze gleich hoch ohne Rücksicht, ob es sich um inländischen oder ausländischen Tabak handelt, bei Tabakerzeugnissen wird jedoch hier unterschieden und für Erzeugnisse aus ausländischem Rohtabak werden höhere Vergütungen gewährt. Voraussetzung ist, daß der Herstellungsbetrieb unter Zollaufsicht steht.

Berechtigt zur Einforderung der Vergütung ist bei Rohtabak der Ausführer, bei Tabakerzeugnissen lediglich der Hersteller. Die Vergütungen werden monatlich gezahlt. Jedoch werden Vergütungen für Schnupf-, Kau- oder Rauchtabak überhaupt und für Zigarren, Zigaretten und Zigarettentabak nach den höheren Sätzen für Erzeugnisse ganz oder teilweise aus ausländischen Tabakblättern nur gewährt, wenn der Herstellungsbetrieb unter Zollaufsicht gestellt ist. Die Zollaufsicht besteht in einer eingehend geregelten Buchkontrolle.

Das Verfahren wickelt sich in den Formen der zollamtlichen Ausgangsabfertigung ab. Es hat also der Berechtigte den Tabak anzumelden und vorzuführen, die Zollstelle trägt die Anmeldung in ein Tabakausfuhranmeldebuch ein, ermittelt Stückzahl und Gewicht, trägt das Ergebnis in die Ausfuhranmeldung ein und überwacht die Ausfuhr oder Niederlegung oder überweist die Sendung nach Verschlußanlage an ein Erledigungsamt.

(Vgl. die Vergütungsordnung für Tabak, Ausführungsbestimmungen zu § 26 des TStG., pr. ZBl. für Abgaben usw. 1910 Beilage zu Nr. 15, BRDrS. Nr. 129, 1910, BRBeschluß vom 29. Juni 1910, pr. ZBl. 1910 S. 2 der Beilage zu Nr. 15.)

§ 139.

Unterstützung geschädigter Tabakarbeiter.

Zur Unterstützung geschädigter Tabakarbeiter sind durch Gesetz wegen Änderung des Tabaksteuergesetzes vom 15. Juli 1909 Art. IIa (RGBlatt 1909 S. 713) vier Millionen ausgeworfen und diese durch den Etat von 1910 um dreiviertel Millionen erhöht worden. Die näheren Vorschriften über Umfang und Bedingungen der Unterstützungen sind vom Bundesrat am 26. November 1909 beschlossen und am 9. Juni 1910 abgeändert (RZBl. 1909 S. 1401, 1910 S. 235).

Unterstützungsberechtigt waren nur Hausgewerbetreibende und Arbeiter, die vor dem 15. August 1909 ununterbrochen mehr als 300 Arbeitstage im Tabakgewerbe beschäftigt gewesen sind. Voraussetzung für einen Anspruch war, 1. daß die Verdienstschädigung in der Zeit vom 15. August 1909 bis zum 14. August 1910 eintrat, 2. ferner daß sie nachgewiesenermaßen als unmittelbare Folge des neuen Tabaksteuergesetzes erfolgte, 3. daß der Geschädigte keine andere geeignete Beschäftigung fand, 4. daß er den Berufswechsel nicht aus besonderen Beweggründen vornahm. Die Höhe der Entschädigung betrug dreiviertel des früher verdienten Tagelohns.

Nach Aufbrauchen des Fonds von 4 3/4 Millionen wurden die Unterstützungen zunächst auf 5/10 bis 9/10 des bisherigen Betrages herabgesetzt, je nachdem der Geschädigte für Familienangehörige zu sorgen hatte oder nicht. Vom 1. Oktober 1910 ab fiel für ledige Arbeiter, vom 3. Dezember 1910 ab für alle Arbeiter die Unterstützung fort. Jedoch ist der Reichskanzler ermächtigt, sie in besonderen Fällen bis zum 1. April 1911 weiter zu gewähren.

(Vgl BRDrS. Nr 111, 1910 u BRBeschluß vom 9. Juni 1910, § 646 der Protokolle)

§ 140.

Materialien zur Tabakbesteuerung: Verhandlungen des Reichstages, Aktenstücke Nr. 48 für 1868, Nr. 128 für 1873, Nr. 136 für 1879, Nr. 7 für 1882, Nr. 53 für 1893, Nr. 116 für 1895, Nr. 10 für 1905, Nr. 994 für 1908.

Literatur zur Tabakbesteuerung: Lißner, Die deutsche Tabaksteuerfrage, Leipzig 1907; Lißner, Die Reichsfinanzreform, Leipzig 1908; Lißner, Zur Klärung tabaksteuerlicher Streitfragen, Leipzig 1908; Behrnauer, Studien zur Reichsfinanzreform, Teil V, Berlin 1908; Böhmert, Kritik der deutschen Tabaksteuerfrage in Schmollers Jahrbuch, Leipzig 1908; Köppe, Am Vorabend der Reichsfinanzreform, Leipzig 1908; Linschmann, Die Reichsfinanzreform von 1906, Stuttgart 1906; v. Mayr, Vergangenheit und Zukunft der deutschen Tabakbesteuerung in Wolfs Zeitschrift für Sozialwissenschaft, Heft I, Leipzig 1908; Dr. Lewinstein, Die deutsche Tabakindustrie, Volkswirtschaftliche Zeitfragen, Berlin, L. Simion, Heft 142/3; Dr. Lewinstein, Der Tabak als Objekt für Finanzmaßregeln und der jetzige Stand der Tabaksteuerfragen in Deutschland, Heft 112 der Volkswirtschaftlichen Zeitfragen, Berlin, L. Simion; Schloßmacher, Zwanglose Mitteilungen des deutschen Tabakvereins Nr. 7, 8, 9, 10, Frankfurt a. M. 1907/8; Rheinboldt, Das Zigarettensteuergesetz, Berlin 1906; Bormann, Die deutsche Zigaretteninduftrie, Tübingen 1910; Kißling, Handbuch der Tabakkunde, des Tabakbaus und der Tabakfabrikation, Berlin 1905; Leitfaden für den Fachunterricht der Aufseher über die Tabakbesteuerung,

Berlin, bei Drewitz; Wiesinger, Das Tabaksteuergesetz, Brügel & Sohn, Ansbach 1889; Wiesinger, Die wichtigsten Vorschriften des Tabaksteuergesetzes vom 16. Juli 1879, Brügel & Sohn, Ansbach. Vgl. auch V. Auflage dieses Buches Seite 204, wonach folgende Broschüren noch zu erwähnen sind: Tabaksteuer oder Monopol von C. Ewald, Berlin 1878; Tabaksteuerfrage von Felser, 1878; Zur Frage der Tabakbesteuerung von Dr. Schleiden, 1878; Das Deutsche Reich und das Tabakmonopol von G. Mayr, Stuttgart 1878. Ferner sind zu erwähnen die statistischen Zusammenstellungen in den oben erwähnten Bundesratsdrucksachen, insbesondere in BRDrS. Nr. 150, 1908.

Die Zigarettensteuer.

§ 141.

Das Zigarettensteuergesetz vom 3. Juni 1906 (RGBlatt S. 631) ist am 1. Juli 1906 in Kraft getreten und hat durch das Gesetz wegen Änderung des Tabaksteuergesetzes vom 15. Juli 1909 Art. IIIa vom 1. September 1909 ab einige Änderungen erfahren.

Die Ausführungsbestimmungen sind vom Bundesrat am 16. Juni 1906 (RZBl. S. 602) erlassen, am 29. Dezember 1906, 31. Januar, 14. März und 27. Juni 1907 (RZBl. 1907 S. 2, 37, 76, 296) ergänzt und am 26. Juli 1910 (RZBl. S. 616) abgeändert worden.

Die von dem Gesetze erfaßten **Steuerobjekte** sind die Zigaretten, der feingeschnittene Tabak und das Zigarettenpapier.

Als Zigaretten gelten außer den eigentlichen Zigaretten mit Papierdeckblatt alle aus feingeschnittenem Tabak hergestellten Erzeugnisse von der Form der Zigarette, bei denen das Papierblatt durch Pressung entbehrlich gemacht (Preßzigaretten) oder durch eine andere Decke, die auch aus reinem Tabak oder einem Tabakerzeugnisse bestehen kann, ersetzt ist. Ferner die aus orientalischen und diesen gleichartigen Tabaken hergestellten zigarettenähnlichen Erzeugnisse auch wenn ihre Einlage aus geschnittenem Tabak mit einer Schnittbreite von mehr als 2 mm besteht. (BRBeschluß vom 14. März 1907, RZBl. 1907 S. 76, pr. ZBl. 1907 S. 97).

Feingeschnittener Tabak ist steuerlich dann vorhanden, wenn er eine Schnittbreite von 2 mm oder weniger hat. Befreit von der Steuer ist jedoch Tabak, der im Kleinverkauf weniger als 3.50 Mk. das Kilogramm kostet, und der sog. schwarze Krause.

Während das Gesetz von 1906 nur die Zigarettenhülsen und zugeschnittenen Zigarettenblättchen mit Steuer belegte, ist durch die Novelle von 1909 das Zigarettenpapier schlechthin besteuert, das zur gewerblichen Verarbeitung bestimmte jedoch steuerfrei belassen. (Vgl. Art. IIIa Ziff. 3 des Gesetzes wegen Änderung des Tabaksteuergesetzes vom 15. Juli 1909.)

Die Zigarettensteuer ist eine nach dem Kleinverkaufspreise abgestufte **Wertsteuer**. Dadurch, daß der Kleinverkaufspreis und nicht der Herstellungs- oder der Händlerpreis zugrunde gelegt wird, ist die Heranziehung des höchsten Preises zur Steuer erreicht. Um eine doppelte Wertsteuerbelastung zu vermeiden, wird für ausländischen Rohtabak, der zur Herstellung von zigarettensteuerpflichtigen Waren verwendet wird, der Wertzollzuschlag bei der Einfuhr nicht erhoben und für inländischen Tabak eine geringere Gewichtssteuer (45 statt 57 Mark) berechnet. Andererseits ist bei der Einfuhr von Zigaretten, Zigarettentabak und Zigarettenpapier die innere Steuer neben dem Zoll zu entrichten.

Die Steuer beträgt bei Zigaretten zwischen 2 Mk. und 15 Mk. für 1000 Stück, bei Zigarettentabak zwischen 0,80 Mk. und 7 Mk. für 1 kg, bei Zigarettenpapier

1 Mk. für 1000 Stück Zigarettenhülsen. Die Sätze sind durch die Novelle von 1909 bei den Zigaretten um $^1/_3$ bis $^1/_2$ erhöht, bei Zigarettenpapier von 2 Mk. auf 1 Mk herabgesetzt.

Die Steuer ist eine innere Verbrauchsabgabe. Bei der Ausfuhr unter amtlicher Aufsicht wird sie nicht entrichtet. Hierzu kommt außerdem die Vergütung für Tabakzoll und Tabaksteuer.

Steuerschuldner ist grundsätzlich der Hersteller der Waren, bei der Einfuhr der Einführer nach Maßgabe der zollgesetzlichen Bestimmungen. Bei nachträglicher Erhöhung des Kleinverkaufspreises hat der Händler den Steuerunterschied nachzuentrichten.

Die Form der Steuererhebung beruht auf dem System der Steuerzeichen (Banderollesystem), das aus dem Stempelsteuersystem erwachsen ist. Danach muß jede Ware, die sich im Handelsverkehr befindet, als versteuert erkennbar sein. Um dies zu erreichen, ist der Verpackungszwang eingeführt.

Die Waren dürfen in der Regel nur in geschlossenen Packungen die Erzeugungsstätte verlassen. Die Packung muß Art und Menge, Preisgrenze, Herstellungsfirma enthalten. Die Steuerzeichen sind so anzubringen, daß der Inhalt des Pakets ohne Zerreißen nicht entnommen werden kann. Sie sind zu entwerten.

Das Banderollesystem erfordert eingehende Vorschriften über Herstellung, Arten und Vertrieb der Steuerzeichen, und besondere Strafbestimmungen über Fälschung der Zeichen und Vorbereitungshandlungen hierzu. Diese Strafandrohungen stehen nur in äußerlichem Zusammenhang mit der Steuermaterie. Sie gehören zu dem Gebiet der Urkundenfälschungen und sind deshalb auch nicht von den Steuerbehörden, sondern von Staatsanwaltschaft und Gericht zu verfolgen. (Vgl §§ 25 bis 29 des ZigStG.).

Der Steueranspruch des Staates wird erfüllt durch Anbringung und Entwertung der Steuerzeichen. Der Anspruch verjährt in einem Jahre, bei hinterzogenen Abgaben in drei Jahren. Die Zahlung kann gegen Sicherheitsleistung auf 6 Monate gestundet werden (§ 6 ZigStG.).

Bei zu Unrecht entrichteter Steuer besteht ein verjährbarer Anspruch auf Erstattung. Da die Steuer durch Anbringung von Steuerzeichen seitens des Privatmannes entrichtet wird, wird sie vorbereitet durch Ankauf der Zeichen. Die Steuerbehörde wird Händler mit Steuerzeichen und hat Bücher hierüber zu führen. Der Privatmann kann die Zeichen unter bestimmten Voraussetzungen umtauschen, ausnahmsweise erfolgt der Ersatz durch bare Herauszahlung (§§ 3 und 4 ZigStG. und § 19 ff. der AusfBest. hiezu).

Die Entwertung der Steuerzeichen kann erfolgen durch Eintragung der Firma oder deren Warenzeichen oder ein sonstiges, der Steuerbehörde mitzuteilendes Entwertungszeichen.

Als Sicherungsmittel für das Steueraufkommen sind angeordnet: Betriebsanmeldung für Hersteller und Händler, Buchkontrolle für die Hersteller, allgemeine Steueraufsicht für Hersteller und Händler. Diese Mittel entsprechen den in den anderen Steuergesetzen regelmäßig angeordneten Maßregeln. Aus der besonderen Natur des Banderollesystems abgeleitet sind die Pflichten zur Erhaltung der Steuerzeichen und Packungen bis zur Abgabe an den Verbraucher, das Verbot der Nachfüllung von Packungen, das Gebot der Vernichtung geleerter Packungen für Händler und die Anzeigepflicht für diese beim Empfang unvorschriftsmäßiger Packungen.

Es besteht also der sog Verpackungszwang in der Art, daß Zigarettentabak, Zigaretten, Zigarettenhülsen und Zigarettenblättchen im Inland vom Hersteller und Großhändler nur in vorschriftsmäßigen, geschlossenen Packungen abgegeben werden dürfen.

Bei der Einfuhr solcher Erzeugnisse ist gleichfalls der Verpackungszwang vorgeschrieben, die Verpackung selbst kann jedoch erst im Inlande vorgenommen werden. (Vgl. §§ 5 bis 16 des ZigarettenStG.)

§ 142.

Das Strafensystem entspricht dem der anderen Steuergesetze. Die grundlegenden beiden Steuervergehen sind Defraudation und Ordnungswidrigkeit.

Die Defraudation ist das Unternehmen, die Zigarettensteuer zu hinterziehen. In sechs bestimmten Fällen verbrecherischen Verhaltens wird die Defraudation als vollbracht angenommen. Das heißt, in diesen Fällen bedarf es keines Nachweises, daß der Staat um einen Steuerbetrag verkürzt oder daß dies beabsichtigt sei. Jedoch ist eine gegenteilige Feststellung zulässig.

Die Defraudestrafe besteht in dem vierfachen Betrag der hinterzogenen Abgabe, mindestens aber fünfzig Mark. Im ersten Rückfalle wird die Strafe verdoppelt, bei ferneren Rückfällen tritt Gefängnis- oder Haft- oder Geldstrafe in Höhe der sechzehnfachen Steuer ein.

Zuwiderhandlungen gegen das Gesetz und die Verwaltungsbestimmungen, die sich nicht als Hinterziehung darstellen, werden als Ordnungswidrigkeit mit einer Geldstrafe von 1—300 Mark belegt. Beamtenbestechung und Amtsverhinderung sind über den Rahmen des allgemeinen Strafrechts hinaus verpönt.

Die Vertretungsverbindlichkeit für die Zuwiderhandlungen der Angestellten und Familienmitglieder ist ähnlich wie im Zollstrafrecht geregelt, jedoch kann die Haftung für eine von diesen verwirkte Geldstrafe nur durch richterliches Urteil ausgesprochen werden.

Eine besondere Ausgestaltung hat die Einziehung erfahren. Das Banderollesystem führt notgedrungen dazu, daß jedes nicht vorschriftsmäßig verpackte oder bezeichnete und jedes nicht mit Steuerzeichen versehene Erzeugnis dem Verkehr entzogen werden muß, ohne Rücksicht darauf, ob eine Straftat nachweisbar oder ein bestimmter Täter verfolgbar ist. Die Einziehung tritt also aus dem Strafensystem heraus und wird selbständige Verwaltungsmaßregel.

Außerdem kennt das Gesetz Erzwingungsstrafen und die Verschärfung der Aufsichtsmaßnahmen für bestrafte oder strafhaftbare Hersteller und Verkäufer (vgl. §§ 17 bis 24 des ZigStG.).

Von der besonderen Bestrafung der Fälschung der Steuerzeichen, worüber oben schon Näheres bemerkt worden ist, handeln die §§ 25 bis 29 und der § 30 regelt das Strafverfahren und die Verjährung der Strafverfolgung.

Geltungsbereich des Gesetzes ist das Deutsche Reichsgebiet, jedoch kann für die Zollausschlüsse die Zigarettensteuer in Form eines Ausgleichungsbetrages entrichtet werden.

Mit Luxemburg ist eine Zigarettensteuergemeinschaft durch Vertrag vom 11. Juli 1906 begründet. (Vgl. RGBlatt 1907 S. 67.)

(Vgl. §§ 17 bis 24 des ZigarettenStG.)

§ 143.

Die Nachsteuer für die bei Inkrafttreten des Gesetzes vorhandenen Vorräte war in die Form besonderer Übergangsvorschriften gekleidet. Die Vorräte waren sofort anzumelden, konnten aber vom Hersteller noch binnen einem Monat, vom Händler binnen zwei Monaten steuerfrei abgesetzt werden, im Besitze eines Privatmannes waren sie überhaupt steuerfrei.

Von der Steuererhöhung im Jahre 1909 wurden nur die Zigaretten und Zigarettenpapiere betroffen, die am 1. September 1909 noch in der Erzeugungsstätte oder im Zollgewahrsam waren. Eine Nachversteuerung für Waren des freien Verkehrs fand nicht statt.

Zur Sicherung des Steueraufkommens war die Rücklieferung der alten Steuerzeichen und das Bedrucken mit den Worten „Gesetz von 1909" in roter Farbe angeordnet.

(Vgl. § 34 des ZigarettenStG.

§ 144.

Im einzelnen ist hinsichtlich des Zigarettensteuergesetzes vom 3. Juni 1906 (RGBlatt S. 631) unter Berücksichtigung der Novelle vom 15. Juli 1909 (RGBlatt S. 713) noch folgendes zu bemerken:

Das Zigarettensteuergesetz hat 35 Paragraphen. Der § 1 handelt davon, daß die Zollbefreiungen der §§ 5 und 6 des Zolltarifgesetzes vom 25. Dezember 1902 bei der Einfuhr von Zigaretten aus dem Auslande eingeschränkt werden können.

Hierüber bestimmen die Ausführungsbestimmungen zum Zigarettensteuergesetz in § 1: die Zollfreiheit auf Grund der §§ 5 und 6 Ziff. 7 des Zolltarifgesetzes wird für feingeschnittenen Tabak auf Mengen unter 50 gr und für Zigaretten auf Mengen von 30 gr und weniger (wenn sie verpackt eingeführt werden), oder 25 Stück und weniger, wenn sie unverpackt eingeführt werden, beschränkt. Außerdem bestimmt der fünfte Nachtrag zur Anleitung für die Zollabfertigung in Ziffer 8: Vorschriften über die Einfuhr von Zigaretten und Zigarettentabak sowie von Zigarettenpapier (Hülsen, Blättchen usw.), daß die Vorschriften über den Verpackungszwang der Zigaretten, des Zigarettentabaks und des Zigarettenpapiers auch für die Einfuhr solcher Erzeugnisse geltend sind, doch kann die Verpackung erst im Inlande vorgenommen werden. Auch darf die Einfuhr erst erfolgen, wenn der Einbringer sich bereit erklärt, die Verpackung unter amtlicher Aufsicht vorzunehmen

(Vgl. § 29 der AusfBest zum ZigStG)

Hinsichtlich der Einfuhr von Zigarren durch Reisende ist der § 19 der AusfBest. zum TStG. (5. Nachtrag zur Anleitung für die Zollabfertigung) zu beachten: Zigarren, die von Reisenden für ihren eigenen Verbrauch mitgeführt werden, gelten als im Reiseverkehr eingebracht und unterliegen statt des Zollzuschlags von 40% des Wertes (vgl. § 9 der Gesetzesbestimmungen über den Zollzuschlag für Tabak und Zigarren) einem Zollzuschlag von 1000 Mark für 1 dz, also für 1 kg 10 Mark oder für 100 Zigarren, die meistens 1 kg schwer sind, 10 Mark.

Zu beachten ist ferner der FMErlaß Nr. 154 im pr ZBl für Abgaben 1909 S. 340, wonach durch § 9 Abs. 5 des TStG vom 15. Juli 1909 die Bestimmungen des Zolltarifgesetzes von §§ 5 und 6 Ziff 7 für Zigarren und Tabakerzeugnisse nicht aufgehoben sind, während für feingeschnittenen Tabak und Zigaretten, Zigarettenhülsen und -Blättchen diese Bestimmungen beseitigt sind (§ 1 der ZigarettensteuerAusfBest).

Der § 2 ZigStG. bestimmt ferner die Steuer für Zigaretten, Zigarettenhülsen, Zigarettenblättchen und feingeschnittenen Zigarettentabak. Die Steuer bewegt sich von 2 Mark für 1000 Stück bis 15 Mark für 1000 Stück je nach dem Kleinverkaufspreise bis zu 1 1/2 Pfennig bzw. bis zu mehr als 7 Pfennig für das Stück Zigaretten und für Zigarettentabak von 80 Pfennig für 1 kg bis zu 7 Mark für 1 kg je nach dem Kleinverkaufspreis von 3.50 Mark für 1 kg bis über 30 Mark für 1 kg.

Das Zigarettenpapier mit Ausnahme des zur gewerblichen Verarbeitung bestimmten, unterliegt einer Steuer von 1 Mark für 1000 Zigarettenhülsen.

Bei der Einfuhr von Zigaretten, Zigarettentabak und Zigarettenpapier ist außerdem noch der treffende Zoll zu entrichten (vgl. AusfBest. §§ 2—6).

In § 3 ZigStG. ist das nähere wegen Entrichtung und Stundung der Steuer geregelt. Die Entrichtung der Steuer erfolgt durch Anbringung der Steuerzeichen (vgl. §§ 7 bis 23 der AusfBest.), wobei insbesondere § 13 Beachtung zu finden hat. Der § 4 des Gesetzes handelt von der Verjährung der Steuer und § 5 regelt den Verpackungszwang (vgl. §§ 24 bis 28 der AusfBest.). Der § 6 des Gesetzes betrifft die Vorschriften wegen der Einfuhr von Zigaretten (vgl. § 29 der AusfBest.). In §§ 7 bis 10 werden die Vorschriften für die Betriebe und wegen Anmeldung der Betriebe und Betriebsräume geregelt (vgl. AusfBest. §§ 30 bis 33). Die §§ 11 und 12 des Gesetzes regeln die Buchführung und die Lagerung der fertigen Erzeugnisse in den angemeldeten Räumen (vgl. §§ 34 bis 38 der AusfBest.). Die §§ 12 und 13 des Gesetzes handeln von der Steueraufsicht und der Aufsichtsbefugnis der Steuerbeamten. In § 14 wird die Hilfeleistung der Betriebsinhaber bei der Ausübung der Steueraufsicht und in §§ 15 und 16 der Handel mit Zigaretten usw. geregelt (§§ 39 bis 44 der AusfBest.). Die folgenden Paragraphen betreffen die Strafvorschriften, die Strafen und deren Folgen, Strafverfolgung und Strafverjährung (§§ 17 bis 30 des Gesetzes). In § 31 des Gesetzes wird im Einklang mit der Reichsverfassung bestimmt, daß die Verwaltung und Erhebung der Zigarettensteuer durch die Landeszollbehörden stattfindet und daß die Reichsbevollmächtigten und Stationskontrolleure (die Reichsaufsichtsbeamten) bei der Ausführung dieses Gesetzes nach Maßgabe der Abreden wegen der Zölle mitzuwirken haben. Die außerhalb der gemeinschaftlichen Zollgrenze liegenden Teile des Reichsgebietes zahlen an Stelle der Zigarettensteuer einen entsprechenden Ausgleichungsbetrag (Abfindungen) an die Reichskasse.

Für die Erhebung und Verwaltung der Zigarettensteuer werden jedem Bundesstaate 4 % der in seinem Gebiet zur Verrechnung kommenden Rohsolleinnahme vergütet. Die Zigarettensteuer ist im Etat für 1911 mit einer Rohsolleinnahme von 27 Millionen Mark angesetzt. Die Verwaltungskosten betragen nach 4 % über 1 Million Mark.

In § 32 ist der Verkehr von Zigaretten usw. mit den Zollanschlüssen geregelt. Das Großherzogtum Luxemburg hat den Anschluß an die Zigarettensteuergemeinschaft erklärt (vgl. Abkommen vom 11. Juli 1906, RGBlatt 1907 S. 67). Die Tiroler Gemeinden Jungholz und Mittelberg sind durch die Anschlußverträge vom 3. Mai 1868 und 2. Dezember 1890 ohne Weiteres in die Zigarettensteuergemeinschaft eingeschlossen. Der § 33 handelt von der Vergütung der Abgaben bei der Ausfuhr von Zigaretten. Hierüber besteht die Vergütungsordnung für Tabak, Beilage zu Nr. 15 des pr. ZBl. für Abgaben usw. 1910. In § 34 ZigStG. sind die Übergangsvorschriften bzw. die Bestimmungen über Anmeldung der Vorräte an Zigaretten und Zigarettentabak und in § 35 die Schlußvorschriften enthalten. Das ZigStG. ist abgedruckt im RGBlatt 1906 S. 631 und 1909 S. 706, 794, s. pr. ZBl. 1906 S. 679, 1909 S. 53.

Hinsichtlich der Zigarettenbesteuerung sind folgende allgemeine Erlasse zu beachten: Die Ausführungsbestimmungen zum Zigarettensteuergesetze vom 3. Juni 1906 (RGBl. S. 631) sind abgedruckt im pr. ZBl. für Abgaben 1906 S. 775, 803. Aenderungen hiezu sind erfolgt durch BRB. vom 24. Juli 1909, s. pr. ZBl. S. 295. Ueber Benutzung unversteuerter Zigaretten in den Schaufenstern s. Erlaß des pr FM. vom 10. September 1906, pr. ZBl. 1906 S. 1431 und 1907 S. 316. Hinsichtlich der Berechnung des Kleinverkaufspreises für feingeschnittenen Tabak s. Erlaß des pr FM. vom 29. Oktober 1906, pr. ZBl. 1906 S. 1506 und 1907 S. 139. Desgl. wegen Einfügung von Glasdeckeln in Zigarettenschachteln und wegen Ausstellung leerer Packungen in den Schaufenstern, s. pr. ZBl. 1906 S. 1454/5, ferner über Vornahme der Nachschau in den Zigarettenherstellungs-Betrieben und dergl. Verkaufsstellen nach § 39 der Ausführungsbestimmungen zum ZigStG. s. bayr. ZABl. 1907 S. 333 (Erlaß der k. b. Generaldirektion der Zölle und indirekten Steuern vom 21. Juli 1907). Ueber die Behandlung zigarettensteuerpflichtiger Waren im Zollverkehr s. pr. ZBl. 1906 S. 1444 und 1445. Hinsichtlich der Beseitigung von Zweifeln über die Auslegung des ZigStG. und der AusfBest. hiezu (Begriff und Behandlung des Zigarettentabaks, Entwertung der Steuerzeichen) s. Allg. Erlaß des pr. FM. vom 29. Oktober 1906, pr. ZBl. 1906 S. 1506. In Betreff der Steuerentrichtung für sog. Arbeiter-Zigaretten s. pr. ZBl. 1906 S. 1532 und wegen Abgabe unversteuerter Zigaretten von den Herstellern an Händler und Private s. allg. Erlaß des pr. FM. vom 4. Februar 1907 pr. ZBl. 1907 S. 48 und 330. Wegen Behandlung der Tabakabfälle in den Zigarettenfabriken s. pr. ZBl. 1907 S. 315, ferner hinsichtlich der Behandlung von zigarettensteuerpflichtigen Erzeugnissen, die als Rückware oder Muster eingehen, s. pr. ZBl. 1907 S. 49 und hinsichtlich der Steuerpflichtigkeit der zigarettenähnlichen Erzeugnisse aus orientalischen Tabaken s. pr. ZBl. 1907 S. 97. In Betreff der Erstattung der Zigarettensteuer für versehentlich versteuerte Zigaretten s. pr. ZBl. 1907 S. 50. Ueber die Behandlung von Umschließungen von feingeschnittenem Tabak s. pr. ZBl. 1907 S. 45. Ueber Begründung einer Zigarettensteuergemeinschaft mit Luxemburg s. pr. ZBl. 1906 S. 1519 und 1907 S. 70. Wegen Befreiung der Exterritorialen s. pr. ZBl. 1907 S. 357, s. auch pr. ZBl. 1908 S. 202.

Wegen der Berechnung des Kleinverkaufspreises für aus dem Auslande eingeführte Zigaretten und Zigarettentabake s. Allg. Erlaß des pr. FM. vom 6. Juni 1908, pr. ZBl. 1908 S. 296 und wegen Ersatzleistung für unrichtig angebrachte und amtlich vernichtete Zigarettensteuerzeichen an den Importeur von ausländischen Erzeugnissen s. pr. ZBl. 1908 S. 159. Hinsichtlich der Abänderungen der Vorschriften für die Statistik s. pr. ZBl. 1908 S. 131. Ueber die Versteuerung von unentgeltlich abgegebenen Probezigaretten s. pr. ZBl. 1909 S. 8 und über die Verpfändung von Zigarettentabak als Sicherheit für die Zigarettensteuerstundung s. pr. ZBl. 1909 S. 412. Wegen der Steuerpflicht des Zigarettenpapiers s. pr. ZBl. 1910 S. 53 und der Steueraufsicht auf das Zigarettenpapier 1910 S. 430.

Hinsichtlich der Befugnis zur Erstattung oder zum Erlasse der Steuer für Auslandszigaretten, dgl. Zigarettentabak und Zigarettenpapier s. pr. ZBl. 1910 S. 487.

§ 145.

In Deutschland bestehen zurzeit (1910) 1035 reine Zigarettenfabriken und 301 Fabriken, die Zigaretten und Zigarettentabak herstellen sowie 48 Betriebe, die nur Zigarettentabak erzeugen, endlich 45 Anstalten, die Zigarettenhülsen fabrizieren. Die meisten Zigarettenfabriken sind in der Provinz Brandenburg und im Königreich Sachsen. Hergestellt wurden im Jahre 1910 fast 7 Milliarden Zigaretten, wozu noch 1/2 Milliarde anderweit zugegangener Zigaretten kommt, so daß die Erzeugung an Zigaretten fast 8 Milliarden Stück beträgt, wovon 7 1/2 Milliarden Stück in den Verbrauch übergegangen sind. Außerdem wurden noch beinahe 800 000 kg Zigarettentabak und 2 Milliarden Zigarettenhüllen und -Blättchen verbraucht, desgleichen über 1/2 Milliarde Zigaretten direkt aus dem Auslande eingeführt und versteuert. Der Ertrag der Zigarettensteuer beziffert sich auf 21 1/2 Millionen Mark aus dem Zigarettenverbrauch, auf nahezu 1/2 Million Mark aus dem Zigarettentabak, und auf mehr als 1/4 Million Mark für die Zigarettenhüllen, also zusammen auf mehr als 22 Millionen Mark. Im Haushaltsetat des Deutschen Reiches ist der Anfall aus der Zigarettensteuer für 1911 nach Abzug der Ausfuhrvergütungen und Verwaltungskosten auf 25,8 Millionen Mark veranschlagt.

Rechnet man die zigarettenrauchfähige und rauchlustige Bevölkerung des Deutschen Reiches auf 10 Millionen Menschen, so treffen bei einem Verbrauch von rund 10 Milliarden Zigaretten aufs Jahr 1000 Stück pro Kopf. Außerdem läßt sich hinsichtlich der Zigarren und des übrigen Rauchtabakes ein Verbrauch von 1 Million dz Rohtabak fürs Jahr oder 1,70 kg auf den Bevölkerungskopf oder bei einer Raucherzahl von 10 Millionen Köpfen auf 10 kg Rohtabak berechnen, was nach Abzug des Rauchtabaks ungefähr 800 Stück Zigarren auf den Raucher ausmacht. Die Einnahme aus Tabakzoll und Tabaksteuer dürfte sich auf 90 Millionen Mark Gewichtzoll und Wertzuschlag und 14 Millionen Mark Steuer (im Reichshaushaltsetat für 1911 sind 14½ Millionen Mark Inlandstabaksteuer angesetzt) nach Abzug aller Vergütungen und Verwaltungskosten, zusammen also auf 104 Millionen Mark berechnen lassen, zusammen mit der Zigarettensteuer auf rund 130 Millionen Mark Steuereinnahme.

Da die Ausfuhr-Vergütungen für Zigarren und Rauchtabak etwa ½ Million Mark ausmachen, die Verwaltungskosten aber anteilig für die Tabakzölle 5 Millionen Mark, für die Inlandtabaksteuer 600 000 Mark und für die Zigarettensteuer über 1 Million Mark betragen, so sind zu den 130 Millionen Mark Steuereinnahmen noch rund 7 Millionen Mark hinzuzurechnen, sodaß sich eine Zoll- und Steuerbelastung des Rauchvergnügens von zusammen 137 Millionen Mark oder per Bevölkerungskopf von 2,25 Mark oder für den Raucher von rund 7 Mark ergibt.

Der Entwurf eines ZigStG. ist in Anl. Bd. II zu den RTV. Nr. 19 Anl. 3, 1905 enthalten. Die erste Beratung fand statt 1905 Bd. I 6.—8., 10.—19. Sitzung, Kommissionsberatung, Bericht der VI. Kommission: Anl. Bd. V Nr. 358. Die zweite Beratung fand statt Bd. IV 1906 94.—97. Sitzung, s. die Abänderungsanträge Anl. Bd. V Nr. 370, 385, 389, 390 und 391, s. auch Anl. Bd. V Nr. 400. Die III. Beratung fand statt in der 106. Sitzung, Bd. IV 1906. Weitere Abänderungsanträge s. Anl. Bd. VI Nr. 348, 458/9, 469. Das ZigStG. wurde angenommen mit 157 gegen 96 Stimmen, RG. vom 3. Juni 1906, RGBlatt 1906 S. 620 und 631.

Als Kommentar zum ZigStG. ist das Buch von J. Rheinbold, das ZigStG. vom 3. Juni 1906 nebst AusfBest., Vollzugsanweisungen und Erläuterungen zu erwähnen nebst Nachträgen. Verlag Paul Parey, Berlin.

Erwähnenswert ist auch das RGErkenntnis vom 11. März 1911 zu § 13 der ZigStAusfBest.

B. Die Zuckersteuer und das Süßstoffgesetz.

§ 146.

Die Rübenzuckersteuer war die erste gemeinschaftliche Verbrauchssteuer des Zollvereins, indem bis zum Jahre 1841 bzw. 1844 nur der Auslandsrohrzucker bei der Einfuhr in das deutsche Zollgebiet mit einem Eingangszoll belegt war. Die erste Anregung zu der Besteuerung des inländischen Rübenzuckers ging von der bayerischen Regierung aus. Schon auf der ersten Generalkonferenz im Jahre 1836 wurde vom bayerischen Zollvereinsbevollmächtigten auf die Ausbreitung der Zuckerindustrie und die dadurch entstehende Gefährdung des Zollaufkommens für ausländischen Rohrzucker aufmerksam gemacht und die gleichmäßige Besteuerung des Inlandszuckers vorgeschlagen. Auf der zweiten Generalzollkonferenz in Dresden im Jahre 1839 verständigte man sich über den Zusammentritt einer Zuckerkommission. Da die Zolleinkünfte aus dem Rohrzucker bereits erheblich geringer zu fließen begannen, so kam schon am 8. Mai 1841 eine besondere Übereinkunft unter den Zollvereinsstaaten wegen Besteuerung des Rübenzuckers zum Abschluß, der im Jahre 1842 auch Luxemburg beitrat. Nach dieser Übereinkunft wurde vom 1. September 1841 ab die Besteuerung des deutschen Rübenzuckers im Zollverein nach einem gleichen Steuersatze eingeführt, die Gemeinschaftlichkeit der Steuererträge aber bis zum 1. September 1844 noch ausgesetzt. Es wurde vereinbart, daß die Steuer gegen den Zoll immer um soviel geringer sein solle, als der Rübenzuckerfabrikation nötig war, um durch einen genügenden Zollschutz gedeihen zu können. Für die ersten Betriebsjahre war die Steuer auf 10 Sgr. vom Zentner Rohzucker oder ½ Sgr. vom Zentner verarbeiteter Rüben festgesetzt, wobei angenommen wurde, daß aus 20 Zentner Rüben ein Zentner Rohzucker gewonnen werden könne. Am 1. September 1844 wurde die Gemeinschaftlichkeit der Steuer beschlossen und die Steuer auf einen Taler für 1 Zentner Rübenrohzucker festgesetzt d. h. für 1 Zentner Rüben, die zur Verarbeitung gelangen, wurde eine Materialsteuer von 1 1/2 Sgr. = 15 Pfg. (30 Pfg. für 100 kg Rüben) erhoben. Der Zoll für ausländischen Zucker und Syrup sollte jedesmal mit der neuen Übereinkunft hinsichtlich der Steuer, was von drei zu drei Jahren geschah, festgestellt werden. Seit dieser Zeit, bis zum Jahre 1902, waren die Zuckerzölle aus dem Zolltarif herausgenommen und wurden jeweilig besonders durch die Zuckersteuergesetze bestimmt. Auf der siebenten Generalkonferenz zu Karlsruhe (1845) wurde eine besondere Vollzugsinstruktion für die Besteuerung des Rübenzuckers vereinbart und ausgearbeitet, die sodann in den einzelnen Zollvereinsstaaten erlassen worden ist. Die Steuer von 1 Taler für 1 Zentner Rübenrohzucker wurde bis zum Jahre 1850 beibehalten.

Über die Entstehung und Entwickelung der Rübenzuckerfabrikation in Deutschland ist in der 5. Auflage dieses Buches Ausführliches mitgeteilt; außerdem wird auf die Abhandlung von Dr. Trautvetter über die Zuckersteuer in Kunckels Zeitschrift für Zollwesen Jahrgang 1904 S. 65 ff. hingewiesen. Nur soviel ist zu erwähnen, daß schon i. J. 1747 der Chemiker Marggraf das Vorhandensein von kristallisierbarem Zucker in den Zuckerrüben entdeckt und nachgewiesen hatte. Aber erst Ende des 18. Jahrhunderts begannen die Versuche, aus dieser Entdeckung praktischen Nutzen zu ziehen. Den ersten größeren Aufschwung nahm die Zuckerindustrie infolge der Kontinentalsperre und des dadurch verhängten Einfuhrverbots des indischen Zuckers, aber nach Aufhebung der Kontinentalsperre wurden diese Versuche wieder aufgegeben, da die damalige Rübenzuckerfabrikation mit der Rohrzuckerherstellung trotz Zoll und Fracht noch nicht konkurrenzfähig war.

Erst in den dreißiger Jahren des 19. Jahrhunderts wurde im Zollverein die Rübenzuckerindustrie wieder aufgenommen, nachdem sie in Frankreich, durch Ausfuhrprämien unterstützt, bereits gute Fortschritte gemacht hatte. Die Hauptbedingung hiefür ist das Vorhandensein einer guten, zuckerhaltigen Rübe, wie sie durch rationelles Züchtungsverfahren bei Magdeburg, Halberstadt und auch in Mecklenburg gedeiht.

Bald bemächtigte sich dann auch die Steuerverwaltung dieser aufstrebenden Industrie Bis zum Jahre 1836 wurde der Zuckerverbrauch im Zollverein ausschließlich durch den Kolonialzucker gedeckt, der roh eingeführt, verzollt und dann in Deutschland raffiniert wurde Das Zollerträgnis bezifferte sich damals auf 15 Millionen Mark oder 60 Pfennig pro Kopf der Bevölkerung, das sohin bei dem damaligen Gesamtzollertrag von etwa 60 Millionen Mark ein Viertel ausmachte. Durch die Rübenzuckerindustrie drohte dieses immerhin beträchtliche Zollergebnis geschmälert zu werden und tatsächlich betrug der Zuckerzoll im Jahre 1851 nur mehr rund 12 Millionen Mark.

Im Jahr 1840 legte Preußen durch Verordnung vom 21. März auf die Rübenzuckerfabrikation eine besondere Abgabe, nämlich 1/6 Taler von 1 Zentner Rübenrohzucker; diese Abgabe wurde als Materialsteuer mit 1/4 Silbergroschen vom Zentner der zur Rübenfabrikation verwendeten Zuckerrüben erhoben, so daß aus 20 Zentner Rüben 1 Zentner Rohzucker gewonnen werden sollte, wie die Annahme lautete. Diese mäßige Steuer, die fast nur als eine Art Kontrollgebühr zu erachten ist, wurde durch die zwischen den Zollvereinsstaaten unterm 8. Mai 1841 abgeschlossene Uebereinkunft auf 1/3 Taler für den Zentner Rohzucker, d. h. auf 1/2 Silbergroschen auf einen Zentner Rüben erhöht.[1])

Die Gemeinschaftlichkeit der Zuckersteuer begann am 1. September 1844, von welchem Zeitpunkt ab der Zentner Rüben mit 1 1/2 Silbergroschen (100 kg Rüben 30 Pfennig) besteuert wurde, so daß also bei einem Verbrauch von 20 Zentner Rüben zu 1 Zentner Rohzucker dieser mit 1 Taler (100 kg 6 Mark) besteuert war. Vom 1. September 1850 trat eine Verdoppelung dieser Steuer ein und vom 1. September 1853 an wurden 6 Silbergroschen für den Zentner Rüben (für 100 kg 1,20 Mark) Materialsteuer erhoben. Diese Steuer wurde am 1. September 1858 auf 7 1/2 Silbergroschen (1,50 Mark für 100 kg Rüben) erhöht, sodaß — immer unter der Voraussetzung, daß 20 Zentner Rüben zu 1 Zentner Zucker erforderlich wären, — 1 Doppelzentner Rohzucker mit 15 Mark Steuer belegt gewesen wäre. Diese Voraussetzung traf indeß lange nicht mehr zu, da durch die Verbesserung der Maschinen und des Herstellungs-Verfahrens kaum die Hälfte des Rohmaterials

[1]) S. a. Verhandlungen über die Einführung einer Steuer von der Runkelrübenzuckerfabrikation, Hauptprotokoll der I. Gen.-Konferenz § 39; Hauptprotokoll der II. Gen.-Konferenz, § 25, besonderes Protokoll d. d. Berlin 7. Sept. 1839, Uebereinkunft wegen Besteuerung des Rübenzuckers s. Bd. III S. 9 der Verträge.

mehr notwendig war. Die Materialsteuer wurde durch Bundesgesetz vom 26. Juni 1869 auf 1,60 Mark für 100 kg Rüben erhöht.

Die Rübenzuckerfabrikation gedieh trotzdem im Zollverein, namentlich in Preußen und Thüringen in hohem Grade. Schon im Jahre 1850 bestanden in Preußen 162 Zuckerfabriken, die 12½ Millionen Zentner Rüben zu 850000 Zentner Rohzucker verarbeiteten, wonach also zur Herstellung eines Zentners Rohzuckers nur mehr 15 Zentner Rüben erforderlich waren. Ueber die Entwickelung der Rübenzuckerfabrikation geben die Statistischen Jahrbücher des Deutschen Reichs und Dr. Zimmermanns Broschüre: der Zucker im Welthandel, Berlin, Puttkammer und Mühlbrecht, näheren Aufschluß.

Im Jahre 1844 wurden rund 360000 t Rüben zu Zucker verarbeitet, während im Jahre 1860 schon 1800000 t, im Jahre 1870 2½ Millionen t und im Jahre 1880 6 Millionen t Rüben zur Verarbeitung gelangten. Im Jahr 1896/97 verarbeiteten rund 400 Zuckerfabriken 13,7 Millionen t Rüben und erzeugten 1,7 Millionen t (17 Millionen dz) Rohzucker, sodaß nur mehr 7½ kg Rüben zu 1 kg Rohzucker erforderlich waren. Der Zuckerkonsum betrug in diesem Jahre etwa 9 kg Konsumzucker = 10 kg Rohzucker auf den Bevölkerungskopf in Deutschland, sodaß der Verbrauch an Rohzucker etwas über ½ Millionen t betrug, während über 1 Million t Zucker aller Art zur Ausfuhr gelangte, nämlich 440000 t Raffinadezucker und 680000 t Rohzucker.

Mit dem Wachstum des Exportes, der durch die verbesserte Technik und die dadurch erlangte Steuerbegünstigung rapid zunahm, verringerte sich die Reineinnahme des Zollvereins bezw. des Reichs an der Zuckersteuer ganz erheblich.

Nachdem durch das Bundesgesetz vom 26. Juni 1869 die Materialsteuer auf 8 Silbergroschen für den Zentner Rüben (1.60 Mark für 100 kg Rüben) erhöht wurde, ging man auch daran, die Steuerrückvergütung anderweitig festzusetzen. Es wurde damals angenommen, daß 12½ Zentner Rüben zur Herstellung von 1 Zentner Rohzucker erforderlich seien und die Rückvergütung wurde für 1 Zentner Rohzucker (Rohzucker zu 88% Polarisation) auf 3 Taler 4 Silbergroschen (für 100 kg 18.80 Mark) festgesetzt.

Infolge Einführung des Diffusions- und Strontianverfahrens, sowie durch die Möglichkeit der Entzuckerung der Melasse wurde es gut eingerichteten Fabriken mit neuen Maschinen ermöglicht, aus 8 bis 9 Zentnern schon 1 Zentner Rohzucker herzustellen und es verminderte sich die Nettoeinnahme des Zollvereins bzw. des Reichs aus dem Zuckerverbrauch infolge des Anwachsens der Rückvergütungen ganz außerordentlich. Während der Reinertrag an Zuckersteuer und Zuckerzoll (der Zuckerzoll wurde allmählich ganz geringfügig) im Jahre 1870 nach Abzug der Ausfuhrvergütungen bei rund 40 Millionen Mark Rohertrag etwa 35 Millionen Mark ergab (94 Pfennig pro Kopf) und im Jahre 1880 der Reinertrag sogar 50 Millionen Mark einbrachte (1.16 Mark per Kopf), minderte sich dieser Reinertrag im Jahre 1885 auf 25 Millionen Mark (53 Pfennig pro Kopf) und im Jahre 1887/88 auf 14½ Millionen Mark (31 Pfennig per Kopf) bei einem Rohertrag von 106 Millionen Mark, obgleich der Verbrauch an Zucker von 1865 bis 1887 von 5 auf 8½ kg auf den Bevölkerungskopf gestiegen war.

Daß auf dem Boden der reinen Materialsteuer eine befriedigende Lösung der Zuckerbesteuerung nicht mehr möglich war, erschien feststehend. Die Materialsteuer bildete zwar — ebenso wie bei der Branntweinbesteuerung die Maischraumsteuer — die Grundlage der deutschen Zuckerbesteuerung seit vierzig Jahren und die deutsche Zuckerindustrie war durch diese Besteuerungsart, — ebenso wie die Branntweinbrennerei in Preußen durch die Maischraumsteuer, — groß geworden, allein der Verfall der Zuckersteuereinnahmen infolge der veränderten Fabrikationstechnik zwang die Reichsregierung, die Materialsteuer aufzugeben und auf die reine Verbrauchsabgabe überzugehen.

Ein plötzlicher Wechsel würde allerdings für die deutsche Zuckerindustrie von tiefeingreifender, ja schädigender Wirkung gewesen sein. Es wurde daher der Ausweg gefunden (1887), die Materialsteuer mit der Verbrauchsabgabe zu verbinden. Auf dieser Grundlage gab das Gesetz vom 9. Juli 1887 (RGBlatt 1887 S. 308) der deutschen Zuckerbesteuerung eine Neuregelung in der Art, daß der Zuckerverbrauch nunmehr durch den Eingangszoll, durch die Materialsteuer und die Verbrauchsabgabe steuerlich erfaßt wurde. Das Gesetz trat am 1. August 1888 in Kraft. An Materialsteuer wurden noch 80 Pfennig von 100 kg verarbeiteten Rüben erhoben, dazu kam eine Verbrauchsabgabe von 12 Mark von dem in den freien Verkehr übergeführten Konsumzucker. Bei der Ausfuhr von Zucker sollte eine Rückvergütung von 8½ Mark, 10.65 Mark und 10 Mark Platz greifen, je nach der Qualität des Zuckers. Die Zuckersteuerreineinnahme stieg von 14½ Millionen Mark des Jahres 1887/88 auf 30 Millionen Mark im Jahre 1888/89 und auf 80½ Millionen Mark im Jahre 1889/90. Damit war der Weg für die Zuckerbesteuerung vorgezeichnet.

Am 1. August 1892 trat bereits wieder ein neues Zuckersteuergesetz, das Gesetz vom 31. Mai 1891, in Kraft, wodurch die Materialsteuer ganz beseitigt, die Verbrauchsabgabe auf 18 Mark für 100 kg Konsumzucker erhöht und die Steuerrückvergütung der früheren Gesetze aufgehoben wurde. Der ausgeführte Zucker blieb lediglich von der Verbrauchsabgabe frei. Nur bis zum 1. August 1897 sollten zur Erleichterung für die Übergangszeit an Stelle der früheren versteckten Prämien offene Ausfuhrprämien gewährt werden, die vom 1. August 1892 bis 31. Juli 1895 1¼ Mark, 1.65 Mark und 2 Mark per 100 kg und von da ab bis 31. Juli 1897 1 Mark, 1.40 Mark und 1¾ Mark pro 100 kg betragen sollten, je nachdem der Exportzucker in Rohzucker oder Krystallzucker von 98 bzw. 99½ % Zuckergehalt bestünde.

Allein es kam anders.

Nach einer Denkschrift der Handelskammer zu Halberstadt (1895) über die Notlage der deutschen Zuckerindustrie hatte das Gesetz vom Jahre 1891 die ihm zugedachte Aufgabe der Verhinderung der sprungweisen Ausdehnung der Zuckerproduktion nicht zu erfüllen vermocht und als Mittel zur Abhilfe wurde nicht allein die Wiederherstellung bzw. die Fortsetzung der Exportprämien, sondern die Kontingentierung der Zuckerfabriken verlangt mit Einführung einer Betriebsabgabe (Steuerzuschuß) und Erhöhung der Konsumsteuer. Dem Andrängen der Zuckerinteressenten nachgebend, folgten die gesetzgeberischen Erlasse vom 9. Juni 1895 (das sog. Notgesetz) betr. Abänderung des § 68 des RGesetzes vom 31. Mai 1891 d. h. die Ausfuhrprämien wurden nicht vermindert, sondern in der alten Höhe beibehalten (RGBlatt 1895 S. 255). Das RGesetz vom 27. Mai 1896 führte sodann die Kontingentierung, die Betriebssteuer und die sog. Ausfuhrzuschüsse ein, welches Gesetz mehrere Jahre in Wirksamkeit blieb.[1])

Da trat ein für die Zuckerbesteuerung der zuckerproduzierenden Staaten höchst wichtiges Ereignis ein.

Nachdem in der Reichstagssitzung vom 12. Dezember 1898 der Staatssekretär des RSchAmtes sich dahin ausgesprochen hatte, daß die Abmachungen über Abschaffung der offenen und verdeckten Zuckerausfuhrprämien bei den zuckerexportierenden Staaten zu einem greifbaren Ergebnis nicht geführt hätten und namentlich die Brüsseler Konferenz im Jahre 1898 ohne Resultat verlaufen war, so daß Vertagung eintreten mußte, kam im Jahre 1900 das Pariser Abkommen (22. Oktober) zustande, wonach Frankreich seine Zuckeraus-

---

[1]) Vgl. BRDrS. 1885 Nr. 175, 1895 Nr. 57 und 116 RGBl. 1896 S. 109 ff.

fuhrprämien ermäßigen wollte. Hierauf fand in Brüssel im Jahre 1901/2 wieder eine Zuckerkonferenz statt, die zu dem am 5. März 1902 in Brüssel zwischen dem Deutschen Reiche und Österreich-Ungarn, Belgien, Spanien, Frankreich, Großbritannien, Italien, Schweden und Norwegen abgeschlossenen Vertrag wegen Behandlung des Zuckers führte. (Vgl. Nr. 55 BRDrS. 1902.)

Dieser Vertrag (der sog. Brüsseler Zuckervertrag) bestimmt in Art. 1, daß die vertragschließenden Teile alle direkten und indirekten Zuckerausfuhrprämien aufheben wollen; nach Art. 2 sollen die Zuckerfabriken und Zuckerraffinerien während des Betriebs Tag und Nacht durch fiskalische Beamte überwacht werden, um eine heimliche Fortschaffung an Zucker zu verhindern. Der Art. 3 behandelt den Ueberzoll, d. h. den Unterschied zwischen der Inlands-Steuer und dem Auslandszoll. Dieser Ueberzoll soll höchstens 6 bzw. 5½ Frcs. (4.80 Mark bzw. 4.40 Mark) für Raffinade bzw. Rohzucker auf 100 kg betragen. Art. 4 bestimmt, daß für Prämienländer bei ihrer Ausfuhr von Zucker ein besonderer Eingangszoll (Ausgleichszoll) festgesetzt werden kann, es kann sogar die Einfuhr von prämiiertem Zucker verboten werden. Art. 5 dieser Konvention bestimmt, daß für die Vertragsstaaten bei der Einfuhr von Zucker aus Nichtprämienländern der meistbegünstigte Einfuhr-Tarifsatz, d. h. Inlandssteuer ohne Ausgleichszoll, aber mit dem Ueberzoll gelten solle. Art. 6 bringt für Schweden, Italien und Spanien Sonderbestimmungen, so lange sie keinen Zucker ausführen. Art. 7 regelt die Einrichtung einer ständigen Zuckerkommission in Brüssel. Art. 8 bestimmt die Sicherungsmaßregeln, daß kein prämiierter Zucker durch gewisse Manipulationen den Vorteil des nichtprämiierten Zuckers genieße. Hierüber hat die ständige Zuckerkommission in Brüssel zu wachen. Art. 9 regelt den Beitritt der noch nicht dem Vertrage angehörigen Staaten. Art. 10 bestimmt, daß der Brüsseler Vertrag vom 1. September 1903 ab auf 5 Jahre gelten soll. Die Art. 11 und 12 handeln von den Kolonien und auswärtigen Besitzungen der Vertragsstaaten und von der Ratifikation des Vertrages durch die Parlamente der Vertragsstaaten.

(Vgl. die Ausführungen Dr. Trautvetters in Kundels Zeitschrift für Zollwesen 1904 S. 73).

Mit der Genehmigung dieses Abkommens trat auch das neue Zuckersteuergesetz vom 6. Januar 1903 (RGBlatt 1903 S. 1) in Kraft.

Der Vertrag zwischen dem Deutschen Reiche und mehreren anderen Staaten über die Behandlung des Zuckers d. d. Brüssel 5. März 1902 ist veröffentlicht im RGBlatt 1903 S. 7.

Der Brüsseler Zuckervertrag wurde laut Zusatzakte vom 28. August 1907 (RGBlatt 1908 S. 135) auf weitere 5 Jahre verlängert.

Diesem Vertrage gehören nunmehr an: Deutsches Reich mit Luxemburg, Österreich-Ungarn, Belgien, Frankreich, Großbritannien, Italien, die Niederlande, Peru, Schweden, Schweiz seit 1906 und Rußland (laut Protokoll vom 19. März 1907). Siehe auch Abkommen zwischen Deutschland und Rußland über den Zuckerverkehr zwischen diesen beiden Staaten vom 20. Januar 1908, RGBlatt 1908 S. 144. Über die Erhebung der Ausgleichzölle s. Nachrichtenblatt für Zollstellen 1911 S. 83.

§ 147.

Nach diesen Vorbemerkungen soll hier das technische Verfahren in den Zuckerfabriken kurz erläutert werden:

Es ist oben schon erwähnt worden, daß der Berliner Marggraf das Vorhandensein kristallisierbaren Zuckers in den Rüben nachgewiesen hat, aber auch Männer wie Karl Achard, Norbert Rillieux, der Erfinder des Mehrfach-Dampfverfahrens und Julius Robart, der praktische Einführer des Diffusionsverfahrens sind auf die Zuckerindustrie von Einfluß gewesen und hier zu nennen.

Bei Beginn der Zuckerkampagne — eine Kampagne, ein Feldzug ist es, den die Zuckerindustrie vom September bis zum Januar durchzuführen hat, bis zum Abschluß des Betriebs — heißt es mit Anspannung aller Leistungsfähigkeit und in möglichst kurzer Zeit die Rüben zu verarbeiten, da alle Rüben durch längere Lagerung an ihrem Zuckergehalt verlieren. Aus diesem Grunde tritt auch vom Abladen der Rüben vom Karren des Rübenbauers oder vom Eisenbahnwagen bis zum Ausleeren der Vacua beinahe gar keine Handarbeit mehr ein, sondern Alles wird durch äußerst sinnreich konstruierte Maschinen besorgt, so daß die Menschenhand nur Ventile auf- und zuzudrehen hat. Dr. K. v. Scheele beschreibt den Hergang in einer Zuckerfabrik in kurzer und anschaulicher Weise, weshalb diese Darstellung auszugsweise wie folgt reproduziert wird.

Beginnen wir mit den rohen, geköpften Rüben, wie sie auf dem Leiterwagen oder durch die Eisenbahn nach der Fabrik geschafft werden Das erste, was not tut, ist eine gründliche Reinigung. Die Rüben werden in eine Schwemmrinne geschüttelt und gelangen mit dem Strome des darin beständig fließenden Wassers in ein kleines Bassin, in welchem zahlreiche eiserne Rührarme arbeiten, die Rüben nach allen Seiten drehen und wenden, ihnen die zuckerarmen Seitenwurzeln abbrechen und sie endlich gewaschen an den Rübenelevator abliefern, eine endlose mit Eimern besetzte Kette, die sie nach oben in die lärmende Schnitzelmaschine befördert. Diese verwandelt die Rüben in etwa spannenlange Schnitzel von gewöhnlich quadratischem oder halbmondförmigem Querschnitt und ungefähr einem halben Zentimeter Dicke, eine Form, die für die Auslaugung am geeignetsten ist. Früher zerrieb man die Rüben zu einem feinen Brei, den man entweder auspreßte oder mit heißem Wasser aussüßte, seitdem aber Julius Robart in Seelowitz das Diffussionsverfahren praktisch durchgearbeitet hat, findet dieses die meiste Anwendung. Es besteht darin, daß die obenerwähnten Schnitzel in große gußeiserne Gefäße von 50 Hektolitern Inhalt hineingestopft werden und an warmes Wasser, welches in ganz langsamem Strome hindurchfließt, ihren Zucker allmälig abgeben. Während des Betriebes leitet man das frische Wasser in denjenigen „Diffusseur", der schon nahezu ganz ausgelaugte Schnitzel enthält und die letzten Reste seines Zuckers jetzt verliert. Die so entstandene, sehr schwache Zuckerlösung tritt nun in den nächsten Diffusseur, der etwas gehaltreichere Schnitzel enthält, von da wieder in den nächsten und so fort durch alle Gefäße der „Batterie", bis sie aus dem letzten, mit frischen Schnitzeln gefüllten, als eine Zuckerlösung heraustritt, die nahezu ebenso konzentriert ist, wie der in den Zellen der Rübe enthaltene Saft.

Es wäre nun sehr schön, wenn man diesen „Diffusionssaft" gleich eindampfen und so auf die einfachste Weise konsumfähigen Zucker gewinnen könnte, allein aus verschiedenen Gründen muß man einen umständlichen Weg einschlagen, z. B. schon deswegen, weil den so gewonnenen Zucker seines widerwärtigen Rübengeschmackes halber Niemand essen würde. Die meisten Verunreinigungen des rohen Saftes entfernt man durch frisch gelöschten Kalk, der sich mit diesen als Schlamm zu Boden setzt, ein Vorgang, den man als die „Scheidung" des Saftes bezeichnet; der absichtlich zugesetzte Ueberschuß an Kalk wird wiederum entfernt durch Kohlensäure, die man in die kochende Flüssigkeit leitet, sie wird „saturiert" Die Operation der Saturation wiederholt sich im Laufe der Fabrikation drei bis vier Mal, das letzte Mal mit dem schon ziemlich stark eingedampften Dicksaft. Wenn der Saft in der Hauptsache gereinigt ist, tritt er in die Verdampfstation über, um nunmehr konzentriert zu werden.

Wenn eine Flüssigkeit kocht, so entsendet sie Dampf, der die Temperatur besitzt, wie die Flüssigkeit selbst. Es kann also mit Wasserdampf, der in einer vor Wärmeverlusten möglichst durch Umwickelung geschützten Röhre abgeleitet wird, und der, wie bekannt, 100 Grad Celsius heiß ist, auch Alkohol ins Kochen bringen, der schon bei 78 Grad Celsius siedet, ebenso gut aber auch Wasser, das in einem luftverdünnten Raume befindlich ist und in dem ja auch der Siedepunkt niedriger ist, als in der freien Atmosphäre. Durch geeignete Luftdruckverminderung wird erreicht, daß das Wasser in dem zweiten Gefäße schon bei 80 Grad Celsius siedet und demgemäß Dampf von derselben Temperatur entbindet. Diesen Dampf kann man abermals benutzen, um ein anderes Gefäß mit Wasser zu heizen, bei einer noch höheren Luftleere, so daß das Wasser darin schon bei 65 Grad Celsius siedet, was man „triple effet" nennt, oder eine dreifache Verdampfung. Man heizt also mit dem Auspuffdampf der Betriebsmaschinen den ersten Verdampfkörper, in den der geschiedene und von dem Schlamme in Filterpressen befreite „Dünnsaft" läuft. Dieser siedet bei 100 Grad Celsius, sein Dampf von ebenfalls 100 Grad geht durch ein weites Rohr in die Dampfschlangen, welche den zweiten, den sogenannten Mittelsaftkörper durchziehen. Der Mittelsaft ist schon etwas konzentrierter wie der Dünnsaft und wird in gewissen Zwischenräumen aus dem Dünnsaftkörper nachgezogen, er wird durch den Dampf des Dünnsaftes ins Kochen gebracht, weil er unter einer bestimmten Druckverminderung steht, die seinen Siedepunkt bis auf etwa 85 Grad Celsius herabdrückt. Dasselbe wiederholt sich mit dem Dampfe dieses Mittelsaftes, der ebenso den Dicksaft bei 68 Grad Celsius ins Sieden bringt, weil letzterer unter noch geringerem Luftdrucke steht. Man geht manchmal noch weiter und baut Vierfach-Verdampfsysteme, in der Regel begnügt man sich aber mit dem dreifachen. Diese von Rillieux zuerst auf Cuba eingeführte Wärmeausnützung ist für die Zuckerfabrikation von grundlegender Wichtigkeit.

Obwohl es einen prinzipiellen Unterschied zwischen Verdampfen und Verkochen nicht gibt, wird man immer für die dünneren Säfte den Ausdruck Verdampfen gebrauchen und für den fertigen Dicksaft, wie er aus dem Dicksaftkörper kommt, den Ausdruck Verkochen. Das Verkochen nun, der letzte Teil des Verdampfens, hat den Zweck, die Konzentration des Saftes soweit zu treiben, daß sich der Zucker kristallinisch ausscheidet. Es muß das wiederum unter vermindertem Luftdruck geschehen, weil sonst der schon sehr konzentrierte Dicksaft sehr hoch siedet, durch den fortschreitenden Wasserverlust immer höhersiedend wird, und sich dabei viel Zucker zersetzen, in Caramel (Zuckerkouleur) und andere Produkte umwandeln würde. Das hohe und weite Gefäß, in dem verkocht wird, heißt „Vacuum", es ist mit dicken Schaugläsern versehen und muß beständig beobachtet werden, eine einzige Unaufmerksamkeit kann den ganzen Sud verderben oder wenigstens verschlechtern. Der Punkt, auf welchen der Kocher am meisten Geschicklichkeit verwenden muß, ist das „Kornbilden", das erste Erscheinen der flimmernden Pünktchen, die sich nach und nach zu größeren Kristallen ausbilden, was man nur nach längerer Uebung und Erfahrung nach Wunsch gestalten kann. Ist der Sud fertig, so bildet er einen dicken, braunen, träge ausfließenden Brei, die sogenannte „Füllmasse", die man erkalten läßt, dann mit etwas Syrup mischt und in die Centrifugen bringt. Die etwas verdünnte Füllmasse legt sich an die Wandungen der Centrifuge, die sich mit ungeheurer Geschwindigkeit dreht, und strebt nach außen. Die Siebwände des Apparates lassen indessen nur den an den Kristallen hängenden Syrup in feinen Tröpfchen hindurchtreten, während der feste Zucker zurückgehalten wird. Ist er trocken genug, so bringt man die Schleuder zum Stillstand, schaufelt den Zucker heraus und schüttet das fertige Produkt auf dem Zuckerboden auf. Der Ablaufsyrup wird nochmals verkocht, einige Wochen stehen gelassen und liefert dann beim Schleudern das sogenannte zweite Produkt, das feinkörniger, brauner und unreiner ist, als das erste; ferner erhalten wir aus dem hier ablaufenden Syrup noch drittes, und manchmal auch viertes Produkt.[1])

Anliegend möge eine sog. Betriebserklärung, die nach dem Zuckersteuergesetze der Zuckerfabrikant vor Eröffnung der Kampagne der Steuerbehörde einreichen muß, abgedruckt werden, woraus der Betrieb einer Zuckerfabrik am deutlichsten ersehen werden kann.

Beschreibung des technischen Verfahrens in der Zuckerfabrik X. X.

Nachdem die Rüben durch die Schwemme und Schnecke an die im Rübenhause aufgestellten Waschmaschinen zwecks Reinigens transportiert sind, werden sie vermittels eines Elevators in die obere Etage zum Verwiegen in die automatische Wage gehoben. Die Rüben gelangen nun in die darunter stehenden zwei Schneidemaschinen, woselbst sie zerschnitten und diese Schnittlinge dann durch einen Rechentransporteur in die zur Gewinnung des Rübensaftes aufgestellten 16 Diffuseure geschafft werden.

Die entzuckerten mit Wasser getränkten Schnitzeln werden sodann vermittels eines Baggers nach den Schnitzelpressen geschafft, um daselbst möglichst entwässert zu werden.

Der durch die Diffusion resultierende Saft gelangt zunächst zur Erwärmung durch einen sog. Gegenstrom „Calorisator" zum Meßgefäß und von da zur Trockenscheidung, woselbst der Saft mit gebranntem Kalk versetzt und zur 1. Saturation abgelassen wird.

---

[1]) Vgl. die Zuckerfabrikation von Dr. Claassen, Leipzig, und Dr. Bartz, Leipzig B. G. Teubners Verlag. (Die steuerpflichtigen Gewerbe.)

Siehe auch Hue de Grais, Verfassung, 1898 S. 228: Die Zuckerherstellnng erfolgt in 4 Abschnitten: Gewinnung und Läuterung des Rübensaftes, Darstellung und Raffinierung des Zuckers. Die Rüben werden in Schnitzel zerteilt durch die Schnitzelmaschine, daraus wird durch Diffusion der Saft ausgelaugt, die ausgelaugten Rübenschnitzel erhalten die Landwirte als Viehfutter. Der Rübensaft wird durch Kalkzusatz geläutert und filtriert durch Knochenkohle; diesen so geläuterten (geschiedenen) Saft läßt man verdampfen in den Verdampfapparaten und dann verkochen in den Vacuen behufs Kristallisation. Der zurückbleibende Saft (Syrup) gestattet die mehrmalige Wiederholung dieses Verfahrens, wodurch das sog. zweite und dritte Product gewonnen wird. Der eine Kristallisierung nicht mehr zulassende Saft heißt Melasse. Zur Entzuckerung der Melasse dient das Osmose- und Strontian-Elutions-Verfahren. Die Raffinierung des Rohzuckers geschieht teils in den Zuckerfabriken selbst, teils in eigenen Raffinerieranstalten (Raffinerien). Das Rendement ist die Verhältniszahl, nach welcher das Ausbringen des Zuckers zur Raffinade bestimmt ist. Die Bestimmung des Zuckergehalts wurde früher nach Typen Holländisch Standard vorgenommen, wird jetzt aber durch die Polarisation betätigt.

Ein sehr brauchbares Handbüchlein ist der Leitfaden für den Fachunterricht der Zuckersteuer-Aufseher — Berlin 1895, gedruckt bei O. Drewitz.

Hier wird der Saft mit der vom Kalkofen vermittels einer Pumpe abgesaugten Kohlensäure saturiert und zur mechanischen Trennung des Saftes von den durch die Saturation entstandenen Kalkniederschlägen vermittels einer Pumpe nach den oberhalb der Saturation aufgestellten Schlammpressen gedrückt.

Der ablaufende klare Saft wird nach vorher gegangener Anwärmung in einem Calorisator zur nochmaligen Saturisation mit Kohlensäure und darauffolgender Behandlung mit schwefliger Säure in die 2. resp. 3. Saturation abgelassen.

Nach Beendigung dieser Manipulation wird der Saft wiederum mittels einer Pumpe durch die zweiten Schlammpressen gedrückt und gelangt von hier aus nach den sog. Hordenfiltern, woselbst der Saft durch auf Draht-Horden aufgespannte Tücher läuft und in einen Dünnsaftkasten gesammelt wird. Von hier aus zieht ihn eine Pumpe ab, drückt ihn in den Saftkocher und der Saft gelangt dann weiter in die Verdampfapparate, um bis zu einer bestimmten Dichtigkeit eingedampft zu werden. Dieser Dicksaft wird mit einer Pumpe vom letzten Verdampfkörper abgezogen, behufs Erwärmung durch einen Calorisator gedrückt und zur Dicksaftsaturation abgelassen. In diesen Gefäßen wird er mit Kohlensäure oder schweflicher Säure behandelt, durch eine Pumpe abgezogen und durch die ebenfalls oberhalb der Saturation stehenden Dicksaftpressen gedrückt. Eine Pumpe schafft den so geklärten Dicksaft den im Zuckerhause stehenden Sammelkästen zu und er wird nun im Vacuum bis zur Kristallbildung eingekocht, als Füllmasse für 1. Produkt in die Sammelmaische und hierauf zu den Sudmaischen zur Nachkristallisierung abgelassen. Aus diesen Sudmaischen gelangt die abgekühlte Füllmasse in ein Verteilungswerk und wird dadurch den Zentrifugen zur Trennung des festen Zuckers von dem umgebenden Sirup zugeführt.

Während der gewonnene Rohzucker vermittels eines Elevators nach vorgenommener Siebung und Verwiegung auf den Schüttboden gelangt, wird der abgeschleuderte Sirup mit Pumpe zum Sammelkasten gepumpt und nochmals im Vacuum gekocht und alsdann als Füllmasse für das II. Produkt in die im Zuckerhause stehenden Kristallisationskasten abgelassen und nach beendigter Auskristallisation einer nochmaligen Schleuderung mittels der Zentrifugen unterworfen.

Der aus diesem Produkte entfernte Sirup wird wiederum gekocht und so in die bereits obengenannten Kristallisationskasten gelassen, wo derselbe zur Kristallisation bis zur Reife aufbewahrt und dann gleich den übrigen Produkten durch die Centrifugen zentrifugiert wird, wodurch das sog. III. Produkt resultiert.

Der von diesem Produkt ablaufende Restsirup wird zur Bereitung von Viehfutter oder zur Abgabe an Melasseentzuckerungsanstalten gelangen.

§ 148.

Die zurzeit in Deutschland bestehende Zuckerbesteuerung ist demnach folgende: Wie bereits oben bemerkt wurde, ward im Jahre 1887 die Umgestaltung der deutschen Zuckerbesteuerung dadurch bewerkstelligt, daß durch das RGesetz vom 9. Juli 1887 die Steuer vom Inlandzucker in der zweifachen Form der Material-(Rüben-)Steuer und der Fabrikatsteuer eingeführt wurde, während bis dahin nur die reine Materialsteuer (Rübensteuer) zur Anwendung kam. Hiedurch konnte auch bei der Ausfuhr von Zuckerfabrikaten und für Zucker zur Viehfütterung Rückvergütung der Zuckersteuer stattfinden. Der ausgezeichnete finanzielle Erfolg der Einführung der Fabrikatsteuer (wenn auch noch neben der Materialsteuer) und das Bestreben, mit der Prämienwirtschaft nach Maßgabe des Zollvereinigungsvertrags vom 8. Juli 1867 Art. 4b im Interesse des Reiches wie der Zuckerkonsumenten ein Ende zu machen, drängte zu der Einführung der reinen Fabrikatsteuer, die mit RGesetz vom 31. Mai 1891 herbeigeführt und auf 18 Mark für 1 dz Konsumzucker festgesetzt wurde. Der Eingangszoll wurde mit 30 Mark für 1 dz normiert. Vom 1. August 1892 bis 31. Juli 1897 sollten als offene Prämien noch Zuschüsse bei der Zuckerausfuhr geleistet werden, die allmählich abgemindert werden sollten, was jedoch durch das Notgesetz vom 9. Juni 1895 wieder beseitigt wurde, da die Zuckerherstellung in eine ungünstige Konjunktur geraten war. Damals erzielte man aus 8 Zentner Rüben schon 1 Zentner Rohzucker. Das weitere RGesetz vom

27. Mai 1896 hatte sodann die Kontingentierung der Zuckerfabriken, eine Betriebssteuer und eine Veränderung der Ausfuhrvergütungen in Form der Ausfuhrzuschüsse eingeführt. Der Steuersatz wurde auf 20 Mark für 1 dz Verbrauchszucker und der Eingangszoll auf 40 Mark für 1 dz Zucker aller Art erhöht. Die Ausfuhrzuschüsse wurden je nach der Qualität des Zuckers, durch Polarisation, festgestellt auf 2.50, 3.55 und 3 Mark festgesetzt. Diese Ausfuhrzuschüsse sollten ermäßigt oder beseitigt werden, wenn auch andere Länder ihre Prämien wegfallen ließen.

Mit der Kontingentierung, wodurch eine besonders starke Produktionsvermehrung einzelner Fabriken verhindert werden sollte, wurde auch das sog. Gesamtkontingent (1700 bis 1800 Millionen kg) zur Regelung der Zuckerproduktion eingeführt. Außerdem wurde die Betriebssteuer in Anwendung gebracht, die mit der Größe der Produktion ähnlich wie bei der Biersteuer staffelmäßig in die Höhe ging, durch sie sollte die Existenz der kleineren Zuckerfabriken gesichert werden. Eine Ueberschreitung des zugebilligten Kontingents wurde mit einem Steuerzuschlag bestraft.

Dieses Gesetz vom 27. Mai 1896 wurde nach Festlegung der Brüsseler Konvention, wodurch alle verdeckten und offenen Zuckersteuern bei den Vertragsstaaten beseitigt worden sind, durch das RGesetz vom 6. Januar 1903 (RGBlatt S. 1) dahin abgeändert, daß

1. die Zuckersteuer in Deutschland auf 14 Mark für 1 dz Verbrauchszucker herabgemindert wurde,
2. der Eingangszoll nach den Bestimmungen in Art. 3 des Brüsseler Vertrags zu erheben ist,
3. die Betriebsauflage, die Kontingentierung und die Ausfuhrzuschüsse beseitigt wurden.

Der Eingangszoll besteht demnach in 18.80 bzw. in 18.40 Mark für 1 dz Raffinade bzw. Rohzucker, für Zucker aus Nichtprämienländern und Brüsseler Vertragsstaaten; hiezu kommt der Ausgleichszoll für solchen Zucker aus Meistbegünstigungsprämienstaaten, für die ein Ausgleichszoll festgesetzt ist. Aus anderen Staaten ohne Meistbegünstigung hat der Zucker 40 Mark Eingangszoll für 1 dz Reingewicht zu tragen. (Vgl. Amtl. Warenverzeichnis S. 806).

Ausgleichszölle wurden festgesetzt für Dänemark, Rumänien, Spanien, Japan, Argentinien und trotz des Beitritts Rußlands zur Konvention auch für Rußland; siehe pr. ZBl. 1903 S. 447/8 usw.

Auch für Ägypten und noch andere Länder bestehen Ausgleichszölle (Nachrichtenblatt für die Zollstellen 1911 S. 83).

§ 149.

Im einzelnen ist über die Bestimmungen des zurzeit gültigen Zuckersteuergesetzes vom 27. Mai 1896 (RGBlatt S. 117) in der durch das RGesetz vom 6. Januar 1903 infolge der sog. Brüsseler Konvention (RGBlatt 1903 S. 1) abgeänderten Fassung folgendes anzuführen:

(Vgl. Zuckersteuergesetz nebst Ausführungsbestimmungen, herausgegeben vom Reichsschatzamte, 1903. Siehe auch pr. ZBlatt 1907 S. 127, 272, 1910 S. 161.)

Das Zuckersteuergesetz besteht aus 2 Teilen und hat 66 Paragraphen. Der erste Teil handelt von der Besteuerung des Inlandrübenzuckers. Der erste Abschnitt enthält die allgemeinen Bestimmungen über Gegenstand, Erhebungsart und Höhe der Steuer. Nach § 1 unterliegt der inländische Rübenzucker einer Verbrauchsabgabe und der Steuerkontrolle.

Als Inlandrübenzucker gelten der feste und der flüssige Zucker, Rübensaft, Füllmasse, Zucker-Ablauf, Sirup und Melasse; unter Verarbeitung und Bearbeitung von Zucker ist auch die Entzuckerung und Raffination von Zuckerabläufen, die Raffination von festem Zucker, die Auflösung von Zucker, die Inversion (Herstellung von Invertzucker) verstanden.

Nach § 2 beträgt die Zuckersteuer von 100 kg Reingewicht 14 Mark.[1]) Nach § 3 ist die Zahlungspflicht gegeben, wenn der Zucker in freien Verkehr tritt. Die zuckerhaltige Ware haftet für die Steuer, doch wird die Zuckersteuer auf 6 Monate gegen Sicherheit dem Zuckerfabrikanten gestundet. Alle Forderungen und Nachforderungen an Zuckersteuer oder auf deren Erstattung verjähren binnen Jahresfrist vom Tage des Eintritts der Zahlungspflicht an. Der Anspruch auf defraudierte Zuckersteuer verjährt jedoch erst in 3 Jahren. Unter Steuerkontrolle ausgeführter Zucker ist steuerfrei (§ 5).

Bei der Ausfuhr von Zucker aus dem freien Verkehr findet in der Regel keine Vergütung der Zuckersteuer statt (§ 6). Nur bei der Ausfuhr von Zuckerfabrikaten oder Niederlegung solcher Fabrikate (z. B. Bonbons) in eine öffentl. Niederlage findet nach näherer Anordnung des BR. eine Zuckersteuervergütung statt (vgl. Anl. D der AusfBest., Zuckersteuer-Rückvergütungsordnung).

Inländischer Rübenzucker zur Viehfütterung, denaturiert, oder Zuckerabläufe unter 70% Quotient sind steuerfrei (vgl. § 2 der AusfBest.).

Der II. Abschnitt des Gesetzes handelt von der Steuerkontrolle in den Zuckerfabriken. Die Inhaber der Zuckerfabriken haben über die bauliche Anlage genaue Pläne der Steuerbehörde einzureichen; diese Pläne müssen steueramtlich geprüft und genehmigt sein, so daß eine heimliche Wegnahme von Zucker nicht geschehen kann. Die steuerliche Sicherheit erfolgt durch den Steuerabschluß der Fabriken, der entweder ein innerer oder äußerer Abschluß (durch eine Umfriedigung) sein kann (§§ 7, 8). Die §§ 9 bis 13 handeln von der Anbringung des Fabrikabschlusses, der Einrichtung der Wach- und Bureaulokale für die Beamten und der Wiegeeinrichtungen. Die §§ 15 bis 23 regeln die Anzeige der Fabrikanten in bezug auf Räume und Geräte, auf Beschreibung der ganzen Fabrikanlagen einschließlich der Veränderungsvornahmen, auf Anzeige des Besitzwechsels, der Bestellung des Betriebsleiters, der Einreichung der Betriebsanzeige über Betriebseröffnung und der Betriebserklärung, wie oben schon bemerkt worden ist. Nach § 14 kann der Betrieb seitens der Steuerverwaltung wegen ungenügender Einrichtung untersagt werden. Die §§ 24 bis 35 handeln von der Ausübung der Steuerkontrolle, bestehend in der unausgesetzten Überwachung des Betriebs, der steuerlichen Abfertigung des aus der Fabrik ausgehenden Zuckers (§ 36), der Versteuerung von Verbrauchszucker zum freien Verkehr (§ 37); nur in § 38 sind erleichternde Vorschriften hinsichtlich der Abgabe von Zucker an Fabriksangehörige zugelassen. Die §§ 39 und 40 regeln die Abfertigung von Zucker auf Begleitschein oder zur Zuckerniederlage (steuerfreie Niederlagen) und § 41 bestimmt, wann für Abfertigungen Gebühren zu entrichten sind (vgl. §§ 72, 73, 74 bis 78 der AusfBest.).

Der III. Abschnitt des Gesetzes handelt von der Kontrolle derjenigen Fabriken, welche versteuerten Zucker weiter bearbeiten, ferner von den Stärkezuckerfabriken und den Maltosefabriken, Kunsthonigfabriken usw. (§ 42 des Gesetzes und §§ 79 bis 83 der AusfBest.).

Der IV. Abschnitt handelt von den Strafbestimmungen, von der Bestrafung der Zuckersteuerdefraudation, von der Straferhöhung beim Rückfall und unter

---

[1]) Bis zum 1. Januar 1903 betrug die Zuckersteuer 20 Mark. Über die weiteren Anträge auf nochmalige Herabsetzung der Zuckersteuer s. S. 242 d. B. Über die Besteuerung der Zuckerabläufe mit mehr als 70% Quotient s. § 1 der AusfBest.

erschwerenden Umständen z. B. unter Gebrauch nicht angemeldeter Geräte, sowie von den Ordnungsstrafen (§§ 43 bis 53 des Gesetzes).

Besondere Beachtung verdient der § 54 ZStG., wonach der Inhaber und Leiter einer Zuckerfabrik unabhängig von der Verfolgung des eigentlichen Täters wegen vorgekommener Unregelmäßigkeiten im Betriebe seiner Fabrik in eine Sonderstrafe genommen werden kann. Wenn der Inhaber einer Zuckerfabrik im ersten Rückfall wegen Defraudation verurteilt ist, so kann ihm die Leitung einer Zuckerfabrik von der Steuerbehörde untersagt werden (§ 56). Steht eine Zuckerfabrik im Besitz einer Gesellschaft oder Korporation, so ist der Fabrikleiter der strafrechtlich Verantwortliche im Sinne des § 54 ZStG.

Auch unbeschadet der verwirkten Ordnungsstrafen nach § 51 ff. ZStG. kann die Steuerbehörde etwaige durch die Verwaltungsvorschriften getroffene Anordnungen selbst auf Kosten des Pflichtigen herstellen lassen, wenn letzterer seine Obliegenheiten nicht erfüllt. Auch durch Erzwingungsgeldstrafen kann die Ausführung dieser Anordnungen erzwungen werden. Die Einziehung der Geldstrafen und der durch die Herstellung der erforderlichen Anordnungen erwachsenen Auslagen erfolgt nach dem Verfahren für die Beitreibung von Zollgefällen. (Vgl. Handbuch des Verwaltungsstrafgesetzes von Leitzmann und Wiesemann, Siegfried Mittler und Sohn, Berlin). Daß der Inhaber von Zuckerfabriken für ihre Verwalter, Arbeiter usw. hinsichtlich der auferlegten Geldstrafen, sowie wegen der etwa durch Arbeiter erfolgten Hinterziehungen der Zuckersteuer haften, namentlich wenn Fahrlässigkeit seitens des Fabrikleiters oder Fabrikinhabers vorliegt und wenn die Steuer von dem eigentlich Schuldigen nicht beigetrieben werden kann, ist selbstverständlich und wird durch § 58 ZStG. bestimmt. In § 59 ZStG. wird die Frage behandelt, wenn mehrere strafbare Handlungen zusammentreffen, und in § 60 ZStG. wird die Umwandlung der Geldstrafen in Freiheitsstrafen nach §§ 28 und 29 RStGB. geregelt. Der Höchstbetrag der Freiheitsstrafe bei Defraudation ist 2 Jahre, bei Ordnungswidrigkeiten usw. 3 Monate Gefängnis (§ 60).

Nach § 61 ZStG. tritt Strafverjährung in drei Jahren bei Defraudation und in einem Jahr bei Ordnungswidrigkeiten ein.

Die §§ 62 bis 64 regeln das Strafverfahren, das sich nach dem Strafverfahren des Zollgesetzes (VZG.) richtet (siehe S. 199 d. B.).

Der II. Teil des Zuckersteuergesetzes vom 27. Mai 1896 ist nach dem RGesetz vom 6. Januar 1903 weggefallen. Er betraf den Zuschlag zur Zuckersteuer (Betriebssteuer) und die Kontingentierung.

Der III. Teil betreffend die Ausfuhrzuschüsse ist gleichfalls in Wegfall gekommen.

Der IV. Teil behandelt die Übergangs- und Schlußbestimmungen und den Zoll für Auslandszucker. Wie schon bemerkt, beträgt der Eingangszoll für Zucker jeder Art 40 Mark für 1 dz Reingewicht. Auch für Honig beträgt der Eingangszoll 40 Mark für 1 dz. Der Eingangszoll für Zucker aus Brüsseler Vertrags- und Nichtprämienstaaten beträgt Inlandssteuer (14 Mark) + Überzoll 6 Franks = 18.80 Mark für 100 kg Raffinade und Inlandssteuer (14 Mark) + Überzoll 5.50 Franks = 18.40 Mark für 100 kg Rohzucker. Der Ursprung des Zuckers (Herstellungsland) ist nachzuweisen.

Für Prämienländer sind entsprechende Ausgleichszölle festgesetzt (siehe Amtl. Warenverzeichnis S. 806 und Nachrichtenblatt für Zollstellen 1911 S. 83).

Die Ausführungsbestimmungen zum Zuckersteuergesetze sind veröffentlicht im RZBl. 1903 S. 284 ff. Sie enthalten die näheren Anordnungen über die Besteuerung der

Zuckerabläufe über 70% Quotient. Die Steuer hiefür beträgt 10 Mark für 100 **kg** Reingewicht, Zuckerabläufe unter 70% Quotient sind steuerfrei. Vgl. auch Anlage **A** zu den Ausführungsbestimmungen über die Anleitung zur Untersuchung der Zuckerabläufe auf Invertzucker und zur Feststellung des Quotienten der weniger als 2% Invertzucker enthaltenen Zuckerabläufe.

Ferner sind beigefügt die Muster zu dem Zuckersteuereinnahmebuch, zur Betriebsübersicht, zur Bestandsübersicht an Zuckererzeugnissen; über die Anmeldung von Zucker zur Versteuerung oder weiteren Abfertigung und zur Ausfuhr, über das Anmeldungsbuch zur Aufnahme von Zucker in die Fabrik (z. B. Kandiszucker, Füllmasse, Zuckerabläufe usw.); ferner über Anmeldung betreffs der Zurücknahme von Zuckererzeugnissen aus den Abschlußräumen der Fabrik (z. B. Schüttboden) in die Fabrik selbst samt Merkbuch; ferner hinsichtlich des Abfertigungsbuches, der Zuckerbegleitscheine I und II nebst Annahmeerklärung des Begleitscheinnehmers bei Überweisungen, betreffs des Zuckerbegleitscheinausfertigungsbuches (Registers) und Empfangsbuches (Empfangsregisters), der Begleitscheinauszüge zur Verzollung rc. und der Begleitscheinerledigungsscheine, des Ausweises zur Wegführung von Zucker aus der Fabrik, des Zuckersteuervergütungsbuches bei der Ausfuhr von Zuckerwaren oder Niederlegung derselben in einer Niederlage (Anlage I zu den AusfBest., s. u.).

Ferner sind noch anzuführen die Muster für die Steueraufrechnung bei Steuervergütungen für Zuckerwaren; das Zuckerlagerbuch, die Einnahmeübersicht an Zuckersteuer, die Übersicht über die in freien Verkehr gesetzten Zuckermengen und über die Menge der verarbeiteten Rüben, über den Zuckerbestand in den steuerfreien Niederlagen.

Die weiteren Anordnungen der Ausführungsbestimmungen beziehen sich auf die baulichen Einrichtungen der Zuckerfabriken, der inneren und äußeren Abschlüsse (Einfriedigungen), der Wach- und Bureauräume der Beamten, der Anzeigen der Zuckerfabrikanten in bezug auf Räume, Geräte und Betrieb, die Aufbewahrungsräume für Zucker (Zuckerböden) und über Zuckerabfertigung.

Die Abfertigungen in den Zuckerfabriken erfolgen nach § 34 der Zuckersteuerausführungsbestimmungen durch die von den obersten Landesfinanzbehörden hiefür bestimmten Zuckersteuerstellen, die Überwachung des Betriebes erfolgt durch drei Beamte (Zuckeraufseher), die sich in der Regel derart in den Wachdienst teilen, daß Aufseher A von vormittags 6 bis 1 Uhr, Aufseher B von 1 bis 7 Uhr abends und Aufseher C von 7 bis 6 Uhr nachts Dienst hat, dann folgt B C A, C A B. Der eine wachdienstfreie Aufseher kann auch zur Verladung und als zweiter Beamter zur Abfertigung herangezogen werden

Die Entnahme von Zuckerproben erfolgt nach jedesmaliger Anmeldung und sind bis 200 Gramm steuerfrei. Größere Proben werden im Probenbuch eingeschrieben und am Schluß der Kampagne versteuert.

Bei dem äußeren Abschluß der Zuckerfabriken müssen die Umfriedigungsmauern oder -Gitter 2½ m hoch sein und bis auf 5 m müssen etwaige Gebäude entfernt stehen. Die Aufseher haben durch Patrouillengänge die Umfriedigung mehrmals bei Tag und Nacht zu kontrollieren.

§ 150.

Außer der bereits erwähnten Anlage I zu den Zuckersteuerausführungsbestimmungen (Untersuchung der Zuckerabläufe auf Invertzuckergehalt) ist noch die Anlage B zu erwähnen (Feststellung des Quotienten der Zuckerabläufe und zur Ermittelung des Raffinosegehalts). Die Anlage C gibt die Anleitung zur Polarisation des Zuckers. Die Anlage D regelt die Bestimmungen über Steuervergütung bei der Ausfuhr von Zuckerwaren und über Steuerbefreiung für Zucker zu Vieh- und Bienenfütterung und für Zucker zur Herstellung gewerblicher Artikel wie Ultramarin, Kupferoxydul, Seifen, Tannin usw. Die Anlage E gibt die Anleitung zur Ermittelung des Zuckergehalts der Zuckerwaren, z. B. bei Marzipan. Außerdem ist noch anzuführen die Zuckerlagerordnung (Anlage F der Zuckerausführungsbestimmungen) und die Ordnung der Zuckersteuerstatistik (Anlage H). Endlich kommt noch zu erwähnen die Anlage G betreffend die Verwaltungskostenvergütung des Reiches an die Bundesstaaten, denen die Erhebung und Verwaltung der Reichszuckersteuer nach Art. 33 RV. übertragen ist.

Hiewegen ist folgendes im einzelnen anzuführen: Für die Verwaltung und Erhebung der Zuckersteuer vergütet das Reich den Einzelstaaten 4 % der zur Verrechnung gekommenen Rohsolleinnahme, und zwar 3 % für die Verwaltung und 1 % für die Erhebung.

Die Gesamtvergütung von 3 % wird vom Bundesratsausschuß für Rechnungswesen vierteljährlich nach der Gesamtrohsolleinnahme an Zuckersteuern festgestellt und nach dem Verhältnisse der aus den Zuckerfabriken entnommenen Zuckererzeugnissen (Rohzucker, Verbrauchszucker und Zuckerabläufe über 70 Quotient) auf die einzelnen Staaten verteilt. Dabei wird für Fabriken, in denen Rohzuckergewinnung und vollständig eingerichteter Raffinadebetrieb vereinigt sind und in denen der Rohzucker vorherrschend zu Verbrauchszucker der nachstehend bezeichneten Art verarbeitet wird, den entnommenen Zuckererzeugnissen die Menge des selbst erzeugten und nach § 30 Abs. 2 und § 31 des Zuckersteuergesetzes sowie nach §§ 26 bis 30 der Ausführungsbestimmungen angeschriebenen Rohzuckers zugerechnet, soweit der letztere nicht aus der Fabrik als Rohzucker ausgeführt oder dort noch auf Lager vorhanden ist.

Als Verbrauchszucker im Sinne des Abs. 1 ist Kandis und Zucker in weißen vollen harten Broten, Blöcken, Platten, Stangen oder Würfeln oder in weißen harten durchscheinenden Kristallen von mindestens 99 ½ % Zuckergehalt anzusehen.

Der Berechnung der Vergütung von 1 % ist die Rohsolleinnahme in den einzelnen Staaten zugrunde zu legen.

Für die Erhebung der Steuervergütungen, welche für aus Niederlagen in den freien Verkehr gebrachte Waren zurückzuzahlen sind, wird eine besondere Vergütung nicht gewährt.

Die Bundesregierungen sind berechtigt, an Stelle der Vergütungen nach Ziff. 1 die für die Verwaltung und Erhebung der Zuckersteuer wirklich erwachsenen Gesamtkosten sowie als Entschädigung für die Ruhegehaltslast einen Zuschlag von 10 v. H. von den zur Aufrechnung gelangenden ruhegehaltsfähigen Bezügen der in Betracht kommenden Beamten bei der schließlichen Einnahmefeststellung in Anrechnung zu bringen.

Für den Fall, daß den Fabrikinhabern auch Kosten baulicher Einrichtungen nach § 11 des Zuckersteuergesetzes aus der Reichskasse zu erstatten sind, erfolgt gleichfalls die Aufrechnung mit dem Beisatz, daß diese Beträge bauamtlich festgestellt und nach § 11 des Gesetzes bezahlt worden sind.

Hinsichtlich der Zuckerstatistik ist auch noch zu bemerken, daß aufzustellen sind Betriebsübersichten, Bestandsübersichten (Muster 2 und 3), die Nachweisungen über die mit Rüben bebauten Flächen, die Verkehrsnachweisungen über Zuckerausfuhr und Zuckereinfuhr. Diese Nachweisungen sind von den Zollämtern und Zuckersteuerstellen dem Kaiserlichen Statistischen Amt einzusenden.

Über die in jedem Monat in den freien Verkehr gesetzten Zuckermengen sind nach Muster 22 der Direktivbehörde Übersichten einzusenden, desgleichen die jährlichen Betriebsübersichten über den in freien Verkehr gesetzten Zucker und die Rübenverarbeitung (auch seitens der Zuckerfabrikanten), desgleichen die Betriebsnachweisungen in den Stärkezuckerfabriken. Die Direktivbehörden haben sodann die Jahresübersichten zu fertigen und mit einer Denkschrift dem Kaiserlichen Statistischen Amt einzusenden, welch letzteres die statistischen Zusammenstellungen für das ganze Reich fertigt und veröffentlicht. (Vgl. Statistisches Vierteljahrsheft, herausgegeben vom Kaiserl. Statist. Amt, IV 1910): Betriebsübersicht und Nachweisung für 1909/10 hinsichtlich der Zuckergewinnung und Zuckerbesteuerung.

Mit Zuckerrüben bebaut waren in der Kampagne 1909/10 457 718 ha, verarbeitet wurden in 398 Zuckerfabriken 128 920 680 dz Rüben, es ergibt sich demnach für den ha ein Rübenertrag von 280 dz mit einem Zuckergehalt von 15,1 %. Die Zuckergewinnung betrug 17 920 998 dz, der Verbrauch berechnet sich auf 11 ½ Millionen dz Verbrauchszucker oder 17 ½ kg auf den Bevölkerungskopf. Die Einfuhr ausländischen Zuckers ist ganz geringfügig, beträgt nur etwa 16 000 dz. Die Ausfuhr ergibt in Rohzuckerwert 7,8 Millionen dz, nämlich 3,1 Millionen dz Rohzucker und 4,3 Millionen dz Raffinade. Das Hauptabsatzgebiet für deutschen Rohzucker ist Großbritannien, ebenso für Verbrauchszucker, da dorthin allein über 5 Millionen dz Roh- und Verbrauchszucker abgesetzt worden sind. Die Rohzuckerpreise hielten sich auf 30 Mark für 1 dz, während er im Jahre 1911 wieder auf 20 Mark gesunken ist. Das Rendement d. h. die aus dem Rohzucker erzielte Ausbeute an Verbrauchszucker erstellte sich in der Kampagne 1909/10 auf 88 bis 95 % aus I. Produkt und auf 71 bis 90 % aus den Nachprodukten.

Die Abfälle aus den Zuckerfabriken, sowohl die Schnitzel wie der Scheideschlamm und die Abfallauge finden in der Landwirtschaft wie in chemischen Fabriken gute Verwendung. Auch die steuerfreie Melasse unter 70 Quotient findet als Viehfutter wie in Brennereien und sonstigen Gewerben vielfache Ausnützung.

Der Zuckerverbrauch erstellt sich zurzeit in Deutschland auf 11½ Millionen dz, also 17½ kg auf den Bevölkerungskopf, wie schon bemerkt wurde. Stärkezucker wird in 24 Betrieben hergestellt und die Erzeugung betrug im Jahre 1909/10 rund 100000 dz fester Stärkezucker und beinahe 600000 dz Stärkezuckersirup, wovon über 13000 dz nach der Schweiz und über 7000 dz nach Großbritannien ausgeführt wurden

§ 151.

Durch den Antrag von Bernstorff auf Herabsetzung der Zuckersteuer, sobald der Ertrag der Zuckersteuer die Summe von 1.10 Mark pro Bevölkerungskopf übersteigt (Anlage Bd. II Nr. 56 der RTV., 11. Legislaturperiode) wurde die Resolution der Budgetkommission gezeitigt, dem Reichstag alsbald einen Gesetzentwurf vorzulegen, wonach die Zuckersteuer von 14 Mark auf 10 Mark für 1 dz Reingewicht herabgesetzt werden solle (vgl. auch Resolution der Budgetkommission für 1907). Bei Verlängerung der Brüsseler Konvention (Zusatzakte vom 28. August 1907) und im Hinblick auf den Beitritt Rußlands zu dieser Konvention (20. Januar 1908) wurde auch der Gesetzentwurf wegen Abänderung des Zuckersteuergesetzes d. h. wegen Herabsetzung der Zuckersteuer beraten (vgl. RTDrS. S. 3610 Nr. 601 und zu Nr. 601, Anl. Bd. Nr. 245 und BRProtokolle 1908 §§ 58, 61, 115). Das RGesetz vom 19. Februar 1908 (RGBlatt S. 27) bestimmte hienach, daß die Zuckersteuer vom 1. April 1909 ab bzw. nach dem Zustandekommen der Reichsfinanzreform auf 10 Mark von 100 kg Verbrauchszucker-Reingewicht herabgesetzt werden solle. Infolge eines Kompromisses der Konservativen mit dem Zentrum wurde in der Sitzung vom 8. Juli 1909 der Zeitpunkt der Steuerherabsetzung auf den 1. April 1914 hinausgeschoben laut Art. 5 des RGesetzes vom 15. Juli 1909 betr. Änderungen im Reichsfinanzwesen. (Vgl. RGBlatt 1909 S. 767.)

(S. auch pr. ZBl. für Abgaben usw. 1909 S. 106 Beilage zu Nr. 17.)

Das Süßstoffgesetz.

§ 152.

Daß angesichts der Ausdehnung der deutschen Rübenzuckerindustrie die Konkurrenz des Süßstoffes (Saccharin) tunlichst hintangehalten werden mußte, sowohl vom fiskalischen wie Interessentenstandpunkte, ist erklärlich. Das RGesetz vom 6. Juli 1898 (RGBlatt S. 919) suchte diese Konkurrenz zunächst durch möglichste Beschränkung in der Verwendung der Süßstoffe bei Herstellung von Nahrungs- und Genußmitteln zu bekämpfen, was jedoch nicht genügte, da z. B. Saccharin dreihundertmal süßer ist als Zucker. Dem Bundesrat wurde daher der Süßstoffgesetzentwurf vom 6. März 1901 (Nr. 37 der BRDrS. 1901) vorgelegt, wobei in der Begründung hiezu ausgeführt ist, daß die Einbringung dieses Gesetzentwurfes nach der Resolution des Reichstags vom 1. Juni 1900 erfolgt ist. Nach diesem Gesetzentwurfe sollte der Süßstoff nur beschränkte Verwendung finden dürfen, soweit der Bundesrat hiewegen im Interesse von Zuckerkranken usw. Besteuerung trifft und außerdem sollte 1 kg Süßstoff einer Reichssteuer von 80 Mark unterstellt werden. Die Süßstoffabriken, sechs an der Zahl, sollten einer strengen Beaufsichtigung unterworfen werden. Der Reichstag änderte aber diesen Gesetzentwurf von Grund aus ab, indem sowohl die Herstellung von Süßstoff nur in bestimmten Fabriken geschehen darf als auch die Einfuhr von Saccharin und sonstigen Süßstoffen aus dem Ausland verboten wurde.

§ 153.

Das Süßstoffgesetz vom 7. Juli 1902 ist im RGBlatt 1902 S. 253 ff. veröffentlicht und hat 13 Paragraphen.

Der § 1 enthält die Begriffsbestimmung, was Süßstoff ist. Süßstoff im Sinne dieses Gesetzes sind alle auf künstlichem Wege gewonnenen Stoffe, welche als Süßmittel dienen können und eine höhere Süßkraft als raffinierter Rohr- oder Rübenzucker, aber keinen entsprechenden Nährwert besitzen. Für die Herstellung von Süßstoff in Deutschland oder für die Einfuhr von Süßstoff ist nach näherer Bestimmung des Bundesrats einem oder mehreren Gewerbetreibenden die Ermächtigung zu erteilen. Auch über die Höhe des Süßstoffpreises und die Ausfuhr hat der Bundesrat zu bestimmen.

Zur Herstellung von Süßstoff wurde die Saccharinfabrik (A.-G.) vormals Fahlberg, List & Cie. in Salbke-Westerhüsen ermächtigt (§ 2 der AusfBest. zum Süßstoffgesetze).

Die Abgabe des hier hergestellten oder des eingeführten Süßstoffes ist nur an Apotheken und an solche Personen gestattet, die die amtliche Erlaubnis zum Bezug von Süßstoff haben (den sog. Bezugsschein). Diese Erlaubnis ist nur zu erteilen an Personen, die den Süßstoff zu wissenschaftlichen Zwecken verwenden, an Krankenhäuser, Kuranstalten, an die Inhaber von Gastwirtschaften in Kurorten, z. B. in Neuenahr für Diabetiker und an Gewerbetreibende zum Zweck der Herstellung bestimmter Waren, wozu Zucker nicht verwendet werden kann (§ 4). Die Apotheken dürfen den Süßstoff nur an die Personen mit Erlaubnisschein gegen Vorzeigung dieses abgeben oder auf ärztliche Anordnung bis 50 Gramm auf eine ärztliche Anweisung.

Süßstofftäfelchen von höchstens 110facher Süßkraft in Fabrikpackung (Glasröhrchen) von nicht mehr als 25 Stück mit zusammen nicht über 0,4 gr an reinem Süßstoff dürfen auch ohne ärztliche Anweisung abgegeben werden. Sonst darf Süßstoff nur auf schriftliche Bestellung gegen Vorlage des Erlaubnisscheines (Bezugscheines) abgegeben werden und an die in § 4 des Gesetzes aufgeführten Personen nach Erteilung der amtlichen Erlaubnis. (Vgl. § 5 des Gesetzes.)

Außer diesen Ausnahmen darf im Deutschen Reich — also nicht im deutschen Zollgebiet, sondern im deutschen Reichsgebiet, sonach einschließlich Helgolands — kein Süßstoff hergestellt oder zu Nahrungs- und Genußmitteln, also auch nicht bei der Bier- und Weinbereitung verwendet werden, darf kein Süßstoff aus dem Ausland eingeführt werden, dürfen Süßstoff oder süßstoffhaltige Nahrungs- und Genußmittel nicht verkauft oder feilgehalten werden (§ 2 des Gesetzes).

Die §§ 7 bis 10 des Gesetzes betreffen die Strafbestimmungen hinsichtlich der verbotswidrigen Einfuhr von Süßstoff aus dem Auslande. Bestraft wird schon derjenige, in dessen Besitz mehr als 50 gr Süßstoff vorgefunden wird, ohne daß er sich über den rechtmäßigen Bezug und Erwerb dieser Süßstoffmenge genügend ausweisen kann. Selbstverständlich wird der Süßstoff, in bezug auf welchen eine Zuwiderhandlung begangen worden ist, eingezogen. Die Einziehung kann auch selbständig ohne Verurteilung einer Person erfolgen. Zuwiderhandlungen (Ordnungswidrigkeiten) werden mit einer Ordnungsstrafe von 3 bis 300 Mark geahndet.

Die Einfuhr von Saccharin ist, wie bemerkt, verboten und gilt als Kontrebande, so daß neben den Strafbestimmungen des Süßstoffgesetzes auch die Strafbestimmungen des Vereinszollgesetzes Platz greifen können.

Der § 11 behandelt die Entschädigung des Reiches an diejenigen Süßstofffabriken, welche nicht mehr weiter Süßstoff herstellen dürfen. Es wurde das sechsfache eines Jahresgewinnes nach dem Durchschnitt der Jahre 1898 bis 1901 gewährt. Von dieser Entschädigung mußten die Fabrikinhaber ihre Beamten und Arbeiter entsprechend abfinden.

Das Süßstoffgesetz trat am 1. April 1903 in Kraft. Die Durchführung des Süßstoffgesetzes ward den Zollbehörden der einzelnen Bundesstaaten übertragen, wobei die Reichsbevollmächtigten für Zölle und Steuern und die Stationskontrolleure die Reichsaufsicht auszuüben haben. Auch die Beamten der Lebensmittelpolizei haben darüber zu wachen, daß keine unzulässige Verwendung des Süßstoffes bei der Herstellung von Nahrungs- und Genußmitteln stattfindet (§ 13 des Gesetzes und § 1 der AusfBest.) Die §§ 10—16 der AusfBest. regeln die Ueberwachung der Apotheken in Bezug auf Erwerb und Weiterabgabe des Süßstoffes (Saccharin), insbesondere auch das Recht der Oberbeamten der Zollverwaltung zur Nachschau in den Apotheken, wobei der Bezugschein, der Bestellzettel und das Süßstoffausgabebuch sowie die sonstigen Geschäftsbücher auf Verlangen offen zu legen sind.

Auch die Obliegenheiten derjenigen Personen, welchen die Erlaubnis zur Verwendung von Süßstoff zu wissenschaftlichen Zwecken erteilt ist, sowie der Leiter von Krankenhäusern und Kuranstalten sind in den §§ 14 und 15 der AusfBest. geregelt.

Nahrungs- und Genußmittel, die zu Kurzwecken mit Süßstoff vermengt sind, dürfen nur auf ausdrückliches Verlangen nach solcher Art von Nahrungs- und Genußmitteln und in Verpackungen verabfolgt werden, die die Aufschrift tragen: Mit künstlichem Süßstoff zubereitet. Wiederverkauf außerhalb der Apotheken gesetzlich verboten. Als Muster I, II und III sind folgende Formularien beigefügt:

a) Süßstoffbezugschein für Apotheken mit Anleitung zum Gebrauch.
b) Süßstoffbezugschein für andere Personen als Apotheker mit Anleitung zum Gebrauch.
c) Süßstoffbestellzettel.

§ 154.

Schlußbemerkungen zum Zuckersteuer- und zum Süßstoffgesetz.

Hinsichtlich der Zuckersteuergesetzgebung ist auf die Reichstagsverhandlungen und Bundesratsdrucksachen hinzuweisen, wie bereits in der Abhandlung von Dr. Trautvetter über die Zuckersteuer in Kunckels Zeitschrift für Zollwesen und Reichssteuern, Jahrgang 1903 Nr. 3 hinzuweisen, wobei auch die in bezug auf das Süßstoffgesetz hereinspielenden Reichstagsverhandlungen und Reichstagsresolutionen aufgeführt sind. Hier ist nur in Kürze auf folgende Bundesratsdrucksachen aufmerksam zu machen: BRDrS. Nr. 37, 1901, Entwurf eines Süßstoffgesetzes; Entwurf für ein solches Gesetz seitens des Reichstages (Sitzung vom 11. Juni 1902); BRProtokolle § 409 Anlage 2; BRDrS. Nr. 8, 1908.

Als Literatur zum Zuckersteuergesetz sind außer den schon erwähnten Abhandlungen noch anzuführen: die Zuckerindustrie von Dr. H. Claaßen, Dr Bartz und Otto Pilet: die Zuckerproduktion der Erde von Dr. Paasche, Verlag von B. G. Teubner Leipzig, ferner die deutsche Zuckerindustrie, Wochenschrift für Landwirtschaft, Fabrikation und Handel (ZBl. der Zuckerindustrie, Berlin S.W. 11, Dessauerstr.).

Die Salzsteuer und das Kalisalzabgabengesetz.

§ 155.

Salus in Sale! Das zum Würzen der Speisen sowie zum Lebensunterhalt für Mensch und Tier unentbehrliche Salz bildet als ein Genußmittel in den meisten Kulturstaaten seit langer Zeit ein geeignetes Besteuerungsmittel, da die Steuer ohne besonders lästige Kontrollmittel zur Hebung gelangt.

Die Bedenken, die früher gegen die Salzsteuer wegen der Besteuerung eines unentbehrlichen Genußmittels, die sogar als Kopfsteuer wirkt, erhoben wurden, schwinden angesichts der sozialen Gesetzgebung des Deutschen Reiches (Ausgaben für Wohlfahrtsinteressen der unteren Klassen) und für die Befreiung der Unbemittelten von der Einkommensteuer mehr und mehr. (Vgl. Lehr- und Handbuch der politischen Ökonomie von A. Wagner, Leipzig, C. Wintersche Verlagsbuchhandlung.)

Weil aber das Salz nicht bloß als ein Genußmittel für Menschen dient, sondern auch zu Düngezwecken und bei der Viehfütterung und im Gewerbebetriebe z. B. bei der Herstellung von Soda, Glas, Salzsäure ꝛc. Verwendung findet, so war die Ausführung des Steuerzweckes, der in der Regel nur den Salzverbrauch der Menschen mit einer Abgabe belasten will, nicht so ganz einfach. Zudem sollte bei der Ausfuhr gesalzener Gegenstände wie z. B. Schinken, eine Rückvergütung der für das beim Einsalzen verwendete Salz entrichteten Steuer stattzufinden haben. Es mußte daher bei der Besteuerung des Salzes auf die verschiedenen Verwendungszwecke Rücksicht genommen werden. In den meisten Staaten Deutschlands hatte sich bis zum Anfang des 19. Jahrhunderts die Salzbesteuerung in der Anwendung des Salzmonopols oder des Salzregals entwickelt, d. h. die Gewinnung des Salzes und der Verschleiß desselben an die Konsumenten lag in den Händen des Staates und wurde von der Staats-Monopolverwaltung oder der Staats-Regie besorgt. Hiebei konnten nämlich für die verschiedenen Bestimmungen und Verwendungsarten des Salzes, sei es zum menschlichen Genusse, sei es zur Tierfütterung oder zu gewerblichen Zwecken oder zum Verbrauch in der Landwirtschaft (Düngesalz) die Salzpreise entsprechend höher oder niedriger festgestellt und dadurch den Verbrauchszwecken des Salzes entsprochen werden. Bei Errichtung des Deutschen Bundes wurde durch die Wiener Kongreßakte eine Änderung nach dieser Richtung nicht vorgekehrt und so bestand bis zum Jahre 1866 in allen zum deutschen Bunde gehörigen Staaten mit Ausnahme von Hannover und Oldenburg das Salzmonopol, so daß das Salz im neugegründeten deutschen Zollverein (1833) von der allgemeinen Verkehrsfreiheit gleichwie Branntwein, Bier, Cider, Wein und Tabak ausgenommen werden mußte. Um diese auch wegen des Salzschmuggels aus Oldenburg und Hannover, wo das Salz einer nur ganz geringen Steuer unterstellt war,[1]) immer drückender empfundenen Belästigung zu beseitigen, wurde bereits im Zollvereinigungs-Vertrag von 1865 (Art. 10) die Verpflichtung aufgenommen, daß auch Hannover und Oldenburg eine den übrigen Monopolstaaten sich der Höhe nach anpassende Salzsteuer einführen sollten, um den verderblichen Salzschmuggel aus diesen Vereinsstaaten mit nur geringer Salzsteuer nach den Monopolländern, d. h. den übrigen Zollvereinsstaaten zu unterbinden und durch Einführung einer gemeinsamen Salzsteuer die Verkehrsfreiheit auch für Salz zu erlangen. Aber erst nach Erneuerung des Zollvereins im Jahre 1867 und auf Grund der Norddeutschen Bundesverfassung gelang es der preußischen Regierung mit den übrigen Zollvereinsstaaten die Übereinkunft vom 8. Mai 1867 abzuschließen, wonach vom 1. Januar 1868 ab die einzelnen Salzmonopole aufgehoben werden sollten, während das Salz zum freien Verkehr in Deutschland zugelassen war, wenn es einer gemeinsamen Abgabe von 2 Taler für 1 Zollzentner netto unterlegen solle. Vom 1. Januar 1868 besteht demnach die Salzsteuer in Deutschland und allgemeine Verkehrsfreiheit im deutschen Zollgebiet für versteuertes Salz. (Vgl. Zollvereins-Verträge Bd. V, Zollvereinigungsvertrag vom 16. Mai 1865 Art. 10 § 3, Bd. V

[1]) In Hannover und Oldenburg war der Zentner Salz nur mit 1,25 Mark besteuert.

Übereinkunft wegen einer Abgabe von Salz, vom 8. Mai 1867, S. 263, BRDrS. 1867 Nr. 14, Ausschuß-Antrag nebst Gesetzentwurf BRDrS. 1867 Nr. 30, Appelt die Gesetzgebung über die Erhebung und Kontrollierung der im deutschen Zollverein bestehenden Salzabgabe, Berlin 1870, Dr. Trautvetter, das Salzabgaben-Gesetz, Berlin J. Springer 1898).

Eine weitere Besteuerung des Salzes als die gemeinsame Salzsteuer von 2 Taler 6 Mark für den Zentner oder 12 Mark für den dz = 100 kg Reingewicht wurde ausdrücklich ausgeschlossen, nur eine Kontrollgebühr von 2 Sgr. für den Zentner steuerfrei abgelassenen Salzes wurde zugelassen.

In den dem Schlußprotokolle und dem Vollzugsprotokolle zur Übereinkunft vom 8. Mai 1867 beigegebenen Anlagen wurden die Bestimmungen über Erhebung und Kontrollierung der Salzsteuer verabredet und zusammengestellt.

Art. 1 der Übereinkunft bestimmt, daß der oben erwähnte Art 10 des Zollvertrags vom 16. Mai 1865 aufgehoben werden solle Dieser Art. 10 behandelte, wie schon angedeutet, die Salzsteuerverhältnisse in Hannover und Oldenburg. Der Art. 2 der Übereinkunft vom 8. Mai 1862 statuiert die gemeinsame Salzabgabe im Zollverein bzw. im deutschen Reich (deutschen Zollgebiet). Die Salzabgabe beträgt 12 Mark für 1 dz Reingewicht. Nach Art. 3 ist diese Salzabgabe gemeinschaftlich, d. h. sie ist nach Art. 38 der RV. eine deutsche Reichssteuer, die in die Reichskasse fließt, nach Abzug der Verwaltungskosten, welche den Bundesstaaten verbleiben (Art. 38, 3 b der RV.). Die Verwaltungskosten bestehen in den Ausgaben für die Besoldung der auf den Salzwerken beschäftigten Steuerbeamten nach den für die Zollverwaltungskosten verabredeten und angeordneten Bestimmungen, wonach auch für Reisekosten usw. die Aufrechnung erfolgen kann. (Vgl Vorschriften über die Vergütung des Besoldungsaufwandes bei Erhebung und Kontrollierung der Salzsteuer auf den Salzwerken (BRBeschluß vom 30. Juni 1882 Nr. 69 der Drucksachen). Vgl. auch § 5 des Salzsteuergesetzes, wonach der Salzwerkbesitzer die Ueberwachungskosten zu tragen hat, wenn die Versteuerung des Salzes auf dem Salzwerk nicht mindestens 6000 dz beträgt. Hinsichtlich der Aufrechnung der Pensionsanteile usw. besteht ein Unterschied, ob die Salzsteuerbeamten im Hauptamt oder im Nebenamt beschäftigt sind.

Art 4 der Uebereinkunft handelt von der Steuerkontrolle und Art. 5 bestimmt, unter welchen Voraussetzungen Salz abgabenfrei (aber nicht zollfrei) abgelassen werden kann. Salzabgabenfrei bleibt das Salz, das in das Zollausland ausgeführt wird, das zu landwirtschaftlichen Zwecken, d. h. zur Fütterung des Viehs und zur Düngung verwendet wird, das zum Einsalzen von Gegenständen verwendet wird, die nachher ausgeführt werden, ferner das zu gewerblichen Zwecken verwendete Salz, doch sind alle Gewerbe, die menschliche Nahrungs- und Genußmittel herstellen, davon ausgenommen, auch z. B. Mineralwasserfabrikanten. Alles abgabenfrei fürs Inland abzulassende Salz muß vorher vorschriftsmäßig denaturiert, d. h. zum menschlichen Genuß unbrauchbar gemacht werden, soferne es nicht ausgeführt wird. Auch das zum Einpöckeln oder Nachpöckeln von Heringen und heringsähnlichen Fischen verwendete Salz, das infolge von Notständen oder zu Deputaten abgegebene Salz kann abgabenfrei gelassen werden und zwar letzteres auf privative Rechnung, während sonst die Abgabenfreiheit des Salzes auf Reichsrechnung erfolgt. Was heringsähnliche Fische sind, wurde durch FMErlaß vom 14 September 1889 näher bestimmt, man rechnet dazu Schellfische, Kabliaus, Dorsche, Störe, Schollen, gewöhnliche Butt und nordische Sardellen, dann auch Breitlinge, Flundern, Knurrhähne, Schnepel, dagegen gehören Anchovis nicht dazu. (Vg. Mecklenbg. Zollamtsblatt Nr. 16, 1897).

Die Art. 6—8 der Uebereinkunft behandeln die Kontrollgebühr (40 Pfennig für 1 dz) bei der Salzdenaturierung, die Befugnisse der Reichsbevollmächtigten und Stationskontrolleure und das Datum, von welchem Tage an die Uebereinkunft in Wirksamkeit treten soll (1. Januar 1868). Hienach ist das Bundesgesetz vom 12. Oktober 1869 (BundesGesetzbl. S 41) für den Norddeutschen Bund erlassen worden, während für die Südstaaten die erforderlichen Gesetze als Landesgesetze zustande kamen, so in Bayern das Landesgesetz vom 16. November 1869, s. bayr. Zollamtsblatt S. 369, den Erlaß der bayr Generalzoll-Administration samt 8 Beilagen, nämlich

1. Uebereinkunft wegen Erhebung der Salzabgabe;
2. Gesetz wegen der Salzabgabe;
3. Ausführungs-Bestimmungen zum Salzsteuer-Gesetz;
4. Schlußprotokoll zur Uebereinkunft;
5. Instruktion für die Staatssalzwerke wegen Erhebung und Kontrollierung der Salzabgabe (s. a. pr. ZBl. 1869 S. 434, 1906 S. 488);
6. Instruktion für die Privatsalinen (s. a. pr. ZBl. 1867 S. 403, 1910 S. 162);

7. Anleitung wegen Erhebung der Salzabgabe für die Zollstellen (s. a. pr. ZBl. 1867 S. 566);
8. Vorschriften wegen der Denaturierung des Salzes.

Der Bundesrat hat zum Salzsteuergesetz AusfBest. erlassen, welche im Jahre 1888, 1895 und 1908 neu redigiert bzw. ergänzt worden sind. Bei den Salzwerken, welche Speisesalz (Kochsalz) herstellen, wird die Kontrolle wegen Erhebung der Salzsteuer durch besondere Salzsteuerämter wahrgenommen, aber auch die Salzwerke, die Abraumsalze über 75 % Kochsalzgehalt fördern, stehen unter steuerlicher Aufsicht.

§ 156.

Die Einzelbestimmungen des Salzsteuer-Gesetzes vom 12. Oktober 1867 sind mit den Abreden der mehrerwähnten Übereinkunft vom 8. Mai 1867 übereinstimmend.

In § 1 des norddeutschen Bundesgesetzes vom 12. Oktober 1867 wird die Aufhebung des Salzmonopols und für das versteuerte Salz der freie Verkehr im ganzen Umfang des Zollvereins (des deutschen Zollgebiets) hergestellt. Der § 2 bestimmt die Einführung einer Salzabgabe von zwei Taler für den Zollzentner Salz Nettogewicht oder 12 Mark für den Doppelzentner Salz. Die erste Abteilung des Gesetzes, welche von der Abgabe (Steuer) von inländischem Salze handelt, zerfällt in drei Abschnitte, Der erste Abschnitt betrifft die Anmeldung des Salzes zur Versteuerung (§§ 3 bis 5), der zweite Abschnitt handelt von der Kontrolle (§§ 6 bis 10) und der dritte Abschnitt regelt die Strafbestimmungen (§§ 11 bis 18).

Während die Bestimmungen des norddeutschen Bundesgesetzes vom 12. Oktober 1867 nach allen Beziehungen mit den Abreden der Übereinkunft vom 8. Mai 1867 übereinstimmen, bestehen hinsichtlich der Strafbestimmungen auch heute noch wegen der damaligen Verschiedenheiten der Geldwährung in den einzelnen Bundesstaaten einige Abweichungen. Das norddeutsche Bundesgesetz vom 12. Oktober 1967 bestimmt nämlich in §§ 11 und 15, daß die Geldbuße bei der Salzsteuerdefraudation mindestens 10 Taler oder bei Ordnungswidrigkeiten 1 bis 10 Taler = 3 bis 30 Mark betragen soll, während des bayerische Salzsteuer-Landesgesetz vom 16. November 1867 (bayer. Zollamtsblatt 1867 S. 369 ff.) in §§ 11 und 15 den Mindestbetrag der Geldstrafe bei der Salzsteuerdefraudation auf 15 Gulden und bei Ordnungswidrigkeiten die Geldstrafe auf 1 bis 15 Gulden festsetzt. Daß das Salzsteuergesetz für Bayern als Landesgesetz gilt, geht aus dem Eingang zur Promulgation des Gesetzes (bayer Zollamtsblatt 1867 S. 5 zu S. 374) hervor. Hienach aber kommt das bayer. Gesetz vom 8. November 1875 (bayer. Zollamtsblatt 1876 S. 1) betreffend die Bestimmung von Geldstrafen nach der Reichswährung in Anwendung, wonach ein Gulden auf 1.80 Mark umzurechnen ist. Es sind also nach den oben bezeichneten Richtungen in Bayern die fraglichen Geldstrafen nicht auf 30 Mark bzw. 3 bis 30 Mark festgesetzt, sondern auf 27 Mark bzw. 1.80 Mark bis 27 Mark. (Vgl. Trautvetter, Das Salzabgabengesetz, Berlin, Verlag J. Springer, S. 42 Anm. 6 zu § 11 SalzStG.)

Der zweite Abschnitt handelt in einem Paragraphen (§ 19) von der Abgabe (Zoll) von ausländischem Salz, dessen zollamtliche Abfertigung vollständig nach den Bestimmungen der Vereinszollgesetzgebung zu erfolgen hat; und Abschnitt III zählt die Fälle auf (§ 20), in denen eine Befreiung von der Salzabgabe eintreten kann. Im letzten Paragraphen (§ 21) ist der Termin festgesetzt, an dem das Gesetz in Wirksamkeit zu treten hatte (1. Januar 1868).

Die bereits erwähnte Verordnung zur Ausführung dieses Gesetzes zerfällt in 2 Abschnitte und 15 Paragraphen. Der erste, nur einen Paragraphen umfassende Abschnitt handelt von der Berechnung der Salzabgabe; der zweite Abschnitt, der die übrigen Paragraphen enthält, von der Kontrolle und Abfertigung des Salzes.

In den §§ 2 bis 14 sind die Bestimmungen für die Kontrolle und Abfertigung des inländischen, im § 15 die des ausländischen Salzes enthalten.

Hiezu bestimmte der Bundesratsbeschluß vom 5. Dezember 1881 (pr. ZBl. 1881 S. 452) folgendes:

Die Ermittelung des Nettogewichts kann bei Salz in Säcken in der Weise erfolgen, daß das Gewicht der zur Verpackung dienenden Säcke ermittelt und von dem durch die Verwiegung der gefüllten Kolli sich ergebenden Bruttogewichte abgesetzt wird. Dabei ist es statthaft, mehrere Salzsäcke von gleicher Größe und gleichem Stoffe zusammenzuwiegen und hienach eine durchschnittliche Tara zu ermitteln.

Von der Ermittelung des Nettogewichts durch Verwiegung kann Umgang genommen werden, wenn der Steuerpflichtige sich mit einer Taravergütung von ½ Prozent begnügt.

Die ziemlich gleichmäßig von allen Regierungen erlassene, schon erwähnte Instruktion für die Staatssalzwerke wegen Erhebung und Kontrollierung der Salzabgabe behandelt diese Vorschriften in 20 Paragraphen. Besonders hervorzuheben ist hier die angeordnete Errichtung von Salzsteuerämtern auf den Staatssalinen, welche den Zoll- und Steuerbehörden untergeordnet sind bzw. die Beiordnung von kontrollierenden Zoll- und Steuerbeamten in den Fällen, wenn von der Salinenverwaltung im Namen der Steuerverwaltung die Erhebung der Salzsteuer besorgt wird.

Die bereits erwähnte Instruktion bezüglich der Erhebung und Sicherung der Salzabgabe auf den Privatsalinen, welche zu § 4 des Gesetzes erlassen wurde, zerfällt in 20 Paragraphen, in denen die nötigen Kontrollmaßregeln ausführlich bekannt gegeben sind. Zu erwähnen ist ferner die Anleitung zur Erhebung der Salzabgabe bei den Zollstellen, welche sich nicht an Salzwerksorten befinden.

Die Vorschriften über die Befreiung von der Salzsteuer zu landwirtschaftlichen und gewerblichen Zwecken sind im Laufe der Zeit, in welcher das Salzsteuergesetz in Giltigkeit ist, mehrfach geändert worden.

Die Hauptbestimmungen sind folgende:

a) Das Gesetz selbst bestimmt Folgendes:

Befreit sind von der Salzabgabe

1. Soole und Mutterlauge zu Bädern sowie sog. Badesalze, welche zum menschlichen Genuß unbenutzbar sind mit oder ohne Kontrolle, je nach dem größeren oder geringeren Salzgehalt der Mutterlauge;
2. Abraumsalze mit einem Salzgehalt von 59 % nach Vermahlung;
3. Abraumsalze von 60—74 % Kochsalzgehalt für Landwirte nach Vermahlung und Denaturierung;
4. Salz zu Düngezwecken und gewerblicher Verwendung, nach entsprechender Denaturierung;
5. das ausgeführte Salz und das zum Salzen von Ausfuhrwaren verwendete Salz, sowie das zu gewerblichen Zwecken bestimmte Salz nach Denaturierung.
6. Steuerfrei bleibt auch das Salz, welches in Natronsulfat- und Sodafabriken Verwendung findet.
7. Das zum Einsalzen und Nachsalzen von Heringen und heringsähnlichen Fischen mit Heringslake denaturierte Salz, wie oben schon ausgeführt wurde.

Die Ausführungsbestimmungen zum Salzsteuergesetz und die Bestimmungen betreffend die Besteuerung des zu landwirtschaftlichen und gewerblichen Zwecken bestimmten Salzes von der Salzabgabe sind veröffentlicht im preuß. Zentralblatt für Abgaben 1888 S. 7, 28, 713 und 742 ff., 1895 S. 120; 1896 S. 235; 1897 S. 11 und 218; 1898 S. 71; (Verabfolgung von Handelssalz an Landwirte) 1899 S. 132, 193; 1900 S. 89 (Einsalzen von Heringen); 1903 S. 15; 1904 S. 176, 177; 1905 S. 186; 1906 S. 413; 1907 S. 149; 1908 S. 37; 1909 S. 71; 1910 S. 162, 487.

Ferner sind folgende allg. Erlasse hier anzumerken:

Bezug von Pfannenstein durch Landwirte, s. pr. ZBl. 1894 S. 461, 1897 S. 11, 1898 S. 254.

Steuerfreie Abgabe von Salz an Darmschleimereien s. pr. ZBl. 1888 S. 463.

Steuerliche Behandlung der Abraumsalze s pr. ZBl. 1892 S. 36, 1895 S. 134, 1904 S. 248, 1908 S. 37, 1909 S. 71.

Steuerfreie Verabfolgung von Handelssalz zum Aufstreuen von Eis, pr. ZBl. 1893 S. 261, 1894 S. 460.

Steuerfreie Verwendung von Salz zur Herstellung von Naturlab, pr. ZBl. 1906 S. 206.

Zollfreie Ablassung des zur Konservierung von Fleisch dienenden Salzes nach Vernichtung des Salzes s. pr. ZBl. 1896 S. 312, 1897 S. 218.

Steuerfreie Verabfolgung von Salz zur Fabrikation von Weizenstärke s. pr. ZBl. 1895 S 27.

Unzulässigkeit der Verwendung steuerfreien Salzes zum Räuchern oder Marinieren von Fischen, s. pr. ZBl. 1905 S. 201.

Abänderung der Instruktion für die Staatssalinen s. pr. ZBl. 1906 S. 411.

Gebührenerhebung in Salzsteuer-Angelegenheiten s. pr. ZBl. 1909 S. 135, 215; 1910 S. 405.

Die Bestimmungen wegen abgabenfreien Bezuges von Salz lauten demnach im Wesentlichen dafür, daß zur Viehfütterung und zur Düngung und zu gewerblichen Zwecken, mit Ausnahme der Nahrungsmittelgewerbe, der Mineralwasserfabriken, Tabakfabriken vorschriftsmäßig denaturiertes Handsalz auf Reichsrechnung abgegeben werden darf, auch zum Auftauen von Schnee und Eis. Die Denaturierung des Handelssalzes soll in der Regel in den Salzwerken nach zollamtlicher Aufsicht erfolgen.

Die Salzsteuerbefreiungsbestimmungen machen vor allem einen grundlegenden Unterschied zwischen dem sog. Handelssalz und dem Bestellsalz.

Das Handelssalz wird auf den Salzwerken auf Vorrat denaturiert und so an Landwirte und Viehhalter oder an Salzhändler zum weiteren Vertrieb abgegeben. Dieses Salz darf von den Landwirten zur Düngung und zur Viehfütterung verwendet werden, darf auch in bestimmten Gewerben verbraucht werden. Das Bestellsalz dagegen wird von dem Verbraucher undenaturiert im gebundenen Verkehr (auf Salzbegleitschein) bezogen und am Bestimmungsort entweder im Steueramt oder in den Gewerberäumen unter amtlicher Aufsicht mit einem für das betreffende Gewerbe besonders tauglichen Denaturierungsmittel z. B. mit Seifenpulver in Seifensiedereien denaturiert wird. Für Bestellsalz sind darnach andere Denaturierungsmittel zugelassen, wie für das Handelssalz, das sog. rote, mit Wermut und Eisenoxyd denaturierte Viehsalz.

Gewerbetreibende, welche denaturiertes Bestellsalz, ingleichen Salzhändler, welche das zu landwirtschaftlichen Zwecken und zu gewerblichen Zwecken denaturierte Handelssalz beziehen wollen, haben das Salz bei dem Lieferanten (Salzwerk oder Salzhändler) unter Vorlage des Bezugsberechtigungsscheines schriftlich zu bestellen, während Landwirte solches zur Viehfütterung und zur Felderdüngung bestimmte Salz ohne weiteres beziehen können. (Vgl. pr. ZBl. 1898 S. 71.)

§ 157.

Hinsichtlich der Gewinnung des Salzes (Chlornatrium, Kochsalz) findet sich in dem mehrfach erwähnten Buch von Dr. Trautvetter, Das Salzabgabengesetz, eine eingehende Darstellung. Das Salz wird entweder durch bergmännischen Betrieb gefördert oder durch Versieden des Wassers salzhaltiger Quellen gewonnen (Siedesalz) oder durch Verdunstenlassen (Versieden) von Meerwasser erhalten (Seesalz). Das so gewonnene Salz bedarf sodann noch der Raffinierung.

In Deutschland bestehen 104 Salzwerke, welche Salz aller Gattungen herstellen (Siedesalz, Kristallsalz, Salzabfälle, Pfannenstein, Steinsalz, Salzsoole, Viehsalzleckſteine). Die ganze Salzerzeugung betrug im Jahre 1909 19 592 542 dz. Davon waren 12 951 155 dz Kristall- und Steinsalz, 6 283 955 dz Siedesalz, 150 dz Viehsalzleckſteine, 46 742 dz Pfannenstein, 7 dz Soole, 309 963 dz Salzabfälle in Chlorkalciumfabriken. Das meiste Salz wird in den Provinzen Hannover und Sachsen und in Württemberg gewonnen, sowie in Anhalt. Von den 19 ½ Millionen dz Salz wurden nur etwas über 2 Millionen dz (2 109 202 dz) auf den Salzwerken versteuert mit 25,3 Millionen Mark. Der ganze Verbrauch an Speisesalz beträgt im Deutschen Reich 4 912 407 dz Inlandssalz und 89 791 dz ausländisches Salz à 12 Mark (- 80 Pfennig Zoll für das Auslandssalz), also zusammen rund 60 Millionen Zoll- und Steuerabgaben, was auf den Bevölkerungskopf etwa 92 Pfennig ausmacht. Der Salzverbrauch in Deutschland beträgt nach dem Durchschnitt der letzten Jahre 7,8 kg Speisesalz und 17 kg anderes Salz zu landwirtschaftlichen und gewerblichen Zwecken. Es beträgt sohin der Gesamtverbrauch an Salz auf den Bevölkerungskopf rund 25 kg.

Als Viehsalz wurden über 1 Million dz und als Düngesalz rund 900000 dz verbraucht. An Soda-, Glaubersalz- und Chlorkaliumfabriken wurden über 5 Millionen dz und 15 Millionen hl Soole abgegeben. An chemische und Farbenfabriken fast 2 Millionen dz, an Seifenfabriken, Wachsfabrikanten und Ölraffinerien 151400 dz, an Glashütten 676 dz, an Gerbereien 185750 dz, an Häutehändler 495400 dz, an Metallwarenfabriken und Hütten 292000 dz, an Töpfereien, Ziegeleien usw. 83000 dz, an Papierfabriken 26200 dz, an Schiffbauereien zum Imprägnieren von Holz 16000 dz, an Webereien, Wollfabriken, Färbereien usw. 56500 dz, für Eiskeller und Eisfabriken 122000 dz, an Straßenbahnen ꝛc. zum Auftauen von Eis 76000 dz. Im ganzen wurden also, da noch 8400 dz Salz hinzukommen, die an Salzhändler denaturiert und steuerfrei abgegeben worden sind, fast 11 Millionen dz Salz zu steuerfreien Zwecken abgegeben.

Zur Pöckelung von Heringen sowie zum Nachpöckeln der Heringe wurden 73000 dz denaturiertes Salz verbraucht, zum Einsalzen von Ausfuhrartikeln etwa 1000 dz abgabenfreies Salz verwendet.

In Bädern für Heilzwecke sind 5 Millionen hl Soole und 32000 hl Mutterlauge steuerfrei abgegeben worden, zu Deputation und an Wohltätigkeitsanstalten, zu wissenschaftlichen Zwecken, für Grenzbewohner zum notwendigen Verbrauch beim Betrieb der Alpenwirtschaft (Ziff. 4 Anlage C zum Deutsch-Österr. Handelsvertrag) sind 32000 dz steuerfrei verabfolgt worden.

Als Materialien zum Studium des Salzsteuergesetzes wird auf Appelts Buch: Die Gesetzgebung über die Erhebung und Kontrollierung der im deutschen Zollverein bestehenden Salzabgaben und auf Dr Trautvetters Buch: Das Salzabgabengesetz, J. Springer, Berlin 1898, verwiesen.

§ 158.

Hinsichtlich der Vergütung der Verwaltungs- und Erhebungskosten, die das Reich an die Bundesstaaten entrichtet, da auch die Salzsteuer von bundesstaatlichen Landesbeamten verwaltet und kontrolliert wird (§ 38, III RV.), ist auf § 34 S. 80 dieses Buches Bezug zu nehmen.

Nach den Vorschriften über die Vergütung der Salzsteuerverwaltungskosten seitens des Reiches an die Bundesstaaten werden die tatsächlichen Ausgaben der Bundesstaaten nach dem hiewegen aufzustellenden Besoldungsetat, einschließlich der Tagegelder und Reisekosten der kontrollierenden Oberbeamten und etwaiger Verwaltungskosten nach Maßgabe der Vorschriften für die Grenzzollbeamten vergütet.

Das Reichskaligesetz vom 25. Mai 1910.

(RGBlatt Nr. 27. 1910).

§ 159.

Deutschland hat wegen der überreichen Kalisalzlager ein natürliches Monopol in diesen für die Landwirtschaft unentbehrlichen Düngesalzen. Da hienach der Wettbewerb vom Ausland vollständig fehlt, so sind im letzten Jahrzehnt die Kalisalzförderungen in so reichlichem Maße entstanden, daß der Verbrauch an diesen Salzen nicht mitkommen konnte. Zur Regelung der Produktion mußte daher das Kalisyndikat geschaffen werden, das jedoch infolge der Anstrengungen der günstiger gestellten Werke, sich von den Fesseln dieses Syndikats zu befreien, bei jedesmaligem Ablauf der Gültigkeitsperiode schwere Krisen durchzumachen hatte, insbesondere bei der am Ende des Jahres 1909 abgelaufenen Syndikatsperiode. Trotz aller Bemühungen gelang es nicht, alle Werke wieder in das Syndikat zu vereinigen, indem die Werke Aschersleben und Sollstädt den Eintritt ablehnten. Auch die Gewerkschaft Einigkeit blieb dem Syndikat ferne, so daß, da sich die Kuxe dieser Gewerkschaft hauptsächlich in amerikanischen Händen befanden, die Befürchtung nahe lag, es möchten die wertvollen Kalisalze nach Amerika verschleudert und der deutschen Landwirtschaft hiedurch unberechenbarer Schaden zugefügt werden. Es war daher hohe Zeit,

daß die Reichsgesetzgebung eingriff und die preußische Regierung legte am Ende des Jahres 1909 dem Bundesrat einen Gesetzentwurf über den Absatz der Kalisalze vor. Dieser Entwurf fand jedoch die Billigung des Reichstages nicht. Es wurde vielmehr ein neuer Gesetzentwurf ausgearbeitet, wonach sämtliche Produzenten von Kali auf die Dauer von 20 Jahren zu einer Verkaufs- und Vertriebsgemeinschaft zu vereinen sind, welcher jeder beitreten kann, der Kali fördert, während nach dem abgelehnten Gesetzentwurf die neuen Kaliwerke nicht in die Betriebsgemeinschaft aufgenommen, sondern entschädigt werden sollten. Dieser neue Gesetzentwurf (vgl. BRDrS. 1910 Anlage 8 zum Protokoll vom 11. Mai 1910, § 498 der Protokolle) wurde vom Reichstag angenommen und das RGesetz vom 25. Mai 1910 (RGBlatt S. 775) wurde erlassen.

Das Kaligesetz (Gesetz über den Absatz von Kalisalzen) hat 9 Abschnitte und 52 Paragraphen. Der I. Abschnitt handelt von den allgemeinen Bestimmungen in §§ 1 bis 6. Es wird festgestellt, was man unter Kalisalzen versteht, wie der Inlands- und Auslandsabsatz zu regeln ist, was ein Kaliwerksbesitzer ist.

Der II. Abschnitt begreift in §§ 7 bis 18 die Feststellung des Gesamtabsatzes und des Anteilverhältnisses der einzelnen Kaliwerke. Für 8 Monate des Jahres 1910 ist durch BRBeschluß vom 18. Juni 1910 (BRDrS. Nr. 115, § 720 der Protokolle) die Gesamtabsatzmenge festgestellt, nämlich etwas über 2 Millionen dz reines K_2O fürs Inland und 1 981 400 dz fürs Ausland, zusammen 4 Millionen dz; für ein ganzes Jahr beträgt der Kaliabsatz an 7 bis 8 Millionen dz. Die Beteiligungsziffern der Kaliwerke sind in der Anlage zu § 17 mitgeteilt (RGBlatt S. 789). Diese Beteiligungsziffern können durch Beitritt eines neuen Werkes vermindert werden.

Der III. Abschnitt (§ 19) handelt von der Übertragbarkeit der Beteiligungsziffern.

Der IV. Abschnitt (§§ 20 bis 25) regelt die Verkaufspreise.

Der V. Abschnitt ist für die Zollverwaltung der wichtigste, denn er handelt von den Abgaben der Kaliwerke an die Reichskasse, die sich in eine allgemeine Abgabe (§ 27) von 60 Pfennig für 1 dz reines Kali und in eine besondere Abgabe von 10 bis 18 Mark für 1 dz reines Kali teilt. Die besondere Abgabe ist nur zu entrichten, wenn die zugestandene Absatzmenge (das Kontingent) überschritten wird. Die Verkaufspreise des Kali sind nach Prozenten reines K_2O geregelt, wie sie in 1 dz enthalten sind und variieren zwischen 8 bis 31 Mark für 1 dz reines Kali.

Die Einkünfte aus der Kaliabgabe sind zur Hebung des Kaliabsatzes und zur Deckung der dem Reich bei der Ausführung des Kaligesetzes erwachsenden Kosten bestimmt.

Hier kommen die Ausführungsbestimmungen zum Reichskaligesetz vom 9. Juli 1910, RGBlatt S. 925, in Betracht.

Hienach haben die Kaliwerkbesitzer monatlich eine Nachweisung der fälligen Reichsabgaben unter Angabe der abgesetzten Kalimenge dem zuständigen Zollamt bis zum 5. des folgenden Monats einzureichen. Der vom Zollamt festzusetzende Abgabenbetrag ist binnen 14 Tagen beim Zollamt einzuzahlen. Die Hebestelle hat ein Einnahmebuch zu führen; dieses Einnahmebuch ist mit den Belegen nach Vierteljahrsschluß der Direktivbehörde zur rechnerischen Prüfung einzusenden.

Die besondere Abgabe nach § 26 des Gesetzes bleibt außer Hebung, wenn der betr. Kaliwerksbesitzer den auf ihn entfallenden Gesamtanteil um nicht mehr als 10 % im Kalenderjahr überschritten hat und er erklärt, daß er für das folgende Kalenderjahr auf die Zuteilung einer entsprechenden Absatzmenge verzichtet.

Der VI. Abschnitt des Gesetzes handelt von der Verteilungsstelle und der Berufungskommission (§§ 30 bis 34).

Der VII. Abschnitt enthält die Strafbestimmungen, die insoferne für die Zollverwaltung von Interesse sind, als nach § 39 in Ansehung des Verwaltungsstrafverfahrens, der Strafmilderung, des Straferlasses und in Ansehung der Strafvollstreckung die Vorschriften über das Verfahren bei Zuwiderhandlung gegen die Zollgesetze in Anwendung kommen.

Die aus dem Kaliabsatzgesetze herkommenden Geldstrafen fließen in die Staatskasse des Bundesstaats, von dessen Behörden die Strafentscheidung zu treffen ist. Die §§ 29 und 43 handeln von der Verjährung der Ansprüche auf Abgabenzahlung und der Strafverfolgung. Der § 44 handelt von den Kosten, die das Reich trägt. (VIII. Abschnitt.)

Der IX. Abschnitt regelt die Übergangsbestimmungen und der X. Abschnitt behandelt die Schlußbestimmungen, wovon § 51 zu beachten ist, der von den Ausführungsbestimmungen und noch weiteren Kontrollvorschriften handelt. (Vgl. X. Abschnitt der Ausführungsbestimmungen: Kontrollmaßregeln.) Die Verteilungsstelle hat die Überwachung des Kaliabsatzes; die Sendungen nach dem Auslande dürfen nur auf der Zollstraße (VZG. § 17) ausgeführt und müssen der Grenzzollstelle zur Ausgangsabfertigung vorgeführt werden.

Die Grenzzollstellen haben alle zu ihrer Kenntnis gelangten Fälle, in denen Kalisalze ohne den vorgeschriebenen Versendungsschein oder ohne Bezeichnung als Auslandssendung ausgeführt wurden, der Verteilungsstelle anzuzeigen. (Vgl. RGBlatt 1910 S. 939/44.)

Über die Entstehung des Gesetzes über den Absatz von Kalisalzen vom 25. Mai 1910 siehe den Aufsatz von Radestock-Magdeburg in der Zollwarte 1911 Nr 9 und 10 und den Artikel: Die neuen Reichsabgaben des Kaligesetzes von Dr. Trautvetter, Kunckels Zeitschrift 1910 Nr. 5.

D. Die Branntweinbesteuerung.

§ 160.

Unter **Branntwein** versteht man die durch Destillation (Brennen) aus gegorenen Stoffen gewonnene alkoholische Flüssigkeit, die in der Regel aus einer Mischung von Wasser und Alkohol besteht. Die Erfindung der Destillation wird den Arabern zugeschrieben, die bereits um das Jahr 1100 n. Chr. den gebrannten Wein kennen. Im Abendland beginnt die Herstellung des Branntweins in größerem Umfange anscheinend im 14. Jahrhundert n. Chr. Zunächst wurde er als Arznei benutzt, besonders gegen die Pest und andere ansteckende Krankheiten. Aber schon gegen Ende des 15. Jahrhunderts ist der allgemeine Branntweingenuß nachweisbar. Versuche, durch Verbote gegen ihn einzuschreiten, scheiterten, und man ging bald dazu über, den Branntwein als Steuerquelle zu benutzen.

Bei den für die Branntweingewinnung benutzten Rohstoffen sind zu unterscheiden: a) die Rohstoffe, in denen Alkohol bereits vorhanden ist und dieser nur durch Abbrennen ausgeschieden wird. Hiefür kommt als derartiger Rohstoff hauptsächlich der **Wein** in Betracht; b) die Rohstoffe, in denen der Rohstoff Traubenzucker enthält, der zunächst durch Gärung in Alkohol umgesetzt wird. Hierzu gehört das Obst (namentlich Pflaumen und Kirschen), die Zuckerrüben und die Melasse; c) die Rohstoffe, in denen Stärkemehl enthalten ist, das, meistens unter Einwirkung von Malz, in eine gärungsfähige Zuckerart übergeführt wird. Hierher gehören die Kartoffeln, das Getreide, der Mais, Reis (mehlige Rohstoffe).

Demgemäß ist als Alkohol zu bezeichnen das Produkt der weingeistigen Gärung zuckerhaltiger Flüssigkeiten, indem sich der Alkohol aus dem Zucker bildet, der durch ein Ferment (Hefe) eine chemische Veränderung erleidet dahin, daß er durch die Diastase in Alkohol und Kohlensäure umgewandelt wird

Der Brennprozeß umfaßt sonach die Hefenbereitung aus Malz, die Einmaischung, die Gärung und das Abbrennen der Maische.

Über die Technik des Brennereibetriebs gibt das zwar schon etwas veraltete, aber doch noch sehr brauchbare Buch von Fr Geiger, Das bayerische Gesetz über den Branntweinaufschlag vom 25. Februar 1880 nebst den Vollzugsvorschriften mit erläuternden Anmerkungen und einer Einleitung: Die Technik des Brennereibetriebes mit mehreren Abbildungen, München 1881, E. Hubers Verlag, eingehenden Aufschluß.

§ 161.

Bei der Branntweinsteuer ist zu beachten, daß es sich um die Belastung eines Luxusverbrauches handelt. Je mehr dieser Gedanke zum Durchbruch kommt, desto allgemeiner wird nur der Trinkbranntwein mit einer Abgabe belegt, während der zu gewerblichen und auch zu Arzneizwecken bestimmte Branntwein steuerfrei zu lassen wäre. Mit dem finanziellen Zweck werden ferner in der Regel gesundheitspolizeiliche Absichten verbunden. Namentlich wird durch eine hohe Belastung die Bekämpfung der Branntweinpest, der Ausartung des Branntweingenusses zum Laster, angestrebt und es wird auch mit steuerlichen Maßnahmen der Reinigungszwang verknüpft. Ferner bedarf das große Interesse der Landwirtschaft an der Brennerei sorgfältiger Berücksichtigung. Die Notwendigkeit, geringeren Boden durch Kartoffelanbau auszunutzen und ein Erzeugnis herzustellen, das bei großer Entfernung vom Markte die hohen Beförderungskosten vermöge seines verhältnismäßig hohen Wertes und dabei eine längere Lagerung verträgt, verbunden mit der Gewinnung von Nebenerzeugnissen, die billiges Viehfutter und treffliche Düngemittel abgeben, zwingen bei der Branntweinbesteuerung zu einer besonderen Berücksichtigung der landwirtschaftlichen Interessen. So erscheint bereits in der preußischen Gesetzgebung vom Jahre 1824 eine Bevorzugung der landwirtschaftlichen Brennereien, die sich bis in die neueste Reichsgesetzgebung erhalten und noch weiter ausgestaltet hat. Endlich muß die Steuergesetzgebung auf die Wettbewerbsfähigkeit des Branntweins auf dem Weltmarkte Rücksicht nehmen. Hierbei ist man zu offenen oder versteckten Ausfuhrprämien übergegangen. Versteckte Prämien sind besonders bei Rohstoff- und Verarbeitungssteuern gebräuchlich und entstehen hierbei auch unbeabsichtigt, wie die Geschichte der deutschen Maischbottichsteuer nachweist, indem bei Annahme eines Normalausbeutesatzes für 1 hl Maischraum gut eingerichtete und gut geleitete Brennereien eine höhere Ausbeute erzielten und daher bei der Ausfuhr oder Denaturierung ihrer Branntweinerzeugnisse eine höhere Steuerrückvergütung erhielten, als sie selbst tatsächlich an Steuer entrichtet hatten.

Vgl. das Reichsbranntweinsteuergesetz vom 19. Juli 1879 wegen der Steuerfreiheit des zu gewerblichen Zwecken steuerfrei abzulassenden Branntweins, ferner den durch RGesetz vom 7. April 1889 wieder aufgehobenen § 4 RBranntwStG. vom 24. Juni 1887 (Reinigungszwang). Zur Information für die historische Entwickelung der deutschen Branntweinbesteuerung ist auf die interessanten Ausführungen des Professors A. Wagner in seinem Buche: Lehr- und Handbuch der politischen Ökonomie, Leipzig, Wintersche Buchhandlung, II. Halbland S. 695, und auf den Kommentar zum bayerischen Branntweinsteuergesetz von Geiger, München, Hubers Verlag, hinzuweisen.

Die Belastung des Branntweins geschieht meistens durch Zölle, innere Steuern und Lizenzen. Zwischen Zoll und Steuer besteht in der Regel eine Spannung, die den Schutz der inneren Erzeugung bezweckt. Bei jeder Erhöhung der inneren Steuer pflegt daher auch eine Änderung der Zollsätze einzutreten, wie dies auch bei der Zuckerbesteuerung bemerkt wurde. Die Steuer kann nach drei verschiedenen Gesichtspunkten ausgestaltet sein. Sie kann an die Rohstoffe, an den Verarbeitungsvorgang und an das fertige Erzeugnis geknüpft sein.

Wird sie nach dem Rohstoff erhoben, so sind folgende Hauptmöglichkeiten gegeben. Die Steuer wird erhoben und bemessen nach Maß oder Gewicht des Rohstoffes unter Berücksichtigung seiner Art (*Materialsteuer*) oder nach der Menge der Würze oder ihrem Zuckergehalt in reifem Zustand (*Würze- und Würzeertragsteuer*) oder es wird das zur Verwendung gelangende Malz besteuert (*Malzsteuer*). Die Rohstoffsteuern sind zwar in der Erhebung verhältnismäßig einfach, sie fördern auch vielfach die Entwicklung des Gewerbes durch Anreiz zur Verbesserung der Ausbeute, treffen aber in der Regel die Brennereien sehr ungleichmäßig, da sie auf die Brenngeräte keine Rücksicht nehmen.

Knüpft die Steuer an den Verarbeitungsvorgang an, so kann sie den Bottichraum oder die Brennvorrichtung zur Grundlage nehmen (*Maischbottichsteuer und Blasenzins*). Die Maischbottichsteuer läßt die Ausnutzung der Maische durch die Vollkommenheit der Brenngeräte außer Betracht, so daß sie vom Standpunkte einer gerechten Bemessung der Steuer sogar vom Blasenzins, wenn er die Leistungsfähigkeit der Brennvorrichtung berücksichtigt, übertroffen wird.

Die neuere Gesetzgebung ist meist zur Fabrikatsteuer übergegangen. Es wird das fertige Erzeugnis besteuert und zwar entweder beim Hersteller als Produktsteuer oder beim Übergang in den freien Verkehr als Verbrauchsabgabe.

Keine besondere Steuerart, sondern lediglich eine Form, in der die verschiedenen Steuerarten erhoben werden können, sind die Abfindungen (Pauschalierungssteuern).

Durch Monopolisierung kann der Branntwein in starker Weise zu den Staatseinkünften herangezogen werden. Doch ist das Monopol bei zersplittertem Brennereibetrieb, namentlich wenn er Nebenzweig der Landwirtschaft ist, nur schwer durchzuführen. Man unterscheidet Produktions-, Reinigungs- und Handelsmonopol, bei letzterem wieder Vollhandels-, Großhandels-, Zwischenhandels- und Kleinhandelsmonopol. Wird die ganze Branntweinerzeugung und der Vertrieb vom Staate in die Hand genommen, so ergibt sich das sog. Universalmonopol.

Die mit den einzelnen Systemen erreichte Belastung des Branntweins nach der Kopfzahl der Bevölkerung ist in den Kulturstaaten sehr verschieden. Die höchste Belastung erreichte, nach dem Durchschnitt der Jahre 1901 bis 1906 berechnet, England mit 8,30 Mark, die niedrigste Dänemark mit 1,37 Mark. Deutschland stand ziemlich am Schluß der Skala mit 2,38 Mark. Umgekehrt zeigte den höchsten Trinkverbrauch Dänemark mit 6,71 l, dem an dritter Stelle Deutschland mit 3,95 l folgte, während England nur 2,50 l und Norwegen nur 1,42 l aufzuweisen hatte. Im Verbrauch an Spiritus zu gewerblichen Zwecken marschierten die Schweiz und Deutschland mit 2,32 und 2,13 l an der Spitze.

Die stärkste Branntweinerzeugung haben Deutschland und Rußland. In beiden Ländern beträgt sie mit Schwankungen etwa 4 Millionen hl. In weitem Abstand folgen Frankreich und Nordamerika mit je etwa 2,7 bis 2,8 Millionen hl. Daran schließt sich Österreich mit etwa 1,6, England mit etwa 1,3, Ungarn mit etwa 1 Million hl. Die anderen Kulturstaaten haben eine weit geringere Erzeugung.

In Deutschland gab es 1907/8 7268 Brennereien, davon waren 6407 landwirtschaftliche, 204 Material- und 657 gewerbliche Betriebe. Landwirtschaftliche Genossenschaftsbrennereien bestanden 453. (Vgl. BRDrS. Nr. 153, 1908. Entwurf eines Gesetzes über den Zwischenhandel des Reiches mit Branntwein, Nr. 126 der DrS. 1908, samt Begründung und Anlagen; namentlich Anlage 17: Branntweinsteuergesetzgebung in einigen ausländischen Staaten.) Belgien hat Fabrikationssteuer, Frankreich besteuert den Branntwein mit einer Verbrauchsabgabe; Großbritannien hat die Fabrikatsteuer und eine Lizenzsteuer, Österreich-Ungarn hat eine Fabrikatsteuer bestehend in Konsumsteuer (Verbrauchsabgabe) und Produktionssteuer, Rußland hat das Branntweinmonopol, ebenso hat die Schweiz das volle Branntweinmonopol, Nordamerika hat die Fabrikatsteuer.

§ 162.

Geschichte der Branntweinbesteuerung.

Die Anfänge einer Branntweinbesteuerung zeigen sich in Deutschland im 16. Jahrhundert, bald in Form von Verkaufsabgaben, bald als örtliche Binnenzölle. Die ältesten Steuerordnungen finden sich 1523 in Österreich, 1542 in Bayern, 1575 in Brandenburg-Preußen. Als im dreißigjährigen Krieg der Branntweingenuß eine weite und allgemeine Bedeutung gewonnen hatte, wurde die Branntweinbesteuerung ein dauernder Bestandteil der deutschen Steuersysteme.

Für das Verständnis des geltenden Rechts ist namentlich die Entwicklung der neueren preußischen Gesetzgebung von Bedeutung. Sie beginnt, soweit sie auf das geltende Recht Einfluß geübt hat, mit dem Edikt vom 28. Oktober 1810. Dies enthielt als Besteuerungsform den Blasenzins, der in einer Schrotsteuer seine Korrektur fand. Der Blasenzins war nach den Rohstoffen abgestuft. Infolge der Klagen aus dem Brennereigewerbe trat bereits durch Edikt vom 7. September 1811 eine Änderung für die kleinen Städte und das flache Land ein, wo nur die Schrotsteuer zur Hebung gelangte. Nachdem durch Gesetz vom 8. Februar 1819 wiederum allgemein der Blasenzins eingeführt war, ging man 1820 für die Getreide und andere mehlige Stoffe verarbeitenden Betriebe zur Maischraumsteuer über, während für die anderen Betriebe die Materialsteuer vorgeschrieben wurde. Die Steuersätze wurden durch Kabinettsordre vom 10. Januar 1824, 16. Juni 1838 und Gesetz vom 19. April 1854 erhöht.

Als Preußen im Jahre 1833 zur Bildung des Zollvereins schritt, wurde zwar eine einheitliche Besteuerung des Branntweins für wünschenswert erachtet, dieses Ziel konnte aber zunächst nicht erreicht werden, weil die Branntweinsteuergesetzgebung in den einzelnen Staaten zu weit auseinander ging. Preußen ging deshalb schrittweise vor und schloß zunächst Verträge mit dem Königreich Sachsen (30. März 1833) und dem Thüringischen Zoll- und Handelsverein (11. Mai 1833), wodurch vom 1. Januar 1834 ab eine gleiche Besteuerung nach den preußischen Gesetzen und freier Verkehr zwischen diesen Staaten eingeführt wurde. Im Jahre 1841 trat das Fürstentum Lippe und das Herzogtum Braunschweig, 1851 das Königreich Hannover, 1852 das Großherzogtum Oldenburg der Branntweinsteuergemeinschaft bei. Die Verträge wurden am 4. April 1853 erneuert. Nachdem durch Verordnung vom 11. Mai 1867 die preußische Gesetzgebung in den von Preußen neuerworbenen Landesteilen eingeführt war, wurde durch Artikel 38 der Verfassung des Norddeutschen Bundes die Branntweinsteuer zu einer gemeinschaftlichen Angelegenheit des Bundes erklärt und durch Bundesgesetz vom 8. Juli 1868 die bisherige preußische Besteuerung des Branntweins auch in den Staaten des Norddeutschen Bundes eingeführt, in denen sie bis dahin noch nicht galt, während für die Hohenzollernschen Lande ein besonderes Bundesgesetz vom 4. Mai 1868 Anwendung fand, das durch Reichsgesetz vom 15. November 1874 abgeändert wurde. Im Reichsland Elsaß-Lothringen wurde durch Reichsgesetz vom 16. Mai 1873 die französische Gesetzgebung aufgehoben und das Bundes-(Reichs-)Gesetz vom 8. Juli 1868 in Kraft gesetzt, während Bayern, Württemberg und Baden gemäß Art. 35 Abs. 2 der Reichsverfassung ihre besondere Landesgesetzgebung behielten.

Um bei Verlegung der Zollgrenzen nicht jedesmal ein besonderes Reichsgesetz erlassen zu müssen, das die Branntweinsteuergesetze für die angeschlossenen Teile in Kraft setzt, wurde das Reichsgesetz vom 16. November 1874 (RGBlatt S. 134), betreffend die Besteuerung des Branntweins in Gebietsteilen, welche in die Zollgrenze eingeschlossen werden, erlassen. Nach diesem Gesetze trat das Gesetz vom 8. Juli 1868 ohne weiteres in anzuschließenden Gebieten in Kraft, sofern nicht in den betreffenden Gebieten die Besteuerung des inländischen Branntweins der Landesgesetzgebung vorbehalten war.

Das Gesetz vom 8. Juli 1868 kennt für die Branntweinsteuer zwei Steuerarten, die Maischbottichsteuer bei der Bereitung aus Getreide oder anderen mehligen Stoffen und die Materialsteuer bei der Bereitung aus nichtmehligen Stoffen. Für die Maischbottichsteuer war ein Normalsatz von 3 Silbergroschen für 20 preußische Quart (1,31 Mark für 1 hl Bottichraum) und ein ermäßigter Satz von $2\,{}^1/_2$ Silbergroschen in den landwirtschaftlichen Brennereien vorgesehen. Für die Materialsteuer bestanden zwei feste Sätze, nämlich erstens 4 Silbergroschen für 60 preußische Quart (1 preußisches Quart = 1,1450 l) bei Weintreber, Kernobst und Beerenfrüchten, und zweitens 8 Silbergroschen bei Trauben- und Obstwein, Weinhefen und Steinobst. Für andere Stoffe wurden besondere Ausbeutesätze von der Obersten Landesfinanzbehörde festgesetzt.

Der Steueranspruch richtete sich gegen den Hersteller, war fällig am letzten Tage des jeweiligen Betriebsmonats und war stundungsfähig. Nachzahlungen und Rückforderungen verjährten in einem Jahre.

Die Steuer konnte nach diesem Gesetze erlassen werden, wenn durch einen außerordentlichen Zufall a) eine unvermeidliche Unterbrechung des Betriebs entstand oder b) die Maische eines versteuerten unangebrochenen Bottichs gänzlich unbrauchbar geworden war. Die dadurch entstehende Unterbrechung des Betriebs war sofort anzuzeigen. Nach dem BRBeschlusse vom 21. Dezember 1873, § 618 der Protokolle, konnte ein Erlaß auch aus überwiegenden Gründen der Billigkeit gewährt werden. Bei der Ausfuhr wurde die Steuer vergütet.

Die Erhebungsform machte eine eingehende Überwachung der Betriebe, Anmeldung der Räume und Geräte, Vorschriften über Benutzung der Brennereien und Geräte, Revisionen durch Steuerbeamte erforderlich. Die Strafbestimmungen waren gegliedert in allgemeine und besondere. Die allgemeinen umfaßten die Hinterziehung in ihren verschiedenen Formen, die besonderen umfaßten die Ordnungswidrigkeiten, zählten hiervon acht besonders auf, während alle nicht besonders genannten mit einer Geldstrafe von 1—10 Reichstalern bedroht waren. Außerdem war die Vertretungsverbindlichkeit, das Zusammentreffen mehrerer Zuwiderhandlungen, die Bestechung, Widersetzlichkeit, Umwandlung von Geldstrafen, Strafverfahren und Verjährung geregelt.

Das Gesetz vom 8. Juli 1868 wurde vom 1. Oktober 1887 ab durch § 40 des RGesetzes vom 24. Juni 1887 auf das ganze Reichsgebiet ausgedehnt. Die Erhebung der Maischbottichsteuer wurde jedoch auf die landwirtschaftlichen Brennereien beschränkt, die Materialsteuer für die Rübenstoffbrennereien ausgeschlossen. Außerdem wurden durch RGesetz vom 7. Juli 1902 die Sätze der Maischbottich- wie der Materialsteuer neu abgestuft. In dieser Form galt das Gesetz bis zum 1. Oktober 1909.

Mit Einführung des RBranntwStG. vom 24. Juni 1887 hatten die Südstaaten Bayern, Württemberg und Baden ihr verfassungsmäßig zugestandenes Reservatrecht auf eigene Branntweinbesteuerung aufgegeben.

Das BranntwStG. von 1868 befriedigte sehr wenig, namentlich weil es die große Steuerfähigkeit des Branntweins in keiner Weise ausnutzte und auch den zu gewerblichen Zwecken bestimmten Branntwein zur Steuer heranzog. Das Steueraufkommen betrug 1872 nur 23465000 Mark und stieg bis 1886/7 nur auf 36 Millionen Mark. Es setzte daher eine starke Bewegung zugunsten der Einführung einer Spiritusfabrikatsteuer ein, die in einer Reihe von Petitionen an den Reichstag ihren Niederschlag fand. Zunächst kam es aber nur zu dem Gesetz betreffend die Steuerfreiheit des Branntweins zu gewerblichen Zwecken, vom 19. Juli 1879 (RGBlatt S. 259). Als nun im Jahre 1884 eine schwere Krise über die norddeutsche Brennerei hereinbrach, wurde die Frage der Branntweinbesteuerung auch vom volkswirtschaftlichen Standpunkt angeregt, bald aber auch nach der fiskalischen Seite hin aufs Neue in Angriff genommen. Denn während z. B. in Frankreich (1877) der Liter 50grädigen Branntweins mit 67 Pfennig belastet war, trug er in der norddeutschen Steuergemeinschaft nur 9 Pfennig. Die Regierung legte deshalb im Februar 1886 einen Monopolentwurf vor, der zunächst innerhalb wie außerhalb des Reichstags eine günstige Aufnahme fand, dann aber aus politischen Gründen abgelehnt wurde, weil jedes Monopol eine große Zahl von der Regierung abhängiger Personen schafft. Der Entwurf wollte die Herstellung des Rohbranntweins der privaten Tätigkeit überlassen, die Reinigung, Weiterverarbeitung und den Verkauf dem Staate übertrageu. Die Regierung hatte einen Reinertrag von 303 Millionen errechnet, von anderer Seite wurde die Berechnung angefochten und höchstens ein Betrag von 100 Millionen zugestanden.

Inzwischen waren vom Reichskanzler zwei neue Gesetzentwürfe vorgelegt und vom Bundesrat gebilligt worden, die eine Verbindung von Maischraum- und Fabrikatsteuer enthielten. Nach dem Hauptentwurf sollte eine Steuer von 1,20 Mark für 1 hl reinen Alkohol von dem Verkäufer entrichtet, daneben die Maischbottichsteuer von 1.31 Mark auf 1.20 Mark herabgesetzt werden. In dem Ersatzentwurf wurde die Verbrauchsabgabe dem Brenner auferlegt. Nachdem keiner der beiden Entwürfe die Zustimmung des Reichstags gefunden hatte, legten die verbündeten Regierungen im Jahre 1887 dem Reichstag einen neuen Gesetzentwurf vor, der in weitgehender Weise die Wünsche des Reichstags auf Schonung der kleinen und landwirtschaftlichen Brennereien berücksichtigte. Dieser Entwurf fand auch die Zustimmung des Reichstags, wurde am 24. Juni 1887 als Gesetz verkündet (RGBlatt S. 253) und durch Beitritt der süddeutschen Staaten vom 1. Oktober 1887 ab für das ganze Deutsche Reich in Kraft gesetzt. Zugleich traten die Gesetze vom 8. Juli 1868 und 19. Juli 1879 unter Abänderungen für das ganze Reichsgebiet in Kraft. (Vgl. BRDrS. Nr. 2, 1886 (Branntweinmonopol), ferner Gesetzentwurf über die Besteuerung des Branntweins nebst Eventualentwurf, Nr. 61 der BRDrS. 1886, sodann Gesetzentwurf betr. die Branntweinsteuer, Nr. 55 der BRDrS. S. 1887, § 363 der Protokolle.)

Hiermit war, wenn auch kein Abschluß, so doch eine Grundlage von großer Tragweite geschaffen.

Staatsrechtlich ist die Einführung der Einheitlichkeit der Branntweinbesteuerung im ganzen Deutschen Reiche, wodurch die Übergangsabgabe im wesentlichen fortfiel, von besonderer Bedeutung. Fiskalisch wurde eine einigermaßen angemessene Belastung des Branntweins erzielt, so daß der Reinertrag bereits 1888/89 über 99 Millionen betrug und nach Ablauf der Übergangszeit sich auf etwa 120 Millionen Mark jährlich erstellte. Sozialpolitisch wurde durch Verteuerung des Branntweins der Schnapspest gesteuert, zugleich aber durch Abstufung der Steuersätze den landwirtschaftlichen Brennern ein Schutz gegen die gewerblichen Großbetriebe und den kleinen und mittleren ein weiterer besonderer Schutz gewährt. Endlich wurde das bestehende Brennereigewerbe durch Einführung einer Kontingentierung unterstützt.

Es ist klar, daß die Berücksichtigung aller dieser Gesichtspunkte zu außerordentlich künstlichen und verschlungenen Bestimmungen führte, die auch trotz aller Vereinfachungen noch in dem jetzt geltenden Rechte zum Ausdruck kommen.

Zu den Branntweinsteuergesetzen wurden zunächst vorläufige Ausführungsbestimmungen erlassen, die im Jahre 1900 durch endgültige Vorschriften ersetzt wurden. Es sind dies die Grundbestimmungen, Brennerei-, Meßuhr-, Begleitschein-, Lager-, Reinigungs-, Alkoholermittelungs-, Befreiungsordnung und die Vorschriften über die Branntweinstatistik (RZBlatt 1900 Beilage zu Nr. 33). Im Jahre 1902 folgte die Kontingentierungsordnung (RZBlatt S. 334). Diese Ausführungsbestimmungen unterlagen zahlreichen Abänderungen, sind aber zum Teil noch für das jetzige Branntweinsteuergesetz in Kraft.

Nach Erlaß des Branntweinsteuergesetzes von 1887 stellte sich alsbald heraus, daß es wie die ganze Branntweinsteuergesetzgebung überhaupt in vielen Beziehungen der Änderungen bedurfte. Der Reinigungszwang, welcher aus gesundheitlichen Gründen beschlossen, vom Reichstag in das Gesetz eingefügt war und zum 1. Oktober 1889 in Kraft treten sollte, wurde durch Gesetz vom 7. April 1889 wieder aufgehoben, weil die erhofften sanitären Vorteile nur in geringerem Umfange zu erwarten waren und durch schwere wirtschaftliche Schädigungen, besonders der kleinen Brennereien weit überwogen wurden. Ferner erhoben sich bald Klagen der kleineren landwirtschaftlichen Brennereien, namentlich der süddeutschen Obstbrennereien über eine verhältnismäßig zu hohe Belastung, die auf Grund des Reichsgesetzes vom 8. Juni 1891 (RGBlatt S. 338) durch Änderung der Kontingentierung, Herabsetzung der Maischbottichsteuer für kleinere Brennereien und der Materialsteuer für Obst sowie Erhöhung des Zolles auf Liköre abgestellt wurden. Zur Regelung der Branntweinerzeugung und namentlich zur Verhinderung einer Überproduktion, die dauernd auf den Inlandspreis drückte und auf dem Weltmarkt infolge des durch Exportprämien geschützten russischen und österreichischen Branntweins nicht wettbewerbsfähig war, wurde durch Gesetz vom 16. Juni 1895 Art. II (RGBlatt S. 265) eine Brennsteuer für die größeren Brennereien in verschiedenen Abstufungen eingeführt, aus deren Ertrag eine besondere Branntweinsteuerausfuhrvergütung von 6 Mark für 1 hl gewährt wurde. Außerdem wurden die Kontingentierungsvorschriften neu geregelt, namentlich die Kontingentperiode auf 5 statt bisher 3 Jahre festgesetzt. Doch erwiesen sich die Bestimmungen bald wieder änderungsbedürftig. Es stellte sich insbesondere heraus, daß die Berechnung des Gesamtkontingents nach der Kopfzahl der Bevölkerung ungeeignet war, weil der Trinkverbrauch nicht mit der Bevölkerungsvermehrung Schritt hielt. Durch Gesetz vom 4. April 1898 (RGBlatt S. 159) wurde deshalb als Grundlage für das Gesamtkontingent nicht mehr die Bevölkerungszahl angenommen, sondern die in den verbrauchsabgabenpflichtigen Inlandverbrauch übergegangenen Branntweinmengen. Dies sollte zunächst bis zum Jahre 1903 gelten, wurde indes durch Gesetz vom 7. Juli 1902 (RGBlatt S. 243) unter Abänderungen einzelner Vorschriften aufrecht erhalten. Zugleich wurde durch dieses Gesetz die Brennsteuer nebst Ausfuhrvergütung, die nur bis zum 30. September 1901 gegolten hatte, wieder in Kraft gesetzt, wenn auch unter Abänderungen von Einzelheiten.

Um das Brennereigewerbe nicht durch fortgesetzte neue Vorschriften weiter zu beunruhigen, kam es hierbei zu einer Vereinbarung zwischen Regierung und Reichstag, das Gewerbe für etwa 10 Jahre von Neuerungen zu verschonen. Infolgedessen wurde die Branntweinsteuer bei der Reichsfinanzreform von 1906 nicht erhöht und lediglich durch Gesetz vom 8. April 1907 (RGBlatt S. 91) eine Kontingentierungsbestimmung abgeändert. (Vgl. BRDrS. Nr. 193 für 1890, § 295 der Protokolle, 1891; BRDrS. Nr. 28, 1895, § 377 der Protokolle; BRDrS. Nr. 132, § 234 der Protokolle; BRDrS. Nr. 74 § 8, Nr. 95 § 10, §§ 442, 492 der Protokolle; RTDrS. Nr. 509, 1905/6, § 129, § 259 der Protokolle.)

Der Rechtszustand in bezug auf die Branntweinbesteuerung in Deutschland war nunmehr der, daß das Branntweinsteuergesetz vom 24. Juni 1887 mit Änderungen durch Reichsgesetze vom 7. April 1889, 8. Juni 1891, 16. Juni 1895, 4. April 1898, 7. Juli 1902, 8. April 1907, daß ferner das Gesetz vom 8. Juli 1868 und das Gesetz vom 19. Juli 1879 in Geltung waren. Aller im Gebiet der Branntweinsteuergemeinschaft hergestellte Branntwein unterlag der Verbrauchsabgabe, die zum Vorzugsatze von 0.50 Mark für 1 l Alkohol für den Kontingentsbranntwein und zum Satze von 0.70 Mark für den darüber hinaus hergestellten Branntwein erhoben wurde. Außerdem war aus den landwirtschaftlichen Brennereien die Maischbottichsteuer in 4 Abstufungen zu entrichten (Normalsatz 1.31 Mark für 1 hl Raum), in Materialbrennereien, ausgenommen den Rübenstoffe verarbeitenden Betrieben, die Materialsteuer in 5 Stufen mit je 2 Vorzugsätzen, in allen anderen Brennereien ein Zuschlag zur Verbrauchsabgabe von 0.20 Mark für 1 l Alkohol mit zwei Vorzugsätzen. Den landwirtschaftlichen und Materialbrennern war es freigestellt, statt der Maischbottichsteuer den Zuschlag zur Verbrauchsabgabe zu zahlen, wofür 14 Abstufungen vorgesehen waren. Außerdem war eine Brennsteuer von allen Brennereien bei einer Jahreserzeugung über 200 hl zu entrichten. Der Normalsatz stieg je nach der Erzeugung in 10 Stufen von 2 bis 6.50 Mark, daneben bestanden ermäßigte und besondere Sätze.

Die zunehmende Finanznot des Reiches zwang dazu, bei der Reichfinanzreform des Jahres 1908/9 gleichwohl auf den Branntwein und die Branntweinbesteuerung zurückzugreifen. Der infolgedessen ausgearbeitete und dem Reichstag vorgelegte Entwurf (eines Gesetzes über den Zwischenhandel des Reiches mit Branntwein) wählte die Form des Zwischenhandelsmonopols. Er ging davon aus, daß das Brennereigewerbe seit 1887 eine bedeutende Umwälzung erfahren hatte und die Erzeugung und Reinigung, sowie der Branntweinhandel zu einer so einheitlichen Organisation zusammengefaßt worden war, daß man fast von einem Privatmonopol reden konnte (Spirituszentrale). Das Reich sollte an die Stelle der Zentrale für Spiritusverwertung treten. Weder die Herstellung noch den Vertrieb der Fabrikate im kleinen sollte das Reich übernehmen, vielmehr wäre seine Aufgabe darauf beschränkt, den Branntwein vom Brenner aufzukaufen, zu reinigen und mit einem entsprechenden Aufschlag weiter zu veräußern. Zugleich sollten die Überwachungsmaßnahmen erleichtert, die Kleinbrennereien und landwirtschaftlichen Betriebe geschützt werden. Als Reineinnahme war der Betrag von 220 Millionen Mark errechnet.

(Vgl. BRDrS. Nr. 216, 1907, Gesetzentwurf betreffend den Zwischenhandel des Reiches mit Branntwein, § 955 der Protokolle, 1908 Nr. 11 und 126 der BRDrS. und Nr. 153 der BRDrS. 1908, § 746. Annahme des Reichstags in veränderter Form, § 609 der Protokolle.)

§ 163.

Der Gedanke des Branntweinmonopols fand nicht den Beifall des Reichstages. Statt dessen wurde von der Reichstagskommission eine Vorlage ausgearbeitet, welche die bestehende Verbrauchsabgabe von 50 bzw. 70 Pfennig auf 1.05 bzw. 1.25 Mark erhöhte, die Maischbottichsteuer, die Materialsteuer und die Zuschläge abschaffte, die Brennsteuer durch die Betriebsauflage ersetzte und die Essigsäure mit einer besonderen Verbrauchsabgabe belastete. Im übrigen lehnten sich die Vorschriften an die bewährten Bestimmungen der bisherigen Gesetze an und sind zum Teil nur aus der geschichtlichen Entwicklung verständlich. Die Vorlage fand die Zustimmung der Regierung. Sie ist als Branntweinsteuergesetz am 15 Juli 1909 (RGBlatt S. 661) verkündet worden und hebt alle früheren Gesetze über die Besteuerung und Steuerfreiheit des Branntweins auf.

Über die Reformierung der Branntweinsteuer in Deutschland ist in Kürze noch folgendes anzumerken. Nach dem neuen Gesetzentwurfe betreffend den Zwischenhandel mit Branntwein durch das Reich (Handelsmonopol) sollte der Ankauf des erzeugten Branntweins, der Verkauf und im Zusammenhang damit die Branntweinreinigung sowie die Denaturierung (Vergällung) des Branntweins auf das Reich (Reichsbranntweinvertriebsamt) übertragen werden.

Die Herstellung des Branntweins dagegen, die weitere Verarbeitung und der Vertrieb des vom Reichsbranntweinvertriebsamte veräußerten Branntweins sollte der freien Gewerbetätigkeit überlassen bleiben. Der Brenner sollte einen Preis erhalten, der die Herstellungskosten deckt — bei freier Schlempe. Zuschläge und Abschläge des Preises je nach Betriebsumfang sollten eintreten. Die bisherige Kontingentierung sollte noch auf zehn Jahre in selber Höhe des Wertes der Kontingentscheine beibehalten bleiben und dann wegfallen. Die süddeutschen Brenner sollten nach Ablauf dieser 10 Jahre noch einen Zuschlag zum Ankaufspreise bekommen, da die süddeutschen Brenner teurer arbeiten als die norddeutschen. Kleinbrennereien sollten lediglich der Abfindung unterliegen. Der Branntweinverkaufspreis sollte so reguliert werden (vom Reich), daß sämtliche Verwaltungs- und Geschäftskosten gedeckt werden und der Reichskasse eine reine Isteinnahme von 220 Millionen Mark und nach 10 Jahren eine solche von 240 Millionen Mark zukomme. Die Maischbottichsteuer, die Verbrauchsabgabe, Brennsteuer und Materialsteuer sollten beseitigt werden, die Steuervergütungen und die Liebesgaben sollten fortfallen. Das Gesetz sollte am 1. Oktober 1909 in Kraft treten.

In der ersten Lesung dieses Gesetzentwurfs waren namentlich das Zentrum und die Freisinnigen gegen diese Monopolform, während die Konservativen und Freikonservativen sowie die Nationalliberalen sich nicht abgeneigt zeigten. Der Entwurf ging an die Kommission, die eine Unterkommission wählte. Von dieser wurde ein neuer Gesetzentwurf ausgearbeitet, der die Aufnahme einer Anleihe zu Entschädigungszwecken entbehrlich machte und den Reichszwischenhandel beseitigte, indem an Stelle aller der bisherigen Branntweinsteuern eine einheitliche Verbrauchsabgabe treten sollte. Am 23. März 1909 kam dieser Entwurf an die Hauptkommission zur Beratung. Obgleich die Reichsregierung noch an dem Monopolentwurf festhielt, kam es zur Krisis wegen der Kontingentsspannung, da die Konservativen beantragten, die bisherige Liebesgabe in Form von 20 Mark Unterschied zwischen Kontingentsteuer und sonstiger Steuer auf 5 Jahre beizubehalten, dann aber auf 15 Mark herabzusetzen. Die Abstimmung über die sog. Liebesgabe am 26. März 1909 nach dem Antrag des Grafen Schwerin, der die Liebesgabe in der Form von 20 Mark für den hl Kontingentspiritus verewigte, ergab eine Mehrheit. Am 27. Mai 1909 wurde in der zweiten Lesung der Hauptkommission die Verbrauchsabgabe vom Branntwein zu 1,05 bzw. 1,25 Mark festgesetzt und am 3. Juli 1909 erfolgte die zweite Plenarlesung, wobei die Liebesgabe angenommen wurde. Nach der dritten Lesung am 9. Juli 1909 wurde dieses Branntweinsteuergesetz mit der Verbrauchsabgabe und der Essigsäurebestimmung angenommen. Das RGesetz vom 15. Juli 1909 hat also beibehalten die Kontingentierung der Brennereien, die Liebesgabe, führte das Brennrecht ein mit dem Überbrand. Die Vergällungspflicht bezweckt die Denaturierung desjenigen Branntweins, der über den Durchschnittsbrand hergestellt wird. Eine Mäßigung der Produktion bezweckt die Betriebssteuer und der Aufschlag auf die gewerblichen Brennereien je nach dem Betriebsumfang. Das Erträgnis aus der Betriebsauflage und den Straffätzen für den Überbrand soll dazu dienen, unvollständig denaturierten Branntwein (für Zwecke der chemischen Industrie) und vollständig denaturierten Branntwein (Brennspiritus) zu prämiieren.

§ 164.

Die Bestimmungen des neuen Branntweinsteuergesetzes vom 15. Juli 1909 (RGBlatt 1909 S. 661), das mit 1. Oktober 1909 in Kraft getreten ist, sind kurz folgende: Die frühere Maischbottichsteuer und die frühere Materialsteuer sind beseitigt, ebenso wie der Zuschlag zur Verbrauchsabgabe; die Verbrauchsabgabe wurde von 50 bzw. 70 Pfennig auf 1,05 bzw. 1,25 Mark für den Liter Alkohol erhöht. Für den innerhalb des Kontingents hergestellten Branntwein beträgt die Verbrauchsabgabe nur 1,05 Mark (bisher 0,50 Mark) für 1 l. Für Branntwein, welchen Obstbrennereien und die ihnen gleichgestellten Brennereien (§ 12 BranntwStG. und § 7 BrennO.), sowie die Stoffbesitzer aus selbsterzeugtem Obst, Wein oder aus selbstgewonnenen Trestern, aus Beeren und Wurzeln herstellen, ist die Verbrauchsabgabe bei einer Jahreserzeugung von nicht mehr als 30 l Alkohol auf 0,84 Mark, ermäßigt (§ 2 des Gesetzes). An Stelle der Brennsteuer ist die Betriebsauflage getreten. Sie ist nach dem Betriebsumfang der Brennereien gestaffelt und verschieden hoch, je nachdem sie auf Branntwein ruht, der innerhalb oder außerhalb des sog. Durchschnittsbrandes hergestellt ist. Brennereien, von denen angenommen werden kann, daß sie unter besonders günstigen Betriebsverhältnissen arbeiten, sind auch für den innerhalb des Durchschnittsbrandes hergestellten Branntwein stärker belastet, sie müssen neben der allgemeinen noch eine besondere Betriebsauflage entrichten, z. B. die Melassebrennereien (§§ 42 ff. des Gesetzes). Für gewisse Brennereien ist die Betriebsauflage ermäßigt oder ganz erlassen (§§ 44, 45 des Gesetzes).

Die Höhe des Durchschnittsbrandes bemißt sich nach der durchschnittlichen Erzeugung früherer Jahre (§ 61 ff. des Gesetzes). Für das Betriebsjahr 1910 ist der sich hienach ergebende Durchschnittsbrand nach § 151 des Gesetzes um 14 % gekürzt.

Durch die höhere Belastung der außerhalb des Durchschnittsbrandes hergestellten Alkoholmenge, des sog. Überbrandes, soll die Errichtung neuer Brennereien und die Erweiterung der Branntweinherstellung in den bestehenden Brennereien erschwert und hintangehalten werden. Das gleiche Ziel wird mit der Einführung der Vergällungspflicht (Denaturierungspflicht) — § 72 des Gesetzes — verfolgt. Aus den Einnahmen der Betriebsauflage werden bei der Vergällung, soweit diese nicht zur Herstellung von Essig zu Genußzwecken erfolgt, sowie für die Ausfuhr von Branntwein Vergütungen in verschiedener Höhe gewährt (§ 54 des Gesetzes).

§ 165.

Das geltende Branntweinsteuerrecht nach dem Reichsgesetze vom 15. Juli 1909.

Das Branntweinsteuergesetz vom 15. Juli 1909 (RGBlatt S. 661) zerfällt in 9 Abschnitte mit zusammen 156 Paragraphen. Die Abschnitte führen die Überschriften: 1. Branntweinverbrauchsabgabe, 2. Kontingent, 3. Betriebsauflage, 4. Durchschnittsbrand, 5. Überwachung der Branntweinerzeugung, 6. Besondere Vorschriften, 7. Strafvorschriften, 8. Übergangsvorschriften, 9. Schlußvorschriften.

Die Ausführungsbestimmungen sind in 14 Teilen (Bändchen verschieden starken Umfangs) veröffentlicht.

Der erste Teil der AusfBest. trägt den Titel: Die Branntweinsteuergrundbestimmungen, und ist am 9. September 1909 neu verkündet worden (RZBlatt S. 946 ff.). Der zweite Teil, die Brennereiordnung, ist ebenfalls am 9. September 1909 (RZBlatt S. 969 ff.) neu herausgegeben, hat aber die Muster und Anlagen der alten BrennO. zum Teil beibehalten, so daß auf diese zurückgegriffen werden muß. Als dritter Teil ist die Meßuhrordnung am 28. November 1909 (RZBlatt S. 1412 ff.) bekannt gemacht worden. Den vierten Teil bildet die Branntweinbegleitscheinordnung, die zu den alten Gesetzen am 28. Juni 1900 beschlossen, in der Beilage zu Nr. 33 RZBlatt 1900 S. 289* bekannt gemacht und am 9. September 1909 (RZBlatt S. 1283) in einzelnen Punkten abgeändert worden ist. Die Branntweinlagerordnung, der fünfte Teil der Ausführungsbestimmungen, ist ebenfalls am 28. Juni 1900 vom Bundesrat beschlossen und in der Beilage zu Nr. 33 RZBlatt 1900 S. 317* verkündet worden. Sie hat in den Jahren 1902, 1906 und 1907 Änderungen erfahren (RZBlatt 1902 S. 324, 1906 S. 948, 1907 S. 354, 604) und ist für das neue Gesetz ergänzt und geändert worden gemäß der Bekanntmachung vom 9. September 1909 (RZBlatt S. 1284). Der sechste Teil der Ausführungsbestimmungen ist die Branntweinreinigungsordnung vom 28. Juni 1900 mit den Änderungen und Ergänzungen von 1907 und 1909 (RZBlatt 1909, Beilage zu Nr. 33 S. 349*, 1907 S. 354, 1909 S. 1286; s. auch pr. ZBl. 1909 S. 391). Den siebenten Teil bildet die Alkoholermittelungsordnung vom 28. Juni 1900 mit den Änderungen von 1902 und 1909 (RZBlatt 1900, Beilage zu Nr. 33 S. 377*, 1902 S. 324, 1909 S. 1288). Als achter Teil ist die Befreiungsordnung am 9. September 1909 neu herausgegeben (RZBlatt 1909 S. 1091). Die Bestimmungen über die Branntweinstatistik sind durch BRBeschluß vom 20. Oktober 1910 (RZBlatt S. 549) neu erlassen. Die den zehnten Teil bildende Kontingentierungsordnung ist noch nicht erschienen, da die nächste Neukontingentierung erst im Betriebsjahr 1917/18 vorzunehmen ist. Die bisherige Kontingentierungsordnung stammt vom Jahre 1902 und erfuhr im Jahre 1907 einige Änderungen (RZBlatt 1902 S. 334, 1907 S. 355). Einige Berichtigungen zu den vorgenannten Ausführungsbestimmungen sind im RZBlatt 1910 S. 25 enthalten.

Am 9. September 1909 sind außerdem verkündet worden die Essigsäureordnung, die Branntweinnachsteuerordnung und die Essigsäurenachsteuerordnung (RZBlatt 1909 S. 1173, 1255, 1269). Die Ausführungsanweisung für die Festsetzung des Durchschnittsbrandes ist am 6. September 1909 erlassen und am 7. März 1910 ergänzt worden (RZBlatt 1909 S. 929, 1910 S. 68). Bestimmungen über den Kleinhandel mit vergälltem Branntwein sind am 18. März 1910 erlassen worden (RZBlatt 1910 S. 91).

Im pr. ZBl. für Abgaben usw. ist das neue Branntweinsteuergesetz vom 15. Juli 1909 in Beilage zu Nr. 17 erschienen (1909) und die Ausführungsbestimmungen sind veröffentlicht 1909 S. 330, die Ausführungsverfügung hiezu S. 341. Wegen der Vergütungen der Sachverständigen für die Veranlagung zum Durchschnittsbrand s. pr. ZBl. 1909 S. 375, 1910 S. 6. Über die Veranlagung zum Durchschnittsbrand s. pr. ZBl. 1910 S. 14, 518. Hinsichtlich der Steuerfreiheit des Branntweins zu wissenschaftlichen Lehrzwecken s. pr. ZBl. 1910 S. 198, 399.

§ 166.

Die Verbrauchsabgabe nach dem Branntweinsteuergesetz vom 15. Juli 1909.

Das neue Branntweinsteuergesetz kennt nur mehr eine Art Steuer, die Verbrauchsabgabe. Die Betriebsauflage ist nicht als Steuer, sondern als ein Zwangsbeitrag zur Förderung des Brennereigewerbes gedacht. Es ist deshalb für sie der Ausdruck Steuer oder Abgabe absichtlich vermieden. Die Übergangsabgabe spielt seit dem Eintritt der süddeutschen Staaten in die Branntweinsteuergemeinschaft keine bedeutende Rolle mehr, besteht nur mehr hinsichtlich des Zollanschlusses Luxemburg.

Die Verbrauchsabgabe ist Fabrikatsteuer. Sie trifft das fertig hergestellte Erzeugnis. Sie wird aber nicht von dem Hersteller erhoben, sondern beim Eintritt des Branntweins in den freien Verkehr des Inlands, sie ist also nicht als Produktsteuer, sondern als Konsumsteuer ausgestaltet. Der Branntwein bleibt daher zunächst unter amtlicher Bewachung; Branntwein, der hierbei durch Schwund untergeht, bleibt überhaupt, wenn er durch elementare Ereignisse, unverschuldete Vorgänge oder sonst vernichtet oder unbrauchbar wird, aus Billigkeitsgründen steuerfrei.

Die Verbrauchsabgabe ist innere Steuer. Sie trifft daher nur das im Inland hergestellte, nicht das eingeführte Spriterzeugnis. Inland ist nach dem § 1 GrundBest. das deutsche Zollgebiet mit Ausnahme des Großherzogtums Luxemburg. Branntwein, der ausgeführt wird, bleibt von der Steuer befreit. Für Trinkbranntweine und Fabrikate, bei deren Herstellung Branntwein verwendet ist, wird die Steuer bei der Ausfuhr vergütet.

Die Verbrauchsabgabe soll im wesentlichen den Luxusverbrauch, also den Trinkgenuß treffen. Von der Steuer befreit bleibt daher jener Branntwein, der zu gewerblichen Zwecken einschließlich der Essigbereitung, zu Putz-, Heizungs-, Koch- oder Beleuchtungszwecken verwendet wird. Auch zu medizinischen und wissenschaftlichen Lehrzwecken ist in gewissem Umfange vom Bundesrat Steuerfreiheit gewährt.

Der Steueranspruch des Staates richtet sich gegen den, der den Branntwein zur freien Verfügung erhält. Zur Sicherung ist der Branntwein dinglich haftbar und kann in Ausübung dieses konkursrechtlichen Absonderungsrechtes mit Beschlag belegt oder zurückbehalten werden. Der Steueranspruch ist der Verjährung unterworfen, — ein Jahr, bei Hinterziehung drei Jahre. Stundung ist auf drei Monate, mit Sicherheitsleistung auf sechs Monate zulässig.

Die Verbrauchsabgabe wird nach Liter Alkohol in drei Sätzen berechnet. Der Höchstsatz beträgt 1.25 Mark. Ein Vorzugsatz von 1.05 Mark ist für den innerhalb der zugebilligten Kontingente hergestellten Branntwein zu entrichten. Ein ermäßigter Satz von 0.84 Mark gilt für Obstbrennereien und sog. Stoffbesitzer bei einer Jahreserzeugung von nicht mehr als 30 Liter Alkohol. Stoffbesitzer sind Besitzer von Obst, Obst- und Traubenmost, Obst- und Traubenwein oder Rückständen der eigenen Obstverarbeitung, Most- oder Weinbereitung, sowie von Beeren und Wurzeln, die keine eigene Brennvorrichtung besitzen und deshalb die Stoffe auf einer fremden Brennvorrichtung verarbeiten.

Die Verbrauchsabgabe fließt in die Reichskasse. Die Einzelstaaten erhalten für die Erhebung und Verwaltung eine Vergütung von 8 v. H., wovon $5\,^1/_3$ für die Überwachung der Betriebsanstalten, $2\,^2/_3$ für die Erhebung gewährt werden (GrundBest. § 81).

Jede Fabrikatsteuer setzt voraus, daß die Erzeugung amtlich überwacht wird. Hierzu sind die erforderlichen Vorschriften im fünften Abschnitt des Gesetzes gegeben. Ist sie außerdem als Verbrauchsabgabe ausgestaltet, so erfordert sie ferner eine Überwachung des fertigen Erzeugnisses bis zum Eintritt in den freien Verkehr. Der unter amtlicher Überwachung stehende Branntwein kann versendet werden. Dies geschieht in dem dem Zollverkehr nachgebildeten Begleitscheinverfahren unter Anlage eines amtlichen Verschlusses an die Versandgefäße und ist in der Begleitscheinordnung eingehend geregelt. Der Branntwein kann auf Lager genommen werden, die amtlich verschlossen und bei Öffnung überwacht werden. Der Branntwein kann auf dem Lager umgefüllt und zu Fabrikaten verarbeitet werden. Auch kann er durch Umbuchung einem anderen Steuersatze unterstellt werden. Das nähere hierüber enthält die Branntweinlagerordnung. Endlich kann der Branntwein in besonderen Anstalten gereinigt werden. Je nach der Art der Überwachung werden unterschieden: Reinigungsanstalten, 1. in denen der Branntwein unter dauerndem Steuerverschluß steht, 2. die selbst unter ständiger amtlicher Bewachung stehen, 3. in denen weder der Branntwein unter Steuerverschluß steht, noch eine amtliche Bewachung stattfindet. Letzteres ist nur zulässig bei Anstalten, die bereits vor dem 1. Oktober 1900 in dieser Form bestanden haben. Das einzelne ist in der Branntweinreinigungsordnung zu vergleichen.

Die Überwachung ist dem Grundsatze nach gebührenfrei; wenn jedoch eine Überwachung zu außergewöhnlichen Zeiten, an außergewöhnlichen Orten, durch Verschulden oder auf besondere Vergünstigung stattfindet, sind Gebühren zu erheben (GrundBest. §§ 69—79).

Die Steuerbefreiung für gewerbliche, medizinische, wissenschaftliche usw. Zwecke erfordert eine Reihe von Überwachungs- und Kontrollmaßregeln. Diese bestehen in Vergällung (Denaturierung) oder im Verwendungsnachweis. Die Vergällung ist entweder eine vollständige d. h. eine solche, die an sich als genügend erachtet wird, den Branntwein zum Trinkgebrauch unverwendbar zu machen, oder eine unvollständige, d. h. eine solche, neben der weitere Maßnahmen zur Verhütung der mißbräuchlichen Verwendung des Branntweins zu treffen sind. Das allgemeine Vergällungsmittel besteht aus einem Gemisch von vier Raumteilen Holzgeist und einem Raumteil Pyridinbasen. Die besonderen Vergällungsmittel sind je nach dem Verwendungszweck verschieden. Die Befreiung ohne Vergällung unter Nachweis der Verwendung ist für Kranken-,

Entbindungs- und ähnliche Anstalten, für öffentliche wissenschaftliche Lehranstalten, für militärtechnische Anstalten und Pulver- und Knallquecksilberfabriken zulässig. Die Einzelheiten sind in der Befreiungsordnung Abschnitt I enthalten.

Die Berücksichtigung der landwirtschaftlichen Interessen im Branntweinsteuergesetz machte eine genaue Festlegung der einzelnen Klassen der Brennereien erforderlich. Zu unterscheiden sind landwirtschaftliche, Obstbrennereien, Brennereien, die den Obstbrennereien gleichstellt sind, gewerbliche Brennereien und Kleinbrennereien. Die Begriffe sind im Gesetz und der Brennereiordnung (§§ 2, 4—8a) bestimmt. Nach Art der Feststellung des steuerpflichtigen Branntweins werden die Brennereien in Verschlußbrennereien und Abfindungsbrennereien eingeteilt. Die Abfindung hat entweder die Form der Abfindung auf einen bestimmten Abgabenbetrag oder die auf die Mindestmenge. Im ersteren Falle wird sie entweder nach dem Bottichraum oder nach der Leistungsfähigkeit der Brennvorrichtung oder nach der Stoffmenge berechnet (BrennO. Buch 2 §§ 215—341).

§ 167.

Das Kontingent.

Unter Gesamtkontingent versteht man die zum niedrigeren Verbrauchsabgabensatze zugelassene Jahresmenge Alkohol. Das Kontingent wird alle zehn Jahre neu ermittelt und festgesetzt. Die Grundlage hiefür bildet die Menge, die innerhalb der letzten drei Jahre in den verbrauchsabgabenpflichtigen Inlandsverbrauch übergegangen ist. Bei der Verteilung des Kontingents werden Bayern, Württemberg, Baden und Hohenzollern vorzugsweise berücksichtigt, eine Vorschrift, die sich als Reservatrecht darstellt und daher nur mit Zustimmung der süddeutschen Staaten geändert werden kann.

Das nach den Vorschriften des alten Gesetzes im Betriebsjahre 1907 8 festgesetzte Gesamtkontingent bleibt bis zum 30. September 1918 in Geltung. Der Bundesrat ist befugt, das Gesamtkontingent herunterzusetzen, wenn die Kontingentsmenge die verbrauchsabgabenpflichtige Menge in einem Betriebsjahre überstiegen hat.

Das Kontingent ist kein Zwangskontingent; es ist also nicht verboten, mehr als die Kontingentsmenge Branntwein herzustellen. Es ist lediglich ein Vorzugskontingent. Es bezweckt, den Kontingentsbranntwein um den Steuerunterschied von 20 Mark im Preise höher zu halten als den außerhalb des Kontingents erzeugten, und dieser Zweck ist auch bisher im wesentlichen erreicht worden (die sog. Liebesgabe).

Das Gesamtkontingent wird auf die einzelnen Brennereien verteilt, sie erhalten ein Einzelkontingent. Es ist dies die Jahresmenge, die von der einzelnen Brennerei zu dem niedrigeren Abgabensatze hergestellt werden darf. Bei der Festsetzung der Einzelkontingente findet in weitem Umfange eine Bevorzugung der bestehenden Brennereien und der neu entstandenen landwirtschaftlichen Betriebe statt. Bestehende Brennereien behalten im allgemeinen das ihnen einmal zugebilligte Kontingent, eine Erhöhung oder Minderung ist nur in bestimmten Fällen zulässig. Jedoch werden alle Einzelkontingente, die mehr als 100000 l betragen, vom 1. Oktober 1913 ab um ein Zwanzigstel, bei älteren landwirtschaftlichen Genossenschaftsbrennereien um ein Vierzigstel gekürzt (§ 149 des Gesetzes).

Neu entstandene Brennereien erhalten nur dann ein Kontingent, wenn sie landwirtschaftliche sind. Gewerbliche Neuanlagen sind also grundsätzlich von der Kontingentierung ausgeschlossen. Landwirtschaftliche Kleinbrennereien und kleine Obstbrennereien, die nicht mehr als 10 hl Alkohol in einem Betriebsjahr erzeugen, erhalten kein besonderes Kontingent, sondern dürfen ohne weiteres ihr Erzeugnis zum niedrigeren Abgabensatze herstellen. Obstbrennereien haben noch weitergehende besondere Rechte (§§ 32, 40 des Gesetzes).

Die Wirkung des Einzelkontingents besteht hauptsächlich in der Anwendung des niedrigeren Abgabensatzes, außerdem aber darin, daß der Durchschnittsbrand in Höhe des Kontingents festgesetzt werden muß, und daß der innerhalb des Kontingents erzeugte Branntwein von der Vergällungspflicht befreit ist.

Die Ausnutzung des Kontingents kann vom Brenner auch in der Weise vorgenommen werden, daß er den Branntwein zum höheren Satze abfertigen läßt und entweder sich über den Unterschiedsbetrag Kontingentscheine ausstellen oder den Kontingentswert auf die Betriebsauflage anrechnen läßt. Die Kontingentscheine sind Steuergeld mit beschränkter Zahlungskraft. Sie können nur zur Begleichung von Verbrauchsabgabe oder Betriebsauflage, nicht von anderen Steuerschulden benutzt werden. Sie sind Inhaberpapiere. Ihre Zahlungskraft läuft ein Jahr vom Beginne des auf die Ausfertigung folgenden Monats ab gerechnet (BrennO. §§ 153—160a).

(Vgl. pr. ZBlatt 1910 S. 95, Auslegung der Kontingentierungsvorschriften.)

Über die sog. Liebesgabe, d. h. die Spannung zwischen dem Kontingentssteuersatze und dem Steuersatze für nichtkontingentierten Branntwein, die bei einem durchschnittlichen Verbrauch von 200 Millionen Liter Trinkbranntwein rund 40 Millionen Mark betragen sollte (1 l Alkohol = 20 Pfennig), ist schon viel debattiert und geschrieben worden. Das Kontingent, dessen anderweitige Regelung nach dem Regierungsentwurf diese Liebesgabe nach 10 Jahren beseitigt hätte, ist nach dem Branntweinsteuergesetz vom 15. Juli 1909 nunmehr wieder auf Jahre hinaus beibehalten und zwar mit dem Wert von 20 Pfennig für den Liter Alkohol (Kommissionsabstimmung am 26. März 1909, Blockkrisis, Antrag des Grafen Schwerin). Durch diese Kontingentspannung von 20 Pfennig für 1 l Alkohol hat das Kontingent den entsprechenden Geldwert, also beispielsweise ein Kontingent von 100 000 l Alkohol hat einen Geldwert von 20 000 Mark. Da infolge des Rückgangs im Branntweinverbrauch auch das Kontingent herabgesetzt werden mußte, so beträgt die Liebesgabe nur mehr 36 ½ Millionen Mark, wie aus der statistischen Nachweisung des Kais. Statistischen Amtes hervorgeht.

Es ergab nämlich die Branntweinverbrauchsabgabe im Jahre 1909/10 160 ½ Millionen Mark, hievon gingen ab 2.9 Millionen Mark Vergütungen und 36 ½ Millionen Mark an angerechneten Kontingentscheinen und aufgerechneten Kontingentwerten (vgl. §§ 153 bis 160a BrennO.). In der Sitzung des Bundesrats vom 10. November 1910 wurde das Gesamtkontingent der Brennereien für die Kampagne 1910/11 auf 1 757 840 hl Alkohol festgesetzt, wovon auf Bayern 126 229 hl, auf Württemberg 44 492 hl, auf Baden 38 785 hl, auf die Hohenzollernschen Lande 1320 hl und auf die norddeutsche Branntweinsteuergenossenschaft 1 546 958 hl Alkohol kommen. Hievon treffen 13 510 hl auf die Obstbrennereien und die diesen gleichgestellten Brennereien, denen ein besonderes Kontingent nicht zugewiesen ist. Die Höhe des Durchschnittsbrandes ist nach BRBeschluß vom 10. November 1910 — § 1080 der Protokolle — vom allgemeinen Durchschnittsbrand um 14 % gekürzt worden.

Über das Kontingent, Aufhebung, Herabsetzung und Beibehaltung der sog. Liebesgabe ist im Reichstag verhandelt worden in der 163. bis 170. Sitzung 1908/9, Bd. 233 der Verhandlungen, in der 236. und 237. Sitzung, ferner in der 274. und 279. Sitzung 1909.

In seinem Referat über die deutsche Branntweinsteuergesetzgebung von 1887 hat G. Schubert (Finanzarchiv XIV, II) bereits festgestellt, daß durch die Zuteilung des Kontingents der Brenner das Recht hat, die in dem Kontingent ausgedrückte Menge Branntwein zum niedrigeren Verbrauchsabgabensatze herstellen bzw. in freien Verkehr d. h. in den Konsum bringen zu dürfen. Um nun die Schädigungen zu vermeiden, die daraus entstünden, wenn der Brenner erst nach Erschöpfung seines Kontingents Branntwein zu höheren Sätzen abfertigen lassen könnte, wurde zu § 11 des Gesetzes von 1887 gleich in den ersten Ausführungsbestimmungen angeordnet, daß die Abfertigung zum höheren Abgabensatze zu erfolgen habe, wenn der Brennereibesitzer dies beantrage. Mit der Einführung der Berechtigungsscheine und der Kontingentscheine ist die Kontingentierung zur vollen Wirkung gelangt und die Zuweisung eines Kontingents an eine Brennerei hatte damit die Natur einer fortlaufenden Unterstützung mit realrechtartigem Charakter angenommen, da die Preise des Branntweins im freien Verkehr sich nach dem höheren Verbrauchsabgabensatze regulieren.

§ 168.

Die Betriebsauflage.

Die Betriebsauflage ist an die Stelle der 1895 geschaffenen, 1902 erneuerten Brennsteuer getreten. Sie stellt einen Zwangsbeitrag zur

Förderung des Brennereigewerbes, keine Steuer dar. Die Einnahmen werden daher getrennt verwaltet und für Vergütungen bei der Ausfuhr oder Vergällung verwendet. Ein etwaiger Überschuß kann bis zur Höhe von 40 Millionen Mark angesammelt werden.

Der Anspruch richtet sich gegen den Brennereibesitzer, er wird mit amtlicher Feststellung des Branntweins fällig, verjährt in einem Jahre, bei Hinterziehung in drei Jahren und kann nicht gestundet werden.

Der Zweck: Förderung des Brennereigewerbes wird zunächst durch Abstufung der Sätze zu erreichen gesucht. Kleinbrennereien, die vor dem 1. Oktober 1908 betriebsfähig hergerichtet waren, sind von der Auflage befreit, ebenso Stoffbesitzer bis zu einer Jahreserzeugung von 30 l Alkohol. Mittelbrennereien genießen eine Ermäßigung des Normalsatzes je nach Umfang ihrer Erzeugung auf ein Zehntel bis acht Zehntel. Die Normalsätze selbst sind abgestuft je nach Größe des Betriebs zwischen 4 und 14 Mark in 20 Einzelstufen. Damit ist dem Gesichtspunkt der Schonung der schwachen Schultern Rechnung getragen. Ein weiterer Gesichtspunkt besteht in der besonderen Belastung der Hefenbrenner, der gewerblichen Brenner und der Rübenstoffbrenner. Ferner wird bezweckt, einer Überproduktion vorzubeugen durch besondere Belastung des Überbrandes, d. i. des außerhalb des Durchschnittsbrandes hergestellten Branntweins.

Die Einnahme wird verwendet zur Zahlung von Vergütungen. Diese werden gewährt ohne Rücksicht, ob und welchen Auflagesätzen der Branntwein unterlegen hat. Sie verfolgen den Zweck, die Ausfuhr und die Verwendung zu gewerblichen Zwecken zu fördern. In ersterer Hinsicht stellen sie sich als Exportprämien dar und können zu Kampfzwecken besonders ausgestaltet werden, in letzterer Hinsicht bilden sie einen Anreiz, Branntwein zu gewerblichen Zwecken zu verwenden, da er nicht nur frei von der Verbrauchsabgabe ist, sondern noch besonders prämiiert wird.

Die Höhe der Vergütung beträgt 9 Mark, bei Ausfuhr oder vollständiger Vergällung 18 Mark für 1 hl Alkohol. Für die Bereitung von Speiseessig wird keine Vergütung der Betriebsauflage gewährt, weil der Speiseessig durch die Essigsäureverbrauchsabgabe besonders geschützt ist.

Die Form der Vergütungszahlung besteht in der Ausstellung von Vergütungsscheinen. Diese sind Steuergeld mit beschränkter Umlaufzeit (1 Jahr). Sie sind Inhaberpapiere. Sie werden auf Verbrauchsabgabe oder Betriebsauflage angerechnet und in der zweiten Hälfte des Gültigkeitsjahres bar ausbezahlt. Das Nähere vergleiche in der BefrO.

Über die Branntweinbetriebsauflagesätze haben die Beilagen A und B zur Fachbeilage Nr. 8 und 9 (1909) der „Mitteilungen des Bayer Zollbeamtenvereins" zwei übersichtliche Zusammenstellungen gebracht, worauf hier verwiesen wird. Ferner ist hier Bezug zu nehmen auf das von Modersohn und Kollibay verfaßte Büchlein: Verzeichnisse der Betriebsauflagesätze und Branntweinsteuerrechentafeln, Hildesheim, A. Lax.

§ 169.

Durchschnittsbrand und Vergällungspflicht.

Die Feststellung des Durchschnittsbrandes ist eine von dem Gesetze von 1909 eingeführte Neuerung. Dem Grundgedanken nach soll sie diejenige Branntweinmenge darstellen, die dem Betriebsumfange der Brennerei entspricht, die also bei bestehenden Brennereien ihrer Erzeugung in früheren Jahren, bei neu entstandenen Brennereien der Erzeugung gleichartiger Brennereien gleichkommt. Während das Kontingent nur den Trinkverbrauch berücksichtigt, richtet sich der Durchschnittsbrand nach der gesamten Erzeugung von Branntwein, also sowohl nach dem Trinkbranntwein wie nach dem gewerblichen Branntwein. Man unterscheidet allgemeinen und besonderen Durchschnittsbrand. Der allgemeine Durchschnittsbrand wird, im Gegensatz zum Kontingent, ein- für allemal und dauernd festgesetzt. Der Bundesrat kann aber für jedes einzelne Betriebsjahr den Durchschnittsbrand erhöhen oder kürzen (besonderer Durchschnittsbrand).

Der Zweck des Durchschnittsbrandes besteht einerseits in der Verhinderung der Überproduktion, was dadurch zu erreichen gesucht wird, daß neu errichtete gewerbliche Brennereien keinen Durchschnittsbrand erhalten und daß für den Überbrand eine besondere Betriebsauflage entrichtet werden muß, andererseits in der Förderung der gewerblichen Verwendung des Branntweins, was durch die Einführung der Vergällungspflicht für bestimmte Mengen erstrebt wird.

Für die Höhe des Durchschnittsbrandes sind die älteren und die neuerrichteten, die landwirtschaftlichen sowie Obstbrennereien und die gewerblichen Brennereien zu unterscheiden. Stichtag für die Frage, ob eine Brennerei bei Erteilung des Durchschnittsbrandes berücksichtigt wird, ist der 1. Oktober 1907, bei gewerblichen Betrieben der 1. Oktober 1908. Später betriebsfähig hergerichtete oder in Betrieb genommene gewerbliche Brennereien haben keinen Anteil am Durchschnittsbrand, sofern er ihnen nicht vom Bundesrat aus Billigkeitsgründen gewährt wird. Landwirtschaftliche und Obstbrennereien erhalten bei der nächsten Kontingentierung (im Jahre 1918) einen Durchschnittsbrand in Höhe des Kontingents. Bei gewerblichen Betrieben wird der Durchschnittsbrand um 10 v. H. unter der tatsächlich durchschnittlich erzeugten Jahresmenge festgesetzt, bei landwirtschaftlichen findet diese Minderung nicht statt, vielmehr eine Erhöhung, falls die Brennereien an den von der Spirituszentrale 1902/3 und 1906/7 angeordneten Betriebseinschränkungen teilgenommen haben. Das Nähere enthält die Ausführungsanweisung vom 6. September 1909.

Die Vergällungspflicht trifft grundsätzlich bei Hefewürzebrennereien die Erzeugung, die über 35 Hundertteile des Durchschnittsbrandes hinausgeht, bei den übrigen Betrieben die Erzeugung, die über 70 Hundertteile hinausgeht. Befreit von der Vergällungspflicht bleibt jedoch der Kontingentsbranntwein, der aus kleineren und mittleren Betrieben bis zu 100 hl Alkohol stammende Branntwein, der Obstbranntwein und der Getreidebranntwein, wenn in der Brennerei keine Hefe nach dem Würzeverfahreu hergestellt wird.

Die Vergällungspflicht wird erfüllt in der Regel durch vollständige Vergällung, in besonderen Fällen durch Ausfuhr oder Nachweis, daß eine vergällungsfreie Menge vollständig vergällt oder ausgeführt ist. Zum Zwecke dieses Nachweises werden Vergällungsscheine ausgestellt oder auf Antrag Abschreibungen in dem Ausgleichsbuch vorgenommen (BefrO. §§ 84 bis 110).

Der Durchschnittsbrand ist für die Betriebsjahre 1909/10 und 1910/11 um 14 Hundertteile vom Bundesrat gekürzt worden (§ 151 BranntwStG.).

Die Gesamterzeugung an Branntwein betrug in der Kampagne 1909/10 3641890 hl Alkohol gegen 4255121 hl Alkohol im Vorjahre. Hievon trafen auf die Kartoffelbrennereien 2921901 hl Alkohol (3392729 hl im Vorjahre).

§ 170.

Überwachung der Branntweinherstellung.

Die Überwachung der Branntweingewinnung setzt bereits ein bei der Herstellung und dem Handel mit Brenngeräten. Hauptsächlich umfaßt sie aber die Brennereien von ihrer Errichtung ab bis zu ihrem Untergang und insbesondere wieder die Zeit, in der in der Brennerei ein Betrieb stattfindet. Hierbei ist der Brenner in starkem Maße zur Unterstützung der staatlichen Organe herangezogen. Seine Pflicht ist es, die Brennerei, ihre Räume, Geräte und jede Veränderung anzumelden, über Betriebseröffnung Anzeige zu erstatten unter Einreichung einer Betriebserklärung und von Betriebsplänen, den Betrieb vorschriftsmäßig zu führen, Betriebsabweichungen anzumelden. Im einzelnen sind seine Pflichten eingehend in der Brennereiordnung geregelt und richten sich danach, ob es sich um eine Verschlußbrennerei oder Abfindungsbrennerei handelt. Die Aufgabe der Steuerbehörde ist es, die Einrichtung der Brennerei überhaupt und den Betrieb in ihr zu überwachen. Zu diesem Zwecke hat sie über die Brennereien Buch zu führen, die Geräte zu vermessen und zu bezeichnen und in den Verschlußbrennereien die Brennvorrichtung und alle Geräte, die Alkohol oder alkoholhaltige Dämpfe führen, so zu sichern, daß eine heimliche Ableitung ohne sichtbare Spuren unmöglich wird. Der erzeugte Branntwein wird in Verschlußbrennereien in Sammelgefäßen aufgefangen oder durch Meßuhren ermittelt. Auch kann die Aufstellung von Meßuhren neben Sammelgefäßen verlangt oder die Mindestmenge des zur Abfertigung vorzuführenden Alkohols im voraus bindend festgesetzt werden.

Die Kosten für die vorschriftsmäßige Herrichtung und Erhaltung der Brennerei trägt in der Regel der Brennereibesitzer, nur ausnahmsweise trägt sie die Steuergemeinschaft.

Von besonderer Wichtigkeit ist die Überwachung, sobald in der Brennerei ein Betrieb stattfindet. Die Steuerbeamten haben den Betrieb unerwartet und zu den verschiedensten Zeiten nachzuschauen, die Brennerei muß ihnen daher jederzeit zugänglich sein, wenn in ihr gearbeitet wird oder sich jemand in ihr befindet, mindestens aber von 6 Uhr morgens bis abends 9 Uhr, der Besitzer hat jede erforderliche Auskunft zu erteilen, Gerätschaften zu stellen, Hilfsdienste zu leisten.

In Verschlußbrennereien fließt der erzeugte Branntwein in amtlich verschlossene Sammelgefäße. Aus diesen wird er in Zwischenräumen von zehn Tagen bis zu einem Monat abgefertigt (Branntweinabnahme), bleibt dann aber weiter unter amtlicher Überwachung, bis er abgabenfrei gelassen oder die Verbrauchsabgabe gezahlt oder gestundet ist (vgl. BrennO. §§ 11 bis 341).

§ 171.

Der Branntweinzoll.

Die Erhöhung der Branntweinsteuer bedingte eine Heraufsetzung der Eingangsabgabe für Branntwein aller Art, Arak, Rum, Kognak usw., für Äther, für äther- oder weingeisthaltige Riechmittel, Schönheitsmittel, Kopf-, Zahn- und Mundwässer, Essenzen usw. Um einer spekulativen Ausnutzung einer etwaigen Übergangszeit vorzubeugen, traten die Zollsätze bereits am 10. Juli 1909 in Kraft, obwohl das vom Reichstag am 9. Juli angenommene Gesetz die Zustimmung des Bundesrats erst am 12. Juli erhielt.

Die Vorschriften enthalten noch insofern eine Besonderheit, als sie den Bundesrat ermächtigen, die Zollsätze bis zu einer gewissen Grenze herabzusetzen, ihre Höhe also innerhalb eines Spielraumes im Ermessen des Bundesrats steht. Der Bundesrat hat hievon zunächst Gebrauch gemacht (RGBlatt 1909 S. 407), vom 9. Juli 1910 ab jedoch die höchsten Zollsätze in Kraft treten lassen (RZBlatt 1910 S. 255).

Der Branntweinzoll beträgt zurzeit nach § 106 BranntStG. 275 Mark und 350 Mark für 1 dz Branntwein, Likör, Äther in Fässern oder in Flaschen; für alkoholhaltige Parfümerien 400 Mark für 1 dz; für Essigsäure 42 nub 78 Mark für 1 dz, je nach der Umschließung; siehe § 106 BranntwStG.

§ 172.

Der Branntweinhandel.

Der Handel sowohl von Trinkbranntwein wie von vergälltem Branntwein unterliegt der Beaufsichtigung. Hier greifen Gesichtspunkte der Nahrungsmittelpolizei und der Gewerbepolizei ein.

Für Trinkbranntwein ist ein Surrogatverbot und ein Namensverbot erlassen. Branntweinschärfen dürfen nicht verwendet und die Bezeichnung Kornbranntwein (Korn, Goldkorn, Edelkorn u. dgl.) darf nur auf Branntwein angewandt werden, der ausschließlich aus Roggen, Weizen, Buchweizen, Hafer oder Gerste hergestellt ist. Die Strafverfolgung liegt der Polizeibehörde ob.

Der Handel mit vergälltem Branntwein ist anmeldepflichtig und kann in bestimmten Fällen untersagt werden. In den Verkaufsräumen ist ein Aushang anzubringen, der über den Verkauf von Brennsprit die nötigen Anweisungen enthält (BefrO. §§ 15, 28). Inhalt und Verschluß der für den Kleinhandel bestimmten Gefäße sind vom Reichskanzler mit der Wirkung vom 1. Oktober 1910 ab vorgeschrieben (RZBlatt 1910 S. 91). Die Strafverfolgung liegt der Steuerbehörde ob.

Vollständig vergällter Branntwein (denaturierter Brennspiritus) darf im Kleinhandel nur in Behältnissen von 50, 20, 10, 5 und 1 Liter Raumgehalt feilgehalten werden, die verschlossen und mit einer Angabe des Alkoholgehalts versehen sind (vgl. § 33 GewO.).

§ 173.

Strafvorschriften.

Das Branntweinsteuergesetz unterscheidet nach dem Vorgang der anderen Steuergesetze die Hinterziehung, die Erschleichung einer Vergütung, Befreiung oder Vergünstigung und die Ordnungswidrigkeiten. Daneben ist der Brennereibesitzer als solcher straffällig, wenn mit seinem Willen oder Wissen in seiner Brennerei die unbefugte Ableitung von Alkohol vorgenommen, versucht oder vorbereitet ist.

Bei der Hinterziehung wird unterschieden die echte, die vermutete (präsumtive) und die fiktive. Echte Hinterziehung ist das Unternehmen, dem Reiche die Branntweinverbrauchsabgabe vorzuenthalten. In vier Fällen bestimmungswidrigen Verhaltens wird der Tatbestand der Hinterziehung ohne weiteres als vorliegend angenommen (vermutete Hinterziehung). Diese Vermutung kann aber durch die Feststellung, daß eine Vorenthaltung nicht stattgefunden habe oder nicht beabsichtigt worden sei, widerlegt werden. Fünf Fälle bestimmungswidrigen Verhaltens werden der Hinterziehung gleichgeachtet (fiktive Hinterziehung). Die Strafe der Hinterziehung besteht in dem vierfachen Betrage der hinterzogenen Abgabe, beträgt mindestens aber zehn Mark. Bei unbefugter Benutzung einer Brennvorrichtung oder Ableitung und Entnahme von Alkoholdämpfen oder Branntwein oder Störung der Meßuhr wird eine ununterbrochene Hinterziehung für die Zeit der letzten drei Monate vor der Entdeckung widerlegbar angenommen und danach die Strafe berechnet. In anderen Fällen, in denen die vorenthaltene Abgabe nicht feststellbar ist, tritt eine Geldstrafe bis zu 20000 Mark ein. Rückfall ist strafschärfend.

Die Erschleichung einer Steuerbefreiung, Steuervergütung oder Steuervergünstigung (der Steuerbetrug) ist sinngemäß wie die Hinterziehung zu strafen.

Die Ordnungswidrigkeiten sind mit Geldstrafe von 1—300 Mark bedroht.

Als besondere Vergehen des Branntweinsteuerrechts sind noch anzuführen die unangemeldete Anfertigung von Brenn- oder Wiengeräte, sowie ihr Erwerb und Handel ohne Anzeige und die Zuwiderhandlungen gegen die Bestimmungen über den Branntweinhandel. Im übrigen sind besondere Regeln aufgestellt über die Vertretungsverbindlichkeit, die Umwandlung der Geldstrafe in Freiheitsstrafe, die Strafverjährung und die Erzwingungsstrafen.

In Betracht kommen die §§ 111 bis 135 BranntwStG. Bemerkenswert ist der § 134 wegen Vornahme von Zwangsmaßregeln durch Androhung von Geldstrafen behufs Herbeiführung der vorgeschriebenen Einrichtungen. Das Strafverfahren richtet sich nach den Vorschriften wegen Zuwiderhandlung der Zollgesetze (§ 138).

§ 174.

Übergangsvorschriften.

Von den im achten Abschnitt des Gesetzes aufgestellten Übergangsvorschriften sind diejenigen über die Kürzung der Einzelkontingente, des Durchschnittsbrandes und den Handel mit vergälltem Branntwein bei den Einzelabschnitten mitbehandelt. Zur Erörterung steht noch die Nachsteuer und die besondere Betriebsauflage.

Eine Nachsteuer wird im deutschen Steuerrecht dadurch erforderlich, daß das Inkrafttreten der Steuergesetze sich nach denselben Grundsätzen regelt, wie das der übrigen Gesetze. Dadurch haben Handel und Privatpersonen die Möglichkeit der Vorversorgung, die nicht nur geeignet ist, das Steueraufkommen zu schmälern, sondern auch die Industrie zu schädigen. Das wird durch die Anordnung besonderer Nachsteuern zu bekämpfen versucht.

Die Branntweinnachsteuer des Gesetzes vom 15. Juli 1909 traf sowohl den Branntwein unter Steuerkontrolle, wie den im freien Verkehr befindlichen, sowohl den versteuerten wie den verzollten, mit Ausnahme des bereits zu den höheren Sätzen vom 10. Juli ab verzollten. Befreit war namentlich der, der auf Grund der bisherigen Bestimmungen von der Verbrauchsabgabe befreit war, und der im Besitze von Kleinhändlern oder Haushaltungsvorständen befindliche versteuerte Branntwein in Mengen bis zu 20 bzw. 10 Litern. Der Nachsteuersatz betrug 0.35 Mark für den Liter Alkohol.

Eine besondere Betriebsauflage war von dem Branntwein zu entrichten, der in der Zeit vom 15. bis 30. September 1909 erzeugt wurde, um eine spekulative Ausnutzung der Übergangszeit zu verhindern.

§ 175.

Die Essigsäureverbrauchsabgabe.

Die Essigsäureverbrauchsabgabe ist eine Neuerung des Gesetzes vom 15. Juli 1909. Der Kommissionsentwurf enthielt die Bestimmung, daß als Speiseessig nur Essig in den Inlandsverbrauch gebracht werden dürfe, der aus Branntwein oder alkoholhaltigen Stoffen durch Gärung hergestellt sei. Auf dringende Vorstellungen der verbündeten Regierungen wurde diese Bestimmung gestrichen und statt dessen eine besondere Besteuerung für Essigsäure, die aus Holzessig oder essigsauren Salzen gewonnen ist, und eine Erhöhung des Zolles für Essigsäure eingeführt.

Unter Essig versteht man eine Mischung von Essigsäure mit Wasser. Er wird entweder durch einen Gärungsvorgang (Oxydationsprozeß) aus einer alkoholhaltigen Flüssigkeit (Wein, Bier, Branntwein) oder durch trockene Destillation des Holzes gewonnen. Den breitesten Raum nimmt der aus Branntwein hergestellte Essig ein, der etwa 85 v. H. der gesamten deutschen Essigerzeugung darstellt. Über den Weinessig bestehen keine Steuerbestimmungen

des Reichs. Der Bieressig ist der Brausteuer unterworfen, wenn er in Brauereien oder in eigens dazu bestimmten Anlagen zum Verkauf oder zu gewerblichen Zwecken gewonnen wird. Der Branntweinessig ist frei von der Verbrauchsabgabe, erhält jedoch keine Vergütung der Betriebsauflage; nur bei der Ausfuhr wird die Betriebsauflage in Höhe von 9 Mark für 1 hl Alkohol vergütet. Der Destillationsessig, der zu Speisezwecken bestimmt und geeignet ist, ist durch § 111 BranntwStG. mit einer Verbrauchsabgabe belegt, die 0,30 Mark für 1 kg wasserfreier Säure beträgt. Bei der Ausfuhr oder Verwendung zu gewerblichen Zwecken tritt Steuerfreiheit ein. Für die außerhalb der Steuergemeinschaft im Zollgebiet erzeugte Essigsäure besteht eine Übergangsabgabe von 0,30 Mark.

Der Steueranspruch richtet sich gegen den Hersteller, wird fällig, sobald die Essigsäure zur Versteuerung abgefertigt worden ist, ist stundungsfähig und verjährt in einem Jahre, bei Hinterziehung in drei Jahren.

Die Überwachung der Erzeugung geschieht im wesentlichen durch Buchkontrolle und amtliche Nachschau der Erzeugungsstätte mit Bestandsaufnahme. Zu gewerblichen Zwecken bestimmte Essigsäure wird vergällt oder unter Buchkontrolle überwacht.

Auf die Essigsäureverbrauchsabgabe finden die Vorschriften der Branntweinsteuer sinngemäß Anwendung, die Strafvorschriften sind besonders geregelt. Für die am 1. Oktober 1909 außerhalb einer Essigsäurefabrik oder Zollniederlage befindliche Essigsäure war eine Nachsteuer angeordnet.

Hinsichtlich der Verwendung von Essigsäure zu Heilzwecken ist auf den Erlaß des Reichsschatzamtes vom 6. Dezember 1910 zu verweisen, desgleichen auf den Erlaß der Kais. Technischen Prüfungsstelle vom 11. März 1911, wonach Essigsäure zur Herstellung von essigsaurer Tonerde steuerfrei verwendet werden darf.

§ 176.

Materialien: Verhandlungen des Reichstages, Aktenstücke Nr. 48, 91, 108/1868, 103/1869, 25/1875, 370/1879, 165, 294, 311/1886, 90/1887, 164/1887, 177/1887, 115/1889, 181/1890, 436/1891, 235/1895, 340/1895, 380/1895, 81/1898, 247/1901, 358/1901, 366/1901, 630/1902, 388/1906, 250/1908, 993/1909, 1449/1909.

Literatur: Dönecke, Branntweinsteuerausführungsbestimmungen, Berlin 1901; Sachregister hiezu, Berlin 1910; Eheberg, Die Entwicklung der Branntweinsteuergesetzgebung in Bayern in Schanz, Finanzarchiv 1909 S. 233—302; Getz, Das Branntweinmonopol als Besteuerungsform, Jena 1897; Geiger, Kommentar zum Branntweinsteuergesetz, München 1880; Nay, Branntweinsteuergesetz vom 15. Juli 1909, Berlin 1910; Schubert, Die deutsche Branntweinsteuergesetzgebung seit 1887 in Schanz, Finanzarchiv 1897 S. 98; Stämmler, Die Reichsgesetze betr. die Besteuerung des Branntweins, Berlin 1889; Wassermann, Die leitenden Ideen der deutschen Branntweinsteuergesetzgebung von 1909 in Schanz, Finanzarchiv, 27. Jahrgang Bd. 2 S. 256; Wolf, Die Branntweinsteuer, Tübingen 1884; Ginsberg, Die deutsche Branntweinbesteuerung 1887—1902, Stuttgart und Berlin 1903, Cottascher Verlag.

§ 177.

Von den zum Branntweinsteuergesetze vom 15. Juli 1909 erlassenen zahlreichen Erlassen und Anordnungen sind folgende als besonders wichtig hier anzumerken:

1. Die Ausführungsverfügung des pr. FM. vom 17. September 1909, pr. ZBlatt für Abgaben S. 341;
2. Festsetzung des Durchschnittsbrands in gewerblichen Hefebrennereien, pr. ZBlatt 1909 S. 391;
3. Herausgabe einer neuen Meßuhrordnung 1910, pr. ZBlatt S. 14, 96;
4. Auslegung der Kontingentierungsvorschriften 1910, pr. ZBlatt S. 95;
5. Steuerfreiheit des in öffentlichen wissenschaftlichen Lehranstalten verwendeten Branntweins, pr. ZBlatt 1910 S. 198, 399;
6. Führung von Anschreibungen über das Ausbeuteverhältnis der Brennereien, pr. ZBlatt 1910 S. 351;

7. Verwendung von Branntwein zu medizinischen Zwecken, pr. ZBlatt 1910 S. 383;

8. Kürzung des allgemeinen Durchschnittsbrandes für die Kampagne 1910/11 und Bestimmung der Vergütungssätze für vergällten und ausgeführten Branntwein, pr. ZBlatt 1910 S. 517;

9. Regelung des Verkehrs mit Branntwein an der deutsch-niederländischen Grenze, pr. ZBlatt 1911 S. 139.

Das Großherzogtum Luxemburg gehört der deutschen Branntweinsteuergemeinschaft nicht mehr an. (Abkommen zwischen dem Deutschen Reich und Luxemburg wegen des Verkehrs mit Branntwein vom 22. Mai 1896, RGBlatt 1896 S. 676.)

§ 178.

Die Branntweinbereitung.

Hinsichtlich der Branntweintechnik ist noch folgendes in Kürze anzuführen: Branntwein ist eine Mischung von Wasser und Alkohol. Der Branntwein wird in den Branntweinbrennereien aus gegorenen Stoffen mittels Destillation hergestellt.

Der Alkohol ist ein Produkt der weingeistigen Gärung zuckerhaltiger Flüssigkeiten; durch die Gärung wird nämlich Zucker in Alkohol und Kohlensäure zersetzt.

Bei der Branntweinbereitung ist zu unterscheiden die Einmaischung, die Gärung und die Destillation.

Die Branntweinbrennereien zerfallen in solche, die Branntwein aus mehligen Stoffen z. B. Getreide und Kartoffel, und solche, die Branntwein aus nichtmehligen Stoffen, z. B. Obst, herstellen. Zu den Brennereien, welche stärkemehlhaltige Stoffe verwenden, gehören alle Brennereien, die aus Getreide, Hülsenfrüchten und namentlich Kartoffeln durch Verwendung von Grün- oder Dörrmalz die zuckerhaltige Lösung (Maische) gewinnen.

Zur zweiten Hauptgruppe zählen die Brennereien, welche nichtmehlige Stoffe verarbeiten, so daß durch die Verarbeitung von Trauben- und Stärkezucker, Honig, Melasse, Rüben, sowie von Obst, Trauben, Rübensaft, Wein, Bier, Brauereirückständen, Hefenbrühe usw. die zuckerhaltige Lösung zum Teil schon ohne Zusatz eines Fermentes bewirkt wird.

Bei der Bereitung von Branntwein aus mehligen Stoffen ist zu unterscheiden:

a) die Bildung von gärungsfähigem Zucker aus Stärkemehl d. h. die Maische mit Fermentzusatz,

b) die Bildung von Alkohol mit Ausscheidung der Kohlensäure durch die Gärung,

c) die Abscheidung des Alkohols aus der gegorenen Flüssigkeit durch die Destillation.

Das Gärmittel ist die Hefe, das Ferment ist das Malz. Es sind hieher anzuführen: die Kartoffelbrennereien, die Getreidebrennereien, die Preßhefebrennereien. Bei letzteren ist das Hauptprodukt die Hefe, der dabei gewonnene Branntwein ist Nebenprodukt.

Bei der Herstellung von Branntwein aus nichtmehligen Stoffen sind vor allem die Melassebrennereien, sodann die Rübenbrennereien und die Obstbrennereien aufzuführen, ferner die Brennereien, welche gegorene Flüssigkeiten wie Wein, Bier, Brauereiabfälle verarbeiten.

Endlich gibt es noch Brennereien, welche Kartoffeln und Getreide (Mais) zusammen verarbeiten (gemischter Betrieb).

Der entgeistete Rückstand der gegorenen Branntweinmaische heißt Schlempe und bildet ein gutes Viehfutter.

Die Stärke des erzeugten Branntweins wird nach Volum- und Gewichtsprozenten des in der Flüssigkeit enthaltenen reinen Alkohols ermittelt. Der reine wasserfreie sog. absolute Alkohol besteht aus Kohlenstoff, Wasserstoff und Sauerstoff und stellt sich als eine leichtbewegliche farblose Flüssigkeit von belebendem Geruche und brennendem Geschmacke dar. Das spezifische Gewicht des reinen Alkohols beträgt 0,795, d. h. wenn das spezifische Gewicht des Wassers = 1 ist, so ist dasjenige des Alkohols bei Normaltemperatur (12⁴/₁₀° R oder 15° C oder 60° Fahrenheit) etwa $^{8}/_{10}$ des Wassers oder 1 l Alkohol wiegt 795 Gramm. Da Alkohol das Wasser begierig an sich zieht, so kann durch Rektifikation nur eine 96 bis 97prozentige Alkoholflüssigkeit gewonnen werden, die im Handel Feinsprit oder Weinsprit genannt wird. Eine Flüssigkeit, die 94 bis 95% reinen Alkohol enthält, heißt „Sprit", eine Flüssigkeit mit über 50% bis etwa 90% Alkohol heißt Spiritus, während man unter der Benennung Branntwein eine Flüssigkeit mit 25 bis 50 % Alkohol und unter Lutter eine solche mit weniger als 25 % Alkohol versteht.

Wie bereits bemerkt ist, wird die Stärke des Branntweins (des Spiritus) nach Volum- und Gewichtsprozenten festgestellt. Die Volumprozente geben an, wieviel Liter reiner Alkohol in einer bestimmten Quantität Branntweinflüssigkeit enthalten sind (Literprozente). Wenn es beispielsweise heißt 500 l Branntwein zu 80 % reinem Alkohol, so wird damit ausgedrückt, daß in dieser Flüssigkeit von 500 l 400 l reiner Alkohol und 100 l Wasser enthalten sind, das sind 40000 Literprozente. Hienach wird der Spiritus zumeist gehandelt.

Nach dem geltenden Branntweinsteuergesetz wird steuertechnisch die Stärke des Branntweins nach Gewichtsprozenten angegeben. Die Gewichtsprozente geben an, wie viel kg reiner Alkohol in einer bestimmten Gewichtsmenge Flüssigkeit enthalten sind, so z. B. 500 kg Flüssigkeit zu 80 Gewichtsprozenten enthalten 400 kg reinen Alkohol und 100 kg Wasser. Daß aber 400 kg reiner Alkohol und 400 l reiner Alkohol nicht dasselbe sind, geht schon daraus hervor, daß 1 l reiner Alkohol bei 15 ° C (wie bereits bemerkt) nicht 1 kg sondern nur 795 Gramm wiegt, demnach sind 400 l reiner Alkohol nur 318 kg schwer. Es muß also 1 kg reiner Alkohol mehr Flüssigkeit haben als 1 l; tatsächlich enthält 1 kg reiner Alkohol bei der Normaltemperatur von 15 ° C 1.26 l Alkohol. Das Volumen verhält sich zum Gewicht (reiner Alkohol) wie 1 : 0,8 und die Gewichtsprozente verhalten sich zu Volumprozenten ungefähr wie 1 : 1,2. Ein Volumprozent dagegen verhält sich zum Gewichtsprozent wie 1 : 0,8. Das Verfahren bei der Feststellung der Stärke des Spiritus zur Erhebung der Steuer ist vorgeschrieben in der Alkoholermittelungsordnung.

Hinsichtlich der Herstellung des Branntweins ist in Bartels Unterrichtsbuch für Zoll- und Steueraufseher, neubearbeitet von W. Manzke, Verlag von Mittler & Sohn in Berlin, eine eingehende Darstellung enthalten, umfassend die Herstellung der zuckerhaltigen Lösung, die Maische, die Gärung der Maische und die Destillation. Auch in dem Kommentar von F. Geiger zum bayerischen Gesetz über den Branntweinaufschlag vom 25. Februar 1880 ist die Technik des Brennereibetriebes ausführlich geschildert und zwar die Bereitung von Branntwein aus stärkemehlhaltigen Stoffen und die Branntweinbereitung aus nichtmehligen Stoffen, die Schlempeverwertung und die Branntweinreinigung, endlich die Essigbereitung.

Nachstehend folgt eine Betriebserklärung für eine Kartoffelbrennerei.

Allgemeine Betriebserklärung.

I. Maischbereitung und Maischabtrieb.

Zur Verwendung gelangen Kartoffeln und Grünmalz. Am Nachmittage vor dem Maischtage werden die Kartoffeln mit dem Elevator in den Henzedämpfer befördert. Am Morgen des Maischtages werden die Kartoffeln so zeitig gedämpft, daß um 6 Uhr vormittags mit dem Ausblasen in den Vormaischbottich Nr. 16 begonnen werden kann. Während der Befüllung wird das vorher auf der Malzquetsche zerkleinerte Grünmalz in mehreren Abteilungen zur Diastasebildung zugesetzt.

Nach Beendigung der Befüllung bleibt die Maische etwa eine halbe Stunde im Vormaischbottiche zur Verzuckerung stehen. Hierauf wird sie durch den Maischentschäler Nr. 33 von den Schalen befreit, im Vormaischbottich auf die Anstelltemperatur abgekühlt und sodann der Hefensatz zugesetzt. Nach weiterer Abkühlung wird die Maische mittels Zentrifugaldruckvorrichtung durch eine Rohrleitung in den zu befüllenden Maischbottich übergeführt. Im Maischbottiche wird ein Steigraum von mindestens 12 cm gelassen.

Die Maischbereitung vom Beginne der Befüllung des Vormaischbottichs bis zur Beendigung der Befüllung des Maischbottichs dauert je nach der Außentemperatur 2 ½ bis 3 ½ Stunden.

Die Maische wird am vierten Tage nach der Einmaischung, den Tag derselben mitgerechnet, abgebrannt.

Am ersten, zweiten und dritten Gärtage befindet sich im Maischbottich eine der Kühlschlangen Nr. 29 und 30, um die Maische erforderlichenfalls abzukühlen oder zu bewegen.

Am dritten Gärtage vormittags zwischen 6 und 8 Uhr wird die Maische durch Zusetzen von kaltem oder warmem Wasser mit einem Schlauche angefrischt und zwar derart, daß nach Beendigung des Anfrischens ein Steigraum von mindestens 3 cm verbleibt.

Am vierten Gärtage wird die Maische vormittags mit einer hölzernen Krücke umgerührt.

Am vierten Gärtage nach 6 Uhr vormittags wird die Maische aus dem Bottiche durch die Maischrohrleitung mittels Saug- und Druckapparat in das kontinuierliche Brenngerät übergeführt.

Der Abtrieb eines Bottichs erfordert durchschnittlich vier Stunden.

Während der Nacht bleibt die Maischkolonne Nr. 1a mit halbabgetriebener Maische befüllt.

Beim zweifachen Betriebe wird der Henzedämpfer nach seiner Entleerung sofort wieder mit Kartoffeln befüllt und mit der Maischbereitung ohne Unterbrechung fortgefahren. Die Maischbereitung, die Gärung und der Maischabtrieb erfolgen beim zweiten Bottich in gleicher Weise wie beim ersten. An Sonn- und Feiertagen wird mit der Entleerung des Henzedämpfers und mit dem Maischabtrieb bereits nach 2 Uhr vormittags begonnen.

II. Hefensatzbereitung.

Zum Anstellen der Maische wird ein Hefensatz unter Verwendung von Grünmalz und süßer Maische besonders hergestellt.

Zur Hefensatzbereitung werden benutzt: Das Vormaischgerät Nr. 18, die Hefensatzgefäße Nr. 8 bis 13 und das Mutterhefengefäß Nr. 14.

Die Bereitung des Hefensatzes beginnt am zweiten Tage vor der Bottichbemaischung; für jeden Bottich wird ein Hefensatzgefäß befüllt.

Am zweiten Tage vor dem Maischtage werden vormittags für jedes zu befüllende Hefensatzgefäß 20 kg Grünmalz, 120 l aus dem Vormaischbottich entnommene Maische und 80 l heißes Wasser im Vormaischgeräte miteinander vermischt. Das Hefenmaischgut wird sodann in die Hefensatzgefäße gefüllt, deren Inhalt an diesem Tage nur durch Anwärmen mit einem Dampfschlauch auf der erforderlichen Temperatur erhalten wird.

Am folgenden Tage, dem letzten vor dem Maischtage, wird vormittags der Inhalt der Hefensatzgefäße durch bewegliche Kühlschlangen abgekühlt, sodann werden ihm 70 l Mutterhefe, welche den an diesem Tage zu entleerenden Hefensatzgefäßen entnommen werden, zugesetzt.

Am Maischtage werden dem fertigen Hefensatz 70 l Mutterhefe entnommen und der Hefensatz der Maische auf dem Vormaischbottiche zugesetzt, und zwar bei einfachem Betriebe vormittags, bei zweifachem vor- oder nachmittags.

Soweit es erforderlich ist, wird der Inhalt der Hefensatzgefäße mit kleinen Handmaischhölzern durchgerührt, auch werden die Gefäße mit hölzernen Deckeln zugedeckt.

Bei Eröffnung des Betriebs tritt eine Abänderung nur insofern ein, als die am ersten und zweiten Tage des Betriebs zu befüllenden Hefensatzgefäße mit 70 kg Grünmalz und 140 l heißem Wasser besetzt und am folgenden Tage durch Preßhefe in Gärung gesetzt werden.

Bei miteinander abwechselndem ein- und zweifachem Betriebe werden an den Tagen, an denen nur ein Hefensatzgefäß in Gärung gesetzt wird, 70 l Mutterhefe aus dem zur Verfügung stehenden zweiten Hefensatzgefäß in das Mutterhefengefäß Nr. 14 abgefüllt, welches während der Nacht befüllt stehen bleibt und am nächsten Morgen zuerst entleert wird. Diejenigen Hefensatzgefäße, welche während der angemeldeten Betriebszeit nicht benutzt werden, finden im Gärraum Aufstellung.

III. Probenentnahme.

Proben werden entnommen:

1. aus dem Vormaischbottiche nach dem Zusetzen des Hefensatzes zur Feststellung des Zuckergehalts der Maische;
2. aus den Bottichen am Tage des Abtriebs der Maische zur Untersuchung des Vergärungsgrades;
3. aus den Hefensatzgefäßen zur Untersuchung des Säuregehalts usw.

Die Proben werden mit einem besonderen Schöpfgefäße, welches zum Überschöpfen von Maische nicht geeignet ist, entnommen und nach der Untersuchung in die Gefäße wieder zurückgegossen, aus denen sie entnommen sind.

§ 179.

Branntweinbrennereistatistik.

Nach den vom Bundesrat erlassenen Vorschriften über die Branntweinstatistik (BRBeschluß vom 20. Oktober 1910) sind im Branntweinsteuergebiet (Zollgebiet ohne Luxemburg) im Jahre 1909/10 5949 Kartoffelbrennereien und 7221 Getreidebrennereien, zusammen 13 170 landwirtschaftliche Brennereien im Betriebe gewesen, sodann 862 gewerbliche Brennereien, 23 058 Obstbrennereien, 30 146 andere Kleinbrennereien, zusammen 67 236 Brennereien

überhaupt. Im Betriebsjahr 1909/10 wurden insgesamt 3 641 889 hl Alkohol hergestellt, um 613 232 hl (14,4 %) weniger als im Vorjahr. Diese Minderung in der Branntweinerzeugung beruht auf Minderverbrauch, weshalb auch die Kürzung des Durchschnittsbrandes um 14 % notwendig wurde. Überbrände wurden nur selten vorgenommen. Neben dem Durchschnittsbrand wirkt auch die neu eingeführte Vergällungspflicht hemmend auf die Alkoholproduktion.

Die gegen Entrichtung der Verbrauchsabgabe in den freien Verkehr gesetzte Menge Inlandsbranntwein, abzüglich der gegen Vergütung der Verbrauchsabgabe ausgeführten Trinkbranntweine und Liköre, betrug 1909/10 nur 1 769 222 hl gegen 2 592 388 hl im Vorjahre. Auch die Einfuhr fremden Branntweins ist zurückgegangen. Dagegen hat die steuerfreie Verwendung des Branntweins stark zugenommen, indem sie von 1 480 047 hl auf 1 882 880 hl gestiegen ist. An Verbrauchsabgabe wurden erhoben zu 0,84 Mark für 1 l Alkohol 1 042 602 Mark, zu 1,05 Mark für 1 l Alkohol 23 354 779 Mark und zu 1,35 Mark für 1 l Alkohol 136 085 351 Mark, zusammen 160 482 732 Mark. Hievon gehen ab 2 890 471 Mark Steuervergütungen und 36 469 176 Mark für angerechnete Kontingentscheine und Kontingentswerte — d. h. die Liebesgabe —, zusammen 39 359 647 Mark, so daß 121 123 085 Mark der Reichskasse verbleiben.

Die Betriebsauflage ergab 24 453 705 Mark allgemeine Betriebsauflage und 3 806 738 Mark besondere Betriebsauflage für den Überbrand, zusammen 28 260 443 Mark. (Vgl. Vierteljahrsheft der deutschen Reichsstatistik 1911 I. Nachtrag.)

Das Schaumweinsteuergesetz.

§ 180.

Während Bier und Branntwein im Deutschen Reiche mit einer kräftigen Besteuerung belastet sind, unterliegt vom Getränke der Wohlhabenden, dem Wein, nur der Schaumwein im deutschen Zollgebiet einer Reichsbesteuerung, der stille Wein selbst dagegen ist nur in Elsaß-Lothringen, Württemberg und Baden — nachdem in Hessen durch Gesetz vom 21. Juni 1900 die daselbst bestandene Inlandsweinsteuer aufgehoben worden ist — einer Landesverbrauchssteuer unterworfen.

Zur Beseitigung dieser Ungleichheit in der Getränkebesteuerung wurde bereits im Jahre 1893/4 (RTDrS. Nr. 54) der Entwurf eines Weinsteuergesetzes dem Reichstag vorgelegt. Dieser Gesetzentwurf ist jedoch schon im Reichstag selbst lebhaft bekämpft worden und in der Kommission unerledigt geblieben.

So kam im Jahre 1902 aus Anlaß der Verhandlungen über die Vermehrung der deutschen Kriegsflotte nur das Schaumweinsteuergesetz zustande (RGesetz vom 9. Mai 1902); denn auch die Weinsteuervorlage vom Jahre 1908 (BRDrS. 1908 Nr. 129 und 154) ist abgelehnt worden. Während der erstere Weinsteuergesetzentwurf vom Jahre 1893/4 eine allgemeine, nach dem Werte des Weines bemessene Verbrauchsabgabe vorgesehen hatte, beschränkte sich der Entwurf von 1908 auf eine Besteuerung der Flaschenweine. Diese Weinsteuer sollte alle stillen Weine in Flaschen mit einer allgemeinen, nur geringen Abgabe treffen, während die besseren Weine noch einer Zuschlagssteuer unterworfen sein sollten. Die allgemeine Steuer sollte 5 Pfennig pro Flasche betragen, die Zuschläge bewegten sich von 10 Pfennig bis 3 Mark für die Flasch bei einem Preis von mehr als 1 Mark bis 20 Mark die Flasche. (Vgl. S. 41 dieses Buches). Der Ertrag dieser Flaschenweinsteuer wurde auf 20 Millionen Mark geschätzt. Der Schaumwein, der ja durch das RGesetz vom 9. Mai 1902 schon einer Steuer unterstellt war, sollte noch einen Zuschlag zur geltenden Steuer erhalten. Aber auch dieser Weinsteuergesetzentwurf auf Flaschenwein stieß im Reichstag auf Abneigung, hauptsächlich war hiebei die Fürsorge für die Winzer maßgebend, die möglicherweise die Steuer nicht abwälzen könnten. In der Kommission und in der Subkommission, wohin der Weinsteuergesetzentwurf gelangte, wurde eine Faßweinsteuer von vornherein abgelehnt, eventuell wurden auch hinsichtlich der Flaschenweinsteuer verschiedentliche Abänderungen des Regierungsentwurfes beantragt. Auch wurde zur Erwägung gestellt, ob nicht etwa neben der Wein-, Bier-, Branntweinsteuer auch eine Steuer auf alkoholfreie Getränke wie Mineralwässer, Brauselimonaden, alkoholfreie Weine usw. eingeführt werden könnte. Falls die Weinsteuer abgelehnt würde, sollte auch keine Steuer auf alkoholfreie Getränke eintreten. In der Hauptkommission ergab die Abstimmung die Ablehnung der Faß- und Flaschenweinsteuer, dagegen sollte die Schaumweinsteuer erhöht werden. Hauptsächlich aber sollte auch der Eingangszoll für französischen Sekt eine kräftige Erhöhung erfahren.

In der zweiten Plenarsitzung des Reichstags (5. Juli 1909) wurde nach dem Kommissionsantrage die Faß- und Flaschenweinsteuer abgelehnt, die Erhöhung der Schaumweinsteuer dagegen genehmigt, auch der Eingangszoll für ausländische Schaumweine wurde auf 180 Mark für 1 dz hinaufgesetzt. Dagegen kam das Weingesetz vom 7. April 1909 mit der Weinzollordnung zustande, wodurch das RGesetz vom 24. Mai 1901 außer Kraft getreten ist.

Über das Weingesetz vom 7. April 1909, das im RGBlatt S. 393 mit den Ausführungsbestimmungen hiezu (RGBlatt 1909 S. 549) sowie über die Weinzollordnung (veröffentlicht im Zentralblatt des Deutschen Reiches 1909 S. 333) ist in diesem Buche auf S. 205 ff. schon das Nähere mitgeteilt worden.

Der Entwurf zum Schaumweinsteuergesetze ist in BRDrS. 1901 Nr. 1 veröffentlicht, wobei es in der Begründung hiezu heißt: Zur Deckung der Flottenvermehrung hat der Reichstag auch die Einführung einer Schaumweinsteuer vorgeschlagen. In Befolgung der hienach gefaßten Reichstagsresolution vom 9. Juni 1900 hat die Reichsregierung den oben erwähnten Gesetzentwurfe beim Bundesrate eingebracht. Dieser Entwurf wurde jedoch schon im Bundesrate mehreren Änderungen unterworfen, so daß mit BRDrS. 1901 Nr. 11 ein neuer Gesetzentwurf in Vorlage kam, der zu dem RGesetze vom 9. Mai 1902 führte, nachdem auch der Reichstag noch einige Änderungen in das Gesetz hineinbrachte. (Vgl. § 279 der BRProtokolle 1901, §§ 283, 298 der BRProtokolle 1902, Ausführungsbestimmungen, BRDrS. 1902 Nr. 65, § 391 der Protokolle. Eine Änderung dieser Ausführungsbestimmungen fand noch statt laut BRDrS. 1903 Nr. 19, § 98 der Protokolle.)

§ 181.

Nach dem zurzeit geltenden Schaumweinsteuergesetze nebst Ausführungsbestimmungen[1]) ist folgendes vorzutragen:

[1]) Zu dem vom 1. August 1909 ab gültigen neuen Schaumweinsteuergesetz vom 15. Juli 1909, wonach die Schaumweinsteuer gestaffelt worden ist, hat der Bundesrat unterm 24. Juli 1909 neue Ausführungsbestimmungen erlassen (RZBlatt 1909 S. 305).

Das RGesetz betreffend die Besteuerung des Schaumweines vom 9. Mai 1902 (RGBlatt S. 155) bzw. vom 15. Juli 1909 hat 35 Paragraphen. Der § 1 behandelt den Gegenstand der Besteuerung. Gegenstand der Besteuerung ist aller im Zollgebiet hergestellter fertige Schaumwein, mag er aus Traubenwein, Obstwein, Beerenwein (Fruchtwein) bereitet sein. Auch alle schaumweinähnlichen Getränke sind steuerpflichtig. Die Schaumweinsteuer (Verbrauchsabgabe) ist zu entrichten, bevor der Schaumwein aus der Erzeugungsstätte entfernt wird.[1]

Verzollter Schaumwein, also der aus dem Ausland bezogene Sekt, der verzollt ist, unterliegt nicht mehr der inneren Steuer. Was Schaumwein ist, sagt das Gesetz selbst nicht. In den Ausführungsbestimmungen heißt es, daß als Schaumwein gelten sollen alle Weine, Fruchtweine, weinhaltigen und fruchtweinhaltigen über 1%igen alkoholischen Getränke, deren Kohlensäure beim Öffnen der Flaschen unter Aufbrausen entweicht.

Schwierig ist die Erkennung der Steuerpflicht bei den schaumweinähnlichen Getränken d. h. bei jenen Flüssigkeiten, die zwar ohne Verwendung von Wein oder Fruchtwein hergestellt sind, die aber nach Geschmack und Aussehen als Ersatz für Schaumwein gelten können. Ob solche Getränke als schaumweinähnlich der Steuer unterworfen sind, entscheidet der Bundesrat (vgl. § 1 Abs. 5 und 6 der neuen AusfBest.) in jedem einzelnen Falle. Dagegen unterliegen alkoholfreie schäumende Getränke, wie die sog. Brausen, der Schaumweinsteuerpflicht nicht.

Als Schaumwein gelten auch nicht diejenigen schäumenden Weine, deren Kohlensäure im Wege der anerkannten Kellerbehandlung durch Gärung in offenen Gefäßen entstanden ist und diejenigen Fruchtweine, welche während der ersten Gärung auf Flaschen gefüllt und nicht entheft sind. (Vgl. nunmehr §§ 3 und 4 des WeinG. vom 9. April 1909 und die AusfBest. hiezu.)

Die durch BRBeschluß vom 12. Juni 1902 (§ 396 der Protokolle) erstmals genehmigten Schaumweinausführungsbestimmungen haben seitdem durch verschiedene BRBeschlüsse mehrfache Änderungen erfahren, so im Jahre 1903, wonach als schaumweinähnliche Getränke solche schäumende Flüssigkeiten in Betracht kommen, welche mehr als ein Gewichtsprozent Alkohol enthalten; nunmehr gelten die Ausführungsbestimmungen nach BRBeschluß vom 24. Juli 1909 (RZBlatt 1909 S. 265 ff.). Auch sonst hat der § 1 der alten AusfBest. namentlich hinsichtlich des Muskatweines und des Asti spumante usw. sowie wegen der Kostproben in den Schaumweinfabriken, welche steuerfrei sein sollen, seit 1902 mehrfache Abänderungen erhalten, die nunmehr in den neuen AusfBest. durchgehends berücksichtigt worden sind.

Der § 2 SchaumwStG. regelt die Höhe der Steuer. Diese Steuer ist nach der Novelle vom 15. Juli 1909 gestaffelt worden und wie folgt festgesetzt:

a) für jede Flasche Schaumwein, der aus Fruchtwein ohne Zusatz von Traubenwein hergestellt ist, 10 Pfennig Steuer;

b) für andere Schaumweine und schaumweinähnliche Getränke bei einem Preise der Flasche bis 4 Mark 1 Mark Steuer pro Flasche und bei einem Preise von mehr als 4 Mark bis 5 Mark die Flasche 2 Mark Steuer, bei einem Preise von über 5 Mark die Flasche 3 Mark Steuer. Für die halbe Flasche halbiert sich die Steuer, für noch kleinere Flaschen ist nur 1/4 des Normalsatzes zu entrichten, für ganz große Flaschen tritt eine Erhöhung der Steuer ein.

Ganze Flaschen enthalten 426 bis 850 ccm, halbe Flaschen 230 bis 425 ccm; für noch größere Flaschen mit mehr als 850 ccm kann der Bundesrat besondere Steuersätze festsetzen. (Vgl. auch pr. ZBlatt 1909 S. 392.)

Die Schaumweinsteuer ist vom Fabrikanten vor der Entfernung der Ware aus der Fabrik mittels richtiger Anbringung der Steuerzeichen zu ent-

[1] Über die Herstellung des Schaumweins, deren Kenntnis wegen der mangelnden Begriffsbestimmung für Schaumwein (Schaumwein im Sinne dieses Gesetzes sind alle der Schaumweinsteuer unterliegenden Getränke, § 1 Abs. II des Gesetzes) zur richtigen Anwendung des Schaumweinsteuergesetzes erforderlich ist, wird am Schlusse des Kapitels über die Schaumweinsteuer das Nötige mitgeteilt werden.

richten; wenn der Wein (abgesehen von der Kostprobe) in der Fabrik getrunken wird, ist vorher das Steuerzeichen an der Flasche anzubringen.

Der § 4 SchaumwStG. bestimmt, daß bei Verwendung von Auslandswein zur Herstellung von Schaumwein eine Weinzollrückvergütung stattfinden kann, wenn der daraus hergestellte Schaumwein steuerfrei ausgeführt wird. Nach § 5 des Gesetzes tritt eine Vergütung der Steuer für Proben und unbrauchbaren Wein ein, nämlich $^{5}/_{100}$ des Steuerwerts der in der Fabrik verwendeten Steuerzeichen. Nach § 6 des Gesetzes verjährt die Steuer in zwei Jahren, d. h. Ansprüche auf Zahlung oder Erstattung der Steuer verjähren nach zwei Jahren vom Tag des Eintritts der Steuerpflicht oder der Steuerentrichtung an. Der Anspruch auf Nachzahlung hinterzogener Schaumweinsteuer verjährt erst in drei Jahren.

Hiezu sind die §§ 16 bis 19 AusfBest. zu beachten, insbesondere ist hier bestimmt, daß noch nicht entwertete, unbeschädigte Steuerzeichen bei der Steuerhebestelle gegen solche mit anderen Wertbeträgen umgetauscht werden können. Für verdorbene noch nicht angebrachte Steuerzeichen kann unentgeltlich Ersatz geleistet werden, wenn der Schaden mindestens 3 Mark beträgt. Auch für irrtümlich bereits angebrachte Steuerzeichen kann Ersatz geleistet werden unter den in § 18 AusfBest. vorgesehenen Voraussetzungen. Diese bereits verwendeten Steuerzeichen sind, wenn ein Ersatz stattfindet, vollständig unter amtlicher Aufsicht zu vernichten, so daß sie nicht noch einmal Verwendung finden können. Wenn Schaumwein ins Ausland ausgeführt wird, bleibt die Flasche ohne Anbringung von Steuerzeichen und der Schaumwein ist steuerfrei. Auch die Aufnahme in eine Zollniederlage gilt der Ausfuhr gleich. Wird solcher Wein aus der Niederlage ins Zollinland wieder abgesetzt, so ist der Schaumwein z o l l zu entrichten (vgl. § 19 AusfBest. z. SchaumwStG.). Die Ausfuhr findet mittels Schaumweinsteuerbegleitschein statt nach Muster 2 der AusfBest.

Die §§ 7 bis 12 des Gesetzes behandeln die Steuerkontrolle der Schaumweinfabriken. Die Fabriken sind anzumelden, der Besitzer und Betriebsleiter und jeder Wechsel in diesen Personen oder Gesellschaften ist der Steuerstelle anzugeben. Der fertige unversteuerte Schaumwein darf nur in den genehmigten Lagerräumen gelagert, behandelt und verpackt werden. Auch genaue Buchführung hierüber ist geboten. Die Schaumweinfabriken unterliegen der Steuerkontrolle, auch halbfertige Erzeugnisse sind der Steuerkontrolle unterstellt.

Die Reichsbevollmächtigten für Zölle und Steuern und die Stationskontrolleure üben in bezug auf die Schaumweinsteuer dieselben Rechte und Pflichten aus, die sie bei der Erhebung und Verwaltung der Zölle und sonstigen Verbrauchssteuern haben (§ 28 Abs. II des Gesetzes).

Wichtig ist der § 13 des Gesetzes, da hiernach auch das Publikum eine Steuerkontrolle mitausüben soll. Wer Schaumwein empfängt, der an den Flaschen nicht das erforderliche Steuerzeichen hat, soll binnen drei Tagen der Steuerbehörde hievon Anzeige erstatten.

Die Schaumweinsteuerzeichen sind an den Flaschen solange zu erhalten, bis letztere geöffnet werden. Die Oberbeamten der Zollverwaltung können bei Händlern und Wirten zeitweilig die Vorräte von Schaumwein revidieren, ob die Steuerzeichen richtig angebracht sind. Schaumweinfabrikanten, Händler und Wirte, die schon einmal wegen Defraudation der Schaumweinsteuer gestraft worden sind, können einer verschärften Kontrolle unterstellt werden (§§ 13, 14 des Gesetzes).

Die §§ 15 bis 26 des Gesetzes handeln von den Strafbestimmungen. Die Strafen bestehen in Einziehung des Schaumweins, in Defraudationsstrafen, Ordnungsstrafen und Zwangsmaßregeln. Die Fälschung von Steuerzeichen wird gleichfalls strenge bestraft, sogar mit Verlust der bürgerlichen Ehrenrechte.

Ebenso wird das Nachmachen der Stempel, Siegel, Stiche, Platten usw., die zur Anfertigung von Schaumweinsteuerzeichen dienen können, oder das

Veräußern von schon einmal verwendeten Schaumweinsteuerzeichen mit Geldstrafe, auch mit Haft bestraft.

Wer schon einmal verwendete Schaumweinsteuerzeichen noch einmal verwendet, wird gleichfalls mit Geldstrafe geahndet (§ 23 des Gesetzes).

Die Schaumweinfabrikanten haften ebenso wie Wirte und Händler für ihre Angestellten und Gehilfen, sowie für ihre Haushaltsangehörigen in bezug auf verwirkte Geldstrafen, Prozeßkosten und die nachzuzahlende Steuer. Wird nachgewiesen (von dem Fabrikanten oder Händler usw.), daß die Zuwiderhandlung ohne ihr Wissen verübt worden ist, so haften die Betreffenden nur für die Steuer (§ 20 Abs. 1 des Gesetzes).

Es kann aber auch die verwirkte Geldstrafe bei den hier genannten Personen (Gehilfen, Haushaltsangehörigen usw.) nach dem Ermessen der Steuerbehörde in Haft- oder Gefängnisstrafe umgewandelt werden, ohne daß der subsidiarisch haftende Geschäftsherr zur Zahlung herangezogen wird (§ 20 Abs. 2).[1])

Auch die Herstellung von Schaumwein in noch nicht angemeldeten Geschäftsräumen oder die Lagerung von Schaumwein in nicht genehmigten Lagerräumen wird als Defraudation angesehen und nach § 17 l. c. mit der Defraudationsstrafe beahndet. Auch wenn Hersteller, Händler und Wirte Schaumwein in Gewahrsam haben, der nicht mit den erforderlichen Schaumweinsteuer- oder Schaumweinzollmarken versehen ist (§ 16 des Gesetzes), tritt Defraudationsstrafe ein.

Steuerzeichen, welche nicht in der vorgeschriebenen Weise verwendet und entwertet sind, werden als nicht vorhanden angesehen (§ 3). Es sind daher die hierauf bezüglichen Bestimmungen und Vorschriften genau zu beachten (vgl. §§ 6 und 10 der AusfBest.). Die früher vorgeschriebene Entwertung der Steuerzeichen ist fortgefallen.

Die näheren Bestimmungen über den Vertrieb und die Verwendung der Steuerzeichen sind in den Ausführungsbestimmungen enthalten. Die Steuerzeichen werden von der Reichsdruckerei hergestellt und sind von den Landesregierungen gegen Erstattung der Kosten zu beziehen. Von der Steuerhebestelle sind sodann die Steuerzeichen gegen Bezahlung des Steuerbetrages den Verbrauchern abzugeben. In dieser Beziehung sind auch der § 17 WeinG. vom 9. April 1909 und die Ausführungsbestimmungen hiezu noch in Betracht zu ziehen. Hienach muß Schaumwein eine Bezeichnung tragen, die das Land erkennen läßt, wo er auf Flaschen gefüllt ist, auch die Art der Herstellung muß kenntlich gemacht sein. Die schaumweinähnlichen Getränke müssen entsprechend gekennzeichnet sein. Es muß also auf den Flaschen die Bezeichnung angebracht sein: In Deutschland auf Flaschen gefüllt, in Frankreich auf Flaschen gefüllt, in Luxemburg auf Flaschen gefüllt, oder: deutscher, luxemburgischer, französischer Schaumwein oder Erzeugnis, oder: Mit Zusatz von Kohlensäure oder z. B. Apfelschaumwein, Johannisbeerschaumwein, Obstschaumwein, Beerenschaumwein. Der Bundesrat hat in den Ausführungsvorschriften zu § 17 WeinG. ganz eingehende Vorschriften über die Anbringung dieser Bezeichnungen auf den Schaumweinflaschen erlassen. Zu beachten sind auch §§ 9 und 10 der AusfBest. zum SchaumwStG.

Die Schaumweinsteuer kann gegen Sicherheitsleistung auf 9 Monate und ohne Sicherheit auf 3 Monate gestundet werden. Maßgebend für die Höhe der Steuer ist der Preis, zu welchem der Schaumwein vom Hersteller abgegeben wird (§ 3 der AusfBest.).

Die Erhebung und Verwaltung der Schaumweinsteuer erfolgt durch die Landeszollbehörden. Für die hieraus erwachsenden Kosten erhalten die Bundesstaaten 4 % der in dem betreffenden Bundesstaate zur Verrechnung gekommenen Bruttosolleinnahmen (§ 28 des Gesetzes, § 25 der AusfBest.).

---

[1]) Diese dem § 153 VZG. nachgebildete subsidiarische Haftung gilt als Strafe ohne kriminalistische Schuld, siehe S. 198 dieses Buches und S. 166 Deutsches Zollrecht von Löbe, III. Auflage.

Für die außerhalb der gemeinschaftlichen Zollgrenze liegenden Teile des Reichsgebiets, z. B. die Insel Helgoland, einige badische Gemeinden ist anstelle der Schaumweinsteuer ein entsprechender Ausgleichsbetrag an die Reichskasse zu entrichten.

Es gibt Zollausschlüsse, für welche Aversen bezahlt werden müssen und solche, für die keine Aversen zu entrichten sind. Zu den ersteren gehören die Insel Helgoland (Preußen) und einige badische Gemeinden (die badischen Zollausschlüsse). Zu den Zollausschlüssen der zweiten Gattung gehören die Hafenanlagen und Petroleumplätze von Geestemünde und das bremerhavensche und das stadtbremische Zollausschlußgebiet, die Zollausschlußgebiete von Hamburg-Freihafen und Cuxhaven, Emden. Für diese werden keine Zollaversen bezahlt, solange der Verbrauch von unverzollten Waren in diesen Zollausschlüssen nicht statthaft ist. (Vgl. BRDrS. 1907 Nr. 73.)

Der § 29 des Gesetzes behandelt den aus den Zollanschlüssen eingehenden Schaumwein, der nicht der Verzollung unterlegen hat. Auch der verzollte Schaumwein ist mit einem Schaumweinzollzeichen zu versehen, worauf steht: Verzollter Schaumwein. Auf Antrag kann ausländischen Schaumweinfabrikanten gestattet werden, diese Schaumweinzollzeichen schon im Ausland an den Flaschen anzubringen. Wie hiebei zu verfahren ist, regelt der § 29 der AusfBest., nach § 30 des Gesetzes.

Hinsichtlich der Zollanschlüsse kommt nur Luxemburg in Betracht, da in den beiden österreichischen Gemeinden Jungholz und Mittelberg keine Schaumweinfabriken bestehen. In dieser Beziehung ist das Abkommen des Deutschen Reiches mit dem Großherzogtum Luxemburg wegen Begründung einer Schaumweinsteuergemeinschaft vom 20. Mai 1902 (RGBlatt S. 232) zu erwähnen. Dieses Abkommen ist abgedruckt im pr. ZBlatt für Abgaben 1902 S. 208/9. Hienach besteht in Luxemburg die gleiche Besteuerung des Schaumweins wie im Deutschen Reich und für Schaumwein, der ordnungsmäßig mit den vorgeschriebenen Steuerzeichen versehen ist, besteht ebenso Verkehrsfreiheit wie für den verzollten Schaumwein. Dieses Abkommen ist im Jahre 1903 endgültig für die Dauer der Zollgemeinschaft zwischen dem Deutschen Reich und Luxemburg durch luxemburgisches Gesetz vom 3. März 1903 festgelegt worden.

Die Bestimmungen wegen der Nachsteuer des Schaumweins sowie die Übergangsbestimmungen sind heutzutage nicht mehr von Interesse. Die neuen Schaumweinsteuerausführungsbestimmungen (RZBlatt 1909 S. 374) sind vom 1. August 1909 ab in Kraft getreten.

Die Statistik über die Schaumweinbesteuerung in Deutschland ist in § 28 der neuen Ausführungsbestimmungen geregelt. Von Schaumwein aus Fruchtwein ohne Zusatz von Traubenwein (§ 2a SchaumwStG.) sind in 112 Fabriken im Jahre 1909 hergestellt worden 472 580 1/1 Flaschen. Hievon wurden versteuert 455 630 1/1 Flaschen.[1]) Von anderem Schaumwein und von schaumweinähnlichen Getränken wurden im Jahre 1909 hergestellt in 212 Fabriken 13 687 784 1/1 Flaschen, davon sind versteuert worden 11 738 490 1/1 Flaschen.[1]) Ausgeführt wurden im ganzen etwas über 1 1/2 Millionen Flaschen Schaumwein. Steuerfrei blieben als Bruch, Proben, wegen Zurücknahme in die Fabrik etwas über 100 000 Flaschen.

Die Schaumweinsteuer ergab im Jahre 1909 mit der Nachsteuer 12 1/2 Millionen Mark; an Steuer allein 9.2 Millionen Mark.

Als Schaumweinsteueristeinnahme ist für das Jahr 1911 im Haushaltsplan des Deutschen Reiches veranschlagt die Summe von 10,9 Millionen Mark. Als Rohsolleinnahme ist eingestellt der Betrag von 11,4 Millionen Mark, hievon gehen ab für Bruch und unbrauchbare Flaschen 600 000 Mark,

---

[1]) Die Versteuerung erfolgte in 1/1, 1/2, 1/4, 1/8 Flaschen; das Versteuerungsergebnis ist nur auf 1/1 Flaschen umgerechnet.

die Verwaltungskosten betragen 480000 Mark. Auf Jungholz, Mittelberg und Luxemburg treffen 44000 Mark, der Reichskasse sollen 10876000 Mark verbleiben.

§ 182.

Zum besseren Verständnis des Schaumweinsteuergesetzes und der hiezu verlangten Steuerkontrollen ist es unumgänglich notwendig, die Herstellung des Schaumweins zu kennen.

Die Erfindung der Herstellung des Champagnerweines soll einem Benediktinerpater zu verdanken sein, der in der Champagne am Ende des 17. Jahrhunderts zuerst Sekt bereitete. Erst in den dreißiger Jahren des 19. Jahrhunderts fing man an, auch in Deutschland Schaumwein anzufertigen. Für deutschen Schaumwein wird französischer, lothringischer und badischer Wein verwendet. Die Hauptsache bei der Herstellung des Schaumweins ist der Verschnitt (das Cuvée), indem in großen Behältern verschiedene Weine verschiedener Provenienzen miteinander vermischt werden. Nachdem die Mischung ordentlich durchgeführt ist, wird Zucker zugesetzt. Die Mischung wird sodann in starkwandige Flaschen abgesetzt behufs Gärung (Flaschengärung). Die Flaschen müssen sehr stark sein und die Korken fest durch Draht und mit eisernen Bügeln an den Flaschenhälsen befestigt sein. Hiebei entsteht, wenn der Zuckerzusatz nicht richtig berechnet ist, vielfach Bruch der Flaschen, die den Druck nicht aushalten können. Es muß daher während dieser Gärung das Flaschenlager dauernd überwacht werden. Nach Schluß der Gärung setzt sich die Hefe am unteren Teil der Flasche ab. Bis der Wein völlig klar wird, dauert es wohl manchmal einige Jahre; durch Schütteln der Flaschen auf den sog. Rüttelpulten wird die Absetzung der Hefe gefördert. Ist der Wein in den Lagerflaschen klar, so folgt das Degorgieren, das heißt das Abnehmen der Hefe und der sonstigen Ausscheidungen, der Wein wird enthefť. Sodann wird die Dosierung vorgenommen, d. h. die Likörlösung, welche den Schaumweinen den richtigen Charakter gibt, wird zugesetzt. Das Dosieren ist meist Geschäftsgeheimnis. Sodann wird die sorgfältig aufgefüllte Flasche fest verkorkt. Dies ist das Flaschengärungsverfahren.

In neuerer Zeit ist auch das Imprägnierungsverfahren aufgekommen. Hier wird die Kohlensäure nicht durch Flaschengärung selbst erzeugt, sondern durch künstliche Einpressung in die dosierten Flaschen hinzugetan. Dieses Imprägnierungsverfahren ist erheblich billiger, weil kein Bruch entsteht und nicht so lange dauert, aber der Wein ist nicht so edel wie bei der Flaschengärung.

Fertig ist der Schaumwein, wenn der degorgierte (enthefte) Wein bei Flaschengärung verkorkt ist, beim Imprägnierungsverfahren, wenn in die gefüllte dosierte Flasche die Kohlensäure (die mit Kohlensäure imprägnierte Flüssigkeit) hineingefüllt und die Flasche verkorkt ist. Zu Schaumwein werden Traubenwein, Fruchtwein, Beerenwein verwendet, aber auch ohne Wein durch Zusatz von Branntwein werden alkoholische schaumweinähnliche Getränke hergestellt. Alle diese Getränke sind steuerpflichtig. Steuerfrei sind nur die aus sterilisierten Fruchtsäften oder Most hergestellten brausenden Limonaden, Limetta usw.

Nun wird man die Bestimmungen in § 1 Abs. 3, 5, 6 der AusfBest. verstehen. Ebenso die Anordnung in § 22 Abs. 1, wonach fertiger unversteuerter Schaumwein nur in steuerlich genehmigten Lagerräumen aufbewahrt werden darf.

Nach § 29 Abs. 1 der AusfBest. soll in den statistischen Angaben bemerkt werden, ob die Herstellung des Schaumweins nach einem anderen Verfahren als durch Gärung auf der Flasche, dem sog. französischen Verfahren, oder durch Imprägnierung geschieht, ob die Fertigstellung von Schaumwein in anderen als den gewöhnlichen Umschließungen erfolgt, also in Umschließungen von mehr als 1700 ccm oder unter 120 ccm, in Fässern u. dgl.

Ferner wie der Umfang, die Herstellung, Versteuerung und Ausfuhr der einzelnen vom Bundesrat als schaumweinähnlich bezeichneten Getränke ist, endlich welche Menge wegen unentgeltlicher Abgabe zum Satze von einer Mark für 1/1 Flasche versteuert worden ist (vgl. § 2 der AusfBest.).

Als schaumweinähnliche Getränke unterliegt das sog. Pricco nach Entscheidung des Bundesrats der Schaumweinsteuer. Die statistische Nachweisung (Vierteljahrsheft des Kais. Statistischen Amtes in Berlin, 1910, III) hat demnach zwei Tabellen veröffentlicht: a) Schaumwein aus Fruchtwein ohne Zusatz von Traubenwein und b) anderer Schaumwein (aus Traubenwein) und steuerpflichtige schaumweinähnliche (alkoholische) Getränke.

Das Leuchtmittelsteuergesetz und das Zündwarensteuergesetz.

§ 183.

Die Reichsleitung hatte bei der Durchführung der Reichsfinanzreform von 1909 neben anderen Steuern auch eine Elektrizitäts- und Gassteuer in Aussicht genommen, außerdem ein Inseratensteuergesetz (vgl. BRDrS. 1908 Nr. 1000 und 1001). Die Elektrizitäts- und Gassteuer sollte 5 % des Abgabepreises der Anlagen, welche diese Lichtquellen gegen Entgelt abgeben, umfassen. Als Höchstgrenze sollten 0,4 Pfennig für die Kilowattstunde oder das Kubikmeter Gas gelten.

Dieser Normalsatz von 0,4 Pfennig sollte auch für Anlagen des eigenen Bedarfs in Anwendung kommen, für minderwertige Gase sollte der Satz auf 0,2 Pfennig herabgesetzt werden.

Diese Elektrizitäts- und Gassteuer wurde bereits in der Reichstagskommission am 20. März 1909 abgelehnt, desgleichen vom Plenum des Reichstags am 6. Juli 1909.

Die sog. Rumpfkommission hatte dafür am 28. Mai 1909 (RTDrS. Nr. 1442) einen Antrag auf Besteuerung der Beleuchtungskörper angenommen. Auch der Antrag auf Besteuerung der Zündwaren (Bericht der Rumpfkommission Nr. 1443, RTVerhandlungen 1908/9) kam in der Reichstagsverhandlung vom 6. Juli 1909 zur Debatte und schon am 10. Juli wurden das Leuchtmittelsteuergesetz und das Zündwarensteuergesetz im Reichstag in III. Lesung angenommen.

(Vgl. Bericht der 32. Kommission über den Entwurf eines Gesetzes betreffend Abänderungen im Reichsfinanzwesen, RTDrS. Nr. 992, Anl. Bd. Nr. 248 und über die Besteuerung der Beleuchtungsmittel, Anl. Bd. 255 Nr. 1442, 1435, Anl. Bd. 256 Nr. 1504, Bd. 237, 270. Sitzung, Anl. Bd. 257 Nr. 1607/8, Bd. 237, 280. Sitzung.

Die Besteuerung der Leuchtmittel sollte der Reichskasse einen Ertrag von 20 Millionen Mark einbringen, die Besteuerung der Zündwaren (Zündhölzer) wurde mit einem Ertrag von 25 Millionen Mark eingeschätzt.

Das Leuchtmittelsteuergesetz

vom 15. Juli 1909 ist im Reichsgesetzblatt Nr. 45 S. 880 ff. veröffentlicht. Das Gesetz hat nur 39 Paragraphen. Die Ausführungsbestimmungen zu diesem Gesetze (BRBeschluß vom 14. Oktober 1909, RZBlatt 1909 S. 800 ff.

und BRBeschluß vom 14. Juni 1911, BRDrS. Nr. 32, 1911, RZBlatt 1911 Nr. 35 S. 317 ff.) haben 52 Paragraphen mit 16 Musterbeilagen und mit der Leuchtmittellagerordnung. Die Leuchtmittelnachsteuerordnung mit 9 Paragraphen kommt zurzeit nicht mehr weiter in Betracht.

Nach § 1 des Leuchtmittelsteuergesetzes unterliegen elektrische Glühlampen und Brenner für solche, Glühkörper (Glühstrümpfe) für Gas-, Spiritus- Petroleum- und ähnliche Glühlampen, Brennstifte für elektrische Bogenlampen und die Quecksilberdampflampen einer Reichsverbrauchssteuer.

Die Steuer beträgt:

a) für elektrische Glühlampen und für Brenner zu solchen:

1. Kohlenfadenlampen

	für das Stück
bis zu 15 Watt	5 Pfennig
von über 15 Watt bis 25 Watt .	10 „
von über 25 Watt bis 60 Watt .	20 „
von über 60 Watt bis 100 Watt .	30 „
von über 100 Watt bis 200 Watt .	50 „
von über 200 Watt für jedes angefangene weitere 100 Watt je .	25 „

2. Metallfadenlampen, Nernstlampenbrenner und andere Glühlampen

	für das Stück
bis zu 15 Watt	10 Pfennig
von über 15 Watt bis 25 Watt .	20 „
von über 25 Watt bis 60 Watt .	40 „
von über 60 Watt bis 100 Watt .	60 „
von über 100 Watt bis 200 Watt .	100 „
von über 200 Watt für jedes angefangene weitere 100 Watt je .	40 „

b) für Glühkörper (Glühstrümpfe) zu Gasglühlicht und ähnlichen Lampen: 10 Pfennig für jedes Stück;

c) für Brennstifte zu elektrischen Bogenlampen:
1. aus Reinkohle: 60 Pfennig für das Kilogramm;
2. aus Kohle mit Leuchtzusätzen und für alle übrigen Brennstifte: 1 Mark für das Kilogramm;

d) für Brenner zu Quecksilberdampflampen und ähnliche Lampen bis 100 Watt: 1 Mark für das Stück und für solche von höherem Verbrauch je 1 Mark mehr für jedes angefangene weitere 100 Watt.

Der § 1 der neuen AusfBest. zum LeuchtmStG. erörtert des näheren, was als Gegenstand der Leuchtmittelbesteuerung im Sinne dieses Gesetzes zu gelten hat; der § 2 der AusfBest. gibt die Ausnahmen von der Besteuerung.

Beleuchtungsmittel, die aus dem Auslande eingehen, unterliegen neben dem Zoll der Inlandssteuer selbst dann, wenn die Sendung auf Grund des § 5 ZTG. zollfrei belassen wird.

Der Steuer unterliegen nicht die Beleuchtungsmittel, welche zu anderen als Beleuchtungszwecken, also z. B. zu Heilzwecken, zu Heizzwecken, zum Sterilisieren dienen, ferner Beleuchtungsmittel, die in einer Fabrik, in einem Leuchtmittellager oder in einer Prüfungsanstalt für steuerpflichtige Beleuchtungsmittel (§ 33 der AusfBest.) ausschließlich zu Versuchs- oder Meßzwecken verbraucht werden, oder in einer Fabrik ausschließlich zu anderen als Beleuchtungszwecken dienen oder als Muster Verwendung finden, endlich Reisemuster, deren Verwendung zum Beleuchten durch besondere Maßnahmen unmöglich gemacht ist. Gegebenenfalls kann Verwendungskontrolle angeordnet werden. Beleuchtungsmittel, die zur ordnungsmäßigen Ausrüstung von Fahrzeugen dienen, bleiben beim Eingang vom Ausland steuerfrei, wenn die Fahrzeuge auch zollfrei belassen werden können, also wenn z. B. ein Wagen nach § 6 Ziff. 8 ZTG. zollfrei belassen wird, bleibt auch die elektrische Laterne zollfrei und steuerfrei.

In § 2 LeuchtmStG. wird, wie bemerkt, die Berechnung der Leuchtmittelsteuer bestimmt und der § 2 der AusfBest. erläutert diese Gesetzesvorschrift des näheren, indem angeordnet ist, daß die Steuer von jeder einzelnen Packung nach ihrem Inhalt, bei Brennstiften zu Bogenlampen nach ihrem Reingewichte berechnet wird.

Das Leuchtmittelsteuergesetz erfaßt die Steuerpflicht an den Beleuchtungskörpern selbst, die aber nur steuerpflichtig sind, wenn sie zur Beleuchtung dienen. Kohlenfadenlampen verbrauchen 3 1/2 Watt für eine Hefnerkerze Licht, Wolfram- und Metallfadenlampen nur 1 1/2 Watt für eine Hefnerkerze, daher sind letztere doppelt so hoch besteuert als Kohlenfadenlampen.

Watt = das Produkt aus Ampére und Volt. Ampére ist die Stärke der Stromleitung und Volt ist die Stärke der Spannung. (Vgl. Abhandlung über die Leuchtmittelsteuer in der Zeitschrift für Zollwesen und Reichssteuern, von Rassow, Jahrgang 1910 Nr. 1.) Eine elektrischer Strom von 10 Volt Spannung und 5 Ampére Stromstärke leistet $10 \times 5 = 50$ Watt.

Eine Angabe an dem Sockel einer Glühlampe von 16. 110. 50 bedeutet, daß die Lampe eine Kerzenstärke von 16, eine Spannung von 110 Volt hat und 50 Watteinheiten verbraucht. Eine Angabe wie 16. 110. 19 bedeutet, daß die Lampe 16 Kerzenstärke Helligkeit hat, 110 Volt Spannung ertragen kann, aber nur 19 Watteinheiten verbraucht.

Im ersteren Fall ist der Wattverbrauch für eine Kerzenstärke $^{50}/_{16}$, also über 3, die Glühlampe muß also eine Kohlenfadenlampe sein; im zweiten Fall werden nur $^{19}/_{16}$ Watt für eine Kerzenstärke beansprucht, dies muß also eine Metallfadenlampe sein.

Neben der Inlandssteuer haben die vom Ausland eingeführten Beleuchtungsmittel den Eingangszoll zu tragen.

In § 3 der AusfBest. erfolgt eine nähere Angabe, wie die Berechnung der Steuer stattfinden soll. Die Steuer wird von den Brennstiften zu Bogenlampen nach dem Reingewichte, von den übrigen Beleuchtungsmitteln nach der Stückzahl berechnet. Außerdem ist angegeben, was als Wattverbrauch zu gelten und wie weit Überschreitungen des wirklichen Wattverbrauchs gegenüber dem angegebenen unberücksichtigt bleiben können.

§ 184.

Der § 3 des Gesetzes bestimmt, daß die Steuer vom Hersteller (Fabrikanten) mittels Verwendung von Steuerzeichen an den Packungen zu entrichten ist, bevor die fertigen, verpackten Fabrikate aus der Fabrik entfernt werden. Bei den aus dem Auslande eingeführten Beleuchtungsmitteln hat neben der Verzollung die Versteuerung durch Anbringung der Steuermarken stattzufinden. Doch kann durch BRBeschluß von Verwendung und Anbringung von Steuerzeichen bei den Fabrikanten abgesehen werden (vgl. § 7 des Gesetzes).

Die Verwendung von Steuerzeichen ist nicht erforderlich, wenn die Leuchtmittel unter amtlicher Kontrolle zur Ausfuhr angemeldet und ausgeführt werden. Eine Stundung der Steuer findet ohne Sicherheitsleistung auf drei Monate, gegen Sicherheitsleistung auf sechs Monate statt. Das unter Steuerverschluß stehende Lager kann als Sicherheit angesehen werden.

In § 4 des Gesetzes findet sich die Anordnung, wann eine Vergütung der Steuer stattfindet, nämlich wenn versteuerte Leuchtmittel vom Empfänger als unbrauchbar dem Fabrikanten zur Verfügung gestellt und zurückgenommen werden. Nach § 5 des Gesetzes verjährt die Leuchtmittelsteuer in einem Jahre, d. h. Ansprüche auf Erstattung oder Hereinzahlung der Steuer verjähren in einem Jahre. Der Anspruch auf Zahlung eines hinterzogenen Steuerbetrages verjährt erst in drei Jahren.

Hier sind auch gleich die §§ 6 und 10 des Gesetzes in Betracht zu ziehen. Nach § 6 des Gesetzes besteht der Verpackungszwang dergestalt, daß steuerpflichtige Leuchtmittel aus den Herstellungsbetrieben und aus dem Auslande nur in vollständiger, vorgeschriebener Packung in den freien Verkehr des

Inlands übergeführt werden. Auf jeder Packung ist der Inhalt, die Steuerklasse, die Handelsmarke und der Steuerpflichtige anzugeben. Bei der Einfuhr von Leuchtmitteln aus dem Ausland können Erleichterungen zugestanden werden. Nach § 10 des Gesetzes dürfen steuerpflichtige Leuchtmittel sowie die zu ihrer Herstellung erforderlichen Rohstoffe und Halbfabrikate nur in den angemeldeten Räumen gelagert werden.

Hiezu haben die Ausführungsbestimmungen in den §§ 4 bis 27 die erforderlichen Erläuterungen gegeben. Zu § 4 des Gesetzes gehören die §§ 28 und 29 der AusfBest.

Hienach ist folgendes anzuführen:

Die Steuerpflicht für Beleuchtungsmittel tritt ein für Inlandsfabrikate, sobald sie aus den Räumen der Fabrik entfernt oder innerhalb dieser Räume zu Beleuchtungszwecken verwendet werden, für Auslandsfabrikate bei der Einfuhr. Die aus dem Ausland eingehenden Beleuchtungsmittel sind zugleich mit dem Zollpapier oder mit Anmeldung Muster 11 zur Versteuerung anzumelden. Im kleinen Grenzverkehr und im Reiseverkehr genügt auch mündliche Anmeldung (§ 23 der AusfBest.).

Von der Verwendung von Steuerzeichen wird nunmehr nach BRBeschluß in bezug auf §§ 3, 6 und 10 des Gesetzes abgesehen. Die Sicherung des Steueraufkommens geschieht durch Buchführung und Steueraufsicht (§§ 7, 9 und 11 des Gesetzes).

Die Fabriken müssen demnach so eingerichtet sein, daß die Ablieferung der fertigen Leuchtmittel, ihre Lagerung, ihre Verpackung und ihr Abgang aus den Betrieben in geordneter und von der Steuerbehörde leicht kontrollierbarer Weise erfolgt und daß das Steueramt den Gang der Herstellung und den Verbleib der Leuchtmittel in der Fabrik verfolgen kann. Die fertigen Leuchtmittel sind in der Regel ins Ausgangslager zu verbringen, wohin auch die vom Ausland bezogenen unversteuerten Beleuchtungsmittel aufzunehmen sind (§ 6 der AusfBest.). Aus dem Ausgangslager werden die Beleuchtungsmittel entweder zur Versteuerung abgemeldet oder unversteuert auf eine andere Fabrik überwiesen, oder in ein Zollager verbracht oder zur Ausfuhr angemeldet. Auch können sie wegen Untauglichkeit usw. wieder in den Fabrikbetrieb zurückgebracht werden (§ 7 der AusfBest.). Der § 8 der AusfBest. ordnet das Nähere über die Verpackung (Verpackungszwang) an. Die Verpackung muß eine vollständig geschlossene äußere Umschließung darstellen. Daß der Hersteller, der Wattverbrauch, die Steuerklasse, die Spannung (mit Ausnahme bei Glühlampen bis 15 Watt) an den Lampen, Bogenstiften, Brennern anzugeben ist, wurde bereits bemerkt. Für die Angabe des Herstellers und des Wattverbrauchs oder der Steuerklasse können bestimmte, von der Direktivbehörde ein- für allemal genehmigte Zeichen benutzt werden (§ 8 der AusfBest.). § 9 der AusfBest. regelt die Buchführung in den Leuchtmittelfabriken, hiefür sind die Muster 1 bis 4 der AusfBest. maßgebend.

Nach § 10 der AusfBest. hat alle Vierteljahre einmal oder auch in längeren Zeitabschnitten nach Bestimmung der Direktivbehörde eine Lagerbestandsaufnahme stattzufinden. Es können auch außerordentliche Bestandsaufnahmen vom Hauptamte angeordnet werden. Die Buchführung über Heimarbeit ist in § 11 der AusfBest. geregelt. Es ist ein besonderes Heimarbeitsbuch vom Fabrikanten zu führen.

Die weiteren Paragraphen der AusfBest. betreffen den Verkehr mit Beleuchtungsmitteln.

Leuchtmittelfabrikanten und Leuchtmittelhändlern kann ein Steuerlager bewilligt werden nach Maßgabe der Lagerordnung.

Die Leuchtmittellagerordnung hat 20 Paragraphen. Die Leuchtmittellager sind nunmehr sog. offene Leuchtmittelsteuerlager, ohne amtlichen Mitverschluß. Der Lagerinhaber haftet für die Leuchtmittelsteuer, die auf den zum Lager abgelassenen Beleuchtungsmitteln ruht. Für die Steuer ist gegebenenfalls Sicherheit zu leisten, wenn nicht die Lagerräume selbst als Sicherheit dienen. Die Lagerfrist ist fünf Jahre. Im Lager dürfen die Beleuchtungsmittel umgepackt werden. Auch ist eine gewisse weitere Bearbeitung zulässig, soweit die Steuerklasse und die Benennung der Ware nicht geändert wird. Die Genehmigung des Lagers ist widerruflich.

Für die sog. Leuchtmittelprüfungslager bestehen noch besondere Vorschriften, ebenso für die Leuchtmittelbearbeitungslager, wenn z. B. Leuchtmittel in Taschenlaternen eingefügt werden sollen. Wer die Bestimmungen über die Leuchtmittellagerordnung übertritt, wird mit einer Ordnungsstrafe von 1—300 Mark geahndet.

§ 185.

Wie bereits bemerkt, ist bei der Einfuhr ausländischer Beleuchtungsmittel neben der Inlandssteuer der Zoll zu entrichten.

Der Zoll beträgt für Bogenlampen 20 bis 40 Mark für 1 dz, für Scheinwerfer, Reflektoren 20 Mark für 1 dz, für elektrische Glühlampen 80 Mark für 1 dz, für elektrische Vorrichtungen zur Beleuchtung 4 bis 40 Mark für 1 dz, je nach dem Eigengewichte des Gegenstandes, für Glühstrümpfe 100 bis 800 (v. 500) Mark für 1 dz je nach dem Stoff, aus dem die Glühstrümpfe gefertigt sind, für Beleuchtungskohlenstifte und Kohlenfäden 30 Mark für 1 dz.

In § 13 der AusfBest. ist die Abgabe von Beleuchtungsmitteln an andere Fabriken oder in andere Steuerlager näher erörtert, hiezu dienen die Muster 5 bis 8 der AusfBest. In §§ 14 bis 18 der AusfBest. wird die Ausfuhr mit der Eisenbahn und zu Wasser sowie mit der Post näher geregelt, wobei die Muster 9 bis 10a der AusfBest. in Betracht kommen. Hier sind weitgehende Erleichterungen zugestanden. Die §§ 19 bis 21 der AusfBest. handeln von der Einfuhr ausländischer Beleuchtungsmittel sowie von den Leuchtmittelretourwaren. Auch hiefür bestehen wichtige Erleichterungen.

Die §§ 22 bis 27 der AusfBest. handeln von der Steuererhebung. Die Steuererhebung gründet sich, wie bemerkt, auf die Fabrikbuchführung, wobei die Muster 11 bis 12 der AusfBest. in Anwendung kommen. Das Leuchtmittelsteuereinnahmebuch ist nach Muster 13 zu führen.

Auf Antrag kann die Leuchtmittelsteuer vom Hauptzollamt auf drei Monate gestundet werden und zwar in der Regel ohne Sicherheitsleistung bei zuverlässigen Fabrikanten oder Händlern, bei einer Stundung auf sechs Monate ist Sicherheit zu leisten.

Der Steuernachlaß nach § 4 des Gesetzes beruht auf der Erkenntnis, daß bei Herstellung der Beleuchtungsmittel viel Bruch entsteht. Es wird deshalb dem Leuchtmittelfabrikanten oder dem Inhaber eines Leuchtmittelsteuerlagers ein Steuererlaß von 5 bis 10% der entrichteten Steuerbeträge fürs Jahr gewährt (vgl. Muster 14). Dieser Nachlaß ist gegebenenfalls auf die gestundete Steuer anzurechnen (§§ 28 und 29 der AusfBest.).

§ 186.

Nach §§ 8 und 9 des Gesetzes, wozu die Ausführungsbestimmungen in §§ 30 bis 31 die näheren Erläuterungen gegeben haben, ist bestimmt, daß, wer gewerbsmäßig Beleuchtungsmittel von der im Gesetze angegebenen Art herstellen will, bei der Steuerbehörde eine Anmeldung mit genauer Angabe der Beleuchtungsmittel, die hergestellt werden sollen, einzureichen hat. Jede Änderung hiewegen ist gleichfalls anzuzeigen. Die Verpflichtung des Fabrikinhabers zur Anmeldung der Betriebs- und Lagerräume erstreckt sich auch auf die Heimarbeiter.

Der Kleinverkauf steuerpflichtiger Beleuchtungsmittel ist den betreffenden Fabrikanten nur in einem vom Fabrikationsraum und Ausgangslager vollständig getrennten Raume gestattet. In diesem Verkaufsraume dürfen keine unversteuerten Beleuchtungsmittel lagern noch Einrichtungen oder Werkzeuge zur Herstellung von Beleuchtungsmitteln vorhanden sein (§ 37 der AusfBest.).

Die Verkäufer steuerpflichtiger Beleuchtungsmittel (die Leuchtmittelhändler) sind verpflichtet, den Steuerbeamten ihre Waren vorzuzeigen, ob sie der Bestimmung des § 6 des Leuchtmittelsteuergesetzes hinsichtlich des Verpackungszwanges und der Angaben über Hersteller usw. entsprechen. Die Leuchtmittelhändler haben alsbald der Steuerbehörde Anzeige zu erstatten, wenn sie nicht richtig verpackte und bezeichnete Leuchtmittel erhalten.

Der § 9 des Gesetzes handelt von den Vorschriften für die Fabriken und die §§ 11 und 12 des Gesetzes betreffen die Steueraufsicht.

Steuerpflichtige Beleuchtungsmittel sowie die Rohstoffe dazu und die Halbfabrikate dürfen nur in den angemeldeten Räumen gelagert und verpackt werden. Überhaupt stehen die Gewerbebetriebe, welche steuerpflichtige Beleuchtungsmittel herstellen, unter Steueraufsicht und die Betriebsinhaber haben den Steuerbeamten jede für die Steueraufsicht und auch zu statistischen Zwecken erforderliche Auskunft zu geben, sowie die nötigen Hilfsdienste zu leisten. Die Oberbeamten der Steuerverwaltung können auch die Geschäftsbücher einsehen.

Hiewegen geben die §§ 32 bis 35 der AusfBest. die erforderlichen Erläuterungen. Die Steuerbeamten sind auch befugt, von Zeit zu Zeit Proben von Beleuchtungsmitteln zu entnehmen und die Richtigkeit der über sie gemachten Angaben nachprüfen zu lassen. Die Prüfung der Beleuchtungsmittel kann bei der Physikalisch-technischen Reichsanstalt oder bei einer anderen vom Reichskanzler bezeichneten Anstalt vorgenommen werden.

Für Betriebe unter ständiger steuerlicher Überwachung können von der Obersten Landesfinanzbehörde besondere Erleichterungen zugestanden werden.

Nach § 13 des Gesetzes kann der Bundesrat für Halberzeugnisse zu Leuchtmitteln Sicherungsmaßnahmen anordnen, was durch § 36 der AusfBest. geschehen ist.

Die Sicherungsmaßregeln für fertige Beleuchtungsmittel sollten bekanntlich darin bestehen, (§ 16 des Gesetzes), daß die Steuerzeichen an den Packungen solange unverletzt zu erhalten sind, bis diese zur Vornahme des stückweisen oder Kleinverkaufs geöffnet werden. Eine Nachfüllung der geöffneten Packungen ist verboten. Der Einzelverkauf darf nur mit oder aus den zugehörigen Packungen erfolgen. Geleerte Umschließungen dürfen ohne vorherige Beseitigung der Steuerzeichen weder an Fabrikanten noch an Händler zurückgegeben werden. Diese Gesetzesvorschriften sind nach Maßgabe des § 7 des Gesetzes durch § 38 der AusfBest. für die Fabrikanten erheblich gemildert worden.

Wer als Verkäufer steuerpflichtige Beleuchtungsmittel empfängt, die nicht in der vorgeschriebenen Weise verpackt, bezeichnet (oder mit Steuerzeichen versehen sind), hat innerhalb drei Tagen der Steuerbehörde Anzeige zu erstatten.

Hiezu kommen noch die in § 36 der AusfBest. erlassenen Anordnungen in Betracht, wonach auch dann, wenn zur Herstellung von Glühstrümpfen geeignete Web- und Wirkwaren, z. B. Schläuche, Rohstrümpfe versendet werden sollen, entsprechende Anzeige zu erstatten ist (bei der Steuerbehörde). Der Hersteller solcher Halbfabrikate hat gleichfalls ein entsprechend eingerichtetes Steuer- und Versendungsbuch zu führen.

Der Abschnitt III der AusfBest. handelt in §§ 39 bis 48 von der Gebührenerhebung.

Amtliche Abfertigungen an ordentlichen Amtsstellen in den Fabriken oder in den Steuerlagern sind gebührenfrei. Ausnahmen bestehen für Abfertigungen an Sonntagen (und Feiertagen) sowie für Abfertigungen von mehr als acht Stunden Zeitumfang bezüglich der überschreitenden Zeit. Auch die Abfertigungen, die nicht an ordentlichen Amtsstellen, in den Fabriken oder Steuerlagern erfolgen, sind gebührenpflichtig. Für die Überwachung von Begleitscheinsendungen unterwegs sind in der Regel Gebühren zu erheben. Doch bleiben wieder gewisse Abfertigungen von Begleitscheingütern und Begleitungen gebührenfrei (vgl. § 41 der AusfBest.).

Der § 42 der AusfBest. ordnet noch an, daß Gebühren in der Regel erhoben werden sollen, wenn es sich um einen Beamtenaufwand handelt, der durch den Beteiligten selbst verschuldet wird. Die §§ 43 bis 46 regeln die Höhe der Gebühren und die ständigen Verwaltungskostenbeiträge. Die zur Hebung gelangenden Gebühren und Verwaltungskostenbeiträge gehören den Bundesstaaten.

Nach § 37 des Gesetzes und § 49 der AusfBest. werden den Bundesstaaten vom Reich 4 % der Rohsolleinnahme als Verwaltungskosten vergütet.

Die §§ 50 bis 52 der AusfBest. regeln die Statistik (Muster 15/16), worüber später noch das Nähere besprochen wird.

Die §§ 17 bis 33 des Gesetzes handeln von den Strafvorschriften. Die Hinterziehung der Leuchtmittelsteuer (vgl. § 18 des Gesetzes) wird mit einer Geldstrafe in Höhe des vierfachen Betrags der hinterzogenen Steuer geahndet, mindestens aber mit 50 Mark. Außerdem ist die Steuer nachzuzahlen. Soweit der Steuerbetrag nicht festzustellen ist, tritt Geldstrafe bis 50 000 Mark ein.

Auch die Beihilfe und Begünstigung zu einer Übertretung wird in diesem Falle mit einer Geldstrafe bis 150 Mark bestraft (vgl. § 49 und 257 RStGB.). Der § 20 des Gesetzes handelt vom Rückfall und von den ferneren Rückfällen, die noch strenger bestraft werden.

Die Vorschriften wegen Hinterziehung der Steuer finden auch Anwendung auf die unrechtmäßige Erwirkung einer Steuerbefreiung, Steuervergünstigung oder Steuervergütung. Der zu Ungebühr empfangene Betrag ist zurückzuzahlen (§ 21 des Gesetzes).

Steuerpflichtige Beleuchtungsmittel, die nicht vorschriftsmäßig verpackt und bezeichnet sind oder deren Packungen nicht mit den vorschriftsmäßigen Steuerzeichen versehen sind, werden eingezogen (ausgenommen sind die Fälle des § 7 des Gesetzes; vgl. auch § 38 der AusfBest.). Die Fälschung von Steuerzeichen wird mit Gefängnis und eventuell Verlust der bürgerlichen Ehrenrechte bestraft.

Die §§ 24 bis 26 des Gesetzes handeln von der Wiederverwendung von schon einmal verwendeten Steuerzeichen, von der Veräußerung oder dem Feilbieten solcher schon verwendeter Steuerzeichen, von widerrechtlicher Anfertigung von Stempeln, Siegeln usw.

Zuwiderhandlungen gegen die Vorschriften des Leuchtmittelsteuergesetzes, welche sich als Ordnungswidrigkeiten charakterisieren, werden mit einer Ordnungsstrafe von 1—300 Mark bestraft (vgl. §§ 1 und 7 RStGB.).

Der § 28 des Gesetzes statuiert wie in den übrigen Steuergesetzen so auch zur Sicherung der Leuchtmittelsteuer die Haftung der Leuchtmittelfabrikanten für ihre Angestellten sowie für die Familienangehörigen in bezug auf Geldstrafen und der Kosten des Strafverfahrens sowie der Steuer — wenn nachgewiesen wird (von der Steuerverwaltung), daß die Zuwiderhandlung mit ihrem Wissen verübt wurde, oder daß sie in der Auswahl ihrer Angestellten oder bei der Aufsicht ihrer Angehörigen nicht mit der Sorgfalt eines ordentlichen Geschäftsmanns vorgegangen sind. Gelingt dieser Nachweis nicht, so haften die Fabrikanten nur für die Steuer.

Am Schluß des § 28 und in § 29 des Gesetzes ist die Umwandlung der Geldstrafen in Haft- oder Gefängnisstrafen geregelt. Der § 30 des Gesetzes setzt die Zwangsmaßregeln fest, die neben der Verhängung von Ordnungsstrafen, zur Ergänzung von Anordnungen der Steuerbehörde, vorgekehrt werden können. Die Strafverfolgung von Leuchtmittelsteuerhinterziehungen verjährt in drei Jahren, von Ordnungswidrigkeiten in einem Jahr (§ 31 des Gesetzes). Hinsichtlich des Strafverfahrens bewendet es bei den Vorschriften über Bestrafung, Strafmilderung und Straferlaß in Zollsachen. Die Geldstrafen und die Erlöse aus eingezogenen Beleuchtungsgegenständen (§ 22 des Gesetzes) verbleiben dem aburteilenden Staate, mit Ausnahme jenes Falles, wenn nach § 19 Abs. II des Gesetzes der Steuerbetrag nicht festgestellt werden kann und daher eine Gesamtgeldstrafe (bis zu 50 000 Mark) verhängt wird. In diesem Falle erhält die Reichskasse $^1/_5$ des Strafbetrags. Ein im Strafverfahren eingegangener Geldbetrag ist zunächst immer auf die Steuer zu verrechnen (§ 33 des Gesetzes). Für das außerhalb der Zollgrenze liegende Reichsgebiet Helgoland hat Preußen Ausgleichungsbeträge an die Reichskasse zu entrichten (§ 34), dagegen werden die auf die Zollanschlüsse treffenden Anteile an diese (Luxemburg, Mittelberg, Jungholz) hinausbezahlt (§ 36). § 35 des Gesetzes ist ohne Bedeutung.

Die Abfindung, die Preußen für die Insel Helgoland (1911) an die Reichskasse zu bezahlen hat, berechnet sich nach einer Reineinnahme von fast 9 Millionen Mark für 2334 Köpfe nach der Volkszählung von 1905. Baden zahlt für seine Zollausschlüsse keine Leuchtmittelsteuerabfindung. Ebenso werden für die übrigen Zollausschlüsse keine Abfindungen entrichtet. Wegen einiger auf die Zollausschlüsse bezüglicher Sonderbestimmungen vgl. §§ 15 und 16 der AusfBest.

Wie bereits bemerkt, vergütet für die Erhebung und Verwaltung der Leuchtmittelsteuer das Reich an die Bundesstaaten, deren Zollbehörden die Verwaltung haben, 4% der in dem betreffenden Staatsgebiete zur Verrechnung gekommenen Rohsolleinnahme.

Für das Jahr 1911 ist die Rohsolleinnahme an Leuchtmittelsteuer auf 10 Millionen Mark veranschlagt, die Steuervergütungen nach § 4 des Gesetzes und § 12 der AusfBest. sind mit 6% angenommen (600000 Mark), die Verwaltungskosten betragen 400000 Mark, bleiben 9 Millionen Mark Isteinnahme, auf Luxemburg, Jungholz und Mittelberg treffen 37000 Mark, verbleiben der Reichskasse 8963000 Mark.

Die Reichsbevollmächtigten für Zölle und Steuern und die Stationskontrolleure haben hinsichtlich der Leuchtmittelsteuer die Reichsaufsicht wie bei den Zöllen.

Die §§ 38 und 39 des Gesetzes behandeln nur Übergangsvorschriften und die längst erledigte Nachversteuerung; der § 40 des Gesetzes bestimmt, daß das Leuchtmittelsteuergesetz am 1. Oktober 1909 in Kraft getreten ist. Der § 50 der AusfBest. zum LeuchtmStG. trifft die Anordnungen wegen der Statistik.

Den Ausführungsbestimmungen sind 17 Musterformularien beigegeben, eine Leuchtmittellagerordnung (20 Paragraphen) mit 13 Formularien.

Die den Leuchtmittelfabrikanten bewilligten Leuchtmittelsteuerlager sind Privatlager ohne amtlichen Mitverschluß und gelten hiefür die Bestimmungen des Privatlagerregulativs (AusfBest. der Lagerzollordnung).

§ 187.

Nach §§ 50 bis 52 der AusfBest. zum LeuchtmStG. über die Statistik sind, wie noch zu bemerken ist, Übersichten über die Anzahl der Leuchtmittelfabriken und die Mengen der hergestellten Leuchtmittel aufzustellen, ferner ist eine Übersicht über den Steuerertrag anzufertigen. Außerdem sind bei der Statistik noch folgende Punkte besonders ins Auge zu fassen:

1. Umfang und Herstellung der Quecksilberdampflampen;

2. Umfang des Verkehrs mit Halberzeugnissen von steuerpflichtigen Beleuchtungsmitteln (unfertige Strümpfe);

3. Wahrnehmungen über etwa in Verkehr kommende neue Arten von Beleuchtungsmitteln, z. B. das amerikanische Moorelicht, Glühstrümpfe mit Asbestrippen, die Anfertigung von Mikroglühkörpern für Treppenbeleuchtung;

4. Umfang der Heimarbeit. In der Heimarbeit werden in der Leuchtmittelindustrie zahlreiche Frauen und Mädchen beschäftigt, z. B. zum Benähen der Glühkörper usw.

Mit dem Großherzogtum Luxemburg besteht eine Leuchtmittelgemeinschaft vom 14. Oktober 1909 (RGBlatt 1910 S. 513).

Im deutschen Zollgebiet gibt es 175 Leuchtmittelfabriken. Die Herstellung betrug 1910 fast 14 Millionen Stück Kohlenfadenglühlampen, 17,8 Millionen Stück Metallfadenglühlampen, 253456 Nernstlampen usw., 4541 Brenner zu Nernstlampen, 61,4 Millionen Glühkörper zu Gaslampen, 4,4

Millionen Stück Brennstifte für Bogenlampen als Reinkohle, 1 Million Stück Brennstifte für Bogenlampen mit Leuchtzusätzen. Versteuert wurden von den hergestellten Leuchtmitteln etwa 1/3, 2/3 ausgeführt. Die Einnahmen aus der Leuchtmittelsteuer betrugen 1910 9,9 Millionen Mark.

§ 188.

Das Leuchtmittelsteuergesetz wurde, wie bereits bemerkt, von der Rumpfkommission in Vorschlag gebracht. Als nämlich am 28. Mai 1909 die 32. Kommission auch die Erhöhung des Kaffee- und Teezolles beraten wollte, erklärten mehrere Kommissionsmitglieder, daß eine solche Beratung nicht zulässig wäre, ohne daß die Kommission vom Plenum hiezu beauftragt sei. Als trotzdem die Erhöhung des Kaffee- und Teezolles auf die Tagesordnung gesetzt wurde, blieben zehn Mitglieder der Kommission ferne, und es tagte also nur mehr die Rumpfkommission. Zur Begründung des Leuchtmittelsteuergesetzentwurfs wurde angeführt, daß sich dieser Gesetzentwurf an die Regierungsvorlage hinsichtlich der Besteuerung der Glühkörper und Beleuchtungsmittel anlehne. Die Regierungsvorlage zu dem Elektrizitäts- und Gassteuergesetz sei abgelehnt worden hauptsächlich wegen der Bedenken gegen eine Besteuerung der elektrischen Kraft und des Gases zu Maschinenzwecken. Eine Besteuerung der im Leuchtmittelsteuergesetzentwurf aufgeführten Beleuchtungskörper sei aber wohl zulässig und als Besitzsteuer anzuerkennen, da Glühlampen, Bogenlampen usw. hauptsächlich von wohlhabenden Leuten, in Restaurants, Vergnügungslokalen und Warenhäusern Verwendung fänden. Die verschiedenen Glühlampen sollten mit einer Staffel je nach der Verwendung von Watt bzw. bei Quecksilberlampen für jede angefangene 100 Watt erfaßt werden. Bei 30 Millionen elektrischen Glühlampen mit einer mittleren Steuer von 20 Pfennig sei ein Ertrag von 6 Millionen Mark zu erwarten; bei 100 Millionen Stück Glühkörpern zu einer Steuer von 10 Pfennig 10 Millionen Mark und für Kohlenstifte etwa 7 Millionen Mark.

Da das Petroleum, das Leuchtmittel der ärmeren Bevölkerung, mit einem Zoll von 75 Millionen jährlich belastet ist, so sei die Besteuerung der Elektrizität und des Gases nur gerecht. Die reine Isteinnahme des Reiches nach Abzug der Verwaltungskosten wurde auf 20 Millionen Mark angeschlagen, im Jahre 1910 betrug die Einnahme aus den Beleuchtungsmitteln allerdings nur 15 Millionen Mark.

In der Zeitschrift für Zollwesen und Reichssteuern, Jahrgang 1910 Nr. 1, ist von Oberzollrevisor Nassow eine eingehende Darstellung des Leuchtmittelsteuergesetzes veröffentlicht. Hieraus ist anzuführen, daß das Leuchtmittelsteuergesetz zwei Klassen von Beleuchtungsmitteln besteuert: a) elektrische Beleuchtungsmittel und b) Glühkörper, die durch Verbrennen von Gas, Spiritus oder Petroleum Licht geben. Zur Klasse A gehören die Kohlenfadenlampen, die Metallfadenlampen (Nernstbrenner), die Brenner zu Quecksilberdampflampen und die Brennstifte zu Bogenlampen. Da die Metallfadenlampen eine längere Brenndauer haben als die Kohlenfadenlampen, sind sie höher besteuert.

Steuerpflichtig sind nur die Leuchtquellen und Leuchtkörper; Lampen, die zu Heiz- und Heilzwecken dienen, sind steuerfrei; auch solche Lampen sind steuerfrei, die zu Versuchszwecken oder als Muster dienen.

Hinsichtlich der Ausführung des Leuchtmittelsteuergesetzes sind außer den Ausführungsbestimmungen nach dem Bundesratsbeschluß vom 14. Juni 1911 (BRDrS. Nr. 32) bisher nur wenige Erlasse von allgemeiner Bedeutung ergangen, so z. B. der Erlaß des pr. FM. betreffend die Steuerpflichtigkeit der Wiederherstellung verbrauchter oder sonst unbrauchbar gewordener Glühlampen (pr. ZBlatt für Abgaben 1909 S. 362), ferner die Anweisung zur Prüfung von Beleuchtungsmitteln (pr. ZBlatt 1909 S. 380 und 1910

S. 480). Sodann der Erlaß des pr. FM. vom 18. Januar 1910 (veröffentlicht im pr. ZBlatt 1910 S. 75) betreffend die Steuerpflicht der Signalglühlampen, ferner die allgemeine Vorschrift des pr. FM. vom 4. November 1910 (pr. ZBlatt 1910 S. 500) betreffend die Steuerfreiheit der nicht zu Beleuchtungszwecken geeigneten Kohlenstifte. Das Verfahren bei der Einfuhr von Beleuchtungsmitteln aus dem Ausland ist näher geregelt durch den Erlaß vom 7. Februar 1900 (pr. ZBlatt 1910 S. 85). Durch Erlaß des pr. FM. vom 31. Januar 1910 sind die Anforderungen, die an die Verpackung der Leuchtmittel steuerlicherseits gestellt werden, näher geregelt (pr. ZBlatt 1910 S. 85). Zu beachten ist auch die allgemeine Verfügung des pr. FM. vom 2. März 1910 betreffend die Angabe des Wattverbrauchs auf den Glühlampen (pr. ZBlatt 1910 S. 112 und 492). Eine Erleichterung bei der Anmeldung der Beleuchtungsmittel zur Versteuerung ist durch Erlaß des pr. FM. vom 7. April 1910 gewährt worden (pr. ZBlatt 1910 S. 162). Hinsichtlich der Erstattung der Leuchtmittelsteuer (auch der Zündwarensteuer, der Zigarettensteuer und der Salzsteuer) ist der BRBeschluß vom 12. Oktober 1910 — § 913 der Protokolle — maßgebend (pr. ZBlatt 1910 S. 487).

Die Leuchtmittelsteuergemeinschaft zwischen dem Deutschen Reiche und Luxemburg ist veröffentlicht im pr. ZBlatt für Abgaben 1910 S. 97 ff., Abkommen vom 14. Oktober 1909, s. auch RGBlatt 1910 S. 513.

Hienach wird der Istertrag der Leuchtmittelsteuer wie bei den Zöllen und sonstigen Reichssteuern nach dem Verhältnis der Bevölkerung verteilt.

Der Istertrag besteht aus dem Gesamtsollertrag der Steuer nach Abzug der Steuervergütungen und Ermäßigungen, der Rückerstattung und der 4%igen Verwaltungskosten.

Hinsichtlich der Zulassung der Abfindung für die Leuchtmittelsteuer, die Preußen für das zollausgeschlossene Helgoland an das Reich zu entrichten hat, ist vom Bundesrat durch Beschluß vom 10. März 1910 — § 269 der Protokolle — das Nähere bestimmt worden.

Das Zündwarensteuergesetz.

Das Zündwarensteuergesetz wurde ebenso wie das Leuchtmittelsteuergesetz durch den Bericht der Rumpfkommission (32. Bericht der Reichsfinanzreformkommission) laut RTDrS. Nr. 1443 als Art. VI, betreffend Änderungen im Reichsfinanzwesen, in Vorschlag gebracht. Der Berichterstatter Rösike machte hierzu folgende Ausführungen:

Frankreich, Spanien, Portugal, Rumänien, Serbien, Griechenland, Rußland und Italien haben eine Besteuerung der Zündhölzer, sei es in Form des Monopols, sei es in anderer Besteuerungsform. Das Zündholzmonopol wäre auch für Deutschland die beste und ergiebigste Besteuerungsform. Da aber an die Einführung eines Zündholzmonopols zurzeit nicht zu denken wäre, müsse eine anderweitige durchgreifende Besteuerung der Zündhölzer erstrebt und eine solche dringend empfohlen werden, schon deshalb, weil dann das „Spielen" der Kinder mit Zündhölzern aufhöre, wenn letztere nicht mehr so billig sind und damit namentlich auf dem Lande die Feuersgefahr verringert würde. Seien auch die Zündhölzer ein notwendiger Haushaltsartikel, so werde doch damit — wegen der Billigkeit der Zündhölzer — eine unökonomische Verschwendung getrieben, so daß eine Einschränkung des Verbrauchs ohne Beeinträchtigung des wirtschaftlichen Zweckes schon vom nationalökonomischen Standpunkte befürwortet werden müsse.

Die Herstellung der Zündhölzer erreichte im Jahre 1909 in Deutschland eine Höhe von 222000 Kisten. Jede Kiste enthalte 10000 Schachteln, jede Schachtel 60 bis 65 Stück Zündhölzer. Der Verbrauch erstellte sich demgemäß auf 2220 Millionen Schachteln oder rund 130 Milliarden Stück Zündhölzer im Jahr, so daß auf den Kopf der Bevölkerung Deutschlands aufs Jahr etwa 2000 Stück Zündhölzer trafen oder pro Tag etwa 6 Stück pro Kopf.

Da mit der Steuerbelastung und Verteuerung der Zündhölzer jedenfalls, wie auch vom Gesetzgeber angenommen und bezweckt würde, eine Verbrauchsminderung eintreten würde, die auf 25% anzunehmen ist, so dürfte sich der Zündhölzerverbrauch auf etwa 100 Milliarden Stück Zündhölzer = 1700 Millionen Schachteln (nach Annahme des Referenten) erstellen.

Wenn die Schachtel mit 1½ Pfennig Steuer belastet würde, so ergebe sich ein Steueraufkommen von 25—26 Millionen Mark.

Der Preis für 10 Schachteln sogenannter Schweden, der im Jahre 1909 nur 10 Pfennig betrug, hielt sich in früheren Jahren auf 25 bis 30 Pfennig.

Der Zündholzfabrikant verkaufte die Kiste zu 10000 Schachteln im Jahre 1909 zu 70 bis 75 Mark, der Händler nahm 30 Mark für Spesen und Profit, so daß 10000 Schachteln 100 Mark kosteten, also 10 Schachteln 10 Pfennig. Kommen nunmehr 15 Pfennig Steuer hinzu, so wird der Preis für 10 Schachteln Zündhölzer wieder 25—30 Pfennig erreichen, wie in früheren Jahren.

Vom Reichstag wurde der durch die Steuer eingeschränkte Verbrauch auf 4½ Stück Zündhölzer auf den Tag und die Person angenommen, so daß bei einer Bevölkerung von 65 Millionen Menschen in Deutschland der Zündholzverbrauch sich auf 1640 Stück pro Person und Jahr und auf 106 Milliarden Stück für das ganze Deutsche Reich im Jahr erstellen würde.

Im Reichstag kam der Gesetzentwurf über die Zündwarensteuer am 6. Juli 1909 zur Verhandlung.

Beantragt war eine Steuer von 1 Pfennig für 30 Zündhölzer, für Schachteln mit 60 Stück Inhalt 1½ Pfennig; die Schachtel Wachszündhölzer sollte 5 Pfennig Steuer entrichten, der Zoll sollte 20 Mark für 1 dz betragen. Im Plenum wurde der Zoll auf 30 Mark hinaufgesetzt, sonst wurde der Gesetzentwurf nach den Kommissionsbeschlüssen am 10. Juli 1909 angenommen.

Infolge der ungeheueren Vorversorgung mit nachsteuerfreien Zündhölzern und der Verbrauchseinschränkung geriet die Zündwarenindustrie in eine gewisse Notlage, denn der Verbrauch erreichte in den Jahren 1910 und 1911 nicht 106 Milliarden Stück (1700 Millionen Schachteln), wofür 25—26 Millionen Mark Steuer hätten eingehen müssen, sondern es ist, da der Steueranfall aus dem Zündhölzerverbrauch im Jahre 1910 nur 15—16 Millionen Mark ergab, daraus zu entnehmen, daß der Zündhölzerverbrauch bis auf 60 Milliarden Stück (1000 Millionen Schachteln) zusammenschrumpfte.

Es mußte daher neben der Änderung der Ausführungsbestimmungen auch das Gesetz selbst geändert werden, und es erfolgte die Gesetzentwurfsvorlage, RTDrS. Nr. 1049, 1909/11.

In der Reichstagsverhandlung vom 1. Juni 1911 erhielt dieser Gesetzentwurf die Zustimmung des Reichstages, und es wurde das Nachtragsgesetz zum Zündwarensteuergesetz veröffentlicht am 6. Juni 1911 im RGBlatt S. 241.

Die Ausführungsbestimmungen zum Zündwarensteuergesetze, die Kontingentierungsordnung und die Zündwarenlagerordnung erfuhren Abänderungen lt. BR.-Beschluß vom 15. Dezember 1910, 9. Januar 1911 und 14. Juni 1911. (Vgl RZBlatt 1911 S. 21, 28, 257, 260, 387 und preuß. ZBlatt für Abgaben 1911 S. 56, 57, 210, 212.)

Der § 1 des ZündwarensteuerG vom 15. Juli 1909 (RGBlatt S. 814) und 6. Juni 1911 (RGBlatt S. 241) bestimmt den Gegenstand der Besteuerung. Gegenstand der Besteuerung sind:

Zündhölzer, Zündspänchen, Zündstäbchen aus Strohhalmen oder Pappe, Zündkerzchen aus Stearin, Wachs u. dgl., Feueranzünder sind steuerpflichtig und haben beim Verbrauch im Zollinlande eine Steuer an die Reichskasse zu entrichten. Die Zündwaren werden steuerpflichtig, wenn sie fertig sind. Fertig sind die Zündwaren, sobald sie in die Einzelpackung gebracht sind. Zündhölzer usw., die unverpackt in den freien Verkehr gelangen, haben 1 Pfennig für 30 Stück als Steuer zu entrichten.

Als steuerpflichtige Zündwaren gelten alle mit einer Zündmasse, die durch Reibung zur Entflammung gebracht werden kann, versehenen Stäbchen oder Spänchen aus Holz, Stroh, Pappe, gepreßten Pflanzenfasern usw., auch die sog. Sturmzündhölzer und die Wachszündkerzchen. Dagegen sind nicht steuerpflichtig die bengalischen Streichhölzer (weil zu Feuerwerkszwecken dienende Streichhölzer). Die Versuchsstreichhölzer und die als Musterprobe dienenden Streichhölzer unterliegen gleichfalls nicht der Steuer, sofern sie dauernd in den Räumen des Herstellungsbetriebes verbleiben (AusfBest. § 1). Wenn die Zündhölzer usw. an beiden Enden mit einer Zündmasse versehen sind, wird die Zahl doppelt gezählt (§ 2 der AusfBest.).

Die Höhe der Zündwarensteuer beträgt:

1. für Zündhölzer, für Zündspänchen aus Pappe oder Strohhalm in Schachteln usw. bis 29 Stück Inhalt 1 Pfennig, in Schachteln von 30 bis 60 Stück Inhalt 1½ Pfennig für jede Schachtel oder jedes Behältnis;

2. in Schachteln mit mehr als 60 Stück Inhalt 1½ Pfennig für je 60 Stück oder deren Bruchteil;

3. für Zündkerzchen aus Wachs, Stearin in Schachteln bis 20 Stück Inhalt 5 Pfennig für jede Schachtel und in größeren Packungen für je 20 Stück oder einen Bruchteil 5 Pfennig, also z. B. bis 39 Stück 10 Pfennig.

Eine Abweichung von 10 % in der Stückzahl einer Schachtel bringt keine Veränderung in der Steuer mit sich, es können also z. B. 66 Stück Zündhölzer in einer Schachtel sich befinden und haben deswegen doch bloß 1½ Pfennig Steuer zu entrichten. Es wird jedoch jede einzelne Schachtel für sich berechnet, doch wird bei einer Verpackung von 10 Schachteln sogenannter Schweden zu einem Paket für die Gesamtzahl der Schachteln bzw. Zündhölzer die 10 %ige Ausgleichsgrenze berechnet.

Der § 3 des Gesetzes bildete einen Hauptbeschwerdepunkt der Zündholzindustrie. Es sollte nämlich in den ersten 5 Jahren des Gesetzes also bis 1. Oktober 1914 eine sog. Strafsteuer für die Überproduktion statthaben (20 % Erhöhung der Normalsteuer).

Hiebei ist ein Unterschied gemacht für Betriebe, die vor dem 1. Juni 1909 in Betrieb waren und die erst nach dem 1. Juni 1909 in Betrieb gesetzt wurden.

Die Zündwarenfabriken erhielten nämlich nach Maßgabe ihrer 3jährigen Durchschnittsproduktion **Kontingente**, die ohne die Strafsteuer innerhalb der 5 Jahre nicht überschritten werden durften.

Die Beschwerden der Zündholzindustriellen richteten sich nun hauptsächlich dahin, daß die 5jährige Schutzfrist zu kurz sei und auf 10 oder 15 Jahre ausgedehnt werden müsse, und daß die **Kontingente** herabgesetzt werden.

Wie oben bemerkt ist, wurde bei Einführung des Zündwarensteuergesetzes angenommen, daß auch nach einer 25 %igen Abminderung des Zündhölzerverbrauchs immerhin noch über 100 Milliarden Stück Zündhölzer in Deutschland verbraucht würden. Tatsächlich hat sich aber der Verbrauch, sei es durch eine ganz erhebliche Beschränkung, sei es durch die ausgedehnte Vorversorgung im Jahre 1909 in den Jahren 1910 und 1911 auf 60—65 Milliarden Stück Zündhölzer (denn hauptsächlich kommen nur die sog. Schwedenzündhölzer für die Zündholzsteuer in Betracht, da die Wachsstreichhölzer fast ganz aus dem Verbrauch verschwunden sind) vermindert. Es mußten daher die Zündholzkontingente, die für den größeren Verbrauch angepaßt waren, entsprechend herabgesetzt werden.

Durch das RG. vom 6. Juni 1911 (RGBlatt S. 241) wurde demnach der § 3 ZWStG. wie folgt abgeändert:

„In den ersten **zehn** Jahren nach dem Inkrafttreten des ZWStG. tritt eine Erhöhung der Steuer um 20 % ein:

1. für Zündwaren, welche in Fabriken hergestellt werden, die erst nach dem 1. Juni 1909 betriebsfähig hergerichtet worden sind;
2. für Zündwaren aus den schon vorher betriebenen Fabriken, soweit deren Jahreserzeugung die nachweisliche Durchschnittsherstellung der letzten 3 Betriebsjahre (1. Juni 1906 bis 1. Juni 1909), oder, falls die Fabriken noch nicht volle 3 Jahre (vor dem 1. Juni 1909) in Betrieb gewesen sind, die nachweisliche jährliche Durchschnittsherstellung dieser Betriebszeit **übersteigt**."

Die Summe der auf Grund des § 3 Abs. 1 Ziff. 2 ZündwStG. für die einzelnen Zündholzfabriken festgestellten Jahresmengen (Kontingente) soll dem Inlandsverbrauch an Zündwaren entsprechen; soweit hiernach erforderlich, sind

die Kontingente verhältnismäßig, jedoch unter tunlichster Berücksichtigung der mittleren und kleineren Fabriken, herabzusetzen.

Die näheren Bestimmungen regelt der Bundesrat unter nachträglicher Zustimmung des Reichstags.

Die Kontingentierungsordnung, auf die hier angespielt ist (Anlage A zu den AusfBest.) hat gleichfalls schon einige Abänderung erlitten, wie schon bemerkt worden ist und zwar durch BRBeschluß vom 15. Dezember 1910 und 9. Januar 1911.

Die Angaben der Zündholzfabriken hinsichtlich ihrer Zündholzherstellung in den 3 Betriebsjahren von 1906 bis 1909 wurden von den Hauptzollämtern und den Direktivbehörden unter Zuziehung von Sachverständigen geprüft. Die sog. Veranlagungskommission bestand aus 1 Mitglied der Oberzolldirektion (der Direktivbehörde) und 2 Sachverständigen; die Sachverständigen hatten die Angaben der Fabrikanten zu prüfen und hernach ein Gutachten über die Höhe der Kontingentszubilligung zu erstatten; die Kommission setzte die Höhe des Kontingents fest, die Direktivbehörde entschied hierauf, wogegen Beschwerde an die oberste Landesfinanzbehörde zulässig war. Auf das festgesetzte Kontingent kommen nunmehr alle in der betreffenden Fabrik vom 1. Oktober bis 30. September des laufenden Betriebsjahres hergestellten Zündwaren zur Anrechnung, gleichgültig, ob sie versteuert, aufs Steuerlager, in eine Zollniederlage gebracht oder ausgeführt wurden. Nur im Herstellungsbetrieb zugrunde gegangene oder unter amtlicher Aufsicht vernichtete Zündwaren werden nicht angerechnet, auch bestimmt der BRBeschluß vom 15. Dezember 1910, daß alle in einem Zündwarensteuerlager, in einer öffentlichen Niederlage oder bei der Versendung mit Begleitschein zugrunde gegangenen Zündhölzer bei dem Kontingente außer Anrechnung zu bleiben haben.

Die §§ 2 bis 5 der Kontingentierungsordnung behandeln die weitere Prüfung der eingereichten Nachweisungen durch Sachverständige, welch letztere Tagegelder und Reisekostenvergütungen erhalten (§ 6). In § 10 der Kontingentierungsordnung ist festgesetzt, daß alle im Betriebsjahre, d. h. vom 1. Oktober bis 30. September in einer Fabrik hergestellten Zündwaren, wie oben schon des Näheren bemerkt ist, auf das Kontingent angerechnet werden. Nach § 11 der Kontingentierungsordnung unterliegen Zündwaren, die nach Erreichung des Kontingents zur Versteuerung gebracht werden, nach § 3 des Gesetzes einem Steuerzuschlag von 20 %. Das gleiche findet statt bei den nach Erreichung des Kontingents auf ein Steuerlager oder eine Zollniederlage gebrachten Zündwaren. Werden diese ausgeführt, entfällt die Steuer nebst dem Zuschlag.

Der § 13 jetzt § 12 der Kontingentierungsordnung erhielt durch den BRBeschluß vom 9. Januar 1911 eine Änderung, so daß nunmehr die für die einzelnen Fabriken festgesetzten Kontingente ganz oder teilweise auf eine andere Fabrik übertragen werden können, die bereits vor dem 1. Juni 1909 betriebsfähig hergerichtet war. (Pr. Zentralblatt 1911 S. 57 und 210.)

Durch den BRBeschluß vom 14. Juni 1911 erhielten die §§ 13 bis 20 der Kontingentierungsordnung folgende Fassung:

§ 13.

Der Bundesrat bestimmt für jedes der Betriebsjahre 1910/11 bis 1918/19, wieviel Hundertteile ihrer Kontingente die Zündwarenfabriken herstellen dürfen. Im Bedürfnisfall kann die Bestimmung innerhalb eines Betriebsjahrs geändert werden.

§ 14.

Die vom Bundesrate gemäß § 13 bestimmte Verhältniszahl gilt für alle Fabriken. Doch dürfen herstellen:

a) Zündwarenfabriken mit einem Kontingent von 180 Millionen Stück Zündwaren und weniger ihr ganzes Kontingent,
b) Zündwarenfabriken mit einem Kontingent von 181 bis 360 Millionen Stück Zündwaren 90 Hundertteile ihres Kontingents, mindestens aber 180 Millionen Stück Zündwaren,
c) Zündwarenfabriken mit einem Kontingent von 361 bis 540 Millionen Stück Zündwaren 85 Hundertteile ihres Kontingents, mindestens aber 324 Millionen Stück Zündwaren,
d) Zündwarenfabriken mit einem Kontingent von 541 bis 720 Millionen Stück Zündwaren 80 Hundertteile ihres Kontingents, mindestens aber 459 Millionen Stück Zündwaren,

e) Zündwarenfabriken mit einem Kontingent von 721 bis 900 Millionen Stück Zündwaren 75 Hundertteile ihres Kontingents, mindestens aber 576 Millionen Stück Zündwaren,
f) Zündwarenfabriken mit einem Kontingent von 901 bis 1080 Millionen Zündwaren 70 Hundertteile ihres Kontingents, mindestens aber 675 Millionen Stück Zündwaren,
g) Zündwarenfabriken mit einem Kontingent von 1081 bis 1260 Millionen Stück Zündwaren 65 Hundertteile ihres Kontingents, mindestens aber 756 Millionen Stück Zündwaren,
h) Zündwarenfabriken mit einem Kontingent von 1261 bis 1440 Millionen Stück Zündwaren 60 Hundertteile ihres Kontingents, mindestens aber 819 Millionen Stück Zündwaren,
i) Zündwarenfabriken mit einem Kontingent von 1441 bis 1620 Millionen Stück Zündwaren 55 Hundertteile ihres Kontingents, mindestens aber 864 Millionen Stück Zündwaren,
k) Zündwarenfabriken mit einem Kontingent von 1621 bis 1800 Millionen Stück Zündwaren 50 Hundertteile ihres Kontingents, mindestens aber 891 Millionen Stück Zündwaren,
l) Zündwarenfabriken mit einem Kontingent von über 1800 Millionen Stück Zündwaren, mindestens 900 Millionen Stück Zündwaren.

§ 15.

Beträgt die Menge der in der Zeit vom 1. Oktober 1909 bis 30. Juni 1911 von einer Zündwarenfabrik hergestellten Zündwaren weniger als das 1 3/4 fache ihres Kontingents, so wird die gemäß § 14 herstellbare Kontingentsmenge erhöht, und zwar für das letzte Viertel des Betriebsjahrs 1910/11 (§ 20) um ein Dreiunddreißigstel derjenigen Menge, um die die Zündwarenfabrik hinter dem 1 3/4 fachen ihres Kontingents zurückgeblieben ist, und für die Betriebsjahre 1911/12 bis 1918/19 um je vier Dreiunddreißigstel dieser Menge.

§ 16.

Bleibt im letzten Viertel des Betriebsjahrs 1910/11 oder in einem der Betriebsjahre 1911/12 bis 1917/18 die von einer Zündwarenfabrik hergestellte Menge hinter der gemäß § 14 herstellbaren Kontingentsmenge zurück, so ist der Unterschied zwischen der letzteren und der hergestellten Menge auf das nächste Betriebsjahr zu übertragen.

§ 17.

Eine Zündwarenfabrik darf die gemäß §§ 14 bis 16 herstellbare Kontingentsmenge um höchstens 5 vom Hundert der gemäß § 14 herstellbaren Kontingentsmenge mit der Maßgabe überschreiten, daß das Mehr auf die herstellbare Kontingentsmenge des folgenden Betriebsjahrs angerechnet wird.

§ 18.

Die Direktivbehörde hat für jedes Betriebsjahr die auf die einzelne Zündwarenfabrik gemäß §§ 13 bis 17 entfallenden Kontingentsmengen festzusetzen und dem Besitzer der Zündwarenfabrik bekanntzugeben.

§ 19.

Die §§ 8 bis 12 finden mit den Maßgaben der §§ 13 bis 18 und des folgenden Absatzes entsprechende Anwendung.

Die Übertragung des Kontingents einer Zündwarenfabrik an eine andere Zündwarenfabrik ist nur mit den vom Bundesrate gemäß § 13 bestimmten Hundertteilen zulässig. Die im § 14 Satz 2 vorgesehene Begünstigung kann nicht mit übertragen werden.

§ 20.

Hinsichtlich des Betriebsjahrs 1910/11 greift die Herabsetzung gemäß §§ 13, 14 nur für das letzte Viertel dieses Jahres Platz. Die in diesem Vierteljahre gemäß §§ 13, 14 herstellbaren Hundertteile sind von dem vierten Teile des (ungekürzten) Jahreskontingents oder, falls die Fabrik im 1. bis 3. Vierteljahre bereits mehr als drei Viertel ihres Kontingents hergestellt hat, von dem danach verbleibenden Kontingentsrest zu berechnen.

Für die im 1. bis 3. Viertel des Betriebsjahrs 1910/11 über drei Viertel des (ungekürzten) Jahreskontingents hergestellten Mengen ist nachträglich ein Steuerzuschlag nicht zu zahlen.

§ 189.

Der § 4 des Gesetzes handelt von dem Zeitpunkte der Entrichtung der Zündwarensteuer. Diese Steuer ist zu zahlen, bevor die Zündwaren aus der Fabrik oder aus dem Steuerlager in den freien Verkehr des Inlandes übergehen.

Für die aus dem Ausland eingehenden Zündwaren ist neben dem Zoll auch die Inlandssteuer zu entrichten.

Zu § 4 ist in den Ausführungsbestimmungen noch angeordnet, daß fertige unversteuerte Zündwaren auf das von der Direktivbehörde genehmigte Steuerlager zu bringen oder auszuführen sind. Die Verpackung der Zündwaren kann in den Fabriksräumen geschehen, in den Fabriklagerräumen dürfen fertige Zündwaren nicht länger als eine Woche aufbewahrt werden. Die als Fabriklager dienenden Räume sind vom Hauptzollamt zu genehmigen und als solche kenntlich zu machen. (§§ 7 und 8 der AusfBest.)

Über den Zu- und Abgang von Zündwaren ist ein Fabriklagerbuch nach vorgeschriebenem Muster (Muster 1 der AusfBest.) zu führen für das Betriebsjahr (1. Oktober bis 30. September). Monatlich einmal ist der Lagerbestand von einem Oberbeamten der Zollverwaltung aufzunehmen (§ 9 der AusfBest.).

Der § 10 der AusfBest. handelt von der Abschreibung der im Fabriklager unbrauchbar gewordenen oder vernichteten Zündwaren. Nach § 11 der AusfBest. hat der Betriebsinhaber (Betriebsleiter) täglich abends die in das Fabriklagerbuch eingetragenen fertigen Zündwaren nach Muster 2 der AusfBest. dem Zollamt (der Steuerstelle) anzumelden. Diese Anmeldungen sind von der Steuerstelle in das Anmeldungsbuch (Muster 3) einzutragen. Zu den Versteuerungsanmeldungen ist Muster 4 zu verwenden.

Vor dem Übergang der Zündwaren aus dem Fabrikbetrieb, aus dem Fabriklager oder aus dem Steuerlager, aus einem Zollager (Niederlage) oder aus dem Ausland in den freien Verkehr des Inlands sind die Zündwaren zu versteuern. Die Steuer ist für Inlandszündhölzer vom Fabrikanten, Zoll und Steuer bei Auslandszündwaren sind vom Einbringer zu entrichten (§ 5 des Gesetzes).

Die steuerpflichtigen Zündwaren haften ohne Rücksicht auf die Rechte Dritter für die Steuer, so daß vor Entrichtung der treffenden Abgabe die Zündwaren von der Steuerbehörde zurückbehalten werden können. Nach erfolgter Versteuerung sind die äußeren Umschließungen der Packungen (Kisten) von dem Steuerpflichtigen mit einer von der Steuerverwaltung unentgeltlich zu liefernden roten Steuermarke zu bekleben.

Die Entfernung dieser roten Versteuerungsmarken von den entleerten Kisten ist anzustreben, da sonst leicht Unterschleife und Schiebungen vorkommen können.

Die Zündwarensteuer kann ohne Sicherheitsleistung auf 3 Monate, gegen Sicherheit auf 6 Monate gestundet werden (§ 7 des Gesetzes).

Die Stundungsfrist beginnt mit dem Tage der Fälligkeit der Steuer. Das für die gestundete Steuer auszustellende Stundungsanerkenntnis soll mindestens 150 Mark Steuer erreichen. Ein unter Steuerverschluß befindliches Lager gilt als Sicherheit, im übrigen bestimmt die oberste Landesfinanzbehörde die Grundsätze, nach welchen die Steuerstundung gewährt werden soll.

In dieser Beziehung ist die Stundungsordnung zu erwähnen, wie sie vom k. pr. FM. erlassen worden ist, s. pr. ZBlatt 1908 II. Beilage zum 9. Stück und Reichssteuerstundungsordnung bzw. Zollstundungsordnung zu § 12 des Zolltarifs.

Der § 8 des Gesetzes handelt von der Verjährung der Steuer (1 Jahr bzw. 3 Jahre) und der § 9 des Gesetzes bestimmt, daß Zündwaren, die unter Steueraufsicht ausgeführt werden, von der Zündwarensteuer frei bleiben. Bei der Ausfuhr von Zündwaren aus dem freien Verkehr findet eine Vergütung der Steuer nicht statt.

Über die Ausfuhr der Zündwaren unter Steueraufsicht bestimmt der § 23 der AusfBest. des Näheren, insbesondere aber das hierbei zu beobachtende Verfahren.

In § 10 des Gesetzes ist der Verpackungszwang für Zündwaren gefordert. Die Verpackung der Zündwaren hat nach § 24 der AusfBest. wie folgt stattzufinden:

a) Patronen, Wickel und Düten müssen 60 bis 120 Stück Zündhölzer enthalten,
b) Schachteln aller Art, Pappkartons, Klappkoffer und Schiebeschachteln sollen 60, 120, 300, 480 und 600 Stück Zündhölzer enthalten,
c) ovale Spanschachteln sollen 60 Stück,
d) Eckspanschachteln 120 Stück,
e) Rundspanschachteln 300 Stück enthalten.

Die zur Ausfuhr bestimmten Zündwaren können ohne Beschränkung verpackt werden.

Auf der oberen Fläche jeder Schachtel oder jeden Behältnisses ist der Name und Wohnort des Fabrikanten oder die bei der Steuerbehörde angemeldete Marke kenntlich zu machen. Hiewegen können vom Reichskanzler gewisse Erleichterungen zugestanden werden.

Der § 11 des Gesetzes enthält die für den Zündwarenfabrikanten wichtige Bestimmung, daß den Zündwarenherstellern und den Großhändlern mit Zündwaren Steuerlager u. a. M., d. h. unter amtlichem Mitverschluß bewilligt werden können. Hiemit in Verbindung steht der § 16 des ZWStG., wonach die baulichen Einrichtungen der Zündwarenfabriken derart sein müssen, daß sie zur Sicherung des Steueraufkommens geeignet sind. Die erstmaligen Kosten der Errichtung der Steuerlager übernimmt die Reichskasse (§ 29 der AusfBest.).

Der § 28 der AusfBest. ordnet noch Verschärfungen in der Herstellung der baulichen Betriebseinrichtungen an, wenn der Fabriksinhaber oder der Betriebsleiter wegen Hinterziehung der Zündwarensteuer bestraft ist.

In § 12 des Gesetzes ist die Anmeldung der Fabrikräume bei der Steuerbehörde angeordnet, in denen Zündwaren hergestellt werden und in § 13 und 14 sind noch weitere Sicherungsmaßregeln z. B. Anzeige von jedem Wechsel der Person des Fabrikinhabers oder Betriebsleiters angeordnet.

Über die Steueraufsicht verbreiten sich die §§ 17 bis 21 des Gesetzes und die §§ 30 und 31 der AusfBest.

Die Steueraufsicht ist, sofern der Fabrikinhaber nicht selbst durch Ordnungswidrigkeiten oder Steuerhinterziehungen eine Verschärfung auf seine Kosten verursacht hat, im großen ganzen für den Betrieb wenig belästigend. Nach § 31 der AusfBest. sind geeignete Räume für die Abfertigung und den Aufenthalt der Steuerbeamten zu stellen.

Der § 22 des Gesetzes bestimmt, daß die amtlichen Abfertigungen an ordentlicher Amtsstelle, in den Fabriken und in den Zündwarensteuerlagern kostenfrei und gebührenfrei erfolgen, falls sie an den Wochentagen und innerhalb der ordentlichen Dienststunden stattfinden.

Hiewegen sind die Bestimmungen des VZG. im § 10 und die Vorschriften der Gebührenordnung vom 28. Juni 1905 maßgebend. Außerdem bestimmt § 32 der

AusfBest. zum ZWStG., daß Gebühren zu erheben sind für Abfertigungen an Sonn- und Feiertagen, für Abfertigungen, die auf Antrag des Beteiligten über den Zeitraum von 8 Stunden für den Kalendertag ausgedehnt werden, bezüglich der überschießenden Zeit.

Die nicht an ordentlicher Amtsstelle, in den Fabriken oder in den Steuerlagern erfolgten Abfertigungen sind auch an Wochentagen gebührenpflichtig mit Ausnahme derjenigen Abfertigungen zur Versteuerung am Wohnsitz des Beamten, wenn die Feststellung der Pakete oder Auszählung der Schachteln usw. an der Amtsstelle aus dienstlichen Gründen unzweckmäßig ist. In diesem Falle sind für die 8 Arbeitsstunden überschießende Zeit die Gebühren zu erheben (§ 33 der AusfBest.). Der § 34 der AusfBest. regelt die Gebühren für die Begleitungen sowie für die Bewachung von Umladungen u. dgl., die in der Regel gebührenpflichtig sind, doch sind auch hiefür Ausnahmen und Erleichterungen vorgesehen. Gebührenpflichtig sind außerdem Amtshandlungen, die durch ein Versäumnis der Steuerpflichtigen oder durch eine willkürliche Verzögerung einer gebührenfreien Abfertigung entstehen. (§ 35 der AusfBest.) Der Gebührenbetrag ist derselbe wie bei den Zollgebühren und ist in dieser Beziehung zu bemerken:

a) bei Amtshandlungen am Standort (Stationssitz) oder in einer Entfernung von weniger als 2 km oder, falls dem Beamten ein Dienstbezirk zugewiesen ist, in diesem Dienstbezirk für jede, auch nur angefangene Stunde 60 Pfennig bzw. 1 Mark. Die auf den Hin- und Rückweg verwendete Zeit ist nicht mit in Ansatz zu bringen.

b) bei Amtshandlungen außerhalb des Stationssitzes und des Dienstbezirkes kommen die Vergütungen nach den landesrechtlichen Bestimmungen für Dienstreisen in Betracht.

Die übrigen wegen der Gebühren erlassenen Bestimmungen sind in den §§ 36 bis 40 der AusfBest. nachzulesen. Nach § 41 der AusfBest. sind die aufkommenden Gebühren für Rechnung der Bundesstaaten zu erheben, auch die Verwaltungskostenbeiträge nach § 40 l. c.

§ 190.

Die §§ 23 bis 38 des Gesetzes enthalten die Strafvorschriften und die Bestimmungen über das Strafverfahren.

Wer es unternimmt, dem Reiche die Zündwarensteuer vorzuenthalten, macht sich der Hinterziehung schuldig (§ 23 des Gesetzes).

Der Tatbestand der Hinterziehung wird als vorliegend angenommen in den in §§ 24 und 25 des Gesetzes aufgeführten Fällen, z. B. wenn Zündwaren ohne die vorgeschriebene Verpackung oder ohne die vorgeschriebene Bezeichnung des Herstellers in freien Verkehr gebracht werden, wenn die vorgeschriebene Buchführung unrichtig ist usw.

Wird festgestellt, daß der Angeschuldigte eine Hinterziehung der Zündwarensteuer nicht beabsichtigte, so tritt nur eine Ordnungsstrafe ein (§ 26).

Die Strafe für die Hinterziehung (Defraudation) der Steuer besteht in Höhe des vierfachen Betrages der (vorenthaltenen) Steuer, mindestens aber 30 Mark; die vorenthaltene Steuer ist außerdem zu entrichten. Auch die Beihilfe und Begünstigung zu einer Übertretung sind straffällig (§ 28). Kann der Betrag der vorenthaltenen Abgabe nicht festgestellt werden, so tritt eine Geldstrafe bis zu 20000 Mark ein.

Der § 29 des Ges. betrifft die Strafe des Rückfalls und § 30 l. c. die Strafe für Ordnungswidrigkeiten (1 Mk. bis 300 Mk.).

In § 31 des Ges. ist die subsidiärische Haftpflicht der Zündwarenfabrikanten für ihre Verwalter und Angestellten, Dienstboten, Familienangehörigen für die Steuer und für die Geldstrafen und Prozeßkosten geregelt. Hier hat die Steuerbehörde nachzuweisen, daß der Fabrikinhaber entweder von der Zuwiderhandlung gewußt hat, oder daß er bei der Auswahl seiner Angestellten bzw. bei der Beaufsichtigung seiner Hausgenossen nicht mit der Sorgfalt eines ordentlichen Geschäftsmannes zu Werke gegangen ist. Kann dies die Steuerbehörde nicht nachweisen, so haftet der Fabrikant nur für die hinterzogene Steuer. In § 32 des Ges. wird die Umwandlung der Geldstrafe in Haftstrafe und die Haftbarmachung des subsidiär Haftenden in das Belieben der Steuerbehörde gestellt. § 33 des Ges. limitiert die an Stelle der Geldstrafe tretende Freiheitsstrafe.

In §§ 34 und 35 des Gesetzes sind Zwangsmaßregeln zur Beobachtung der gesetzlichen Anordnungen und die Einziehung der Zündwaren, die im Handel ohne die vorgeschriebene Bezeichnung des Herstellers angetroffen werden, zugelassen.

Die Strafverfolgung von Hinterziehungen verjährt in 3 Jahren, von Ordnungswidrigkeiten in 1 Jahr (§ 36). Bezüglich des Verwaltungsstrafverfahrens, der Strafmilderung, des Straferlasses im Gnadenwege und der Strafvollstreckung kommen die Vorschriften in Anwendung, nach denen sich das Verfahren wegen Zuwiderhandlung gegen die Zollgesetze bestimmt Der Erlös aus eingezogenen und verkauften Zündwaren sowie die Geldstrafen verbleiben dem Staate, dessen Behörden die Strafentscheidung getroffen haben. Ein im Strafverfahren eingegangener Geldbetrag ist jedoch zunächst auf die Steuer zu verrechnen.

Vgl. hiewegen Bonnebergs Strafverfahren in Zoll- und Steuersachen und Dr. Trautvetter, Das Strafrecht der Zoll- und Verbrauchssteuergesetze, C. Heymanns Verlag Berlin.

(Vgl. auch die Ausführungen in diesem Buch zu den Strafparagraphen des VZG. S. 201.)

§ 191.

Nach § 39 des Gesetzes erfolgt die Erhebung und Verwaltung der Zündwarensteuer durch die Landeszollbehörden. Für die erwachsenden Kosten werden den Bundesstaaten 4 % der in dem Gebiete eines jeden Bundesstaates zur Verrechnung kommenden Rohsolleinnahme an Zündwarensteuer vergütet (§ 43 der AusfBest.).

Die Reichsbevollmächtigten für Zölle und Steuern und die ihnen unterstellten Stationskontrolleure haben in bezug auf die Ausführung des Zündwarensteuergesetzes dieselben Rechte und Pflichten wie bezüglich der Erhebung und Verwaltung der Zölle.

Hiezu ist der § 23a der AusfBest. (BRBeschluß vom 15. Dezember 1910) zu erwähnen, wonach seitens der obersten Landesfinanzbehörden (den Finanzministerien) Zündwarensteuererlaß oder -erstattung aus Billigkeitsgründen genehmigt werden kann. In dem von der Direktivbehörde (den Oberzolldirektionen) hiewegen an die obersten Landesfinanzbehörden zu erstattenden Berichten ist anzugeben, ob sich der der Direktivbehörde beigeordnete Reichsbevollmächtigte für Zölle und Steuern mit dem Erlaß auf gemeinschaftliche Rechnung einverstanden erklärt hat.

Das hiewegen bei der Direktivbehörde aufzustellende Verzeichnis über die bewilligten Steuererlasse hat den Tatbestand kurz aufzuführen. Diese Verzeichnisse werden der obersten Landesfinanzbehörde und von dieser dem Reichsschatzamte zur Prüfung vorgelegt, von wo aus sie an den Bundesrat gelangen.

Der Zoll für Zündwaren (Nr. 367 des Zolltarifs) beträgt 30 Mark, indem diese Nummer des Zolltarifs nach § 40 ZündwStG. abgeändert wurde wie folgt: Zündhölzer, Zündstäbchen aus Pappe 30 Mark für 1 dz; Zündkerzchen aus Wachs, Stearin usw. haben 10 Mark für den dz Zoll zu entrichten (Nr. 368 des Zolltarifs).

Die außerhalb der gemeinschaftlichen Zollgrenze liegenden Teile des Reichsgebietes haben an Stelle der Zündwarensteuer Ausgleichungsbeträge nach Maßgabe der Kopfzahl an die Reichskasse abzuführen (§ 39 des Ges.).

Hinsichtlich der Zollanschlüsse ist nach Maßgabe des § 41 des Ges. zu bemerken, daß mit dem Großherzogtum Luxemburg das Abkommen wegen Einführung einer Zündwarensteuergemeinschaft am 7. Mai 1910 getroffen worden ist. (Vgl. pr. ZBlatt 1910 S. 335.)

Die §§ 42 bis 45 des Gesetzes betreffen die Übergangsvorschriften. Das Gesetz trat am 1. Oktober 1909 in Kraft (§ 46). Die §§ 45 bis 47 der AusfBest. regeln die Statistik.

Die Ausführungsbestimmungen zum Zündwarensteuergesetze enthalten auch 9 Muster, nämlich

Muster 1 betrifft das Lagerbuch für fertige unversteuerte Zündwaren (Fabriklagerbuch) — AusfBest. § 9.

Muster 2 betrifft die Anmeldung fertiger im Fabriklagerbuch angeschriebener Zündwaren bei der Steuerbehörde — AusfBest. § 11.

Muster 3 betrifft das beim Steueramt zu führende Anmeldungsbuch — AusfBest. § 11.

Muster 4 betrifft die Anmeldung der Zündwaren zur Versteuerung — AusfBest. § 12.

Muster 5 betrifft das Zündwarensteuer-Anmeldungsbuch — AusfBest. § 12.

Muster 6 betrifft das Zündwarensteuer-Einnahmebuch — AusfBest. § 17.

Muster 7—9 betrifft weitere Steuerpapiere nach §§ 23 u. 45 der AusfBest.

Die Anlage A enthält die Ausführungsbestimmungen zu § 3 des Gesetzes und zu Art. 2 des geänderten Gesetzes sowie Anlage B die Zündwarenlagerordnung mit 3 Mustern.

Die Zündwarenlagerordnung erfuhr einige Abänderungen durch den BR.-Beschluß vom 14. Juni 1911. Die Lagerordnung hat 12 Paragraphen.

Im Zündwarenlager unter amtlichen Mitverschluß (die sog. Zündwarensteuerlager) können die fertigen Zündwaren bis zu ihrer weiteren Bestimmung unversteuert gelagert werden. Wenn auf diesem Steuerlager Zündwaren zugrunde gehen, tritt die Bestimmung des BRBeschlusses vom 15. Dezember 1910 ein. Die allgemeinen Zollvorschriften für die Zollager finden auch auf die Zündwarensteuerlager Anwendung (§§ 1—2).

Muster a gibt die Anmeldung unversteuerter Zündwaren zur Aufnahme in das Lager; Muster c enthält die Abmeldung der Zündwaren vom Lager entweder zur Versteuerung oder zur Versendung mit Begleitschein; Muster b enthält das Formular für das Lagerbuch. Formulare zu den Zündwarenbegleitscheinen ist in Muster 7 zu den AusfBest. enthalten. Das Formular zu dem Zündwarenlagerbuch ist durch BRBeschluß vom 14. Juni 1911 anderweitig geregelt worden. Ebenso hat der § 6 der Lagerordnung durch diesen BRBeschluß eine Abänderung erfahren und lautet nunmehr:

„Die eingelagerten Zündwaren sind derart aufzubewahren, daß gleichartige Packstücke, die die gleiche Anzahl Einzelpackungen mit durchschnittlich gleicher Stückzahl Zündhölzer usw. enthalten, für sich gelagert werden. Das Hauptamt kann auch eine andere übersichtliche Lagerung gestatten.

Umpackungen der eingelagerten Zündwaren können nach zuvoriger Anmeldung gestattet werden. Umpackungen, die außerhalb des Lagers vorgenommen werden, sowie Umpackungen innerhalb des Lagers, durch die der Inhalt der Einzelpackungen (die durchschnittliche Stückzahl Zündhölzer usw.) verändert wird, unterliegen der amtlichen Überwachung. Gegebenenfalls ist die Warenpost im Lagerbuch ab- und nach der neuen Feststellung wieder anzuschreiben.

Zündwaren, auf denen der Steuerzuschlag ruht, sind derart aufzubewahren, daß ihre Nämlichkeit gegenüber den nur mit der Steuer belasteten Zündwaren während der Lagerung erhalten bleibt. Der Lagerinhaber ist verpflichtet, den zu diesem Zwecke von der Steuerbehörde getroffenen Anordnungen nachzukommen."

§ 192.

Die Statistik über die Herstellung von Leuchtmitteln und Zündwaren ist erstmalig veröffentlicht im dritten Vierteljahrheft der deutschen Reichsstatistik 1910.

Leuchtmittel werden in Deutschland in 175 Betrieben hergestellt, während Zündwaren nur in 74 Fabriken erzeugt werden. Die Zündwarenfabriken beschäftigen 2188 männliche und 2660 weibliche Arbeiter, also zusammen etwa an 5000 Arbeiter.

Hergestellt wurden im Betriebsjahr 1909/10 47 941 000 000 Zündwaren, also noch nicht 48 Milliarden Stück, demnach kaum die Hälfte, wie seinerzeit im Reichstag angenommen worden ist. Hievon wurden nur 25 Milliarden Stück versteuert. Die Herstellung von Zündstäbchen betrug nur 295 Millionen, wovon 53 Millionen Stück versteuert worden sind. Die Einnahme an Zündwarensteuer belief sich daher für das Betriebsjahr 1909/10 nur auf etwas über 7 Millionen Mark. Im Rechnungsjahr 1910 brachte die Zündwarensteuer 14 Millionen Mark und für das Etatsjahr 1911 ist sie mit einer Rohsolleinnahme von 16½ Millionen Mark veranschlagt.

Bei den Einnahmen des Deutschen Reiches bzw. des Deutschen Zollgebietes ist demnach in bezug auf die Leuchmittelsteuer und Zündwarensteuer zu unterscheiden, daß das Gebiet der Leuchtmittelsteuergemeinschaft das Zollgebiet und die badischen Zollausschlüsse umfaßt, das Gebiet der Zündwarengemeinschaft nur das Gebiet der Zollgemeinschaft ohne die badischen Zollausschlüsse begreift. Helgoland ist von beiden Steuergemeinschaften ausgeschlossen, wofür Ausgleichungsbeträge von Preußen an das Reich entrichtet werden.

Zu obigen Ausführungen des Zündwarensteuergesetzes wird noch bemerkt:

Steuerfrei sind die aus Schweden eingehenden Dummy Matcher, dagegen sind steuerpflichtig: die Holzstäbchen, ob paraffiniert oder nicht, zum Zündholzapparat Galopp; Zündköpfchen, mit Zündmasse überzogene Holzköpfe, ferner mit Zündpillen besetzte Papierstreifen und die sog. Jurschweden; vgl. auch pr. Zentralblatt für Abgaben 1911 S. 342.

Die Bierverbrauchssteuern in Deutschland.

1. Die norddeutsche Brausteuer.

Nach Art. 35 der RV. hat das Reich auch die Gesetzgebung über die Besteuerung des Bieres.

Nur in Bayern, Württemberg, Baden und zurzeit noch in Elsaß-Lothringen bleibt infolge der Reservatrechte die Besteuerung des Bieres in den betreffenden Bundesstaaten der Landesgesetzgebung vorbehalten (RV. Art. 35 Abs. I und II). Die hieraus sich ergebenden Steueranfälle fließen auch nicht in die Reichskasse, sondern in die betreffenden Landeskassen (Staatskassen).

Dafür haben diese Bundesstaaten Ausgleichungsbeträge an die Reichskasse zu entrichten.[1])

[1]) Hinsichtlich des Reichslandes Elsaß-Lothringen ist auf die elsaß-lothringische Landesverfassung vom 31. Mai 1911 (RGBlatt S. 225) und auf das elsaß-lothringische Gesetz betr. die Besteuerung des Bieres vom 21. Mai 1907 (Gesetzblatt für Elsaß-Lothringen 1907 Nr. 10) hinzuweisen. Vgl. auch Art. II des Gesetzentwurfs betr. Erhöhung der Reichsbrausteuer, BRDrS. 1908 Nr. 151, Begründung hiezu S. 12.

Hienach sollte der Beitritt Elsaß-Lothringens zur Reichsbrausteuer durch BRBeschluß herbeigeführt werden. Der Eintritt Elsaß-Lothringens in die Reichsbrausteuergemeinschaft war bisher unterblieben, weil die elsaß-lothringische Biersteuer höher war als die Reichsbrausteuer, sich also eine Herabminderung des Ertrags der Biersteuer für Elsaß-Lothringen ergeben hätte. Dieser Grund wird nunmehr nicht mehr maßgebend sein. Nach der Verfassung Elsaß-Lothringens vom 31. Mai 1911 wird der Beitritt des Reichslandes zur Reichsbrausteuer nunmehr durch elsaß-lothringisches Gesetz erfolgen können.

Die Bundesstaaten werden jedoch, so heißt es in Art. 35 Abs. II der RV. weiter, ihr Bestreben darauf richten, eine Übereinstimmung der Gesetzgebung auch hinsichtlich des Bieres herbeizuführen, nachdem in bezug auf Branntwein seit 1887 eine gleichartige Reichsbesteuerung im ganzen Bundes-(Reichs-)gebiet zustande kam. Im norddeutschen Brausteuergebiet (einschließlich von Luxemburg bis zum Jahre 1909) ward die Biersteuer nach dem Reichsgesetz vom 31. Mai 1872 bis zum Jahre 1906 erhoben. Seit dem Jahre 1906 galt das Reichsgesetz vom 3. Juni 1906 mit gestaffelter Biersteuer, dieses Gesetz ist durch das Reichsgesetz vom 15. Juli 1909 abgelöst worden. In Bayern ist das Malzaufschlagsgesetz vom 18. März 1910 in Geltung; in Württemberg das Gesetz vom 16. August 1909, in Baden das Gesetz vom 25. Januar 1910, in Elsaß-Lothringen das Gesetz vom 21. Mai 1907.

Die Besteuerung des Bieres im norddeutschen Brausteuergebiet hat sich wie folgt entwickelt:

In Preußen, Sachsen, in den zum Thüringischen Steuerverein gehörigen Staaten und Braunschweig galten nach dem Vertrag vom 28. Juni 1864 die seit dem Anschluß dieser Staaten an die preußische Biersteuergemeinschaft eingeführten preußischen Gesetze und Verordnungen. Nur Sachsen-Meiningen, Sachsen-Koburg und Reuß ä. L. hatten die höhere Braumalzsteuer behalten, verpflichteten sich jedoch, ihre Steuer nicht unter den in den übrigen Staaten geltenden Satz herabzusetzen.

Oldenburg war dem erwähnten Vertrag durch die Übereinkunft vom 27./30. April 1867 beigetreten. Auf die im Jahre 1866 neu erworbenen Gebietsteile Preußens wurden durch Verordnung vom 11. Mai 1867 (preuß. Ges.-Sammlung 1867 S. 881) die für die norddeutsche Braumalzsteuer gültigen Gesetze und Ordnungen ausgedehnt und diese auch auf das Jahdegebiet erstreckt durch Gesetz vom 2. August 1867.

Für die beiden Mecklenburg, das Herzogtum Lauenburg und die freie Hansestadt Lübeck nebst Gebiet, sowie für die nach dem 1. Januar 1868 in den Zollverband des deutschen Zollvereins gezogenen und noch zu ziehenden preußischen und hamburgischen Gebietsteile wurde durch das Bundesgesetz vom 4. Juli 1868 (BGBlatt 1868 S. 375) und durch Verordnung des Bundespräsidiums vom 29. Juli 1868, vom 19. Oktober 1868 und vom 5. Juni 1869 eine gleichmäßige Gesetzgebung geschaffen. In der zum damaligen Norddeutschen Bunde gehörigen Provinz Oberhessen wurde die dortselbst in anderer Weise und etwas höher veranlagte Biersteuer bis zum Erlaß eines allgemeinen Gesetzes belassen. Über die subsidiarische Haftung des Brauers für Zuwiderhandlungen gegen die Braumalzsteuergesetze durch Verwalter, Gewerbsgehilfen und Hausgenossen wurde durch das Bundesgesetz vom 8. Juli 1868 Näheres bestimmt

Die bis zum Jahre 1872 bestandene norddeutsche Brausteuergesetzgebung, die noch auf der preuß. Biersteuergesetzgebung von 1819 fußte, hatte als Grundsatz, daß kein Malzschrot eingemaischt werde, wofür nicht seinem Gewicht nach ein Brauschein gelöst und dadurch die Brausteuer zu Soll gestellt und gesichert war. Daher standen alle Brauereien unter Kontrolle und der Brauakt, d. h. jede Einmaischung zum Zwecke der Bierbereitung wurde bis zu dem Zeitpunkt amtlich überwacht, an dem eine weitere Ein- oder Zumaischung mit Erfolg nicht mehr möglich war. Die norddeutsche Bierbesteuerung unterschied sich demnach wesentlich von dem bayerischen System, da hier das Malz steuerpflichtig wird, sobald es zum Brechen zur Mühle gelangt. (Vgl. Art. 3 des bayer. Malzaufschlagsgesetzes vom 18. März 1910)

So war die Lage der Gesetzgebung bezüglich der Bierbesteuerung in Norddeutschland, bis am 13. Januar 1872 der Reichskanzler den Entwurf eines Gesetzes wegen Erhebung der Brausteuer im Deutschen Reiche nebst Motiven dem Bundesrate zur Beschlußfassung vorlegte, der mit einigen Änderungen nach erfolgter Zustimmung des Bundesrates und des Reichstages am 31. Mai 1872 als Reichsgesetz publiziert wurde und mit 1. Januar 1873 im Deutschen Reiche (einschließlich des Großherzogtums Luxemburg), aber mit Ausschluß von Bayern, Württemberg, Baden, Elsaß-Lothringen, des großherzoglich sächsischen Vordergerichts Ostheim und des herzoglich Sachsen-Koburg-Gothaischen Amtes Königsberg in Kraft trat (RGBlatt 1872 S. 153).

Das Brausteuergesetz vom 31. Mai 1872 hatte bei dem Mangel einer einheitlichen Bierbesteuerung im Norddeutschen Bunde daher sowohl die vorhandene Lücke in der Gesetzgebung auszufüllen, als durch die Mitbesteuerung der sog. Malzsurrogate deren Gebrauch bis dahin nicht verboten und demnach steuerfrei war, eine bestehende Ungleichheit zu beseitigen. Bis jetzt war nur das Bier aus Getreide einer Besteuerung unterworfen, während nunmehr auch große Massen von Surrogaten (Reis, Stärke, Stärkemehl, Zucker, Sirup rc.) anstatt des Malzes in Anwendung kamen, deren Verwendung nicht verboten, deren Besteuerung aber auch nicht gesetzlich angeordnet war.

Da man das Verbot der Verwendung von Surrogaten, wie es in den Südstaaten seit langem besteht, vom volkswirtschaftlichen Standpunkte aus damals für ungeeignet erachtete, die verschiedenen Surrogatstoffe aber verschiedenen Wert für die Biergewinnung haben, so wurden in § 1 des Reichsgesetzes vom 31. Mai 1872 für das Getreidemalz und die Malzsurrogate[1]) verschiedene Steuersätze, von 20 Sgr. bis zu 1 Taler 10 Sgr. für 1 Zentner festgesetzt. Zugleich aber wurde dem Bundesrate die Ermächtigung erteilt, vorbehaltlich der nachträglichen Genehmigung des Reichstages, für andere als die unter Nr. 1 bis 6 des § 1 genannten Stoffe nach Maßgabe des Brauwertes den Steuersatz auch zu ermäßigen. In dieser Beziehung sind verschiedene BRBeschlüsse ergangen, die zurzeit nicht mehr interessieren.

Die bisher schon in den Nordstaaten fast allgemein eingeführt gewesene Besteuerung nach dem Gewichte des Materials wurde beibehalten, da sich diese in langjähriger Praxis in dem größten Teile Deutschlands bewährt hatte, ohne zu Klagen Anlaß zu geben, und weil sie das Steuerobjekt im wesentlichen nach seiner Güte in Verbindung mit der Menge trifft. Es wurde jedoch abweichend von der früheren Gesetzgebung das Nettogewicht der Versteuerung zugrunde gelegt. Während früher ein Übergewicht von $^1/_{16}$ Zentner bei jeder Malzpost unberücksichtigt blieb, sollte nach dem Gesetz von 1872 ein Übergewicht unberücksichtigt bleiben an der für ein Gebräue bestimmten Gesamtmenge, von welchem die Steuer weniger als $^1/_2$ Groschen beträgt. Die Steuer betrug von dem Doppelzentner Malz, das zur Bierbereitung verwendet wurde, 4 Mark.

Die sog. Kesselsteuer, die noch im Nordteile des Großherzogtums Hessen bestand, wurde beseitigt.

Bezüglich des steuerfreien Haustrunkes enthielt das Gesetz von 1872 in § 5 einige früher nicht bestandene Anordnungen, so daß jedes Abgeben des Haustrunkbieres an nicht zum Haushalt gehörige Personen gegen Entgelt untersagt wurde, und daß Bierverkäufer auf die Bewilligung des steuerfreien Haustrunkes überhaupt keinen Anspruch haben sollten.

Dieses Brausteuergesetz vom 31. Mai 1872 blieb trotz seiner Mängel und seiner Unzulänglichkeit bis zum Jahre 1906 in Gültigkeit.

Die Reichsleitung hatte zwar mehrmals den Versuch gemacht, eine andere, ergiebigere Biersteuer für das Reich zu erhalten, allein vergeblich, trotzdem in Süddeutschland eine viel höhere Biersteuer schon seit Jahrzehnten bestand.

Schon im Jahre 1869 ward in Preußen eine Denkschrift betreffs Vermehrung der Finanzen des Norddeutschen Bundes und der Erhöhung der Brausteuer ausgearbeitet, aber nach dem Erlaß des Reichsgesetzes vom 31. Mai 1872 wurde erst im Jahre 1879 wieder ein Gesetzentwurf wegen Erhöhung der Brausteuer von Reichs wegen zur Vorlage gebracht (BRDrS. 1879 Nr. 61) und im Jahre 1880 wurde ein weiterer Gesetzentwurf bezüglich der Brausteuer vorgelegt (BRDrS. 1880 Nr. 18 und 172, § 305 der Protokolle 1880). Beide Vorlagen blieben unerledigt. Im Jahre 1881 wurde im Reichsschatzamt eine neue Denkschrift über die Entwicklung der Biersteuer ausgearbeitet; auch der sich hierauf stützende Gesetzentwurf führte nicht zum Ziele. So blieb nichts übrig, als zu versuchen, an dem bestehenden Gesetze einige Verbesserungen vorzunehmen (BRDrS. 1892 Nr. 128), allein auch diese Versuche schlugen fehl. In den Jahren 1894 und 1895 wurde im Reichstage das Malzsurrogatverbot zur Debatte gezogen (vgl. 68. Sitzung des Reichstages vom 23. März 1895), allein ohne weiteren Erfolg. In der 45. Sitzung des Reichstages vom 1. März 1899 kam die Sacharinverwendung beim Bier und das Surrogatverbot wiederholt zur Sprache und es erfolgte die Resolution (Nr 149/50 der RTAnlagen 1899).

Die Steuerbelastung des Bieres betrug im Jahre 1903 für 1 dz Malz in Bayern durchschnittlich 11 Mark, in Württemberg 10 Mark, in Baden und in Elsaß-Lothringen gleichfalls 10 Mark und im norddeutschen Brausteuergebiet 4 Mark. Wenn aus einem dz Malz $5^1/_2$ hl Bier hergestellt werden (18 kg für 1 hl), so betrug die Steuer für 1 hl Bier in Bayern an 2 Mark, in Württemberg, Baden und Elsaß-Lothringen auch annähernd 2 Mark,

---

[1]) Reis (gemahlen oder ungemahlen), grüne Stärke, d. h. solche, die mindestens 30% Wasser enthält, Stärke, Stärkemehl (mit Einschluß des Kartoffelmehls), Stärkegummi (Dextrin), Zucker aller Art (Stärke- und Traubenzucker rc.), sowie Zuckerauflösungen; Sirup aller Art, alle anderen Malzsurrogate.

im norddeutschen Brausteuergebiet nur etwa 72 Pfennig. Die Erhöhung der norddeutschen Brausteuer war demnach ein Gebot der Notwendigkeit und Gerechtigkeit.

§ 193.

So wurde im Jahre 1905 bei Vorlage der Denkschrift zur Vermehrung der Reichseinnahmen (BRDrS. 1905 Nr. 107 und 143) auch eine Reform der Brausteuer (im norddeutschen Brausteuergebiet) in Angriff genommen und der Entwurf zu einem neuen Brausteuergesetz dem Bundesrate und dem Reichstag vorgelegt.

Dieser Gesetzentwurf strebte eine wesentliche Erhöhung der bisherigen Brausteuersätze an, indem hervorgehoben wurde (vgl. Begründung zu dem Gesetzentwurf), daß infolge der verbesserten Technik des Brauverfahrens und der besseren Ausnützung der Braustoffe die Biersteuer seit 1819 nicht nur keine Erhöhung, sondern vielmehr eine Verschlechterung um 25 % erfahren habe, da das Brausteuergesetz von 1872 der Hauptsache nach noch auf dem preußischen Gesetze vom 8. Februar 1819 (§ 18) fuße. Der Gesetzentwurf nahm an, daß zur Herstellung eines hl Bieres nunmehr rund 18 kg Malzschrot erforderlich seien, während früher 20 bis 24 kg Malz für 1 hl Bier verwendet wurden. Die Biersteuer sollte gestaffelt werden, insofern als der Steuersatz für 1 dz Malz von 7 bis 12 1/2 Mark steigen sollte; der hl Bier sollte also im Höchstfalle mit etwas über 2 Mark besteuert sein. Die Verwendung von Malzsurrogaten sollte nur bei obergärigem Bier zugelassen sein. Elsaß-Lothringen sollte der Biersteuergemeinschaft beitreten. Die durchschnittliche Belastung eines dz Malzes sollte 10,80 Mark betragen, demnach sollte die Durchschnittssteuer 1,80 Mark für den hl Bier ausmachen. Die Steuerfreiheit des Haustrunkbieres sollte unter den bestehenden Einschränkungen fortbestehen bleiben. Dem Gesetzentwurf waren mehrere Anlagen beigegeben, woraus zu ersehen war, daß zu 1 hl Bier im Jahre 1873 rund 20 kg Braustoffe, im Jahre 1903 nur 17 kg Braustoffe verwendet wurden; auf 1 hl Bier trafen im Jahre 1873 80 Pfennig Steuer, im Jahre 1903 nur mehr 68 Pfennig.

Der Gesetzentwurf hatte das Ziel im Auge, die norddeutsche Biersteuer auf die Höhe der süddeutschen Biersteuern zu bringen (vgl. Art. 35 Abs. II RV.); es mußte also statt des bisherigen Satzes von 4 Mark für den Doppelzentner Getreide eine etwa 2 1/2 fache Steigerung eintreten, so daß bei der beabsichtigten Staffelung im Durchschnitt der Doppelzentner Getreide (Malz) mit etwas über 10 Mark für 1 dz zu besteuern gewesen wäre. Die Staffelung der Steuer, die in Süddeutschland längst bestand, sollte dazu dienen, um die Kleinbetriebe (Handbetriebsbrauereien) vor den Großbetrieben mit ihren besseren Maschinen und Ausnützungsvorzügen zu schützen. Zugleich sollte das Verbot der Malzsurrogate eingeführt werden (mit Ausnahme der Zuckerverwendung für obergärige Biere). Die bisherige Steuerfreiheit des Haustrunks sollte auch fernerhin unter den bestehenden Einschränkungen aufrecht erhalten bleiben. Die Stundung der Steuer war vorgesehen, eine Vermahlungssteuer mit selbsttätiger Wiegevorrichtung sollte für die größeren Brauereien eingeführt werden. Die Staffelung sollte sich zwischen 7 Mark und 12,50 Mark bewegen. Der Zoll für ausländisches Bier sollte von 6 auf 8 Mark für 1 dz inkl. Faß erhöht werden. Hienach sollte der Liter Bier ähnlich wie in Süddeutschland auch im norddeutschen Brausteuergebiet mit einer Staats- bzw. Reichssteuer von etwa 2 Pfennig belastet werden.

Der Gesetzentwurf ging bekanntlich an die Reichsfinanzkommission, die dem § 6 des FlottenG. zufolge die Abwälzung der Biersteuer auf die Konsumenten verhüten und deshalb die bisherige Brausteuer unter Annahme der Staffelung in erster Lesung nur verdoppeln wollte. In zweiter Lesung wurde der Antrag Becker angenommen und die Spannung von 4 auf 10 Mark für den dz Malz ausgedehnt. Am 30. April und 1. u. 18. Mai 1906 wurde das Brausteuergesetz im Sinne der Kommissionsfassung vom Plenum des Reichstags beraten und angenommen, ebenso wurde das Surrogatverbot nach den Kommissionsbeschlüssen angenommen mit der agrarischen Zusatzbestimmung, daß der dem obergärigen Bier zugesetzte

Zucker steuerfrei sein sollte. Die Deklarationspflicht wurde nicht ins Gesetz aufgenommen. Die Festsetzung der Übergangsabgabe sollte dem Bundesrat vorbehalten bleiben, der sie auf 2,50 Mark für den hl Bier festsetzte. Dieses Brausteuergesetz vom 3. Juni 1906 war ein vollständig verfehlter Versuch, den Bierverbrauch richtig und genügend zu besteuern. Der Mehrertrag belief sich nur auf 30 Millionen Mark und trotzdem herrschte im Braugewerbe, dessen Ausgabespesen durch die Zollerhöhung auf Gerste, durch Lohnerhöhungen, durch höhere Kohlenpreise, durch stark gesteigerte Haferpreise ohnehin schon wesentlich vermehrt waren, eine große Erbitterung, da die Brauer und Wirte angesichts der geringfügigen Steuererhöhung nicht in der Lage waren, die Steuer auf die Biertrinker abzuwälzen. So ist es erklärlich und naheliegend, daß bei der Reichsfinanzreform von 1908 und der Vorlage neuer Reichssteuern wieder auf die Bierverbrauchsabgabe zurückgegriffen und ein neuer Gesetzentwurf mit einer ganz erheblichen Erhöhung der Brausteuer (vgl. BRDrS. 1908 Nr. 151) zur Vorlage gelangte. Die Biersteuer sollte weitere 100 Millionen Mark mehr einbringen, die Steuerstaffelung solle sich in dem Rahmen von 14 bis 20 Mark für 1 dz Getreide bewegen, so daß bei einer Durchschnittsbelastung von 17 ½ Mark für 1 dz der hl Bier etwa (bei 18 kg Malzverbrauch) 3,15 Mark Steuer tragen solle. Elsaß-Lothringen sollte in das norddeutsche Brausteuergebiet miteinbezogen werden (Anlageband zu den RTVerhandlungen 248 Nr. 995).

Nach der ersten Beratung kam der Gesetzentwurf an die 32. Kommission, der Bericht dieser Kommission ist enthalten in RTV. Bd. 256 Nr. 1451, Berichterstatter war Dr. Zehnter. Der Bericht behandelt zuerst allgemein die Fragen, ob eine Erhöhung der Brausteuer angängig sei, ob etwa eine Kontingentierung der Bierproduktion in Erwägung zu ziehen sei, wie hoch die Übergangsabgabe zu fixieren wäre, ob eine Änderung des Schankmaßes in Aussicht zu nehmen wäre, ob eine Besteuerung der alkoholfreien Getränke und des Obstweines sich empfehle, ob endlich statt der Rohstoffbesteuerung eine Fabrikatsteuer vorzuziehen sei. Nach der Beratung dieser Vorfragen in der Generaldiskussion begann die Spezialberatung, wobei namentlich die Spannung der Staffelsteuer eingehend besprochen wurde. Trotz der Anträge auf Minderung des ersten Satzes von 14 auf 10 bzw. 8 Mark für den dz Malz wurde schließlich doch die Regierungsvorlage (14 bis 20 Mark) angenommen, die Kontingentierung wurde verworfen, die bisherige Steuerfreiheit des für obergäriges Bier verwendeten Zuckers wurde eingeschränkt, die Kommunalbesteuerung des Bieres wurde zwar nicht aufgehoben, wohl aber nach dem Zollvereinigungsvertrag vom 8. Juli 1867 beschränkt, die Aichung der Schankgefäße wurde vom 1. August 1909 ab geändert und die Steuerfreiheit des Haustrunks wurde beseitigt.

Das Brausteuergesetz wurde am 9. Juli 1909 angenommen mit dem Beisatz, daß für neue Brauereien, die nach dem 1. August 1909 betriebsfähig hergerichtet bzw. in Betrieb genommen werden und mit deren Bau nicht bereits vor dem 1. Januar 1909 begonnen worden war, sowie für solche Brauereien, die bereits zwei Jahre nicht mehr im Betrieb waren und erst nach dem 1. August 1909 wieder in Betrieb gesetzt würden, sich die Steuer erhöhen sollte um 50 bzw. 25 %. Der Bericht der 32. Kommission enthält mehrere Anlagen über Ertragsberechnungen, wonach die Gesamtbiersteuer für die Reichskasse einschließlich Zoll, Übergangsabgabe und Ausgleichungsbeträge 165 bis 170 Millionen Mark im Beharrungszustand einbringen solle.

Hinsichtlich der Besteuerung des zur Bereitung von obergärigem Biere verwendeten Zuckers läßt die Begründung zu dem Gesetzentwurf (BRDrS. 1908 Nr. 151 S. 13) eine ausführliche Darlegung ersehen.

Nach dem Brausteuergesetze vom 31. Mai 1872 unterlag der zur Bierbereitung (obergärigen wie untergärigen Bieres) verwendete Zucker einer Steuer von 8 Mark für den dz, also doppelt so hoch wie das Malz. Nach dem Gesetz vom 3. Juni 1906 und dessen AusfBest. war der Zucker, der zum obergärigen Bier allein noch verwendet werden durfte, steuerfrei. Diese Steuerfreiheit führte zu allerlei ungünstigen Konsequenzen. So blieb nicht bloß der Zucker, der zu dem obergärigen Schwachbier verwendet wurde, steuerfrei, sondern auch der Zucker, der zu Porter und sonstigem obergärigen Biere gebraucht wird, also nicht bloß die kleinen Handwerksbrauer, sondern auch größere Betriebe verwendeten steuerfreien Zucker, was das Gesetz nicht beabsichtigt hatte Aus diesem Grunde beschränkte schon der neue Gesetzentwurf von 1908/09 den steuerfreien Zuckerverbrauch für kleinere Brauereien (Braunbierbrauereien), indem der Bundesrat die Ermächtigung erhalten sollte, den an sich steuerpflichtigen Zucker in der Steuer zu ermäßigen oder ganz steuerfrei zu lassen bei Betrieben mit einem Verbrauch von Braustoffen bis zu 250 dz.

Die Steuerkommission und der Reichstag haben jedoch die Zuckerbesteuerung bei der Bierbereitung wie folgt gestaltet (§ 2 Abs. 3, § 5 Abs. 3): Zucker, der zur Herstellung von obergärigem Bier verwendet wird, bleibt insoweit steuerfrei, als er nach § 5 Abs. 3 des Gesetzes bei der Feststellung des für die Höhe der Steuer (§ 6) maßgebenden Gesamtgewichts der verwendeten steuerpflichtigen Braustoffe nicht zur Anrechnung kommt.

§ 5 Abs. 3 BrauStG vom 15. Juli 1909 lautet: Bei der Feststellung des für die Höhe der Steuer (§ 6) maßgebenden Gesamtgewichts der verwendeten steuerpflichtigen Braustoffe ist ein dz Zucker gleich 1$^1/_2$ dz Malz zu rechnen. Dabei wird jedoch insoweit als zur Herstellung obergäriger Biere auf 100 dz Malz nicht mehr als 25 dz Zucker verwendet werden, der Zucker, der auf die ersten 150 dz des Jahresverbrauchs an Malz entfällt, außer Ansatz gelassen; der auf die folgenden 100 dz Malz entfallende Zucker wird nur mit der Hälfte, der auf die weiteren 100 dz Malz entfallende Zucker nur mit dem Einfachen seines Gewichts in Rechnung gestellt (vgl. § 6).

Hiezu hat der § 14 der AusfBest eine ausführliche Erläuterung gegeben. Die ersten 37$^1/_2$ dz der im Laufe der Rechnungsjahres verwendeten Zuckermenge sollen überhaupt nicht gerechnet werden, die folgenden 25 dz Zucker nur mit der Hälfte und die weiteren 25 dz Zucker nur einfach, der Rest 1$^1/_2$ fach.

In der Zollwarte 1911 Nr. 11 ist hinsichtlich der Besteuerung des bei der Bierbereitung verwendeten Zuckers eine ausführliche Abhandlung erschienen, worauf hier verwiesen wird.

§ 194.

Nach diesen Vorbemerkungen folgt nunmehr die Besprechung des Brausteuergesetzes vom 15. Juli 1909.

Dieses Gesetz ist abgedruckt im RGBlatt 1909 Nr. 43 S. 773. Es hat 64 Paragraphen. Die Ausführungsbestimmmungen hiezu sind erlassen laut BRBeschluß vom 14. Oktober 1909, BRDrS. 1909 Nr. 108. Im allgemeinen ist vorauszuschicken, daß seit dem Inkrafttreten des Brausteuergesetzes vom 3. Juni 1906 — RGBlatt S. 675 — im Gebiete der norddeutschen Brausteuergemeinschaft[1]) zur Bereitung untergärigen Bieres nur Gerstenmalz, Hopfen, Hefe und Wasser verwendet werden, — wie in Bayern (vgl. Bayer. Malzaufschlagsgesetz vom 18. März 1910 Art. 2, Bayer. GVBlatt Nr. 14). Für die Bereitung obergärigen Bieres ist auch die Verwendung anderen Malzes (Weizenmalzes) und bestimmter reiner Zuckerstoffe zugelassen. Für Bereitung besonderer Biere sowie der zur Ausfuhr bestimmten Biere können Abweichungen gestattet werden, z. B. Reisverwendung.

Die Brausteuer wird in Staffelsätzen von dem zur Bierbereitung verwendeten Malz und Zucker erhoben.

---

[1]) Das Gebiet der norddeutschen Brausteuergemeinschaft umfaßt das deutsche Zollgebiet ausschließlich der Königreiche Bayern und Württemberg, des Großherzogtums Baden, des Reichslandes Elsaß-Lothringen, ferner des großherzogl. sächs. Vordergerichts Ostheim und des herzogl. sächs. kob.-goth Amtes Königsberg. Diese Ämter gehören zur bayer. Malzaufschlagsgemeinschaft, dafür haben Sachsen-Weimar und Sachsen-Koburg-Gotha Ausgleichungsbeträge an die Reichskasse zu entrichten (soweit diese Enklaven in Betracht kommen). Auch die österr. Gemeinden Jungholz und Mittelberg, obwohl zum Zollgebiet gehörend, sind außerhalb der norddeutschen Brausteuergemeinschaft, indem sie dem bayer. Malzaufschlag zugeteilt sind. Das Großherzogtum Luxemburg gehörte bis zum 1. August 1909 zur Brausteuergemeinschaft, ist aber jetzt ausgetreten (RGBlatt 1909 S. 933).

Die Haustrunkbereitung unterlag bis zum Jahre 1909 hinsichtlich der verwendeten Stoffe keiner Beschränkung und blieb steuerfrei, auch noch nach dem Brausteuergesetze vom 3. Juni 1906. Nach § 6 Abs. 4 BrauStG. vom 15. Juli 1909 genießen Haustrunkbrauer nunmehr eine allerdings sehr erhebliche Steuerermäßigung (vgl. auch § 1 Abs. 3 des Gesetzes), indem bei obergärigem Bier nur 4 Mark für den dz Braumalz zu entrichten sind.

Durch das Reichsgesetz vom 15. Juli 1909 betreffs Änderung des Brausteuergesetzes vom 3. Juni 1906 — RGBlatt S. 695, 773 — (Brausteuergesetz vom 15. Juli 1909, Bekanntmachung des Reichskanzlers vom 21. Juli 1909) wurden vom 1. August 1909 ab die Biersteuersätze beträchtlich erhöht. Die Steuer beträgt nunmehr vom dz der in einer Brauerei innerhalb des Betriebsjahres (Rechnungsjahres) steuerpflichtig gewordenen Braustoffe je nach der Größe des Betriebes 14 bis 20 Mark statt wie früher 4 bis 10 Mark. Für Brauereien, die vor dem 1. Oktober 1908 betriebsfähig hergerichtet waren und im Durchschnitt der Rechnungsjahre 1906, 1907, 1908 nicht mehr als 150 dz Malz verarbeiteten, ist die Steuer auf die ersten 150 dz der im Rechnungsjahre verarbeiteten Braustoffe auf 12 Mark für den dz ermäßigt; jedoch verliert eine Brauerei diese Begünstigung mit dem Ablaufe des Rechnungsjahres, in dem sie mehr als 150 dz steuerpflichtige Stoffe verwendet hat (§ 6 Abs. 3 des Gesetzes vom 15. Juli 1909).

Neu entstehende Brauereien sind mit erheblich höheren Steuersätzen belastet. Die Steuerfreiheit des verwendeten Zuckers ist in der Art beseitigt, daß nach § 5 des Gesetzes der Zucker auf Malz umzurechnen ist und der Steuer unterliegt, wenn sein Verhältnis zur Malzverwendung eine gewisse Grenze überschreitet, wie oben schon erörtert ist. Die Verwendung von Weizenmalz ist insoferne begünstigt, als sein Gewicht nur mit $^4/_5$ bei Feststellung des Gesamtgewichts der in einer Brauerei verwendeten steuerpflichtigen Braustoffe in Ansatz kommt. Auch der Haustrunk unterliegt, wie schon bemerkt, einer mäßigen Versteuerung, indem „Haustrunkbrauer", d. h. Personen, die obergäriges Bier nur für ihren Hausbedarf bereiten, für 1 dz Braustoffe nur 4 Mark Steuer zu entrichten haben, wenn das Gesamtgewicht der steuerpflichtigen Braustoffe in einem Rechnungsjahre 5 dz nicht übersteigt (§ 6 Abs. 4 des Gesetzes).

§ 195.

Der § 1 BrauStG. vom 15. Juli 1909 bestimmt, welche Stoffe (Gerstenmalz, Wasser, Hopfen, Hefe für untergärige und anderes Malz sowie Zucker für obergärige Biere) zur Bereitung ober- und untergärigen Bieres verwendet werden dürfen, wie oben bereits erwähnt ist.

Ferner erhält § 1 die Definition von **Bier**.

Unter der Bezeichnung **Bier**[1]) dürfen nur solche Getränke in den Verkehr gebracht werden, die gegoren sind und den Vorschriften in § 1 Abs. 1 und 2 des Gesetzes entsprechend hergestellt sind, d. h. untergärige Biere aus Gerstenmalz, Hopfen, Hefe und Wasser und obergärige Biere aus anderem Malze, Hefe, Hopfen, Wasser und technisch reinem Rohr-, Rüben- oder Invertzucker, sowie Stärkezucker und Zuckerfarbmitteln.

Bier, zu dessen Herstellung außer Malz, Hopfen, Hefe und Wasser auch Zucker verwendet wurde, darf als **Malzbier** oder unter einer sonstigen Bezeichnung, die das Wort

---

[1]) Das Wort Bier darf auch in Zusammensetzung mit anderen Worten z. B. Kraftbier, Ingwerbier nicht gebraucht werden, wenn die Voraussetzungen des § 1 Abs. 4 nicht vorliegen.

Malz enthält, nur in Verkehr gebracht werden, wenn die Zuckerverwendung in erkennbarer Weise kundgemacht und die Malzverwendung nicht unter die festgesetzte Grenze heruntergeht, d. h. weniger als 15 kg für 1 hl Bier ausmacht (vgl. § 6 der AusfBest.). Der Zusatz von Wasser zum Biere durch Brauer, Wirte, Bierhändler nach Abschluß des Brauverfahrens außerhalb der Brauereien ist verboten (§ 1 Abs. 5 des Ges.).

Hiezu sind die §§ 1—6 der AusfBest. zu beachten. Hienach sind Malzersatz- und Hopfenersatzstoffe (mit Ausnahme des Zuckers für obergärige Biere) nunmehr auch für die norddeutsche Bierbereitung verboten. Untergärigem Bier darf Farbebier aus Gerstenmalz, vorschriftsmäßig hergestellt, zugesetzt werden.

Die Verwendung von Bierklärmitteln, die mechanisch wirken, wie Holzspäne, natürliche Hausenblase, ist gestattet. Dagegen sind z. B. Gelatine und künstliche Hausenblase, wie alle sonstigen Bierklärmitteln, die sich nicht vollständig ausscheiden, verboten. Die Verwendung von Kohlensäure beim Bierabziehen ist gestattet.

Hier kommt auch das sog. Eckardtsche Brauverfahren in Betracht. Dieses Verfahren ist unzulässig (vgl. Bericht der 32. Kommission Bd. 256 S. 9373). Der § 3 der AusfBest. enthält auch die Erklärung, was unter ober- und untergärigem Bier zu verstehen ist. Der Alkoholgehalt ist hiebei ohne Belang; obergäriges Bier ist das mit obergäriger Hefe, untergäriges Bier ist das mit untergäriger Hefe angestellte Bier. (Vgl. Anleitung A zu den AusfBest. und Abhandlung in Kunkels Zeitschrift für Zollwesen 1910 Nr. 5.)

In § 2 des Gesetzes ist bestimmt, daß die Brausteuer von dem zur Bierbereitung verwendeten Malze und Zucker erhoben wird. Unter Malz ist alles künstlich zum Keimen gebrachte Getreide verstanden. Die Brausteuer wird daher nicht als Fabrikatsteuer erhoben, sondern als Materialsteuer.

Über die Steuerpflicht des verwendeten Zuckers entspann sich in der Kommission eine längere Debatte mit mehreren Anträgen, bis man sich für die Fassung in § 5 Abs. 3 des Gesetzes einigte. Die Steuerkraft des Zuckers gegenüber dem Malze wurde von 2 : 1 auf $1^1/_2$: 1 herabgesetzt. (Vgl. § 7 der AusfBest., wonach Spitzmalz nicht als Malz gilt.)

Der § 3 des Gesetzes handelt von den bierähnlichen Getränken und von den zur Bereitung von solchen oder von Bier bestimmten Zubereitungen.

Die sog. bierähnlichen Getränke spielen seit dem Brausteuergesetze von 1906 in der biersteuerlichen Behandlung eine große Rolle. Vor allem wäre festzustellen: Was sind bierähnliche Getränke? Die Ausführungsbestimmungen in § 8 erklären als bierähnliche Getränke im Sinne des § 3 des Gesetzes diejenigen Getränke, welche unter Verwendung oder unter Mitverwendung von Malz oder von Malzextrakt oder welche durch Vergärung von Zucker hergestellt sind und als Ersatz für Bier in den Handel gebracht oder genossen zu werden pflegen.

Die Verwendung anderer Malzersatzstoffe außer Zucker ist auch für die bierähnlichen Getränke verboten. Malz und Zucker sind auch bei Bereitung bierähnlicher Getränke steuerpflichtig und die Anstalten, die solche bierähnliche Getränke bereiten, unterliegen der Steuerkontrolle.

Die Verwendung von Farbebieren für untergärige Biere und von Färbemitteln für obergärige Biere ist näher umschrieben in §§ 9 und 10 sowie in Anlage B zu den AusfBest.

Über die Verwendung von Farbebier geben die Erlasse des PrFM. vom 26. März 1907 und vom 14. August 1907 (pr. ZBlatt für Abgaben 1907 S. 98 und 303) nähere Direktiven, desgl. ist die Entschließung des PrFM. vom 20. Juni 1908, pr. ZBlatt 1908 S. 334 zu beachten (Versendung und Verwendung von Farbebierproben betr.). Wegen des Aufbewahrungsortes des Farbebieres ist der Erlaß des PrFM. vom 12. November 1909 zu erwähnen (pr. ZBlatt 1909 S. 414).

Vgl. auch Erkenntnis des RG. vom 1. Februar 1909, wonach die aus Zucker hergestellten Farbmittel von dem Verkehrsverbote nach § 3 BrauStG. vom 3. Juni 1906 nur insoweit nicht betroffen werden, als sie lediglich zum Färben bestimmt sind (pr. ZBlatt 1909 S. 94).

Der § 4 des Gesetzes in Verbindung mit § 11 der AusfBest. handelt von der Steuerpflicht des Malzes zur Essigbereitung. Die Herstellung von Malzextrakt zu Heilzwecken in Apotheken und pharmazeutischen Laboratorien und in Zuckerwaren- und Malzzuckerwarenfabriken behufs Herstellung von Zuckerwaren bleibt unter Einhaltung der vorgeschriebenen Überwachungsmaßnahmen steuerfrei. Wird jedoch Malz in Brauereien zur Herstellung von Malzextrakt verwendet oder wird Malzextrakt in den vorher genannten Be-

trieben und Anlagen als solcher verkauft oder zur Herstellung von Bier, bierähnlichen Getränken oder Essig weiterverarbeitet, so tritt die Steuerpflicht im Gesamtumfange ein,[1]) soweit nicht Ausnahmen zugelassen sind. (Vgl. Erlaß des Reichskanzlers vom 20. Dezember 1910.)

In § 5 des Gesetzes wird die Vornahme der Versteuerung der Braustoffe geregelt. Die Versteuerung erfolgt nach dem Reingewichte. Hiebei ist in Abs. 3 dieses Paragraphen auch das Verhältnis der Steuerpflicht des Zuckers zum Malze geordnet. Wie bereits bemerkt, gilt 1 dz Zucker gleich 1 ½ dz Gerstenmalz und 1 dz Weizenmalz gilt gleich ⅘ dz Gerstenmalz (vgl. § 14 der AusfBest.).

In § 6 des Gesetzes sind die Erhebungssätze der Brausteuer angegeben. Nachstehend sind diese Sätze im Vergleich zu dem Brausteuergesetze von 1906 aufgeführt.

Nach dem Gesetze von 1872 betrug der Steuersatz allgemein nur 4 Mark für 1 dz Braumalz, also angenommen, daß zu 1 hl Bier 18 kg Malz verwendet wurden, ergab sich eine Steuer von etwa 72 Pfennig für 1 hl Bier.

Erhebungssätze der Brausteuer

nach dem Gesetze vom 3. Juni 1906			nach dem Gesetze vom 15. Juli 1909		
	(für 1 dz Malz)				
von den ersten	250 dz	4 Mark	von den ersten	250 dz	14 Mark
von den folgenden	250 „	4½ „	von den folgenden	1250 „	15 „
„ „ „	500 „	5 „	„ „ „	1500 „	16 „
„ „ „	1000 „	5½ „	„ „ „	2000 „	18 „
„ „ „	1000 „	6 „	von dem Reste		20 „
„ „ „	1000 „	6½ „			
„ „ „	1000 „	7 „			
„ „ „	1000 „	8 „			
„ „ „	1000 „	9 „			
von dem Reste		10 „			

Der Hektoliter Bier war also, bei einer Annahme, daß 20 kg Malz hiezu notwendig wären, nach dem Gesetze von 1906 im Höchstfalle mit 2 Mark besteuert, während nach dem Gesetze von 1909 für 1 hl Bier 4 Mark Steuer träfen; da aber tatsächlich in den gut ausgestatteten und technisch vorgeschrittenen Brauereien nur 16 – 17 kg Malz zu 1 hl Bier erforderlich sind, so beträgt die Steuer in ersterem Falle 1.65 Mark und in letzterem Falle 3.30 Mark für 1 hl Bier.

Für neue Brauereien, die erst nach dem 1. August 1909 in Betrieb genommen wurden und mit deren Bau nicht bereits vor dem 1. Januar 1909 begonnen war, sowie für Brauereien, die nach dem 1. August 1909 wieder in Betrieb genommen sind, nachdem sie mehr als 2 Jahre außer Betrieb waren, erhöhen sich die obigen Steuersätze in der Zeit bis zum 31. März 1915 um 50%, in der Zeit vom 1. April 1915 bis 31. März 1918 um 25%.

In dieser Bestimmung liegt zwar keine Kontingentierung der Brauereien, aber doch ein erheblicher Schutz gegen die Errichtung und Entstehung neuer Brauanlagen. Außerdem sind für die kleineren Brauereien, um sie vor den übermächtigen Großbetrieben zu schützen, noch weitere Vergünstigungen in Abs. 3 § 6 vorgesehen, indem es heißt:

Für die vor dem 1. Oktober 1908 betriebsmäßig hergerichteten Brauereien wird bei einer 3jährigen Durchschnittsverarbeitung von nicht mehr als 150 dz Malz die Steuer für die ersten 150 dz Malz auf 12 Mark für den dz ermäßigt. Diese Vergünstigung erlischt mit dem Ablauf des Rechnungsjahres,

---

[1]) Hiemit unterscheidet sich das norddeutsche Brausteuergesetz von den Bestimmungen in Art. 4 Abs. 1 des bayer. MalzaufschlagG. vom 18. März 1910. Auf die Bestimmungen des bayer. MalzaufschlagG. wird später noch zurückzukommen sein.

in dem die Brauerei mehr als 150 dz Malz verwendet hat. Für Haustrunkbrauer, die nicht mehr als 5 dz Braustoffe im Betriebsjahre verwenden, ermäßigt sich die Steuer auf 4 Mark für den dz. Für Malz zur Essigbereitung beträgt die Steuer $^3/_{10}$ der Normalsätze.

Durch die Herabsetzung der Steuer für die Braustoffe bei Haustrunkbrauereien auf 4 Mark für den dz sind diese z. B. günstiger gestellt als früher bei der gänzlichen Steuerfreiheit, solange die Brausteuer an sich nur 4 Mark für den dz betragen hat, denn die Spannung beträgt jetzt 4 : 14 Mark, ja 4 : 20 Mark oder 4 : 17 Mark durchschnittlich. Die steuerliche Behandlung der Haustrunkbrauereien verursacht in manchen Steuerbezirken, wo es 600—800 Haustrunkbrauer gibt, die oft im einzelnen nur 10—20 Pfennig Steuer entrichten, mehr Schreiberei als die Steuer wert ist. (Vgl. Art. 5 Abs. 5 des bayer. MalzaufschlagG., wonach Haustrunkbrauer im günstigsten Falle mit 10 Mark Steuer für 1 dz Malz angesehen werden).

Mehrere Brauereien, die für Rechnung einer und derselben Person oder Gesellschaft betrieben werden, gelten als ein Brauereibetrieb, soweit sie bisher nicht steuerlich getrennt behandelt wurden. Die frühere Bestimmung, daß mehrere in einer Hand befindliche Brauereien dann als ein Brauereibetrieb anzusehen seien, wenn sie ein wirtschaftlich zusammengehörendes Unternehmen oder wenn sie in derselben Gemeinde oder nicht weiter als 10 km von einander entfernt liegen, ist weggefallen. Dafür sind lediglich die oben erwähnten Bestimmungen festgesetzt worden, so daß nun stets, wenn ein und dieselbe Person oder ein und dieselbe Gesellschaft mehrere Brauereien betreibt, die Zusammenrechnung der Braustoffe nach §§ 1 und 6 des Gesetzes stattfindet. Der letzte Absatz des § 6 des Gesetzes bezieht sich auf die sog. Kommunbrauer, wie sie im nördlichen Teil von Bayern und in Thüringen bestehen. (Vgl. Art. 5 Abs. 9 des bayer. MAG.)

Zur Entrichtung der Brausteuer ist derjenige verpflichtet, der die Verwendung der Braustoffe zur Bierbereitung für seine Rechnung vornehmen läßt oder selbst vornimmt. (Vgl. Art. 7 des bayer. MAG.). Die Steuerpflicht tritt ein, sobald die Anzeige über die Verwendung der Braustoffe bei der Hebestelle erfolgt oder hätte erfolgen sollen oder bei der Vermahlungssteuer, sobald das Malz auf die Malzsteuermühle gebracht ist. (Vgl. Art. 3 des bayer. MAG.)

Das norddeutsche Brausteuergesetz kennt nämlich im Unterschied zum bayerischen Malzaufschlagsgesetz dreierlei Versteuerungsarten:

a) Die Versteuerung auf Brauanzeige, b) die Vermahlungssteuer, c) die Abfindung (Fixierung). Hienach mußte auch der Eintritt der Steuerpflicht des Malzes und der sonstigen Braustoffe verschieden geregelt werden, während es im bayerischen Malzaufschlagsgesetz nur heißt: Das Malz wird steuerbar, sobald es zum Zweck der Biererzeugung zum Schroten zur Mühle gebracht ist (Art. 3 des bayer. MAG.).

§ 196.

Die §§ 8 bis 10 des Gesetzes und §§ 28 bis 34 der Ausführungsbestimmungen behandeln die Fälligkeit und die Rückvergütung sowie den Erlaß der Brausteuer.

Der § 8 des Gesetzes handelt von der Fälligkeit, der Einzahlung und Stundung der Brausteuer, ferner von der Unzulässigkeit der Nebenerhebungen (§§ 28 bis 30 der AusfBest.).

Der § 9 des Gesetzes regelt die Steuervergütung bei der Bierausfuhr. Eine Ausfuhr wird hinsichtlich des Bieres auch schon dann angenommen, wenn es das Geltungsgebiet des norddeutschen Brausteuergesetzes verläßt (§ 31 der AusfBest.).

Hinsichtlich der Bestimmungen über die Vergütung der Brausteuer bei der Ausfuhr von Bier ist auf die Anlage C der Ausführungsbestimmungen zu verweisen (Brausteuervergütungsordnung). Der Vergütungsnormalsatz beträgt für 1 hl 4 Mark. Dieser Vergütungsnormalsatz wird um $^1/_4$ bzw. $^1/_8$ erhöht, wenn das auszuführende Bier aus Brauereien stammt, die 20 und 18 Mark Brausteuer im laufenden Rechnungsjahr entrichtet haben. Dagegen findet eine Ermäßigung des Normalsatzes statt, wenn das auszuführende Bier aus Brauereien stammt, die nur 15, 14 oder 12 Mark Brausteuer entrichtet haben. Demgemäß ist als Normalsteuersatz für die Bierausfuhr 16 Mark anzusehen und es besteht die Annahme, daß für Ausfuhrbiere 25 kg Malz zu 1 hl Bier verwendet werden.

Die Vergütungssätze sind demnach 3 Mark, 3½ Mark, 3¾ Mark, 4 Mark, 4½ Mark, 5 Mark für 1 hl Ausfuhrbier. Zunächst wird die Vergütung der Steuer nur nach einem vorläufigen Satze gewährt, erst am Schluß des Jahres wird die endgültige Vergütung berechnet. (Vgl. hiegegen die in Bayern für die Bierausfuhr erlassene Malzaufschlagsvergütungsordnung.)

In § 10 des Gesetzes (§§ 32 bis 34 der AusfBest.) ist die Erstattung der Brausteuer aus Billigkeitsgründen oder der Erlaß der Steuer z. B. bei der Vernichtuug eines Gebräues vorgesehen. Der § 11 des Gesetzes handelt von der Verjährung der Steuer (1 Jahr). Die §§ 12 und 13 des Gesetzes bestimmen die Anzeige des Betriebsleiters und die Übertragung der strafrechtlichen Verantwortlichkeit auf diesen, die §§ 14 bis 17 handeln von der Anzeige der Brauereiräume, der Brauereigefäße, der Vermessung dieser Gefäße und von dem Erfordernis einer geeichten Wage (vgl. §§ 36 bis 39 der AusfBest.). Die Brauereirolle und das Beleg heft nach Muster 5 der AusfBest. sind jederzeit nach dem neuesten Stand evident zu halten. Das Belegheft ist sowohl bei der Hebestelle wie in der Brauerei aufzubewahren.

Das Belegheft hat zu enthalten:
a) die Nachweisung der Räume und Gefäße,
b) den Grundriß der Brauerei, sofern eingereicht,
c) Beschreibung der Malzsteuermühle und der selbsttätigen Verwiegungsvorrichtung,
d) Verhandlung über die Verschlußanlage daran,
e) die Vermessungsverhandlungen,
f) die Änderungsanzeigen,
g) die Zuckerverwendungserklärung,
h) die Anzeige über Nachmaischen,
i) die Verfügungen über die gewährten Vergünstigungen,
k) die sonstigen amtlichen Erlasse usw.,
l) den Eichschein.

Über die Eichung und eichamtliche Nachprüfung der Wagen und Gewichte gibt § 52 der Ausführungsbestimmungen die erforderlichen Direktiven.

In §§ 18 bis 20 des Gesetzes sind weitere Vorschriften über den Brauereibetrieb gegeben, namentlich über die Aufbewahrung von Vorräten an Malzschrot und Zucker, über die Buchführung hinsichtlich der Zuckerverwendung, über Vorschriften bei einem gemeinschaftlichen Betrieb von Brauerei und Brennerei.

Zu führen sind folgende Braubücher:
a) das Einmaischungsbuch bei Abfindungsbrauereien;
b) das Einmaischungsbuch bei Vermahlungssteuerbrauereien; bei Zuckerversteuerung auf Brauanzeige jedoch das Steuerbuch;
c) das Steuerbuch, das bei jeder Brauanmeldung der Hebestelle mit vorgelegt werden muß, ist von Brauern zu führen, die der Brauanzeige unterstellt sind;
d) das Mahlbuch in Brauereien, die der Vermahlungssteuer unterliegen und einen selbsttätigen Verwiegungsapparat haben (Chronoswage, Seckwage);
e) das Rechnungsbuch über Zu- und Abgang an Braustoffen und daraus gezogenem Bier;
f) das Aufsichtsbuch (Revisionsbuch).

§ 197.

I. Brauereien, die auf Brauanzeige steuern.

Nach § 21 des Gesetzes hat derjenige, der brauen will, der Steuerhebestelle schriftlich anzuzeigen (unter Vorlage des Steuerbuches), welche Gattung und Menge an Braustoffen er zu jedem Gebräu nehmen, an welchem Tage und zu welcher Stunde er einmaischen wird und wieviel Bier er aus den angegebenen Braustoffen ziehen will. In § 22 des Gesetzes ist noch näheres über die Zeit der Abgabe dieser Brauanmeldung bestimmt und nach § 23 des Gesetzes ist hiebei auch anzugeben, ob Zucker zum Brauen verwendet werden soll. Die §§ 24 und 25 des Gesetzes regeln das weitere Verfahren hinsichtlich der Zeit der Einmaischung und des Abwartens des Steuerbeamten. Der Brauer muß in diesem Falle eine halbe Stunde über die angemeldete Einmaischungszeit warten, bis er selbst die Einmaischung beginnen darf, wenn der Steuerbeamte nicht erscheint.

Ist Malzschrot für mehrere Einmaischungen vorhanden, wie dies bei kleineren Brauereien, die Malz in den Mühlen vermahlen lassen, vorkommt, so kann der Steuerbeamte die überschießende Menge einstweilen unter Verschluß nehmen. Nach § 26 des Gesetzes sollen Nachmaischungen nur dann stattfinden dürfen, wenn hiewegen ein- für allemal Anzeige erstattet ist. (Vgl. die §§ 66 bis 71 der AusfBest.).

II. Brauereien, welche der Vermahlungssteuer unterliegen.

Hiewegen bestimmt der § 27 des Gesetzes, daß die Brauereibesitzer mit einem Malzsteuerverbrauch von 8000 Mark nach dem 4-Mark-Steuersatz (1904 und 1905) oder mit einem Malzverbrauch von mehr als 2000 dz in einem Jahre Malzsteuermühlen mit selbsttätiger Verwiegungsvorrichtung anzuschaffen haben.

Für Brauereien, die nach dem 1. April 1906 errichtet worden sind, gilt diese Verpflichtung schon bei einem Malzverbrauch von mehr als 500 dz im Jahre.

Hiewegen geben die §§ 72 bis 78 der AusfBest. die nötigen weiteren Anweisungen.

Mehrere zur Vermahlungssteuer zugelassene Brauer dürfen eine Genossenschaftsmalzmühle errichten, außerdem darf der Brauer zur Bierbereitung nur das auf seiner Malzmühle gebrochene Malz verwenden (§§ 29, 32 des Gesetzes).

III. Die Abfindungsbrauereien.

Für alle Brauereien, die weder auf Brauanzeige steuern noch der Vermahlungssteuer unterstellt werden, ist die Abfindung der Steuer vorgesehen.

Über die Abfindung, die jetzt nicht mehr auf Grund eines besonderen Übereinkommens mit dem Pflichtigen zugelassen, sondern von der Steuerbehörde angeordnet wird (durch das Hauptzollamt), geben die §§ 79 bis 83 der AusfBest. die näheren Direktiven.

Die Abfindungssumme ist nach dem voraussichtlichen Verbrauch an steuerpflichtigen Braustoffen zu bemessen. Nach Ablauf der Abfindungszeit findet eine endgültige Abrechnung insoferne statt, als zu wenig eingezahlte Beträge nachbezahlt werden müssen, während eine Erstattung der Steuer jetzt stattfindet, wenn zu viel eingezahlt worden ist.

§ 198.

Die Befugnisse der Aufsichtsbeamten bei der Kontrolle der Brausteuer.

Die Steueraufsicht hinsichtlich der Erhebung und Verwaltung der Brausteuer ist in §§ 34 bis 37 des Brausteuergesetzes und im 4. Abschnitt der Ausführungsbestimmungen (§§ 84 bis 94) geregelt. Der Besuch der Gewerbsräume d. h. der Gebäude, in denen eine Brauerei betrieben wird, ist zu Zeiten des Betriebes den Steuerbeamten jederzeit bei Tag und Nacht gestattet; wenn die Brauerei außer Betrieb ist, von morgens 6 Uhr bis abends 9 Uhr. Zu den Betriebsräumen ist auch der Aufbewahrungsort für Malzschrot und Malz und für Zucker zu rechnen, ebenso gehören die Gärkeller und Kühlräume dazu. Das Nähere besagen die §§ 84 bis 85 der AusfBest.

Bei Brauereien, die auf Brauanzeige steuern, ist in der Regel Brauwache während des ganzen Brauaktes abzuhalten, was bei Abfindungsbrauereien und Vermahlungssteuerbrauereien in der Regel nicht der Fall ist, doch soll auch bei letzteren beiden Brauereigattungen von Zeit zu Zeit eine vollständige Überwachung des ganzen Brauverfahrens vorgekehrt werden. Der Ermittelung des Bierzuges (der Gußführung) ist ein besonderes Augenmerk zuzuwenden.

Hienach bestimmen die §§ 84, 85, 86 bis 88 der AusfBest. im einzelnen die Befugnisse der Steuerbeamten sowohl bei den Brauereien, die mit Brauanzeige steuern, wie bei den größeren Brauereien, die der Vermahlungssteuer unterstellt sind, als auch bei den Abfindungsbrauereien und den obergärigen Brauereien, die Zucker verwenden.

Hiezu ist die Anlage A zu den Ausführungsbestimmungen zu beachten, nämlich die Anleitung für die Unterscheidung zwischen untergärigem und obergärigem Biere; diese Anleitung gibt zuerst die näheren Merkmale der unter- und obergärigen Hefe, sodann die Unterscheidung zwischen unter- und obergärigen Bier mit den Hauptmerkmalen der Unterscheidung zwischen Hefendecke der Obergärung und der Decke der Untergärung. Die Untersuchung der Kräusen mit der Decke bei Ober- und Untergärung ist genau beschrieben und das ganze Verhalten der Aufsichtsbeamten bei diesem Manipulationen und bei der Überwachung des Brauereibetriebes ist genau geschildert. Der § 89 der AusfBest. regelt sodann noch das Verfahren bei der Verwiegung der Braustoffe, wobei Gewichtsteile bis 100 Gramm außer Ansatz bleiben.

Das Verfahren bei Ermittelung des Bierzuges ist in § 90 der AusfBest. genau angegeben. Die Ermittelung des Bierzuges (der Gußführung) soll dazu dienen, den Durchschnittsverbrauch an Braustoffen für 1 hl Bier amtlich zu ermitteln, was sowohl für die Steuererhebung als für die Ausfuhrvergütung von wesentlichem Belang ist. Nach § 91 der AusfBest. haben die Steuerbeamten das Ergebnis ihrer Wahrnehmungen und Prüfungen in die ausliegenden Bücher einzutragen.

Nach § 92 der AusfBest. ist auch ein Merkbuch über die von Brauern der Hebestelle eingesendeten Anmeldezettel der Abfindungsbrauer zu führen. Die Dienststunden der Hebestelle sind öffentlich durch Aushang bekanntzugeben (§ 93). In der Regel sollen die Dienststunden mit den in § 133 VZG. für die Zollämter vorgesehenen Dienststunden übereinstimmen, nämlich in den Wintermonaten (Oktober bis Februar) 8—12 und 1—5 Uhr und in den Sommermonaten (März—September) von 7—12 und 2—5 Uhr.

Der § 94 der AusfBest. behandelt sodann noch die hinsichtlich der Brausteuererhebung bei dem Steueramte noch zu führenden Spezialanschreibungen.

§ 199.

Die §§ 38 bis 57 des Gesetzes behandeln die Strafvorschriften.

Wer andere Stoffe als Malz, Hopfen, Hefe und Wasser und bei obergärigem Bier auch Zucker zur Bierbereitung verwendet, mitverwendet oder dem fertigen Biere zusetzt, verfällt, wenn er dies zu tun auch nur unternimmt, in eine Geldstrafe von 50 bis 5000 Mark, soferne nicht eine höhere Strafe Platz greift.

Die Strafe ist schon dann verwirkt, wenn unzulässige Ersatz- oder Zusatzstoffe in den Gewerbsräumen der Brauerei vorgefunden werden, soferne der Brauereiinhaber nicht nachweist, daß diese Stoffe nicht zur Bierbereitung bestimmt sind, denn in diesem Bereithalten solcher Stoffe liegt schon ein Unternehmen.

Neben der Geldstrafe hat Einziehung der Stoffe und des daraus hergestellten Bieres (mit Faß oder Flasche) zu erfolgen.

Kann die Einziehung nicht vorgenommen werden, ist auf Wertserlegung oder Geldstrafe von 10 bis 1000 Mark zu erkennen.

In § 39 ist die Defraudation der Biersteuer erörtert. Wer es unternimmt, die Brausteuer zu hinterziehen, oder widerrechtlich eine Erstattung oder Vergütung dieser Steuer zu erlangen, macht sich der Defraudation schuldig.

Der § 40 des Gesetzes führt beispielsweise (insbesondere) einige Tatsachen an, bei deren Vorhandensein die Defraudation de jure präsumiert wird und nach § 41 des Gesetzes werden der Defraudation gleichgeachtet sieben besonders aufgeführte Vorkommnisse z. B. erhebliche

Gewichtsabweichungen bei der Malzverwiegung, unrichtige Anschreibungen im Steuerbuch bei Abfindungsbrauereien usw.

Die Strafe der Defraudation ist nach § 42 des Gesetzes der 4fache Betrag der hinterzogenen Steuer oder der zur Ungebühr erlangten Steuervergütung usw., mindestens 50 Mark. Die hinterzogene Steuer ist außer der Strafe stets zu entrichten.

Läßt sich die hinterzogene Brausteuer zahlenmäßig nicht festsetzen, so tritt Geldstrafe von 50—500 Mark ein. Kann der Angeschuldigte nachweisen, daß er eine Defraudation nicht verüben wollte oder konnte, so tritt eine Ordnungsstrafe bis zu 150 Mark ein.

Der erste Rückfall wird doppelt so hoch bestraft, als die erstmalige Defraudation, der zweite und fernere Rückfall zieht Gefängnisstrafe nach sich (§§ 45, 46 des Gesetzes).

Die Übertretung der Vorschriften des Brausteuergesetzes und der Ausführungsbestimmungen sowie der sonstigen Verwaltungsanordnungen wird, wenn keine andere Strafandrohung Platz greift, mit einer Ordnungsstrafe bis zu 150 Mark geahndet.

Eine Ordnungsstrafe von mindestens 15 Mark und im Wiederholungsfalle von 30 Mark soll Platz greifen bei sieben Vorkommnissen, z. B. wenn die Vermessung des Bierzuges um 10 % von dem angemeldeten Bierzuge abweicht oder wenn Malzschrot an einem anderen als dem angezeigten Orte vorgefunden wird (§ 47 des Gesetzes).

Auch das Anbieten von Geschenken an Steuerbeamte (wenn nicht der Tatstand einer Bestechung nach § 333 RStGB. vorliegt) oder die Verhinderung von Amtshandlungen (wenn nicht der Tatbestand der Widersetzlichkeit vorliegt, § 113 RStGB.) wird mit Ordnungsstrafen belegt (§ 48 des Ges.). Der § 49 des Gesetzes behandelt das Zusammentreffen mehrerer strafbarer Handlungen.

Wichtig ist der § 50 des Gesetzes, der Zwangsmaßregeln anordnet, unbeschadet der verwirkten Ordnungsstrafen, wenn eine vorgeschriebene Einrichtung von dem Pflichtigen nicht bestellt wird. In diesem Falle können Geldstrafen bis zu 500 Mark angeordnet werden oder die Einrichtung kann auf Kosten des Säumenden hergestellt werden.

Der § 51 des Gesetzes behandelt die Vertretungsverbindlichkeit des Brauereiinhabers für seine Angestellten, Gehilfen, Angehörigen. Nach § 52 des Gesetzes kann von Umwandlung einer nicht beitreibbaren Geldstrafe in Haftstrafe abgesehen werden. Wird die Geldstrafe in Haftstrafe umgewandelt, so darf die Freiheitsstrafe 6 Monate bzw. 1 Jahr bzw. 2 Jahre nicht überschreiten (§ 53 des Ges.).

Die Strafverfolgung verjährt bei Defraudationsstrafen in 3 Jahren, bei Ordnungswidrigkeiten in 1 Jahr. Der Anspruch auf Nachzahlung defraudierter Steuer erlischt in 3 Jahren (§ 54).

Das Strafverfahren richtet sich nach dem Verwaltungsstrafverfahren für die Zollgesetze. Die nach dem Brausteuergesetze verwirkten Geldstrafen fallen der Staatskasse des Staates zu, von dessen Behörden der Strafbescheid erlassen worden ist (§ 55). Der § 56 des Gesetzes betrifft die Strafvollstreckung und die gegenseitige Beihilfe der Bundesstaaten bei Entdeckung und Bestrafung von Brausteuerübertretungen.

Die Hinterziehung der Übergangsabgabe wird nach § 57 des BrauStG. nunmehr wie Zollhinterziehung behandelt (§§ 135 ff. VZG.). Hinsichtlich der Übergangsabgabe wird das Nähere noch besonders angeführt werden.

Die strafrechtliche Verfolgung der Verfehlungen gegen die Übergangssteuervorschriften war bisher im Deutschen Reiche nicht einheitlich geregelt, da die Strafparagraphen des VZG. auf die Übergangsabgabe nicht ohne weiteres anzuwenden sind. (Vgl. Denkschrift zum Entwurf eines VZG Ziff. 76).

In anderen Bundesstaaten wie in Bayern und Baden sind Verfehlungen gegen die Übergangsabgaben längst wie Verfehlungen gegen die Zollgesetze strafrechtlich behandelt worden (vgl. Dr. Löbe, Deutsches Zollstrafrecht S. 63).

Das Nähere hiewegen wird bei der Abhandlung über die Übergangsabgaben erörtert werden

§ 200.

Der § 58 des Gesetzes behandelt die wichtige Frage hinsichtlich der Abgabenerhebung vom Bier für Rechnung der Gemeinden.

Hier spielt der Zollvereinsvertrag vom 8. Juli 1867 herein, worüber auf S. 19 d. B. schon das Nähere bemerkt wurde. Nach Art. 40 der RV. sind die Vorschriften dieses Vertrags, soweit sie nicht abgeändert oder aufgehoben sind, aufrecht erhalten.

Die Biersteuer gehört zu denjenigen indirekten Gemeindesteuern, die auch der § 13 ZollTG vom 25. Dezember 1902 nicht beseitigt hat. Dagegen ist die Höhe der gemeindlichen Biersteuer begrenzt. Während man bei den staatlichen Biersteuern lediglich die Rohmaterialsteuer kannte, wurde für das in den Gemeinden von auswärts eingebrachte Bier die Fabrikatsteuer, ähnlich wie beim Eingangszoll für Auslandsbier gewählt. Es mußte daher die Sud- oder Gußführung festgestellt werden. In Bayern nahm man bisher beispielsweise an, daß aus 1 hl Malz 215—220 Liter Bier erzeugt werden können, in Preußen wird angenommen, daß 17—18 kg Malz zu 1 hl Bier notwendig sind. Durch die Vereinigung der beiden Erhebungssteuermethoden, nämlich der Fabrikat- und der Materialsteuer, lassen sich Ungleichmäßigkeiten nicht ganz vermeiden, so daß die von außerhalb der Gemeinde in den Gemeindebezirk eingeführten Biere meist stärker belastet werden, als die einheimisch erzeugten Biere, was dem Fundamentalgrundsatz der gleichmäßigen Steuerbehandlung in Art. 5 II § 3 des Julivertrags widerspricht.

Diesen bisher bestandenen Rechtszustand hat der § 58 BrauStG. erheblich geändert, wie nachstehend zu ersehen ist:

Die Grenze, bis zu der das Bier für Rechnung von Gemeinden besteuert werden darf, ist nunmehr auf 65 Pfennig für 1 hl Bier festgesetzt.

Für Schwachbier mit einem Alkoholgehalt von höchstens $1^3/_4$ % Alkohol darf die Abgabe nicht mehr als 30 Pfennig für 1 hl betragen.

Soweit auf Grund der bisherigen Vorschriften Gemeinden höhere Abgaben von den Braustoffen oder vom Bier erhoben haben und erheben, dürfen diese höheren Abgaben bis zum 1. Oktober 1915 forterhoben werden.

Soweit die Bierabgabe von der Malzverwendung erhoben wird, ist sie auf den Doppelzentner ungeschrotenen Malzes derart zu berechnen, daß dieser Abgabensatz dem Steuersatz für eingeführtes Bier entspricht. Die Festsetzung dieses Verhältnisses unterliegt der Genehmigung der Landesregierungen bzw. der obersten Landesfinanzbehörden.

Da vom Hektoliter Bier nur mehr 65 Pfennig Gemeindesteuer erhoben werden dürfen, so sind vom Doppelzentner Malz höchstens vielleicht 3 bis $3^1/_2$ Mark Steuer zu erheben.

Bei der Bierausfuhr aus dem Gemeindebezirk ist die Gemeindebiersteuer in vollem Betrage zurückzuerstatten.

Diese Bestimmungen traten am 1. April 1910 in Kraft.

§ 201.

Die Bestimmungen des Brausteuergesetzes gelten naturgemäß — wie auch die Einleitung zu dem Gesetze lautet — für das innerhalb der Zollinie liegende Gebiet des Deutschen Reiches (also ohne das Großherzogtum Luxemburg), jedoch mit Ausschluß der Königreiche Bayern und Württemberg, des Großherzogtums Baden, des Reichslandes Elsaß-Lothringen, des großherzoglich sächsischen Vordergerichts Ostheim, des herzoglich sächsisch-koburgischen Amtes Königsberg i. Fr. Es können also die oben vorgetragenen Bestimmungen über die Gemeindebesteuerung des Bieres nur für das norddeutsche Brausteuergebiet gelten.

Für das Reichsgebiet gilt die Bestimmung in Art. IV des Gesetzes betreffs Abänderung des Brausteuergesetzes (RGBlatt 1909 S. 703).

Hienach sind auch die Bestimmungen des ZVV. vom 8. Juli 1867 in Art. 5 II § 2 Abs. 2 und § 7 Abs. 5 ebenmäßig aufgehoben bzw. abgeändert, so daß für das Reichsgebiet nunmehr in dieser Beziehung folgende Rechtslage besteht:

Die Grenze, bis zu der das Bier für Rechnung von Gemeinden besteuert werden darf, wird für 1 hl Bier auf 65 Pfennig festgesetzt. Soweit auf Grund bisheriger Vorschriften Gemeinden vor dem 1. Oktober 1908 höhere Abgaben von den Braustoffen oder dem Biere erhoben haben, dürfen diese weiteren Abgaben bis auf weiteres forterhoben werden, falls nicht durch die Landesgesetzgebungen ein anderes bestimmt ist.

Für das norddeutsche Brausteuergebiet ist wie erwähnt durch das Reichsbrausteuergesetz der Fortbezug der höheren Abgaben bis zum 1. Oktober 1915 gestattet. In Bayern, Württemberg, Baden und in Elsaß-Lothringen müßte aber erst die Landesgesetzgebung die höheren Gemeindebiersteuern beseitigen.

Elsaß-Lothringen kann durch Beschluß des Bundesrats in die norddeutsche Brausteuergemeinschaft einbezogen werden. Nach dem Reichsgesetz über die Verfassung Elsaß-Lothringens vom 31. Mai 1911 (RGBlatt S. 225) dürfte nunmehr der Landtag von Elsaß-Lothringen erst seine Zustimmung hiezu geben müssen.

Das Großherzogtum Luxemburg hat den Brausteuergemeinschaftsvertrag vom 2. März 1907 (RGBlatt S. 149) gekündigt; nach Art. III des Reichsgesetzes betr. Änderung des Brausteuergesetzes hat der Reichskanzler durch Erlaß vom 29. September 1909 (RGBlatt S. 933) für den Verkehr mit Bier zwischen dem norddeutschen Brausteuergebiet und Luxemburg die Bestimmungen über den Übergangsverkehr, wie sie zwischen dem norddeutschen Brausteuergebiet und den deutschen Südstaaten bestehen, auch für Luxemburg in Anwendung gebracht. Die Gemeinden Jungholz und Mittelberg in Tirol und die beiden Amtsbezirke Ostheim und Königsberg i. Fr. sind dem bayerischen Malzaufschlagsystem angeschlossen. Für diese beiden sächsischen Amtsbezirke wie für die Königreiche Bayern, Württemberg, das Großherzogtum Baden und das Reichsland sind von den betreffenden Landeskassen Ausgleichungsbeträge an die Reichskasse zu entrichten.

§ 202.

Der § 61 des Gesetzes bestimmt den Eingangszoll für Bier aller Art, auch dünnflüssigen Malzextrakt, auch mit Heilmittelzusätzen, auf 9,65 Mark inkl. Faß oder Flaschen.

Der Bundesrat kann für Bier in amtlich geeichten Fässern die Verzollung nach dem Raumgehalt zu 12,70 Mark für den Hektoliter unter gewissen Sicherungsvoraussetzungen zulassen, was auch geschehen ist.

Zur technischen und wissenschaftlichen Förderung des Braugewerbes dürfen 30000 Mark jährlich nach der Bestimmung des BR. verwendet werden (§ 62 des Ges.).

Soweit beim Inkrafttreten des Brausteuergesetzes Verträge über die Lieferung von Bier durch den Brauer bestehen, ist der Abnehmer verpflichtet, dem Brauer einen Zuschlag zum Hektoliterpreis bis zur erhöhten Brausteuer zu bezahlen. Auch vertraglich festgelegte Bierausschankpreise dürfen erhöht werden; ausgenommen es müßten ausdrückliche Vertragsbestimmungen der Erhöhung des Bezugs- und Schankpreises entgegenstehen.

Das norddeutsche Brausteuergesetz trat am 1. August 1909 in Kraft. Die Bundesstaaten erhalten nur mehr 5% der Rohsolleinnahmen als Vergütung für die Erhebung und Verwaltung der Brausteuern (früher 10%).

Die Hauptgrundsätze des norddeutschen Brausteuergesetzes vom 15. Juli 1909 sind demnach folgende:

1. Die Steuersätze des Brausteuergesetzes vom 3. Juni 1906 wurden erhöht von 4 bis 10 Mark auf 14 bis 20 Mark für den dz Braustoffe.

Für Brauereien, die vor dem 1. Oktober 1908 betriebsfähig eingerichtet waren und im Durchschnitt der Rechnungsjahre 1906 bis 1908 nicht mehr als 150 dz Malz zu Bier verarbeitet hatten, ist die Steuer für die ersten 150 dz Malz im Rechnungsjahr auf 12 Mark für den dz ermäßigt, jedoch verliert eine Brauerei diese Begünstigung mit Ablauf des Rechnungsjahres, in dem sie mehr als 150 dz steuerpflichtige Braustoffe verwendet. Neu entstehende Brauereien haben eine höhere Steuer zu tragen.

2. Die Befugnis des Bundesrats, den Brauzucker allgemein frei von Brausteuer zu lassen, ist beseitigt. Der zur Herstellung von obergärigem Bier verwendete Zucker bleibt nur zum Teil steuerfrei.

3. Die Verwendung von Weizenmalz hat die Begünstigung, daß es nur mit $^{4}/_{5}$ seines Gewichts als steuerpflichtiger Braustoff in Ansatz gebracht wird.

4. Der Haustrunk ist steuerpflichtig erklärt, indem Haustrunkbrauer, die nicht mehr als 5 dz Braustoffe in einem Rechnungsjahre verwenden, nur 4 Mark für den dz als Steuer bezahlen.

5. Zur Bereitung von untergärigem Bier darf, wie in Bayern, nur mehr Gerstenmalz, Hopfen, Hefe und Wasser verwendet werden. Infolgedessen ist auch die Einfuhr bayerischen Bieres nach Norddeutschland etwas zurückgegangen von 1 774 675 hl (1909) auf 1 674 722 hl (1910).

6. Aus 1 dz Malz werden in der Regel 4 bis 6 hl Bier gezogen, im Durchschnitt 5 hl mit 2 bis 4 % Alkoholgehalt.

Bei Bockbier, Märzenbier, Exportbier werden nur 3 bis $4^{1}/_{2}$ hl aus 1 dz Malz gezogen.

7. Reis wird nur mehr zur Herstellung von Ausfuhrbieren verwendet.

§ 203.

In § 95 der Ausführungsbestimmungen zum Brausteuergesetze sind auch die Bestimmungen über die Bierstatistik geregelt. Es sind vierteljährliche und jährliche Nachweisungen zu fertigen und dem Kaiserlichen Statistischen Amte in Berlin einzusenden. Dieses arbeitet sodann die Zusammenstellungen aus und veröffentlicht sie in den Statistischen Vierteljahrsheften und im Statistischen Jahrbuch des Deutschen Reiches.

Die neueste Reichsstatistik über die Bierbesteuerung im Deutschen Reiche ist im IV. Vierteljahrsheft der deutschen Reichsstatistik 1911, herausgegeben im Kaiserl. Statistischen Amte, erschienen und wird hierauf am Schlusse der Ausführungen über die deutschen Biersteuern zurückzukommen sein.

Zur Ausführung des norddeutschen Brausteuergesetzes sind noch folgende Gesetze und Erlasse anzuführen:

Das Gesetz betreffend die zollwidrige Verwendung von zollbegünstigter Gerste zu Brauzwecken vom 3. August 1909, RGBlatt 1909 S. 899.

Die Bekanntmachung des Reichskanzlers betreffend Ausscheiden des Großherzogtums Luxemburg aus der norddeutschen Brausteuergemeinschaft, RGBlatt 1909 S. 933, und allgemeine Verfügung des pr. FM. betreffend den Bierverkehr zwischen dem norddeutschen Brausteuergebiete und dem Großherzogtum Luxemburg vom 5. Oktober 1909, pr. ZBlatt für Abgaben 1909 S. 369.

Allgemeine Verfügung des pr. FM. vom 30. Oktober 1909 betreffend die Stundung der Brausteuer, pr. ZBlatt für Abgaben 1909 S. 388.

Allgemeine Verfügung des pr. FM. vom 26. November 1909 und Erlaß des Reichskanzlers vom 12. November 1909 betreffend den Wegfall der Beschränkung des Aufbewahrungsortes für Farbebier, pr. ZBlatt für Abgaben 1909 S. 414. Anzumerken ist auch der Erlaß des Reichsschatzamtes vom 31. Januar 1910 betreffs Ermittelung der Malzmenge für obergäriges Bier nach § 5 Abs. 3 des Gesetzes, wenn zur Herstellung von ober- und untergärigem Bier keine besonderen Einmaischungen stattfinden.

Nach dem 17. Reichstagsbericht der 32. Kommission sind folgende Resolutionen gefaßt worden:

a) daß eine Erleichterung in bezug auf Gewährung des Brausteuerkredits eintreten solle, was durch den Erlaß des pr. FM. vom 30. Oktober 1909 (pr. ZBl. für Abgaben rc.) geschehen ist,

b) daß eine Änderung des Reichsgesetzes vom 20. Juli 1881 betr. die Bezeichnung des Raumgehalts der Schankgefäße herbeigeführt werde, was durch das Reichsgesetz vom 24. Juli 1909 (RGBlatt S. 891) geschehen ist. Hiernach sind nunmehr Schankgefäße zugelassen, deren Sollinhalt einem Liter oder einer Maßgröße entspricht, die vom Liter aufwärts durch Stufen von 1/2 Liter und vom Liter abwärts durch Stufen von 1/10 des Liters und vom 1/2 Liter abwärts durch Stufen von 1/20 des Liters gebildet werden. Der Abstand des Füllstriches von dem obersten Rand des Schankgefäßes muß bei Bierschankgefäßen zwischen 2 und 4 Zentimeter betragen und kann von der obersten Verwaltungsbehörde bei 1/2 Liter-Bierschankgefäßen und darüber auf mindestens 3 Zentimeter erhöht werden.

Bis zum 1. Oktober 1913 ist der Gebrauch von Schankgefäßen für Bier mit einem Mindestabstande von 1 Zentimeter noch gestattet.

c) daß das Reichsgesetz betreffend die Maß- und Gewichtsordnung vom 30. Mai 1908 mit dem Inkrafttreten des Brausteuergesetzes vom 15. Juli 1909 durch eine Eichordnung für Biergefäße ergänzt werde, was durch die Bekanntmachung vom 3. August 1909 geschehen ist (vgl. RGBlatt 1909 S. 924).

§ 204.

2. Die Biersteuer in den übrigen Bundesstaaten des Deutschen Reiches (außer der norddeutschen Brausteuergemeinschaft).

a) Bayern. Im Königreich Bayern gilt nunmehr seit 1. April 1910 das neue Malzaufschlaggesetz vom 18. März 1910 (Gesetz- und Verordnungsblatt 1910 Nr. 14). Dadurch wurde das bis dahin geltende Malzaufschlagsgesetz vom 16. Mai 1868 in der auf Grund des Gesetzes vom 8. Dezember 1889 veröffentlichten Redaktion (GVBlatt 1889 S. 599) aufgehoben. Das bis zum 1. April 1910 in Gültigkeit gewesene Malzaufschlagsgesetz vom 8. Dezember 1889 besteuerte den hl Braumalz von 5 bis 6 1/2 Mark. Ein hl Braumalz entspricht dem Gewichte nach etwa 52 1/2 bis 53 kg gebrochenen Malzes. Im Durchschnitt war demnach bis dahin in Bayern der dz Braumalz mit 11 bis 11 1/2 Mark belastet.

Das neue Malzaufschlagsgesetz ist veröffentlicht im bayer. GVBlatt 1910 S. 113 ff. (vgl. auch bayer. ZABlatt 1910 S. 151 ff.).

Das Gesetz hat 76 Artikel in fünf Abschnitten.

Der erste Abschnitt betrifft die allgemeinen Bestimmungen. Dem bayerischen Malzaufschlag unterliegt das zur Bierbereitung innerhalb Bayerns bestimmte, in Bayern geschrotene Malz. Unter Malz wird alles künstlich zum Keimen gebrachte Getreide verstanden. Die Bereitung bierähnlicher Getränke kann unter Steueraufsicht mit Besteuerung des dazu verwendeten Malzes gestellt werden. Die Bereitung von Malzextrakt ist in Bayern steuerfrei.

In Art. 2 l. c. ist das ausdrückliche und absolute Verbot der Verwendung von Ersatzstoffen für Dörrmalz, Hopfen, Wasser und Hefe ausgesprochen.

Zur Bereitung von untergärigem Bier darf nur Gerstenmalz verwendet werden.

Der Zusatz von Wasser zum Bier nach Feststellung des Extraktgehalts der Stammwürze im Gärkeller oder durch Bierhändler und Wirte ist untersagt.

Hinsichtlich der Herstellung der sog. bierähnlichen Getränke ist nach der Vollzugsordnung zum bayer. Malzaufschlagsgesetze die Verwendung von Malzersatzstoffen gleichfalls verboten.

Die Vollzugsordnung zum bayer Malzaufschlagsgesetz ist veröffentlicht im bayer. Zollamtsblatt 1910 S. 179 ff.

Nach Art. 3 MAG. tritt die Steuerpflicht des Malzes ein, sobald es zum Zwecke der Bierbereitung zum Schroten in die Mühle gebracht wird.

(Vgl dagegen § 7 des norddeutschen Brausteuergesetzes.)

Art. 4 MAG. handelt von der Befreiung vom Malzaufschlag und Art. 5 von dem Betrag der Biersteuersätze.

Während im norddeutschen Brausteuergesetz die Brausteuer von den ersten 250 dz Malz (Braustoffen) 14 Mk. beträgt, ist sie in Bayern bis zu 1000 dz Malzverwendung auf 15 Mk. festgesetzt und staffelt sich in Bayern bei je 500 dz Mehrverwendung an Malz allgemein um 50 Pfg., bis bei einer Malzverwendung von über 6000 dz der höchste Steuersatz von 20 Mk. für die ganze Malzmenge eintritt, während in Norddeutschland der höchste Steuersatz von 20 Mk. für 1 dz Malz schon bei einer Malzverwendung von mehr als 5000 dz Platz greift, die geringeren Steuersätze aber für den unter 5000 dz verbleibenden Verbrauch an Braustoffen bestehen bleiben.

In Bayern ist also der Gesamtmalzverbrauch für den Steuersatz maßgebend, während in Norddeutschland die stufenweise Erhöhung des Steuersatzes überall, auch bei den größten Brauereien, erhalten bleibt (Durchstaffelung).

Für neu errichtete Brauereien tritt auch in Bayern eine erhöhte Brausteuer ein; desgleichen tritt eine Steuererhöhung ein bei Vergrößerung des Betriebes in der nächsten Zeit.

Der Art. 6 des Gesetzes handelt von der Feststellung des steuerpflichtigen Gewichts, Art. 7 l. c. von der Person des Malzaufschlagpflichtigen, Art. 8 l. c. von der Zeit, wann der Malzaufschlag zu bezahlen ist.

Art. 9 l. c. bestimmt die Rückvergütung des Malzaufschlags bei der Bierausfuhr und Art. 10 l. c. handelt vom Malzaufschlagsnachlaß.

Wegen Rückvergütung des Malzaufschlags ist auf die Malzaufschlagvergütungsordnung (MAVO.) hinzuweisen, veröffentlicht im bayer. Zollamtsblatt 1910 S. 327 ff.

Wegen der **Übergangsabgabe** wird später das Weitere bemerkt werden. Art. 12 l. c. betrifft die Verjährung, wonach hiewegen die Art. 124 und 125 des bayer. Ausführungsgesetzes zum Bürgerlichen Gesetzbuch maßgebend sind. Hienach beträgt die Verjährungszeit 3 Jahre. Die Art. 13 bis 50 l. c. enthalten die Überwachungsvorschriften (die Steueraufsicht) und in Art. 51 bis 67 l. c. werden die Strafbestimmungen geregelt.

Der IV. Abschnitt des bayer. MAG. handelt in Art. 68 bis 72 vom gemeindlichen Malzaufschlag und die Art. 73 bis 76 (V. Abschnitt) betreffen die Übergangsvorschriften mit dem Termin des Inkrafttretens des Gesetzes (1. April 1910).

§ 205.

Da das Königreich Bayern kraft des Reservatrechtes in Art. 35 Abs. II der RV. seine eigene Biersteuergesetzgebung beibehalten hat und die Erträgnisse hieraus in die bayerische Staatskasse fließen, während das Ergebnis der norddeutschen Brausteuer gemäß Art. 35 Abs. I der RV. in die Reichskasse zu gelangen hat, so hat Bayern — ebenso wie Württemberg, Baden und Elsaß-Lothringen — sogenannte Ausgleichungsbeträge an das Reich zu entrichten, d. h. es ist derjenige Betrag an die Reichskasse abzuführen, der als Kopfteil der Biersteuer auf die norddeutsche Brausteuergemeinschaft entfällt, ausgerechnet auf die durch die Volkszählung festgesetzte Bevölkerungszahl Bayerns, Württembergs, Badens und von Elsaß-Lothringen. Wird demnach die norddeutsche Brausteuer erhöht, so erhöht sich der Kopfteil an Steuer in diesem Steuergebiet und damit auch der von Bayern zu entrichtende Ausgleichungsbetrag.

Zum bayerischen Malzaufschlagssystem gehören auch nicht bayerische Gebietsteile, nämlich die österreichischen Gemeinden Jungholz und Mittelberg sowie die sächsisch-weimarische Enklave, das Vordergericht Ostheim und die sachsen-koburgische Enklave, der Amtsgerichtsbezirk Königsberg in Franken. Der in diesen Biersteueranschlüssen aufkommende Malzaufschlag bzw. der auf den Kopfteil dieser Enklaven-Bevölkerung bzw. Steueranschlußbevölkerung treffende bayerische Malzaufschlagsbetrag wird von Bayern eingehoben, aber an Sachsen-Weimar bzw. Sachsen-Koburg-Gotha bzw. an Österreich wieder abgeführt. Dafür haben die beiden eben genannten Bundesstaaten als Mitglieder der norddeutschen Brausteuergemeinschaft den auf die Kopfzahl der genannten Enklaven (ca. 5800 Köpfe) treffenden Anteil der norddeutschen Brausteuer (ausgerechnet nach der Kopfzahl der norddeutschen Brausteuergemeinschaft) an das Reich zu entrichten. Der Ausgleichungsbetrag Bayerns an das Reich beträgt nunmehr ca. 17—18 Mill. Mk., um 11—12 Millionen Mk. mehr als nach dem Brausteuergesetz vom 31. Mai 1872. Es war Bayern deshalb genötigt, gleichfalls seine ohnehin schon sehr hohe Biersteuer zu erhöhen und wenigstens auf den Satz der norddeutschen Brausteuer nach dem Brausteuergesetz vom 15. Juli 1909 zu bringen. Daß diese Erhöhung der Brausteuer die bayerischen Brauer nicht allein tragen konnten, wurde auch im bayerischen Landtage allgemein anerkannt, und es erfolgte auch eine Bierpreiserhöhung von 2 Pfg. für den Liter, immerhin noch mäßig gegen die Bierpreiserhöhung in den Städten Norddeutschlands. Bei einem Bierverbrauch von 15 Millionen hl in Bayern ergibt die Bierpreiserhöhung von 2 Pfg. für den Liter eine Mehrausgabe von 30 Millionen Mk.

(Vgl. den Bericht über die Allgemeine Versammlung bayerischer Brauer in München am 11. Januar 1909 mit der Tagesordnung: Die neue Reichsbrausteuer und ihre Rückwirkung auf das bayerische Braugewerbe und die bayerischen Landtagsverhandlungen, 78. Plenarsitzung u. f. vom 11. Februar 1909.)

§ 206.

Um nochmals auf die Biersteuersätze in Bayern und im norddeutschen Brausteuergebiet zurückzukommen, so ist noch zu erwähnen, daß bis zum 31. Dezember 1918 auch eine Erhöhung der bayerischen Steuersätze um 10 % stattfinden kann, wenn in einem Brauereibetrieb innerhalb eines Kalenderjahres der Durchschnittsverbrauch an Malz der Jahre 1907, 1908 und 1909 bei Betrieben bis zu 6000 dz jährlichen Malzverbrauchs um mehr als 10 %, bei Betrieben von mehr als 6000 dz Malzverbrauch um mehr als 5 % überschritten wird.

Haustrunkbrauer, die Bier nur für ihren Hausbedarf herstellen und im Kalenderjahr nicht mehr als 5 dz Malz verbrauchen, haben nur 10 Mark für den dz Malz als Brausteuer zu entrichten.

Mit der Festsetzung des Malzaufschlags nach dem Gewichte des Malzes statt nach dem Hektolitermaß hat das bayer. Malzaufschlagsgesetz die seit mehr als 100 Jahren in Bayern bestandene Gemäßversteuerung verlassen und die Gewichtsbesteuerung des Malzes angenommen, da hier auch fiskalische Vorteile zu erzielen waren und die Raummaßbesteuerung doch nur den Großbrauereien zu gute kam; bei der Gewichtsbesteuerung kann auch die Ausbeute besser kontrolliert werden.

Durch die Kontingentierung der bestehenden Betriebe und die Erschwerung von Neugründungen für eine bestimmte Frist (bis 31. Dezember 1918) ist den bestehenden Brauereien ein gewisser Schutz zugebilligt.

Im übrigen schließen sich die Bestimmungen des bayer. Malzaufschlagsgesetzes über den Besitz mehrerer Brauereien in einer Hand und bei Benützung der sog. Kommunbrauereien den Vorschriften des norddeutschen Brausteuergesetzes im wesentlichen an. Hinsichtlich der Stundung des Malzaufschlags (Art. 8) bestehen in Bayern die schon seit langer Zeit hinsichtlich der sog. Nachborge sich eingelebten Bestimmungen.

Wegen der Rückvergütung des Malzaufschlags (Art. 9) bei der Ausfuhr von Bier aus Bayern sind eingehende Vorschriften erlassen. (Vgl. die Malzaufschlags-Vergütungsordnung, Anlage A zu den Ausführungsbestimmungen zum bayer. Malzaufschlagsgesetze, bayer. Zollamtsblatt 1910 S. 327.) Die Grundlage der Malzaufschlagsrückvergütung bildet die Malzverwendung, wie im Sudbuch für 1 hl Bier in dem treffenden Vierteljahr festgestellt ist unter Anwendung des Malzaufschlagssatzes, der zutreffend war.

Die Roheinnahme aus dem Malzaufschlag in Bayern hat im Jahre 1910 über 55 ½ Millionen Mark und nach Abzug der Ausfuhrvergütung über 48 Millionen Mark betragen oder mehr als 7 Mark auf den Bevölkerungskopf, während in den Vorjahren der Ertrag aus dem Malzaufschlag nach dem Gesetz von 1889 nur 34 Millionen Mk. betrug und auf den Bevölkerungskopf etwa 5 Mk.

§ 207.

Wie bereits bemerkt, haben auch Württemberg, Baden und Elsaß Lothringen ihre Biersteuern im Laufe der letzten Jahre erhöht.

In Württemberg sind durch Gesetz vom 16. August 1909 (RegBlatt S. 149, Amtsblatt S. 567) betr. Änderung des Biersteuergesetzes vom 4. Juli 1900 die Brausteuersätze mit Wirkung vom 1. Oktober 1909 auf 14,30 Mark bis 22 Mark für den dz Braumalz erhöht worden.

In Baden sind mit Gesetz vom 25. Januar 1910 (Gesetz- und Verordnungsblatt S. 55) die Brausteuersätze mit Wirkung vom 1. Februar 1910 auf 15 bis 22 Mark für den dz Braumalz erhöht worden.

In Elsaß-Lothringen trat mit 1. April 1908 das neue Biersteuergesetz vom 21. Mai 1907 in Kraft. Durch Verordnung betr. die Biersteuer vom 22. Juli 1909 (Gesetzblatt S. 77) sind die Steuersätze mit Wirkung vom 1. August 1909 auf 15 bis 23 Mark für den dz Braumalz erhöht worden. (Vgl. auch BRBeschluß vom 15. Juli 1909, § 633 und Nr. 97 der BRDrS. 1909).

§ 208.

Stellt man die verschiedenen Brausteuersätze in den fünf verschiedenen Brausteuergemeinschaften Deutschlands zusammen, so ergibt sich folgende Uebersicht:

Nordd. Brausteuergebiet:			Württemberg:	Baden (unter Außerachtlassung der Haustrunkbrauer):	Elsaß-Lothr.:
von den ersten	250 dz	14 Mk.	14,30 Mk.	15 Mk.	15 Mk.
„ „ folgend.	1250 „	15 „	17,60 „	17 ½ Mk.	17 „
„ „ „	1500 „	16 „	19,80 „	20 Mk.	19 „
„ „ „	2000 „	18 „	20,90 „	21 „	21 „
von dem Rest		20 „	22,00 „	22 „	23 „
für den dz Malz.			für den dz Malz.	für den dz Malz.	für den dz Malz.
Die Staffelung läuft also bis zu einem Malzverbrauch von 5000 dz. Von da an tritt die höchste Staffel ein. Staffelspannung 14—20 Mk.			Auch hier läuft die Staffelung bis zu einem Malzverbr. von 5000 dz. Von da an tritt d. höchste Satz ein Staffelsp. 14,30—22 Mk	Auch hier läuft die Staffelg. bis 5000 dz Malzverwendg., dann tritt d. höchste Satz ein. Staffelspanng. 15—22 Mk.	Auch hier läuft die Staffel bis 5000 dz Malzverwendung, dann tritt d. höchste Satz ein. Staffelspanng. 15—23 Mk.

In Bayern ist eine andere Brausteuerberechnung vorgesehen Die Malzsteuer beträgt bis 1000 dz Malzverwendung 15 Mk, sodann bis 1500 dz Malzverwendung 15 ½ Mk., bis 2000 dz Malzverwendung 16 Mk., bis 2500 dz Malzverwendung 16 ½ Mk., bis 3000 dz Malzverwendung 17 Mk., bis 3500 dz Malzverwendung 17 ½ Mk., bis 4000 dz Malzverwendung 18 Mk, bis 4500 dz Malzverwendung 18 ½ Mk., bis 5000 dz Malzverwendung 19 Mk., bis 6000 dz Malzverwendung 19 ½ und bei einer Malzverwendung von über 6000 dz allgemein 20 Mk

Hiernach würde eine Brauerei mit Malzverwendung zu 10 000 dz an Brausteuer zu leisten haben:

Im norddeutschen Brausteuergebiet: für die ersten 250 dz 3500 Mk., für die folgenden 1250 dz 18 750 Mk., für die folgenden 1500 dz 24 000 Mk., für die folgenden 2000 dz 36 000 Mk., für die folgenden 5000 dz 100 000 Mk., in Summa 182 250 Mk In Württemberg hätte eine gleichgroße Brauerei an Malzsteuer zu entrichten: 3575 Mk. + 22000 Mk. + 29700 Mk. + 41800 Mk. + 110000 Mk. = 207075 Mk. In Baden hätte eine gleichgroße Bierbrauerei an Malzsteuer zu entrichten: 3750 Mk. + 21875 Mk. + 30000 Mk. + 42000 Mk. + 110000 Mk. = 207625 Mk. In Elsaß-Lothringen hätte eine Brauerei mit 10000 dz Malzverwendung an Brausteuer zu entrichten: 3750 Mk. + 21250 Mk. + 28500 Mk. + 42000 Mk. + 115000 Mk. = 210500 Mk.

In Bayern hat eine Großbrauerei bei einer Malzverwendung von 10000 dz zu entrichten an Malzaufschlag 200000 Mk., da hier die Durchstaffelung nicht eingeführt ist, indem es heißt in Artikel 5 des Malzaufschlaggesetzes vom 18. März 1910: der Malzaufschlag beträgt von einem dz des in einem Brauereibetrieb steuerbar gewordenen ungeschroteten Malzes bei einem Gesamtmalzverbrauch innerhalb eines Jahres bis zu 6000 dz 19½ Mk., von mehr als 6000 dz Malzverbrauch 20 Mk.

Demnach variieren die Malzsteuerbeträge für eine gleich große Brauerei in Deutschland zwischen 182250 Mk. und 210500 Mk.

§ 209.

Die Übergangsabgaben.

Bei der Errichtung des deutschen Zollvereins im Jahre 1833 bildete die verschiedenartige Besteuerung des Bieres, des Branntweins, des Weines und des Tabaks in den deutschen Bundesstaaten eine Hauptschwierigkeit in bezug auf Herstellung des freien Verkehrs für diese Verbrauchsgegenstände innerhalb der Zolllinie des Zollverbandes. Aus wirtschaftlichen und finanziellen, auch aus politischen Gründen war damals im Jahre 1833 keine Möglichkeit gegeben, die verschiedenartigen Besteuerungen der Getränke und Verbrauchsartikel in Deutschland unter einen Hut zu bringen, d. h. gleichmäßige Verbrauchssteuern in ganz Deutschland einzuführen. Es wurde nur verabredet, auf eine möglichste Gleichartigkeit dieser inneren Verbrauchssteuern hinzuwirken. (Vgl. Zolleinigungsvertrag vom 22. März 1833 Art. 11 Bd. I S. 4, vom 30. März 1833 Art. 11 Bd. I S. 16, 17 u. 131. Bis jedoch dieses Ziel der Gleichmäßigkeit aller inneren Verbrauchssteuern erreicht werden konnte, sollten zur Vermeidung der Nachteile, die den Herstellern der genannten Verbrauchsgegenstände des einen Zollvereinsstaates im Verhältnis zum andern aus der ungleichmäßigen Besteuerung entstehen mußten, sog. Ergänzungs- oder Ausgleichssteuern in den einzelnen Bundesstaaten bei der Einfuhr von Gegenständen, die der inneren Besteuerung unterliegen, erhoben werden. Es wurden hiewegen folgende Grundsätze vereinbart:

Die Ausgleichungsabgaben wurden nach dem Abstande der gesetzlichen Steuer im Lande der Bestimmung von der denselben Gegenstand treffenden Steuer im Lande der Herkunft bemessen und fielen daher im Verhältnis zu demjenigen Vereinslande hinweg, wo eine gleichhohe oder höhere Steuer auf dasselbe Erzeugnis gelegt war. Die damals in Preußen bestandenen Steuersätze für inländischen Traubenmost und Wein, Tabak und Branntwein, sowie der in Bayern bestandenen Biersteuer (Malzaufschlag) sollten jedenfalls den höchsten Satz an Ausgleichungsabgaben darstellen. Rückvergütung an Steuern bei der Überfuhr dieser Erzeugnisse in ein anderes Vereinsgebiet fand nicht statt. Verzollte Gegenstände dieser Art, die aus dem Zollausland stammten, unterlagen der Ausgleichungsabgabe nicht. Die Ausgleichungsabgaben flossen in die Kasse des Versendungsstaates.

Dieses System der Ausgleichungsabgaben bewährte sich nicht, deshalb wurde im Zollvereinigungsvertrag vom 8. Mai 1841 Art. 3 (Bd. III S. 3) das System der Übergangsabgaben eingeführt, d. h. statt der Ausgleichungsabgaben wurde der volle gesetzliche Betrag der auf den betreffenden Gegenständen ruhenden inneren Steuer bei der Überfuhr von Bier, Branntwein usw. aus einem Vereinsstaat in den andern vom Bestimmungsland erhoben, während die innere Steuer des Versendungslandes von diesem zurückvergütet wurde. (Vgl. Zollvertrag vom 8. Mai 1841 Art. 3 Nr. II S. 3—4, Sep.-Art. 4 Schlußprotokoll Nr. 4, Bd. III S. 4ff.) Die verzollten ausländischen Verbrauchsartikel blieben auch von der Übergangsabgabe befreit. Der Zollvereinigungsvertrag vom 8. Juli 1867 regelte die Übergangssteuern im deutschen Zollgebiet wie folgt (Bd. V S. 87):

Nach Art. 5 dieses Vertrages sollen die Vertragsstaaten ihr Bestreben darauf richten, eine Übereinstimmung der Gesetzgebung über die Besteuerung der in ihren Gebieten bestehenden inneren Steuern herbeizuführen.

Da hinsichtlich der Inlandsbesteuerung von Salz, Zucker und Tabak bereits vertragsmäßig die Gleichheit eingeführt werden sollte, so kamen seit 1868 nur mehr die Übergangsabgabe bei der Versendung von Bier, Branntwein und Wein in Betracht.

Von allen ausländischen Gegenständen, die mit mehr als 3 Mk. für 100 kg richtig der Verzollung unterstellt wurden, darf eine innere Abgabe weder von einem Bundesstaat noch von einer Kommune usw. erhoben werden, vorbehaltlich derjenigen inneren Steuern, die in einem Vereinsstaat auf die weitere Verarbeitung solcher Gegenstände allgemein gelegt ist.

Unter diesen inneren Steuern waren die Abgaben von der Bierbereitung, Branntweinbereitung, Essigherstellung und die sog. Mahl- und Schlachtsteuern zu verstehen.

Diese Bestimmungen erhielten durch das RGesetz vom 27. Mai 1885 die Abänderung, daß bei Mehl, Mühlenfabrikaten, Backwaren, Fleisch, Fleischwaren und Fett sowohl für Rechnung des Staates wie der Gemeinde auch nach der Verzollung noch innere Abgaben erhoben werden dürfen, ebenso bei Bier und Branntwein, insoweit es sich um die Besteuerung für Rechnung von Gemeinden und Korporationen handelt.

Bezüglich der inneren Steuern von inländischen Erzeugnissen blieb jedem Vereinsstaat freigestellt, Steuern zu erheben, soweit Bier, Branntwein, Essig, Malz, Wein, Most, Zider (Obstwein), Mehl, Mühlenfabrikate, Backwaren, Fleisch und Fleischwaren, Fett in Frage kommen.

Hiebei wurde bestimmt (Art. 5 § 3a—f), daß

a) Vereinsstaaten, die von einem inneren Erzeugnis selbst keine Steuer erheben, auch das gleiche vereinsländische Erzeugnis bei der Einfuhr nicht besteuern;
b) die inneren Erzeugnisse dürfen hinsichtlich der Besteuerung vor den vereinsländischen nicht bevorzugt werden und
c) die Besteuerung der vereinsländischen Gegenstände soll bei der Einfuhr in einen Vereinsstaat in gleicher Weise vor sich gehen wie die Steuererhebung bei den inländischen Erzeugnissen;
d) diejenigen Staaten, welche innere Steuern auf die Hervorbringung oder Zubereitung eines Verbrauchsgegenstandes gelegt haben, können den gesetzlichen Betrag dieser Steuern bei der Einfuhr des Gegenstandes aus anderen Vereinsstaaten voll erheben lassen;
e) im norddeutschen Bund wird von dem in den übrigen Vereinsstaaten erzeugten Wein und Traubenmost eine Übergangssteuer nicht mehr erhoben werden; Übergangssteuern auf Wein und Traubenmost sind nicht mehr zugelassen. Es bestanden also solche Übergangsabgaben nur mehr in Württemberg, Baden und Hessen. Nachdem durch das hess. Gesetz vom 21. Juni 1900 die in Hessen bestandene Weinsteuer aufgehoben worden ist, besteht eine Weinsteuer mit Übergangskontrolle nur mehr in Württemberg, Baden und in Elsaß-Lothringen.[1])
f) diejenigen Staaten, welche eine innere Steuer auf einen Verbrauchsgegenstand gelegt haben, können bei der Ausfuhr dieses Gegenstandes nach anderen Vereinsstaaten diese Steuer unerhoben lassen bzw. den gesetzlichen Betrag der Steuer ganz oder teilweise zurückerstatten.

---

[1]) In Württemberg bestand die Weinsteuer in einer Verkehrsabgabe und Ausschankabgabe. Die Verkehrssteuer wurde allmählich beseitigt, dagegen besteht die Ausschankabgabe noch heute (das sog. Umgeld) nach dem Gesetz vom 4. Juli 1900. Die Steuer beträgt 11 % des Ausschank- oder Kleinverkaufpreises, darf jedoch mit Rücksicht auf Art. 5 II § 2 des Julizollvertrages den Betrag von 11 Mk. für 1 hl nicht übersteigen. Zur Entrichtung der Steuer ist der Ausschenkende oder Kleinverkäufer verpflichtet. Steuerfrei bleibt der Hausverbrauch, der Verkauf von Wein über 20 l (der Achsverkauf), der Verkauf von verzolltem Auslandswein. Der Wein- und Obstmostverkehr unterliegt daher dem Bezettelungszwang, die Kellerrevision kann mit der Steuerverwaltung durch einen Akkord über die zu bezahlende Steuersumme vermieden werden. Der Ertrag des Umgeldes beläuft sich für Württemberg auf rund 2½ Millionen Mk. Der Weinverbrauch beziffert sich auf durchschnittlich 600 000 hl aufs Jahr.

In Baden besteht die Weinakzise und das Weinohmgeld. Der Akzise unterliegen alle Weineinlagen, das Ohmgeld ist nur von Wirten und Kleinverkäufern und zwar neben der Akzise zu entrichten. Die Akzise beträgt 3 Mk. für 1 hl Trauben-

Hiewegen wurde noch besonders vereinbart, daß eine Steuerrückerstattung höchstens bis zum Betrage der Steuer stattfinden darf (bei der Ausfuhr des Erzeugnisses in ein anderes Vereinsland) und daß diese Rückerstattung der inneren Steuer niemals die Natur und Wirkung einer Ausfuhrprämie annehmen darf, daß ferner die Zurückerstattung der Steuer erst dann eintreten soll, wenn die Einfuhr des Erzeugnisses in dem anderen Vereinsstaat nachgewiesen ist.

Wie bereits schon früher bemerkt worden ist, dürfen vom 1. April 1910 ab Abgaben auf Getreide, Hülsenfrüchte, Mehl, Mühlenfabrikate, Backwaren, Fleisch, Vieh, Fleischwaren und Fett nicht mehr erhoben werden (§ 13 des ZollTG. vom 25. Dezember 1902). Auf die Erhebung von Abgaben von dem zur Bierbereitung bestimmten Malz seitens der Kommune findet diese Bestimmung des Zolltarifgesetzes keine Anwendung.

Die entgegenstehenden Bestimmungen im Zollvereinigungsvertrag vom 8. Juli 1867 und des obenerwähnten RGesetzes vom 27. Mai 1885 wurden durch diesen § 13 des Zolltarifgesetzes aufgehoben.

Durch Art. IV des RGesetzes vom 15. Juli 1909 bzw. durch § 58 des norddeutschen Brausteuergesetzes vom 15. Juli 1909 sind die im Zollvereinigungsvertrag vom 8. Juli 1867 hinsichtlich der Abgabenerhebung von Bier, Essig und Malz für Rechnung der Gemeinden erlassenen Bestimmungen geändert bzw. die Bestimmungen über die Maximalsätze dieser Steuern, sei es für Rechnung des Staates oder der Gemeinden aufgehoben worden.

Hiewegen ist bereits oben das Nähere bemerkt worden.

§ 210.

Nach diesen Vorbemerkungen ist der Bericht der Kommission zur Prüfung der Übergangssteuerfragen für die deutschen Brausteuergebiete (BRDrS. 1907 Nr. 113) in Betracht zu nehmen. Dieser Bericht erörtert zunächst die Entwickelung der Bierübergangsabgabe aus der sog. Ausgleichungsabgabe, die wie bemerkt, bis 1841 bestand, aber die Länder, die fremdes Bier einführten, schädigte, da keine Ausgleichungssteuer erhoben werden konnte, wenn die innere Steuer selbst gleich hoch oder höher war. Auch der Mangel einer Brausteuerrückvergütung erschwerte den Wettbewerb der Bierindustrie unter den Vereinsstaaten. Ursprünglich d. h. bis zum Jahre 1874 wurde die Übergangsabgabe nach dem Gewichte (7 1/2 Sgr. für 50 kg) erhoben, auf Antrag Bayerns und Hessens wurde die Übergangsabgabe seit 1874 zu 2 Mark für 1 hl Bier festgesetzt, indem 1 hl Bier mit Faß zu 132 kg angenommen wurde. Hienach wurde eine Braustoffverwendung von 50 kg für 1 hl Bier angenommen, da der dz Malz mit 4 Mark Brausteuer belastet war (BrauStG. vom 31. Mai

---

wein, 0.90 Mk. für 1 hl Obstwein, das Ohmgeld 2 Mk. und 0.60 Mk. für Traubenwein bzw. Obstwein. Die Entrichtung der Akzise wie des Ohmgeldes obliegt stets dem Einleger. Grundsätzlich ist jede Weineinlagerung steuerpflichtig, es gibt jedoch eine Reihe von Steuerbefreiungen. Zur Sicherung der badischen Weinsteuer dient die Transportkontrolle, d. h. jeder Weintransport muß von einer amtlichen Bezettelung begleitet sein. Der Ertrag der badischen Weinsteuer beläuft sich auf etwa 2½ Mill. Mk. Der Weinverbrauch in Baden wird auf 500000 hl geschätzt.

In Elsaß-Lothringen unterliegt der Wein und Obstwein gleichfalls der Besteuerung nach verschiedenen Gesetzen, das letzte Gesetz ist datiert vom 5. Mai 1880. Steuerpflichtig ist jede Weinversendung. Der Steuersatz beträgt 1.50 Mk. für 1 hl Traubenwein und 0.80 Mk. für 1 hl Obstwein. Zur Entrichtung der Steuer ist der Empfänger bzw. der Versender verpflichtet. Auch hier bildet die Transportbezettelung das wichtigste Kontrollmittel, indem jede Weinversendung (mit Ausnahme des Herbstverkehrs, wie auch in Baden) mit einer Transportbezettelung versehen sein muß. Der Ertrag der Weinsteuer in Elsaß-Lothringen ist auf 1¼ Millionen Mk. veranschlagt, bei einem Weinverbrauch von durchschnittlich 1 Million hl fürs Jahr. Die Weinsteuern der drei Weinländer ergeben also 6¼ bis 6½ Millionen Mk.

1872, BRDrS. 1873 Nr. 162, BRBeschluß vom 25. März 1874). Dieser Übergangsabgabensatz war nach Ziff. 9 des Separatartikels 4 des Zollvereinigungsvertrags von 1841 — wenigstens was den Satz von 7 1/2 Sgr. für den Zollzentner zu 50 kg anbelangt — festgelegt und wenn auch die auf 2 Mark für den hl umgerechnete Steuer bei der fortschreitenden Brautechnik zu hoch wurde, so war doch erst bei Neuregelung der norddeutschen Brausteuer im Jahre 1906 Veranlassung gegeben, sich mit der anderweitigen Festsetzung der Übergangssteuer für Bier zu beschäftigen.

Durch BRBeschluß vom 23. Juni 1906 ist die norddeutsche Übergangssteuer vorläufig auf 2,75 Mark für 1 hl Bier festgesetzt worden. Gleichzeitig wurde eine Kommission eingesetzt, welche die Regelung der Übergangssteuer für alle deutschen Brausteuergebiete beraten und in die Wege leiten solle (vgl. BRDrS. 1907 Nr. 113, Bericht der II. Kommission AnlBd. 5, 1906; RTB. Bd. I 19. Sitzung, Bd. IV 90., 91., 107. Sitzung, 1906).

Die zur Beratung der Übergangssteuer eingesetzte Kommission hatte die allgemeine Erörterung dieses Gegenstandes sowohl in Rücksicht auf die Erhebung der Übergangsabgabe als bezüglich der Brausteuerrückvergütung zu beraten. Da eine Abschaffung der Übergangsabgabe in der Art, daß die Brausteuerrückvergütung einfach den betreffenden Bundesstaaten zufallen solle, nicht angängig erschien, so blieb nur der im Zollvereinigungsvertrag vom 8. Juli 1867 festgesetzte Grundsatz allein zu beachten, daß das in einen Vereinsstaat eingeführte vereinsländische Erzeugnis nicht höher und nicht lästiger besteuert werden dürfe, als das eigene Erzeugnis dieser Art.

Um diese gegenseitige gleichmäßige Behandlung zu erreichen, war es notwendig festzustellen, wieviel kg Malz zur Herstellung eines hl Bier erforderlich sind. Hiebei mußten selbstverständlich die stark eingebrauten Spezialbiere mit berücksichtigt werden, da gerade diese die Konkurrenz der schweren Biere anderer Brausteuergemeinschaften am meisten auszuhalten hätten und auch stark eingesottene Biere am meisten zur Versendung gelangten.

Es wurde daher eine Malzverwendung von 25 kg für 1 hl Bier für angemessen erachtet; um so mehr als sogar bis 29 kg Malz für die ganz schweren Biere zur Verwendung gelangten.

Demgemäß wurden die auf S. 20 der obenerwähnten Drucksache formulierten Anträge an den Bundesrat eingebracht.

Es erfolgte sodann der BRBeschluß vom 1. Juni 1907 — § 475 der Protokolle —, wonach eine Übergangssteuer nach dem Höchststeuersatz der in dem Brausteuergebiet geltenden Steuerstaffel unter Zugrundelegung von 25 kg Malz zu erheben ist.

Demgemäß wurde nach BRBeschluß vom 26. März 1908 die Übergangsabgabe von dem in die norddeutsche Brausteuergemeinschaft aus Bayern, Württemberg, Baden und Elsaß-Lothringen eingeführten Bier vom 1. April 1908 ab auf 2,50 Mark für 1 hl festgesetzt und die Brausteuerrückvergütung für die Ausfuhr von Bier aus der norddeutschen Brausteuergemeinschaft auf 1,50 Mark für 1 hl im Höchstfalle.

Die Übergangsabgaben der übrigen Brausteuergebiete waren 3,25 Mark für 1 hl Bier beim Eintritt nach Bayern, 3 Mark für 1 hl Braunbier beim Eintritt nach Württemberg, 3,20 Mark für 1 hl Bier beim Eintritt nach Baden und 3 Mark für 1 hl Bier beim Eintritt nach Elsaß-Lothringen.

Die Ausfuhrvergütungen schwankten zwischen 1 Mark (Weißbier) und 2,30 bis 2,60 und 2,75 Mark für 1 hl Braunbier.

§ 211.

Nach BRDrS. 1910 Nr. 103 brachten die Südstaaten Deutschlands beim Bundesrat den Antrag ein, an Stelle des BRBeschlusses vom 1. Juni 1907 die Bierübergangsabgabe nach neuen Grundsätzen zu regeln, da die Annahme einer durchschnittlichen Malzverwendung von 25 kg für 1 hl Bier bei der Verschiedenheit der einzelnen Biere nicht wohl haltbar sei. Es sei statistisch festgestellt, daß im Brausteuergebiet etwa 18 kg, in Bayern und Baden 20 kg und in Württemberg etwa 21 kg zu 1 hl Bier verwendet werden, so daß die Übergangsabgabe von derjenigen Malzmenge erhoben werden soll, die tatsächlich zur Bierbereitung verwendet worden sei. Diese Malzmenge solle von der Steuerbehörde des Ausfuhrlandes im Versandpapier mitgeteilt werden. Wird Bier ohne diese Angabe versendet, so soll eine Malzverwendung von 30 kg für 1 hl Bier zugrunde gelegt werden.

Demgemäß kam am 22. Juni 1911 — § 639 der Protokolle — folgender BRBeschluß zustande:

„An die Stelle des BRBeschlusses vom 1. Juni 1907, Regelung der Übergangssteuerfrage für die deutschen Brausteuergebiete betreffend, ZBlatt 1907 S. 282, treten folgende Bestimmungen:

Die bei der Ausfuhr von Bier in andere Brausteuergebiete zu gewährende Brausteuervergütung und die Übergangsabgabe für Bier sind in den einzelnen Brausteuergebieten nach folgenden Grundsätzen gleichmäßig zu regeln:

1. Die Brausteuervergütung soll grundsätzlich in vollem Betrage nach Maßgabe der für das ausgeführte Bier verwendeten Malzmenge gewährt werden und gemäß Art. 5 Abs. II § 4b des Zollvereinigungsvertrags vom 8. Juli 1867 nicht die Natur und Wirkung einer Ausfuhrprämie haben.

2. Die Übergangsabgabe soll unter Anwendung des Höchstsatzes der im Einfuhrgebiete geltenden regelmäßigen Steuerstaffel nach der Malzmenge erhoben werden, die im Herstellungslande der Rückvergütung der Steuer bei der Ausfuhr des Bieres zugrunde gelegt wird. Die hiernach für jede Biersendung zutreffende Malzmenge ist von der Steuerbehörde des Ausfuhrlandes im Abfertigungspapier in kg anzugeben. Bei der Berechnung der Übergangsabgabe ist in den ersten zwei Jahren nach dem 1. Oktober 1911 mindestens eine Malzmenge von 22 kg, für die spätere Zeit mindestens eine Malzmenge von 21,5 kg für 1 hl Bier zugrunde zu legen. Wird Bier ohne steueramtliche Angabe der Malzverwendung in ein Brausteuergebiet eingeführt, so wird für die Berechnung der Übergangsabgabe eine Malzverwendung von 30 kg für 1 hl Bier angenommen.

3. Bei der Berechnung der Übergangsabgabe sind Bruchteile von kg auf halbe kg nach oben abzurunden.

Die diesen Grundsätzen entsprechende Regelung der Brausteuervergütung und der Bierübergangsabgabe tritt am 1. Oktober 1911 in Kraft.

Die Bundesstaaten haben dem Reichskanzler (Reichsschatzamt) mitzuteilen, in welcher Weise den vorstehenden Grundsätzen entsprechend die Vorschriften über die Gewährung der Brausteuervergütung und über die Erhebung der Übergangsabgabe in ihren Gebieten geregelt worden sind.

Diese Mitteilungen sind dem Ausschuß des Bundesrats für Zoll- und Steuerwesen zur Prüfung und weiteren Entschließung vorzulegen."

Hinsichtlich der Ermittelung der Litermenge bei Erhebung der Übergangsabgabe für Bier hat der Bundesrat am 28. Juni 1911 beschlossen, daß an

Stelle des BRBeschlusses vom 25. März 1874 folgende Bestimmungen treten sollen:

„1. Bei der Einfuhr von Bier in das Gebiet der Brausteuergemeinschaft ist für die Erhebung der Übergangsabgabe der Literinhalt der Umschließungen (Fässer und Flaschen) sowie deren Zahl amtlich zu ermitteln und hieraus die Gesamtlitermenge zu berechnen.

2. Die Ermittelung des Literinhalts kann sich auf die probeweise Feststellung des Inhalts einzelner Umschließungen beschränken, wenn der Litergehalt für jede Umschließung angemeldet ist und sich bei der probeweisen Ermittelung keine Abweichungen von mehr als fünf vom Hundert des angemeldeten Inhalts ergeben.

3. Die Litermenge von Bier in Fässern ist durch Berechnung des Inhalts nach den Vorschriften der Anleitung zur Bestimmung der Brennerei- und Brauereigeräte zu ermitteln. Der Raumgehalt von Flaschen ist durch Nachmessung mit geeichten Gefäßen festzustellen. Kosten, die durch die Vermessung von Fässern oder Flaschen entstehen, hat der Anmelder zu tragen.

4. Von der Ermittelung des Literinhalts (Ziff. 3) kann in folgenden Fällen abgesehen werden:

a) wenn Bier in amtlich geeichten Fässern eingeht, auf denen der Eichstempel, das Jahr der Eichung und der Raumgehalt nach Litern deutlich und dauerhaft angegeben ist, vorausgesetzt, daß der Eichstempel nach den geltenden gesetzlichen Bestimmungen noch gültig ist. In diesem Falle wird der bei der Eichung ermittelte Raumgehalt der Berechnung der Übergangsabgabe zugrunde gelegt;

b) wenn der Einbringer von Bier in Flaschen bei dem Eingangsamte Proben der von ihm benutzten Flaschen unter Angabe ihres zollamtlich nachzuprüfenden Raumgehalts hinterlegt und sich verpflichtet, andere Flaschen als solche von der Art der hinterlegten Proben für die Einfuhr über dieses Amt nicht zu benutzen. Die Ermittelung kann sich alsdann auf die Feststellung beschränken, daß die einzuführenden Flaschen den hinterlegten Proben entsprechen;

c) wenn der Einbringer von Bier in Flaschen bei dem Eingangsamt eine Bescheinigung der Steuerbehörde des Ausfuhrlandes über Zahl und Inhalt der Flaschen vorlegt. In diesem Falle wird die in der Bescheinigung angegebene Menge der Berechnung der Übergangsabgabe zugrunde gelegt.

5. Der Inhalt einer Flasche ist auf Zehntel Liter nach oben abzurunden.

6. Bei der Berechnung der Gesamtlitermenge bleiben Fehlmengen in einzelnen Umschließungen unberücksichtigt. Die Gesamtmenge ist auf volle Liter nach unten abzurunden."

Hinsichtlich der Erhebung der norddeutschen Übergangsabgabe ist noch auf den Erlaß des pr. FM vom 6. September 1911 (pr ZBlatt für Abgaben ꝛc. S. 350) zu verweisen, wonach bei der Einfuhr von vereinsländischem Bier nach dem norddeutschen Brausteuergebiet die Übergangsabgabe in nachstehender Weise zu berechnen ist:

Ist die in dem Abfertigungspapier angegebene Malzmenge niedriger als die der Berechnung der Übergangsabgabe mindestens zugrunde zu legenden Malzmenge von 22 kg und 21 ½ kg, so beträgt der Satz der Übergangsabgabe 4.40 Mk. und vom 1 Oktober 1913 ab 4.30 Mk. für 1 hl Bier. Ist die im Abfertigungspapier angegebene Malzmenge höher als die Mindestmalzmenge, so sind zunächst etwaige Bruchteile eines kg auf halbe kg nach oben aufzurunden und hierauf durch Multiplikation der Malzmenge mit der Zahl 20 (Höchstsatz der Steuerstaffel) der anzuwendende Abgabensatz zu berechnen. Bier, dessen Malzgehalt z. B. zu 24,3 kg angegeben ist, unterliegt hiernach einer Übergangsabgabe von $24{,}5 \times 20 = 4.90$ Mk für 1 hl. Enthält das Abfertigungspapier keine amtliche Angabe über die Höhe der Malzverwendung, so beträgt die Übergangsabgabe 6 Mk. für 1 hl.

Bei der Ausfuhr von Bier aus der norddeutschen Brausteuergemeinschaft nach anderen deutschen Brausteuergebieten (einschließlich Luxemburg) sind die Bestimmungen der Brausteuervergütungsordnung anzuwenden und ist die hiernach ermittelte Gewichtsmenge Malz, die auf 1 hl der auszuführenden Biersorte entfällt, im Abfertigungspapier in ganzen und $^1/_{10}$ kg anzugeben.

In Bayern betrug die Übergangsabgabe bis 1. Oktober 1911 für das aus anderen Brausteuergebieten eingeführte Bier für 1 hl 5 Mk. und vom Doppelzentner des zur Bierbereitung bestimmten geschrotenen Malzes 20 Mk. (Bayer. Zollamtsblatt 1910 S 175.) Diese Verordnung ist durch die VO. vom 21. August 1911 aufgehoben worden und dafür ist nach dem BRBeschluß vom 22 Juni 1911 bestimmt worden was folgt:

Die Übergangsabgabe vom Bier wird vom 1. Oktober 1911 an unter Anwendung des Steuersatzes von 20 Mk. für 1 dz Malz nach der im Herstellungsland steueramtlich festgesetzten Malzmenge erhoben; mindestens sind 22 kg, vom 1 Oktober 1913 21 ½ kg für 1 hl Bier der Berechnung zugrunde zu legen

Bei einer Malzverwendung von 23,3 kg ist demnach unter Aufrundung auf ½ kg der Übergangssteuer nach $23,5 \times 20 = 4.70$ Mk. zu erheben, bei 22 kg mit 4.40 Mk.

(Vgl. Erlaß des kgl. bayer. Staatsministeriums der Finanzen vom 25. August 1911, bayer. Zollamtsblatt 1911 S. 526/7.)

Für die Malzaufschlagsrückvergütung kommt die Malzaufschlagsvergütungsordnung in Anwendung (bayer. Zollamtsblatt 1910 S. 327). Der § 4 Abs. II der MalzaufschlagsVO. fällt weg.

In Württemberg hat das Steuerkollegium zur Durchführung des BR.-Beschlusses vom 22. Juni 1911 durch Erlaß vom 19. September 1911 (ABl. des Württemb. Steuerkollegiums Nr. 32) das Nähere angeordnet. Da in Württemberg die Höchststaffelsätze der Biersteuer jeweilig durch das Finanzgesetz bestimmt sind und der Höchststeuersatz für 1911 und 1912 22 Mk. für 1 dz Malz beträgt, so ist zur Ermittlung der Übergangssteuer die Malzverwendung mit dem jeweiligen Höchstsatz der Malzsteuer zu multiplizieren. Der niedrigste Übergangssteuersatz beträgt demnach bei 22 kg Malzverwendung 4.84 Mk. für 1 hl Bier.

In Baden ist die landesherrliche VO. vom 25. September 1911 zur Durchführung des BRBeschlusses vom 22. Juni 1911 erlassen worden. Der Höchststeuersatz für 1 dz Malz zur Bierbereitung beträgt in Baden 22 Mk, so daß die Übergangssteuer bei einer Malzverwendung von 22 kg zu 1 hl Bier 4 84 Mk. beträgt Die Übergangsabgabe für Bier, das aus dem Auslande oder einer Zollniederlage in einen nicht zum deutschen Zollgebiet gehörigen Gebietsteil des Großherzogtums Baden eingeführt wird, beträgt 6.60 Mk. für 1 hl Bier.

In Elsaß-Lothringen ist auf Grund des Biersteuergesetzes vom 20. Juli 1907 die VO. betr. Übergangsabgabe vom Bier vom 22. September 1911 in Gemäßheit des BRBeschlusses vom 22. Juni 1911 erlassen worden Der Berechnung der Übergangsabgabe ist der höchste Biersteuersatz der in Elsaß-Lothringen geltenden Skala zugrunde zu legen und diejenige Malzmenge, nach welcher im Herstellungslande die Rückvergütung der Steuer für 1 hl Bier der betreffenden Art bei der Ausfuhr berechnet ist. Bis 1. Oktober 1913 ist mindestens eine Malzmenge von 22 kg für 1 hl Bier zugrunde zu legen, nach diesem Termin ist die Malzmenge auf 21 ½ kg zugrunde zu legen. Die Übergangsbeträge sind nach oben auf fünf teilbar in Mark und Pfennig abzurunden.

Da der höchste Skalasatz der Biersteuer in Elsaß-Lothringen 23 Mk für 1 dz Malz beträgt, so ergibt sich hiernach eine Übergangsabgabe von mindestens 5 10 Mk für 1 hl Bier.

Hinsichtlich der Bierausfuhr sind für Elsaß-Lothringen die Bestimmungen in § 10 des Biersteuergesetzes maßgebend. Hiernach ist die Verordnung des Kais. Statthalters vom 22. Juli 1909 erlassen worden, wonach die Brausteuervergütung nach Maßgabe des zur Bierbereitung verwendeten Malzes und der in Anwendung gekommenen Steuersätze zu erfolgen hat (Vgl. BRDrS. Nr 32, 1910 Brausteuer-Gesetzentwurf für Elsaß-Lothringen nebst Begründung und BRDrS Nr. 36, 1907.)

Der Literinhalt der Umschließungen, in denen Bier nach Elsaß-Lothringen eingeführt oder von da gegen Brausteuerrückvergütung ausgeführt wird, ist amtlich zu ermitteln. Hievon kann abgesehen werden: bei amtlich geeichten Fässern, bei Hinterlegung von Probeflaschen, bei Vorlegung einer steueramtlichen Bescheinigung über Zahl und Inhalt der Flaschen. Der Inhalt einer Flasche ist auf Zehntelliter nach oben abzurunden, Fehlmengen bleiben unberücksichtigt (FMErlaß vom 23. September 1911.)

Noch sind hier anzumerken die **Bestimmungen** über die zoll- und steueramtliche Behandlung der Ausfuhrbrauereien in Bremen. (Vgl. BRDrS. Nr. 105, 1907.)

Diese **Grundzüge** lauten wie folgt: Den Inhabern der vor dem Zollanschlusse Bremens daselbst vorhanden gewesenen Ausfuhrbierbrauereien, die lediglich ausländische Braustoffe verarbeiten und auf den Absatz ihres Bieres im Inlande verzichten, kann von der Oberzolldirektion in Bremen eine Zoll- und Steuererleichterung wie folgt gewährt werden: 1. Sämtliche Lager- und Betriebsräume sind zollsicher abzuschließen und stehen unter ständiger Zollaufsicht. 2. Für die Braustoffe ist ein Privatlager unter amtlichem Mitverschluß einzuräumen, von wo diese Braustoffe zur Ausfuhrbierbereitung abzumelden sind, so daß die Einmaischung unter amtlicher Aufsicht stattfinden kann. Der Braubetrieb unterliegt den Bestimmungen des Brausteuergesetzes (Vermahlungssteuer). Das fertige Bier ist in besonderen Zollagerräumen zu lagern und wird unter Einhaltung der Zollvorschriften ausgeführt; für das ausgeführte Bier ist Zoll und Steuer zu erlassen. Für das von den Brauarbeitern in den Ausfuhrbrauereien getrunkene Bier (Haustrunk) wird alljährlich eine Schätzungsmenge nach der Zahl der Arbeiter festgesetzt. Für dieses Bier ist Zoll und Steuer zu entrichten (nebst Lagerausgleich). Die Abrechnung erfolgt halbjährlich. Rückstände von der Bierbereitung, die in den freien Verkehr des Zollinlandes übergeführt werden, unterliegen ebenso der Verzollung, wie die Braustoffe, die vom Privatlager mit hauptzollamtlicher Genehmigung ausnahmsweise zum freien Verkehr abgefertigt werden (BRBeschluß § 413, 1907).

§ 212.

Im Anschluß an die Ausführungen zum Brausteuergesetz für Norddeutschland und die Biersteuergesetze für Süddeutschland und Elsaß-Lothringen sei hier noch in Kürze das Verfahren über die Herstellung des Bieres beigefügt.

Bei der Bereitung des Bieres sind vier Vorgänge zu unterscheiden, nämlich a) der Mälzungsprozeß, b) der Maischungsprozeß, c) der Sudprozeß, d) der Gärungsprozeß.

a) Auf den zementierten Bodenflächen der Malztennen liegt in riesigen Beeten geschüttet die vorher sorgfältig gereinigte und im Quellbottich geweichte, keimende Gerste, die fleißig gewendet werden muß, was neuerdings durch große eiserne, sich langsam um sich selbst drehende Trommeln besorgt wird. Zur rechten Zeit wird der Keimprozeß unterbrochen und das sog. Grünmalz kommt auf die Darre, wo es durch heiße Luft zum **Darrmalz** wird. Darrt man bei verhältnismäßig niedrigeren Temperaturen ab, so bleibt das Malz hell und ergibt helles Bier nach Pilsener Art, wird dagegen das Malz bei sehr hohen Temperaturen abgedarrt, so wird es röstig und dunkelfarbig, woraus dunkle Biere nach bayerischer Art hergestellt werden. Die bayerischen Brauer nehmen auch noch meist sog. Farbmalz, ein durch Rösten ganz dunkel gebranntes Malz, das sie unter das helle Malz mischen

Das wiederholt gereinigte Malz lagert sodann auf dem Malzboden, von wo es zum **Schroten** kommt. In den größeren Brauereien, wie sie hier zum Vorbild genommen sind, gelangt das Malz vom Malzboden sofort durch den selbsttätigen Verwiegungsapparat (Chronoswage) oder nach der Verwiegung auf der Dezimalwage in die Schrotmühle. Erstere Brauereien unterliegen in Norddeutschland in der Regel der Vermahlungssteuer. Kleinere und kleine Brauereien bringen das Malz zu einer Mahlmühle und lassen es dort schroten und bringen sodann das Malzschrot in die Brauerei.

Mit der Zuführung des Malzschrotes zum Sudwerk beginnt der **Maischprozeß**. Das Malzschrot wird zunächst mit Wasser zu einer breiigen Masse eingeteigt (Maische) Diese Maische wird sodann in gewissen Mengen im Maischkessel gekocht, wieder dem Maischbottich zugeführt und dies Verfahren mehrfach wiederholt (Dickmaischverfahren), bis die Gesamtmaische auf eine Temperatur von 75° C gebracht ist. Bei dieser Temperatur sondern sich Eiweiß und Salze ab und das den Hauptinhalt des Malzschrotes (Malzkornes) bildende Stärkemehl wird durch die Diastase in Zucker übergeführt. In dem Läuterbottich findet sodann die Scheidung der Maische in die festen und flüssigen Bestandteile statt; die festen Bestandteile (die Trebern) werden abgeschieden und dienen als Viehfutter, während die **Würze** in der Sudpfanne oder im Würzekessel die Fertigkochung durchmacht.

Dies ist auch der Zeitpunkt, wo der noch süßen Würze der Hopfen zugesetzt wird, beim hellen Bier mehr als beim dunkeln. Nach etwa 3 bis 4 Stunden gelangt die gekochte Würze, aus der der Hopfen wieder ausgeschieden wird, auf das Kühlschiff oder in die Kühlbottiche, wo sich die Würze tunlichst schnell auf 8° C abkühlen soll. Nun beginnt der Gärungsprozeß, indem die abgekühlte Würze unter Zusatz der entsprechenden Hefe (bei untergärigem Bier mit untergäriger Hefe, d. h. nur Abtriebhefe) in die Gärbottiche abgelassen und der Gärung überlassen wird. Infolge der Gärung wird der Malzzucker durch die Zymase in Alkohol und Kohlensäure gespalten. Besondere Sachkenntnis und Erfahrung ist hier notwendig, um Krankheitserreger vom Biere fernzuhalten. Zu diesem Zwecke müssen die Gärkeller fleißig gelüftet und gekühlt werden, was jetzt durch Ventilatoren geschieht.

Nach Durchführung der Gärung ist das Bier faßreif und wird in die Lagerfässer abgelassen. Hiezu werden jetzt riesige Stahltanks mit 100 hl und mehr Inhalt benützt.

Die Großbrauereien haben meist eine eigene Mälzerei, Picherei, Böttcherei. In der Schwankhalle werden die Eichenfässer gereinigt, im Abfüllraum wird das Bier auf Flaschen gefüllt und in Fässer abgezogen, so daß es versandreif wird und trinkreif ist.

Über die Bereitung von Bier hat W. Manzke in Bartels Unterrichtsbuch für Grenz- und Steueraufseher, IV. Auflage, Teil III S. 134 eine eingehende Schilderung veröffentlicht (Bartels Unterrichtsbuch von W. Manzke, Verlag Siegfr. Mittler & Sohn, Berlin), worauf hier zu verweisen ist. (Vgl. auch Zeitschrift für das gesamte Brauereiwesen und L. May, Gesetz über den bayerischen Malzaufschlag, Erlangen, Palm & Enke.) Über die Grundzüge der staatlichen Bierbesteuerung in Deutschland hat Finanzassessor Dr. Friedrich in München in der Zeitschrift für Zollwesen und Reichssteuern 1911 Nr. 6 und 7 einen längeren Artikel veröffentlicht. Vgl. auch Zollwarte, Zeitschrift des preuß. Landesverbandes und des Bundes deutscher technischer Zoll- und Steuerbeamten, Verlag Berlin-Steglitz 1911 Nr. 1, 7 (Übergangsabgaben), 8, 10, 11.

§ 213.

Über die Statistik der Bierbesteuerung in Deutschland gibt das 4. Heft der deutschen Reichsstatistik für 1911 die erforderliche Auskunft.

Im norddeutschen Brausteuergebiet bestanden im Jahre 1911 4302 Brauereien (außer den Haustrunkbrauern), die 6,9 Millionen dz Braustoffe zu 33 Millionen hl untergäriges Bier und 5 Millionen hl obergäriges Bier verarbeiteten, zusammen also 38 Millionen hl Bier. Der Gesamtsteueranfall betrug nach Abzug der Ausfuhrvergütungen in 1910 nahezu 120 Millionen Mark oder 3,16 Mark auf den hl Bier; zu 1 hl Bier wurden durchschnittlich 17 bis 18 kg Malz verwendet.

In Bayern wurden annähernd 3 ½ Millionen dz Malz in nahezu 4000 Brauereien zu 18 Millionen hl ober- und untergäriges Bier versotten. Die Roheinnahme an Malzaufschlag ergab in 1910 55,8 Millionen Mark, die Ausfuhrvergütung betrug 8 ½ Millionen Mark, so daß ein Nettoertrag von über 47 Millionen Mark für die bayerische Staatskasse übrig bleibt.

In Württemberg wurden im Jahre 1910 12 ½ Millionen Mark Malzsteuer erhoben (1910), hergestellt wurden 3,9 Millionen hl Bier. In Baden betrug der Malzsteueranfall in 1910 9 ½ Millionen Mark bei einer Verarbeitung von 564 839 dz Malz zu Bier. In Elsaß-Lothringen betrug die Malzsteuer in 1910 5 ½ Millionen Mark für 1,2 Millionen hl Bier.

Außer der Malz-(Brau-)steuer selbst ist bei der Steuereinnahme von Bier noch die Übergangsabgabe und der Zoll sowie die Ausgleichungsabgabe zu berücksichtigen.

Die Reineinnahmen aus der Biersteuer

ergaben im Jahre 1910 nach Abzug der Ausfuhrvergütungen

	Steuer			Übergangsabgabe			Zoll		
im norddeutschen Brausteuergebiet	119,8	Millionen	Mk.	8,8	Millionen	Mk.	4,2	Millionen	Mk.
in Bayern	47,2	"	"	0,3	"	"	0,1	"	"
in Württemberg	12,6	"	"	0,5	"	"	0,3	"	"
in Baden	8,2	"	"	1,3	"	"	0,1	"	"
in Elsaß-Lothringen	5,4	"	"	2,1	"	"	0,1	"	"
Summa	193,2	Millionen	Mk.	13,0	Millionen	Mk.	4,8	Millionen	Mk.

Die Gesamtsumme der deutschen Biersteuer ergab demnach für 1910 einen Anfall von rund 211 Millionen Mark; hievon fließen die norddeutsche Biersteuer nebst Übergangsabgabe mit dem gesamten Eingangszoll zu insgesamt 133 Millionen Mark in die Reichskasse; in die bayerische Landeskasse fließen etwa 47 1/2 Millionen Mark, in die württembergische Staatskasse etwa 13 Millionen Mark, in die Staatskasse von Baden 9 1/2 Millionen Mark und in die elsaß-lothringische Landeskasse 7 1/2 Millionen Mark. Aber auch diese Beträge bleiben nicht vollständig in den betreffenden Landeskassen. Wie bereits bemerkt, haben diejenigen Bundesstaaten, welche die Einnahmen aus der Biersteuer nicht an die Reichskasse abliefern, als Ausgleichungsabgabe denjenigen Betrag an diese Kasse abzuführen, der auf den Kopfteil der norddeutschen Brausteuergemeinschaft an Biersteuer entfällt, multipliziert mit der Bevölkerungszahl des betreffenden Staates. Da auf das norddeutsche Brausteuergebiet für den Bevölkerungskopf 77 1/2 Liter Bier treffen (1910) und das Hektoliter Bier mit einer Biersteuer zu 3,15 bis 3,16 Mark belastet ist, so treffen auf den Bevölkerungskopf zusammen mit der Übergangsabgabe, aber ohne Zoll, rund 2,55 Mark Biersteuer. Die Ausgleichungsabgabe für Bayern inkl. Königsberg i. Fr. und Ostheim wird sich demnach für 1911 bei 6,9 Millionen Einwohnern auf 17 1/2 bis 18 Millionen Mark beziffern, für 1912 wahrscheinlich noch etwas mehr, da der Bierverbrauch im norddeutschen Brausteuergebiet im letzten Sommer etwas gestiegen ist. Der Bierverbrauch im norddeutschen Brausteuergebiet ist von 1909 auf 1910 von 37 1/2 auf 38 Millionen hl gestiegen und dürfte im Jahre 1911 40 Millionen hl bereits erreicht haben, so daß die Brausteuereinnahme nebst Uebergangsabgabe 150 Millionen Mark und mit den Ausgleichungsabgaben etwa 180 Millionen Mark ausmachen wird. Für Württemberg beziffert sich die Ausgleichungsabgabe auf etwas über 5,9 Millionen Mark (beinahe 6 Millionen Mark), für Baden auf rund 5 Millionen Mark und für Elsaß-Lothringen auf 4 1/2 Millionen Mark. Diese Ausgleichungsbeiträge mit zusammen 34 1/2 Millionen Mark kommen noch der Reichskasse zugute, so daß die Gesamteinnahme des Reiches aus der Biersteuer mit 168 Millionen Mark für 1910 zu berechnen ist, während die Südstaaten auf Grund ihres Reservatrechtes etwa 45 Millionen Mark Biersteuern einnehmen.

Die Verkehrssteuern im Deutschen Reiche.

§ 214.

Nachdem die Zölle und die Reichsverbrauchssteuern, wie sie in Deutschland bzw. im deutschen Zollgebiet beim Verbrauche von Tabak, Zigarren, Zigaretten, Zucker, Salz, Branntwein, Essigsäure, Bier, Schaumwein, sodann von den Leuchtmitteln und von den Zündwaren erhoben werden, in diesem Buche besprochen worden sind, kommen nunmehr die sog. *Verkehrssteuern*, die zumeist in Form von Stempeln zur Hebung gelangen, zur näheren Darlegung.

Schon vor Errichtung eines gemeinsamen deutschen Zoll- und Handelsgebietes gab es in den verschiedenen deutschen Staaten eine Landesstempelbesteuerung der verschiedensten Arten. Als nun ein gemeinsames Wirtschaftsgebiet entstanden war, drängte der Verkehr, besonders auch der Geld- und Kreditverkehr und der börsenmäßige Handelsumsatz von Waren ebenso zur Vereinheitlichung, wie die Handelswelt seinerzeit nach einem gemeinsamen Handels- und Wechselrecht verlangte, ja wie heutzutage sogar ein Weltwechselrecht beansprucht wird.

Die Errichtung des norddeutschen Bundes und des Deutschen Reiches mußte daher auf dem Gebiete der Verkehrssteuern ebenmäßig eine Gemeinschaftlichkeit und Gleichmäßigkeit herbeiführen, wie bei den Zöllen und Verbrauchsabgaben, wobei die Übertragung der Stempelbesteuerung von den Einzelstaaten auf das Reich leichter von statten ging als z. B. die Überweisung der Bier- und Branntweinsteuern. Freilich ist auch in dieser Beziehung noch keine allgemeine und durchgreifende Vereinheitlichung erreicht worden, und nur die historisch entwickelten Verhältnisse führten dazu, daß der *Mobiliar-*

verkehr mehr der Reichsbesteuerung, der Immobilienverkehr dagegen mehr der Landesbesteuerung vorbehalten blieb. Es ist in dieser Beziehung beispielsweise nur auf das preußische Landesstempelsteuergesetz hinzuweisen (Preuß. Stempelsteuergesetz vom 31. Juli 1895 und vom 26. Juni 1909).

So hatte das Reich bzw. der norddeutsche Bund vor allem die Wechselstempelsteuer an sich gezogen, ferner den Spielkartenstempel, der landesgesetzlich in den meisten Bundesstaaten bestand, sodann die statistische Gebühr bei Einführung des Warenstatistikgesetzes, und hauptsächlich die Börsensteuern.[1])

Die Börsensteuern bilden einen Hauptanteil im Verkehrssteuersystem. Es sind hiebei hauptsächlich zwei Arten zu unterscheiden, der Emissionsstempel bei Ausgabe von Wertpapieren und der Schlußnotenstempel bei Kauf- und Anschaffungsgeschäften an der Börse. Hiezu kamen in neuerer Zeit noch verschiedene andere Arten von Reichsstempeln, der Schiffskonnossementstempel, der zum Frachturkundenstempel sich entwickelte, der Fahrkartenstempel, der Kraftfahrzeugerlaubnisstempel, der Tantièmestempel, der Scheckstempel, (Quittungsstempel), die Besteuerung der Lotterielose durch Abstempelung, ferner die Grundwechselabgabe und Wertzuwachssteuer.

Im Vergleich zu den Zöllen und den Verbrauchsabgaben auf Nahrungsmittel erscheinen die Stempelsteuern mehr als Steuern, die die Masse der weniger bemittelten Bevölkerung nicht so sehr belasten (mit Ausnahme vielleicht des Lotteriestempels), während durch den Emissionsstempel, den Schlußnotenstempel, die Grundwechselabgabe mit Wertzuwachssteuer, den Scheckstempel, den Kraftwagenstempel mehr die am Kredit- und Börsenverkehr beteiligte Geschäftswelt und die wohlhabenden Klassen, auch die Spekulantenkreise, getroffen werden. Bei der Fahrkartensteuer hat man bisher, um ihr den Charakter der Besitzsteuer zu belassen, die IV. Eisenbahnklasse vom Stempel freigelassen. In nachstehender Darlegung sollen nunmehr die einzelnen Steuern und Abgaben dieser Art näher dargestellt werden

§ 215.

1. Der Spielkartenstempel.

Wie bereits bemerkt, bestand der Spielkartenstempel seit geraumer Zeit schon in den deutschen Einzelstaaten, so z. B. ist in Preußen der Spielkartenstempel durch Gesetz vom 23. Dezember 1867 neu geregelt worden, nachdem er im Jahre 1838 an Stelle des Staatsmonopols als Stempelsteuer eingeführt worden ist.

Die Sicherheit des Steueraufkommens aus dem Spielkartenstempel ist viel mehr gewährleistet, wenn ein gemeinsamer Reichsstempel statt der verschiedenen Landesstempel besteht, da außer der Überwachung der wenigen Spielkartenfabriken sodann nur die Einfuhr von Spielkarten aus dem Zollauslande zu kontrollieren ist,

---

[1]) Die Verkehrssteuern sind im Deutschen Reiche für das Rechnungsjahr 1911 veranschlagt mit folgenden Einnahmebeträgen:

Spielkartenstempel	1,8	Millionen Mk. (nach Abzug der Verwaltungskosten),
Wechselstempel	17,2	" " " " " "
Reichsstempelabgaben		
Emissionsstempel	49,0	" " " " " "
Schlußnotenstempel	15,4	" " " " " "
Lotterielosestempel	45,0	" " " " " "
Frachturkundenstempel	15,0	" " " " " "
Personenfahrkartenstempel	19,6	" " " " " "
Automobilsteuer	2,3	" " " " " "
Tantièmesteuer	4,4	" " " " " "
Schecksteuer	7,4	" " " " " "
Grundwechselabgabe	43,7	" " " " " "
Sa.	190,8	Millionen Mk. (nach Abzug der Verwaltungskosten).

während bei den verschiedenen Landesstempeln eine solche Kontrolle wegen binnenländischen Verkehrs nahezu unmöglich ist (Übergangsscheinkontrolle).

Wenn auch der Spielkartenstempel zurzeit noch nicht einmal zwei Millionen Mark für die Reichskasse einbringt, so ist dennoch die Einführung eines Reichsstempels auf Spielkarten durch das Reichsgesetz vom 3. Juli 1878 als ein wesentlicher Fortschritt zu begrüßen. Die Kontrolle beschränkt sich jetzt auf wenige Fabriken und auf die Einfuhr von Spielkarten aus dem Auslande durch die Zollbehörden, für die Spielkartenfabriken, Händler, Wirte und Spieler ist die Steuer weder belästigend noch drückend.

Das Spielkartenstempelsteuergesetz vom 3. Juli 1878 mit den Ausführungsbestimmungen vom 6. Juli 1878 ist veröffentlicht im RGBlatt 1878 S. 133 ff. (Vgl. auch pr. ZBlatt für Abgaben 1878 S. 225). Das Gesetz ist am 1. Januar 1879 in Kraft getreten.

Das Spielkartenstempelsteuergesetz hat 27 Paragraphen. Nach §§ 1 und 2 des Gesetzes (Abschnitt I und II der AusfBest.) unterliegen die Spielkarten einer in die Reichskasse fließenden Abgabe, welche beträgt 30 Pfennig für jedes Kartenspiel von 36 oder weniger Blättern und 50 Pfennig für jedes andere Kartenspiel. Die Spielkarten, welche von der Fabrik unter amtlicher Aufsicht ins Ausland ausgeführt werden, sind stempelfrei. Gegen Entrichtung der obigen Abgaben erfolgt die Abstempelung der Karten auf dem Herz-Aß.

Als steuerpflichtige Spielkarten gelten nach dem BRBeschluß vom 5. Juli 1882 solche Karten, mit denen eins der gewöhnlichen Kartenspiele gespielt werden kann. (Nr. 78 der BRDrS. S. 1898.) Die zum Gebrauch als Oblaten eingerichteten Karten und die Kinderspielkarten, nicht über 27×35 mm groß, unterliegen der Stempelsteuer nicht, dagegen sind die sog. Wahrsagekarten steuerpflichtig. Die Erhebung und Verwaltung des Spielkartenstempels erfolgt durch die Landeszoll- und Steuerbehörden gegen eine Vergütung des Reiches von 5% von der Rohsolleinnahme.

Für die vom Ausland eingeführten Spielkarten ist nicht bloß der Eingangszoll von 60 Mark für den dz Rohgewicht zu entrichten, sondern diese ausländischen Spielkarten hat der Einbringer oder Empfänger der Steuerbehörde schriftlich oder mündlich anzumelden und zur Abstempelung vorzulegen. Auch die zur Durchfuhr bestimmten Spielkarten sind der Steuerbehörde zur zollamtlichen Behandlung speziell anzumelden.

Bei der Einbringung von Spielkarten aus dem Auslande tritt unbedingte Anmeldungspflicht ein und die Bestimmungen der §§ 27 und 32 des VZG. (Ablehnung der Deklaration) kommen bei dem Einbringen von Spielkarten außer Anwendung.

Der Abschnitt III der AusfBest. z. SpielkStG. regelt sodann des weitern die Behandlung der aus dem Ausland eingehenden Spielkarten nach der Verzollung bis zur Abstempelung entweder beim Grenzeingangsamt oder bei einem Hauptzollamt im Innern. Auch die Durchfuhr durch das deutsche Zollgebiet oder nach einem Ausfuhrlager (§ 26 III des Ges.) ist in diesem Abschnitt näher geregelt.

In den §§ 4 bis 6 des Gesetzes ist das Nähere über die Errichtung und den Betrieb von Spielkartenfabriken angeordnet, worüber folgendes zu bemerken ist:

Spielkartenfabriken dürfen nur an Orten errichtet werden, an denen sich ein Zollamt (eine Steuerbehörde) befindet. Die Fabrikräume müssen der Steuerbehörde angemeldet und von dieser genehmigt sein Außerhalb dieser Fabrikräume darf höchstens das Kolorieren der Spielkarten durch Heimarbeiter und zwar mit Genehmigung der Steuerbehörde und unter Einhaltung der vorgeschriebenen Kontrollmaßregeln stattfinden. Sämtliche Spielkartenfabriken unterstehen der Steuerkontrolle. Hiewegen ist ein besonderes Regulativ betreffend den Betrieb der Spielkartenfabriken als Anlage A zu den Ausführungsbestimmungen erlassen.

Dieses Regulativ (nach neuerem Sprachgebrauch: Betriebsordnung für Spielkartenfabriken) hat 10 Paragraphen. Es ist darin die Anmeldung und Beschreibung der Fabrikräume verlangt und jede Änderung, Erweiterung der angegebenen Fabrikeinrichtung muß neuerlich angemeldet werden. Von jedem Kartenspiel, wie es in der Fabrik hergestellt wird, ist ein Musterspiel beim Zollamt zu hinterlegen. Der § 4 dieser Betriebsordnung regelt die bereits oben erwähnte Kolorierung der Spielkarten außerhalb der Fabrikräume durch Heimarbeiter.

Fertige, noch ungestempelte Karten muß der Fabrikleiter in einem von der Steuerbehörde genehmigten Behältnis unter sicherem Verschluß halten (§ 5).

Die zum Absatz im Reichsgebiete bestimmten Spielkarten (Kartenspiele) sind mittels Anmeldung beim Zollamt (Steuerbehörde) zur Verstempelung zu bringen.

Über Versendungen ungestempelter Spielkarten im Reichsgebiete wird bei § 26 Nr. 3 des Gesetzes das nähere gesagt werden.

Auch die zur Ausfuhr bestimmten Kartenspiele sind der Steuerbehörde anzumelden und mittels Ausgangsdeklaration zur Ausfuhr zu bringen; siehe übrigens bei § 26 des Gesetzes.

Der Fabrikant hat über die Spielkartenherstellung genau Buch zu führen, ein sog. Zu- und Abgangsbuch der ungestempelten Karten und ein Zu- und Abgangsbuch für gestempelte Karten. Die überzähligen und Ausschußblätter müssen unter amtlicher Aufsicht vernichtet werden, indem sie zerschnitten werden. Der Schlußparagraph regelt den Einzelverkauf von Kartenspielen durch den Fabrikanten selbst.

Nach § 7 des Spielkartenstempelgesetzes kann die Steuer für die Spielkartenstempelung gegen Sicherheit auf 3 Monate gestundet werden und kommen diesbezüglich die allgemeinen Bestimmungen über Reichssteuerkreditierung in Anwendung. Steuererlaß findet nur statt, wenn gestempelte inländische Karten durch einen unverschuldeten Zufall vor dem Hinausgeben in den freien Verkehr zum Gebrauch untauglich geworden sind. Zuständig hiefür ist der Finanzminister des betreffenden Bundesstaates. Auch der Handel mit den gestempelten Spielkarten unterliegt der allgemeinen Kontrolle (§§ 8 und 9 des Gesetzes).

Die §§ 10 bis 20 des Spielkartenstempelgesetzes handeln von den Strafbestimmungen.

Hiewegen ist folgendes anzuführen:

Spielkarten, die ohne den erforderlichen Stempel betroffen werden, unterliegen der Einziehung. Wer Spielkarten, die den erforderlichen also richtigen Stempel nicht aufweisen, feilhält, veräußert, verteilt, erwirbt, damit *spielt* oder wissentlich *in Gewahrsam hat*, verfällt für jedes Spiel in eine Geldstrafe von 30 Mk. Wirte und Gastgeber werden gleichfalls mit 30 Mark für jedes Spiel bestraft, wenn in ihren Lokalen oder Wohnungen mit ungestempelten Karten gespielt wird und sie nicht nachweisen, daß dies ohne ihr Wissen geschehen ist.

Das Nichtanmelden der aus dem Ausland eingebrachten Spielkarten seitens des Einbringers oder Empfängers wird gleichfalls mit 30 Mk. für jedes Spiel geahndet unter Einziehung der Kartenspiele, wenn nicht nachgewiesen wird, daß nur eine entschuldbare Ordnungswidrigkeit vorliegt. In diesem Fall tritt Ordnungsstrafe ein von 3 bis 30 Mk. (§ 11 des Ges.)

Der § 12 des Ges. erhöht diese Strafen, wenn *Spielkartenhändler* in Frage kommen, auf mindestens 500 Mk. Außerdem kommt der § 275 I des RStGB. in Anwendung. (Verwendung von falschem Stempelpapier usw., wonach Gefängnisstrafe von 3 Monaten ab für dieses Vergehen angedroht ist.)

Nach § 13 des Ges. wird gegen diejenigen Spielkartenfabrikanten eine ergiebige Bestrafung vorgesehen, die die vorgeschriebenen Förmlichkeiten hinsichtlich der Anmeldung des Betriebes und der Fabrikräume nicht erfüllen. Auch §§ 14 und 15 des Ges. handeln von den Verpflichtungen der Spielkartenfabrikanten bzw. der Bestrafung, wenn diese Verpflichtungen außer acht gelassen werden.

Alle sonstigen Zuwiderhandlungen gegen das Spielkartenstempelsteuergesetz, die nicht besonders aufgeführt sind, unterliegen einer Ordnungsstrafe von 3 bis

30 Mark (§ 16). Die Umwandlung der Geldstrafen in Haft- oder Gefängnisstrafen erfolgt nach §§ 28 und 29 RStGB. (§ 17).

Nach § 18 des Ges. haften Spielkartenfabrikanten und Spielkartenhändler für ihre Angestellten, Hausgenossen, Familienglieder für die Geldstrafen subsidiarisch; wenn jedoch nachgewiesen wird, daß die Übertretungen ohne ihr Wissen begangen worden sind, haften sie nur für die Steuer. Nach § 19 des Ges. finden bezüglich des Strafverfahrens, der Strafmilderung, der Straferlasse die Bestimmungen über die Zuwiderhandlungen gegen die Zollgesetze Anwendung. Die eingezogenen Geldstrafen und Gelderlöse verbleiben dem erkennenden Bundesstaat. Die Strafverfolgung in Spielkartensteuerübertretungen verjährt in 3 Jahren, ebenso der Anspruch auf Nachzahlung der hinterzogenen Abgaben (§ 20).

Die Erhebung und Verwaltung des Spielkartenstempels ist den Bundesstaaten und den bundesstaatlichen Zoll- und Steuerbehörden übertragen. Aber auch die Polizeiorgane der Bundesstaaten haben auf die richtige Einhaltung der Vorschriften dieses Gesetzes hinzuwirken. Auch die Beamten der Reichsaufsicht haben in bezug auf die Ausführung des Spielkartenstempelgesetzes die gleichen Rechte ꝛc. wie bei der Zollerhebung. An Erhebungs- und Verwaltungskosten werden jedem Bundesstaate vom Reich 5 % der in seinem Gebiet erhobenen Stempelabgaben vergütet (§§ 21 bis 23 des Gesetzes).[1]

Die §§ 24—25 des Ges. behandeln Übergangsbestimmungen, die heutzutage nicht mehr in Betracht kommen.

§ 216.

Der § 26 des Gesetzes betrifft die Zollausschlüsse. Da das Spielkartenstempelgesetz für das ganze Reichsgebiet Geltung hat, so sind auch die Zollausschlüsse dahin zu überwachen, daß die daselbst eingehenden oder dort im Gebrauch stehenden Kartenspiele richtig versteuert (verstempelt) werden. Hiewegen hat Abschnitt V (zu § 26 des Gesetzes) der Ausführungsbestimmungen die erforderlichen Vorschriften gegeben. Auch die Bestimmungen über die Ausfuhrlager für Spielkartengroßhändler, die eine regelmäßige Ausfuhr von Spielkarten im jährlichen Steuerwert von 3000 Mark und darüber haben, sind hier gegeben. Endlich sind auch in den Zollausschlußgebieten die Spielkartenhändler, die gestempelte Spielkarten zum Verkauf feilhalten wollen, zur Anmeldung ihres Geschäfts und ihres Geschäftslokales bei der zuständigen Steuerstelle verpflichtet. (Vgl. Erlaß der Prov.-St.-Dir. von Altona vom 30. Dezember 1878 Nr. 17 309.)

Hinsichtlich der Versendung ungestempelter Spielkarten im deutschen Zollgebiete bzw. im Deutschen Reiche besteht die Übergangsscheinkontrolle; wegen der Versendung ausländischer, nicht sofort beim Grenzeingangszollamt abgestempelter Spielkarten ist das Begleitscheinverfahren in Anwendung zu bringen.

Spielkarten, die aus Luxemburg oder der österreichischen Gemeinde Jungholz in das Reichs- bzw. Zollgebiet eingeführt werden, unterliegen gleichfalls der Übergangsscheinkontrolle. Auch die zur Ausfuhr bestimmten Spielkarten sind mit Übergangsschein oder Begleitschein abzufertigen, soferne die Spielkartenfabrik sich nicht am Sitze eines Grenzzollamtes befindet. In letzterem Falle genügt eine Ausgangsdeklaration.

---

[1]) Vgl. Verzeichnis der Bundesstaaten und Bundesgebietsteile, in denen der Reichsspielkartenstempel nicht von den Landesbehörden verwaltet wird z. B. im Fürstentum Waldeck, s. pr. ZBl. 1879 S. 101.

Im Großherzogtum Luxemburg wird ein Spielkartenstempel nicht erhoben, es sind daher besonders strenge Kontrollen hinsichtlich des Verkehrs mit Spielkarten zwischen Luxemburg und dem übrigen Zollgebiet erforderlich, da ja wegen des Zollanschlusses im übrigen ein fast vollständig freier Verkehr (Branntwein, Bier, Spielkarten ausgenommen) zwischen Deutschland und Luxemburg besteht. Es ist sogar vorgekommen, daß deutsche ungestempelte Spielkarten mit Übergangsschein nach Luxemburg ausgeführt und von da nach Deutschland, mit einem gefälschten Stempel versehen, eingeschmuggelt wurden. (Vgl. hiewegen pr. FMErlaß vom 9. Februar 1907, III 909, großh. luxemburgischer Beschluß vom 3. März 1905, wonach nunmehr eine Gratisstempelung der luxemburgischen Spielkarten erfolgt, um Hinterziehungen des deutschen Spielkartenstempels entgegen zu wirken, bzw. es sollen die in Deutschland hergestellten, für Luxemburg bestimmten Spielkarten bereits in Deutschland mit dem luxemburgischen Stempel versehen werden.)

Wie schon bemerkt, hat das Spielkartenstempelgesetz Geltung für das Deutsche Reich bzw. für das deutsche Zollgebiet inkl. der Zollausschlüsse, aber ohne das Großherzogtum Luxemburg und ohne die österreichische Gemeinde Jungholz, dagegen ist die österreichische Gemeinde Mittelberg miteingeschlossen. Das Zollausschlußgebiet Helgoland gehört jedoch nicht zum Geltungsbereich des Reichsspielkartenstempels, da die Insel Helgoland am 1. Januar 1879, als das Spielkartenstempelgesetz in Kraft trat, noch nicht zum Deutschen Reiche gehörte und das bezügliche Gesetz für Helgoland noch nicht in Kraft gesetzt wurde. Preußen zahlt für Helgoland auch keinen Ausgleichsbetrag.[1]) In Luxemburg wird, wie schon bemerkt, kein Spielkartenstempel erhoben, es kann daher keine Steuergemeinschaft mit Luxemburg begründet werden.

Die österreichische Gemeinde Jungholz ist bereits im Jahre 1868 (Anschlußvertrag vom 3. Mai 1868, Zollverträge Bd. V S. 478) dem deutschen Zollsystem und dem bayer. Malzaufschlage angeschlossen worden. Hinsichtlich des Spielkartenstempels ist jedoch in Ziff. 6 des Schlußprotokolls vereinbart worden, daß die zum Gebrauch in Jungholz erforderlichen Kartenspiele (und Kalender) mit dem k. k. österr. Stempel versehen sein müssen. Derartige österreichischerseits abgestempelte Spielkarten sollen über das Hauptzollamt Pfronten abgabenfrei (aber nicht zollfrei) nach Jungholz überführt werden.

§ 217.

Über die historische Entwickelung des Spielkartenstempels ist noch folgendes anzuführen:

Nach den Zollvereinsverträgen vom 22. März 1833, Art. 7, 9 2c., waren Spielkarten von dem freien Verkehre unter den Vereinsstaaten ausgeschlossen. Im Schlußprotokoll Nr. 5 zum Vertrage vom 4. April 1853 wurde den Staaten, in welchen Verbote und Beschränkungen hiewegen nicht bestanden, freigestellt, solche zu erlassen. Der Vertrag vom 16. Mai 1865 hält diese

---

[1]) Das Reichsgesetz betr. die Vereinigung von Helgoland mit dem Deutschen Reiche vom 15. Dezember 1890 (RGBlatt 1890 S. 207) bestimmt, daß die Verfassung des Deutschen Reiches mit Ausnahme des Abschnittes VI über das Zoll- und Handelswesen auf der Insel in Geltung getreten ist. Zu den Ausgaben des Reiches trägt Preußen, welchem Bundesstaat die Insel einverleibt worden ist, durch Zahlung eines Aversums nach Art. 38 Abs. 3 der RV. bei.

Hiernach hat Preußen für die Zölle, die Tabak- und Zigarettensteuer, Zuckersteuer, Salzsteuer, Essigverbrauchsabgabe, Brausteuer, Schaumweinsteuer und Zündwarensteuer, ferner für die Branntweinverbrauchsabgabe und für die Leuchtmittelsteuer für 2334 Köpfe (Volkszählung 1905) zusammen 42 291 Mk. Abfindungsbeträge zu entrichten. Für die übrigen Reichssteuern werden Ausgleichungsbeträge nicht abgeführt.

Verbote und Beschränkungen in Art. 7 und 9 noch aufrecht. In dem Vertrage vom 8. Juli 1867 wurde das Verbot oder der Ausschluß der Spielkarten vom freien Verkehre weggelassen und im Schlußprotokoll hiezu unter Nr. 3 bestimmt, daß der Wegfall des Verbotes die Erhebung einer Stempelabgabe von den aus anderen Vereinsstaaten oder dem Vereinsauslande eingehenden Spielkarten seitens der Regierungen nicht ausschließe, und daß bei dem Übergange in Staaten, in denen solche bestehen, die Übergangsscheinkontrolle stattfinde. In Preußen war die Spielkartenfabrikation längere Zeit Monopol, das erst durch die Verordnung vom 16. Juni 1838 aufgehoben wurde. Statt dessen war eine Stempelabgabe mit Kontrolle der Spielkartenfabriken eingeführt worden. Auf den nämlichen Grundsätzen beruhte das preußische Gesetz vom 23. Dezember 1867. Aber auch in allen übrigen Vereinsstaaten Deutschlands bestand eine Spielkartenstempelabgabe, mit Ausnahme des im Jahre 1870 wieder erworbenen Reichslandes Elsaß-Lothringen.

Am 4. Juni 1877 hatte Preußen beim Bundesrate den Antrag auf Berufung einer Kommission von Sachverständigen der Bundesstaaten gestellt, um die Frage wegen Einführung einer Reichsstempel- und Erbschaftssteuer an Stelle der gleichartigen Abgaben der Bundesstaaten aufzurollen (BRDrS. 1877 Nr. 91). Nachdem am 25. Juni 1877 der Bundesrat einen entsprechenden Beschluß gefaßt hatte, trat die Kommission sofort zusammen und erstattete am 4. Oktober 1877 ausführlichen Bericht (BRDrS. 1877 Nr. 98 und 187). Die Bundesratsausschüsse bearbeiteten hienach einen Gesetzentwurf betreffend die Erhebung von Reichsstempelabgaben und einen zweiten betreffend den Spielkartenstempel und legten diese Entwürfe am 1. Dezember 1877 dem Bundesrate zur Beschlußfassung vor. Am 2. Februar 1878 wurde den beiden Gesetzentwürfen mit einigen Änderungen die Zustimmung des Bundesrats erteilt und erfolgte deren Vorlage an den Reichstag. Nachdem bei diesem nur das Gesetz betreffend den Spielkartenstempel die Genehmigung erhalten hatte, wurde dasselbe am 3. Juli 1878 publiziert und trat am 1. Januar 1879 in Kraft (RGBlatt 1878 S. 133 ff.).

Anzumerken sind noch außer dem bereits erwähnten BRBeschluß vom 5. Juli 1882 die Ausführungsbestimmungen zum Spielkartenstempelgesetz vom 3. Juli 1878 (RZBlatt 1878 S. 403 und pr. ZBlatt für Abgaben 1878 S. 225) mit dem Regulativ über die Kontrolle und den Betrieb der Spielkartenfabriken; ferner die Vorschriften vom 2. November 1878 (RZBlatt 1878 S. 614 und pr. ZBlatt für Abgaben 1878 S. 266) über die Form des Kartenstempels, die Farbe des Stempelabdruckes, über das abzustempelnde Kartenblatt (das Aß), über die Vernichtung der Ausschußblätter.

Eine Bekanntmachung vom 1. November 1878 (BRBeschluß vom 1. November 1878, § 501 d. P.) bestimmt, daß von dem in Süddeutschland gebräuchlichen Gaigelspiel jedes der in diesem Spiel befindlichen beiden Herzasse mit einem 30-Pfennig-Stempel abzustempeln sei und daß die beiden Spiele von je 24 Karten, aus denen das Gaigelspiel zusammengesetzt ist, je für sich verpackt zur Abstempelung vorzulegen sei.

Endlich ist noch anzuführen die Bekanntmachung des Reichskanzlers vom 24. April 1879 über die Abstempelung englischer Spielkarten und vom 21. Juli 1905 über die Abstempelung italienischer Spielkarten, die kein Herzaß, wohl aber das Bild eines Adlers haben (pr. ZBlatt für Abgaben 1879 S. 147 und 1905 S. 640).

Über die Statistik des Reichsspielkartenstempels bestehen die Vorschriften nach dem BRBeschluß vom 30. Oktober 1879 (§ 535 der Protokolle).

Es bestehen im Deutschen Reiche nur 23 Spielkartenfabriken. Diese haben im Jahre 1910 5 913 125 Kartenspiele mit 36 Karten oder weniger als 36 Karten (30 Pfennig Steuer) und 286 300 Kartenspiele mit mehr als 36 Karten (50 Pfennig Steuer) versendet. 24 068 Kartenspiele zu 30 Pfennig und 59 630 Kartenspiele zu 50 Pfennig Steuer sind vom Ausland eingegangen. Die Steuer beträgt demnach 1,78 Millionen Mark + 172 965 Mark = rund 2 Millionen Mark. Der Zoll für ausländische Kartenspiele beträgt 60 Mark für 1 dz Rohgewicht.

Hinsichtlich der Erhebung und Verwaltung des Reichsspielkartenstempels kommen demnach folgende Gesetze und sonstige Ausführungsbestimmungen in Betracht:

1. das RGesetz betreffend den Spielkartenstempel vom 3. Juli 1878, abgedruckt im pr. ZBlatt 1878 S. 225, 221, 231 und 236;
2. BRBeschluß vom 5. Juli 1882, Begriffsbestimmung der Spielkarten; s. pr. ZBlatt;
3. Bekanntmachungen des Reichskanzlers vom 6. Juli 1878 zur Ausführung des Gesetzes mit Anlage A, Betriebsordnung für Spielkartenfabriken samt Ausführungsbestimmungen (pr. ZBlatt 1878 S. 236);
4. Bestimmungen über die Herstellung des Buntdrucks zu den Spielkarten außerhalb der Spielkartenfabriken, BRBeschluß vom 13. Juli 1879; s. pr. ZBlatt 1879 S. 241, und Anwendung dieser Bestimmungen bei Herstellung des Schwarzdrucks, Blaudrucks außerhalb der Spielkartenfabriken;
5. Bekanntmachung des Reichskanzlers vom 2. November 1878 betreffend Abstempelung der Spielkarten, pr. ZBlatt 1878 S. 266 samt BRBeschluß vom 27. März 1879, Einrichtung der Spielkarten zur Abstempelung, pr. ZBlatt 1879 S. 127;
6. Instruktion über Erhebung und Verwaltung sowie Verrechnung des Spielkartenstempels, BRBeschluß vom 4. Juli 1878, pr. ZBlatt S. 241 samt AusfBest.;
7. BRBeschluß betreffend die Statistik des Spielkartenstempels vom 30. Oktober 1879 § 535 der BRProtokolle.

§ 218.

2. Die Wechselstempelsteuer.

Das norddeutsche Bundesgesetz über den Wechselstempel ist erlassen unterm 10. Juni 1869 und als Reichsgesetz erklärt worden durch Reichsgesetz vom 22. April 1871, RGBlatt 1871 S. 88. Dieses Gesetz wurde abgeändert durch das Reichsgesetz vom 4. Juni 1879 und die Reichsgesetze vom 4. März 1909 sowie vom 15. Juli 1909 (RGBlatt S. 825).

Das neueste Wechselstempelsteuergesetz hat 31 Paragraphen und brachte hauptsächlich eine Erhöhung des Wechselstempels für langfristige Wechsel.

Der Entwurf eines neuen Wechselstempelsteuergesetzes, obgleich dieses erst am 4. März 1909 eine Abänderung erfahren hatte, wurde mit BRDrS. Nr. 78, 1909, vorgelegt. Hiebei wurde hervorgehoben, daß die zum internationalen Zahlungsausgleich dienenden Wechsel nicht wohl mit einer höheren Stempelsteuer belastet werden können als bisher, da auch die außerdeutschen Wechselstempelsteuern nicht höher sind als in Deutschland. Die langfristigen Wechsel dagegen dienen meistens nicht zum Zahlungsausgleich, sondern sie werden als Kautions- oder Avalwechsel in weitem Umfang als Sicherheitswechsel verwendet. Diese Wechsel, sofern sie eine längere als dreimonatige Laufzeit haben, zu einer erhöhten Wechselsteuer heranzuziehen, erscheint nicht unbillig, zumal bei derartigen Wechselkrediten hauptsächlich kapitalkräftige Kreise in Betracht kommen. Sodann mußte die Stempelpflicht auch auf diejenigen Schriftstücke ausgedehnt werden, welche wegen des Mangels irgend einer formellen Bestimmung nicht als eigentliche Wechsel gelten, weil sonst der Umgehung des Wechselstempels Tür und Tor geöffnet wäre.

Das Reichsgesetz vom 4. März 1909 hat hauptsächlich die von der Handelswelt schon längst bemängelten Strafvorschriften des älteren Wechselstempelsteuergesetzes vom 4. Juni 1879 sowie einige andere Verbesserungen in der praktischen Durchführung des Gesetzes herbeigeführt.

Demgemäß bestimmen §§ 1 und 2 des Wechselstempelgesetzes, daß gezogene und eigene Wechsel der Wechselstempelsteuer unterliegen, daß aber als Wechsel im Sinne dieses Gesetzes auch Schriftstücke anzusehen sind, welche nicht die sämtlichen Erfordernisse eines Wechsels enthalten (nach dem Wechselrecht), sofern sie einem andern übergeben werden unter der Vereinbarung, daß dieser berechtigt sein solle, die fehlenden Erfordernisse zu ergänzen.

Befreit von der Wechselsteuer sind

1. die vom Ausland auf das Ausland gezogenen Wechsel und die im Ausland ausgestellten eigenen Wechsel, wenn sie nur im Auslande zahlbar sind;
2. die vom Inland auf das Ausland gezogenen, nur im Ausland und zwar auf Sicht oder spätestens innerhalb 10 Tagen nach dem Tag der Ausstellung zahlbaren Wechsel, soferne sie vom Aussteller unmittelbar in das Ausland versendet werden.

Man unterscheidet „gezogene" und „eigene oder trockene" Wechsel.

Die gezogenen Wechsel (Tratten) sind jene Wechsel, die auf eine andere Person gezogen (trassiert) werden, so daß diese Person, der Trassat, vom Aussteller des Wechsels (Trassant) aufgefordert wird, den im Wechsel angegebenen Betrag zur bestimmten Zahlungs- oder Verfallzeit an die wechselmäßig bezeichnete Person oder deren Ordre auszuzahlen. Diese Art Wechsel dienen also hauptsächlich zur Einziehung von Forderungen und zum Ausgleich von Zahlungen auch im internationalen Handelsverkehr. Für die Wertausgleichung zwischen Import und Export sind die Devisen und die Devisenkurse von höchster Wichtigkeit. Devisen sind Wechsel auf das Ausland, im Ausland zahlbar, auf fremde Währung lautend. Der wichtigste Markt für Devisen ist London, weil der englische Wechsel überall an Zahlungsstatt angenommen wird und alle Handelsplätze der Welt auf London trassieren.

Die eigenen oder trockenen Wechsel sind wechselmäßige Schuldverschreibungen, indem der Aussteller des gewöhnlich Solawechsels genannten Schriftstücks sich nach Wechselrecht verpflichtet, eine gewisse Summe Geldes an den Wechselnehmer zu einer bestimmten Zeit zu bezahlen.

Bei den gezogenen Wechseln (Tratten, Rimessen) sind zu unterscheiden der Trassant (Aussteller des Wechsels), der Trassat (der Zahlensollende) und der Wechselnehmer, der Remittent genannt wird, wenn er den Wechsel in Umlauf setzt, weiter begibt, einem andern übermacht. Den remittierten Wechsel nennt man dann Rimesse. Diese Übertragung des Wechsels erfolgt durch das Indossement oder Giro, d. h. durch einen Vermerk auf der Rückseite des Wechsels. Gibt nämlich der erste Inhaber des Wechsels (der Wechselnehmer) den Wechsel durch Indossament oder durch Giro weiter, so wird er der Indossant oder Girant, und der neue Wechselnehmer heißt Girat oder Indossat. Der letzte Girat wird zum Präsentant oder Vorzeiger des Wechsels und der Trassat wird nun zum Akzeptanten, wenn er den Wechsel annimmt, was durch Querschreiben auf der Vorderseite des Wechsels geschieht. Weigert sich der Trassat den Wechsel anzunehmen, so erfolgt der Wechselprotest „mangels Annahme". Hat der Bezogene den Wechsel zwar akzeptiert, leistet jedoch am Verfalltag keine Zahlung, so erfolgt Protest mangels Zahlung. Werden mehrere gleichlautende Wechsel ausgestellt, so heißt der erste Wechsel Primawechsel, der zweite Sekundawechsel und sind die Wechsel ausdrücklich als solche zu bezeichnen, indem sonst jeder als selbständiger Wechsel angesehen würde.

Ist Protest erhoben, so wendet sich der Hintermann an den Vordermann, bis der Protest an den Wechselaussteller gelangt, der sodann Zahlung zu leisten hat.

§ 219.

Die Wechselstempelabgabe beträgt von einer Summe von 200 Mark und weniger 10 Pfennig, über 200 Mark bis 400 Mark 20 Pfennig, über 400 Mark bis 600 Mark 30 Pfennig, über 600 Mark bis 800 Mark 40 Pfennig, über 800 Mark bis 1000 Mark 50 Pfennig und von jedem ferneren 1000 Mark 50 Pfennig mehr, dergestalt, daß jedes angefangene 1000 Mark für voll gerechnet wird.

Für langfristige Wechsel tritt folgende Stempelerhöhung ein:

Wenn die Verfallzeit eines auf einen bestimmten Zahltag oder auf Sicht gestellten Wechsels später als 3 Monate nach dem Ausstellungstag eintritt, so ist auf die Zeit bis zum Verfalltag für die nächsten 9 Monate und weiterhin für je fernere 6 Monate oder den angefangenen Teil dieses Zeitraums eine weitere Abgabe in der oben angegebenen Höhe zu entrichten. Eine Überschreitung der dreimonatigen Verfallfrist des Wechsels um 5 Tage wird unberücksichtigt gelassen.

Die weiteren näheren Bestimmungen über diese erhöhte Wechselstempelsteuer sind in § 3 des Wechselstempelsteuergesetzes vom 15. Juli 1909 enthalten.

Die Umrechnung nichtdeutscher Währung in deutsche Währung erfolgt nach den Kursverhältnissen, soweit nicht der Bundesrat feste Umrechnungssätze bekannt gegeben hat. Nach § 5 WStempG. sind für die Entrichtung der Wechselstempelsteuer sämtliche inländische Personen, welche an dem Umlauf des Wechsels teilgenommen haben, als Gesamtschuldner haftbar. Die Entrichtung der Wechselsteuer durch Aufkleben der Stempelmarke muß erfolgen, ehe ein inländischer Wechsel von dem Aussteller, ein ausländischer Wechsel von dem ersten inländischen Inhaber aus den Händen gegeben wird. Bei Prima-, Sekunda- usw. Wechseln ist dasjenige Exemplar zu versteuern, welches zum Umlauf bestimmt ist. Ist die vorgeschriebene Wechselversteuerung von einem Vormann unterlassen, so ist der nächste Wechselinhaber hiezu verpflichtet. Die Entrichtung der Steuer wird erfüllt durch Ausstellung eines Wechsels auf einem mit dem erforderlichen Wechselstempel versehenen Vordruck oder durch Verwendung der erforderlichen Wechselstempelmarke auf der Rückseite des Wechsels und durch vorschriftsmäßige Entwertung dieser Marke nach Maßgabe der Ausführungsvorschriften zum Wechselstempelsteuergesetz. Stempelmarken, die nicht in der vorgeschriebenen Weise verwendet und entwertet worden sind, gelten als nicht verwendet. Der Anspruch auf Entrichtung des Wechselstempels verjährt in 5 Jahren. In bezug auf die Verpflichtung zur Entrichtung des Wechselstempels ist der Rechtsweg zulässig; vgl. auch § 94 RStempG. vom 15. Juli 1909 (§§ 6 bis 17 WStempG.).

Die §§ 18 bis 24 des WStG. handeln von den Strafbestimmungen, die durch das WStG. vom 4. März 1909 nach Maßgabe der Reichsgerichtsprechung umgestaltet worden sind, namentlich hinsichtlich des § 21.

Besonders hervorzuheben ist der § 25 des Gesetzes, wonach in den einzelnen Bundesstaaten die mit der Beaufsichtigung des Stempelwesens beauftragten Behörden und Beamten den ihnen obliegenden Verpflichtungen mit den gleichen Befugnissen, wie sie ihnen hinsichtlich der nach den Landesgesetzen zu entrichtenden Stempelabgaben zustehen, auch hinsichtlich der Reichswechselstempelsteuer wahrzunehmen haben. Aber auch die Polizei- und Kommunalbehörden, die Richter und Notare, Gerichtsvollzieher, Postbeamte haben die Verpflichtung, die von ihnen wahrgenommenen Verfehlungen der zuständigen Behörde zur Anzeige zu bringen.

Wichtig sind auch die Vorschriften in § 27 des Gesetzes, wonach die Vorschriften des WStempG. entsprechende Anwendung finden auf die Verpflichtungsscheine über die Zahlung von Geld, soferne sie durch Indossament übertragen werden können und auf Anweisungen über die Zahlung von Geld, soferne sie durch Indossament übertragen werden können oder auf den Inhaber lauten. Dagegen sind Schecks — wegen des Scheckstempels — von der Wechselstempelsteuer befreit, ferner die auf Sicht zahlbaren Platzanweisungen.

Der Ertrag der Wechselstempelsteuer fließt in die Reichskasse. Jedem Bundesstaate wird von den jährlichen Einnahmen, die in seinem Gebiete aus dem Verkauf von Stempelmarken oder gestempelten Vordrucken erzielt wird, der Betrag von 2% aus der Reichskasse gewährt (für die Verwaltung und Erhebung der Steuer). Das neue Wechselstempelsteuergesetz vom 15. Juli 1909 trat am 1. August 1909 in Kraft. Das Gesetz gilt für das Reichsgebiet mit Ausnahme der Insel Helgoland (§ 31 WStempG.).

Anzuführen hiezu ist § 15 der Ausführungsbestimmungen zum Wechselstempelsteuergesetz hinsichtlich der Steuerfreiheit der Platzanweisungen.

Als ein Platz im Sinne des § 27 Abs. 3, 4 des Gesetzes gelten diejenigen Orte, die nach der Bestimmung des BR. als benachbart i. S. der Vorschriften des § 16 Abs. 2 und des § 30 Abs. 2 des Scheckgesetzes anzusehen sind.

(Vgl. Scheckgesetz vom 11. März 1908, RGBlatt S. 71 und Wechselordnung vom 5. Juni 1869. Außerdem folgende Nachbarorte: Berlin und die im Postverkehr als dessen Nachbarorte geltenden Ortschaften, Holzminden-Altendorf-Allersheim; — Mannheim-Ludwigshafen-Rheinau; — Wolfenbüttel, Thiede, Wittnar, Hedwigsburg.

Befreit von der Wechselstempelsteuer sind nämlich die Schecks mit der im § 29 Abs. I ScheckG. vom 11. März 1908 vorgesehenen Ausnahme sowie die statt der Barzahlung dienenden auf Sicht zahlbaren Platzanweisungen,

In dieser Beziehung kommen die Bestimmungen des RStG. vom 15. Juli 1909 über die Stempelsteuer des Schecks in Anwendung Hinzuweisen ist noch auf den Anhang zum Kommentar zum Wechselstempelsteuergesetz von P. Loeck, enthaltend einzelne, das Strafverfahren wegen Wechselstempelhinterziehung betreffende Vorschriften, nämlich Anweisung des pr. FM. vom 19. Dezember 1869, betr. das Strafverfahren wegen Wechselstempelhinterziehung, pr. ZBl. 1870 S. 136. Ferner FMErlaß vom 26. August 1873, pr. ZBl. 1873 S. 249, ferner Allerh. Erlaß vom 26. September 1892, Strafniederschlagungsbefugnisse betr. und Erlaß vom 6. Oktober 1897, pr. ZBl. 1897 S. 408, sodann FMErlaß vom 9. September 1870 betr. die Verpflichtung der Gerichte zur Wahrnehmung des Wechselstempelinteresses, pr. ZBl. 1870 S. 365, endlich der Zirkularerlaß des pr. FM. vom 6. August 1878, pr. ZBl. 1878 S. 198. Die allgemeine deutsche Wechselordnung ist veröffentlicht als Bundesgesetz (Ges. vom 5. Juni 1869) im RGBlatt 1869 S. 379. In Bayern wurde sie eingeführt durch Reichsgesetz vom 22. April 1871 § 2 I Nr 8, RGBlatt 1871 S. 87. In Helgoland erfolgte die Einführung der Wechselordnung durch Kais. Verordnung vom 22. März 1891, Art. I Nr. X RGBlatt 1891 S 22

§ 220.

Die Bestimmungen über das Wechselstempelsteuergesetz wurden hier nur kursorisch behandelt, weil hierüber die Kommentare von P. Loeck, Geh. Regierungsrat und Reichsbevollmächtigten für Reichsstempel- und Erbschaftssteuern in München (Guttentagsche Sammlung deutscher Reichsgesetze) und von Dr. Greiff, Regierungsassessor, Heymanns Verlag, vorhanden sind, worauf hier verwiesen wird. Die hierauf bezüglichen BRDrS. sind 1909 Nr. 78 und 1908 Nr. 67.

Nach den beiden das Wechselstempelsteuergesetz vom 10. Juni 1869 und vom 4. Juni 1879 abändernden Gesetzen vom 4 März 1909 (RGBlatt S. 310ff.) und 15. Juli 1909 (RGBlatt S. 740) ist folgendes zu rekapitulieren:

Für dreimonatige Wechsel, die gebräuchlichsten in Handel und Verkehr, sind die alten Steuersätze beibehalten; sie betragen bis 200 Mk 10 Pfg., über 200 Mk. bis 400 Mk. 20 Pfg., über 400 bis 600 Mk 30 Pfg., über 600 bis 800 Mk. 40 Pfg., über 800 bis 1000 Mk 50 Pfg., für jedes weitere angefangene Tausend 50 Pfg. mehr.

Bei Wechseln, die länger als 90 Tage laufen (5 Tage über 90 Tage gelten noch als 3 Monate) tritt eine Verdoppelung der Steuer ein und zwar zunächst für die nächsten 9 Monate und dann für die weiteren 6 Monate jedesmal wieder. Der zwölfmonatige Wechsel hat also bei 500 Mk. einen Stempel von 60 Pfg., der achtzehnmonatige einen solchen von weiteren 30 Pfg. usw. zu tragen.

Diese Vorschriften finden auch auf Wechsel Anwendung, die eine bestimmte Zeit nach Sicht zahlbar sind, mit der Maßgabe, daß der Zeitraum, für den die weitere Stempelabgabe zu entrichten ist, bei trockenen Wechseln vom Ablauf von 3 Monaten nach dem Ausstellungstage, bei gezogenen Wechseln vom Ablauf von 3 Monaten nach der Annahme des Wechsels gerechnet wird (§ 3).

Die Stempelmarken sind auf der Rückseite der Urkunde und zwar, wenn diese noch unbeschrieben und mit Wertzeichen noch nicht beklebt ist, unmittelbar an einem Rande dieser Rückseite, andernfalls unmittelbar unter dem letzten Vermerk (Indossement) oder, sofern ein solcher nicht vorhanden ist, unmittelbar neben oder unter den bereits angebrachten Marken auf einer mit Buchstaben oder Ziffern nicht beschriebenen oder bedruckten Stelle aufzukleben. Auf jeder Marke muß Tag, Monat und Jahr der Verwendung der Wechselstempelmarke und zwar Tag und Jahr mit arabischen Ziffern, der Monat mittels Buchstaben deutlich ohne jede Rasur, Ausstreichung, Überschreibung an der vorgeschriebenen Stelle niedergeschrieben werden. Neu ist auch die Bestimmung, daß als Wechsel auch eine Schrift anzusehen ist, die nicht die sämtlichen Erfordernisse eines Wechsels enthält, sofern nur bei der Hingabe vereinbart worden ist, daß der Urheber der Schrift die fehlenden Erfordernisse zu ergänzen berechtigt ist. Diese Bestimmung ist meist auf Kautionswechsel anwendbar. Beim Erwerb langfristiger Wechsel ist darauf zu sehen, daß sie von vornherein für die ganze Umlaufszeit gestempelt sind.

§ 221.

3. Die Reichsstempelsteuern.

Wie bereits früher bemerkt wurde, bedingte die Einheit des Handels- und Wirtschaftsgebietes auch eine einheitliche Zusammenfassung der sog. Verkehrssteuern, der Stempelsteuern, indem die bundesstaatlichen Verschiedenheiten in der Besteuerung des Kreditverkehrs, des handelsmäßigen Umsatzes von beweglichen Werten und Waren, überhaupt des Börsenverkehrs und des Grundstücksverkehrs ebenso störend und lähmend auf das Geschäft einwirken können, ja vielleicht noch mehr, als die Verschiedenheiten in der Besteuerung der Verbrauchsgegenstände, die in letzterer Beziehung, wie oben schon dargetan ist, die Ausgleichs- und Übergangsabgabengesetzgebung zur Milderung der störenden Verschiedenheiten einsetzte.

Die Errichtung des Norddeutschen Bundes und des Deutschen Reiches mußte daher auf dem Gebiet der Verkehrssteuern, der Stempelsteuern, tunlichst bald eine Vereinheitlichung auf diesem Gebiete nahe legen. Die finanziellen Interessen der Einzelstaaten waren auch hiebei weniger entgegenstehend, da die bisherige Entwickelung dieser Abgaben in den kleineren Staaten bei der früheren geringeren Verkehrsentwickelung keine sehr bedeutende und der Ertrag schon wegen der Schwierigkeit der Durch- und Ausführung solcher Steuergesetze meistens nicht sehr hoch war. So kam es, daß der Mobiliarwertverkehr zur Besteuerung alsbald vorzugsweise dem Reiche überwiesen wurde, während der Immobiliarverkehr, dem auch schon früher in den Bundesstaaten wie z. B. in Bayern eine gehörige Besteuerung aufgehalst war, den Bundesstaaten als Steuerquelle verblieb. (Vgl. das preußische Landesstempelsteuergesetz vom 26. Juni 1909.)

Zuerst wurde der Wechselstempel und der Spielkartenstempel auf das Reich übertragen, wie bereits des näheren erörtert ist; dann hat das Reich in verschiedenen Gesetzen von 1881, 1885, 1894, 1900, 1906 und 1909 die Besteuerung der Börsengeschäfte durch Auflegung von Reichsstempelabgaben auf Ausgabe von Aktien und sonstigen Wertpapieren, auf Schlußnoten über Börsengeschäfte, Lotterielose, Schiffsfrachturkunden usw. zur Durchführung gebracht. Hiezu kam sodann im Jahre 1879 noch die **statistische Gebühr**.

Über die Entwicklung der Börsensteuer in Deutschland bemerkt A. Wagner in seinem Kommentar über die Finanzwissenschaft (Lehr- und Handbuch der politischen Ökonomie) folgendes:

Eine Art Verkehrssteuersystem in Stempelform bilden die Reichsstempel von Wertpapieren (Emissionsstempel) und von Börsengeschäften (Schlußnotenstempel), die aus den primitiven Formen der Gesetzgebung von 1881 durch die Gesetzgebung der späteren Zeit mehr und mehr ausgebildet worden sind, so daß sie als systematische Erweiterung des Wechselstempels angesehen werden können. Die Besteuerung der Lotterielose schließt sich an dieses System der Verkehrsbesteuerung nur äußerlich an.

Das erste Reichsgesetz nach dieser Richtung war das Gesetz vom 1. Juli 1881 betreffend die Erhebung von Reichsstempelabgaben, das den Emmissionsstempel, den Schlußnotenstempel und den Lotteriestempel einführte. Dann folgte das Reichsgesetz vom 29. Mai 1885, das den bisherigen Fixstempel bei Börsengeschäften in eine prozentuale Umsatzsteuer mit steuertechnischen Vorschriften zur Veranlagung und Erhebung und mit Kontrollmitteln durch Einführung des Schlußnotenzwanges umänderte.

Das Gesetz vom 11. Juni 1900 erhöhte die bestehenden Reichsstempelabgaben und brachte die Ausdehnung des Emmissionsstempels auf neue Objekte, nämlich Bergwerkspapiere (Kuxe) und auch die Einführung des Schiffsfrachturkundenstempels (Konnossementstempels).

Dann folgte das Reichsstempelgesetz vom 3. Juni 1906 und vom 15. Juli 1909.

Das Reichsstempelgesetz vom 3. Juni 1906 brachte als neue Verkehrssteuern die Personenfahrkartensteuer, den Frachturkundenstempel, die Tantièmesteuer und die Automobilsteuer und das Reichsgesetz vom 15. Juli 1909 betr. Erhebung von Reichsstempelabgaben, abgeändert durch das Reichszuwachssteuergesetz vom 14. Februar 1911 kennt nunmehr die Erhebung von folgenden Reichsstempelabgaben:

a) bei der Ausgabe von Aktien, Kuxen, Renten- und Schuldverschreibungen, Gewinnanteilschein- und Zinsbogen,
b) bei Kauf- und Anschaffungsgeschäften im Börsenverkehr,
c) bei Spiel und Wette (Lotterielose),
d) von Frachturkunden,
e) von Personenfahrkarten,
f) von Erlaubniskarten für Kraftfahrzeuge,
g) von Vergütungen an Aufsichtsratsmitglieder,
h) von Schecks (Quittungen) und
i) von Grundstücksübertragungen.

Hiezu kam durch das Wertzuwachssteuergesetz vom 14. Februar 1911 noch die Reichswertzuwachssteuer. Das Reichsstempelgesetz vom 15. Juli 1909 ist veröffentlicht im RGBlatt 1909 S. 833. Die Ausführungsbestimmungen des Bundesrats sind veröffentlicht im RZBlatt 1906 S. 980 ff.

Leider sind bis jetzt zum neuen Reichsstempelgesetz vom 15. Juli 1909 noch keine zusammenhängenden Ausführungsbestimmungen vom Bundesrat erlassen worden. Bis jetzt sind nur die vom pr. FM. und pr. Justizminister erlassenen Ergänzungen zu den Ausführungsbestimmungen von 1906, insbesondere zum Tarif

Nr. 11 (RGBlatt 1909 S. 852), sowie die Ausführungsbestimmungen zum Gesetz betr. die Stempelabgabe von Erlaubniskarten für Kraftfahrzeuge ausländischer Besitzer vom 18. Mai 1908, ferner die allgemeine Anweisung betr die bei Anwendung des Reichsstempelgesetzes zu befolgenden Grundsätze vorhanden.

Eine Neuredaktion der gesamten Ausführungsbestimmungen zum Reichsstempelgesetz von 1909 ist bereits eingeleitet und wird demnächst veröffentlicht werden, so daß bis zum Jahre 1912 zusammenhängende Ausführungsbestimmungen zum Reichsstempelgesetz vom 15. Juli 1909 erlassen sein werden.

Anzumerken ist hier noch das Reichsgesetz betr. die Inhaberpapiere mit Prämien vom 8. Juni 1871 und das Reichsgesetz betr. die Wetten bei öffentlichen Pferderennen (Totalisatorgesetz) vom 4 Juli 1905 und die Ausführungsbestimmungen hiezu.

Endlich ist noch auf das Börsengesetz vom 22. Juni 1896 (RGBlatt S. 157) zu verweisen.

Zum Reichsstempelgesetz hat der Geh. Reg.-Rat Loeck, Reichsbevollmächtigter für Reichsstempel und Erbschaftssteuer in München einen ausführlichen Kommentar mit Nachtrag bereits in 10. Auflage erscheinen lassen (J. Guttentag, Verlagsbuchhandlung), 1910 und 1911. Auch von Kleinloff und Schlag sind Kommentare zum Reichsstempelgesetz von 1894 erschienen.

§ 222.

Das Reichsstempelgesetz in der Fassung vom 15. Juli 1909 (RGBlatt 1909 S. 833 — Bekanntmachung des Reichskanzlers vom 22. Juli 1909) hat 107 Paragraphen mit XI Abschnitten. Der I. Abschnitt betrifft die Ausgabe von Aktien, Kuxen, Renten- und Schuldverschreibungen, Gewinnanteilscheinbogen und Zinsbogen (§§ 1 bis 11); der II. Abschnitt handelt von dem Schlußnotenstempel bei Kauf- und Anschaffungsgeschäften (§§ 12 bis 27); der III. Abschnitt betrifft Spiel und Wette (Totalisator) in §§ 28 bis 36. Hiezu ist das Totalisatorgesetz, Reichsgesetz betreffend die Wetten bei öffentlich veranstalteten Pferderennen vom 4. Juli 1905, RGBlatt S. 595/6 zu erwähnen.

Der IV. bis VIII. Abschnitt des RStempG. betrifft die Verkehrssteuern, nämlich die Steuer (den Stempel) von den Frachturkunden, Abschnitt IV §§ 37 bis 45; die Steuer (den Stempel) von den Personenfahrkarten, Abschnitt V §§ 46 bis 55; die Steuer (den Stempel) von den Erlaubniskarten f"r Kraftfahrzeuge (Automobilsteuer), Abschnitt VI §§ 56 bis 65; die Steuer (den Stempel) von den Vergütungen an Aufsichtsratsmitglieder (Tantièmesteuer), Abschnitt VII §§ 66 bis 69; die Steuer (den Stempel) von Schecks (Quittungen), Abschnitt VIII §§ 70 bis 77.

Der Abschnitt IX handelt von dem Stempel für Grundstücksübertragungen (die sog. Grundwechselabgabe), §§ 78 bis 90, wozu noch das Wertzuwachssteuergesetz vom 14. Februar 1911 (RGBlatt S. 33) kommt, in dessen §§ 67 bis 71 das RStempG. abgeändert worden ist.

Die Abschnitte X und XI des RStempG. handeln von den allgemeinen Bestimmungen und Schlußbemerkungen in §§ 91 bis 107.

Der Tarif über die Höhe der Stempelsätze bewegt sich in Nr. 1 bis 11, nämlich der Stempel von Aktien, Anteilscheinen, Kuxen, Renten- und Schuldverschreibungen (Nr. 1 bis 3), von Gewinnanteilschein- und Zinsbogen (Nr. 3 A), von Kauf- und Anschaffungsgeschäften (Nr. 4), von Lotterielosen (Nr. 5), von Frachturkunden (Nr. 6), von Personenfahrkarten (Nr. 7), von Erlaubniskarten für Kraftfahrzeuge (Nr. 8), von Vergütungen an Aufsichtsräte (Nr. 9), von Schecks (Nr. 10), von Grundstücksübertragungen (Nr. 11).

Die Ausführungsbestimmungen des Bundesrats vom 16. Juni 1906 nebst den dazu ergangenen weiteren Bundesratsbeschlüssen (RZBlatt 1906

S. 980)[1]) und die neuen Ausführungsbestimmungen des Bundesrats zum Reichsgesetze betreffend die Stempelabgabe von Erlaubniskarten für Kraftfahrzeuge ausländischer Besitzer vom 18. Mai 1908, RGBlatt S. 210, RZBlatt 1909 S. 1391, sodann die Verfügungen des pr. FM. und Justizministers zur Ergänzung der Ausführungsbestimmungen von 1906 insbesondere wegen der Grundwechselabgabe, Tarif Nr. 11.

Sodann ist auf Grund des BRBeschlusses vom 25. September 1885 eine allgemeine Anweisung des pr. FM. vom 26. September 1885 ergangen, betr. einige bei Anwendung des Reichsstempelgesetzes zu befolgende Grundsätze. Diese allgemeine Anweisung gilt auch heute noch.

Endlich ist noch zu erwähnen das Reichsgesetz betreffend die Inhaberpapiere mit Prämien vom 8. Juni 1871, RGBlatt S. 210 und das Totalisatorgesetz vom 4. Juli 1905 nebst Ausführungsbestimmungen (RGBlatt S. 595).

§ 223.

Die Börsensteuern.

Der erste Abschnitt des Reichsstempelgesetzes von 1909 handelt von dem Emissionsstempel bei Ausgabe von Aktien, Kuxen usw. sowohl bei der Zeichnung solcher Wertpapiere bzw. Ausgabe derselben im Inland als bei Einsendung ausländischer Aktien, Kuxen, Rentenverschreibungen usw., die dem inländischen Käufer zugeschickt werden. Der Effektenstempel (Emissionsstempel) ist durch dieses Gesetz gegen früher erhöht worden und insbesondere ist auf § 6 (Stempelpflichtigkeit der sog. unbegebenen Aktien) hinzuweisen. Vgl. auch das RStG. vom 3. Juni 1906 Art. 6, RGBlatt 1906 S. 615, 697.

Bevor stempelpflichtige inländische Wertpapiere zur Zeichnung aufgelegt werden oder zu weiteren Einzahlungen auf solche aufgefordert wird, vor der Emission solcher Wertpapiere hat der Emittent der zuständigen Steuerstelle die erforderliche Anzeige zu erstatten und bei Vorlage der Wertpapiere den festgesetzten Steuerbetrag zu entrichten. Dafür werden

---

[1]) Zum Reichsstempelgesetz von 1909 sind bis jetzt noch keine neuen allgemeinen Ausführungsbestimmungen erlassen worden; ein Entwurf hiewegen ist bereits ausgearbeitet. Dieser Entwurf hat 213 Paragraphen mit 52 Musteranlagen und wird wahrscheinlich in Kürze in Kraft treten.

Im preußischen Zentralblatt für Abgaben sind folgende Ausführungsbestimmungen erschienen:

a) Ausführungsbestimmungen zu dem sog. Totalisatorgesetz, pr. ZBl. 1906 S. 537
b) Ausführungsbestimmungen zu Tarif Nr. 6 und §§ 34—42 des RStG. (Frachturkundenstempel), pr. ZBl. 1906 S. 852, 1155.
c) Ausführungsbestimmungen zu Tarif Nr. 7 und §§ 43—52 des RStG. (Personenfahrkartenstempel) S. 855, 1155.
d) Ausführungsbestimmungen zu Tarif Nr. 8 und §§ 53—62 des RStG. (Automobilsteuer) S. 866, 1155.
e) Ausführungsbestimmungen zu Tarif Nr. 9 und §§ 63—66 des RStG. (Tantiemesteuer) S. 882, 1155.
f) Ausführungsbestimmungen zu dem RStG. vom 3. Juni 1906, pr. ZBl. 1906 S. 1079, 1205. Die Ausführungsbestimmungen in neuer Fassung sind abgedruckt im pr. ZBl. 1906 S. 1217 ff.
g) Die Ausführungsbestimmungen zum Scheckstempel s. pr. ZBl. 1909 S. 354
h) Neue Ausführungsbestimmungen zu Tarif Nr. 1 bis 3 A und zu den §§ 1—11 des RStG. vom 15. Juli 1909 s. pr. ZBl. Beilage zu Nr. 22, 1909.
i) Ausführungsbestimmungen zu Tarif Nr. 11 (Grundwechselabgaben) s. pr. ZBl 1909, Beilage zu Nr. 22. Durch die Neuredaktion der Ausführungsbestimmungen zum RStG. vom 15. Juli 1909 werden die vielfach hiewegen erlassenen Bestimmungen gesammelt und vereinheitlicht werden.

die Wertpapiere abgestempelt (Aktien, Interimsscheine hiezu, Kuxscheine, Schuldverschreibungen usw.). Ausländische Wertpapiere sind von dem Empfänger nach Erhalt bei der zuständigen Hebestelle zur Abstempelung anzumelden. Für die Wertpapiere in ausländischer Währung bestehen bestimmte Umrechnungssätze z. B. 1 Pfd. Sterlin = 20.40 Mk., 1 russ. Rubel = 2.16 Mk., 1 amerik. Dollar = 4.20 Mk., 1 japanischer Yen = 2.10 Mk., 1 türkischer Piaster = 18 Pfg.

Der Tarif des Emissionsstempels ist folgender:

Inländische Aktien, Aktienanteilscheine, Reichsbankanteilscheine, Interimsscheine über Einzahlungen auf diese Wertpapiere, Anteilscheine der deutschen Kolonialgesellschaften und der ihnen gleichgestellten deutschen Gesellschaften sowie Interimsscheine über Einzahlungen auf diese Wertpapiere, ausländische Aktien und Aktienanteilscheine, wenn sie im Inland (Reichsgebiet) ausgehändigt, veräußert, verpfändet usw. werden: 3 % vom Nennwerte oder vom Kurswert, wenn dieser höher ist (bei inländischen Wertpapieren) oder vom Einzahlungswert bei Interimsscheinen (von 60 Pfennig zu 60 Pfennig für je 20 Mark).

Anteilscheine gewerkschaftlich betriebener Bergwerke (Kuxscheine) 5 Mark von jeder Urkunde. Außerdem für bestimmte Einzahlungen auf solche Wertpapiere 3 % vom Betrag der Einzahlung.

Steuerbefreiungen. Inländische Aktien, Aktienanteilscheine, Interimsscheine von Aktiengesellschaften, die nach der Entscheidung des Bundesrats ausschließlich gemeinnützigen Zwecken dienen und sich auf eine mäßige Verzinsung (4 %) beschränken. Die von solchen Aktiengesellschaften beabsichtigten Veranstaltungen müssen für die minderbemittelten Volksklassen bestimmt sein. Ferner Aktien von Gesellschaften, die die Herstellung inländischer Eisenbahnen unter Beteiligung oder Zinsgarantie des Reiches, eines Bundesstaates, der Provinzen, Gemeinden oder Kreise zum Zwecke haben.

Es folgt darauf die Tarifstelle 2 betreffend die Stempelpflicht der aus- und inländischen, für den Handelsverkehr bestimmten Schuldverschreibungen und der Genußscheine. Die Tarifstelle 3 A regelt die Tarifierung der Gewinnanteilscheine und -Zinsbogen mit den Befreiungen. Die Tarifstelle 4 bestimmt den Schlußnotenstempel für Kauf- und sonstige Anschaffungsgeschäfte mit den Befreiungen. Die Tarifnummer 5 bestimmt den Stempel für Lotterielose sowie Ausweise für Spieleinlagen, und es beträgt der Stempel 20 bis 25 % vom planmäßigen Preise sämtlicher Lose oder Ausweise; Tarifnummer 6 regelt den Frachturkundenstempel und Tarifnummer 7 den Personenfahrkartenstempel. Tarifnummer 8 behandelt den Stempel von Erlaubniskarten für Kraftfahrzeuge; die Tarifstelle 9 betrifft den Stempel von Vergütungen an Aufsichtsratsmitglieder, Tarifstelle 10 betrifft den Scheckstempel und Tarifstelle 11 handelt von dem Stempel bei Grundstücksübertragungen.

Das nähere wird bei den einzelnen Abteilungen bemerkt werden.

Zum Reichsstempelgesetz vom 15 Juli 1909 (nebst Tarif) sind vorerst, d. h noch bis zum Erlaß der neuredigierten zusammenhängenden Ausführungsbestimmungen noch in Geltung:

1. Die Ausführungsbestimmungen des Bundesrats zum Reichsstempelgesetz von 1906 mit den hiezu ergangenen BRBeschlüssen (RZBlatt 1906 S. 979 ff.).

Die Ausführungsbestimmungen des Bundesrats haben nach Art. 7 Ziff. 2 RV. allgemein verbindliche Kraft, soweit nicht durch Reichsgesetze etwas anderes bestimmt ist. RGEntsch. vom 10. Juli 1906.

2. Die Verfügungen des pr FM. und pr. Justizministers zur Ergänzung dieser Ausführungsbestimmungen, insbesondere zu Tarif Nr. 11, 1—3 vom 27. Juli 1909, RGBlatt S. 852.

3. Die Ausführungsbestimmungen zum Reichsgesetz betr. die Stempelabgabe von Erlaubniskarten für Kraftfahrzeuge ausländischer Besitzer vom 18. Mai 1908

(RGBlatt 1908 S. 210). Die Ausführungsbestimmungen sind veröffentlicht im RZBlatt 1909 S. 1391 ff.

4. Allgemeine Anweisung betr. einige bei Anwendung des RStG. zu befolgende Grundsätze, Erlaß des pr. FM. vom 26. September 1885. Die neuen Ausführungsbestimmungen zum RStG. vom 15. Juli 1909 umfassen im Entwurf 213 Paragraphen, nämlich Allgemeines §§ 1—2; die Versteuerung der Aktien, Anteilscheine, Kuxe, Renten- und Schuldverschreibungen, Genußscheine, Gewinnanteilscheine und Zinsbogen, §§ 3—41; die Versteuerung der Kauf- und sonstigen Anschaffungsgeschäfte, §§ 42—62; Spiel und Wette, §§ 63—78; Frachturkundenstempel §§ 79—91; Personenfahrkartenstempel, §§ 92—107; Erlaubniskarten für Kraftfahrzeuge, §§ 108 bis 138; Tantièmensteuer, §§ 139—144; Schecks §§ 145—151; Grundstücksübertragungen §§ 152—179; Allgemeinbestimmungen §§ 180—197; Erhebung und Verrechnung der Abgaben §§ 198—212; Schlußbestimmungen § 213. Beigefügt sind 32 Muster.

Der Reichsschlußnotenstempel für Kauf- und sonstige Anschaffungsgeschäfte beträgt $^{2}/_{10}$ und $^{3}/_{10}$ vom Tausend bis 1 Mark vom Tausend je nach den gekauften bzw. angeschafften Wertpapieren. Ermäßigungen treten ein beim Arbitrageverkehr und beim Kostgeschäfte.

Kauf- und Anschaffungsgeschäfte über börsenmäßig gehandelte Warenmengen bedingen einen Schlußnotenstempel von $^{4}/_{10}$ vom Tausend, wofür verschiedene Stempelbefreiungen zugelassen sind, z. B. beim Kauf und Verkauf von selbst hergestellten Waren. Auch bei Ausgabe von Pfandbriefen an den kreditnehmenden Grundbesitzer, bei Kontentgeschäften, bei Auslosungsversicherungsgeschäften und namentlich bei Kauf- und Anschaffungsgeschäften über Renten- und Schuldverschreibungen des Reiches oder der Bundesstaaten, sowie über Interimsscheine für Einzahlungen auf solche Wertpapiere findte eine Befreiung vom Schlußnotenstempel statt.

Hievon handelt die Ziff. 4 a und b des Reichsstempeltarifs.

§ 224.

Der Stempel von Lotterielosen. — Der Totalisatorstempel. (Spiel und Wette.)

Nach § 28 RStG. vom 15. Juni 1909 hat den Reichsstempel zu entrichten, wer im Bundesgebiete Lotterien und Ausspielungen veranstaltet.

Wer ausländische Lose u. dgl. in das Bundesgebiet einführt oder daselbst empfängt, hat binnen 3 Tagen die Abstempelung der Lose 2c. zu veranlassen (§ 31 RStG.).

Die Stempelsteuer für die Lose der preußisch-süddeutschen, der sächsischen und der Hamburger Staatslotterien wird von den Lotterieverwaltungen eingezogen und in einer Summe an die Reichskasse abgeführt.[1])

Die Nichterfüllung der Vorschriften über die Loseabstempelung wird mit Geldstrafe geahndet.

Die Einsätze über Wetteinlagen bei öffentlich veranstalteten Rennen u. dgl. werden den Spieleinlagen und Lotterielosen gleichgeachtet.

Die Tarifnummer 5 lautet: Lose öffentlicher Lotterien sowie Ausweise über Spielanlagen bei öffentlich veranstalteten Ausspielungen haben einen Stempel von 20 bzw. 25 % vom planmäßigen Preise sämtlicher Lose zu entrichten, je nachdem inländische oder aus-

[1]) Da sich wahrscheinlich ein preußisch-süddeutscher Lotterieverein bilden wird, so wird der Reichsstempel nach der Gesamtzahl der Lose des ganzen Lotterievereins bzw. des Erlöses für die Reichskasse eingezogen. Eine Abstempelung der Lose der Staatslotterien findet nicht statt.

ländische Lose in Betracht kommen. Bei inländischen Losen hat der Lotteriestempel 20% vom planmäßigen Nennwerte (Preise) sämtlicher Lose oder Ausweise mit Ausschluß des auf die Reichskasse entfallenden Betrags zu betragen, bei ausländischen Losen sind 25% von dem Preise der einzelnen Lose in Abstufungen von einer Mark für je vier Mark oder einen Bruchteil dieses Betrags zu entrichten

Hier ist auch noch das Reichsgesetz vom 4. Juli 1905 (RGBlatt S. 595) zu erwähnen.

Hienach ist der Betrieb eines Wettunternehmens für öffentlich veranstaltete Pferderennen nur mit Erlaubnis der Landeszentralbehörde zulässig (§ 1). Die Erlaubnis darf nur solchen Vereinen zur Veranstaltung von Pferderennen erteilt werden, die nach Maßgabe der Bundesratsbestimmungen die Gewähr bieten, daß sie die aus dem Betrieb des Totalisators zufließenden Einnahmen ausschließlich zum Besten der Landespferdezucht verwenden. Die Erlaubnis ist widerruflich (§ 2). Das geschäftsmäßige Vermitteln von Wetten für öffentlich im In- und Auslande veranstaltete Pferderennen ist verboten (das Buchmacherwesen).

Aufforderungen und Angebote zum Abschluß oder zur Vermittelung solcher Wetten sind verboten, wenn sie öffentlich oder durch Verbreitung von Schriften usw. erfolgen. Unter dieses Verbot fallen jedoch die Ankündigungen eines nach diesem Gesetz erlaubten Wettunternehmens nicht (§ 3). Nach § 4 dieses Gesetzes sind die nach § 28 RStempG. von den Wetteinsätzen gemäß Tarifnummer 5 zu erhebenden Reichsstempelabgaben (20% der Einsätze) auch dann zu entrichten, wenn ausschließlich Mitglieder bestimmter Vereine zum Wetten zugelassen sind. Die Hälfte des Ertrags dieser Stempelabgaben wird im Reichshaushaltsetat für Zwecke der Pferdezucht bereitgestellt und den Regierungen der Bundesstaaten zum Zwecke der Hebung der Pferdezucht nach dem Verhältnis ausbezahlt, wie diese Reichsstempelabgaben in ihrem Gebiet aufgebracht worden sind.

Die Reichseinnahmen aus Lotterien und Wetteinsätzen sind für 1911 mit 50 Millionen Mk. veranschlagt, nämlich 36 ½ Million Mk. aus den drei Staatslotterien und 13 ½ Millionen Mk. aus den Privatlotterien, davon treffen 9 Millionen Mk. auf die Totalisatorabgabe. Von diesen 9 Millionen Mk. werden nach dem hier besprochenen Reichsgesetz 4 ½ Millionen Mk. abgesetzt und den Regierungen der Bundesstaaten zur Verteilung an die Pferdezuchtvereine überwiesen. Die Vergütung der Bundesstaaten für die Erhebung und Verwaltung der Reichsstempelabgabe aus Lotterielosen und Totalisator ist auf 2% der einzelnen Rohsolleinnahmen festgesetzt, was jedoch nur für die Privatlotterien gilt, da für die Stempelerhebung aus den Staatslotterien und der den Bundesstaaten verbleibenden Hälfte der Abgaben aus dem Totalisatorbetrieb keine Verwaltungskosten vergütet werden Die Verwaltungskosten betragen demnach nur 2% aus etwa 8 ½ Millionen Mk. Abgaben für Privatlotterien und der Hälfte der Totalisatorabgabe = 170 000 Mk. Der Reichskasse sollen aus diesen Reichsstempeln verbleiben im ganzen 45 Millionen Mk., nämlich 37 Millionen Mk. aus dem Stempel der Staatslotterien, 4 Millionen Mk., aus dem Stempel der Privatlotterien und 4 ½ Millionen Mk. als Hälfteanteil des Stempels vom Totalisatorbetrieb = 45 ½ Millionen Mk.

Der Entwurf zum Totalisatorgesetz vom 4. Juli 1905 ist abgedruckt in BRDrS. Nr. 64, 1905; dieser Entwurf wurde vom Reichstag in veränderter Fassung angenommen, vgl. BRBeschlüsse § 458 der Protokolle und die Ausführungsbestimmungen zu diesem Gesetz, s. BRDrS Nr. 134, 1905. BRBeschluß § 666 der Protokolle.

Wer Wettunternehmungen für öffentliche Pferderennen ohne vorgeschriebene Erlaubnis betreibt oder wer geschäftsmäßig Wetten für Pferderennen vermittelt, verfällt in eine Gefängnisstrafe oder in Geldstrafe bei mildernden Umständen.

§ 225.

4. Der Frachturkundenstempel.

Für Schiffskonnossemente, also für den Seefrachtverkehr, war bereits im Jahre 1900 ein Fixstempel von 10 Pfennig und 1 Mark (RStG. vom 14. Juni 1900) eingeführt worden. Dem 10-Pfennig-Stempel unterlagen die Schiffsfrachturkunden zwischen inländischen Seehäfen, auch Flußhäfen, und den Auslandsseehäfen der Nord- und Ostsee einschließlich der norwegischen Häfen und der englischen sowie französischen Häfen am Kanal, mit 1-Mark-Stempel waren die übrigen Schiffsfrachturkunden zu besteuern.

Da sich dieser Stempel rasch eingelebt hatte, auch keine Beschwerden seitens der beteiligten Kreise laut geworden sind, so schlug im Jahre 1906 die Reichsleitung vor, diesen Stempel auch auf den Binnenschiffahrts- und Landfrachtverkehr auf der Eisenbahn auszudehnen. Durch eine verschiedene Bemessung des Stempels für Stückgut und für Schiffs- und Wagenladungen sollte eine größere Steuerertragsfähigkeit herbeigeführt werden.

Auch der Postpacketverkehr sollte nach dem Vorschlag der Reichsleitung mit einem Reichsstempel belegt werden (5- und 10-Pfennig-Fixstempel). Der Postpacketstempel wurde jedoch von der Reichstagssteuerkommission sofort abgelehnt, auch die Besteuerung des Binnenschiffahrtsverkehrs, nur der Eisenbahnfrachtstempel wurde angenommen. Im Plenum des Reichstags wurde auch noch der Wasserstraßengrenzverkehr und der Kanalverkehr in die Steuer mit hineingezogen. In dieser Art wurde der Frachturkundenstempel in dritter Lesung des Reichstags glatt genehmigt.

Das RStempG. vom 15. Juli 1909 behandelt in §§ 37 bis 45 die Besteuerung der Frachturkunden. Die Ausführungsbestimmungen handeln in §§ 66 ff. davon (nunmehr §§ 79 ff.). Der Tarif Nr. 6 lautet wie folgt:

Frachturkunden (Frachtbriefe, Konnossemente, Ladescheine), wenn sie im Inland ausgestellt sind oder behufs Empfangnahme oder Ablieferung der Sendung im Inland vorgelegt bzw. behändigt werden und zwar

a) Konnossemente und Frachtbriefe im Schiffsverkehr zwischen inländischen und ausländischen Seehäfen oder zwischen Häfen an inländischen Wasserstraßen und ausländischen Seehäfen sind mit 1 Mark für die Urkunde zu besteuern;

b) Konnossemente und Frachtbriefe im Schiffsverkehr zwischen inländischen Häfen und ausländischen Häfen der Nord- und Ostsee, des Kanals und der norwegischen Küste 10 Pfennig von jeder Urkunde, mit Verdoppelung bei kleineren ganzen Schiffsladungen bzw. mit Erhöhung auf das fünffache oder zehnfache bei größeren Ladungen;

c) Konnossemente, Frachtbriefe, Ladescheine, Einlieferungsscheine im Schiffsverkehr, soweit sie nicht unter a und b fallen (also den Inlandswasserverkehr), wenn die Urkunde über eine ganze Schiffsladung lautet, bei einem Frachtbetrag von nicht mehr als 25 Mark 20 Pfennig Stempel, bei höheren Beträgen 50 Pfennig Stempel und soferne es sich um Schiffe mit einem Raumgehalt von über 150 Tonnen handelt unter Erhöhung des Stempels auf 1 Mark. Wenn eine Schiffsfrachturkunde auf mehrere Schiffe lautet, wird der Stempel von jeder Schiffsladung erhoben;

d) Frachtbriefe im inländischen Eisenbahnverkehr bei ganzen Wagenladungen 20 bis 50 Pfennig. Eine Verminderung auf die Hälfte tritt ein bei einem Ladegewicht des Wagens bis zu 5000 kg, eine Erhöhung tritt ein bei einem Ladegewicht über 10 Tonnen bis 15 Tonnen (1½ facher Stempel).

Für je weitere 5 Tonnen Ladung kommt ein Stempel von 10 bis 25 Pfennig hinzu.

Die Verpflichtung zur Entrichtung der Frachturkundensteuer obliegt dem Ablader bzw. dem Aussteller des stempelpflichtigen Schriftstücks, im Auslandsverkehr dem Inlandsempfänger.

Im Eisenbahnverkehr haftet für die Entrichtung der Abgabe der Frachtführer d. h. die Eisenbahnverwaltung.

Hiewegen besteht eine besondere ausführliche Dienstesvorschrift bezüglich der Verwendung des Frachturkundenstempels im Eisenbahnverkehr. (Vgl. Loeck, Reichsstempelgesetz, Abschnitt IV S. 286.)

Die Abgabe muß entrichtet werden, d. h. die Abstempelung der inländischen Frachturkunde muß geschehen, bevor die Aushändigung der Urkunde durch den Ablader oder Aussteller des Frachtbriefs erfolgt, bei ausländischen Schriftstücken binnen drei Tagen, nachdem die Urkunde in den Besitz des Empfängers der Sendung gelangt ist (§ 40 RStG.).

Frachturkunden über Leichensendungen (in Wagenladung) oder über Gütersendungen, die ohne Frachterhebung befördert werden, z. B. Ausstellungsgut, Dienstgut usw. bleiben stempelfrei.

Im Verkehr nach und von Dänemark, Schweden und Norwegen über Kiel—Korsör, Warnemünde—Gjedser, Saßnitz—Trelleborg, Lübeck—Malmö unterliegt der Frachtbrief nach Tarif Nr. 6d einem Stempel von 20 bis 50 Pfg., bei Stückgutladungen nach Tarif Nr. 6b einem Stempel von 10 Pfg. Stempelpflichtig sind im Eisenbahnverkehr die Frachturkunden über Gütersendungen im Wagenladungstarif von mindestens 5000 kg, für Fahrzeuge im Wagenladungstarif von mindestens 5000 kg, für Tiersendungen bei Berechnung der Wagenladungsfracht, auch bei Stückgutsendungen, wenn ein ganzer Wagen zur ausschließlichen Benützung gestellt wird, und für Militärgutsendungen nach dem Militärtarif für Wagen.

Die Direktivbehörden (Oberzolldirektionen, Generalzolldirektionen) sind ermächtigt, auf Antrag Erlaß des Frachturkundenstempels aus Billigkeit zu gewähren, wenn infolge von Betriebsunfällen oder infolge Versehens seitens des Frachtführers die Beförderung auf die ursprüngliche Frachturkunde nachweislich nicht oder nicht völlig ausgeführt wurde und deswegen keine oder weniger Fracht zur Erhebung kam.

Zu Unrecht erhoben, also überhobene Stempelbeträge sind gleichfalls auf Antrag von der zuständigen Direktivbehörde zu erstatten.

Die mit der Beaufsichtigung des Zoll- und Steuerwesens in den einzelnen Bundesstaaten beauftragten Beamten der Zollverwaltungen sind zur Prüfung des Frachturkundenstempels bei den Eisenbahnen befugt. In Preußen erfolgt die Prüfung durch die Bezirksoberkontrolleure. Im übrigen treffen nach Zustimmung des Reichskanzlers (Reichsschatzamt) die Bundesregierungen Anordnungen, in welcher Weise und von welchen Beamten der Frachturkundenstempel nachgeprüft werden soll. (Vgl. § 189 der neuen AusfBest.)

Hinsichtlich des Frachtbriefstempels ist auch noch auf die Begründung zum Gesetzentwurf betr. Änderung des Reichsstempelwesens Nr. 107 III, BRDrS. 1905 I S 11 hinzuweisen. Von den Reichstagsdrucksachen kommen in Betracht der Kommissionsbericht im AnlBd. V, II. Session der 11. Legislaturperiode, Nr. 359, wonach der von der Reichsleitung vorgeschlagene Stempel auf Postpacketadressen und Stückgutfrachtbriefe abgelehnt worden ist. (Nr. 27 der Kommissionsdrucksachen.) Der Antrag der Kommission ist auf S. 3950, V. AnlBd. zu den Reichstagsverhandlungen 1906 abgedruckt.

§ 226.

5. Der Personenfahrkartenstempel.

Die Besteuerung der Personenfahrkarten ward durch die Reichsfinanzreform vom Jahre 1906 eingeführt, indem vom Reiseverkehr eine Aufwandsteuer erhoben werden sollte.

Die Begründung zu dem Gesetzentwurf (BRDrS. 1905 Nr. 178) führt aus, daß sowohl in England wie in Österreich-Ungarn, in Rußland und in Italien wie in Frankreich, also in allen Staaten mit großem Reiseverkehr eine Personenfahrkartensteuer bestehe und daß auch im Norddeutschen Bunde bereits im Jahre 1869 eine solche Steuer in Erwägung gezogen wurde.

Die bereits damals zur Begründung einer solchen Steuer angeführten Umstände sprächen auch noch heutzutage dafür. Die Schnelligkeit und Bequemlichkeit des Reisens auf Eisenbahnen und Dampfschiffen im Verhältnis zu früheren Zeiten und zu anderen Beförderungsmitteln sei von solcher Bedeutung, daß eine geringe Auflage auf den Fahrkartenpreis für Reichszwecke ohne besondere Beschwerde von den Reisenden getragen werden könne, zumal hiebei die ganz arme Bevölkerung wenig oder gar nicht belastet werde und der Eingang der Steuer ohne viel Kontrollmittel und ohne Beschwerde für das reisende Publikum gesichert sei. Um das wohlhabende Reisepublikum stärker heranzuziehen, lag es im Plan der Reichsregierung, die Steuerpflicht erst von 2 Mk. ab zu beginnen, der gesamte Vororts- und Nahverkehr sollte frei bleiben, Militär- und Arbeiterfahrkarten sollten gleichfalls steuerfrei belassen sein. Dagegen waren alle vier Wagenklassen als steuerpflichtig angesehen. Der Stufenfixstempel sollte betragen für die IV. Klasse 5 Pfg., für die III. Klasse 10 Pfg., für die II. Klasse 20 Pfg. und für die I. Klasse 40 Pfg. pro Karte. Von einer Besteuerung der Fahrkarten im Seeverkehr war wegen der Konkurrenz des Auslandes abgesehen worden. Der Ertrag aus diesem geringen Fahrkartenstempel war auf 12 Millionen Mk. eingeschätzt.

Gegen diesen an sich sehr praktischen und einfachen Gesetzesvorschlag wurde geltend gemacht, daß der Vergnügungsverkehr und der Geschäftsverkehr nicht genügend auseinander gehalten werde, indem der Vergnügungsreisende für eine hochwertige Fahrkarte nur einmal den Stufenfixstempel bezahle, während der Geschäftsreisende für kurze Strecken sehr oft die Steuer entrichten müsse. Auch wurde bemängelt, daß die Vergnügungsseereisen nach der Riviera, dem Nordkap usw. steuerfrei bleiben sollten.

Der Gesetzentwurf kam in die Kommission, die vor allem beschloß, die IV. Wagenklasse (aus sozialen Rücksichten) frei zu lassen und den Stufenstempel der Regierung in einen Kilometerstempel von 1, ½ und ¼ Pfg. (I, II., III. Klasse) umzuwandeln.

Der Ertrag dieser Kilometersteuer sollte 50 Millionen Mk. ausmachen. In zweiter Kommissionslesung wurde von konservativer Seite versucht, den Stufenfixstempel der Regierung unter Freilassung der IV. Wagenklasse wieder herzustellen. Dieser Antrag wurde aber abgelehnt. In der zweiten Plenarlesung des Reichstags jedoch wurde, trotzdem die Kommission an den Kilometerzuschlägen festgehalten hatte, der Stufenfixstempel der Regierung in der nunmehr durch Gesetz festgelegten Art zur Annahme gebracht. (RTSitzung vom 19. Mai 1906.) Bei der allgemeinen Abneigung gegen diese Fahrkartensteuer erfolgte unter allgemeiner Spannung das Abstimmungsergebnis mit 150 Stimmen für die Annahme und 118 Stimmen dagegen, bei vier Enthaltungen.

Die gesetzliche Regelung der Personenfahrkartensteuer ist durch die §§ 46 bis 55 des Reichsstempelgesetzes vom 15. Juli 1909, §§ 92 bis 107 der neuen Ausführungsbestimmungen hiezu und Tarif Nr. 7 erfolgt. Die Verpflichtung zur Entrichtung der Fahrkartensteuer obliegt den Eisenbahnverwaltungen und Dampfschiffsunternehmungen (§ 46). Bei den Staats- und Reichsbahnen und staatsseitig betriebenen Dampfschiffsrouten wird die Fahrkartensteuer auf Grund von monatlichen Nachweisungen, die diese Eisenbahnverwaltungen und Dampfschiffreedereien einzusenden haben, erhoben. Andere derartige Verwaltungen haben die Steuer im voraus zu entrichten (durch Abstempelung der Fahrkarten), die obersten Landesfinanzverwaltungen können jedoch auch den nichtstaatlichen Verkehrsanstalten die Bezahlung der Fahrkartensteuer durch Abrechnung mit der Steuerbehörde statt durch vorherige Abstempelung der Fahrkarten gestatten.

Die Fahrkartensteuer beträgt:

Bei einem Fahrpreise von	I. Kl.	II. Kl.	III. Kl.	IV. Kl.	
60 Pfennig bis 2 Mark . . .	20	10	5	—	Pfg.
mehr als 2 Mark bis 5 Mark	40	20	10	—	"
mehr als 5 Mark bis 10 Mark	80	40	20	—	"
mehr als 10 Mark bis 20 Mark	160	80	40	—	"
mehr als 20 Mark bis 30 Mark	240	120	60	—	"
mehr als 30 Mark bis 40 Mark	360	180	90	—	"
mehr als 40 Mark bis 50 Mark	540	270	140	—	"
mehr als 50 Mark	800	400	200	—	"

Fahrkarten von Straßenbahnen u. dgl., die nur eine Wagenklasse führen, werden wie Fahrkarten III. Klasse behandelt.

Fahrkarten im inländischen Dampfschiffsverkehr sowie im Dampfschiffsverkehr der Nord- und Ostsee (die sonstigen Überseefahrten sind steuerfrei) sind nach der III. und eventuell II. Klasse des Eisenbahnverkehrs zu behandeln.

Von der Stempelabgabe befreit sind: Freikarten und Freifahrtvorweise; Militärfahrscheine (Fahrkarten); Schülerkarten; Arbeiterkarten einschließlich der Zeitkarten für Eisenbahnarbeiter; Fahrkarten IV. Klasse; Beförderungsscheine für Begleiter von Tieren und Gütern unter gewissen Voraussetzungen; Fahrkarten, deren voller Preis den Betrag von 60 Pfennig nicht erreicht; Zuschlagskarten bei Übergang in eine andere Zug- oder Dampfschiffgattung; Platzkarten; Bettkarten.

Bei den Militärkarten ist die Steuerfreiheit ausgedehnt auf die wehrpflichtigen Angehörigen der österreich-ungarischen Monarchie.

Die Begleiter von Tieren und Gütern haben nur dann Steuerfreiheit für ihre Fahrkarten zu beanspruchen, wenn sie 4. Klasse fahren oder wenn der volle Preis für die Fahrkarten 3. Klasse (wenn 4. Wagenklasse nicht eingeführt ist, wie z. B. in Bayern) den Satz von 2 Pfennig für den km nicht übersteigt. Demgemäß sind auch sonst die Fahrkarten der 3. Wagenklasse (wo die 4. Klasse nicht eingeführt ist) steuerfrei, wenn der Grundpreis nicht mehr als 2 Pfennig für den km beträgt (wie bei den Personenzügen in Bayern). Wegen der Begleiter von Milchwagen auf der Eisenbahn vgl. pr. FMErlaß vom 7. Juni 1907, III 10 535.

Fahrkarten über Reisen, die zum Teil im Inland, zum Teil im Ausland zurückgelegt werden, unterliegen der Steuerpflicht nur insoweit, als der Fahrpreis auf die Inlandsstrecke entfällt. Als inländische Bahnen gelten auch solche im Ausland gelegene Strecken einer unter deutscher Verwaltung stehenden Eisenbahn, auf denen sich keine Station befindet.

Der Bodensee ist als Auslandssee anzusehen.

Besondere Bestimmungen verlangte die Benützung von Sonderzügen oder die Charterung von Sonderschiffen zu Vergnügungsfahrten usw., wobei einzelne Fahrscheine oder Fahrkarten nicht ausgegeben werden. Hiewegen ist nunmehr bestimmt, daß in solchen Fällen der Stempel in Höhe von 10 % des gesamten Beförderungspreises zu entrichten ist. Hiebei ist ursprünglich daran festgehalten worden, daß die Fahrkartensteuer als Stempelsteuer einen schriftlichen Bezahlungsausweis voraussetzt. Durch den FMErlaß vom 12. Juni 1911 Nr. III 9960 bzw. nach dem Rundschreiben des RSchatzamtes vom 28. Juni 1910 und 24. Juli 1911 ist die Stempelabgabe von 10 % des Gesamtpreises bei Sonderfahrten in allen den Fällen zu erheben, in denen der Gesamtbeförderungspreis nicht ausschließlich nach der Zahl der Fahrtteilnehmer durch Vervielfältigung der Einzelfahrpreise erhoben wird.

Bezüglich der Reichsstempelabgabe von Personenfahrkarten haben die deutschen Eisenbahnverwaltungen eine Dienstvorschrift, betreffend Erhebung und Verrechnung des Personenfahrkartenstempels, herausgegeben, worin nicht bloß die regulären Steuersätze, sondern auch die Vorschriften über die Ausgabe der Zusatzkarten, welche beim Übergang von einer niedrigeren in eine höhere Wagenklasse ausgegeben werden, eingehend aufgeführt sind.

Befreit von der Stempelabgabe sind

alle Fahrkarten 4. Klasse und die Fahrkarten 3. Klasse, wenn keine 4. Klasse besteht und der Preis 2 Pfennig für den km nicht übersteigt;

ganze Fahrkarten 1. bis 3. Klasse, deren Preis weniger als 60 Pfennig beträgt;
Zuschlagskarten zu Schnellzügen, Luxuszügen, Luxusdampfern;
Zuschlagskarten zum Preis von 3 Mark zur Benützung der Güterzüge;
Nachlösekarten zum Preis von 6 und 1 Mark (§ 16 Abs. 2, 4, 5 BO.);
Militärfahrkarten einschließlich der an wehrpflichtige Angehörige der österr.-ungarischen Monarchie ausgegebenen;
Militärfahrscheine;
Schülerzeitkarten, auch zum Besuch von Schwimmanstalten;
Arbeiterkarten einschließlich der für landwirtschaftliche Arbeiter;
Zeitkarten für Eisenbahnarbeiter;
Beförderungsscheine für Begleiter von Tieren und Gütern, wenn sie frei oder zum Satze von 2 Pfennig für den km befördert werden;
Platzkarten und Bettkarten, Freikarten, Freifahrtscheine.

Bei Gesellschaftsfahrten kommt in einfacher Fahrt der Preis der Kinderkarten (halber Fahrpreis inkl. Steuer), bei Hin- und Rückfahrt der volle einfache Fahrpreis inkl. Steuer in Anrechnung.

Bei Schulfahrten und Ferienkolonien ist die Steuer nach dem Gesamtpreis der Einzelfahrkarten zu erheben.

Bei den Zusatzkarten, die zur Fahrt in einer höheren Fahrklasse berechtigen, ist die tarifmäßige Stempelabgabe von der Höhe des Unterschieds zwischen dem Stempelbetrag für die höhere Fahrklasse und dem zur Hauptkarte geschuldeten Stempelbetrag zu entrichten.

Eine Erstattung der Fahrkartensteuer findet statt an die Eisenbahnverwaltungen und Dampfschiffsunternehmungen gegen den Nachweis, daß dem Reisenden der volle Betrag des Fahrpreises einschließlich der Steuer zurückgewährt ist, eventuell durch Anrechnung auf spätere Versteuerungen. Es ist unzulässig, an Reisende an Stelle einer Fahrkarte höherer Klasse zwei Fahrkarten niedrigerer Fahrklasse oder an Stelle einer Fahrkarte für die ganze Fahrstrecke zwei oder mehrere steuerfreie Fahrkarten für aufeinanderfolgende Teilstrecken auszugeben. (Vgl. Bd. IV 107. Sitzung der RTV. 1905/6.)

§ 227.

Hinsichtlich der Besteuerung der Personenfahrkarten kommen folgende Einzelbestimmungen in Betracht:

Wegen der Sonderfahrten und Sonderzüge die pr. FMErlasse vom 8. Januar 1907 Nr. III 194, vom 2. Mai 1907 Nr. III 8349, vom 22. Juni 1908 Nr. III 11224, vom 12. Juli 1910 Nr. III 13212 und vom 18. Februar 1911 Nr. III 2655 sowie 12. Juni 1911 Nr. III 9960.

Hinsichtlich des Begriffs der Schüler- und Arbeiterkarten s. den Erlaß des pr. FM. von 4. August 1906 Nr. III 12654 und vom 7. Juni 1907 Nr. III 10535; wegen der Kinderfahrkarten s. Erlaß des pr. FM. vom 28. Juli 1906 Nr. III 12336 und vom 11. August 1906 Nr. III 12651 und vom 14. März 1908 Nr. III 4732. Bezüglich der Fahrkarten für Schülergesellschaften s. pr. FMErlaß vom 17. Juni 1910 Nr. III 11725.

Vgl. ferner die Dienstvorschrift der deutschen Eisenbahnverwaltungen betreffs Erhebung und Verrechnung der Personenfahrkarten.

Benzinmotorschiffe sind keine Dampfschiffe; s. pr. FMErlaß vom 14. Juni 1907 Nr. III 11043.

Bei Doppelkarten ist der einfache Preis für den Stempel maßgebend, wenn sie abgetrennt werden können, s. pr. FMErlaß vom 5. Mai 1908 Nr. III 8208. Wegen der Zusatzkarten beim Übergang in eine höhere Wagenklasse s. pr. FMErlaß vom 11. April 1907 Nr. III 6813, vom 15. April 1907 Nr. III 7110. Dienstfahrkarten der Staatsbahnen sind stempelfrei, s. pr. FMErlaß vom 20. Januar 1908 Nr. III 990. Wenn die Benützung einer Landungsbrücke im Fahrpreis bei Dampfschiffahrkarten mit enthalten ist, darf hiefür nichts abgezogen werden, sondern der ganze Fahrpreis ist für die Steuer maßgebend; s. pr. FMErlaß vom 26. Februar 1910 Nr. III 4017.

Hafenrundfahrkarten zu 1 Mark sind stempelpflichtig, wenngleich 50 Pfennig für die Erklärung des Führers gerechnet werden, s. pr. FMErlaß vom 11. Juli 1911 Nr. III 11908 (RGErkenntnis vom 28. April 1911).

Wenn vom Reiseunternehmer Fahrscheinhefte aus Einzelscheinen zusammengestellt werden, ohne daß eine Preisermäßigung von der Eisenbahnverwaltung gewährt ist, so ist der Einzelschein als Fahrkarte zu behandeln, während die sog. zusammengestellten Fahrscheinhefte mit Preisermäßigung, wobei die einzelnen Scheine auf Teilstrecken der ganzen Reise lauten und die sog. Kilometerhefte der Steuer nach dem Gesamtfahrpreis unterliegen. (Vgl. Rundschreiben des RSchAmts vom 25. Januar 1909.) Die Erhebung der 10%igen Stempelsteuer vom Gesamtpreis für Beförderung in Sonderzügen, Sonderfahrten usw. beruht auf BRBeschluß vom 28. Juni 1910 — § 397 der Protokolle.

Wegen Erstattung der Fahrkartensteuer vgl. auch Rundschreiben des RSchAmts vom 28. Juli 1911 Nr. II 8942.

§ 228.

Die Fahrkartensteuer ist diejenige Abgabe, die noch am meisten im Publikum und in der Presse beanstandet wird. In der Tat ist diese Steuer verbesserungsbedürftig. Daß von der Benützung der Eisenbahnen und der Dampfschiffe eine Abgabe für das Reich, dem die Oberaufsicht über die zumeist in bundesstaatlichem Betrieb stehenden Eisenbahnen obliegt, abfallen soll, dürfte unbestritten sein, denn die Eisenbahnen und Dampfschiffe dienen nicht bloß einem Verkehrs- sondern auch sehr vielfach einem Vergnügungsbedürfnis. Außerdem sind die Fahrpreise in neuerer Zeit erheblich ermäßigt worden, während gleichzeitig die Ausstattung der Waggons und der Betrieb und die Betriebssicherheit verbessert wurden. Warum die 4. Klasse oder die 3. Klasse, wenn der Grundpreis 2 Pfennig pro Kilometer nicht übersteigt, steuerfrei belassen sein solle, ist nicht recht erfindlich, zumal gerade die sog. Klasse 3b und auch die 4. Wagenklasse vielfach bei Ausflügen benützt wird. Dagegen ist es nicht einleuchtend, weshalb für eine Fahrkarte von 5 Mark eine Steuer von 10 Pfennig zu entrichten ist, während eine Fahrkarte von 5,10 Mark mit einer Steuer von 20 Pfennig belastet wird. Es dürfte sich daher empfehlen, die sämtlichen Fahrkarten auf Eisenbahnen, Dampfschiffen, Motorschiffen usw. mit einer prozentualen Steuer zu belegen und zwar für die 4. und 3b-Klasse mit 3% des Kaufpreises der Fahrkarte, für die 3. Klasse mit 4%, für die 2. Klasse mit 6% und für die 1. Klasse mit 8%. Es würde sodann eine Eisenbahnfahrt von 500 km kosten in der 4. und 3b-Klasse 10 Mark + 30 Pfennig Steuer, in der 3. Klasse 15 Mark + 60 Pfennig, in der 2. Klasse 22,50 Mark + 1,35 Mark (1,40) und in der 1. Klasse 35 Mark + 2,80 Mark + eventuell Schnellzugszuschlagskarte.

§ 229.

6. Die Kraftwagensteuer.

(Stempel von Erlaubniskarten für Kraftfahrzeuge [Tarif Nr. 8a und b]).

Die Besteuerung der zu Personenfahrten dienenden Automobile kam gleichfalls durch das Reichsfinanzgesetz vom Juni 1906 zur Einführung. Im Regierungsentwurf war die Besteuerung nach den Sitzplätzen des Kraftwagens als Grundgebühr mit einem Zuschlag nach der Höhe der Pferdekräfte vorgesehen, die Kommission des Reichstags beschloß die Besteuerung nach einer Grundgebühr mit Zuschlag unter Berechnung nach Pferdekräften (PS). Der freisinnige Antrag, die zu Erwerbszwecken dienenden Automobile steuerfrei zu belassen, wurde abgelehnt, da die Grenze, ob ein Automobil mehr zu Luxus-, zu Sport- oder zu Erwerbszwecken dient, schwer zu finden sei. Die Automobilsteuer nach den Beschlüssen der Kommission wurde vom Reichstag glatt genehmigt. (Vgl. RTVerhandlung Bd. IV 107. Sitzung 1905/6.)

Das Reichsstempelgesetz vom 15. Juli 1909 regelt die Besteuerung der Kraftwagen durch die §§ 56 bis 65, die neuen Ausführungsbestimmmungen handeln davon in den §§ 108 bis 138 und die Tarif-Nr. 8 bestimmt die Steuersätze.

Vor allem ist zu unterscheiden zwischen inländischen und ausländischen Automobilen.

Nach § 56 RStempG. sollen die zur Beförderung von Personen dienenden inländischen Kraftfahrzeuge erst dann in Gebrauch genommen werden dürfen, wenn nach Erledigung der polizeilichen Vorschriften und nach Erlangung des Fahrtausweises die Kraftwagensteuer entrichtet ist. Probefahrten gelten noch nicht als eine Ingebrauchnahme im Sinne des Gesetzes. Die Verpflichtung zur Lösung dieser Steuerkarte liegt dem Eigenbesitzer des Kraftfahrzeugs ob. Die Amtsstellen werden durch die Landesregierungen bestimmt.

Als Kraftfahrzeuge im Sinne der steuerlichen Vorschriften gelten Wagen, die durch Maschinenkraft bewegt werden, ohne an Bahnengeleise gebunden zu sein; als Krafträder gelten Fahrzeuge, die vom Sattel aus gefahren werden und auf nicht mehr als 3 Rädern laufen, wenn ihr Eigengewicht ohne Betriebsstoffe (bei elektrischem Antrieb ohne Akkumulatoren) 150 kg nicht übersteigt.

Durch das Reichsgesetz vom 18. Mai 1908 betr. die Stempelabgabe von Erlaubniskarten für Kraftfahrzeuge ausländischer Besitzer wurde der BR. ermächtigt, für Auslandskraftfahrzeuge im Interesse des internationalen Verkehrs die im Tarif 8 b festgestellten Steuersätze abzuändern. Es lauten daher die Tarifsätze für den Automobilverkehr wie folgt:

Tarif Nr. 8a: Erlaubniskarten für inländische Kraftfahrzeuge zur Personenbeförderung auf öffentlichen Wegen und Plätzen

1. für Krafträder 10 Mark von jeder Erlaubniskarte;
2. für Kraftwagen als Grundbetrag:
   a) von nicht mehr als 6 Pferdekräften 25 Mark,
   b) von über 6, aber nicht mehr als 10 Pferdekräften 50 Mark,
   c) von über 10, aber nicht mehr als 25 Pferdekräften 100 Mark,
   d) von über 25 Pferdekräften 150 Mark von jeder Erlaubniskarte.

Außerdem ist ein Zuschlag bei Kraftwagen zu erheben für jede Pferdekraft oder Teile einer solchen von 2, 3, 5 und 10 Mark. Wenn die Ausstellung der Erlaubniskarte für einen 4 Monate nicht übersteigenden Zeitraum beantragt wird, ermäßigt sich die Abgabe um die Hälfte.

Die Pferdekräfte werden bei Benzin- und Spiritusmotoren berechnet nach der Formel $N = 0{,}3 \times i \times d^2 \times s$. i = Anzahl der Zylinder, d = Zylinderdurchmesser, s = Kolbenhub in Metern. In der Regel gilt bei inländischen Kraftwagen die Bescheinigung der Hersteller bzw. die Angabe im Zulassungsschein der höheren Verwaltungsbehörde.[1])

Von der Steuerabgabe befreit, wobei jedoch die verkehrspolizeilichen Vorschriften gleichmäßig zu beachten sind, bleiben Kraftfahrzeuge, die zur ausschließlichen Benutzung im Dienste des Reichs, eines Bundesstaats oder einer Behörde bestimmt sind.

Was unter Behörde im Sinne der Tarif-Nr. 8a (Befreiungsvorschrift I) zu verstehen ist, hat das sächs. Oberlandesgericht in einer Entscheidung vom 7. März 1911

---

[1]) Die Berechnung der Nutzleistung für Elektromobile ist sehr kompliziert. Die Formel ist: $N = n \times \eta \frac{\text{Leistung in Watt}}{736}$. n = die Zahl der Motoren, η der vorschriftsmäßig ermittelte Wirkungsgrad. In Zweifelsfällen gelten 2,5 PS als Nutzleistung jedes Motors.

dargelegt. Hiernach liegt die Verwendung eines Kraftfahrzeugs im Dienste einer Behörde nur dann vor, wenn das Fahrzeug seiner Bestimmung gemäß ausschließlich von einer Behörde bei Ausführung der ihr als solcher nach öffentlichem Rechte obliegenden obrigkeitlichen Verrichtungen benutzt wird oder benutzt werden soll. (Vgl. Rundschreiben des RSchAmts vom 26. Juni 1911.)

Außerdem bleiben die Kraftfahrzeuge, welche ausschließlich der gewerbmäßigen Personenbeförderung dienen (Automobilomnibusse, Automobildroschken) steuerfrei.

Die Lastautomobile, zur Beförderung von Gütern und Tieren bestimmt, sind gleichfalls steuerfrei, auch Krafträder mit Beiwagen, sofern eine feste Verbindung besteht und das Ganze lediglich zur Beförderung von Gütern dient; kann das Rad für sich allein benutzt werden, so unterliegt dieses der Steuerpflicht.

Mannschaftswagen der Feuerwehr, lediglich bestimmt für Feuerwehrdienstzwecke, sind gleichfalls steuerfrei (§ 105 AB.).

Außerdem sind die Probefahrten ohne Entgelt, bei denen nur das Fahrzeug Gegenstand der Probe ist, von der Steuer befreit, wenn die Probefahrt lediglich zum Einfahren und zur Erprobung der Gebrauchsfähigkeit der Konstruktion seitens der Fabrikanten oder Händler oder auch der Kaufsliebhaber vor endgültigem Abschluß des Kaufvertrags erfolgt.

Als Probefahrten gelten die sog. Reklamefahrten nicht, überhaupt alle diejenigen Fahrten nicht, bei denen außer der Probierung des Fahrzeugs noch andere Zwecke verfolgt werden. (Vgl. Entsch. des RG. vom 1. Juli 1907, pr. ZBlatt 1907 S. 304). Steuerfrei sind auch die Kraftfahrzeuge der Mitglieder der bei dem Deutschen Reich beglaubigten diplomatischen Vertretungen im Falle der Reziprozität (BRBeschl. vom 7. November 1907). Die diplomatischen Vertretungen bei den deutschen Bundesstaaten erhalten Steuerfreiheit für ihre Automobile auf privative Rechnung des betr. Bundesstaats.

§ 230.

Die Tarifstelle 8b ist, wie bereits bemerkt, für Auslandskraftfahrzeuge durch das Reichsgesetz vom 18. Mai 1908 (RGBlatt S. 210) bzw. durch die hienach vom Bundesrat hiezu erlassenen Ausführungsbestimmungen abgeändert worden. (Vgl. RZBlatt 1909 S. 1391, pr. ZBlatt 1910 S. 141, 142, 146, 210, 236.) Hienach beträgt die Reichsstempelabgabe von Erlaubniskarten für ausländische Kraftfahrzeuge, welche zur Personenbeförderung auf öffentlichen Wegen und Plätzen dienen, für Krafträder während eines Aufenthalts von nicht mehr als 30 Tagen im Jahre 3 Mark; für Kraftwagen während eines Aufenthalts von einem Tage 3 Mark, von 2 bis höchstens 5 Tagen im Jahre 8 Mark, von mehr als 5 bis zu höchstens 15 Tagen im Jahre 15 Mark, von mehr als 15 bis zu höchstens 30 Tagen im Jahre 25 Mark, von mehr als 30 bis zu höchstens 60 Tagen im Jahre 40 Mark, von mehr als 60 Tagen bis zu höchstens 90 Tagen im Jahre 50 Mark.

Bei einem Aufenthalt von mehr als 90 Tagen im Jahre für Kraftwagen und von mehr als 30 Tagen im Jahre für Krafträder ist eine Jahreskarte nach Tarif 8a zu lösen. Für Grenzbewohner benachbarter Staaten, in denen eine Kraftwagensteuer erhoben wird, ist eine Steuerermäßigung nach den Grundsätzen der Gegenseitigkeit zugelassen. Für kurze Straßenstrecken im inländischen Grenzbezirk findet ein steuerfreier Durchgangsverkehr nach Maßgabe der Bestimmung der Obersten Landesfinanzbehörde im Falle des Bedürfnisses statt. Die Lösung der Erlaubniskarte für Auslandsautomobile usw. hat beim Grenzeingangsamt zu erfolgen, wo auch die Reichssteuer zu entrichten ist. Wird der Aufenthalt sodann über 90 Tage für Kraftwagen und über 30 Tage für Krafträder verlängert, so ist eine Inlandssteuerkarte zu lösen, auf welche der bereits entrichtete Steuerbetrag anzurechnen ist.

Wird die Zollgrenze während der Gültigkeitsdauer der Erlaubniskarte mehrfach überschritten, so ist jedesmal beim Grenzübertritt die Steuerkarte zur Bescheinigung des Grenzeingangs und Grenzausgangs vorzulegen behufs Eingangs- und Ausgangsbescheinigung.

Die Eingangsbescheinigung hat bei Kraftfahrzeugen mit einem internationalen Fahrtausweis das Nationalitätszeichen und das Heimatskennzeichen zu enthalten. Bei Kraftfahrzeugen ohne internationalen Fahrtausweis ist das vom Zollamt zugeteilte polizeiliche Kennzeichen anzuführen.

Die Nichtvorlage der Erlaubniskarte beim Grenzausgang hat verschiedene Nachteile zur Folge, weshalb das Anhalten der internationalen Automobile anläßlich der Grenzüberschreitung im Ausgang und Eingang beim Grenzzollamte im eigenen Interesse der Kraftwagenbesitzer geboten ist.

Zu beachten hinsichtlich der Besteuerung und des Verkehrs der Kraftwagen sind das Reichsgesetz vom 3. Mai 1909 (RGBlatt S. 437) betr. den Verkehr mit Kraftfahrzeugen, ferner das Internationale Übereinkommen über den Verkehr mit Kraftfahrzeugen vom 11. Oktober 1909, gültig vom 1. Mai 1910 ab, sodann die Kais. Verordnung vom 3. Februar 1910 (RGBlatt 1910 S. 389) über den Verkehr mit Kraftfahrzeugen, über Zulassung der Kraftfahrzeuge zum Verkehr und deren Kennzeichnung, ferner über den Verkehr der Kraftfahrzeuge beim Überschreiten der Reichs- und Zollgrenzen und im Grenzbezirk; sodann kommt noch die Ergänzung dieser Verordnung nach der Bekanntmachung vom 5. Dezember 1910 (RGBlatt S. 1110) in Betracht, endlich das Rundschreiben des Reichsschatzamts vom 22. März 1910 II 1987. Hiebei ist noch zu erwähnen die im königlich preußischen Finanzministerium herausgegebene Zusammenstellung aller Bestimmungen über die zollamtliche Behandlung der Kraftfahrzeuge im Grenzverkehr (Berlin 1911, Druck von Trowitzsch & Sohn). Endlich ist zu verweisen auf die im Selbstverlag des Verfassers A. Leißler-Darmstadt herausgegebene Broschüre über die Reichsstempelabgabe von Erlaubniskarten für Kraftfahrzeuge.

Was unter Probefahrten zu verstehen ist, unterliegt der jedesmaligen tatsächlichen Feststellung. So gehören zu den Probefahrten jedenfalls die Fahrten ohne Entgelt, die Händler und Fabrikanten ausführen, um den Verkauf eines Kraftwagens einem bestimmten Kaufsliebhaber gegenüber zu bewerkstelligen, ebenso gehören diejenigen Fahrten zu den steuerfreien Probefahrten, die unternommen werden, um die Gebrauchsfähigkeit der Kraftwagen zu erproben, bevor diese zum Verkauf gestellt werden. Auch das Einfahren der Fahrzeuge gehört zu den steuerfreien Probefahrten; dagegen gehören Reklamefahrten, das Fahren mit Typwagen, das Fahren zur Anlernung des Fahrers nicht zu den steuerfreien Probefahrten. (Vgl. die Rundschreiben des RSchAmtes vom 16. Oktober 1909 und vom 6. Januar 1910). Noch ist zu erwähnen das Vermieten von Kraftfahrzeugen außerhalb des gewöhnlichen Personenfuhrwerksbetriebs. Hier ist zu unterscheiden, ob der Vermieter für die Dauer der mietweisen Überlassung des Kraftwagens nicht nur dessen Unterhaltung, Speisung des Motors und Stellung des Führers übernimmt oder ob der Mieter auf eigene Rechnung und Gefahr mit eigenem Fahrer oder unter eigener Führung das Fahrzeug übernimmt.

In ersterem Fall ist keine besondere Erlaubniskarte vom Mieter zu lösen, wohl aber im zweiten Fall. (Rundschreiben des RSchAmts vom 12. November 1906). Eine Ingebrauchnahme des Kraftfahrzeugs zur Personenbeförderung liegt auch dann vor, wenn ein Lastautomobil seiner gewöhnlichen Bestimmung vorübergehend entzogen und gelegentlich zur Personenbeförderung benutzt wird, da sonst für die Erhebung der Steuer keine sichere Umgrenzung bestehen und der Hinterziehung der Steuer Vorschub geleistet würde.

§ 231.

Die Kennzeichnung der inländischen Kraftfahrzeuge hat zu erfolgen durch gestempelte Schilder mit der Zifferbezeichnung, und zwar für Preußen Ziffer I und für die Provinz Brandenburg A, für die übrigen Provinzen C D E H K L M P S T X Y Z. Die Provinz Schleswig-Holstein hat das Kennzeichen I P.

Bayern führt die Kennzeichen II A B usw. nach den Regierungsbezirken. Sachsen (Königreich) führt die Kennzeichen I II III IV V. Württemberg hat die Kennzeichen III A B C D. Baden hat die Kennzeichen IV B. Hessen hat die Kennzeichen V O R S. Mecklenburg-Schwerin und Mecklenburg-Strelitz haben die Kennzeichen M I und M II. Das Großherzogtum Sachsen hat das Kennzeichen S, das Großherzogtum Oldenburg hat O, Braunschweig hat B. Die Fürstentümer Sachsen-Meiningen, Sachsen-Altenburg und Sachsen-Koburg-Gotha haben als Kennzeichen S M, S A, C G. Anhalt hat A, Schwarzburg-Rudolstadt S R, Schwarzburg-Sondershausen S S, Waldeck W, Reuß ä. L. R A, Reuß j. L. R J, Schaumburg-Lippe S L, Lippe L. Die 3 Hansastädte haben die Kennzeichen H L (Lübeck), H H (Hamburg), H B (Bremen); Elsaß-Lothringen führt die Ziffer VI A B C als Kennzeichen. Im internationalen Verkehrsabkommen für Kraftfahrzeuge hat Deutschland das Unterscheidungszeichen D, Frankreich F, Großbritannien G B, Italien J, Österreich A, Ungarn H, Spanien E, Bulgarien B G, Monako M C, Belgien B, die Niederlande N.

Über die von den Zollämtern ausgestellten Erlaubniskarten ist eine genaue Bezirksliste zu führen, ebenso sind die Anmeldungen von Kraftfahrzeugen zum Zwecke der Erteilung einer Erlaubniskarte zur Personenbeförderung auf öffentlichen Wegen oder Plätzen aus Anlaß der erstmaligen Einstellung eines Kraftfahrzeugs, aus Anlaß des Ersatzes eines Kraftfahrzeugs durch ein anderes, ferner anläßlich des Ablaufs der Gültigkeitsdauer einer bereits erteilten Erlaubniskarte, der Umschreibung einer Erlaubniskarte auf eine andere Person, der steuerpflichtigen Ingebrauchnahme des Kraftfahrzeugs durch den Mieter und aus Anlaß der Verlängerung einer Erlaubniskarte für ein ausländisches Kraftfahrzeug in das Anmeldungsbuch einzutragen; die Einträge sind fortlaufend evident zu halten.

Hinsichtlich des Reichsstempels für Kraftfahrzeuge sind außer den erwähnten Erlassen noch folgende Erlasse anzumerken:

Grundzüge betreffend den Verkehr mit Kraftfahrzeugen nebst Erläuterungen s. pr. ZBlatt für Abgaben 1906 S. 1471, Vorschriften für die Erteilung der Kennzeichen und Erlaubniskarten s. pr. ZBlatt für Abgaben 1906 S. 1492 und 1522, ferner der Erlaß des pr. FM. betreffend Zusammenwirken der Polizei- und Steuerbehörden bei Erteilung der Erlaubniskarten vom 28. Januar 1906, pr. ZBlatt für Abgaben 1906 S. 1155.

Hinsichtlich der Befreiung der bei dem Deutschen Reiche und dem Großherzogtum Luxemburg beglaubigten diplomatischen Vertretungen (der Exterritorialen) von der Kraftfahrzeugsteuer (und der Zigarettensteuer) kommt der BRBeschluß vom 7. November 1907 in Betracht. Reziprozität wird hiebei vorausgesetzt. Das Internationale Abkommen über den Verkehr mit Kraftfahrzeugen ist abgedruckt im pr. ZBlatt für Abgaben 1910 S. 141/2, die Kais. Verordnung hiezu S. 146. Die Anweisung zur Ausführung dieser Verordnung s. pr. ZBlatt 1910 S. 210.

Dem Internationalen Abkommen über den Verkehr mit Kraftfahrzeugen sind beigetreten: Deutschland (D), Frankreich nebst Algerien (F), Bulgarien (BG), Großbritannien (GB), Italien (J), Österreich (A), Ungarn (H), Rußland (R), Spanien (E), Monako (MC), Belgien (B), die Niederlande (N), Luxemburg (L), Schweden (S) und Schweiz (CH).

7. Die Tantièmesteuer.
(Tarifstelle Nr. 9.)

Die Steuerkommission des Reichstags hatte sich aus eigener Initiative für eine Besteuerung der Tantièmen der Aufsichtsratsmitglieder ausgesprochen. Jedes Aufsichtsratsmitglied sollte über seine Tantièmen eine Quittung ausstellen,

die mit einem 10%igen Stempel zu belasten wäre. Hienach wäre jedes einzelne Aufsichtsratsmitglied zur Zahlung der Steuer verpflichtet gewesen. In zweiter Lesung wurde jedoch beschlossen, die Aktiengesellschaften und Gesellschaften m. b. H. zu verpflichten, bei Aufstellung der Jahresbilanz eine besondere Nachweisung anzufertigen, aus der die Bezüge der Aufsichtsratsmitglieder an Tantièmen, Reisegeldern, Gehältern, Gewinnanteilen ersichtlich ist. Während also nach dem ersten Antrag die einzelne Person steuerpflichtig wurde, soll nunmehr die Gesamtheit zu Lasten der Aufsichtsratsmitglieder besteuert werden. Die Aufsichtsräte der Genossenschaften sollten keiner Steuer unterworfen sein. Dadurch, daß die Gesellschaften die Steuer bezahlen, nicht die einzelnen Aufsichtsräte, sollte die Tantièmesteuer als indirekte Stempelsteuer angesehen werden können. So stimmten die Konservativen für die Tantièmesteuer, weil sie als indirekte Steuer gelten solle, die Freisinnigen und Sozialdemokraten stimmten dafür, weil sie die Steuer als direkte Einkommensteuer betrachteten, das Zentrum stimmte dafür, weil diese Reichssteuer eine Entschädigung für die vom Reich geübte Oberaufsicht sei.

Vgl. die Zusammenstellung der Kommissionsbeschlüsse II. Beratung AnlBd. V 1906 Nr. 422, 359. Reichstagsverhandlungen Bd. IV 98 Sitzung 1906. Die Tantièmesteuer wurde mit 250 gegen 18 Stimmen angenommen.

§ 232.

Die Tantièmesteuer wird mit 8% der Gesamtsumme dieser Vergütungen erhoben von den den Aufsichtsratsmitgliedern der Aktiengesellschaften, Kommanditgesellschaften auf Aktien, Gesellschaften m. b. H. gewährten Gewinnanteilen, Tantièmen, Gehältern usw. Bei Tagegeldern wird der 50 Mark betragende Überschuß als steuerbare Tantième angesehen, ebenso sind Reisegelder, welche den Betrag der baren Auslagen übersteigen, als Tantièmen zu betrachten.

Steuerfrei sind Vergütungen an Aufsichtsräte, die den Gesamtbetrag von 5000 Mark nicht übersteigen. Übersteigt die Gesamtsumme 5000 Mark, so wird die Steuer nur insoweit erhoben, als sie aus der Hälfte der 5000 Mark übersteigenden Summe gedeckt werden kann. Hiezu sind die §§ 66 bis 69 RStemG. und die §§ 119 bis 127 der Ausführungsbestimmungen anzuführen. Die Tantièmen der Direktoren und Beamten der betr. Gesellschaften werden mit dieser Steuer nicht getroffen. Der rechtzeitige Eingang dieser Steuer ist von den Zollämtern durch Aufstellung einer Liste zu überwachen, in die alle Aktiengesellschaften, Kommanditgesellschaften auf Aktien und Gesellschaften m. b. H. des Hebebezirkes aufzunehmen sind. (Vgl. §§ 139 bis 144 der neuen AusfBest.)

§ 233.

8. Schecks.

(Tarifstelle Nr. 10.)

Der Scheckfixstempel wurde in der Steuerkommission am 25. Juni 1909 nach dem Regierungsvorschlag angenommen, dagegen die Stempelpflicht der Quittungen über Bankguthaben abgelehnt. In der 2. Plenarberatung vom 8. Juli 1909 wurde der Scheckstempel glatt genehmigt, aber auch die Stempelpflicht der Quittungen über Bankguthaben wieder hergestellt, wie auch in 3. Lesung genehmigt wurde.

Der Tarif Nr. 10 lautet daher:

Schecks. Im Inland ausgestellte Schecks und Schecks, welche im Ausland auf das Inland ausgestellt sind, haben einen Stempel von 10 Pfennig vom einzelnen Scheck zu tragen. Ist ein Scheck in mehreren Ausfertigungen ausgestellt, so ist der Stempel auch von jeder weiteren Ausfertigung zu entrichten, soferne diese nach gesetzlicher Vorschrift als ein für sich bestehender Scheck gilt. Im übrigen ist der Stempel von der einzelnen Urkunde nur einmal zu entrichten.

Befreit sind die Postschecks und die Schecks, welche wie Wechsel dem Wechselstempel unterliegen (§§ 27, 29 WStempG.). Das im Verkehr der Reichsbank als „roter Scheck" bezeichnete Schriftstück ist eine Giro-Anweisung und fällt nicht unter den Scheckstempel.

Den Schecks sind gleichgestellt die Quittungen über Geldsummen (Barzahlungen), die aus Guthaben des Ausstellers bei den im § 2 ScheckG. vom 11. März 1908 bezeichneten Anstalten oder Firmen gezahlt werden, soferne die Quittung im Inland ausgestellt oder ausgehändigt wird. Sparkassen gehören nicht zu diesen Anstalten.

Hiewegen ist der FMErlaß vom 14. Februar 1910 III 2722 zu beachten, wonach die Quittungen stempelpflichtig sind, die den Schecks gleichzuachten sind Es muß also ein Guthaben bei der Bank usw. vorhanden sein, das zum Scheckverkehr dienlich ist, es müssen demnach auch Anweisungen und Ueberweisungen gemacht werden können. Soll das Guthaben lediglich im Wege der Barabhebung abgegeben werden, so ist kein Quittungsstempel erforderlich. Demgemäß ist die Stempelpflichtigkeit nicht vorhanden, wenn über den Verkehr aus dem Guthabenkonto ein Sparbuch (Kontobuch) ausgestellt ist, aus welchem durch Zu- und Abschreibungen seitens des Guthabenschuldners (der Bank) der jeweilige Stand des Kontos in einer für beide Teile rechtsverbindlichen Weise jederzeit zu ersehen ist, wenn außerdem über ein solches Guthaben nicht anders als im Wege der Barabhebung oder der Ueberschreibung auf ein anderes Konto desselben Kunden bei dem Guthabenschuldner verfügt werden kann und eine Verfügung über das Guthaben nur unter gleichzeitiger Vorlage des Kontobuches behufs Eintragung oder Abtragung und in der Ueberschreibung erfolgen darf. (Vgl. Rundschreiben des RSchAmts vom 1. Februar und 19. Juni 1910).

Noch ist hier zu erwähnen die neu eingeführte Talonsteuer und die Kotierungssteuer. Letztere wurde als Besitzsteuer von konservativer Seite an Stelle der Erbschaftssteuer in Verbindung mit einer Reichsumsatz- und Wertzuwachssteuer in Vorschlag gebracht. Die Kotierungssteuer sollte darin bestehen, daß alle zum Börsenhandel zugelassenen inländischen Wertpapiere alljährlich 1—3 ‰ vom Kurswert des angelegten Kapitals als Steuer entrichten, bei ausländischen Wertpapieren sollte die Steuer 2—4 ‰ betragen zum Kurswert der mutmaßlich in Deutschland umlaufenden Teile des Kapitals. Von dieser Kotierungs- oder Quotisierungsabgabe, wie sie in Frankreich besteht, sollten nur die Renten- und Schuldverschreibungen des Reiches und der Bundesstaaten befreit sein. (Vgl. Nr. 1439 der RTDrSachen, RTVerhandlungen Bd. 255.)

Die Kotierungssteuer wurde von der Reichsleitung als unannehmbar erklärt und an deren Stelle trat die Talonsteuer, indem durch Tarifstelle 3 A zum Reichsstempelgesetz Gewinnanteilschein- und Zinsbogen von inländischen Aktien, Aktienanteilscheinen, Reichsbankanteilscheinen, Anteilscheinen von Kolonialgesellschaften und Gewinnanteilscheinbogen von ausländischen Aktien und Aktienanteilscheinen, sofern die Bogen (Talons) im Inland ausgegeben wurden, 1 % vom Nennwert der dazugehörigen Wertpapiere als Steuer zu entrichten haben. Zinsbogen von anderen inländischen Schuldverschreibungen (Obligationen) haben 5 ‰ des Kapitalnennwerts zu entrichten. Befreit von der Steuer sind die Zinsbogen der Renten- und Schuldverschreibungen des Deutschen Reiches usw., der Aktiengesellschaften für gemeinnützige Zwecke oder für den Eisenbahnbau mit staatlicher Zinsgarantie, ferner Gewinnanteilschein- und Zinsbogen, die bei der ersten Ausgabe der Wertpapiere mit diesen in Verkehr gesetzt werden. Die Befreiung greift nicht Platz, soweit die Bogen für einen längeren als zehnjährigen Zeitraum ausgegeben werden, wie auch sonst bei mehr als 10jährigem Laufe der Zinstalons Steuererhöhungen eintreten.

Bereits vor 1909 ausgegebene Zinsbogen sind bis zur Erneuerung stempelfrei.

Die Talonsteuer wurde nach Zustimmung der Regierungen mit 222 gegen 124 Stimmen angenommen.

9. Grundstücksübertragungen.
(Tarif Nr. 11.)

Bei den Verkehrssteuern sollte nicht bloß der Geldverkehr, sondern auch der Grundstücksverkehr zur Steuerleistung herangezogen werden (vgl. Nr. 1439 der RTDrS. Bd. 255). Die Reichsleitung hatte daher schon im Jahre 1908/9 an die Einführung einer Reichswertzuwachssteuer gedacht, die aber erst durch das Reichsgesetz vom 14. Februar 1911 in die Wirklichkeit getreten ist.

Die Denkschrift, die über die Wertzuwachssteuer s. Z. ausgearbeitet wurde und dem Entwurf zum Reichsstempelgesetz angefügt ist, wird bei Besprechung des Wertzuwachssteuergesetzes noch besonders erörtert werden. Die Steuerkommission beriet die von der Reichsleitung zum vorläufigen Ersatz der Wertzuwachssteuer mit einem Steuersatz von 1/3 % vorgeschlagene Grundwechselabgabe und einigte sich vorerst für Erhöhung dieses Stempelsatzes auf 1/2 %.

In der 3. Kommissionslesung vom 10. Juli 1909 wurde plötzlich die Wiederherstellung der Regierungsvorlage (1/3 %) beantragt mit dem Zusatz, daß bis zum 1. April 1912 ein Reichszuwachssteuergesetz in Kraft treten soll. Bis dahin sollen außer der 1/3 %igen Abgabe noch ein weiteres Drittel, also im ganzen 2/3 % als Grundwechselabgabe erhoben werden. Das Wertzuwachssteuergesetz soll einen Einnahmeanfall von 20 Millionen Mark für das Reich bringen. Dieser Antrag fand Annahme in der Kommission und im Reichstag.

Demnach lautet die Tarif-Nr. 11: Der Reichsstempel beträgt für Grundstücksübertragungen, Beurkundungen der Uebertragung des Eigentums an im Inland gelegenen Grundstücken und der Uebertragung von Berechtigungen, für welche die sich auf Grundstücke beziehenden Vorschriften gelten, soweit sie zum Gegenstande haben: a) Kauf- und Tauschverträge und andere entgeltliche Veräußerungsverträge einschließlich der gerichtlichen Zwangsversteigerungen sowie der Abtretung der Rechte aus dem Meistgebot und der Erklärung des Meistbietenden, daß er für einen anderen geboten habe: 1/3 % vom Kaufpreis (bei Kaufverträgen) oder vom Tauschwert (bei Tauschverträgen); bei anderen Verträgen vom Gesamtwert der Gegenleistung, bei Zwangsversteigerungen vom Meistgebotsbetrag; b) für das Einbringen in eine Aktiengesellschaft, Kommanditgesellschaft auf Aktien oder Gesellschaft m. b. H. gleichfalls 1/3 % des Entgelts; c) für die Ueberlassung von Gesellschaftsvermögen an einen Gesellschafter zum Sondereigentum seitens einer Aktiengesellschaft oder einer sonstigen Gesellschaft bzw. Genossenschaft, stets 1/3 % des Entgelts, endlich d) Auflassungen und Anträge auf Ueberlassung von Erbbaurechten bei freiwilligen Veräußerungen 1/3 % vom Wert des veräußerten Gegenstandes.

Befreit sind Grundstücksübertragungen der in a—d bezeichneten Art, wenn der stempelpflichtige Betrag bei bebauten Grundstücken 20 000 Mark, bei unbebauten Grundstücken 5000 Mark nicht übersteigt und der Erwerber weder den Grundstückshandel gewerbsmäßig betreibt noch ein Jahreseinkommen von mehr als 2000 Mark hat; ferner Ueberlassungsverträge zwischen Eltern und Kindern und Kauf- und Tauschverträge in Erbteilungsangelegenheiten.

1. Die Befreiungsvorschrift zu Tarif-Nr. 11 des RStempG. soll den Bestrebungen Minderbemittelter, sich ein eigenes Heim zu gründen, förderlich sein. Deshalb muß der Erwerber eine physische Person sein.

2. Tauschverträge werden für die Bemessung der Grundwechselabgabe als einheitliche Veräußerungen angesehen, indem anstelle des Kaufpreises der Wert des wertvolleren Grundstücks tritt. Deshalb ist jede der beiden Vertragsparteien als Erwerber anzusehen und jeder Vertragsteil hat in sinngemäßer Anwendung des § 449 BGB. die Kosten der Uebertragung zur Hälfte zu tragen. Daher wird bei Tauschverträgen jeder der beiden Erwerber von der ihn treffenden Hälfte des RStemp. frei zu lassen sein, wenn das von ihm erworbene Grundstück innerhalb der Wertgrenze liegt und für seine Person die Voraussetzungen der Befreiung vorliegen.

3. Mehrere Personen, die ein Grundstück als Miteigentümer erwerben, haften für die Abgabe als Gesamtschuldner. Wenn in solchem Falle das Grundstück innerhalb der Befreiungswertgrenze liegt (20 000 Mark), tritt die Befreiung von der RStempAbgabe nur dann ein, wenn für sämtliche Miteigentümer die persönlichen Befreiungsmerkmale vorhanden sind, andernfalls hat derjenige Erwerber, bei welchem diese persönlichen Befreiungsgründe nicht vorliegen, die ganze Abgabe zu entrichten.

4. Die Befreiung von der Grundwechselabgabe ist von Ehefrauen auch dann in Anspruch genommen worden, wenn lediglich für ihre Person, nicht aber für den Ehemann

die Voraussetzung der Steuerfreiheit (Einkommen über 2000 Mark) gegeben war. Da das Einkommen des Ehemanns (oder Vaters) doch auch der Ehefrau und den Kindern zugute kommt, so muß in solchen Fällen das Einkommen der Gesamtheit, der ganzen Familie berücksichtigt werden. Demnach wird beim Erwerb eines Grundstücks durch Ehegatten oder Kinder die Steuerfreiheit zu versagen sein, wenn einer der Ehegatten oder die Eltern oder der Vater den Grundstückshandel gewerbsmäßig betreibt oder wenn das Gesamteinkommen der Familie mehr als 2000 Mark ausmacht.

5. Aus dem Zweck der Befreiungsvorschrift, den Erwerb eines Grundstücks von mäßigem Werte durch gering bemittelte Personen zu begünstigen, ergibt sich ferner, daß der Wert aller gleichzeitig erworbenen Grundstücke zusammengerechnet werden muß und bei der Uebertragung eines Grundstücks seitens mehrerer oder an mehrere der Wert des ganzen Grundstücks in Betracht zu ziehen ist. Uebersteigt der hiernach ermittelte Gesamtwert 20000 Mark, so ist es gleichgiltig, ob sich bei der Veräußerung mehrerer Grundstücke der Gesamtgrundbesitz zum Teil aus bebauten, zum Teil aus unbebauten Grundstücken zusammensetzt. Nur wenn der Gesamtwert 20000 Mark nicht überschreitet, ist zu prüfen, ob der veräußerte Grundbesitz ganz oder zum Teil als unbebaut zu gelten hat. Es wird dann Steuerfreiheit eintreten, soweit der Grundbesitz bebaut ist, während der unbebaute steuerpflichtig wird, sofern sein Wert 5000 Mark übersteigt. Es sind also die Einzelwerte zusammenzurechnen, sofern nur nach den Umständen ein einheitlicher Erwerb vorliegt, wenn auch mehrere Beurkundungen, verschiedene Auflassungen usw. stattgefunden haben. Wenn die Auflassung für mehrere durch gesonderte Kaufverträge erworbene Grundstücke gleichzeitig erfolgt, ist wohl stets ein einheitlicher Erwerb anzunehmen.

6. Für die Begriffsumgrenzung des Grundstücks sind wirtschaftliche Gesichtspunkte maßgebend, ebenso dient für den Umfang des Grundstücks die Verkehrsauffassung. Als bebaut gelten diejenigen Grundstücke, welche mit dem darauf befindlichen Gebäude eine wirtschaftliche Einheit bilden, wobei als Gebäude jede für dauernde Zwecke dienende Baulichkeit anzusehen ist. (Vgl. ZuwachsStG. § 1 Abs. 2.) — Erlaß des RSchAmts vom 21. Juli 1910.

§ 234.

Im allgemeinen ist noch zu bemerken, daß hinsichtlich des Wertstempels der Tarifstelle 11 für Grundstücksübertragungen die §§ 78 bis 90 des Reichsstempelgesetzes vom 15. Juli 1909 maßgebend sind.

Die §§ 85, 89 und 90 RStempG. sind durch das Reichswertzuwachssteuergesetz vom 14. Februar 1911 abgeändert worden.

Es ist demnach folgendes zu beachten:

Der § 78 RStempG. handelt von der Zeit der Verpflichtung zur Entrichtung des Stempelbetrags. § 79 handelt von der Erstattung dieser Grundwechselabgabe aus Billigkeit. (Vgl. § 127 m AusfBest.)

§ 80 RStempG. bestimmt, daß die Entrichtung der Abgabe durch Verwendung von Stempelmarken zu erfolgen habe. (Vgl. §§ 127 a—c AusfBest., wonach z. B. die Erhebung der Stempelabgabe durch Barzahlungen erfolgt.) Nach den neuen, jüngst erlassenen Ausführungsbestimmungen zum RStempG. soll die Erhebung der Grundwechselabgabe durch Stempelanwendung zu geschehen haben. Hiedurch wird die in § 127 f der bisherigen AusfBest. zum RStempG. vorgeschriebene Prüfung der Nachweisungen durch die Steuerbehörden in Wegfall kommen, was für die Richtigkeit der Stempelverwendung bzw. des Betrags der Grundwechselabgabe nicht dienlich sein wird, wenigstens soweit die betr. Urkunden bei Notaren, Gerichten usw. nicht in der Weise nachgeprüft werden wie in Preußen durch die Stempelfiskale.

Die §§ 81 bis 83 RStempG. enthalten nur erläuternde Anordnungen, nach § 84 l. c. ist der Landesfürst und die Landesfürstin von der Grundwechselabgabe befreit.

Der § 85 Abs. 3 RStempG. ist, wie bemerkt, zum Teil dahin abgeändert worden, daß auch für Entgegennahme der Auflassung nicht bloß für Eintragung im Grundbuch Sicherheit für den Reichsstempel zu verlangen ist. Nach § 86 l. c. haften für die Grundwechselabgabe unter Vorbehalt des Rückgriffrechts gegen Notare usw. die Gesellschaftsvermögen und jeder Interessent beim Vorzeigen einer stempelpflichtigen, nicht richtig versteuerten Urkunde.

Hierauf kommen noch die §§ 87 (Wertermittelung), 88 (Strafbestimmung bei Nichtentrichtung der Abgabe) in Betracht.

Der § 89 ist durch das Wertzuwachssteuergesetz gleichfalls abgeändert worden, wonach die Abgabenpflicht der Fideikommisse nicht mehr, wie früher, nach 1/8 % des Wertes auf

30 Jahre mit Vorauszahlung bestimmt ist, sondern an Stelle dieser Abgabe ist eine jährliche Abgabe von 1/₀₀ % des Wertes zu entrichten. (Vgl. § 16 EStG. wegen Ermittelung des Wertes.)

Für die Zeit vom 1. Oktober 1909 bis zum 30. Juni 1914 wird zu obigen Abgaben ein Zuschlag von 1/₀ % des Wertes erhoben. Von dieser Abgabe sind der Landesfürst und die Landesfürstin befreit. Die Abgabe ruht auf dem Grundstück als öffentliche Last im Sinne des § 10 Zif. 3 des Gesetzes über die Zwangsversteigerung.

§ 235.

Der § 90 RStempG. erhielt durch das Wertzuwachssteuergesetz gleichfalls eine Abänderung wie folgt:

Nach der früheren Besteuerung sollten bis zum 1. April 1912, d. h. bis zum Inkrafttreten eines Reichsgesetzes betreffend die Reichsabgabe, von der unverdienten Wertsteigerung bei Grundstücken (Zuwachssteuer), wodurch dem Reich mindestens 20 Millionen Mark zufließen sollten, außer dem 1/3 % Umsatzstempel noch ein weiteres 1/3 %, also 2/3 % des Umsatzwertes als Grundwechselabgabe erhoben werden. Dieser Zuschlag soll nun nach dem abgeänderten Paragraphen nur mehr bis zum 30. Juni 1914 forterhoben werden dürfen.

Nach dem 30. Juni 1914 wird der Steuersatz in Tarif Nr. 11 je nach dem Ergebnis der Reichswertzuwachssteuer von 3 zu 3 Jahren vom Bundesrat festgesetzt werden. Durch die Zuwachssteuer soll das Reich mindestens einen Jahresanfall von 25 Millionen Mark erhalten. Erst wenn diese Einnahme übersteigen wird, ist die Grundwechselabgabe herabzusetzen.

Nach §§ 70, 71 WZStG. sind auch die Tarifvorschriften Nr. 11 gleichfalls in einigen Punkten abgeändert worden, namentlich ist die Befreiungsvorschrift zu Tarif Nr. 11 (Grundwechselabgabe) schärfer gefaßt und die Berechnung der Grundwechselabgabe dahin präzisiert worden, daß Stempelabgaben unter 50 Pfennig nicht erhoben werden. Höhere Beträge sollen ohne Bruch durch 10 teilbar sein, so daß eine Aufrundung auf den nächst höheren durch 10 teilbaren Betrag stattfindet. Bei Stempelbeträgen über 5 Mark findet sogar eine Aufrundung auf den nächsthöheren durch 50 teilbaren Betrag statt.

Was bebaute und unbebaute Grundstücke sind, ist nunmehr durch das Wertzuwachssteuergesetz (§ 1) näher erläutert. Als unbebaut gelten auch solche Grundstücke, auf denen sich Gartenhäuser, Schuppen, Lagerstätten und ähnliche zu vorübergehenden Zwecken dienende Baulichkeiten befinden. (Vgl. RGE. vom 9. Januar 1912.)

Zum Reichsstempelgesetz sind noch die §§ 86 bis 89 anzuführen. Der § 86 RStempG. handelt von der Haftung der Aktiengesellschaften usw., des Inhabers einer stempelpflichtigen Urkunde und der Notare und anderer Beamten für den Reichsstempel. § 87 l. c. regelt die Wertermittelung der Grundstücke und die Werte der dauernden Nutzungen und Leistungen, letztere sind nach dem Reichserbschaftssteuergesetz zu berechnen. § 88 regelt die Strafbestimmungen bei Nichterfüllung der Steuerpflicht.

§ 236.

Von besonderer Wichtigkeit ist, wie schon bemerkt, der § 90 RStempG. Hienach soll, wie schon erörtert, bis zum Jahre 1912 (1. April) ein Wertzuwachssteuergesetz eingeführt werden, was durch das RGesetz vom 14. Februar 1911 bereits erreicht worden ist. Die Grundwechselabgabe wird bis zum 30. Juni 1914 doppelt erhoben.

Über die Wertzuwachssteuer wird in den folgenden Paragraphen noch das Nähere dargelegt werden.

Vgl. als Literatur über die Grundwechselabgabe und die Wertzuwachssteuer folgende Bücher: a) Die Steuer vom Immobiliarbesitzwechsel in den deutschen Staaten von K. Weitpert, Verlag von Emil Roth in Gießen und b) Betrachtungen zur Reichswertzuwachssteuer von Dr. jur. Strutz, Berlin C, Heymanns Verlag 1910. Über die bis jetzt noch ferner erschienenen Kommentare zur Reichswertzuwachssteuer wird bei dem Zuwachssteuergesetze selbst das Nötige angemerkt werden.

§ 237.

Im X. Abschnitt des RStempG. werden in den §§ 91 bis 106 die Allgemeinen Bestimmungen geregelt, wonach der Bundesrat die Anordnungen wegen Anfertigung und den Vertrieb der Reichsstempelmarken und über die Verwendung dieser Stempelmarken usw. erläßt (§ 91). Stempelmarken, die nicht in der vorgeschriebenen Weise verwendet sind, gelten als nicht verwendet (§ 92). Der Anspruch auf Zahlung der Reichsstempelabgaben unterliegt der Verjährung nach dem BGB. und dem EG. z. BGB. und beträgt 5 Jahre (§ 93). Nach § 94 des Gesetzes ist in Reichsstempelangelegenheiten der Rechtsweg zulässig (vgl. § 12 VZG.). Der § 95 des Gesetzes regelt die Ordnungsstrafen bei Zuwiderhandlungen gegen das RStempG. Die Ordnungsstrafen bewegen sich zwischen 1—150 Mark. Der § 96 des Gesetzes behandelt das Strafverfahren bei Verfehlungen gegen das RStempG., namentlich wenn Mitglieder von Genossenschaften, Aktiengesellschaften, Handelsgesellschaften usw. in Frage kommen. Ebenso regelt § 97 des Gesetzes das Verfahren bei der Strafumgangnahme, bei Strafmilderung, bei der Begnadigung, der Strafvollstreckung, der Verjährung der Strafverfolgung (vgl. §§ 23, 24 WStempStG. vom 15. Juli 1909). Die Geldstrafen aus dem RStempG. fallen demjenigen Staate zu, dessen Behörden den Strafbescheid erlassen haben. Eine Umwandlung der Geldstrafen in Freiheitsstrafen findet nicht statt (§ 98). Der Erlaß der Reichsstempelabgaben aus Billigkeit steht dem Bundesrate zu (vgl. in dieser Beziehung die BRBeschlüsse vom 29. Mai 1909, 26. Juli 1910, 11. Mai 1910, 9. April 1911).

§ 238.

Zu erwähnen sind ferner die §§ 99 bis 101 RStempG., die von der Überwachungskontrolle der Stempelsteuern handeln. Wie die Erhebung der Stempelgebühren im Deutschen Reiche ganz verschiedenartigen Behörden zugewiesen ist, so ist auch die Kontrolle in den einzelnen Bundesstaaten keine gleichmäßige. Insbesondere sind die Stempelprüfungen nach Tarifstelle 1, 2, 3 A, 9 und 11 meist ganz verschiedenen Dienststellen zugewiesen. Hauptsächlich in Preußen und im Königreich Sachsen ist durch die Landesstempelprüfungen seitens der Beamten der Stempel- und Erbschaftssteuerämter und Stempelfiskale das Reichsstempelinteresse auch über den in Abs. II des § 100 Abs. 2 des Gesetzes gezogenen Personenkreis hinaus genügend mitwahrgenommen. Es wird deshalb die Reichsstempelrevision mehr ausgedehnt werden müssen, wenn der Eingang dieser Reichsabgaben für die Reichskasse nicht gefährdet sein soll.[1] Auch die Befugnis der Reichsaufsichtsbeamten wäre bezüglich der Reichsstempel präzis zu umschreiben, wenn auch durch den Erlaß des pr. FM. vom 19. Februar 1895 und des RSchAmtes vom 19. Februar 1904 die Reichsaufsicht in bezug auf die Reichsstempelsteuer in Preußen hinlänglich geregelt ist. — Noch sind zu erwähnen die §§ 102, 103 (Vollstreckbarkeit und Vollstreckungsverfahren), § 104 (Befreiung der Reichskassen von dem Reichsstempel nach Ziff. 1—3 des Tarifs).

Nach § 105 des Gesetzes werden jedem Bundesstaate von der Einnahme, die in seinem Gebiet aus den Reichsstempeln (mit Ausnahme der Staatslotterielose, wofür keine Vergütung bezahlt wird), 2 % aus der Reichskasse für Verwaltung und Erhebung gewährt.

---

[1]) In dieser Beziehung ist auf §§ 188—198 der neuen Ausführungsbestimmungen zum RStG. (RZBlatt 1912 Nr. 7) hinzuweisen.

Der Ertrag der Reichsstempelabgaben inkl. des Spielkartenstempels und des Wechselstempels fließt nach Abzug der Erstattungen und Steuererlasse sowie nach Abzug der eben erwähnten Verwaltungskosten, die im Jahre 1911 etwas über 4 Millionen Mark betragen haben, für Reichsstempel, Wechselstempel und Spielkartenstempel aus einem Gesamtertrage von ca. 220 Millionen Mark, in die Reichskasse. Für die Insel Helgoland (Zollausschluß) wird der Zeitpunkt des Inkrafttretens des Reichsstempelgesetzes durch Kaiserliche Verordnung nach Zustimmung des BR. festgesetzt. In Helgoland gilt demnach zurzeit das Reichsstempelgesetz noch nicht. Außerdem aber hat das Reichsstempelgesetz, das Wechselstempelsteuergesetz und das Spielkartensteuergesetz Geltung für das ganze Reichsgebiet inkl. der Zollausschlüsse und das Spielkartenstempelgesetz gilt auch in der österreichischen Gemeinde Mittelberg. (Vgl. die Bemerkungen beim Spielkartenstempelsteuergesetz.)

§ 239.

Hinsichtlich der Prüfung über die richtige Verwendung der Reichsstempelabgaben besteht, wie schon bemerkt, kein einheitliches Verfahren in den Bundesstaaten, da nur in Preußen und im Königreich Sachsen eine eingehende Prüfung des Landesstempelwesens in Verbindung mit der Kontrolle der Reichsstempelabgaben stattfindet. Hier haben sich gelegentlich der Landesstempelprüfung sehr erhebliche Reichsstempelnachforderungen herausgestellt. Es müßte daher der § 100 RStempG. einer Änderung unterzogen werden, aber außerdem könnte durch die vom Bundesrat zu erlassenden Ausführungsbestimmungen zum RStempG. die Prüfung nach Maßgabe des § 31 Abs. II des preußischen Landesstempelgesetzes vom 30. Juni 1909 dahin erweitert werden, daß alle Behörden und Beamten für prüfungspflichtig erklärt werden, namentlich im Hinblick auf Tarifstelle 9, 11 müßte die Prüfung auch auf öffentliche Korporationen, Gesellschaften usw. ausgedehnt werden. Im Entwurf der neuen Ausführungsbestimmungen zum RStempG. ist daher vorgesehen, daß die von den Landesregierungen zu ernennenden Prüfungsbeamten die Revision des Frachtbriefstempels, des Fahrkartenstempels bei Staatsbahnen und Privatbahnen usw. zu betätigen haben, daß über sämtliche der Prüfung unterstellten Geschäfte und Behörden eine Liste zu führen sei; wie auch der Totalisatorbetrieb und der richtige Eingang der Tantiémesteuer zu kontrollieren sein wird, wie die Stempelprüfungen durch die Beamten vorzunehmen sind, um dem Zweck derselben Genüge zu tun.

Der Zweck der Reichsstempelprüfungen ist der, den richtigen Eingang der Reichsstempelabgabe, wie er sich auf die Tarifstellen 1—11 verteilt, durch planmäßige Durchsicht der stempelpflichtigen Geschäfte und Vorgänge und in geeigneten Fällen durch Aufklärung seitens der Beteiligten zu sichern.

Über den Verlauf der Stempelprüfungen soll eine Aufzeichnung zu machen sein; die Erinnerungen, die hiebei gezogen sind, sind von den Stempelpflichtigen zu beantworten, Fehlbeträge sind durch die Direktivbehörden einzuziehen. Die Prüfungsbeamten haben einen Jahresbericht über ihre Tätigkeit zu erstatten und in zwei Ausfertigungen der Direktivbehörde vorzulegen, wovon ein Exemplar dem Reichsschatzamt einzureichen ist, das in Verbindung mit der obersten Landesfinanzbehörde des betreffenden Bundesstaates das Weitere zu veranlassen hat.

(Vgl. Rundschreiben des RSchAmts vom 12. Dezember 1910; ferner §§ 188 bis 196 des Entwurfs der neuen AusfBest.)

§ 240.

Wie bereits kurz angeführt ist, wurde den Reichsaufsichtsbeamten (den Reichsbevollmächtigten und den Stationskontrolleuren) im Gesetze selbst kein ausdrücklich ausgesprochenes Recht eingeräumt, die Durchführung des Reichsstempelgesetzes ebenso wie z. B. bei der Verwaltung der Zölle und der übrigen Reichssteuern, wie auch bei der Wertzuwachssteuer und der Reichserbschaftssteuer, zu überwachen. Allein in praxi muß den Reichsaufsichtsbeamten schon aus § 101 RStempG. eine Mitwirkung bei der Kontrolle der Reichsstempelabgaben zugestanden werden, indem die Reichsaufsichtsbeamten für den ganzen Bereich der Zoll- und gemeinsamen Reichssteuerverwaltung als zuständig zur Reichsaufsicht zu bezeichnen sind. Vgl. Reichshandbuch 1911 S. 356, wonach die Reichsbevollmächtigten für Zölle und Steuern auch aufgestellt sind für die Reichskontrolle in Wechselstempelangelegenheiten, bei den Reichsstempelabgaben und bei der Erbschaftssteuer und nach Angabe des Reichshandbuchs 1911 S. 358, wonach die Reichsbevollmächtigten für die Reichserbschaftssteuer auch für die Reichskontrolle in Wechselstempelangelegenheiten und in Reichsstempelsachen (mit Ausnahme des Kraftfahrzeugstempels) zuständig sind. In dieser Beziehung hat der pr. FMErlaß vom 19. Februar 1895 Nr. III 1551 und der Erlaß des RSchAmts vom 19. Februar 1904 Nr. II 941 für Preußen eine zufriedenstellende Regelung herbeigeführt, während in anderen Bundesstaaten hinsichtlich der Zuständigkeit der Reichsaufsicht in Reichsstempelangelegenheiten noch Unklarheit besteht. (Vgl. auch Bayer. Zollamtsblatt 1912 S. 63.)

Die bisher erlassenen und in Geltung stehenden AusfBest. zum RStempG. sollen einheitlich geregelt und mit Beachtung der bereits hiezu erlassenen BRBeschlüsse und sonstigen Erlasse neu redigiert werden. Außerdem sollen noch Grundsätze zur Auslegung des RStempG. herausgegeben werden.

Nach Tarifnummer 3 A des RStempG. vom 15. Juli 1909 unterliegen Gewinnanteilscheinbogen von ausländischen Aktien und sonstigen Wertpapieren der Talonsteuer, wenn die Bogen im Inland ausgegeben sind. Als im Inland ausgegeben sind nach § 25 a Abs. 2 AusfBest. zum RStempG. bei Erneuerung abgelaufener Gewinnanteilschein- und Zinsbogen die Bogen nur dann anzusehen, wenn sie im Inlande von dem Aussteller oder dessen mit der Ausgabe beauftragten Vertreter unmittelbar an den Bezugsberechtigten oder dessen Beauftragten ausgehändigt werden. Von der Ansicht ausgehend, daß nach dieser Bestimmung ausländische Wertpapiere von der Abgabe freibleiben, wenn die Banken die Talons im Auftrage ihrer Kunden ausländischen Bankiers übergeben, die sich die erneuerten Zinsscheine aushändigen lassen und sie den inländischen Bezugsberechtigten zusenden, hatte der Abgeordnete Graf v. Westarp eine Resolution beantragt, nach der der Reichskanzler um eine Regelung in dem Sinne ersucht werden sollte, daß die Abgabe stets zu erheben ist, wenn die erneuerten Bogen an inländische Besitzer der Wertpapiere ausgegeben werden (Drucksache Nr. 903). Der Antragsteller schätzte den sich hieraus ergebenden Mehrertrag an Talonsteuer auf 5 000 000 Mark. Nicht auf allen Seiten fand der Antrag Beifall. Er wurde jedoch angenommen (Verhandlungen S. 6105). Der Staatssekretär des Reichsschatzamts hatte erklärt, daß sich den Wünschen des Antragstellers nur im Wege einer Gesetzesänderung entsprechen ließe.

In bezug auf die Literatur zu dieser Materie ist auf den Kommentar zum RStempG. vom 15. Juli 1909 von Geh. Reg.-Rat P. Loeck, Reichsbevollmächtigter für die Erbschaftssteuer in München 1910, nebst Nachtrag 1911, Verlag J. Guttentag, Berlin, 10. Auflage, hinzuweisen (Guttentag'sche Sammlung deutscher Reichsgesetze Nr. 18). In BRDrS. Nr. 77, 1909 ist der Entwurf wegen Änderung des RStempG. enthalten, s. Begründung hiezu S. 3 und 13 ff., ferner Gesetzentwurf wegen Änderung des RStempG. s. BRDrS. N. 107[a] 1905 und Nr. 143[a]. Der Entwurf zu dem RStempG. vom 15. Juli 1909 ist enthalten im AnlBd. zu den RTVerhandlungen 256. Aktenstück Nr. 1456, der Gesetzestext nach den Beschlüssen der 3. Beratung ist aufgeführt AnlBd. 257 Nr. 1031; vgl. RGBlatt 1909 S. 717 und 833.

Nach Erledigung des RStempG. wird nunmehr das Reichswertzuwachssteuergesetz vom 14. Februar 1911 zur Besprechung zu gelangen haben, da dieses Gesetz mit der Tarifstelle 11 des RStempG. (Grundwechselabgabe) in naher Beziehung steht, was schon daraus zu ersehen ist, daß mehrere Paragraphen des RStempG. (§§ 85, 89, 90) durch das Reichswertzuwachssteuergesetz vom 14. Februar 1911 abgeändert worden sind.

Das Reichswertzuwachssteuergesetz.

§ 241.

Nach § 90 des RStempG. vom 15. Juli 1909 (RGBlatt S. 833) war dem Reichstag bis zum 1. April 1911 ein Gesetz vorzulegen, das eine Reichsabgabe von unverdientem Wertzuwachs bei Grundstücken einführen soll, die sog. Zuwachssteuer. Der Ertrag dieser Steuer sollte für das Reich mindestens 20 Millionen Mark aufs Jahr ergeben, während den Gemeinden, die bereits vor dem 1. April 1909 eine Zuwachssteuer beschlossen hatten, noch mindestens vier Jahre der Durchschnittsertrag dieser Gemeindeabgabe verbleiben soll. Im übrigen soll der Zuwachssteuerertrag zwischen Reich, Bundesstaat und Gemeinde verhältnismäßig verteilt werden. (Vgl. § 90 RStempG. vom 15. Juli 1909, abgeändert durch § 69 des Zuwachssteuergesetzes.)

Der Gesetzentwurf einer Zuwachssteuer ist in BRDrS. 1910 Nr. 65 enthalten. Der Entwurf wurde den betreffenden Ausschüssen überwiesen und nach BRBeschluß vom 11. April 1910 in veränderter Fassung dem Reichstage vorgelegt.

Nach Durchberatung in der Reichstagskommission und im Reichstag ist das Reichszuwachssteuergesetz vom 14. Februar 1911 (RGBlatt Nr. 6) am 1. April 1911 in Kraft getreten, aber nicht bloß für die nach diesem Termin erfolgten Rechtsvorgänge, sondern rückwirkend auch für alle aus dem Vierteljahr seit 1. Januar 1911 herrührenden Rechtsgeschäfte, sofern nicht die Urkunde über das Veräußerungsgeschäft mit dem Eigentumsübergang vor diesem Zeitpunkt in öffentlich beglaubigter Form errichtet oder bei einer Behörde eingereicht ist (§§ 63, 72 des Gesetzes).

Wertzuwachssteuern bestanden schon und bestehen noch in Gemeinden und Kreisen, nach dem neuen Gesetze handelt es sich aber um eine Reichssteuer. Bis zum Jahre 1915 können solche gemeindliche Zuwachssteuern in der bisherigen Ausdehnung bestehen bleiben, soferne sie vor dem 1. April 1909 beschlossen und vor dem 1. Januar 1911 eingeführt worden sind (§ 60 Abs. 1).

Die Reichszuwachssteuer hat als Besitzsteuer zu gelten und zwar soll sie hauptsächlich den durch äußere, ohne Zutun des Beteiligten entstandenen Mehrwert an Grundstücken beim Verkaufsübergang mit einer Steuer treffen, indem es in § 1 des Gesetzes heißt: „Beim Übergang des Eigentums an inländischen Grundstücken wird von dem Wertzuwachs, der ohne Zutun des Eigentümers entstanden ist, eine Abgabe (Zuwachssteuer) erhoben.“ Es handelt sich also um eine Besitzwechselabgabe (indirekte Steuer), durch die der Eigentumsübergang und nicht wie bei den Stempelsteuern das Rechtsgeschäft steuerlich erfaßt wird (§ 4). Eine Ausnahme findet nach § 5 des Gesetzes statt. Bemerkenswert sind auch die gesetzlichen Steuerbefreiungen. Es gibt persönliche und sachliche Steuerbefreiungen. Die sachlichen Steuerbefreiungen (§ 7) betreffen den Erwerb von Todes wegen oder auf Grund von Schenkungen unter Lebenden im Sinne des Reichserbschaftssteuergesetzes, ferner die infolge von Änderungen der ehelichen Gütergemeinschaft und noch aus anderen Gründen stattfindenden Eigentumsübergänge. Die persönlichen Steuerbefreiungen sind in §§ 30 ff. aufgeführt. Auch der § 1 Abs. 2 des Gesetzes ist hier anzumerken.

Die Ermittelung der Steuerbemessungsgrundlage bereitet natürlich die größten Schwierigkeiten, da es schwer ist, den Wertbetrag festzustellen, nach welchem die Steuer sich berechnet. Als steuerpflichtiger Wertzuwachs soll nämlich der Unterschied gelten zwischen dem Erwerbspreis und dem Veräußerungspreis (§ 8[1]), wobei die Bestimmungen der §§ 14 bis 16, 22, 23, 24 des Gesetzes zu beachten sind. Der Preis besteht in dem Gesamtbetrage der Gegenleistung einschließlich der vom Erwerber übernommenen Leistungen und der sonst auf dem Grundstück ruhenden Nutzungen (§ 8). Es wird nämlich dem nach den in §§ 14 bis 16 enthaltenen Gesetzesbestimmungen ermittelten Erwerbspreis samt Zu- und Anrechnungen gegenübergestellt der Veräußerungspreis abzüglich der dem Veräußerer bei derartigen Geschäften erwachsenen Kosten und anderer Ertragsausfälle. Bemerkenswert sind die Bestimmungen in §§ 25 und 26 des Gesetzes wegen der Berechnung des Wertzuwachses bei mehreren Eigentümern und bei Tauschverträgen.

Die Steuersätze bewegen sich zwischen 10 und 30 % vom Wertzuwachs (§ 28) und erfahren einen Abschlag je nach der Länge der Eigentumsdauer. Einzelne Steuerbeträge unter 20 Mark werden nicht erhoben. Steuerschuldner ist der Veräußerer; aber auch der Erwerber haftet für die Steuer in einem gewissen Grade — bis zu 2 % des Veräußerungspreises. Mehrere Steuerschuldner haften solidarisch. Das Steueraufkommen wird zwischen Reich, Staat und Gemeinde geteilt, das Reich erhält 50 %, der Staat 10 % und die Gemeinde 40 % des Steuerertrages, jedoch haben die Gemeinden auf eine gewisse Übergangszeit (bis 1915) das Recht, Zuschüsse zu erheben oder den Durchschnittsertrag zu behalten (§§ 58 bis 60 des Gesetzes). Besondere Verwaltungskosten werden vom Reich nicht gewährt.[1]) Die Verwaltung und Erhebung der Wertzuwachssteuer steht den Bundesstaaten zu. Das Reichsgesetz regelt nur die Obliegenheiten der Steuerschuldner, der Notare und Rechtsanwälte und der Behörden zur Mitwirkung bei Ermittelung der Steuerschuld (§§ 37 bis 42).

Hinsichtlich des Verfahrens in Zuwachssteuersachen ist folgendes zu erwähnen: Das Veräußerungsgeschäft ist bei dem Zuwachssteueramte anzumelden und ist demnächst eine Zuwachssteuererklärung abzugeben. Die Anmeldung hat durch das Grundbuchamt, den Notar usw. und außerdem in besonderen Fällen durch den Veräußerer oder den Erwerber stattzufinden; die Wertzuwachserklärung ist der Steuerbehörde vom Veräußerer einzureichen. Unrichtige Angaben bei der Wertzuwachserklärung werden nach § 50/51 bestraft. Sodann wird vom Zuwachssteueramte das Veranlagungsgeschäft durchgeführt und der „Steuerbescheid" ausgefertigt (§ 43). Hiebei ist die Bestimmung des § 47 wegen antizipierter Teilveranlagung (Feststellungsbescheid) auf Wunsch des Grundstücksbesitzers gegen Gebührenentrichtung zu erwähnen.

Hinsichtlich des Rechtsmittelzuges läßt das Reichsgesetz den Landesverwaltungen in weitem Umfang freie Hand (§ 44). Die Steuer kann nach näherer Ermittelung des BR. gestundet werden, auch der Erlaß der Steuer aus Billigkeitsgründen (§ 66) liegt in der Kompetenz des BR. In den §§ 67 bis 71 enthält das Reichsgesetz Abänderungsvorschriften, die sich auf die Grundwechselabgabe und die Abgabe vom gebundenen Besitz (Fideikommisse) (§ 89 RStempG.) beziehen. Nach §§ 2 und 3 des ZuwachsStG. werden den Grundstücken Berechtigungen nach Maßgabe des BGB. gleichgestellt und der Eigentumsübergang von Rechten an dem Vermögen von Gesellschaften m. b. H., einfacher Kommanditgesellschaft, Gewerkschaft, eingetr. Genossenschaft, eines eingetr. Vereins, oder einer offenen Handelsgesellschaft — nicht einer Aktiengesellschaft oder Kommanditgesellschaft auf Aktien.

[1]) Vgl. hiewegen die Ausführungsbestimmungen der Bundesstaaten, z. B. die preußischen Ausführungsbestimmungen (Ausführungsgesetz zum RZuwachsStG.) Ziff. IV Beteiligung des Staates, der Gemeinden und der Gemeindeverbände am Ertrage der Steuer, I. Verwaltungskostenvergütung (§ 3 Abs. II des AusfGes.). In Bayern ist die kgl. VO. vom 1. April 1911 erlassen usw. s. Amtliche Mitteilungen über die Zuwachssteuer Nr. 4 und 5.

Nach § 36 des Gesetzes üben in Ansehung der Ausführung des Zuwachssteuergesetzes die Reichsbevollmächtigten für Zölle und Steuern oder für die Erbschaftssteuer dieselben Rechte und Pflichten aus, die ihnen bezüglich der Zölle und Reichssteuern beigelegt sind. Demgemäß erhielt der Reichsbevollmächtigte für Zölle und Steuern in Königsberg i. Pr. die Provinzen Ost- und Westpreußen als Dienstbezirk, der Reichsbevollmächtigte für die Erbschaftssteuer in Berlin erhielt als Dienstbezirk die Provinz Brandenburg und die Provinz Schlesien sowie das Königreich Sachsen, die Reichsbevollmächtigten für Zölle und Steuern in Stettin, Altona, Magdeburg, Hannover, Münster, Darmstadt und Köln a. Rh. erhielten als Aufsichtsbezirke für die Zuwachssteuer die betreffenden Provinzen, der Reichsbevollmächtigte in Darmstadt erhielt auch die Hohenzollernschen Lande zugewiesen.

Der Reichsbevollmächtigte für die Erbschaftssteuer in München erhielt das Königreich Bayern als Aufsichtsbezirk, der Reichsbevollmächtigte für die Erbschaftssteuer in Berlin erhielt, wie schon bemerkt, auch noch das Königreich Sachsen als Aufsichtsbezirk, der Reichsbevollmächtigte für die Erbschaftssteuer in Straßburg erhielt das Königreich Württemberg, das Großherzogtum Baden und das Reichsland Elsaß-Lothringen als Aufsichtsbezirke, der Reichsbevollmächtigte für Zölle und Steuern in Altona erhielt die beiden Großherzogtümer Mecklenburg-Schwerin und Mecklenburg-Strelitz als Aufsichtsbezirke zugewiesen. Der Reichsbevollmächtigte für die Erbschaftssteuer in Hamburg hat die drei Hansestädte sowie das Fürstentum Lübeck, das Großherzogtum Oldenburg, die Herzogtümer Braunschweig und Anhalt als Aufsichtsbezirke, ferner den Thüringischen Zoll- und Steuerverein, das Fürstentum Waldeck und Pyrmont, Schaumburg-Lippe und Lippe-Detmold.

Die in Zuwachssteuersachen zuständigen Behörden sind in ganz Deutschland sehr verschiedenartig.

In Preußen sind als Veranlagungsbehörden (Zuwachssteuerämter) bestellt in den Stadtgemeinden der Gemeindevorstand, in den Landgemeinden und in den Gutsbezirken der Kreisausschuß (in Hohenzollern der Amtsausschuß), jedoch mit der Maßgabe, daß in Stadtgemeinden mit weniger als 2000 Einwohnern auf Antrag die Veranlagung durch den Kreisausschuß zu erfolgen hat; daß ferner in Landgemeinden mit mehr als 5000 Einwohnern oder in Landgemeinden, die schon vor dem 1. Januar 1911 eine Wertzuwachssteuer hatten, auf Antrag die Veranlagung dem Gemeindevorstand zu überweisen ist. Die Oberbehörden sind die Regierungspräsidenten für die städtischen Zuwachssteuerämter und für die Kreiszuwachssteuerämter, für die landgemeindlichen Zuwachssteuerämter der Landrat, in Hohenzollern der Oberamtmann; für Berlin ist der Oberpräsident in Potsdam die Oberbehörde. Als Landeszentralbehörden gelten der Finanzminister und der Minister des Innern. Für das Verwaltungsstrafverfahren sind die Regierungspräsidenten und die Oberpräsidenten bzw. die Landräte und die Regierungspräsidenten, für Berlin der Oberpräsident in Potsdam bzw. der Minister des Innern, zuständig.

In Bayern bilden die Rentämter die Veranlagungsbehörden, die Regierungsfinanzkammern sind die Oberbehörden, das Staatsministerium der Finanzen ist die Landeszentralbehörde; die Rentämter und die Regierungsfinanzkammern sind die Strafbehörden in erster und zweiter Instanz.

Im Königreich Sachsen sind die Stadträte oder die Bürgermeister und Gemeindevorstände, welchen die Geschäfte des Zuwachssteueramtes von der Regierung übertragen sind, die Veranlagungsbehörden; für die Gemeinden ohne Veranlagungsbefugnis und die Gutsbezirke sind die Hauptzollämter Dresden II und Leipzig II, Chemnitz, Plauen, Bautzen, Zittau und Zwickau die Veranlagungsbehörden. Als Oberbehörde fungiert die Generalzolldirektion in Dresden, als Landeszentralbehörde das Finanzministerium. Die genannten Hauptzollämter sind als Strafbehörden mit der Generalzolldirektion als Beschwerde- und Berufungsinstanz aufgestellt.

In Württemberg sind die Bezirkssteuerämter (Kameralämter und Hauptsteueramt Stuttgart) die Veranlagungsbehörden, das Steuerkollegium, Abteilung für direkte

Steuern, ist die Oberbehörde, das Finanzministerium ist die Zentralbehörde; die Bezirkssteuerämter und das Steuerkollegium sind die Verwaltungsstrafbehörden.

In Baden sind die Grundbuchämter bzw. die Bezirkssteuerämter, in Karlsruhe und Mannheim das Hauptsteueramt, die Veranlagungsbehörden, die Zoll- und Steuerdirektion in Karlsruhe ist die Oberbehörde, das Finanzministerium die Zentralbehörde, die Bezirkssteuerämter und die Zolldirektion sind die Strafbehörden.

In Hessen sind die Finanzämter mit dem Ministerium der Finanzen die Veranlagungs-, Ober- und Zentralbehörden, die Finanzämter und das Ministerium der Finanzen (Abteilung für Steuerwesen) sind die Strafbehörden.

In Mecklenburg-Schwerin und in Mecklenburg-Strelitz sind die 5 Hauptzollämter mit der Oberzolldirektion in Schwerin die Veranlagungs- und Oberbehörden sowie die Strafbehörden; die beiden Finanzministerien sind die Zentralbehörden.

In Sachsen-Weimar ist das Erbschafts- und Zuwachssteueramt in Weimar die Veranlagungsbehörde, die Oberzolldirektion in Erfurt ist die Oberbehörde, das Staatsministerium, Departement der Finanzen, ist die Landeszentralbehörde und zugleich die Strafbehörde.

In Anhalt ist Veranlagungsbehörde das Zuwachssteueramt in Dessau, Oberbehörde die Finanzdirektion daselbst, Landeszentralbehörde das Staatsministerium, Strafbehörde die beiden ersten.

In Oldenburg (Herzogtum) sind die Ämter und Magistrate der Städte 1. Klasse die Veranlagungsbehörden, im Fürstentum Lübeck das Zuwachssteueramt in Eutin, im Fürstentum Birkenfeld das Zuwachssteueramt in Birkenfeld. Oberbehörden sind die besonderen Behörden in Oldenburg (Stadt), der Regierungspräsident in Eutin und in Birkenfeld. Die Zuwachssteuerämter und die Oberbehörden sind auch für die Zuwachssteuerstrafsachen kompetent. Landeszentralbehörde ist das Ministerium der Finanzen.

In Braunschweig und in Sachsen-Meiningen sind die Zuwachssteuerämter in Braunschweig und in Meiningen die Veranlagungsbehörden, die Zolldirektion in Braunschweig und die Oberzolldirektion in Erfurt sind die Oberbehörden, die Ministerien die Zentralbehörden, die Zuwachssteuerämter und Oberbehörden sind die Strafbehörden. Die Oberzolldirektion in Erfurt bildet auch noch für die Zuwachssteuerämter in Altenburg, Rudolstadt, Sondershausen, Greußen, Ebeleben, Arnstadt, Gehren, Greiz und Gera die Oberbehörde. Im Herzogtum Koburg sind die Staats- und Domänenkasse in Koburg, in Gotha das Zoll- und Erbschaftssteueramt in Gotha die Veranlagungsbehörden, die Oberzolldirektion in Erfurt ist die Oberbehörde, die Ministerien bilden die Zentralbehörden. Die Strafbefugnis ruht bei den Zuwachssteuerämtern und den Oberbehörden bzw. den Finanzministerien.

In Waldeck sind die Kreisämter die Zuwachssteuerämter mit dem Landesdirektor in Arolsen als Oberbehörde. Das preußische Finanzministerium bildet die Zentralbehörde. Die Kreisamtmänner und der Landesdirektor haben die Strafbefugnis.

In Schaumburg-Lippe und in Lippe sind die Stadtmagistrate, die Landratsämter und die Verwaltungsämter die Veranlagungsbehörden, die Ministerialabteilung für Gemeindeangelegenheiten in Bückeburg und die Regierung in Detmold sind die Oberbehörden, die Ministerien sind die Zentralbehörden. Die Strafbefugnis haben die Ministerialabteilung für Gemeindeangelegenheiten in Bückeburg und die Zuwachssteuerämter mit der Regierung in Detmold.

In Elsaß-Lothringen sind die Verkehrssteuerämter die Veranlagungsbehörden, der Direktor der Verkehrssteuern in Straßburg ist die Oberbehörde; das Ministerium, Abteilung für Finanzen und Domänen ist die Zentralbehörde; die Verkehrssteuerämter und der Verkehrssteuerdirektor haben die Strafbefugnis.

Für die drei Hansestädte Hamburg, Bremen und Lübeck sind der Steuerdirektor in Hamburg, das Generalsteueramt in Bremen und der Steuerdirektor in Lübeck die Veranlagungsbehörden, die Steuerdeputation in Hamburg, der Oberzolldirektor in Bremen, die Steuerbehörde in Lübeck bilden die Oberbehörden, die Senate sind die Zentralbehörden. Die Strafbefugnis haben die Steuerdeputation und der Senat in Hamburg, die Steuerbehörde in Lübeck, das Generalsteueramt und der Oberzolldirektor in Bremen.

§ 242.

Das Reichszuwachssteuergesetz vom 14. Februar 1911 (RGBlatt 1911 S. 33 ff.) hat 72 Paragraphen mit VIII Abschnitten.

Abschnitt I behandelt in 7 Paragraphen den Gegenstand und den Zeitpunkt der Steuerpflicht im allgemeinen, nämlich den Übergang des Eigentums

an inländischen Grundstücken (§§ 1, 4), den Übergang von Berechtigungen (§ 2), den Übergang von Anteilsrechten (§ 3), den Abschluß des Veräußerungsgeschäftes (§ 5), die Verdeckung steuerpflichtiger Rechtsvorgänge (§ 6) und die steuerfreien Rechtsvorgänge (§ 7).

Der Abschnitt II handelt vom steuerpflichtigen Zuwachs im allgemeinen und in besonderen Fällen. Der Erwerbs- und Veräußerungspreis wird näher festgestellt, der Begriff des Preises in § 8, der Preis bei Zwangsversteigerungen (§ 9), die Ausscheidung wesentlicher Grundstücksbestandteile (§ 10); der Wert als maßgebende Berechnungsgrundlage an Stelle des Preises (§ 11), Wertermittelung (§ 12), Ausscheidung steuerfreier Gegenstände (§ 13).

Feststellung des ohne Zutun des Eigentümers entstandenen Zuwachses. Hiebei sind maßgebend die Zurechnungen zum Erwerbspreise und die tatsächlichen Aufwendungen (§§ 14, 15), die angenommenen Aufwendungen (§ 16). Die §§ 17 bis 21 des Gesetzes behandeln die Berechnung des Erwerbspreises in besonderen Fällen, z. B. aus Anlaß von Flurbereinigungen und bei Teilveräußerungen, die §§ 22 bis 24 des Gesetzes betreffen die Berechnung des Veräußerungspreises und die §§ 25 bis 27 die Berechnung des Zuwachses.

Der Abschnitt III (§ 28) regelt die Höhe der Steuer, die zwischen 10 % bis 30 % des Wertzuwachses schwankt mit einer Ermäßigung von 1—1½ % des der Berechnung zugrunde liegenden Zeitraums. Einzelsteuern unter 20 Mark werden nicht erhoben.

Der Abschnitt IV betrifft den Träger der Steuerpflicht (des Veräußerers) mit Haftung des Erwerbers in gewissen Fällen (§ 29). In §§ 30, 31 sind die Steuerbefreiungen aufgeführt (die persönlichen Steuerbefreiungen). Nach §§ 32, 33 ist die Haftung der Zwischenverkäufer und in § 34 ist die Erstattung der Steuer geregelt.

Der Abschnitt V ordnet die Verwaltung und Erhebung der Zuwachssteuer. Die Zuwachssteuerbehörden (Veranlagungsämter, Oberbehörden) sind in § 35, die Reichsaufsicht durch die Reichsbevollmächtigten in § 36 geregelt. In §§ 37 bis 57 ist der ganze Hergang bei der Veranlagung, Prüfung, Erhebung, Stundung, zwangsweisen Einziehung, Bestrafung und Verjährung der Steuer geregelt.

In Abschnitt VI wird als Träger des Steueranspruchs das Reich mit 50 % Anteil, der Bundesstaat mit 10 % und die Gemeinde mit 40 % Anteil an dem Ertrag der Zuwachssteuer bestimmt. Die Gemeinden können Zuschläge zur Reichssteuer erheben (§ 59). Die Rechtslage der entschädigungsberechtigten Gemeinden und Staaten wird in §§ 60 und 61 geordnet.

Abschnitt VII enthält die Übergangsvorschriften und Abschnitt VIII die Schlußvorschriften, nämlich die notwendig gewordenen Änderungen des Reichsstempelgesetzes, wovon schon früher die Rede war, ferner den Zeitpunkt des Inkrafttretens des Gesetzes vom 1. April 1911 mit Rückwirkung bis zum 1. Januar 1911; außerdem wird die Befugnis des Bundesrats ausgesprochen, zum Gesetze die Ausführungsbestimmungen und Ergänzungsvorschriften zu erlassen, was auch durch BRBeschluß vom 27. März 1911 (RZBlatt 1911 S. 79) geschehen ist.

In diesen Reichsausführungsvorschriften ist die Behördenorganisation, das Anmeldungsverfahren, das Vorverfahren, das Hauptverfahren mit Veranlagung und Feststellung der Steuer geordnet. Ferner wird das Beschwerdeverfahren und das Aufsichtsprüfungsverfahren geregelt. Erwähnenswert ist der sog. Feststellungsbescheid nach § 33 der AusfBest.

Endlich sind noch die Schlußbestimmungen anzuführen.

Außer diesen Reichsausführungsbestimmungen sind die einzelstaatlichen Vollzugsanweisungen anzuführen und die Bekanntmachung des Reichskanzlers vom 12. Mai 1911.

Der finanzielle Zweckgedanke des Reichszuwachssteuergesetzes ist die Besteuerung zugunsten der Gesamtheit des ohne Zutun des Eigentümers entstandenen Wertzuwachses an einem Grundstück. Zuwachs ist der Differenzbetrag zwischen dem Erwerbspreis und dem Veräußerungspreis unter Anrechnung der Aufwendungen usw. Zugrunde gelegt ist der Erwerbs- und Veräußerungspreis; nur wo alle Anhalte fehlen, den Preis zu ermitteln, wird auf den Wert des Grundstückes zurückgegriffen, hiebei ist auf den Vergleich nach § 23 der AusfBest. hinzuweisen. Der Ertrag der Zuwachssteuer wird vorläufig für das Reich auf 13 Millionen Mark geschätzt.

Bezüglich der Reichszuwachssteuer besteht zurzeit schon eine Überproduktion an Kommentaren und Erläuterungsbüchern. Bereits vor Erlaß des Gesetzes sind gelegentlich des Kongresses der Bodenreformer in Gotha am 4. Oktober 1910 folgende Vorträge gehalten worden (abgedruckt im Jahrbuch der Bodenreform VI. Bd. 3. Heft 1910): Professor Dr. Köppe aus Marburg und Geheimrat A. Wagner in Berlin über die Stellung der deutschen Wissenschaft zur Wertzuwachssteuer; Dr. Boldt, Stadtrat in Dortmund über die Stellung der deutschen Gemeinden zu dieser Frage; G. Victor, Großkaufmann in Bremen über die Stellung des deutschen Handels zur Zuwachssteuer; Dr. A. von Schwerin, Rittergutsbesitzer, über die Stellung der deutschen Landwirtschaft zur Zuwachssteuerfrage, desgl. von K. Marfels über die Stellung des deutschen Mittelstandes, von H. Freese über die Stellung des deutschen Baugewerbes, von W. Flügel über die Stellung der Beamten und Angestellten, von F. Behrens über die Stellung der Arbeiter zur Frage der Zuwachssteuer.

Hinsichtlich der Literatur ist ferner noch anzuführen:

Zuwachssteuergesetz mit Vollzugsvorschriften, Anmerkungen und Sachregister von Dr. Koeppe; J. Schweitzer Verlag, München. Das Reichszuwachssteuergesetz mit Anmerkungen, Erläuterungen und Beispielen von Dr. Boldt, C. Heymanns Verlag, Berlin. Das Reichszuwachssteuergesetz, erläutert von Oberbürgermeister Cuno in Hagen i. W., Rentsch-München. Das Reichsgesetz über die Zuwachssteuer von C. Miller, Weil-Tübingen. Entwickelung und Ergebnisse der Wertzuwachsbesteuerung im Königreich Sachsen von Leuckart von Weißdorf, Leipzig, Röder & Schunke. Das Zuwachssteuergesetz von Dr. Cuno, Regierungsrat im Reichsschatzamt, J. Guttentags Verlagsbuchhandlung, Berlin. Amtliche Mitteilungen über die Zuwachssteuer, herausgegeben im Reichsschatzamt, C. Heymanns Verlag, Berlin. Das Reichszuwachssteuergesetz vom 1. April 1911, erläutert von Becher und Henneberg; H. W. Müllers Verlag, Berlin.

§ 243.

Der Zuwachssteuergesetzentwurf (BRDrS. 1910 Nr. 65, RTDrS. 1910 Nr. 374) wurde im Reichstag am 15. April 1910 der ersten Beratung unterzogen, die mit der Überweisung des Gesetzentwurfs an eine Kommission von 28 Mitgliedern endigte. Der Kommissionsbericht liegt unter Nr. 515 der RTDrS. vor. Die zweite Beratung fand statt am 16. bis 25. Januar 1911. Hiebei stellte der Abgeordnete Albrecht und Gen. den Antrag (RTDrS. Nr. 671), dem Zuwachssteuergesetz einen Paragraphen beizufügen, wonach mit dem Inkrafttreten des Zuwachssteuergesetzes das Zündwarensteuergesetz außer Kraft treten solle. Dieser vom Reichsschatzsekretär bekämpfte Antrag wurde abgelehnt.

In der RTDrS. Nr. 678 ist eine Zusammenstellung des Entwurfs des Gesetzes mit den Beschlüssen der Kommission in dritter Lesung (DrS. Nr. 590) und mit den Beschlüssen des Reichstags in zweiter Lesung enthalten.

Die dritte Beratung des Gesetzes fand am 31. Januar und 1. Februar 1911 statt, die mit der Annahme des Entwurfs in der aus den Drucksachen 695 und 700 sich ergebenden Fassung, wodurch die finanzielle Wirkung des Regierungsentwurfes erheblich abgeschwächt wurde, endigte. Insbesondere sind die anrechnungsfähigen Aufwendungen und Anrechnungen zum Erwerbspreise nach vieler Richtung zu hoch.

In namentlicher Abstimmung stimmten 199 Abgeordnete dafür und 93 dagegen, während sich 20 Abgeordnete der Abstimmung enthielten.

Das Reichszuwachssteuergesetz enthält einen für die Besteuerung sehr gesunden Gedanken und ist noch recht ausbeutungsfähig.

Die Reichserbschaftssteuer.

§ 244.

Wie bereits früher schon kurz angedeutet worden ist, erfolgte durch das Reichsgesetz betreffend die Ordnung des Reichshaushalts und Tilgung der Reichsschulden vom 3. Juni 1906 die Einführung der Erbschaftssteuer als Reichssteuer.

Erbschaftssteuern bestanden im Deutschen Reiche schon seit längerer Zeit in den Einzelstaaten, so in Preußen laut Gesetz vom 30. Mai 1873 und 19. Mai 1891; in Bayern laut Gesetz vom 18. August 1879; in Sachsen (Königreich) laut Gesetz vom 13. November 1876, 3. Juni 1879 und 9. März 1880; in Württemberg laut Gesetz vom 26. Dezember 1899; in Baden laut Gesetz vom 14. Juni 1899; in Hessen laut Gesetz vom 22. Dezember 1900; in Mecklenburg-Schwerin laut Verordnung vom 22. Dezember 1899; in Sachsen-Weimar laut Gesetz vom 22. Juni 1904; in Mecklenburg-Strelitz laut Verordnung vom 11. Mai 1905; in Oldenburg laut Gesetz vom 21. März 1900 und 20. Juli 1868; in Braunschweig laut Gesetz vom 10. Juni 1892; in Sachsen-Meiningen laut Gesetz vom 20. Mai 1885; in Sachsen-Altenburg laut Gesetz vom 18. Dezember 1885; in Sachsen-Koburg laut Gesetz vom 22. Dezember 1903; in Sachsen-Gotha laut Gesetz vom 17. Mai 1902; in Anhalt laut Gesetz vom 26. März 1905; in Schwarzburg-Sondershausen laut Gesetz vom 9. Februar 1892; in Schwarzburg-Rudolstadt laut Gesetz vom 6. April 1894; in Reuß ä. L. laut Gesetz vom 3. März 1875; in Reuß j. L. laut Gesetz vom 25. März 1905; in Schaumburg-Lippe laut Gesetz vom 26. April 1880; in Lippe laut Gesetz vom 20. April 1897; in Lübeck laut Gesetz vom 30. November 1903 mit Zusatz vom 14. November 1906; in Bremen laut Gesetz vom 7. Juni 1904; in Hamburg laut Gesetz vom 2. März 1903; in Elsaß-Lothringen laut Gesetz vom 17. Juni 1900 und 29. Juni 1907. Im Jahre 1905 besaß nur Waldeck-Pyrmont keine Erbschaftssteuer. Die Hansestädte und Elsaß-Lothringen haben nicht bloß eine ganz erheblich höhere Erbschaftssteuer als die übrigen deutschen Bundesstaaten, sondern sie haben auch die Abkömmlinge und zum Teil die Ehegatten der Besteuerung unterworfen. Die Hansestädte hatten außerdem, wie auch Anhalt und Reuß j. L., neben der Abstufung der Steuer nach den Verwandtschaftsgraden auch noch eine Staffelung der Steuer nach der Höhe des Anfalls eingeführt.

Der Gedanke, für das Reich eine Erbschaftssteuer zu erheben, wurde bereits im Jahre 1877 in der Kommission für Beratung von Reichsstempelsteuern in Erwägung gezogen, allein damals bei dem Mangel eines einheitlichen deutschen Erbrechtes nicht weiter verfolgt.

Wegen der näheren Darlegung der Geschichte der deutschen Erbschaftsbesteuerung und der deutschen Erbschaftssteuern wird auf folgende Literatur hingewiesen, indem die bereits zum Reichserbschaftssteuergesetze herausgegebenen Kommentare in ihren Einleitungen zumeist einen geschichtlichen Her- und Werdegang der deutschen Erbschaftssteuer liefern. Hervorzuheben sind folgende Kommentare zum Reichserbschaftssteuergesetz:

A. Hoffmann, Reichserbschaftssteuergesetz, Roßbergsche Verlagsbuchhandlung, Leipzig, geb. 5 Mark. Juristische Handbibliothek, Einleitung. U. Hoffmann, Das Erbschaftssteuergesetz für das Deutsche Reich vom 3. Juni 1906; J. Guttentags Verlagsbuchhandlung, Berlin 1911, zweite Auflage. Kommentar zum Reichserbschaftssteuergesetz vom 3. Juni 1906 mit einem Anhange: Erbschaftssteuer-Ausführungsbestimmungen und Verzeichnis der Erbschaftssteuerämter mit Oberbehörden von H. Josewsky, Cöln a. Rh., Druck und Verlag der Cölner Verlagsanstalt und Druckerei A.-G. 1906. Dr. Wunsch, Erbschaftssteuergesetz vom 3. Juni 1906 nebst Ausführungsbestimmungen, Berlin, C. Heymanns Verlag 1907. Zimmermann, F. W. R., Braunschweig, Reichserbschaftssteuergesetz mit den Vollzugsvorschriften des Bundesrats, von Preußen, Bayern, Sachsen, Württemberg, Baden, Hessen und Braunschweig; 2. Auflage, J. Schweitzer Verlag, Berlin 1911.

Auch die Ausführungen zu den deutschen und fremdländischen Erbschaftssteuergesetzen in dem Lehr- und Handbuch der politischen Ökonomie, herausgegeben von A. Wagner, Leipzig, C. F. Wintersche Verlagsbuchhandlung, seien hier erwähnt.

Kurz mag bemerkt werden, daß Großbritannien an 400 Millionen Mark (10 Mark auf den Kopf der Bevölkerung), Frankreich 160 Millionen Mark (4 Mark auf den Bevölkerungskopf), Belgien 20 und Holland 19½ Millionen Mark (3½ Mark auf den Bevölkerungskopf), Österreich 25 Millionen Mark, Italien 30 Millionen Mark (1 Mark auf den Bevölkerungskopf), Ungarn 12 Millionen Mark (½ Mark auf den Bevölkerungskopf) und Deutschland im ganzen 50 Millionen Mark also noch nicht einmal 1 Mark auf den Bevölkerungskopf an Erbschaftssteuer erhebt.

§ 245.

Wie aus der in diesem Buche enthaltenen kurzen Darstellung über die Reichsfinanzverhältnisse und die Reichsfinanzreform schon zu entnehmen ist, war trotz mehrmaliger Anläufe zu einer Verbesserung der ungesunden und auf die Dauer unhaltbaren Zustände der Reichsfinanzen im Jahre 1905 die Reichsfinanzlage in einen solchen Zustand des Verfalls geraten, daß trotz des Gesetzes vom 14. Mai 1904, betreffend die Änderung des Reichsfinanzwesens (RGBlatt 1904 S. 169, 170), der sogenannten kleinen Finanzreform, in der Thronrede bei Eröffnung des Reichstags am 28. November 1905 außer der Vorlage von anderen Reichssteuern auch eine Reichserbschaftssteuervorlage in Aussicht gestellt wurde.

In der BRDrS. Nr. 143 und 150 (1905) ist der Entwurf zu dem Reichserbschaftssteuergesetze enthalten. Dieser Entwurf gründet sich der Hauptsache nach auf das preußische Erbschaftssteuergesetz vom 30. Mai 1873 mit den in den Jahren 1891 und 1895 hiezu erfolgten Änderungen (Gesetz vom 19. Mai 1891 und vom 31. Juli 1895). Die Begründung zu diesem Gesetzentwurf führt folgendes aus: Die Erbschaftssteuer trifft ihrer Natur nach stets den Besitzenden. Wer nichts erbt, hat auch keine Erbschaftssteuer zu entrichten. Die Heranziehung des Besitzenden zu den Ausgaben des Reiches, also hauptsächlich zur Erhaltung von Heer und Flotte, ist jedenfalls gerechtfertigt und war längst das Ziel der verschiedenen Reichsfinanzreformversuche. Nur standen der Übernahme der Erbschaftssteuer auf das Reich ungemein große Schwierigkeiten entgegen, da die bundesstaatlichen Erbschaftssteuern meistens sehr innig mit dem Steuer- und Finanzsystem dieser Staaten verknüpft waren, so daß eine Herausnahme dieser Einnahmequelle aus dem Einzelstaatsbudget in das Reichsbudget eine empfindliche Schädigung der Finanzen der Einzelstaaten zur Folge gehabt hätte. Auch die Schwierigkeit einer einheitlichen Veranlagung, Verwaltung und Erhebung war kaum zu überwinden. Als nun im Jahre 1905 am 28. November dem Reichstage die Vorlage der verbündeten Regierungen wegen Neuordnung der Reichsfinanzen zuging, da ward auch der Entwurf zu einem Reichserbschaftssteuergesetze zur Vorlage gebracht, wonach ein gewisser Anteil den Bundesstaaten verbleiben soll. Obgleich in einzelnen Bundesstaaten bereits Abkömmlinge und Ehegatten der Erbschaftssteuer unterworfen waren, sah der damalige Entwurf doch davon ab, die Abkömmlinge und Ehegatten zur Erbschaftssteuer heranzuziehen. Wenn aber in einem Bundesstaate Abkömmlinge und Ehegatten steuerpflichtig sein sollten oder, wenn die Landessteuersätze höher sein sollten als die Sätze der Reichserbschaftssteuer oder, wenn die Landesgesetzgebung Zuschläge zur Reichssteuer festsetzt, so soll diese Mehrerhebung den Bundesstaaten verbleiben.

§ 246.

Wie aus der Begründung zur Vorlage des Reichserbschaftssteuergesetzes (BRDrS. 1905 Nr. 143, 150) hervorgeht, sollte die Reichserbschaftssteuer sich progressiv steigern, je nach dem Verwandtschaftsgrad und der Höhe der Erbschaft. Befreit sollten bleiben die Abkömmlinge und die Ehegatten sowie ganz kleine Erbschaften und die Landesfürsten. Im Interesse der Sicherstellung des Aufkommens der Erbschaftssteuer wurden auch Schenkungen unter Lebenden für steuerpflichtig erklärt. Mit Rücksicht auf die historische Entwickelung der Erbschaftssteuer in Deutschland soll das Reich am Ertrage lediglich beteiligt sein (nach dem Gesetze von 1906 mit $^2/_3$ des Gesamtanfalls).

Bei der Vorlage der Gesetzentwürfe für die Reichsfinanzreform im Jahre 1909 wurde laut BRDrS. Nr. 133, 157, 158 (1908) der Entwurf eines Gesetzes wegen Änderung des Erbschaftssteuergesetzes von 1906 und der Entwurf eines Gesetzes betreffend das Erbrecht des Staates, ferner in BRDrS. Nr. 160 (1908) der Entwurf eines Nachlaßsteuergesetzes dem Bundesrat und Reichstage übermittelt.

Schon bei der Beratung des Erbschaftssteuergesetzes von 1906 hatte der Zentrumsabgeordnete Dr. von Zehnhoff angeregt, außer der Erbschaftssteuer den Nachlaß als solchen durch eine Nachlaßsteuer mit Sätzen von $^1/_{10}$ bis 2% zu treffen. Dieser Anregung entsprechend arbeitete das Reichsschatzamt gemäß dem englischen estate duty Gesetz den Gesetzentwurf aus, wonach der Nachlaß eines Verstorbenen als Ganzes ohne Rücksicht auf die erbenden Personen mit einer mäßigen Abgabe belastet werden solle.

Die Nachlaßsteuer sollte erst in Wirksamkeit treten bei einem reinen Wert von über 20 000 Mark. Die Nachlaßsteuer sollte sofort aus dem Nachlaß vorweg entrichtet werden müssen. Mit der Nachlaßsteuer war auch eine Art Wehrsteuer verquickt, indem als Zuschlag zur Nachlaßsteuer von dem Nachlasse derjenigen wehrpflichtigen Personen, die nicht aktiv Dienst geleistet haben, eine Wehrsteuer von 1,5% des Nachlasses erhoben werden sollte, also z. B. bei einem Nachlasse von 100 000 Mark $1{,}4 + 1{,}5\% = 2{,}9\%$ oder 2900 Mark.

Außerdem wurde das Erbrecht des Staates zur Durchführung vorgeschlagen, indem außer den Abkömmlingen, Eltern, Geschwistern und deren Abkömmlingen (Neffen, Nichten) und den Großeltern keine weiteren Verwandten ein gesetzliches Erbrecht mehr haben sollten, sondern an deren Stelle der Fiskus des Bundesstaates treten sollte, wenn nicht testamentarische Erbeinsetzung vorliege.

Das Erbrecht des Staates fand in der ersten Beratung des Reichstages kein rechtes Entgegenkommen, wurde zwar in der ersten Beratung der Kommissionsitzung nicht abgelehnt, aber bei der zweiten Beratung in der Kommission und im Reichstag selbst (zweite Plenarlesung am 5. Juli 1909) wurde das Erbrecht des Staates vollständig abgelehnt. (Vgl. Bamberger-Aschersleben, Broschüre über das Erbrecht des Staates und die lachenden Erben.)

Die von der Reichsleitung zur Einführung vorgeschlagene Nachlaßsteuer wurde gleichfalls einer Kommission zur Durchberatung überwiesen und begegnete daselbst allerlei Bedenken, indem von konservativer und Zentrumsseite gegen die Erbbesteuerung der Kinder und Ehegatten die Zerstörung des Familiensinnes und die Belastung der kleineren bäuerlichen Besitze ins Treffen geführt wurde. Die liberalen Parteien waren mehr für die Einführung einer Reichsvermögenssteuer und nur die Sozialdemokraten waren entschieden für die Nachlaßsteuer, während die freisinnige Partei sich eventuell auch für eine Erbbesteuerung der Deszendenten und Ehegatten erklärte.

In der Vollsitzung der Kommission wurde am 2. März 1909 die Nachlaßsteuer abgelehnt, dagegen sollte eine Besitzsteuer eingeführt werden, die dem Reiche jährlich 100 Millionen Mark bringen würde. Die Novelle zum Reichserbschaftssteuergesetz (BRDrS. 1908 Nr. 133) wurde nebenher beraten, fand aber keine Zustimmung in der Kommission. Da trat am 25. März 1909 die Blockkrisis ein und die Reichsleitung sah sich genötigt, einen neuen Gesetzentwurf betreffend die Erbanfallsteuer (BRDrS. 1909 Nr. 76) einzubringen.

Zur Begründung der Erbanfallsteuer ist von der Reichsleitung ausgeführt, daß die Nachlaßsteuer, wonach die Erbschaftssteuer vom Gesamtnachlaß als solchem zur Hebung gelange, allerdings auf die Erben keine Rücksicht nehme, daß aber aus finanziellen Gründen die Nachlaßsteuer der Erbanfallsteuer vorzuziehen gewesen wäre. Allein da gegen die Nachlaßsteuer in Verbindung mit der Wehrsteuer eine so eindringliche Gegnerschaft bestand, so sei die Reichsleitung auch bereit, die Erbanfallsteuer mit Heranziehung der Kinder und Ehegatten weiter auszubauen. Die Kommission, wohin die neue Erbanfallsteuer verwiesen wurde, beriet diesen Gesetzentwurf schon am 22. Juni 1909, aber auch hiefür konnte die Zustimmung der Kommission nicht erlangt werden, der Gesetzentwurf ward am 24. Juni 1909 total abgelehnt, weil für die Staatslasten die lebenden Steuerzahler aufzukommen hätten und nicht die Toten.

An die Stelle der Erbschaftssteuer trat sodann die Grundwechselabgabe in Verbindung mit der Reichszuwachssteuer und die Erhöhung der Börsensteuern, der erhöhte Wechselstempel und der Scheckstempel. Die Talonsteuer trat als Ersatz ein für die von der Regierung als unannehmbar erklärte Kotierungssteuer.

§ 247.

So blieb also von der ganzen Erbschaftssteuervorlage bei der Reichsfinanzreform von 1909 nichts übrig, als daß von dem Gesamtanfall der deutschen Reichserbschaftssteuer nicht mehr $^2/_3$ sondern $^3/_4$ der Reichskasse zufließen, während den Bundesstaaten nur mehr $^1/_4$ statt $^1/_3$ des Anfalles verbleiben sollen (§ 5 des RGesetzes betreffend Änderungen im Reichsfinanzwesen vom 15. Juli 1909, RGBlatt S. 743).

Das Reichserbschaftssteuergesetz vom 3. Juni 1906 hat XXIX Abschnitte und 62 Paragraphen.

In Abschnitt I (§§ 1 bis 4) wird der Gegenstand der Erbschaftssteuer behandelt.

Gegenstand der Erbschaftssteuer ist der Erwerb von Todes wegen, also alles was durch Erbfolge, Vermächtnis oder als Pflichtteil, Schenkung von Todes wegen, durch eine Auflage oder Leistung oder Anrechnung von Todes wegen erworben wird.

Dem deutschen Reichserbschaftssteuergesetz ist alles bewegliche Vermögen unterstellt, wenn der Erblasser zur Zeit seines Todes ein Deutscher war und zugleich einem deutschen Bundesstaate angehörte. Von inländischen Grundstücken ist die Erbschaftssteuer zu erheben ohne Unterschied, ob der Erblasser ein Deutscher oder ein Ausländer war und ob er seinen Wohnsitz im Inland oder Ausland hatte. (Abschnitt II, Räumliche Herrschaft des Erbschaftssteuergesetzes, §§ 5 bis 9 des Gesetzes.)

In Abschnitt III (§ 10) ist der Betrag der Erbschaftssteuer festgestellt.

Die Höhe der Erbschaftssteuer hängt ab von der Nähe der Verwandtschaft des Erben zum Erblasser und der Höhe der Erbschaft vorbehaltlich der näheren gesetzlichen Modifikationen.

Bei einem Erbschaftsbetrage von

I. über 500 Mark bis 20 000 Mark	II. über 20 000 Mark bis 30 000 Mark	III. über 30 000 Mark bis 1 000 000 Mark	IV. über 1 Million
4 % für leibliche Eltern	4,4 %	4,8 %—9,6 %	10 %
4 % für Geschwister und deren Kinder	4,4 %	4,8 %—9,6 %	10 %
6 % für Großeltern	6,6 %	7,2 %—14,4 %	15 %
6 % für Schwiegereltern	6,6 %	7,2 %—14,4 %	15 %
6 % für Stiefeltern	6,6 %	7,2 %—14,4 %	15 %
6 % für Schwieger- und Stiefkinder	6,6 %	7,2 %—14,4 %	15 %
6 % für Geschwisterenkel	6,6 %	7,2 %—14,4 %	15 %
6 % für uneheliche, vom Vater anerkannte Kinder und deren Abkömmlinge	6,6 %	7,2 %—14,4 %	15 %

	I.	II.	III.	IV.
6%	für an Kindesstatt angenommene Personen und event. deren Abkömmlinge	6,6%	7,2%—14,4%	15%
8%	für Geschwister der Eltern	8,8%	9,6%—19.2%	20%
8%	für Verschwägerte im II. Grad der Seitenlinie	8,8%	9,6%—19,2%	20%
10%	in den übrigen Fällen	11%	12%—24%	25%

Bei Eltern und Geschwistern beginnt die Steigerung nach Spalte II und III erst bei einem Erbanfall von mehr als 50 000 Mark, nicht bei 20 000 Mark. Die in Spalte III angegebenen Spannungen beziehen sich auf Erbanfälle von mehr als 30, 50, 75, 100 000 Mark, 150 000 Mark, 200, 300, 400, 500 000 Mark bis 1 Million Mark mit einer Steigerung um das 1¹/₁₀fache bis 2⁵/₁₀fache. Übersteigt z. B. der Wert des Erwerbes den Betrag von 50 000 Mark, so wird das 1²/₁₀fache der einfachen Steuer, übersteigt beispielsweise der Erwerb den Betrag von 300 000 Mark, so wird das 1⁸/₁₀fache und übersteigt der Erwerb den Betrag von 1 Million Mark, so wird das 2⁵/₁₀fache der einfachen Steuer erhoben.

Hiebei sind die Befreiungs- und Ermäßigungsvorschriften in § 10 letzter Absatz und § 14 Abs. II des REStG. zu beachten. Die Einzelheiten dieser Bestimmungen hier anzuführen, würde nur verwirren. Es sei hiezu nur bemerkt, daß diese Ermäßigungsbestimmungen dazu dienen sollen, um unbillige Härten auszugleichen, indem zu vermeiden ist, daß ein Erbe beim Erbanfall von z. B. über 100 000 Mark oder von z. B. 500 000 Mark weniger erhält, als wenn der Erbanfall unter diesen Summen geblieben wäre.

Die §§ 11 bis 15 des Gesetzes handeln von den Erbschaftssteuerbefreiungen.

Von der Erbschaftssteuer bleiben befreit:

1. ein Erwerb von nicht mehr als 500 Mark;

2. der Unterhalt von Familienangehörigen durch die Erben in den ersten 30 Tagen nach dem Tod des Erblassers (§ 1969 BGB.);

3. Befreiung von einer Schuld bei Notlage des Schuldners;

4. der Erwerb der Abkömmlinge und Ehegatten, sowie der unehelichen Kinder bezüglich des Vermögens der Mutter oder mütterlichen Voreltern;

5. bei Eltern, Großeltern, für uneheliche anerkannte und an Kindesstatt angenommene Personen und deren Abkömmlinge besteht Erbschaftssteuerfreiheit bis zum Betrag von 10 000 Mark;

6. bei Geschwistern und deren Abkömmlingen, Schwieger- und Stiefeltern, Schwieger- und Stiefkindern besteht Steuerfreiheit bei Haushaltungsgegenständen, Kleidern, Wäsche, Betten usw. bis zum Wert von 5000 Mark;

7. beim Rückerwerb von geschenkten Sachen zwischen Eltern, Großeltern und Kindern bzw. Enkeln;

8. bei Personen, die im Dienstverhältnis zum Erblasser gestanden haben bis zum Erwerbswert von 3000 Mark;

9. beim Erwerb, der anfällt Familienstiftungen auf Grund des Stiftungsgeschäfts;

10. inländische Kirchen, Stiftungen, mildtätige Vereine, gemeinnützige Anstalten sowie überhaupt Zuwendungen zu kirchlichen, mildtätigen oder gemeinnützigen Zwecken, auch Unterstützungskassen von Anstalten haben nur 5% des Anfalls als Erbschaftssteuer zu entrichten, soferne der Betrag 5000 Mark übersteigt, sonst sind derartige Zuwendungen überhaupt steuerfrei.

Auch der Landesfürst und die Landesfürstin sind von der Entrichtung der Erbschaftssteuer befreit.

Im Abschnitt V wird in den §§ 16 bis 20 des Gesetzes die Ermittelung des Wertes der Erbschaftsmasse geregelt. Die Abschnitte VI und VII handeln vom bedingten Erwerb und von der bedingten Belastung (§§ 21, 22 und 23 des Gesetzes). Abschnitt VIII handelt von unsicheren Rechten (§§ 24, 25), Abschnitt IX vom Vermögenserwerb ohne die Nutzung (§§ 26, 27); Abschnitt X regelt die Berechnung der Erbschaftssteuer (§§ 28, 29, 30).

Die Erbschaftssteuer wird nach dem ganzen Erwerb jedes Beteiligten für diesen besonders unter Berücksichtigung seines Verhältnisses zum Erblasser mit Abrundung auf volle Mark nach unten berechnet, soweit der Erwerber durch die Erbschaftssteuer bereichert worden ist, also nach Abzug der Schulden, Lasten usw. (Vgl. §§ 1967—1969 BGB.)

Abschnitt XI spricht von der Haftung für die Erbschaftssteuer seitens des Erwerbers bzw. des sonstigen Haftpflichtigen. Für die Steuer haftet die ganze steuerpflichtige Masse (§§ 31 und 32 des Gesetzes). Abschnitt XII regelt die Zuständigkeit in Erbschaftssteuersachen. Hienach sind die Behörden des Bundesstaats zur Erhebung der Erbschaftssteuer befugt, in dem der Erblasser zur Zeit seines Todes seinen Wohnsitz gehabt hat und sich zuletzt aufgehalten hat (§ 33). Die Verwaltung des Erbschaftssteuerwesens wird durch die bundesstaatlichen Erbschaftssteuerämter besorgt.

In Preußen sind hiezu die Stempel- und Erbschaftssteuerämter errichtet mit den Oberzolldirektionen als Oberbehörden; in Bayern die Rentämter mit den Kreisregierungen, Kammern der Finanzen; im Königreich Sachsen sind bestimmte Hauptzollämter als Erbschaftssteuerämter tätig mit der Zoll- und Steuerdirektion als Oberbehörde; in Württemberg fungieren die Kameralämter als Erbschaftssteuerbehörden (auch das Hauptsteueramt Stuttgart) mit dem Steuerkollegium in Stuttgart als Oberbehörde; im Großherzogtum Baden sind die Notariate mit der Erbschaftssteuer betraut, die Steuerdirektion in Karlsruhe ist die Oberbehörde; im Großherzogtum Hessen verwaltet das Erbschaftssteueramt Darmstadt mit der Abteilung für Steuerwesen des großh. Finanzministeriums als Oberbehörde die Erbschaftssteuerangelegenheiten; im Großherzogtum Mecklenburg-Schwerin fungiert das Erbschaftssteueramt Rostock und die Landessteuerdirektion in Rostock; im Großherzogtum Mecklenburg-Strelitz das Erbschaftssteueramt in Neubrandenburg und in Schönberg mit der Landeszentralsteuerdirektion in Neubrandenburg bzw. der Landvogtei des Fürstentums Ratzeburg in Schönberg; im Großherzogtum Sachsen besteht das Erbschaftssteueramt Weimar mit dem Generalzolldirektor in Erfurt als Oberbehörde; im Herzogtum Sachsen-Meiningen sind die Steuerämter zugleich Erbschaftssteuerämter, als Oberbehörde fungiert gleichfalls der Generaldirektor des Thüringischen Zollvereins in Erfurt. Im Großherzogtum Oldenburg sind die großherzoglichen Ämter auch zugleich Erbschaftssteuerämter mit der Oberbehörde für Erbschaftssteuersachen in Oldenburg bzw. den Regierungspräsidenten in Eutin und Birkenfeld; im Herzogtum Braunschweig ist das Erbschaftssteueramt Braunschweig mit der Zolldirektion als Oberbehörde aufgestellt.

Für die folgenden Bundesstaaten macht folgende Tabelle die betreffenden Behörden ersichtlich:

Bundesstaat:	Erbschaftssteueramt:	Oberbehörde:
Herzogtum Sachsen-Altenburg	Steuer- und Rentamt Altenburg	Generaldirektor des Thür. Zollvereins in Erfurt
Herzogtum Sachsen-Koburg	Staats- und Domänen-Kasse Koburg	dgl.
Herzogtum Sachsen-Gotha	Erbschaftssteueramt in Gotha	dgl.
Herzogtum Anhalt	Erbschaftssteueramt Dessau	Finanzdirektion
Fürstentum Schwarzburg-Sondershausen	5 Erbschaftssteuerämter in Sondershausen, Greußen, Ebeleben, Arnstadt, Gehren	Generaldirektor des Thür. Zollvereins in Erfurt
Fürstentum Schwarzburg-Rudolstadt	Erbschaftssteueramt Rudolstadt	dgl.
Fürstentum Waldeck und Pyrmont	Kgl. preuß. Erbschaftssteueramt II in Münster	Oberzolldirektion in Münster
Fürstentum Reuß ä. L.	3 Erbschaftssteuerämter in Greiz, Zeulenroda, Burgk	Generaldirektor des Thür. Zollvereins
Fürstentum Reuß j. L.	Erbschaftssteueramt Gera	dgl.
Fürstentum Schaumburg-Lippe	Landratsamt in Stadthagen	Ministerialabteilung für Gemeinde-Angelegenheiten
Fürstentum Lippe	die Magistrate und fürstl. Verwaltungsämter	die Regierung

Bundesstaat:	Erbschaftssteueramt:	Oberbehörde:
Freie Stadt Lübeck	Erbschaftssteueramt Lübeck	Steuerbehörde
Freie Stadt Bremen	Generalsteueramt Bremen	Oberzolldirektion
Freie Stadt Hamburg	Erbschaftssteuerämter in Hamburg und Ritzebüttel	Aufsichtsbehörde für die Erbschaftssteuer
Elsaß-Lothringen	die Verkehrssteuerämter	Verkehrssteuerdirektor in Straßburg

Wie bei der Reichszuwachssteuer so ist auch bei der Reichserbschaftssteuer der Verwaltungsbehördenorganismus im Deutschen Reiche noch recht verschiedenartig gestaltet. Hieraus kann auch ersehen werden, daß die Verwaltung und Erhebung einer Reichsvermögenssteuer, abgesehen von anderen Bedenken und Schwierigkeiten, in Deutschland nicht so leicht durchzuführen sein würde.

§ 248.

Die Abschnitte XIII bis XVI des Gesetzes behandeln sodann das Verfahren in Erbschaftssteuersachen, die Anmeldung des Erwerbes (§ 36), die Erbschaftssteuererklärung (§§ 37 bis 43), die Pauschalversteuerung (§ 44), den Erbschaftssteuerbescheid (§§ 45, 46). In Abschnitt XVII und XVIII wird die Stundung und die zwangsweise Beitreibung der Erbschaftssteuer geregelt (§§ 47, 48).

Die Abschnitte XIX bis XXI betreffen die Strafen, das Strafverfahren, die Umwandlung der Geldstrafen (§§ 49 bis 52). In Abschnitt XXII und XXIII wird sodann der Kostenpunkt und die Verjährung der Erbschaftssteuer behandelt (§§ 53, 54).

Im folgenden Abschnitt XXIV erfolgt sodann die Regelung der Schenkung unter Lebenden (§ 55) mit dem § 56 betreffend die Steuerfreiheit der Schenkung aus Erfüllung einer sittlichen Pflicht oder aus Rücksichtnahme auf den Anstand. Eine Befreiung von der Schenkungssteuer tritt auch dann ein, wenn bewegliche Sachen in Wert von nicht mehr als 3000 Mark an Familienangehörige zum persönlichen Gebrauch geschenkt werden. Der § 57 (Abschnitt XXV) handelt von der Zulassung des Rechtsweges in Erbschaftssteuersachen. Wichtig ist Abschnitt XXVI (§ 58), der von den Zuschlägen der Bundesstaaten zur Erbschaftssteuer für eigene Rechnung handelt, wie auch in Abschnitt XXVII (§ 59) den Bundesstaaten gestattet ist, Abkömmlinge und Ehegatten mit einer Erbschaftssteuer für bundesstaatliche Rechnung zu belegen.

Von dieser Ermächtigung haben die Hansestädte Hamburg, Bremen und Lübeck sowie Elsaß-Lothringen einen ausgiebigen Gebrauch gemacht.

Der Abschnitt XXVIII (§§ 60, 61) betrifft die Übergangsvorschriften und Abschnitt XXIX (§ 62) die Schlußvorschrift, wonach der Bundesrat die Ausführungsbestimmungen zu dem Erbschaftssteuergesetz zu erlassen hat.

Diese Ausführungsbestimmungen sind vom Bundesrat am 16. Juni 1906 erlassen und im Zentralblatt des Deutschen Reichs 1906 Nr. 30 S. 829 ff. veröffentlicht worden. Hiezu kommen noch die Vollzugsanweisungen der Bundesstaaten.

§ 249.

Zu erwähnen ist hier insbesondere der § 2 Abs. 2 des Reichsgesetzes vom 3. Juni 1906 (RGBlatt S. 620) und das Reichsgesetz vom 15. Juli 1909 (RGBlatt 1909 S. 743) § 5, wonach von dem Rohertrage aus der Besteuerung der Erbschaften das Reich $^{3}/_{4}$ (früher $^{2}/_{3}$) erhält und den Bundesstaaten $^{1}/_{4}$ (früher $^{1}/_{3}$) ihrer Roheinnahme verbleibt. Verwaltungskosten werden den Bundesstaaten vom Reich nicht vergütet.

Ferner ist auf den § 35 ErbschStG. hinzuweisen, wonach die Reichsbevollmächtigten für die Zölle und Steuern in Ansehung der Erbschaftssteuer dieselben Rechte und Pflichten haben, wie in Ansehung der Zölle und gemeinschaftlichen Verbrauchssteuern.

Für diejenigen Bundesstaaten, in denen die Erbschaftssteuer nicht von den Zollbehörden verwaltet wird, sind besondere Reichsbevollmächtigte für die Erbschaftssteuer aufgestellt.

Nach der BRDrS. Nr. 140 (1907) ist die Reichsaufsicht über die Reichserbschaftssteuer in der Weise geregelt worden, daß die den preußischen Oberzolldirektionen zugeteilten Reichsbevollmächtigten für Zölle und Steuern (ausgenommen die Provinz Brandenburg, Oberzolldirektion Berlin und die Provinz Schlesien, Oberzolldirektion Breslau) auch die Reichsaufsicht über die Erbschaftssteuer mit wahrnehmen. Dagegen waren für das Königreich Bayern, wo die Erbschaftssteuerverwaltung bei 214 Rentämtern, für Württemberg, wo 64 Kameralämter für die Erbschaftssteuerverwaltung fungieren, für Baden mit den 163 Erbschaftssteuernotaren, für Elsaß-Lothringen mit 83 Verkehrssteuerämtern, auch für das Königreich Sachsen mit seiner Bevölkerungsdichtigkeit und für die kleineren Bundesstaaten besondere Reichsbevollmächtigte für die Erbschaftssteuer aufzustellen. (BRBeschluß vom 27. Januar 1907, § 604 der Protokolle). Hienach sind außer den Reichsbevollmächtigten für Zölle und Steuern, welche mit Ausnahme der Reichsbevollmächtigten in Berlin, Hamburg, Breslau, Dresden, Straßburg, Karlsruhe, München die Reichsaufsicht über die Erbschaftssteuer wahrzunehmen haben, besondere Reichsbevollmächtigte für die Erbschaftssteuer aufgestellt, nämlich:

In Berlin ist ein eigener Reichsbevollmächtigter für die Erbschaftssteuer aufgestellt, dessen Dienstbezirk die Provinz Brandenburg, das Königreich Sachsen und die Provinz Schlesien umfaßt. Zugleich hat dieser Reichsbevollmächtigte (von Bayern präsentiert) die Reichsaufsicht der Wechselstempel und der Reichsstempelabgaben (mit Ausnahme des Kraftwagenstempels) in der Provinz Brandenburg mit Berlin. Der Reichsbevollmächtigte für die Erbschaftssteuer in München (von Preußen präsentiert) hat als Dienstbezirk das Königreich Bayern. Er hat zugleich die Reichsaufsicht über den Wechselstempel und die Reichsstempelabgabe mit Ausnahme des Kraftwagenstempels. Der Reichsbevollmächtigte für die Erbschaftssteuer in Straßburg (von Preußen präsentiert) hat als Aufsichtsbezirk Elsaß-Lothringen, Württemberg und Baden, für Elsaß-Lothringen auch hinsichtlich der Grundwechselabgabe, da diese bei den Verkehrssteuerämtern erhoben wird.

Der Reichsbevollmächtigte für die Erbschaftssteuer in Hamburg (von Preußen präsentiert) hat als Dienstbezirk die beiden Großherzogtümer Mecklenburg, das Großherzogtum Oldenburg mit den Fürstentümern Lübeck und Birkenfeld, das Gebiet des Thüringischen Zoll- und Steuervereins mit der Oberzolldirektion (dem Generalzolldirektor) in Erfurt, das Herzogtum Braunschweig, Herzogtum Anhalt, Fürstentum Waldeck-Pyrmont, Schaumburg-Lippe, Lippe, die 3 Hansestädte Hamburg, Bremen und Lübeck. Im Herzogtum Anhalt und im Fürstentum Schaumburg-Lippe hat dieser Reichsbevollmächtigte zugleich die Aufsicht über die Grundwechselabgabe, in Bremen auch über den Wechselstempel und die gesamten Reichsstempelabgaben mit Ausnahme des Kraftwagenstempels, in Hamburg über die gesamten Reichsstempelabgaben.

Die Reichserbschaftssteuer soll nach dem Etat für 1912 der Reichskasse den Betrag von 42 Millionen Mark zuführen, so daß der Gesamtanfall an Reichserbschaftssteuer in Deutschland (ausgenommen die besonderen Zuschläge in den Hansestädten und in Elsaß-Lothringen) etwa 56 Millionen Mark oder auf den Bevölkerungskopf noch nicht einmal 1 Mark betragen wird.

IV. Abschnitt.

Warenverkehrsstatistik.

(Handelsstatistik.)

§ 250.

Schon bei Gründung des Zollvereins war auch das Bestreben vorhanden, über die Wareneinfuhr, Ausfuhr und Durchfuhr des Zollvereins eine amtliche Statistik aufzustellen. Zu diesem Behufe wurde bei der Generalzollkonferenz im Jahre 1836 vereinbart, die bei den Hauptzollämtern aufzustellenden Kommerzialnachweise dem Zentralbureau des Zollvereins in Berlin einzusenden. Dieses Zentralbureau veröffentlichte sodann von Zeit zu Zeit (bei Reimer, Berlin) verschiedene Übersichten, wie Wareneingang über die verschiedenen Grenzstrecken des Zollvereins, Wareneingang auf dem Rhein und der Mosel, Übersichten über den Warenausgang und Warendurchgang, Nachweisungen über den Niederlagenverkehr, den Meß- und Marktverkehr, Veredlungsverkehr und über Zollbegünstigungen usw.

Schon wegen der ungenügenden Erfassung und Aufzeichnung des Urmaterials mußte diese Art von Handels- und Verkehrsstatistik sehr unzulänglich ausfallen, weshalb der Zollvereinsbevollmächtigte Geheimrat Fabricius im Jahre 1868 in einem ausführlichen Bericht an den Bundesrat vom 25. November 1868 die Mängel der bisherigen Kommerzialstatistik schilderte und Vorschläge zu ihrer Verbesserung machte. Es trat daher alsbald eine Kommission von Sachverständigen zusammen, deren Tätigkeit vorerst durch den Krieg von 1870/71 unterbrochen, aber im Jahre 1871 in Berlin wieder aufgenommen wurde. Das Ergebnis dieser Beratungen gipfelte in dem Vorschlag, eine eigene Reichsbehörde für die deutsche Statistik zu schaffen, nämlich das Kaiserliche Statistische Amt in Berlin. (Vgl. die Darstellung der Geschichte der Zollvereinsstatistik in Bd. 101 der Reichsstatistik.)

Das Kaiserliche Statistische Amt in Berlin hat die Aufgabe, das auf Grund von Reichsgesetzen oder auf Anordnung des Reichskanzlers für die Reichsstatistik zu liefernde Material zu sammeln, zu prüfen, sowie technisch und wissenschaftlich zu bearbeiten, sodann auf Anordnung des Reichskanzlers (Reichsamt des Innern) statistische Nachweisungen aufzustellen und über statistische Fragen sich gutachtlich zu äußern.

Die regelmäßige Tätigkeit des Statistischen Amtes erstreckt sich insbesondere auf folgende Gegenstände der Statistik: Auswärtiger Handel, Zölle und Reichssteuern; Volkszählungen, Bevölkerungsstatistik und Auswanderung, Schulwesen, Geld- und Kreditwesen, Kriminalität, Berufs- und Betriebszählungen, Saatenstand und Ernteergebnisse, Schlachtvieh- und Fleischbeschau, Seeverkehr, Verkehr auf den Binnenwasserstraßen, Eisenbahnverkehr, Großhandelspreise, Kraftfahrzeuge, Berg-, Hütten- und Salinenwesen, Viehhaltung, Versicherungswesen, Konkursstatistik, Sparkassenwesen, Anzahl der Dampfmaschinen, Dampfkesselexplosionen usw.

Dem Kaiserlichen Statistischen Amt ist ein Beirat für Arbeiterstatistik beigegeben, ferner tritt alle Jahre ein Beirat für Handelsstatistik zur Ermittelung der Handelswerte zusammen. Dieser Beirat besteht aus hervorragenden Sachverständigen der Landwirtschaft, des Handels und der Industrie und gliedert sich in acht Abteilungen.

Die Veröffentlichungen des Statistischen Amtes sind hauptsächlich folgende:

a) Statistik des Deutschen Reiches über den auswärtigen Handel, über See- und Binnenschiffahrt, Kriminalstatistik, Bevölkerungsstatistik, Krankenversicherung, Streiks und Aussperrungen, Volkszählungen (Jahresbände);

b) Vierteljahrshefte zur Statistik des Deutschen Reiches über die Zölle und Reichssteuern, über die Finanzen des Deutschen Reiches und der Bundesstaaten, Großhandelspreise, Ernteergebnisse, Sparkassen, Konkurse, Gewerbestatistik usw.;

c) Monatliche Nachweise über den auswärtigen Handel des deutschen Zollgebiets nebst Angaben über Großhandelspreise, die deutsche See- und Bodenseefischerei und den Handel der deutschen Schutzgebiete;

d) Statistisches Jahrbuch für das Deutsche Reich.

Die Veröffentlichungen des Kaiserlichen Statistischen Amtes erscheinen im Verlag von Puttkammer & Mühlbrecht, Berlin W 56.

§ 251.

Eine gründliche Verbesserung der Warenverkehrsstatistik trat erst durch das Gesetz vom 20. Juli 1879 (RGBlatt 1879 S. 261 ff.) ein, wozu der Bundesrat die näheren Ausführungsbestimmungen vom 20. November 1879 sowie die hinzugehörigen Dienstvorschriften vom 21. November 1879 erlassen hat.

In diesem Gesetze wurde als Grundsatz ausgesprochen, daß alle Waren, die über die Grenze des deutschen Zollgebiets ein-, aus- oder durchgeführt werden, einschließlich der Versendungen von Waren aus dem Zollgebiet durch das Ausland nach dem Zollgebiet (Zwischenauslandsverkehr) bei den mit der Anschreibung des Verkehrs betrauten Zoll- und Amtsstellen nach Gattung, Menge, Herkunfts- und Bestimmungsland, für statistische Zwecke besonders angemeldet werden müssen. Nur gewisse nicht dem Handelsverkehr dienende Gegenstände sollten von der statistischen Anmeldung befreit bleiben, ebenso die Sendungen zollfreier Sachen im Gewichte von 250 Gramm und darunter.

Von den schriftlich anzumeldenden Waren war eine in die Reichskasse fließende statistische Gebühr zu entrichten.

Unter Handelsstatistik versteht man im allgemeinen die zahlenmäßige Darstellung der Einfuhr, Ausfuhr und Durchfuhr von Waren über die Grenzen eines volkswirtschaftlichen Gesamtgebiets. Solche statistische Nachweisungen sind unentbehrlich für Verwaltung, Wissenschaft und Leben und gewinnen in dem Maße an Bedeutung, je mehr der Wettbewerb der Völker auf dem Weltmarkte zunimmt.

Die Handelsstatistik bildet die Grundlage für jede Handelspolitik, denn sie liefert das Material für die Beurteilung des Außenhandels eines Landes und für die zu ergreifenden wirtschaftspolitischen Maßnahmen; auf ihr basieren alle Handelsverträge und durch sie lassen sich erst die Wirkungen der Handelsverträge ermessen. Hieraus erhellt schon allein die Notwendigkeit und Wichtigkeit einer guten Handelsstatistik (vgl. von Loesen, Handelsstatistik, Conrads Jahrbücher 1900 Bd. 20 III), aber ohne gute Handelsstatistik gibt es auch keine gute Handelspolitik. Und der dermalige Präsident des Kaiserlichen Statistischen Amtes, van der Borght, spricht sich über den Wert der Handelsstatistik angesichts des zunehmenden internationalen Ringens der Völker in seinem Rundschreiben an die Vorstände der Statistischen Ämter der Kulturstaaten vom 16. April 1908 (Bulletin de l'Institut International de Statistique, Paris, Imprimerie Chaix, 1909) dahin aus, daß ein Internationales Statistisches Amt zur Zusammenfassung und statistischen Verarbeitung der für die verschiedenen Länder vergleichbaren statistischen Zahlen errichtet werden müsse.

Freilich hatte die deutsche Warenverkehrsstatistik auch nach Errichtung des Kaiserlichen Statistischen Amtes und nach Erlaß des Statistikgesetzes vom 20. Juli 1879 noch manche Mängel, die von Loesen in der Abhandlung in Conrads Jahrbüchern 1900 Bd. 20 III und andere Statistiker von Beruf näher beleuchtet haben.

Vor allem betont der Verfasser dieses Artikels, daß die Warenverkehrsstatistik und die Handelsstatistik auseinander zu halten wären, indem viele Waren, die in der Verkehrsstatistik Aufnahme finden, keinen Platz in der Handelsstatistik haben; in der Handelsstatistik sollten nur solche Waren verzeichnet sein, die wirklich den Gegenstand des Handels mit dem betreffenden Lande bilden; beim Durchfuhrhandel wäre zu unterscheiden zwischen einem Durchfuhrfrachtverkehr, wobei nur die Frachtspesen verdient werden, und dem wirklichen Transitwarenhandel. Der Einfuhrhandel habe die Aufgabe, die ausländischen Waren auf den heimischen Markt zu bringen, der Ausfuhrhandel suche die inländischen Erzeugnisse im Ausland abzusetzen, dem Durchfuhr-(Transit-)handel aber falle die Aufgabe zu, ausländische Waren wieder ans Ausland zu verkaufen, dies ist der Niederlageverkehr, der im Gesamteigenhandel im Gegensatz zum Spezialhandel erscheint.

Auch die Freihafengebiete, hauptsächlich der als Zollausland geltende Hamburger Freihafen, machten für die richtige Erfassung der gesamten Warenverkehrs- und Handelsstatistik manche Schwierigkeiten, indem die auf fremde Rechnung im Freihafen lagernden und wieder ans Ausland abgesetzten Waren in der deutschen Handelsstatistik gar nicht zur Erscheinung kamen. Endlich war die Abschätzung der Handelswerte, obgleich dieselbe mit viel Mühe und Fleiß durch den Beirat des Handelssachverständigen zustande kam, doch vielen Mängeln und Unrichtigkeiten unterworfen. Es wurde deshalb mit BRDrS. 1905 Nr. 141 der Gesetzentwurf einer neuen Warenverkehrsstatistik vorgelegt.

Die Begründung zu dem Gesetzentwurf wegen Abänderung des Statistikgesetzes vom 20. Juli 1879 (BRDrS. 1905 Nr. 141) führt hiezu folgendes aus:

Das Warenverkehrsstatistikgesetz von 1879 bietet an sich eine brauchbare Grundlage für die Herstellung der Warenverkehrsstatistik, nur sollen in der Ermöglichung einer das gesamte deutsche Wirtschaftsgebiet umfassenden Handelsstatistik und in einer genaueren Wertermittelung Verbesserungen erreicht werden.

Insbesondere fehlte bisher die Warenverkehrsstatistik über den Hamburger Freihafen. Nach den nunmehr zur Geltung gelangten Bestimmungen soll im Gesamteigenhandel Deutschlands auch die Lagerung und Bearbeitung ausländischer Waren mit demnächstiger Wiederausfuhr ins Ausland statistisch mit erfaßt werden, während beim Spezialhandel auch die im Freihafengebiet verbrauchten und dort hergestellten, aber ins Inland eingeführten Waren in die Statistik mit einbezogen werden sollen.

Auch die Ermittelung der Werte der ein- und ausgeführten Waren sollte durch die Verpflichtung zur Wertangabe für gewisse Waren verbessert werden, wenn auch im allgemeinen die Werteabschätzung durch den Beirat des Statistischen Amtes beibehalten bleibt.

Eine weitere Verbesserung des Abschätzungsverfahrens soll jedoch dadurch erreicht werden, daß für Waren, die nach anderen Maßstäben als nach dem Gewichte gehandelt werden, die Anmeldung der abweichenden Maßstäbe in größerem Umfange als bisher verlangt werden soll. (Vgl. das statistische Warenverzeichnis und den BRBeschluß vom 26. Oktober 1911 — § 888 der Protokolle —, pr. ZBlatt 1911 S. 435.)

§ 252.

Das Gesetz betreffend die Warenverkehrsstatistik vom 7. Februar 1906 (RGBlatt S. 109) hat 19 Paragraphen.

Nach § 1 sollen alle Waren, die über die Grenzen des deutschen Zollgebiets, einschließlich der Zollausschlüsse, ein-, aus- oder durchgeführt werden, sowie die im Zwischenauslandsverkehr versendeten Waren bei den statistischen Anmeldestellen (Zollstellen) nach Gattung, Menge, Herkunfts- und Bestimmungsland angemeldet werden. Diese Bestimmungen finden keine Anwendung auf die Insel Helgoland sowie auf die badischen Zollausschlüsse.

Der Bundesrat kann für gewisse Waren vorschreiben, daß auch deren Wert anzugeben ist.

Als Land der Herkunft gilt dasjenige Land, aus dessen Gebiet die Versendung erfolgt ist, als Land der Bestimmung ist dasjenige Land anzusehen, wohin die Versendung gerichtet ist. Anzumelden sind nicht die Waren des § 6 Ziff. 1 des Zolltarifgesetzes (Erzeugnisse der Land- und Forstwirtschaft aus Auslandsgrundstücken, die vom Inland aus bewirtschaftet werden; ferner gebrauchte Kleider und Wäsche, nicht zum Verbrauch oder zur gewerblichen Verwendung eingehend, Anzugs- und Übersiedlungsgut, Ausstellungsgegenstände, Hochzeitsgeschenke, soferne sie zollfrei abgelassen sind, gebrauchte Sachen als Erbschaftsgut eingehend, soferne sie zollfrei belassen werden; Reisebedarf und Reisegebrauchsgegenstände; Fahrzeuge als Beförderungsmittel eingehend und zollfrei belassen; Verpackungsmittel, Musterkarten, Muster- und Kunstsachen für öffentliche Ausstellungen eingehend (siehe Zolltarifgesetz § 6 Ziff. 1 bis 11), Wappenschilder und Flaggen als Dienstgegenstände, Särge mit Leichen und Sendungen zollfreier Waren von 250 Gramm im Gewicht und weniger.

Hiezu gehören die vom Bundesrat neu erlassenen Ausführungsbestimmungen §§ 1 bis 6, 8, 33 bis 41, 44, 45 und die Dienstvorschriften §§ 19, 21, 27, 31 bis 42.

Die §§ 2 und 3 des Gesetzes regeln die Art der Anmeldung, insbesondere wer die Anmeldung zu besorgen hat und ob die Anmeldung schriftlich oder mündlich zu geschehen hat. Nach § 4 des Gesetzes tritt an Stelle der Anmeldescheine für Einfuhrwaren die schriftliche oder mündliche Zolldeklaration, wie sie beim Zollamte abgegeben wird oder erfolgt. Nach § 5 des Gesetzes obliegt die Ausstellung des Anmeldescheins dem Empfänger bzw. dem Versender oder dem Absender, eventuell auch dem Warenführer. Nach § 6 dürfen öffentliche Beförderungsanstalten und Spediteure sog. Ausfuhrgüter nur dann zur Beförderung übernehmen oder befördern, wenn ein richtig ausgefertigter grüner Ausfuhranmeldeschein der Sendung beiliegt. In § 7 des Gesetzes ist sodann die weitere Behandlung der der Beförderungsstelle übergebenen Anmeldescheine geregelt. Nach § 8 haben die Anmeldestellen das Recht, die Anmeldescheine und deren Richtigkeit durch äußere Beschau der Waren zu prüfen. Der Bundesrat kann nach § 9 des Gesetzes beim Postverkehr, beim Zwischenauslandsverkehr, beim kleinen Grenzverkehr, bei der Durchfuhr auf kurzen Straßenstrecken, beim Marktverkehr und bei dem Verkehr mit den Zollausschlüssen besondere Erleichterungen hinsichtlich der statistischen Anmeldung eintreten lassen, was durch die Ausführungsbestimmungen in §§ 26, 28, 32, 44, 45 und 57 sowie durch die Dienstvorschriften § 19 geschehen ist. Die statistischen Anmeldescheine dürfen nur für Zwecke der Statistik Verwendung finden (Dienstvorschriften §§ 10, 15).

Der § 11 des Statistikgesetzes handelt von der statistischen Gebühr. Diese Gebühr beträgt für die in demselben Anmeldeschein oder in derselben Anmeldung aufgeführten Waren:

1. wenn dieselben ganz oder teilweise verpackt sind, für je 500 kg 5 Pfennig;
2. wenn die Waren unverpackt sind, für je 1000 kg 5 Pfennig;
3. bei Kohlen, Getreide, Salz, Zement sowie bei allen vom Bundesrat im statistischen Warenverzeichnis (Massengüterverzeichnis) als Massengüter bezeichneten Waren, in Wagenladungen, Schiffen oder Flößen eingehend, ausgehend oder durchgehend, verpackt oder unverpackt, für je 10 000 kg 10 Pfennig;
4. bei Pferden, Eseln, Maultieren, Rindvieh, Schweinen, Schafen und Ziegen sind zu entrichten für je 5 Stück 5 Pfennig (wenn diese Tiere zollfrei sind).

(Vgl. Ausführungsbestimmungen §§ 49 bis 53, Dienstvorschriften § 53.)

Von der statistischen Gebühr befreit sind die Waren, die unter Zollkontrolle versendet, auf Zollniederlagen gebracht werden, nach Entrichtung des Eingangszolles in den freien Verkehr gesetzt werden oder die zum Zwecke der Rückvergütung oder des Erlasses von Abgaben unter Zollüberwachung ins Ausland ausgeführt werden, z. B. Branntwein, Bier usw. Ferner sind von der statistischen Gebühr noch befreit alle Waren, die unter Zollkontrolle mit unmittelbaren Begleitpapieren durch das Zollgebiet durchgeführt werden (unmittelbare Durchfuhr) oder die im Zwischenauslandsverkehr aus dem Zollinland durch das Zollausland nach dem Zollgebiet oder nach den Zollausschlüssen versendet werden; ferner die Waren, welche in die Zollausschlüsse gebracht, von dort nach dem Auslande ausgeführt oder durch die Zollausschlüsse durchgeführt werden und die Waren, welche aus den Zollausschlußgebieten ausgeführt werden mit der Bestimmung durch das Ausland nach dem Zollausschlußgebiet oder dem Zollgebiet befördert zu werden.

Ferner sind von der statistischen Gebühr befreit: Ausstellungsgüter; die von deutschen Fischern gefangenen Meereserzeugnisse; Postsendungen; andere Sendungen unter 20 kg Rohgewicht.

Zollfreie Waren, die unter Zollkontrolle einem Binnenzollamt zur Abfertigung überwiesen sind, haben bei ihrer Zollfreilassung selbstredend die statistische Gebühr zu tragen, desgleichen besteht keine Gebührenfreiheit für Waren, die aus dem freien Verkehr des Zollgebiets auf eine Niederlage verbracht unter Zollkontrolle ausgeführt werden; ebenso sind gebührenpflichtig Auslandswaren, die nach den Zollausschlüssen zum Verbrauch gebracht werden, ferner Waren des freien Verkehrs des Zollgebiets, die in die Zollausschlüsse gebracht werden und dort nicht zum Verbrauch bestimmt sind. (Vgl. AusfBest. §§ 27, 28, 53 bis 57; Dienstvorschriften §§ 8, 15, 31, 53.)

Die statistische Gebühr wird nach § 13 des Gesetzes durch Aufkleben von Reichsstempelmarken (Gebührenmarken) auf den Anmeldescheinen oder Zollpapieren entrichtet. Für die Entrichtung der statistischen Gebühr haftet der Besitzer der Ware (AusfBest. §§ 46 bis 48, Dienstvorschriften § 53).

Für die durch die Warenstatistik den Bundesstaaten erwachsenden Kosten wird diesen eine Vergütung gewährt.

Der Einnahmeanfall aus den statistischen Gebührenmarken ist mit 1,7 Millionen Mark für die Reichskasse etatisiert. Hievon gehen ab die Rückvergütungen bei dem Zwischenauslandsverkehr und die Verwaltungskosten. Den Bundesstaaten sind die Verwaltungskosten wegen Durchführung der Warenverkehrsstatistik, z. B. die Kosten der Anmeldestellen bar zu ersetzen (etwa 30 000 Mark fürs Jahr). Außerdem erhalten die Postverwaltungen für den Verkauf der Stempelmarken 2 1/2 % der Rohsolleinnahmen (ca. 42 000 Mark). Das Großherzogtum Luxemburg hat 1/3 seiner Rohsolleinnahme an das Reich abzuführen, während 2/3 der Luxemburgischen Staatskasse verbleiben (vgl. BRBeschluß vom 11. März 1908). Die Reineinnahme der Reichskasse beträgt demnach aus der statistischen Gebühr rund 1,6 Millionen Mark.

§ 253.

Die Organe der Zollverwaltung haben die richtige Durchführung des Statistikgesetzes und der hiezu vom Bundesrat erlassenen Ausführungsbestimmungen zu überwachen und Zuwiderhandlungen zur Anzeige zu bringen, wie auch die für die Prüfung der Zölle bestehenden Vorschriften auf die statistische Gebühr Anwendung zu finden haben.

Daher sind auch die Reichsaufsichtsbeamten mit der Überwachung der Statistikvorschriften betraut.

Auch für die Verjährung finden die Bestimmungen über die Zollverjährung Anwendung (vgl. § 15 VZG., § 52 der Dienstvorschriften zum Statistikgesetz, §§ 4, 15 der AusfBest.).

Der § 17 des Gesetzes betrifft die Strafandrohungen und das Strafverfahren bei Zuwiderhandlungen gegen das Statistikgesetz und die Ausführungsbestimmungen hiezu. Der § 18 des Gesetzes handelt von dem Pfandrecht des Warenführers an der Ware nach § 440 HGB.

Das Statistikgesetz mit den dazu gehörigen Ausführungsbestimmungen, Dienstvorschriften und dem statistischen Warenverzeichnis trat am 1. März 1906 in Kraft an Stelle des älteren Statistikgesetzes vom 20. Juli 1879, das am 1. Januar 1880 in Geltung getreten war. Die Ausführungsbestimmungen nebst Dienstvorschriften sind veröffentlicht im RGBlatt 1906 S. 137 ff. (Vgl. Bekanntmachung des Reichskanzlers vom 9. Februar 1906.) Erwähnenswert ist noch die zwischen dem Deutschen Reich und dem Senat der freien und Hansestadt Hamburg in betreff der Warenverkehrsstatistik erzielte Verständigung (BRDrS. 1905 Nr. 141). Diese Verständigung lautet wie folgt:

1. Die Darstellung des Spezialhandels des deutschen Zollgebiets wird in der Hauptsache unverändert beibehalten. Die Anmeldungen über die Ausfuhr aus dem freien Verkehr nach dem Freihafen Hamburg und über denselben nach dem Auslande bleiben, wie bisher, bestehen. Von der statistischen Gebühr des Reiches bleibt die Einfuhr und die Ausfuhr des Freihafens Hamburg zur See, wie bisher, auch ferner befreit. Nur die Wareneinfuhr aus dem Auslande zum Verbrauch im Freihafen wird nunmehr der statistischen Gebühr unterworfen. Die Ausfuhr aus dem freien Verkehr des Zollgebiets nach dem Freihafen Hamburg zum Verbrauch daselbst wird von der statistischen Gebühr befreit. Im übrigen bleibt die Ausfuhr aus dem freien Verkehr des Zollgebiets nach dem Freihafen wie bisher gebührenpflichtig

2. Das allgemeine statistische Warenverzeichnis findet auf die Anmeldungen des Freihafenverkehrs für die Reichsstatistik keine Anwendung. Für den Freihafenverkehr wird ein vereinfachtes statistisches Warenverzeichnis aufgestellt, das sich im wesentlichen an die Zolltarifsnummern anlehnt. Die auf den Freihafenspeichern übliche kaufmännische Bearbeitung von Waren, das Reinigen, Sortieren, Mischen der Waren auf den Lägern unterliegt nicht der Verpflichtung zur Anmeldung. Die im hamburgischen Freihafengebiet zugelassenen Fabrikbetriebe sind verpflichtet, vierteljährlich dem hamburgischen handelsstatistischen Bureau lediglich diejenigen Waren anzumelden, die sie zur Be- und Verarbeitung aus dem Ausland, aus dem freien Verkehr des Zollgebiets oder von Lägern im Freihafengebiet bezogen haben. Über die hieraus hergestellten Fabrikate haben sie, wie bisher schon, die allgemein vorgeschriebenen Ausfuhranmeldungen zu liefern, wobei anzugeben ist, daß die Waren im Freihafengebiet hergestellt worden sind.

3. Im übrigen ist in dem hamburgischen Deklarationsgesetz das weitere über die Durchführung der Reichsstatistik bestimmt. Das statistische Warenverzeichnis ist nach BRDrS. 1906 Nr. 8 gemäß BRBeschluß vom 8. Februar 1906 — § 101 der Protokolle — nebst den Ausführungsbestimmungen und Dienstvorschriften angenommen worden. Eine Abänderung des amtlichen Warenverzeichnisses, des Massengüterverzeichnisses, der Ausführungsbestimmungen und Dienstvorschriften, sowie des Verzeichnisses des Landes der Herkunft und der Bestimmung erfolgte im Jahre 1909 und 1910.

Das statistische Warenverzeichnis hat 3 Anlagen, nämlich:

a) Verzeichnis derjenigen Waren, für welche in den Verkehrsnachweisungen I, IA, II, IIA, IV, IVA die statistische Nummer und zugleich die handelsübliche Benennung der Ware einzutragen ist;

b) Verzeichnis derjenigen Waren, die nach anderen Maßstäben als nach Gewicht oder neben dem Gewicht auch nach anderen Maßstäben anzumelden sind, und

c) Verzeichnis derjenigen Waren, für welche neben den Mengen der Wert anzumelden ist.

Dem statistischen Warenverzeichnis ist auch ein Verzeichnis der Massengüter beigegeben.

Nach dem BRBeschluß vom 26. Oktober 1911 — § 888 der Protokolle — ist vom 1. Januar 1912 ab ein neues statistisches Warenverzeichnis, ein neues Massengüterverzeichnis und ein neues Verzeichnis der Länder der Herkunft und der Bestimmung in Kraft getreten (RGBlatt 1911 S. 680).

§ 254.

Die deutsche Handels- und Warenverkehrsstatistik stellt demnach den auswärtigen Warenverkehr des gesamten deutschen Wirtschaftsgebietes dar, nämlich des Deutschen Reiches, des Großherzogtums Luxemburg und der österreichischen Gemeinden Jungholz und Mittelberg. Hievon sind jedoch ausgenommen: die Insel Helgoland und einige badische Gemeinden.

Der Spezialhandel des deutschen Zoll- und Handelsgebietes umfaßt hienach die Einfuhr in den freien Verkehr aus dem Auslande, von den Zollausschlüssen, von den Freibezirken, von Niederlagen und Konten; die Einfuhr zur Veredlung (einschließlich der Bearbeitung und Verarbeitung im Freihafen Hamburg auf inländische Rechnung, ferner die Einfuhr in die Zollausschlüsse zum Verbrauch, die Verbringung von Schiffsbedarf an ausländischen Waren auf ausgehende deutsche Schiffe), die Ausfuhr aus dem freien Verkehr nach dem Auslande einschließlich der unter amtlicher Überwachung ausgehenden, einer Verbrauchs- oder Stempelabgabe unterliegenden inländischen Waren (Bier, Branntwein, Salz, Schaumwein, Leuchtmittel, Zündwaren, Spielkarten, Tabak, Zucker, Essigsäure) und die Ausfuhr nach der Veredlung auf inländische Rechnung, ferner die Ausfuhr der im Freihafen Hamburg hergestellten Waren. Das Verzeichnis des Landes der Herkunft und der Bestimmung enthält 93 verschiedene Herkunfts- und Bestimmungsgebiete.

Hinsichtlich der Bewertung des deutschen Außenhandels ist die Begründung zur BRDrS. 1910 Nr. 32 (betreffs Änderung der Ausführungsbestimmungen und des statistischen Warenverzeichnisses) anzuführen, wonach für die deutsche Handelsstatistik von 1880 bis 1895 das reine Schätzungssystem und von 1896, insbesondere seit 1. März 1906 das gemischte System (Schätzung mit Werteanmeldung) in Anwendung kam. Die Verbesserung der Ermittelung der Handelswerte beruhte seit 1906 auf der Bestimmung im § 1 Abs. 2 des Gesetzes vom 7. Februar 1906 (des Statistikgesetzes): Der Bundesrat kann für bestimmte Waren vorschreiben, daß auch deren Wert anzumelden ist. Es wurde demnach durch BRBeschluß vom 1. April 1909 (§ 297) das Verzeichnis der Waren, deren Wert neben der Gewichtsmenge anzugeben ist, vom 1. Mai 1909 ab erheblich erweitert.

§ 255.

Demnach ist hinsichtlich der deutschen Warenverkehrs- und Handelsstatistik folgende Gesamtdarstellung aufzuführen (vgl. Statistisches Jahrbuch für das Deutsche Reich, 1910):

Die deutsche Handelsstatistik beruhte vom Jahre 1880 ab bis 1. März 1906 auf dem Reichsgesetz über die Statistik des Warenverkehrs des deutschen Zollgebiets mit dem Auslande vom 20. Juli 1879, bezog sich also nicht auf das Gebiet des Deutschen Reichs, sondern auf das deutsche Zollgebiet. Dieses besteht zurzeit aus dem deutschen Reichsgebiet mit Ausnahme der vier Freihäfen Hamburg, Cuxhaven, Bremerhafen und Geestemünde, der Insel Helgoland, der Zollausschlußgebiete Emden und Bremen und einiger badischer Gemeinden und Höfe an der Grenze gegen die Schweiz und umfaßt außerdem das Großherzogtum Luxemburg und die zwei österreichischen Gemeinden Jungholz und Mittelberg. Die Zollausschlüsse Emden und Bremen werden zollrechtlich wie Ausland, handelsstatistisch aber gleich den Freibezirken, wozu sie früher gehörten, und Zollniederlagen als zum Zollgebiete gehörig behandelt. Der Verkehr dieser beiden Gebiete ist daher bisher schon — Bremen seit dem am 15. Oktober 1888 erfolgten Zollanschluß — in der für das Zollgebiet aufgestellten Handelsstatistik mitverzeichnet worden.

Vom 1. März 1906 ab hat die deutsche Handelsstatistik eine Neugestaltung erfahren, da durch das Reichsgesetz vom 7. Februar 1906 der Warenverkehr der Zollausschlüsse — mit Ausnahme der Insel Helgoland und der badischen Zollausschlüsse — mit einbezogen wurde und zugleich ein neues statistisches Warenverzeichnis in Geltung trat, das sich an den ebenfalls mit dem 1. März 1906 in Kraft getretenen Zolltarif vom 25. Dezember 1902 anlehnt.

Das neue statistische Warenverzeichnis hat zugleich als Anlage I ein Verzeichnis derjenigen Waren, für welche in den bezüglichen Verkehrsnachweisungen die statistische Nummer und zugleich die handelsübliche Bezeichnung anzugeben sind und ein Verzeichnis derjenigen Waren, welche nach anderen Maßstäben als nach dem Gewicht oder neben dem Gewicht auch nach anderen Maßstäben anzumelden sind und ein Verzeichnis derjenigen Waren, für welche neben der Menge auch der Wert anzugeben ist.

Die deutsche Handelsstatistik stellt von da ab den auswärtigen Warenverkehr des gesamten deutschen Wirtschaftsgebiets dar, nämlich, des Deutschen Reiches, des Großherzogtums Luxemburg und der österreichischen Gemeinden Jungholz und Mittelberg. Hievon sind jedoch ausgenommen die Zollausschlüsse Helgoland und einige badische Gemeinden und Höfe.

Die ein-, aus- und durchgeführten Waren sind nach Gattung, Menge, Herkunfts- und Bestimmungsland anzumelden. Ein neues Verzeichnis der Herkunfts- und Bestimmungsländer ist gleichfalls durch BRBeschluß vom 26. Oktober 1911 mit 1. Januar 1912 in Anwendung getreten. Die Bezeichnung der Waren erfolgt nach dem Statistischen Warenverzeichnisse, das sich an den Zolltarif anschließt und die in diesem aufgeführten Warengattungen nach Bedürfnis weiter zerlegt. (Vgl. Bekanntmachung des Reichskanzlers vom 17. November 1911, RZBlatt S. 680.)

Die Mengen sind in der Regel nach Reingewicht verzeichnet, sofern nicht in einzelnen Fällen ein anderer Maßstab (Festmeter, Faß, Flasche, Liter, Stück, Tons) ausdrücklich vorgeschrieben ist.

Die Wertangaben beruhen, soweit nicht für die im statistischen Warenverzeichnisse besonders bezeichneten Waren die Anmeldepflichtigen zur Anmeldung des Wertes verpflichtet sind, auf Schätzungen, die der handelsstatistische Beirat in alljährlich stattfindenden Sitzungen vornimmt. Die Wertermittelungen erfolgen zum Teil für die Einfuhr oder die Ausfuhr der Warengattungen überhaupt, zum Teil gesondert nach den einzelnen Ländern der Herkunft und Bestimmung.

Für 1910 war bei der Ausfuhr für 1336 Nummern (71,1 v. H. sämtlicher Nummern), bei der Einfuhr für 32 Nummern (1,6 v. H.) der Wert anzumelden.

In den Übersichten des Kaiserlichen Statistischen Amtes wird der auswärtige Handel als Generalhandel, Gesamteigenhandel und Spezialhandel dargestellt.

Der Generalhandel umfaßt:

in der Einfuhr die aus dem Ausland in das Wirtschaftsgebiet eingeführten sowie die unmittelbar durchgeführten Waren,

in der Ausfuhr die aus dem Wirtschaftsgebiete nach dem Ausland ausgeführten sowie die unmittelbar durchgeführten Waren.

Der Gesamteigenhandel umfaßt:

die vorstehend bei Ein- und Ausfuhr aufgeführten Waren mit Ausnahme der unmittelbaren Durchfuhr.

Der Spezialhandel umfaßt:

die Einfuhr in den freien Verkehr aus dem Auslande, von Zollausschlüssen, von Freibezirken, Niederlagen, Konten usw.;

die Einfuhr zur Veredelung (einschließlich der Be- oder Verarbeitung im Freihafen Hamburg) auf inländische Rechnung, ferner die Einfuhr in die Zollausschlüsse zum Verbrauche, die Verbringung von Schiffsbedarf an ausländischen Waren auf ausgehende deutsche Schiffe;

die Ausfuhr aus dem freien Verkehre nach dem Ausland einschließlich der unter Steuerüberwachung ausgehenden, einer Verbrauchs- oder Stempelabgabe unterliegenden inländischen Waren (Bier, Branntwein, Salz, Schaumwein, Spielkarten, Tabak, Zucker, ferner seit 1. Oktober 1909 Essigsäure, Leuchtmittel, Zündwaren);

die Ausfuhr nach der Veredelung auf inländische Rechnung, ferner die Ausfuhr der im Freihafen Hamburg hergestellten Waren.

V. Abschnitt.

Die auswärtigen Handelsbeziehungen des Deutschen Reiches.

(Zoll- und Handelsverträge.)

§ 256.

Schon in den ersten Zollvereinsverträgen ist die Bestimmung enthalten, daß sich die vertragschließenden deutschen Staaten bemühen werden, durch Handelsverträge mit außerdeutschen Staaten dem Verkehre im Zollgebiet jede mögliche Erleichterung und Erweiterung zu verschaffen. Es ward somit damals (vgl. die Separatartikel 15 und 13 zu den Art. 39 und 38 der Zollverträge vom 22./30. März 1833) ausdrücklich anerkannt, daß den einzelnen Zollvertragsstaaten das Recht verbleibe, mit anderen außerhalb des Zollverbandes gelegenen Ländern auch nach dem Abschluß des Zollvereins selbst gültige Handelsverträge abzuschließen. Nur durften durch diese Verträge die Bestimmungen der Zollvereinsverträge in keiner Weise verletzt werden. Es schlossen daher die einzelnen Vereinsstaaten, so z. B. Bayern, Württemberg und Baden mit der Schweiz, Preußen mit Rußland besondere Handelsverträge ab, bzw. die schon vor Beginn des Zollvereins zwischen Bayern und der Schweiz, ebenso zwischen Württemberg und Baden und der Schweiz abgeschlossenen Handelsverträge blieben bis auf weiteres zu Recht bestehen.

Der Zollvereinigungsvertrag vom 8. Juli 1867 hat in dieser Beziehung eine wesentliche Änderung herbeigeführt, indem in § 6 des Art. 8 (Bd. V S. 93 der Verträge) bestimmt ist, daß Preußen, dem das Präsidium des Zollbundes und im Zollbundesrate zugestanden wurde, in Ausübung dieses Rechtes befugt sein solle, im Namen des Zollvereins und der zollvereinten Staaten Handels- und Schiffahrtsverträge sowie Zollverträge einzugehen. Zum Abschluß dieser Verträge, durch welche die Bestimmungen der Zollvereinsverträge in keiner Weise verletzt werden durften, war die Zustimmung des Zollbundesrats und zu ihrer Gültigkeit und Ratifikation die Zustimmung des Zollparlaments erforderlich.

Der Art. 11 der RV. räumt dem Kaiser ausschließlich das Recht ein, namens des Reiches Verträge mit fremden Staaten einzugehen, macht jedoch den Abschluß der Zoll-, Handels- und Schiffahrtsverträge von der Zustimmung des Bundesrats und ihre Gültigkeit von der Genehmigung des Reichstags abhängig. Nach Zustimmung des Bundesrats und Genehmigung des Reichstags werden die Ratifikationsurkunden ausgetauscht und der Vertragstext wird im Reichsgesetzblatt mit dem Bemerken veröffentlicht, daß die Ratifikationsurkunden ausgetauscht sind. Hiedurch nimmt der Vertrag den Charakter eines Reichsgesetzes an, aus dem Rechte und Pflichten wie aus den Reichsgesetzen entstehen (vgl. Zollvereinsvertrag vom 8. Juli 1867 §§ 6, 12 und Schlußprotokoll hiezu Nr. 8).

Der Art. 11 der RV. lautet: Der Kaiser hat das Reich völkerrechtlich zu vertreten, im Namen des Reiches Krieg zu erklären und Frieden zu schließen, Bündnisse und andere Verträge mit fremden Staaten einzugehen.

Insoweit die Verträge mit fremden Staaten sich auf solche Gegenstände beziehen, welche nach Art. 4 der RV. (z. B. Zoll- und Handelsgesetzgebung, Schutz des geistigen Eigentums, Post- und Telegraphenwesen, Fluß- und Wasserzölle usw.) in den Bereich der Reichsgesetzgebung gehören, ist zu ihrem Abschluß die Zustimmung des Bundesrats und zu ihrer Gültigkeit die Genehmigung des Reichstags erforderlich.

Was den Zweck der Handelsverträge anbelangt, so ist dieser im allgemeinen kein anderer, als für den gegenseitigen Handel, Verkehr, Schiffahrts- und Gewerbebetrieb der Angehörigen der vertragsschließenden Staaten gewisse auf Erleichterung und Förderung abzielende Bestimmungen zu vereinbaren.

Man unterscheidet Tarifverträge und reine Meistbegünstigungsverträge. Die Tarifverträge enthalten für gewisse hauptsächlich beim Gegenseitigkeitsverkehr der Vertragsstaaten in Betracht kommende Waren Zolltarifvereinbarungen und außerdem gewöhnlich die volle Meistbegünstigung. Tarifverträge ohne Meistbegünstigung können nur für Staaten in Frage kommen, die wie die Nordamerikanische Union, die Meistbegünstigung nach europäischem Vertragsrecht verwerfen und nur gegen neue Zugeständnisse die anderen Staaten gewährten Zollerleichterungen auch den früheren Vertragsstaaten einräumen wollen. Man nennt solche Zollverträge auch Reziprozitätsverträge. Die reinen Meistbegünstigungsverträge enthalten neben anderen Zugeständnissen in bezug auf Handel und Gewerbe der beiderseitigen Untertanen, Niederlassungsrechte usw., in der Regel auch die sog. Meistbegünstigungsklausel, wonach sich die vertragsschließenden Staaten gegenseitig die Behandlung zusichern, welche jeweilig die meistbegünstigte Nation genießen wird. Durch die Einräumung dieses zumeist gegenseitigen Rechtes entsteht für den zusichernden Teil die Verpflichtung, den anderen Teil meist allgemein oder für die im Vertrag speziell genannten Gegenstände gewöhnlich sofort und ohne weitere Gegenleistung an jeder Begünstigung, jedem Vorrechte und jeder Zollermäßigung teilnehmen zu lassen, wie einem dritten Staate eingeräumt wird oder wie autonom zur Einführung gelangt. Gewisse Grenzverkehrsbegünstigungen fallen jedoch nicht unter die Meistbegünstigung wie im deutsch-österreichischen Handelsvertrag vom 6. Dezember 1891 der kleine Grenzverkehr und Meß- und Marktverkehr oder wie in den Handelsverträgen mit den mittelamerikanischen befreundeten Republiken Kolumbien, Ekuador, Kostarika zumeist bestimmt ist (vgl. z. B. Handelsvertrag mit Kostarika vom 18. Mai 1875, RGBlatt 1877 S. 22, Art. 810). Meist wird auch in den Zoll- und Handelsverträgen grenzbenachbarter Staaten, wie zwischen Deutschland und Österreich-Ungarn und der Schweiz der Markt-, Grenz- und Veredlungsverkehr besonders geregelt und auch die Unterdrückung des Schleichhandels wird gegenseitig gefördert, z. B. durch ein Zollkartell. (Vgl. Zoll- und Handelsvertrag mit Österreich-Ungarn vom 6. Dezember 1891, Art. 10, Reichsgesetz vom 9. Juni 1895, Zusatzvertrag vom 25. Januar 1905, Art. 4 (RGBlatt 1906 S. 146).

Die Literatur über die Zoll- und Handelsverträge ist sehr umfangreich. Zu erwähnen sind die Bücher: Grundriß der Wirtschaftspolitik von Dr. J. Grunzel, Handelspolitik, Wien und Leipzig, A. Hölder 1910; Handel und Handelspolitik von Dr. R. van der Borght, Leipzig, J. Hirschfeld; Schippel, Grundzüge der Handelspolitik, Akademischer Verlag, Berlin; M. Schraut, Das System der Handelsverträge und die Meistbegünstigung, Berlin 1833.

Beiträge zur neuesten Handelspolitik Deutschlands, herausgegeben vom Verein für Sozialpolitik I—III, Leipzig, Duncker & Humblot. Ein handelspolitisches Vademecum von

Walter Borgius, Berlin, C. Heymanns Verlag. Unterwegs zu den Handelsverträgen von Dr. Tischert, Berlin, Siemenroth & Troschel.

Handelspolitik, Vorträge, gehalten in Hamburg 1900/1 von Dr. Helfferich, Leipzig, Duncker & Humblot. Die Handelsverträge, deren Wirkung und Bedeutung für Deutschland, von W. Staudt, Berlin, D. Steiner.

Die Meistbegünstigungsklausel, eine entwickelungsgeschichtliche Studie unter besonderer Berücksichtigung der deutschen Verträge mit den Vereinigten Staaten von Amerika und mit Argentinien, von Dr. Glier, Sekretär des Mitteleuropäischen Wirtschaftsvereins in Deutschland, mit einem Vorwort von Professor Dr. J. Wolf, geschäftsführender Vizepräsident des Mitteleuropäischen Wirtschaftsvereins in Deutschland, Berlin 1905, Verlag von G. Reimer, Veröffentlichungen des Mitteleuropäischen Wirtschaftsvereins.

Schriften der Zentralstelle zur Vorbereitung der Handelsverträge, Berlin, J. Guttentag. Handelspolitik, fünf Vorträge von Dr. Ehrenberg, Jena, G. Fischer. Volkswirtschaftliche Zeit- und Streitfragen, herausgegeben von der Volkswirtschaftlichen Gesellschaft in Berlin, Verlag L. Simion.

Die Handelsverträge des deutschen Zollvereins und des Deutschen Reiches von 1851 an sind veröffentlicht in drei in Berlin herausgegebenen Bänden, sonst auch im Reichsgesetzblatt und bei Mittler & Sohn, Berlin.

§ 257.

Das Deutsche Reich steht zurzeit mit folgenden Staaten in zoll- und handelsrechtlichen Vertragsbeziehungen:

1. Europäische Staaten.

Belgien mit Einschluß des neutralen Gebiets von Moresnet. Handelsvertrag vom 6. Dezember 1891 mit Zusatzvertrag vom 22. Juni 1904 (RGBlatt 1905 S. 599). Ablauf der Vertragsfrist 31. Dezember 1917 mit einjähriger Kündigungsfrist, sonst Fortdauer des Vertrags. Meistbegünstigungsklausel Art. 2 und 3, mit Tarifvertrag und Bindung der Höhe für gewisse Zollsätze. Der Handels- und Zollvertrag Belgiens mit dem Deutschen Reich vom 6. Dezember 1891 ist publiziert im RGBlatt 1892 S. 241. Vereinbart ist Aufstellung eines Schiedsgerichts bei Meinungsverschiedenheiten über Zollfragen (RGBlatt 1905 S. 602). Über die Grundsätze für die Bemessung der belgischen Wertzölle s. RGBlatt 1905 S. 602; über die Versendung von Sträuchern und Pflanzen, Vegetabilien s. RGBlatt 1905 S. 610; über Zollfreiheit für Kataloge und Handschuhleder im Veredlungsverkehr s. RGBlatt 1905 S. 611.

Sonstige Verträge mit Belgien sind abgeschlossen über den Markenschutz vom 22. September 1894; Auslieferungsvertrag vom 24. Dezember 1874 und 28. November 1900; Postvertrag vom 22. November 1874; Vereinbarung zwischen dem Deutschen Reich und Belgien über den grenzüberspringenden Fabrikverkehr vom 7. April 1900 und über den Verkehr mit Branntwein und Spirituosen an der belgischen Grenze vom 1. August 1902; über Anerkennung der belgischen Prüfungszeichen für Handfeuerwaffen im Deutschen Reiche vom 26. April 1899.

Anzuführen ist auch die ständige Kommission zur Überwachung der Ausführung der sog. Brüsseler Zuckerkonvention in Brüssel vom 5. März 1902, RGBlatt 1903 S. 15 und 22.

Bulgarien. Handels-, Schiffahrts- und Zollvertrag zwischen dem Deutschen Reich und Bulgarien vom 1. August 1905, RGBlatt 1906 S. 1; Recht der Meistbegünstigung Art. 1, 7, 9 mit Beschränkung hinsichtlich des Grenzverkehrs, gegenseitiger Tarifvertrag, Vertragsfrist bis 28. Februar 1911 mit weiterer Fortdauer vorbehaltlich einjähriger Kündigungsfrist. Übereinkommen wegen Schutzes der deutschen Warenzeichen in Bulgarien vom 27. Januar 1894 und vom 22. September 1894. (Vgl. auch den deutsch-türkischen Handelsvertrag vom 26. August 1890 Art. 22.) Dieser Handelsvertrag ist bis zum 31. Dezember 1917 verlängert.

Dänemark. (Dänemark mit den Faröern, Grönland und Island, dänische Besitzungen in Amerika: Dänisch-Westindien (die kleinen Antillen, St. Croix, St. Jean und St. Thomas). Dänemark ist im Besitze der Meistbegünstigung mit Deutschland auf Grund des BRBeschlusses vom 30. April 1885, nachdem bereits am 17. Juni 1818 und am 26 Mai 1846 zwischen Preußen und Dänemark ein Handelsvertrag abgeschlossen worden ist. Auch im Wiener Frieden vom 30. Oktober 1864 sind an Dänemark die Rechte der Meistbegünstigung in bezug auf eigene Boden- und Gewerbeerzeugnisse zugestanden worden. Die Dauer ist unbegrenzt.

Frankreich. (Frankreich mit Korsika sowie einschließlich von Andorra und Monaco, sowie die französischen Schutzgebiete und Besitzungen in Asien, in Vorder- und Hinterindien

(Cochinchina, Tonkin), in Afrika: Algerien, Tunis, Madagaskar, Französisch-Äquatorialafrika (Mittelkongo), Französisch-Westafrika (Senegal, Guinea, Dahome, Senegambien, Mauretanien usw.); in Amerika: Französisch-Westindien (Guadeloupe, Guayana usw.); in Zentralasien und Polynesien: Neukaledonien, Tahiti, die neuen Hebriden usw.).

Laut Friedensvertrag vom 10. Mai 1871 gegenseitige immerwährende Meistbegünstigung.

Der Art. 12 des Friedensvertrags zwischen Deutschland und Frankreich (RGBlatt 1871 S. 230) lautet: Da die Handelsverträge mit den verschiedenen Staaten Deutschlands durch den Krieg aufgehoben sind, so werden die deutsche Regierung und die französische Regierung den Grundsatz der gegenseitigen Behandlung auf dem Fuße der meistbegünstigten Nation ihren Handelsbeziehungen zugrunde legen. Diese Regel umfaßt die Eingangs- und Ausgangsabgabe, den Durchgangsverkehr, die Zollförmlichkeiten, die Zulassung und Behandlung der Angehörigen beider Nationen und der Vertreter derselben.

Jedoch sind ausgenommen von der vorgedachten Regel die Begünstigungen, welche einer der vertragenden Teile durch Handelsverträge anderen Ländern gewährt hat oder gewähren wird als den folgenden: England, Belgien, Niederlanden, Schweiz, Österreich, Rußland.

Die Schiffahrtsverträge und die Übereinkunft betreffend die Zollabfertigung des internationalen Verkehrs auf den Eisenbahnen, sowie die Übereinkunft wegen gegenseitigen Schutzes der Rechte an literarischen Erzeugnissen und Werken der Kunst sollen wieder in Kraft treten. Indessen behält sich die französische Regierung die Befugnis vor, von den deutschen Schiffen und den Ladungen Tonnen- und Flaggengebühren zu erheben mit dem Vorbehalt, daß diese Gebühren die von den Schiffen und Ladungen der vorerwähnten Nationen erhobenen nicht übersteigen.

Griechenland, mit den jonischen Inseln, den Kykladen und nördlichen Sporaden. Zwischen Griechenland und dem Deutschen Reiche besteht der Handels-, Zoll- und Schiffahrtsvertrag vom 9. Juli 1884 mit Zolltarifbindung (Zölle bei der Einfuhr nach Griechenland) (RGBlatt 1885 S. 23). Die Meistbegünstigung ist vereinbart in Art. 1, 4, 10, 14 des Vertrags. Eine Anzahl von Zollsätzen für griechische Waren ist bei der Einfuhr nach Deutschland gleichfalls gebunden, z. B. der Zoll auf Korinthen (100 kg 8 Mark).

Die Gültigkeitsdauer war ursprünglich auf 10 Jahre festgesetzt, d. h. bis zum Jahre 1895; hierauf besteht Fortdauer des Vertrags bis zum Ablauf eines Jahres nach zwölfmonatlicher Kündigung. Die Ratifikationen sind am 20. Februar 1885 ausgetauscht worden.

Großbritannien und Irland mit der Insel Man und den britischen Kanalinseln. Britische Besitzungen und Schutzgebiete: Gibraltar, Malta, Cypern im mittelländischen Meer, Britisch-Ostindien einschließlich der dazugehörenden Inseln, Belutschistan, Aden, Kameran, Kuria, Muria, Perim, Ceylon, Straits Settlements Malakka, Penang, Singapur usw. an der Malakkastraße, die britischen Schutzgebiete auf der malayischen Halbinsel, Britisch-Nordborneo, Labuan, Sarawack, Brunei, Hongkong, Waihaiwai, sämtlich in Asien; Britisch-Somaliland, Britisch-Ostafrika, Uganda, die Inseln Amiranten, Seychellen, Mauritius, Zanzibar usw., Britisch-Südafrika (Gambia, Goldküste), Nord- und Südnigiria, Inseln St. Helena, Ascension usw., sämtlich in Afrika; Neufundland, Labrador, Bermudainseln, Britisch-Westindien, die britischen kleinen Antillen, Anguilla, Antigua, Barbuda, St. Christopher, Dominika, Grenada, St. Lucia, Montserrat, St. Vincent, Jungferninseln, Barbados, Tobago, Trinidad, Jamaika, Britisch-Honduras, Britisch-Guayana, Falklandinseln usw. in Amerika. (Wegen Kanada ist besondere Darstellung nötig, s. Kanada). Australischer Bund mit Papua (Britisch-Neuguinea), die Inseln Auckland, Caroline, Fammy, Fidschi, Cookinseln usw., Neuseeland, Norfolk, Phönixinseln, Salomonsinseln, die britischen Hebriden usw. (in Australasien und Polynesien).

Das Gesetz betreffend die Handelsbeziehungen Deutschlands zum Britischen Reiche vom 20. Dezember 1911 ist veröffentlicht im RGBlatt 1911 S. 975 und bestimmt: Der Bundesrat ist ermächtigt, den Angehörigen und den Erzeugnissen des Vereinigten Königreiches von Großbritannien und Irland, sowie den Angehörigen und Erzeugnissen britischer Kolonien und auswärtiger Besitzungen (wie oben aufgeführt) bis zum 31. Dezember 1913 diejenigen Vorteile einzuräumen, die seitens des Deutschen Reichs den Angehörigen oder den Erzeugnissen der meistbegünstigten Länder gewährt werden. Das Gesetz trat am 1. Januar 1912 in Kraft.

Auf Grund dieses Gesetzes hat der Bundesrat beschlossen, die Geltungsdauer der in den Bekanntmachungen vom 11. Juni 1901 (RGBlatt S. 205) und vom 24. Februar 1910 (RGBlatt S. 459) enthaltenen Bestimmungen für die Zeit nach dem 31. Dezember 1911 bis auf weiteres (d. h. bis 31. Dezember 1913) zu verlängern (RGBlatt 1911 S. 975).

In der BRDrS. 1911 Nr. 97 wird bemerkt, daß das Gesetz vom 31. Dezember 1909 betreffend die Handelsbeziehungen Deutschlands zum Britischen Reich am 31. Dezember 1911 seine Wirksamkeit verliert. Der Bundesrat hat auf Grund des Gesetzes vom 13. Dezember 1909 bestimmt, daß die Vorteile dieses Gesetzes den Angehörigen und den Erzeugnissen des großbritannischen Mutterlandes sowie der britischen Kolonien und Schutzgebiete mit Ausnahme von Kanada eingeräumt werden. Vom 1. März 1910 ab (Bekanntmachung vom 24. Februar 1910, RGBlatt S. 459) sind diese Begünstigungen für 25 Nummern des Zolltarifs auch dem Dominium Kanada zugebilligt worden.

Kanada hat für die in der Bekanntmachung vom 24. Februar 1910 (RGBlatt 1910 S. 459) bezeichneten Waren, nämlich Zolltarifnummer 2 (Weizen und Spelz), 3 (Gerste), 4 (Hafer), 18 (Kleesaat), 19 (Grassaat), 47/48 (Obst, frisch und getrocknet — außer Weintrauben und Nüsse), 76 (Bau- und Nutzholz, in der Längsrichtung gesägt), 83 (Faßholz, Faßdauben, Faßbodenteile, Stabholz), 100 (Pferde), 103 (Rindvieh), 104 (Schafe), 108 (Fleisch), 123 (Seekrebse, Hummer), 126 (Schmalz), 162 (Mehl aus Getreide), 208 (Milch), 219 (Nahrungs- und Genußmittel in luftdicht verschlossenen Behältern), 316 (Kalziumkarbid, Metallkarbid), 349/50 (Holzgeist roh und gereinigt), 545 (rohe Häute von mehr als 3 kg per Stück), 556 (Schuhwaren), 650/1 (Holzmasse, Holzstoff, Pappendeckel, roh) die Meistbegünstigung erhalten. Dagegen hat Kanada den Zuschlagszoll von 33 1/3 % aufgehoben, der seit 1903 von deutschen Erzeugnissen neben den anderen Zöllen erhoben wurde.

Die Kündigungsfrist ist auf 2 Monate normiert.

Holland (die Niederlande) mit den niederländischen Besitzen: 1. in Asien: Niederländisch-Ostindien (Borneogruppe ohne Englisch-Nordborneo), Celebesgruppe, die Molukken mit den Amboinen, die Servattyinseln, die Sumatragruppe mit Banka, Billiton und Riouw, die großen Sundainseln Java und Madura, die kleinen Sundainseln zwischen Bali und Timor; 2. in Amerika: Niederländisch-Westindien (die kleinen Antillen, St. Eustatius, St. Martin-Süden, Saba, die Inseln Aruba, Bonaire, Curaçao), ferner Niederländisch-Guayana (Surinam); 3. in Australasien und Polynesien: Niederländisch-Neuguinea.

Zwischen Deutschland und Holland (den Niederlanden) besteht der zwischen dem Zollverein und Holland am 31. Dezember 1851 abgeschlossene Freundschafts-, Handels- und Zollvertrag nebst Schlußprotokoll mit gegenseitiger Meistbegünstigung für Holland und seine Kolonien wie oben angegeben (Art. 3, 28, 29, 40).

Italien mit Einschluß von San Marino. Mit Italien wurde schon seitens des Norddeutschen Bundes im Jahre 1867 ein Schiffahrtsvertrag abgeschlossen. Im Jahre 1883 folgte der Handels- und Schiffahrtsvertrag zwischen Italien und dem Deutschen Reiche.

Am 6. Dezember 1891 wurde zwischen Italien und dem Deutschen Reiche ein neuer Handels- und Zollvertrag, auch Schiffahrtsvertrag zwischen Italien und dem Deutschen Reiche abgeschlossen (RGBlatt 1892 S. 97), der mit dem Zusatzvertrag vom 3. Dezember 1904 (RGBlatt 1905 S. 413) zurzeit noch gilt. Er ist ein Tarifvertrag mit Meistbegünstigung, bei Meinungsverschiedenheiten soll ein Schiedsgericht fungieren; das Verfahren hiebei ist gleichfalls gegenseitig vereinbart.

Der zurzeit bestehende Zoll-, Handels- und Schiffahrtsvertrag mit Italien soll vom 1. März 1906 bis zum 31. Dezember 1917 in Wirksamkeit bleiben. Jedem Vertragsteile steht eine zwölfmonatliche Kündigung vom 31. Dezember 1916 an offen.

Auf die italienischen Besitzungen und Schutzgebiete in Asien (italienisches Pachtgebiet in Tientsin) und in Afrika (Erithrea und Italienisch-Somaliland) ist die Meistbegünstigung und der Vertragszolltarif nicht erstreckt.

Montenegro (Königreich) genießt bei der Einfuhr nach Deutschland die Meistbegünstigung, wie auch den Waren Deutschlands bei der Einfuhr nach Montenegro die Meistbegünstigung zugestanden ist. (Vgl. BRProtokolle § 707, 1907 und § 65, 1908 und Nachrichtenblatt für die Zollstellen, herausgegeben vom Reichsschatzamt, 1912 Nr. 1 Beil. I und RGBlatt 1908 S. 28.) Diese Beilage I enthält eine Übersicht über die zollrechtliche Behandlung der Erzeugnisse ausländischer Staaten und Gebietsteile bei der Einfuhr in das deutsche Zollgebiet, nach dem Stande vom 1. Januar 1912.

Norwegen hat nach dem BRBeschluß vom 20. Februar 1885 — § 115 der Protokolle — die Meistbegünstigung für die Einfuhr seiner Waren nach Deutschland, ebenso wie das deutsche Zollgebiet die Meistbegünstigung genießt bei der Einfuhr der Waren aus dem deutschen Zollgebiet nach Norwegen. (Vgl. die vorgenannte Übersicht in Beilage I zu Nr. 1 des Nachrichtenblattes für Zollstellen, 1912.[1])

---

[1]) Das Nachrichtenblatt für die Zollstellen erscheint am 1. und 15. eines jeden Monats und kann zum Preise von 8 Mark jährlich bei der Verlagsanstalt von J. Springer in Berlin W 9 Lückstr. 33, sowie im Buchhandel und durch die Postanstalten bezogen werden.

Österreich-Ungarn mit Einschluß von Liechtenstein. Mit Österreich bestanden schon zu den Zeiten des Zollvereins einige Handelsvertragsbeziehungen, die im Februarvertrag von 1853 mit dem Zwischenzolltarif sogar zur Zollunion führen sollten. Allein nach Annahme des französischen Handelsvertrags durch den Zollverein und nach den Ereignissen von 1866 kam es am 8. März 1868 nur zu einem Zoll- und Handelsvertrage, der im Jahre 1878 erneuert wurde. Zugleich kam der Abschluß eines Zollkartells zustande. Im Jahre 1881 wurde ein neuer Zoll- und Handelsvertrag mit Österreich-Ungarn abgeschlossen. Zurzeit gilt der Zoll- und Handelsvertrag (Tarifvertrag mit Meistbegünstigung vom 6. Dezember 1891, RGBlatt 1892 S. 3) mit dem Zusatzvertrag vom 25 Januar 1905 (RGBlatt 1906 S. 143), mit dem Viehseuchenübereinkommen, mit dem Übereinkommen über gegenseitigen Marken-, Muster- und Patentschutz. Hinsichtlich des kleinen Grenzverkehrs, Meß- und Marktverkehrs, Veredlungsverkehrs wurden weitgehende Erleichterungen verabredet. Durch den Zusatzvertrag vom 25. Januar 1905, in Kraft getreten am 15. Februar 1906 wurde insbesondere nach Art. 4 und 5 vereinbart, daß bei der Ausfuhr von Gerste oder Gerstenmalz die Einfuhrscheine nur nach dem niedrigeren zulässigen Zollsatz berechnet werden sollen, daß der Ausfuhrzoll für Lumpen in Österreich-Ungarn den Satz von 9,60 Kr. für 1 dz nicht überschreiten solle und daß die Bestimmungen der Brüsseler Konvention vom 5. März 1902 volle Beachtung finden sollen.

Zu den Erzeugnissen des Gewerbefleißes sollen gegenseitig auch die im zollbegünstigten Veredlungsverkehr hergestellten Waren gehören. Die Dauer des Zoll- und Handelsvertrags soll bis zum 31. Dezember 1917 sein und dann vorbehaltlich der einjährigen Kündigung immer weiter fortlaufen. Jedoch kann der Vertrag auch schon am 31. Dezember 1914 gekündigt werden.

Portugal mit den Azoren und Madeira. Mit Portugal bestand seit 2. März 1872 bis zum 1. Februar 1892 ein Handels- und Schiffahrtsvertrag mit gegenseitiger Meistbegünstigung. Dieser Vertrag ist jedoch am 31. Januar 1891 gekündigt worden, ohne daß damals eine Erneuerung des Handelsverhältnisses zustande gekommen wäre. Erst im Jahre 1908 war Gelegenheit gegeben, mit Portugal wieder in handelsvertragsmäßige Beziehungen zu treten und es kam zum Abschluß des Zoll-, Handels- und Schiffahrtsvertrages vom 30. November 1908 (RGBlatt 1910 S. 679) mit gegenseitiger Meistbegünstigung und Zollbindungen sowie zolltarifarischen Zugeständnissen. Ausgenommen von der Meistbegünstigung sind der kleine Grenzverkehr und die an Brasilien gemachten besonderen Zugeständnisse. Nach Art. 23 gilt der Vertrag nur für das Mutterland mit den Azoren und Madeira. Der Vertrag hat Geltung auf 8 Jahre, kann jedoch nach 5 Jahren vom Tage der Ratifikation ab (21. Mai 1910) gekündigt werden. Nach Art. 11 des Vertrags sollen die Erzeugnisse der portugiesischen Kolonien, die über das Mutterland nach Deutschland ausgeführt werden, bei der Einfuhr nach dem deutschen Zollgebiet die Meistbegünstigung genießen, außerdem kommen die Sätze des allgemeinen deutschen Zolltarifs in Anwendung.

Die portugiesischen Besitzungen sind folgende: 1. in Asien: Portugiesisch-Ostindien (Stadt und Gebiet Damao, Insel Diu, Stadt und Gebiet Goa), ferner Macao und die östliche Hälfte von Timor; 2. in Afrika: Angola (Benguela, Loanda, Mossamedes), Portug.-Kongo (Kongodistrikt), Kap Verdische Inseln, Portug.-Guinea (Bissar usw.), St. Thomé und Prinzipe, Portug.-Ostafrika (Mozambique).

Rumänien. (Königreich Rumänien.) Mit Rumänien bestand seitens des Deutschen Reiches die Handelskonvention vom 14. November 1877 nebst der Nachtragskonvention vom 1. März 1887. Diese Handelskonvention ist von Rumänien im Jahre 1890 gekündigt worden.

Die Bestimmungen des neuen Zoll- und Handelsvertrags vom 21. Oktober 1893 lehnen sich im allgemeinen an die Bestimmungen der erwähnten Konvention an. Art. 1 und 2 des Zoll- und Handelsvertrags begründet die gegenseitige Meistbegünstigung mit Beschränkung hinsichtlich des Handels mit Kriegsbedürfnissen wie bei den übrigen Handelsverträgen. Nach Art. 7 l. c. sind durch die Vertragstextanlagen A, B und C die beiderseitigen Einfuhrzollsätze festgesetzt. Nach Art. 20 ist die Vertragsdauer bis zum 31. Dezember 1903 stipuliert.

Durch den Zusatzhandelsvertrag ist das Zugeständnis der Meistbegünstigung näher präzisiert, indem Erleichterungen des Grenzverkehrs nicht darunter fallen sollen, auch ist die Einrichtung eines Schiedsgerichts für Zweifelsfragen vorgesehen und die Dauer des Zoll-, Handels- und Schiffahrtsvertrags ist fortlaufend vorläufig bis zum 31. Dezember 1917 verlängert worden, vorbehaltlich einjähriger Kündigungsfrist. Der rumänische Handelsvertrag ist veröffentlicht im RGBlatt 1894 S. 1 und der Zusatzhandelsvertrag vom 8. Oktober/25. September 1904 im RGBlatt 1905 S. 253.

Rußland (europäisches und asiatisches Rußland). Mit dem Zarenreich Rußland hat das Deutsche Reich den Handels- und Schiffahrtsvertrag vom 10. Februar/29. Januar 1894 mit Zolltarifbindungen und Zolltarifzugeständnissen. Am 28./15. Juli 1905 wurde ein Zusatzvertrag hiezu abgeschlossen (RGBlatt 1894 S. 153 und 1905 S. 35).

Mit Rußland hatte Deutschland bis zum Jahre 1894 keinen Handelsvertrag. Erst anfangs der neunziger Jahre des vorigen Jahrhunderts zeigte sich Rußland geneigt, mit Deutschland ein Handelsvertragsverhältnis einzugehen, nachdem seit 1. August 1893 ab das deutsche Zollgebiet mit Rußland im Zollkriege stand. Der Zoll- und Handelsvertrag ist auf dem Grundsatze der gegenseitigen Meistbegünstigung, in den Anlagen A und B (Zolltarife für die russische und die deutsche Einfuhr) sind die zolltarifarischen Zugeständnisse der beiden Vertragsstaaten niedergelegt. Durch den Zusatzvertrag vom 28./15. Juli 1905 ist die gegenseitige Meistbegünstigung genauer präzisiert und die beiderseitigen Einfuhrzolltarife sind nach den vom Jahre 1906 ab gültigen Zollsätzen richtig gestellt worden. Im Schlußprotokoll ist die Zollfreiheit gebrauchten Umzugsgutes stipuliert und hinsichtlich der Paßvisa ist die Gültigkeit auf 6 Monate erstreckt worden. Ferner wird die Schweineeinfuhr aus Rußland nach Schlesien geregelt. Die Gültigkeitsdauer des russisch-deutschen Zoll- und Handelsvertrags ist bis zum 31. Dezember 1917 festgesetzt mit fortlaufender einjähriger Kündigung.

Der Einfuhrzolltarif Deutschlands erhielt zu Nr. 3 (Gerste) den Zusatz der Zollermäßigung von anderer als Malzgerste auf 1,30 Mark für 1 dz. Diese Differenzierung des Zollsatzes für Malzgerste (4 Mark) und für andere (Futter-)Gerste (1,30 Mark) hat die Gersteneinfuhr nach Deutschland sehr kompliziert (vgl. Gerstenzollordnung S. 108/9 d. B.).

Bemerkenswert ist die Anlage zum deutsch-russischen Handelsvertrag: Liste von deutschen Wünschen, betr. die russische Tarifierung gewisser Gegenstände, z. B. der sog. Mettlacher Platten.

Finland bildete bis in die neueste Zeit ein eigenes Wirtschaftsgebiet mit besonderem Zolltarif. Die Bestimmungen des deutsch-russischen Handels- und Zollvertrages vom 10. Februar 1894 sind daher durch Erklärung vom 29. Januar und 10. Februar 1894 auf Finland ausgedehnt worden, so daß Finland gleichfalls bei der Einfuhr in Deutschland der Meistbegünstigung teilhaftig war und umgekehrt. Durch Protokoll vom 28./15. Juli 1904 (RGBlatt 1905 S. 145) ist Finland nunmehr in das russische Zollgebiet einverleibt worden.

Schweden. Mit Schweden ist bereits am 8. Mai 1906 ein Handels- und Schiffahrtsvertrag seitens des Deutschen Reiches abgeschlossen worden. Dieser Vertrag hatte jedoch nur Gültigkeit bis zum 31. Dezember 1910. Es mußte daher, da dieser Handelsvertrag wegen der Einführung eines neuen schwedischen Zolltarifs, der erst durch Gesetz vom 4. Juli 1910 mit Beginn des 1. Dezember 1911 in Kraft trat, nach Verlängerung des Handelsvertrags vom 8. Mai 1906 bis 1. Dezember 1911 von da ab ein neuer Handelsvertrag zum Abschluß gebracht werden, nämlich der Handels- und Schiffahrtsvertrag vom 2. Mai 1911. Dieser Handelsvertrag begründet die gegenseitige Meistbegünstigung (vgl. die Ausnahmen hievon in Art. 11) mit den in den beiden Anlagen — Tarif A und B — stipulierten Einfuhrzollsätzen, wobei hauptsächlich die Einfuhrzollsätze des deutschen Zolltarifs für Granitsteine aus Schweden eine neue Regelung erfahren haben. Bemerkenswert ist auch Art. IV Ziff. 2 wegen der Ausfuhr schwedischer Eisenerze. Der Zoll- und Handelsvertrag zwischen Deutschland und Schweden vom 2. Mai 1911 soll Gültigkeit haben bis zum 31. Dezember 1917 mit dem Recht der zwölfmonatlichen Kündigung; am 1. Januar 1921 soll jedoch der Vertrag auch ohne Kündigung außer Kraft treten.

Serbien (Königreich). Mit Serbien hat das Deutsche Reich einen Zoll- und Handelsvertrag vom 6. Januar 1883 abgeschlossen, dem der Zoll- und Handelsvertrag vom 21./9. August 1892 folgte (RGBlatt 1893 S. 269) mit dem Zusatzvertrag vom 29./16. November 1904 (RGBlatt 1906 S. 319). Außerdem besteht ein Übereinkommen über gegenseitigen Markenschutz vom 7. Juli 1886.

Der Handelsvertrag von 1892/3 ist ein Meistbegünstigungsvertrag mit Zollbindungen nach Anlage A und B und mit Regelung des Meß- und Marktverkehrs. Die Dauer dieses Vertrages war bis zum Jahre 1903 stipuliert. Durch den Zusatzvertrag vom 29./16. November 1904 wurde die Zollbehandlung der Reisemuster und Proben und die Nichtzulassung von Einfuhr-, Ausfuhr- und Durchfuhrverboten mit den bekannten Ausnahmen für Kriegsbedarf, Pflanzen usw. aus sanitären Rücksichten oder aus Veranlassung der Durchführung der inneren Gesetzgebung geregelt. Auch die Statuierung eines Schiedsgerichts für Zweifelsfragen wurde aufgenommen. Der Handelsvertrag vom 21./9. August 1892 mit dem Zusatzvertrag vom 29./6. November 1904 soll bis zum 31. Dezember 1917 in Wirksamkeit bleiben. Am 31. Dezember 1916 kann der Vertrag beiderseitig gekündigt werden, wenn dies nicht geschieht, soll der Vertrag weiter laufen bis 1 Jahr nach Kündigung.

Spanien mit den Balearen, den Pityusen und den Kanarischen Inseln. Mit Spanien wurde bereits im Jahre 1868 ein Handels- und Schiffahrtsvertrag abgeschlossen, der im Jahre 1883 erneuert und bis zum Jahre 1892 verlängert wurde. Von da an bestand nur ein Handelsprovisorium zwischen Deutschland und Spanien, bis es im Jahre 1894 zum Zollkrieg mit Spanien kam (Kais. Verordnung vom 25. Mai 1894 und vom 30. Juni 1895).

Auf Grund des BRBeschlusses vom 9. Juli 1896 — § 452 — wurde nach Anregung des von Spanien erlassenen Gesetzes, wonach die deutschen Boden- und Industrieerzeugnisse nach dem sog. zweiten Zolltarif (Minimalzolltarif) bei der Einfuhr nach Spanien behandelt werden sollen, wenn die deutschen Zollzuschläge in Wegfall kämen (vgl. auch BRBeschluß vom 14. Juli 1896, § 480), mit Kais. Verordnung vom 25. Juli 1896 der Wegfall der Zollzuschläge auf spanische Waren (RGBlatt 1896 S. 651) und die Anwendung des allgemeinen deutschen Zolltarifs verfügt. Das gegenseitige Zugeständnis der Meistbegünstigung in den deutsch-spanischen Handelsbeziehungen wurde laut Bekanntmachung im RGBlatt 1899 S. 335 vom 1. Juli 1899 ab herbeigeführt. (Vgl. Notenwechsel vom 12. Februar 1899, BRDrS. 1899 Nr. 100 und Denkschrift S. 6).

Hienach wurde von Spanien die Abtretung der spanischen Inselgruppen der Karolinen, Palau und Marianen mit Ausnahme von Guam an Deutschland zugestanden und dafür an Spanien der vertragsmäßige deutsche Zolltarif gewährt d. h. die volle Meistbegünstigung (vgl. RGBlatt 1899 S. 335). Diese Vereinbarung ist am 1. Juli 1899 in beiden Ländern in Kraft getreten und zwar vorerst auf 5 Jahre mit stillschweigender Verlängerung von Jahr zu Jahr, sofern keine Kündigung eintritt.

Auf die spanischen Besitzungen in Afrika: Presidios (Céuta, Melilla, Alkucemas, Peñon de Velez de la Gomera, Chafarinen Inseln), Rio de Oro, Spanisch-Guinea, Fernando Po, Annobon usw. ist die Meistbegünstigung nicht erstreckt. Dagegen sind die Boden- und Industrieerzeugnisse Marokkos den deutschen Vertragszollsätzen unterstellt (Handelsvertrag mit Deutschland vom 1. Juni 1890).[1])

Türkei. (Europäische Türkei mit Kreta; asiatische Türkei: Kleinasien mit Samos, Armenien, Kurdistan, Syrien ohne Cypern, die Sporaden usw., Arabien ohne Halbinsel Sinai; afrikanische Türkei: Tripolis und Bengasi). Mit der Türkei ist der Freundschafts-, Handels- und Schiffahrtsvertrag vom 26. August 1890 abgeschlossen (RGBlatt 1891 S. 117). Der Vertrag sichert den beiden Ländern die gegenseitige Meistbegünstigung zu. Der in Anlage I zum Handelsvertrag aufgeführte türkische Zolltarif ist bis jetzt nicht in Wirksamkeit getreten, es werden vielmehr noch die Wertzölle in Anwendung gebracht. Die Dauer war ursprünglich bis zum Jahre 1912 festgesetzt, ist aber nunmehr verlängert worden samt der Zusatzübereinkunft vom 25. April 1907 bis zum 13. März 1912 (vgl. BRDrS. 1907 Nr. 95). Die Einfuhrzölle der Türkei sind demnach von 8 % auf 11 % des Warenwertes erhöht worden. Der Handelsvertrag zwischen Deutschland und der Türkei ist bis zum 25. Juni 1914 verlängert (RGBlatt 1912 S. 184).

Hinsichtlich des Handelsvertragsverhältnisses zwischen dem Deutschen Reiche und dem Königreich Bulgarien siehe unter Bulgarien.

2. Asien.

Mit Asien hat das Deutsche Reich vielfache Handelsbeziehungen. Zu bemerken ist, daß die britischen, französischen und niederländischen Besitzungen schon durch die Handelsverträge und Handelsbeziehungen mit Großbritannien, Frankreich und Holland die Meistbegünstigung und daher die vertragsmäßigen Zollsätze bei der Einfuhr der betreffenden Waren nach dem deutschen Zollgebiet genießen; das deutsche Pachtgebiet Kiautschou hat ebenfalls die Meistbegünstigung, dagegen ist dem italienischen Pachtgebiet Tientsin die Meistbegünstigung nicht eingeräumt; Waren aus Tientsin unterliegen daher bei der Einfuhr nach Deutschland den allgemeinen Zolltarifsätzen. Auch die portugiesischen Besitzungen in Asien genießen nur dann die Meistbegünstigung, wenn diese Waren über Portugal, d. h. aus Portugal nach Deutschland eingeführt werden. Das asiatische Rußland

[1]) Die Kanarischen Inseln genießen die Meistbegünstigung; hiernach ist die Angabe auf S. 252 des Nachrichtenblattes 1911 richtig zu stellen. Céuta genießt nicht die Meistbegünstigung.

hat durch den Handelsvertrag des Zarenreiches mit Deutschland die Meistbegünstigung, ebenso die Türkei und deren Besitzungen in Asien. Es kommen demnach nur noch das chinesische Reich, Japan, Persien, Korea und Siam in Betracht. Mit China ist schon i. J. 1861 ein Freundschafts-, Handels- und Schiffahrtsvertrag abgeschlossen worden, der die Zusatzkonvention vom 31. März 1880 erhielt. Dem chinesischen Reiche wurde die Meistbegünstigung nicht zugestanden, die chinesischen Waren unterliegen daher bei ihrer Einfuhr nach Deutschland dem allgemeinen Zolltarif.

Mit Japan hat das Deutsche Reich schon im Jahre 1869 einen Handels- und Schiffahrtsvertrag und sodann am 4. April 1896 einen Handels- und Zollvertrag abgeschlossen, welch letzterer auf dem Prinzip der Gegenseitigkeit beruhte, indem Japan den deutschen Waren außer der Meistbegünstigung noch einen Konventionaltarif einräumte, während Deutschland nur die reine Meistbegünstigung ohne Zollbindung zugestanden hatte. Im Jahre 1910 wurde dieser Handelsvertrag von Japan gekündigt und es kam der neue Handelsvertrag vom 24. Juli 1911 zustande, wodurch Japan wieder die volle Zollautonomie unter Wegräumung aller Bestimmungen anstrebte, die noch als Überbleibsel aus früheren Zeiten vorhanden waren (RGBlatt 1911 S. 477 ff.). Der neue Handelsvertrag mit Japan vom 24. Juli 1911 ist ein beschränkter Tarifvertrag mit gegenseitiger Meistbegünstigung und soll bis zum 31. Dezember 1917 in Geltung bleiben. Auf die deutschen Kolonien und Schutzgebiete erstreckt sich die japanische Meistbegünstigung nicht, dagegen gehören Formosa, Korea, Hokoto, Südsachalin zum japanischen Staatsgebiete. Indessen wird Japan die auf die Zölle und auf die Schiffahrt bezüglichen Vereinbarungen des Vertrages für Korea nur insoweit gelten lassen, als sie nicht mit den für den Außenhandel günstigeren Sonderabreden in Widerspruch stehen, die bei Gelegenheit der Annexion Koreas durch Japan am 29. August 1910 getroffen worden sind. Hienach werden bis zum Jahre 1920 in Korea die niedrigeren Zölle und Tonnengelder des damaligen koreanischen Tarifs erhoben. Das japanische Pachtgebiet Kwantung hat nicht die Meistbegünstigung seitens des Deutschen Reiches.

Zwischen Persien und dem Deutschen Reiche ist der Freundschafts-, Handels- und Schiffahrtsvertrag vom 11. Juni 1873 (RGBlatt 1873 S. 351) abgeschlossen. Dieser Vertrag enthält die gegenseitige Meistbegünstigung.

Mit Siam besteht der am 7. Februar 1862 abgeschlossene Handelsvertrag des deutschen Zollvereins. Hienach genießt Deutschland allein die Meistbegünstigung, die Waren aus Siam unterliegen bei der Einfuhr in das deutsche Zollgebiet den allgemeinen Zolltarifsätzen. Die Philippinen mit den Suluinseln genießen nicht die Meistbegünstigung und nicht den deutschen Vertragszolltarif. Ceylon hat die Meistbegünstigung, ebenso Hongkong, dagegen sind Afghanistan, Maskat und Arabien, soweit sie nicht unter türkischer Oberhoheit stehen, nicht meistbegünstigt.

3. Afrika.

Die britischen Besitzungen, ebenso die französischen Besitzungen in Afrika genießen durch die Handelsverträge mit den Mutterländern die Meistbegünstigung, die belgischen, italienischen, spanischen und portugiesischen Besitzungen in Afrika haben nicht die Meistbegünstigung. Es sind also nur Ägypten mit dem ägyptischen Sudan und der Halbinsel Sinai, Abessinien (Äthiopien), Liberia und Marokko weiter in Betracht zu ziehen, indem die türkischen Besitzungen in Tripolis und Bengasi kraft des Vertrages mit der Türkei die Meistbegünstigung haben.

Nachdem bis zum Jahre 1891 der deutsch-türkische Handelsvertrag vom 26. August 1890 auch auf Ägypten Anwendung gefunden hatte, kam im Jahre 1892 am 19. Juli zwischen Ägypten und dem Deutschen Reiche ein selbständiger Handelsvertrag zustande, da durch den Ferman der Pforte vom 7. August 1879 dem Khedive der Abschluß selbständiger Handelsverträge zugestanden worden war. Der deutsch-ägyptische Handelsvertrag beruht auf gegenseitiger Meistbegünstigung. Am 17. März 1910 erhielt dieser Vertrag ein Zusatzabkommen (RGBlatt 1910 S. 901).

Mit Liberia, einer Negerrepublik, besteht der Handelsvertrag vom 31. Oktober 1867 auf Grund des gegenseitigen Meistbegünstigungsrechtes, ebenso besteht mit Marokko der Meistbegünstigungsvertrag vom 1. Juni 1890, nachdem bereits im Jahre 1890 die deutschen Vertragszollsätze nach dem deutsch-spanischen und deutsch-italienischen Handelsvertrage auch Marokko zugestanden worden waren.

Mit Äthiopien (Abessinien) ist am 7. März 1905 ein Freundschafts- und Handelsvertrag auf Grund gegenseitiger Meistbegünstigung abgeschlossen worden.

Mit Zanzibar (Sansibar) ist am 20. Dezember 1885 ein Handelsvertrag abgeschlossen worden, der aber durch deutsches Reichsgesetz vom 15. Februar 1900 teilweise aufgehoben worden ist. (Vgl. auch die Kais. Verordnung vom 26. Juni 1902, betreffend die Ausführung des Gesetzes über den Handelsvertrag mit Zanzibar.) Nach dem Reichsgesetz vom 5. Juli 1911 ist der Freundschafts-, Handels- nnd Schiffahrtsvertrag mit Zanzibar (vom 20. Dezember 1885) vollständig außer Kraft getreten. Mit dem Wegfall dieses Handelsvertrages tritt der Freundschafts-, Handels- und Schiffahrtsvertrag zwischen den deutschen Hansestädten und Zanzibar vom 13. Juni 1859 wieder in Kraft (vgl. Amtliche Nachrichten der hamburgischen Generalzolldirektion 1911 Nr. 16). Die Waren aus Zanzibar genießen bei der Einfuhr nach Deutschland die Meistbegünstigung, da Sansibar (Zanzibar) nunmehr als englische Besitzung anzusehen ist.

Mit Algerien und Tunis (s. Abkommen vom 18. November 1896) besteht Meistbegünstigung kraft des Handels- und Friedensvertrages mit Frankreich vom 10. Mai 1871.

Madagaskar ist gleichfalls eine französische Besitzung und genießt demnach mit Diego Suarez, Nossi Bé, St. Maria usw. die deutsche Meistbegünstigung.

4. Amerika.

Amerika teilt sich in Nordamerika, Zentralamerika und Südamerika.

Zu Südamerika gehören folgende Republiken: Argentinien, Chile, Peru, Brasilien, Bolivien, Uruguay und Paraguay, Kolumbien, Ecuador und Venezuela.

Die französischen, dänischen und niederländischen Besitzungen in Amerika, sowie die britischen Besitzungen (ohne Kanada) genießen kraft der Verträge mit den Mutterländern die Meistbegünstigung.

Mit Argentinien ist der Meistbegünstigungsvertrag vom 19. September 1857 abgeschlossen; mit der Republik Peru besteht deutscherseits kein Handelsvertrag, die peruanischen Waren unterliegen demgemäß bei der Einfuhr in das deutsche Zollgebiet den Zollsätzen des allgemeinen Tarifs; auch mit Brasilien hat Deutschland noch keinen Handelsvertrag abgeschlossen, so daß für brasilianische Erzeugnisse die allgemeinen Zollsätze in Anwendung kommen. Mit Chile ist am 1. Februar 1862 seitens des deutschen Zollvereins ein Handelsvertrag mit dem Meistbegünstigungsrecht abgeschlossen worden. Dieser Vertrag wurde im Jahre 1897 gekündigt. Da aber Chile auch nach Aufhören des Handelsvertrags die deutschen Waren bei der Einfuhr nach Chile nicht ungünstiger behandelt als vordem, so wurden den chilenischen Provenienzen bis auf weiteres auch bei der Einfuhr in das deutsche Zollgebiet die Vertragszollsätze zugestanden.

Mit der Republik Ecuador besteht der Freundschaftsvertrag vom 28. März 1887 mit dem Recht der Meistbegünstigung (RGBlatt 1888 S. 137); mit Kolumbien ist der Freundschafts- und Handelsvertrag vom 23. Juli 1892 abgeschlossen (RGBlatt 1894 S. 471) gleichfalls mit dem Meistbegünstigungsrecht. Auch das zu Kolumbien gehörige Departement Panama genießt in Deutschland die Meistbegünstigung. Dagegen hat die sog. Panamakanalzone (zu den Vereinigten Staaten von Nordamerika gehörig) die Meistbegünstigung nicht.

Mit den Vereinigten Staaten von Venezuela (inklusive der Vogelinseln) ist erst im Jahre 1909 (am 26. Januar) ein Meistbegünstigungsvertrag seitens des Deutschen Reiches zustande gekommen (vgl. RGBlatt 1909 S. 909).

Mit Bolivien ist gleichfalls der Meistbegünstigungsvertrag vom 22. Juli 1908 (RGBlatt 1910 S. 507) vereinbart worden.

Mit Paraguay und Uruguay sind die Meistbegünstigungsverträge vom 21. Juli 1887 (RGBlatt 1888 S. 178) und vom 20. Juni 1892 (RGBlatt 1894 S. 506) abgeschlossen.

Die zentralamerikanischen Republiken Guatemala, Honduras, San Salvador und Nikaragua genießen in Deutschland die Meistbegünstigung und zwar: Guatemala auf Grund des Handelsvertrags vom 20. September 1887 nebst Schlußprotokoll vom 22. Januar 1888; Honduras auf Grund des Handelsvertrags vom 12. Dezember 1887 nebst Schlußprotokoll vom 2. Juli 1888; Nikaragua auf Grund des Handelsvertrags vom 4. Februar 1896. Der Handelsvertrag mit San Salvador vom 13. Juli 1870 wurde im Jahre 1902 gekündigt. Im Jahre 1908 aber ist ein neuer Handelsvertrag mit gegenseitiger Meistbegünstigung zwischen Deutschland und San Salvador zustande gekommen (Handelsvertrag vom 14. April 1908, RGBlatt 1909 S. 405). Ebenso bestand mit der Republik Kostarika ein Meistbegünstigungsvertrag, der aber im Jahre 1897 gekündigt worden ist, so daß Kostarika keine Meistbegünstigung in Deutschland genießt.

Noch sind zu erwähnen die Dominikanische Republik und Haiti. Die Dominikanische Republik genießt in Deutschland keine Meistbegünstigung, da der zwischen Deutschland und der Dominikanischen Republik am 30. Januar 1885 abgeschlossene Handelsvertrag durch Bekanntmachung vom 27. Januar 1897 (RGBlatt 1897 S. 5) außer Kraft gesetzt worden ist. Mit Haiti bestand laut Verordnung vom 17. April 1901 eine Art Zollkrieg, da auf Blauholz ein Zoll und auf Kaffee und Kakao aus Haiti bei der Einfuhr nach Deutschland ein Zollzuschlag gelegt wurde. Mit Verordnung vom 28. August 1908 wurden diese Zölle wieder aufgehoben. Außerdem ist das deutsch-haitische Übereinkommen vom 1. September 1908 (BRDrS. 1908 Nr. 197) anzuführen. Die Republik Haiti genießt jedoch trotzdem in Deutschland die Meistbegünstigung nicht.

Von den nordamerikanischen Staaten ist Mexiko zu nennen; diesem Staate ist die deutsche Meistbegünstigung auf Gegenseitigkeit eingeräumt kraft des Handelsvertrags vom 5. Dezember 1882. Die Handelsbeziehungen zu den Vereinigten Staaten von Amerika sind durch das Handelsabkommen vom 22. April und 2. Mai 1907 geregelt worden (RGBlatt 1907 S. 305).

In diesem Abkommen haben die Vereinigten Staaten von Amerika an Deutschland die sämtlichen Zollermäßigungen, die einem dritten Lande eingeräumt sind, zugestanden, während Deutschland den weitaus größten Teil seiner Konventionalzollsätze einräumte. Dieses Abkommen wurde seitens der Union im Jahre 1909 gekündigt, so daß es am 10. Februar 1910 außer Kraft getreten ist. Es wurde daher auf Grund des neuen amerikanischen Zolltarifgesetzes vom 6. August 1909 ein neues Uebereinkommen hinsichtlich der Handelsbeziehungen der beiden Staaten, der nordamerikanischen Union und des Deutschen Reiches, in die Wege geleitet, wonach der Bundesrat des Deutschen Reiches ermächtigt werden solle, den Erzeugnissen der Vereinigten Staaten die dermaligen deutschen Konventionalzolltarifsätze zuzugestehen, solange den deutschen Waren der amerikanische Minimaltarif mit der Meistbegünstigung eingeräumt ist. Nachdem dieses Abkommen vom Reichstag gebilligt worden ist, wurde das RG. vom 5. Februar 1910 (RGBlatt 1910 S. 387) veröffentlicht, gleichzeitig wurde die Bekanntmachung vom 7. Februar (RGBlatt S. 388) erlassen, wonach für die Erzeugnisse der Vereinigten Staaten von Nordamerika bis auf weiteres für die Einfuhr nach dem deutschen Zollgebiete die in den geltenden Handelsverträgen zugestandenen Zollsätze anzuwenden sind, während die deutschen Provenienzen höheren Zollsätzen als den in Abschnitt 1 des amerikanischen Zolltarifgesetzes vom 5. August 1909 vorgesehenen nicht unterworfen sein sollen. Demgemäß haben zurzeit die Vereinigten Staaten von Amerika die Tarifzugeständnisse, wie sie in den zwischen Deutschland und den verschiedenen Ländern vereinbart worden sind, mit Ausnahme derjenigen Tarifzugeständnisse, die in den neuen Handelsverträgen mit Schweden und Japan vereinbart worden sind.

Die Handelsbeziehungen Deutschlands zu den Vereinigten Staaten von Amerika sind in der Sonderbeilage zu Nr. 23, 1911, des Nachrichtenblattes für die Zollstellen, wie folgt, veröffentlicht:

Auf Grund des Gesetzes vom 5. Febrnar 1910, betreffend die Handelsbeziehungen zu den Vereinigten Staaten von Amerika (RGBlatt S. 387), hat der Bundesrat laut Bekanntmachung vom 7. Februar 1910 (RGBlatt S. 388) beschlossen, daß auf die Erzeugnisse der Vereinigten Staaten von Amerika bis auf weiteres die in den geltenden Handelsverträgen zugestandenen Zollsätze anzuwenden sind (zu vgl. Nachrichtenblatt 1910 S. 55 ff.).

Der Handels- und Schiffahrtsvertrag zwischen dem Deutschen Reiche und Schweden vom 8. Mai 1906 tritt mit dem 1. Dezember 1911 außer Kraft. Von diesem Tage an verlieren daher die darin enthaltenen ermäßigten Zollsätze, soweit sie über den sonstigen Vertragstarif hinausgehen, auch für die Erzeugnisse der Vereinigten Staaten von Amerika die Wirksamkeit. Die in dem neuen Handels- und Schiffahrtsvertrage zwischen dem Deutschen Reiche und Schweden vom 2. Mai 1911 sowie die in dem Handels- und Schiffahrtsvertrage zwischen dem Deutschen Reiche und Japan nebst zugehörigem Zollabkommen vom 24. Juni 1911 enthaltenen Zollermäßigungen finden bis auf weiteres auf die Erzeugnisse der Vereinigten Staaten von Amerika keine Anwendung.

Der Reichskanzler (Reichsschatzamt) hat die Bundesregierungen mit eigener Zollverwaltung ersucht, die Zollstellen mit entsprechender Anweisung zu versehen.

Hiernach ist für die Einfuhr aus den Vereinigten Staaten von Amerika im einzelnen folgendes zu beachten:

I. Von den geltenden Vertragsabmachungen sind nicht zu gewähren, und zwar:

a) diejenigen in den folgenden Tarifnummern und Anmerkungen ohne Einschränkung nicht:

73 (Pflanzenwachs), 143 (Hausenblase), Anmerkung zu 234 (Steine), 247 (Wachs), 337 (Tinte), Anmerkung zu 401 (Seidenwaren), Anmerkung 3 zu 405 (Seide), 577 (Schuhe),

589 (Matten), Anmerkung zu 650 (Holzstoff), 670 (Albums), Anmerkung zu 685 Abs. 2 (Steinmetzarbeiten), Anmerkung zu 719 und 720, Anmerkungen 1/3 zu 784, Anmerkung zu 785 (Tonröhren), 792 (Bleche), Anmerkung zu 791 und 792 (Bleche), Anmerkungen 1/2 zu 798 (Eisenbahnschienen) und 799 (Eisenbahnräder), 816 (landwirtschaftliche Geräte), 825 (Draht), Anmerkung 3 zu Unterabschnitt 17 A und 878 (Kupferwaren);

b) diejenigen in den folgenden Tarifnummern nur in dem nachstehend angegebenen Umfange nicht:

47 die Zollfreiheit für frische Preiselbeeren, die auf andere Weise als in Postsendungen von einem Gewicht bis 5 kg einschließlich eingehen; 49 die Zollfreiheit für ohne Zusatz von Zucker oder Sirup eingekochte Preiselbeeren; 405 der Zollsatz von 400 Mark für 1 dz für Taschentücher aus Habutaegeweben der in der Anmerkung zu Nr. 401 bezeichneten Art; 518 der Zollsatz von 100 Mark für 1 dz für sogenannte Isländer Jacken, aus wollenem Wirkstoff, auch zugeschnitten und genäht (auch mit geringfügigem Ausputz, in dem keine Seide enthalten ist), von der Art der hinterlegten Muster; 631 der Zollsatz von 20 Mark für 1 dz für die mit japanischen Lack (urushi) lackierten Holzwaren; Anmerkung zu 682 die Zollfreiheit für gespaltene oder an einer oder beiden Hauptflächen gesägte (geschnittene) Platten aus anderem als hellen grauen Granit, falls sie an den Schmalseiten roh oder bloß roh behauen sind und eine Stärke von überwiegend mehr als 16 cm haben; 716 der Zollsatz von 0,20 Mark für 1 dz für Klinker aller Art; 824 der Zollsatz von 3 Mark für 1 dz für andere Wagenfedern als Eisenbahnwagenfedern und Pufferfedern; 906 die Zollsätze von 10 Mark, 9 Mark und 8 Mark für 1 dz für Milchentrahmungsmaschinen.

II. Ferner ist anzuwenden bei Tarifnummer: 628 Abs. 2 an Stelle des für Fensterrahmen, Türen, Treppen und Teile von solchen sowie für profilierte Holzleisten vorgesehenen Vertragssatzes von 4 Mark für 1 dz:

a) für Fensterrahmen, Türen, Treppen und Teile von solchen ein Vertragssatz von 6 Mark für 1 dz;

b) für profilierte Holzleisten ein Vertragssatz von 5 Mark für 1 dz;

681 an Stelle der Zollfreiheit der Pflastersteine ein Vertragssatz von 0,20 Mark für 1 dz; 685 an Stelle der vertragsmäßigen Zollsätze für Steinmetzarbeiten aus Granit von 0,15 Mark, 0,35 Mark, 0,15 Mark und 0,60 Mark für 1 dz der einheitliche Vertragssatz von 1 Mark für 1 dz.

III. Schließlich kommt die in Teil III, 164 Abs. 4 der Anleitung für die Zollabfertigung vorgesehene vertragsmäßige Erweiterung der Bestimmung über die Dicke der Walzknüppel gegenüber den Erzeugnissen der Vereinigten Staaten von Amerika in Wegfall.

Mit den Hawaiischen Inseln ist am 25. März 1879 ein Handelsvertrag seitens des Deutschen Reiches abgeschlossen worden. Hawai und Portoriko gehören nunmehr zum Vereinigten Staatengebiet. Die Panamakanalzone, ebenfalls den Vereinigten Staaten gehörend, hat nicht das Recht der Meistbegünstigung, dagegen genießt die Republik Kolumbien-Panama den deutschen Vertragszolltarif. Die Bermudainseln genießen gleichfalls die deutschen Vertragszollsätze. Cuba genießt nicht die Meistbegünstigung.

Wegen Canada ist bereits unter Großbritannien das Nähere bemerkt worden und wird auf die Bekanntmachung vom 24. Februar 1910 (RGBlatt 1910 S. 459) verwiesen.

5. Australasien.

Die britischen, französischen, niederländischen Besitzungen in Australien genießen durchgehends die deutsche Meistbegünstigung. Von den amerikanischen Besitzungen hat das Territorium Hawai (die Sandwichsinseln) das Recht der Meistbegünstigung, dagegen ist dem amerikanischen Teil von Samoa (Guam) die Meistbegünstigung nicht eingeräumt. Deutsch-Samoa hat die Meistbegünstigung. Der australische Bund bestehend aus dem Festland Australien (Neu Süd-Wales, Viktoria, Queensland, Südaustralien, Westaustralien) und Tasmanien nebst den dazu gehörigen Inseln (common wealth) genießen die Meistbegünstigung in Deutschland. Die Tongainseln genießen gleichfalls die Meistbegünstigung.

Die deutschen Zollausschlußgebiete sowie die deutschen Kolonien und Besitzungen genießen sämtlich die Meistbegünstigung bei der Einfuhr nach dem deutschen Zollgebiete.

Die Herkunfts- und Bestimmungsländer, wie sie in der deutschen Handelsstatistik nunmehr zur Anwendung kommen, läßt folgendes Verzeichnis ersehen, wobei gleichzeitig vermerkt ist, ob das betreffende Land für seine Erzeugnisse bei der Einfuhr nach Deutschland die deutschen Vertragszollsätze genießt (V) oder nicht (a).

I. Europa mit einzelnen außereuropäischen Besitzungen europäischer Staaten.

1. Freihafen Hamburg V; 2. Zollausschluß Helgoland V; 3. Badische Zollausschlüsse V; 4. Belgien mit Einschluß des neutralen Gebiets Moresnet V; 5. Britische Besitzungen am und im Mittelländischen Meere (Gibraltar und Inselgruppe Malta) sowie die Insel Cypern V; 6. Bulgarien V; 7. Dänemark mit den Färoern, Grönland und Island V; 8. Frankreich mit Korsika sowie mit Einschluß von Andorra und Monaco V; 9. Griechenland mit den Jonischen Inseln, den Kykladen und nördlichen Sporaden V; 10. Großbritannien und Irland mit der Insel Man und den britischen Kanalinseln V; 11. Italien mit Einschluß von San Marino V; 12. Montenegro V; 13. Niederlande V; 14. Norwegen V; 15. Österreich-Ungarn und Liechtenstein V; 16. Portugal mit den Azoren und Madeira V; 17. Rumänien V; 18. Rußland ohne Finland V; 19. Finland V; 20. Schweden V; 21. Schweiz V; 22. Serbien V; 23. Spanien mit den Kanarischen Inseln V; 24. Türkei mit Ausnahme von Egypten, Cypern und Kreta V; 25. Kreta V.

II. Afrika (soweit nicht oben bei 16, 23, 24 eingerechnet).

26. Abessinien V; 27. Egypten mit der Halbinsel Sinai und dem egyptischen (britisch-ägyptischen) Teile des Sudan V; 28. Britische Besitzungen an der afrikanischen Küste des Golfs von Aden, in Ostafrika mit den britischen Inseln Amiranten, Mauritius, Seychellen. Sokotra und mit Einschluß von Sansibar, Pemba usw.; Uganda; ferner die Tschagosinseln V; 29. Britisch-Südafrika: Kapkolonie, Natal, Provinz Oranje-Freistaat, Transvaal, Basuto-, Betschuana-, Nyassa-, Sulu- und Tonga-Land; Rhodesia; Swasiland V; 30. Britisch Westafrika: Gambia, Goldküste, Lagos, Nigergebiet, Sierra Leone; Inseln Ascension, St. Helena, Tristan d'Acunha und die Walfischbai V; 31. Deutsch Ostafrika V; 32. Deutsch Südwestafrika V; 33. Kamerun V; 34. Togo V; 35. Algerien V; 36. Tunis V; 37. Französisch Westafrika: Besitzungen und Schutzgebiete am oberen Niger (Französisch Sudan) und am Senegal; Französisch Guinea, Los-Inseln, Dahome, Französisch Kongo, Wadai, Zahnküste usw. V; 38. Französische Besitzungen an der afrikanischen Küste des Golfs von Aden (Djibuti, Obok usw. in Französisch Somali), Madagaskar und die übrigen französischen Inseln an der Ostküste von Afrika: Comoro, Mayotte, Réunion usw.; Kerguelen V; 39. Italienische Besitzungen am Roten Meere und an der Somaliküste a; 40. Belgisch Kongo a; 41. Liberia V; 42. Marokko V; 43. Portugiesisch Ostafrika (Moçambique) a; 44. Portugiesisch Westafrika: Angola; Bissao, Bolama und Cacheo an der Küste von Senegambien; Kongodistrikt; Kapverdische Inseln; Inseln do Principe und St. Thomé a; 45. Spanisch Afrika: Alhucemas- und Chafarinas-Inseln, Céuta, Melilla, Penon de la Gomera, Rio de Oro (vom Kap Bojador bis zum Kap Blanco); Fernando Po nebst Annobon, Corisco- und Elobey-Inseln, Munigebiet und Kap San Juan a.

III. Asien (soweit nicht oben bei 5, 18, 24, 27 und 28 eingerechnet).

46. Aden, Sokotra und übriges britisches Arabien, Bahrein, Kameran, Kuria-Muria, Perim V; 47. Britisch Indien, die Inseln Andamanen, Lakediven und Nikobaren; Belutschistan V; 48. Britische Ansiedelungen an der Straße von Malakka (Straits Settlements: Malakka, Penang, Singapur usw.); die britischen Schutzgebiete auf der malayischen Halbinsel, die Keeling- (Kokos-) Inseln, Britisch Borneo, Labuan und Sarawak V; 49. Ceylon und die Malediven V; 50. China (einschließlich der Mandschurei) a; 51. Hongkong V; 52. Deutsches Schutzgebiet von Kiautschou V; 53. Französische Besitzungen und Schutzgebiete in Vorder- und Hinterindien: Chandernagor, Karikal, Mahé, Pondichéry, Yanaon; Anam, Cambodja, Cochinchina und Tonkin V; 54. Japan einschließlich der Erwerbungen auf dem asiatischen Festland und der Südhälfte von Sachalin (Karafuto) V; 55. Korea V; 56. Niederländische Besitzungen im Indischen Ozean usw. mit Einschluß der unabhängigen Gebiete auf den ostindischen Inseln, nämlich: Borneo-Gruppe ohne Britisch-Borneo, Celebes-Gruppe, die Molukken mit den Amboinen, der nordwestliche Teil von Neuguinea, die Südwest- (Servatty-) Inseln, Sumatra-Gruppe mit Banka, Billiton und Riouw, die Sunda-Inseln Java und Madura, kleine Sunda-Inseln zwischen Bali und Timor (beide einschließlich — von letzterem die westliche Hälfte —) V; 57. Persien V; 58. Philippinen mit Suluinseln, Guam a; 59. Siam a; 60. Portugiesische Besitzungen (Macao, Stadt und Gebiet Damao, Insel Diu, Stadt und Gebiet Goa, östliche Hälfte von Timor); Afghanistan, Arabien (soweit nicht bei Nr. 24, 27 und 46 eingerechnet), Maskat (Oman) usw. a.

IV. Amerika (soweit nicht oben bei 7 eingerechnet).

61. Argentinische Republik V; 62. Bolivien V; 63. Brasilien a; 64. Canada V (zum Teil); 65. Neufundland mit Labrador; Bermuda-Inseln; Bahama- nebst Inagua-Inseln;

britische kleine Antillen, und zwar Leeward-Inseln Antigua (mit Barbuda und Redonda), St. Christopher (St. Kitts [mit Newis und Anguilla]), Dominica, Montserrat und Virgin- oder Jungfern-Inseln mit Sombrero, ferner Windward-Inseln, Grenada, St. Vincent, Grenadinen und St. Lucia; Barbados; Jamaica mit Turks-, Caicos-, Caymans-Inseln, Morant Cays und Pedro Cays; Trinidad mit Tobago; Britisch-Honduras; Britisch Guayana; Falkland-Inseln; Britisch Süd-Georgien V; 66. Chile V; 67. Columbien V; 68. Costarica a; 69. Cuba a; 70. Dänische Besitzungen in Westindien, nämlich: die kleinen Antillen-Inseln St. Croix, St. Jean (St. John) und St. Thomas V; 71. Dominikanische Republik a; 72. Ecuador mit den Galapagos-Inseln V; 73. Französische Besitzungen in Amerika, nämlich: die kleinen Antillen-Inseln Guadeloupe mit Dependenzen (St. Barthélemy, La Désirade, Marie-Galante, St. Martin [nördlicher Teil], Les Saintes) und Martinique; ferner Französisch Guayana sowie die Inseln Miquelon und St. Pierre V; 74. Guatemala V; 75. Honduras V; 76. Mexiko V; 77. Nicaragua V; 78. Niederländische Besitzungen in Amerika, nämlich: die kleinen Antillen-Inseln St. Eustatius, St. Martin (südlicher Teil), Saba; Inseln Aruba, Bonaire, Curaçao; ferner Niederländisch Guayana (Kolonie Surinam) V; 79. Panama (ohne die Kanalzone) V; Panamakanalzone a; 80. Paraguay V; 81. Peru a; 82. Republik Haiti a; 83. Salvador V; 84. Uruguay V; 85. Venezuela (Vereinigte Staaten von Venezuela) mit den Vogel- und anderen zugehörigen Inseln V; 86. Vereinigte Staaten von Amerika; Portoriko V; Panamakanalzone a.

V. Australasien und Polynesien (soweit nicht oben bei 56 und 58 eingerechnet).

87. Australischer Bund: Neu-Südwales, Viktoria, Queensland, Süd-, West-Australien, Tasmanien, Papua (Britisch Neu-Guinea) einschließlich der Inseln d'Entrecasteaux und der Louisiadegruppe, Lord-Howe-Insel V; 88. Neu-Seeland (Nord-, Süd-Insel), Stewart-Insel, Auckland-, Chatam-, Cook- (Hervey-) Inseln (Rarotonga, Mangaia, Atiu, Aitutaki, Mauki, Mitiero) und andere Inseln (Niue [Savage], Palmerston, Penrhyn [Tongareva], Manihiki [Manahiki], Rakaanga, Danger [Pukapuka], Suwarrow); Kermadek-Inseln V; 89. Christmas, Britische Salomon-Inseln, Caroline, Ducie, Fanning, Fidji, Gilbert-, Ellice- (Lagunen-) Inseln, Malden, Norfolk, Phönix-Inseln, Pitcairn, Rotumah, Santa Cruz-Inseln, Starbuck, Tonga-, Union- oder Tokelau-, Washington, Wilson und andere britische Inseln in der Südsee V; 90. Deutsch Neuguinea (Kaiser-Wilhelmsland mit dem Bismarckarchipel und dem Anteil an den Salomon-Inseln), Marschall-Inseln, Karolinen, Palau-Inseln und Marianen (ohne Guam) V; 91. Französische Besitzungen und Schutzgebiete in Australasien und Polynesien, nämlich: Gambier- (Mangarewa-), Gesellschafts-Inseln (Tahiti), Marquesas-Inseln; Neucaledonien und Dependenzen (Loyalty-, Wallis- [Uvea-] Huon-Inseln, Kunie- [Pinien-] Insel, Futuna und Alafi), Paumotu-Inseln, Tuamotu-, Tubuai-, Rapa-Inseln und Inseln unter dem Winde; die seit 1906 britisch-französischen neuen Hebriden V; 92. Hawaiische (Sandwich-) Inseln, zu Vereinigten Staaten von Amerika gehörend V; 93. Samoa- (Schiffer-) Inseln deutsch V; Samoa (Schiffer-) Inseln (zu Vereinigten Staaten von Amerika gehörend) a; 94. Anderwärts nicht genannte Länder und Gebiete, herrenlose Gebiete im nördlichen und südlichen Eismeer usw. a; 95. Schiffsbedarf für fremde Schiffe V; 96. Seekabel, Strandgut und andere Waren V.

Literatur.

Außer der bereits angegebenen Literatur werden noch folgende Werke hier aufgeführt:

Zollgesetzgebung.

K. Schuemacher, Das neue Zolltarifgesetz von 1902 und der Zolltarif von 1902, sein Aufbau und seine Anwendung. Reiff's Buchdruckerei, Karlsruhe 1904.

Dr. Achert und Dr. Bischoff, Chemisch-botanischer Leitfaden für Zollbeamte. J. Springer, Berlin 1907.

H. Egner und K. Schuemacher, Unser Zoll- und Steuerwesen. H. Moritz, Stuttgart.

Dr. Gg. Schmauser, Die Rechtssätze der deutschen Zollgesetzgebung, Archiv für öffentliches Recht von Laband, XVIII. Band, Heft 3.

Dr. Tschierschky, Die Neuordnung des zollfreien Veredlungsverkehrs. Verlag von Vandenhoek und Ruprecht, Göttingen 1904.

L. Lusensky, Der zollfreie Veredlungsverkehr. Verlag von O. Häring, Berlin 1903.

O. Schmidt, Zur Geschichte des deutschen Veredlungsverkehrs. Zeitschrift für die gesamte Staatswissenschaft. Laupp, Tübingen 1906.

Dr. E. Trautvetter, Das neue deutsche Zolltarifrecht, ein Leitfaden. Julius Springer, Berlin 1905.

Der deutsche Zolltarif von 1902, Erläuterungen hiezu, herausgegeben von der großh. bad. Oberzolldirektion, Müllersche Hofbuchdruckerei in Karlsruhe 1905 nebst Nachtrag und Leitfaden über den Neuen Zolltarif für Zollbeamte, herausgegeben von der großh. bad. Zollverwaltung.

R. Havenstein, Die Zollgesetzgebung des Deutschen Reiches. Verlag H. W. Müller, Berlin 1906.

Dr Dronke, Zolltarifgesetz vom 25. Dezember 1902 nebst Ausführungsbestimmungen. Verlag G. Winter, Bremen.

Der deutsche Zolltarif vom 25. Dezember 1902 mit den auf den Handelsverträgen des Deutschen Reiches mit Belgien, Italien, Österreich-Ungarn, Rumänien, Rußland, der Schweiz und Serbien beruhenden Bestimmungen. Mittler & Sohn, Berlin. 2,50 Mark.

Troje-Bibliothek Bd. I u. II, Gust. Elkan, Harburg i. E.

Die strafrechtlichen Nebengesetze des Deutschen Reiches, vormals bearbeitet von Dr. M. Stenglein, nunmehr in neuer Auflage herausgegeben unter Bearbeitung von L. Ebermayr, E. Galli, Dr. Lindenberg, Dr. A. Hoffmann, Dr. Trautvetter und Dr. Cuno, 4. Auflage. Verlag O. Liebmann, Berlin 1910, 1911, 1912.

Die deutschen Eisenzölle 1879 bis 1900 von E. Kestner, Schmollers Jahrbuch Bd. XXI Heft 3. Duncker & Humblot, Leipzig 1902.

Brennende Agrar-, Zoll- und Handelsfragen, herausgegeben von H. Egner und K. Schuemacher. Reiffsche Buchhandlung, Karlsruhe 1902.

Anleitung zur qualitativen Analyse für Zollbeamte von Dr. Peters, Selbstverlag, Dresden 1904.

Dr. Albr. Hoffmann, Deutsches Zollrecht. Roßbergsche Verlagsbuchhandlung, Leipzig.

Zollhandbuch für den internationalen Warenverkehr von Dr. Etienne und Dr. Vosberg-Redow. Puttkammer & Mühlbrecht, Berlin.

Weides Zollbücherei, Verlag von W. Seegelken, vormals Weides Buchhandlung, Staßfurt.

Edlefsen, Leitbücher zur Erlernung der Zoll- und Steuergesetze. Herbergers Hofbuchdruckerei, Schwerin i. M.

Mercks Warenlexikon für Handel, Industrie und Gewerbe. G. A. Glöckner, Leipzig.

Dr. Schreiber, Grundriß der Allgemeinen Warenkunde. Poeppel, Leipzig.

Der deutsche Zolltarif von P. Reinboldt. Mittler & Sohn, Berlin.

Denkschrift betr. den Umfang und die Wirkung der Ausfertigung von Einfuhrscheinen für ausgeführtes Getreide. C. Heymanns Verlag, Berlin W 8.

F. Beckmann, Einfuhrscheinsysteme. G. Braunscher Verlag.

Merkheft zum Nachrichtenblatt für die Zollstellen, von Wolber, Friedrichshafen a. B.

Hellberg, Die Mineralölzollordnung. Brügel & Sohn, Ansbach.

Fleischbeschau.

Die Fleischbeschauzollordnung vom 3. Juni 1900 nebst Ausführungs-Bestimmungen von G. Schmidt. C. Heymanns Verlag, Berlin W 8.
Dr. Heine, Das Reichsfleischbeschaugesetz vom 3. Juni 1900 nebst Ausführungsbestimmungen. M. & H. Schaper, Hannover.
Das Fleischbeschaugesetz nebst Ausführungsbestimmungen. C. Heymanns Verlag, Berlin W 8.

Statistik.

Dr. Zahn, Die Statistik in Deutschland nach ihrem heutigen Stand. J. Schweitzer Verlag, München 1911.
Die amtliche Statistik Deutschlands der 9. Tagung des Internationalen Statistischen Instituts 1903, Kais. Stat. Amt. C. Heymanns Verlag, Berlin W 8. 1 Mark.
Deutsches statistisches Zentralblatt, Verlag B. G. Teubner in Leipzig.

Handelsverträge.

Die Handelsverträge des Deutschen Reiches. Verlag Mittler & Sohn, Berlin 1906.
Dr. Trescher, Die Handelsbeziehungen Deutschlands zu Portugal. Dr. Conrads Jahrbücher, 1908. Novemberheft.
Dr. Arndt, Der Nutzen der Handelsverträge. B. G. Teubner, Leipzig 1908.
Die deutsch-kanadischen Handelsbeziehungen, herausgegeben vom Handelsvertragsverein Berlin.
Dr. Kreuzkam, Zu den Handelsvertragsverhandlungen zwischen Deutschland und Dänemark (Annalen des Deutschen Reichs, J. Schweitzer Verlag, München).

Branntweinsteuer.

Dr. Gg. Schmauser, Die Entwickelung des Kontingentierungssystem in den deutschen Branntweinsteuergesetzen 1887—1902. Conrads Jahrbücher Bd. 24 III S. 503—508.
Dr. Gg. Schmauser, Die Novelle von 1902 zum deutschen Branntweinsteuergesetz. Schanz, Finanzarchiv XX Bd. 1.
Rechte und Pflichten des Brennereileiters, 2. Auflage des Handbuchs für Brennereiverwalter, von Dr. Biberfeld und M. Stenglein. R. Blank, Berlin SW 1911.
J. Pierstorff, Die neueste Branntweinsteuergesetzgebung und das Spirituskartell. Conrads Jahrbücher III, 26. Bd., 1903.
E. Ginsberg, Die deutsche Branntweinbesteuerung 1887—1902 und ihre wirtschaftlichen Wirkungen. Stuttgart und Berlin 1902, J. G. Cottasche Buchhandlung, Nachfolger.
W. Kantorowicz, Das Branntweinmonopol. B. G. Teubner, Leipzig.
Dr. R. Wassermann, § 3 des Gesetzentwurfs über den Zwischenhandel mit Branntwein (Deutsche Juristenzeitung 1909 Nr. 2) und: Ist von einem Reichsbranntweinmonopol ein kultureller Einfluß zu erwarten? Monatsschrift für Kriminalpsychologie; C. Winters Verlag, Heidelberg.
Die Branntweinsteuer, ihre Stellung im Steuersystem und in der Volkswirtschaft, ihre Entwickelung und gegenwärtige Gestalt, von Dr. J. Wolf. Laupp, Tübingen.
Die deutsche Spiritussteuer. Eine volkswirtschaftliche Monographie von Wassermann. Duncker & Humblot, Leipzig.
Die deutsche Spiritusindustrie, ihre Technik, Steuer und Monopol, von Dr. Linschmann. E. Moritz, Stuttgart.
A. Nay, Branntweinsteuergesetz vom 15. Juli 1909. J. Guttentag, Berlin
G. Lehmann, Die Reichsbranntweinsteuergesetze. Kern, Breslau 1907.

Tabaksteuer.

Die Tabakindustrie, ihr Rohmaterial, ihre Technik und ihre wirtschaftliche Bedeutung, von Grotewold. E. Moritz, Stuttgart.
Zigarettensteuergesetz, von Reinboldt. P. Parey, Berlin.
Dr. Lissner, Die Tabaksteuerfrage. A. Deicherts Verlag, Leipzig 1907.
Dr. W. Cuno, Zigarettensteuergesetz vom 3. Juni 1906. J. Guttentag, Berlin 1906.

Brausteuer.

Brausteuergesetz vom 15. Juli 1909 nebst dem Gesetze betreffend die zollwidrige Verwendung von Gerste, erläutert von A. Düffe. J. Guttentag, Berlin.
Tageszeitung für Brauereien. Off. Organ des Brauerbundes, Berlin 248.
Zapf, Das bayerische Malzaufschlagsgesetz vom 18. März 1910 mit Erläuterungen J. Schweitzer Verlag, München 1911.

A. Düffe, Übergangsabgaben, ihre Erhebung und Kontrollierung. Kerns Verlag (Max Müller), Breslau.

Zuckersteuer.

W. Kaufmann, Weltzuckerindustrie und internationales und koloniales Recht. Verlag von E. Siemenroth, Berlin 1904.
Die Zuckerindustrie, ihr Rohmaterial, ihre Technik und ihre wirtschaftliche Bedeutung, von Grotewold. Verlag E. Moritz, Stuttgart.
Dr. Paasche, Zuckerproduktion der Welt. B. G. Teubners Verlag, Leipzig.
Die Zuckerindustrie (Zuckerfabrikation und Zuckerhandel), von H. Claaßen, W. Bartz und O. Pilot. B. G. Teubners Verlag, Leipzig.

Salzsteuer.

Das Salz und dessen Vorkommen und Verwertung in sämtlichen Staaten der Erde, von Buschmann.
Dr. Trautvetter, Salzsteuergesetz. Verlag J. Springer, Berlin.

Süßstoffgesetz vom 7. Juli 1902.

Dr. Olep, Die deutsche Süßstoffgesetzgebung, namentlich das Süßstoffgesetz vom 7. Juli 1902. H. Laupp, Tübingen 1904.

Weinsteuer.

Der Verkehr mit Wein, Reichsgesetz vom 24. Mai 1901, mit Einleitung und Erläuterungen von Dr. Braun. C. Heymanns Verlag, Berlin W 8 1905.
D. Meesmann-Mainz, Die Weinsteuer. B. G. Teubner, Leipzig.
O. Zöller, Weingesetz. J. Schweitzer Verlag, München 1909.
Müller, Das Weingesetz. G. Jonghaus, Darmstadt.
E. Goldschmidt, Weingesetz vom 7. April 1909. J. Diemer, Mainz.
W. Coermann, Weingesetz. L. Schwann, Düsseldorf.
Dr. Wolffon, Das Weingesetz. Helios-Verlag, Leipzig.
Dr. Lebbin, Das Weingesetz mit Weinzollordnung. J. Guttentag, Berlin.
H. Pitz, Die Weinsteuer. J. Springer, Berlin.
Dr. Manicke, Die deutsche Schaumweinsteuer. Schanz Finanzarchiv 1907.

Wechselstempelsteuergesetz.

Th. Hansen, Das Wechselstempelsteuergesetz nebst Ausführungsbestimmungen für Handel- und Gewerbetreibende. O. Meißners Verlag, Hamburg.
J. Basch, Wechselstempelsteuergesetz und Wechselordnung. H. W. Müller, Berlin.
Dr. Jacobson, Die Wechselstempelsteuer und ihre Reform. J. Guttentag, Berlin 1906.
Dr. Korn, Wechselordnung nebst Wechselprozeß und Wechselstempelgesetz mit Ausführungsbestimmungen. F. Vahlen, Berlin.
Wechselordnung und Wechselstempelgesetz nebst Ausführungsbestimmungen und Sachregister. F. Vahlen, Berlin.
Dr. Cuno, Das Wechselstempelgesetz mit Erläuterungen. C. L. Hirschfeld, Leipzig.
Dr. Stranz, Wechselordnung, 3. Auflage.
P. Loeck, Wechselstempelgesetz nebst Ausführungsbestimmungen. 10. Auflage, Berlin.
Dr. Greiff, Wechselstempelgesetz vom 15. Juli 1909. F. Vahlen, Berlin.
A. Leißler, Die Bestimmungen über den Wechselstempel. Selbstverlag des Verfassers, Darmstadt.

Reichsstempelgesetz und preußisches Stempelsteuergesetz.

Entwurf wegen Änderung des Reichsstempelgesetzes, dem Reichstag vorgelegt am 24. März 1904. C. Heymanns Verlag, Berlin W 8. 70 Pfg.
A. Leißler, Die Reichsstempelabgabe von Effekten und Anschaffungsgeschäften. Darmstadt.
Hummel und Specht, Kommentar zum Stempelsteuergesetz vom 31. Juli 1895 nebst Ausführungsbestimmungen usw. J. Guttentag, Berlin.
W. Henkel, Frachturkundenstempel. Offenbach.
A. Leißler-Darmstadt, Die Reichsstempelabgabe von Erlaubniskarten für Kraftfahrzeuge. Selbstverlag.
E. Heinitz, Kommentar zum preußischen Stempelsteuergesetz. 2. Auflage: Verlag O. Liebmann, Berlin 1905. 3. Auflage: Verlag O. Liebmann, Berlin 1909.
Reichsstempelgesetz nebst Ausführungsbestimmungen. F. Vahlen, Berlin.
Dr. Greiff, Kommentar zum Reichsstempelgesetz. Berlin 1912.

P. Wehner, Eisenbahnsekretär, Grundsätze der Verwendung des Frachturkundenstempels. Breslau XIII.
P. Loeck, Reichsstempelgesetz vom 15. Juli 1909. J. Guttentag, Berlin 1910; nebst Nachtrag.
Dr. Rosenfeld, Reichsstempelgesetz (Effekten-, Kuxen-, Talon-, Scheck-, Grundstücksübertragungs- und Fahrkartenstempel) und Wechselstempelgesetz, erläutert von Dr. M. Rosenfeld, Plauen i. V.

Reichserbschaftssteuer.

U. Hoffmann, Das Erbschaftssteuergesetz für das Deutsche Reich. J. Guttentag, Berlin.
H. Schöler, Die Reichserbschaftssteuer. Puttkammer & Mühlbrecht, Berlin 1906.
E. Zimmermann, Reichserbschaftssteuergesetz. Braunsche Buchhandlung, Karlsruhe.
Dr. Wunsch, Die Reichserbschaftssteuer vom 3. Juni 1906. C. Heymanns Verlag, Berlin.
Dr. A. R. Hoffmann, Das Erbschaftssteuergesetz vom 3. Juni 1906. Roßbergsche Buchhandlung, Leipzig 1906.
H. Josewsky, Kommentar zum Reichserbschaftssteuergesetz vom 3. Juni 1906. Cölner Verlagsanstalt, A.-G., 1906.
G. Wernick, Steuertafeln zum Reichserbschaftssteuergesetze. Beyers Buchhandlung, Königsberg i. Pr.
F. W. R. Zimmermann, Reichserbschaftssteuergesetz. 2. Auflage. J. Schweitzer Verlag, München 1911.
D. U. Roßmann, Erbschaftssteuergesetz. Guttentag, Berlin.
Siber, Hilfstafeln zur Berechnung der Reichserbschaftssteuern. E. Klein, Stuttgart.
E. Aron, Das Reichserbschaftssteuergesetz. C. L. Hirschfeld, Leipzig.
Dr. Mollwo, Die Reichsnachlaßsteuer im Rahmen der Reichsfinanzreform. Kasemann, Danzig.
Dr. R. Hommelsheim, Die Erbschaftsabgabe (Erbschaftssteuer, Nachlaßsteuer, Erbrecht des Staates). P. Neubner, Köln.
Die Erbschaftsabgabe und die Reichsfinanzreform; acht Gutachten. J. Guttentag, Berlin.
Dr. Biermer, Der Kampf um die Nachlaßsteuer. (Sammlung national-ökonomischer Aufsätze und Vorträge, 1909). E. Roth, Gießen.
Dr. Dietzel, Reichsnachlaßsteuer oder Reichsvermögenssteuer. L. Simion Nchf., Berlin.
v. Rheinbaben, Landwirtschaft und Erbschaftssteuer, Rede in der Reichstagssitzung vom 17. Juni 1909.

Wertzuwachssteuer.

M. Dieske, Die Wertzuwachssteuer. Bruer & Cie., Berlin.
K. Weitpert, Die Steuern vom Immobilienbesitzwechsel in den deutschen Staaten. E. Roth, Gießen.
Dr. Wilms, Die Reichszuwachssteuer. Vortrag. Bodenreform (A. Damaschke). Berlin.
Dr. K. v. Eichborn, Vorschlag einer Reichsgewinnzuwachssteuer. W. G. Korn, Breslau
W. Boldt, Wertzuwachssteuergesetz. C. Heymanns Verlag, 1911.
Betrachtungen über die Wertzuwachssteuer von Dr. jur. Strutz. C. Heymanns Verlag.
Cuno, Das Wertzuwachssteuergesetz. A. Rentsch, München.
C. Miller, Das Reichsgesetz über die Zuwachssteuer. Weil, Tübingen.
Dr. Stier-Somlo, Zuwachssteuergesetz. M. E. Sebald, Nürnberg. (Dieses Buch enthält die vollständige Literatur über die Zuwachssteuer.)
Dr. Höniger, Das Reichszuwachssteuergesetz. Kohlhammer, Berlin.
E. Zimmermann, Das Zuwachssteuergesetz. J. Heß, Stuttgart.
Dr. Cuno, Das Zuwachssteuergesetz. J. Guttentag, Berlin.
Dr. Strutz, Betrachtungen zur Wertzuwachssteuer. C. Heymanns Verlag, Berlin.
Dr. H. Köppe, Das Zuwachssteuergesetz. J. Schweitzer Verlag, München 1911

Verschiedenes.

F. Graf, Problem der Luxussteuern. C. Heymanns Verlag, Berlin 1905.
W. Hausmann, Verkehrssteuern. Ein Beitrag zur Vermehrung der Reichseinnahmen. C. Heymanns Verlag 1906.
Dr. Braun, Reichsgesetz über den Verkehr mit Wein usw. C. Heymanns Verlag.
Zollhandbuch für den internationalen Warenverkehr, herausgegeben von der Zentralstelle zur Vorbereitung der Handelsverträge.
Der deutsche Zollverein. Ein geschichtlicher Rückblick von Professor Dr. Sturmhoefel. S. Simion, Berlin 1906.
Dr. Schubart, Die Verfassung und Verwaltung des Deutschen Reiches und des preußischen Staates. G. Korn, Breslau.

R. Müller-Fulda, Die Einnahmequellen des Deutschen Reiches.
O. Schwarz, Formelle Finanzverwaltung in Preußen und im Reich. C. Heymanns Verlag, Berlin 1907.
Systematische Zusammenstellung der Zolltarife des In- und Auslandes, herausgegeben im Reichsamt des Innern. Verlag E. S. Mittler & Sohn, Berlin 1907.
Grotewold, Das Finanzsystem des Deutschen Reiches in politischer und wirtschaftlicher Beziehung. C. E. Poeschl, Leipzig.
Dr. Dronke, Das Finanzstrafrecht. Zeitschrift für gesamte Strafrechtswissenschaft Bd. 26 S. 632 ff.
A. v. Lippe, Ein mitteleuropäischer Zollbund. Süsserot, Berlin W.
L. Bosc, Zollalliancen und Zollunionen in ihrer Bedeutung für die Handelspolitik der Vergangenheit und Zukunft. E. Staude, Berlin W.
Prof. Dr. Stier-Somlo, Haftung des Staates für seine Beamten (Deutsche Wirtschaftszeitung 1907).
Handwörterbuch der Staatswissenschaften, herausgegeben von Dr. Conrad usw. G. Fischer, Jena.
H. Becker, Sachregister zum Reichsgesetzblatt und Reichszentralblatt von 1903 bis 1907. J. Diemer, Mainz.
O. Dönnecke, Die Zollgebührenordnung nebst Ausführungsbestimmungen. R. Eisenschmidt, Berlin.
Reincke, Verfassung des Deutschen Reiches nebst Ausführungsbestimmungen. H. W. Müller, Berlin.
Handel und Gewerbe. Zeitschrift für die zur Vertretung von Handel und Gewerbe gesetzlich berufenen Körperschaften. Im Auftrag des deutschen Handelstags herausgegeben von Dr. Soetbeer. Berlin C 2.
Handbuch des Verwaltungsstrafgesetzes vom 26. Juli 1907, von Leizmann und Wiesemann. Mittler & Sohn, Berlin.
Handbuch der Verfassung und Verwaltung in Preußen und im Deutschen Reich, von Graf Hue de Grais. Verlag J. Springer, Berlin.
Dr. Manicke, Deutschlands gegenwärtiges Zollwesen, seine Bedeutung und Verfassung. Schanz Finanzarchiv 1908 I.
Dr. Würth, Luftzollrecht. Puttkammer & Mühlbrecht, Berlin 1911.
Thaer-Bibliothek, Anleitung zum Brennereibetrieb von Dr. Mercker. Paul Parey, Berlin. — Grundriß der Bierbrauerei von Dr. Lintner. Paul Parey, Berlin.

Berichtigungen und Nachträge.

1. Die auf Seite 22 d. B. aufgeführten Bestimmungen der Reichsverfassung, Art. 38 lit. a, wonach Bayern, Württemberg, Baden und Elsaß-Lothringen keinen Anteil an der in die Reichskasse fließenden Branntweinsteuer haben, sind durch das Reichsbranntweinsteuergesetz vom 24. Juni 1887 hinfällig geworden.

2. Als Stationssitze (Standorte) für die Stationskontrolleure sind auf Seite 71 noch Frankfurt a. M. (dem RB. in Darmstadt unterstellt) und Leipzig (dem RB. in Dresden unterstellt) hinzuzufügen. In Frankfurt a. M. fungiert ein bayerischer Beamter, in Leipzig ein preußischer Beamter.

Der amtliche Wohnsitz des Stationskontrolleurs zu Darmstadt ist nach Mainz verlegt worden (vom 1. April 1912 ab); s. RZBl. 1912 Nr. 17 S. 280.

3. Die Tagegelder und Reisekosten der K. preuß. Beamten und der Reichsbeamten sowie der Reichsbevollmächtigten und der Stationskontrolleure (S. 70) wurden neu geregelt. Es sind in dieser Beziehung anzuführen:

Preuß. Ges. betr. die Reisekosten der Staatsbeamten vom 26. Juli 1910 und AusfBest. des preuß. Staatsministeriums zu den Vorschriften über die Reisekosten der Staatsbeamten vom 24. September 1910, s. preuß. Zentralblatt 1911 S. 349, 393, 415.

Kais. Verordnung vom 17. Juli 1910 RGBl. 1910 S. 947, Tagegelder und Reisekosten der Reichsbeamten, Bekanntmachung vom 8. September 1910, RGBl. 1910 S. 1008; Ausführungsbestimmungen zu der VO. über Tagegelder und Reisekosten der Reichsbeamten, Bekanntmachung vom 29. September 1910, RGBl. 1910 S. 1071, Erlaß des Reichskanzlers über die Fahrkosten der Reichsbeamten bei Dienstreisen mit Kraftwagen vom 30. Dezember 1911, RGBl. 1912 S. 145. BRB. vom 11. Mai 1911 — § 420 der Protokolle. —

S. auch RZBl. 1912 Nr. 14. Vgl. auch BRBeschluß vom 18. Dezember 1901 Nr. 153 § 6 der BRDrS. 1901.

4. Die Anzahl der Raucher in Deutschland dürfte auf 20 Millionen zu rechnen sein. S. Dr. Lissner, Die deutsche Tabaksteuerfrage, Leipzig 1907, wonach sich die Anzahl der Raucher in Deutschland auf 26% der Bevölkerung, also bei 65 Millionen Seelen auf etwa 17 Millionen Raucher berechnet. Diese Zahl dürfte aber zu gering sein, da nur die über 18 Jahre alten Männer gerechnet worden sind, während auch Burschen unter 18 Jahre und Angehörige des weiblichen Geschlechts rauchen. Es dürften also 20 Millionen Raucher zu zählen sein, oder auf den Kopf des Rauchers an 7 Mark Steuer (S. 232/3). Die Ergebnisse an Tabakzoll, Tabaksteuer und Zigarettensteuer haben im Jahre 1911 bereits die Gesamtsumme von 150 Millionen Mark erreicht, nämlich 110 Millionen Mark aus Tabakzoll und Wertzollzuschlag, über 10 Millionen Mark aus der Inlandtabaksteuer und an 30 Millionen Mark aus der Zigarettensteuer.

5. Nach dem preuß. Zentralblatt 1906 S. 1505 ist die einfache, durch Einbringung von Süßstoff verübte Kontrebande neben Konfiskation oder Werterſatz (s. preuß. Zentralblatt 1908 S. 296) gemäß § 7 des Süßstoffgesetzes zu ahnden, weil dieses ein höheres Strafmaß als § 134 VerZG. vorsieht. Hienach ist die Bemerkung auf Seite 247 unten zu ergänzen.

Eingetretene Änderungen während der Drucklegung des Buches.

I. Allgemeines.

1. Gesetz über die Verfassung Elsaß-Lothringens vom 31. Mai 1911 (RGBl. S. 225). Elsaß-Lothringen gilt als Bundesstaat und führt im Bundesrat drei Stimmen (s. S. 25 d. B.).

2. Die von der K. Bayer. Staatsregierung vorgelegte Neuorganisation der bayerischen Zollverwaltung hat vom bayerischen Landtage keine Billigung erhalten, so daß auch in Bayern wie in Sachsen usw. bis auf weiteres noch die bisherige Zollorganisation beibehalten bleibt (S. 54 d. B.).

In Hamburg wurde ein siebentes Hauptzollamt errichtet (Amtliche Nachrichten der Hamburger Generalzolldirektion 1911 Nr. 8).

II. Zölle.

1. Änderung der Reichsabgaben-Stundungsordnung (PrZBl. 1911 S. 38 und 441).
2. Beschränkung der Einfuhr und Durchfuhr aus China (RGBl. 1911 S. 57).
3. Übereinkommen mit der Türkei und Griechenland über Zollbehandlung der von Handlungsreisenden mitgeführten Warenmuster (RGBl. 1911 S. 922 und 219).
4. Zollabfertigung von Roggen- und Weizenkleie (PrZBl. 1911 S. 102).
5. Erweiterte Zuständigkeit der Hauptämter für Zollerstattungen (PrZBl. 1911 S. 132).
6. Ausführung des Gesetzes gegen den verbrecherischen rc. Gebrauch von Sprengstoffen (RGBl. 1911 S. 180).
7. Änderung der Weinzollordnung (PrZBl. 1911 S. 171).
8. Außerkraftsetzung des Handelsvertrags mit Sansibar (RGBl. 1911 S. 265).
9. Änderung der Ausführungsbestimmungen zum Weingesetze (RGBl. 1911 S. 475).
10. Handels- und Schiffahrtsverträge mit Schweden und Japan (RGBl. 1911 S. 275 und 477) und mit Guatemala (RZBl. 1912 S. 230).
11. Unzulässigkeit zollfreien Motorenbenzins zu häuslichen Zwecken (PrZBl. 1911 S. 307).
12. Zollbehandlung von Poststücken mit ausländischen Pflanzen (PrZBl. 1911 S. 337).
13. Unzulässige Erhebung kommunaler Abgaben auf ausländisches Wild und Geflügel (PrZBl. 1911 S. 375).

Hinsichtlich der Erhebung kommunaler Abgaben auf Wild und Geflügel hat das K. Preuß. Oberverwaltungsgericht in seiner Entscheidung vom 8. Juni 1911 die Unzulässigkeit der Erhebung solcher Abgaben gemäß § 13 des Zolltarifgesetzes erklärt (PrZBl. 1911 S. 375; s. S. 134 des Buches).

14. Änderung der Einfuhrschein-Ordnung. Anrechnung der Einfuhrscheine auf Petroleum- und Kaffeezoll unzulässig (PrZBl. 1911 S. 419. BRB. vom 9. November 1911. Vgl. S. 128 ff. des Buches).
15. Gesetz betr. Meistbegünstigung gegenüber Großbritannien, seinen Kolonien und auswärtigen Besitzungen (RGBl. 1911 S. 975).
16. Neue Übersicht über Behandlung der Erzeugnisse ausländischer Staaten bei der Einfuhr (Beilage 1 zum Nachrichtenbl. f. d. Z. 1912).
17. Ergänzung der Anleitung zur zollamtlichen Kennzeichnung der Gerste (Nachrichtenbl. f. Z. 1912 Nr. 4).
18. Der Bundesratsbeschluß vom 23. Juni 1906 (Vorschriften über das Verfahren bei Nacherhebung und Erstattnng von Zöllen, Steuern und Gebühren im Buchprüfungsverfahren [Registerrevision] und bei Erstattungen auf Antrag) ist durch Bundesratsbeschluß vom 21. März 1912 anderweitig geregelt worden, indem bei der Grundwechselabgabe eine zweijährige Verjährungsfrist eingeführt wurde und die Nacherhebungs- bzw. Erstattungsbeträge auf 1 Mark bzw. 5 Mark erhöht worden sind. (Vgl. PrZBl. 1912 S. 109).

III. Zollgebührenordnung.

1. Vergütungen an Bezirksbeamte (PrZBl. 1911 S. 99).
2. Berechnung von Vergütungen an Beamte und Bezirksbeamte (PrZBl. 1911 S. 116 und 131).

IV. Zigarettensteuer, Tabaksteuer.

Neue Ausführungsbestimmungen zum ZigarettenStG. (PrZBl. 1911 S. 447).
Neue Tabaksteuerordnung (RZBl. 1912 Nr. 25; s. a. BRB. vom 23. Mai 1912).

V. Süßstoffgesetz.

Abgabe von Süßstoff auf Anweisung ausländischer Ärzte (PrZBl. 1911 S. 427).

VI. Kaligesetz.

1. Ergänzung der AusfBest. zum Kaligesetz (RGBl. 1911 S. 107, 216 und 256).
2. Jährliche statt monatliche Angabe der abgabepflichtigen Kalisalzmengen seitens der Kaliwerksbesitzer (PrFME. vom 14. Februar 1911 Nr. III 2403).

VII a. Branntweinsteuer.

1. Abänderung der Branntweinsteuer-Befreiungsordnung (PrZBl. 1911 S. 55).
2. Abänderung der Branntweinsteuer-Lagerordnung (PrZBl. 1911 S. 119 und 251).
3. Abänderung der Branntweinsteuer-Brennereiordnung (PrZBl. 1911 S. 120 und 171.
4. Abrundung der Branntweinsteuer-Verbrauchsabgabe (PrZBl. 1911 S. 161).

5. Vereinbarung mit Belgien zur Regelung des Verkehrs mit Branntwein usw. im Grenzverkehr (RGBl. 1911 S. 1149).

6. Vorübergehende Brennerei-Vergünstigungen anläßlich bestehender Futternot (PrZBl. 1911 S. 400 und 421).

7. Hinsichtlich des Durchschnittsbrandes (Erhöhung desselben), der Vergällungspflicht sowie der Vergütungssätze für vergällten Branntwein, endlich bezüglich der Ausdehnung der aus Anlaß der Futternot gewährten Vergünstigungen gelten jetzt die Bestimmungen der BRB. vom 5. Oktober 1911 und 2. April 1912 (PrZBl. 1912 S. 114).

8. Abkommen zwischen dem Deutschen Reich und dem Großherzogtum Luxemburg über den Verkehr mit Branntwein zwischen dem Gebiet der deutschen Branntweinsteuergemeinschaft und dem Großherzogtum Luxemburg vom 31. Oktober 1911 (RGBl. 1912 S. 161).

9. Anweisung zur Ausführung der Nachschau der Branntweinmeßuhren durch Sachverständige (s. RZBl. 1912 Nr. 12).

10. Zur Deckung der im Jahre 1912 dem Reichstage vorgelegten Wehrvorlagen (Vermehrung des Landheers und Beschleunigung des Schiffbaues) wurde ein Gesetzentwurf eingebracht behufs teilweiser Beseitigung der sog. Branntweinliebesgabe (vgl. BRDrS. Nr. 35 1912 und RTDrS. Nr. 355 1912). Hiernach soll das Kontingent für die Staaten der früheren Branntweinsteuergemeinschaft gänzlich beseitigt werden, für Bayern, Württemberg und Baden kraft ihres Sonderrechtes teilweise behalten bleiben, jedoch soll die Spannung zwischen Kontingentsteuersatz und Normalsteuersatz nur $7^1/_2$ Mark bei landwirtschaftlichen und 5 Mark bei gewerblichen Brennerein betragen. Die Mehreinnahmem für die Reichskasse würden sich hieraus auf ca. 30 Millionen Mark beziffern, da die Bundesstaaten auf eine Verwaltungskostenvergütung verzichtet haben. Der Gesetzentwurf ist einer Sonderkommission zur Beratung überwiesen worden. Nach Durchberatung des Regierungsentwurfs in der Kommission, wobei verschiedene Änderungen durchgesetzt wurden, gelangte der Kommissionsentwurf an den Reichstag, so daß nach Zustimmung des Bundesrats am 14. Juni 1912 (RGBl. 1912 S. 378) das Reichsgesetz betr. Beseitigung des Branntweinkontingents erlassen worden ist. Die hauptsächlichsten Änderungen dieses neuen Branntweinsteuergesetzes gegenüber dem ursprünglichen Regierungsentwurf bestehen darin, daß 16 Millionen Mark aus dem Liebesgabenertrag zur Erhöhung der Vergütung für vergällten Branntwein verwendet werden sollen, um den Brennspiritus und den gewerblichen Spiritus nicht zu sehr zu verteuern (§ 1 Abs. 2 des Gesetzes), und daß der regierungsseitig geforderte Deklarationszwang bei Trinkbranntwein und Likören von weniger als 25 Gewichtsgraden Alkoholgehalt abgelehnt worden ist, da eine solche im § 16 des Regierungsentwurfs enthaltene Maßregel im Vollzug zu großen Schwierigkeiten führen müßte und für das Brennereigewerbe keinen Nutzen, für den Branntweinhandel aber nur Schaden brächte.

Das Reichsgesetz betr. die Beseitigung des Branntweinkontingents vom 14. Juni 1912 (RGBl. 1912 S. 378) lautet wie folgt:

I. Branntweinverbrauchsabgabe.

§ 1.

Das Kontingent der Branntweinbrennereien (§ 2 des Branntweinsteuergesetzes, Reichsgesetzbl. 1909 S. 661) wird für das Königreich Bayern, das Königreich Württemberg und das Großherzogtum Baden aufrecht gehalten, im übrigen aber beseitigt. Der niedrigere Abgabensatz von 1,05 Mark für das Liter Alkohol wird aufgehoben.

Aus dem Ertrage der Verbrauchsabgabe sind der Einnahme an Betriebsauflage (§§ 42 ff. des Branntweinsteuergesetzes) jährlich sechzehn Millionen Mark zuzuführen und nach näherer Bestimmung des Bundesrats zur Erhöhung der Vergütung für vergällten Branntwein zu verwenden.

Der zweite Absatz ist in der Kommission beigefügt worden, um den gewerblichen Branntwein nicht zu verteuern.

§ 2.

Die Verbrauchsabgabe ermäßigt sich für die in dem Königreiche Bayern, dem Königreiche Württemberg und dem Großherzogtume Baden innerhalb des Kontingents hergestellten Alkoholmengen für die gewerblichen Brennereien um 0,05 Mark, für die anderen Brennereien um 0,075 Mark für das Liter Alkohol.

Die Vorschrift, daß in den genannten Staaten die Verbrauchsabgabe für gewerbliche Brennereien um 0,05 Mark, für andere Brennereien um 0,075 Mark unter der allgemeinen Verbrauchsabgabe bleibt, kann nicht ohne Zustimmung dieser Staaten geändert werden.

§ 3.

Obstbrennereien und Brenner der im § 41 des Branntweinsteuergesetzes bezeichneten Art entrichten für Branntwein, den sie aus selbsterzeugtem Obst, Wein, Most oder aus Rückständen davon (Trester, Hefe) oder aus Beeren und Wurzeln herstellen, bei einer Jahreserzeugung von nicht mehr als 50 Liter Alkohol eine Verbrauchsabgabe von 0,84 Mark für das Liter Alkohol. Die Vorschriften im § 40 Abs. 1 und § 41 des Branntweinsteuergesetzes sind entsprechend anzuwenden.

§ 4.

Vor dem 1. April 1912 betriebsfähig hergerichtete landwirtschaftliche Brennereien und Obstbrennereien, die in einem Betriebsjahr nicht mehr als 10 Hektoliter Alkohol erzeugen, entrichten für ihr ganzes Erzeugnis eine Verbrauchsabgabe von 1,14 Mark für das Liter Alkohol.

§ 5.

Die Verbrauchsabgabe ermäßigt sich

1. in den im § 2 genannten Bundesstaaten und den Hohenzollernschen Landen für Brennereien mit einer Jahreserzeugung
   - von nicht mehr als 10 Hektoliter Alkohol um 0,11 Mark,
   - von mehr als 10, aber nicht mehr als 100 Hektoliter Alkohol um 0,10 Mark,
   - von mehr als 100, aber nicht mehr als 200 Hektoliter Alkohol um 0,09 Mark,
   - von mehr als 200, aber nicht mehr als 300 Hektoliter Alkohol um 0,08 Mark,

2. in den nicht unter 1 fallenden Bundesstaaten und Landesteilen für landwirtschaftliche Brennereien, Obstbrennereien und ausschließlich Roggen, Weizen, Buchweizen, Hafer oder Gerste verarbeitende gewerbliche Brennereien ohne Hefenerzeugung mit einer Jahreserzeugung
   von nicht mehr als 100 Hektoliter Alkohol um 0,09 Mark,
   von mehr als 100, aber nicht mehr als 200 Hektoliter Alkohol um 0,08 Mark,
   von mehr als 200, aber nicht mehr als 300 Hektoliter Alkohol um 0,075 Mark

   für das Liter Alkohol.

Die Regelung unter 1 erstreckt sich, soweit sie die im § 2 genannten Staaten angeht, nur auf den innerhalb des Kontingents hergestellten Branntwein und schließt die im § 2 Abs. 1 vorgesehenen Ermäßigungen mit ein.

Die Vorschrift unter 1, soweit sie die Hohenzollernschen Lande angeht, und die Vorschrift unter 2 tritt nur für den Branntwein ein, der innerhalb des den Brennereien für das Betriebsjahr 1911/12 zugewiesenen Kontingents erzeugt worden ist.

§ 6.

Dem § 15 des Branntweinsteuergesetzes ist als Abs. 3 hinzuzufügen:

> Ebenso können nach näherer Bestimmung des Bundesrats Brennereien, die nach dem 30. September 1909 betriebsfähig hergerichtet worden sind, abgefunden werden, wenn sie ausschließlich selbsterzeugtes Obst, selbstgewonnenen Wein, Most oder Rückstände davon (Trester, Hefe) oder Beeren und Wurzeln verarbeiten und in einem Betriebsjahr nicht mehr als 50 Liter Alkohol erzeugen.

Der § 6 ist in der Kommission neu eingestellt worden.

II. Kontingent.

§ 7.

Die Vorschriften im zweiten Abschnitt des Branntweinsteuergesetzes bleiben für das Gebiet des Königreichs Bayern, des Königreichs Württemberg und des Großherzogtums Baden mit der Maßgabe in Geltung, daß die Kontingentsanteile dieser Bundesstaaten so ermittelt werden, wie dies in den §§ 24 bis 26 des Branntweinsteuergesetzes vorgeschrieben ist, und daß das Kontingent einer Brennerei im Falle seiner Erhöhung auf Grund einer Neuveranlagung (§ 34 Nr. 2 bis 5 des Branntweinsteuergesetzes) den Durchschnittsbrand der Brennerei nicht übersteigen darf.

Im § 25 des Branntweinsteuergesetzes tritt an die Stelle der Menge des unter Anrechnung auf das Kontingent hergestellten Branntweins das Gesamtkontingent (§ 24), vermindert um die nicht ausgenutzten Kontingentsmengen.

Die näheren Bestimmungen trifft der Bundesrat.

§ 8.

Der Verlust des Durchschnittsbrandes (§ 10) hat den Verlust des Kontingents zur Folge. In den Fällen des § 11 gelten die entsprechenden

Vorschriften im zweiten Abschnitt des Branntweinsteuergesetzes; indessen wird das Kontingent mindestens insoweit gekürzt, als es über den herabgesetzten Durchschnittsbrand hinausgeht. In gleicher Weise wird die einem ermäßigten Abgabensatz unterliegende Branntweinmenge (§§ 4, 5) bei Brennereien außerhalb der im § 2 genannten Staaten gekürzt.

III. Betriebsauflage.

§ 9.

Das Branntweinsteuergesetz wird in folgender Weise geändert:

1. Im § 44 ist statt „30 Liter" zu setzen: „50 Liter".
2. Im § 48 Abs. 1 unter 2 ist statt der Worte „Zwetschen oder Kirschen" zu setzen: „Steinobst, Kernobst, Beeren oder Wurzeln".
3. Der § 54 erhält folgende Fassung:

   Aus den Einnahmen an Betriebsauflage und dem daraus angesammelten Geldbestande (§ 59) werden für vergällten und für ausgeführten Branntwein Vergütungen gezahlt.
4. Der Abs. 1 des § 55 erhält folgende Fassung:

   Die Vergütung für vollständig vergällten Branntwein ist doppelt so hoch zu bemessen wie für unvollständig vergällten. Im Falle der Ausfuhr soll die Vergütung die durchschnittliche Belastung der Branntweinerzeugung durch die Betriebsauflage nicht übersteigen; sofern indessen im Ausland eine höhere Vergütung gewährt wird, kann sie nach näherer Bestimmung des Bundesrats für die Dauer dieser Begünstigung entsprechend erhöht werden.
5. Der § 56 erhält folgende Fassung:

   Der Bundesrat wird ermächtigt,

   1. für Branntwein, der zur Herstellung von Essig, essigsauren Salzen, Zellhorn (Zelluloid), Kunstseide und Kunstleder sowie von Teerfarbstoffen und ihren organischen Vorerzeugnissen unvollständig vergällt wird, die Vergütung für vollständig vergällten Branntwein, indessen nicht mehr als 20 Mark für das Hektoliter Alkohol, zu gewähren;
   2. bei der Ausfuhr von Likören und aus Steinobst oder Beeren hergestelltem Branntwein in Flaschen bis zu einem Liter oder in Fässern oder Korbflaschen bis zu 100 Liter Raumgehalt die Vergütung für die Ausfuhr (§ 55 Abs. 1) bis auf das Doppelte zu erhöhen.
6. Der § 57 erhält folgende Fassung:

   Bei der Ausfuhr von Trinkbranntwein aus dem freien Verkehre sowie von Erzeugnissen, zu deren Herstellung versteuerter oder verzollter Branntwein verwendet worden ist, kann nach näherer Bestimmung des Bundesrats eine Vergütung aus der Betriebsauflage in gleicher Höhe wie bei der Ausfuhr von Branntwein (§ 55 Abs. 1) gewährt werden.
7. Der § 58 erhält folgenden Abs. 2:

   Für vergällten Branntwein des Überbrandes ist nach näherer Bestimmung des Bundesrats eine Vergütung nur in Höhe der durchschnittlichen Belastung der Branntweinerzeugung durch die Betriebsauflage zu gewähren.

Der § 9 ist von der Kommission neu eingestellt worden.

IV. Durchschnittsbrand.

§ 10.

Hat eine Brennerei mit besonders zugewiesenem Durchschnittsbrand in einem Abschnitt von zehn aufeinander folgenden Jahren, zuerst in den Betriebsjahren 1910/11 bis einschließlich 1917/18, den Durchschnittsbrand überhaupt nicht benutzt, so verliert sie ihn.

§ 11.

Geht nach dem 30. April 1912

1. eine Brennerei, die zuvor andere Stoffe als Getreide verarbeitet hat, zur Getreideverarbeitung ohne Hefenerzeugung über, so wird ihr Durchschnittsbrand um ein Viertel,
2. eine Brennerei, die zuvor ausschließlich Mais verarbeitet hat, dazu über, ausschließlich Roggen, Weizen, Buchweizen, Hafer oder Gerste zu verarbeiten, so wird ihr Durchschnittsbrand um ein Achtel,
3. eine Brennerei ohne Hefenerzeugung zur Hefenerzeugung nach dem Wiener Verfahren oder eine Brennerei von der Hefenerzeugung nach dem Wiener Verfahren zur Hefenerzeugung nach dem Würzeverfahren über, so wird ihr Durchschnittsbrand um die Hälfte,
4. eine Brennerei ohne Hefenerzeugung zur Hefenerzeugung nach dem Würzeverfahren über, so wird ihr Durchschnittsbrand um drei Viertel,
5. eine Brennerei von der Hefenerzeugung nach dem Würzeverfahren zur Hefenerzeugung nach dem Wiener Verfahren oder zum Dickmaischverfahren über, so wird ihr Durchschnittsbrand um die Hälfte

gekürzt.

Hat der Übergang nur teilweise stattgefunden, so erfolgt Kürzung zu einem entsprechenden Teile.

Bei Wiederholung eines Betriebswechsels derselben Art findet eine nochmalige Kürzung nur insoweit statt, als die Änderung der Betriebsart bei der früheren Kürzung noch nicht berücksichtigt ist.

Die Kürzung tritt mit dem Beginne des folgenden Betriebsjahrs ein.

Der Bundesrat wird ermächtigt, in Notjahren Ausnahmen von der Vorschrift unter Abs. 1 Nr. 1 zuzulassen. Diese Ausnahmen können auch zugelassen werden für einen Betriebswechsel, der in der Zeit vom 1. Mai bis 30. September 1912 erfolgt ist.

Der § 11 ist von der Kommission dem Entwurf gegenüber wesentlich geändert worden.

§ 12.

Die Vorschrift im § 70 des Branntweinsteuergesetzes bleibt für die Brennereien im Königreiche Bayern, im Königreiche Württemberg und im Großherzogtume Baden in Geltung; sie wird für die Brennereien in den übrigen Bundesstaaten durch die Vorschriften in den §§ 13 und 14 ersetzt.

§ 13.

Von zehn zu zehn Jahren, erstmalig im Betriebsjahr 1917/18, wird für die in den vorhergehenden zehn Jahren neu entstandenen und betriebsfähig hergerichteten landwirtschaftlichen Brennereien und Obstbrennereien ein Durchschnittsbrand ohne zeitliche Begrenzung festgesetzt. Auf Brennereien, die einen Durchschnittsbrand bereits erhalten haben, findet diese Vorschrift keine Anwendung.

§ 14.

Für die bis zum Beginne des Betriebsjahrs 1917/18 und demnächst jeden folgenden zehnten Jahres neu entstandenen und betriebsfähig hergerichteten landwirtschaftlichen Brennereien und Obstbrennereien ist die für sie maßgebende Jahresmenge nach dem Umfang ihrer Betriebseinrichtungen und dem wirtschaftlichen Bedürfnis, bei landwirtschaftlichen Brennereien unter Berücksichtigung der beackerten oder sonst landwirtschaftlich genutzten Fläche und der gesamten wirtschaftlichen Verhältnisse sowie des Betriebsumfanges anderer, am Durchschnittsbrande beteiligter Brennereien zu ermitteln. Dabei sind zwei Sachverständige aus den Kreisen der Besitzer von landwirtschaftlichen Brennereien oder, wenn eine Obstbrennerei veranlagt wird, aus den Kreisen der Besitzer von gleichartigen Obstbrennereien zu hören.

Von der nach Abs. 1 ermittelten Jahresmenge werden 60 Hundertteile als Durchschnittsbrand festgesetzt. Dieser darf jedoch für eine landwirtschaftliche Brennerei 40000, für eine Obstbrennerei 6000 Liter Alkohol nicht überschreiten.

Die näheren Bestimmungen trifft der Bundesrat.

§ 15.

Der § 69 des Branntweinsteuergesetzes erhält folgenden Abs. 2:

> Die Kürzung darf bei denjenigen landwirtschaftlichen Brennereien und ausschließlich Roggen, Weizen, Buchweizen, Hafer oder Gerste verarbeitenden gewerblichen Brennereien, die als solche vor dem 1. April 1912 betriebsfähig bestanden haben und nicht mehr als 300 Hektoliter Durchschnittsbrand besitzen, höchstens 10 Hundertteile betragen.

Der § 15 ist von der Kommission neu eingestellt worden.

§ 16.

Der § 72 des Branntweinsteuergesetzes erhält folgende Fassung:

> Der Bundesrat setzt alljährlich fest, welchen Teil der innerhalb des Durchschnittsbrandes hergestellten Erzeugung die Brennereien vollständig zu vergällen haben.
>
> Der Überbrand unterliegt in allen Fällen der vollständigen Vergällung.
>
> Bei den Brennereien, die ihr Erzeugnis ganz oder zum überwiegenden Teil zu gebrauchsfertigem Trinkbranntwein von nicht mehr als 50 Hundertteilen Alkoholgehalt verarbeiten und selbst vertreiben, ist auf Antrag an Stelle der nach Abs. 1 freibleibenden Alkoholmengen der Branntwein von der Vergällungspflicht freizulassen, der einer Alkoholmenge gleichkommt, die von diesen Brennereien selbst im Durchschnitt der Betriebsjahre 1909/10 bis 1911/12 nachweislich zu Trinkbranntwein weiter verarbeitet und vertrieben worden ist. Anträge dieser Art dürfen nur

berücksichtigt werden, wenn sie vor dem 1. Juli 1913 gestellt worden sind. Bei Brennereien, deren bisher von der Vergällungspflicht befreiter Teil ihrer Erzeugung auf Grund des § 72 Abs. 3 des Branntweinsteuergesetzes festgesetzt worden war, bleibt es bei dieser Festsetzung.

Die Vergällungspflicht gilt, abgesehen von den Fällen des Abs. 2, als erfüllt, wenn der vergällungspflichtige Branntwein ausgeführt oder wenn nachgewiesen wird, daß eine gleiche Menge Branntwein, die der Vergällungspflicht nicht unterlag, vollständig vergällt oder ausgeführt worden ist. Als Ausfuhr von Branntwein gilt nach näherer Bestimmung des Bundesrats auch die Ausfuhr von Erzeugnissen, zu deren Herstellung Branntwein verwendet worden ist.

Von der Vergällungspflicht befreit ist Branntwein

1. aus Brennereien mit einer Jahreserzeugung von nicht mehr als 150 Hektoliter Alkohol,
2. aus Obstbrennereien,
3. aus Brennereien, die ausschließlich Roggen, Weizen, Buchweizen, Hafer oder Gerste verarbeiten und nicht Hefe nach dem Würzeverfahren herstellen.

Wird Branntwein, der innerhalb der einem ermäßigten Verbrauchsabgabensatze (§§ 2 bis 5 des Gesetzes, betreffend Beseitigung des Branntweinkontingents) unterliegenden Alkoholmenge hergestellt ist, unter Anschreibung auf diese Menge vergällt oder ausgeführt, so wird der Wert der Steuerermäßigung vergütet.

Die näheren Bestimmungen trifft der Bundesrat.

Der § 16 ist von der Kommission neu eingestellt worden.

§ 17.

Betriebe, die im alkoholischen Gärungsverfahren Hefe herstellen und für die ein Durchschnittsbrand nicht festgesetzt ist, sind der Verwaltungsbehörde (§§ 73, 74, 75 des Branntweinsteuergesetzes) anzumelden und unterliegen einer vom Bundesrate festzusetzenden Überwachungsgebühr.

Der § 17 ist von der Kommission neu eingesetzt worden.

V. Besondere Vorschriften.

§ 18.

Von der Mehreinnahme, die sich aus diesem Gesetz ergibt, erhalten die Bundesstaaten keine Vergütung (§ 23 des Branntweinsteuergesetzes).

§ 19.

Der Abs. 2 des § 107 des Branntweinsteuergesetzes erhält folgende Fassung:

Unter der Bezeichnung Kornbranntwein darf nur Branntwein in den Verkehr gebracht werden, der ausschließlich aus Roggen, Weizen, Buchweizen, Hafer oder Gerste hergestellt und nicht im Würzeverfahren erzeugt ist. Als Kornbranntweinverschnitt darf nur Branntwein in den Verkehr gebracht werden, der aus mindestens 25 Hundertteilen Kornbranntwein neben Branntwein anderer Art besteht. Unter der Bezeichnung Kirschwasser oder Zwetschenwasser oder ähnlichen Bezeichnungen, die auf die Herstellung aus Kirschen oder Zwetschen hinweisen (Kirschbranntwein, Kirsch, Zwetschenbranntwein und dergleichen), darf nur Branntwein in den Verkehr gebracht werden, der ausschließlich aus Kirschen oder Zwetschen hergestellt ist. Die näheren Bestimmungen trifft der Bundesrat.

§ 20.

Dem § 109 des Branntweinsteuergesetzes wird folgender Satz hinzugefügt:

Der Bundesrat wird ermächtigt, im Falle des Bedürfnisses Erleichterungen in Bezug auf die Größe der Behältnisse und den Verschluß zuzulassen.

§ 21.

Nahrungs- und Genußmittel — insbesondere Trinkbranntwein und sonstige alkoholische Getränke —, Heil-, Vorbeugungs- und Kräftigungsmittel, Riechmittel und Mittel zur Reinigung, Pflege oder Färbung der Haut, des Haares, der Nägel oder der Mundhöhle dürfen nicht so hergestellt werden, daß sie Methylalkohol enthalten. Zubereitungen dieser Art, die Methylalkohol enthalten, dürfen nicht in den Verkehr gebracht oder aus dem Ausland eingeführt werden.

Die Vorschriften des Abs. 1 finden keine Anwendung:

1. auf Formaldehydlösungen und auf Formaldehydzubereitungen, deren Gehalt an Methylalkohol auf die Verwendung von Formaldehydlösungen zurückzuführen ist,
2. auf Zubereitungen, in denen technisch nicht vermeidbare geringe Mengen von Methylalkohol sich aus darin enthaltenen Methylverbindungen gebildet haben oder durch andere mit der Herstellung verbundene natürliche Vorgänge entstanden sind.

§ 22.

Gemische von Branntweinhefe mit Bierhefe dürfen nicht in den Verkehr gebracht, auch nicht im gewerbsmäßigen Verkehr angekündigt oder vorrätig gehalten werden.

Unter Branntweinhefe (Lufthefe, Preßhefe, Pfundhefe, Stückhefe, Bärme) im Sinne dieses Gesetzes werden die bei der Branntweinbereitung unter Verwendung von stärkemehl- oder zuckerhaltigen Rohstoffen, insbesondere von Getreide (Roggen, Weizen, Gerste, Mais), Kartoffeln, Buchweizen, Melasse oder Gemischen der bezeichneten Rohstoffe erzeugten obergärigen, frischen Hefen oder Gemische dieser Hefen verstanden.

Branntweinhefe darf nicht unter einer Bezeichnung in den Verkehr gebracht werden, die auf die Herstellung aus einem bestimmten Rohstoff hinweist (z. B. als Getreidehefe, Roggenhefe, Maishefe, Kartoffelhefe, Melassehefe), wenn die Hefe nicht ausschließlich aus diesem Rohstoff hergestellt worden ist.

Unter Bierhefe im Sinne dieses Gesetzes wird diejenige frische Hefe verstanden, die bei der Bereitung von Bier oder bierähnlichen Getränken unter Verwendung der durch die Brausteuergesetzgebung zugelassenen Rohstoffe erzeugt ist.

Bierhefe darf nur unter dieser Bezeichnung, Preßhefe, die aus Bierhefe hergestellt ist, jedoch auch als Bierpreßhefe in den Verkehr gebracht werden.

Branntwein- oder Bierhefe, die einen Zusatz von anderen Stoffen erhalten hat, darf nicht in den Verkehr gebracht werden; jedoch darf bis zum 1. Oktober 1914 Branntwein- oder Bierhefe, der Stärkemehl (Kartoffelmehl, Reismehl, Maismehl) bis zu einer Höchstmenge von 20 Gewichtsteilen in 100 Gewichtsteilen des fertigen Erzeugnisses zugesetzt worden ist, in den Verkehr gebracht werden, wenn Art und Menge des Zusatzes deutlich gekennzeichnet werden.

Der Bundesrat wird ermächtigt, Vorschriften für die Untersuchung der Hefe zu erlassen.

§ 23.

Im Abs. 2 des § 143 des Branntweinsteuergesetzes wird hinter „121" eingeschaltet „, 130".

§ 24.

Wer der Vorschrift des § 21 Abs. 1 vorsätzlich zuwiderhandelt, wird mit Gefängnis bis zu sechs Monaten und mit Geldstrafe bis zu zehntausend Mark oder mit einer dieser Strafen bestraft. Ist die Zuwiderhandlung aus Fahrlässigkeit begangen, so ist auf Geldstrafe bis zu eintausend Mark oder auf Gefängnis bis zu zwei Monaten zu erkennen.

§ 25.

Wer den Vorschriften des § 22 oder den vom Bundesrate dazu erlassenen Bestimmungen vorsätzlich oder fahrlässig zuwiderhandelt, wird mit Geldstrafe bis zu sechshundert Mark oder mit Haft bestraft.

§ 26.

Wer den Vorschriften des § 107 des Branntweinsteuergesetzes oder den vom Bundesrate dazu erlassenen Bestimmungen vorsätzlich oder fahrlässig zuwiderhandelt, wird im Falle des § 107 Abs. 1 mit Geldstrafe bis zu sechshundert Mark oder mit Haft, in den Fällen des § 107 Abs. 2 mit Geldstrafe bis zu zweitausend Mark bestraft. Der § 129 des Branntweinsteuergesetzes wird aufgehoben.

§ 27.

Neben der Strafe kann auf Einziehung der Gegenstände erkannt werden, die den in den §§ 24 bis 26 bezeichneten Vorschriften zuwider hergestellt, in den Verkehr gebracht oder eingeführt worden sind, ohne Unterschied, ob sie dem Verurteilten gehören oder nicht; auch kann die Vernichtung ausgesprochen werden. Ist die Verfolgung oder Verurteilung einer bestimmten Person nicht ausführbar, so kann auf die Einziehung selbständig erkannt werden.

Die Vorschriften der §§ 16, 17 des Gesetzes, betreffend den Verkehr mit Nahrungsmitteln, Genußmitteln und Gebrauchsgegenständen, vom 14. Mai 1879 (RGBl. S. 145) finden auch bei Strafverfolgungen auf Grund dieses Gesetzes Anwendung.

§ 28.

Die Vorschriften anderer Gesetze, nach denen in den Fällen der §§ 21, 22 dieses Gesetzes oder des § 107 des Branntweinsteuergesetzes eine schwerere Strafe verwirkt ist, bleiben unberührt.

Die Einziehung oder Vernichtung sowie die öffentliche Bekanntmachung der Verurteilung sind auch dann zulässig, wenn die Strafe gemäß § 73 des Strafgesetzbuchs auf Grund eines anderen Gesetzes zu bestimmen ist.

§ 29.

Für das Strafverfahren in den Fällen der §§ 24 bis 27 sind die ordentlichen Gerichte zuständig; die Vorschriften, nach denen sich das Verfahren wegen Zuwiderhandlungen gegen die Zollgesetze bestimmt, bleiben außer Anwendung.

§ 30.

Die Vorschrift des § 11 Abs. 5 tritt sofort, im übrigen tritt das Gesetz am 1. Oktober 1912 in Kraft.

Der § 16 des Regierungsentwurfs, wonach bei Trinkbranntwein oder Likören, die mit einem Alkoholgehalt von weniger als 25 Gewichtshundertsteln in den Verkehr gebracht sind, der Alkoholgehalt auf den Behältern kenntlich zu machen (zu deklarieren) sei, wurde abgelehnt.

Siehe auch: Änderungen und Ergänzungen der Branntweinsteuer-AusfBest. ZBl. d. D. R. Nr. 34.

Außerdem ist hinsichtlich der Deckung der Kosten der Verstärkung von Heer und Flotte folgendes Gesetz erlassen worden (Resolution Bassermann-Erzberger). Reichsgesetz vom 14. Juni 1912 (RGBl. 1912 S. 393):

Die im Art. V des Gesetzes betreffend die Änderungen im Finanzwesen vom 15. Juli 1909 (RGBl. S. 743) vorgesehene Ermäßigung der Zuckersteuer tritt 6 Monate nach der Einführung eines Gesetzes, welches eine allgemeine, den verschiedenen Besitzformen gerecht werdende Besitzsteuer vorschreibt, spätestens am 1. Oktober 1916 an in Kraft. Der Gesetzentwurf ist dem Reichstag bis zum 30. April 1913 vorzulegen.

Endlich wurde auch noch vom Reichstag eine Resolution angenommen, wonach bis zum 1. April 1913 die Einführung eines Erbschaftssteuergesetzes nach dem Regierungsentwurf vom 14. Juni 1909 vorgesehen werden solle.

VII b. Essigsäureverbrauchsabgabe.

1. Erlaß der Essigsäureverbrauchsabgabe (PrZBl. 1911 S. 176).
2. Begründung einer Gemeinschaft der Essigsäureverbrauchsabgabe mit Luxemburg (PrZBl. 1911 S. 428).

VIII. Zündwarensteuer.

1. Änderung des Zündwarensteuergesetzes durch RG. vom 6. Juni 1911 (RGBl. S. 241).
2. Fristverlängerung für Aufverbrauch unvorschriftsmäßiger Zündwarenetiketten bis 31. Dezember 1913 (PrZBl. 1912 S. 4).

3. Zulässigkeit der Übertragung von Kontingenterhöhungen und Kontingentsrestmengen aus §§ 15 und 16 KO. s. PrZBl. 1911 S. 400 und PrZBl. 1912 S. 4), s. a. BRB. vom 20. Juni 1912 und vom 9. Mai 1912.

IX. Übergangsabgaben.

1. Luxemburg s. vorstehend unter Branntweinsteuer.
2. Erstattung der Bierübergangsabgabe aus Billigkeitsgründen (PrZBl. 1911 S. 191).
3. Weineinfuhrverkehr nach Baden (PrZBl. 1911 S. 170).

X. Zuckersteuer.

Die Brüsseler Zuckerkonvention vom 5. März 1902 ist bis zum 1. September 1918 verlängert worden. (BRB. vom 21. März 1912 — § 260 der Protokolle).

XI. Spielkartenstempelsteuer.

Stempelung der Spielkarten in Luxemburg (PrZBl. 1911 S. 232).

XII. Reichsstempelabgaben.

1. Wegfall von Vergütungen an Beamte für Zuteilung von Kennzeichen an ausländische Kraftfahrzeuge (PrZBl. 1911 S. 62).
2. Wegen der preußischen Ausführungsbestimmungen zum Reichsstempelgesetz s. PrZBl. 1912 S. 63 ff.
3. Zum Reichsstempelgesetz sind neue Ausführungsbestimmungen des Bundesrats erlassen worden (RZBl. 1912 Nr. 7; Bekanntmachung des Reichskanzlers vom 5. Februar 1912) und Grundsätze zur Auslegung des RStG.

XIII. Erbschaftssteuergesetz.

Änderung der AusfBest. hierzu (PrZBl. 1911 S. 410).

XIV. Eichordnung.

Die Eichordnung vom 8. November 1911 nebst Instruktion vom 27. November 1911 ist am 1. April 1912 in Kraft getreten (RGBl. 1912 Nr. 17).

XV.

Reichsgesetz vom 20. Juni 1899 betr. die Gebühren für die Benutzung des Kaiser-Wilhelm-Kanals (RGBl. S. 315).

Alphabetisches Sachregister.

(Die Zahlen bedeuten die Seiten.)

A.

B.

C.

D.

G.

M.

N.

R.

S.

W.

Z.

FSC
www.fsc.org
MIX
Papier | Fördert
gute Waldnutzung
FSC® C083411

Kolibri 360 GmbH
Ferdinand-Jühlke-Straße 7
99095 Erfurt, Deutschland
produktsicherheit@kolibri360.de